“十三五”国家重点出版物出版规划项目

经济科学译丛

计量经济学

ECONOMETRICS

林文夫（Fumio Hayashi） 著

李井奎 译

中国人民大学出版社

·北京·

《经济科学译丛》总序

中国是一个文明古国，有着几千年的辉煌历史。近百年来，中国由盛而衰，一度成为世界上最贫穷、落后的国家之一。1949年中国共产党领导的革命，把中国从饥饿、贫困、被欺侮、被奴役的境地中解放出来。1978年以来的改革开放，使中国真正走上了通向繁荣富强的道路。

中国改革开放的目标是建立一个有效的社会主义市场经济体制，加速发展经济，提高人民生活水平。但是，要完成这一历史使命绝非易事，我们不仅需要从自己的实践中总结教训，也要从别人的实践中获取经验，还要用理论来指导我们的改革。市场经济虽然对我们这个共和国来说是全新的，但市场经济的运行在发达国家已有几百年的历史，市场经济的理论亦在不断发展完善，并形成了一个现代经济学理论体系。虽然许多经济学名著出自西方学者之手，研究的是西方国家的经济问题，但他们归纳出来的许多经济学理论反映的是人类社会的普遍行为，这些理论是全人类的共同财富。要想迅速稳定地改革和发展我国的经济，我们必须学习和借鉴世界各国包括西方国家在内的先进经济学的理论与知识。

本着这一目的，我们组织翻译了这套经济学教科书系列。这套译丛的特点是：第一，全面系统。除了经济学、宏观经济学、微观经济学等基本原理之外，这套译丛还包括了产业组织理论、国际经济学、发展经济学、货币金融学、公共财政、劳动经济学、计量经济学等重要领域。第二，简明通俗。与经济学的经典名著不同，这套丛书都是国外大学通用的经济学教科书，大部分都已发行了几版或十几版。作者尽可能地用简明通俗的语言来阐述深奥的经济学原理，并附有案例与习题，对于初学者来说，更容易理解与掌握。

经济学是一门社会科学，许多基本原理的应用受各种不同的社会、政治或经济体制的影响，许多经济学理论是建立在一定的假设条件上的，假设条件不同，结论也就不一定成立。因此，正确理解掌握经济分析的方法而不是生搬硬套某些不同条件下产生的结论，才是我们学习当代经济学的正确方法。

本套译丛于 1995 年春由中国人民大学出版社发起筹备并成立了由许多经济学专家学者组织的编辑委员会。中国留美经济学会的许多学者参与了原著的推荐工作。中国人民大学出版社向所有原著的出版社购买了翻译版权。北京大学、中国人民大学、复旦大学以及中国社会科学院的许多专家教授参与了翻译工作。前任策划编辑梁晶女士为本套译丛的出版做出了重要贡献，在此表示衷心的感谢。在构建高水平社会主义市场经济体制时期，我们把这套译丛献给读者，希望为中国经济的深入改革与发展做出贡献。

《经济科学译丛》编辑委员会

前　言

本书可作为一年级研究生课程的计量经济学教科书。它有两个与众不同的特点。第一，它涵盖了以所谓广义矩方法（GMM）作为组织原则的估计方法的全部技术内容。我相信，这种一以贯之的方法是以一种尽管严格但仍易于接受的方式来涵盖一年级课程内容的最有效的途径。第二，绝大部分章都包含了这样一节：详尽地考察原创性的应用文章，选材来自各种不同的领域，如产业组织、劳动经济学、金融经济学、国际经济学和宏观经济学等。因此，读者可以从中了解如何使用该章所涵盖的方法，并知晓在什么条件下它们是可以应用的。

在过去的若干年中，本书的基础讲义在宾夕法尼亚大学、哥伦比亚大学、普林斯顿大学、东京大学、波士顿学院、哈佛大学以及俄亥俄州立大学使用过。学生们似乎很喜欢本书。在教授本书时，我个人的体验是，学生认为这本书比参考书好得多。

预修知识

假定本书的读者预修过微积分基础、概率论和线性代数这些学科的知识。读者应该理解下面这些概念：多变量微积分、偏导数、积分、随机变量、联合分布、独立性、无条件和条件期望、向量随机变量的方差和协方差、正态分布、卡方分布、矩阵乘法、矩阵的逆、矩阵的秩、行列式以及正定矩阵。比上述知识高深的任何有关概念都将作为讨论的进阶知识予以介绍。分块矩阵和克罗内克积的一些结论在附录中给出。学习本书并不需要预修本科水平的计量经济学。

本书的组织结构

为了理解本书的组织结构，我们需要对模型（model）和估计程序（estimation procedure）进行区分。计量经济学的基本前提是经济数据（如美国的 GDP）是随机变量。模型是概率分布族，它们本可以产生经济数据。估计程序是从模型中挑选出的一个基于数据协议的特定分布，它可能生成了这些数据。大多数计量经济学中的估计程序都是

GMM 估计原理的一个特定应用。例如，当 GMM 被应用于所谓的古典线性回归模型时，最后的估计程序是普通最小二乘（OLS），这是计量经济学中最基本的估计程序。这种方法是本书前六章的组织原则，这六章给出了大多数标准估计程序。

本书原本可以在第 1 章就给出 GMM，但是这样就剥夺了读者学习未经 GMM 干扰的 OLS 的那一系列主题的选择权。缘于此，我们选择利用前两章来给出 OLS 的有限样本和大样本理论。而 GMM 是在第 3 章，作为 OLS 的一般化被引入的。

本书主要内容安排上的一个革新在于将多方程估计程序——诸如第 4 章所涵盖的似不相关回归（SUR）、三阶段最小二乘（3SLS）、随机效应方法以及第 5 章讨论的固定效应方法——作为第 3 章的单方程 GMM 的一种特殊情况来对待。这使得推导那些相对于第 3 章发展的单方程 GMM 的特定结果来说更高深的技术的统计性质成为可能。第 6 章通过展示误差项中的序列相关如何纳入 GMM 来终结本书对 GMM 的讨论。

对于计量经济学中的有些模型而言，最大似然（ML）方法要比 GMM 显得更自然。ML 在本书第 7 章和第 8 章进行介绍。为了更清楚地呈现 GMM 和 ML 之间的关系，本书对 ML 的讨论在第 7 章以一种被称为极值估计量的估计原理开始，这一估计量把 ML 和 GMM 都作为其特殊情形来看待。将 ML 运用于不同模型在第 8 章进行讨论。

本书还包含了对时间序列分析更为广泛的介绍。2.2 节和第 6 章的前半部分讨论了基础的时间序列专题。对于新近的非平稳时间序列分析——本书最后两章对此进行了讨论——而言，作为学习的前提条件，这已经足够了。

有关本书的课程安排

有几种不同的课程可以基于本书进行授课。

- 如果每周两次，一次一个半小时，八周的课程可以涵盖本书的核心理论，即第 1～14 章和第 6 章（不包括那些有关具体经济应用的章节）、第 7 章（证明和例子可以跳过）以及第 8 章。
- 十二周的一学期课程在核心理论之外还可以涵盖第 5 章以及第 1～16 章中所包含的经济应用。
- 一个短学期（比如六周）的课程可以专门集中讲授横截面和面板数据中的 GMM 估计，这在第 1～5 章（不包括 2.10 节至 2.12 节但是包含 2.2 节）。第 7 章和第 8 章（不包含 8.7 节）会增添 ML 方面的内容到这一课程中。
- 涵盖经济应用新近发展的短期时间序列课程可讲授第 1 章（不包括 1.7 节）、第 2 章、第 6 章和第 7 章的一部分（6.1 节至 6.5 节、6.8 节和 7.1 节）以及第 9 章和第 10 章。如果这一课程只介绍理论方面的内容，那么第 2、6、9 和 10 章中的应用章节也可以去掉。

复习题和分析性习题

本书在每一节末尾都给出了一些复习题。它们可以用来检查读者是不是真正理解了该节的内容。如果不是第一次而是第二次阅读，读者应该尝试在继续学习之前对它们做出解答。在本书网站上可以得到部分复习题的答案，网址是：http://pup.princeton.edu/titles/6946.html。

每章末尾还给出了若干分析性习题，要求读者证明书中正文里没有证明的那些结论，抑或比较有用的补充性结论。除非特别说明，分析性习题在不失连续性的情况下一般可以跳过。

实证性习题

每一章通常都有一个实证性习题。它要求得出与该章应用部分里讨论过的原始论文一模一样的经验结果，并使用该章给出的估计程序来得出与其文章模型一模一样的各种扩展形式。估计的数据集通常与原始论文的数据集是一样的，这些都可以在前面给出的本书网站上下载。

为了对数据集运行估计程序，读者应该在电脑上安装一个统计软件包。计量经济学中有很多这样的统计软件包，包括 GAUSS（www. aptech. com），MATLAB（www. mathworks. com），Eviews（www. eviews. com），LIMDEP（www. limdep. com），RATS（www. estima. com），SAS（www. sas. com），Stata（www. stata. com）和 TSP（www. tsp. com）。GAUSS 和 MATLAB 不同于其他软件包，因为它们是基于矩阵的语言，而不是一个程序的集合。例如，我们来看用 GAUSS 或 MATLAB 执行 OLS。载入数据集到电脑工作区之后，会有几行话来表达 OLS 的矩阵算子，这些算子是用来计算 OLS 估计值及其相关统计量的（比如 R^2）。而其他软件包是程序驱动的，有时候也叫作“一站式软件包”（canned packages），这几句话可以由导入 OLS 程序的一行命令来取代。例如，TSP 的 OLS 命令是 `OLSQ`。

一站式软件包既有优点，也有缺点。显然，完成同样一件事情，这样的软件包只需要很少几行代码，因此我们可以在编程上少花很多时间。另外，一站式软件包中的程序可以输入数据并给出点估计值和相关的统计量，它们基本上就是一个“黑箱”。有时，从软件包的文件记录中并不清楚某个统计量是如何被计算出来的。尽管上面提到的一站式软件包会定期纳入计量经济学的新发展，但是这些所期待的估计程序可能还不能马上由这些软件包予以支持，在这种情况下，写出 GAUSS 或 MATLAB 中自己的程序还是很有必要的。不过，这可能正是“祸兮福所倚”：虽然相对耗时而烦琐，但是切实写下潜在的矩阵算子，可以给你提供绝佳的机会来理解那些估计程序。

除了若干例外，本书实证性习题所需的所有计算都可以由前面提到的一站式软件包予以完成。因此，我的建议是，对于那些打算写出使用最领先估计程序的应用论文或有所创新的理论论文的经济学博士生来说，还是用 GAUSS 或 MATLAB 比较好。其他学生使用上面提到的那些一站式软件包就可以了。

数学符号

在计量经济学中，不存在每个人都统一使用的数学符号。本书的符号遵从了如果不是最普遍也是最标准的使用习惯。向量都是指列向量，用黑体小写字母表示。矩阵用黑体大写字母表示。矩阵 $\mathbf{A}$ 的转置标示为 $\mathbf{A}'$。标量由（基本上是小写的）斜体字母来表示。

致谢

衷心感谢一些个人和机构对我提供的帮助。Mark Watson，Dale Jorgenson，Bo Honore，Serena Ng，Masao Ogaki 和 Jushan Bai 热情而大胆地使用本书的早期版本作为他们计量经济学课程的教科书。他们和他们的学生给出的评论已被纳入本书的这一最终版本里。Yuzo Honda 阅读了初稿，并给出了颇有帮助的意见。Naoto Kunitomo，Whitney Newey，Serena Ng，Pierre Perron，Jim Stock，Katsuto Tanaka，Mark Watson，Hal White 和 Yoshihiro Yajima 拨冗回答了我的问题和询问。东京大学的两个研究生 Mari Sakudo 和 Naoki Shimoi 阅读了本书的全部手稿，并订正了打印错误。支持经济学和金融学研究的 Zengin 基金为他们的工作提供了必要的经费。普林斯顿大学出版社的 Peter Dougherty 编辑为本书倾注了极大的热情，总是把这种给我的写作压力置于适度的范围之内。Stephanie Hogue 是一位全才式的 LATEX 专家，对于我在格式录入上的奇思妙想，他总能想办法将之变为现实。Ellen Foos 负责本书的出版过程。最后，但绝不是最不重要的是，出于友情，Jessica Helfand 同意为本书设计封面。

在过去五年多的时间里，我所有的空余时间都投入到了本书的写作之中。现在，本书行将付梓，我如释重负。我自己的研究也受到了影响，但愿我的同行没有注意到这一情况。

目　录

第1章

OLS的有限样本性质

概要

普通最小二乘（ordinary least squares，OLS）估计量是计量经济学中最为基础的估计程序。本章讨论 OLS 估计量的**有限**（finite）或者**小样本性质**（small-sample properties），即在某一给定的样本规模上使得 OLS 估计量有效的统计性质。本章的内容经过完全标准化的处理。这里给出的表述与绝大多数其他教材的不同之处在于，它重点强调回归元“严格外生”这一假设所起的作用。

在最后一节，我们使用有关个体企业的横截面数据，把有限样本理论运用于成本函数的估计。纳洛夫（Nerlove，1963）的研究提出了一个极具实践意义的重要问题：在电力供应上是否存在规模报酬递增？如果存在，微观经济学告诉我们这个行业就应该受到管制。除了给你提供使用各种技巧以检验有意义的假说这一体验之外，纳洛夫的论文还特别详细地讨论了为什么 OLS 在这类特定的应用上是一种正确的估计程序。

1.1 古典线性回归模型

在这一节，我们给出构成古典线性回归模型的那些假设。在一个模型里，所关注的变量（被称为**因变量**（dependent variable），或**回归子**（regressand），或者更为一般的称它为**左边变量**（left-hand [-side] variable））与其他若干变量（被称为**回归元**（regressors），或**解释变量**（explanatory variables），或者**右边变量**（right-hand [-side] variables））相互关联。假设我们观察到了这些变量的 n 个值。令 y_i 表示因变量的第 i 个观测值，令（x_{i1}，x_{i2}，…，x_{iK}）表示 K 个回归元的第 i 个观测值。所有这 n 个观测值的合集即**样本**（sample）或**数据**（data）。

经济学中的数据无法通过实验给出（除了实验经济学中的情况之外），因此因变量和自变量都要被视为随机变量，这些变量的取值是有概率的。一个**模型**（model）就是关于因变量和自变量联合分布的约束条件的一个集合。也就是说，模型是满足一个假设集的联合分布集。古典回归模型是一个满足假设 1.1 至假设 1.4 的联合分布集，将之表述如下：

□ 线性假设

第一个假设是，因变量和回归元之间的关系是线性的。

假设 1.1（线性性）：

$$y_i=\beta_1 x_{i1}+\beta_2 x_{i2}+\cdots+\beta_K x_{iK}+\varepsilon_i \quad (i=1,2,\cdots,n) \tag{1.1.1}$$

式中，β_1，…，β_k 是待估计的未知参数，而 ε_i 是具有某些有待稍后予以规定的性质的不可观测的误差项。

右边包括回归元的部分，即 $\beta_1 x_{i1}+\beta_2 x_{i2}+\cdots+\beta_K x_{iK}$，被称为**回归**（regression）或**回归函数**（regression function），系数（β_1，…，β_k）被称为**回归系数**（regression coefficients）。它们表示回归元的边际和分离效应。举个例子，β_2 表示当第二个回归元增加一个单位同时保持其他回归元不变时因变量的变化。运用微积分的语言，这可以被表述为：$\partial y_i/\partial x_{i2}=\beta_2$。线性性意味着边际效应不取决于回归元的水平。误差项表示因变量中未被回归元所解释的余下的部分。

例 1.1（消费函数）：

下面是在经济学导论课程中为大家所熟知的简单消费函数：

$$CON_i=\beta_1+\beta_2 YD_i+\varepsilon_i \tag{1.1.2}$$

这里 CON 是消费，YD 是可支配收入。如果该数据是每年的总体时间序列数据，则 CON_i 和 YD_i 就是第 i 年的消费和可支配收入。如果这个数据来自对家庭个体的调查，那么 CON_i 就是 n 个家庭的横截面样本中第 i 个家庭的消费。消费函数可以写成式（1.1.1）的形式，只要令 $y_i=CON_i$，$x_{i1}=1$（一个常数）和 $x_{i2}=YD_i$ 即可。误差项 ε_i 表示除可支配收入外影响消费的那些变量。它们包括那些可能可以被观测到但是研究者判定为不包括在回归元中的那些变量，诸如金融资产，也包括诸如消费者的“心境”这类难以测量的变量。如该例的情况，当这个方程只有一个非常数回归元时，我们称它为**简单回归模型**（simple regression model）。

线性性这个假设并不像它乍看起来那样有约束力，因为因变量和自变量作为被关注的变量在形式上是可以转化的。我们来看下面的例子。

例 1.2（工资方程）：

下面是在劳动经济学中被估计的工资方程的简化版本：

$$\log(WAGE_i)=\beta_1+\beta_2 S_i+\beta_3 TENURE_i+\beta_4 EXPR_i+\varepsilon_i \tag{1.1.3}$$

式中，$WAGE$＝个体的工资率，S＝教育年限，$TENURE$＝在当前工作上的年限，$EXPR$＝工作经验（即个体到当前为止参加工作的总年限）。如果令 $y_i=\log(WAGE_i)$，则这个工资方程就取得了最初的式（1.1.1）的形式。这个方程即所谓的**半对数**（semilog）形式，之所以得此名称，是因为它只有因变量是取对数的。这个方程是由工资率水平和回归元之间如下的非线性关系导出来的：

$$WAGE_i = \exp(\beta_1)\exp(\beta_2 S_i)\exp(\beta_3 TENURE_i)\exp(\beta_4 EXPR_i)\exp(\varepsilon_i) \quad (1.1.4)$$

通过对式（1.1.4）两边取对数，而且注意到 $\log[\exp(x)] = x$，可以得到式（1.1.3）。半对数形式中的系数可以解释为百分比变化，而不再是水平数量上的变化。例如，若 β_2 的值取 0.05，则表明教育年限增加一年可以使工资率提高 5 个百分点。之所以会出现这种解释上的差异，是因为因变量是工资率对数而非工资率本身，而对数上的变化等同于水平数量的百分比变化。

其他某些非线性的形式也可以被包括进来。例如，假设教育的边际效应随着教育程度的提高而逐渐减弱。我们可以在工资方程中加入平方项 S^2 作为该工资方程的新增回归元，从而体现上述假设的情况。如果该平方项的系数是 β_5，那么教育的边际效应为：

$$\beta_2 + 2\beta_5 S (= \partial \log(WAGE)/\partial S)$$

如果 β_5 是负值，那么教育的边际效应即随着教育程度的提高而递减。

当然，还有一些真正的非线性情况。例如，如果误差项是以加法方式而非乘法形式进入方程，则式（1.1.4）不能变成线性形式：

$$WAGE_i = \exp(\beta_1)\exp(\beta_2 S_i)\exp(\beta_3 TENURE_i)\exp(\beta_4 EXPR_i) + \varepsilon_i$$

这类非线性回归方程的估计我们将在第 7 章进行讨论。

□ 矩阵表示法

在给出该古典模型的其他假设之前，我们要介绍一下向量和矩阵表示法。在准确地表述其他假设以及推导 $\boldsymbol{\beta}$ 的 OLS 估计量方面，事实证明这种表示法非常好用。我们定义 K 维（列）向量 $\mathbf{x}_i$ 和 $\boldsymbol{\beta}$ 如下：

$$\underset{(K\times 1)}{\mathbf{x}_i} = \begin{bmatrix} x_{i1} \\ x_{i2} \\ \vdots \\ x_{iK} \end{bmatrix}, \quad \underset{(K\times 1)}{\boldsymbol{\beta}} = \begin{bmatrix} \beta_1 \\ \beta_2 \\ \vdots \\ \beta_K \end{bmatrix} \quad (1.1.5)$$

根据向量内积的定义，有 $\mathbf{x}_i'\boldsymbol{\beta} = \beta_1 x_{i1} + \beta_2 x_{i2} + \cdots + \beta_K x_{iK}$。因此，假设 1.1 中的方程可以写为：

$$y_i = \mathbf{x}_i'\boldsymbol{\beta} + \varepsilon_i \quad (i = 1, 2, \cdots, n) \quad (1.1.1')$$

也可以定义：

$$\underset{(n\times 1)}{\mathbf{y}} = \begin{bmatrix} y_1 \\ \vdots \\ y_n \end{bmatrix}, \quad \underset{(n\times 1)}{\boldsymbol{\varepsilon}} = \begin{bmatrix} \varepsilon_1 \\ \vdots \\ \varepsilon_n \end{bmatrix}, \quad \underset{(n\times K)}{\mathbf{X}} = \begin{bmatrix} \mathbf{x}_1' \\ \vdots \\ \mathbf{x}_n' \end{bmatrix} = \begin{bmatrix} x_{11} & \cdots & x_{1K} \\ \vdots & & \vdots \\ x_{n1} & \cdots & x_{nK} \end{bmatrix} \quad (1.1.6)$$

式（1.1.6）中的向量和矩阵中有多少个观测值就有多少行，这些行对应着那些观测值。因此，$\mathbf{y}$ 和 $\mathbf{X}$ 有时被称为**数据向量**（data vector）和**数据矩阵**（data matrix）。由于 $\mathbf{X}$ 的列数等于 $\boldsymbol{\beta}$ 的行数，故这两个向量可以运用矩阵乘法，$\mathbf{X}\boldsymbol{\beta}$ 是一个 $n\times 1$ 向量。它的第 i 个元素是 $\mathbf{x}_i'\boldsymbol{\beta}$。因此，假设 1.1 可以简略地写为：

$$\underset{(n\times 1)}{\mathbf{y}} = \underbrace{\underset{(n\times K)}{\mathbf{X}}\ \underset{(K\times 1)}{\boldsymbol{\beta}}}_{(n\times 1)} + \underset{(n\times 1)}{\boldsymbol{\varepsilon}}$$

□ 严格外生性假设

古典回归模型的下一个假设是

假设 1.2（严格外生性）：

$$\mathrm{E}(\varepsilon_i \mid \mathbf{X})=0 \quad (i=1,2,\cdots,n) \tag{1.1.7}$$

这里期望值（均值）是以回归元的所有观测值为条件的。使用数据矩阵，将这个假设写成以下形式，可以把问题说明得更加清楚：

$$\mathrm{E}(\varepsilon_i \mid \mathbf{x}_1,\cdots,\mathbf{x}_n)=0 \quad (i=1,2,\cdots,n)$$

为了对这个假设进行不同的表述，对于任一给定的观测值 i，我们取 $nK+1$ 个随机变量的联合分布 $f(\varepsilon_i,\ \mathbf{x}_1,\ \cdots,\ \mathbf{x}_n)$，并考虑条件分布 $f(\varepsilon_i \mid \mathbf{x}_1,\ \cdots,\ \mathbf{x}_n)$。一般来说条件均值 $\mathrm{E}(\varepsilon_i \mid \mathbf{x}_1,\ \cdots,\ \mathbf{x}_n)$ 是 $(\mathbf{x}_1,\ \cdots,\ \mathbf{x}_n)$ 的一个非线性函数。严格外生性假设是说这个函数是一个零值常数。①

如果回归元包含一个常数，那么这个零值常数函数的假设并不具有约束性，因为这个方程根据误差项的条件均值为零可以重新进行调整。假设 $\mathrm{E}(\varepsilon_i \mid \mathbf{X})$ 为 μ，$x_{i1}=1$，那么这个方程可以改写为：

$$\begin{aligned} y_i &= \beta_1+\beta_2 x_{i2}+\cdots+\beta_K x_{iK}+\varepsilon_i \\ &= (\beta_1+\mu)+\beta_2 x_{i2}+\cdots+\beta_K x_{iK}+(\varepsilon_i-\mu) \end{aligned}$$

如果我们重新将 β_1 定义为 $\beta_1+\mu$，将 ε_i 定义为 $\varepsilon_i-\mu$，那么这个新误差项的条件均值同样为零。实际上几乎在所有应用中，回归元总包含一个常数项。

例 1.3（续例 1.1）：

对于例 1.1 中的简单回归模型，严格外生性假设可以写成：

$$\mathrm{E}(\varepsilon_i \mid YD_1, YD_2, \cdots, YD_n)=0$$

由于 $\mathbf{x}_i=(1,\ YD_i)'$，所以可以把严格外生性假设写为

$$\mathrm{E}(\varepsilon_i \mid 1, YD_1, 1, YD_2, \cdots, 1, YD_n)=0$$

但是由于一个常数不会提供任何信息，所以以（1，YD_1，1，YD_2，…，1，YD_n）为条件的期望值与以（YD_1，YD_2，…，YD_n）为条件的期望值相同。

□ 严格外生性的含义

严格外生性有多方面的含义。

① 有些作者对术语“严格外生性”的定义与本书稍有不同。例如，在库普曼斯和胡德（Koopmans and Hood，1953）与恩格尔、亨德里和里查兹（Engle，Hendry，and Richards，1983）里的定义是，如果对于所有 i 和 j，$\mathbf{x}_i$ 均独立于 ε_j，则回归元是严格外生的。这个定义比我们对严格外生性的定义更强，但与我们的定义却并无冲突之处。

● 误差项的无条件均值为零，即

$$\mathrm{E}(\varepsilon_i)=0 \quad (i=1,2,\cdots,n) \tag{1.1.8}$$

这是因为根据基本的概率论知识中的总期望法则（the law of total expectations）① 可知，$\mathrm{E}[\mathrm{E}(\varepsilon_i \mid \mathbf{X})]=\mathrm{E}(\varepsilon_i)$。

● 如果两个随机变量 x 和 y 的交叉矩 $\mathrm{E}(xy)$ 为零，则我们说 x 正交于 y（或 y 正交于 x）。在严格外生性条件下，对于所有的观测值，回归元正交于误差项，即

$$\mathrm{E}(x_{jk}\varepsilon_i)=0 \quad (i,j=1,\cdots,n;k=1,\cdots,K) \tag{1.1.9}$$

或者

$$\mathrm{E}(\mathbf{x}_j \cdot \varepsilon_i)=\begin{bmatrix}\mathrm{E}(x_{j1}\varepsilon_i)\\ \mathrm{E}(x_{j2}\varepsilon_i)\\ \vdots \\ \mathrm{E}(x_{jK}\varepsilon_i)\end{bmatrix}=\underset{(K\times 1)}{\mathbf{0}} \quad （对于所有的 i,j）$$

对它的证明正是运用条件期望性质的最好说明，证明如下：

证明：由于 x_{jk} 是 $\mathbf{X}$ 的一个元素，因此根据概率论中的迭代期望法则（the law of iterated expectations）②，严格外生性意味着：

$$\mathrm{E}(\varepsilon_i \mid x_{jk})=\mathrm{E}[\mathrm{E}(\varepsilon_i \mid \mathbf{X}) \mid x_{jk}]=0 \tag{1.1.10}$$

由此可以得到：

$$\begin{aligned}\mathrm{E}(x_{jk}\varepsilon_i)&=\mathrm{E}[\mathrm{E}(x_{jk}\varepsilon_i \mid x_{jk})] \quad （根据总期望法则）\\ &=\mathrm{E}[x_{jk}\mathrm{E}(\varepsilon_i \mid x_{jk})] \quad （根据条件期望的线性性③）\\ &=0\end{aligned}$$

■

此处的关键是，严格外生性要求回归元不仅要正交于来自同一观测值的误差项（即对于所有的 k 有 $\mathrm{E}(x_{ik}\varepsilon_i)=0$），而且要正交于来自其他各观测值的误差项（即对于所有的 k 和 $j\neq i$ 有 $\mathrm{E}(x_{jk}\varepsilon_i)=0$）。

● 由于误差项的均值为零，所以正交性条件式（1.1.9）等价于零相关性条件。这是因为：

$$\begin{aligned}\mathrm{Cov}(\varepsilon_i,x_{jk})&=\mathrm{E}(x_{jk}\varepsilon_i)-\mathrm{E}(x_{jk})\mathrm{E}(\varepsilon_i) \quad （根据协方差的定义）\\ &=\mathrm{E}(x_{jk}\varepsilon_i) \quad （因为 \mathrm{E}(\varepsilon_i)=0，参看式（1.1.8））\\ &=0 \quad （根据正交性条件式(1.1.9)）\end{aligned}$$

特别的，对于 $i=j$，$\mathrm{Cov}(x_{ik},\varepsilon_i)=0$。因此，严格外生性意味着所有回归元同时与误差项不相关这个条件（那些之前学过计量经济学的学生对此一定相当熟悉）。

□ 时间序列模型中的严格外生性

对于时间序列模型来说，i 表示时间，严格外生性的含义式（1.1.9）可以改写为：

---

① 总期望法则即 $\mathrm{E}[\mathrm{E}(y|\mathbf{x})]=\mathrm{E}(y)$。

② 迭代期望法则即 $\mathrm{E}[\mathrm{E}(y|\mathbf{x},\mathbf{z})|\mathbf{x}]=\mathrm{E}(y|\mathbf{x})$。

③ 条件期望的线性性即 $\mathrm{E}[f(\mathbf{x})y|\mathbf{x}]=f(\mathbf{x})\mathrm{E}(y|\mathbf{x})$。

回归元正交于过去、现在和未来的误差项（或者等价地说，误差项正交于过去、现在和未来的回归元）。但是对于绝大多数时间序列模型而言，这个条件（和更严格的外生性）通常难以得到满足，因此本节所给出的基于严格外生性的有限样本理论很少能够运用于时间序列数据。不过，诚如我们在下一章将看到的那样，该估计量是具有良好的大样本性质而不具备严格外生性条件的估计量。

严格外生性难以适用的最明显的例子是那种回归元包含了**滞后因变量**（lagged dependent variable）的情况。我们来看下面这个最简单的此类模型：

$$y_i=\beta y_{i-1}+\varepsilon_i \quad (i=1,2,\cdots,n) \tag{1.1.11}$$

这被称为**一阶自回归模型**（first-order autoregressive model）（AR(1)）。（我们将在第 6 章更为充分地研究这一模型。）与严格外生性假设的精神保持一致，假设对于观测值 i，回归元 y_{i-1} 正交于误差项，因此有 $\mathrm{E}(y_{i-1}\varepsilon_i)=0$。那么，

$$\begin{aligned}\mathrm{E}(y_i\varepsilon_i)&=\mathrm{E}[(\beta y_{i-1}+\varepsilon_i)\varepsilon_i] \quad \text{（根据式(1.1.11)）}\\&=\beta\mathrm{E}(y_{i-1}\varepsilon_i)+\mathrm{E}(\varepsilon_i^2)\\&=\mathrm{E}(\varepsilon_i^2) \quad \text{（因为根据假设有 } \mathrm{E}(y_{i-1}\varepsilon_i)=0\text{）}\end{aligned}$$

因此，除非误差项总是零，否则 $\mathrm{E}(y_i\varepsilon_i)$ 不会为零。但 y_i 是观测值 $i+1$ 的回归元。这样一来，这个回归元就不会正交于过去的误差项，这就违背了严格外生性假设。

□ 古典回归模型的其他假设

古典回归模型剩下的假设如下：

假设 1.3（无多重共线性（no multicollinearity)**）：** $n\times K$ 阶数据矩阵 $\mathbf{X}$ 的秩是 K 的概率为 1。

假设 1.4（球型误差方差（spherical error variance)**）：**

（同方差性）

$$\mathrm{E}(\varepsilon_i^2\mid\mathbf{X})=\sigma^2>0 \quad (i=1,2,\cdots,n)^{①} \tag{1.1.12}$$

（观测值之间无相关性）

$$\mathrm{E}(\varepsilon_i\varepsilon_j\mid\mathbf{X})=0 \quad (i,j=1,2,\cdots,n;i\neq j) \tag{1.1.13}$$

为了理解假设 1.3，我们回忆一下，在矩阵代数中一个矩阵的秩等于矩阵线性独立的列的数目。这个假设是说，数据矩阵 $\mathbf{X}$ 的 K 列没有一列可以表示为 $\mathbf{X}$ 其他列的线性组合。也就是说，$\mathbf{X}$ 是列满秩的。由于如果这 K 列的维数小于 K，则它们就不会是线性独立的，所以假设 1.3 表明 $n\geqslant K$，即必须要有至少和回归元一样多的观测值。如果该假设不能被满足，则这些回归元可称具有**（完全）共线性**［(perfectly) multicollinear］。在具体的应用中很容易看出，回归元何时具有多重共线性以及会出现什么样的问题。

① 当一个符号（这里是 σ^2）被赋予给了一个矩（这里是二阶矩 $\mathrm{E}(\varepsilon_i^2\mid\mathbf{X})$）时，据其内在含义可知，这个矩被假设为存在并且是有限的。在本书中我们将遵循这一惯例。

例 1.4（续例 1.2）：

如果样本中没有个体曾经换过工作，那么对于所有 i，有 $TENURE_i = EXPR_i$，这就违背了无多重共线性的假设。显然我们没有办法把在当前工作上的年限对工资率的影响从工作经验对工资率的影响中区分开来。如果我们将这一等式代入该工资方程以消去 $TENURE_i$，那么工资方程就变成了：

$$\log(WAGE_i) = \beta_1 + \beta_2 S_i + (\beta_3 + \beta_4) EXPR_i + \varepsilon_i$$

这表明只需要估计 $\beta_3 + \beta_4$，而不是单独估计 β_3 和 β_4。

同方差性假设式（1.1.12）意即条件二阶矩是一个常数，这个二阶矩一般而言是 $\mathbf{X}$ 的一个非线性函数。借助于严格外生性假设，这个条件可以以我们更为熟悉的术语来等价地进行表述。我们来看条件方差 $\mathrm{Var}(\varepsilon_i \mid \mathbf{X})$。它等于同一常数，因为：

$$\begin{aligned}\mathrm{Var}(\varepsilon_i \mid \mathbf{X}) &\equiv \mathrm{E}(\varepsilon_i^2 \mid \mathbf{X}) - \mathrm{E}(\varepsilon_i \mid \mathbf{X})^2 \quad \text{（根据条件方差的定义）} \\ &= \mathrm{E}(\varepsilon_i^2 \mid \mathbf{X}) \quad \text{（因为根据严格外生性有 } \mathrm{E}(\varepsilon_i \mid \mathbf{X}) = 0\text{）}\end{aligned}$$

类似地，式（1.1.13）等价于下面这个条件：

$$\mathrm{Cov}(\varepsilon_i, \varepsilon_j \mid \mathbf{X}) = 0 \quad (i, j = 1, 2, \cdots, n; i \neq j)$$

也就是说，在以 $\mathbf{X}$ 为条件的（ε_i，ε_j）的联合分布中，协方差为零。在时间序列模型中，式（1.1.13）是这样表述的：误差项中**无序列相关**（serial correlation）。

由于 $n \times n$ 矩阵 $\boldsymbol{\varepsilon\varepsilon}'$ 的（i，j）元素是 $\varepsilon_i \varepsilon_j$，所以假设 1.4 可以被简略地写为：

$$\mathrm{E}(\boldsymbol{\varepsilon\varepsilon}' \mid \mathbf{X}) = \sigma^2 \mathbf{I}_n \tag{1.1.14}$$

前一段的讨论表明这个假设也可以写成：

$$\mathrm{Var}(\boldsymbol{\varepsilon} \mid \mathbf{X}) = \sigma^2 \mathbf{I}_n$$

不过，式（1.1.14）是大家更乐于使用的表达，因为在对可变性进行测度方面像 $\mathrm{E}(\varepsilon_i^2 \mid \mathbf{X})$ 这样的二阶矩要比方差更为方便。我们在下一章处理大样本理论时，这一点会更加明显。假设 1.4 有时被称为**球型**（spherical）误差方差假设，因为二阶矩的 $n \times n$ 矩阵（也可以是方差和协方差的 $n \times n$ 矩阵）与单位矩阵 $\mathbf{I}_n$ 是成比例的。这个假设在本章稍后的地方会予以放松。

□ 随机样本的古典回归模型

如果 {$\mathbf{y}_i$，$\mathbf{x}_i$} 在观测值上是 i.i.d.（独立同分布）的，则样本（$\mathbf{y}$，$\mathbf{X}$）是一个**随机样本**（random sample）。由于根据假设 1.1，ε_i 是（y_i，$\mathbf{x}_i$）的函数，且对于 $j \neq i$，（y_i，$\mathbf{x}_i$）是独立于（y_j，$\mathbf{x}_j$）的，所以对于 $j \neq i$，（ε_i，$\mathbf{x}_i$）独立于 $\mathbf{x}_j$。因此有

$$\begin{aligned}&\mathrm{E}(\varepsilon_i \mid \mathbf{X}) = \mathrm{E}(\varepsilon_i \mid \mathbf{x}_i) \\ &\mathrm{E}(\varepsilon_i^2 \mid \mathbf{X}) = \mathrm{E}(\varepsilon_i^2 \mid \mathbf{x}_i) \\ &\mathrm{E}(\varepsilon_i \varepsilon_j \mid \mathbf{X}) = \mathrm{E}(\varepsilon_i \mid \mathbf{x}_i)\mathrm{E}(\varepsilon_j \mid \mathbf{x}_j) \quad \text{（对于 } i \neq j\text{）}\end{aligned} \tag{1.1.15}$$

（把对式（1.1.15）中最后一个等式的证明留作复习题。）故而假设 1.2 和假设 1.4 可以简写为：

$$\text{假设 1.2：} E(\varepsilon_i|\mathbf{x}_i)=0 \quad (i=1,2,\cdots,n) \tag{1.1.16}$$

$$\text{假设 1.4：} E(\varepsilon_i^2|\mathbf{x}_i)=\sigma^2>0 \quad (i=1,2,\cdots,n) \tag{1.1.17}$$

随机样本的同分布方面的含义是这样的，即（ε_i，$\mathbf{x}_i$）的联合分布并不取决于 i。因此无条件二阶矩 $E(\varepsilon_i^2)$ 在所有的 i 上是常数（这被称为**无条件同方差性**（unconditional homoskedasticity）），而且条件二阶矩 $E(\varepsilon_i^2 \mid \mathbf{x}_i)$ 的函数形式在所有的 i 上是相同的。然而，假设 1.4——条件二阶矩在所有的 i 上取值相同——却并不成立。所以，假设 1.4 对于随机样本情形仍具有约束力；如果没有它，则条件二阶矩 $E(\varepsilon_i^2 \mid \mathbf{x}_i)$ 会因其对 $\mathbf{X}_i$ 可能的依赖性而在 i 上具有差异。为了突出这个区别，我们把关于条件二阶矩的约束条件式（1.1.12）和式（1.1.17）称为**条件同方差性**（conditional homoskedasticity）。

□ “固定” 回归元

我们已经给出了古典线性回归模型，并把回归元看成是随机的。与之形成对照的是，在大多数教科书中 $\mathbf{X}$ 被假设为“固定”或确定性的。如果 $\mathbf{X}$ 是固定的，那么就没有必要在误差项的条件分布 $f(\varepsilon_i \mid \mathbf{x}_1, \cdots, \mathbf{x}_n)$ 和无条件分布 $f(\varepsilon_i)$ 之间进行区分了，因此假设 1.2 和假设 1.4 可以写成：

$$\text{假设 1.2：} E(\varepsilon_i)=0 \quad (i=1,\cdots,n) \tag{1.1.18}$$

$$\text{假设 1.4：} E(\varepsilon_i^2)=\sigma^2 \quad (i=1,\cdots,n)$$

$$E(\varepsilon_i\varepsilon_j)=0 \quad (i,j=1,\cdots,n;i\neq j) \tag{1.1.19}$$

尽管这对于像计量经济学这样的非实验科学来说显然并不适宜，但是固定回归元的假设仍然相当风行，这是因为具有固定的 $\mathbf{X}$ 的回归模型可以被解释为一个以 $\mathbf{X}$ 为条件的陈述的集合，从而允许我们将“$\mid \mathbf{X}$”从诸如模型的假设 1.2 和假设 1.4 中去除。

然而，以此标示固然简练，但亦有其代价。误差项被假定在当下、过去和未来回归元上不相关这一点是很容易被忽略的。同样，如果回归元是确定性的，那么无条件和条件同方差性的区分也会让人困惑。通观本书，我们都把回归元看成是随机的，除非特别说明，以 $\mathbf{X}$ 为条件的陈述均可明确地插入“$\mid \mathbf{X}$”。

复习题

1.（半对数形式中单位的变化）在例 1.2 的工资方程（1.1.3）中，如果 $WAGE$ 的单位是美分而非美元，这会对该方程造成什么影响？**提示：**$\log(x, y)=\log(x)+\log(y)$。

2. 证明式（1.1.15）中最后一个等式。$E(\varepsilon_i\varepsilon_j \mid \mathbf{X})=E[\varepsilon_j E(\varepsilon_i \mid \mathbf{X}, \varepsilon_j) \mid \mathbf{X}]$。对于 $i\neq j$，（ε_i，$\mathbf{x}_j$）是独立于（ε_j，$\mathbf{x}_1$，…，$\mathbf{x}_{i-1}$，$\mathbf{x}_{i+1}$，…，$\mathbf{x}_n$）的。

3.（将线性性与严格外生性结合起来）证明假设 1.1 和假设 1.2 蕴含着

$$E(y_i|\mathbf{X})=\mathbf{x}_i'\boldsymbol{\beta} \quad (i=1,2,\cdots,n) \tag{1.1.20}$$

反过来，证明这一假设蕴含着存在满足那两个假设的误差项。

4.（正态分布随机样本）考虑消费和可支配收入的随机样本（CON_i，YD_i）($i=1, 2, \cdots, n$)。假定（CON_i，YD_i）的联合分布（根据随机样本假设可知它在 i 上是相同的）是正态的。显然，满足假设 1.3；$\mathbf{X}$ 的秩小于 K 的可能性纯属意外。证明满足其他假设——假设 1.1、假设 1.2 和假设 1.4 满足。**提示**：如果两个随机变量 y 和 x 是联合正态分布的，那么其在 x 上的条件期望就是线性的，即：

$$\mathrm{E}(y|x)=\beta_1+\beta_2 x$$

而条件方差 $\mathrm{Var}(y \mid x)$ 并不取决于 x。这里该分布在 i 上相同这一条件是很重要的；如果该分布在 i 上有所差异，则 β_1 和 β_2 也会随着 i 而不同。

5.（简单回归模型的多重共线性）证明：简单回归模型的假设 1.3 是非常数回归元（x_{i2}）确实为非常数（即对于某些（i，j），$i\neq j$，$x_{i2}\neq x_{j2}$ 的概率为 1）。

6.（关于条件和非条件期望的一个练习）证明：假设 1.2 和假设 1.4 蕴含着

$$\begin{aligned}&\mathrm{Var}(\varepsilon_i)=\sigma^2 \quad (i=1,2,\cdots,n)\\&\mathrm{Cov}(\varepsilon_i,\varepsilon_j)=0 \quad (i\neq j;i,j=1,2,\cdots,n)\end{aligned} \qquad (*)$$

提示：严格外生性蕴含着 $\mathrm{E}(\varepsilon_i)=0$。因此式（*）等价于

$$\begin{aligned}&\mathrm{E}(\varepsilon_i^2)=\sigma^2 \quad (i=1,2,\cdots,n)\\&\mathrm{E}(\varepsilon_i\varepsilon_j)=0 \quad (i\neq j;i,j=1,2,\cdots,n)\end{aligned}$$

1.2 最小二乘的代数知识

本节讲述的是取得未知系数向量 $\boldsymbol{\beta}$ 的 OLS 估计值 $\mathbf{b}$ 的计算程序，并介绍了若干由 $\mathbf{b}$ 导出的概念。

□ OLS 最小化了剩余平方和

尽管观察不到误差项，但是我们可以通过 $\boldsymbol{\beta}$ 的假定值 $\tilde{\boldsymbol{\beta}}$ 来计算：

$$y_i-\mathbf{x}_i'\tilde{\boldsymbol{\beta}}$$

这被称为观测值 i 的**残差**（residual）或剩余。由此可以给出**剩余平方和**（sum of squared residuals，SSR）：

$$SSR(\tilde{\boldsymbol{\beta}}) \equiv \sum_{i=1}^{n}(y_i-\mathbf{x}_i'\tilde{\boldsymbol{\beta}})^2=(\mathbf{y}-\mathbf{X}\tilde{\boldsymbol{\beta}})'(\mathbf{y}-\mathbf{X}\tilde{\boldsymbol{\beta}})$$

这个和也被称为**误差平方和**（error sum of squares，ESS）或**残差平方和**（residual sum of squares，RSS）。由于该残差取决于 $\tilde{\boldsymbol{\beta}}$，所以它是 $\tilde{\boldsymbol{\beta}}$ 的函数。$\boldsymbol{\beta}$ 的 OLS 估计值 $\mathbf{b}$ 是最小化下面这个函数的 $\tilde{\boldsymbol{\beta}}$：

$$\mathbf{b}\equiv\underset{\tilde{\boldsymbol{\beta}}}{\operatorname{argmin}}\, SSR(\tilde{\boldsymbol{\beta}}) \qquad (1.2.1)$$

$\boldsymbol{\beta}$（未知的系数向量）、$\mathbf{b}$（未知系数的 OLS 估计值）和 $\tilde{\boldsymbol{\beta}}$（$\boldsymbol{\beta}$ 的假定值）之间的关系在 $K=1$ 时的情况如图 1－1 所示。由于 $SSR(\tilde{\boldsymbol{\beta}})$ 在 $\tilde{\boldsymbol{\beta}}$ 上是二次的，故而它的图像呈 U 形。底下对应的 $\tilde{\boldsymbol{\beta}}$ 值即 OLS 估计值 $\mathbf{b}$。由于它取决于样本（$\mathbf{y}$，$\mathbf{X}$），所以 OLS 估计值 $\mathbf{b}$ 一般而言和真实值 $\boldsymbol{\beta}$ 有所差异；如果 $\mathbf{b}$ 等于 $\boldsymbol{\beta}$，那么这纯属偶然。

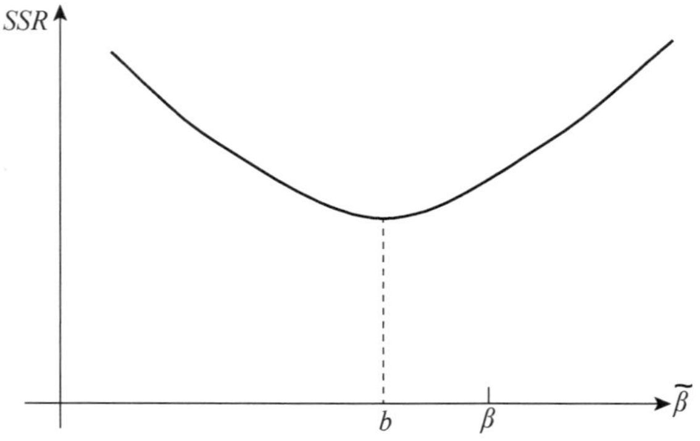

图 1－1　假定值、真实值和估计值

通过在目标函数中取残差平方，这一方法给较大的残差带来了很大的不利影响；选择 OLS 估计值以防止对于若干观测值出现较大的残差，其代价就是对于其他很多观测值来说残差较小。在下一节我们会看到，这种特定的标准为估计带来了某些让人感到满意的性质。

□ 常规方程

求解最小化问题的一种确切方法就是通过令偏导数等于 0 来导出一阶条件。出于这一目的，我们可以找到偏导数的 K 维向量 $\partial SSR(\tilde{\boldsymbol{\beta}})/\partial\tilde{\boldsymbol{\beta}}$。① 通过把 $SSR(\tilde{\boldsymbol{\beta}})$ 写成下式，可以将这个任务变得更为便捷：

$$\begin{aligned} SSR(\tilde{\boldsymbol{\beta}}) &= (\mathbf{y}-\mathbf{X}\tilde{\boldsymbol{\beta}})'(\mathbf{y}-\mathbf{X}\tilde{\boldsymbol{\beta}}) \quad (\text{因为 } \mathbf{y}-\mathbf{X}\tilde{\boldsymbol{\beta}} \text{ 的第 } i \text{ 个元素是 } y_i-\mathbf{x}_i'\tilde{\boldsymbol{\beta}}) \\ &= (\mathbf{y}'-\tilde{\boldsymbol{\beta}}'\mathbf{X}')(\mathbf{y}-\mathbf{X}\tilde{\boldsymbol{\beta}}) \quad (\text{因为} (\mathbf{X}\tilde{\boldsymbol{\beta}})'=\tilde{\boldsymbol{\beta}}'\mathbf{X}') \\ &= \mathbf{y}'\mathbf{y}-\tilde{\boldsymbol{\beta}}'\mathbf{X}'\mathbf{y}-\mathbf{y}'\mathbf{X}\tilde{\boldsymbol{\beta}}+\tilde{\boldsymbol{\beta}}'\mathbf{X}'\mathbf{X}\tilde{\boldsymbol{\beta}} \\ &= \mathbf{y}'\mathbf{y}-2\mathbf{y}'\mathbf{X}\tilde{\boldsymbol{\beta}}+\tilde{\boldsymbol{\beta}}'\mathbf{X}'\mathbf{X}\tilde{\boldsymbol{\beta}} \quad (\text{因为标量} \tilde{\boldsymbol{\beta}}'\mathbf{X}'\mathbf{y} \text{ 等于其转置 } \mathbf{y}'\mathbf{X}\tilde{\boldsymbol{\beta}}) \\ &\equiv \mathbf{y}'\mathbf{y}-2\mathbf{a}'\tilde{\boldsymbol{\beta}}+\tilde{\boldsymbol{\beta}}'\mathbf{A}\tilde{\boldsymbol{\beta}} \quad \text{且有 } \mathbf{a}\equiv\mathbf{X}'\mathbf{y} \text{ 和 } \mathbf{A}\equiv\mathbf{X}'\mathbf{X} \end{aligned} \tag{1.2.2}$$

$\mathbf{y}'\mathbf{y}$ 项不取决于 $\tilde{\boldsymbol{\beta}}$，因此在 $SSR(\tilde{\boldsymbol{\beta}})$ 的微分里可以被忽略。回忆一下线性代数知识可知：

$$\frac{\partial(\mathbf{a}'\tilde{\boldsymbol{\beta}})}{\partial\tilde{\boldsymbol{\beta}}}=\mathbf{a} \quad \text{和} \quad \frac{\partial(\tilde{\boldsymbol{\beta}}'\mathbf{A}\tilde{\boldsymbol{\beta}})}{\partial\tilde{\boldsymbol{\beta}}}=2\mathbf{A}\tilde{\boldsymbol{\beta}}, \quad \mathbf{A} \text{ 是对称的}$$

这个偏导数的 K 维向量是：

$$\frac{\partial SSR(\tilde{\boldsymbol{\beta}})}{\partial\tilde{\boldsymbol{\beta}}}=-2\mathbf{a}+2\mathbf{A}\tilde{\boldsymbol{\beta}}$$

一阶条件可以通过令它等于 0 而获得。我们从中回忆一下式（1.2.2），这里 $\mathbf{a}$ 是 $\mathbf{X}'\mathbf{y}$，$\mathbf{A}$ 是 $\mathbf{X}'\mathbf{X}$，整理之后可以把一阶条件写为：

$$\underset{(K\times K)}{\mathbf{X}'\mathbf{X}}\ \underset{(K\times 1)}{\mathbf{b}}=\mathbf{X}'\mathbf{y} \tag{1.2.3}$$

---

① 如果 h：$\mathbb{R}^K\to\mathbb{R}$ 是 K 维向量 $\mathbf{x}$ 的标量值函数，h 对 $\mathbf{x}$ 的导数是一个 K 维向量，其第 k 个元素为 $\partial h(\mathbf{x})/\partial x_k$，这里 x_k 是 x 的第 k 个元素。（这个 K 维向量被称为**梯度**（gradient）。）文中的 $\mathbf{x}$ 是 $\tilde{\boldsymbol{\beta}}$，函数 $h(\mathbf{x})$ 是 $SSR(\tilde{\boldsymbol{\beta}})$。

这里我们用 $\mathbf{b}$ 代替 $\widetilde{\boldsymbol{\beta}}$，因为 OLS 估计值 $\mathbf{b}$ 是满足一阶条件的 $\widetilde{\boldsymbol{\beta}}$。这 K 个方程被称为**常规方程**（normal equations）。

在 $\widetilde{\boldsymbol{\beta}}=\mathbf{b}$ 处估计得到的残差向量，

$$\underset{(n\times 1)}{\mathbf{e}} \equiv \mathbf{y}-\mathbf{X}\mathbf{b} \tag{1.2.4}$$

被称为 OLS 残差向量。其第 i 个元素即 $e_i \equiv y_i - \mathbf{x}_i'\mathbf{b}$。整理式（1.2.3）可以得到：

$$\mathbf{X}'(\mathbf{y}-\mathbf{X}\mathbf{b})=\mathbf{0} \quad 或 \quad \mathbf{X}'\mathbf{e}=\mathbf{0} \quad 或$$

$$\frac{1}{n}\sum_{i=1}^{n}\mathbf{x}_i \cdot e_i=\mathbf{0} \quad 或 \quad \frac{1}{n}\sum_{i=1}^{n}\mathbf{x}_i \cdot (y_i-\mathbf{x}_i'\mathbf{b})=\mathbf{0} \tag{1.2.3$'$}$$

这表明这些常规方程可以被解释为正交条件 $\mathrm{E}(\mathbf{x}_i \cdot \varepsilon_i)=\mathbf{0}$ 的样本对应物。在后续章节中，这一点还将得到更加深入的探讨。

需要指出的是，一阶条件只是最小化问题的必要条件，为了确保 $\mathbf{b}$ 取得了最小值而不是最大值，我们还需要检查二阶条件。那些熟悉多变量函数海塞矩阵①的读者马上会意识到二阶条件一定会被满足，因为（正如下文所示）$\mathbf{X}'\mathbf{X}$ 是正定的。不过，我们还有更为直接的方法来证明 $\mathbf{b}$ 的确取得了最小值。它利用了“加减”策略，比如，这里，当目标函数是二次的时，它是很有用的。我们把将这一策略运用于最小二乘的代数表达并留作一个分析性习题。

□ OLS 估计量的两种表达

这样我们就已经得到了一个 K 元线性联立方程组，未知数 $\mathbf{b}$ 有 K 个。根据假设 1.3（无多重共线性），系数矩阵 $\mathbf{X}'\mathbf{X}$ 是正定的（见复习题 1，要求你证明这一点），因此是非退化的。故而这些常规方程可以通过对式（1.2.3）两边左乘 $(\mathbf{X}'\mathbf{X})^{-1}$ 而求解得到唯一的 $\mathbf{b}$：

$$\mathbf{b}=(\mathbf{X}'\mathbf{X})^{-1}\mathbf{X}'\mathbf{y} \tag{1.2.5}$$

式（1.2.5）常被视为（$\mathbf{y}$，$\mathbf{X}$）的函数，有时被称为 **OLS 估计量**（OLS estimator）。对于任一给定的样本（$\mathbf{y}$，$\mathbf{X}$），这个函数的值就是 **OLS 估计值**（OSL estimate）。本书和绝大多数其他教科书一样，对这两个术语几乎是互换使用的。

由于 $(\mathbf{X}'\mathbf{X})^{-1}\mathbf{X}'\mathbf{y}=(\mathbf{X}'\mathbf{X}/n)^{-1}\mathbf{X}'\mathbf{y}/n$，OLS 估计量也可以被写为：

$$\mathbf{b}=\mathbf{S}_{\mathbf{xx}}^{-1}\mathbf{s}_{\mathbf{xy}} \tag{1.2.5$'$}$$

这里

$$\mathbf{S}_{\mathbf{xx}}=\frac{1}{n}\mathbf{X}'\mathbf{X}=\frac{1}{n}\sum_{i=1}^{n}\mathbf{x}_i\mathbf{x}_i' \quad (\mathbf{x}_i\mathbf{x}_i'\text{的样本平均值}) \tag{1.2.6a}$$

$$\mathbf{s}_{\mathbf{xy}}=\frac{1}{n}\mathbf{X}'\mathbf{y}=\frac{1}{n}\sum_{i=1}^{n}\mathbf{x}_i \cdot y_i \quad (\mathbf{x}_i \cdot y_i\text{ 的样本平均值}) \tag{1.2.6b}$$

数据矩阵形式（1.2.5）对于发展有限样本结果是非常方便的，而样本平均值形式（1.2.5′）对于大样本理论是可以利用的形式。

---

① $h(\mathbf{x})$ 的**海塞矩阵**（Hessian matrix）是一个方阵，其第（k，l）个元素为 $\partial^2 h(\mathbf{x})/\partial x_k \partial x_l$。

□ 更多概念和代数知识

推导出系数向量的 OLS 估计量之后，我们就可以定义一些相关的概念。

- 观测值 i 的**拟合值**（fitted value）被定义为 $\hat{y}_i \equiv \mathbf{x}_i'\mathbf{b}$，拟合值向量 $\hat{\mathbf{y}}$ 等于 $\mathbf{Xb}$。这样一来，OLS 残差的向量可以写成 $\mathbf{e}=\mathbf{y}-\hat{\mathbf{y}}$。
- **投射矩阵 P**（projection matrix **P**）和**零化子 M**（annihilator **M**）被定义为：

$$\underset{(n\times n)}{\mathbf{P}} \equiv \mathbf{X}(\mathbf{X}'\mathbf{X})^{-1}\mathbf{X}' \tag{1.2.7}$$

$$\underset{(n\times n)}{\mathbf{M}} \equiv \mathbf{I}_n-\mathbf{P} \tag{1.2.8}$$

它们具有以下这些极为漂亮的性质（有一道复习题需要证明这一点）：

$\mathbf{P}$ 和 $\mathbf{M}$ 都是对称矩阵和幂等矩阵① (1.2.9)

$\mathbf{PX}=\mathbf{X}$ （因此称为**投射**(projection)矩阵） (1.2.10)

$\mathbf{MX}=\mathbf{0}$ （因此称为**零化子**(annihilator)） (1.2.11)

由于 $\mathbf{e}$ 是在 $\tilde{\boldsymbol{\beta}}=\mathbf{b}$ 处的残差向量，所以 OLS 残差平方和 SSR 等于 $\mathbf{e}'\mathbf{e}$。它可以被进一步写为：

$$SSR=\mathbf{e}'\mathbf{e}=\boldsymbol{\varepsilon}'\mathbf{M}\boldsymbol{\varepsilon} \tag{1.2.12}$$

（有一道复习题需要证明这一点。）这个表达式将 SSR 与真实误差项 $\boldsymbol{\varepsilon}$ 联系了起来，将来会用得上。

- σ^2（误差项的方差）的 OLS 估计值标示为 s^2，是由残差平方和除以 $n-K$ 得到的：

$$s^2 \equiv \frac{SSR}{n-K}=\frac{\mathbf{e}'\mathbf{e}}{n-K} \tag{1.2.13}$$

（这个定义预设了 $n>K$；否则，s^2 就不是良好定义的。诚如我们将在后文命题 1.2 中将看到的那样，用 $n-K$（被称为**自由度**（degrees of freedom））而不是用 n（样本量）去除残差平方和，可以让这个估计值对于 σ^2 是无偏的。直观的原因是，在取得用于计算 s^2 的残差向量 $\mathbf{e}$ 之前需要估计 K 个参数（$\boldsymbol{\beta}$）。更为具体地来说，$\mathbf{e}$ 必须满足这 K 个常规方程（1.2.3′），这限制了残差的可变性。

- s^2 的平方根 s 被称为**回归标准误**（standard error of the regression，SER）或**回归方程标准误**（standard error of the equation，SEE）。它是误差项标准离差的一个估计值。
- **抽样误差**（sampling error）被定义为 $\mathbf{b}-\boldsymbol{\beta}$。它与 $\boldsymbol{\varepsilon}$ 的联系如下：

$$\begin{aligned}\mathbf{b}-\boldsymbol{\beta} &= (\mathbf{X}'\mathbf{X})^{-1}\mathbf{X}'\mathbf{y}-\boldsymbol{\beta} \quad \text{（根据式(1.2.5)）}\\ &= (\mathbf{X}'\mathbf{X})^{-1}\mathbf{X}'(\mathbf{X}\boldsymbol{\beta}+\boldsymbol{\varepsilon})-\boldsymbol{\beta} \quad \text{（因为根据假设 1.1 有 }\mathbf{y}=\mathbf{X}\boldsymbol{\beta}+\boldsymbol{\varepsilon}\text{）}\\ &= (\mathbf{X}'\mathbf{X})^{-1}(\mathbf{X}'\mathbf{X})\boldsymbol{\beta}+(\mathbf{X}'\mathbf{X})^{-1}\mathbf{X}'\boldsymbol{\varepsilon}-\boldsymbol{\beta}\\ &= \boldsymbol{\beta}+(\mathbf{X}'\mathbf{X})^{-1}\mathbf{X}'\boldsymbol{\varepsilon}-\boldsymbol{\beta}=(\mathbf{X}'\mathbf{X})^{-1}\mathbf{X}'\boldsymbol{\varepsilon}\end{aligned} \tag{1.2.14}$$

---

① 如果有 $\mathbf{A}=\mathbf{A}^2$，则方阵 $\mathbf{A}$ 被称为是幂等的。

● **非中心化 R^2**。对因变量变异性的一种测度指标是其平方和 $\sum y_i^2 = \mathbf{y}'\mathbf{y}$。因为 OLS 残差要被选出以满足常规方程，所以我们就有了对 $\mathbf{y}'\mathbf{y}$ 的以下分解：

$$\begin{aligned}\mathbf{y}'\mathbf{y} &= (\hat{\mathbf{y}}+\mathbf{e})'(\hat{\mathbf{y}}+\mathbf{e}) \quad (\text{因为 } \mathbf{e}=\mathbf{y}-\hat{\mathbf{y}}) \\ &= \hat{\mathbf{y}}'\hat{\mathbf{y}}+2\hat{\mathbf{y}}'\mathbf{e}+\mathbf{e}'\mathbf{e} \\ &= \hat{\mathbf{y}}'\hat{\mathbf{y}}+2\mathbf{b}'\mathbf{X}'\mathbf{e}+\mathbf{e}'\mathbf{e} \quad (\text{因为 } \hat{\mathbf{y}}\equiv\mathbf{X}\mathbf{b}) \\ &= \hat{\mathbf{y}}'\hat{\mathbf{y}}+\mathbf{e}'\mathbf{e} \quad (\text{因为根据常规方程有 } \mathbf{X}'\mathbf{e}=\mathbf{0}\text{；参看式}(1.2.3')) \end{aligned} \tag{1.2.15}$$

这个**非中心化 R^2**（uncentered R^2）可以被定义为：

$$R_{uc}^2 \equiv 1-\frac{\mathbf{e}'\mathbf{e}}{\mathbf{y}'\mathbf{y}} \tag{1.2.16}$$

根据式（1.2.15）的分解，这等于：

$$\frac{\hat{\mathbf{y}}'\hat{\mathbf{y}}}{\mathbf{y}'\mathbf{y}}$$

由于 $\hat{\mathbf{y}}'\hat{\mathbf{y}}$ 和 $\mathbf{e}'\mathbf{e}$ 都是非负的，故有 $0\leqslant R_{uc}^2\leqslant 1$。这样一来，非中心化 R^2 可以解释为因变量变异性中可归因为解释变量变异性的比例。拟合值越接近因变量，非中心化 R^2 就越接近 1。

● **（中心化）R^2，判定系数**。如果只有一个回归元还是常数（因此 $K=1$ 且 $x_{i1}=1$），那么很容易可以从式（1.2.5）中看出 $\mathbf{b}$ 等于因变量的样本均值 $\bar{y}$，这意味着对于所有的 i 有 $\hat{y}_i=\bar{y}$，式（1.2.15）中的 $\hat{\mathbf{y}}'\hat{\mathbf{y}}$ 等于 $n\bar{y}^2$，而 $\mathbf{e}'\mathbf{e}$ 等于 $\sum_i (y_i-\bar{y})^2$。如果回归元还包括非常数变量，那么可以证明（这个证明留作一个分析性习题）$\sum_i (y_i-\bar{y})^2$ 可被分解为：

$$\sum_{i=1}^{n}(y_i-\bar{y})^2 = \sum_{i=1}^{n}(\hat{y}_i-\bar{y})^2+\sum_{i=1}^{n}e_i^2,\ \bar{y}\equiv\frac{1}{n}\sum_{i=1}^{n}y_i \tag{1.2.17}$$

判定系数（coefficient of determination）R^2 被定义为：

$$R^2 \equiv 1-\frac{\sum_{i=1}^{n}e_i^2}{\sum_{i=1}^{n}(y_i-\bar{y})^2} \tag{1.2.18}$$

根据分解式（1.2.17），这个 R^2 等于：

$$\frac{\sum_{i=1}^{n}(\hat{y}_i-\bar{y})^2}{\sum_{i=1}^{n}(y_i-\bar{y})^2}$$

因此，只要回归元包含一个常数项，那么分解式（1.2.17）就是有效的，$0\leqslant R^2\leqslant 1$。这样一来，式（1.2.18）所定义的 R^2 就是对非常数回归元的解释力的一个测度。

如果回归元不包括常数项，而（正如有些回归软件包所做的那样）仍然可以根据公式（1.2.18）计算出 R^2，那么这个 R^2 可能会是负的。这是因为失去了截距项的优势，回归所能做的要比通过追踪因变量取值而得到的样本均值还要差。另外，当不包含常数项时，一些其他的回归软件包（著名的有 Stata）会转而用公式（1.2.16）来求这个

R^2，这就是为了避免 R^2 取负值。但这仍然是喜忧参半的。假定回归元不包括常数项，而是回归元的线性组合等于常数的这种情况。比如说，截距项由季节虚拟变量所取代。① 当线性组合中的一个回归元被一个常数项取代时，回归基本上是相同的。的确，我们应该可以获得拟合值的相同向量。但如果计算 R^2 的公式是没有常数项的式（1.2.16）和有常数项的式（1.2.18），那么在被常数项取代之后计算出来的 R^2 就会下降（参看后面的复习题 7）。

□ 影响分析（选读）

由于最小二乘方法试图以产生很多相对较小的残差的代价而阻止一些较大残差的出现，所以只有若干观测值可以具有极端的影响力，所谓极端影响力是指将它们从样本中移除会切实改变 $\mathbf{b}$ 的某些元素。有一种系统性的方法可以用来找出那些**异常观测值**（influential observations）。② 令 $\mathbf{b}^{(i)}$ 为 $\boldsymbol{\beta}$ 的 OLS 估计值，如果将 OLS 用于忽略第 i 个观测值的样本，就可以得到 $\mathbf{b}^{(i)}$ 了。这个重要的方程是：

$$\mathbf{b}^{(i)}-\mathbf{b}=-\left(\frac{1}{1-p_i}\right)(\mathbf{X}'\mathbf{X})^{-1}\mathbf{x}_i\cdot e_i \tag{1.2.19}$$

这里 $\mathbf{x}_i$ 和之前一样是 $\mathbf{X}$ 的第 i 行，e_i 是观测值 i 的 OLS 残差，而 p_i 被定义为：

$$p_i \equiv \mathbf{x}_i'(\mathbf{X}'\mathbf{X})^{-1}\mathbf{x}_i \tag{1.2.20}$$

它是投射矩阵 $\mathbf{P}$ 的第 i 个对角线元素。（证明式（1.2.19）将会是矩阵代数中一个很好的练习，但这里我们就不证明了。）可以很容易证明（参见 1.3 节的复习题 7）：

$$0\leqslant p_i\leqslant 1 \quad 和 \quad \sum_{i=1}^{n}p_i=K \tag{1.2.21}$$

因此 p_i 平均而言等于 K/n。

为了在一个具体的例子中对式（1.2.19）的运用予以说明，我们来看世界上最贫穷的国家 1960—1985 年间设备投资和经济增长的关系。图 1－2 给出了 1960—1985 年间平均每年劳均 GDP 增长，以及在 1965 年劳均 GDP 不足美国 10%的 13 个国家同一时期设备投资对 GDP 的比值。③ 从这幅图中显然可以看出，估计回归线的位置严重依赖于单个异常值（博茨瓦纳）。实际上，如果将博茨瓦纳从样本中移除，估计的斜率就会从 0.37 降到 0.058. 在当前这个简单回归的例子里，很容易通过画出图 1－2 来得到异常值。而如果有超过一个的非常数回归元，这个办法就无效了。建立在式（1.2.19）上的分析并不局限于简单回归。表 1－1 给出了 OLS 残差、p_i 值以及每个观测值下式（1.2.19）的数据。博茨瓦纳的 p_i 是 0.719 6，远高于平均值 0.154（$=K/n=2/13$），具有高度的**影响力**（influential），该表最后两列已经显示出了这一点。值得注意的是，我们不能通过检查残差来探知到异常观测值，原因也在意料之中，即最小二乘代数学是用来避免较大残差的，而其代价是在其他观测值上会出现很多较小的残差。

① 虚拟变量（dummy variables）在本章经验研究习题中介绍。

② 更多细节可参见 Krasker，Kuh 和 Welsch（1983）。

③ 这份数据来自 Penn World Table，见 DeLong 和 Summers（1991）。值得称道的是，他们的分析是建立在 61 个国家的全部样本之上的。

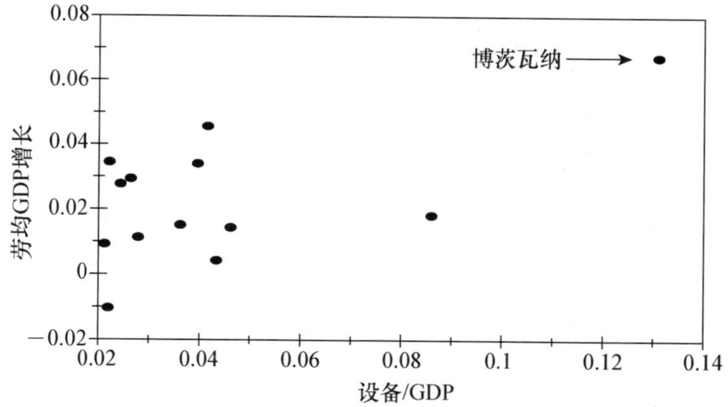

图 1－2　设备投资和增长

表 1－1　影响分析

国别	劳均 GDP 增长	设备/GDP	残差	p_i	式（1.2.19）下的 β_1	式（1.2.19）下的 β_2
博茨瓦纳	0.067 6	0.131 0	0.011 9	0.719 6	0.010 4	−0.312 4
喀麦隆	0.045 8	0.041 5	0.023 3	0.077 3	−0.002 1	0.004 5
埃塞俄比亚	0.009 4	0.021 2	−0.005 6	0.119 3	0.001 0	−0.011 9
印度	0.011 5	0.027 8	−0.005 9	0.098 0	0.000 9	−0.008 7
印度尼西亚	0.034 5	0.022 1	0.019 2	0.11 60	−0.003 4	0.039 4
科特迪瓦	0.027 8	0.024 3	0.011 7	0.108 4	−0.001 9	0.021 3
肯尼亚	0.014 6	0.046 2	−0.009 6	0.077 5	0.000 7	0.002 3
马达加斯加	−0.010 2	0.021 9	−0.025 4	0.116 7	0.004 5	−0.052 7
马拉维	0.015 3	0.036 1	−0.005 2	0.081 7	0.000 6	−0.003 6
马里	0.004 4	0.043 3	−0.018 8	0.076 9	0.001 6	−0.000 6
巴基斯坦	0.029 5	0.026 3	0.012 6	0.102 2	−0.002 0	0.020 5
坦桑尼亚	0.018 4	0.086 0	−0.020 6	0.228 1	−0.002 1	0.095 2
泰国	0.034 1	0.039 5	0.012 3	0.078 4	−0.001 2	0.004 7

应该怎样处理异常观测值呢？这要根据具体情况而定。如果异常观测值满足回归模型，它们就可以为我们提供有关回归函数有价值的信息，而这个回归函数在该样本剩下的观测值中是无法得到的，那么这样的异常观测值应该在样本中予以保留。但更可能的情况是，异常观测值在样本中剩下的观测值中非常不具有代表性，因为它们不能满足该模型。在这种情况下，应该从样本中移除它们。在刚才检验过的那个例子中，在所探讨的时期内全世界在钻石的需求上有一个普遍的增加，而这正是博茨瓦纳主要的出口品，同时钻石生产又需要投资大量的钻探设备。如果预期是这个原因将经济增长和设备投资联系了起来，那么它对于通过设备引入新技术从而提高生产效率有极其有益的影响，由此可知，因为博茨瓦纳的高 GDP 增长是需求引致的，故而应当从样本中移除。

□ 关于计算 OLS 估计值的一个注记[①]

到目前为止，我们一直将注意力集中在最小二乘代数学的概念方面。而对于那些使用计算机来计算 OLS 估计值的实际研究人员而言，重要的是要认识到计算机的某个方面，以避免由于不了解这个方面而得到不可靠的估计值的风险。潜在问题的根源在于，计算机通过**浮点数值**（floating-point numbers）来逼近真实数值。当一种算法既包含很大的数值又包括很小的数值时，浮点计算会产生不准确的结果。当回归元在数量级上差别巨大时，在对 OLS 估计值的计算中这一点就显得很重要了。例如，一个回归元可能是表示为比例值的利率，另一个回归元可能是以美元计的美国 GDP。那么，矩阵 $\mathbf{X}'\mathbf{X}$ 就既包含非常小的数值，也包含非常大的数值，而计算机转化这个矩阵的算法会给出不可靠的结果。

对于这一问题有一个简单的解决办法，那就是选择好测量单位，以便回归元在量级上是相似的。例如，将利率用百分比表示，将美国 GDP 用十亿美元计，就可以解决上述问题了。这样的细心处理在大部分时候可以防止上述问题的发生。$\mathbf{X}$ 矩阵更为系统的转换是减去所有回归元的样本均值，再在形成 $\mathbf{X}'\mathbf{X}$ 前用样本标准差去除（并且调整 OLS 估计值来消除这一转换）。大部分 OLS 程序（诸如 TSP）往往采用关于 $\mathbf{X}$ 矩阵的更为精致的转换（称之为 **QR 分解**（QR decomposition））来产生准确的结果。

复习题

1. 证明：如果 $\mathbf{X}$ 是列满秩的，则 $\mathbf{X}'\mathbf{X}$ 是正定的。提示：所需证明的是对于 $\mathbf{c}\neq\mathbf{0}$ 有 $\mathbf{c}'\mathbf{X}'\mathbf{X}\mathbf{c}>0$。定义 $\mathbf{z}\equiv\mathbf{X}\mathbf{c}$。那么，$\mathbf{c}'\mathbf{X}'\mathbf{X}\mathbf{c}=\mathbf{z}'\mathbf{z}=\sum_{k=1}^{K} z_i^2$ 。如果 $\mathbf{X}$ 是列满秩的，则对于任一 $\mathbf{c}\neq\mathbf{0}$ 有 $\mathbf{z}\neq\mathbf{0}$。

2. 证明式（1.2.6）中的 $\mathbf{X}'\mathbf{X}/n=\frac{1}{n}\sum_i \mathbf{x}_i\mathbf{x}_i'$ 和 $\mathbf{X}'\mathbf{y}/n=\frac{1}{n}\sum_i \mathbf{x}_i\cdot y_i$ 。**提示：**$\mathbf{X}'\mathbf{X}$ 的第（k，l）个元素为 $\sum_i x_{ik}x_{il}$ 。

3.（样本回归模型的 OLS 估计量）在简单回归模型中，$K=2$，$x_{i1}=1$。证明：

$$\mathbf{S_{xx}}=\begin{bmatrix}1 & \bar{x}_2\\ \bar{x}_2 & \frac{1}{n}\sum_{i=1}^{n}x_{i2}^2\end{bmatrix},\ \mathbf{S_{xy}}=\begin{bmatrix}\bar{y}\\ \frac{1}{n}\sum_{i=1}^{n}x_{i2}y_i\end{bmatrix}$$

这里：

$$\bar{y}\equiv\frac{1}{n}\sum_{i=1}^{n}y_i \quad 以及 \quad \bar{x}_2\equiv\frac{1}{n}\sum_{i=1}^{n}x_{i2}$$

证明：

$$b_2=\frac{\frac{1}{n}\sum_{i=1}^{n}(x_{i2}-\bar{x}_2)(y_i-\bar{y})}{\frac{1}{n}\sum_{i=1}^{n}(x_{i2}-\bar{x}_2)^2} \quad 以及 \quad b_1=\bar{y}-\bar{x}_2 b_2$$

（你可能意识到了该 b_2 表达式中的分母是非参数回归元的样本方差，而分子是非参数和因变量之间的样本协方差。）**提示：**

---

① 对这个专题更为完整的处理，可以参见 Davidson 和 MacKinnon（1993，1.5 节）。

$$\frac{1}{n}\sum_{i=1}^{n}x_{i2}^2-(\bar{x}_2)^2=\frac{1}{n}\sum_{i=1}^{n}(x_{i2}-\bar{x}_2)^2$$

以及

$$\frac{1}{n}\sum_{i=1}^{n}x_{i2}y_i-\bar{x}_2\bar{y}=\frac{1}{n}\sum_{i=1}^{n}(x_{i2}-\bar{x}_2)(y_i-\bar{y})$$

你可以取式（1.2.5′）并运用逆矩阵的强大作用做到这一点。另一种方式是写出这两个常规方程。第一个常规方程是 $b_1=\bar{y}-\bar{x}_2b_2$。将此代入第二个常规方程以消去 b_1，然后解出 b_2。

4. 证明式（1.2.9）至式（1.2.11）。**提示：**它们应该很容易从 **P** 和 **M** 的定义中得出。

5.（拟合值和残差的矩阵代数）证明：

(a) $\hat{\mathbf{y}}=\mathbf{Py}$，$\mathbf{e}=\mathbf{My}=\mathbf{M}\boldsymbol{\varepsilon}$。**提示：**运用式（1.2.5）。

(b) 式（1.2.12），即 $SSR=\boldsymbol{\varepsilon}'\mathbf{M}\boldsymbol{\varepsilon}$。

6.（单位的改变和 R^2）因变量测量单位的改变会改变 R^2 吗？回归元测量单位的改变会改变 R^2 吗？**提示：**检查改变是否影响 R^2 定义中的分母和分子。

7.（R_{uc}^2 和 R^2 之间的关系）证明：

$$1-R^2=\left(1+\frac{n\cdot\bar{y}^2}{\sum_{i=1}^{n}(y_i-\bar{y})^2}\right)(1-R_{uc}^2)$$

提示：运用式（1.2.16）、式（1.2.18）以及恒等式 $\sum_i(y_i-\bar{y})^2=\sum_i y_i^2-n\cdot\bar{y}^2$。

8. 证明：

$$R_{uc}^2=\frac{\mathbf{y}'\mathbf{Py}}{\mathbf{y}'\mathbf{y}}$$

9.（统计量的计算）证明 **b**，SSR，s^2 和 R^2 可以从下面的样本平均值中计算出来：$\mathbf{S_{xx}}$，$\mathbf{s_{xy}}$，$\mathbf{y}'\mathbf{y}/n$ 和 $\bar{y}$。（如果回归元包括常数项，那么 $\bar{y}$ 是对应于该常数项的 $\mathbf{s_{xy}}$ 的元素。）因此，为了取得回归系数和相关的统计量，那些样本平均值只需计算一次。

1.3 OLS 的有限样本性质

推导了 OLS 估计量之后，我们现在终于可以检视一下其有限样本性质了，即对于任意给定的样本规模 n 有效的估计量的分布的特征。

□ b 的有限样本分布

命题 1.1（$\boldsymbol{\beta}$ 的 OLS 估计量的有限样本性质）：

(a)（无偏性） 在假设 1.1 至假设 1.3 下，有 $\mathrm{E}(\mathbf{b}\mid\mathbf{X})=\boldsymbol{\beta}$。

(b)（方差的数学表达式） 在假设 1.1 至假设 1.4 下，有 $\mathrm{Var}(\mathbf{b}\mid\mathbf{X})=\sigma^2\cdot(\mathbf{X}'\mathbf{X})^{-1}$。

(c)（高斯-马尔可夫定理） 在假设 1.1 至假设 1.4 下，OLS 估计量在线性无偏估计量族中是**有效的**（efficient）。也就是说，对于任一线性于 **y** 的无偏估计量 $\hat{\boldsymbol{\beta}}$，在矩阵意义上有 $\mathrm{Var}(\hat{\boldsymbol{\beta}}\mid\mathbf{X})\geqslant\mathrm{Var}(\mathbf{b}\mid\mathbf{X})$。①

① 令 **A** 和 **B** 是同样规模的两个方阵。如果 **A**－**B** 是半正定的，则有 **A**⩾**B**；如果对于所有 K 维向量 **x** 有 $\mathbf{x}'\mathbf{Cx}\geqslant 0$，则 $K\times K$ 矩阵 **C** 称为半正定的（或非负定的）。

（d）在假设1.1至假设1.4下，$\text{Cov}(\mathbf{b}, \mathbf{e} \mid \mathbf{X})=\mathbf{0}$，其中 $\mathbf{e} \equiv \mathbf{y}-\mathbf{X}\mathbf{b}$。

在进行证明之前，我们先澄清一下这一命题的意义。

● （c）部分中的矩阵不等式是说，该 $K \times K$ 矩阵 $\text{Var}(\hat{\boldsymbol{\beta}} \mid \mathbf{X})-\text{Var}(\mathbf{b} \mid \mathbf{X})$ 是半正定的，所以

$$\mathbf{a}'[\text{Var}(\hat{\boldsymbol{\beta}} \mid \mathbf{X})-\text{Var}(\mathbf{b} \mid \mathbf{X})]\mathbf{a} \geqslant 0 \quad \text{或} \quad \mathbf{a}'\text{Var}(\hat{\boldsymbol{\beta}} \mid \mathbf{X})\mathbf{a} \geqslant \mathbf{a}'\text{Var}(\mathbf{b} \mid \mathbf{X})\mathbf{a}$$

对于任一 K 维向量 $\mathbf{a}$ 而言，上式都成立。特别的，我们来看一个特殊的向量，除了第 k 个元素等于1之外，其他元素都为0。对于这个特别的向量 $\mathbf{a}$ 来说，其二次型 $\mathbf{a}'\mathbf{A}\mathbf{a}$ 恰恰是 $\mathbf{A}$ 的第（k，k）个元素。但是比如 $\text{Var}(\hat{\boldsymbol{\beta}} \mid \mathbf{X})$ 的第（k，k）个元素是 $\text{Var}(\hat{\beta}_k \mid \mathbf{X})$，这里 $\hat{\beta}_k$ 是 $\hat{\boldsymbol{\beta}}$ 的第 k 个元素。从而（c）中的矩阵不等式表明：

$$\text{Var}(\hat{\beta}_k \mid \mathbf{X}) \geqslant \text{Var}(b_k \mid \mathbf{X}) \quad (k=1,2,\cdots,K) \tag{1.3.1}$$

也就是说，对于任一回归系数，OLS估计量的方差和任一其他线性无偏估计量的方差一样大。

● 式（1.2.5）清楚地告诉我们，OLS估计量是线性于 $\mathbf{y}$ 的。$\boldsymbol{\beta}$ 还有很多其他线性无偏的估计量（在后面的复习题中要求你举出一例）。高斯-马尔可夫定理告诉我们，OLS估计量在以下意义上是有效的：其条件方差矩阵 $\text{Var}(\mathbf{b} \mid \mathbf{X})$ 在所有线性无偏估计量中最小。出于这一原因，OLS估计量被称为最优线性无偏估计量（best linear unbiased estimator，BLUE）。

● OLS估计量 $\mathbf{b}$ 是样本（$\mathbf{y}$，$\mathbf{X}$）的函数。由于（$\mathbf{y}$，$\mathbf{X}$）是随机的，所以 $\mathbf{b}$ 也是随机的。现在假设我们将 $\mathbf{X}$ 固定取某个给定的值，计算在所有样本中对应于所有可能的 $\mathbf{y}$ 值的 $\mathbf{b}$，并取 $\mathbf{b}$ 的平均值（本章关于蒙特卡罗的那道练习要求你做到这一点）。这个平均值是（总体）条件均值 $\text{E}(\mathbf{b} \mid \mathbf{X})$。（a）部分（无偏性）是说，这一平均值等于真实值 $\boldsymbol{\beta}$。

● 还有另外一个无偏性的概念，它比（a）部分的无偏性要弱一些。根据总期望法则，$\text{E}[\text{E}(\boldsymbol{b} \mid \mathbf{X})]=\text{E}(\mathbf{b})$。因此，（a）意味着：

$$\text{E}(\mathbf{b})=\boldsymbol{\beta} \tag{1.3.2}$$

也就是说，如果我们为所有可能的不同样本计算 $\mathbf{b}$，由于不仅 $\mathbf{y}$ 不相同，$\mathbf{X}$ 亦如此，所以该平均值就会是真实值。这个非条件陈述可能在经济学中更有用武之地，因为样本通常在 $\mathbf{y}$ 和 $\mathbf{X}$ 上都是有差异的。条件陈述（a）的重要性在于它蕴涵了无条件陈述式（1.3.2），而这个陈述用途更为广泛。

● 对于有关方差的条件陈述（c）也有同样的结论。后面的复习题要求你证明，陈述（a）和（b）表明：

$$\text{Var}(\hat{\boldsymbol{\beta}}) \geqslant \text{Var}(\mathbf{b})$$

这里 $\hat{\boldsymbol{\beta}}$ 是线性无偏估计量（因此有 $\text{E}(\hat{\boldsymbol{\beta}} \mid \mathbf{X})=\boldsymbol{\beta}$）。

我们现在可以给出这一重要结论的证明过程了。该证明可能看起来有点冗长；如果确有此感，那么只是因为它详尽记录了每一步骤，但实际上还是比较容易的。第一次阅读时，你可以跳过对（c）部分的证明。对（d）的证明留作复习题。

证明：

（a）（证明 $\text{E}(\mathbf{b} \mid \mathbf{X})=\boldsymbol{\beta}$）只要 $\text{E}(\mathbf{b} \mid \mathbf{X})=\boldsymbol{\beta}$，则有 $\text{E}(\mathbf{b}-\boldsymbol{\beta} \mid \mathbf{X})=\mathbf{0}$。因此我们来证

明前者。根据抽样误差表达式（1.2.14），有 $\mathbf{b}-\boldsymbol{\beta}=\mathbf{A}\boldsymbol{\varepsilon}$，这里 $\mathbf{A}$ 为 $(\mathbf{X}'\mathbf{X})^{-1}\mathbf{X}'$。因此有

$$\mathrm{E}(\mathbf{b}-\boldsymbol{\beta}|\mathbf{X})=\mathrm{E}(\mathbf{A}\boldsymbol{\varepsilon}|\mathbf{X})=\mathbf{A}\mathrm{E}(\boldsymbol{\varepsilon}|\mathbf{X})$$

此处根据条件期望的线性性可知第二个等式成立；$\mathbf{A}$ 是 $\mathbf{X}$ 的函数，因此可以被看成好像是非随机的。由于 $\mathrm{E}(\boldsymbol{\varepsilon}\mid\mathbf{X})=\mathbf{0}$，所以最后一个式子为 0。

（b）（证明 $\mathrm{Var}(\mathbf{b}\mid\mathbf{X})=\sigma^2\cdot(\mathbf{X}'\mathbf{X})^{-1}$）

$$\begin{aligned}\mathrm{Var}(\mathbf{b}|\mathbf{X})&=\mathrm{Var}(\mathbf{b}-\boldsymbol{\beta}|\mathbf{X})\quad(\text{因为 }\boldsymbol{\beta}\text{ 是非随机的})\\&=\mathrm{Var}(\mathbf{A}\boldsymbol{\varepsilon}|\mathbf{X})\quad(\text{根据式}(1.2.14)\text{和 }\mathbf{A}\equiv(\mathbf{X}'\mathbf{X})^{-1}\mathbf{X}')\\&=\mathbf{A}\mathrm{Var}(\boldsymbol{\varepsilon}|\mathbf{X})\mathbf{A}'\quad(\text{因为 }\mathbf{A}\text{ 是 }\mathbf{X}\text{ 的函数})\\&=\mathbf{A}\mathrm{E}(\boldsymbol{\varepsilon}\boldsymbol{\varepsilon}'|\mathbf{X})\mathbf{A}'\quad(\text{根据假设 1.2})\\&=\mathbf{A}(\sigma^2\mathbf{I}_n)\mathbf{A}'\quad(\text{根据假设 1.4,参看式}(1.1.14))\\&=\sigma^2\mathbf{A}\mathbf{A}'\\&=\sigma^2\cdot(\mathbf{X}'\mathbf{X})^{-1}\quad(\text{因为 }\mathbf{A}\mathbf{A}'=(\mathbf{X}'\mathbf{X})^{-1}\mathbf{X}'\mathbf{X}(\mathbf{X}'\mathbf{X})^{-1}=(\mathbf{X}'\mathbf{X})^{-1})\end{aligned}$$

（c）（高斯-马尔可夫定理）由于 $\hat{\boldsymbol{\beta}}$ 线性于 $\mathbf{y}$，所以对于某个可能是 $\mathbf{X}$ 函数的矩阵 $\mathbf{C}$ 来说可以将它写成 $\hat{\boldsymbol{\beta}}=\mathbf{C}\mathbf{y}$。令 $\mathbf{D}\equiv\mathbf{C}-\mathbf{A}$ 或 $\mathbf{C}=\mathbf{D}+\mathbf{A}$，这里 $\mathbf{A}\equiv(\mathbf{X}'\mathbf{X})^{-1}\mathbf{X}'$。那么

$$\begin{aligned}\hat{\boldsymbol{\beta}}&=(\mathbf{D}+\mathbf{A})\mathbf{y}=\mathbf{D}\mathbf{y}+\mathbf{A}\mathbf{y}\\&=\mathbf{D}(\mathbf{X}\boldsymbol{\beta}+\boldsymbol{\varepsilon})+\mathbf{b}\quad(\text{因为 }\mathbf{y}=\mathbf{X}\boldsymbol{\beta}+\boldsymbol{\varepsilon}\text{ 和 }\mathbf{A}\mathbf{y}=(\mathbf{X}'\mathbf{X})^{-1}\mathbf{X}'\mathbf{y}=\mathbf{b})\\&=\mathbf{D}\mathbf{X}\boldsymbol{\beta}+\boldsymbol{D}\boldsymbol{\varepsilon}+\mathbf{b}\end{aligned}$$

两边取条件期望，可得：

$$\mathrm{E}(\hat{\boldsymbol{\beta}}|\mathbf{X})=\mathbf{D}\mathbf{X}\boldsymbol{\beta}+\mathrm{E}(\mathbf{D}\boldsymbol{\varepsilon}|\mathbf{X})+\mathrm{E}(\mathbf{b}|\mathbf{X})$$

由于 $\mathbf{b}$ 和 $\hat{\boldsymbol{\beta}}$ 都是无偏的，而且由于 $\mathrm{E}(\mathbf{D}\boldsymbol{\varepsilon}\mid\mathbf{X})=\mathbf{D}\mathrm{E}(\boldsymbol{\varepsilon}\mid\mathbf{X})=\mathbf{0}$，因此可以得到 $\mathbf{D}\mathbf{X}\boldsymbol{\beta}=\mathbf{0}$。若对任一给定的 $\hat{\boldsymbol{\beta}}$，这一点均为真，必须有 $\mathbf{D}\mathbf{X}=\mathbf{0}$。因此 $\hat{\boldsymbol{\beta}}=\mathbf{D}\boldsymbol{\varepsilon}+\mathbf{b}$，并且：

$$\hat{\boldsymbol{\beta}}-\boldsymbol{\beta}=\mathbf{D}\boldsymbol{\varepsilon}+(\mathbf{b}-\boldsymbol{\beta})=(\mathbf{D}+\mathbf{A})\boldsymbol{\varepsilon}\quad(\text{根据式}(1.2.14))$$

故有

$$\begin{aligned}\mathrm{Var}(\hat{\boldsymbol{\beta}}|\mathbf{X})&=\mathrm{Var}(\hat{\boldsymbol{\beta}}-\boldsymbol{\beta}|\mathbf{X})\\&=\mathrm{Var}[(\mathbf{D}+\mathbf{A})\boldsymbol{\varepsilon}|\mathbf{X}]\\&=(\mathbf{D}+\mathbf{A})\mathrm{Var}(\boldsymbol{\varepsilon}|\mathbf{X})(\mathbf{D}'+\mathbf{A}')\\&\qquad(\text{因为 }\mathbf{D}\text{ 和 }\mathbf{A}\text{ 都是 }\mathbf{X}\text{ 的函数})\\&=\sigma^2\cdot(\mathbf{D}+\mathbf{A})(\mathbf{D}'+\mathbf{A}')\quad(\text{因为 }\mathrm{Var}(\boldsymbol{\varepsilon}|\mathbf{X})=\sigma^2\mathbf{I}_n)\\&=\sigma^2\cdot(\mathbf{D}\mathbf{D}'+\mathbf{A}\mathbf{D}'+\mathbf{D}\mathbf{A}'+\mathbf{A}\mathbf{A}')\end{aligned}$$

而且因为 $\mathbf{D}\mathbf{D}=\mathbf{0}$，所以 $\mathbf{D}\mathbf{A}'=\mathbf{D}\mathbf{X}(\mathbf{X}'\mathbf{X})^{-1}=\mathbf{0}$。同样，在（b）中我们已知 $\mathbf{A}\mathbf{A}'=(\mathbf{X}'\mathbf{X})^{-1}$。所以，

$$\begin{aligned}\mathrm{Var}(\hat{\boldsymbol{\beta}}|\mathbf{X})&=\sigma^2\cdot[\mathbf{D}\mathbf{D}'+(\mathbf{X}'\mathbf{X})^{-1}]\\&\geqslant\sigma^2\cdot(\mathbf{X}'\mathbf{X})^{-1}\quad(\text{因为 }\mathbf{D}\mathbf{D}'\text{是半正定的})\\&=\mathrm{Var}(\mathbf{b}|\mathbf{X})\quad(\text{根据(b)})\end{aligned}$$

■

应该予以强调的是，严格外生性假设（假设 1.2）对于证明无偏性是至关重要的。

如果没有严格外生性这一条，我们就什么也证明不了。例如，只是假设对于所有的 i 有 $\mathrm{E}(\varepsilon_i \mid \mathbf{x}_i)=\mathbf{0}$ 或 $\mathrm{E}(\mathbf{x}_i \cdot \varepsilon_i)=\mathbf{0}$ 就略显不足。在 1.1 节我们注意到，大多数时间序列模型即使满足诸如正交条件 $E(\mathbf{x}_i \cdot \varepsilon_i)=\mathbf{0}$ 这种更弱一点的条件，也并不满足严格外生性。由此可知，对于那些模型，OLS 估计量不是无偏的。

□ s^2 的有限样本性质

我们定义了式（1.2.13）中 σ^2 的 OLS 估计量。它也是无偏的。

命题 1.2（s^2 的无偏性）：在假设 1.1 至假设 1.4 下，$\mathrm{E}(s^2 \mid \mathbf{X})=\sigma^2$（而且因此有 $\mathrm{E}(s^2)=\sigma^2$），只要 $n>K$（所以 s^2 是良好定义的）。

我们可以通过运用**迹算子**（trace operator）很轻松地证明这个命题。[①]

证明：由于 $s^2=\mathbf{e}'\mathbf{e}/(n-K)$，所以这个证明可以归结为证 $\mathrm{E}(\mathbf{e}'\mathbf{e} \mid \mathbf{X})=(n-K)\sigma^2$。正如在式（1.2.12）中所示，$\mathbf{e}'\mathbf{e}=\boldsymbol{\varepsilon}'\mathbf{M}\boldsymbol{\varepsilon}$，其中 $\mathbf{M}$ 是零化子。这个证明过程由证明以下两个性质构成：（1）$\mathrm{E}(\boldsymbol{\varepsilon}'\mathbf{M}_{\boldsymbol{\varepsilon}} \mid \mathbf{X})=\sigma^2 \cdot \mathrm{trace}(\mathbf{M})$，（2）$\mathrm{trace}(\mathbf{M})=n-K$。

（1）（证明 $\mathrm{E}(\boldsymbol{\varepsilon}'\mathbf{M}\boldsymbol{\varepsilon} \mid \mathbf{X})=\sigma^2 \cdot \mathrm{trace}(\mathbf{M})$）因为 $\boldsymbol{\varepsilon}'\mathbf{M}\boldsymbol{\varepsilon}=\sum_{i=1}^{n}\sum_{j=1}^{n} m_{ij}\varepsilon_i\varepsilon_j$（这就是写出了二次型 $\boldsymbol{\varepsilon}'\mathbf{M}\boldsymbol{\varepsilon}$），所以我们有：

$$\begin{aligned}
\mathrm{E}(\boldsymbol{\varepsilon}'\mathbf{M}\boldsymbol{\varepsilon} \mid \mathbf{X}) &= \sum_{i=1}^{n}\sum_{j=1}^{n} m_{ij}\mathrm{E}(\varepsilon_i\varepsilon_j \mid \mathbf{X}) \quad (\text{因为 } m_{ij} \text{ 是 } \mathbf{X} \text{ 的函数，} \mathrm{E}(m_{ij}\varepsilon_i\varepsilon_j \mid \mathbf{X}) \\
&\qquad\qquad = m_{ij}\mathrm{E}(\varepsilon_i\varepsilon_j \mid \mathbf{X})) \\
&= \sum_{i=1}^{n} m_{ii}\sigma^2 \quad (\text{因为根据假设 1.4，对于 } i \neq j \text{ 有 } \mathrm{E}(\varepsilon_i\varepsilon_j \mid \mathbf{X}) = \mathbf{0}) \\
&= \sigma^2 \sum_{i=1}^{n} m_{ii} \\
&= \sigma^2 \cdot \mathrm{trace}(\mathbf{M})
\end{aligned}$$

（2）（证明 $\mathrm{trace}(\mathbf{M})=n-K$）

$$\begin{aligned}
\mathrm{trace}(\mathbf{M}) &= \mathrm{trace}(\mathbf{I}_n-\mathbf{P}) \quad (\text{因为 } \mathbf{M} \equiv \mathbf{I}_n-\mathbf{P}\text{；参见式(1.2.8)}) \\
&= \mathrm{trace}(\mathbf{I}_n)-\mathrm{trace}(\mathbf{P}) \quad (\text{迹算子是线性的}) \\
&= n-\mathrm{trace}(\mathbf{P})
\end{aligned}$$

而且

$$\begin{aligned}
\mathrm{trace}(\mathbf{P}) &= \mathrm{trace}[\mathbf{X}(\mathbf{X}'\mathbf{X})^{-1}\mathbf{X}'] \quad (\text{因为 } \mathbf{P} \equiv \mathbf{X}(\mathbf{X}'\mathbf{X})^{-1}\mathbf{X}'\text{；参见式(1.2.7)}) \\
&= \mathrm{trace}[(\mathbf{X}'\mathbf{X})^{-1}\mathbf{X}'\mathbf{X}] \quad (\mathrm{trace}(\mathbf{AB})=\mathrm{trace}(\mathbf{BA})) \\
&= \mathrm{trace}(\mathbf{I}_K)=K
\end{aligned}$$

所以有 $\mathrm{trace}(\mathbf{M})=n-K$。 ■

□ Var(b | X) 的估计值

如果 s^2 是 σ^2 的估计值，那么 $\mathrm{Var}(\mathbf{b} \mid \mathbf{X})=\sigma^2 \cdot (\mathbf{X}'\mathbf{X})^{-1}$ 的一个很自然的估计值就是：

---

① 方阵 $\mathbf{A}$ 的**迹**（trace）是 $\mathbf{A}$ 的对角线元素的和：$\mathrm{trace}(\mathbf{A}) = \sum_i a_{ii}$。

$$\widehat{\mathrm{Var}(\mathbf{b}|\mathbf{X})} \equiv s^2 \cdot (\mathbf{X}'\mathbf{X})^{-1} \tag{1.3.4}$$

这是任何一个 OLS 软件包都会包含的计算机输出结果中的统计量之一。

复习题

1. (非多重共线性假设的作用) 在命题 1.1 和命题 1.2 中，我们在何处使用了 $\text{rank}(\boldsymbol{X})=K$ 这个假设 1.3? **提示：**我们需要非多重共线性条件以确保 $\mathbf{X}'\mathbf{X}$ 是可逆的。

2. (线性估计量举例) 对于例 1.1 中消费函数例子，请给出 β_2 的一个线性无偏估计量，使它与 OLS 估计量不同。**提示：**你认为 $\hat{\beta}_2=(CON_2-CON_1)/(YD_2-YD_1)$ 怎么样? 它线性于 $(CON_1, \cdots, CON_n)$ 吗? 它是在 $\mathrm{E}(\hat{\beta}_2 \mid YD_1, \cdots, YD_2)=\beta_2$ 意义上无偏吗?

3. (高斯-马尔可夫定理没有蕴含的内容) 在假设 1.1 至假设 1.4 下，是否存在一个线性但不必然是无偏的 $\boldsymbol{\beta}$ 的估计量，它具有比 OLS 估计量更小的方差? 如果存在，这个方差有多小? **提示：**如果 $\boldsymbol{\beta}$ 的一个估计量是常数，那么该估计量必然线性于 $\mathbf{y}$。

4. (无条件方差的高斯-马尔可夫定理)

(a) 证明：$\mathrm{Var}(\hat{\boldsymbol{\beta}})=\mathrm{E}[\mathrm{Var}(\hat{\boldsymbol{\beta}} \mid \mathbf{X})]+\mathrm{Var}[\mathrm{E}(\hat{\boldsymbol{\beta}} \mid \mathbf{X})]$。**提示：**根据定义有：

$$\mathrm{Var}(\hat{\boldsymbol{\beta}}|\mathbf{X}) \equiv \mathrm{E}[(\hat{\boldsymbol{\beta}}-\mathrm{E}(\hat{\boldsymbol{\beta}}|\mathbf{X}))(\hat{\boldsymbol{\beta}}-\mathrm{E}(\hat{\boldsymbol{\beta}}|\mathbf{X}))'|\mathbf{X}]$$

和

$$\mathrm{Var}[\mathrm{E}(\hat{\boldsymbol{\beta}}|\mathbf{X})] \equiv \mathrm{E}\{[\mathrm{E}(\hat{\boldsymbol{\beta}}|\mathbf{X})-\mathrm{E}(\hat{\boldsymbol{\beta}})][\mathrm{E}(\hat{\boldsymbol{\beta}}|\mathbf{X})-\mathrm{E}(\hat{\boldsymbol{\beta}})]'\}$$

使用加减策略：取 $\hat{\boldsymbol{\beta}}-\mathrm{E}(\hat{\boldsymbol{\beta}} \mid \mathbf{X})$，然后加减 $\mathrm{E}(\hat{\boldsymbol{\beta}})$。

(b) 证明式 (1.3.3)。**提示：**如果 $\mathrm{Var}(\hat{\boldsymbol{\beta}} \mid \mathbf{X}) \geqslant \mathrm{Var}(\mathbf{b} \mid \mathbf{X})$，则 $\mathrm{E}[\mathrm{Var}(\hat{\boldsymbol{\beta}} \mid \mathbf{X})] \geqslant \mathrm{E}[\mathrm{Var}(\mathbf{b} \mid \mathbf{X})]$。

5. 如果我们有关于 $\boldsymbol{\varepsilon}$ 的数据，请给出一个 σ^2 的无偏估计量。**提示：**你觉得 $\boldsymbol{\varepsilon}'\boldsymbol{\varepsilon}/n$ 如何? 它是无偏的吗?

6. 证明命题 1.1 的 (d) 部分。提示：根据定义有：

$$\mathrm{Cov}(\mathbf{b},\mathbf{e}|\mathbf{X}) \equiv \mathrm{E}\{[\mathbf{b}-\mathrm{E}(\mathbf{b}|\mathbf{X})][\mathbf{e}-\mathrm{E}(\mathbf{e}|\mathbf{X})]'|\mathbf{X}\}$$

因为 $\mathrm{E}(\mathbf{b} \mid \mathbf{X})=\boldsymbol{\beta}$，所以我们有 $\mathbf{b}-\mathrm{E}(\mathbf{b} \mid \mathbf{X})=\mathbf{A}\boldsymbol{\varepsilon}$，这里 $\mathbf{A}$ 为 $(\mathbf{X}'\mathbf{X})^{-1}\mathbf{X}'$。使用 $\mathbf{M}\boldsymbol{\varepsilon}=\mathbf{e}$ (参看 1.2 节中的复习题 5) 证明 $\mathbf{e}-\mathrm{E}(\mathbf{e} \mid \mathbf{X})=\mathbf{M}\boldsymbol{\varepsilon}$。$\mathrm{E}(\mathbf{A}\boldsymbol{\varepsilon}\boldsymbol{\varepsilon}'\mathbf{M} \mid \mathbf{X})=\mathbf{A}\mathrm{E}(\boldsymbol{\varepsilon}\boldsymbol{\varepsilon}' \mid \mathbf{X})\mathbf{M}$，因为 $\mathbf{A}$ 和 $\mathbf{M}$ 都是 $\mathbf{X}$ 的函数。最后，利用 $\mathbf{MX}=\mathbf{0}$ (参看式 (1.2.11))。

7. 证明式 (1.2.21)。**提示：**由于 $\mathbf{P}$ 是半正定的，所以它的对角元素是非负的。注意 $\sum_{i=1}^{n} p_i = \mathrm{trace}(\mathbf{P})$。

1.4 正态性下的假设检验

那些可引入回归方程的经济理论通常也会规定回归系数应该取的值。假设有一种理论限定 β_2 等于 1，尽管命题 1.1 确保如果这一限定是正确的，则平均而言 b_2(β_2 的 OLS 估计值) 等于 1，但对于某一具体的样本来说，b_2 可能不会确实等于 1。显然，我们无法得到这样的结论：这一限定条件是错误的，仅仅由于估计值 b_2 不同于 1。为了让我们能够判定对于正确的限定条件而言抽样误差 b_2-1 是否“过大”，我们需要从抽样误差中构造某一检验统计量，在给定假设的正确性情况下其概率分布是已知的。要想做到这一点，可能需要我们具体给出（$\mathbf{X}$，$\boldsymbol{\varepsilon}$）的联合分布，因为从式（1.2.14）中可以很清楚地看到抽样误差是（$\mathbf{X}$，$\boldsymbol{\varepsilon}$）的一个函数。关于本节所给出的假设检验有一个颇为出人意料的事实，那就是该分布可以在不具体给出（$\mathbf{X}$，$\boldsymbol{\varepsilon}$）的联合分布的情况下被推导出来，只要以 $\mathbf{X}$ 为条件的 $\boldsymbol{\varepsilon}$ 的条件分布是正态的即可；也没有必要具体给出 $\mathbf{X}$ 的分布。

若用假设检验的语言表示，则待检验的限定条件（诸如"$\beta_2=1$"）被称为**原假设**（null hypothesis）。原假设是关于**保留假设**（maintained hypothesis）的限定条件，保留假设是假设的集合，它与原假设一起可以产生具有已知分布的某种检验统计量。就目前关于回归系数的假设检验情况而言，只有关于 $\boldsymbol{\varepsilon}$ 的条件分布的正态性假设还须加入古典回归模型（假设 1.1 至假设 1.4），从而构成保留假设（正如刚才提到的，没有必要具体给出（$\mathbf{X}$，$\boldsymbol{\varepsilon}$）的联合分布）。有时候保留假设也可以稍微宽松地用来指代"模型"。我们称如果保留假设都是正确的，则一个模型是被**正确设定的**（correctly specified）。尽管检验统计量的取值会因过大而被解释为原假设是不正确的，但只要这个模型是被正确设定的，其解释就是有效的。当原假设为真而模型错误时，确有可能检验统计量不会得到所认定的分布。

□ 正态分布的误差项

在很多应用中，误差项由众多无法在回归元中体现的多种因素构成。中心极限定理告诉我们，误差项具有正态分布。在其他应用中，误差项的出现则是由测量因变量时的误差所致。我们知道，测量误差通常也是正态分布（实际上，正态分布最初即源于测量误差）。因此，正态性假设值得提出如下假设：

假设 1.5（误差项的正态性）：以 $\mathbf{X}$ 为条件的 $\boldsymbol{\varepsilon}$ 的分布是联合正态的。

我们回忆一下概率论知识，可以知道，正态分布具有若干有益的特点：

- 该分布仅取决于均值和方差。如此一来，一旦均值和方差已知，就可以写出密度函数。如果以 $\mathbf{X}$ 为条件的分布是正态的，那么其均值和方差也取决于 $\mathbf{X}$。由此可知，如果以 $\mathbf{X}$ 为条件的分布是正态的，而且如果条件均值和条件方差均不取决于 $\mathbf{X}$，则边缘分布（即无条件分布）就是同一个正态分布。
- 一般而言，如果两个随机变量是彼此独立的，则它们就是无关的，但是反过来不一定成立。不过，如果两个随机变量是联合正态的，那么反过来也成立，因此独立性和无相关性是等价的。这一点可以扩展到条件分布上来：如果两个以 $\mathbf{X}$ 为条件的随机变量是联合正态并且不相关的，那么它们也是以 $\mathbf{X}$ 为条件彼此独立的。
- 服从联合正态分布的随机变量的线性函数本身也是正态分布的。这一点可以扩及条件分布。如果 $\boldsymbol{\varepsilon}$ 以 $\mathbf{X}$ 为条件的分布是正态的，那么 $\mathbf{A}\boldsymbol{\varepsilon}$ 也是以 $\mathbf{X}$ 为条件正态的，这里矩阵 $\mathbf{A}$ 的元素是 $\mathbf{X}$ 的函数。

借助于正态性的这些特点，假设 1.5 给出了下面这些在推导检验统计量时要予以探究的性质：

- $\boldsymbol{\varepsilon}$ 以 $\mathbf{X}$ 为条件的分布的均值和方差已经在假设 1.2 和假设 1.4 中予以具体给出。因此，假设 1.5 与假设 1.2 和假设 1.4 一起表明，$\boldsymbol{\varepsilon}$ 以 $\mathbf{X}$ 为条件的分布是 $N(\mathbf{0},\sigma^2\mathbf{I}_n)$：

$$\boldsymbol{\varepsilon}|\mathbf{X}\sim N(\mathbf{0},\sigma^2\mathbf{I}_n) \tag{1.4.1}$$

这样一来，$\boldsymbol{\varepsilon}$ 以 $\mathbf{X}$ 为条件的分布并不取决于 $\mathbf{X}$。那么由此可知，$\boldsymbol{\varepsilon}$ 和 $\mathbf{X}$ 是彼此独立的。所以具体来说，$\boldsymbol{\varepsilon}$ 的边缘或无条件分布就是 $N(\mathbf{0},\ \sigma^2\mathbf{I}_n)$。

- 从式（1.2.14）可知，给定 $\mathbf{X}$，抽样误差 $\mathbf{b}-\boldsymbol{\beta}$ 线性于 $\boldsymbol{\varepsilon}$。由于 $\boldsymbol{\varepsilon}$ 在给定 $\mathbf{X}$ 时是正态的，所以抽样误差也是正态的。其均值和方差由命题 1.1 的（a）和（b）给出。这样，在假设 1.1 至假设 1.5 下就有：

$$(\mathbf{b}-\boldsymbol{\beta})\,|\,\mathbf{X}\sim N(\mathbf{0},\sigma^2\cdot(\mathbf{X}'\mathbf{X})^{-1}) \tag{1.4.2}$$

□ 关于个体回归系数的假设检验

我们首先考虑的假设类型是关于第 k 个系数的：

$$\mathrm{H}_0:\beta_k=\bar{\beta}_k$$

这里 $\bar{\beta}_k$ 是由原假设所规定的某个已知的值。我们希望在显著性水平 α 上针对备择假设 H_1：$\beta_k\neq\bar{\beta}_k$ 对原假设进行检验。观察式（1.4.2）的第 k 个分量，并施以原假设的限定条件，可以得到：

$$(b_k-\bar{\beta}_k)\,|\,\mathbf{X}\sim N(0,\sigma^2\cdot((\mathbf{X}'\mathbf{X})^{-1})_{kk})$$

这里 $((\mathbf{X}'\mathbf{X})^{-1})_{kk}$ 是 $(\mathbf{X}'\mathbf{X})^{-1}$ 的第（k，k）个元素。因此如果我们定义比率 z_k 为 $b_k-\bar{\beta}_k$ 除以其标准差的值，则有：

$$z_k\equiv\frac{b_k-\bar{\beta}_k}{\sqrt{\sigma^2\cdot((\mathbf{X}'\mathbf{X})^{-1})_{kk}}} \tag{1.4.3}$$

那么 z_k 的分布即 $N(0,\ 1)$（标准正态分布）。

我们先暂时假定 σ^2 已知。那么，统计量 z_k 作为一个检验统计量就具有了某些值得期待的性质。第一，其值可以由样本计算得到。第二，其以 $\mathbf{X}$ 为条件的分布不取决于 $\mathbf{X}$（这应该不会与 z_k 的值取决于 $\mathbf{X}$ 这一条件相混淆）。因此 z_k 和 $\mathbf{X}$ 是独立分布的，而且不论 $\mathbf{X}$ 的值如何，z_k 的分布与其条件分布都相同。这一点很便利，因为不同的样本不仅在 $\mathbf{y}$ 上有差异，在 $\mathbf{X}$ 上也不同。第三，该分布是已知的。特别的，它不取决于未知参数（比如 $\boldsymbol{\beta}$）。（如果一个统计量的分布取决于未知参数，那么这些参数就被称为**冗余参数**（nuisance parameters））。使用这一统计量，我们就可以判定抽样误差 $b_k-\bar{\beta}_k$ 是不是过大：如果检验统计量的取值异于该分布的实现值程度较大，该抽样误差就过大了。

如果我们不知道 σ^2 的真实值，一个很自然的想法就是用其 OLS 估计值 s^2 来取代冗余参数 σ^2。用 s^2 代替 σ^2 之后的统计量被称为 ***t* 比率**（t-ratio）或 ***t* 值**（t-value）。该统计量的分母被称为 β_k 的 OLS 估计值的**标准误**（standard error），有时也写作 $SE(b_k)$：

$$SE(b_k)\equiv\sqrt{s^2\cdot((\mathbf{X}'\mathbf{X})^{-1})_{kk}}=\sqrt{\text{式(1.3.4)中 }\widehat{\mathrm{Var}(\mathbf{b}|\mathbf{X})}\text{ 的第}(k,k)\text{个元素}} \tag{1.4.4}$$

由于 s^2 是该样本的函数，它是一个随机变量，所以这一替代改变了该统计量的分布，不过幸运的是，改变后的分布也是已知的，而且既不取决于冗余参数也不取决于 $\mathbf{X}$。

命题 1.3（*t* 比率的分布）：假定假设 1.1 至假设 1.5 成立。在原假设 H_0：$\beta_k=\bar{\beta}_k$ 下，该 t 比率可以被定义为：

$$t_k \equiv \frac{b_k - \bar{\beta}_k}{SE(b_k)} \equiv \frac{b_k - \bar{\beta}_k}{\sqrt{s^2 \cdot ((\mathbf{X}'\mathbf{X})^{-1})_{kk}}} \tag{1.4.5}$$

其分布为 $t(n-K)$（具有 $n-K$ 自由度的 t 分布）。

证明：我们可以写出：

$$t_k = \frac{b_k - \bar{\beta}_k}{\sqrt{\sigma^2 \cdot ((\mathbf{X}'\mathbf{X})^{-1})_{kk}}} \cdot \sqrt{\frac{\sigma^2}{s^2}} = \frac{z_k}{\sqrt{s^2/\sigma^2}}$$

$$= \frac{z_k}{\sqrt{\frac{\mathbf{e}'\mathbf{e}/(n-K)}{\sigma^2}}} = \frac{z_k}{\sqrt{\frac{q}{n-K}}}$$

这里 $q \equiv \mathbf{e}'\mathbf{e}/\sigma^2$ 反映了 s^2 对 σ^2 的替代。我们已经证明 z_k 是 $N(0,1)$ 的。我们接下来将要证明的是：

（1）$q \mid \mathbf{X} \sim \chi^2(n-K)$，

（2）两个随机变量 z_k 和 q 是以 $\mathbf{X}$ 为条件独立的。

那么，根据 t 分布的定义，z_k 对 $\sqrt{q/(n-K)}$ 的比率就服从具有 $n-K$ 个自由度的 t 分布①，这样我们就完成了证明。

（1）由于从式（1.2.12）可知 $\mathbf{e}'\mathbf{e} = \boldsymbol{\varepsilon}'\mathbf{M}\boldsymbol{\varepsilon}$，所以我们有：

$$q = \frac{\mathbf{e}'\mathbf{e}}{\sigma^2} = \frac{\boldsymbol{\varepsilon}'}{\sigma}\mathbf{M}\frac{\boldsymbol{\varepsilon}}{\sigma}$$

中间的矩阵 $\mathbf{M}$ 作为零化子是幂等矩阵。同时，根据式（1.4.1）有 $\boldsymbol{\varepsilon}/\sigma \mid \mathbf{X} \sim N(\mathbf{0}, \mathbf{I}_n)$。因此，这个二次型是自由度等于 rank($\mathbf{M}$) 的 χ^2 分布。② 但因为 $\mathbf{M}$ 是幂等的，所以 rank($\mathbf{M}$)=trace($\mathbf{M}$)。③ 在对命题 1.2 的证明中我们已经知道，trace($\mathbf{M}$) $=n-K$，故 $q \mid \mathbf{X} \sim \chi^2(n-K)$。

（2）由于 $\mathbf{b}$ 和 $\mathbf{e}$ 都是 $\boldsymbol{\varepsilon}$ 的线性函数（根据式（1.2.14）和条件 $\mathbf{e}=\mathbf{M}\boldsymbol{\varepsilon}$ 可知），所以它们在 $\mathbf{X}$ 上是联合正态分布的。同时，它们以 $\mathbf{X}$ 为条件无相关性（参看命题 1.1 中的（d）部分）。故而 $\mathbf{b}$ 和 $\mathbf{e}$ 是以 $\mathbf{X}$ 为条件独立分布的。而 z_k 是 $\mathbf{b}$ 的函数，q 是 $\mathbf{e}$ 的函数。所以 z_k 和 q 以 $\mathbf{X}$ 为条件是独立分布的。④ ■

□ t 检验的决策规则

建立在 t 比率之上的原假设的检验被称为 t 检验，步骤如下：

步骤 1：给定 β_k 的假设值 $\bar{\beta}_k$，可得式（1.4.5）中的 t 比率。若 t_k 对 0 的偏离过大，则说明该原假设不成立。下一步具体规定了到底多大算过大。

步骤 2：查 t 分布表（大部分的统计学和计量经济学教科书都会给出 t 分布表），找到自由度为 $n-K$ 的那一项。找到**临界值**（critical value）$t_{\alpha/2}(n-K)$，使得在 t 分布上

---

① 事实：如果 $x \sim N(0,1)$，$y \sim \chi^2(m)$ 并且 x 和 y 是独立的，那么比率 $x/\sqrt{y/m}$ 就服从具有 m 个自由度的 t 分布。

② 事实：如果 $\mathbf{x} \sim N(\mathbf{0}, \mathbf{I}_n)$，且 $\mathbf{A}$ 是幂等的，则 $\mathbf{x}'\mathbf{A}\mathbf{x}$ 服从自由度等于 $\mathbf{A}$ 的秩的卡方分布。

③ 事实：如果 $\mathbf{A}$ 是幂等的，那么 rank($\mathbf{A}$)=trace($\mathbf{A}$)。

④ 事实：如果 x 和 y 是独立分布的，那么 $f(x)$ 和 $g(y)$ 也如此。

$t_{\alpha/2}(n-K)$ 的右边区域是 $\alpha/2$，如图 1-3 所示。（例如，如果 $n-K=3$，$\alpha=5\%$，则 $t_{\alpha/2}(n-K)=2.042$。）那么，由于 t 分布是关于 0 对称的，故有：

$$\text{Prob}(-t_{\alpha/2}(n-K)<t<t_{\alpha/2}(n-K))=1-\alpha$$

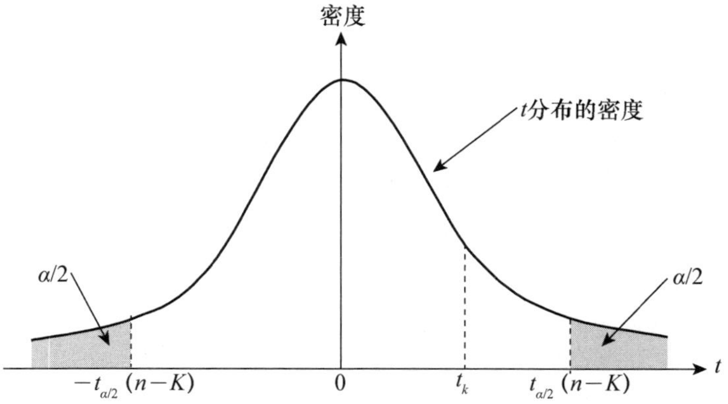

图 1-3　*t* 分布

步骤 3： 如果 $-t_{\alpha/2}(n-K)<t_k<t_{\alpha/2}(n-K)$，则接受 H_0（也就是说，如果 $|t_k|<t_{\alpha/2}(n-K)$），这里 t_k 是步骤 1 得到的 t 比率。否则就拒绝 H_0。由于在 H_0 下 $t_k\sim t(n-K)$，所以当 H_0 为真时却拒绝 H_0 的概率为 α。因此该检验的显著性水平即为 α。

t 检验的一个便利的特点就是它的临界值并不取决于 **X**；没有必要对每一个样本都计算临界值。

□ 置信区间

步骤 3 也可以根据 b_k 和 $SE(b_k)$ 进行表述。由于 t_k 如式（1.4.5）所示，只要

$$-t_{\alpha/2}(n-K)<\frac{b_k-\bar{\beta}_k}{SE(b_k)}<t_{\alpha/2}(n-K)$$

或者

$$b_k-SE(b_k)\cdot t_{\alpha/2}(n-K)<\bar{\beta}_k<b_k+SE(b_k)\cdot t_{\alpha/2}(n-K)$$

成立即可接受 H_0。因此，当且仅当假设值 $\bar{\beta}_k$ 落入下面这个区间时我们才予以接受：

$$[b_k-SE(b_k)\cdot t_{\alpha/2}(n-K),\ b_k+SE(b_k)\cdot t_{\alpha/2}(n-K)] \tag{1.4.6}$$

这个区间被称为 **$1-\alpha$ 水平的置信区间**（level $1-\alpha$ confidence interval）。标准误越小，这个区间就越窄。如此一来，标准误有多小就成为衡量估计量精准度的指标。

□ *p* 值

t 检验的决策规则也可以使用 ***p* 值**（p-value）来表述。

步骤 1： 和上面的步骤 1 相同。

步骤 2： 不是找临界值 $t_{\alpha/2}(n-K)$，而是计算：

$$p=\text{Prob}(t>|t_k|)\times 2$$

由于 t 分布是关于 0 对称的，所以 $\text{Prob}(t>|t_k|)=\text{Prob}(t<-|t_k|)$，故有：

$$\text{Prob}(-|t_k|<t<|t_k|)=1-p \tag{1.4.7}$$

步骤 3：如果 $p>\alpha$，则接受 H_0。否则拒绝原假设。

为了看清这两个决策规则的等价性，对于 $t_{\alpha/2}(n-K)$ 这样以临界值为基础的决策规则和以 p 值为基础的另一个决策规则，我们用图 1-3 给出图示。如果 $\text{Prob}(t>|t_k|)$ 大于 $\alpha/2$（如图所示），也就是说，如果 p 值大于 α，那么 $|t_k|$ 必然在 $t_{\alpha/2}(n-K)$ 的左边。从步骤 3 可知，这意味着原假设不会被拒绝。如此一来，当 p 较小时，就服从 t 分布的一个随机变量而言，t 比率出奇地大。p 越小，越要拒绝。

t 检验的例子可以在 1.7 节中找到。

□ 线性假设

我们希望检验的原假设可能不是保留假设个体回归系数的一个限定条件；它通常是有关它们的线性组合，可以写成线性方程组的形式：

$$H_0: \mathbf{R}\boldsymbol{\beta}=\mathbf{r} \tag{1.4.8}$$

这里 $\mathbf{R}$ 值和 $\mathbf{r}$ 值都是已知的，并由假设所规定。我们将方程数（即维数 $\mathbf{r}$）标示为 $\#\mathbf{r}$。因此 $\mathbf{R}$ 就是 $\#\mathbf{r}\times K$。这 $\#\mathbf{r}$ 个方程是保留假设中系数的约束条件。它被称为线性假设，因为每个方程都是线性的。为了确保没有多余的方程以及这些方程彼此一致，我们要求 $\text{rank}(\mathbf{R})=\#\mathbf{r}$（即 $\mathbf{R}$ 是行满秩的，其秩等于行数）。但是不要对秩条件过分在意；在具体的应用中，如果秩条件不满足，是很容易看出来的。

例 1.5（续例 1.2）：

考虑一下例 1.2 中的工资方程，其中 $K=4$。我们可能想检验这样的假设：教育和当前工作上的年限对工资具有同样的影响，而没有工作经验效应。这个假设是两个方程（因此 $\#\mathbf{r}=2$）：

$$\beta_2=\beta_3 \quad \text{和} \quad \beta_4=0$$

如果 $\mathbf{R}$ 和 $\mathbf{r}$ 被定义如下，那么可以以 $\mathbf{R}\boldsymbol{\beta}=\mathbf{r}$ 的形式进行计算：

$$\mathbf{R}=\begin{bmatrix}0 & 1 & -1 & 0\\ 0 & 0 & 0 & 1\end{bmatrix},\ \mathbf{r}=\begin{bmatrix}0\\ 0\end{bmatrix}$$

由于 $\mathbf{R}$ 的这两行是线性独立的，所以秩条件可以得到满足。

但是假设我们还需要一个额外的条件：

$$\boldsymbol{\beta}_2-\boldsymbol{\beta}_3=\boldsymbol{\beta}_4$$

因为只要前两个方程在，它就成立，所以这是多余的一个条件。有三个方程，则 $\#\mathbf{r}=3$ 且

$$\mathbf{R}=\begin{bmatrix}0 & 1 & -1 & 0\\ 0 & 0 & 0 & 1\\ 0 & 1 & -1 & -1\end{bmatrix},\ \mathbf{r}=\begin{bmatrix}0\\ 0\\ 0\end{bmatrix}$$

因为 **R** 的第三行是头两行的差值，所以 **R** 不是行满秩的。增加一个多余方程的结果是 **R** 不再满足行满秩的条件了。

作为不一致方程的一个例子，我们考虑在头两个方程之上再加上第三个方程 $\beta_4=0.5$。显然，β_4 不可能同时为 0 和 0.5。由于没有同时满足这三个方程的 $\boldsymbol{\beta}$ 存在，所以这个假设是不一致的。尽管如此，如果我们将这个方程纳入进来，那么 **R** 和 **r** 将会变为：

$$\mathbf{R}=\begin{bmatrix}0 & 1 & -1 & 0\\ 0 & 0 & 0 & 1\\ 0 & 0 & 0 & 1\end{bmatrix},\ \mathbf{r}=\begin{bmatrix}0\\ 0\\ 0.5\end{bmatrix}$$

由于 **R** 的秩是 2 而 $\#\mathbf{r}=3$，所以行满秩条件会再次得不到满足。

□ *F* 检验

为了检验线性假设，我们需要寻找一个检验统计量，它在原假设下具有一个已知的分布。

命题 1.4（*F* 比率的分布）：假定假设 1.1 至假设 1.5 成立。在原假设 H_0：$\mathbf{R}\boldsymbol{\beta}=\mathbf{r}$ 下，其中 **R** 是 $\#\mathbf{r}\times K$ 的，$\text{rank}(\mathbf{R})=\#\mathbf{r}$，则 *F* 比率可定义如下：

$$F\equiv\frac{(\mathbf{Rb}-\mathbf{r})'[\mathbf{R}(\mathbf{X}'\mathbf{X})^{-1}\mathbf{R}']^{-1}(\mathbf{Rb}-\mathbf{r})/\#\mathbf{r}}{s^2}$$

$$=(\mathbf{Rb}-\mathbf{r})'[\mathbf{R}\,\widehat{\text{Var}(\mathbf{b}|\mathbf{X})}\,\mathbf{R}']^{-1}(\mathbf{Rb}-\mathbf{r})/\#\mathbf{r}\quad（由式(1.3.4)）\qquad(1.4.9)$$

它的分布为 $F(\#\mathbf{r}, n-K)$（自由度为 $\#\mathbf{r}$ 和 $n-K$ 的 *F* 分布）。

正如命题 1.3 所述，它对于证明以 **X** 为条件的分布是 $F(\#\mathbf{r}, n-K)$ 是充分的；因为 *F* 分布不取决于 **X**，所以它也是该统计量的无条件分布。

证明：因为 $s^2=\mathbf{e}'\mathbf{e}/(n-K)$，所以我们可以写出：

$$F=\frac{w/\#\mathbf{r}}{q/(n-K)}$$

其中

$$w\equiv(\mathbf{Rb}-\mathbf{r})'[\sigma^2\cdot\mathbf{R}(\mathbf{X}'\mathbf{X})^{-1}\mathbf{R}']^{-1}(\mathbf{Rb}-\mathbf{r})\quad,\quad q\equiv\frac{\mathbf{e}'\mathbf{e}}{\sigma^2}$$

我们需要证明：

（1）$w\mid\mathbf{X}\sim\chi^2(\#\mathbf{r})$，

（2）$q\mid\mathbf{X}\sim\chi^2(n-K)$（这是命题 1.3 证明中的（1）部分），

（3）w 和 q 以 **X** 为条件独立分布。

那么，根据 *F* 分布的定义，*F* 比率 $\sim F(\#\mathbf{r}, n-K)$。

（1）令 $\mathbf{v}\equiv\mathbf{Rb}-\mathbf{r}$。在 H_0 下，$\mathbf{Rb}-\mathbf{r}=\mathbf{R}(\mathbf{b}-\beta)$。因此根据式（1.4.2），以 **X** 为条件，**v** 服从均值为 **0** 的正态分布，而其方差由下式给出：

$$\text{Var}(\mathbf{v}|\mathbf{X})=\text{Var}(\mathbf{R}(\mathbf{b}-\boldsymbol{\beta})|\mathbf{X})=\mathbf{R}\text{Var}(\mathbf{b}-\boldsymbol{\beta}|\mathbf{X})\mathbf{R}'=\sigma^2\cdot\mathbf{R}(\mathbf{X}'\mathbf{X})^{-1}\mathbf{R}'$$

这恰恰是 w 的二次型的中间矩阵的逆。因此，w 可以被写为 $\mathbf{v}'\text{Var}(\mathbf{v}\mid\mathbf{X})^{-1}\mathbf{v}$。由于 **R**

是行满秩的，$\mathbf{X}'\mathbf{X}$ 是非奇异的，所以 $\sigma^2 \cdot \mathbf{R}(\mathbf{X}'\mathbf{X})^{-1}\mathbf{R}'$ 也是非奇异的（为什么？复习题要求你对此进行证明）。因此，根据 χ^2 分布的定义，有 $w \mid \mathbf{X} \sim \chi^2(\#\mathbf{r})$。①

（2）w 是 $\mathbf{b}$ 的函数，而 q 是 $\mathbf{e}$ 的函数。但是 $\mathbf{b}$ 和 $\mathbf{e}$ 以 $\mathbf{X}$ 为条件独立分布，这从对命题 1.3 第（2）部分的证明可以看到。因此 w 和 q 是以 $\mathbf{X}$ 为条件独立分布的。■

如果原假设 $\mathbf{R\beta}=\mathbf{r}$ 为真，那么我们会期待 $\mathbf{Rb}-\mathbf{r}$ 很小，因此较大的 F 值应该可以看成是原假设不成立的证据。这意味着我们只需要关注 F 统计量分布的上尾部分。F 检验在 α 显著性水平上的决策规则如下：

步骤 1：根据式（1.4.9）计算 F 比率。

步骤 2：查 F 分布表，找到 $\#\mathbf{r}$（分子自由度）和 $n-K$（分母自由度）项。找出临界值 $F_\alpha(\#\mathbf{r},\ n-K)$，它给出了 F 分布的上尾部分的 α，如图 1-4 所示。例如，当 $\#\mathbf{r}=3, n-K=30$ 以及 $\alpha=5\%$ 时，临界值 $F_{0.05}$（3，30）为 2.92。

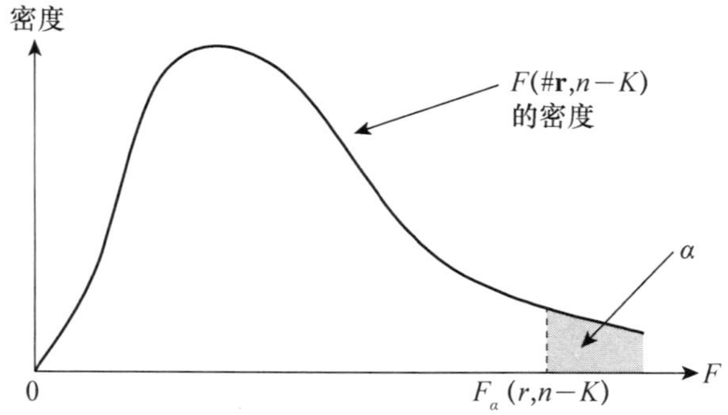

图 1-4　F 分布

步骤 3：如果由步骤 1 得到的 F 比率小于 $F_\alpha(\#\mathbf{r},\ n-K)$，就接受该原假设。否则拒绝该原假设。

这一决策规则也可以用 p 值进行描述：

步骤 1：同上。

步骤 2：计算

$$p = F \text{ 分布的上尾到 } F \text{ 比率的右边区域}$$

步骤 3：如果 $p>\alpha$，则接受原假设；否则拒绝该假设。

这样一来，较小的 p 值就是该原假设不成立的信号。

□ 关于 F 更为方便的表达式

上面对 F 比率的推导是根据**沃尔德原理**（Wald principle）得来，因为它建立在不受约束的估计量之上，不受满足原假设限定条件的约束。根据式（1.4.9）计算 F 比率，需要矩阵倒数和相乘这些运算。幸运的是，还有另外一种更为便利的公式，它包含两个不同的剩余平方和：一个是 SSR，由式（1.2.1）所得的最小化的残差平方和现在表示为 SSR_U，另一个是受限残差平方和，表示为 SSR_R，由下式得到：

① 事实：令 $\mathbf{x}$ 为 m 维随机向量。如果 $\mathbf{x} \sim N(\boldsymbol{\mu},\ \boldsymbol{\Sigma})$ 而 $\boldsymbol{\Sigma}$ 非奇异，则 $(\mathbf{x}-\boldsymbol{\mu})'\boldsymbol{\Sigma}^{-1}(\mathbf{x}-\boldsymbol{\mu}) \sim \chi^2(m)$。

$$\min_{\tilde{\beta}} SSR(\tilde{\boldsymbol{\beta}}) \text{ s.t. } \mathbf{R}\tilde{\boldsymbol{\beta}}=\mathbf{r} \tag{1.4.10}$$

从中得到的 $\tilde{\beta}$ 可以取得约束最小化，被称为**受限回归**（restricted regression）或**受限最小二乘**（restricted least squares）。我们把证明 F 比率等于下式作为一个分析性习题：

$$F=\frac{(SSR_R-SSR_U)/\#\mathbf{r}}{SSR_U/(n-K)} \tag{1.4.11}$$

它是目标函数中的差值被误差方差估计值所平减得到的。F 比率的这个推导与似然比统计量在最大似然估计中如何作为具有和不具有原假设的对数似然差值推导的过程是类似的。出于这个原因，F 比率的第二种推导据称是由似然比原理得出的。这是 $\boldsymbol{\beta}$ 的受限最小二乘估计量的闭式表达。我们把推导这一表达式留作分析性习题。受限最小二乘的计算将在 1.7 节中的经验举例中进行解释。

□ *t* 还是 *F*

由于关于个体系数的假设是线性假设，所以 H_0：$\beta_k=\bar{\beta}_k$ 的 t 检验是 F 检验的一种特殊情况。为了看到这一点，我们需要注意这个假设可以被写成 $\mathbf{R}\boldsymbol{\beta}=\mathbf{r}$，其中：

$$\underset{(1\times K)}{\mathbf{R}}=[0 \quad \cdots \quad 0 \quad \underset{(k)}{1} \quad 0 \quad \cdots \quad 0],\ \mathbf{r}=\bar{\beta}_k$$

因此根据式（1.4.9），F 比率为

$$F=(b_k-\bar{\beta}_k)[s^2\cdot(\mathbf{X}'\mathbf{X})^{-1}\text{的第}(k,k)\text{个元素}]^{-1}(b_k-\bar{\beta}_k)$$

这正是式（1.4.5）中的 t 比率的平方。由于服从 $F(1,\ n-K)$ 的随机变量是服从 $t(n-K)$ 的随机变量的平方，所以 t 检验和 F 检验给出的结果是一致的。

有时候原假设等于某些取值的个体回归系数的集合，假设 $K=2$，我们考虑：

$$H_0:\beta_1=1 \quad \text{和} \quad \beta_2=0$$

这可以被写成一个线性假设，对于 $\mathbf{R}=\mathbf{I}_2$ 和 $\mathbf{r}=(1,\ 0)'$ 有 $\mathbf{R}\boldsymbol{\beta}=\mathbf{r}$。因此可以运用 F 检验。不过，对于假设的每一个个体系数分别进行 t 检验还是颇具吸引力的。如果两个限定条件 $\beta_1=1$ 和 $\beta_2=0$ 都通过了 t 检验，我们就接受 H_0。这意味着可以使用置信区间：

$$\{(\beta_1,\beta_2)\,|\,b_1-SE(b_1)\cdot t_{\alpha/2}(n-K)<\beta_1<b_1+SE(b_1)\cdot t_{\alpha/2}(n-K),$$
$$b_2-SE(b_2)\cdot t_{\alpha/2}(n-K)<\beta_2<b_2+SE(b_2)\cdot t_{\alpha/2}(n-K)\}$$

这是（β_1，β_2）平面上的矩形区域，如图 1-5 所示。如果在（β_1，β_2）平面上根据原假设规定的点（1，0）落在这一区域，我们就接受该原假设。另外，F 检验的置信区间是：

$$\left\{(\beta_1,\beta_2)\,|\,(b_1-\beta_1,b_2-\beta_2)(\widehat{\text{Var}(\mathbf{b}|\mathbf{X})})^{-1}\begin{bmatrix}b_1-\beta_1\\ b_2-\beta_2\end{bmatrix}<2F_\alpha(\#\mathbf{r},n-K)\right\}$$

由于 $\widehat{\text{Var}(\mathbf{b}|\mathbf{X})}$ 是正定的，所以 F 检验的接受区域在（β_1，β_2）平面上是一个椭圆。图 1-5 给出了这两个置信区间的典型图示。

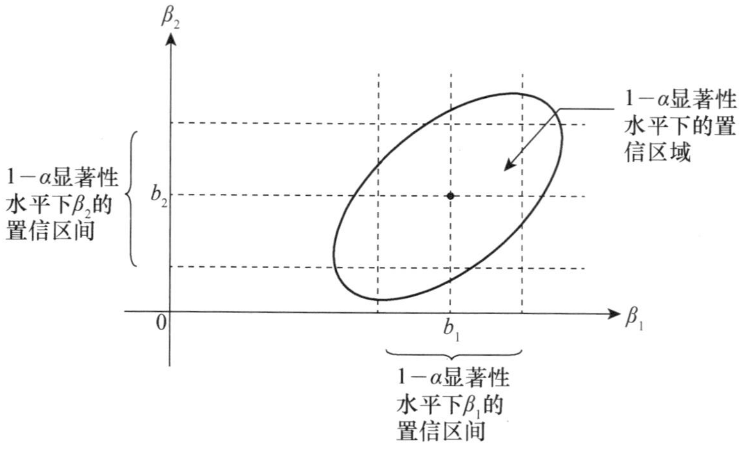

图 1-5　t 检验和 F 检验

F 检验应当比使用两个 t 比率更受欢迎，原因有两个。第一，如果这两个 t 检验中每一个的显著性水平都为 α，则总的显著性水平（(1，0) 在矩形区域之外的概率）不是 α。第二，正如在下一节将要提及的（参看式（1.5.19）），F 检验是一个似然比检验，而且是具有某些值得期待的性质的似然比检验。因此即便在每个 t 检验上的显著性水平得到了控制，使得总的显著性水平为 α，该检验相比较于 F 检验也不是那么受欢迎。①

□ 分布取决于 X 的检验统计量举例

为了以合适的视角展开本节的讨论，留意一下有一些统计量的条件分布取决于 $\mathbf{X}$ 可能会有所裨益。我们来看著名的**德宾-沃森统计量**（Durbin-Watson statistic）：

$$\frac{\sum_{i=2}^{n}(e_i - e_{i-1})^2}{\sum_{i=1}^{n} e_i^2}$$

这个统计量的条件分布取决于 $\mathbf{X}$，因此其临界值也取决于 $\mathbf{X}$，但是德宾和沃森已经证明该临界值落在两个边界之内（取决于样本规模、回归元数目以及回归元是否包含常数项）。因此，对于非条件分布来说，该临界值也会落在这一边界之内。

这个统计量可以用来检验在误差项中是否存在序列相关。如此一来，原假设就是假设 1.4，而保留假设是古典回归模型的其他假设（包括严格外生性假设）再加上正态性假设。不过，正如我们在 1.1 节所强调的那样，严格外生性假设在时间序列模型中并不会被满足，尤其是对于计量经济学中常会遇到的这类模型更是如此，序列相关是只在时间序列模型中出现的主题。这样的话，德宾-沃森统计量在计量经济学中的作用就相当有限了。对于序列相关来说更为有用的检验都建立在大样本理论之上，这将是下一章的内容。

复习题

1.（条件与非条件分布）　你能从假设 1.1 至假设 1.5 中推知，$\mathbf{b}$ 的边缘（无条件）分布是正态的

① 关于 t 检验和 F 检验之间关系的更多细节，参看 Scheffe（1959，p. 46）。

吗？[答案：否。] 统计量 z_k（参看式（1.4.3））、t_k 和 F 的分布独立于 $\mathbf{X}$ 吗？[答案：是，因为它们以 $\mathbf{X}$ 为条件的分布不取决于 $\mathbf{X}$。]

2.（检验统计量的计算） 证明 $SE(b_k)$ 以及 $\mathbf{b}$、SSR、s^2 和 R^2 可以由以下样本平均值计算得到：$\mathbf{S}_{xx}$，$\mathbf{s}_{xy}$，$\mathbf{y}'\mathbf{y}/n$ 和 $\bar{y}$。

3. 对于式（1.4.9）中对 F 的良好定义，矩阵 $\mathbf{R}(\mathbf{X}'\mathbf{X})^{-1}\mathbf{R}'$ 必然是非奇异的。证明更强的结果：该矩阵是正定的。**提示：** $\mathbf{X}'\mathbf{X}$ 是正定的。正定矩阵的逆也是正定的。由于 $\mathbf{R}(\#\mathbf{r}\times K)$ 是行满秩的，所以对于任一非零 $\#\mathbf{r}$ 维向量 z，$\mathbf{R}'\mathbf{z}\neq 0$。

4.（单尾 t 检验） 文中描述的 t 检验是**双尾 t 检验**（two-tailed t-test），因为显著性水平 α 在 t 分布的两个尾部均等地分布。假定有一种备选的假设即单尾的情形，可以写成：H_1：$\beta_k>\bar{\beta}_k$。我们来看 t 检验决策规则的以下修正：

步骤 1： 同前。

步骤 2： 找到满足在 t 分布中右边的区域为 α 的临界值 t_α。注意和双尾检验的区别：左边尾部被忽略，α 的区域只赋予了右边尾部。

步骤 3： 如果 $t_k<t_\alpha$，则接受该假设；否则拒绝该假设。

证明：这一单尾 t 检验的显著性水平是 α。

5.（$F(1,n-K)$ 和 $t(n-K)$ 之间的联系） 查 t 和 F 分布表，证明对于你所选择的自由度和显著性水平有 $F_\alpha(1,n-K)=(t_{\alpha/2}(n-K))^2$。

6.（t 还是 F）“检验一个由大量等式约束构成的假设是没有意义的，因为 t 检验最有可能拒绝至少某些约束。”评价这一说法。

7.（s^2 的方差） 证明：在假设 1.1 至假设 1.5 下，

$$\mathrm{Var}(s^2\mid\mathbf{X})=\frac{2\sigma^4}{n-K}$$

提示： 如果一个随机变量的分布为 $\chi^2(m)$，则其均值为 m，方差为 $2m$。

1.5 与最大似然的关系

在对误差向量 $\boldsymbol{\varepsilon}$ 的分布做出规定之后，我们可以使用**最大似然原理**（maximum likelihood (ML) principle）来估计该模型的参数 (β,σ^2)。① 在本节，我们就来证明 $\boldsymbol{\beta}$ 的 OLS 估计量 $\mathbf{b}$ 也是 ML 估计量，而 σ^2 的 OLS 估计量和 ML 相应的估计量在误差项是正态分布时仅有些微的差别。我们也将证明 $\mathbf{b}$ 具有**克莱姆-拉奥下界**（Cramer-Rao lower bound）。

□ 最大似然原理

正如你可能已经从基础统计学中所回忆起来的那样，ML 原理的基本思想是选择参数估计值来最大化获得观察到的样本的概率。为了更加准确，我们假设该样本 $(\mathbf{y},\mathbf{X})$ 的概率密度是由有限维参数向量标识 $\tilde{\zeta}$ 的函数族 $f(\mathbf{y},\mathbf{X};\tilde{\zeta})$ 的一员。（这被描述为**参数化**（parameterizing）的密度函数。）该函数被认为是假设参数 $\tilde{\zeta}$ 的函数，被称为**似然函数**（likelihood function）。在真实的参数向量 $\tilde{\zeta}$ 下，$(\mathbf{y},\mathbf{X})$ 的密度是 $f(\mathbf{y},\mathbf{X};\zeta)$。真实参数向量 ζ 的 ML 估计值是在给定数据 $(\mathbf{y},\mathbf{X})$ 时最大化其似然函数的 $\tilde{\zeta}$。

① 对于更为全面的有关最大化似然的处理，参看第 7 章。

□ 条件似然和无条件似然

由于（联合）密度是边缘密度和条件密度的乘积，所以（$\mathbf{y}$，$\mathbf{X}$）的密度可以写为：

$$f(\mathbf{y},\mathbf{X};\boldsymbol{\zeta})=f(\mathbf{y}|\mathbf{X};\boldsymbol{\theta})\cdot f(\mathbf{X};\boldsymbol{\psi}) \tag{1.5.1}$$

这里 $\boldsymbol{\theta}$ 是决定条件密度函数的参数向量 $\boldsymbol{\zeta}$ 的子集，而 $\boldsymbol{\psi}$ 是决定边缘密度函数的子集。我们关心的参数向量是 $\boldsymbol{\theta}$；对于具有正态误差项的线性回归模型而言，$\boldsymbol{\theta}=(\boldsymbol{\beta}'，\sigma^2)$ 和 $f(\mathbf{y}\mid\mathbf{X};\boldsymbol{\theta})$ 由下面的式（1.5.4）给出。

令 $\tilde{\boldsymbol{\zeta}}\equiv(\tilde{\boldsymbol{\theta}}'，\tilde{\boldsymbol{\psi}}')'$ 为 $\boldsymbol{\zeta}=(\boldsymbol{\theta}'，\boldsymbol{\psi}')'$ 的假设值。那么，（无条件或联合）似然函数为：

$$f(\mathbf{y},\mathbf{X};\tilde{\boldsymbol{\zeta}})=f(\mathbf{y}|\mathbf{X};\tilde{\boldsymbol{\theta}})\cdot f(\mathbf{X};\tilde{\boldsymbol{\psi}}) \tag{1.5.2}$$

如果你知道 $f(\mathbf{X};\tilde{\boldsymbol{\psi}})$ 的参数形式，那么我们可以最大化这个在整个假设的参数向量 $\tilde{\boldsymbol{\zeta}}$ 上的似然函数，而 $\boldsymbol{\theta}$ 的 ML 估计值会是 $\boldsymbol{\zeta}$ 的 ML 估计值的要素。我们无法对古典回归模型做到这一点，因为该模型没有规定 $f(\mathbf{X};\tilde{\boldsymbol{\psi}})$。不过，如果在 $\tilde{\boldsymbol{\theta}}$ 和 $\tilde{\boldsymbol{\psi}}$ 之间没有函数关系（就像 $\tilde{\boldsymbol{\psi}}$ 的子集是 $\tilde{\boldsymbol{\theta}}$ 的函数这样的关系），则由 $\tilde{\boldsymbol{\zeta}}$ 最大化式（1.5.2）可以根据 $\tilde{\boldsymbol{\theta}}$ 最大化 $f(\mathbf{y}\mid\mathbf{X};\tilde{\boldsymbol{\theta}})$、根据 $\tilde{\boldsymbol{\psi}}$ 最大化 $f(\mathbf{X};\tilde{\boldsymbol{\psi}})$ 来实现。这样一来，$\boldsymbol{\theta}$ 的 ML 估计值也可以最大化条件似然 $f(\mathbf{y}\mid\mathbf{X};\tilde{\boldsymbol{\theta}})$。

□ 回归模型的对数似然

正如已经观察到的那样，假设 1.5（正态性假设）连同假设 1.2 与假设 1.4 表明，以 $\mathbf{X}$ 为条件的 $\boldsymbol{\varepsilon}$ 的分布是 $N(\mathbf{0}，\sigma^2\mathbf{I}_n)$（参看式（1.4.1））。但是，由于根据假设 1.1 有 $\mathbf{y}=\mathbf{X}\boldsymbol{\beta}+\boldsymbol{\varepsilon}$，所以我们有：

$$\mathbf{y}|\mathbf{X}\sim N(\mathbf{X}\boldsymbol{\beta},\sigma^2\mathbf{I}_n) \tag{1.5.3}$$

这样一来，给定 $\mathbf{X}$，$\mathbf{y}$ 的条件密度为①：

$$f(\mathbf{y}|\mathbf{X})=(2\pi\sigma^2)^{-n/2}\exp\left[-\frac{1}{2\sigma^2}(\mathbf{y}-\mathbf{X}\boldsymbol{\beta})'(\mathbf{y}-\mathbf{X}\boldsymbol{\beta})\right] \tag{1.5.4}$$

用假设的（$\tilde{\boldsymbol{\beta}}$，$\tilde{\sigma}^2$）值代替真实参数（$\boldsymbol{\beta}$，$\sigma^2$），并取对数，我们可以得到对数似然函数：

$$\log L(\tilde{\boldsymbol{\beta}},\tilde{\sigma}^2)=-\frac{n}{2}\log(2\pi)-\frac{n}{2}\log(\tilde{\sigma}^2)-\frac{1}{2\tilde{\sigma}^2}(\mathbf{y}-\mathbf{X}\tilde{\boldsymbol{\beta}})'(\mathbf{y}-\mathbf{X}\tilde{\boldsymbol{\beta}}) \tag{1.5.5}$$

由于这一对数转换是单调转换，所以（$\boldsymbol{\beta}$，σ^2）的 ML 估计量是最大化这个对数似然函数的（$\tilde{\boldsymbol{\beta}}$，$\tilde{\sigma}^2$）。

□ 经由中心化似然的 ML

我们在两个阶段上最大化对数似然。第一阶段，对于任意给定的 $\tilde{\sigma}^2$ 在 $\tilde{\boldsymbol{\beta}}$ 上最大化。

---

① 我们从基础概率论知识中知道，对于均值为 $\boldsymbol{\mu}$、方差矩阵为 $\boldsymbol{\Sigma}$ 的 n 元正态分布，其密度函数为：

$$(2\pi)^{-n/2}|\boldsymbol{\Sigma}|^{-1/2}\exp\left[-\frac{1}{2}(\mathbf{y}-\boldsymbol{\mu})'\boldsymbol{\Sigma}^{-1}(\mathbf{y}-\boldsymbol{\mu})\right]$$

为了推导式（1.5.4），只需设定 $\boldsymbol{\mu}=\mathbf{X}\boldsymbol{\beta}$ 和 $\boldsymbol{\Sigma}=\sigma^2\mathbf{I}_n$ 即可。

这个最大化目标函数的 $\tilde{\boldsymbol{\beta}}$ 会（但在当前假设 1.1 至假设 1.5 的情况下不会）依赖于 $\tilde{\sigma}$。第二阶段，在 $\tilde{\sigma}$ 上最大化要考虑在第一阶段上取得的 $\tilde{\boldsymbol{\beta}}$ 会依赖于 $\tilde{\sigma}$。$\tilde{\boldsymbol{\beta}}$ 被限制在第一阶段上的值这样的对数似然函数被称为中心化对数似然函数（根据 $\tilde{\boldsymbol{\beta}}$ 中心化）。对于正态对数似然式（1.5.5），第一阶段意味着最小化平方和 $(\mathbf{y}-\mathbf{X}\tilde{\boldsymbol{\beta}})'(\mathbf{y}-\mathbf{X}\tilde{\boldsymbol{\beta}})$。做到了这一点的那个 $\tilde{\boldsymbol{\beta}}$ 正是 OLS 估计量 $\mathbf{b}$，而最小化平方和是 $\mathbf{e}'\mathbf{e}$。这样一来，中心化对数似然就是：

$$\text{中心化对数似然}=-\frac{n}{2}\log(2\pi)-\frac{n}{2}\log(\tilde{\sigma}^2)-\frac{1}{2\tilde{\sigma}^2}\mathbf{e}'\mathbf{e} \tag{1.5.6}$$

这只是 $\tilde{\sigma}^2$ 的函数，而最大化中心化似然的 $\tilde{\sigma}^2$ 是 σ^2 的 ML 估计值。这一最大化对于当前的古典回归模型是非常直接明了的，因为 $\mathbf{e}'\mathbf{e}$ 不是 $\tilde{\sigma}^2$ 的函数，因此可以被当成一个常数。我们仍然根据 $\tilde{\sigma}^2$ 而不是根据 $\tilde{\sigma}$ 来取导数，这一点颇为棘手。通过用 $\tilde{\gamma}$ 来表示 $\tilde{\sigma}^2$ 可以避免这一点。取式（1.5.6）关于 $\tilde{\gamma}(\equiv\tilde{\sigma}^2)$ 的导数，令其为 0，我们可以得到下面的结果。

命题 1.5（$(\boldsymbol{\beta},\ \boldsymbol{\sigma}^2)$ 的 ML 估计量）： 假定假设 1.1 至假设 1.5 成立。则 $\boldsymbol{\beta}$ 的 ML 估计量是 OLS 估计量 $\mathbf{b}$，且

$$\sigma^2\text{ 的 ML 估计量}=\frac{1}{n}\mathbf{e}'\mathbf{e}=\frac{SSR}{n}=\frac{n-K}{n}s^2 \tag{1.5.7}$$

从命题 1.2 中可知，s^2 是无偏的。因为 s^2 被一个异于 1 的因子 $\frac{n-K}{n}$ 相乘，所以 σ^2 的 ML 估计量是有偏的，尽管这一偏差随着样本规模 n 在任意给定的固定的 K 上增加时变得非常小。

出于后面要使用的原因，我们可以计算似然函数的最大化值。将式（1.5.7）代入式（1.5.6），我们可以得到：

$$\text{最大化对数似然}=-\frac{n}{2}\log\left(\frac{2\pi}{n}\right)-\frac{n}{2}-\frac{n}{2}\log(SSR)$$

因此，最大化似然为：

$$\max_{\tilde{\boldsymbol{\beta}},\tilde{\sigma}^2}L(\tilde{\boldsymbol{\beta}},\tilde{\sigma}^2)=\left(\frac{2\pi}{n}\right)^{-n/2}\cdot\exp\left(-\frac{n}{2}\right)\cdot(SSR)^{-n/2} \tag{1.5.8}$$

□ 古典回归模型的克莱姆-拉奥边界

为了唤起你对基础统计学的记忆，我们暂且将古典回归模型放在一边，不予证明地给出对于任一无偏估计量的方差-协方差矩阵的克莱姆-拉奥不等式。出于这个目的，我们定义在假设参数值 $\tilde{\boldsymbol{\theta}}$ 上的**得分向量**（score vector）为对数似然的梯度（偏导数向量）：

$$\text{得分}:\mathbf{s}(\tilde{\boldsymbol{\theta}})\equiv\frac{\partial\log L(\tilde{\boldsymbol{\theta}})}{\partial\tilde{\boldsymbol{\theta}}} \tag{1.5.9}$$

克莱姆-拉奥不等式：令 z 为随机变量（不必然是独立的）的一个向量，其联合密度由 $f(\mathbf{z};\ \boldsymbol{\theta})$ 给出，其中 $\boldsymbol{\theta}$ 是某个参数空间 Θ 中的 m 维参数向量。令 $L(\tilde{\boldsymbol{\theta}})\equiv f(\mathbf{z};\ \tilde{\boldsymbol{\theta}})$ 为似然函数，令 $\hat{\boldsymbol{\theta}}(\mathbf{z})$ 为具有有限的方差-协方差矩阵的 $\boldsymbol{\theta}$ 的无偏估计量。那么，在关于 $f(\mathbf{z};\ \boldsymbol{\theta})$ 的一些常规条件下（这里不给出表述），

$$\mathrm{Var}[\hat{\boldsymbol{\theta}}(\mathbf{z})]\geqslant\underset{(m\times m)}{\mathbf{I}(\boldsymbol{\theta})^{-1}}(\equiv\text{Cramer-Rao 下界}),$$

这里 $\mathbf{I}(\boldsymbol{\theta})$ 是一个由下式定义的**信息矩阵**（information matrix）：

$$\mathbf{I}(\boldsymbol{\theta}) \equiv \mathrm{E}(\mathbf{s}(\boldsymbol{\theta})\mathbf{s}(\boldsymbol{\theta})') \tag{1.5.10}$$

（注意，该结果是在真实参数值 $\boldsymbol{\theta}$ 上求出来的。）并且，在常规条件下，这一信息矩阵等于该对数似然函数的海塞矩阵（二阶偏导数矩阵）的期望值的相反数

$$\mathbf{I}(\boldsymbol{\theta}) = -\mathrm{E}\left(\frac{\partial^2 \log L(\boldsymbol{\theta})}{\partial\tilde{\boldsymbol{\theta}}\partial\tilde{\boldsymbol{\theta}}'}\right) \tag{1.5.11}$$

这被称为**信息矩阵等式**（information matrix equality）。

例如可参看 Amemiya（1985，定理 1.3.1）来寻求一个证明和对那些常规条件的表述。那些条件确保了运算可微，并且可以交替取期望。比如，

$$\mathrm{E}[\partial L(\boldsymbol{\theta})/\partial\tilde{\boldsymbol{\theta}}] = \partial\mathrm{E}[L(\boldsymbol{\theta})]/\partial\tilde{\boldsymbol{\theta}}$$

现在，对于（假设 1.1 至假设 1.5 的）古典回归模型来说，克莱姆-拉奥不等式中的似然函数 $L(\tilde{\boldsymbol{\theta}})$ 是条件密度式（1.5.4），因此在该不等式中的方差就是以 $\mathbf{X}$ 为条件的方差。可以证明，对于正态密度式（1.5.4），这些常规条件都会被满足（例如可参看 Amemiya（1985），1.3.2 节和 1.3.3 节）。在本小节剩下的部分里，我们可以计算式（1.5.4）的信息矩阵。参数向量 $\boldsymbol{\theta}$ 是 $(\boldsymbol{\beta}', \sigma^2)'$。

因此 $\tilde{\boldsymbol{\theta}} = (\tilde{\boldsymbol{\beta}}', \tilde{\gamma})'$ 和我们要计算的二阶导数矩阵为：

$$\underset{((K+1)\times(K+1))}{\frac{\partial^2 \log L(\boldsymbol{\theta})}{\partial\tilde{\boldsymbol{\theta}}\partial\tilde{\boldsymbol{\theta}}'}} = \begin{bmatrix} \underset{(K\times K)}{\dfrac{\partial^2 \log L(\boldsymbol{\theta})}{\partial\tilde{\boldsymbol{\beta}}\partial\tilde{\boldsymbol{\beta}}'}} & \underset{(K\times 1)}{\dfrac{\partial^2 \log L(\boldsymbol{\theta})}{\partial\tilde{\boldsymbol{\beta}}\partial\tilde{\gamma}}} \\ \underset{(1\times K)}{\dfrac{\partial^2 \log L(\boldsymbol{\theta})}{\partial\tilde{\gamma}\partial\tilde{\boldsymbol{\beta}}'}} & \underset{(1\times 1)}{\dfrac{\partial^2 \log L(\boldsymbol{\theta})}{\partial^2\tilde{\gamma}}} \end{bmatrix} \tag{1.5.12}$$

对数似然式（1.5.5）对 $\tilde{\boldsymbol{\theta}}$ 的一阶和二阶导数在真实参数向量 $\boldsymbol{\theta}$ 上的取值为：

$$\frac{\partial \log L(\boldsymbol{\theta})}{\partial\tilde{\boldsymbol{\beta}}} = \frac{1}{\gamma}\mathbf{X}'(\mathbf{y}-\mathbf{X}\boldsymbol{\beta}) \tag{1.5.13a}$$

$$\frac{\partial \log L(\boldsymbol{\theta})}{\partial\tilde{\gamma}} = -\frac{n}{2\gamma} + \frac{1}{2\gamma^2}(\mathbf{y}-\mathbf{X}\boldsymbol{\beta})'(\mathbf{y}-\mathbf{X}\boldsymbol{\beta}) \tag{1.5.13b}$$

$$\frac{\partial^2 \log L(\boldsymbol{\theta})}{\partial\tilde{\boldsymbol{\beta}}\partial\tilde{\boldsymbol{\beta}}'} = -\frac{1}{\gamma}\mathbf{X}'\mathbf{X} \tag{1.5.14a}$$

$$\frac{\partial^2 \log L(\boldsymbol{\theta})}{\partial^2\tilde{\gamma}} = \frac{n}{2\gamma^2} - \frac{1}{\gamma^3}(\mathbf{y}-\mathbf{X}\boldsymbol{\beta})'(\mathbf{y}-\mathbf{X}\boldsymbol{\beta}) \tag{1.5.14b}$$

$$\frac{\partial^2 \log L(\boldsymbol{\theta})}{\partial\tilde{\boldsymbol{\beta}}\partial\tilde{\gamma}} = -\frac{1}{\gamma^2}\mathbf{X}'(\mathbf{y}-\mathbf{X}\boldsymbol{\beta}) \tag{1.5.14c}$$

由于这些导数是在真实的参数值上取值的，所以在这些表达式中有 $\mathbf{y}-\mathbf{X}\boldsymbol{\beta}=\boldsymbol{\varepsilon}$。将式（1.5.14）代入式（1.5.12），并使用 $\mathrm{E}(\boldsymbol{\varepsilon} \mid \mathbf{X}) = \mathbf{0}$（假设 1.2），$\mathrm{E}(\boldsymbol{\varepsilon}'\boldsymbol{\varepsilon} \mid \mathbf{X}) = n\sigma^2$（假设 1.4 的题中之意），再回忆一下 $\gamma=\sigma^2$，我们可以轻松地推导出：

$$\mathbf{I}(\boldsymbol{\theta}) = \begin{bmatrix} \dfrac{1}{\sigma^2}\mathbf{X}'\mathbf{X} & \mathbf{0} \\ \mathbf{0}' & \dfrac{n}{2\sigma^4} \end{bmatrix} \tag{1.5.15}$$

这里，该期望是以 $\mathbf{X}$ 为条件的，因为似然函数式（1.5.4）是一个以 $\mathbf{X}$ 为条件的密度。这一分块对角矩阵可以经过转化，得到克莱姆-拉奥边界：

$$\text{克莱姆-拉奥边界} \equiv \mathbf{I}(\boldsymbol{\theta})^{-1} = \begin{bmatrix} \sigma^2 \cdot (\mathbf{X}'\mathbf{X})^{-1} & \mathbf{0} \\ \mathbf{0}' & \dfrac{2\sigma^4}{n} \end{bmatrix} \tag{1.5.16}$$

因此，无偏估计量 $\mathbf{b}$，根据命题 1.1，其方差为 $\sigma^2 \cdot (\mathbf{X}'\mathbf{X})^{-1}$，可以取得克莱姆-拉奥边界。这样我们就证明了：

命题 1.6（b 是最优无偏估计量（BUE））： 在假设 1.1 至假设 1.5 下，$\boldsymbol{\beta}$ 的 OLS 估计量 $\mathbf{b}$ 是 BUE，因为任何其他的无偏（但不一定是线性的）估计量在矩阵意义上都具有更大的条件方差。

这个结论应该与高斯-马尔可夫定理区分开来，该定理认为，在那些无偏而且线性于 $\mathbf{y}$ 的估计量中，$\mathbf{b}$ 具有最小方差。命题 1.6 则是说，$\mathbf{b}$ 在那些包含了非线性无偏估计量的更大估计量族中具有最小方差。这一更强的表述是在正态性假设（假设 1.5）下取得的，而在高斯-马尔可夫定理中这一点并未做假设。换个视角来看，高斯-马尔可夫定理并没有排除某些非线性估计量超越 OLS 的可能性，但是这种可能性在正态性假设下被消除了。

正如我们已经看到的那样，σ^2 的 ML 估计量是有偏的，因此克莱姆-拉奥边界并不适用。但是 σ^2 的 OLS 估计量 s^2 是无偏的。它能否取得这一边界呢？我们已经在前一节的复习题中证明了在与命题 1.6 同样的假设集合下，有下式成立：

$$\text{Var}(s^2 \mid \mathbf{X}) = \frac{2\sigma^4}{n-K}$$

因此，s^2 无法得到克莱姆-拉奥边界 $2\sigma^4/n$。不过，可以证明的是，具有小于 $2\sigma^4/(n-K)$ 的方差的 σ^2 的无偏估计量并不存在（例如可参看 Rao（1973，p. 319））。

□ 作为似然比检验的 *F* 检验

原假设的**似然比检验**（likelihood ratio test）是将 L_U 这个没有施加该原假设所限定的约束时的最大似然与 L_R 这个服从这一约束的最大似然进行比较。如果似然比 $\lambda \equiv L_U/L_R$ 过大，那么这应该是一个原假设错误的信号。在前一节所考虑的原假设 H_0：$\mathbf{R}\boldsymbol{\beta} = \mathbf{r}$ 的 F 检验是一个似然比检验，因为 F 比率是似然比 λ 的单调变换。对于当前的模型来说，L_U 可由式（1.5.8）给出，其中 SSR 这个在没有 H_0 约束时最小化了的残差平方和正是式（1.4.11）中的 SSR_U。受限的似然 L_R 通过用受限的残差平方和 SSR_R 取代这个 SSR 而得到。所以，

$$L_R = \max_{\tilde{\boldsymbol{\beta}}, \tilde{\sigma}^2 \text{ s.t. } H_0} L(\tilde{\boldsymbol{\beta}}, \tilde{\sigma}^2) = \left(\frac{2\pi}{n}\right)^{-n/2} \cdot \exp\left(-\frac{n}{2}\right) \cdot (SSR_R)^{-n/2} \tag{1.5.17}$$

而似然比是：

$$\lambda \equiv \frac{L_U}{L_R} = \left(\frac{SSR_U}{SSR_R}\right)^{-n/2} \tag{1.5.18}$$

将这和 F 比率的式（1.4.11）相比较，我们可以看到 F 比率是似然比 λ 的一个单调

变换：

$$F=\frac{n-K}{\#\mathbf{r}}(\lambda^{2/n}-1) \tag{1.5.19}$$

因此这两个检验是一样的。

□ 准最大似然

所有这些结论都假设误差项具有正态性。如果没有正态性，就无法保证 $\boldsymbol{\beta}$ 的 ML 估计量是 OLS 的（命题 1.5），抑或无法保证 OLS 估计量 $\mathbf{b}$ 可以取得克莱姆-拉奥边界（命题 1.6）。不过，命题 1.5 的确表明 $\mathbf{b}$ 是**准（或伪）最大似然估计量**（quasi-（or pseudo-）maximum likelihood estimator），这是最大化一个误设的似然函数的估计量。这个我们曾思考过的误设似然函数是正态似然。1.3 节的结论因此可解释为当误差未被正确设定为正态时准 ML 估计量的有限样本性质。

复习题

1. （常规条件的使用）假设取期望（即取积分）和微分可以交替，请证明，如果在真实参数值 $\boldsymbol{\theta}$ 上取值，则式（1.5.9）中给出的得分向量的期望值为 0。**提示**：需要证明的是下式：

$$\int \frac{\partial \log f(\mathbf{z};\boldsymbol{\theta})}{\partial \tilde{\boldsymbol{\theta}}} f(\mathbf{z};\boldsymbol{\theta})\mathrm{d}\mathbf{z}=\mathbf{0}$$

由于 $f(\mathbf{z};\ \tilde{\boldsymbol{\theta}})$ 是一个密度函数，对于任一 $\tilde{\boldsymbol{\theta}}$ 有 $\int f(\mathbf{z},\tilde{\boldsymbol{\theta}})\mathrm{d}\mathbf{z}=1$。两边对 $\tilde{\boldsymbol{\theta}}$ 取微分，并使用常规条件，这可以允许我们改变积分和微分的顺序，从而得到 $\int[\partial f(\mathbf{z};\boldsymbol{\theta})/\partial \tilde{\boldsymbol{\theta}}]\mathrm{d}\mathbf{z}=\mathbf{0}$。我们也可以从基本的微积分知识中得出下式：

$$\frac{\partial \log f(\mathbf{z};\boldsymbol{\theta})}{\partial \tilde{\boldsymbol{\theta}}}=\frac{1}{f(\mathbf{z};\boldsymbol{\theta})}\frac{\partial f(\mathbf{z};\boldsymbol{\theta})}{\partial \tilde{\boldsymbol{\theta}}}$$

2. （最大化联合对数似然）考虑最大化古典回归模型的联合似然式（1.5.2）（的对数），其中 $\tilde{\boldsymbol{\theta}}=(\tilde{\boldsymbol{\beta}}',\ \tilde{\sigma}^2)'$，并且 $\log f(\mathbf{y}\mid\mathbf{X};\ \tilde{\boldsymbol{\theta}})$ 由式（1.5.5）给出。你会将边缘似然 $f(\mathbf{X};\ \tilde{\boldsymbol{\psi}})$ 予以参数化，并取式（1.5.2）的对数来获得该目标函数，以求在 $\boldsymbol{\zeta}\equiv(\boldsymbol{\theta}',\ \boldsymbol{\psi}')'$ 上最大化。$\boldsymbol{\theta}\equiv(\boldsymbol{\beta}',\ \sigma^2)'$ 的 ML 估计量是什么？【答案：它应该和命题 1.5 相同。】推导 $\boldsymbol{\beta}$ 的克莱姆-拉奥边界。**提示**：根据信息矩阵等式，

$$\mathbf{I}(\boldsymbol{\zeta})=-\mathrm{E}\left[\frac{\partial^2 \log L(\boldsymbol{\zeta})}{\partial\tilde{\boldsymbol{\zeta}}\partial\tilde{\boldsymbol{\zeta}}'}\right]$$

而且，$\partial^2\log L(\boldsymbol{\zeta})/(\partial\tilde{\boldsymbol{\theta}}\partial\tilde{\boldsymbol{\psi}}')=\mathbf{0}$。

3. （关于 $\tilde{\sigma}^2$ 的中心化对数似然）将 $\tilde{\sigma}^2$ 写为 $\tilde{\gamma}$，古典回归模型的似然函数是：

$$\log L(\tilde{\boldsymbol{\beta}},\tilde{\gamma})=-\frac{n}{2}\log(2\pi)-\frac{n}{2}\log(\tilde{\gamma})-\frac{1}{2\tilde{\gamma}}(\mathbf{y}-\mathbf{X}\tilde{\boldsymbol{\beta}})'(\mathbf{y}-\mathbf{X}\tilde{\boldsymbol{\beta}})$$

在这个文中所述的两步骤最大化程序中，我们首先关于 $\tilde{\boldsymbol{\beta}}$ 来最大化这个函数。现在反过来，首先给定 $\tilde{\boldsymbol{\beta}}$ 关于 $\tilde{\gamma}$ 取最大化。证明这个中心化对数似然（关于 $\tilde{\gamma}\equiv\tilde{\sigma}^2$ 中心化）为：

$$-\frac{n}{2}[1+\log(2\pi)]-\frac{n}{2}\log\left(\frac{(\mathbf{y}-\mathbf{X}\tilde{\boldsymbol{\beta}})'(\mathbf{y}-\mathbf{X}\tilde{\boldsymbol{\beta}})}{n}\right)$$

4.（古典回归模型的信息矩阵等式） 证明线性回归模型的式（1.5.11）。

5.（古典回归模型的似然方程） 我们在文中使用两阶段程序来导出古典回归模型的 ML 估计值。找出 ML 估计量的另外一条路径是求解令式（1.5.13）等于 0 的一阶条件（对数似然的一阶条件被称为**似然方程**（likelihood equations））。证明：命题 1.5 中给出的 ML 估计量为该似然方程的解。

1.6 广义最小二乘（GLS）

假设 1.4 表明，条件二阶矩 $\mathrm{E}(\boldsymbol{\varepsilon}\boldsymbol{\varepsilon}' \mid \mathbf{X})(=\mathrm{Var}(\boldsymbol{\varepsilon} \mid \mathbf{X}))$ 的 $n \times n$ 矩阵是球型的，也就是说，它与单位矩阵成比例。没有这一假设，该 $n \times n$ 矩阵的每一个元素一般来说都是一个 $\mathbf{X}$ 的非线性函数。如果该误差项不是（条件）同方差的，那么 $\mathrm{E}(\boldsymbol{\varepsilon}\boldsymbol{\varepsilon}' \mid \mathbf{X})$ 的对角线元素值就不会相同，而如果观测值之间的误差项存在相关关系（时间序列模型中序列相关的情况），那么非对角线元素的值就不会为 0。对于任一给定的正标量 σ^2，我们定义 $\mathbf{V}(\mathbf{X}) \equiv \mathrm{E}(\boldsymbol{\varepsilon}\boldsymbol{\varepsilon}' \mid \mathbf{X})/\sigma^2$，并假设 $\mathbf{V}(\mathbf{X})$ 非奇异且已知。也就是说，

$$\mathrm{E}(\boldsymbol{\varepsilon}\boldsymbol{\varepsilon}' \mid \mathbf{X}) = \sigma^2 \underset{(n \times n)}{\mathbf{V}(\mathbf{X})}, \mathbf{V}(\mathbf{X})\text{非奇异且已知} \tag{1.6.1}$$

我们将 $\mathrm{E}(\boldsymbol{\varepsilon}\boldsymbol{\varepsilon}' \mid \mathbf{X})$ 分解为 σ^2（对于矩阵 $\mathrm{E}(\boldsymbol{\varepsilon}\boldsymbol{\varepsilon}' \mid \mathbf{X})$ 的所有元素都是共同的）和 $\mathbf{V}(\mathbf{X})$；原因是，就有效估计而言我们并不需要知晓 σ^2 的值。当假设 1.4 被式（1.6.1）取代时所得到的这个模型被称为**广义回归模型**（generalized regression model），只需要假设其条件二阶矩 $\mathrm{E}(\boldsymbol{\varepsilon}\boldsymbol{\varepsilon}' \mid \mathbf{X})$ 是非奇异的即可。

□ 放松假设 1.4 的后果

在前一节导出的结果中，那些假设了假设 1.4 的结果对于广义回归模型不再有效。更为具体地来说，

- 高斯-马尔可夫定理对于 OLS 估计量不再成立

  $$\mathbf{b} \equiv (\mathbf{X}'\mathbf{X})^{-1}\mathbf{X}'\mathbf{y}$$

  BLUE 会是另外某个估计量。

- t 比率不再服从 t 分布。这样一来，t 检验就不再有效。同样的结论也适用于 F 检验。

- 不过，OLS 估计量仍然是无偏的，因为这一无偏性结论（命题 1.1（a））不要求假设 1.4 成立。

□ 具有已知 V 的有效估计

如果矩阵函数 $\mathbf{V}(\mathbf{X})$ 的值已知，这个广义回归模型是否存在一个 BLUE 呢？答案是肯定的，该估计量被称为**广义最小二乘（GLS）估计量**（generalized least squares (GLS) estimator），现在我们就来推导它。这一推导的基本思想是将这个由假设 1.1 至假设 1.3 和式（1.6.1）构成的广义回归模型转换成满足包括假设 1.4 的古典回归模型全部假设的一个模型。

为了节省符号，我们使用 $\mathbf{V}$ 表示 $\mathbf{V}(\mathbf{X})$ 的值。由于根据构造，$\mathbf{V}$ 是对称和正定的，

所以存在一个非奇异的 $n \times n$ 矩阵 $\mathbf{C}$ 满足：

$$\mathbf{V}^{-1} = \mathbf{C}'\mathbf{C} \tag{1.6.2}$$

这一分解不是唯一的，对 $\mathbf{C}$ 的选择也不止一种，从下面的讨论可知，对 $\mathbf{C}$ 的选择无足轻重。现在通过用 $\mathbf{C}$ 来转换（$\mathbf{y}$，$\mathbf{X}$，$\boldsymbol{\varepsilon}$），考虑生成一个新的回归模型如下：

$$\tilde{\mathbf{y}} \equiv \mathbf{C}\mathbf{y},\ \tilde{\mathbf{X}} \equiv \mathbf{C}\mathbf{X},\ \tilde{\boldsymbol{\varepsilon}} \equiv \mathbf{C}\boldsymbol{\varepsilon} \tag{1.6.3}$$

对（$\mathbf{y}$，$\mathbf{X}$，$\boldsymbol{\varepsilon}$）的假设 1.1 意味着（$\tilde{\mathbf{y}}$，$\tilde{\mathbf{X}}$，$\tilde{\boldsymbol{\varepsilon}}$）也满足线性性：

$$\tilde{\mathbf{y}} = \tilde{\mathbf{X}}\boldsymbol{\beta} + \tilde{\boldsymbol{\varepsilon}} \tag{1.6.4}$$

转换后的模型满足古典线性回归模型的其他假设。严格外生性也可以得到满足，因为：

$$\begin{aligned}
\mathrm{E}(\tilde{\boldsymbol{\varepsilon}} \mid \tilde{\mathbf{X}}) &= \mathrm{E}(\tilde{\boldsymbol{\varepsilon}} \mid \mathbf{X}) \quad (\text{由于 } \mathbf{C} \text{ 是非奇异的,所以 } \mathbf{X} \text{ 和 } \tilde{\mathbf{X}} \text{ 包含相同的信息}) \\
&= \mathrm{E}(\mathbf{C}\boldsymbol{\varepsilon} \mid \mathbf{X}) \\
&= \mathbf{C}\mathrm{E}(\boldsymbol{\varepsilon} \mid \mathbf{X}) \quad (\text{根据条件期望的线性性}) \\
&= \mathbf{0} \quad (\text{因为根据假设 1.2 有 } \mathrm{E}(\boldsymbol{\varepsilon} \mid \mathbf{X} = \mathbf{0}))
\end{aligned}$$

由于 $\mathbf{V}$ 是正定的，所以无多重共线性假设也可得到满足（证明参看复习题）。假设 1.4 对这个转换后的模型也是可以满足的，因为：

$$\begin{aligned}
\mathrm{E}(\tilde{\boldsymbol{\varepsilon}}\tilde{\boldsymbol{\varepsilon}}' \mid \tilde{\mathbf{X}}) &= \mathrm{E}(\tilde{\boldsymbol{\varepsilon}}\tilde{\boldsymbol{\varepsilon}}' \mid \mathbf{X}) \quad (\text{因为 } \tilde{\mathbf{X}} \text{ 和 } \mathbf{X} \text{ 包含相同的信息}) \\
&= \mathbf{C}\mathrm{E}(\boldsymbol{\varepsilon}\boldsymbol{\varepsilon}' \mid \mathbf{X})\mathbf{C}' \quad (\text{因为 } \tilde{\boldsymbol{\varepsilon}}\tilde{\boldsymbol{\varepsilon}}' = \mathbf{C}\boldsymbol{\varepsilon}\boldsymbol{\varepsilon}'\mathbf{C}') \\
&= \mathbf{C} \cdot \sigma^2 \cdot \mathbf{V}\mathbf{C}' \quad (\text{根据式(1.6.1)}) \\
&= \sigma^2 \mathbf{C}\mathbf{V}\mathbf{C}' \\
&= \sigma^2 \mathbf{I}_n \quad (\text{因为根据式(1.6.2)有}(\mathbf{C}')^{-1}\mathbf{V}^{-1}\mathbf{C}^{-1} = \mathbf{I}_n \text{ 或 } \mathbf{C}\mathbf{V}\mathbf{C}' = \mathbf{I}_n)
\end{aligned}$$

因此转换后的误差向量 $\tilde{\boldsymbol{\varepsilon}}$ 也的确是球型的。最后，$\tilde{\boldsymbol{\varepsilon}} \mid \tilde{\mathbf{X}}$ 是正态的，因为 $\tilde{\boldsymbol{\varepsilon}} \mid \tilde{\mathbf{X}}$ 的分布与 $\tilde{\boldsymbol{\varepsilon}} \mid \mathbf{X}$ 相同，而 $\tilde{\boldsymbol{\varepsilon}}$ 是 $\boldsymbol{\varepsilon}$ 的一个线性转换。这就完成了有关这一转换后模型对假设 1.1 至假设 1.5 的验证。

关于该转换模型的高斯-马尔可夫定理表明，广义回归模型中 $\boldsymbol{\beta}$ 的 BLUE 是 OLS 估计量，适用于式（1.6.4）：

$$\begin{aligned}
\hat{\boldsymbol{\beta}}_{\mathrm{GLS}} &= (\tilde{\mathbf{X}}'\tilde{\mathbf{X}})^{-1}\tilde{\mathbf{X}}'\tilde{\mathbf{y}} \\
&= [(\mathbf{C}\mathbf{X})'(\mathbf{C}\mathbf{X})]^{-1}(\mathbf{C}\mathbf{X})'\mathbf{C}\mathbf{y} \\
&= (\mathbf{X}'\mathbf{C}'\mathbf{C}\mathbf{X})^{-1}(\mathbf{X}'\mathbf{C}'\mathbf{C}\mathbf{y}) \\
&= (\mathbf{X}'\mathbf{V}^{-1}\mathbf{X})^{-1}\mathbf{X}'\mathbf{V}^{-1}\mathbf{y} \quad (\text{根据式(1.6.2)})
\end{aligned} \tag{1.6.5}$$

这正是 GLS 估计量。其条件方差为：

$$\begin{aligned}
&\mathrm{Var}(\hat{\boldsymbol{\beta}}_{\mathrm{GLS}} \mid \mathbf{X}) \\
&= (\mathbf{X}'\mathbf{V}^{-1}\mathbf{X})^{-1}\mathbf{X}'\mathbf{V}^{-1}\mathrm{Var}(\mathbf{y} \mid \mathbf{X})\mathbf{V}^{-1}\mathbf{X}(\mathbf{X}'\mathbf{V}^{-1}\mathbf{X})^{-1} \\
&= (\mathbf{X}'\mathbf{V}^{-1}\mathbf{X})^{-1}\mathbf{X}'\mathbf{V}^{-1}(\sigma^2\mathbf{V})\mathbf{V}^{-1}\mathbf{X}(\mathbf{X}'\mathbf{V}^{-1}\mathbf{X})^{-1} \quad (\text{因为 } \mathrm{Var}(\mathbf{y} \mid \mathbf{X}) = \mathrm{Var}(\boldsymbol{\varepsilon} \mid \mathbf{X})) \\
&= \sigma^2 \cdot (\mathbf{X}'\mathbf{V}^{-1}\mathbf{X})^{-1}
\end{aligned} \tag{1.6.6}$$

由于用 $\sigma^2 \cdot \mathbf{V}(= \mathrm{Var}(\boldsymbol{\varepsilon} \mid \mathbf{X}))$ 取代式（1.6.5）中的 $\mathbf{V}$ 并不改变其取值，所以这个 GLS 估计量也可以被写为：

$$\hat{\boldsymbol{\beta}}_{\mathrm{GLS}}=[\mathbf{X}'\mathrm{Var}(\boldsymbol{\varepsilon}|\mathbf{X})^{-1}\mathbf{X}]^{-1}\mathbf{X}'\mathrm{Var}(\boldsymbol{\varepsilon}|\mathbf{X})^{-1}\mathbf{y}$$

如前所示，在没有假设 1.4 时，这个 OLS 估计量 $(\mathbf{X}'\mathbf{X})^{-1}\mathbf{X}'\mathbf{y}$ 也是无偏的，但是尽管如此，GLS 仍应受到偏爱（给定 $\mathbf{V}$ 已知），因为后者更有效，原因在于其在矩阵意义上方差更小。有效性方面的长处是通过利用误差项观测值之间的异方差性和相关性取得的，从操作层面上来说，这就是在像式（1.6.5）这样的 OLS 公式中插入（一个矩阵，成比例于）Var $(\varepsilon \mid \mathbf{X})$ 的逆矩阵。到现在为止我们的讨论可以被总结为：

命题 1.7 （GLS 的有限样本性质）

（a）（无偏性）在假设 1.1 至假设 1.3 下，$\mathrm{E}(\hat{\boldsymbol{\beta}}_{\mathrm{GLS}} \mid \mathbf{X})=\boldsymbol{\beta}$。

（b）（方差表达式）在假设 1.1 至假设 1.3 和假设式（1.6.1）的条件二阶矩成比例于 $\mathbf{V}(\mathbf{X})$ 下，

$$\mathrm{Var}(\hat{\boldsymbol{\beta}}_{\mathrm{GLS}}|\mathbf{X})=\sigma^2(\mathbf{X}'\mathbf{V}(\mathbf{X})^{-1}\mathbf{X})^{-1}$$

（c）（GLS 的有效性）在（b）中同样的假设集下，GLS 估计量是有效的，因为任一线性于 $\mathbf{y}$ 的无偏估计量的条件方差在矩阵意义上都大于或等于 $\mathrm{Var}(\hat{\boldsymbol{\beta}}_{\mathrm{GLS}} \mid \mathbf{X})$。

□ 一个特殊情形：加权最小二乘 （WLS）

观测值之间的误差项不存在相关关系，因此矩阵 $\mathbf{V}$ 是对角阵时，对误差方差矩阵做出调整的思路变得更加清晰。令 $v_i(\mathbf{X})$ 表示 $\mathbf{V}(\mathbf{X})$ 的第 i 个对角线元素。因此有：

$$\mathrm{E}(\varepsilon_i^2|\mathbf{X})(=\mathrm{Var}(\varepsilon_i|\mathbf{X}))=\sigma^2\cdot v_i(\mathbf{X})$$

很容易可以看出 $\mathbf{C}$ 也是对角的，其第 i 个对角线元素的平方根为 $1/v_i(\mathbf{X})$。这样一来，$(\tilde{\mathbf{y}}, \tilde{\mathbf{X}})$ 就由下式给出：

$$\tilde{y}_i=\frac{y_i}{\sqrt{v_i(\mathbf{X})}},\ \tilde{\mathbf{x}}_i=\frac{\mathbf{x}_i}{\sqrt{v_i(\mathbf{X})}}\quad (i=1,2,\cdots,n)$$

因此，在已知异方差的形式的情况下有效估计首先是通过方差 $v_i(\mathbf{X})$ 的平方根的倒数为每个观测值进行加权，然后使用 OLS。这被称为**加权回归**（weighted regression）[或**加权最小二乘**（weighted least squares，WLS）]。

更为特殊的重要情形是随机样本的情况，其中 $\{y_i, \mathbf{x}_i\}$ 在 i 上是 i. i. d. 。正如在 1.1 节所提及的，误差项是无条件同方差的（即 $\mathrm{E}(\varepsilon_i^2)$ 并不取决于 i），但是 GLS 仍然能够被用来增加有效性，因为误差项可能是条件异方差的。在随机样本情况下 $\mathrm{E}(\varepsilon_i^2 \mid \mathbf{X})$ 的条件二阶矩仅取决于 $\mathbf{x}_i$，而 $\mathrm{E}(\varepsilon_i^2 \mid \mathbf{x}_i)$ 的函数形式在 i 上是完全相同的。这样就有：

$$\text{对于随机样本而言，} v_i(\mathbf{X})=v(\mathbf{x}_i) \tag{1.6.7}$$

因此关于 $\mathbf{V}(\cdot)$ 的知识可以归结到一个单一的 K 元函数 $v(\cdot)$ 上来。

□ GLS 的极限性质

所有这些有关 GLS 的有限样本性质的可喜的结论都建立在这样的假设之上：在广义回归模型中的回归元是严格外生的（$\mathrm{E}(\tilde{\boldsymbol{\varepsilon}} \mid \tilde{\mathbf{X}})=\mathbf{0}$）。这一条件限制了 GLS 程序的有用性。就像在时间序列模型中经常遇到的情况那样，假定这些回归元并不是严格外生的，而且误差项序列相关。那么 OLS 和 GLS 都不具有诸如无偏性这类良好的有限样本性质。尽管如此，诚如下一章所欲展示的，忽略了误差项中序列相关的 OLS 估计量仍将具有某些良好的大样本性质（比如“一致性”和“渐近正态性”），只要这些回归元是“前定的”（这比严格外生性要弱一些）。与之对照，GLS 估计量却不具有那种可取的特征。也就是说，如果误差项不是严格外生而只是前定的，那么用以纠正序列相关的 GLS 程序会使得估计量变得不一致（参看 6.7 节）。明确对序列相关加以考虑而又保持了一致性的程序将在第 6 章给出。

如果对于校正序列相关而言 GLS 程序并不适合，那么 GLS 程序还是可以在误差项与对角的 $\mathbf{V}(\mathbf{X})$ 无序列相关时以 WLS 的形式校正异方差性。但是这只有在矩阵函数 $\mathbf{V}(\mathbf{X})$ 已知时才可行。我们极少能有先验的信息说明 $\mathbf{V}(\mathbf{X})$ 的对角线元素的值，而这对于为观测值进行加权是很必要的。在随机样本的情况下，当序列相关保证不会出现时，有关 $\mathbf{V}(\mathbf{X})$ 的知识可以归结为一个 K 元单一函数 $v(\mathbf{x}_i)$，这一点我们已经看到了，但是即使在这种情况下，有关这类函数的知识在大多数应用中也是不可得的。

如果我们不知道函数 $\mathbf{V}(\mathbf{X})$，那么我们可以从样本中估计它的函数形式。这种方法被称为**可行广义最小二乘**（feasible generalized least squares，FGLS）。但是如果函数 $\mathbf{V}(\mathbf{X})$ 估计自该样本，其值 $\mathbf{V}$ 就变成了一个随机变量，这会影响 GLS 估计量的分布。关于 FGLS 估计量的有限样本性质我们所知极为有限。在下一章关于校正异方差的论述中，我们将会探讨 FGLS 估计量的大样本性质。

在结束讨论之前，还应提及一下 GLS 积极的一面：大多数线性估计方法——包括 2SLS、3SLS 和下文将引入的随机效应估计量——都可被表述为一个 GLS 估计量，其中对于数据矩阵的定义则相对自由。然而，那些估计量和 OLS 也可以被解释为一个 GMM（广义矩方法）估计量，而且 GMM 在发展大样本结果上更加有用。

复习题

1. （转换模型的无多重共线性假设）转换模型的假设 1.3 是 $\text{rank}(\mathbf{CK})=K$。由于 $\mathbf{C}$ 非奇异而且 $\mathbf{X}$ 是列满秩的，所以这个假设可以得到满足。证明这一点。提示：由于 $\mathbf{X}$ 是列满秩的，所以对于任一 K 维向量 $\mathbf{c}\neq\mathbf{0}$，有 $\mathbf{Xc}\neq\mathbf{0}$。

2. （广义 *SSR*）证明：$\hat{\boldsymbol{\beta}}_{\text{GLS}}$最小化了 $(\mathbf{y}-\mathbf{X}\tilde{\boldsymbol{\beta}})'\mathbf{V}^{-1}(\mathbf{y}-\mathbf{X}\tilde{\boldsymbol{\beta}})$。

3. 就广义回归模型，推导 $\text{Var}(\mathbf{b}\mid\mathbf{X})$ 的表达式。它和 $\text{Var}(\hat{\boldsymbol{\beta}}_{\text{GLS}}\mid\mathbf{X})$ 的关系是怎样的？证明：命题 1.7(c) 表明：

$$(\mathbf{X}'\mathbf{X})^{-1}\mathbf{X}'\mathbf{V}\mathbf{X}(\mathbf{X}'\mathbf{X})^{-1}\geqslant(\mathbf{X}'\mathbf{V}^{-1}\mathbf{X})^{-1}$$

4. （GLS 的抽样误差）证明：$\hat{\boldsymbol{\beta}}_{\text{GLS}}-\boldsymbol{\beta}=(\mathbf{X}'\mathbf{V}^{-1}\mathbf{X})^{-1}\mathbf{X}'\mathbf{V}^{-1}\boldsymbol{\varepsilon}$。

1.7 应用：电力供给的规模报酬

纳洛夫在 1963 年的论文是对管制行业中规模报酬的经典研究。在阐释本章的方法，乃至呈现本章尚未触及的更多方法方面，它也极为出色。

□ 电力供应行业

在纳洛夫写作此文的年代，美国电力供应行业有着以下几个特征：

（1）私人拥有的地方垄断厂商应需求而供电。

（2）费率（电力价格）由公用事业委员会决定。

（3）要素价格（即工资率）取决于企业，要么根据在要素投入品市场上的完全竞争情况，要么通过与工会的长期合同来决定。

在我们检验 OLS 是不是一个适当的估计程序时，这些制度特征都是相关的。①

□ 数据

纳洛夫搜集了 1955 年 44 个州 145 家企业的横截面数据集，在这个数据集中，所有相关变量的数据都可得。数据中的变量有总成本、要素价格（工资率、燃料价格以及资本的租赁价格）和产出。尽管企业自己拥有资本（诸如发电厂、设备和建筑），但是乔根森（Jorgenson，1963）的标准投资理论仍然告诉我们（只要在改变资本存量方面没有成本），企业应该表现得好像它一期接一期地从它自己那里以一个被称为“资本的使用者成本”的租赁价格来租赁资本，这被定义为 $(r+\delta)\cdot p_I$，这里 r 是真实利率（下文我们用 r 表示规模报酬的程度），δ 是折旧率，而 p_I 是资本品的价格。出于这一原因，资本投入可以看成是一个可变的生产要素，就像劳动和燃料投入一样。

纳洛夫（Nerlove，1963）的附录 B 对这些数据是如何构造的进行了细致而又详实的讨论。关于产出、燃料和劳动成本（这些和资本成本一起构成了总成本）的数据是从联邦动力委员会（1956）得到的。关于工资率，纳洛夫使用的是州际公用事业平均工资。从理念上讲，我们应该将资本成本计算为资本再生产的成本乘以资本的使用者成本。由于数据的限制，纳洛夫只能用可以从企业年鉴中得到的利息和折旧费来代替。

□ 为什么我们需要计量经济学

我们为什么需要像 OLS 这样奇特的计量方法来判定规模报酬呢？我们为什么不简单地按照产出将平均成本曲线连接起来（这可以从数据中用总成本对产出的比率轻松地计算出平均成本），然后看看 AC（平均成本）曲线是不是向右下方倾斜呢？原因在于每个企业有不同的 AC 曲线。如果企业面对不同的要素价格，那么对于那些面对更低要素价格的企业来说平均成本就更少一些。在给定时点上，那些横截面的单位面对的是相同的价格，这个假设应当是没有争议的，但是对于美国电力行业而言，在要素价格上地区之间的差异确实十分悬殊。要素价格对 AC 曲线的影响不得不以某种方式予以剔除。纳洛夫所采取的这种方法业已成为一种标准的计量实践范例，就是要估计参数化的成本函数。

另一种使得个体 AC 曲线发生移动的因素是生产的效率水平。如果更有效率的企业生产了更多产出，那么个体 AC 曲线向上倾斜而且观察到的平均成本和产出的连线是向下倾斜的。为了对此进行阐释，我们来看图 1－6 描述的竞争性行业，其中 AC 和 MC

---

① 受益于因纳洛夫的这篇文章，对这个行业的管制得以解除，现在已经允许多家企业在同一个区域市场上进行竞争了，在美国很多州也开始实施严格的价格控制。因此现在前两个特征已经不再能够概括这个行业了。

（边际成本）曲线是同一市场的两个企业。为了集中关注生产效率和产出之间的关系，假定所有企业面对相同的要素价格，因此 AC 和 MC 曲线在企业间的差异只有一个原因，那就是生产效率的差别所致。AC 和 MC 曲线向上倾斜，反映的是规模报酬递减。企业 A 的 AC 和 MC 曲线位于企业 B 的 AC 和 MC 曲线之上，因为企业 A 相较于 B 缺乏效率。由于该行业是竞争性的，所以两个企业面对的是同一个价格 p。因为产出是由 MC 曲线和市场价格的交点决定的，所以两个企业的产出和平均成本的组合是图中的 A 点和 B 点。连接这两点得出的曲线是向下倾斜的，这给人以规模报酬递增的假象。

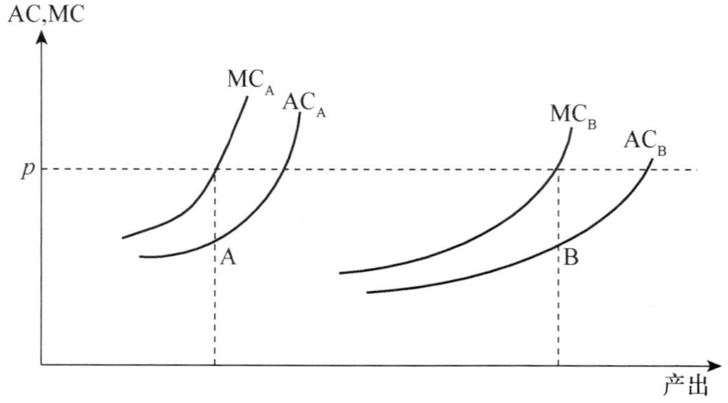

图 1-6 产出的决定

□ 柯布–道格拉斯技术

为了推导参数化成本函数，我们从柯布–道格拉斯生产函数开始：

$$Q_i = A_i x_{i1}^{\alpha_1} x_{i2}^{\alpha_2} x_{i3}^{\alpha_3} \tag{1.7.1}$$

其中 Q_i 是企业 i 的产出，x_{i1} 是企业 i 的劳动投入，x_{i2} 是企业 i 的资本投入，x_{i3} 是企业 i 的燃料投入。A_i 体现的是不可观察的生产效率差异（这个术语常被称为**企业异质性**（firm heterogeneity））。$\alpha_1+\alpha_2+\alpha_3 \equiv r$ 是规模报酬的程度。现在，我们先假设规模报酬程度是不变的（不要与规模报酬不变相混淆，规模报酬不变时 $r=1$）。由于样本中的电力企业是私人所有的，所以假定它们总是寻求成本最小化合情合理（不过还可参看本节末尾的讨论）。从微观经济学可知，柯布–道格拉斯成本函数与柯布–道格拉斯生产函数相关：

$$TC_i = r\cdot(A_i\alpha_1^{\alpha_1}\alpha_2^{\alpha_2}\alpha_3^{\alpha_3})^{-1/r}Q_i^{1/r}p_{i1}^{\alpha_1/r}p_{i2}^{\alpha_2/r}p_{i3}^{\alpha_3/r} \tag{1.7.2}$$

其中 TC_i 是企业 i 的总成本。取对数，我们可以得到以下这个对数线性关系：

$$\log(TC_i) = \mu_i + \frac{1}{r}\log(Q_i) + \frac{\alpha_1}{r}\log(p_{i1}) + \frac{\alpha_2}{r}\log(p_{i2}) + \frac{\alpha_3}{r}\log(p_{i3}) \tag{1.7.3}$$

其中 $\mu_i = \log[r\cdot(A_i\alpha_1^{\alpha_1}\alpha_2^{\alpha_2}\alpha_3^{\alpha_3})^{-1/r}]$。这个方程之所以被称为对数线性的，是因为因变量和回归元都是对数形式的。对数线性方程中的系数就是**弹性**（elasticities）。比如，$\log(p_{i1})$ 的系数就是总成本对工资率的弹性，即当工资率变化一个百分点时总成本变化的百分点。规模报酬的程度在式（1.7.3）中是总成本产出弹性的倒数，它是独立于产出水平的。

现在令 $\mu \equiv \mathrm{E}(\mu_i)$，并定义 $\varepsilon_i \equiv \mu_i - \mu$，从而有 $\mathrm{E}(\varepsilon_i)=0$。这个 ε_i 代表的是企业生产效率相对于行业平均效率的反向关系；企业具有正的 ε_i，则说明它是高成本企业。有了这些表示符号，式（1.7.3）就可变成：

$$\log(TC_i)=\beta_1+\beta_2\log(Q_i)+\beta_3\log(p_{i1})+\beta_4\log(p_{i2})+\beta_5\log(p_{i3})+\varepsilon_i \qquad (1.7.4)$$

其中

$$\beta_1=\mu,\ \beta_2=\frac{1}{r},\ \beta_3=\frac{\alpha_1}{r},\ \beta_4=\frac{\alpha_2}{r},\ \beta_5=\frac{\alpha_3}{r} \qquad (1.7.5)$$

这样，成本函数就被加入了 $K=5$ 的假设 1.1 的回归形式中。我们刚才注意到，直接根据产出与平均成本的连线的简单方法无法解释要素价格效应。我们业已表明的是，在柯布-道格拉斯技术下要素价格效应通过包含在要素价格对数的成本函数中得到了控制。由于这个方程导自对企业技术的明确描述，所以误差项和回归系数都有清晰的解释。

□ 我们如何知晓情况就是柯布-道格拉斯的

柯布-道格拉斯函数形式的确是一种非常便利的技术参数化形式。但是我们如何知晓真实的生产函数就是柯布-道格拉斯的呢？柯布-道格拉斯型函数具有边际生产力递减等性质，这是我们要求生产函数一般需要具备的性质，但是柯布-道格拉斯型函数并不是具有这些我们需要的性质的唯一的函数形式。很多更为一般化的函数形式在文献中曾经被提出来，但是柯布-道格拉斯型尽管很简单，却已经被证明对技术的描述格外好。纳洛夫的论文则是发现柯布-道格拉斯（对数线性）型还不足够的相对不多的研究中的一个，而它只强调了柯布-道格拉斯函数形式作为我们可以使用的一般化形式的分析基准的重要性。

□ OLS 假设会得到满足吗

为了证明使用最小二乘是合理的，我们需要确定对于式（1.7.4），假设 1.1 至假设 1.4 可以得到满足。显然，假设 1.1（线性性）可以得到满足：

$$y_i=\log(TC_i),\ \mathbf{x}_i=(1,\log(Q_i),\log(p_{i1}),\log(p_{i2}),\log(p_{i3}))'$$

没有理由期待式（1.7.4）中的回归元是完全共线的。的确，在纳洛夫的数据集中，$\mathrm{rank}(\mathbf{X})=5$ 且 $n=145$，因此假设 1.3（无多重共线性）也同样可以得到满足。

在证明严格外生性假设（假设 1.2）时，上面所提到的电力行业的特征也是有用的。正如在多数横截面数据中一样，假设对于 $i\neq j$ 有 $\mathbf{x}_i$ 独立于 ε_j 是合理的。因此，我们的问题就是 $\mathbf{x}_i$ 是否独立于 ε_i。如果是，则 $\mathrm{E}(\boldsymbol{\varepsilon}\mid\mathbf{X})=\mathbf{0}$。根据该行业的第三个特征，指定给该企业的要素价格并没有考虑该企业的效率，所以假设要素价格独立于 ε_i 显然是合理的。

那么产出又如何呢？由于企业的产出是应需求而供应的（该行业的第一个特征），所以产出取决于由公用事业委员会所设定的电力价格（第二个价格）。如果这一管制计划使得价格的决定不受企业的效率影响，那么 $\log(Q_i)$ 和 ε_i 是独立分布的。另外，如果该价格的设定可以弥补平均成本，那么企业的效率可以通过电力需求价格的效应来影响产出，此种情况下的产出是**内生的**（endogenous），和误差项相关。最后我们会非常简要地回到这一点来，但是在重新回到这一点之前，我们将忽略产出可能的内生性。如果我们处理的是一个竞争性行业，那这的确不会发生。由于高成本企业倾向于生产得更少一些，所以在 $\log(Q_i)$ 和 ε_i 之间就存在着负相关性，这就使得 OLS 成为一个不适合的估计程序。

关于假设 1.4，比如如果从一家企业转到其他临近位置的企业存在技术上的溢出效应，则企业（观测值）间的误差项无相关性的假设就值得怀疑。对于要研究的这个行业，可能并不是这种情况。

不存在先验的理由可以假定同方差性会得到满足。实际上，将残差进行绘图立刻可以发现，这个条件是无法得到满足的。纳洛夫的论文的主要部分就是探究处理这一问题的各种方法。

□ 受限最小二乘

式（1.7.4）被**过度识别**（overidentified），因为它的五个系数作为四个技术参数（它们是 α_1，α_2，α_3 和 μ）的函数，并不是自由参数。我们可以很容易从式（1.7.5）中看到：$\beta_3+\beta_4+\beta_5=1$（回忆一下：$r\equiv\alpha_1+\alpha_2+\alpha_3$）。这反映了成本函数的一般性质，即它在要素价格上是线性齐次的。实际上，在总成本 TC_i 和所有要素价格（p_{i1}，p_{i2}，p_{i3}）上乘以一个共同的因子，当且仅当 $\beta_3+\beta_4+\beta_5=1$ 时，成本函数式（1.7.4）仍然完好如初。

通过最小二乘来估计这一方程，同时又对系数向量施加一个先验的约束条件，这就是受限最小二乘（restricted least squares）。我们可以从初始回归中导出一个单独的回归以体现这些约束条件，这一点很容易即可实现。在当前的例子里，为了对成本函数施加齐次性条件 $\beta_3+\beta_4+\beta_5=1$，我们可以任取一个要素价格，比如 p_{i3}，然后从式（1.7.4）的两边减去 $\log(p_{i3})$，可以得到：

$$\log\left(\frac{TC_i}{p_{i3}}\right)=\beta_1+\beta_2+\log(Q_i)+\beta_3\log\left(\frac{p_{i1}}{p_{i3}}\right)+\beta_4\log\left(\frac{p_{i2}}{p_{i3}}\right)+\varepsilon_i \tag{1.7.6}$$

现在在回归中有四个系数，这四个技术参数的唯一取值可以从这四个系数中得以判定。（β_1，…，β_4）的受限最小二乘估计值不过是式（1.7.6）中系数的 OLS 估计值罢了。β_5 的受限最小二乘估计值正是（β_1，…，β_4）和约束条件所给出的值。

□ 检验成本函数的齐次性

在继续对受限模型（1.7.6）进行估计之前，为了检验齐次性约束 $\beta_3+\beta_4+\beta_5=1$，我们首先来估计非受限模型（1.7.4）。如果我们用纳洛夫论文中使用的数据，那么该方程的 OLS 估计值为：

$$\begin{aligned}\log(TC_i)=&-3.5+0.72\log(Q_i)+0.44\log(p_{i1})\\&\ \ (1.8)\ \ (0.017)\qquad\quad (0.29)\\&-0.22\log(p_{i2})+0.43\log(p_{i3})\\&\ \ (0.34)\qquad\qquad (0.10)\\R^2=&\,0.926,\ \text{mean of dep. variable}=1.72\\SER=&\,0.392,\ SSR=21.552,\ n=145\end{aligned} \tag{1.7.7}$$

这里，括号中的数字是 OLS 系数估计值的标准误差。由于 $\beta_2=1/r$，所以 OLS 系数估计值对规模报酬程度的估计约为 1.4(=1/0.72)。$\beta_4=\alpha_2/r$ 的 OLS 系数估计值的符号则是不正确的。正如纳洛夫所注明的那样，有理由相信，资本租赁价格 p_{i2} 测量上存在的问题比较大。这可以解释为什么 b_4 被如此不精确地予以确定（即该标准误差相对于系数估计值的大小而言显得过大），以至我们无法拒绝假设 $\beta_4=0$，其 t 比率为 $-0.65(=-0.22/0.34)$。①

为了检验齐次性约束 H_0：$\beta_3+\beta_4+\beta_5=1$，我们可以以下面的形式写出该假设 $\mathbf{R}\boldsymbol{\beta}=\mathbf{r}$，其中 $\mathbf{R}=(0, 0, 1, 1, 1)$，$\mathbf{r}=1$，并运用式（1.4.9）来计算 F 比率。保留假设是非受限模型（1.7.4）(也就是说，假设 1.1 至假设 1.5，其中假设 1.1 中的方程是式（1.7.4）)，因此 $\mathbf{b}$ 和 F 比率公式中 $\mathbf{b}$ 的估计方差应该来自式（1.7.4）的 OLS 估计值。此外，我们可以使用 F 比率公式（1.4.11）。SSR_U 来自非受限模型（1.7.4），而 SSR_R 来自受限模型（1.7.6），这将该原假设附加在了非受限模型之上。式（1.7.6）的 OLS 估计值为：

$$\begin{aligned}\log\left(\frac{TC_i}{p_{i3}}\right)=&\underset{(0.88)}{-4.7}+\underset{(0.017)}{0.72}\log(Q_i)\\&+\underset{(0.20)}{0.59}\log(p_{i1}/p_{i3})-\underset{(0.19)}{0.007}\log(p_{i2}/p_{i3})\\R^2=0.932,&\ \text{mean of dep. var.}=-1.48\\SER=0.39,&\ SSR=21.640,\ n=145\end{aligned}\tag{1.7.8}$$

齐次性约束的 F 检验步骤如下：

步骤 1：使用式（1.4.11），可以将 F 比率计算为：

$$\frac{(21.640-21.552)/1}{21.552/(145-5)}=0.57$$

步骤 2：找到临界值。在该原假设中约束（方程）的数量为 1，在非受限模型（即保留假设）中 K（系数的数目）为 5。因此，自由度为 1 和 140(=145−5)。从 F 分布表可知，临界值约为 3.9。

步骤 3：这样，我们就可以轻松地接受齐次性约束，这是认真学习微观经济学的人感到非常欣慰的结论。

□ 插入几句话：对 R^2 的一个警示

R^2 为 0.926，对于横截面估计值来说出奇地高，但是该回归的一些解释力源自总成本随着企业规模而增加这一规模效应，这样想来也就不足为奇。为了测量规模效应对 R^2 的贡献，我们从式（1.7.4）的两边同时减去 $\log(Q_i)$，这样可以得到一个等价的成本函数：

---

① 测量误差的后果不仅使存在测量误差的被测变量系数在判定上存在较大问题，而且会损害所有其他回归元的系数估计值。给出这一问题的适当时机见第 3 章关于内生回归元的大样本理论。

$$\log\left(\frac{TC_i}{Q_i}\right)=\beta_1+(\beta_2-1)\log(Q_i)+\beta_3\log(p_{i1})$$
$$+\beta_4\log(p_{i2})+\beta_5\log(p_{i3})+\varepsilon_i \qquad (1.7.4')$$

这里，因变量是平均成本而不是总成本。使用同样的数据，将 OLS 应用到式（1.7.4′），可以得到：

$$\log\left(\frac{TC_i}{Q_i}\right)=\underset{(1.8)}{-3.5}-\underset{(0.017)}{0.28}\log(Q_i)$$
$$+\underset{(0.29)}{0.44}\log(p_{i1})-\underset{(0.34)}{0.22}\log(p_{i2})+\underset{(0.10)}{0.43}\log(p_{i3})$$
$$R^2=0.695, \text{mean of dep. var.}=-4.83$$
$$SER=0.392, SSR=21.552, n=145 \qquad (1.79)$$

毫无疑问，你可能已经预期到，现在的产出系数为−0.28(=0.72−1)，标准误和其他系数估计值都没有改变。R^2 改变只是因为因变量不同而已。我们若认为 R^2 越高，式（1.7.4）比式（1.7.4′）越受欢迎，则是毫无意义的，因为这两个方程表达的其实是同一个模型。关键之处在于：当根据拟合对两个方程进行比较时，这些方程必须具有相同的因变量。

□ 检验规模报酬不变

作为对 t 检验的一种应用，我们来看对规模报酬是否不变（$r=1$）的检验。我们取保留假设为受限模型（1.7.6）。由于当且仅当 $r=1$ 时，β_2（产出系数对数）才等于 1，所以原假设就是 H_0：$\beta_2=1$。规模报酬不变的 t 检验步骤如下：

步骤 1： 计算该假设的 t 比率。从对受限模型的估计可知，我们有标准误为 0.017 的 $b_2=0.72$，因此：

$$t\text{ 比率}=\frac{0.72-1}{0.017}=-16$$

由于这里的保留假设是受限模型（1.7.6），所以 K(系数的个数)=4。

步骤 2： 在 t 分布中找出临界值。如果该检验的显著性水平为 5%，则临界值为 1.98。

步骤 3： 由于 t 比率的绝对值远大于临界值，所以我们拒绝规模报酬不变的假设。

□ 将残差进行绘图的重要性

这个回归有一个问题，而且这个问题是无法从估计的系数和其标准误中看出来的。图 1－7 根据 $\log(Q_i)$ 将残差进行了绘图。从这一图示中我们需要注意两件事。第一，随着产出的增加，残差先是表现为正，然后为负，再为正。这强烈表明规模报酬程度（r）不是恒定不变的，这不像对数线性设定中所假设的情况。第二，对于更低的产出来说，这个残差分散得更宽一些，这也是同方差假设不成立的信号，即误差方差不取决于回归元。为了处理这些问题，纳洛夫将 145 个企业的样本分为五组，每组 29 个企业，分组是按照产出进行排列的，然后对每组分别估计模型（1.7.6）。这可以一起解释规模不同的五组的所有系数（包括 $\beta_2=1/r$）以及误差方差。纳洛夫发现，规模报酬是非常平稳地递减，从高于 2 到略低于 1 不等地分布在该数据的产出范围内。在本章的实证性习题中，要求读者得出一模一样的发现，并使用虚拟变量和加权最小二乘来进一步进行分析。

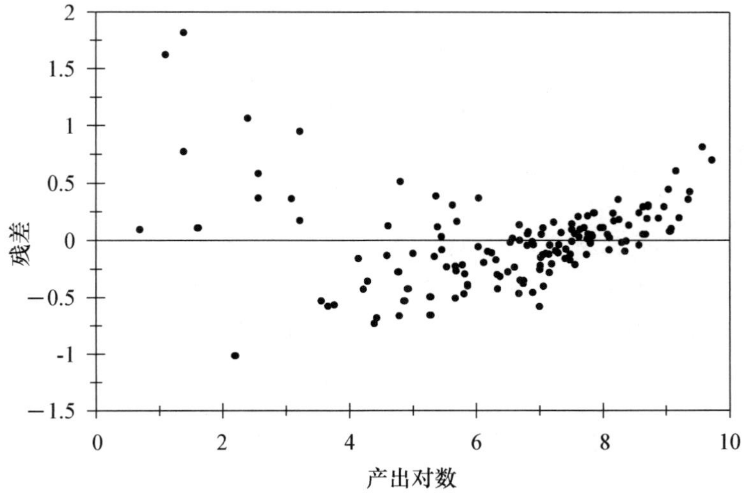

图 1-7 根据产出对数对残差进行绘图

□ 后续发展

后续文献中一个支派关注的是，在保留成本最小化这一假设时，将柯布-道格拉斯技术予以一般化。替代柯布-道格拉斯的一个广为人知的方案即是不变替代弹性（CES）生产函数，但它也有两个问题。第一，由 CES 生产函数所导出的这个成本函数是高度非线性的（尽管这一点可以通过使用非线性最小二乘予以克服，第 7 章对此进行了讨论）。第二，CES 技术意味着规模报酬程度是不变的。而纳洛夫的主要发现之一就是，该程度随着产出而异。克里斯滕森和格林（Christensen and Greene，1976）可能率先允许不同的规模报酬程度而进行技术参数的估计。使用由克里斯滕森、乔根森和劳（Christensen，Jorgenson，and Lau，1973）引入的**超越对数成本函数**（translog cost function），他们发现，在 1955 年数据中显著的规模经济表现到 1970 年绝大部分已消耗殆尽，大部分企业都是在更高的产出水平上运营，此时 AC 曲线基本上是平缓的。他们的工作将在第 4 章中详细介绍。

另外一个问题是受管制的企业是否最小化成本。颇有影响力的阿弗奇和约翰逊（Averch and Johnson，1962）认为，管制者确保公用事业单位根据其资本存量取得“合理的收益率”的管制条例扭曲了投入水平。由于合理收益率通常高于利率，所以公用事业单位有动机过度投资。也就是说，它们最小化成本，而资本使用者成本的定义中的相关收益率是合理收益率。结果，除非合理收益率被用于对 p_{i2} 的计算，否则真实的技术参数是不可能从该成本函数中得到估计的。合理收益率管制会带来另外一个计量经济学问题：为了确保公用事业单位有一个合理收益率，电力价格必然要在由高成本公用事业单位服务的市场上维持相对高的水平。这样一来，产出就会是内生的。

近来的问题是：管制者是否有充分的信息令其成本最小化？如果公用事业单位对成

本具有更多信息，那么它完全有激励错报给管制者真实的效率参数值。管制者所能接纳的管制措施必须考虑这个可能因此而无法实现成本最小化的激励问题。沃拉克（Wolak，1994）对加利福尼亚供水公用事业产业的经验研究结果表明，所观察到的成本和产出水平最好建模为在信息不对称情况下管制者—公用事业单位互动的结果。沃拉克除成本函数之外还估计了需求函数，这样他就解决了产出内生性问题。不过，这样做需要使用比 OLS 更为复杂的估计方法。

复习题

1.（对对偶理论的复习）参考一下你最钟爱的微观经济学教科书，回忆柯布-道格拉斯成本函数是如何从柯布-道格拉斯生产函数中推导出来的。

2.（单位的变化）在纳洛夫的数据中，产出是以千瓦时测量的。如果产出以兆瓦时来测量，待估受限回归将如何变化？

3.（从回归系数中找回技术参数）证明技术参数（μ，α_1，α_2，α_3）可由式（1.7.5）中前四个方程以及定义 $r \equiv \alpha_1 + \alpha_2 + \alpha_3$ 唯一地予以确定。（不要使用第五个方程 $\beta_5 = \alpha_3 / r$。）

4.（从受限 OLS 中找回遗漏系数）计算式（1.7.8）中 β_5 的受限 OLS 估计值。你如何从该受限 OLS 的输出中计算 b_5 的标准误？**提示：**为适当的 a 和 $\mathbf{c}$ 写出 $b_5 = a + \mathbf{c}'\mathbf{b}$，其中 $\mathbf{b}$ 是$(b_1, \cdots, b_4)'$。因此 $\mathrm{Var}(b_5 \mid \mathbf{X}) = \mathbf{c}'\mathrm{Var}(\mathbf{b} \mid \mathbf{X})\mathbf{c}$。受限 OLS 的输出应当包含 $\widehat{\mathrm{Var}(\mathbf{b} \mid \mathbf{X})}$。

5. 如果你取 p_{i2} 而非 p_{i3}，从式（1.7.4）的两边减去 $\log(p_{i2})$，该受限回归看起来会怎样？如果不根据纳洛夫的数据对它予以切实的估计，你能否根据文中这一待估的受限模型告诉我们，（β_1，…，β_5）的这个受限 OLS 估计值将会是什么样的？它们的标准误呢？SSR 呢？R^2 又是怎么样的？

6. 为什么从非受限模型（1.7.7）中得到的 $R^2(0.926)$ 低于从受限模型（1.7.8）中得到的 R^2 (0.932)？

7. 有关资本的租赁价格更为现实的假设可能是这样的：存在一个漫布整个经济的资本市场，所以 p_{i2} 在所有企业之间都是相同的。在这种情况下：

（a）你能否估计该技术参数？**提示：**答案是肯定的，但是为什么呢？当 p_{i2} 是常数时，式（1.7.4）会存在完全多重共线性问题。不过可以回忆一下，（β_1，…，β_5）并非自由参数。

（b）你能否检验一下在要素价格上成本函数的齐次性？

8. 对生产函数式（1.7.1）两边取对数，我们可以推导出这样的对数线性关系：

$$\log(Q_i) = \alpha_0 + \alpha_1 \log(x_{i1}) + \alpha_2 \log(x_{i2}) + \alpha_3 \log(x_{i3}) + \varepsilon_i$$

这里的 ε_i 被定义为 $\log(A_i) - \mathrm{E}[\log(A_i)]$，$\alpha_0 = \mathrm{E}[\log(A_i)]$。除了总成本、产出和要素价格之外，我们还假定有要素投入的数据。那么我们能否通过对这一对数线性关系运用 OLS 来估计这些 α 呢？为什么能或为什么不能？**提示：**投入水平取决于 ε_i 吗？建议你用一个不同的方法估计这些 α。**提示：**注意投资份额。

第 1 章习题集

□ 分析性习题

1.（证明 $\mathbf{b}$ 最小化了 SSR）令 $\mathbf{b}$ 为 $\boldsymbol{\beta}$ 的 OLS 估计量。证明对于 $\boldsymbol{\beta}$ 的任一假设估计值 $\widetilde{\boldsymbol{\beta}}$，

$$(\mathbf{y}-\mathbf{X}\widetilde{\boldsymbol{\beta}})'(\mathbf{y}-\mathbf{X}\widetilde{\boldsymbol{\beta}})\geqslant(\mathbf{y}-\mathbf{Xb})'(\mathbf{y}-\mathbf{Xb})$$

在你的证明里，使用加减策略：取 $\mathbf{y}-\mathbf{X}\widetilde{\boldsymbol{\beta}}$，加上 $\mathbf{Xb}$，然后从中减去同样的项。这样可以得到 $\mathbf{y}-\mathbf{X}\widetilde{\boldsymbol{\beta}}$ 的分解式：

$$\mathbf{y}-\mathbf{X}\widetilde{\boldsymbol{\beta}}=(\mathbf{y}-\mathbf{Xb})+(\mathbf{Xb}-\mathbf{X}\widetilde{\boldsymbol{\beta}})$$

提示：$(\mathbf{y}-\mathbf{X}\widetilde{\boldsymbol{\beta}})'(\mathbf{y}-\mathbf{X}\widetilde{\boldsymbol{\beta}})=[(\mathbf{y}-\mathbf{Xb})+\mathbf{X}(\mathbf{b}-\widetilde{\boldsymbol{\beta}})]'[(\mathbf{y}-\mathbf{Xb})+\mathbf{X}(\mathbf{b}-\widetilde{\boldsymbol{\beta}})]$。运用常规方程，证明这等于下式：

$$(\mathbf{y}-\mathbf{Xb})'(\mathbf{y}-\mathbf{Xb})+(\mathbf{b}-\widetilde{\boldsymbol{\beta}})'\mathbf{X}'\mathbf{X}(\mathbf{b}-\widetilde{\boldsymbol{\beta}})$$

2.（与向量 **1** 相关的零化子）令 **1** 为 n 维 1 的列向量，令 $\mathbf{M}_1\equiv\mathbf{I}_n-\mathbf{1}(\mathbf{1}'\mathbf{1})^{-1}\mathbf{1}'$。也就是说，$\mathbf{M}_1$ 是与 **1** 相关的零化子。证明：

(a) $\mathbf{M}_1$ 是对称和幂等的。

(b) $\mathbf{M}_1\mathbf{1}=\mathbf{0}$。

(c) $\mathbf{M}_1\mathbf{y}=\mathbf{y}-\bar{y}\cdot\mathbf{1}$，这里

$$\bar{y}=\frac{1}{n}\sum_{i=1}^{n}y_i$$

$\mathbf{M}_1\mathbf{y}$ 是**均值离差**（deviations from the mean）向量。

(d) $\mathbf{M}_1\mathbf{X}=\mathbf{X}-\mathbf{1}\bar{\mathbf{x}}'$，其中 $\bar{\mathbf{x}}=\mathbf{X}'\mathbf{1}/n$。$K\times1$ 向量 $\bar{\mathbf{x}}$ 的第 k 个元素为 $\frac{1}{n}\sum_{i=1}^{n}x_{ik}$ 。

3.（均值离差回归）我们来看具有常数项的回归模型。令 **X** 被划分为：

$$\underset{(n\times K)}{\mathbf{X}}=[\underset{n\times1}{\mathbf{1}}\ \vdots\ \underset{n\times(K-1)}{\mathbf{X}_2}]$$

因此，其中第一个回归元是一个常数。相应的，将 $\boldsymbol{\beta}$ 和 **b** 划分为：

$$\boldsymbol{\beta}=\begin{bmatrix}\beta_1\\ \boldsymbol{\beta}_2\end{bmatrix}\begin{matrix}\leftarrow\text{标量}\\ \leftarrow(K-1)\times1\end{matrix},\quad \mathbf{b}=\begin{bmatrix}b_1\\ \mathbf{b}_2\end{bmatrix}$$

再令 $\widetilde{\mathbf{X}}_2\equiv\mathbf{M}_1\mathbf{X}_2$ 和 $\widetilde{\mathbf{y}}\equiv\mathbf{M}_1\mathbf{y}$。它们是这些非常数回归元以及因变量的均值离差。证明：

(a) 这 K 个常规方程为：

$$\bar{y}-b_1-\bar{\mathbf{x}}_2'\mathbf{b}_2=0$$

其中 $\bar{\mathbf{x}}_2=\mathbf{X}_2'\mathbf{1}/n$，

$$\mathbf{X}_2'\mathbf{y}-n\cdot b_1\cdot\bar{\mathbf{x}}_2-\mathbf{X}_2'\mathbf{X}_2\mathbf{b}_2=\underset{((K-1)\times1)}{\mathbf{0}}$$

(b) $\mathbf{b}_2=(\widetilde{\mathbf{X}}_2'\widetilde{\mathbf{X}}_2)^{-1}\widetilde{\mathbf{X}}_2'\widetilde{\mathbf{y}}$。**提示：**将第一个常规方程代入其他 $K-1$ 个方程，消去 b_1，求出 $\mathbf{b}_2$。这是 1.2 节中所要证明的复习题 3 的结论的一般化。

4.（分块回归，习题 3 的一般化）令 **X** 分块为：

$$\underset{(n\times K)}{\mathbf{X}}=[\underset{(n\times K_1)}{\mathbf{X}_1}\ \vdots\ \underset{(n\times K_2)}{\mathbf{X}_2}]$$

相应的，$\boldsymbol{\beta}$ 分块为：

$$\boldsymbol{\beta}=\begin{bmatrix}\boldsymbol{\beta}_1\\ \boldsymbol{\beta}_2\end{bmatrix}\begin{matrix}\leftarrow K_1\times1\\ \leftarrow K_2\times1\end{matrix}$$

这样一来，该回归就可以写为：

$$\mathbf{y}=\mathbf{X}_1\boldsymbol{\beta}_1+\mathbf{X}_2\boldsymbol{\beta}_2+\varepsilon$$

令 $\mathbf{P}_1\equiv\mathbf{X}_1(\mathbf{X}_1'\mathbf{X}_1)$，$\mathbf{M}_1\equiv\mathbf{I}-\mathbf{P}_1$，$\widetilde{\mathbf{X}}_2\equiv\mathbf{M}_1\mathbf{X}_2$ 以及 $\widetilde{\mathbf{y}}\equiv\mathbf{M}_1\mathbf{y}$。这样，$\widetilde{\mathbf{y}}$ 是 $\mathbf{y}$ 对 $\mathbf{X}_1$ 回归的残差向量，$\widetilde{\mathbf{X}}_2$ 的第 k 列是相应的 $\mathbf{X}_2$ 的第 k 列对 $\mathbf{X}_1$ 的回归的残差向量。证明：

(a) 常规方程为：

$$\mathbf{X}_1'\mathbf{X}_1\mathbf{b}_1+\mathbf{X}_1'\mathbf{X}_2\mathbf{b}_2=\mathbf{X}_1'\mathbf{y} \tag{$*$}$$

$$\mathbf{X}_2'\mathbf{X}_1\mathbf{b}_1+\mathbf{X}_2'\mathbf{X}_2\mathbf{b}_2=\mathbf{X}_2'\mathbf{y} \tag{$**$}$$

(b) $\mathbf{b}_2=(\widetilde{\mathbf{X}}_2'\widetilde{\mathbf{X}}_2)^{-1}\widetilde{\mathbf{X}}_2'\widetilde{\mathbf{y}}$。也就是说，通过将残差 $\widetilde{\mathbf{y}}$ 对残差 $\widetilde{\mathbf{X}}_2$ 的矩阵进行回归可以得到 $\mathbf{b}_2$。**提示**：从式（$*$）导出 $\mathbf{X}_1\boldsymbol{\beta}_1=-\mathbf{P}_1\mathbf{X}_2\boldsymbol{\beta}_2+\mathbf{P}_1\mathbf{y}$。将此代入式（$**$），可以得到 $\mathbf{X}_2'\mathbf{M}_1\mathbf{X}_2\boldsymbol{\beta}_2=\mathbf{X}_2'\mathbf{M}_1\mathbf{y}$。然后利用 $\mathbf{M}_1$ 是对称且幂等的这一条件。或者，对系数矩阵应用附录 A 中分块求逆公式（A.10）中的穷举法：

$$\mathbf{X}'\mathbf{X}=\begin{bmatrix}\mathbf{X}_1'\mathbf{X}_1 & \mathbf{X}_1'\mathbf{X}_2\\ \mathbf{X}_2'\mathbf{X}_1 & \mathbf{X}_2'\mathbf{X}_2\end{bmatrix}$$

证明 $(\mathbf{X}'\mathbf{X})^{-1}$ 的第二个对角块是 $(\widetilde{\mathbf{X}}_2'\widetilde{\mathbf{X}}_2)^{-1}$。

(c) $\widetilde{\mathbf{y}}$ 对 $\widetilde{\mathbf{X}}_2$ 回归的残差在数值上等于 $\mathbf{e}$，即 $\mathbf{y}$ 对 $\mathbf{X}$ 回归的残差（$\equiv(\mathbf{X}_1 \vdots \mathbf{X}_2)$）。**提示**：如果 $\mathbf{e}$ 是 $\mathbf{y}$ 对 $\mathbf{X}$ 回归的残差，则：

$$\mathbf{y}=\mathbf{X}_1\mathbf{b}_1+\mathbf{X}_2\mathbf{b}_2+\mathbf{e}$$

两边左乘 $\mathbf{M}_1$，并利用 $\mathbf{M}_1\mathbf{X}_1=\mathbf{0}$，我们有：

$$\widetilde{\mathbf{y}}=\widetilde{\mathbf{X}}_2\mathbf{b}_2+\mathbf{M}_1\mathbf{e}$$

证明：$\mathbf{M}_1\mathbf{e}=\mathbf{e}$，并可观察到在 $\widetilde{\mathbf{y}}$ 对 $\widetilde{\mathbf{X}}_2$ 的回归中 $\mathbf{b}_2$ 等于 OLS 系数估计值。

(d) $\mathbf{b}_2=(\widetilde{\mathbf{X}}_2'\widetilde{\mathbf{X}}_2)^{-1}\widetilde{\mathbf{X}}_2'\mathbf{y}$。注意和（b）的区别。这里，因变量向量是 $\mathbf{y}$ 而非 $\widetilde{\mathbf{y}}$。$\mathbf{y}$ 对 $\widetilde{\mathbf{X}}_2$ 回归的残差是否在数值上和 $\mathbf{e}$ 相同呢？【答案是否定的。】$\mathbf{y}$ 对 $\widetilde{\mathbf{X}}_2$ 回归所得的 SSR 是否与 $\widetilde{\mathbf{y}}$ 对 $\widetilde{\mathbf{X}}_2$ 回归所得的 SSR 一样呢？【答案是否定的。】

（b）至（d）中的结论即被称为**弗里希-沃定理**（Frisch-Waugh theorem）。

(e) 证明：

$$\widetilde{\mathbf{y}}'\widetilde{\mathbf{y}}-\mathbf{e}'\mathbf{e}=\widetilde{\mathbf{y}}'\mathbf{X}_2(\mathbf{X}_2'\mathbf{M}_1\mathbf{X}_2)^{-1}\mathbf{X}_2'\widetilde{\mathbf{y}}$$

提示：对（c）中的回归运用广义分解公式（1.2.15），可以导出：

$$\widetilde{\mathbf{y}}'\widetilde{\mathbf{y}}=\mathbf{b}_2'\widetilde{\mathbf{X}}_2'\widetilde{\mathbf{X}}_2\mathbf{b}_2+\mathbf{e}'\mathbf{e}$$

然后使用（b）。

(f) 考虑以下四个回归：

(1) $\widetilde{\mathbf{y}}$ 对 $\mathbf{X}_1$ 的回归。

(2) $\widetilde{\mathbf{y}}$ 对 $\widetilde{\mathbf{X}}_2$ 的回归。

(3) $\widetilde{\mathbf{y}}$ 对 $\mathbf{X}_1$ 和 $\mathbf{X}_2$ 的回归。

(4) $\widetilde{\mathbf{y}}$ 对 $\mathbf{X}_2$ 的回归。

令 SSR_j 为回归 j 的残差平方和。证明：

(i) $SSR_1=\widetilde{\mathbf{y}}'\widetilde{\mathbf{y}}$。提示：$\widetilde{\mathbf{y}}$ 是被构造的，以使得 $\mathbf{X}_1'\widetilde{\mathbf{y}}=\mathbf{0}$，所以 $\mathbf{X}_1$ 应该不具有解释力。

(ii) $SSR_2=\mathbf{e}'\mathbf{e}$。提示：应用（c）。

(iii) $SSR_3=\mathbf{e}'\mathbf{e}$。提示：对回归（3）应用 Frisch-Waugh 定理。$\mathbf{M}_1\widetilde{\mathbf{y}}=\widetilde{\mathbf{y}}$。

(iv) 通过数值例子证明 SSR_4 并不必然等于 $\mathbf{e}'\mathbf{e}$。

5.（受限回归和 F）在受限最小二乘中，残差平方和根据原假设 $\mathbf{R}\boldsymbol{\beta}=\mathbf{r}$ 所表明的约束予以最小化。构造拉格朗日函数如下：

$$\mathscr{L}=\frac{1}{2}(\mathbf{y}-\mathbf{X}\tilde{\boldsymbol{\beta}})'(\mathbf{y}-\mathbf{X}\tilde{\boldsymbol{\beta}})+\boldsymbol{\lambda}'(\mathbf{R}\tilde{\boldsymbol{\beta}}-\mathbf{r})$$

其中 $\boldsymbol{\lambda}$ 是拉格朗日乘子的 $\#\mathbf{r}$ 维向量（回忆一下：$\mathbf{R}$ 是 $\#\mathbf{r}\times K$，$\tilde{\boldsymbol{\beta}}$ 是 $K\times 1$，而 $\mathbf{r}$ 是 $\#\mathbf{r}\times 1$）。令 $\hat{\boldsymbol{\beta}}$ 为 $\boldsymbol{\beta}$ 的受限最小二乘估计量。它是该约束最小化问题的解。

(a) 令 $\mathbf{b}$ 为非受限 OLS 估计量。证明：

$$\hat{\boldsymbol{\beta}}=\mathbf{b}-(\mathbf{X}'\mathbf{X})^{-1}\mathbf{R}'[\mathbf{R}(\mathbf{X}'\mathbf{X})^{-1}\mathbf{R}']^{-1}(\mathbf{R}\mathbf{b}-\mathbf{r})$$
$$\boldsymbol{\lambda}=[\mathbf{R}(\mathbf{X}'\mathbf{X})^{-1}\mathbf{R}']^{-1}(\mathbf{R}\mathbf{b}-\mathbf{r})$$

提示：该一阶条件为 $\mathbf{X}'\mathbf{y}-(\mathbf{X}'\mathbf{X})\hat{\boldsymbol{\beta}}=\mathbf{R}'\boldsymbol{\lambda}$ 或 $\mathbf{X}'(\mathbf{y}-\mathbf{X}\hat{\boldsymbol{\beta}})=\mathbf{R}'\boldsymbol{\lambda}$。将此和约束条件 $\mathbf{R}\hat{\boldsymbol{\beta}}=\mathbf{r}$ 相结合，可以求得 $\boldsymbol{\lambda}$ 与 $\hat{\boldsymbol{\beta}}$。

(b) 令 $\hat{\boldsymbol{\varepsilon}}\equiv\mathbf{y}-\mathbf{X}\hat{\boldsymbol{\beta}}$，即该受限回归的残差。证明：

$$\begin{aligned}SSR_R-SSR_U&=(\mathbf{b}-\hat{\boldsymbol{\beta}})'(\mathbf{X}'\mathbf{X})(\mathbf{b}-\hat{\boldsymbol{\beta}})\\&=(\mathbf{R}\mathbf{b}-\mathbf{r})'[\mathbf{R}(\mathbf{X}'\mathbf{X})^{-1}\mathbf{R}']^{-1}(\mathbf{R}\mathbf{b}-\mathbf{r})\\&=\boldsymbol{\lambda}'\mathbf{R}(\mathbf{X}'\mathbf{X})^{-1}\mathbf{R}'\boldsymbol{\lambda}\\&=\hat{\boldsymbol{\varepsilon}}'\mathbf{P}\hat{\boldsymbol{\varepsilon}}\end{aligned}$$

这里 $\mathbf{P}$ 是投射矩阵。**提示：**对于第一个等式，使用加减策略：

$$\begin{aligned}SSR_R&=(\mathbf{y}-\mathbf{X}\hat{\boldsymbol{\beta}})'(\mathbf{y}-\mathbf{X}\hat{\boldsymbol{\beta}})\\&=[(\mathbf{y}-\mathbf{X}\mathbf{b})+\mathbf{X}(\mathbf{b}-\hat{\boldsymbol{\beta}})]'[(\mathbf{y}-\mathbf{X}\mathbf{b})+\mathbf{X}(\mathbf{b}-\hat{\boldsymbol{\beta}})]\end{aligned}$$

使用常规方程 $\mathbf{X}'(\mathbf{y}-\mathbf{X}\mathbf{b})=\mathbf{0}$。对于第二个和第三个等式，使用 (a)。要证明第四个等式，最简单的方法就是使用 (a) 中的一阶条件 $\mathbf{R}'\boldsymbol{\lambda}=\mathbf{X}'\hat{\boldsymbol{\varepsilon}}$。

(c) 确证你已经在 (b) 中证明了式 (1.4.9)＝式 (1.4.11)。

6.（对式 (1.2.17) 的证明）取该非受限模型为一个回归，其中一个回归元是常数，受限回归也为一个回归，其中只有一个回归元仍是常数。

(a) 证明前一题中的 (b) 是这一情况下式 (1.2.17) 的分解。**提示：**这种情况下 $\hat{\boldsymbol{\beta}}$ 是多少？证明 $SSR_R=\sum_i(y_i-\bar{y})^2$ 以及 $(\mathbf{b}-\hat{\boldsymbol{\beta}})'(\mathbf{X}'\mathbf{X})(\mathbf{b}-\hat{\boldsymbol{\beta}})=\sum_i(\hat{y}-\bar{y})^2$。

(b)（作为 F 比率的 R^2）对于一个其中一个回归元为常数的回归，证明：

$$F=\frac{R^2/(K-1)}{(1-R^2)/(n-K)}$$

7.（有限样本中的豪斯曼 (Hausman) 原理）对于广义回归模型，证明下面的结论成立。这里，期望、方差和协方差都以 $\mathbf{X}$ 为条件。

(a) $\text{Cov}(\hat{\boldsymbol{\beta}}_{\text{GLS}},\mathbf{b}-\hat{\boldsymbol{\beta}}_{\text{GLS}})=\mathbf{0}$。提示：回忆一下，对于任意两个随机向量 $\mathbf{x}$ 和 $\mathbf{y}$，

$$\text{Cov}(\mathbf{x},\mathbf{y})\equiv\text{E}[(\mathbf{x}-\text{E}(\mathbf{x}))(\mathbf{y}-\text{E}(\mathbf{y}))']$$

因此，

$$\text{Cov}(\mathbf{A}\mathbf{x},\mathbf{B}\mathbf{y})=\mathbf{A}\text{Cov}(\mathbf{x},\mathbf{y})\mathbf{B}'$$

由于 $\boldsymbol{\beta}$ 是非随机的，所以，

$$\text{Cov}(\hat{\boldsymbol{\beta}}_{\text{GLS}},\mathbf{b}-\hat{\boldsymbol{\beta}}_{\text{GLS}})=\text{Cov}(\hat{\boldsymbol{\beta}}_{\text{GLS}}-\boldsymbol{\beta},\mathbf{b}-\hat{\boldsymbol{\beta}}_{\text{GLS}})$$

(b) 令 $\widetilde{\boldsymbol{\beta}}$ 是任一无偏估计量，定义 $\mathbf{q}\equiv\widetilde{\boldsymbol{\beta}}-\hat{\boldsymbol{\beta}}_{\text{GLS}}$。假设 $\widetilde{\boldsymbol{\beta}}$ 满足 $\mathbf{V}_{\mathbf{q}}\equiv\text{Var}(\mathbf{q})$，是非奇异的。证明：$\text{Cov}(\hat{\boldsymbol{\beta}}_{\text{GLS}},\mathbf{q})=\mathbf{0}$。（如果我们设 $\widetilde{\boldsymbol{\beta}}=\mathbf{b}$，就回到了（a)。）**提示：**定义：对于某个 $\mathbf{H}$，有 $\hat{\boldsymbol{\beta}}\equiv\hat{\boldsymbol{\beta}}_{\text{GLS}}+\mathbf{H}_{\mathbf{q}}$。证明：

$$\text{Var}(\hat{\boldsymbol{\beta}})=\text{Var}(\hat{\boldsymbol{\beta}}_{\text{GLS}})+\mathbf{CH}'+\mathbf{HC}'+\mathbf{HV}_{\mathbf{q}}\mathbf{H}'$$

这里 $\mathbf{C}\equiv\text{Cov}(\hat{\boldsymbol{\beta}}_{\text{GLS}},\mathbf{q})$。证明：如果 $\mathbf{C}\neq\mathbf{0}$，那么通过设 $\mathbf{H}=-\mathbf{CV}_{\mathbf{q}}^{-1}$ 可以使$\text{Var}(\hat{\boldsymbol{\beta}})$ 变得更小。可以认为这与命题 1.7（c）相矛盾。

(c)（只是对那些精通线性代数的人而言是最优的）证明：如果 $\mathbf{X}$ 的 $\mathbf{K}$ 列是 $\mathbf{V}$ 的特征向量，那么 $\mathbf{b}=\hat{\boldsymbol{\beta}}_{\text{GLS}}$，这里 $\mathbf{V}$ 是 n 维误差向量 $\boldsymbol{\varepsilon}$ 的 $n\times n$ 方差-协方差矩阵。（因此不是所有的无偏估计量都满足（b）中 $\text{Var}(\widetilde{\boldsymbol{\beta}}-\hat{\boldsymbol{\beta}}_{\text{GLS}})$ 非奇异这个条件。）**提示：**对于任一 $n\times n$ 对称矩阵 $\mathbf{V}$，存在一个 $n\times n$ 矩阵 $\mathbf{H}$ 满足 $\mathbf{H}'\mathbf{H}=\mathbf{I}_n$（因此 $\mathbf{H}$ 是一个正交矩阵）且 $\mathbf{H}'\mathbf{VH}=\boldsymbol{\Lambda}$，其中 $\boldsymbol{\Lambda}$ 是对角线元素为 $\mathbf{V}$ 的特征根（由于 $\mathbf{V}$ 是对称的，所以这一点千真万确）的对角矩阵。$\mathbf{H}$ 的列被称为 $\mathbf{V}$ 的特征向量。证明：

$$\mathbf{H}^{-1}=\mathbf{H}',\ \mathbf{H}'\mathbf{V}^{-1}\mathbf{H}=\boldsymbol{\Lambda}^{-1},\ \mathbf{H}'\mathbf{V}^{-1}=\boldsymbol{\Lambda}^{-1}\mathbf{H}'$$

为了不失一般性，$\mathbf{X}$ 可以取 $\mathbf{H}$ 的前 K 列。因此 $\mathbf{X}=\mathbf{HF}$，其中：

$$\underset{(n\times K)}{\mathbf{F}}=\begin{bmatrix}\mathbf{I}_K\\ \mathbf{0}\end{bmatrix}$$

□ 实证性习题

在做这个习题之前，阅读纳洛夫的《电力供应中的规模报酬》（不包括式（6）～式（9）的那些段落，阅读从第 184 页开始的第二节以及附录 A 和 C)。对于 1955 年的 145 家电力公用事业公司，文件 NERLOVE. ASC 有以下数据：

第 1 列：以百万美元计的总成本（称为 TC）

第 2 列：以十亿千瓦时计的产出（Q）

第 3 列：劳动的价格（PL）

第 4 列：燃料的价格（PF）

第 5 列：资本的价格（PK）

它们都来自该文章的数据附录。观测值有 145 个，这些观测值按照大小进行排列，观测值 1 最小，观测值 145 最大。使用计算机软件中数据转换功能可以得到估计所需的这 145 个公司的每一个变量。例如，为估计式（1.7.4)，需要给出这 145 家公司中每一家公司的 $\log(TC)$，常数项，$\log(Q)$，$\log(PL)$，$\log(PK)$ 和 $\log(PF)$。

(a)（数据问题）纳洛夫对资本价格的构造与资本使用者成本的定义相符吗？**提示：阅读纳洛夫文章的附录 B. 4。**

(b) 通过 OLS 估计非受限模型（1.7.4)。你能否得出与文中一模一样的这些估计值？

(c)（受限最小二乘）通过 OLS 估计受限模型（1.7.6)。为此，你需要为这 145 家公司中的每一家都给出一个新的变量集。例如，因变量是 $\log(TC/PF)$ 而非 $\log(TC)$。你能否得出和文中一模一样的这些估计值？你能否得出和纳洛夫一模一样的结论？例如，纳洛夫对 β_2 的估计值为 0.721，标准误是 0.017 4（在他的论文中标准误是 0.175，但这可能是一个打印错误)。在纳洛夫论文的哪个地方你可以找到这一估计值？其他系数又如何？（警示：你将无法准确地得出和纳洛夫一模一样的结论。一个原因是，他使用了常用对数而非自然对数；不过，这应该只会影响待估的截距项。另一个原因是，其结论所使用的数据集是随其文章发表的数据集的一个修正版本。）

正如文中所提及的那样，对残差的绘图表明 $\log(TC)$ 和 $\log(Q)$ 之间存在非线性关系。纳洛夫假设估计出的规模报酬随产出水平而有差别。遵循纳洛夫的做法，将这 145 家公司样本分成 5 个子样本或组，每一个子样本有 29 家公司。（回忆一下，由于数据是按照产出水平进行排序的，所以前 29 个观测值具有最小的产出水平，而后 29 个观测值具有最大的产出水平。）我们来看模型（1.7.6）的三个一般化形式：

模型 1：式（1.7.6）中的系数（$\boldsymbol{\beta}$）和误差方差随不同的组而异。

模型 2：系数是不同的，但误差方差在组间是相同的。

模型 3：每一组都有相同的 β_3 和 β_4（价格弹性）系数以及共同的误差方差，但是有一个不同的截距项和不同的 β_2。模型 3 即纳洛夫所称的规模报酬的中性变体假设。

对于模型 1，各组的系数和误差方差可以从下式得到估计：

$$\mathbf{y}^{(j)}=\mathbf{X}^{(j)}\boldsymbol{\beta}^{(j)}+\varepsilon^{(j)}\quad(j=1,\cdots,5)$$

其中 $\mathbf{y}^{(j)}$（29×1）是组 j 的因变量取值向量，$\mathbf{X}^{(j)}$（29×4）是组 j 的四个回归元取值的矩阵，$\boldsymbol{\beta}^{(j)}$（4×1）是组 j 的系数向量，而 $\boldsymbol{\varepsilon}^{(j)}$（$29\times1$）是误差向量。例如，$\mathbf{X}^{(5)}$ 的第二列对于 $i=117$，…，145 而言是 $\log(Q)$。模型 1 假设在各组内（但不必然在组间）满足条件同方差性 $\mathrm{E}(\boldsymbol{\varepsilon}^{(j)}\boldsymbol{\varepsilon}^{(j)\prime}\mid\mathbf{X}^{(j)})=\sigma_j^2\mathbf{I}_{29}$。

（d）通过 OLS 估计模型 1。你能在多大程度上得出和纳洛夫一模一样的报告结果？根据你对 β_2 的估计值，计算这五组中每一组的规模报酬的点估计值。随着产出水平的提高，要估计的规模经济的一般模式是怎样的？随着产出的提高，要估计的误差方差的一般模式是怎样的？

模型 2 假设对于模型 1，在所有的 j 上有 $\sigma_j^2=\sigma^2$。这一相等约束可以通过下面的堆叠向量和矩阵予以涵纳：

$$\mathbf{y}=\mathbf{X}\boldsymbol{\beta}+\boldsymbol{\varepsilon}$$

其中，

$$\underset{(145\times1)}{\mathbf{y}}=\begin{bmatrix}\mathbf{y}^{(1)}\\\vdots\\\mathbf{y}^{(5)}\end{bmatrix},\quad\underset{(145\times20)}{\mathbf{X}}=\begin{bmatrix}\mathbf{X}^{(1)}&&\\&\ddots&\\&&\mathbf{X}^{(5)}\end{bmatrix},\quad\underset{(145\times1)}{\boldsymbol{\varepsilon}}=\begin{bmatrix}\boldsymbol{\varepsilon}^{(1)}\\\vdots\\\boldsymbol{\varepsilon}^{(5)}\end{bmatrix}\qquad(*)$$

特别的，$\mathbf{X}$ 现在是一个分块对角矩阵。相等性条件可以被表示为 $\mathrm{E}(\boldsymbol{\varepsilon}\boldsymbol{\varepsilon}'\mid\mathbf{X})=\sigma^2\mathbf{I}_{145}$。现在可以从最初的 4 个回归元导出 20 个变量。例如，与第二个变量相应的 145 维向量的前 29 个元素分别是 $\log(Q_1)$，…，$\log(Q_{29})$，其他元素都是 0。表示第二组公司对数产出的第 6 个变量的相应向量的第 30 个到第 58 个元素分别为 $\log(Q_{30})$，…，$\log(Q_{58})$，其他元素都是 0，等等。

如果你的计算机软件是以矩阵为基础进行计算的，形成式（*）中的 $\mathbf{y}$ 和 $\mathbf{X}$ 所需的这种堆叠运算可以轻松完成。否则，你需要让软件通过使用虚拟变量来实现。定义第 j 个虚拟变量为：

$$D_{ji}=\begin{cases}1,\text{如果公司 } i \text{ 属于第 } j \text{ 组}\\0,\text{其他}\end{cases}$$

然后，第二个回归元为 $D_{1i}\cdot\log(Q_i)$。第 6 个变量为 $D_{2i}\cdot\log(Q_i)$，等等。

（e）通过 OLS 估计模型 2。证明 OLS 系数估计值和（d）中的估计值是一样的。还需证明：

$$\sum_{j=1}^{5}SSR_j=SSR$$

这里 SSR_j 是从（d）中关于模型 1 的估计的第 j 组得到的 SSR，而 SSR 是从模型 2 得到的 SSR。这一一致并非巧合，即并非当前数据集的特殊情况。证明一般而言这一系数一致且 SSR 成立，为了不失一般性，可暂时假定只有两组。**提示**：首先证明系数估计值在模型 1 和模型 2 之间是相同的。使用附录 A 中的式（A.4）、式（A.5）以及式（A.9）。

（f）（邹检验）模型 2 比模型（1.7.6）更为一般化，因为其系数随着各组而不同。检验原假设：这些系数在各组间是相同的。在这一原假设中有多少个方程（约束条件）？这个检验有时被称为**结构变化的邹检验**（Chow test for structural change）。计算该 F 比率的 p 值。**提示**：这是关于模型 2 的系数的线性假设。因此，可以令模型 2 为该保留假设，式（1.7.6）为受限模型。使用 F 比率的公式（1.4.11）。

Gauss 小贴士：如果 x 是 F 比率，Gauss 命令 cdffc(x，df1，df2) 给出了自由度为 df1 和 df2 的 F 分布中 F 的右侧区域。

TSP 小贴士：做同样工作的 TSP 命令是 cdf(f，df1 = df1，df2 = df2) x。TSP 的 OLS 命令 OLSQ 输出结果为@SSR，这是该回归的 SSR。

RATS 小贴士：RATS 命令为 cdf ftest x df1 df2。RATS 的 OLS 命令 LINREG 的输出结果为 %RSS，这是该回归的 SSR。

模型 3 中的约束，即价格弹性在企业分组之间是相同的，也可以施予模型 2，只需将虚拟变量转换仅运用于常数项和对数产出。这样，在 **X** 中就有12(＝2×5＋2）个变量。现在 **X** 就是下式：

$$\mathbf{X}=\begin{bmatrix} 1 & \log(Q_1) & 0 & 0 & \log(PL_1/PF_1) & \log(PK_1/PF_1) \\ \vdots & \vdots & \vdots & \vdots & \vdots & \vdots \\ 1 & \log(Q_{29}) & 0 & 0 & \log(PL_{29}/PF_{29}) & \log(PK_{29}/PF_{29}) \\ \vdots & \vdots & \vdots & \vdots & \vdots & \vdots \\ 0 & 0 & 1 & \log(Q_{117}) & \log(PL_{117}/PF_{117}) & \log(PK_{117}/PF_{117}) \\ \vdots & \vdots & \vdots & \vdots & \vdots & \vdots \\ 0 & 0 & 1 & \log(Q_{145}) & \log(PL_{145}/PF_{145}) & \log(PK_{145}/PF_{145}) \end{bmatrix} \qquad (**)$$

（g）估计模型 3。该模型是模型 2 的特殊情形，其假设是这两个价格弹性在五个分组间是相同的。在 5%的显著性水平上检验这一假设，并假设正态性。(注意：纳洛夫在第 183 页的 F 比率是错误的。)

图 1－7 对残差进行了绘图，一切就一目了然了，条件二阶矩 $\mathrm{E}(\varepsilon_i^2 \mid \mathbf{X})$ 可能取决于对数阐述，这违背了条件同方差性假设。这一次，我们不试图检验条件异方差性，因为这样做需要大样本理论，所以我们下一章再来检验它。相反，我们假设已知将条件二阶矩与对数产出联系起来的函数形式。该函数表明，该条件二阶矩随着产出而连续变化，这一点与我们上面考虑的三个模型相反。还与那些模型相反的是，我们假设通过包含对数产出的平方项，规模报酬的程度随着产出不同而连续变化。① 模型 4 是：

模型 4：对于某个未知的 σ^2，

$$\log\left(\frac{TC_i}{p_{i3}}\right)=\beta_1+\beta_2\log(Q_i)+\beta_3[\log(Q_i)]^2+\beta_4\log\left(\frac{p_{i1}}{p_{i3}}\right)+\beta_5\log\left(\frac{p_{i2}}{p_{i3}}\right)+\varepsilon_i$$

$$\mathrm{E}(\varepsilon_i^2\mid\mathbf{X})=\sigma^2\cdot\left(0.0565+\frac{2.1377}{Q_i}\right)\quad(i=1,2,\cdots,145)$$

① 我们已经从柯布-道格拉斯生产函数中导出了对数线性成本函数。是否存在一个这样的生产函数，可以由之导出对数产出具有二次项的广义的成本函数呢？这就是成本函数的“可积性”问题，详细的讨论可以参看 Christensen 等（1973）的文章。

(h) 用加权最小二乘对全部 145 家公司的样本估计模型 4。(要谨慎处理截距项；在加权方程里，没有常数回归元。) 绘制残差图。是否仍然有证明表明条件同方差性或进一步的非线性性的存在？

□ 蒙特卡罗练习

蒙特卡罗（Monte Carlo）分析仿真了得来该模型的大量样本，以研究估计量的有限样本分布。在这一练习里，我们使用该方法以确证文中的两个有限样本结论：OLS 系数估计量的无偏性和 t 比率的分布。该模型即下面的简单回归模型，它满足假设 1.1 至假设 1.5，$n=32$。该回归方程为：

$$y_i=\beta_1+\beta_2 x_i+\varepsilon_i \quad (i=1,2,\cdots,n)$$

$$\text{或者}\ \mathbf{y}=\mathbf{1}\cdot\beta_1+\mathbf{x}\cdot\beta_2+\boldsymbol{\varepsilon}=\mathbf{X}\boldsymbol{\beta}+\boldsymbol{\varepsilon} \qquad (*)$$

其中 $\mathbf{X}=(\mathbf{1}\ \vdots\ \mathbf{x})$，$\boldsymbol{\beta}=(\beta_1,\ \beta_2)'$。该模型参数为 $(\beta_1,\ \beta_2,\ \sigma^2)$。

正如文中所提到的那样，一个模型就是一个（$\mathbf{y}$，$\mathbf{X}$）联合分布的集合。我们通过如下设定该回归模型而选出一个特定的联合分布。设 $\beta_1=1$，$\beta_2=0.5$ 以及 $\sigma^2=1$。$\mathbf{x}=(x_1,\ x_2,\ \cdots,\ x_n)'$ 的分布由下面的 AR(1) 过程给出：

$$x_i=c+\phi x_{i-1}+\eta_i \quad (i=1,2,\cdots,n) \qquad (**)$$

其中 $\{\eta_i\}$ 是 i. i. d. $N(0,\ 1)$，并且

$$x_0\sim N\left(\frac{c}{1-\phi},\frac{1}{1-\phi^2}\right),\ c=2,\ \phi=0.6$$

这就固定了（$\mathbf{y}$，$\mathbf{X}$）的联合分布。从这一分布中可以得出大量样本。

在进行这一仿真上，$\mathbf{x}$ 的如下表示将会很有用。求解一阶差分方程（$**$）可以得到：

$$x_i=\phi^i x_0+(1+\phi+\phi^2+\cdots+\phi^{i-1})c+(\eta_i+\phi\eta_{i-1}+\phi^2\eta_{i-2}+\cdots+\phi^{i-1}\eta_1)$$

或者，用矩阵符号表示：

$$\underset{(n\times1)}{\mathbf{x}}=\underset{(n\times1)}{\mathbf{r}}\cdot x_0+\underset{(n\times1)}{\mathbf{d}}+\underset{(n\times n)}{\mathbf{A}}\underset{(n\times1)}{\boldsymbol{\eta}} \qquad (**)$$

其中 $\mathbf{d}=(d_1,\ d_2,\ \cdots,\ d_n)'$，而且

$$d_1=c,\ d_2=(1+\phi)c,\ \cdots,\ d_i=(1+\phi+\phi^2+\cdots+\phi^{i-1})c,\ \cdots$$

$$\mathbf{r}=\begin{bmatrix}\phi\\ \phi^2\\ \vdots\\ \phi^n\end{bmatrix},\ \mathbf{A}=\begin{bmatrix}1 & 0 & \cdots & \cdots & 0\\ \phi & 1 & 0 & \cdots & 0\\ \phi^2 & \phi & 1 & \ddots & 0\\ \vdots & \vdots & \ddots & \ddots & \vdots\\ \phi^{n-1} & \phi^{n-2} & \cdots & \phi & 1\end{bmatrix},\boldsymbol{\eta}=\begin{bmatrix}\eta_1\\ \eta_2\\ \vdots\\ \eta_n\end{bmatrix}$$

Gauss 小贴士：为了给出 $\mathbf{r}$ 矩阵，使用 seqm。为了给出 $\mathbf{A}$ 矩阵，使用 toeplitz 和 lowmat。

(a) 运行两个蒙特卡罗仿真。第一个仿真计算 $\mathrm{E}(\mathbf{b}\mid\mathbf{x})$ 和以 $\mathbf{x}$ 为条件的 t 比率的分布。第一个仿真的计算机程序应由以下两步构成：

(1)（只产生一次 $\mathbf{x}$）使用随机数字生成器，从 $N(0,\ 1)$ 中抽出 n 个 i. i. d. 随机变量的 $\boldsymbol{\eta}$ 向量，从 $N(c/(1-\phi),\ 1/(1-\phi^2))$ 中抽出 x_0，并通过式（$***$）计算 $\mathbf{x}$。(对 $\mathbf{x}$ 的计算也可以通过式（$**$）中的 do 循环来递归地完成，但是像式（$***$）这样的向量运算消耗的 CPU 时间要比 do 循环少。这是在第二个仿真中就应当考虑的事了，其中 $\mathbf{x}$ 不得不在每一个复制中生成。)

（2）设一个计数器为零。这个计数器记录了 $|t|>t_{0.025}(n-2)$ 的概率。同时再设一个零处的二维向量；这个向量将被用于计算 $(\beta_1, \beta_2)'$ 的 OLS 估计量 **b** 的均值。

（3）开始对大量复制（确切地说是一百万次）做 do 循环。在每一个复制里，都实施以下步骤：

（i）（产生 **y**）从 $N(0, 1)$ 中抽 n 个 i. i. d. 随机向量的 n 维 $\boldsymbol{\varepsilon}$ 向量，根据式（＊）计算 $\mathbf{y}=(y_1, \cdots, y_n)'$。这个 **y** 与得自步骤（1）的同样的 **x** 一起构成样本（**y**，**x**）。

（ii）从这个样本中，计算 H_0：$\beta_2=0.5$ 的 OLS 估计量 **b** 和 t 值。

（iii）如果 $|t|>t_{0.025}(n-2)$，给这个计数器增加 1。再给该二维向量加上 **b**。

（4）经过 do 循环之后，用复制的数目去除这个计数器，计算拒绝该原假设的频率。再用复制的数目去除增加了 **b** 之后的二维向量。如果复制的数目是无穷大的，则它应该等于 $\mathrm{E}(\mathbf{b}\mid\mathbf{x})$。

注意在这第一个仿真中，在对 **y** 做 do 循环时 **x** 是固定的。第二个仿真计算该 t 比率的无条件分布。它应由以下步骤构成：

（1）设该计数器为零。

（2）开始对大量复制进行 do 循环。在每一个复制中，实施以下步骤：

（i）（产生 **x**）从 $N(0, 1)$ 中抽取 n 个 i. i. d. 随机变量的 $\boldsymbol{\eta}$ 向量，并从 $N(c/(1-\phi), 1/(1-\phi^2))$ 中抽取 x_0，通过式（＊＊）计算 **x**。

（ii）（产生 **y**）从 $N(0, 1)$ 中抽取 n 个 i. i. d. 随机变量的 $\boldsymbol{\varepsilon}$ 向量，并通过式（＊）计算 $\mathbf{y}=(y_1, \cdots, y_n)'$。

（iii）从这样所得到的样本（**y**，**x**）中，为 H_0：$\beta=0.5$ 计算该样本的 t 值。

（iv）如果 $|t|>t_{0.025}(n-2)$，则对该计数器增加 1。

（3）在做完 do 循环之后，用复制的数目去除这个计数器。

对于这两个仿真，请证明，就充分大的复制数目而言，有：

1. 从第一个仿真中所得的 **b** 的均值无限接近真实值（1，0.5）；

2. 拒绝真实假设（类型Ⅰ错误）的频率在这两个仿真中都无限接近 5%。

（b）在这两个仿真中，（非常数项）回归元是严格外生的吗？该误差项是条件同方差的吗？

部分习题答案

□ 分析性习题

$$
\begin{aligned}
&(\mathbf{y}-\mathbf{X}\tilde{\boldsymbol{\beta}})'(\mathbf{y}-\mathbf{X}\tilde{\boldsymbol{\beta}})\\
&=[(\mathbf{y}-\mathbf{Xb})+\mathbf{X}(\mathbf{b}-\tilde{\boldsymbol{\beta}})]'[(\mathbf{y}-\mathbf{Xb})+\mathbf{X}(\mathbf{b}-\tilde{\boldsymbol{\beta}})] \quad \text{（根据加减策略）}\\
&=[(\mathbf{y}-\mathbf{Xb})'+(\mathbf{b}-\tilde{\boldsymbol{\beta}})'\mathbf{X}'][(\mathbf{y}-\mathbf{Xb})+\mathbf{X}(\mathbf{b}-\tilde{\boldsymbol{\beta}})]\\
&=(\mathbf{y}-\mathbf{Xb})'(\mathbf{y}-\mathbf{Xb})+(\mathbf{b}-\tilde{\boldsymbol{\beta}})'\mathbf{X}'(\mathbf{y}-\mathbf{Xb})+(\mathbf{y}-\mathbf{Xb})'\mathbf{X}(\mathbf{b}-\tilde{\boldsymbol{\beta}})+(\mathbf{b}-\tilde{\boldsymbol{\beta}})'\mathbf{X}'\mathbf{X}(\mathbf{b}-\tilde{\boldsymbol{\beta}})\\
&=(\mathbf{y}-\mathbf{Xb})'(\mathbf{y}-\mathbf{Xb})+2(\mathbf{b}-\tilde{\boldsymbol{\beta}})'\mathbf{X}'(\mathbf{y}-\mathbf{Xb})+(\mathbf{b}-\tilde{\boldsymbol{\beta}})'\mathbf{X}'\mathbf{X}(\mathbf{b}-\tilde{\boldsymbol{\beta}})\\
&\quad \text{（因为}(\mathbf{b}-\tilde{\boldsymbol{\beta}})'\mathbf{X}'(\mathbf{y}-\mathbf{Xb})=(\mathbf{y}-\mathbf{Xb})'\mathbf{X}(\mathbf{b}-\tilde{\boldsymbol{\beta}})\text{）}\\
&=(\mathbf{y}-\mathbf{Xb})'(\mathbf{y}-\mathbf{Xb})+(\mathbf{b}-\tilde{\boldsymbol{\beta}})'\mathbf{X}'\mathbf{X}(\mathbf{b}-\tilde{\boldsymbol{\beta}}) \quad \text{（因为根据正规方程有 }\mathbf{X}'(\mathbf{y}-\mathbf{Xb})=\mathbf{0}\text{）}\\
&\geqslant(\mathbf{y}-\mathbf{Xb})'(\mathbf{y}-\mathbf{Xb}) \qquad \text{（因为 }(\mathbf{b}-\tilde{\boldsymbol{\beta}})'\mathbf{X}'\mathbf{X}(\mathbf{b}-\tilde{\boldsymbol{\beta}})=\mathbf{z}'\mathbf{z}=\sum_{i=1}^{n}z_i^2\geqslant 0\text{，其中 }\mathbf{z}\equiv\mathbf{X}(\mathbf{b}-\tilde{\boldsymbol{\beta}})\text{）}
\end{aligned}
$$

7a. $\hat{\boldsymbol{\beta}}_{\mathrm{GLS}}-\beta=\mathbf{A}\varepsilon$，其中 $\mathbf{A}\equiv(\mathbf{X}'\mathbf{V}^{-1}\mathbf{X})^{-1}\mathbf{X}'\mathbf{V}^{-1}$；$\mathbf{b}-\hat{\boldsymbol{\beta}}_{\mathrm{GLS}}=\mathbf{B}\boldsymbol{\varepsilon}$，其中 $\mathbf{B}\equiv(\mathbf{X}'\mathbf{X})^{-1}\mathbf{X}'-(\mathbf{X}'\mathbf{V}^{-1}\mathbf{X})^{-1}\mathbf{X}'\mathbf{V}^{-1}$。所以，

$$\mathrm{Cov}(\hat{\boldsymbol{\beta}}_{\mathrm{GLS}}-\boldsymbol{\beta},\mathbf{b}-\hat{\boldsymbol{\beta}}_{\mathrm{GLS}})=\mathrm{Cov}(\mathbf{A}\varepsilon,\mathbf{B}\varepsilon)=\mathbf{A}\mathrm{Var}(\varepsilon)\mathbf{B}'=\sigma^2\mathbf{AVB}'$$

很容易证明，$\mathbf{AVB}'=\mathbf{0}$。

7b. 对于提示中所给出的对 $\mathbf{H}$ 的选择，有，

$$\text{Var}(\hat{\boldsymbol{\beta}})-\text{Var}(\hat{\boldsymbol{\beta}}_{\text{GLS}})=-\mathbf{C}\mathbf{V}_q^{-1}\mathbf{C}'$$

如果 $\mathbf{C}\neq\mathbf{0}$，则存在一个非零向量 $\mathbf{z}$ 满足 $\mathbf{C}'\mathbf{z}\equiv\mathbf{v}\neq\mathbf{0}$。对于这样的 $\mathbf{z}$，

$$\mathbf{z}'[\text{Var}(\hat{\boldsymbol{\beta}})-\text{Var}(\hat{\boldsymbol{\beta}}_{\text{GLS}})]\mathbf{z}=-\mathbf{v}'\mathbf{V}_q^{-1}\mathbf{v}<0\quad(\text{因为 } \mathbf{V}_q \text{ 是正定的})$$

因为 $\hat{\boldsymbol{\beta}}_{\text{GLS}}$是有效的，所以这推出了矛盾。

□ 实证性习题

(a) 纳洛夫在附录 B.4 中的描述使得我们相信，他没有在其对资本价格的构建中纳入折现率 δ。

(b) 你的估计应该和式（1.7.7）相符。

(c) 我们的估计与纳洛夫的略有不同。即便纳洛夫使用的数据与我们的相同，也会出现这样的差异，因为在他那个时代计算机还不那么精准，经常会有一些舍入误差。

(d) 你能在多大程度上得出和纳洛夫一模一样的报告结果呢？确实在非常高的程度上可以做到这一点。在这五个子样本中，规模报酬的点估计值是 2.5、1.5、1.1、1.1 以及 0.96。随着产出水平的提高，规模报酬下降。

(e) 模型 2 可以写为 $\mathbf{y}=\mathbf{X}\boldsymbol{\beta}+\boldsymbol{\varepsilon}$，其中 $\mathbf{y}$，$\mathbf{X}$ 和 $\boldsymbol{\varepsilon}$ 与式（$*$）中相同。因此（设$j=2$）有：

$$\mathbf{X}'\mathbf{X}=\begin{bmatrix}\mathbf{X}^{(1)\prime}\mathbf{X}^{(1)} & \mathbf{0}\\ \mathbf{0} & \mathbf{X}^{(2)\prime}\mathbf{X}^{(2)}\end{bmatrix}$$

这意味着：

$$(\mathbf{X}'\mathbf{X})^{-1}=\begin{bmatrix}(\mathbf{X}^{(1)\prime}\mathbf{X}^{(1)})^{-1} & \mathbf{0}\\ \mathbf{0} & (\mathbf{X}^{(2)\prime}\mathbf{X}^{(2)})^{-1}\end{bmatrix}$$

以及

$$\mathbf{X}'\mathbf{y}=\begin{bmatrix}\mathbf{X}^{(1)\prime}\mathbf{y}^{(1)}\\ \mathbf{X}^{(2)\prime}\mathbf{y}^{(2)}\end{bmatrix}$$

故有：

$$(\mathbf{X}'\mathbf{X})^{-1}\mathbf{X}'\mathbf{y}=\begin{bmatrix}(\mathbf{X}^{(1)\prime}\mathbf{X}^{(1)})^{-1}\mathbf{X}^{(1)\prime}\mathbf{y}^{(1)}\\ (\mathbf{X}^{(2)\prime}\mathbf{X}^{(2)})^{-1}\mathbf{X}^{(2)\prime}\mathbf{y}^{(2)}\end{bmatrix}$$

这样一来，模型 2 的系数向量的 OLS 估计值就和模型 1 中的相同了。由于该系数向量的估计值是相同的，所以残差平方和也相同。

(f) 约束条件的数目是 16。在模型 2 中 $K=\#$ 系数$=20$。因此这两个自由度应该为（16，125）。$SSR_U=12.262$，$SSR_R=21.640$。F 比率$=5.97$，其 p 值为 0.000 0。所以在任意合理的显著性水平上，均应拒绝它。

(g) $SSR_U=12.262$ 和 $SSR_R=12.577$。所以 $F=0.40$，自由度为 8 和 125。其 p 值为 0.92。故而该约束条件可以在任意合理的显著性水平上得以接受。纳洛夫的 F 比率（参看第 183 页倒数第 8 行）是 1.576。

(h) 绘图结果仍可表明，该条件二阶矩对于较小的企业而言是稍微偏大的，但是现在没有证据表

明可能存在非线性。

参考文献

Amemiya, T., 1985, *Advanced Econometrics*, Cambridge: Harvard University Press.

Averch, H., and L. Johnson, 1962, "Behavior of the Firm under Regulatory Constraint," *American Economic Review*, 52, 1052-1069.

Christensen, L., and W. Greene, 1976, "Economies of Scale in US Electric Power Generation," *Journal of Political Economy*, 84, 655-676.

Christensen, L., D. Jorgenson, and L. Lau, 1973, "Transcendental Logarithmic Production Frontiers," *Review of Economics and Statistics*, 55, 28-45.

Davidson, R., and J. MacKinnon, 1993, *Estimation and Inference in Econometrics*, Oxford: Oxford University Press.

DeLong, B., and L. Summers, 1991, "Equipment Investment and Growth," *Quarterly Journal of Economics*, 99, 28-45.

Engle, R., D. Hendry, and J.-F. Richards, 1983, "Exogeneity," *Econometrica*, 51, 277-304.

Federal Power Commission, 1956, *Statistics of Electric Utilities in the United States, 1955, Class A and B Privately Owned Companies*, Washington, D. C.

Jorgenson, D., 1963, "Capital Theory and Investment Behavior," *American Economic Review*, 53, 247-259.

Koopmans, T., and W. Hood, 1953, "The Estimation of Simultaneous Linear Economic Relationships," in W. Hood, and T. Koopmans (eds.), *Studies in Econometric Method*, New Haven: Yale University Press.

Krasker, W., E. Kuh, and R. Welsch, 1983, "Estimation for Dirty Data and Flawed Models," Chapter 11 in Z. Griliches, and M. Intriligator (eds.), *Handbook of Econometrics*, Volume 1, Amsterdam: North-Holland.

Nerlove, M., 1963, "Returns to Scale in Electricity Supply," in C. Christ (ed.), *Measurement in Economics: Studies in Mathematical Economics and Econometrics in Memory of Yehuda Grunfeld*, Stanford: Stanford University Press.

Rao, C. R., 1973, *Linear Statistical Inference and Its Applications* (2d ed.), New York: Wiley.

Scheffe, H., 1959, *The Analysis of Variance*, New York: Wiley.

Wolak, F., 1994, "An Econometric Analysis of the Asymmetric Information, Regulator-Utility Interaction," *Annales D'Economie et de Statistique*, 34, 13-69.

第 2 章

大样本理论

概要

在前一章，我们推导了 OLS 估计量的确切分布或有限样本分布及其相关的检验统计量。但是，经济学中满足这种确切分布假设的情况并不是非常常见。如果以下三个假设之一被违反，有限样本理论就不再成立：(1) 回归元的外生性，(2) 误差项的正态性，(3) 回归方程的线性性。本章要来发展另外一套方法，仅保留第三个假设即可。这种方法被称为**渐近理论**（asymptotic theory）或**大样本理论**（large-sample theory），在假设样本规模充分大的情况下，它可以导出对估计量分布及其相关统计量的一种近似。

大样本理论不是对给定规模的样本进行假设，而是对产生这个样本的随机过程进行假设。本章的前两节给出了描述随机过程的必备语言。

本章引入的概念对于理性预期计量经济学而言是非常基础的，这种计量经济学在法玛关于费雪给出的实际利率恒定不变这一假说的经典论文中曾有过阐发。该假说具有很强的政策含义：货币或财政政策无法通过实际利率影响总需求。让人大感意外的是，我们无法根据美国的情况拒绝这一假说（至少如果该样本的时期止于 1970 年代早期，情况就会是这样的）。

2.1 对随机变量数列极限定理的回顾

本节内容涉及的是对随机变量（z_1，z_2，…）求极限。由于这些内容可能对你来说已经比较熟悉，所以我们会以一系列定义和命题的形式相当正式地给出来。关于这方面知识的权威来源是 Rao（1973，第 2c 章），它给出了本节中所有定理的证明。在本节和本书余下各章中，数列（z_1，z_2，…）被标示为 $\{z_n\}$。

□ 收敛的不同模式

依概率收敛

如果对于任意 $\varepsilon>0$，

$$\lim_{n\to\infty} \text{Prob}(|z_n-\alpha|>\varepsilon)=0 \tag{2.1.1}$$

就称随机标量数列 $\{z_n\}$ **依概率收敛**（converges in probability）于一个常数（非随机）。这个常数 α 被称为 z_n 的**概率极限**（probability limit），写作"$\text{plim}_{n\to\infty} z_n=\alpha$"或"$z_n \to_{p} \alpha$"。显然，

$$\text{“}z_n \xrightarrow[p]{} \alpha\text{”与“}z_n-\alpha \xrightarrow[p]{} 0\text{”相同}$$

依概率收敛的这一定义可以扩展到随机向量或随机矩阵（可以把矩阵看成其元素经过重排之后的向量）的序列上来，只需逐个元素依概率收敛即可。也就是说，如果对于任意的 $\varepsilon>0$，有

$$\lim_{n\to\infty} \text{Prob}(|z_{nk}-\alpha_k|>\varepsilon)=0\text{，对于所有的 }k(=1,2,\cdots,K) \tag{2.1.2}$$

就称 K 维随机向量 $\{\mathbf{z}_n\}$ 的序列依概率收敛于常数 $\boldsymbol{\alpha}$ 的 K 维向量。其中 z_n 的第 k 个元素是 z_{nk}，α 的第 k 个元素是 α_k。

近乎确定的收敛

如果

$$\text{Prob}(\lim_{n\to\infty} z_n=\alpha)=1 \tag{2.1.3}$$

则称随机变量的序列 $\{z_n\}$ **近乎确定地收敛**（converges almost surely）于常数 α。我们可以将此写作"$z_n \to_{\text{a.s.}} \alpha$"。扩展到随机向量上的情况与依概率收敛的情况是类似的。正如我们在下文所提及的那样，这个收敛的概念要比依概率收敛更强；也就是说，如果一个序列近乎确定地收敛，那么它必依概率收敛。式（2.1.3）中所涉及的那个概念更难把握，因为概率是关于无穷数列（z_1，z_2，…）的一个事件。不过，对于我们的目的而言，唯一重要的只是，近乎确定的收敛要比依概率收敛更强。如果我们可以证明一个序列近乎确定的收敛，那么这就是给出了一种证明该序列依概率收敛的方法。

依均值平方收敛

如果

$$\lim_{n\to\infty} \text{E}[(z_n-\alpha)^2]=0 \tag{2.1.4}$$

则称随机标量的序列 $\{z_n\}$ **依均值平方收敛**（converges in mean square）（**或依二次均值收敛**（converges in quadratic mean））于 α（写作"$z_n \to_{\text{m.s.}} \alpha$"）。如果 $\mathbf{z}_n$ 的每一个元素都收敛到 α 的相应部分，则可将此扩展到随机向量与依概率收敛 $\mathbf{z}_n \to_{\text{m.s.}} \boldsymbol{\alpha}$。

□ 收敛到随机变量

在这些对收敛的定义中，极限是一个常数（即一个实数）。该极限可以是一个随机变量。如果 $\{\mathbf{z}_n-\mathbf{z}\}$ 收敛到 $\mathbf{0}$：

$$“z_n \xrightarrow[p]{} z” 与 “z_n - z \xrightarrow[p]{} \mathbf{0}” 相同 \tag{2.1.5a}$$

我们就说 K 维随机变量序列 $\{\mathbf{z}_n\}$ 收敛到一个 K 维随机变量 $\mathbf{z}$，并写作 $\mathbf{z}_n \to_p \mathbf{z}$。

同样，

$$“z_n \xrightarrow[a.s.]{} z” 与 “z_n - z \xrightarrow[a.s.]{} \mathbf{0}” 相同 \tag{2.1.5b}$$

$$“z_n \xrightarrow[m.s.]{} z” 与 “z_n - z \xrightarrow[m.s.]{} \mathbf{0}” 相同 \tag{2.1.5c}$$

依分布收敛

令 $\{z_n\}$ 为随机标量序列，F_n 为 z_n 的累积概率分布（c. d. f.）。如果在 F 的每个连续点上 z_n 的 c. d. f. F_n 都收敛于 z 的 c. d. f. F，我们就称 $\{z_n\}$ **依分布收敛**（converges in distribution）于一个随机标量 z。[①] 我们写作 "$z_n \to_d z$" 或 "$z_n \to_L z$"，称 F 为 z_n 的**渐近分布**（asymptotic distribution）［或**极限分布**（limit distribution）或**取极限分布**（limiting distribution）］。当这一分布 F 已知时，有时候我们写作 "$z_n \to_d F$"。举个例子，"$z_n \to_d N(0, 1)$" 应该读作 "$z_n \to_d z$，z 的分布为 $N(0, 1)$（均值为 0、方差为 1 的正态分布）。" 从该定义可知，依概率收敛要比依分布收敛更强，也就是说，

$$“\mathbf{z}_n \xrightarrow[p]{} \mathbf{z}” \Rightarrow “\mathbf{z}_n \xrightarrow[p]{} \mathbf{z}” \tag{2.1.6}$$

依分布收敛的一种特殊情况是 z 为常数（一个平凡随机变量）。

可以直接扩展到随机向量的序列：如果随机向量 $\mathbf{z}_n$ 的联合 c. d. f. F_n 在 F 的每一个连续点上都收敛到 z 的联合 c. d. f. F，则 $\mathbf{z}_n \to_d \mathbf{z}$。不过，要注意的是，和其他收敛概念不同，对于依概率收敛而言，逐个要素收敛并不必然意味着该向量序列的均值收敛。也就是说，"相应于 $\mathbf{z}$ 元素的每一个 $\mathbf{z}_n \to_d$ 元素" 并不必然表明 "$\mathbf{z}_n \to_d \mathbf{z}$"。在依分布的标量收敛和向量收敛之间建立关联的一种一般性的方式可以由下面的定理进行表述：

依分布多元收敛定理：（Rao，1973，p. 128）令 $\{\mathbf{z}_n\}$ 为 K 维随机向量序列，则：

$$“对于任意 K 维实数向量有 \mathbf{z}_n \xrightarrow[d]{} \mathbf{z}” \Leftrightarrow “\boldsymbol{\lambda}'\mathbf{z}_n \xrightarrow[d]{} \boldsymbol{\lambda}'\mathbf{z}”$$

依分布收敛与依矩收敛

值得强调的是，z_n 的极限分布的矩并不必然等于 z_n 矩的极限。例如，"$z_n \to_d z$" 并非必然意味着 "$\lim_{n\to\infty} \mathrm{E}(z_n) = \mathrm{E}(z)$"。然而有下面的引理，

引理 2.1（依分布收敛和依矩收敛）： 令 α_{sn} 为 z_n 的第 s 个矩，且有 $\lim_{n\to\infty}\alpha_{sn} = \alpha_s$，其中 α_s 是有限的（即一个实数）。则：

$$“z_n \xrightarrow[d]{} z” \Rightarrow “\alpha_s 是 z 的第 s 个矩”$$

这样一来，比如，如果依分布收敛的随机变量序列的方差收敛于某个有限数，则该数即极限分布的方差。

收敛模式之间的关系

有的收敛模式弱于其他收敛模式。下面这个定理给出了这四个收敛模式之间的关系。

---

① 对于"在 F 的每一个连续点"上无须过分担心。对于本书的大部分内容，除了关于离散或受限因变量的几章之外，相关的分布都是连续的，而且该分布函数在所有点上都是连续的。

引理 2.2（这四个收敛模式之间的关系）

(a) "$\mathbf{z}_n \to_{\text{m.s.}} \boldsymbol{\alpha}$" ⇒ "$\mathbf{z}_n \to_{\text{p}} \boldsymbol{\alpha}$"，从而 "$\mathbf{z}_n \to_{\text{m.s.}} \mathbf{z}$" ⇒ "$\mathbf{z}_n \to_{\text{p}} \mathbf{z}$"

(b) "$\mathbf{z}_n \to_{\text{a.s.}} \boldsymbol{\alpha}$" ⇒ "$\mathbf{z}_n \to_{\text{p}} \boldsymbol{\alpha}$"，从而 "$\mathbf{z}_n \to_{\text{a.s.}} \mathbf{z}$" ⇒ "$\mathbf{z}_n \to_{\text{p}} \mathbf{z}$"

(c) "$\mathbf{z}_n \to_{\text{p}} \boldsymbol{\alpha}$" ⇔ "$\mathbf{z}_n \to_{\text{d}} \boldsymbol{\alpha}$"（也就是说，如果极限随机变量是一个常数［一个平凡随机变量］，依分布收敛和依概率收敛是一样的。）

□ 三个有用的结论

定义了这些收敛模式之后，我们可以给出对于发展大样本理论非常基础的三个结论。

引理 2.3（对于连续性转换后的保收敛性）：假设 $\mathbf{a}(\cdot)$ 是一个不取决于 n 的向量值连续函数。

(a) "$\mathbf{z}_n \to_{\text{p}} \boldsymbol{\alpha}$" ⇒ "$\mathbf{a}(\mathbf{z}_n) \to_{\text{p}} \mathbf{a}(\alpha)$" 换一种表述，即

$$\operatorname*{plim}_{n\to\infty} \mathbf{a}(\mathbf{z}_n) = \mathbf{a}(\operatorname*{plim}_{n\to\infty} \mathbf{z}_n)$$

只需这个 plim 存在。

(b) "$\mathbf{z}_n \to_{\text{d}} \mathbf{z}$" ⇒ "$\mathbf{a}(\mathbf{z}_n) \to_{\text{d}} \mathbf{a}(\mathbf{z})$"

引理 2.3（a）的一个直接意义就是通常的算术运算可以保留依概率收敛性。例如：

$$\text{“}x_n \xrightarrow[\text{p}]{} \beta, y_n \xrightarrow[\text{p}]{} \gamma\text{”} \Rightarrow \text{“}x_n + y_n \xrightarrow[\text{p}]{} \beta+\gamma\text{”}$$

$$\text{“}x_n \xrightarrow[\text{p}]{} \beta, y_n \xrightarrow[\text{p}]{} \gamma\text{”} \Rightarrow \text{“}x_n y_n \xrightarrow[\text{p}]{} \beta\gamma\text{”}$$

$$\text{“}x_n \xrightarrow[\text{p}]{} \beta, y_n \xrightarrow[\text{p}]{} \gamma\text{”} \Rightarrow \text{“}x_n / y_n \xrightarrow[\text{p}]{} \beta/\gamma\text{”}，只需\ \gamma \neq 0$$

$$\text{“}\mathbf{Y}_n \xrightarrow[\text{p}]{} \boldsymbol{\Gamma}\text{”} \Rightarrow \text{“}\mathbf{Y}_n^{-1} \xrightarrow[\text{p}]{} \boldsymbol{\Gamma}^{-1}\text{”}，只需\ \boldsymbol{\Gamma}\ 是可逆的$$

关于依概率收敛和依分布收敛的组合，下一个结论可以重复使用以推导该估计量的渐近分布。

引理 2.4：

(a) "$\mathbf{x}_n \to_{\text{d}} \mathbf{x}$，$\mathbf{y}_n \to_{\text{p}} \boldsymbol{\alpha}$" ⇒ "$\mathbf{x}_n + \mathbf{y}_n \to_{\text{d}} \mathbf{x} + \boldsymbol{\alpha}$"

(b) "$\mathbf{x}_n \to_{\text{d}} \mathbf{x}$，$\mathbf{y}_n \to_{\text{p}} \mathbf{0}$" ⇒ "$\mathbf{y}_n' \mathbf{x}_n \to_{\text{p}} \mathbf{0}$"

(c) "$\mathbf{x}_n \to_{\text{d}} \mathbf{x}$，$\mathbf{A}_n \to_{\text{p}} \mathbf{A}$" ⇒ "$\mathbf{A}_n \mathbf{x}_n \to_{\text{d}} \mathbf{A}\mathbf{x}$"，只需 $\mathbf{A}_n$ 和 $\mathbf{x}_n$ 是一致的。特别的，如果 $\mathbf{x} \sim N(\mathbf{0}, \boldsymbol{\Sigma})$，则 $\mathbf{A}_n \mathbf{x}_n \to_d N(\mathbf{0}, \mathbf{A}\boldsymbol{\Sigma}\mathbf{A}')$。

(d) "$\mathbf{x}_n \to_{\text{d}} \mathbf{x}$，$\mathbf{A}_n \to_{\text{p}} \mathbf{A}$" ⇒ "$\mathbf{x}_n' \mathbf{A}_n^{-1} \mathbf{x}_n \to_{\text{d}} \mathbf{x}' \mathbf{A}^{-1} \mathbf{x}$"，只需要 $\mathbf{A}_n$ 和 $\mathbf{x}_n$ 是一致的，而且 $\mathbf{A}$ 是非奇异的。

（a）和（c）部分有时候被称为**斯勒茨基定理**（Slutzky's Theorem）。通过设 $\boldsymbol{\alpha} = \mathbf{0}$，（a）部分表明：

$$\text{“}\mathbf{x}_n \xrightarrow[\text{d}]{} \mathbf{x}, \mathbf{y}_n \xrightarrow[\text{p}]{} \mathbf{0}\text{”} \Rightarrow \text{“}\mathbf{x}_n + \mathbf{y}_n \xrightarrow[\text{d}]{} \mathbf{x}\text{”} \tag{2.1.7}$$

也就是说，如果 $\mathbf{z}_n = \mathbf{x}_n + \mathbf{y}_n$ 且 $\mathbf{y}_n \to_{\text{p}} \mathbf{0}$（即如果 $\mathbf{z}_n - \mathbf{x}_n \to_{\text{p}} \mathbf{0}$），那么 $\mathbf{z}_n$ 的渐近分布就和 $\mathbf{x}_n$ 的相同。当 $\mathbf{z}_n - \mathbf{x}_n \to_{\text{p}} \mathbf{0}$ 时，我们有时（但不总是）称这两个序列是**渐近等价的**（asymptotically equivalent），将其写为：

$$\text{“}\mathbf{z}_n \underset{a}{\sim} \mathbf{x}_n\text{”或“}\mathbf{z}_n = \mathbf{x}_n + o_p\text{”}$$

其中 o_p 是某个适当的随机变量（这里是 $\mathbf{y}_n$），它依概率收敛到 0。

在推导随机变量序列的渐近分布上有一个标准的技巧，即寻找一个其渐近分布更容易推导的渐近等价序列。特别的，通过用该引理（b）部分的 $\mathbf{y}_n-\boldsymbol{\alpha}$ 取代 $\mathbf{y}_n$，我们可以得到：

$$\text{“}\mathbf{x}_n \underset{d}{\longrightarrow} \mathbf{x}, \mathbf{y}_n \underset{p}{\longrightarrow} \boldsymbol{\alpha}\text{”} \Rightarrow \text{“}\mathbf{y}_n'\mathbf{x}_n \underset{a}{\sim} \boldsymbol{\alpha}'\mathbf{x}_n\text{”或“}\mathbf{y}_n'\mathbf{x}_n = \boldsymbol{\alpha}'\mathbf{x}_n + o_p\text{”} \tag{2.1.8}$$

这里的 o_p 是 $(\mathbf{y}_n-\boldsymbol{\alpha})'\mathbf{x}_n$。因此，用其概率极限来代替 $\mathbf{y}_n$ 并不会改变 $\mathbf{y}_n'\mathbf{x}_n$ 的渐近分布，只要 $\mathbf{x}_n$ 依分布收敛于某个随机变量。

第三个结论可以让我们在给定估计量的渐近分布时检验非线性假设。

引理 2.5（“delta 方法”）：假设 $\{\mathbf{x}_n\}$ 是一个 K 维随机向量序列，满足 $\mathbf{x}_n \rightarrow_p \boldsymbol{\beta}$ 以及

$$\sqrt{n}(\mathbf{x}_n-\boldsymbol{\beta}) \underset{d}{\longrightarrow} \mathbf{z}$$

而且假设 $\mathbf{a}(\cdot)$：$\mathbb{R}^K \rightarrow \mathbb{R}^r$ 具有连续一阶导数，其中 $\mathbf{A}(\boldsymbol{\beta})$ 表示在 $\boldsymbol{\beta}$ 处估计值的一阶导数的 $r\times K$ 矩阵：

$$\underset{(r\times K)}{\mathbf{A}(\boldsymbol{\beta})} \equiv \frac{\partial \mathbf{a}(\boldsymbol{\beta})}{\partial \boldsymbol{\beta}'}$$

那么，

$$\sqrt{n}[\mathbf{a}(\mathbf{x}_n)-\mathbf{a}(\boldsymbol{\beta})] \underset{d}{\longrightarrow} \mathbf{A}(\boldsymbol{\beta})\mathbf{z}$$

特别的，

$$\text{“}\sqrt{n}(\mathbf{x}_n-\boldsymbol{\beta}) \underset{d}{\longrightarrow} \mathbf{N}(\mathbf{0},\boldsymbol{\Sigma})\text{”} \Rightarrow \text{“}\sqrt{n}[\mathbf{a}(\mathbf{x}_n)-\mathbf{a}(\boldsymbol{\beta})] \underset{d}{\longrightarrow} N(\mathbf{0},\mathbf{A}(\boldsymbol{\beta})\boldsymbol{\Sigma}\mathbf{A}(\boldsymbol{\beta})')\text{”}$$

证明它是学习如何使用到目前为止所介绍的那些结论的一种好方法。

证明：根据微积分中的均值定理（参看 7.3 节对该定理的叙述），在 $\mathbf{x}_n$ 和 $\boldsymbol{\beta}$ 之间存在一个 K 维向量 $\mathbf{y}_n$ 满足：

$$\mathbf{a}(\mathbf{x}_n)-\mathbf{a}(\boldsymbol{\beta}) = \underset{(r\times K)}{\mathbf{A}(\mathbf{y}_n)}\underset{(K\times 1)}{(\mathbf{x}_n-\boldsymbol{\beta})}$$

两边乘以 $\sqrt{n}$，我们可以得到：

$$\sqrt{n}[\mathbf{a}(\mathbf{x}_n)-\mathbf{a}(\boldsymbol{\beta})] = \mathbf{A}(\mathbf{y}_n)\sqrt{n}(\mathbf{x}_n-\boldsymbol{\beta})$$

由于 $\mathbf{y}_n$ 在 $\mathbf{x}_n$ 和 $\boldsymbol{\beta}$ 之间，而且又由于 $\mathbf{x}_n \rightarrow_p \boldsymbol{\beta}$，所以我们可以知道 $\mathbf{y}_n \rightarrow_p \boldsymbol{\beta}$。此外，一阶导数 $\mathbf{A}(\cdot)$ 根据假设可知是连续的。因此根据引理 2.3（a），有

$$\mathbf{A}(\mathbf{y}_n) \underset{p}{\longrightarrow} \mathbf{A}(\boldsymbol{\beta})$$

根据引理 2.4（c），这和假设 $\sqrt{n}(\mathbf{x}_n-\boldsymbol{\beta}) \rightarrow_d \mathbf{z}$ 一起意味着：

$$\mathbf{A}(\mathbf{y}_n)\sqrt{n}(\mathbf{x}_n-\boldsymbol{\beta})\left(=\sqrt{n}[\mathbf{a}(\mathbf{x}_n)-\mathbf{a}(\boldsymbol{\beta})]\right) \underset{d}{\longrightarrow} \mathbf{A}(\boldsymbol{\beta})\mathbf{z}$$ ■

□ 将估计量视作随机变量的序列

令 $\hat{\boldsymbol{\theta}}_n$ 为基于样本规模 n 的参数向量 $\boldsymbol{\theta}$ 的一个估计量。这个序列 $\{\hat{\boldsymbol{\theta}}_n\}$ 正是一个随机变量序列的例子，因此，本节关于随机变量序列而引入的概念也适用于 $\{\hat{\boldsymbol{\theta}}_n\}$。如果：

$$\underset{n\to\infty}{\text{plim}}\,\hat{\boldsymbol{\theta}}_n=\boldsymbol{\theta} \quad 或 \quad \hat{\boldsymbol{\theta}}_n\underset{\text{p}}{\longrightarrow}\boldsymbol{\theta}$$

我们就称一个估计量 $\hat{\boldsymbol{\theta}}_n$ 对于 $\boldsymbol{\theta}$ 是一致的。$\hat{\boldsymbol{\theta}}_n$ 的**渐近偏误**（asymptotic bias）被定义为 $\text{plim}_{n\to\infty}\,\hat{\boldsymbol{\theta}}_n-\boldsymbol{\theta}$。① 因此，如果该估计量是一致的，则它的渐近偏误为 0。如果

$$\sqrt{n}(\hat{\boldsymbol{\theta}}_n-\boldsymbol{\theta})\underset{\text{d}}{\longrightarrow}N(\mathbf{0},\boldsymbol{\Sigma})$$

则一致性估计量 $\hat{\boldsymbol{\theta}}_n$ 是**渐近正态的**（asymptotically normal）。像这样的估计量被称为 $\sqrt{\boldsymbol{n}}$ **一致的**（$\sqrt{n}$-consistent）。“一致且渐近正态”的首字母缩写为 CAN。方差矩阵 $\boldsymbol{\Sigma}$ 被称为**渐近方差**（asymptotic variance），标示为 $\text{Avar}(\hat{\boldsymbol{\theta}}_n)$。有些作者也使用符号 $\text{Avar}(\hat{\boldsymbol{\theta}}_n)$ 来表示 $\boldsymbol{\Sigma}/n$（极限为 0）。在本书中，$\text{Avar}(\hat{\boldsymbol{\theta}}_n)$ 是 $\sqrt{n}(\hat{\boldsymbol{\theta}}_n-\boldsymbol{\theta})$ 的极限分布的方差。

□ 大数定律和中心极限定理

对于随机标量序列 $\{z_i\}$ 来说，样本均值 $\bar{z}_n$ 被定义如下：

$$\bar{z}_n\equiv\frac{1}{n}\sum_{i=1}^{n}z_i$$

我们来看序列 $\{\bar{z}_n\}$。大数定律（LLN）涉及的是 $\{\bar{z}_n\}$ 要么依概率收敛要么近乎确定地收敛所需的一些条件。如果该收敛是近乎确定的，则称这个 LLN 是强的，如果该收敛是依概率收敛的，则称其为弱的。我们可以很容易从引理 2.2 的（a）部分中推导出以下这个弱 LLN。

切比雪夫（Chebychev）弱 LLN 版：

$$\text{“}\lim_{n\to\infty}\text{E}(\bar{z}_n)=\mu,\lim_{n\to\infty}\text{Var}(\bar{z}_n)=0\text{”}\Rightarrow\text{“}\bar{z}_n\underset{\text{p}}{\longrightarrow}\mu\text{”}$$

这成立的原因是在规定的条件下，很容易证明（参看分析性习题）$\bar{z}_n\to_{\text{m.s.}}\mu$。下面这个强 LLN 假设 $\{z_i\}$ 是 i. i. d.（独立同分布）的，但其方差不必是有限的。

柯尔莫哥洛夫（Kolmogorov）的次强大数定律： 令 $\{z_i\}$ 是 i. i. d.，其中 $\text{E}(z_i)=\mu$。② 那么，$\bar{z}_n\to_{\text{a.s.}}\mu$。

只要逐个元素收敛，则这些 LLN 可以很好地扩展到随机向量上。

中心极限定理（CLT）是关于 $\bar{z}_n$ 和 $\text{E}(\bar{z}_n)$ 之间的差别放大 $\sqrt{n}$ 倍后的极限行为的（如果 $\{z_i\}$ 是 i. i. d.，则 $\text{E}(\bar{z}_n)$ 等于 $\text{E}(z_i)$）。对于 i. i. d. 序列这种情况，我们所需的唯

---

① 有些作者在术语“渐近偏误”的使用上稍有不同。例如，Amemiya（1985）将它定义为均值 $\lim_{n\to\infty}\text{E}(\hat{\boldsymbol{\theta}}_n)-\boldsymbol{\theta}$。

② 因此该均值是存在的，而且是一个有限值（一个实数）。当给出了一个矩（例如均值）时，就像这里这样，则根据含义，这个矩总是被假定为存在且有限的。

一中心极限定理就是：

林德伯格-列维（Lindeberg-Levy）CLT：令 $\{z_i\}$ 是 i. i. d. 的，其中 $\mathrm{E}(\mathbf{z}_i)=\boldsymbol{\mu}$，$\mathrm{Var}(\mathbf{z}_i)=\boldsymbol{\Sigma}$。那么，

$$\sqrt{n}(\bar{\mathbf{z}}_n-\boldsymbol{\mu})=\frac{1}{\sqrt{n}}\sum_{i=1}^{n}(\mathbf{z}_i-\boldsymbol{\mu})\underset{\mathrm{d}}{\longrightarrow}N(\mathbf{0},\boldsymbol{\Sigma})$$

这读作：随机向量 $\{\sqrt{n}(\bar{\mathbf{z}}_n-\boldsymbol{\mu})\}$ 的序列依分布收敛于一个其分布为 $N(\mathbf{0},\boldsymbol{\Sigma})$ 的随机向量。（通常，林德伯格-列维 CLT 用于标量随机变量序列。上面给出的向量情形乃是从下面这样的标量情况中推导出来的。令 $\{\mathbf{z}_i\}$ 是 i. i. d.，其中 $\mathrm{E}(\mathbf{z}_i)=\boldsymbol{\mu}$，$\mathrm{Var}(\mathbf{z}_i)=\boldsymbol{\Sigma}$，令 $\boldsymbol{\lambda}$ 为相同维度的任意实数向量。则 $\{\boldsymbol{\lambda}'\mathbf{z}_n\}$ 是一个标量随机变量的序列，其中 $\mathrm{E}(\boldsymbol{\lambda}'\mathbf{z}_n)=\boldsymbol{\lambda}'\boldsymbol{\mu}$，$\mathrm{Var}(\boldsymbol{\lambda}'\mathbf{z}_n)=\boldsymbol{\lambda}'\boldsymbol{\Sigma}\boldsymbol{\lambda}$。林德伯格-列维的标量情形表明，

$$\sqrt{n}(\boldsymbol{\lambda}'\bar{\mathbf{z}}_n-\boldsymbol{\lambda}'\boldsymbol{\mu})=\boldsymbol{\lambda}'\sqrt{n}(\bar{\mathbf{z}}_n-\boldsymbol{\mu})\underset{\mathrm{d}}{\longrightarrow}N(0,\boldsymbol{\lambda}'\boldsymbol{\Sigma}\boldsymbol{\lambda})$$

但这个极限分布是 $\boldsymbol{\lambda}'\mathbf{x}$ 的分布，其中 $\mathbf{x}\sim N(\mathbf{0},\boldsymbol{\Sigma})$。因此，根据前文所述的依分布多元收敛定理可知，$\{\sqrt{n}(\bar{\mathbf{z}}_n-\boldsymbol{\mu})\}\rightarrow_{\mathrm{d}}\mathbf{x}$，这正是林德伯格-列维的向量情形。）

复习题

1. （普通收敛和依概率收敛）实数列是随机变量序列的一个例子。"$\lim_{n\to\infty}z_n=\alpha$" $\Rightarrow$ "$\mathrm{plim}_{n\to\infty}z_n=\alpha$" 是否成立？**提示**：查看 plim 的定义。由于 $\lim_{n\to\infty}z_n=\alpha$，所以对于充分大的 n，有 $|z_n-\alpha|<\varepsilon$。

2. （另一种向量序列收敛的定义）证明文中关于"$\mathbf{z}_n\rightarrow_{\mathrm{m.s.}}\mathbf{z}$"的定义等价于：

$$\lim_{n\to\infty}\mathrm{E}[(\mathbf{z}_n-\mathbf{z})'(\mathbf{z}_n-\mathbf{z})]=0$$

提示：$\mathrm{E}[(\mathbf{z}_n-\mathbf{z})'(\mathbf{z}_n-\mathbf{z})]=\mathrm{E}[(z_{n1}-z_1)^2]+\cdots+E[(z_{nK}-z_K)^2]$，其中 K 是 $\mathbf{z}$ 的维数。同样，请证明文中对"$\mathbf{z}_n\rightarrow_{\mathrm{p}}\boldsymbol{\alpha}$"的定义等价于：

对于任意的 $\varepsilon>0$，有 $\lim_{n\to\infty}\mathrm{Prob}((\mathbf{z}_n-\boldsymbol{\alpha})'(\mathbf{z}_n-\boldsymbol{\alpha})>\varepsilon)=0$

3. 从引理 2.4（a）和（b）中证明引理 2.4（c）。**提示**：$\mathbf{A}_n\mathbf{x}_n=(\mathbf{A}_n-\mathbf{A})\mathbf{x}_n+\mathbf{A}\mathbf{x}_n$。根据（b），有 $(\mathbf{A}_n-\mathbf{A})\mathbf{x}_n\rightarrow_{\mathrm{p}}\mathbf{0}$。

4. 假定 $\sqrt{n}(\hat{\theta}_n-\theta)\rightarrow_{\mathrm{d}}N(0,\sigma^2)$。是否可以得出 $\hat{\theta}_n\rightarrow_{\mathrm{p}}\theta$？**提示**：

$$\hat{\theta}_n-\theta=\frac{1}{\sqrt{n}}\cdot\sqrt{n}(\hat{\theta}_n-\theta),\ \mathrm{plim}_{n\to\infty}\frac{1}{\sqrt{n}}=0$$

5. （综合 Delta 方法和林德伯格-列维 CLT）令 $\{z_i\}$ 为一个 i. i. d. 随机变量的序列，其中 $\mathrm{E}(z_i)=\mu\neq0$，$\mathrm{Var}(z_i)=\sigma^2$，并令 $\bar{z}_n$ 为样本均值。证明：

$$\sqrt{n}\left(\frac{1}{\bar{z}_n}-\frac{1}{\mu}\right)\underset{\mathrm{d}}{\longrightarrow}N\left(0,\frac{\sigma^2}{\mu^4}\right)$$

提示：在引理 2.5 中，设 $\boldsymbol{\beta}=\mu$，$\mathbf{a}(\boldsymbol{\beta})=1/\mu$，$\mathbf{x}_n=\bar{z}_n$。

2.2 时间序列分析中的基本概念

在本节，我们定义一个在时间序列分析中非常基本的概念，它将形成我们所用语言

的整体。这个关键性的概念就是**随机过程**（stochastic process），这不过是随机变量序列的另一个名称而已。如果将随机变量的编号解释成表达了时间的顺序，那么随机过程就被称为一个**时间序列**（time series）。如果 $\{z_i\}(i=1, 2, \cdots)$ 是一个随机过程，则它的**展开路径**（realization path）或**样本路径**（sample path）即为 z_i 可能值的每一个 i 赋予一个值。因此 $\{z_i\}$ 的一个展开即一列实数。我们将不断地使用时间序列这个术语，以表示一个展开路径的最终结果及其过程。

□ 对遍历平稳性的需要

时间序列分析中的基本问题是，我们只能观察到一次该过程的实现。例如，关于1946—1995年间美国每年通胀率的样本数据就是包含50个特定值的一串数字，这只是通胀率的潜在随机过程的其中一个可能结果；如果历史可以采取不同的过程，那么我们本可以取得不同的样本。如果我们可以多次观察历史，我们就能搜集很多样本，每一个都包括可能不同的50个值的一串数字。比如说，1995年的平均通胀率就可以通过在那些样本上取1995年通胀率（每一串的第50个元素）的平均值而得到估计。这样估计出的总体均值有时候被称为**总平均值**（ensemble mean）。用经济学中一般均衡的语言来表述，即总平均值是在任一给定的日程时间上在所有可能的不同自然状态上求取的平均值。

当然，要观察众多不同历史是不可能的。但是如果通胀率的分布保持不变（这个性质被称为**平稳的**（stationarity）），我们所观察到的50个数字组成的特定数字串可以被看成从相同分布中得到的50个不同的值。进而言之，如果这个过程不是持续进行的（所谓的**遍历性**（ergodicity）具有这一特性），那么该数字串中每一个元素都包含一些其他元素无法得到的信息，正如下文所示，单个数字串中元素的时间平均值与其总平均值是一致的。

□ 各类随机过程[①]

平稳过程

如果对于任意给定的有限整数 r，以及对于下标 $i_1, i_2, \cdots, i_r$ 的任意集合，$(\mathbf{z}_i, \mathbf{z}_{i_1}, \mathbf{z}_{i_2}, \cdots, \mathbf{z}_{i_r})$ 的联合分布仅取决于 $i_1-i, i_2-i, i_3-i, \cdots, i_r-i$，而不取决于 i，那么称该随机过程 $\{\mathbf{z}_i\}(i=1, 2, \cdots,)$ 是（严格）平稳的。例如，$(\mathbf{z}_1, \mathbf{z}_5)$ 的联合分布与 $(\mathbf{z}_{12}, \mathbf{z}_{16})$ 的联合分布相同。而真正重要的是在该序列中的相对位置。特别的，$\mathbf{z}_i$ 的分布不取决于 $\mathbf{z}_i$ 的绝对位置 i，因此如果其均值、方差和其他高阶矩存在，那么在 i 上也将保持不变。这个定义还表明，平稳过程的任何转换（函数）本身也是平稳的，也就是说，如果 $\{\mathbf{z}_i\}$ 是平稳的，那么 $\{f(\mathbf{z}_i)\}$ 也是。[②] 比如说，如果 $\{\mathbf{z}_i\}$ 是平稳的，则 $\{\mathbf{z}_i\mathbf{z}_i'\}$ 也是平稳的。

例 2.1（i. i. d. 序列）：

独立同分布的随机变量序列是一个无序列相关性的平稳过程。

---

① 本节的很多这类概念也可以在 Davidson 和 MacKinnon（1993）的 4.7 节找到。

② 函数 $f(\cdot)$ 要求是"可测的"，所以 $f(z_i)$ 是良好定义的随机变量。任何连续函数都可测。这样一来，下面当我们遇到随机变量的一个函数 f 被理解成一个随机变量时，我们就不再需要为增加修饰语"可测的"而感到麻烦了。

例 2.2（不变序列）：

从某个分布中抽取 z_1，然后设 $z_i=z_1$（$i=2$，3，…）。因此，该过程的值固定在初始数据。这样创设的过程 $\{z_i\}$ 是一个平稳过程，它表现出最大的序列相关性。

显然，如果向量过程 $\{\mathbf{z}_i\}$ 是平稳的，那么该向量的每一个元素都形成了一个单变量平稳过程。不过，反过来就不成立了。

例 2.3（逐元素平稳与联合平稳）：

令 $\{\varepsilon_i\}$（$i=1$，2，…）为一个标量 i.i.d. 过程。从中通过定义 $z_{i1}=\varepsilon_i$ 和 $z_{i2}=\varepsilon_1$ 创设出一个二维过程 $\{\mathbf{z}_i\}$。标量过程 $\{z_{i1}\}$ 是平稳的（这是例 2.1 中的过程）。标量过程 $\{z_{i2}\}$ 也是平稳的（例 2.2 中的过程）。然而，向量过程 $\{\mathbf{z}_i\}$ 却不是（联合）平稳的，因为 $\mathbf{z}_1(=(\varepsilon_1,\ \varepsilon_1)')$ 的（联合）分布与 $\mathbf{z}_2(=(\varepsilon_2,\ \varepsilon_1)')$ 的不同。

大多数像 GDP 这样的时间序列并不是平稳的，因为它们表现出了时间趋势。有关非平稳有一个不是那么显而易见的例子，那就是国际汇率，它具有递增的方差。但是很多具有时间趋势的时间序列也可以转换为平稳过程。如果一个过程通过从中减去一个（一般是线性的）时间函数（时间的编号是 i）而呈现平稳，则该过程被称为**趋势平稳**（trend stationary）。如果一个过程不是平稳的，但是其一阶差分 z_i-z_i-1 是平稳的，则 $\{z_i\}$ 被称为**差分平稳**（difference stationary）。趋势平稳过程和差分平稳过程将在第 9 章予以研究。

协方差平稳过程

该随机过程（$\mathbf{z}_i$）是**弱平稳的**（weakly stationary）或**协方差平稳的**（covariance stationary），如果：

(i) $\mathrm{E}(\mathbf{z}_i)$ 并不取决于于 i，

(ii) $\mathrm{Cov}(\mathbf{z}_i,\ \mathbf{z}_{i-j})$ 存在且有限，仅取决于 j 但不取决于 i（比如，$\mathrm{Cov}(\mathbf{z}_1,\ \mathbf{z}_5)$ 等于 $\mathrm{Cov}(\mathbf{z}_{12},\ \mathbf{z}_{16})$）。

序列中的相对而非绝对位置对于协方差平稳过程的均值和协方差是很重要的。显然，如果一个序列是（严格）平稳的，且如果其方差和协方差是有限的，那么该序列是弱平稳的（因此有术语“严格”）。协方差平稳但非严格问题过程的一个例子将在下面的例 2.4 中给出。

j **阶自协方差**（the j-th order autocovariance）记作 $\mathbf{\Gamma}_j$，定义如下：

$$\mathbf{\Gamma}_j\equiv\mathrm{Cov}(\mathbf{z}_i,\mathbf{z}_{i-j})\quad(j=0,1,2,\cdots)$$

术语“自（auto）”源于这两个随机变量取自同一过程。$\mathbf{\Gamma}_j$ 不取决于 i，正是因为协方差平稳所致。同样根据协方差平稳，$\mathbf{\Gamma}_j$ 满足：

$$\mathbf{\Gamma}_j=\mathbf{\Gamma}'_{-j}\tag{2.2.1}$$

（后面的复习题要求你证明这一点。）0 阶自协方差即方差 $\mathbf{\Gamma}_0=\mathrm{Var}(\mathbf{z}_i)$。例 2.1 和例 2.2 中的过程是协方差平稳的，如果其方差存在且有限。对于例 2.1 的过程而言，$\mathbf{\Gamma}_0$ 即其分布的方差，而且对于 $j\geqslant1$，有 $\mathbf{\Gamma}_j=\mathbf{0}$。对于例 2.2 的过程而言，$\mathbf{\Gamma}_j=\mathbf{\Gamma}_0$。

对于一个变量协方差平稳过程 $\{z_i\}$ 来说，第 j 阶自协方差现在则是一个标量。如果 γ_j 是这个自协方差，则它满足：

$$\gamma_j = \gamma_{-j} \tag{2.2.2}$$

从一个标量过程中取一串顺序连接的 n 个值（z_i，z_{i+1}，…，z_{i+n-1}）。根据协方差平稳，其 $n\times n$ 方差—协方差矩阵与（z_1，z_2，…，z_n）的是一样的，而且是一个带谱矩阵（band spectrum matrix）：

$$\mathrm{Var}(z_i, z_{i+1}, \cdots, z_{i+n-1}) = \begin{bmatrix} \gamma_0 & \gamma_1 & \gamma_2 & \cdots & \gamma_{n-1} \\ \gamma_1 & \gamma_0 & \gamma_1 & \cdots & \gamma_{n-2} \\ \vdots & \ddots & \ddots & \ddots & \vdots \\ \gamma_{n-2} & \cdots & \gamma_1 & \gamma_0 & \gamma_1 \\ \gamma_{n-1} & \cdots & \gamma_2 & \gamma_1 & \gamma_0 \end{bmatrix}$$

这被称为该过程的**自协方差矩阵**（autocovariance matrix）。其 **j 阶自协方差系数**（j-th order autocorrelation coefficient）ρ_j 被定义如下：对于 $j=0$，$\rho_j=1$，

$$j\text{ 阶自协方差系数} \equiv \rho_j \equiv \frac{\gamma_j}{\gamma_0} = \frac{\mathrm{Cov}(z_i, z_{i-j})}{\mathrm{Var}(z_i)} \quad (j=1,2,\cdots) \tag{2.2.3}$$

对 $\{\rho_j\}$（$j=0$，1，2，…）的绘图被称为**相关图**（correlogram）。

白噪声过程

有一类非常重要的弱平稳过程，那就是**白噪声过程**（a white noise process），这个过程具有零均值且无序列相关性：

> 如果 $\mathrm{E}(\mathbf{z}_i)=\mathbf{0}$ 且对于 $j\neq 0$，有 $\mathrm{Cov}(\mathbf{z}_i, \mathbf{z}_{i-j}=\mathbf{0})$，则协方差平稳过程 $\{\mathbf{z}_i\}$ 是**白噪声**（white noise）的。

很明显，一个独立同分布（i. i. d.）的序列的均值为零且具有有限方差，这正是白噪声过程的一个特殊情形。出于这个原因，我们称它为**独立白噪声过程**（independent white noise process）。

例 2.4（一个非严格平稳的白噪声过程①）：

令 w 表示在区间（0，2π）上均匀分布的随机变量，并定义：

$$z_i = \cos(iw) \quad (i=1,2,\cdots)$$

可以证明，对于 $i\neq j$，有 $\mathrm{E}(z_i)=0$，$\mathrm{Var}(z_i)=1/2$ 以及 $\mathrm{Cov}(z_i, z_j)=0$。因此 $\{z_i\}$ 是白噪声。不过，很明显，它不是独立白噪声过程。它甚至也不是严格平稳的。

遍历性

如果对于任意两个有界函数 $f:\mathbb{R}^k\to\mathbb{R}$ 和 $g:\mathbb{R}^l\to\mathbb{R}$，

① 引自 Anderson（1971，p. 379）中的例 7.8。

$$\lim_{n\to\infty}|\mathrm{E}[f(z_i,\cdots,z_{i+k})g(z_{i+n},\cdots,z_{i+n+l})]|$$
$$=|\mathrm{E}[f(z_i,\cdots,z_{i+k})]||\mathrm{E}[g(z_{i+n},\cdots,z_{i+n+l})]|$$

则平稳过程 $\{z_i\}$ 被称为是**遍历性的**（ergodic）。颇具启发意义的是，如果一个平稳过程是渐近独立的，也就是说如果任意两个在该序列中位置间隔比较远的随机变量是接近于独立分布的，则该平稳过程是遍历性的。一个呈遍历性的平稳过程被称为**遍历平稳性**（ergodic stationary）。在发展大样本理论方面由于遍历平稳性具有以下性质而成为一个整体的组成成分。

遍历性定理：（例如可参看 Karlin 和 Taylor（1975）中的定理 9.5.5。）令 $\{\mathbf{z}_i\}$ 为一个平稳的遍历性过程，其中 $\mathrm{E}(\mathbf{z}_i)=\boldsymbol{\mu}$。① 那么，

$$\bar{\mathbf{z}}_n \equiv \frac{1}{n}\sum_{i=1}^{n}\mathbf{z}_i \xrightarrow[\text{a. s.}]{} \boldsymbol{\mu}$$

因此，遍历性定理是对柯尔莫哥洛夫的 LLN 切实的一般化。序列相关这个在柯尔莫哥洛夫的 LLN 中通过 i. i. d. 假设被排除的假设，在遍历性定理中是允许存在的，只要它在长期中会消失即可。对于任何（可测）函数 $f(\cdot)$，不管 $\{\mathbf{z}_i\}$ 位处何时，由于 $\{f(\mathbf{z}_i)\}$ 是遍历平稳性的，这个定理都意味着一个平稳和遍历性过程的任意矩（如果它存在且有限）都可以由该样本矩给予一致性的估计。例如，假设 $\{\mathbf{z}_i\}$ 是平稳和遍历性的，则 $\mathrm{E}(\mathbf{z}_i\mathbf{z}_i')$ 存在且有限。那么，$\frac{1}{n}\sum_i \mathbf{z}_i\mathbf{z}_i'$ 必与 $\mathrm{E}(\mathbf{z}_i\mathbf{z}_i')$ 一致。

遍历平稳性过程的最简单的例子是独立白噪声过程。（在白噪声过程中独立性被弱化为无序列相关，因此白噪声并不必然是遍历性的；例 2.4 就是其中一例。）另外一个重要的例子是 AR(1) 过程，它满足下式：

$$z_i=c+\rho z_{i-1}+\varepsilon_i,\ |\rho|<1$$

其中 $\{\varepsilon_i\}$ 是独立白噪声。

鞅

令 x_i 为 $\mathbf{z}_i$ 的一个元素。如果：

$$\mathrm{E}(x_i|\mathbf{z}_{i-1},\mathbf{z}_{i-2},\cdots,\mathbf{z}_1)=x_{i-1},\ i\geqslant 2 \tag{2. 2. 4}$$ ②

则标量过程 $\{x_i\}$ 被称为关于 $\{\mathbf{z}_i\}$ **的一个鞅**（a martingale with respect to $\{\mathbf{z}_i\}$）。条件集（$\mathbf{z}_{i-1}$，$\mathbf{z}_{i-2}$，…，$\mathbf{z}_1$）常被称为在点（时期）$i-1$ 的**信息集**（information set）。如果该信息集是其本身过去的取值（x_{i-1}，x_{i-2}，…，x_1），则 $\{x_i\}$ 被简单地称为一个**鞅**（martingale）。如果 $\mathbf{z}_i$ 包括 x_i，那么 $\{x_i\}$ 就是一个鞅，因为：

$$\mathrm{E}(x_i|x_{i-1},x_{i-2},\cdots,x_1)$$
$$=\mathrm{E}[\mathrm{E}(x_i|\mathbf{z}_{i-1},\mathbf{z}_{i-2},\cdots,\mathbf{z}_1)|x_{i-1},x_{i-2},\cdots,x_1]\quad\text{（迭代期望定律）}$$
$$=\mathrm{E}(x_{i-1}|x_{i-1},x_{i-2},\cdots,x_1)=x_{i-1}$$

---

① 因此该均值被假设为存在且有限。

② 如果该过程从一个无限的过去开始，故而 i 是从 $-\infty$ 运行到 $+\infty$，则这一定义是 $\mathrm{E}(x_i\mid\mathbf{z}_{i-1},\mathbf{z}_{i-2},\cdots)=x_{i-1}$，而限定词"$i\geqslant 2$"并非所需。该过程是从一个无限的过去开始还是从时期 $i=1$ 开始，对于下文发展的大样本理论并不重要。真正重要的是该过程要在样本时期之前发生。

如果下式成立，则向量过程 $\{\mathbf{z}_i\}$ 被称为一个鞅：

$$E(\mathbf{z}_i \mid \mathbf{z}_{i-1},\cdots,\mathbf{z}_1)=\mathbf{z}_{i-1},\ i\geqslant 2 \tag{2.2.5}$$

例 2.5（霍尔（Hall）的鞅假设）：

令 $\mathbf{z}_i$ 为一个包含宏观经济变量（诸如货币供给或 GDP）集合的向量，这个宏观经济变量集内有时期 i 的总消费 c_i。霍尔（Hall，1978）的鞅假设即消费是关于 $\{\mathbf{z}_i\}$ 的一个鞅：

$$E(c_i \mid \mathbf{z}_{i-1},\mathbf{z}_{i-2},\cdots,\mathbf{z}_1)=c_{i-1}$$

这在消费理论中有一个专有名称，叫作"消费平滑化"(consumption smoothing)：希望在生活标准上避免波动的消费者，在时期 $i-1$ 将消费支出调节到在后续消费中预期没有变动的水平上来。

随机游走

关于鞅的一个重要的例子是**随机游走**（random walk）。令 $\{\mathbf{g}_i\}$ 为一个向量独立白噪声过程（因此它是 i. i. d. 的，具有 $\mathbf{0}$ 均值和有限方差矩阵）。随机游走 $\{\mathbf{z}_i\}$ 是累积和（cumulative sums）的一个序列：

$$\mathbf{z}_1=\mathbf{g}_1,\mathbf{z}_2=\mathbf{g}_1+\mathbf{g}_2,\cdots,\mathbf{z}_i=\mathbf{g}_1+\mathbf{g}_2+\cdots\mathbf{g}_i,\cdots \tag{2.2.6}$$

给定序列 $\{\mathbf{z}_i\}$，该潜在的独立白噪声序列 $\{\mathbf{g}_i\}$ 可以通过取一阶差分而被改换成另外一种表示：

$$\mathbf{g}_1=\mathbf{z}_1,\mathbf{g}_2=\mathbf{z}_2-\mathbf{z}_1,\cdots,\mathbf{g}_i=\mathbf{z}_i-\mathbf{z}_{i-1},\cdots \tag{2.2.7}$$

所以随机游走的一阶差分是独立白噪声。一个随机游走是一个鞅，因为：

$$\begin{aligned}
E(\mathbf{z}_i \mid \mathbf{z}_{i-1},\cdots,\mathbf{z}_1) &= E(\mathbf{z}_i \mid \mathbf{g}_{i-1},\cdots,\mathbf{g}_1)\quad \text{（因为正如我们刚刚所见，}(\mathbf{z}_{i-1},\cdots,\mathbf{z}_1)\\
&\qquad \text{和}(\mathbf{g}_{i-1},\cdots,\mathbf{g}_1)\text{具有同样的信息）}\\
&= E(\mathbf{g}_1+\mathbf{g}_2+\cdots+\mathbf{g}_i \mid \mathbf{g}_{i-1},\cdots,\mathbf{g}_1)\\
&= E(\mathbf{g}_i \mid \mathbf{g}_{i-1},\cdots,\mathbf{g}_1)+(\mathbf{g}_1+\cdots+\mathbf{g}_{i-1})\\
&= \mathbf{g}_1+\cdots+\mathbf{g}_{i-1}\quad \text{（因为}\{\mathbf{g}_i\}\text{是独立白噪声，所以}\\
&\qquad E(\mathbf{g}_i \mid \mathbf{g}_{i-1},\cdots,\mathbf{g}_1)=\mathbf{0})\\
&= \mathbf{z}_{i-1}\quad \text{（根据 }\mathbf{z}_{i-1}\text{ 的定义）}
\end{aligned} \tag{2.2.8}$$

鞅差分序列

如果一个 $E(\mathbf{g}_i)=\mathbf{0}$ 的向量过程 $\{\mathbf{g}_i\}$ 以过去值为条件的期望也是零：

$$E(\mathbf{g}_i \mid \mathbf{g}_{i-1},\mathbf{g}_{i-2},\cdots,\mathbf{g}_1)=\mathbf{0},\ i\geqslant 2 \tag{2.2.9}$$

则其被称为一个**鞅差分序列**（martingale difference sequence，即 m. d. s.）或**鞅差分**(martingale differences)。该过程之所以如此命名，因为由鞅差分序列 $\{\mathbf{g}_i\}$ 生成的累积和 $\{\mathbf{z}_i\}$ 是一个鞅；这个证明和式（2.2.8）中的是一样的。反过来，如果 $\{\mathbf{z}_i\}$ 是鞅，由式（2.2.7）那样生成的一阶差分就是一个鞅差分序列。

鞅差分序列无序列相关（即对于所有的 i 和 $j\neq 0$，$\mathrm{Cov}(\mathbf{g}_i,\ \mathbf{g}_{i-j})=\mathbf{0}$）。对这一命题

的证明如下：

证明：首先注意到我们可以不失一般性地假设 $j \geq 1$。因为其均值为零，所以完全可以证明 $\mathrm{E}(\mathbf{g}_i \mathbf{g}_{i-j}') = \mathbf{0}$。故而我们考虑将它重新写成下式：

$$\begin{aligned}\mathrm{E}(\mathbf{g}_i \mathbf{g}_{i-j}') &= \mathrm{E}[\mathrm{E}(\mathbf{g}_i \mathbf{g}_{i-j}' \mid \mathbf{g}_{i-j})] \quad (\text{根据总期望定律}) \\ &= \mathrm{E}[\mathrm{E}(\mathbf{g}_i \mid \mathbf{g}_{i-j}) \mathbf{g}_{i-j}'] \quad (\text{根据条件期望的线性性})\end{aligned}$$

现在，由于 $j \geq 1$，所以（$\mathbf{g}_{i-1}$，…，$\mathbf{g}_{i-j}$，…，$\mathbf{g}_1$）包含 $\mathbf{g}_{i-j}$。因此，

$$\mathrm{E}(\mathbf{g}_i \mid \mathbf{g}_{i-j}) = \mathrm{E}[\mathrm{E}(\mathbf{g}_i \mid \mathbf{g}_{i-1}, \cdots, \mathbf{g}_{i-j}, \cdots, \mathbf{g}_1) \mid \mathbf{g}_{i-j}] \quad (\text{根据迭代期望定律}) = \mathbf{0}$$

由于 $\mathrm{E}(\mathbf{g}_i \mid \mathbf{g}_{i-1}, \cdots, \mathbf{g}_{i-j}, \cdots, \mathbf{g}_1) = \mathbf{0}$，所以最后一个等式成立。■

ARCH 过程

在分析资产收益中经常用到鞅差分的一个例子，那就是由 Engle（1982）引入的自回归条件异方差（ARCH）过程。如果过程 $\{\mathbf{g}_i\}$ 可以被写为下式：

$$g_i = \sqrt{\zeta + \alpha g_{i-1}^2} \cdot \varepsilon_i \tag{2.2.10}$$

则它被称为一个**一阶 ARCH 过程**（ARCH process of order 1，ARCH（1））。其中 $\{\varepsilon_i\}$ 是 i. i. d. 的，具有零均值和单位方差。如果 g_1 是该过程的初始值，则我们可以使用式（2.2.10）来计算后续 g_i 的值。例如：

$$g_2 = \sqrt{\zeta + \alpha g_1^2} \cdot \varepsilon_2$$

更为一般地，$g_i (i \geq 2)$ 是 g_1 和（ε_2，ε_3，…，ε_i）的一个函数。因此，ε_i 是独立于（g_1，g_2，…，g_{i-1}）的。那么，可以很容易证明，$\{g_i\}$ 是一个 m. d. s.，因为：

$$\begin{aligned}&\mathrm{E}(g_i \mid g_{i-1}, g_{i-2}, \cdots, g_1) \\ &= \mathrm{E}(\sqrt{\zeta + \alpha g_{i-1}^2} \cdot \varepsilon_i \mid g_{i-1}, g_{i-2}, \cdots, g_1) \\ &= \sqrt{\zeta + \alpha g_{i-1}^2}\, \mathrm{E}(\varepsilon_i \mid g_{i-1}, g_{i-2}, \cdots, g_1) \\ &= \sqrt{\zeta + \alpha g_{i-1}^2}\, \mathrm{E}(\varepsilon_i) \quad (\text{因为 } \varepsilon_i \text{ 是独立于}(g_1, g_2, \cdots, g_{i-1})\text{的}) \\ &= 0 \quad (\text{因为 } \mathrm{E}(\varepsilon_i) = 0)\end{aligned} \tag{2.2.12}$$

根据类似的论证过程，可以得到：

$$\mathrm{E}(g_i^2 \mid g_{i-1}, g_{i-2}, \cdots, g_1) = \zeta + \alpha g_{i-1}^2 \tag{2.2.13}$$

于是其条件二阶矩（由于 $\mathrm{E}(g_1, g_2, \cdots, g_{i-1}) = 0$，故它等于条件方差）是该过程自身历史值的一个函数。在这个意义上，该过程表现出了**自条件异方差性**（own conditional heteroskedasticity）。可以证明（例如可以参看 Engle（1982）），如果 $|\alpha| < 1$，只要 g_1 取自一个适当的分布或该过程始于一个无限的过去，则这个过程就是严格平稳和遍历性的。如果 g_i 是平稳的，则很容易得到无条件二阶矩。取式（2.2.13）两边的无条件期望，并且注意到：

$$\text{如果 } g_i \text{ 是平稳的，则 } \mathrm{E}[\mathrm{E}(g_i^2 \mid g_{i-1}, g_{i-2}, \cdots, g_1)] = \mathrm{E}(g_i^2) \text{ 和 } \mathrm{E}(g_i^2) = \mathrm{E}(g_{i-1}^2)$$

我们可以得到：

$$\mathrm{E}(g_i^2) = \zeta + \alpha \mathrm{E}(g_i^2) \quad \text{或} \quad \mathrm{E}(g_i^2) = \frac{\zeta}{1-\alpha} \tag{2.2.14}$$

如果 $\alpha>0$，这个模型就抓住了寻求资产收益的一个特点：较大取值倾向于在较大的值之后呈现。(有关 ARCH 过程的更多细节可参看 Hamilton (1994，21.1 节)。)

□ 缺乏序列相关的不同表达

显然，一个独立白噪声过程是一个平稳的鞅差分序列，其方差是有限的。正如前文所述，一个鞅差分序列无序列相关性。这样一来，我们就有了对于零均值协方差平稳过程缺乏序列相关的三种表达。根据其特点依次是：

$$\begin{aligned}&(1)\text{“}\{\mathbf{g}_i\}\text{是独立白噪声。”}\\ \Rightarrow&(2)\text{“}\{\mathbf{g}_i\}\text{是具有有限方差的平稳 m. d. s. 。”}\\ \Rightarrow&(3)\text{“}\{\mathbf{g}_i\}\text{是白噪声。”}\end{aligned} \tag{2.2.15}$$

条件 (1) 比条件 (2) 更强，因为有一些满足条件 (2) 但是不满足条件 (1) 的过程。$|\alpha|<1$ 的 ARCH (1) 过程 (2.2.10) 就是一个例子。图 2-1 表明，一个满足条件 (1) 的过程的实现与满足条件 (2) 的过程的实现是截然不同的。图 2-1(a) 绘制出了具有零均值、单位方差的服从独立正态分布的随机变量序列。图 2-1(b) 绘制出了一个 $\zeta=0.2$ 且 $\alpha=0.8$ 的ARCH (1) 过程 (2.2.10) (因此其无条件方差 $\zeta/(1-\alpha)$ 与图 2-1(a) 中的是统一的)，其中式 (2.2.10) 中该 i. i. d. 序列的值取自图 2-1 (a)，因此两个图中的符号在所有点上都是相同的。图 2-1(b) 中的序列通常比图 2-1(a) 中的有更少的波动性，但是在有些点上却有着很大的波动性。尽管如此，该序列仍然是平稳的。

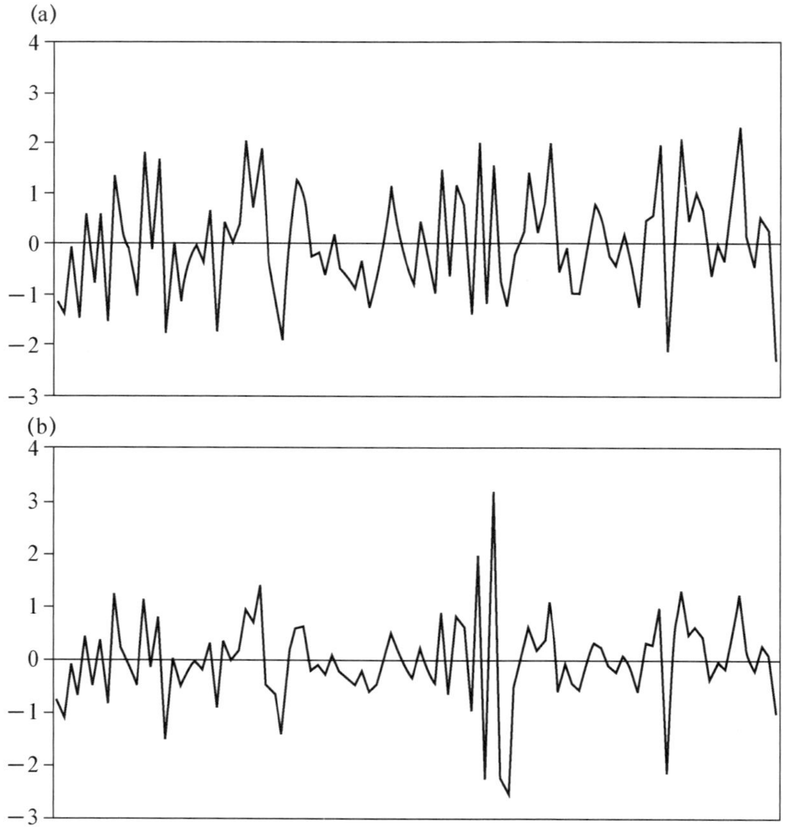

图 2-1　序列非相关时间序列绘图：(a) 一个 i. i. d. $N(0, 1)$ 序列，(b) 具有取自图 (a) 的冲击的 ARCH (1)

条件（2）要比条件（3）更强；例 2.4 中的过程是白噪声，但是（正如你将在复习题中看到的那样）它不满足条件（2）。

□ 遍历平稳性鞅差分序列的 CLT

下面这个 CLT 将林德伯格–列维 CLT 扩展到了平稳和遍历性 m. d. s. 上来。

遍历平稳性鞅差分 CLT（Billingsley，1961）：令 $\{\mathbf{g}_i\}$ 为一个向量鞅差分序列，它是平稳和遍历性的，且有 $\mathrm{E}(\mathbf{g}_i\mathbf{g}_i')=\mathbf{\Sigma}$①，令 $\bar{\mathbf{g}}\equiv\frac{1}{n}\sum_{i=1}^{n}\mathbf{g}_i$。则，

$$\sqrt{n}\,\bar{\mathbf{g}}=\frac{1}{\sqrt{n}}\sum_{i=1}^{n}\mathbf{g}_i\xrightarrow[\mathrm{d}]{}N(\mathbf{0},\mathbf{\Sigma})$$

与在林德伯格–列维 CLT 中不同的是，没有必要从 $\mathbf{g}_i$ 中减去均值，因为根据定义可知，m. d. s. 的无条件均值为零。出于同样的原因，$\mathbf{\Sigma}$ 也等于 $\mathrm{Var}(\mathbf{g}_i)$。这个不仅应用于 i. i. d. 序列，也应用于像 ARCH（1）的平稳鞅差分过程的 CLT，比林德伯格–列维更加一般化。

我们已经以遍历性定理的形式给出了序列相关过程的 LLN。序列相关过程的中心极限定理将在第 6 章给出。

复习题

1. 证明 $\mathbf{\Gamma}_{-j}=\mathbf{\Gamma}_j'$。**提示**：$\mathrm{Cov}(\mathbf{z}_i，\mathbf{z}_{i-j})=\mathrm{E}[(\mathbf{z}_i-\boldsymbol{\mu})(\mathbf{z}_{i-j}-\boldsymbol{\mu})']$，其中 $\boldsymbol{\mu}=\mathrm{E}(\mathbf{z}_i)$。根据方差平稳性，有 $\mathrm{Cov}(\mathbf{z}_i，\mathbf{z}_{i-j})=\mathrm{Cov}(\mathbf{z}_{i+j}，\mathbf{z}_i)$。

2. （预测白噪声）对于例 2.4 中的白噪声过程，有 $\mathrm{E}(z_i)=0$。对于 $i\geqslant 2$，$\mathrm{E}(z_i \mid z_1)$ 是多少？**提示**：如果你知道 z_1 的值，那么你应该能够确切地预测未来。该过程是一个 m. d. s. 吗？【答案是否定的。】

3. （鞅中非预期的变化）假设 $\{x_i\}$ 是关于 $\{\mathbf{z}_i\}$ 的一个鞅。证明对于 $j=0，1，\cdots$，有 $\mathrm{E}(x_{i+j} \mid \mathbf{z}_{i-1}，\mathbf{z}_{i-2}，\cdots，\mathbf{z}_1)=x_{i-1}$ 和 $\mathrm{E}(x_{i+j+1}-x_{i+j} \mid \mathbf{z}_{i-1}，\mathbf{z}_{i-2}，\cdots，\mathbf{z}_1)=0$。**提示**：使用迭代期望定律。

4. 令 $\{x_i\}$ 为一个实数数列，它随着 i 而变化，而 $\{\varepsilon_i\}$ 是一个均值为 0 且具有有限方差的 i. i. d. 随机变量序列。$\{x_i\cdot\varepsilon_i\}$ 是 i. i. d. 的吗？【答案是否定的。】它是序列无关的吗？【答案是肯定的。】是 m. d. s. 的吗？【答案是肯定的。】平稳吗？【答案是否定的。】

5. 证明一个随机游走是非平稳的。**提示**：检查其方差。

6. （鞅的一阶差分是一个鞅差分序列）令 $\{\mathbf{z}_i\}$ 为一个鞅。证明由式（2.2.7）生成的过程 $\{\mathbf{g}_i\}$ 是一个 m. d. s.。**提示**：$(\mathbf{g}_1，\cdots，\mathbf{g}_i)$ 和 $(\mathbf{z}_1，\cdots，\mathbf{z}_i)$ 共享相同的信息。

7. （一个不是独立白噪声的 m. d. s.）令 $g_i=\varepsilon_i\cdot\varepsilon_{i-1}$，其中 $\{\varepsilon_i\}$ 是一个独立白噪声过程。显然，$\{g_i\}$ 不是 i. i. d. 的。证明 $\{g_i\}$ $(i=2，3，\cdots)$ 是一个 m. d. s.。**提示**：$\mathrm{E}(g_i \mid g_{i-1}，\cdots，g_2)=\mathrm{E}[\mathrm{E}(\varepsilon_i\cdot\varepsilon_{i-1} \mid \varepsilon_{i-1}，\cdots，\varepsilon_1) \mid \varepsilon_{i-1}\cdot\varepsilon_{i-2}，\varepsilon_{i-2}\cdot\varepsilon_{i-3}，\cdots，\varepsilon_2\cdot\varepsilon_1]$。

8. （期望的修正是 m. d. s.）令 $\{y_i\}$ 是一个使得 $\mathrm{E}(y_i \mid y_{i-1}，y_{i-2}，\cdots，y_1)$ 存在且有限的过程，

---

① 由于 $\{\mathbf{g}_i\}$ 是平稳的，所以这个交叉矩的矩阵不取决于 i。也由于交叉矩矩阵是业已给出的，所以可以隐含地假设所有这些交叉矩均存在且是有限的。

并定义 $r_{i1} \equiv \mathrm{E}(y_i \mid y_{i-1}, y_{i-2}, \cdots, y_1) - \mathrm{E}(y_i \mid y_{i-2}, y_{i-3}, \cdots, y_1)$。因此 r_{i1} 是因多增加一个观测值到信息集而带来的期望上的变化。证明 $\{r_{i1}\}(i \geqslant 2)$ 是关于 $\{y_i\}$ 的一个 m. d. s.。

9.（比林斯利（Billingsley）要比林德伯格-列维更强）令 $\{\mathbf{z}_i\}$ 是一个 i. i. d. 序列，其中 $\mathrm{E}(\mathbf{z}_i) = \mu$，$\mathrm{Var}(\mathbf{z}_i) = \mathbf{\Sigma}$，与林德伯格-列维 CLT 中是一致的。使用鞅差分 CLT 来证明林德伯格-列维 CLT 的断言，即 $\sqrt{n}(\bar{\mathbf{z}}_n - \boldsymbol{\mu}) \to_d N(\mathbf{0}, \mathbf{\Sigma})$。**提示：**$\{\mathbf{z}_i - \boldsymbol{\mu}\}$ 是一个独立白噪声过程，因此它是一个遍历平稳性 m. d. s.。

2.3 OLS 估计量的大样本分布

最初为第 1 章古典回归模型而发展的 OLS 程式在计量经济学中的重要性在于，对于有一类模型而言它具有良好的渐近性质，这类模型不同于古典模型，在经济学中非常有用。在这类模型里，本节所给出的模型具有的经济应用范围可能最为广泛。无须特定分布假设（比如误差项的正态性），即可推导 OLS 估计量的渐近分布。在有限样本理论中，回归元严格外生或“固定”这一条件被一个更弱的条件所取代，这个更弱的条件就是回归元都是“前定的”。（出于完备性的考虑，在附录里我们给出了具有“固定”回归元的平行的渐近性理论。）

□ 模型

对于生成有限样本（$\mathbf{y}$，$\mathbf{X}$）的随机过程，我们使用**数据生成过程**（data generating process，DGP）表述。因此，如果我们给出了 DGP，有限样本（$\mathbf{y}$，$\mathbf{X}$）的联合分布即可被确定。在样本规模固定且有限的有限样本理论中，我们将一个模型定义为（$\mathbf{y}$，$\mathbf{X}$）的联合分布的一个集合。在大样本理论中，模型被表述为 DGP 的一个集合。我们所研究的模型是满足以下假设集的 DGP 的集合。

假设 2.1（线性性）：

$$y_i = \mathbf{x}_i' \boldsymbol{\beta} + \varepsilon_i \quad (i = 1, 2, \cdots, n)$$

其中 $\mathbf{x}_i$ 是解释变量（回归元）的一个 K 维向量，$\boldsymbol{\beta}$ 是一个 K 维系数向量，而 ε_i 是不可观察的误差项。

假设 2.2（遍历平稳性）：（$K+1$）维向量随机过程 $\{y_i, \mathbf{x}_i\}$ 是联合平稳和遍历性的。

假设 2.3（前定回归元）：所有回归元在以下意义上是**前定的**（predetermined）：它们正交于同期误差项：对于所有的 i 和 $k(=1, 2, \cdots, K)$，有 $\mathrm{E}(x_{ik}\varepsilon_i) = 0$。① 这可以被写作：

$$\mathrm{E}[\mathbf{x}_i \cdot (y_i - \mathbf{x}_i'\boldsymbol{\beta})] = \mathbf{0} \text{ 或等价地有 } \mathrm{E}(\mathbf{g}_i) = \mathbf{0}$$

① 对于术语“前定”，我们的定义并不是普遍接受的。有些作者认为，如果对于所有的 $j \geqslant 0$ 而不只是对于 $j=0$ 而言有 $\mathrm{E}(\mathbf{x}_{i-j} \cdot \varepsilon_i) = \mathbf{0}$，则回归元是前定的。也就是说，误差项不仅正交于同期而且正交于过去的回归元。在 Koopmans 和 Hood（1953）中，如果对于所有的 $j \geqslant 0$ 而言 ε_i 独立于 $\mathbf{x}_{i-j}$，则称回归元是前定的。我们的定义与 Hamilton（1994）的定义相同。

其中 $\mathbf{g}_i \equiv \mathbf{x}_i \cdot \varepsilon_i$。

假设 2.4（秩条件）：$K \times K$ 矩阵 $\mathrm{E}(\mathbf{x}_i\mathbf{x}_i')$ 是非奇异的（因之是有限的）。我们用 $\boldsymbol{\Sigma}_{\mathbf{xx}}$ 来表示这个矩阵。

假设 2.5（$\mathbf{g}_i$ 是一个具有有限二阶矩的鞅差分序列）：$\{\mathbf{g}_i\}$ 是一个鞅差分序列（因此有 $\mathrm{E}(\mathbf{g}_i)=\mathbf{0}$ 成立）。交叉矩的这个 $K \times K$ 矩阵 $\mathrm{E}(\mathbf{g}_i\mathbf{g}_i')$ 是非奇异的。我们对 $\mathrm{Avar}(\bar{\mathbf{g}})$（$\sqrt{n}\bar{\mathbf{g}}$ 渐近分布的方差，其中，$\bar{\mathbf{g}}=\frac{1}{n}\sum_i \mathbf{g}_i$）使用 $\mathbf{S}$。根据假设 2.2 和遍历平稳性鞅差分 CLT，有 $\mathbf{S}=\mathrm{E}(\mathbf{g}_i\mathbf{g}_i')$。

第一个假设只不过是在重新表述假设 1.1。余下的其他假设则需我们进行更加详尽的评述。

- （遍历平稳性）遍历平稳性的一个细微却重要的具体情况就是 $\{y_i, \mathbf{x}_i\}$ 是 i. i. d. 的，也就是说，该样本是一个随机样本。[①] 绝大部分现有关于家庭的微观数据都是随机变量，观测值随机地从一个国家的家庭的总体中抽取。如此一来，我们就无法排除那些使用横截面数据的模型。
- （涵纳条件异方差性的模型）如果 $\{y_i, \mathbf{x}_i\}$ 是平稳的，那么误差项 $\varepsilon_i = y_i - \mathbf{x}_i'\boldsymbol{\beta}$ 也是平稳的。如此，假设 2.2 表明，无条件二阶矩 $\mathrm{E}(\varepsilon_i^2)$ ——如果它存在且有限——在 i 上是恒定不变的。也就是说，误差项是无条件同方差的。然而，该误差可能会是条件异方差的，因为这个条件二阶矩 $\mathrm{E}(\varepsilon_i^2 \mid \mathbf{x}_i)$ 可能取决于 $\mathbf{x}_i$。在 2.6 节将给出一个例子，其中误差是无条件性同方差的而非条件性同方差的，其中叠加条件同方差（即 $\mathrm{E}(\varepsilon_i^2 \mid \mathbf{x}_i)=\sigma^2$）到模型的后果将会在那里进行探讨。
- （$\mathrm{E}(\mathbf{x}_i \cdot \varepsilon_i)=\mathbf{0}$ 与 $\mathrm{E}(\varepsilon_i \mid \mathbf{x}_i)=0$）有时我们不假设正交条件 $\mathrm{E}(\mathbf{x}_i \cdot \varepsilon_i)=\mathbf{0}$，而是假设误差在 $\mathrm{E}(\varepsilon_i \mid \mathbf{x}_i)=0$ 这个意义上是无关的。这是一个比正交性更为严格的假设，因为它意味着对于 $\mathbf{x}_i$ 的任意（可测）函数 f，$f(\mathbf{x}_i)$ 正交于 ε_i：

$$\mathrm{E}[f(\mathbf{x}_i)\varepsilon_i]=\mathrm{E}[\mathrm{E}(f(\mathbf{x}_i)\varepsilon_i|\mathbf{x}_i)]=\mathrm{E}[f(\mathbf{x}_i)\mathrm{E}(\varepsilon_i|\mathbf{x}_i)]=0$$

在理性预期模型中，这个更强的条件会得到满足，但是对于我们发展渐近性理论这一目的而言，我们只需要正交性条件这个更弱的假设即可。
- （前定与严格外生回归元）这里回归元并不要求严格外生。正如我们在 1.2 节所述，外生性假设（假设 1.2）意味着，对于任一回归元 k，对所有 i 和 j 而不只是对 $i=j$ 而言，有 $\mathrm{E}(x_{jk}\varepsilon_i)=0$，这排除了当期误差项 ε_i 与未来 $j \geqslant 1$ 的回归元 $\mathbf{x}_{i+j}$ 相关的可能性。假设 2.3 只是限制了误差项和回归元的同期关系，并没有排除上述可能性。比如说 AR(1) 过程并不满足经典回归模型的外生性假设，但也可以纳入本章的模型。前定回归元这个更弱的假设在下一章将会被放松。
- （在极限上无多重共线性的秩条件）由于由假设 2.4 可知 $\mathrm{E}(\mathbf{x}_i\mathbf{x}_i')$ 是有限的，因此有 $\lim_{n\to\infty}\mathbf{S}_{\mathbf{xx}}=\boldsymbol{\Sigma}_{\mathbf{xx}}$（其中 $\mathbf{S}_{\mathbf{xx}} \equiv \frac{1}{n}\sum_{i=1}^{n}\mathbf{x}_i\mathbf{x}_i'$），根据遍历性定理，其概率为 1。所以，

---

① 实际上，一旦做出独立性假设，对于 $\{y_i, \mathbf{x}_i\}$ 是独立的但不是同分布的（i. n. i. d.）这一更为普遍的情况，可以证明相同的大样本结论，只要（ε_i，$\mathbf{x}_i$）的联合分布的更高阶矩的某些条件可以得到满足即可。我们不再给出这一一般化，因为在大多数微观数据集中 i. i. d. 假设都会得到满足。

对于充分大的 n 而言，回归元 $\mathbf{S}_{\mathbf{xx}}$的样本交叉矩可以写为$\frac{1}{n}\mathbf{X}'\mathbf{X}$，根据假设 2.2 和 2.4 可知，它是非奇异的。由于当且仅当 $\text{rank}(\mathbf{X})=K$，$\frac{1}{n}\mathbf{X}'\mathbf{X}$ 是非奇异的，所以假设 1.3（无多重共线性）满足对于充分大的 n 概率为 1 这个条件。在 OLS 公式 $\mathbf{b}=\mathbf{S}_{\mathbf{xx}}^{-1}\mathbf{s}_{\mathbf{xy}}$（其中 $\mathbf{s}_{\mathbf{xy}}\equiv\frac{1}{n}\sum_{i=1}^{n}\mathbf{x}_i\cdot y_i$）中，$\mathbf{S}_{\mathbf{xx}}$需要被求逆。如果 $\mathbf{S}_{\mathbf{xx}}$在一个有限样本中是奇异的（故而它不能被求逆），我们只需要赋予一个任意值到 $\mathbf{b}$ 上即可，所以 OLS 估计量对于任一样本都是良好定义的。

● （对于 $\{\mathbf{g}_i\}$ 为一个 m. d. s. 的充分条件）由于一个 m. d. s. （鞅差分序列）根据定义是零均值的，所以假设 2.5 要比假设 2.3 更强。我们将需要假设 2.5 来证明 OLS 估计量的渐近正态性。这个关于回归元和误差项之积的假设可能极难解释。稍微易于解释的一个充分条件是：

$$E(\varepsilon_i\mid\varepsilon_{i-1},\varepsilon_{i-2},\cdots,\varepsilon_1,\mathbf{x}_i,\mathbf{x}_{i-1},\cdots,\mathbf{x}_1)=0 \tag{2.3.1}$$

注意当期以及之后的回归元都包含在这个信息集内。这个条件说明误差项是序列不相关的，与当期和过去的回归元也是不相关的（这个证明与前一节对 m. d. s. 是序列不相关的所用的证明非常相似）。式（2.3.1）对于 $\{\mathbf{g}_i\}$ 为一个 m. d. s. 而言是充分的，这一点如下所示。我们有：

$$E(\mathbf{g}_i\mid\mathbf{g}_{i-1},\cdots,\mathbf{g}_1)=E[E(\mathbf{g}_i\mid\varepsilon_{i-1},\varepsilon_{i-2},\cdots,\varepsilon_1,\mathbf{x}_i,\mathbf{x}_{i-1},\cdots,\mathbf{x}_1)\mid\mathbf{g}_{i-1},\cdots,\mathbf{g}_1]$$

根据迭代期望定律，这一点是成立的，因在这个“内部”信息集（ε_{i-1}，ε_{i-2}，…，ε_1，$\mathbf{x}_i$，$\mathbf{x}_{i-1}$，…，$\mathbf{x}_1$）比“外部”信息集（$\mathbf{g}_{i-1}$，…，$\mathbf{g}_1$）有更多信息。因此有，

$$\begin{aligned}&E(\mathbf{g}_i\mid\mathbf{g}_{i-1},\cdots,\mathbf{g}_1)\\&=E[\mathbf{x}_iE(\varepsilon_i\mid\varepsilon_{i-1},\varepsilon_{i-2},\cdots,\varepsilon_1,\mathbf{x}_i,\mathbf{x}_{i-1},\cdots,\mathbf{x}_1)\mid\mathbf{g}_{i-1},\cdots,\mathbf{g}_1]\\&\quad\text{（根据条件期望的线性性）}\\&=\mathbf{0}\quad\text{（根据式(2.3.1)）}\end{aligned} \tag{2.3.2}$$

● （当回归元包含一个常数项时）在几乎所有应用中，回归元都包含一个常数项。如果这些回归元包含一个常数项，从而对于所有 i 有 $x_{i1}=1$，那么前定回归元的假设 2.3 就可以以更为熟悉的术语来表述：误差项的方差为零（这可由对于 $k=1$ 而言 $E(x_{ik}\varepsilon_i)=0$ 得出），而误差项和回归元之间的同期相关关系也为零（这可由 $k\neq1$ 的 $E(x_{ik}\varepsilon_i)$ 和 $E(\varepsilon_i)=0$ 得出）。而且，由于 K 维向量 $\mathbf{g}_i(\equiv\mathbf{x}_i\cdot\varepsilon_i)$ 的第一个元素是 ε_i，所以假设 2.5 表明：

$$E(\varepsilon_i\mid\mathbf{g}_{i-1},\mathbf{g}_{i-2},\cdots,\mathbf{g}_1)=0$$

然后，根据迭代期望定律可知，$\{\varepsilon_i\}$ 是一个标量 m. d. s. ：

$$E(\varepsilon_i\mid\varepsilon_{i-1},\varepsilon_{i-2},\cdots,\varepsilon_1)=0 \tag{2.3.3}$$

因此，假设 2.5 表明误差项自身也是一个 m. d. s. ，因此是序列不相关的。

● （$\mathbf{S}$ 是一个四阶矩矩阵）由于 $\mathbf{g}_i\equiv\mathbf{x}_i\cdot\varepsilon_i$，所以假设 2.5 中的 $\mathbf{S}$ 可以写作 $E(\varepsilon_i^2\mathbf{x}_i\mathbf{x}_i')$。其第（$k$，$j$）个元素为 $E(\varepsilon_i^2x_{ik}x_{ij})$。故而，$\mathbf{S}$ 是一个四阶矩矩阵（四个不同变量积的期

望）。$\mathbf{S}$ 的一致估计要求增设一个假设，这个假设将在 2.5 节给出。

● （在没有假设 2.5 的情况下 $\mathbf{S}$ 将会采取不同的表达）要庆幸 $\{\mathbf{g}_i\}$ 是一个 m. d. s. 这个假设，有了它就可以知道 $\mathbf{S}(\equiv \mathrm{Avar}(\bar{\mathbf{g}}))$ 等于 $\mathrm{E}(\mathbf{g}_i\mathbf{g}_i')$ 。没有这个假设，正如我们将在第 6 章所见，$\mathbf{S}$ 的表达式将会更加复杂，而且会涉及 $\mathbf{g}_i$ 的自协方差问题。

□ OLS 估计量的渐近分布

我们现在证明 OLS 估计量是一致且渐近正态的。我们应当在本章余下的部分中谨记，OLS 估计量 $\mathbf{b}$ 取决于样本规模 n（尽管这一依赖性并没有通过我们没有对 $\mathbf{b}$ 标上下标 n 而明确地予以表示）以及回归元的数目 K 在我们以 n 来标示追踪 OLS 估计量序列时是固定的。我们暂时先假设存在 $\mathbf{S}(\equiv \mathrm{Avar}(\bar{\mathbf{g}})=\mathrm{E}(\mathbf{g}_i\mathbf{g}_i')=\mathrm{E}(\varepsilon_i^2\mathbf{x}_i\mathbf{x}_i'))$ 的某个一致估计量，表示为 $\hat{\mathbf{S}}$。我们稍后探讨一致性地估计 $\mathbf{S}$ 这个问题。

命题 2.1（OLS 估计量的渐近分布）：

(a)（关于 $\boldsymbol{\beta}$ 的估计 $\mathbf{b}$ 的一致性）在假设 2.1 至假设 2.4 之下，$\operatorname{plim}_{n\to\infty}\mathbf{b}=\boldsymbol{\beta}$。（因此假设 2.5 并不为一致性所需要。）

(b)（$\mathbf{b}$ 的渐近正态性）如果假设 2.3 因假设 2.5 而得到了强化，那么，

$$\sqrt{n}(\mathbf{b}-\boldsymbol{\beta})\underset{\mathrm{d}}{\longrightarrow}N(\mathbf{0},\mathrm{Avar}(\mathbf{b})),n\to\infty$$

其中

$$\mathrm{Avar}(\mathbf{b})=\boldsymbol{\Sigma}_{\mathbf{xx}}^{-1}\mathbf{S}\boldsymbol{\Sigma}_{\mathbf{xx}}^{-1} \tag{2.3.4}$$

（回忆一下：$\boldsymbol{\Sigma}_{\mathbf{xx}}\equiv\mathrm{E}(\mathbf{x}_i\mathbf{x}_i')$，$\mathbf{S}=\mathrm{E}(\mathbf{g}_i\mathbf{g}_i')$，$\mathbf{g}_i\equiv\mathbf{x}_i\cdot\varepsilon_i$。）

(c)（$\mathrm{Avar}(\mathbf{b})$ 的一致估计值）假设存在 $\mathbf{S}(K\times K)$ 的一个一致估计量 $\hat{\mathbf{S}}$。则在假设 2.2 之下，$\mathrm{Avar}(\mathbf{b})$ 可由下式得到一致估计：

$$\widehat{\mathrm{Avar}(\mathbf{b})}=\mathbf{S}_{\mathbf{xx}}^{-1}\hat{\mathbf{S}}\mathbf{S}_{\mathbf{xx}}^{-1} \tag{2.3.5}$$

其中 $\mathbf{S}_{\mathbf{xx}}$ 是 $\mathbf{x}_i\mathbf{x}_i'$ 的样本均值：

$$\underset{(K\times K)}{\mathbf{S}_{\mathbf{xx}}}=\frac{1}{n}\sum_{i=1}^{n}\mathbf{x}_i\mathbf{x}_i'=\frac{1}{n}\mathbf{X}'\mathbf{X} \tag{2.3.6}$$

对它的证明可以展示渐近性方面所有的标准技巧。为了证明（a）和（b），会使用到三个技巧：(1) 根据样本均值写出要讨论的目标，(2) 将相关的 LLN（在当前情况下是遍历性定理）和 CLT（遍历平稳性鞅差分 CLT）应用于样本均值，(3) 使用引理 2.4（c）去推导渐近性分布。我们不会给出对（c）的证明，因为它是遍历平稳性的一个直接结论。

证明：（(a) 和 (b) 两个部分)。

(1) 我们首先根据样本均值写出抽样误差 $\mathbf{b}-\boldsymbol{\beta}$。

$$\begin{aligned}\mathbf{b}-\boldsymbol{\beta}&=(\mathbf{X}'\mathbf{X})^{-1}\mathbf{X}'\boldsymbol{\varepsilon}\\&=\left(\frac{1}{n}\mathbf{X}'\mathbf{X}\right)^{-1}\left(\frac{1}{n}\mathbf{X}'\boldsymbol{\varepsilon}\right)\end{aligned}$$

$$= \left(\frac{1}{n}\sum_{i=1}^{n}\mathbf{x}_i\mathbf{x}_i'\right)^{-1}\left(\frac{1}{n}\sum_{i=1}^{n}\mathbf{x}_i \cdot \varepsilon_i\right)$$
$$= \mathbf{S}_{\mathbf{xx}}^{-1}\bar{\mathbf{g}} \tag{2.3.7}$$

其中

$$\bar{\mathbf{g}} \equiv \frac{1}{n}\sum_{i=1}^{n}\mathbf{g}_i, \ \mathbf{g}_i \equiv \mathbf{x}_i \cdot \varepsilon_i$$

样本均值 $\mathbf{S}_{\mathbf{xx}}$ 和 $\bar{\mathbf{g}}$ 取决于样本规模 n，尽管其符号并没有将这一点显示出来。

(2)（一致性）根据假设 2.2 可知 $\{\mathbf{x}_i\mathbf{x}_i'\}$ 是遍历平稳的，所以 $\mathbf{S}_{\mathbf{xx}}\to_{\mathrm{p}}\mathbf{\Sigma}_{\mathbf{xx}}$。（该收敛的确是近乎确定的，而近乎确定的收敛也意味着依概率收敛。）因为根据假设 2.4 可知，$\mathbf{\Sigma}_{\mathbf{xx}}$ 是可逆的，所以根据引理 2.3（a）有 $\mathbf{S}_{\mathbf{xx}}^{-1}\to_{\mathrm{p}}\mathbf{\Sigma}_{\mathbf{xx}}^{-1}$。类似的，有 $\bar{\mathbf{g}}\to_{\mathrm{p}}\mathrm{E}(\mathbf{g}_i)$，根据假设 2.3 可知，后者为 $\mathbf{0}$。故而，根据引理 2.3（a），有 $\mathbf{S}_{\mathbf{xx}}^{-1}\bar{\mathbf{g}}\to_{\mathrm{p}}\mathbf{\Sigma}_{\mathbf{xx}}^{-1}\mathbf{0}=\mathbf{0}$。因此，$\mathrm{plim}_{n\to\infty}(\mathbf{b}-\boldsymbol{\beta})=\mathbf{0}$，这意味着 $\mathrm{plim}_{n\to\infty}\mathbf{b}=\boldsymbol{\beta}$。

(3)（渐近正态性）将式（2.3.7）改写如下：

$$\sqrt{n}(\mathbf{b}-\boldsymbol{\beta})=\mathbf{S}_{\mathbf{xx}}^{-1}(\sqrt{n}\bar{\mathbf{g}}) \tag{2.3.8}$$

如之前在对假设 2.5 的表述中所提及的那样，$\sqrt{n}\bar{\mathbf{g}}\to_{\mathrm{d}}N(\mathbf{0},\ \mathbf{S})$。因此，根据引理 2.4（c），$\sqrt{n}(\mathbf{b}-\boldsymbol{\beta})$ 收敛到一个均值为 $\mathbf{0}$、方差为 $\mathbf{\Sigma}_{\mathbf{xx}}^{-1}\mathbf{S}(\mathbf{\Sigma}_{\mathbf{xx}}^{-1})'$ 的正态分布。但是由于 $\mathbf{\Sigma}_{\mathbf{xx}}$ 是对称的，所以这个表达式就等于式（2.3.4）。■

这一结论是说，只要样本规模是充分大的，$\sqrt{n}$乘以抽样误差的分布就可以由一个正态分布任意适度地予以近似，自然而然要问的一个问题就是：多大才算是“充分大”：样本规模必须得多大，渐近性近似才算有效？我们刚才所导出的渐近性结论对于满足该模型假设的所有 DGP 都成立。不过，要达到对渐近性分布给定的近似度，所需的样本规模取决于这个 DGP。我们在本章的蒙特卡罗实验中会对这个问题进行部分处理。

□ s^2 是一致的

我们现在来看误差方差的 OLS 估计量 s^2。

命题 2.2（误差方差的一致估计）：令 $e_i\equiv y_i-\mathbf{x}_i'\mathbf{b}$ 为观测值 i 的 OLS 残差。在假设 2.1 至假设 2.4 之下，只要 $\mathrm{E}(\varepsilon_i^2)$ 存在且有限，即有：

$$s^2 \equiv \frac{1}{n-K}\sum_{i=1}^{n}e_i^2 \xrightarrow[\mathrm{p}]{} \mathrm{E}(\varepsilon_i^2)$$

如果我们可以观察到误差项 ε_i，那么这个显而易见的估计量就是 ε_i^2 的样本均值。根据遍历平稳性可知，它是一致的。命题 2.2 传递出来的信息是这样的，OLS 残差 e_i 作为对实际误差项 ε_i 的替代并不会损害一致性。我们先大体浏览一下证明梗概，因为已知如何处理 ε_i 与其估计值 e_i 之间的出入，这在其他情况下也同样会很有用。由于

$$s^2 = \frac{n}{n-K}\left(\frac{1}{n}\sum_{i=1}^{n}e_i^2\right)$$

证明 e_i^2 的样本均值 $\frac{1}{n}\sum_i e_i^2$ 依概率收敛于 $\mathrm{E}(\varepsilon_i^2)$，这已经是很充分的了。$e_i$ 和 ε_i 之间的

关系由下式给出：

$$
\begin{aligned}
e_i &\equiv y_i - \mathbf{x}_i'\mathbf{b} \\
&= y_i - \mathbf{x}_i'\boldsymbol{\beta} - \mathbf{x}_i'(\mathbf{b}-\boldsymbol{\beta}) \quad (\text{通过加减 } \mathbf{x}_i'\boldsymbol{\beta} \text{ 可得}) \\
&= \varepsilon_i - \mathbf{x}_i'(\mathbf{b}-\boldsymbol{\beta})
\end{aligned} \tag{2.3.9}
$$

因此有：

$$e_i^2 = \varepsilon_i^2 - 2(\mathbf{b}-\boldsymbol{\beta})'\mathbf{x}_i \cdot \varepsilon_i + (\mathbf{b}-\boldsymbol{\beta})'\mathbf{x}_i\mathbf{x}_i'(\mathbf{b}-\boldsymbol{\beta}) \tag{2.3.10}$$

关于 i 加总，可得：

$$
\begin{aligned}
\frac{1}{n}\sum_{i=1}^{n} e_i^2 &= \frac{1}{n}\sum_{i=1}^{n}\varepsilon_i^2 - 2(\mathbf{b}-\boldsymbol{\beta})'\frac{1}{n}\sum_{i=1}^{n}\mathbf{x}_i \cdot \varepsilon_i + (\mathbf{b}-\boldsymbol{\beta})'\left(\frac{1}{n}\sum_{i=1}^{n}\mathbf{x}_i\mathbf{x}_i'\right)(\mathbf{b}-\boldsymbol{\beta}) \\
&= \frac{1}{n}\sum_{i=1}^{n}\varepsilon_i^2 - 2(\mathbf{b}-\boldsymbol{\beta})'\bar{\mathbf{g}} + (\mathbf{b}-\boldsymbol{\beta})'\mathbf{S}_{\mathbf{xx}}(\mathbf{b}-\boldsymbol{\beta})
\end{aligned} \tag{2.3.11}
$$

本证明剩下的部分意在表明最后两项的 plim 为零，故有 $\operatorname{plim}\frac{1}{n}\sum_i \varepsilon_i^2 = \operatorname{plim}\frac{1}{n}\sum_i e_i^2$，我们将这留作复习题。如果你做了复习题，就会很清楚，对于这个系数估计量所需的仅仅是一致性而已；如果某个不是 OLS 估计量 $\mathbf{b}$ 的一致估计量被用来给出残差，则对于 $E(\varepsilon_i^2)$ 来说，误差方差估计量仍然是一致的。

复习题

1. 假设 $E(y_i \mid \mathbf{x}_i) = \mathbf{x}_i'\boldsymbol{\beta}$，也就是说，假设 y_i 对 $\mathbf{x}_i$ 的回归是 $\mathbf{x}_i$ 的线性函数。定义 $\varepsilon_i \equiv y_i - \mathbf{x}_i'\boldsymbol{\beta}$。证明：$\mathbf{x}_i$ 正交于 ε_i。**提示：**先证 $E(\varepsilon_i \mid \mathbf{x}_i) = 0$。

2. （$E(\varepsilon_i^2)$ 被假设为有限的吗？）

(a) 假设 2.1 至假设 2.5 意味着 $E(\varepsilon_i^2)$ 存在且有限吗？**提示：**一个严格平稳过程可能没有有限二阶矩。

(b) 如果在我们的模型中回归元中的一个是常数项，那么误差项的方差是有限的。证明这一点。**提示：**如果 $x_{i1} = 1$，则 $E(\mathbf{g}_i\mathbf{g}_i')$ 的第（1，1）个元素为 ε_i^2。

3. （$\mathbf{S}$ 的另一种表达）令 $f(\mathbf{x}_i) \equiv E(\varepsilon_i^2 \mid \mathbf{x}_i)$。证明：$\mathbf{S}(\equiv E(\varepsilon_i^2\mathbf{x}_i\mathbf{x}_i'))$ 可以写作：

$$\mathbf{S} = E[f(\mathbf{x}_i)\mathbf{x}_i\mathbf{x}_i']$$

提示：总期望定律。

4. 完成命题 2.2 的证明。**提示：**我们已经为命题 2.1 证明了在假设 2.1 至假设 2.4 之下有 $\operatorname{plim}\bar{\mathbf{g}} = 0$，$\operatorname{plim}\mathbf{S}_{\mathbf{xx}} = \boldsymbol{\Sigma}_{\mathbf{xx}}$ 和 $\operatorname{plim}(\mathbf{b}-\boldsymbol{\beta}) = \mathbf{0}$。用引理 2.3（a）证明 $\operatorname{plim}(\mathbf{b}-\boldsymbol{\beta})'\bar{\mathbf{g}} = 0$ 和 $\operatorname{plim}(\mathbf{b}-\boldsymbol{\beta})'\mathbf{S}_{\mathbf{xx}}(\mathbf{b}-\boldsymbol{\beta}) = \mathbf{0}$。

5. （具有一致 $\hat{\boldsymbol{\beta}}$ 的命题 2.2）证明命题 2.2 的如下这个一般化形式：

令 $\hat{\varepsilon}_i \equiv y_i - \mathbf{x}_i'\hat{\boldsymbol{\beta}}$，其中 $\hat{\boldsymbol{\beta}}$ 是 $\boldsymbol{\beta}$ 的某个一致估计量。在假设 2.1、假设 2.2 和假设 $E(\mathbf{x}_i \cdot \varepsilon_i)$ 与 $E(\mathbf{x}_i\mathbf{x}_i')$ 均有限的情况下，有 $\frac{1}{n}\sum_i \hat{\varepsilon}_i^2 \to_p E(\varepsilon_i^2)$。

所以，这些回归元不会正交于误差项。

2.4 假设检验

大样本理论中的统计推断建立在其渐近分布在原假设为真时已知的检验统计量的基础上。对检验统计量分布的推导要比有限样本理论中显得容易一些，这是因为我们只关心大样本对确切分布的近似。在这一节，我们推导检验统计量，通篇都假设 $\mathbf{S}(\equiv \mathrm{E}(\mathbf{g}_i\mathbf{g}_i'))$的一致估计量 $\hat{\mathbf{S}}$ 是可以得到的。$\mathbf{S}$ 的一致估计问题留待下一节讨论。

□ 检验线性假设

我们来看对有关 β_k 的第 k 个系数的假设进行的检验。命题 2.1 表明，在 H_0：$\beta_k=\bar{\beta}_k$ 之下，有：

$$\sqrt{n}(b_k-\bar{\beta}_k)\xrightarrow[\mathrm{d}]{} N(0,\mathrm{Avar}(b_k)) \quad 和 \quad \widehat{\mathrm{Avar}(b_k)}\xrightarrow[\mathrm{p}]{}\mathrm{Avar}(b_k)$$

其中 b_k 是 b 的第 k 个元素，$\mathrm{Avar}(b_k)$ 是 $K\times K$ 矩阵 $\mathrm{Avar}(\mathbf{b})$ 的第（k，k）个元素。因此，引理 2.4（c）向我们确保了：

$$t_k\equiv\frac{\sqrt{n}(b_k-\bar{\beta}_k)}{\sqrt{\widehat{\mathrm{Avar}(b_k)}}}=\frac{b_k-\bar{\beta}_k}{SE^*(b_k)}\xrightarrow[\mathrm{d}]{} N(0,1) \tag{2.4.1}$$

其中

$$SE^*(b_k)\equiv\sqrt{\frac{1}{n}\cdot\widehat{\mathrm{Avar}(b_k)}}\equiv\sqrt{\frac{1}{n}\cdot(\mathbf{S}_{\mathbf{xx}}^{-1}\hat{\mathbf{S}}\mathbf{S}_{\mathbf{xx}}^{-1})_{kk}}$$

这个 t 比率中的分母 $SE^*(b_k)$ 被称为**异方差一致标准误**（heteroskedasticity consistent standard error），**（异方差一）稳健标准误**（(heteroskedasticity-)robust standard error）或**怀特标准误**（White's standard error）。使用这样的术语的原因在于，误差项可能是条件异方差的；回忆一下，我们未曾假设条件异方差性（即 $\mathrm{E}(\varepsilon_i^2\mid\mathbf{x}_i)$ 不取决于 $\mathbf{x}_i$）来推导 t_k 的渐近分布。这个 t 比率被称为**稳健**（robust）t 比率，以将它与第 1 章中的 t 比率相区分。这两种 t 比率之间的关系将在 2.6 节予以讨论。

给定这个 t 比率，在显著性水平 α 上检验原假设 H_0：$\beta_k=\bar{\beta}_k$：

步骤 1：根据式（2.4.1）计算 t_k。

步骤 2：查 $N(0,1)$ 表，找出临界值 $t_{\alpha/2}$，给该标准正态分布的前尾部留出 $\alpha/2$。（例：如果 $\alpha=5\%$，则 $t_{\alpha/2}=1.96$。）

步骤 3：如果 $|t_k|<t_{\alpha/2}$，则接受该假设；否则拒绝该假设。

与有限样本 t 检验的区别在于：（1）标准误的计算方法是不同的，（2）我们使用 $N(0,1)$ 表而非 $t(n-K)$ 表，（3）该检验的**实际规模**（actual size）或**确切规模**（exact size）（给定样本规模时类型Ⅰ错误的概率）只是近似地等于**名义规模**（nominal size）（即期望的显著性水平 α），尽管这一近似随着样本规模的增大而变得要多好有多好。一个检验的实际规模和名义规模之间的差异被称为**规模扭曲**（size distortion）。因为 t_k 是渐近标准正态的，所以 t 检验的规模扭曲随着样本规模 n 趋向于无穷而收敛到 0。

这样一来，我们就证明了下面这个命题的前半部分：

命题 2.3（稳健 t 比率和沃尔德统计量）：假定假设 2.1 至假设 2.5 成立，并且假定 $\mathbf{S}(=\mathrm{E}(\mathbf{g}_i\mathbf{g}_i'))$ 的一致估计值 $\hat{\mathbf{S}}$ 是可得的。和之前一样，令：

$$\widehat{\mathrm{Avar}(\mathbf{b})}\equiv\mathbf{S}_{\mathbf{xx}}^{-1}\hat{\mathbf{S}}\mathbf{S}_{\mathbf{xx}}^{-1}$$

那么，

(a) 在原假设 H_0：$\beta_k=\bar{\beta}_k$ 之下，式（2.4.1）中定义的 $t_k\to_{\mathrm{d}}N(0,1)$。

(b) 在原假设 H_0：$\mathbf{R}\boldsymbol{\beta}=\mathbf{r}$ 之下，其中 $\mathbf{R}$ 是一个行满秩的 $\#\mathbf{r}\times K$ 矩阵（其中 $\mathbf{r}$ 的维数 $\#\mathbf{r}$ 是约束条件的数目），

$$W\equiv n\cdot(\mathbf{Rb}-\mathbf{r})'\{\mathbf{R}[\widehat{\mathrm{Avar}(\mathbf{b})}]\mathbf{R}'\}^{-1}(\mathbf{Rb}-\mathbf{r})\xrightarrow[\mathrm{d}]{}\chi^2(\#\mathbf{r})\qquad(2.4.2)$$

余下的事情就是证明 $W\to_{\mathrm{d}}\chi^2(\#\mathbf{r})$，这是对引理 2.4（d）的直接运用。

证明（续）：将 W 写为：

$$W=\mathbf{c}_n'\mathbf{Q}_n^{-1}\mathbf{c}_n\text{，其中 }\mathbf{c}_n=\sqrt{n}(\mathbf{Rb}-\mathbf{r})\text{ 且 }\mathbf{Q}_n\equiv\mathbf{R}\widehat{\mathrm{Avar}(\mathbf{b})}\mathbf{R}'$$

在 H_0 下，有 $\mathbf{c}_n=\mathbf{R}\sqrt{n}(\mathbf{b}-\boldsymbol{\beta})$。所以根据命题 2.1，

$$\mathbf{c}_n\xrightarrow[\mathrm{d}]{}\mathbf{c}\text{，其中 }\mathbf{c}\sim N(\mathbf{0},\mathbf{R}\mathrm{Avar}(\mathbf{b})\mathbf{R}')$$

再根据命题 2.1，

$$\mathbf{Q}_n\xrightarrow[\mathrm{p}]{}\mathbf{Q}\text{，其中 }\mathbf{Q}\equiv\mathbf{R}\mathrm{Avar}(\mathbf{b})\mathbf{R}'$$

因为 $\mathbf{R}$ 是行满秩的，并且 $\mathrm{Avar}(\mathbf{b})$ 是正定的，所以 Q 是可逆的。因此，根据引理 2.4（d），

$$W\xrightarrow[\mathrm{d}]{}\mathbf{c}'\mathbf{Q}^{-1}\mathbf{c}$$

由于 $\#\mathbf{r}$ 维随机向量 $\mathbf{c}$ 是正态分布的，而且由于 $\mathbf{Q}$ 等于 $\mathrm{Var}(\mathbf{c})$，故有 $\mathbf{c}'\mathbf{Q}_{\mathbf{c}}^{-1}\sim\chi^2(\#\mathbf{r})$。 ■

这个卡方统计量 W 是一个沃尔德统计量，因为它是建立在非受限估计值（在这里是 $\mathbf{b}$ 和 $\widehat{\mathrm{Avar}(\mathbf{b})}$）基础之上的，该估计值并不受原假设 H_0 的制约。在显著性水平 α 上检验 H_0 的步骤如下：

步骤 1：根据式（2.4.2）计算 W 统计量。

步骤 2：查 $\chi^2(\#\mathbf{r})$ 分布表，找出临界值 $\chi_\alpha^2(\#\mathbf{r})$，$\alpha$ 为 $\chi^2(\#\mathbf{r})$ 分布的右尾部分。

步骤 3：如果 $W<\chi_\alpha^2(\#\mathbf{r})$，则接受 H_0；否则拒绝该假设。

类型Ⅰ错误的概率随着样本变得越来越大而越来越接近于 α。正如我们将在 2.6 节所澄清的那样，这一沃尔德统计量与条件同方差下我们熟知的 F 检验关系密切。

□ 该检验是一致的

回忆一下，在基础统计学中，一个检验的（有限样本）**势**（power）就是在给定有限规模样本条件下原假设错误时（也就是说，这一势为 1 减去类型Ⅱ错误的概率）拒绝该原假设的概率。势显然取决于 DGP（即数据是如何切实生成的），而 DGP 被视为另

外一种如同检验的规模（显著性水平）一样的备选项。例如，我们来看满足假设 2.1 至假设 2.5，但是不满足原假设 H_0：$\beta_k=\bar{\beta}_k$ 的任一 DGP$\{y_i, \mathbf{x}_i\}$。根据这种备选方法，规模 α 的 t 检验的势为：

$$\text{势}=\text{Prob}(|t_k|>t_{\alpha/2})$$

这取决于所具体讨论的 DGP，因为这个 DGP 控制了 t_k 的分布。我们根据 DGP 的集合来判断一个检验的一致性，在这个集合里，没有任何一个会满足原假设，如果根据集合中任一特定元素随着 $n\to\infty$，在任意假设的显著性水平上均有势接近于 1，则称该检验是**一致的**（consistent）。

根据满足假设 2.1 至假设 2.5 的备择项（DGP）集合而得到的 t 检验，可以看成下式。我们来看 t 比率的表达式（2.4.1），改写如下：

$$t_k\equiv\frac{\sqrt{n}(b_k-\bar{\beta}_k)}{\sqrt{\widehat{\text{Avar}(b_k)}}}$$

尽管 DGP 不满足原假设（回忆一下，命题 2.1 中所有部分不论原假设真实与否皆成立，只要假设 2.1 至假设 2.5 被满足），但分母仍然收敛于 $\sqrt{\text{Avar}(b_k)}$。另外，分子趋向于 $+\infty$ 或 $-\infty$，因为 b_k 依概率收敛于 DGP 的 β_k，这和 $\bar{\beta}_k$ 有所不同。因此，随着样本规模 n 趋向于无穷大，势趋近于 1，这说明命题 2.3 的 t 检验根据那些备择项来看是一致的，这些 DGP 并不满足该原假设。对于沃尔德检验，同样如此。

□ 渐近势

为了下一章使用的方便，我们在这里定义一下一致检验的**渐近势**（asymptotic power）。正如前文所提及的那样，t 检验的势随着样本规模的增加而趋近于 1，而 DGP 作为备择项被固定。但是，如果随着样本规模的扩大，DGP 越来越接近于原假设，那么该势可能不会收敛于 1。这样的 DGP 的序列被称为**局部备择序列**（sequence of local alternatives）。对于回归模型和原假设 H_0：$\beta_k=\bar{\beta}_k$ 而言，DGP 序列满足：（i）第 n 个 DGP $\{y_i^{(n)}, \mathbf{x}_i^{(n)}\}$（$i=1, 2, \cdots$）满足假设 2.1 至假设 2.5，并在某种意义上收敛于一个固定的 DGP $\{y_i, \mathbf{x}_i\}$①；（ii）第 n 个 DGP 的 β_k 值 $\beta_k^{(n)}$ 收敛于 $\bar{\beta}_k$。进一步假定，对于某个给定的 $\gamma\neq 0$，$\beta_k^{(n)}$ 满足：

$$\beta_k^{(n)}=\bar{\beta}_k+\frac{\gamma}{\sqrt{n}} \tag{2.4.3}$$

因此，$\beta_k^{(n)}$ 以与 $1/\sqrt{n}$ 成比例的速率趋近于 $\bar{\beta}_k$。局部备择项的这个特殊序列被称为**皮特曼漂移**（Pitman drift）或**皮特曼序列**（Pitman sequence）。将式（2.4.3）代入式（2.4.1），上述 t 比率可以改写为：

$$t_k=\frac{\sqrt{n}(b_k-\beta_k^{(n)})}{\sqrt{\widehat{\text{Avar}(b_k)}}}+\frac{\gamma}{\sqrt{\widehat{\text{Avar}(b_k)}}}. \tag{2.4.4}$$

如果样本规模 n 由一个皮特曼漂移的第 n 个 DGP 产生，那么 t_k 会收敛到一个非平

① 例如，可参看 Newey（1985）的假设 1，可以得到一个准确的表述。

凡分布吗？由于第 n 个 DGP 满足假设 2.1 至假设 2.5，所以式（2.4.4）右边第一项根据命题 2.1 中的（b）和（c）部分依概率收敛于 $N(0, 1)$。根据命题 2.1 的（c）部分和 $\{y_i^{(n)}, \mathbf{x}_i^{(n)}\}$ "收敛于"一个固定的 DGP 这一条件，第二项依概率收敛于：

$$\mu \equiv \frac{\gamma}{\sqrt{\mathrm{Avar}(b_k)}} \tag{2.4.5}$$

这里 $\mathrm{Avar}(b_k)$ 是在固定的 DGP 上进行赋值的。因此沿着这一局部备择项序列有 $t_k \to_{\mathrm{d}} N(\mu, 1)$。如果显著性水平为 α，则该势收敛于

$$\mathrm{Prob}(|x| > t_{\alpha/2}) \tag{2.4.6}$$

其中 $x \sim N(\mu, 1)$，$t_{\alpha/2}$是水平 α 的临界值。这个概率被称为**渐近势**（asymptotic power）。它是该检验在探测模型对原假设微小偏离方面能力的测度指标。显然，$|\mu|$ 越大，对于任一给定的规模 α 来说渐近势就越高。通过同样的论证，很容易证明沃尔德统计量收敛于一个叫作**非中心卡方**（noncentral chi-squared）的分布。

□ 检验非线性假设

沃尔德统计量也可以一般化为一个有关 $\boldsymbol{\beta}$ 的非线性约束集合的检验。我们来看该形式的一个原假设：

$$\mathrm{H}_0: \mathbf{a}(\boldsymbol{\beta}) = \mathbf{0}$$

这里，$\mathbf{a}$ 是一个向量值函数，具有连续的一阶导数。令 $\#\mathbf{a}$ 为 $\mathbf{a}(\boldsymbol{\beta})$ 的维数（因此，该原假设具有 $\#\mathbf{a}$ 个约束条件），令 $\mathbf{A}(\boldsymbol{\beta})$ 为在 $\boldsymbol{\beta}$ 处所求的一阶导数的 $\#\mathbf{a} \times K$ 矩阵：$\mathbf{A}(\boldsymbol{\beta}) = \partial \mathbf{a}(\boldsymbol{\beta}) / \partial \boldsymbol{\beta}'$。对于这个需要予以明确定义的假设，我们假定 $\mathbf{A}(\boldsymbol{\beta})$ 是行满秩的（这是线性假设条件 $\mathbf{R}\boldsymbol{\beta} = \mathbf{r}$ 的一般化，其中 $\mathbf{R}$ 是行满秩的）。2.1 节中的引理 2.5 和命题 2.1（b）表明，

$$\sqrt{n}[\mathbf{a}(\mathbf{b}) - \mathbf{a}(\boldsymbol{\beta})] \xrightarrow[\mathrm{d}]{} \mathbf{c}, \mathbf{c} \sim N(\mathbf{0}, \mathbf{A}(\boldsymbol{\beta}) \mathrm{Avar}(\mathbf{b}) \mathbf{A}(\boldsymbol{\beta})') \tag{2.4.7}$$

由于在 H_0 下 $\mathbf{a}(\boldsymbol{\beta}) = \mathbf{0}$，式（2.4.7）就变成了：

$$\sqrt{n}\mathbf{a}(\mathbf{b}) \xrightarrow[\mathrm{d}]{} \mathbf{c}, \mathbf{c} \sim \mathbf{N}(\mathbf{0}, \mathbf{A}(\boldsymbol{\beta}) \mathrm{Avar}(\mathbf{b}) \mathbf{A}(\boldsymbol{\beta})') \tag{2.4.8}$$

由于根据命题 2.1（a）有 $\mathbf{b} \to_{\mathrm{p}} \boldsymbol{\beta}$，所以引理 2.3（a）意味着 $\mathbf{A}(\mathbf{b}) \to_{\mathrm{p}} \mathbf{A}(\boldsymbol{\beta})$。根据命题 2.1（c）可知 $\widehat{\mathrm{Avar}(\mathbf{b})} \to_{\mathrm{p}} \mathrm{Avar}(\mathbf{b})$。因此，根据引理 2.3（a），有：

$$\mathbf{A}(\mathbf{b}) \widehat{\mathrm{Avar}(\mathbf{b})} \mathbf{A}(\mathbf{b})' \xrightarrow[\mathrm{p}]{} \mathbf{A}(\boldsymbol{\beta}) \mathrm{Avar}(\mathbf{b}) \mathbf{A}(\boldsymbol{\beta})' = \mathrm{Var}(\mathbf{c}) \tag{2.4.9}$$

由于 $\mathbf{A}(\boldsymbol{\beta})$ 是行满秩的，而且 $\mathrm{Avar}(\mathbf{b})$ 是正定的，所以 $\mathrm{Var}(\mathbf{c})$ 是可逆的。那么，引理 2.4（d）、式（2.4.8）和式（2.4.9）表明：

$$\sqrt{n}\mathbf{a}(\mathbf{b})' \{\mathbf{A}(\mathbf{b}) \widehat{\mathrm{Avar}(\mathbf{b})} \mathbf{A}(\mathbf{b})'\}^{-1} \sqrt{n}\mathbf{a}(\mathbf{b}) \xrightarrow[\mathrm{d}]{} \mathbf{c}' \mathrm{Var}(\mathbf{c})^{-1} \mathbf{c} \sim \chi^2(\#\mathbf{a}) \tag{2.4.10}$$

将式（2.4.10）中的两个 $\sqrt{n}$ 结合而成一个 n，我们可以证明：

命题 2.3（续）：

（c）在具有 $\#\mathbf{a}$ 个约束的原假设 H_0：$\mathbf{a}(\boldsymbol{\beta}) = \mathbf{0}$ 下，满足 $\mathbf{a}(\boldsymbol{\beta})$ 的连续一阶导数的

$\#\mathbf{a}\times K$矩阵是行满秩的，我们有：

$$W\equiv n\cdot\mathbf{a}(\mathbf{b})'\{\mathbf{A}(\mathbf{b})\ \widehat{\text{Avar}(\mathbf{b})}\ \mathbf{A}(\mathbf{b})'\}^{-1}\mathbf{a}(\mathbf{b})\xrightarrow[d]{}\chi^2(\#\mathbf{a}) \tag{2.4.11}$$

(c) 部分是 (b) 的一般化；通过设定 $\mathbf{a}(\boldsymbol{\beta})=\mathbf{R}\boldsymbol{\beta}-\mathbf{r}$，式 (2.4.11) 简化成了式 (2.4.2)，这是线性约束条件的沃尔德统计量。

对用于表征一个给定约束集的 $\mathbf{a}(\cdot)$ 的选择并非唯一的。例如，$\beta_1\beta_2=1$ 可以写为 $a(\boldsymbol{\beta})=0$，其中 $a(\boldsymbol{\beta})=\beta_1\beta_2-1$ 或 $a(\boldsymbol{\beta})=\beta_1-1/\beta_2$。而该命题的 (c) 部分确保了在大样本中，无论对函数 a 的选择如何，沃尔德检验的结果是相同的，沃尔德统计量 W 的数值的确取决于这一表征，而且该检验结果在有限样本中与此有所不同。在上面的例子里，第二个表征 $a(\boldsymbol{\beta})=\beta_1-1/\beta_2$ 并不满足在 $\beta_2=0$ 处连续导数这一条件。的确，由格里高利和维尔（Gregovy and Veall，1985）所给出的蒙特卡罗研究报告称，当 β_2 接近于 0 时，建立在第二个表征之上的沃尔德检验经常在小样本中拒绝该原假设。

复习题

1. 随着 $n\to\infty$，$SE^*(b_k)\to_p 0$ 吗？

2. （非线性函数的标准误）为简单起见，令 $K=1$，b 为 β 的 OLS 估计值。b 的标准误为 $\sqrt{\widehat{\text{Avar}(b)}/n}$。假设 $\lambda=-\log(\beta)$。由 β 的 OLS 估计值所得出的 λ 的估计值为 $\hat{\lambda}=-\log(b)$。证明 $\hat{\lambda}$ 的标准误为 $(1/b)\cdot\sqrt{\widehat{\text{Avar}(b)}/n}$。

3. （沃尔德统计量的恒定性（或者缺乏恒定性））没有唯一的办法写出线性假设 $\mathbf{R}\boldsymbol{\beta}=\mathbf{r}$，因为对于任意 $\#\mathbf{r}\times\#\mathbf{r}$ 非奇异矩阵 $\mathbf{F}$ 而言，同样的约束条件集也可以被表示为 $\tilde{\mathbf{R}}\boldsymbol{\beta}=\tilde{\mathbf{r}}$，其中 $\tilde{\mathbf{R}}\equiv\mathbf{FR}$，$\tilde{\mathbf{r}}\equiv\mathbf{Fr}$。对 $\mathbf{R}$ 和 $\mathbf{r}$ 的不同选择会影响 W 的渐近分布、有限样本分布或其数值吗？

2.5 一致性地估计 $\text{E}(\varepsilon_i^2\mathbf{x}_i\mathbf{x}_i')$

到现在为止，发展出的理论都假定可以得到 $\mathbf{S}(=\text{E}(\mathbf{g}_i\mathbf{g}_i'))\equiv\text{E}(\varepsilon_i^2\mathbf{x}_i\mathbf{x}_i')$ 的一个一致估计量 $\hat{\mathbf{S}}$，以便用于计算待估的渐近方差 $\widehat{\text{Avar}(\mathbf{b})}$。本节就来解释如何从样本 $(\mathbf{y},\mathbf{X})$ 中获取 $\hat{\mathbf{S}}$。

□ 用残差来代替误差

如果误差是可以观察到的，那么根据遍历平稳性，则 $\varepsilon_i^2\mathbf{x}_i\mathbf{x}_i'$ 的样本均值显然是一致的。但是我们并不能观察到误差项，并且替代它的某个一致估计可以得到

$$\hat{\mathbf{S}}\equiv\frac{1}{n}\sum_{i=1}^{n}\hat{\varepsilon}_i^2\mathbf{x}_i\mathbf{x}_i' \tag{2.5.1}$$

其中 $\hat{\varepsilon}_i\equiv y_i-\mathbf{x}_i'\hat{\boldsymbol{\beta}}$，$\hat{\boldsymbol{\beta}}$ 是 $\boldsymbol{\beta}$ 的某个一致估计量。（尽管一致估计量 $\hat{\boldsymbol{\beta}}$ 的一个显而易见的候选者是 OLS 估计量 $\mathbf{b}$，但我们还是在这里使用 $\hat{\boldsymbol{\beta}}$ 而不是 $\mathbf{b}$，这是为了强调本节的结论对

于任何一致估计量都是成立的。）要使 $\mathbf{S}$ 的这个估计量是一致的，我们需要对回归元做出一个四阶矩假设。

假设 2.6（回归元的有限四阶矩）：$\mathrm{E}[(x_{ik}x_{ij})^2]$ 存在，且对于所有的 k，j（$=1, 2, \cdots, K$）都是有限的。

命题 2.4（S 的一致估计）：假设用于计算式（2.5.1）中 $\hat{\mathbf{S}}$ 的残差 $\hat{\varepsilon}_i$ 的系数估计值 $\hat{\boldsymbol{\beta}}$ 是一致的，并且假定 $\mathbf{S}=\mathrm{E}(\mathbf{g}_i\mathbf{g}_i')$ 存在且有限。那么，在假设 2.1、假设 2.2 以及假设 2.6 之下，式（2.5.1）给出的 $\hat{\mathbf{S}}$ 对于 $\mathbf{S}$ 来说是一致的。

为了说明为什么这个四阶矩假设是回归元所需的，我们给出特殊情况 $K=1$（只有一个回归元）时该证明的梗概。因此现在 $\mathbf{x}_i$ 就是标量 x_i，$\mathbf{g}_i$ 就是标量 $g_i=x_i\varepsilon_i$，而式（2.3.10）（其中 $\mathbf{b}=\hat{\boldsymbol{\beta}}$ 和 $e_i=\hat{\varepsilon}_i$）简化为：

$$\hat{\varepsilon}_i^2=\varepsilon_i^2-2(\hat{\beta}-\beta)x_i\varepsilon_i+(\hat{\beta}-\beta)^2x_i^2 \tag{2.5.2}$$

两边乘以 x_i^2，并关于 i 上加总，可得：

$$\frac{1}{n}\sum_{i=1}^{n}\hat{\varepsilon}_i^2x_i^2-\frac{1}{n}\sum_{i=1}^{n}\varepsilon_i^2x_i^2=-2(\hat{\beta}-\beta)\frac{1}{n}\sum_{i=1}^{n}\varepsilon_ix_i^3+(\hat{\beta}-\beta)^2\frac{1}{n}\sum_{i=1}^{n}x_i^4 \tag{2.5.3}$$

现在我们可以看出为什么关于 x_i 的这个有限四阶矩假设是必需的了：如果该四阶矩 $\mathrm{E}(x_i^4)$ 是有限的，那么根据遍历平稳性，x_i^4 的样本均值依概率收敛于某个有限的数，因此如果 $\hat{\beta}$ 对于 β 而言是一致的，则式（2.5.3）中最后一项就会消失（依概率收敛于 0）。还可予以证明的是（参看分析性习题 4 中的证明），通过将关于回归元的相同四阶矩假设和 $\mathrm{E}(\mathbf{g}_i\mathbf{g}_i')$（$=\mathrm{E}(\varepsilon_i^2\mathbf{x}_i\mathbf{x}_i')$）是有限的这个四阶矩假设结合起来，可知 $x_i^3\varepsilon_i$ 的样本平均数依概率收敛于某个有限的数，因此关于式（2.5.3）的 RHS 的其他项也会消失。

根据命题 2.1（a），命题 2.3 中所给出的假设对于确保 $\mathbf{b}$ 的一致性是充分的，因此我们可以在式（2.5.1）中设 $\mathbf{b}=\hat{\boldsymbol{\beta}}$，并使用 OLS 残差来计算 $\hat{\mathbf{S}}$。命题 2.4 中给出的 $\mathrm{E}(\mathbf{g}_i\mathbf{g}_i')$ 有限这一假设是假设 2.5 的一部分，假设 2.5 在命题 2.3 中出现过。因此，命题 2.4 的意义在于：

如果将假设 2.6 加于命题 2.3 的假设上，那么式（2.5.1）中给出的具有 $\mathbf{b}=\hat{\boldsymbol{\beta}}$ 的 $\hat{\mathbf{S}}$（因此 $\hat{\varepsilon}_i$ 是 e_i 的 OLS 残差）可以在式（2.3.5）中用于计算待估的渐近方差：

$$\widehat{\mathrm{Avar}(\mathbf{b})}=\mathbf{S}_{\mathbf{xx}}^{-1}\left(\frac{1}{n}\sum_{i=1}^{n}e_i^2\mathbf{x}_i\mathbf{x}_i'\right)\mathbf{S}_{\mathbf{xx}}^{-1} \tag{2.5.4}$$

对于 $\mathrm{Avar}(\mathbf{b})$，它是一致的。

□ S 的数据矩阵表示

如果 $\mathbf{B}$ 是一个第 i 个对角线元素为 $\hat{\varepsilon}_i^2$ 的 $n\times n$ 对角矩阵，那么式（2.5.1）中的 $\hat{\mathbf{S}}$ 可以用数据矩阵表示为

$$\hat{\mathbf{S}}=\frac{\mathbf{X}'\mathbf{B}\mathbf{X}}{n} \tag{2.5.1$'$}$$

其中

$$\mathbf{B}=\begin{bmatrix} \hat{\varepsilon}_1^2 & & \\ & \ddots & \\ & & \hat{\varepsilon}_n^2 \end{bmatrix}$$

因此式（2.5.4）可以改写（其中在 $\mathbf{B}$ 中 $\hat{\varepsilon}_i$ 设定为 e_i）为

$$\widehat{\text{Avar}(\mathbf{b})}=n\cdot(\mathbf{X}'\mathbf{X})^{-1}(\mathbf{X}'\mathbf{B}\mathbf{X})(\mathbf{X}'\mathbf{X})^{-1} \tag{2.5.4$'$}$$

尽管对于某些目的而言这些表达式是有用的，但是它们不应用于计算，因为 $n\times n$ 矩阵 $\mathbf{B}$ 会占用计算机太多的运行空间，尤其是当样本规模较大时更是如此。为了从样本中计算出 $\hat{\mathbf{S}}$，式（2.5.1）要比式（2.5.1′）更加有用。

□ 有限样本的考虑

当然，在有限样本中，相对于某些备择项，它的势要远低于 1。当 DGP 确实满足原假设时该原假设仍被拒绝的概率（类型Ⅰ错误）可能与假定的显著性水平大相径庭。戴维森和麦金农（Davidson and MacKinnon，1993，16.3 节）称，至少对于蒙特卡罗模拟而言，他们已经看到基于式（2.5.1）的稳健 t 比率非常经常地拒绝原假设，而且简单地用自由度 $n-K$ 替换掉式（2.5.1）分母中的 n 或者等价地用 $n/(n-k)$（这是**校正自由度**（degrees of freedom correction））乘以式（2.5.1），会减轻过度拒绝问题。他们还称，基于以下对 $\hat{\mathbf{S}}$ 的调整的 t 比率表现得会更好：

$$\hat{\mathbf{S}}=\frac{1}{n}\sum_{i=1}^{n}\frac{e_i^2}{(1-p_i)^d}\mathbf{x}_i\mathbf{x}_i',\quad d=1 \text{ 或 } 2 \tag{2.5.5}$$

其中 p_i 是第 1 章影响分析的情境中所定义的 p_i：它是投射矩阵 $\mathbf{P}$ 的第 i 个对角线元素，即

$$p_i\equiv\mathbf{x}_i'(\mathbf{X}'\mathbf{X})^{-1}\mathbf{x}_i=\frac{\mathbf{x}_i'\mathbf{S}_{\mathbf{xx}}^{-1}\mathbf{x}_i}{n}$$

复习题

1.（对稳健标准误的计算）在 1.2 节复习题 9 中，我们观察到 OLS 系数估计值的标准误可以从 $\mathbf{S}_{\mathbf{xx}}$、$\mathbf{s}_{\mathbf{xy}}$（$\mathbf{x}_i\cdot y_i$ 的样本均值）、$\mathbf{y}'\mathbf{y}/n$ 和 $\bar{y}$ 中计算出来，因此该样本矩仅需计算一次就够了。对于稳健标准误，其中根据式（2.5.1）且 $\hat{\varepsilon}_i=e_i$ 计算 $\hat{\mathbf{S}}$，同样如此吗？

2. 在第 1 章的广义回归模型中 OLS 估计量的有限样本方差是 $\text{Var}(\mathbf{b}\mid\mathbf{X})=(\mathbf{X}'\mathbf{X})^{-1}\mathbf{X}'(\sigma^2\mathbf{V})\mathbf{X}(\mathbf{X}'\mathbf{X})^{-1}$。将此与式（2.5.4′）进行比较。两者的差别是什么？

2.6 条件同方差性的含义

2.4 节和 2.5 节所发展出的检验统计量与 1.4 节相对应的有限样本的检验统计量是不同的，后者也是为了检验相同的原假设而设计的。它们之间又是什么关系呢？第 1 章

的 t 和 F 统计量的渐近分布是什么？本节来回答这些问题。

可以表明，就一个对 $\widehat{\mathbf{S}}$ 的特定选择而言，稳健 t 比率在数值上与 1.4 节的 t 比率相等。因此，如果这个特定选择对 $\mathbf{S}$ 是一致的，则 1.4 节 t 比率的渐近分布与稳健 t 比率的渐近分布是相同的。1.4 节的 F 比率和本章的沃尔德统计量之间也存在同样的关系。在下面所述的条件同方差性假设之下，那个特定的选择的确是一致的。

□ 条件与非条件同方差性

条件同方差性的假设为：

假设 2.7（条件同方差性）：

$$\mathrm{E}(\varepsilon_i^2 \mid \mathbf{x}_i)=\sigma^2>0 \tag{2.6.1}$$

这个假设表明，根据总期望定律，无条件二阶矩 $E(\varepsilon_i^2)$ 等于 σ^2。为了使无条件与条件同方差性的区别更为明了，我们来看下面这个例子。

例 2.6（无条件同方差但条件异方差误差）：

正如已经观察到的那样，如果 $\{y_i, \mathbf{x}_i\}$ 是平稳的，则 $\{\varepsilon_i\}$ 也是如此，而这个误差是无条件同方差的，因为 $\mathrm{E}(\varepsilon_i^2)$ 不取决于 i。为了表明该误差项尽管也可能是条件异方差的，假定 ε_i 被写为 $\varepsilon_i \equiv \eta_i f(\mathbf{x}_i)$，其中 $\{\eta_i\}$ 是零均值的，$\mathrm{E}(\eta_i)=0$ 且独立于 $\mathbf{x}_i$。ε_i 的条件二阶矩取决于 $\mathbf{x}_i$，因为：

$$\begin{aligned}
&\mathrm{E}(\varepsilon_i^2 \mid \mathbf{x}_i)=\mathrm{E}(\eta_i^2 f(\mathbf{x}_i)^2 \mid \mathbf{x}_i) \quad (\text{因为 } \varepsilon_i \equiv \eta_i f(\mathbf{x}_i))\\
&=f(\mathbf{x}_i)^2 \mathrm{E}(\eta_i^2 \mid \mathbf{x}_i) \quad (\text{根据条件期望的线性性})\\
&=f(\mathbf{x}_i)^2 \mathrm{E}(\eta_i^2) \quad (\text{因为根据假设}, \eta_i \text{ 独立于 } \mathbf{x}_i)
\end{aligned}$$

由于 $f(\mathbf{x}_i)$ 在 i 上具有差异，所以上式在 i 上也是不同的。

□ 化简为有限样本公式

为了检验在附加假设 2.7 下第 1 章中 t 和 F 统计量的大样本分布，我们首先来检视一下它们与相应的稳健情况的代数关系。我们来看 $\mathbf{S}$ 估计值下面的选择：

$$\widehat{\mathbf{S}}=s^2\mathbf{S}_{\mathbf{xx}}$$

这里 s^2 是 σ^2 的 OLS 估计值。（我们稍后回来证明这个估计量在条件同方差性下是一致的。）那么，$\widehat{\mathrm{Avar}(\mathbf{b})}$ 的表达式（2.3.5）可以写为：

$$\widehat{\mathrm{Avar}(\mathbf{b})}=s^2\mathbf{S}_{\mathbf{xx}}^{-1}=n\cdot s^2\cdot(\mathbf{X}'\mathbf{X})^{-1} \tag{2.6.2}$$

将这个表达式代入式（2.4.1），我们可以看到稳健标准误变成了：

$$\sqrt{s^2\times(\mathbf{X}'\mathbf{X})^{-1}\text{的第}(k,k)\text{个元素}} \tag{2.6.3}$$

这是有限样本理论中常见的标准误。因此，当我们设定 $\widehat{\mathbf{S}}=s^2\mathbf{S}_{\mathbf{xx}}$ 时，稳健的 t 比率在数值上与常见的有限样本 t 比率是相同的。类似地，将式（2.6.2）代入沃尔德统计量式（2.4.2），可以得到：

$$
\begin{aligned}
W &= n \cdot (\mathbf{Rb}-\mathbf{r})'\{\mathbf{R}[n \cdot s^2 \cdot (\mathbf{X}'\mathbf{X})^{-1}]\mathbf{R}'\}^{-1}(\mathbf{Rb}-\mathbf{r}) \\
&= (\mathbf{Rb}-\mathbf{r})'\{\mathbf{R}[s^2 \cdot (\mathbf{X}'\mathbf{X})^{-1}]\mathbf{R}'\}^{-1}(\mathbf{Rb}-\mathbf{r}) \quad (\text{消去两个 } n) \\
&= (\mathbf{Rb}-\mathbf{r})'\{\mathbf{R}[(\mathbf{X}'\mathbf{X})^{-1}]\mathbf{R}'\}^{-1}(\mathbf{Rb}-\mathbf{r})/s^2 \\
&= r \cdot F \quad (\text{根据 } F \text{ 比率式(1.4.9)的定义}) \\
&= (SSR_R - SSR_U)/s^2 \quad (\text{根据式(1.4.11)})
\end{aligned}
$$

这样一来，当我们设定 $\hat{\mathbf{S}} = s^2\mathbf{S}_{\mathbf{xx}}$时，沃尔德统计量 W 在数值上等于$\#\mathbf{r} \cdot F$（其中$\#\mathbf{r}$是原假设中约束条件的数目）。

□ *t* 和 *F* 统计量的大样本分布

那么，从命题 2.3 中可以得到这样的结论：如果对 **S** 而言 $s^2\mathbf{S}_{\mathbf{xx}}$是一致，则 t 比率式（2.4.1）渐近于 $N(0,\ 1)$，而 $\#\mathbf{r} \cdot F$ 渐近于$\chi^2(\#\mathbf{r})$。对 **S** 而言 $s^2\mathbf{S}_{\mathbf{xx}}$是一致的，这可以从下面看出来。在条件同方差性之下，四阶矩 **S** 的矩阵可以表示为二阶矩的乘积：

$$
\begin{aligned}
\mathbf{S} &= \mathrm{E}(\mathbf{g}_i\mathbf{g}_i') = \mathrm{E}(\mathbf{x}_i\mathbf{x}_i'\varepsilon_i^2) \quad (\text{因为 } \mathbf{g}_i \equiv \mathbf{x}_i \cdot \varepsilon_i) \\
&= \mathrm{E}[\mathrm{E}(\mathbf{x}_i\mathbf{x}_i'\varepsilon_i^2 \mid \mathbf{x}_i)] \quad (\text{根据总期望定律}) \\
&= \mathrm{E}[\mathbf{x}_i\mathbf{x}_i'\mathrm{E}(\varepsilon_i^2 \mid \mathbf{x}_i)] \quad (\text{根据条件期望的线性性}) \\
&= \mathrm{E}(\mathbf{x}_i\mathbf{x}'\sigma^2) \quad (\text{根据假设 2.7}) \\
&= \sigma^2\mathrm{E}(\mathbf{x}_i\mathbf{x}_i') = \sigma^2\boldsymbol{\Sigma}_{\mathbf{xx}}
\end{aligned}
\tag{2.6.4}
$$

这一分解有着多种含义。

● （$\boldsymbol{\Sigma}_{\mathbf{xx}}$是非奇异的）因为根据假设 2.5，**S** 是非奇异的，所以对 **S** 的这一分解表明了 $\sigma^2>0$ 且 $\boldsymbol{\Sigma}_{\mathbf{xx}}$是非奇异的。故假设 2.4（秩条件）可由之而得。

● （不需要四阶矩假设）根据遍历平稳性有 $\mathbf{S}_{\mathbf{xx}} \to_p \boldsymbol{\Sigma}_{\mathbf{xx}}$。根据命题 2.2.，在假设 2.1 至假设 2.4 下，对于 σ^2 而言 s^2 是一致的。这样一来，就有 $s^2\mathbf{S}_{\mathbf{xx}} \to_p \sigma^2\boldsymbol{\Sigma}_{\mathbf{xx}} = \mathbf{S}$。我们不需要为一致性而设的四阶矩假设（假设 2.6）。

作为式（2.6.4）的另一层含义，Avar(**b**) 的表达式可以被简化为：将式（2.6.4）插入命题 2.1 中的式（2.3.4），Avar(**b**) 的表达式变成了：

$$
\mathrm{Avar}(\mathbf{b}) = \sigma^2\boldsymbol{\Sigma}_{\mathbf{xx}}^{-1} \tag{2.6.5}
$$

这样，我们就证明了下面这个命题。

命题 2.5（在条件同方差性下 *b*、*t* 和 *F* 的大样本性质）：假定假设 2.1 至假设 2.5 和假设 2.7 被满足。那么，

(a)（**b** 的渐近分布）$\boldsymbol{\beta}$ 的 OLS 估计量 **b** 是一致的，且是渐近正态的，其中 $\mathrm{Avar}(\mathbf{b}) = \sigma^2\boldsymbol{\Sigma}_{\mathbf{xx}}^{-1}$。

(b)（渐近方差的一致估计）在相同的假设集合之下，Avar(**b**) 可被 $\widehat{\mathrm{Avar}(\mathbf{b})} = s^2\mathbf{S}_{\mathbf{xx}}^{-1} = n \cdot s^2 \cdot (\mathbf{X}'\mathbf{X})^{-1}$予以一致性地估计。

(c)（有限样本的 t 和 F 统计量的渐近分布）在 H_0：$\beta_k = \bar{\beta}_k$ 下，常见的 t 比率式（1.4.5）是 $N(0,\ 1)$ 的渐近分布。在 H_0：$\mathbf{R}\boldsymbol{\beta} = \mathbf{r}$ 下，$\#\mathbf{r} \cdot F$ 渐近于$\chi^2(\#\mathbf{r})$，其中 F 是源于式（1.4.9）的 F 统计量，而$\#\mathbf{r}$是 H_0 中约束条件的数目。

□ 条件同方差下渐近检验的各种变化形式

根据这一结论，你应该可以通过查找 $N(0, 1)$ 表，找出临界值，和 t 比率式（1.4.5）进行对比，并为导自式（1.4.9）的统计量 $\#\mathbf{r}\cdot F$ 查找 χ^2 表。有些研究者在式（1.4.5）和式（1.4.9）中用 $\frac{1}{n}\sum_i e_i^2$ 来取代 s^2。也就是说，自由度 $n-K$ 被 n 取代，或者在 s^2 中隐含着的调整自由度被拿掉了。这一替代所导致的差别在大样本中消失了，因为 $\lim_{n\to\infty}[n/(n-K)]=1$。因此，不管使用哪一个检验，如果样本规模充分大，那么检验的结果都是一样的。

另外一个变体是保留自由度 $n-K$，但是就 t 比率使用 $t(n-K)$ 表，就 F 比率使用 $F(\#\mathbf{r}, n-K)$，这的确是对有限样本理论的解决方案。这也是渐近有效的，因为随着 $n-K$ 趋向于无穷大（这是当 K 固定而 $n\to\infty$ 时的情况），$t(n-K)$ 分布收敛于 $N(0, 1)$（只要将较大自由度的 t 表与标准正态分布表进行对比即可），而 $F(\#\mathbf{r}, n-K)$ 会收敛到 $\chi^2(\#\mathbf{r})/\#\mathbf{r}$。换个角度来看，即便该误差项不是正态分布的，而且回归元只是前定的（正交于误差项）和非严格外生的，t 比率式（1.4.5）的分布也可以由 $t(n-K)$ 较好地近似，F 比率的分布也可以由 $F(\#\mathbf{r}, n-K)$ 较好地近似。

这些不同的变化形式都是渐近等价的，因为数值上的差别在大样本中会消失，因此（根据引理 2.4（a））它们的渐近分布也是相同的。不过，当样本规模仅是适度的规模时，对有限样本的近似或检验统计量的确切分布，可能用 $t(n-K)$ 和 $F(\#\mathbf{r}, n-K)$ 要比用 $N(0, 1)$ 和 $\chi^2(\#\mathbf{r})$ 更好一些。因为这一确切分布取决于其 DGP，而哪一个变化形式在有限样本中表现更好，则没有一定之规。$N(0, 1)$ 和 $t(n-K)$ 表哪一个应当用于适度样本规模这个问题将在本章的蒙特卡罗练习中予以讨论。

复习题

1. （不具条件同方差性的有限样本公式的非一致性）在没有假设 2.7 的情况下，在命题 2.1 中 $\text{Avar}(\mathbf{b})$ 由式（2.3.4）给出。在没有假设 2.7 的情况下，它可以由式（2.6.2）予以一致地进行估计吗？【答案：否。为什么？】t 比率式（1.4.5）在没有这一假设的情况下是渐近于标准正态的吗？【答案：否。】

2. （在条件同方差性下有限样本公式的优点）反过来，在假设 2.7 这一条件下，$\text{Avar}(\mathbf{b})$ 由式（2.6.5）给出。在假设 2.7 下，它可以由式（2.3.5）予以一致性地估计出来吗？如果假设 2.7 成立，你认为使用式（2.6.2）与使用式（2.3.5）来估计这个渐近方差相比，其优势何在？【注：一般来说，需要估计以形成一个估计量的总体参数越少，这个估计量的有限样本性质就越好。为形成式（2.3.5）需要估计多少个总体参数？对于式（2.6.2）呢？】

3. （F 与 χ^2 的关系）查找 $F(10, \infty)$ 的 5%的临界值，并将它与 $\chi^2(10)$ 的 5%的临界值进行对比。二者的关系是什么？

4. 在条件同方差性之下，$(SSR_R - SSR_U)/s^2$ 是渐近于 $\chi^2(\#\mathbf{r})$ 的吗？【答案：否。】

5. （nR^2 检验）对于一个具有常数项的回归来说，我们来看这个原假设：$K-1$ 个非常数回归元的系数均为 0。证明：在命题 2.5 的假设之下，有 $nR^2 \to_d \chi^2(K-1)$。**提示：**你在第 1 章的分析性习题中已经证明了该原假设的 F 比率和 R^2 之间的关系为：

$$F=\frac{R^2/(K-1)}{(1-R^2)/(n-K)}$$

你能否在该误差项不是条件同方差的时使用 nR^2 统计量？【答案：否。】

2.7 检验条件同方差性

随着稳健标准误的出现，我们可以在没有给出条件二阶矩 $\mathrm{E}(\varepsilon_i^2 \mid \mathbf{x}_i)$ 的情况下进行推断，从而使得检验条件同方差性变得不像过去那样重要。本节仅给出一个最流行的随机样本下的检验，这一检验要归功于怀特（White，1980）。①

回忆一下，在式（2.5.1）中给出的 $\hat{\mathbf{S}}$（其中 $\hat{\varepsilon}_i = e_i$）对 $\mathbf{S}$ 而言是一致的（命题 2.4），而 $s^2\mathbf{S}_{\mathbf{xx}}$ 对 $\sigma^2\boldsymbol{\Sigma}_{\mathbf{xx}}$ 而言是一致的（命题 2.2 的含义所指）。但是在条件同方差之下，$\mathbf{S}=\sigma^2\boldsymbol{\Sigma}_{\mathbf{xx}}$（参看式（2.6.4）），因此这两个一致估计量之间的差别应该消弭于无形：

$$\hat{\mathbf{S}} - s^2\mathbf{S}_{\mathbf{xx}} = \frac{1}{n}\sum_{i=1}^{n} e_i^2\mathbf{x}_i\mathbf{x}_i' - s^2\frac{1}{n}\sum_{i=1}^{n}\mathbf{x}_i\mathbf{x}_i' = \frac{1}{n}\sum_{i=1}^{n}(e_i^2 - s^2)\mathbf{x}_i\mathbf{x}_i' \xrightarrow[\mathrm{p}]{} \mathbf{0} \qquad (2.7.1)$$

令 $\boldsymbol{\psi}_i$ 为一个向量，它集中了 $K\times K$ 对称矩阵 $\mathbf{x}_i\mathbf{x}_i'$ 中的独特且非常数的元素。（由 $\mathbf{x}_i\mathbf{x}_i'$ 而来的 $\boldsymbol{\psi}_i$ 的构造将在下文例 2.7 中得到阐释）。那么，式（2.7.1）表明：

$$\mathbf{c}_n \equiv \frac{1}{n}\sum_{i=1}^{n}(e_i^2 - s^2)\boldsymbol{\psi}_i \xrightarrow[\mathrm{p}]{} \mathbf{0} \qquad (2.7.2)$$

这个 $\mathbf{c}_n$ 是一个收敛于 0 的样本均值。在中心极限定理适用的某些条件下，我们会期待 $\sqrt{n}\mathbf{c}_n$ 依概率收敛于一个均值为 $\mathbf{0}$ 以及某个渐近方差为 $\mathbf{B}$ 的正态分布，因此，对于 $\mathbf{B}$ 的任一一致估计量 $\hat{\mathbf{B}}$，有

$$n\cdot\mathbf{c}_n'\hat{\mathbf{B}}^{-1}\mathbf{c}_n \xrightarrow[\mathrm{d}]{} \chi^2(m) \qquad (2.7.3)$$

这里 m 是 $\mathbf{c}_n$ 的维数。对于 $\hat{\mathbf{B}}$ 的一个确定选择，这个统计量可以当作 nR^2 从下面这个辅助回归中予以计算：

$$e_i^2 \text{ 对一个常数和 } \boldsymbol{\psi}_i \text{ 进行回归。} \qquad (2.7.4)$$

怀特（White，1980）严格地给出了这一立论②并证明了下面这个命题：

命题 2.6（条件异方差性的怀特检验）：除了假设 2.1 和假设 2.4 之外，我们还假设（a）$\{y_i, \mathbf{x}_i\}$ 是 i. i. d. 的，具有有限的 $\mathrm{E}(\varepsilon_i^2\mathbf{x}_i\mathbf{x}_i')$（这样就强化了假设 2.2 和假设 2.5）；（b）ε_i 是独立于 $\mathbf{x}_i$ 的（这样就强化了假设 2.3 和条件同方差性）；（c）某个在 ε_i 和 $\mathbf{x}_i$ 的矩上成立的条件。那么，

$$nR^2 \xrightarrow[\mathrm{d}]{} \chi^2(m)$$

其中 R^2 得自辅助回归式（2.7.4），而 m 是 $\boldsymbol{\psi}_i$ 的维数。

① 例如可参见 Judge 等（1985，11.3 节）或 Greene（1997，12.3 节）来查寻其他检验。

② 怀特定理的最初表述更为一般化，因为它还涵盖了 $\{y_i, \mathbf{x}_i\}$ 是独立但不同分布的（i. n. i. d.）这种情况。

例 2.7（怀特的 nR^2 检验中的回归元）：

我们来看 1.7 节的柯布-道格拉斯成本函数：

$$\log\left(\frac{TC_i}{p_{i3}}\right)=\beta_1+\beta_2\log(Q_i)+\beta_3\log\left(\frac{p_{i1}}{p_{i3}}\right)+\beta_4\log\left(\frac{p_{i2}}{p_{i3}}\right)+\varepsilon_i$$

这里 $\mathbf{x}_i'=(1,\ \log(Q_i),\ \log(p_{i1}/p_{i3}),\ \log(p_{i2}/p_{i3}))$，这是一个四维向量。在 $\mathbf{x}_i\mathbf{x}_i'$ 中有 10(=4×5/2) 个独特元素

$$1,\log(Q_i),\log\left(\frac{p_{i1}}{p_{i3}}\right),\log\left(\frac{p_{i2}}{p_{i3}}\right)$$

$$[\log(Q_i)]^2,\log(Q_i)\cdot\log\left(\frac{p_{i1}}{p_{i3}}\right),\log(Q_i)\cdot\log\left(\frac{p_{i2}}{p_{i3}}\right)$$

$$\left[\log\left(\frac{p_{i1}}{p_{i3}}\right)\right]^2,\log\left(\frac{p_{i1}}{p_{i3}}\right)\cdot\log\left(\frac{p_{i2}}{p_{i3}}\right),\left[\log\left(\frac{p_{i2}}{p_{i3}}\right)\right]^2$$

$\boldsymbol{\psi}_i$ 是一个从这个列表中排除了常数项的九维向量。因此命题 2.6 中的 m 为 9。

如果怀特检验接受了条件同方差性的原假设，那么即可应用 2.6 节的结论，统计推断可以基于第 1 章中的 t 比率和 F 比率。否则，推断应该基于稳健的命题 2.3 中的 t 和沃尔德统计量。

由于该辅助回归中的回归元 $\boldsymbol{\psi}_i$ 有多个由 $\mathbf{x}_i$ 元素的平方以及交叉积构成的元素，因此该检验相对于大多数异方差检验方法应当是一致的（即其势随着 $n\to\infty$ 趋近于 1)，但可能需要很大的样本才能确保势接近于 1。如果研究者知道 ψ_i 的一些元素并不影响其条件二阶矩，就可以从辅助回归中将它们去除，并且其势可能在有限样本中也会增加。当然，它也有消极面，那就是如果这样的认识是错误的，则该检验相对于异方差性的那些将条件二阶矩与从辅助回归中排除的那些元素联系在一起的其他检验，就没有什么优势可言了。

复习题

1. （$\boldsymbol{\psi}_i$ 的维度）假设 $\mathbf{x}_i=(1,\ q_i,\ q_i^2,\ p_i)'$ 是一个四维向量。在 $\mathbf{x}_i\mathbf{x}_i'$ 中有多少个非常数项和独特元素？【答案：8。】

2.8 参数化条件异方差性的估计(选修)

即便发现误差项具有条件异方差性，OLS 估计量仍然是一致且渐近正态的，有效的统计推断也能得以实施，标准误和沃尔德统计量都是稳健的。然而，在条件二阶矩 $E(\varepsilon_i^2\mid\mathbf{x}_i)$ 函数形式已知的情况下（有些不大可能），得到具有更小的渐近方差这样更佳的估计值应该是可能的。实际上，在有限样本理论中，WLS（加权最小二乘）可以包含这样的知识，从而在更小有限样本方差的意义上提高有效性。这一有限样本结果能否

也适于大样本理论呢？本节就来讨论 WLS 估计量的大样本性质。为了简化分析，在本节，我们都通过假设 $\{y_i, \mathbf{x}_i\}$ 是 i. i. d. 的来强化假设 2.2 和假设 2.5。这是一个很自然而然的假设，因为它一般出现在引入 WLS 的横截面情况中。

□ 函数形式

对于条件二阶矩来说，我们考虑的参数化函数形式是：

$$\mathrm{E}(\varepsilon_i^2 \mid \mathbf{x}_i) = \mathbf{z}_i'\alpha \tag{2.8.1}$$

这里 $\mathbf{z}_i$ 是 $\mathbf{x}_i$ 的函数。

例 2.8（条件二阶矩的参数化形式）：

在第 1 章的实证性习题中 WLS 估计所使用的函数形式是：

$$\mathrm{E}\left(\varepsilon_i^2 \mid \log(Q_i), \log(Q_i)^2, \log\left(\frac{p_{i1}}{p_{i3}}\right), \log\left(\frac{p_{i2}}{p_{i3}}\right)\right) = \alpha_1 + \alpha_2 \cdot \left(\frac{1}{Q_i}\right)$$

因为 $\mathbf{z}_i$ 的元素可以是 $\mathbf{x}_i$ 的非线性函数，所以这一设定要比它乍看起来更加灵活，但是它仍然要排除一些非线性的情况。例如，函数形式：

$$\mathrm{E}(\varepsilon_i^2 \mid \mathbf{x}_i) = \exp(\mathbf{z}_i'\boldsymbol{\alpha}) \tag{2.8.2}$$

可能更有吸引力，因为它的取值可以保证为正。我们考虑线性设定式（2.8.1），只是因为在像式（2.8.2）这样的非线性设定中估计参数要求使用非线性最小二乘。

□ 已知 $\boldsymbol{\alpha}$ 的 WLS

为了与由未知参向量 $\boldsymbol{\alpha}$ 必须被估计的事实而引出的含义分离开来，我们首先检视一下具有已知 $\boldsymbol{\alpha}$ 的 WLS 估计量的大样本分布。如果 $\boldsymbol{\alpha}$ 已知，则该条件二阶矩可从数据中作为 $\mathbf{z}_i'\boldsymbol{\alpha}$ 计算出来，而 WLS 可如 1.6 节那样来进行：在估计方程 $y_2 = \tilde{\mathbf{x}}_i'\boldsymbol{\beta} + \varepsilon_i$ 的两边同除以 $\mathbf{z}_i'\boldsymbol{\alpha}$ 的平方根，可以得到：

$$\tilde{y}_i = \tilde{\mathbf{x}}_i'\boldsymbol{\beta} + \tilde{\varepsilon}_i \tag{2.8.3}$$

其中

$$\tilde{y}_i \equiv \frac{y_i}{\sqrt{\mathbf{z}_i'\boldsymbol{\alpha}}},\ \tilde{\mathbf{x}}_i \equiv \frac{\mathbf{x}_i}{\sqrt{\mathbf{z}_i'\boldsymbol{\alpha}}},\ \tilde{\varepsilon}_i \equiv \frac{\varepsilon_i}{\sqrt{\mathbf{z}_i'\boldsymbol{\alpha}}}$$

然后应用 OLS。为了便于后文引述，我们将最终的 WLS 估计量写为 $\hat{\boldsymbol{\beta}}(\mathbf{V})$，由下式给出：

$$\begin{aligned}
\hat{\boldsymbol{\beta}}(\mathbf{V}) &\equiv \left(\frac{1}{n}\sum_{i=1}^{n}\tilde{\mathbf{x}}_i\tilde{\mathbf{x}}_i'\right)^{-1}\frac{1}{n}\sum_{i=1}^{n}\tilde{\mathbf{x}}_i \cdot \tilde{y}_i \\
&= \left(\frac{1}{n}\sum_{i=1}^{n}\frac{1}{\mathbf{z}_i'\boldsymbol{\alpha}}\mathbf{x}_i\mathbf{x}_i'\right)^{-1}\frac{1}{n}\sum_{i=1}^{n}\frac{1}{\mathbf{z}_i'\boldsymbol{\alpha}}\mathbf{x}_i \cdot y_i \\
&= (\mathbf{X}'\mathbf{V}^{-1}\mathbf{X})^{-1}\mathbf{X}'\mathbf{V}^{-1}\mathbf{y}
\end{aligned} \tag{2.8.4}$$

其中

$$\mathbf{V}\equiv\begin{bmatrix}\mathbf{z}_1'\boldsymbol{\alpha} & & \\ & \ddots & \\ & & \mathbf{z}_n'\boldsymbol{\alpha}\end{bmatrix}$$

如果假设 2.3 由下面这个条件予以加强：

$$\mathrm{E}(\varepsilon_i\,|\,\mathbf{x}_i)=0 \tag{2.8.5}$$

那么 $\mathrm{E}(\tilde{\varepsilon}_i\mid\tilde{\mathbf{x}}_i)=0$。为了看到这一点，首先要注意到的是，由于 $\mathbf{z}_i$ 是 $\mathbf{x}_i$ 的函数，故有：

$$\mathrm{E}(\tilde{\varepsilon}_i\,|\,\mathbf{x}_i)=\mathrm{E}\left(\frac{\varepsilon_i}{\sqrt{\mathbf{z}_i'\boldsymbol{\alpha}}}\,\Big|\,\mathbf{x}_i\right)=\frac{1}{\sqrt{\mathbf{z}_i'\boldsymbol{\alpha}}}\mathrm{E}(\varepsilon_i\,|\,\mathbf{x}_i)=0 \tag{2.8.6}$$

其次，因为 $\tilde{\mathbf{x}}_i$ 是 $\mathbf{x}_i$ 的函数，所以在 $\tilde{\mathbf{x}}_i$ 中所得的信息和 $\mathbf{x}_i$ 一样多。因此，根据迭代期望定律，我们有：

$$\mathrm{E}(\tilde{\varepsilon}_i\,|\,\tilde{\mathbf{x}}_i)=\mathrm{E}[\mathrm{E}(\tilde{\varepsilon}_i\,|\,\mathbf{x}_i)\,|\,\tilde{\mathbf{x}}_i]=0$$

故而，只要 $\mathrm{E}(\tilde{\mathbf{x}}_i\tilde{\mathbf{x}}_i')$ 是非奇异的，对于方程（2.8.3）来说，假设 2.1 至假设 2.5 就可得到满足。进而言之，根据构造，误差项 $\tilde{\varepsilon}_i$ 是条件同方差的：$\mathrm{E}(\tilde{\varepsilon}_i^2\mid\tilde{\mathbf{x}}_i)=1$。所以，命题 2.5 在 $\sigma^2=1$ 时适用：WLS 估计量是一致且渐近正态的，而渐近方差为：

$$\begin{aligned}
&\mathrm{Avar}(\hat{\boldsymbol{\beta}}(\mathbf{V}))=\mathrm{E}(\tilde{\mathbf{x}}_i\tilde{\mathbf{x}}_i')^{-1}\quad\text{（因为误差方差为 1）}\\
&=\mathrm{plim}\left(\frac{1}{n}\sum_{i=1}^{n}\tilde{\mathbf{x}}_i\tilde{\mathbf{x}}_i'\right)^{-1}\quad\text{（根据遍历平稳性）}\\
&=\mathrm{plim}\left(\frac{1}{n}\sum_{i=1}^{n}\frac{1}{\mathbf{z}_i'\boldsymbol{\alpha}}\mathbf{x}_i\mathbf{x}_i'\right)^{-1}\text{（因为 }\tilde{\mathbf{x}}_i=\mathbf{x}_i/\sqrt{\mathbf{z}_i'\boldsymbol{\alpha}}\text{）}\\
&=\mathrm{plim}\left(\frac{1}{n}\mathbf{X}'\mathbf{V}^{-1}\mathbf{X}\right)^{-1}
\end{aligned} \tag{2.8.7}$$

故而 $\left(\frac{1}{n}\mathbf{X}'\mathbf{V}^{-1}\mathbf{X}\right)^{-1}$ 是 $\mathrm{Avar}(\hat{\boldsymbol{\beta}}(\mathbf{V}))$ 的一个一致估计量。

□ e_i^2 对 $\mathbf{z}_i$ 的回归给出 $\boldsymbol{\alpha}$ 的一致估计

如果 $\boldsymbol{\alpha}$ 是未知的，则它可以通过进行一个分离回归而得到估计。式（2.8.1）意即 $\mathbf{z}_i'\boldsymbol{\alpha}$ 是 ε_i^2 的一个回归。如果我们定义 $\eta_i\equiv\varepsilon_i^2-\mathrm{E}(\varepsilon_i^2\mid\mathbf{x}_i)$，则式（2.8.1）可以被写成一个回归等式：

$$\varepsilon_i^2=\mathbf{z}_i'\boldsymbol{\alpha}+\eta_i \tag{2.8.8}$$

根据构造，$\mathrm{E}(\eta_i\mid\mathbf{x}_i)=0$，这和 $\mathbf{z}_i$ 是 $\mathbf{x}_i$ 的一个函数这一事实一起，表明回归元 $\mathbf{z}_i$ 正交于误差项 η_i。因此，只要 $\mathrm{E}(\mathbf{z}_i\mathbf{z}_i')$ 是非奇异的，命题 2.1 就可适用于这个辅助回归式（2.8.8）：$\boldsymbol{\alpha}$ 的 OLS 估计量是一致且渐近正态的。

当然，我们无法做到这一点，因为我们观察不到误差项。然而，尽管存在条件异方差性，但是由于对于初始回归 $y_i=\mathbf{x}_i'\boldsymbol{\beta}+\varepsilon_i$ 而言，OLS 估计量 $\mathbf{b}$ 仍是一致的，所以 OLS 残差 e_i 就给出了对 ε_i 的一致估计。我们留给大家一道分析性习题，尝试证明：当回归式（2.8.8）中 ε_i 被 e_i 取代时，OLS 估计量 $\hat{\boldsymbol{\alpha}}$ 对于 $\boldsymbol{\alpha}$ 而言是一致的。

□ 待估 α 的 WLS

具有待估 $\boldsymbol{\alpha}$ 的初始方程 $y_i=\mathbf{x}_i'\boldsymbol{\beta}+\varepsilon_i$ 的 WLS 估计为 $\hat{\boldsymbol{\beta}}(\hat{\mathbf{V}})$，其中 $\hat{\mathbf{V}}$ 是 $n\times n$ 对角线矩阵，其第 i 个对角线元素为 $\mathbf{z}_i'\hat{\boldsymbol{\alpha}}$。在适当的附加条件下（例如可参看 Amemiya（1977），以取得对这类条件的明确表述），这可以被证明如下：

(a) $\sqrt{n}(\hat{\boldsymbol{\beta}}(\mathbf{V})-\boldsymbol{\beta})$ 和 $\sqrt{n}(\hat{\boldsymbol{\beta}}(\hat{\mathbf{V}})-\boldsymbol{\beta})$ 是渐近等价的，因为它们之间的差异随着 $n\rightarrow\infty$ 依概率收敛于 0。故根据引理 2.4（a），$\sqrt{n}(\hat{\boldsymbol{\beta}}(\hat{\mathbf{V}})-\boldsymbol{\beta})$ 的渐近分布和 $\sqrt{n}(\hat{\boldsymbol{\beta}}(\mathbf{V})-\boldsymbol{\beta})$ 的渐近分布是相同的。因此，$\text{Avar}(\hat{\boldsymbol{\beta}}(\hat{\mathbf{V}}))$ 等于 $\text{Avar}(\hat{\boldsymbol{\beta}}(\mathbf{V}))$，这反过来可由式（2.8.7）给出；

(b) $\text{plim}\,\frac{1}{n}\mathbf{X}'\hat{\mathbf{V}}^{-1}\mathbf{X}=\text{plim}\,\frac{1}{n}\mathbf{X}\mathbf{V}^{-1}\mathbf{X}$。

因此对于 $\text{Avar}(\hat{\boldsymbol{\beta}}(\hat{\mathbf{V}}))$，$\left(\frac{1}{n}\mathbf{X}'\hat{\mathbf{V}}^{-1}\mathbf{X}\right)^{-1}$ 是一致的。

所有这些听起来都颇为复杂，但是对于方程 $y_i=\mathbf{x}_i'\boldsymbol{\beta}+\varepsilon_i$ 的 WLS 估计来说，其运行含义还是非常清楚的：

步骤 1：根据 OLS 估计方程 $y_i=\mathbf{x}_i'\boldsymbol{\beta}+\varepsilon_i$，并计算 OLS 残差 e_i。

步骤 2：e_i^2 对 $\mathbf{z}_i$ 进行回归，可以得到 OLS 系数估计值 $\hat{\boldsymbol{\alpha}}$。

步骤 3：通过 WLS 重新估计方程 $y_i=\mathbf{x}_i'\boldsymbol{\beta}+\varepsilon_i$，把 $1/\sqrt{\mathbf{z}_i'\hat{\boldsymbol{\alpha}}}$ 当作观测值 i 的权重。

由于（b）中渐近方差 $\left(\frac{1}{n}\mathbf{X}'\hat{\mathbf{V}}^{-1}\mathbf{X}\right)^{-1}$ 的正确估计值是（n 乘以）待估方差矩阵，对于步骤 3 的回归而言，这一矩阵可以由标准的回归软件包例行给出，所以计算合适的检验统计量也非常便捷：从步骤 3 回归中所得的标准 t 比率和 F 比率可以用于统计推断。

□ OLS 与 WLS

这样，我们就有了两个一致且渐近正态的估计量——OLS 估计量和 WLS 估计量。对比一个一致且渐近正态的估计量和另外一个一致且渐近正态的同一参数的估计量，如果前者的渐近方差不超过后者的渐近方差，我们就称前一个估计量比后一个估计量**更渐近有效**（asymptotically more efficient）。我们把下面这个证明留给你作为分析性习题，请证明 WLS 估计量比 OLS 估计量更渐近有效。

然而，WLS 胜过 OLS 却依赖于这样的前提假设，即样本规模足够大，且条件二阶矩的函数形式是正确设定的。如果其函数形式设定错误，那么 WLS 估计量仍然是有效的，当然其渐近方差可能小于也可能不小于 $\text{Avar}(\mathbf{b})$。在有限样本中，即便函数形式是正确设定的，WLS 估计量的大样本近似也可能不如 OLS 的大样本近似，这是因为在 WLS 程式中涉及额外的参数（$\boldsymbol{\alpha}$）的缘故。

复习题

1. 证明：“$\text{E}(\eta_i\mid\mathbf{x}_i)=0$，$\mathbf{z}_i$ 是 $\mathbf{x}_i$ 的一个函数” ⇒ “$\text{E}(\mathbf{z}_i\cdot\eta_i)=\mathbf{0}$。” **提示**：总期望定律。

2. 在辅助回归式（2.8.8）中误差项是条件同方差的吗？如果是，对于 WLS 估计量的渐近分布，它是否重要？

2.9 最小二乘投射

如果为 OLS 估计量的大样本性质提供合理基础的那些假设（除去遍历平稳性）都不能得到满足，可我们仍然想有所进展，并将 OLS 应用于该样本，我们该怎么办呢？我们估计的又是什么呢？答案就在本节。OLS 给出了解释变量线性组合的最佳方式下的估计值，以预测因变量。这个线性组合被称为**最小二乘投射**（least squares projection）。

□ 对因变量取值的最优预测

我们已经讨论了从一个样本中估计未知参数的各种情况。我们暂且将计量经济学者的身份搁置一旁，而置身于下面这样的情境中。取一个随机变量 y 和一个随机向量 $\mathbf{x}$。我们已知（y，$\mathbf{x}$）的联合分布和 $\mathbf{x}$ 的取值。在这些知识的基础上，我们希望预测 y。因此一个预测元就是 $\mathbf{x}$ 的函数 $f(\mathbf{x})$，其函数形式 $f(\cdot)$ 由（y，$\mathbf{x}$）的联合分布确定。很自然，我们会选择函数 $f(\cdot)$，以最小化某个是**预测误差**（forecast error）$y-f(\mathbf{x})$ 的函数的指标。我们取这个损失函数为**均方误**（mean squared error）$\mathrm{E}[(y-f(\mathbf{x}))^2]$，因为它看起来与任何其他损失函数一样都是合理的，更为重要的乃是因为它给出了以下这个便利的结论：

命题 2.7：$\mathrm{E}(y \mid \mathbf{x})$ 是 y 的最优预测元，因为它最小化了均方误。

我们已经在第 1 章看到，在证明最小化二次函数的备选解上加减策略是非常有效的。这里我们也将这一策略运用于平方误差。令 $f(\mathbf{x})$ 为任一预测结果。将 $\mathrm{E}(y \mid \mathbf{x})$ 加到预测误差 $y-f(\mathbf{x})$ 上，然后将它减去，可以得到下面这个分解式：

$$y-f(\mathbf{x})=(y-\mathrm{E}(y|\mathbf{x}))+(\mathrm{E}(y|\mathbf{x})-f(\mathbf{x})) \tag{2.9.1}$$

因此，这个平方预测误差为：

$$\begin{aligned}(y-f(\mathbf{x}))^2=&(y-\mathrm{E}(y|\mathbf{x}))^2+2(y-\mathrm{E}(y|\mathbf{x}))(\mathrm{E}(y|\mathbf{x})-f(\mathbf{x}))\\&+(\mathrm{E}(y|\mathbf{x})-f(\mathbf{x}))^2\end{aligned} \tag{2.9.2}$$

两边取期望可以得到：

$$\begin{aligned}\text{均方误}\equiv\mathrm{E}[(y-f(\mathbf{x}))^2]=&\mathrm{E}[(y-\mathrm{E}(y|\mathbf{x}))^2]+2\mathrm{E}[(y-\mathrm{E}(y|\mathbf{x}))(\mathrm{E}(y|\mathbf{x})\\&-f(\mathbf{x}))]+\mathrm{E}[(\mathrm{E}(y|\mathbf{x})-f(\mathbf{x}))^2]\end{aligned} \tag{2.9.3}$$

证明中间这一项为零就是对总期望定律的一个直接应用，它是最优预测误差与预测值差别之间的方差（这是一道复习题）。因此，

$$\begin{aligned}\text{均方误}=&\mathrm{E}[(y-\mathrm{E}(y|\mathbf{x}))^2]+\mathrm{E}[(\mathrm{E}(y|\mathbf{x})-f(\mathbf{x}))^2]\\\geqslant&\mathrm{E}[(y-\mathrm{E}(y|\mathbf{x}))^2]\end{aligned} \tag{2.9.4}$$

这表明该均方误是有界的，下界为 $\mathrm{E}[(y-\mathrm{E}(y \mid \mathbf{x}))^2]$，这个下界可以通过其条件期望得到。

□ 最优线性预测元

为了计算 $\mathrm{E}(y \mid \mathbf{x})$，要求知道有关（$y$，$\mathbf{x}$）的联合分布的知识，而 $\mathrm{E}(y \mid \mathbf{x})$ 可能是高度非线性的。我们现在将预测元限制为 $\mathbf{x}$ 的一个线性函数，并提出以下问题：什么才是基于 $\mathbf{x}$ 的 y 的最优线性预测元（在最小化均方误的意义上）？出于这一目的，我们来看满足正交条件的 $\boldsymbol{\beta}^*$：

$$\mathrm{E}[\mathbf{x}\cdot(y-\mathbf{x}'\boldsymbol{\beta}^*)]=\mathbf{0} \quad 或 \quad \mathrm{E}(\mathbf{x}\mathbf{x}')\boldsymbol{\beta}^*=\mathrm{E}(\mathbf{x}\cdot y) \tag{2.9.5}$$

这一思想是，选择 $\boldsymbol{\beta}^*$，从而使得预测误差 $y-\mathbf{x}'\boldsymbol{\beta}^*$ 正交于 $\mathbf{x}$。如果 $\mathrm{E}(\mathbf{x}\mathbf{x}')$ 是非奇异的，那么该正交条件可以求出 $\boldsymbol{\beta}^*$：

$$\boldsymbol{\beta}^*=[\mathrm{E}(\mathbf{x}\mathbf{x}')]^{-1}\mathrm{E}(\mathbf{x}\cdot y) \tag{2.9.6}$$

y 对 $\mathbf{x}$ 的**最小二乘**（least squares）（或**线性**（linear））**投射**（projection）用 $\hat{\mathrm{E}}^*(y \mid \mathbf{x})$ 表示，定义为 $\mathbf{x}'\boldsymbol{\beta}^*$，其中 $\boldsymbol{\beta}^*$ 满足式（2.9.5），被称为**最小二乘投射系数**（least squares projection coefficients）。

命题 2.8：最小二乘投射 $\hat{\mathrm{E}}^*(y \mid \mathbf{x})$ 是 y 的最优线性预测元，因为它最小化了均方误。

加减策略在这里也会起作用。

证明：对于任意的线性预测元 $\mathbf{x}'\tilde{\boldsymbol{\beta}}$ 而言，

$$\begin{aligned}
均方误 &\equiv \mathrm{E}[(y-\mathbf{x}'\tilde{\boldsymbol{\beta}})^2]=\mathrm{E}\{[(y-\mathbf{x}'\boldsymbol{\beta}^*)+\mathbf{x}'(\boldsymbol{\beta}^*-\tilde{\boldsymbol{\beta}})]^2\} \quad (根据加减策略)\\
&=\mathrm{E}[(y-\mathbf{x}'\boldsymbol{\beta}^*)^2]+2(\boldsymbol{\beta}^*-\tilde{\boldsymbol{\beta}})'\mathrm{E}[\mathbf{x}\cdot(y-\mathbf{x}'\boldsymbol{\beta}^*)]+\mathrm{E}[(\mathbf{x}'(\boldsymbol{\beta}^*-\tilde{\boldsymbol{\beta}}))^2]\\
&=\mathrm{E}[(y-\mathbf{x}'\boldsymbol{\beta}^*)^2]+\mathrm{E}[(\mathbf{x}'(\tilde{\boldsymbol{\beta}}-\boldsymbol{\beta}^*))^2] \quad (根据正交条件式(2.9.5))\\
&\geqslant \mathrm{E}[(y-\mathbf{x}'\boldsymbol{\beta}^*)^2]
\end{aligned}$$

■

与条件期望的最优预测元相比，最优线性预测元仅要求知道用于计算的关于（y，$\mathbf{x}$）的联合分布的二阶矩即可（参看式（2.9.6））。

如果回归元 $\mathbf{x}$ 中的一个为常数，最小二乘投射系数可以根据方差和协方差写出。令 $\tilde{\mathbf{x}}$ 为非常数回归元向量，有：

$$\mathbf{x}=\begin{bmatrix}1\\ \tilde{\mathbf{x}}\end{bmatrix}$$

作为一道本章的分析性习题，要求你证明：

$$\hat{\mathrm{E}}^*(y|\mathbf{x})\equiv\hat{\mathrm{E}}^*(y|1,\tilde{\mathbf{x}})=\mu+\boldsymbol{\gamma}'\tilde{\mathbf{x}} \tag{2.9.7}$$

其中：

$$\boldsymbol{\gamma}=\mathrm{Var}(\tilde{\mathbf{x}})^{-1}\mathrm{Cov}(\tilde{\mathbf{x}},y),\ \mu=\mathrm{E}(y)-\boldsymbol{\gamma}'\mathrm{E}(\tilde{\mathbf{x}})$$

这个公式和第 1 章“均值离差回归”公式总体上是比较类似的（分析性习题 3）。

□ OLS 一致性地估计投射系数

现在我们重新从计量经济学家的角度来考虑对 $\boldsymbol{\beta}^*$ 的估计。假设我们有从遍历平稳性随机过程 $\{y_i, \mathbf{x}_i\}$ 中抽取的规模为 n 的一个样本，（y_i，$\mathbf{x}_i$）的联合分布（由于平稳性，它不取决于 i）与上文中（y，$\mathbf{x}$）的联合分布等同。因此，例如，$\mathrm{E}(\mathbf{x}_i\mathbf{x}_i')=\mathrm{E}(\mathbf{x}\mathbf{x}')$。根据遍历性定理，在式（2.9.6）中的二阶矩可以被一致性地通过相应的样本二阶矩得到估计。这样一来，投射系数 $\boldsymbol{\beta}^*$ 的一个一致估计量为：

$$\left(\frac{1}{n}\sum_{i=1}^{n}\mathbf{x}_i\mathbf{x}_i'\right)^{-1}\left(\frac{1}{n}\sum_{i=1}^{n}\mathbf{x}_i\cdot y_i\right)=(\mathbf{X}'\mathbf{X})^{-1}\mathbf{X}'\mathbf{y}$$

它正是 OLS 估计量 $\mathbf{b}$。也就是说，假设 2.2（遍历平稳性）和假设 2.4 确保了 $\mathrm{E}(\mathbf{x}\mathbf{x}')$ 的非奇异性，因此，OLS 估计量对于满足正交条件式（2.9.5）的投射系数向量 $\boldsymbol{\beta}^*$ 而言总是一致的。

复习题

1.（预测误差的不可预测性）对于最小均方误预测出来的 $\mathrm{E}(y\mid\mathbf{x})$，预测误差正交于 $\mathbf{x}$ 的任一函数 $\phi(\mathbf{x})$。也就是说，$\mathrm{E}[\eta\phi(\mathbf{x})]=0$，其中 $\eta\equiv y-\mathrm{E}(y\mid\mathbf{x})$。证明这一点。**提示：**总期望定律。证明：通过设定 $\phi(\mathbf{x})=\mathrm{E}(y\mid\mathbf{x})-f(\mathbf{x})$ 可知式（2.9.3）的 RHS 的中间项为零。

2.（预测白噪声）假设 $\{\varepsilon_i\}$ 是白噪声。$\hat{\mathrm{E}}^*(\varepsilon_i\mid\varepsilon_{i-1},\varepsilon_{i-2},\cdots,\varepsilon_{i-m})$ 是多少？$\hat{E}(\varepsilon_i\mid 1,\varepsilon_{i-1},\varepsilon_{i-2},\cdots,\varepsilon_{i-m})$ 是多少？$\mathrm{E}(\varepsilon_i\mid\varepsilon_{i-1},\varepsilon_{i-2},\cdots,\varepsilon_{i-m})=0$ 成立吗？**提示：**对于例 2.4 中的程序来说，它是零吗？

3.（线性的条件期望）假设 $\mathrm{E}(y\mid\tilde{\mathbf{x}})=\mu+\boldsymbol{\gamma}'\tilde{\mathbf{x}}$。证明：$\hat{\mathrm{E}}^*(\mathbf{y}\mid 1,\tilde{\mathbf{x}})=\mathrm{E}(y\mid\tilde{\mathbf{x}})$。

4.（分块投射）考虑模型 $y_i=\mathbf{x}_i'\boldsymbol{\beta}+\mathbf{z}_i'\boldsymbol{\delta}+\varepsilon_i$，其中 $\mathrm{E}(\mathbf{x}_i\cdot\varepsilon_i)=\mathbf{0}$，$\mathrm{E}(\mathbf{z}_i\cdot\varepsilon_i)\neq\mathbf{0}$，$\mathrm{E}(\mathbf{z}_i\mathbf{x}_i)=0$。如此，则 $\mathbf{z}_i$ 是非前定的（即不是正交于误差项的），但是它与前定的回归元 $\mathbf{x}_i$ 是没有关系的，因为其交叉矩为 0。

（a）证明：在 y_i 对 $\mathbf{x}_i$ 和 $\mathbf{z}_i$ 的投射中，$\mathbf{x}_i$ 的最小二乘投射系数为 $\boldsymbol{\beta}$。**提示：**计算 $\hat{\mathrm{E}}^*(\varepsilon_i\mid\mathbf{x}_i,\mathbf{z}_i)$。

（b）在 y_i 对 $\mathbf{x}_i$ 的最小二乘投射中，$\mathbf{x}_i$ 的最小二乘投射系数是多少？**提示：**将 $\mathbf{z}_i'\boldsymbol{\delta}+\varepsilon_i$ 视作误差项。

（c）你将使用哪一个投射估计 $\boldsymbol{\beta}$？**提示：**误差方差越小越好。

2.10 检验序列相关

正如 2.3 节中所谈及的（参看式（2.3.3）），当回归元包括常数项时（在几乎所有已知的应用中都是这样），假设 2.5 表明误差项是一个标量鞅差分序列（m. d. s.），因此如果发现误差项存在序列相关，就表明假设 2.5 不成立。序列相关在传统上是计量经济学的重要主题，而且对序列相关的检验也有很多个（即对误差项中无序列相关的检验）。然而，它们中有一些要求回归元是严格外生的。我们在本节给出的这个检验不要求严格外生性。因为序列相关的问题仅仅出现在时间序列模型中，因此在本节（以及之后）我们使用下标“t”而不是“i”。贯穿本节，我们都假设回归元包含常数项。

如果能够检验扩展到涵盖 $\mathbf{g}_t(\equiv\mathbf{x}_t\cdot\varepsilon_t)$ 中的序列相关的检验，当然是极好的，但是现在还没有这样的检验。在文献中这是一个空白，但问题并不是很严重，因为今天的研究者知道该如何与 $\mathbf{g}_t$ 中的序列相关共存。也就是说，正如将在第 6 章所示的那样，当 $\mathbf{g}_t$

中存在序列相关而进行推断时，还是有办法的。在本章前面我们已经了解到如何计算对于条件异方差性而言稳健的标准误。在第 6 章，那些标准误对于序列相关而言同样是稳健的。

□ 博克斯-皮尔斯和扬-博克斯

在转向讨论误差项中的序列相关检验之前，我们暂时来看看这个回归框架，看看单变量时间序列中的序列相关。假设我们有一个规模为 n 的样本 $\{z_1, \cdots, z_n\}$，它抽自一个标量协方差平稳过程。在 2.2 节，我们定义了 j 阶（总体）自协方差 γ_j。***j* 阶样本自协方差**（sample j-th order autocovariance）是：

$$\hat{\gamma}_j \equiv \frac{1}{n}\sum_{t=j+1}^{n}(z_t - \bar{z}_n)(z_{t-j} - \bar{z}_n) \quad (j = 0,1,\cdots) \tag{2.10.1}$$

其中

$$\bar{z}_n \equiv \frac{1}{n}\sum_{t=1}^{n} z_t$$

（如果这个总体均值 $\mathrm{E}(z_t)$ 已知，那么它可以取代样本均值 $\bar{z}_n$；这样做可以改善其小样本性质。）这里，即便总数上只有 $n-j$ 项，分母也是 n 而非 $n-j$。无论这 $n-j$ 项之和被 n 还是 $n-j$ 除，均不影响大样本结果。不过，对于适中的样本规模来说，这一数值差异还可能是相当大的，你应该对何者作为分母总是保持清醒的认识。该 ***j* 阶样本自相关系数**（sample j-th order autocorrelation coefficient）$\hat{\rho}_j$ 被定义如下：

$$\hat{\rho}_j \equiv \frac{\hat{\gamma}_j}{\hat{\gamma}_0} \quad (j=1,2,\cdots) \tag{2.10.2}$$

如果 $\{z_t\}$ 是遍历平稳的，那么很容易可以证明（参看复习题），对于 γ_j（$j=0$，1，2，…）而言，$\hat{\gamma}_j$ 是一致的。因此，根据引理 2.3（a），对于 ρ_j（$j=1$，2，…）而言，$\hat{\rho}_j$ 是一致的。特别地，如果 $\{z_t\}$ 是序列不相关的，那么所有的样本自相关系数都会依概率收敛到 0。不过，为了检验序列相关，我们需要知道 $\sqrt{n}\hat{\rho}_j$ 的渐近分布。它可以由以下定理给出：

命题 2.9（霍尔和海德（Hall and Heyde，1980）的定理 6.7 的特殊情形）：假设 $\{z_t\}$ 可以写为 $\mu+\varepsilon_t$，其中 ε_t 是具有“自”条件同方差性的平稳鞅差分序列：

（自条件同方差性）　$\mathrm{E}(\varepsilon_t^2 \mid \varepsilon_{t-1}, \varepsilon_{t-2}, \cdots) = \sigma^2$，$\sigma^2 > 0$

令样本自相关 $\hat{\rho}_j$ 如在式（2.10.1）和式（2.10.2）中那样定义。那么有：

$$\sqrt{n}\,\hat{\boldsymbol{\gamma}} \xrightarrow[\mathrm{d}]{} N(\mathbf{0},\ \sigma^4 \mathbf{I}_p) \text{和} \sqrt{n}\,\hat{\boldsymbol{\rho}} \xrightarrow[\mathrm{d}]{} N(\mathbf{0},\ \mathbf{I}_p)$$

其中 $\hat{\boldsymbol{\gamma}} = (\hat{\gamma}_1, \hat{\gamma}_2, \cdots, \hat{\gamma}_p)'$，$\hat{\boldsymbol{\rho}} = (\hat{\rho}_1, \hat{\rho}_2, \cdots, \hat{\rho}_p)'$。

这里，过程 ε_t 不必要求是遍历的。在遍历性条件下证明这一点留作一道分析题。如此，渐近地，（$\sqrt{n}$乘以）该自相关函数是 i.i.d.，且其分布为 $N(0, 1)$。这里所假定的过程 $\{\varepsilon_t\}$ 要比独立白噪声过程更为一般化，但其条件二阶矩必然是恒定不变的，因此这一结果并不能涵盖 ARCH 这类过程。

在时间序列中检验序列相关的一种方法是检查一阶自相关 ρ_1 是不是为 0。命题 2.9 表明：

$$\sqrt{n}\,\hat{\rho}_1=\frac{\hat{\rho}_1}{1/\sqrt{n}}\xrightarrow[\mathrm{d}]{}N(0,1) \tag{2.10.3}$$

因此 $\hat{\rho}_1$ 除以 $1/\sqrt{n}$的一个“标准误”所形成的 t 统计量是渐近正态的。

我们也可以检验一组自相关是不是同时为零。令 $\hat{\boldsymbol{\rho}}=(\hat{\rho}_1,\ \cdots,\ \hat{\rho}_p)'$为 p 维向量，其从第一个 p 个样本自相关中收集得到。由于$\sqrt{n}\,\hat{\rho}$ 的元素渐近独立且各自以标准正态而分布，故它们的平方和被称为**博克斯-皮尔斯（Box-Pierce）Q**，是渐近卡方的，因其首先得自博克斯和皮尔斯（Box and Pierce，1970），故得此名。

$$\text{博克斯-皮尔斯 Q 统计量}\equiv n\sum_{j=1}^{p}\hat{\rho}_j^2=\sum_{j=1}^{p}(\sqrt{n}\ \hat{\rho}_j)^2\xrightarrow[\mathrm{d}]{}\chi^2(p) \tag{2.10.4}$$

可以很容易证明（参看复习题）下面这个被称为**扬-博克斯（Ljung-Box）Q** 的修正是渐近等价的，因为其得自博克斯-皮尔斯 Q 的差异在大样本中消失。因此，根据引理 2.4 (a)，它也是渐近卡方的：

$$\begin{aligned}\text{扬-博克斯 } Q \text{ 统计量}&\equiv n\cdot(n+2)\sum_{j=1}^{p}\frac{\hat{\rho}_j^2}{n-j}\\&=\sum_{j=1}^{p}\frac{n+2}{n-j}(\sqrt{n}\ \hat{\rho}_j)^2\xrightarrow[\mathrm{d}]{}\chi^2(p)\end{aligned} \tag{2.10.5}$$

通常这一修正可以给出就适中的样本规模而言对卡方分布的一个更好的近似（要求你在蒙特卡罗练习中证明这一点）。对于 p 的选择，这两个统计量中的任何一个均无清楚的指示。如果 p 太小，则必有遗漏高阶自相关的危险，但是如果 p 相对于样本规模过大，则其有限样本分布可能会情况不妙，极大地偏离卡方分布。

□ 从残差中计算样本自相关

现在我们回到由假设 2.1 至假设 2.5 所描述的回归模型。如果误差项 ε_t 是可观察的，那么我们可以计算样本自相关如下：

$$\tilde{\rho}_j\equiv\frac{\tilde{\gamma}_j}{\tilde{\gamma}_0}\quad(j=1,2,\cdots) \tag{2.10.6}$$

其中，

$$\tilde{\gamma}_j\equiv\frac{1}{n}\sum_{t=j+1}^{n}\varepsilon_t\varepsilon_{t-j}\quad(j=0,1,2,\cdots) \tag{2.10.7}$$

（没有必要减去样本均值，因为总体均值为 0 是回归元中包含常数的应有之意。）由于根据假设 2.2 可知 $\{\varepsilon_t\varepsilon_{t-j}\}$ 是遍历平稳的，所以对于所有的 j，$\tilde{\gamma}_j$ 依概率收敛于相应的总体均值 $\mathrm{E}(\varepsilon_t\varepsilon_{t-j})$，而对于 ε_t 的第 j 个总体自相关系数而言，$\tilde{\rho}_j$ 是一致的。

接下来考虑一种更为现实的情况，其中我们观察不到误差项。我们可以用 OLS 估计值 e_t 来取代上述公式中的 ε_t，并计算样本自相关如下：

$$\hat{\rho}_j \equiv \frac{\hat{\gamma}_j}{\hat{\gamma}_0} \quad (j=1,2,\cdots) \tag{2.10.8}$$

其中，

$$\hat{\gamma}_j \equiv \frac{1}{n}\sum_{t=j+1}^{n} e_t e_{t-j} \quad (j=0,1,2,\cdots) \tag{2.10.9}$$

(因为其回归元包含常数项，所以与该常数相应的常规方程确保了 e_t 的样本均值为 0。因此，也就没有必要减去样本均值了。）使用 $\hat{\rho}_j$（通过自残差计算）而不是 $\tilde{\rho}_j$，以及使用导自 $\{\hat{\rho}_j\}$ 的以残差为基础的 Q 统计量来检验序列相关，总是正确的吗？答案是肯定的，但只有当回归元是严格外生的时候才如此。

回忆一下，将残差 e_t 和真正的误差项 ε_t 连接起来的表达式由式（2.3.9）给出。利用这一点，$\tilde{\gamma}_j$ 和 $\hat{\gamma}_j$ 之间的差可以写为：

$$\begin{aligned}\hat{\gamma}_j &\equiv \frac{1}{n}\sum_{t=j+1}^{n} e_t e_{t-j} = \frac{1}{n}\sum_{t=j+1}^{n}[\varepsilon_t - \mathbf{x}_t'(\mathbf{b}-\boldsymbol{\beta})][\varepsilon_{t-j} - \mathbf{x}_{t-j}'(\mathbf{b}-\boldsymbol{\beta})] \\ &= \tilde{\gamma}_j - \frac{1}{n}\sum_{t=j+1}^{n}(\mathbf{x}_{t-j}\cdot\varepsilon_t + \mathbf{x}_t\cdot\varepsilon_{t-j})'(\mathbf{b}-\boldsymbol{\beta}) \\ &\quad + (\mathbf{b}-\boldsymbol{\beta})'\left(\frac{1}{n}\sum_{t=j+1}^{n}\mathbf{x}_t\mathbf{x}_{t-j}'\right)(\mathbf{b}-\boldsymbol{\beta})\end{aligned} \tag{2.10.10}$$

如果 $\mathrm{E}(\mathbf{x}_t\cdot\varepsilon_{t-j})$，$\mathrm{E}(\mathbf{x}_{t-j}\cdot\varepsilon_t)$ 和 $\mathrm{E}(\mathbf{x}_t\mathbf{x}_{t-j}')$ 都是有限的，则第二项和第三项会消失（依概率收敛到 0），因为 $\mathbf{b}-\boldsymbol{\beta}\rightarrow_{\mathrm{p}}\mathbf{0}$。因此，

$$\hat{\gamma}_j - \tilde{\gamma}_j \xrightarrow[\mathrm{p}]{} 0 \quad (j=0,1,2,\cdots)$$

这样一来，$\tilde{\rho}_j$ 和 $\hat{\rho}_j$ 之间的差在大样本中也会消失。

不过，$\sqrt{n}$ 乘以该差值并不会消失。$\sqrt{n}\,\tilde{\rho}_j$ 和 $\sqrt{n}\,\hat{\rho}_j$ 可以写为：

$$\sqrt{n}\,\tilde{\rho}_j = \frac{\sqrt{n}\tilde{\gamma}_j}{\tilde{\gamma}_0} \text{ 和 } \sqrt{n}\,\hat{\rho}_j = \frac{\sqrt{n}\,\hat{\gamma}_j}{\hat{\gamma}_0} \tag{2.10.11}$$

我们已经看到，对于 $\sqrt{n}\,\tilde{\rho}_j$ 和 $\sqrt{n}\,\hat{\rho}_j$，其分母 $\rightarrow_{\mathrm{p}}\sigma^2$。所以，如果 $\sqrt{n}\tilde{\gamma}_j$ 和 $\sqrt{n}\,\hat{\gamma}_j$ 之间的差值存在，则 $\sqrt{n}\,\tilde{\rho}_j$ 和 $\sqrt{n}\,\hat{\rho}_j$ 之间的差值将不会消失（如果你不是很确信，可以参看下面的复习题 3）。现在，对式（2.10.10）两边乘以 $\sqrt{n}$，我们可以得到：

$$\begin{aligned}\sqrt{n}\,\hat{\gamma}_j &= \sqrt{n}\tilde{\gamma}_j - \frac{1}{n}\sum_{t=j+1}^{n}(\mathbf{x}_{t-j}\cdot\varepsilon_t + \mathbf{x}_t\cdot\varepsilon_{t-j})'\sqrt{n}(\mathbf{b}-\boldsymbol{\beta}) \\ &\quad + \sqrt{n}(\mathbf{b}-\boldsymbol{\beta})'\left(\frac{1}{n}\sum_{t=j+1}^{n}\mathbf{x}_t\mathbf{x}_{t-j}'\right)(\mathbf{b}-\boldsymbol{\beta})\end{aligned} \tag{2.10.12}$$

因为 $\sqrt{n}(\mathbf{b}-\boldsymbol{\beta})$ 收敛于一个随机变量（其分布是正态的），根据引理 2.4（b），RHS 的第三项就消失了。关于第二项，我们有：

$$\frac{1}{n}\sum_{t=j+1}^{n}(\mathbf{x}_{t-j}\cdot\varepsilon_t + \mathbf{x}_t\cdot\varepsilon_{t-j}) \xrightarrow[p]{} \mathrm{E}(\mathbf{x}_{t-j}\cdot\varepsilon_t) + \mathrm{E}(\mathbf{x}_t\cdot\varepsilon_{t-j}) \tag{2.10.13}$$

如果在对于所有 t 和 s，$\mathrm{E}(\mathbf{x}_t \cdot \varepsilon_s)=\mathbf{0}$ 这个意义上该回归元是严格外生的，则：

$$\mathrm{E}(\mathbf{x}_{t-j} \cdot \varepsilon_t)+\mathrm{E}(\mathbf{x}_t \cdot \varepsilon_{t-j})=0 \tag{2.10.14}$$

则根据引理 2.4（b），第二项依概率收敛于 0。因此，$\sqrt{n}\,\tilde{\rho}_j$ 和 $\sqrt{n}\,\hat{\rho}_j$ 之间的差值消失，这意味着从回归残差 $\{e_t\}$ 中计算出来的 Q 统计量也渐近服从卡方分布，我们可以利用这个以残差为基础的 Q 来检验序列相关。另外，如果这些回归元不是严格外生的，就不能保证式（2.10.14）成立。因此，以残差为基础的 Q 统计量可能不会渐近服从卡方分布。

□ 检验先定而非严格外生的回归元

由于上文所述之故，当回归元不是严格外生的时候，我们需要修正 Q 统计量来恢复其渐近分布。出于这一目的，我们来看两个约束条件：

$$(\text{前定性的更强形式})\quad \mathrm{E}(\varepsilon_t \mid \varepsilon_{t-1},\varepsilon_{t-2},\cdots,\mathbf{x}_t,\mathbf{x}_{t-1},\cdots)=0 \tag{2.10.15}$$

$$(\text{条件同方差性的更强形式})\quad \mathrm{E}(\varepsilon_t^2 \mid \varepsilon_{t-1},\varepsilon_{t-2},\cdots,\mathbf{x}_t,\mathbf{x}_{t-1},\cdots)=\sigma^2>0 \tag{2.10.16}$$

第一个条件只是复制了式（2.3.1）（其中“t”现在被用作下标）。正如 2.3 节所示，这比假设 2.3 更强，表明 $\mathbf{g}_t(\equiv \mathbf{x}_t \cdot \varepsilon_t)$ 是一个 m. d. s. 。其中条件集合中包含 $\mathbf{x}_t$ 的条件式（2.10.16）显然比假设 2.7（条件同方差性）更强。在命题 2.9 中它也比自条件同方差性假设更强，因为这个条件集合包含当前和过去的 $\mathbf{x}$ 以及过去的 ε。下一个结果表明，在这些新增条件之下，有一个对 Q 统计量的适当修正。

命题 2.10（检验具有前定回归元的序列相关）：假定满足假设 2.1、假设 2.2、假设 2.4、式（2.10.15）和式（2.10.16）。令 OLS 残差 $\hat{\rho}_j$ 的样本自相关如式（2.10.8）那样进行定义。那么，

$$\sqrt{n}\,\hat{\boldsymbol{\gamma}} \xrightarrow[\mathrm{d}]{} N(\mathbf{0},\sigma^4 \cdot (\mathbf{I}_p-\mathbf{\Phi}))\ ,\ \sqrt{n}\,\hat{\boldsymbol{\rho}} \xrightarrow[\mathrm{d}]{} N(\mathbf{0},\mathbf{I}_p-\mathbf{\Phi}) \tag{2.10.17}$$

其中 $\hat{\boldsymbol{\gamma}}=(\hat{\gamma}_1,\ \hat{\gamma}_2,\ \cdots,\ \hat{\gamma}_p)'$，$\hat{\boldsymbol{\rho}}=(\hat{\rho}_1,\ \hat{\rho}_2,\ \cdots,\ \hat{\rho}_p)'$ 和 ϕ_{jk}（$\equiv p\times p$ 矩阵 $\mathbf{\Phi}$ 的第（j，k）个元素）由下式给出：

$$\phi_{jk}=\mathrm{E}(\mathbf{x}_t \cdot \varepsilon_{t-j})'\mathrm{E}(\mathbf{x}_t\mathbf{x}_t')^{-1}\mathrm{E}(\mathbf{x}_t \cdot \varepsilon_{t-k})/\sigma^2 \tag{2.10.18}$$

尽管这个证明不是非常困难，但我们还是在附录 2. B 中给出它。根据遍历性定理，矩阵 $\mathbf{\Phi}$ 是由其样本对应部分来予以一致性估计的：

$$\hat{\mathbf{\Phi}}\equiv(\hat{\phi}_{jk}),\ \hat{\phi}_{jk}\equiv\bar{\boldsymbol{\mu}}_j'\mathbf{S}_{\mathbf{xx}}^{-1}\bar{\boldsymbol{\mu}}_k/s^2 \quad (j,k=1,2,\cdots,p) \tag{2.10.19}$$

其中，

$$s^2 \equiv \frac{1}{n-K}\sum_{t=1}^{n} e_t^2\ ,\ \bar{\boldsymbol{\mu}}_j \equiv \frac{1}{n}\sum_{t=j+1}^{n} \mathbf{x}_t \cdot e_{t-j}$$

可以从这一点以及命题 2.10 中导出以下结果：

$$\text{修正的博克斯-皮尔斯 } Q \equiv n \cdot \hat{\boldsymbol{\rho}}'(\mathbf{I}_p-\hat{\mathbf{\Phi}})^{-1}\,\hat{\boldsymbol{\rho}} \xrightarrow[\mathrm{d}]{} \chi^2(p) \tag{2.10.20}$$

只要回归元是前定的，并且误差项在式（2.10.15）以及式（2.10.16）上是条件同方差

的，那么，即便这些回归元不是严格外生的，这一修正的 Q 统计量也仍然可用。

□ 基于辅助回归的检验

尽管计算这个修正的 Q 统计量可以直接使用基于矩阵的软件，但找出从回归软件包中计算出来的渐近等价统计量仍然是非常有用的。出于这一目的，我们来看下面这个辅助回归：

$$e_t \text{ 对 } \mathbf{x}_t, e_{t-1}, e_{t-2}, \cdots, e_{t-p} \text{进行回归} \tag{2.10.21}$$

为了就 $t=1, 2, \cdots, n$ 运行这个辅助回归，我们需要有关（e_0，e_{-1}，…，e_{-p+1}）的数据。从渐近性的角度看，指定给它们哪一个特定的数值并不是很重要，但将它们设定为等于它们的期望值 0 似乎是比较明智的。① 从这一辅助回归当中，我们可以就 e_{t-1}，e_{t-2}，…，e_{t-p}的 p 系数皆为零这一假设来计算 F 统计量。给定命题 2.5（c），唯一需要怀疑的只是 $p \cdot F$ 是否渐近于 $\chi^2(p)$。这一假说确实为真：在命题 2.10 的假设之下，修正的 Q 统计量式（2.10.20）是渐近等价于 $p \cdot F$ 的（即随着 $n \to \infty$，二者之间的差值依概率收敛于 0），因此 $p \cdot F$ 也渐近地服从卡方分布（在分析性习题中要求证明这一点）。

从这个辅助回归来看，这个 $p \cdot F$ 统计量渐近等价于 nR^2。这可以做下面的证明。回忆一下第 1 章的代数结果：F 比率可以通过非受限和受限回归的残差平方和的差值计算得到。在当前情况下的非受限回归是式（2.10.21），而受限回归则为：

$$e_t \text{ 对 } \mathbf{x}_t \text{ 回归} \tag{2.10.22}$$

因此，如果 SSR_U 和 SSR_R 是分别得自式（2.10.21）和式（2.10.22）的 SSR，则我们有：

$$p \cdot F = \frac{SSR_R - SSR_U}{SSR_U/(n - \#\mathbf{x}_t - p)} = (n - \#\mathbf{x}_t - p)\frac{SSR_R - SSR_U}{SSR_U} \tag{2.10.23}$$

其中 $\#\mathbf{x}_t$ 是 $\mathbf{x}_t$ 中变量的数目。不过，由于 e_t 是得自初始回归（y_t 对 $\mathbf{x}_t$ 的一个回归）的残差，所以式（2.10.22）中的回归元 $\mathbf{x}_t$ 并不具有解释力。因此 $SSR_R = \mathbf{e}'\mathbf{e}$，其中 $\mathbf{e}$ 是从该初始回归中得到的残差的 n 维向量，式（2.10.23）在数值上与下式等同：

$$(n - \#\mathbf{x}_t - p)\frac{R_{uc}^2}{1 - R_{uc}^2}$$

其中 R_{uc}^2 是辅助回归式（2.10.21）的非中心化 R^2。② 但由于 e_t 的样本均值根据构造是零（这是因为 $\mathbf{x}_t$ 包含一个常数项），所以 R_{uc}^2 在数值上等同于该辅助回归的 R^2。这样一来，我们就已经证明了这一代数结果：

$$p \cdot F = (n - \#\mathbf{x}_t - p)\frac{R^2}{1 - R^2}$$

其中 R^2 就等于这个辅助回归式（2.10.21）的 R^2。求解这一方程，解出 R^2，两边同乘

---

① 另外一个渐近等价选择是对于 $t = p+1, p+2, \cdots, n$ 运行这个辅助回归。

② 回忆一下，从式（1.2.16）中可知，$\mathbf{y}$ 对 $\mathbf{x}$ 回归的非中心化 R^2 被定义为：

$$R_{uc}^2 \equiv \frac{\mathbf{y}'\mathbf{y} - \mathbf{e}'\mathbf{e}}{\mathbf{y}'\mathbf{y}}$$

在当前这种情境下，该公式中的 $\mathbf{y}'\mathbf{y}$ 是 $\mathbf{e}'\mathbf{e}$，而该公式中的 $\mathbf{e}'\mathbf{e}$ 是 SSR_U。

以 n，我们可以得到：

$$nR^2=\frac{n}{n-\#\mathbf{x}_t-p}\cdot\frac{1}{1+\frac{p\cdot F}{n-\#\mathbf{x}_t-p}}\cdot p\cdot F$$

由于随着 $n\to\infty$ 有 $\frac{p\cdot F}{n-\#\mathbf{x}_t-p}\to_{\mathrm{p}}0$（引理 2.4（b）的含义所指），这个方程表明 $p\cdot F-nR^2\to_{\mathrm{p}}0$。因此，从这个辅助回归式（2.10.21）中得到的 nR^2 渐近于 $\chi^2(p)$。这个基于 nR^2 的检验被称为**布鲁施-戈弗雷序列相关检验**（Breusch-Godfrey test for serial correlation）。当 $p=1$ 时，该检验统计量渐近等价于**德宾 h**（Durbin h）统计量的平方。①

复习题

1.（样本自协方差的一致性）证明：如果 $\{z_t\}$ 是遍历平稳的，则式（2.10.1）中给出的样本自协方差 $\hat{\gamma}_j$ 对于 γ_j 这个总体自协方差而言是一致的。**提示：** $\gamma_j=\mathrm{E}(z_tz_{t-j})-\mathrm{E}(z_t)\mathrm{E}(z_{t-j})$。将 $\hat{\gamma}_j$ 改写为：

$$\hat{\gamma}_j=\frac{1}{n}\sum_{t=j+1}^{n}z_tz_{t-j}-\bar{z}_n\frac{1}{n}\sum_{t=j+1}^{n}z_{t-j}-\bar{z}_n\frac{1}{n}\sum_{t=j+1}^{n}z_t+\frac{n-j}{n}(\bar{z}_n)^2$$

2.（两个 Q 的渐近等价性）证明博克斯-皮尔斯 Q 和扬-博克斯 Q 之间的差值随着 $n\to\infty$ 依概率收敛到 0（因此它们的渐近分布是一样的）。**提示：**令

$$\mathbf{x}_n\equiv((\sqrt{n}\,\hat{\rho}_1)^2,\cdots,(\sqrt{n}\,\hat{\rho}_p)^2)'$$

找出一个 p 维向量 $\mathbf{a}_n$，满足这两个 Q 的差值为 $\mathbf{a}_n'\mathbf{x}_n$。证明 $\mathbf{a}_n\to\mathbf{0}$。用到的渐近性质是引理 2.4（b）。

3. 考虑式（2.10.11）中的 $\sqrt{n}\tilde{\rho}_j$ 和 $\sqrt{n}\hat{\rho}_j$。我们已经证明 $\hat{\gamma}_0\to_{\mathrm{p}}\sigma^2$ 和 $\tilde{\gamma}_0\to_{\mathrm{p}}\sigma^2$。根据命题 2.9，$\sqrt{n}\tilde{\gamma}_j\to_{\mathrm{d}}N(0,\sigma^4)$。将此视为给定的，证明：如果 $\sqrt{n}\tilde{\gamma}_j-\sqrt{n}\,\hat{\gamma}_j\to_{\mathrm{p}}0$，则 $\sqrt{n}\tilde{\rho}_j-\sqrt{n}\hat{\rho}_j\to_{\mathrm{p}}0$。**提示：**如果 $\sqrt{n}\tilde{\gamma}_j-\sqrt{n}\hat{\gamma}_j\to_{\mathrm{p}}0$，那么根据引理 2.4（a），有 $\sqrt{n}\hat{\gamma}_j\to_{\mathrm{d}}N(0,\sigma^4)$。

$$\frac{\tilde{\gamma}_j}{\tilde{\gamma}_0}-\frac{\hat{\gamma}_j}{\hat{\gamma}_0}=\tilde{\gamma}_j\cdot\left(\frac{1}{\tilde{\gamma}_0}-\frac{1}{\sigma^2}\right)-\hat{\gamma}_j\cdot\left(\frac{1}{\hat{\gamma}_0}-\frac{1}{\sigma^2}\right)+\frac{1}{\sigma^2}\cdot(\tilde{\gamma}_j-\hat{\gamma}_j)$$

两边都乘以 $\sqrt{n}$，并应用引理 2.4（b）。

2.11 应用：理性预期计量经济学

在动态经济学模型和其他情况中，关于未来的预期很自然扮演着重要的角色。**理性预期计量经济学**（rational expectations econometrics）处理的是涉及预期的方程估计。预期通常是不可观察的，但是如果我们假定经济行为人理性地形成预期，我们就可以使用本章的技术方法来克服不可观察的预期的问题。我们所考虑的这一应用即法玛（Fa-

① 参看 Breusch（1978）和 Godfrey（1978）。布鲁施-戈弗雷检验最初是作为拉格朗日乘子检验导出的，处理的是误差项正态分布、$\mathbf{x}_t$ 由固定回归元和滞后因变量构成这种情况。本章中的讨论表明，该检验适用于命题 2.10 所考虑的更为一般化的情形。

ma）的**有效市场假说**（efficient market hypothesis）。用他自己的话说就是，"一个有效的资本市场在处理信息上是有效的……在一个有效的市场上，价格'完全反映'了可以获取的信息"（Fama，1976，p. 133）。"完全反映"可以更为准确地予以形式化。对于一个特定的资本市场，我们可以对之进行形式化，并检验其含义。

□ 有效市场假说

法玛（Fama，1975）所研究的资本市场是美国国债市场。在本节，我们集中关注以月为基础的一月期国债利率。（在本书后文中我们也会考虑其他不同期限的国债。）为了将国债市场的市场效率予以形式化，我们需要引入若干来自宏观经济学和金融学的概念。由于在本节我们专门处理时间序列数据，所以使用"t"而不是"i"来作为下标。定义如下：

$v_t \equiv$在 t 月开始时一月期国债的价格

$R_t \equiv$在 t 月一月期名义利率，即该种国债在月份$=(1-v_t)/v_t$ 上的名义收益，因此 $v_t=1/(1+R_t)$

$P_t \equiv$消费者物价指数(CPI)的值，它是我们对 t 月开始时价格水平的测量指标

$\pi_{t+1} \equiv t$ 月的通胀率(即从 t 月开始到 $t+1$ 月)$=(P_{t+1}-P_t)/P_t$

${}_t\pi_{t+1} \equiv t$ 月的期望通胀率，在 t 月伊始形成的预期

$\eta_{t+1} \equiv$通胀预测误差$=\pi_{t+1}-{}_t\pi_{t+1}$

$$r_{t+1} \equiv t\text{ 月的事后实际利率}=\frac{1/P_{t+1}-v_t/P_t}{v_t/P_t}=\frac{1+R_t}{1+\pi_{t+1}}-1\approx R_t-\pi_{t+1}$$

$${}_tr_{t+1} \equiv \text{事前实际利率}=\frac{1+R_t}{1+{}_t\pi_{t+1}}-1\approx R_t-{}_t\pi_{t+1}$$

时序——在什么时间点上哪一个变量的取值可以被观察到——在理性预期计量经济学中非常重要。表示变量时间的规则（与法玛的稍有不同）是这样的：如果其值在时期 t（月）开始时首先被观察到，则该变量具有下标 t。① 例如，因为 t 月的通胀率 π_{t+1} 取决于 P_{t+1}，所以其下标为 $t+1$ 而不是 t。出于同样的原因，t 月的事后实际利率具有下标 $t+1$。与之相对照，t 月的事后名义利率 R_t 的下标为 t 而非 $t+1$，因为它是由 t 月开始时的国债价格 v_t 决定的。图 2－2 表明，在哪些时间点上哪些变量的取值可以被观察到。

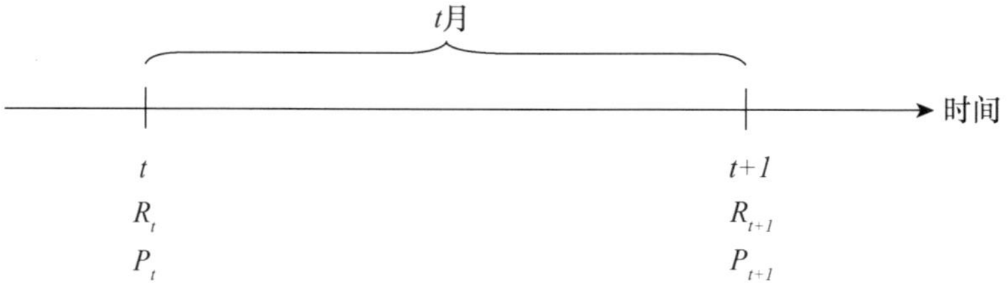

图 2－2　何时观察到什么

我们将时期取定为一个月，只是因为我们的数据是以月份来计算的。注意，正确的到期时间（一个月）就是抽样的间隔（一个月）。如果抽样间隔比到期时间还要小，那就是出现了这样的情况，例如我们有关于三月期国债利率的月份数据，到期时间就重叠在一起了，而我们也需要一个更为巧妙的处理方法，这个方法我们将在第 6 章介绍。

① 在法玛（Fama，1975）的符号表达中，我们的 π_{t+1} 是$-\tilde{\Delta}_t$，r_{t+1} 是 $\tilde{r}_{t+1}$，而 I_t 则是 ϕ_t。

有效市场假说是一个共同的假说，和以下几个假说是结合在一起的：

理性预期（rational expectations）。通胀预期是理性的：${}_t\pi_{t+1}=\mathrm{E}(\pi_{t+1}\mid I_t)$，其中 I_t 是在 t 月之初可以获得的信息，并包含 $\{R_t, R_{t-1}, \cdots, \pi_t, \pi_{t-1}, \cdots\}$。而且，$I_t\supseteq I_{t-1}\supseteq I_{t-2}$。也就是说，参与到该市场的行为人并不会遗忘什么信息。

不变实际利率（constant real rates）：事前实际利率是不变的：${}_tr_{t+1}=r$。

□ 可检验的含义

我们通过利用下面这些有关在理性预期下通胀预测误差的关键观察结果，导出两个有效市场假说的可检验性含义。

(a) $\mathrm{E}(\eta_{t+1}\mid I_t)=0$，也就是说，通胀预测误差是针对其信息集的一个鞅差分序列。

(b) $\{\eta_t, \eta_{t-1}, \cdots\}$ 以及 $\{R_t, R_{t-1}, \cdots, \pi_t, \pi_{t-1}, \cdots\}$ 包含在 I_t 内（在 t 月之初已知）。也就是说，行为人记得所有过去的错误。

(a) 的意义很直观；如果人们使用所有可以取得的信息来预测通胀率，那么预测误差只有在事实出现以后方才知晓，这个误差就不会与人们形成预期时他们所了解的有任何系统性的联系。可以很容易证明：

$$\begin{aligned}
\mathrm{E}(\eta_{t+1}|I_t)&=\mathrm{E}(\pi_{t+1}-{}_t\pi_{t+1}|I_t)\quad(\text{因为 }\eta_{t+1}\equiv\pi_{t+1}-{}_t\pi_{t+1})\\
&=\mathrm{E}(\pi_{t+1}|I_t)-\mathrm{E}({}_t\pi_{t+1}|I_t)\\
&=\mathrm{E}(\pi_{t+1}|I_t)-\mathrm{E}[\mathrm{E}(\pi_{t+1}|I_t)|I_t]\\
&\quad(\text{因为根据理性预期有}\,{}_t\pi_{t+1}=\mathrm{E}(\pi_{t+1}|I_t))\\
&=\mathrm{E}(\pi_{t+1}|I_t)-\mathrm{E}(\pi_{t+1}|I_t)=0
\end{aligned}\tag{2.11.1}$$

(b) 之所以成立，是因为行为人记得所有过去的通胀预测。由于${}_{t-j-1}\pi_{t-j}=\mathrm{E}(\pi_{t-j}\mid I_{t-j-1})$ 是 I_{t-j-1}的函数，所以它也包含在 I_{t-j-1}之内（即在 $t-j-1$ 月之初已知），因此对于 $j\geqslant0$，它也包含在 I_t 之内（在 t 月之初已知）。这样一来，对于所有的 $j\geqslant0$，$\eta_{t-j}\equiv\pi_{t-j}-{}_{t-j-1}\pi_{t-j}$就都包含在 I_t 之内了。观察结果 (a) 和 (b) 与总期望定律一起表明了：

(c) $\{\eta_t\}$是 m. d. s.

因此，它是一个零均值和序列无关的过程。

这些都不是可检验的，因为预期不可观察，但是，当与不变实际利率假设结合在一起时，关于可以观察的通胀率和利率，它们给出了两个可检验的含义。

含义 1：事后利率具有不变的均值，而且是序列无关的。

之所以如此，是因为：

$$\begin{aligned}
r_{t+1}&\equiv R_t-\pi_{t+1}\\
&=(R_t-{}_t\pi_{t+1})-(\pi_{t+1}-{}_t\pi_{t+1})\\
&={}_tr_{t+1}-\eta_{t+1}\quad(\text{根据定义})\\
&=r-\eta_{t+1}\quad(\text{因为根据假设有}\,{}_tr_{t+1}=r)
\end{aligned}\tag{2.11.2}$$

根据 (c) 可知，$\{r_t\}$ 的均值为 r，是序列无关的。

含义 2：$\mathrm{E}(\pi_{t+1}\mid I_t)=-r+R_t$。

也就是说，根据所有可得的信息，最优（在最小均方误意义上）通胀预测即名义利率；名义利率 R_t 是由国债价格 v_t 决定的，综合了与预测未来通胀相关的当前可以获取的信息。这是“充分反映了”可以获取的信息的资产价格的形式化结果。这也可以很容易地推导出来。求解式（2.11.2）以取得 π_{t+1}，因为 $\pi_{t+1}=-r+R_t+\eta_{t+1}$。因此，

$$\begin{aligned}\mathrm{E}(\pi_{t+1}\mid I_t)&=\mathrm{E}(-r+R_t+\eta_{t+1}\mid I_t)\\&=-r+R_t+\mathrm{E}(\eta_{t+1}\mid I_t)\quad（因为 r 是一个常数，而且 R_t 包含在 I_t 之内）\\&=-r+R_t\quad（根据(a)）\end{aligned}\tag{2.11.3}$$

在本节余下的内容里，我们就来检验市场有效性的这两个含义。

□ 检验序列相关

首先我们考虑事后实际利率不具有序列相关的含义，这是法玛使用得自命题 2.9 的结果所进行的检验。我们利用的是米什金（Mishkin，1992）所用的有关一月期国债利率和每月 CPI 通胀率的月份数据，都以百分比表示的年度利率进行记录。[①] 图 2－3 对这些数据进行了绘图。事后实际利率被定义为国债利率和 CPI 通胀率之间的差值，如图 2－4 所示。为了复制法玛的结果，我们取和法玛（Fama，1975）相同的样本时期，即从 1953 年 1 月到 1971 年 7 月这段时间。从而样本规模有 223 个。实际利率的时间序列性质在表 2－1 中做了总结。在计算样本自相关 $\hat{\rho}_j=\hat{\gamma}_j/\hat{\gamma}_0$ 上，我们使用有关 $\hat{\gamma}_j$ 的公式（2.10.1），其中分母是样本规模而非 $n-j$。同样，有关 $\hat{\rho}_j$ 的标准误的公式是 $1/\sqrt{n}$ 而非 $1/\sqrt{n-j}$（因此标准误并不取决于 j）。比如，对于 $j=2$ 来说扬－博克斯 Q 统计量就是 $p=2$ 时的式（2.10.5）。表中的这一结果表明，自相关在个体上都不是高度显著的，或者作为一个群组，它与有效市场假说的第一个含义是一致的。

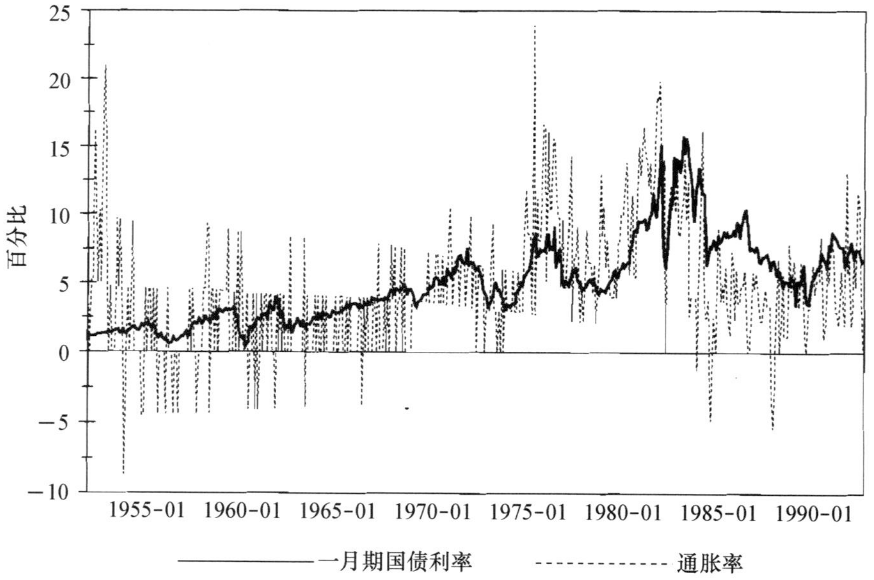

图 2－3　通胀和利率

① 数据集在实证性习题中进行了更为详尽的描述。遵循法玛的处理，本文中所用的通胀的测度由原始的 CPI 数字计算出来。米什金（Mishkin，1992）所用的通胀测度一致性地处理了 CPI 中的房地产部分。参看实证性习题 1 的问题（k）。

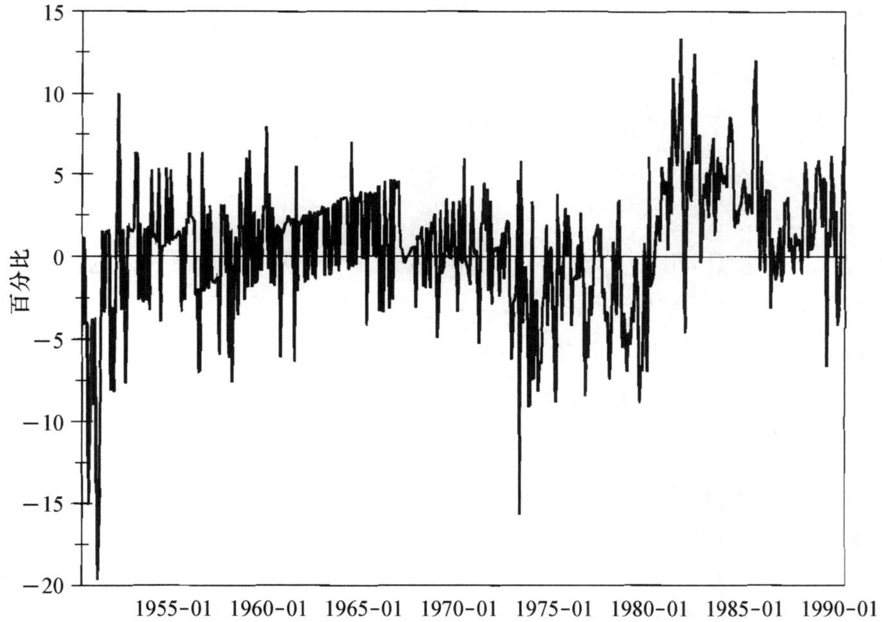

图 2-4 实际利率

表 2-1 实际利率，1953 年 1 月—1971 年 7 月

	均值=0.82%，标准差=2.847%，样本规模=223											
	$j=1$	$j=2$	$j=3$	$j=4$	$j=5$	$j=6$	$j=7$	$j=8$	$j=9$	$j=10$	$j=11$	$j=12$
$\hat{\rho}_j$	−0.101	0.172	−0.019	−0.004	−0.064	−0.021	−0.092	0.095	0.094	0.019	0.004	0.207
标准误	0.067	0.067	0.067	0.067	0.067	0.067	0.067	0.067	0.067	0.067	0.067	0.067
扬-博克斯 Q	2.3	9.1	9.1	9.1	10.1	10.2	12.1	14.2	16.3	16.4	16.4	26.5
p 值（%）	12.8%	1.1%	2.8%	5.8%	7.3%	11.7%	9.6%	7.6%	6.1%	8.9%	12.8%	0.9%

□ 名义利率是最优预测元吗

我们可以通过估计一个恰当的回归并进行命题 2.3 中的 t 检验来检验含义 2。有关有效市场假说的著名结论是：尽管它非常简洁，但它对于表明这些假设的重要部分通过 t 检验就已足够。① 为了看清这一点，令 $y_t \equiv \pi_{t+1}$，$\mathbf{x}_t \equiv (1, R_t)'$，$\varepsilon_t \equiv \eta_{t+1}$（通胀预测误差），并将式（2.11.2）改写为：

$$\pi_{t+1} = \beta_1 + \beta_2 R_t + \eta_{t+1} \quad 或 \quad y_t = \mathbf{x}_t' \boldsymbol{\beta} + \varepsilon_t \tag{2.11.4}$$

因此假设 2.1 显然满足下式：

$$\boldsymbol{\beta} = (-r, 1)' \tag{2.11.5}$$

该模型的其他假设可以验证如下：

- 假设 2.3（前定回归元）。当前情况中的 $\mathbf{g}_t(\equiv \mathbf{x}_t \cdot \varepsilon_t)$ 是 $(\eta_{t+1}, R_t\eta_{t+1})'$。我们所需证明的就是 $\mathrm{E}(\eta_{t+1})=0$ 和 $\mathrm{E}(R_t\eta_{t+1})=0$。前者由（a）和总期望定律所蕴含：

① 技术部分——四阶矩矩阵 $\mathrm{E}(\mathbf{g}_t\mathbf{g}_t')$ 存在且有限，而且那些回归元具有有限四阶矩——并不为有效市场假说所蕴含，需要另行假定。

$$E(\eta_{t+1})=E[E(\eta_{t+1}\mid I_t)]=0 \tag{2.11.6}$$

后者之所以成立，是因为：

$$\begin{aligned} E(R_t\eta_{t+1}) &= E[E(R_t\eta_{t+1}\mid I_t)] \quad (\text{根据总期望定律}) \\ &= E[R_t E(\eta_{t+1}\mid I_t)] \quad (\text{根据条件期望的线性性以及 } R_t\in I_t \text{ 可得}) \\ &= 0 \quad (\text{根据(a)}) \end{aligned} \tag{2.11.7}$$

- 假设 2.5。根据（b），I_t 包含（$\varepsilon_{t-1}(=\eta_t)$，$\varepsilon_{t-2}$，…）以及（$\mathbf{x}_t$，$\mathbf{x}_{t-1}$，…）。(a) 蕴含了式（2.3.1），对于 $\{\mathbf{g}_t\}$ 是 m. d. s.，这是一个充分条件。
- 假设 2.4。这里，$E(\mathbf{x}_t\mathbf{x}_t')$ 为下式：

$$E(\mathbf{x}_t\mathbf{x}_t')=\begin{bmatrix} 1 & E(R_t) \\ E(R_t) & E(R_t^2) \end{bmatrix} \tag{2.11.8}$$

其行列式为 $E(R_t^2)-[E(R_t)]^2=\mathrm{Var}(R_t)$，必然是正值；如果该方差为零，则我们将不会观察到利率 R_t 的波动。

- 假设 2.2（遍历平稳性）。它要求 $\{\pi_{t+1}, R_t\}$ 是遍历平稳的。图 2－3 表明了向上伸展的趋势，尤其是对于名义利率而言更是如此，尽管这一伸展之后又恢复到较低水平。对这些序列平稳性的检验将在第 9 章例 9.2 中给出。对于当下而言，尽管这个非常偶然的证据是相反的，但我们还是在平稳性假设之下继续讨论（而具有趋势序列的含义将在最后一个小节涉及）。对于遍历性，我们刚刚已经对它做出了假设。

我们已经表明，在有效市场假说下，$\{y_t, \mathbf{x}_t\}$（其中 $y_t=\pi_{t+1}$ 和 $\mathbf{x}_t=(1, R_t)'$）属于满足假设 2.1 至假设 2.5 的 DGP 集合。

验证了这些所需假设之后，我们现在可以进行估计了。使用我们的数据，对于 $t=1/53$，…，7/71，待估回归为：

$$\begin{aligned} \pi_{t+1} &= -0.868+1.015R_t \\ &\quad\ (0.431)\quad (0.112) \\ R^2 &= 0.24\text{，因变量的均值}=2.35\text{，}SER=2.84\%\text{，}n=223 \end{aligned} \tag{2.11.9}$$

异方差稳健标准误可如式（2.4.1）那样计算得到（这里 $\hat{\mathbf{S}}$ 由式（2.5.1）给出，其中 $\hat{\varepsilon}_i=e_i$），我们在括号中给出。正如式（2.11.5）所示，市场有效性表明 R_t 等于 1。① 对于原假设 R_t 系数等于 1 而言，稳健 t 比率为 $(1.015-1)/0.112=0.13$。其 p 值约为 90%。这样一来，我们可以很容易就接受该原假设。

还有其他一些方法来检验概括了所有当前可获得信息的名义利率的含义。我们可以在回归中引入更多解释变量，看它们是否对名义利率具有解释力。然而，新引入的变量必然是当前信息集 I_t 的一部分，因为很显然有效市场假说与一些当前不可得却比当前名义利率更好地预测了未来通胀的变量是一致的。正式而言，如果 $\mathbf{x}_t$ 包含了一些 I_t 中未曾包含的变量，那么我们用来验证假设 2.3 的论证就不再有效。

□ R_t 不再严格外生

正如业已强调过的那样，大样本理论与第 1 章的有限样本理论相比，一个重要的优

① 截距项已知为 $-r$，但它并不能给出一个可检验的约束条件，因为有效市场假说并没有指定 r 的值。

点在于其回归元不必是严格外生的，只要它们正交于误差项即可。我们现在通过案例来证明 R_t 不是严格外生的，因此有限样本理论不再适用于法玛的回归式（2.11.4）。假定通胀率的过程是一个 AR(1) 过程：

$$\pi_t = c + \rho\pi_{t-1} + \eta_t,\ \{\eta_t\}\text{是独立白噪声}$$

如果 η_{t+1} 独立于 I_t 的任一元素，那么，

$$\begin{aligned} E(\pi_{t+1} \mid I_t) &= c + \rho\pi_t + E(\eta_{t+1} \mid I_t) \quad (\text{因为 } \pi_t \text{ 在 } I_t \text{ 之中}) \\ &= c + \rho\pi_t \quad (\text{因为根据假设有 } E(\eta_{t+1} \mid I_t) = E(\eta_{t+1}) \text{ 和 } E(\eta_{t+1}) = 0) \end{aligned}$$

因此 η_{t+1} 的确是 π_{t+1} 的通胀预测误差，并且有：

$$R_t = r + c + \rho\pi_t$$

（因为在市场有效性之下有 $R_t = r + E(\pi_{t+1} \mid I_t)$）。那么，可以很容易看到，在法玛的回归（$\pi_{t+1}$ 对一个常数项和 R_t 的回归）中误差项 ε_t 可以与未来的回归元联系起来，这个误差项 ε_t 就是通胀预测误差 η_{t+1}。举个例子，

$$\begin{aligned} \text{Cov}(\varepsilon_t, R_{t+1}) &= \text{Cov}(\eta_{t+1}, r + c + \rho\pi_{t+1}) = \rho\text{Cov}(\eta_{t+1}, \pi_{t+1}) \\ &= \rho\text{Var}(\eta_{t+1}) \quad (\text{因为 } \pi_{t+1} = c + \rho\pi_t + \eta_{t+1}, \text{Cov}(\eta_{t+1}, \pi_t) = 0) \end{aligned}$$

它并不是零。

尽管有限样本理论并不适用，但是只要该误差是条件同方差的，样本规模也足够大，它对统计推断的预判就仍然是大致有效的，这一点已经在 2.6 节给出。

□ 后续的发展

尽管法玛的论文可能是最好的理性预期计量经济学的代表，但是自其发表以后的事实以及所激发的大量实证研究证明，通胀和利率之间接近一对一的关系局限在战后到 1979 年这段时期。这种强关联在战前时期或其他很多国家无法找到。而且，自联邦储备委员会 1979 年 10 月对操作程序进行变革以后，实际利率的提高完全与法玛回归的前提背道而驰，这个前提就是预期实际利率是时不变的。当样本限制在 1979 年 10 月后这一时期时，法玛回归中的利率系数就远低于 1。①

这些发现提出了为什么这种强关联只发生在某个时期而没有发生在其他时期这个问题。米什金（Mishkin，1992）所给出的解释是，通胀溢价只是逐步纳入利率。在那些利率仅表现出短期波动的时期，利率对通胀并没有回应。不过，通胀的持续运动将会反映在利率上。强关联是可以被观察到的时期（这包括法玛的样本时期，参看图 2-3）正是通胀表现出持续上升运动的时期。

1997 年 1 月 29 日，美国财政部拍卖了 70 亿美元十年期通胀指数债券，这为研究者提供了观察作为指数债券收益率的事前实际利率的机会。在大不列颠，自 1980 年代早期就可以看到指数债券了，它们的证据表明，尽管比普通债券的收益更少波动，但是指数债券的收益也不是时不变的。这种不变实际利率假设就是该辅助假设，通过它我们可以检验债券价格是否充分反映了可获得的信息。现在我们无须该辅助假设，通过实际通

① 例如，可参看 Mishkin（1992，表 1）。我们将在实证性习题 1 的（1）中证明这一点。

胀率对一般债券和指数债券的收益差进行回归，即可做到这一点。我们也可以放松这个一直都是隐含地给出的假设：收益差等于预期通胀率。投资者可能不是风险中性的，而通胀风险溢价大于等于预期通胀率可能是诱使他们持有普通债券所必需的条件。如果是这样，预期通胀率就再次是不可观察的了。理性预期计量经济学将继续是一个处理不可观察预期的有用工具。

复习题

1. 令 $R_t=5\%$，$\pi_{t+1}=2\%$。使用公式 $(1+R_t)/(1+\pi_{t+1})-1$ 和 $R_t-\pi_{t+1}$ 来计算 r_{t+1}。这个差别很小吗？如果 $R_t=20\%$，$\pi_{t+1}=17\%$ 又怎么样？

2. 证明在有效市场假设下 $\hat{\mathrm{E}}^*(\pi_{t+1}\mid 1, R_t)=-r+R_t$。**提示**：使用式（2.9.7）。

3. 如果通胀预测误差 η_{t+1} 可观察，你将如何检验市场有效性？我们需要不变事前实际利率假设吗？

4. 如果通胀率和利率是以小数而不是以百分数（例如，用 0.08 而不用 8%）来测度，该回归结果式（2.11.9）如何变化？如果通胀率是以月百分数来计，而实际利率则是以年百分数来计呢？**提示**：如果 x 是每月通胀率，y 是年利率，那么 $1+y=(1+x)^{12}$，所以 $y\approx 12x$。

5. 假设在式（2.11.4）中 $\mathbf{x}_t$ 包括第三个变量，它不在 I_t 中。推导假设 2.3 的论证哪一部分不再成立？**提示**：$\mathbf{g}_t$ 的第三个元素是第三个变量乘以 η_{t+1}。

6. 给出一个市场有效性的例子，使得含义 1 成立而含义 2 不成立。**提示**：假定 π_t 和 R_t 是序列独立且相互独立的过程。

2.12 时间回归

通览本章，我们一直假定 $\{y_t, \mathbf{x}_t\}$ 是平稳的。然而，这个假设并不能总是在时间序列回归中得到满足。在本书中，我们来检验两种情况，其中回归元非平稳，然而 OLS 仍然适用。这里检验第一个，而称另外一种情况为“协整回归”，将在第 10 章处理。

我们所考虑的这个回归可以如下写出：

$$y_t=\alpha+\delta\cdot t+\varepsilon_t \tag{2.12.1}$$

其中 $\{\varepsilon_t\}$ 是独立白噪声。这个回归可以写成 $y_t=\mathbf{x}_t'\boldsymbol{\beta}+\varepsilon_t$，其中

$$\mathbf{x}_t=(1,t)',\ \boldsymbol{\beta}=(\alpha,\delta)' \tag{2.12.2}$$

显然，$\mathbf{x}_t$ 不是平稳的，因为其第二个元素的均值为 t，会随着时间而增加。同样，y_t 也不是平稳的。线性函数 $\alpha+\delta\cdot t$ 被称为 y_t 的**时间趋势**（time trend）。我们说，如果一个过程能写成时间趋势和平稳过程之和，则称它是**趋势平稳的**（trend stationary）。这里过程 $\{y_t\}$ 是一个特殊的趋势平稳过程，其中平稳部分是独立白噪声。

□ OLS 估计量的渐近分布

令 $\mathbf{b}$ 为基于规模为 n 的样本的 $\boldsymbol{\beta}$ 的 OLS 估计：

$$\mathbf{b}\equiv\begin{bmatrix}\hat{\alpha}\\ \hat{\delta}\end{bmatrix}=\Big(\sum_{t=1}^{n}\mathbf{x}_t\mathbf{x}_t'\Big)^{-1}\Big(\sum_{t=1}^{n}\mathbf{x}_t\cdot y_t\Big) \tag{2.12.3}$$

抽样误差可以写为：

$$\mathbf{b}-\boldsymbol{\beta}=\begin{bmatrix}\hat{\alpha}-\alpha\\ \hat{\delta}-\delta\end{bmatrix}=\left(\sum_{t=1}^{n}\mathbf{x}_t\mathbf{x}_t'\right)^{-1}\left(\sum_{t=1}^{n}\mathbf{x}_t\cdot\varepsilon_t\right) \tag{2.12.4}$$

使用这一代数结论：$\sum_{t=1}^{n}t=n\cdot(n+1)/2,\sum_{t=1}^{n}t^2=n\cdot(n+1)(2n+1)/6$，可以很容易证明：

$$\sum_{t=1}^{n}\mathbf{x}_t\mathbf{x}_t'=\begin{bmatrix}n & n\cdot(n+1)/2\\ n\cdot(n+1)/2 & n\cdot(n+1)(2n+1)/6\end{bmatrix} \tag{2.12.5}$$

因此，与平稳情况下不一样，$\sum_{t=1}^{n}\mathbf{x}_t\mathbf{x}_t'/n$ 不会依概率收敛于一个非奇异矩阵；它的确是发散的。

现在可知，OLS 估计值 $\hat{\alpha}$ 和 $\hat{\delta}$ 是一致的，但是有着不同的收敛速率。与在平稳情况下一样，对 $\hat{\alpha}$ 来说收敛速率为 $\sqrt{n}$。与之形成对比的是，$\hat{\delta}$ 的速率为 $n^{3/2}$。也就是说，$n^{3/2}(\hat{\delta}-\delta)$ 收敛到一个非退化的分布（非常数随机变量的分布）。为了给 $\mathbf{b}-\boldsymbol{\beta}$ 中的元素赋予不同的收敛速率，我们考虑在式（2.12.4）两边同时乘以以下矩阵：

$$\boldsymbol{\gamma}_n=\begin{bmatrix}\sqrt{n} & 0\\ 0 & n^{3/2}\end{bmatrix} \tag{2.12.6}$$

可以得到：

$$\begin{aligned}\boldsymbol{\gamma}_n(\mathbf{b}-\boldsymbol{\beta})&=\begin{bmatrix}\sqrt{n}(\hat{\alpha}-\alpha)\\ n^{3/2}(\hat{\delta}-\delta)\end{bmatrix}=\boldsymbol{\gamma}_n\left(\sum_{t=1}^{n}\mathbf{x}_t\mathbf{x}_t'\right)^{-1}\left(\sum_{t=1}^{n}\mathbf{x}_t\cdot\varepsilon_t\right)\\ &=\boldsymbol{\gamma}_t\left(\sum_{t=1}^{n}\mathbf{x}_t\mathbf{x}_t'\right)^{-1}\boldsymbol{\gamma}_n\boldsymbol{\gamma}_n^{-1}\left(\sum_{t=1}^{n}\mathbf{x}_t\cdot\varepsilon_t\right)\\ &=\left[\boldsymbol{\gamma}_n^{-1}\left(\sum_{t=1}^{n}\mathbf{x}_t\mathbf{x}_t'\right)\boldsymbol{\gamma}_n^{-1}\right]^{-1}\left(\boldsymbol{\gamma}_n^{-1}\sum_{t=1}^{n}\mathbf{x}_t\cdot\varepsilon_t\right)\\ &\equiv\mathbf{Q}_n^{-1}\mathbf{v}_n\end{aligned} \tag{2.12.7}$$

其中，

$$\mathbf{Q}_n\equiv\boldsymbol{\gamma}_n^{-1}\left(\sum_{t=1}^{n}\mathbf{x}_t\mathbf{x}_t'\right)\boldsymbol{\gamma}_n^{-1},\ \mathbf{v}_n\equiv\boldsymbol{\gamma}_n^{-1}\sum_{t=1}^{n}\mathbf{x}_t\cdot\varepsilon_t \tag{2.12.8}$$

将式（2.12.5）和式（2.12.6）代入这些表达式，求 $\mathbf{Q}_n$ 和 $\mathbf{v}_n$，我们可以得到：

$$\mathbf{Q}_n=\begin{bmatrix}1 & (n+1)/(2n)\\ (n+1)/(2n) & (n+1)(2n+1)/(6n^2)\end{bmatrix}$$

$$\mathbf{v}_n=\begin{bmatrix}\dfrac{1}{\sqrt{n}}\sum_{t=1}^{n}\varepsilon_t\\ \dfrac{1}{\sqrt{n}}\sum_{t=1}^{n}(t/n)\varepsilon_t\end{bmatrix} \tag{2.12.9}$$

显然，我们有：

$$\mathbf{Q}_n\to\mathbf{Q}\equiv\begin{bmatrix}1 & 1/2\\ 1/2 & 1/3\end{bmatrix} \tag{2.12.10}$$

对于 $\mathbf{v}_n$，可以证明的是（例如可参看 Hamilton（1994，pp. 458−460））：

$$\mathbf{v}_n \xrightarrow[d]{} N(\mathbf{0},\sigma^2\mathbf{Q}) \tag{2.12.11}$$

如果 $\{\varepsilon_t\}$ 是独立白噪声，其中 $\mathrm{E}(\varepsilon_t^2)=\sigma^2$ 并且 $\mathrm{E}(\varepsilon_t^4)<\infty$，那么式（2.12.7）的渐近分布是均值为 $\mathbf{0}$、方差为 $\mathbf{Q}^{-1}(\sigma^2\mathbf{Q})\cdot\mathbf{Q}^{-1}=\sigma^2\mathbf{Q}^{-1}$ 的正态分布。将截止到目前的讨论总结如下：

命题 2.11（时间回归的 OLS 估计）：考虑时间回归式（2.12.1），其中 ε_t 是具有 $\mathrm{E}(\varepsilon_t^2)=\sigma^2$ 和 $\mathrm{E}(\varepsilon_t^4)<\infty$ 的独立白噪声，并令 $\hat{\alpha}$ 和 $\hat{\delta}$ 分别为 α 和 δ 的 OLS 估计值。那么有，

$$\begin{bmatrix}\sqrt{n}(\hat{\alpha}-\alpha)\\ n^{3/2}(\hat{\delta}-\delta)\end{bmatrix} \xrightarrow[d]{} N\left(\mathbf{0},\sigma^2\cdot\begin{bmatrix}1 & 1/2\\ 1/2 & 1/3\end{bmatrix}^{-1}\right)$$

与平稳情况下一样，$\hat{\alpha}$ 是 $\sqrt{n}$ 一致的，因为 $\sqrt{n}(\hat{\alpha}-\alpha)$ 收敛到一个（正态）随机变量。时间系数 $\hat{\delta}$ 的 OLS 估计值也是一致的，但是收敛速度更快：它是 $n^{3/2}$ 一致的，因为 $n^{3/2}(\hat{\delta}-\delta)$ 收敛到一个随机变量。在这个意义上，$\hat{\delta}$ 是**超一致的**（hyperconsistent）。①

□ 时间回归中的假设检验

这样，时间回归的 OLS 系数估计值就是渐近正态的，只要抽样误差是正确测量的。我们现在表明了通过标准误缩小抽样误差可以给出一种使最终比率——t 值——渐近于标准正态的测量比例。

首先来看原假设 $\alpha=\alpha_0$ 的 t 值。注意到：

$$\left(\sum_{t=1}^{n}\mathbf{x}_t\mathbf{x}_t'\right)^{-1} \text{的第}(1,1)\text{个元素} = [1\quad 0]\left(\sum_{t=1}^{n}\mathbf{x}_t\mathbf{x}_t'\right)^{-1}\begin{bmatrix}1\\0\end{bmatrix} \tag{2.12.12}$$

其 t 值可以写为：

$$\begin{aligned}
t &= \frac{\hat{\alpha}-\alpha_0}{\sqrt{s^2\cdot[1\quad 0]\left(\sum_{t=1}^{n}\mathbf{x}_t\mathbf{x}_t'\right)^{-1}\begin{bmatrix}1\\0\end{bmatrix}}}\\
&= \frac{\sqrt{n}(\hat{\alpha}-\alpha_0)}{\sqrt{s^2\cdot[\sqrt{n}\quad 0]\left(\sum_{t=1}^{n}\mathbf{x}_t\mathbf{x}_t'\right)^{-1}\begin{bmatrix}\sqrt{n}\\0\end{bmatrix}}}\\
&= \frac{\sqrt{n}(\hat{\alpha}-\alpha_0)}{\sqrt{s^2\cdot[1\quad 0]\boldsymbol{\gamma}_n\left(\sum_{t=1}^{n}\mathbf{x}_t\mathbf{x}_t'\right)^{-1}\boldsymbol{\gamma}_n\begin{bmatrix}1\\0\end{bmatrix}}} \quad （\text{因为}[\sqrt{n}\quad 0]=[1\quad 0]\boldsymbol{\gamma}_n）\\
&= \frac{\sqrt{n}(\hat{\alpha}-\alpha_0)}{\sqrt{s^2\cdot[1\quad 0]\left\{\boldsymbol{\gamma}_n^{-1}\left(\sum_{t=1}^{n}\mathbf{x}_t\mathbf{x}_t'\right)\boldsymbol{\gamma}_n^{-1}\right\}^{-1}\begin{bmatrix}1\\0\end{bmatrix}}}
\end{aligned}$$

---

① n 一致的估计量通常被称为**极度一致的**（superconsistent）。极度一致估计量的一个典型例子出现在单位根过程的估计中；参看第 9 章。有些作者更多地使用术语“极度一致”，用来描述那些 n^{γ} 一致（$\gamma>\frac{1}{2}$）的估计量。在他们的语言里，本书中的 $\hat{\delta}$ 是极度一致的。

$$=\frac{\sqrt{n}(\hat{\alpha}-\alpha_0)}{\sqrt{s^2\cdot[1\quad 0]\mathbf{Q}_n^{-1}\begin{bmatrix}1\\0\end{bmatrix}}}\quad(\text{根据式}(2.12.8))\tag{2.12.13}$$

可以直接证明（参看复习题 1），对于 σ^2 而言，s^2 是一致的。再根据式（2.12.10），有 $\mathbf{Q}_n\to_{\mathrm{p}}\mathbf{Q}$。这样，根据引理 2.4（c）和命题 2.11 有：

$$\text{原假设 }\alpha=\alpha_0\text{ 的 }t\text{ 值}\xrightarrow[\mathrm{d}]{}\frac{\mathbf{z}\text{ 的第 1 个元素}}{\sqrt{\sigma^2\times\mathbf{Q}^{-1}\text{的第}(1,1)\text{个元素}}}\tag{2.12.14}$$

其中 $\mathbf{z}\sim N(\mathbf{0},\ \sigma^2\mathbf{Q}^{-1})$。因此，对于 α 来说，其 t 值是渐近于 $N(0,\ 1)$ 的，这与平稳情况下是一样的。

使用同样的技巧，并注意到 $[0\quad n^{3/2}]=[0\quad 1]\boldsymbol{\gamma}_n$，我们可以将原假设 $\delta=\delta_0$ 的 t 值如下写出：

$$t=\frac{n^{3/2}(\hat{\delta}-\delta_0)}{\sqrt{s^2\cdot[0\quad 1]\mathbf{Q}_n^{-1}\begin{bmatrix}0\\1\end{bmatrix}}}\tag{2.12.15}$$

因此，时间系数的 t 值也是渐近于 $N(0,\ 1)$ 的！关于 α 或 δ 的推断完全可以像平稳情况下一样进行。

复习题

1.（对于 σ^2 而言 s^2 是一致的）证明：$s^2\to_{\mathrm{p}}\sigma^2$。**提示：**从式（2.3.10）中推导 $e_t^2=\varepsilon_t^2-2(\mathbf{b}-\boldsymbol{\beta})'\boldsymbol{\gamma}_n\boldsymbol{\gamma}_n^{-1}\mathbf{x}_t\cdot\varepsilon_t+(\mathbf{b}-\boldsymbol{\beta})'\boldsymbol{\gamma}_n\boldsymbol{\gamma}_n^{-1}\mathbf{x}_t\mathbf{x}_t'\boldsymbol{\gamma}_n^{-1}\boldsymbol{\gamma}_n(\mathbf{b}-\boldsymbol{\beta})$。关于 t 加总，可以得到：

$$\frac{1}{n}\sum_{t=1}^{n}e_t^2=\frac{1}{n}\sum_{t=1}^{n}\varepsilon_t^2-\frac{2}{n}(\mathbf{b}-\boldsymbol{\beta})'\boldsymbol{\gamma}_n\mathbf{v}_n+\frac{1}{n}(\mathbf{b}-\boldsymbol{\beta})'\boldsymbol{\gamma}_n\mathbf{Q}_n\boldsymbol{\gamma}_n(\mathbf{b}-\boldsymbol{\beta})$$

2.（序列相关误差）假定 $\{\varepsilon_t\}$ 是一个一般的平稳过程，而不是一个独立白噪声，而且假定 $\mathbf{v}_n\to_{\mathrm{d}}N(\mathbf{0},\ \mathbf{V})$，其中 $\mathbf{V}\neq\sigma^2\mathbf{Q}$。OLS 估计量 $\hat{\alpha}$ 和 $\hat{\delta}$ 是一致的吗？$\boldsymbol{\gamma}_n(\mathbf{b}-\boldsymbol{\beta})$ 会收敛到一个具有零均值的正态随机向量吗？如果是这样，该正态分布的方差是什么？【答案：$\mathbf{Q}^{-1}\mathbf{V}\mathbf{Q}^{-1}$。】其 t 值是渐近于正态的吗？【答案：是的，但方差不是 1。】

□ 附录 2.A：固定回归元的渐近性

为了证明和命题 2.5 的结论相近的结果，我们将假设 2.1 添加至如下假设：

假设 2.A.1：$\mathbf{X}$ 是确定性的。随着 $n\to\infty$，$\mathbf{S}_{\mathbf{xx}}\to\boldsymbol{\Sigma}_{\mathbf{xx}}$ 这个非奇异矩阵（这里的收敛和之前是一样的，因为 $\mathbf{X}$ 是非随机的）。

假设 2.A.2：$\{\varepsilon_i\}$ 是 i. i. d. 的，其中 $\mathrm{E}(\varepsilon_i)=0$，$\mathrm{Var}(\varepsilon_i)=\sigma^2$。

命题 2.A.1（固定回归元的渐近性）：在假设 2.1、假设 2.A.1、假设 2.A.2 的前提下再加上一个所谓的关于 $\{\mathbf{g}_i\}$ 的林德伯格条件（其中 $\mathbf{g}_i\equiv\mathbf{x}_i\cdot\varepsilon_i$），和命题 2.5 中相同的结论也成立。

我们不来表述林德伯格条件，而是解释为什么这样的条件是必需的。为证明 $\mathbf{b}$ 的渐近正态性，我们取式（2.3.8）并证明 $\sqrt{n}\bar{\mathbf{g}}$ 收敛到一个正态分布。技术上的困难在于，序列 $\{\mathbf{g}_i\}$ 并不是平稳的，原因是已假设 $\{\mathbf{x}_i\}$ 是一个非随机向量序列。例如：

$$\mathrm{Var}(\mathbf{g}_i)=\mathrm{E}(\varepsilon_i^2\mathbf{x}_i\mathbf{x}_i')=\mathrm{E}(\varepsilon_i^2)\mathbf{x}_i\mathbf{x}_i'=\sigma^2\mathbf{x}_i\mathbf{x}_i'$$

关于观测值不是固定不变的。因此，林德伯格-列维 CLT 和鞅差分 CLT 都不适用。不过，幸运的是，还有一个可以运用于具有非恒定方差的非平稳过程的林德伯格-列维 CLT 的一般化版本，即所谓的**林德伯格-费勒 CLT**（Lindeberg-Feller CLT），它对 $\mathbf{g}_i$ 尾部的分布施加了技术上的限制，以阻止具有较大的 $\mathbf{x}_i$ 的观测值在$\sqrt{n}\,\bar{\mathbf{g}}$ 的分布中占尽优势。

□ 附录 2. B： 对命题 2. 10 的证明

这个附录给出对命题 2. 10 的证明。我们先从式（2. 10. 12）给出的 $\hat{\gamma}_j$ 的表达式开始。该证明的第一部分是找出一个渐近等价的表达式。

$$\sqrt{n}\hat{\gamma}_j = \sqrt{n}\tilde{\gamma}_j - \frac{1}{n}\sum_{t=j+1}^{n}(\mathbf{x}_{t-j}\cdot\varepsilon_t + \mathbf{x}_t\cdot\varepsilon_{t-j})'\sqrt{n}(\mathbf{b}-\boldsymbol{\beta}) + \sqrt{n}(\mathbf{b}-\boldsymbol{\beta})'\Big(\frac{1}{n}\sum_{t=j+1}^{n}\mathbf{x}_t\mathbf{x}_{t-j}'\Big)(\mathbf{b}-\boldsymbol{\beta})$$

$$\underset{a}{\sim}\sqrt{n}\tilde{\gamma}_j - \frac{1}{n}\sum_{t=j+1}^{n}(\mathbf{x}_{t-j}\cdot\varepsilon_t + \mathbf{x}_t\cdot\varepsilon_{t-j})'\sqrt{n}(\mathbf{b}-\boldsymbol{\beta})\quad\text{（因为上述最后一项消失了）}$$

$$\underset{a}{\sim}\sqrt{n}\tilde{\gamma}_j - \mathrm{E}(\mathbf{x}_{t-j}\cdot\varepsilon_t + \mathbf{x}_t\cdot\varepsilon_{t-j})'\sqrt{n}(\mathbf{b}-\boldsymbol{\beta})$$

$$\text{（因为}\frac{1}{n}\sum_{t=j+1}^{n}(\mathbf{x}_{t-j}\cdot\varepsilon_t + \mathbf{x}_t\cdot\varepsilon_{t-j})\xrightarrow[\mathrm{p}]{}\mathrm{E}(\mathbf{x}_{t-j}\cdot\varepsilon_t + \mathbf{x}_t\cdot\varepsilon_{t-j})\text{）}$$

$$= \sqrt{n}\tilde{\gamma}_j - \boldsymbol{\mu}_j'\sqrt{n}(\mathbf{b}-\boldsymbol{\beta})\quad\text{（其中 }\boldsymbol{\mu}_j \equiv \mathrm{E}(\mathbf{x}_t\cdot\varepsilon_{t-j})\text{）}$$

$$\text{（因为根据式(2.10.15) 有 }\mathrm{E}(\mathbf{x}_{t-j}\cdot\boldsymbol{\varepsilon}_t) = \mathbf{0}\text{）}$$

$$= \sqrt{n}\tilde{\gamma}_j - \boldsymbol{\mu}_j'\sqrt{n}\mathbf{S}_{\mathbf{xx}}^{-1}\frac{1}{n}\sum_{t=1}^{n}\mathbf{x}_t\cdot\varepsilon_t$$

$$= \sqrt{n}\,\frac{1}{n}\sum_{t=j+1}^{n}\varepsilon_t\varepsilon_{t-j} - \boldsymbol{\mu}_j'\sqrt{n}\mathbf{S}_{\mathbf{xx}}^{-1}\frac{1}{n}\sum_{t=1}^{n}\mathbf{x}_t\cdot\varepsilon_t$$

$$\underset{a}{\sim}\sqrt{n}\,\frac{1}{n}\sum_{t=1}^{n}\varepsilon_t\varepsilon_{t-j} - \boldsymbol{\mu}_j'\sqrt{n}\mathbf{S}_{\mathbf{xx}}^{-1}\frac{1}{n}\sum_{t=1}^{n}\mathbf{x}_t\cdot\varepsilon_t\quad\text{（根据式(2.10.7)）}$$

$$\text{（因为对于每一个 }j\text{，有}\sqrt{n}\,\frac{1}{n}\sum_{t=1}^{n}\varepsilon_t\varepsilon_{t-j} - \sqrt{n}\,\frac{1}{n}\sum_{t=j+1}^{n}\varepsilon_t\varepsilon_{t-j} = \frac{1}{\sqrt{n}}\sum_{t=1}^{j}\varepsilon_t\varepsilon_{t-j}\xrightarrow[\mathrm{p}]{}0\text{）}$$

$$\underset{a}{\sim}\sqrt{n}\,\frac{1}{n}\sum_{t=1}^{n}\varepsilon_t\varepsilon_{t-j} - \boldsymbol{\mu}_j'\sqrt{n}\boldsymbol{\Sigma}_{\mathbf{xx}}^{-1}\frac{1}{n}\sum_{t=1}^{n}\mathbf{x}_t\cdot\varepsilon_t\quad\text{（因为 }\mathbf{S}_{\mathbf{xx}}\xrightarrow[\mathrm{p}]{}\boldsymbol{\Sigma}_{\mathbf{xx}}\text{）}$$

$$= \mathbf{c}_j'\sqrt{n}\,\bar{\mathbf{g}}_j$$

其中，

$$\underset{((K+1)\times1)}{\mathbf{c}_j} \equiv \begin{bmatrix}1\\ -\boldsymbol{\Sigma}_{\mathbf{xx}}^{-1}\boldsymbol{\mu}_j\end{bmatrix},\quad \underset{((K+1)\times1)}{\bar{\mathbf{g}}_j} \equiv \frac{1}{n}\sum_{t=1}^{n}\mathbf{g}_{jt},\quad \underset{((K+1)\times1)}{\mathbf{g}_{jt}} \equiv \begin{bmatrix}\varepsilon_{t-j}\varepsilon_t\\ \mathbf{x}_t\cdot\varepsilon_t\end{bmatrix}\tag{2.B.1}$$

这样，令：

$$\underset{(p\times1)}{\hat{\boldsymbol{\gamma}}} \equiv \begin{bmatrix}\hat{\gamma}_1\\ \vdots\\ \hat{\gamma}_p\end{bmatrix}$$

我们就证明了：

$$\sqrt{n}\,\hat{\boldsymbol{\gamma}}\underset{a}{\sim}\mathbf{C}'\sqrt{n}\,\bar{\mathbf{g}}$$

其中，

$$\underset{(p(K+1)\times p)}{\mathbf{C}} \equiv \begin{bmatrix}\mathbf{c}_1 & & \\ & \ddots & \\ & & \mathbf{c}_p\end{bmatrix}$$

$$\underset{(p(K+1)\times1)}{\bar{\mathbf{g}}} \equiv \frac{1}{n}\sum_{t=1}^{n}\mathbf{g}_t$$

$$\underset{(p(K+1)\times 1)}{\mathbf{g}_t} \equiv \begin{bmatrix} \mathbf{g}_{1t} \\ \vdots \\ \mathbf{g}_{pt} \end{bmatrix}$$

证明的第二部分是要表明 $\mathbf{g}_t$ 是一个鞅差分序列，即：

$$\mathrm{E}(\mathbf{g}_{jt} \mid \mathbf{g}_{t-1}, \mathbf{g}_{t-2}, \cdots) = \mathbf{0} \quad (j=1,2,\cdots,p)$$

而这很容易从总期望定律、($\mathbf{g}_{t-1}$，$\mathbf{g}_{t-2}$，…) 比 ($\mathbf{x}_t$，$\mathbf{x}_{t-1}$，…，ε_{t-1}，ε_{t-2}，…) 具有更少的信息和式 (2.10.15) 中得出。

显然，$\mathbf{g}_t$ 是遍历平稳的。因此，根据遍历平稳鞅差分 CLT，有$\sqrt{n}\bar{\mathbf{g}} \to_{\mathrm{d}} N$ ($\mathbf{0}$，$\mathrm{E}(\mathbf{g}_t\mathbf{g}_t')$)。下一步就是计算 $\mathrm{E}(\mathbf{g}_t\mathbf{g}_t')$。其第 ($j$，$k$) 分块为：

$$\underset{((K+1)\times(K+1))}{\mathrm{E}(\mathbf{g}_{jt}\mathbf{g}_{kt}')} = \begin{bmatrix} \mathrm{E}(\varepsilon_t^2\varepsilon_{t-j}\varepsilon_{t-k}) & \mathrm{E}(\mathbf{x}_t'\varepsilon_t^2\varepsilon_{t-j}) \\ \mathrm{E}(\mathbf{x}_t\varepsilon_t^2\varepsilon_{t-k}) & \mathrm{E}(\varepsilon_t^2\mathbf{x}_t\mathbf{x}_t') \end{bmatrix}$$

通过运用总期望定律和式 (2.10.16)，可以很容易证明：

$$\underset{((K+1)\times(K+1))}{\mathrm{E}(\mathbf{g}_{jt}\mathbf{g}_{kt}')} = \begin{bmatrix} \sigma^4\delta_{jk} & \sigma^2\boldsymbol{\mu}_j' \\ \sigma^2\boldsymbol{\mu}_k & \sigma^2\boldsymbol{\Sigma}_{\mathbf{xx}} \end{bmatrix} \tag{2. B. 2}$$

其中 δ_{jk} 即“克罗内克 δ”，如果 $j=k$，它就是 1，否则为 0。

如上所示，由于$\sqrt{n}\hat{\boldsymbol{\gamma}} \underset{a}{\sim} \mathbf{C}'\sqrt{n}\bar{\mathbf{g}}$ 以及$\sqrt{n}\bar{\mathbf{g}} \to_{\mathrm{d}} N(\mathbf{0}$，$\mathrm{E}(\mathbf{g}_t\mathbf{g}_t'))$，故我们有：

$$\mathrm{Avar}(\hat{\boldsymbol{\gamma}})(\equiv\sqrt{n}\hat{\boldsymbol{\gamma}}\text{ 的有限分布的方差}) = \mathbf{C}'\mathrm{E}(\mathbf{g}_t\mathbf{g}_t')\mathbf{C}$$

其第 (j，k) 个元素为：

$$\mathrm{Avar}(\hat{\boldsymbol{\gamma}})\text{ 的第}(j,k)\text{个元素} = \mathbf{c}_j'\mathrm{E}(\mathbf{g}_{jt}\mathbf{g}_{kt}')\mathbf{c}_k$$

将式 (2. B. 2) 代入，利用式 (2. B. 1) 中 $\mathbf{c}_j$ 的定义，经过一些简单计算，我们可以得到：

$$\mathrm{Avar}(\hat{\boldsymbol{\gamma}})\text{ 的第}(j,k)\text{个元素} = \sigma^4 \cdot [\mu_{jk} - \boldsymbol{\mu}_j'\boldsymbol{\Sigma}_{\mathbf{xx}}^{-1}\boldsymbol{\mu}_k/\sigma^2]$$

因此有，

$$\sqrt{n}\hat{\boldsymbol{\gamma}} \xrightarrow[\mathrm{d}]{} N(\mathbf{0}, \sigma^4\mathbf{I}_p - \sigma^4\boldsymbol{\Phi})$$

其中 $\boldsymbol{\Phi}$ 在命题 2.10 中被定义过。由于$\sqrt{n}\hat{\rho} \underset{\mathrm{a}}{\sim} \sqrt{n}\hat{\boldsymbol{\gamma}}/\sigma^2$，$\sqrt{n}\hat{\rho}$ 的有限分布与$\sqrt{n}\hat{\boldsymbol{\gamma}}/\sigma^2$ 的相同，也是 $N(\mathbf{0}$，$\mathbf{I}_p - \boldsymbol{\Phi})$。■

第 2 章习题集

□ 分析性习题

1. (改编自 Amemiya (1985) 的例 3.4.2) 令 z_n 定义如下：

$$z_n = \begin{cases} 0\text{，概率为}(n-1)/n \\ n^2\text{，概率为 }1/n \end{cases}$$

证明 $\mathrm{plim}_{n\to\infty} z_n = 0$ 且 $\lim_{n\to\infty}\mathrm{E}(z_n) = \infty$。

2. 通过证明 $\bar{z}_n \to_{\mathrm{m.s.}} \mu$ 来证明切比雪夫弱 LLN。**提示：**

$$\bar{z}_n - \mu = (\bar{z}_n - \mathrm{E}(\bar{z}_n)) + (\mathrm{E}(\bar{z}_n) - \mu)$$

因此有：

$$(\bar{z}_n-\mu)^2=(\bar{z}_n-\mathrm{E}(\bar{z}_n))^2+2(\bar{z}_n-\mathrm{E}(\bar{z}_n))\mathrm{E}(\bar{z}_n-\mu)+(\mathrm{E}(\bar{z}_n)-\mu)^2$$

证明：$\mathrm{E}[(\bar{z}_n-\mathrm{E}(\bar{z}_n))(\mathrm{E}(\bar{z}_n)-\mu)]=0$。

3.（随机样本 OLS 的一致性和渐近正态性）考虑用下面的假设来替代假设 2.2：

假设 2.2′：$\{y_i, \mathbf{x}_i\}$ 是一个随机样本。

用下面这个假设替代假设 2.5：

假设 2.5′：$\mathbf{S}\equiv\mathrm{E}(\mathbf{g}_i\mathbf{g}_i')$ 存在且有限。

证明下面这个命题 2.1 的简化版本：

随机样本命题 2.1：在假设 2.1、假设 2.3、假设 2.4 和假设 2.2′之下，OLS 估计量 $\mathbf{b}$ 是一致的。在附加假设 2.5′之下，OLS 估计量 $\mathbf{b}$ 是渐近正态的，其中 $\mathrm{Avar}(\mathbf{b})$ 由式（2.3.4）给出。

（a）证明这是文中命题 2.1 的特殊情况。

（b）给出对这个定理的直接证明。

提示：使用柯尔莫哥洛夫和林德伯格-列维有关定理。

4.（对命题 2.4 的证明）我们希望能证明命题 2.4。为了避免不必要的复杂化，我们像文中一样假设 $K=1$（只有一个回归元）。剩下要证明的是式（2.5.3）的右边第一项的样本均值依概率收敛于某个有限的数。证明这一点。**提示**：令 $f\equiv x_i\varepsilon_i$，$h\equiv x_i^2$。这个**柯西-施瓦茨不等式**（Cauchy-Schwartz inequality）为：

$$\mathrm{E}(|f\cdot h|)\leqslant\sqrt{\mathrm{E}(f^2)\mathrm{E}(h^2)}$$

因此有：

$$\mathrm{E}(|x_i^3\varepsilon_i|)\leqslant\sqrt{\mathrm{E}(x_i^2\varepsilon_i^2)\mathrm{E}(x_i^4)}$$

根据假设，$\mathrm{E}(x_i^2\varepsilon_i^2)(=\mathrm{E}(g_i^2))$ 是有限的，根据假设 2.6 可知，$\mathrm{E}(x_i^4)$ 也是有限的。因此 $\mathrm{E}(\varepsilon_i x_i^3)$ 也是有限的，且根据遍历平稳性可知，$\frac{1}{n}\sum_i\varepsilon_i x_i^3\to_{\mathrm{p}}$ 某个有限数。

5.（直接证明 SSR 除以 σ^2 的变化渐近于 χ^2 分布）在 2.6 节，我们证明过：

$$(SSR_R-SSR_U)/s^2\xrightarrow[\mathrm{d}]{}\chi^2(\#\mathbf{r})$$

是作为命题 2.3 的一个推论给出的。给出一个直接的证明，首先可以证明：

$$SSR_R-SSR_U=(\sqrt{n}\bar{\mathbf{g}})'\mathbf{S}_{\mathbf{xx}}^{-1}\mathbf{R}'(\mathbf{R}\mathbf{S}_{\mathbf{xx}}^{-1}\mathbf{R}')^{-1}\mathbf{R}\mathbf{S}_{\mathbf{xx}}^{-1}(\sqrt{n}\bar{\mathbf{g}})$$

$$\bar{\mathbf{g}}\equiv\frac{1}{n}\sum_{i=1}^{n}\mathbf{x}_i\cdot\varepsilon_i$$

6.（选作，$\hat{\boldsymbol{\alpha}}$ 的一致性）在这个问题里，我们要证明 2.8 节给出的一个断言，即 e_i^2 对 $\mathbf{z}_i$ 回归的 OLS 估计值 $\hat{\boldsymbol{\alpha}}$ 是一致的。

令 $\tilde{\boldsymbol{\alpha}}$ 为得自下式的 OLS 估计值：

$$\varepsilon_i^2=\mathbf{z}_i'\boldsymbol{\alpha}+\eta_i,\ \eta_i\equiv\varepsilon_i^2-\mathrm{E}(\varepsilon_i^2|\mathbf{x}_i)\tag{2.8.8}$$

（a）为证明 $\tilde{\boldsymbol{\alpha}}$ 是一致的，在假设 2.1 和假设 2.2 之外请给出适当的假设。**提示**：需要 $\mathbf{z}_i$ 的秩条件。

（b）推导：

$$\hat{\boldsymbol{\alpha}}-\tilde{\boldsymbol{\alpha}}=\left(\frac{1}{n}\sum_{i=1}^{n}\mathbf{z}_i\mathbf{z}_i'\right)^{-1}\frac{1}{n}\sum_{i=1}^{n}\mathbf{z}_i\cdot v_i\tag{*}$$

其中 $v_i\equiv-2(\mathbf{b}-\boldsymbol{\beta})'\mathbf{x}_i\cdot\varepsilon_i+(\mathbf{b}-\boldsymbol{\beta})'\mathbf{x}_i\mathbf{x}_i'(\mathbf{b}-\boldsymbol{\beta})$。**提示**：$\varepsilon_i^2$ 和得自初始方程 $y_i=\mathbf{x}_i'\boldsymbol{\beta}+\varepsilon_i$ 的 OLS 估计的 OLS 残差平方 e_i^2 之间的差异由式（2.3.10）给出。将它代入式（2.8.8）可以得出：$e_i^2=\mathbf{z}_i'\boldsymbol{\alpha}+(\eta_i+v_i)$。

(c) 为了避免不必要的复杂化，假定 $\mathbf{x}_i$ 是一个标量 x_i。那么式（$*$）中的 $\frac{1}{n}\sum_i \mathbf{z}_i \cdot v_i$ 就变成了

$$-2(b-\beta)\frac{1}{n}\sum_{i=1}^{n}x_i\varepsilon_i\mathbf{z}_i+(b-\beta)^2\frac{1}{n}\sum_{i=1}^{n}x_i^2\mathbf{z}_i \tag{$**$}$$

证明第一项的 plim 是 0。**提示：**

$$\mathrm{E}(x_i\varepsilon_i\mathbf{z}_i)=\mathrm{E}[\mathbf{z}_i\cdot x_i\cdot \mathrm{E}(\varepsilon_i\,|\,x_i)]$$

证明如果 $\mathrm{E}(x_i^2\mathbf{z}_i)$ 存在且有限，第二项的 plim 也是 0。

(d) 这样一来我们就已经证明 $\hat{\boldsymbol{\alpha}}-\boldsymbol{\alpha}$ 消失了。证明更强的结果：$\sqrt{n}(\hat{\boldsymbol{\alpha}}-\boldsymbol{\alpha})$ 会消失。**提示：**使用引理 2.4 (b)。

7. (选作，证明：WLS 比 OLS 更为渐近有效) 在 2.8 节，WLS 估计量被标示为 $\hat{\boldsymbol{\beta}}(\hat{\mathbf{V}})$。我们希望证明它比 OLS 更为渐近有效，即：

$$\mathrm{Avar}(\hat{\boldsymbol{\beta}}(\hat{\mathbf{V}}))\leqslant \mathrm{Avar}(\mathbf{b})$$

但是由于 $\mathrm{Avar}(\hat{\boldsymbol{\beta}}(\hat{\mathbf{V}}))=\mathrm{Avar}(\hat{\boldsymbol{\beta}}(\mathbf{V}))$，因此可以充分证明下式：

$$\mathrm{Avar}(\hat{\boldsymbol{\beta}}(\mathbf{V}))\leqslant \mathrm{Avar}(\mathbf{b})$$

证明这最后一个矩阵不等式。**提示：**在第 1 章，我们证明了对于任意正定矩阵 $\mathbf{V}$ 的代数结果：

$$(\mathbf{X}'\mathbf{X})^{-1}(\mathbf{X}'\mathbf{V}\mathbf{X})(\mathbf{X}'\mathbf{X})^{-1}\geqslant(\mathbf{X}'\mathbf{V}^{-1}\mathbf{X})^{-1} \tag{$*$}$$

(这可以从 GLS 比 OLS 更为有效得来；对于广义回归模型来说，LHS 是（σ^2 乘以）OLS 估计量的方差，而 RHS 是（σ^2 乘以）GLS 估计量的方差。) 式（$*$）的两边同除以 n，并取概率极限可得：

$$\left(\mathrm{plim}\,\frac{1}{n}\mathbf{X}'\mathbf{X}\right)^{-1}\left(\mathrm{plim}\,\frac{1}{n}\mathbf{X}'\mathbf{V}\mathbf{X}\right)\left(\mathrm{plim}\,\frac{1}{n}\mathbf{X}'\mathbf{X}\right)^{-1}\geqslant \mathrm{plim}\left(\frac{1}{n}\mathbf{X}'\mathbf{V}^{-1}\mathbf{X}\right)^{-1} \tag{$**$}$$

这个 RHS 即 $\mathrm{Avar}(\hat{\boldsymbol{\beta}}(\mathbf{V}))$（参看式 (2.8.7)）。证明：LHS 等于 $\mathrm{Avar}(\mathbf{b})=\boldsymbol{\Sigma}_{\mathbf{xx}}^{-1}\mathbf{S}\boldsymbol{\Sigma}_{\mathbf{xx}}^{-1}$。

8. 证明式 (2.9.7)。**提示：**如果 $(\mu, \boldsymbol{\gamma})$ 是最小二乘投射系数，则它满足：

$$\mathrm{E}(\mathbf{x}\mathbf{x}')\begin{bmatrix}\mu\\ \boldsymbol{\gamma}\end{bmatrix}=\mathrm{E}(\mathbf{x}\cdot y) \tag{$*$}$$

或

$$\begin{bmatrix}\mu\\ \boldsymbol{\gamma}\end{bmatrix}=[\mathrm{E}(\mathbf{x}\mathbf{x}')]^{-1}\mathrm{E}(\mathbf{x}\cdot y) \tag{$**$}$$

其中，

$$\mathrm{E}(\mathbf{x}\mathbf{x}')=\begin{bmatrix}1 & \mathrm{E}(\tilde{\mathbf{x}})'\\ \mathrm{E}(\tilde{\mathbf{x}}) & \mathrm{E}(\tilde{\mathbf{x}}\tilde{\mathbf{x}}')\end{bmatrix},\mathrm{E}(\mathbf{x}\cdot y)=\begin{bmatrix}\mathrm{E}(y)\\ \mathrm{E}(\tilde{\mathbf{x}}\cdot y)\end{bmatrix}$$

式（$*$）的第一个方程是 $\mu+\mathrm{E}(\tilde{\mathbf{x}})'\boldsymbol{\gamma}=\mathrm{E}(y)$。用它可以从式（$*$）的其他方程中消去 μ，然后求解 $\boldsymbol{\gamma}$。在这个过程中，使用 $\mathrm{Var}(\tilde{\mathbf{x}})=\mathrm{E}(\tilde{\mathbf{x}}\tilde{\mathbf{x}}')-\mathrm{E}(\tilde{\mathbf{x}})\mathrm{E}(\tilde{\mathbf{x}}')$，$\mathrm{Cov}(\tilde{\mathbf{x}}, y)=\mathrm{E}(\tilde{\mathbf{x}}\cdot y)-\mathrm{E}(\tilde{\mathbf{x}})\mathrm{E}(y)$。另一种方法是使用分块逆矩阵（参看附录 A 的式 (A.10)）以求得：

$$\mathrm{E}(\mathbf{x}\mathbf{x}')^{-1}=\begin{bmatrix}1+\mathrm{E}(\tilde{\mathbf{x}})'\mathrm{Var}(\tilde{\mathbf{x}})^{-1}\mathrm{E}(\tilde{\mathbf{x}}) & -\mathrm{E}(\tilde{\mathbf{x}})'\mathrm{Var}(\tilde{\mathbf{x}})^{-1}\\ -\mathrm{Var}(\tilde{\mathbf{x}})^{-1}\mathrm{E}(\tilde{\mathbf{x}}) & \mathrm{Var}(\tilde{\mathbf{x}})^{-1}\end{bmatrix}$$

然后将此代入式（$**$）。

9. ($p=1$ 时证明命题 2.9) 假设 $\{\varepsilon_t\}$ 是遍历平稳的鞅差分序列，且 $\mathrm{E}(\varepsilon_t^2\mid\varepsilon_{t-1}, \varepsilon_{t-2}, \cdots, \varepsilon_1)=\sigma^2<\infty$。

令 $g_t = \varepsilon_t \cdot \varepsilon_{t-1}$ 以及

$$\hat{\gamma}_j = \frac{1}{n}\sum_{t=j+1}^{n}\varepsilon_t \cdot \varepsilon_{t-j} \quad (j=0,1),\ \hat{\rho}_1 = \frac{\hat{\gamma}_1}{\hat{\gamma}_0}$$

(a) 证明：$\{g_t\}(t=2，3，\cdots)$ 是一个鞅差分序列。

(b) 证明：$\mathrm{E}(g_t^2)=\sigma^4$。

(c) 证明：随着 $n\to\infty$，$\sqrt{n}\,\hat{\gamma}_1 \to_{\mathrm{d}} N\ (0，\sigma^4)$。

(d) 证明：$\sqrt{n}\,\hat{\rho}_1 \to_{\mathrm{d}} N\ (0，1)$。**提示：**首先证明 $\sqrt{n}\,\hat{\gamma}_1/\sigma^2 \to_{\mathrm{d}} N(0，1)$。然后使用引理 2.4（c）。

10.（MA(2) 的样本均值的渐近性）令（ε_{-1}，ε_0，ε_1，ε_2，…）是 i. i. d. 的，其均值为 0，方差为 σ_ε^2。考虑由下式所产生的过程（y_{-1}，y_0，y_1，y_2，…）：

$$y_{-1}=\varepsilon_{-1},\ y_0=\varepsilon_0+\theta_1\varepsilon_{-1},\ y_t=\varepsilon_t+\theta_1\varepsilon_{t-1}+\theta_2\varepsilon_{t-2} \quad (t=1,2,\cdots)$$

（这个过程被称为二阶移动平均过程（MA(2)））；参看第 6 章。

(a) 证明：（y_1，y_2，…）是协方差平稳的。推导自协方差 $\gamma_j(j=0，1，2，\cdots)$ 的表达式。

(b) 令：

$$r_{tj}\equiv \mathrm{E}(y_t\,|\,y_{t-j},y_{t-j-1},\cdots,y_0,y_{-1})-\mathrm{E}(y_t\,|\,y_{t-j-1},y_{t-j-2},\cdots,y_0,y_{-1})$$
$$(t=j,j+1,\cdots;j=0,1,2,\cdots)$$

证明：

$$r_{t0}=\varepsilon_t,\ r_{t1}=\theta_1\varepsilon_{t-1},\ r_{t2}=\theta_2\varepsilon_{t-2},\ r_{t3}=0,\ r_{t4}=0,\ \cdots$$

提示：在（ε_{-1}，ε_0，ε_1，…，ε_t）和（y_{-1}，y_0，y_1，…，y_t）之间存在一个一对一映射，因此 $\mathrm{E}(y_t\,|\,y_{t-j}，\cdots,y_{-1})=\mathrm{E}(y_t\,|\,\varepsilon_{t-j}，\cdots，\varepsilon_{-1})$。

(c) 令：

$$\bar{y}_n\equiv\frac{1}{n}(y_1+y_2+\cdots+y_n)$$

证明：

$$\mathrm{Var}(\sqrt{n}\bar{y}_n)=\gamma_0+2\left[\left(1-\frac{1}{n}\right)\gamma_1+\left(1-\frac{2}{n}\right)\gamma_2\right]$$

(d) 由于 $\{y_t\}$ 不是 i. i. d. 的，所以林德伯格-列维 CLT 并不适用。然而，在第 6 章还是会证明 $\sqrt{n}\bar{y}_n$ 依分布收敛于一个正态随机变量。极限分布的均值是什么？极限分布的方差（即 $\mathrm{Avar}(\bar{y}_n)$）又是什么？**提示：**在引理 2.1 中，令 $z_n=\sqrt{n}\bar{y}_n$，并且对于任一固定的 q 有 $\lim_{n\to\infty}$（$1-q/n$）$=1$。

11.（选作，序列相关的布鲁施-戈弗雷检验）在这个问题里，我们证明了修正后的博克斯-皮尔斯 Q 渐近等价于来自辅助回归式（2.10.21）的 pF，其中 p 是滞后期数，F 是系数 e_{t-1}，e_{t-2}，…，e_{t-p} 皆为零这一假设的 F 比率。

首先我们给出一些符号表示。令：

$$\underset{(n\times K)}{\mathbf{X}}=\begin{bmatrix}\mathbf{x}_1'\\ \vdots\\ \mathbf{x}_n'\end{bmatrix},\ \underset{(n\times p)}{\mathbf{E}}=\begin{bmatrix}0 & 0 & \cdots & 0\\ e_1 & 0 & \cdots & \vdots\\ e_2 & e_1 & \cdots & 0\\ e_3 & e_2 & \cdots & e_1\\ \vdots & \vdots & & \vdots\\ e_{n-1} & e_{n-2} & \cdots & e_{n-p}\end{bmatrix},\ \underset{(n\times 1)}{\mathbf{e}}=\begin{bmatrix}e_1\\ \vdots\\ e_n\end{bmatrix}$$

$$\underset{((K+p)\times(K+p))}{\hat{\mathbf{B}}}=\begin{bmatrix}\frac{1}{n}\mathbf{X}'\mathbf{X} & \frac{1}{n}\mathbf{X}'\mathbf{E}\\ \frac{1}{n}\mathbf{E}'\mathbf{X} & \frac{1}{n}\mathbf{E}'\mathbf{E}\end{bmatrix},\ \hat{\mathbf{B}}^{-1}=\begin{bmatrix}\underset{(K\times K)}{\mathbf{B}^{11}} & \underset{(K\times K)}{\mathbf{B}^{12}}\\ \underset{(K\times K)}{\mathbf{B}^{21}} & \underset{(K\times K)}{\mathbf{B}^{22}}\end{bmatrix},\ \underset{(p\times 1)}{\hat{\boldsymbol{\gamma}}}=\begin{bmatrix}\hat{\gamma}_1\\ \vdots\\ \hat{\gamma}_p\end{bmatrix}$$

其中 e_t 是初始回归 $y_t=\mathbf{x}_t'\boldsymbol{\beta}+\varepsilon_t$ 的残差，$\hat{\gamma}_j$ 是样本 j 阶自协方差，由式（2.10.8）中的定义，可以从残差中计算出来。

(a) 辅助回归式（2.10.21）有 $K+p$ 个回归元。令 $\hat{\boldsymbol{\alpha}}$ 为 $K+p$ 个系数组成的向量。证明：

$$\hat{\boldsymbol{\alpha}}=\hat{\mathbf{B}}^{-1}\begin{bmatrix}\underset{(K\times 1)}{\mathbf{0}}\\ \underset{(p\times 1)}{\hat{\boldsymbol{\gamma}}}\end{bmatrix}$$

提示：由于 $\mathbf{e}$ 是得自以 $\mathbf{X}$ 为回归元的初始回归的残差向量，所以 $\mathbf{X}'\mathbf{e}=\mathbf{0}$。

(b) 证明：

$$\hat{\mathbf{B}}\underset{\mathrm{p}}{\longrightarrow}\mathbf{B}\equiv\begin{bmatrix}\boldsymbol{\Sigma}_{\mathbf{xx}} & \mathbf{H}\\ \mathbf{H}' & \sigma^2\mathbf{I}_p\end{bmatrix}$$

其中

$$\underset{(K\times p)}{\mathbf{H}}\equiv[\mathrm{E}(\mathbf{x}_t\cdot\varepsilon_{t-1})\ \cdots\ \mathrm{E}(\mathbf{x}_t\cdot\varepsilon_{t-p})]$$

提示：$\frac{1}{n}\mathbf{X}'\mathbf{E}$ 的第 j 列为 $\frac{1}{n}\sum_{t=j+1}^{n}\mathbf{x}_t\cdot e_{t-j}$。利用式（2.3.9）来证明它依概率收敛于 $\mathrm{E}(\mathbf{x}_t\cdot\varepsilon_{t-j})$。

(c)（非常容易）证明：$\hat{\boldsymbol{\alpha}}\to_{\mathrm{p}}\mathbf{0}$。

(d) 令这里的 SSR 为辅助回归而非初始回归的残差平方和。证明：

$$\frac{SSR}{n-K-p}\underset{\mathrm{p}}{\longrightarrow}\sigma^2$$

其中 σ^2 是初始回归误差项 ε_t 的方差。

提示：$[\mathbf{X}\ \vdots\ \mathbf{E}]\hat{\boldsymbol{\alpha}}=\mathbf{E}\hat{\boldsymbol{\gamma}}$。所以 $SSR=(\mathbf{e}-\mathbf{E}\hat{\boldsymbol{\gamma}})'(\mathbf{e}-\mathbf{E}\hat{\boldsymbol{\gamma}})$。$\frac{1}{n}\mathbf{E}'\mathbf{e}=\hat{\boldsymbol{\gamma}}$，$\frac{1}{n}\mathbf{E}'\mathbf{E}\to_{\mathrm{p}}\sigma^2\mathbf{I}_p$。

(e) 证明：

$$pF=\frac{n\hat{\boldsymbol{\gamma}}'\hat{\mathbf{B}}^{22}\hat{\boldsymbol{\gamma}}}{SSR/(n-K-p)}$$

提示：对该辅助回归应用式（1.4.9）中的 F 比率公式。

(f) 使用分块逆矩阵公式（参看附录 A 的式（A.10））来证明：

$$\hat{\mathbf{B}}^{22}=\left[\frac{1}{n}\mathbf{E}'\mathbf{E}-\left(\frac{1}{n}\mathbf{E}'\mathbf{X}\right)\mathbf{S}_{\mathbf{xx}}^{-1}\left(\frac{1}{n}\mathbf{X}'\mathbf{E}\right)\right]^{-1}$$

(g) 令 $\hat{\boldsymbol{\rho}}$ 和 $\hat{\boldsymbol{\Phi}}$ 如式（2.10.8）和式（2.10.19）中那样。证明：如式（2.10.20）中所定义的修正后的博尔斯-皮尔斯 Q 渐近等价于 pF（即这两者之间的差值依概率收敛于零）。**提示：**证明 pF 和修正后的 Q 渐近等价于：

$$n\hat{\boldsymbol{\gamma}}'(\mathbf{I}_p-\boldsymbol{\Phi})^{-1}\hat{\boldsymbol{\gamma}}/\sigma^2$$

其中 $\boldsymbol{\Phi}$ 由式（2.10.18）中那样定义。

12.（选作，大样本中结构性变化的邹检验）考虑将对结构性变化的邹检验运用子命题 2.5 描述的具有条件同方差性的回归模型这一问题。由于结构性变化的主题主要出现在时间序列模型中，所以我们以“t”作为下标。通过允许系数向量在间断时间 r 上有所变化，我们将假设 2.1 予以一般化：

$$y_t=\begin{cases}\mathbf{x}_t'\boldsymbol{\beta}_1+\varepsilon_t, t=1,2,\cdots,r\\ \mathbf{x}_t'\boldsymbol{\beta}_2+\varepsilon_t, t=r+1,r+2,\cdots,n\end{cases}$$

我们假设间断时间 r 是已知的。（当间断时间未知时，情况更为复杂，这已经成为一个近期研究的对象。参看斯托克（Stock，1994，第 5 节）的综述。）要检验的原假设为 $\boldsymbol{\beta}_1=\boldsymbol{\beta}_2$。这是 K 个约束条件集合。令 SSR_1 为得自第一个时期（$t=1$，2，…，r）的残差平方和，SSR_2 为得自第二个时期（$t=r+1$，$r+2$，…，n）的 SSR，而 SSR_R 是在约束条件 $\boldsymbol{\beta}_1=\boldsymbol{\beta}_2$ 下整个样本的 SSR。从第 1 章可知，邹检验可以被定义如下：

$$F=\frac{[SSR_R-(SSR_1+SSR_2)]/K}{(SSR_1+SSR_2)/(n-2K)}$$

令 $\mathbf{b}_1$ 为 $\boldsymbol{\beta}_1$ 的得自第一个时期的 OLS 估计值，$\mathbf{b}_2$ 为 $\boldsymbol{\beta}_2$ 的得自第二个时期的估计值。

（a）证明 KF 在数值上等于：

$$\sqrt{n}(\mathbf{b}_1-\mathbf{b}_2)'\left[\left(\frac{\frac{1}{n}\sum_{t=1}^{r}\mathbf{x}_t\mathbf{x}_t'}{s^2}\right)^{-1}+\left(\frac{\frac{1}{n}\sum_{t=r+1}^{n}\mathbf{x}_t\mathbf{x}_t'}{s^2}\right)^{-1}\right]^{-1}\sqrt{n}(\mathbf{b}_1-\mathbf{b}_2)$$

其中 $s^2=(SSR_1+SSR_2)/(n-2K)$。**提示：**这 n 个方程可以以 $\mathbf{y}=\mathbf{X}\boldsymbol{\beta}+\boldsymbol{\varepsilon}$ 这种矩阵形式如下写出：

$$\underset{(n\times 2K)}{\mathbf{X}}=\begin{bmatrix}\mathbf{X}_1 & \mathbf{0}\\ \mathbf{0} & \mathbf{X}_2\end{bmatrix},\quad \underset{(r\times K)}{\mathbf{X}_1}=\begin{bmatrix}\mathbf{x}_1'\\ \vdots\\ \mathbf{x}_r'\end{bmatrix}$$

$$\underset{((n-r)\times K)}{\mathbf{X}_2}=\begin{bmatrix}\mathbf{x}_{r+1}'\\ \vdots\\ \mathbf{x}_n'\end{bmatrix},\quad \underset{(2K\times 1)}{\boldsymbol{\beta}}=\begin{bmatrix}\boldsymbol{\beta}_1\\ \boldsymbol{\beta}_2\end{bmatrix}$$

原假设 $\boldsymbol{\beta}_1=\boldsymbol{\beta}_2$ 可以写为 $\mathbf{R}\boldsymbol{\beta}=\mathbf{r}$，其中 $\mathbf{R}=[\mathbf{I}_K \ \vdots \ -\mathbf{1}_K]$，而且 $\mathbf{r}=\mathbf{0}$。利用命题 1.4。

（b）令 $\lambda\equiv r/n$。证明：随着 $n\to\infty$，而 λ 固定，于是有：

$$\frac{1}{n}\sum_{t=1}^{r}\mathbf{x}_t\mathbf{x}_t'\underset{\mathrm{p}}{\longrightarrow}\lambda\boldsymbol{\Sigma}_{\mathbf{xx}},\ \frac{1}{n}\sum_{t=r+1}^{n}\mathbf{x}_t\mathbf{x}_t'\underset{\mathrm{p}}{\longrightarrow}(1-\lambda)\boldsymbol{\Sigma}_{\mathbf{xx}}$$

其中 $\boldsymbol{\Sigma}_{\mathbf{xx}}\equiv\mathrm{E}(\mathbf{x}_t\mathbf{x}_t')$。

（c）证明：随着 $n\to\infty$，而 λ 固定，于是有：

$$\frac{1}{\sqrt{n}}\sum_{t=1}^{r}\mathbf{x}_t\cdot\varepsilon_t\underset{\mathrm{d}}{\longrightarrow}N(\mathbf{0},\lambda\sigma^2\boldsymbol{\Sigma}_{\mathbf{xx}}),\ \frac{1}{\sqrt{n}}\sum_{t=r+1}^{n}\mathbf{x}_t\cdot\varepsilon_t\underset{\mathrm{d}}{\longrightarrow}N(\mathbf{0},(1-\lambda)\sigma^2\boldsymbol{\Sigma}_{\mathbf{xx}})$$

可以证明（例如可参看 Stock（1994，第 5 节）），$\frac{1}{\sqrt{n}}\sum_{t=1}^{r}\mathbf{x}_t\varepsilon_t$ 和 $\frac{1}{\sqrt{n}}\sum_{t=r+1}^{n}\mathbf{x}_t\varepsilon_t$ 是渐近无关的。因此，

$$\begin{bmatrix}\frac{1}{\sqrt{n}}\sum_{t=1}^{r}\mathbf{x}_t\cdot\varepsilon_t\\ \frac{1}{\sqrt{n}}\sum_{t=r+1}^{n}\mathbf{x}_t\cdot\varepsilon_t\end{bmatrix}\underset{\mathrm{d}}{\longrightarrow}N\left(\mathbf{0},\begin{bmatrix}\lambda\sigma^2\boldsymbol{\Sigma}_{\mathbf{xx}} & \mathbf{0}\\ \mathbf{0} & (1-\lambda)\sigma^2\boldsymbol{\Sigma}_{\mathbf{xx}}\end{bmatrix}\right)$$

（d）证明：$\mathrm{Avar}(\mathbf{b}_1-\mathbf{b}_2)=\lambda^{-1}\sigma^2\boldsymbol{\Sigma}_{\mathbf{xx}}^{-1}+(1-\lambda)^{-1}\sigma^2\boldsymbol{\Sigma}_{\mathbf{xx}}^{-1}$。**提示：**令

$$\mathbf{b}\equiv\begin{bmatrix}\mathbf{b}_1\\ \mathbf{b}_2\end{bmatrix}$$

证明：

$$\mathrm{Avar}(\mathbf{b})=\begin{bmatrix}\lambda^{-1}\sigma^2\mathbf{\Sigma}_{\mathbf{xx}}^{-1} & \mathbf{0} \\ \mathbf{0} & (1-\lambda)^{-1}\sigma^2\mathbf{\Sigma}_{\mathbf{xx}}^{-1}\end{bmatrix}$$

$\mathbf{b}_1-\mathbf{b}_2=[\mathbf{I}_K \vdots -\mathbf{I}_K]\mathbf{b}$。利用引理 2.4（c）。

（e）最后，证明：随着 $n\to\infty$，$\lambda=r/n$ 固定，于是有 $KF\to_{\mathrm{d}}\chi^2(K)$。

□ 实证性习题

1. 在做本习题之前，请先阅读法玛（Fama，1975）的引言和Ⅰ—Ⅳ节。数据文档 MISHKIN. ASC 中给出了关于以下各项的月份数据：

第 1 列：年份
第 2 列：月份
第 3 列：一月期通胀率（以百分比表示，年率；称之为 *PAI1*）
第 4 列：三月期通胀率（以百分比表示，年率；称之为 *PAI3*）
第 5 列：一月期国债利率（以百分比表示，年率；称之为 *TB1*）
第 6 列：三月期国债利率（以百分比表示，年率；称之为 *TB3*）
第 7 列：城市消费者的 CPI，所有项目（1982—1984 年的平均值被设定为 100；称之为 *CPI*）。

样本时期是从 1950 年 2 月到 1990 年 12 月（491 个观测值）。关于 *PAI1*、*PAI3*、*TB*1 和 *TB3* 的数据与米什金（Mishkin，1992）的数据是相同的，我们可以从他那里得到。国债数据可以从芝加哥大学证券价格研究中心（CRSP）得到。月份的国债利率根据前一个月的最后一个营业日来计算（因此可以取为每月开始时的利率）。*PAI1* 和 *PAI3* 的构造可以像本习题最后那样描述；我们暂时使用由 *CPI* 导出的通胀率。

（a）（图书馆/网络工作）为了检查 MISHKIN. ASC 数据的准确性，从财政部公告或联邦储备委员会的过期公告中找到有关国债利率纸质版的相关表格。或者访问联邦网站（www. bog. frb. fed. us）或者财政部网站（www. ustreas. gov）以取得这些数据。你能找到一月期国债利率吗？【答案：可能找不到。】MISHKIN. ASC 中的利率与相关表格中的接近吗？它们是否出现在月初？

（b）（图书馆/网络工作）从每月劳工评论的过期刊物中找到相关表格（或访问美国劳工统计局的网站 www. bls. gov）来验证 MISHKIN. ASC 中 CPI 数据的正确性。验证变量的时限就是这样的，从而一月份 CPI 观测值就是每月的 CPI 观测值。考虑 CPI 的定义，验证以下诸项：(1) CPI 是关于城市消费者的，其所有项目包括食品和房地产，并没有经过季节调整。(2) 该指数组成部分项目的价格是全月均予以抽样的。每月的 CPI 是何时宣布的呢？

（c）CPI 是一个固定权数指数还是一个变动权数指数？**提示：**认真地参考你过去学过的中级宏观经济学教材；研究生的宏观经济学教材不会给出这些内容。

在数据集中第 t 月的一月期国债利率是从月份 t 的开始到月末这个时间段（这一点如你所验证过的那样）。理想而言，如果我们有关于每个时期初价格水平的数据，就可以计算同一个时期的通胀率为 $(P_{t+1}-P_t)/P_t$，其中 P_t 是该时期初的价格水平。我们用 $t-1$ 月的 CPI 来表示 P_t（即设 $P_t=CPI_{t-1}$）。由于 CPI 的组成部分项目是在一个月内的不同时间里收集的，所以不可避免会存在通胀测量和利率数据的偏差。另外一个问题是 CPI 数据发布的时限。有效市场理论假设当该月国债利率设定时，P_t 在月份 t 开始时是已知的。然而，我们取为 P_t 的 $t-1$ 月的 CPI 直到下个月（月份 t）才宣布。这样一来，我们必须假定人们在 t 月初知道 $t-1$ 月的 CPI。

TSP 小贴士：当我们阅读这些数据并计算通胀率时，应该利用 TSP 处理日历日期。TSP 程序的初始部分可能是这样的：

```
? The data are monthly,1950:2 thru 1990:12
freq m;smpl 50:2 90:12;
? Read in the ASCII date
read(file='mishkin.asc')year month pai1 pai3
                                        tb1 tb3 cpi;
? Calculate inflation rate and the real rate
smpl 50:3 90:12;
pai=((cpi/cpi(-1))**12-1)*100;
r=tbl-pai;
```

RATS 小贴士：相似地，RATS 程序的初始部分可能是这样的：

```
* The data are monthly,1950:2 thru 1990:12
cal 50 2 12;all 0 90:12
* Read in the ASCII data
open data mishkin.asc
data(org=obs)/year month pai1 pai3 tb1 tb3 cpi
* Calculate inflation rate and real rate
set pai=((cpi(t)/cpi(t-1))**12-1)*100
set r=tbl(t)-pai(t)
```

(d) 复制表 2-1 中的结果。由于国债利率是以百分数和年利率来计算的，所以通胀率必须以同样的单位来测度。以连续复利率百分数来计算 π_{t+1}，这与 TBl_t 相匹配（月份 t 的一月期国债利率）：

$$\left[\left(\frac{P_{t+1}}{P_t}\right)^{12}-1\right]\times 100$$

Gauss 小贴士：通过式（2.10.1）计算样本自协方差以及通过式（2.10.2）计算样本自相关的一种方法是这样的：令 z 为其第 i 项为 z_i 的 n 维向量，*nobs* 为样本规模 n。

```
z=z-meanc(z);      /* de-mean the series */
nlag=12;   /* lag length */
rho=zeros (nlag,1);
j=1;do until j>nlag;
  rho[j]=z'*shiftr(z',j,0)'/nobs;
  /* sample autocovariances */
j=j+1;endo;
rho=rho./(z'*z/nobs);
  /* sample autocorrelations */
```

TSP 小贴士：使用 BJIDENT 命令。它不能计算 p 值，因此（除非你想学习如何使用 TSP 矩阵命令）必须放弃生成 p 值的想法。

RATS 小贴士：使用 CORRELATE 或 BOXJENK。

(e) 你能复制具有稳健标准误的式（2.11.9）吗？对截距项的解释是怎样的？

Gauss 小贴士：对于异方差性稳健标准误，必须通过 $\hat{\varepsilon}_i=e_i$（OLS 残差）的公式（2.5.1）来计算 $\hat{\mathbf{S}}$。Gauss 编码的一个例子是这样的：令 x 为 $n\times K$ 数据矩阵，ehat 为 OLS 残差的 n 维向量。如果 g 是其第 i 行为 $\mathbf{x}_i\cdot e_i$ 的 $n\times K$ 矩阵，则生成 g 的 Gauss 编码为 g=x.*ehat。生成 $\hat{\mathbf{S}}$ 的 Gauss 编码是 g'g/nobs，其中 nobs 是样本规模。然而，这并没有利用 $\hat{\mathbf{S}}$ 是对称的这一事实。在计算上更为有效的命令是 moment(g, 0)/nobs。

TSP 小贴士：使用 OLSQ 的选项 HCTYPE=0。

RATS 小贴士：使用 LINREG 的 ROBUSTERRORS 选项。

(f)（怀特的戴维森-麦金农校正）稳健 t 比率的有限样本性质可以通过文中讨论过的戴维森-麦金农调整进行改良。通过文中讨论过的三个公式来计算稳健标准误。第一个是用$n/(n-K)$乘以 $\widehat{\mathbf{S}}$ 进行自由度的校正。第二个是用 $d=1$ 的公式（2.5.5）来计算 $\widehat{\mathbf{S}}$。第三个是 $d=2$ 的式（2.5.5）。其对应于 TSP 的 OLSQ 选项是 HCTYPE=1，2，3。

Gauss 小贴士：令 p 为可以保留式（2.5.5）中 p_i 的 n 维向量，sxxinv=$\mathbf{S}_{xx}^{-1}$，x=数据矩阵 $\mathbf{X}$。计算 p 的一种方法是：

```
p = zeros (nobs,1);
i = 1;do until i>nobs;
  p[i] = x[i,.] * sxxinv * x[i,.]′/nobs;
i = i + 1;endo;
```

(g)（条件同方差下的估计）通过在条件同方差性式（2.6.1）下令 π_{t+1} 对一个常数项和 $TB1_t$ 进行回归，可以检验市场有效性。将你的结果和（e）与（f）中的结果进行比较。哪个部分不一样？

(h)（布鲁施-戈弗雷检验）对于（g）中的设定，对 $p=12$ 的序列相关实施布鲁施-戈弗雷检验。(nR^2 统计量应该约为 27.0。）令 e_t（$t=1$，2，…，n）为得自（g）中回归的 OLS 残差。为了实施像文中所描述的布鲁施-戈弗雷检验，我们需要在 $t=1$，2，…，n 时的辅助回归中设定 $e_t(t=0$，1，…，$-11)$ 为 0。

TSP 小贴士：计算 nR^2 统计量的 TSP 编码如下：resid 是得自初始回归的 OLS 残差。

```
? Part (h):Breusch-Godfrey
resid = @res;
smpl 52:1 52:12;
resid = 0;
smpl 53:1 71:7;
olsq resid c tbl resid( - 1) resid( - 2) resid( - 3)
                 resid( - 4) resid( - 5) resid( - 6)
                 resid( - 7) resid( - 8) resid( - 9)
                 resid( - 10) resid( - 11)
                 resid( - 12);
set w = @nob * @rsq;cdf(chisq,df = 12) w;
```

这里，w 是 nR^2 统计量。

RATS 小贴士：计算 nR^2 统计量的 RATS 编码如下：resid 是初始回归的 OLS 残差。

```
* Part (h):Breusch-Godfrey
set resid 53:1 71:7 = pai- % beta(1)- % beta(2) * tb1
set resid 52:1 52:12 = 0
linreg resid 53:1 71:7;
  # constant tb1 resid{1 to 12}
compute w = % nobs * % rsquared
cdf chisquared w 12
```

这里，w 是 nR^2 统计量。

Gauss 小贴士：正如（d）中的 Gauss 编码一样，shiftr 命令在这里很有用。令 y(233×1) 和 x(223×2)分别是得自前一回归的因变量和回归元矩阵。令 b(2×1) 是前一回归的待估系数向量。为该辅助回归创生 y 和 x 的 Gauss 程序可能是这样的：

```
"@ Part (h):Breusch-Godfrey @";
y=y-x*b; /* residual vector from the previous
           regression */
j=1;do until j>12;
x=x~shiftr(y',j,0)';
j=j+1;endo;
```

(i)（对法玛文章的改造）法玛文章中有关名义利率系数的点估计值和标准误是多少？它们与你的结果是否一致？（法玛使用了不同的符号，因此你需要将他的结果翻译成我们的符号。）为什么他的截距项的估计值和你的不同？（一个显而易见的原因是我们的数据不同，但是还有另外的原因。）选作：他的数据和我们的数据有哪些不同之处？

(j)（季节虚拟变量）用于计算通胀率的CPI并没有经过季节调整。为了考虑季节因素，在回归中使用非季节调整的数据时，定义12个月份的虚拟变量 $M1$，$M2$，…，$M12$，并使用它们来取代（g）中回归的常数项。这会对你的结果造成什么差异吗？如果你在回归中除了12个月份虚拟变量之外再加上一个常数项，又会发生什么？选作：我们是否有理由偏爱非季节调整数据甚于季节调整数据呢？

TSP小贴士：使用DUMMY命令来生成月份虚拟变量。

RATS小贴士：使用SEASONAL命令来生成月份虚拟变量。

CPI序列中的一个著名问题就是，在1983年之前CPI中的自有房产部分是家庭抵押利息成本，自1983年之后，则是一个更为合适的"等价租金"的衡量。在MISHKIN. ASC中的通胀变量 *PAI1* 和 *PAI3* 可以通过在所有时期使用等价租金得到的价格指数来计算。关于此的更多细节，可参看Huizinga和Mishkin（1984）的第二节。这些变量的时间安排是这样的：对于 *PAI1*，一月份观测值是通过十二月份和一月份关于价格指数的数据计算得到的，*PAI3* 是通过十二月份到三月份关于价格指数的数据计算得到的。因此，在价格指数是月底数据这一假设下，*PAI1* 的一月份观测值是该月的通胀率，*PAI3* 的一月份观测值是从一月份开始到三月份结束的通胀率。

(k) 利用此对一月期通胀率的更好的测量指标来对1953年1月—1971年7月的法玛回归进行估计，并比较所得结果与你在（e）中得到的结果之间的异同。

(l) 估计1979年10月后的法玛回归。其名义利率系数是否更低？（该系数应该降到0.564。）

2.（继续第1章中的纳洛夫练习）

(i) 对于模型4，进行条件异方差性的怀特的 nR^2 检验。（nR^2 应为66.546。）

(j)（选作）用OLS估计模型4。这是2.8节程序的第一步。通过估计以下辅助回归来实施第二步：令 e_i^2 对一个常数项和 $1/Q_i$ 进行回归。验证你在（h）部分所做的第三步。

(k) 计算模型4的怀特标准误。

□ 蒙特卡罗练习

1.（自由度校正）在第1章的蒙特卡罗练习的模型中，我们假设误差项是正态的。现在则假设 ε_i 服从−0.5到0.5之间的均匀分布。

(a) 验证第二个仿真的DGP（其中 **X** 在仿真样本之间是不同的）满足假设2.1至假设2.5以及假设2.7。（可以证明，也满足假设2.2［遍历平稳性］。这是命题6.1（d）的含义所在。）

(b) 对第1章中具有均匀分布误差项的蒙特卡罗练习进行第二次仿真。在每一次复制中，和之前一样，计算一般的 t 比率，并将它与两个临界值进行比较。第一个是由 $t(30)$ 分布推出的相同的临界值（2.042），第二个是得自 $N(0,1)$ 的临界值（1.96）。为每个临界值计算投射频率。哪一个更接近5%的名义大小？

2.（博克斯-皮尔斯还是扬-博克斯）我们希望验证扬-博克斯 Q 统计量的小样本性质优于博克斯-皮尔斯 Q 的那些性质。生成一列均值为0的50个独立同分布的随机数。（选择你最喜欢的分布。）将这列数作为数据，做以下工作：

(1) 计算博克斯-皮尔斯 Q 和扬-博克斯 Q 统计量（参看 $p=4$ 的式 (2.10.4) 和式 (2.10.5))。(根据构造，总体均值为 0。尽管如此，当你计算自相关关系时还是要从该序列中取样本均值。)

(2) 对于每一个统计量，假设该统计量的分布为 $\chi^2(4)$，在 5%的显著性水平上接受还是拒绝无序列相关这一原假设？

对大量时间数字做这一工作，每次使用不同的重新生成的 50 个 i. i. d. 的一列随机数。对于每一个 Q 统计量，计算拒绝原假设的频率。如果该统计量的有限样本分布可以由 $\chi^2(4)$ 得到很好的近似，那么该频率应该接近于 5%。哪个统计量可以给出更加接近于 5%的名义大小的频率呢？如果使用博克斯-皮尔斯 Q，我们是否不能过于经常地拒绝该原假设？

部分习题答案

□ 分析性习题

3. 从式 (2.3.7) 可知，$\mathbf{b}-\boldsymbol{\beta}=\mathbf{S}_{\mathbf{xx}}^{-1}\bar{\mathbf{g}}$。根据柯尔莫哥洛夫，有 $\mathbf{S}_{\mathbf{xx}}\to_{\mathrm{p}}\mathrm{E}(\mathbf{x}_i\mathbf{x}_i')$ 和 $\bar{\mathbf{g}}\to_{\mathrm{p}}\mathbf{0}$。因此，$\mathbf{b}$ 是一致的。根据林德伯格-列维 **CLT**，有 $\sqrt{n}\bar{\mathbf{g}}\to_{\mathrm{d}}N(\mathbf{0},\ \mathbf{S})$。这个证明剩下的部分现在应该是很常规的了。

7. 仍需要证明的是式 (∗∗) 的 LHS 等于 $\mathrm{Avar}(\mathbf{b})=\boldsymbol{\Sigma}_{\mathbf{xx}}^{-1}\mathbf{S}\boldsymbol{\Sigma}_{\mathbf{xx}}^{-1}$。

$$\boldsymbol{\Sigma}_{\mathbf{xx}}=\mathrm{plim}\,\frac{1}{n}\mathbf{X}'\mathbf{X}$$

以及

$$\begin{aligned}\mathbf{S}&=\mathrm{E}(\varepsilon_i^2\mathbf{x}_i\mathbf{x}_i')=\mathrm{E}[\mathrm{E}(\varepsilon_i^2\mid\mathbf{x}_i)\mathbf{x}_i\mathbf{x}_i']\\&=\mathrm{E}[(\mathbf{z}_i'\boldsymbol{\alpha})\mathbf{x}_i\mathbf{x}_i']\quad\text{(根据式(2.8.1))}\\&=\mathrm{plim}\,\frac{1}{n}\sum_{i=1}^{n}(\mathbf{z}_i'\boldsymbol{\alpha})\mathbf{x}_i\mathbf{x}_i'\quad\text{(根据遍历平稳性)}\\&=\mathrm{plim}\,\frac{1}{n}\mathbf{X}'\mathbf{V}\mathbf{X}\quad\text{(根据 }\mathbf{V}\text{ 的定义式(2.8.4))}\end{aligned}$$

□ 实证性习题

1c. CPI 可能是最为常见的加权价格指数。

1e. 截距的负值 $=r$（不变的事前实际利率）。

1g. 点估计是相同的。只有标准误不同。

1i. 看一下法玛的表 3，当样本时期为 1953 年 1 月—1971 年 7 月时，R_t 系数为 0.98，其中 s. e. 为 0.10。很接近，但是不相同。对于我们的估计和法玛的估计之间的不同，还有两个可能的解释。第一，在计算月份 t 的通胀率 $\pi_{t+1}=(P_{t+1}-P_t)/P_t$ 方面，从法玛这里来看，使用 CPI_{t-1} 而非 CPI_t 来计算 P_t，这一点并不清楚。第二，在他写作的时候，CPI 的权重可能和 1958 年是一样的。在我们的数据中，其权重是 1982—1984 年的。我们对截距（−0.868）的估计和法玛的（0.00 070）不相同，原因是：第一，他的因变量是通胀率的相反数；第二，通胀率和国债利率在法玛那里是按月的比率。

1j. 由 BLS 得到的季节性调整序列是一类双向移动平均。例如，这样一来，季节调整后的 CPI_t 取决于未来 CPI 的未做季节调整的值，该 CPI 不是在 I_t 内的。如此一来，如果没有任何理由考虑通胀率和名义利率之间关系的季节因素，我们应该使用未经季节调整的数据。如果有必要考虑季节因素，在回归中包含季节虚拟变量要好过使用季节调整数据。纳入季节虚拟变量并不会以任何重要的方式改变结果。

1k. R_t 系数会从 1.014 降到 0.807。

参考文献

Amemiya, T., 1977, "A Note on a Heteroscedastic Model," *Journal of Econometrics*, 6, 365-370.

______. 1985, *Advanced Econometrics*. Cambridge: Hanard University Press.

Anderson, T. W., 1971, *The Statistical Analysis of Time Series*, New York: Wiley.

Billingsley, P., 1961, "The Lindeberg-Levy Theorem for Martingales," in *Proceedings of the American Mathematical Society*, Volume 12, 788-792.

Box, G., and D. Pierce. 1970, "Distribution of Residual Autocorrelations in Autoregressive Integrated Moving Average Time Series Models," *Journal of the American Statistical Association*, 65, 1509-1526.

Breusch, T., 1978. "Testing for Autocorrelation in Dynamic Linear Models," *Australian Economic Papers*, 17, 334-355.

Davidson, R., and J. MacKinnon, 1993, *Estimation and Inference in Econometrics*, Oxford: Oxford University Press.

Durbin, J., 1970, "Testing for Serial Correlation in Least-Squares Regression When Some of the Regressors are Lagged Dependent Variables," *Econometrica*, 38, 410-421.

Engle, R., 1982, "Autoregressive Conditional Heteroscedasticity with Estimates of the Variance of United Kingdom Inflation," *Econometrica*, 50, 987-1007.

Fama, E., 1975, "Short-Term Interest Rates as Predictors of Inflation," *American Economic Review*, 65, 269-282.

______. 1976, *Foundations of Finance*, Basic Books.

Godfrey, L., 1978, "Testing against General Autoregressive and Moving Average Error Models When the Regressors Include Lagged Dependent Variables," *Econometrica*, 46, 1293-1301.

Greene, W., 1997, *Econometric Analysis* (3d ed.), New York: Prentice Hall.

Gregory, A., and M. Veall, 1985, "Formulating Wald Tests of Nonlinear Restrictions," *Econometrica*, 53, 1465-1468.

Hall, P., and C. Heyde, 1980, *Martingale Limit Theory and Its Application*, New York: Academic.

Hall, R., 1978, "Stochastic Implications of the Life Cycle-Permanent Income Hypothesis: Theory and Evidence," *Journal of Political Economy*, 86, 971-987.

Hamilton, J., 1994, *Time Series Analysis*, Princeton: Princeton University Press.

Huizinga, J., and F. Mishkin, 1984, "Inflation and Real Interest Rates on Assets with Different Risk Characteristics," *Journal of Finance*, 39, 699-714.

Judge, G., W. Griffiths, R. Hill, H. Lütkepohl, and T. Lee, 1985, *The Theory and Practice of Econometrics* (2nd ed.), New York: Wiley.

Karlin, S., and H. M. Taylor, 1975, *A First Course in Stochastic Processes* (2nd ed.), New York: Academic.

Koopmans, T., and W. Hood, 1953, "The Estimation of Simultaneous Linear Economic Relationships," in W. Hood and T. Koopmans (eds.), *Studies in Econometric Method*, New Haven: Yale University Press.

Mishkin, F., 1992, "Is the Fisher Effect for Real?" *Journal of Monetary Economics*, 30, 195-215.

Newey, W., 1985. "Generalized Method of Moments Specification Testing," *Journal of Econometrics*, 29, 229-256.

Rao, C. R., 1973, *Linear Statistical Inference and Its Applications* (2nd ed.), New York: Wiley.

Stock, J., 1994, "Unit Roots, Structural Breaks and Trends," in R. Engle and D. McFadden (eds.), *Handbook of Econometrics*, Volume IV, New York: North Holland.

White, H., 1980, "AHeteroskedasticity-Consistent Covariance Matrix Estimator and a Direct Test for Heteroskedasticity," *Econometrica*, 48, 817-838.

第3章 单方程GMM

概要

OLS所做的最重要的假设是误差项与回归元之间的正交性。没有它，OLS估计量甚至是不一致的。由于在很多重要的应用中正交条件无法被满足，所以要能处理内生回归元是不可避免之事。这种估计方法被称为**广义矩法**（generalized method of moments，GMM），它把OLS作为一种特殊情况囊括进来，从而提供一种解决方案。本章为单方程模型给出了GMM，而下一章则发展了其多方程的扩展形式。这几章处理的都是线性方程。非线性方程的GMM估计将会在第7章涉及。GMM主要的替代性方法——最大似然（ML）估计将在第8章进行讨论。

本章从为数众多的例子开始，这也反映了经济学中内生回归元的普遍性。3.3节中紧跟着给出了一个一般性的内生回归元表达式。3.4节引入了3.3节模型的GMM程序。3.5节至3.7节致力于发展GMM估计量及其相关检验统计量的大样本性质。在条件同方差性下，由这些章节推导出来的公式可以被简化。3.8节将这些简化了的公式进行了集中。特别地，两阶段最小二乘（2SLS）这种最初用于联立方程模型估计的方法就是GMM的一种特殊情况。2SLS的ML相对应部分被称为受限信息最大似然（LIML），这会在8.6节予以讨论。

本章的实证性习题给出了经济学中被最为广泛地进行估计的方程——工资方程。这个方程把工资率和个体的不同特征（诸如教育和能力）联系起来。由于教育是个体做出的一个选择，也因为能力无法在数据中完美地得以体现，所以这些回归元很可能是内生的。我们把本章引入的估计方法用于工资方程的估计，并证实这些参数估计值取决于我们是否对内生性做出了校正。

3.1 内生性偏误：沃金（Working）的例子

□ 市场均衡的联立方程模型

对由内生回归元生成的偏误给出的经典阐释见 Working（1927）。来看下面这个简单的供求模型：

$$q_i^d=\alpha_0+\alpha_1 p_i+u_i \text{（需求方程）} \tag{3.1.1a}$$

$$q_i^s=\beta_0+\beta_1 p_i+v_i \text{（供给方程）} \tag{3.1.1b}$$

$$q_i^d=q_i^s \text{（市场均衡）} \tag{3.1.1c}$$

其中 q_i^d 是 i 期方程中商品（比如，咖啡）的需求量，q_i^s 是供给量，p_i 是价格。在需求方程中误差项 u_i 代表了影响咖啡需求而非价格的因素，比如公众对咖啡品位的潮流。价格—数量平面上的需求曲线根据 u_i 的取值上下移动。类似地，v_i 代表价格以外的供给因素。我们假定 $\mathrm{E}(u_i)=0$ 和 $\mathrm{E}(v_i)=0$（如果不是，可以在截距 α_0 和 β_0 中包含非零均值）。为了避免不必要的复杂性，我们还假设 $\mathrm{Cov}(u_i, v_i)=0$。如果我们定义 $q_i=q_i^d=q_i^s$，那么一个三方程的方程组（3.1.1）可以简化为一个两方程的方程组：

$$q_i=\alpha_0+\alpha_1 p_i+u_i \text{（需求方程）} \tag{3.1.2a}$$

$$q_i=\beta_0+\beta_1 p_i+v_i \text{（供给方程）} \tag{3.1.2b}$$

如果一个回归元不是前定的（即不正交于误差项），则我们即称它是**内生的**（endogenous），也就是说，如果它不满足正交条件。当该方程包含截距项时，当且仅当该回归元与误差项相关时，该正交条件会被违背，因为回归元为内生的。在当前这个例子里，回归元 p_i 在两个方程里必然是内生的。为了看出原因，将式（3.1.2）当作一个联立方程组来对待，并求解（p_i，q_i）如下：

$$p_i=\frac{\beta_0-\alpha_0}{\alpha_1-\beta_1}+\frac{v_i-u_i}{\alpha_1-\beta_1} \tag{3.1.3a}$$

$$q_i=\frac{\alpha_1\beta_0-\alpha_0\beta_1}{\alpha_1-\beta_1}+\frac{\alpha_1 v_i-\beta_1 u_i}{\alpha_1-\beta_1} \tag{3.1.3b}$$

因此，价格是两个误差项的一个函数。从式（3.1.3a）中，我们可以计算出需求平移 u_i 和供给平移 v_i 下回归元 p_i 的协方差如下：

$$\mathrm{Cov}(p_i,u_i)=-\frac{\mathrm{Var}(u_i)}{\alpha_1-\beta_1},\ \mathrm{Cov}(p_i,v_i)=\frac{\mathrm{Var}(v_i)}{\alpha_1-\beta_1} \tag{3.1.4}$$

其值并不是零（除非 $\mathrm{Var}(u_i)=0$ 以及 $\mathrm{Var}(v_i)=0$）。因此，如果该需求曲线向右下方倾斜（$\alpha_1<0$）而供给曲线向右上方倾斜（$\beta_1>0$），则价格与需求平移是正相关的，与供给平移是负相关的。在这个例子中，内生性是市场均衡的结果。

□ 内生性偏误

当数量对一个常数项和价格进行回归时，它估计了需求曲线或供给曲线了吗？答案是二者皆非，因为价格在供给和需求方程里都是内生的。回想一下 2.9 节，对于最小二乘投射系数而言，OLS 估计量是一致的。在 q_i 对常数项和 p_i 的最小二乘投射中，p_i 的系数是 $\text{Cov}(p_i, q_i)/\text{Var}(p_i)$①，因此有：

$$\text{价格系数的 OLS 估计值的 plim}=\frac{\text{Cov}(p_i,q_i)}{\text{Var}(p_i)} \tag{3.1.5}$$

为了重新写出与需求曲线中价格效应（α_1）联系起来的该比率，我们使用需求方程（3.1.2a）来计算 $\text{Cov}(p_i, q_i)$：

$$\text{Cov}(p_i,q_i)=\alpha_1\text{Var}(p_i)+\text{Cov}(p_i,u_i) \tag{3.1.6}$$

将式（3.1.6）代入式（3.1.5），我们可以得到 α_1 的渐近偏误的表达式：

$$\text{价格系数 }\alpha_1\text{ 的 OLS 估计值的 plim}=\frac{\text{Cov}(p_i,u_i)}{\text{Var}(p_i)} \tag{3.1.7}$$

类似地，供给曲线中的价格效应 β_1 的渐近偏误为：

$$\text{价格系数 }\beta_1\text{ 的 OLS 估计值的 plim}=\frac{\text{Cov}(p_i,v_i)}{\text{Var}(p_i)} \tag{3.1.8}$$

但是，正如从式（3.1.4）中看到的那样，$\text{Cov}(p_i, u_i)\neq 0$ 且 $\text{Cov}(p_i, v_i)\neq 0$，因此对于既不是 α_1 也不是 β_1 而言，该 OLS 估计值是一致的。这种现象就是所谓的**内生性偏误**（endogeneity bias）。它也被称为**联立方程偏误**（simultaneous equations bias）或**联立性偏误**（simultaneity bias），因为回归元和误差项通常通过联立方程组将彼此联系起来，这一点在本例中已然给出。

在没有需求平移的极端情况下（因此对于所有的 i 有 $u_i=0$），我们有 $\text{Cov}(p_i, u_i)=0$，而式（3.1.7）表明，OLS 估计值对于需求参数 α_1 而言是一致的。在这种情况下，需求曲线并未移动，如图 3-1（a）所示，所有价格和数量的可观察的组合随着供给曲线的平移都落在需求曲线上。在没有供给平移的另一种极端情况里，观察的价格—数量对随着需求曲线移动而落在供给曲线的轨迹上（参看图 3-1（b））。在两个曲线都平移的一般性情况下，OLS 估计值应该对于 α_1 和 β_1 的加权平均而言是一致的。这可以通过对 OLS 估计值的 plim 导出另外一种表达式而分析性地予以看出来：

$$\text{价格系数的 OLS 估计值的 plim}=\frac{\alpha_1\text{Var}(v_i)+\beta_1\text{Var}(u_i)}{\text{Var}(v_i)+\text{Var}(u_i)} \tag{3.1.9}$$

对此进行证明是一道复习题。

□ 可观察的供给平移

需求曲线和供给曲线在一般性情况下都不能一致性地予以估计，其原因在于，我们无法从数据中推断价格和数量的改变是由于需求平移还是供给平移导致的。这说明，如果移动了供给曲线（需求曲线）的某些因素是可观察的，则估计出需求曲线（供给曲线）就是可能的。因此，假设供给平移 v_i 可以分解为可观察的因素 x_i 和不可观察的因素 ζ_i，后者与 x_i 无关。②

---

① 事实：令 $\boldsymbol{\gamma}$ 为 $\hat{\text{E}}^*(y\mid 1, \mathbf{x})=\alpha+\mathbf{x}'\boldsymbol{\gamma}$ 的最小二乘系数。那么，$\boldsymbol{\gamma}=\text{Var}(\mathbf{x})^{-1}\text{Cov}(\mathbf{x}, y)$。对此进行证明是第 2 章的一道分析性习题。

② 这一分解通常都是可能的。如果 v_i 对一个常数项和 x_i 的最小二乘投射是 $\gamma_0+\beta_2 x_i$，定义 $\zeta_i\equiv v_i-\gamma_0-\beta_2 x_i$，因此有 $v_i=\zeta_i+\gamma_0+\beta_2 x_i$。根据定义，$\zeta_i$ 和 x_i 无关。将此方程代入原来的供给方程（3.1.2b），并将 γ_0 隐入截距项。这会得到式（3.1.2b′）。

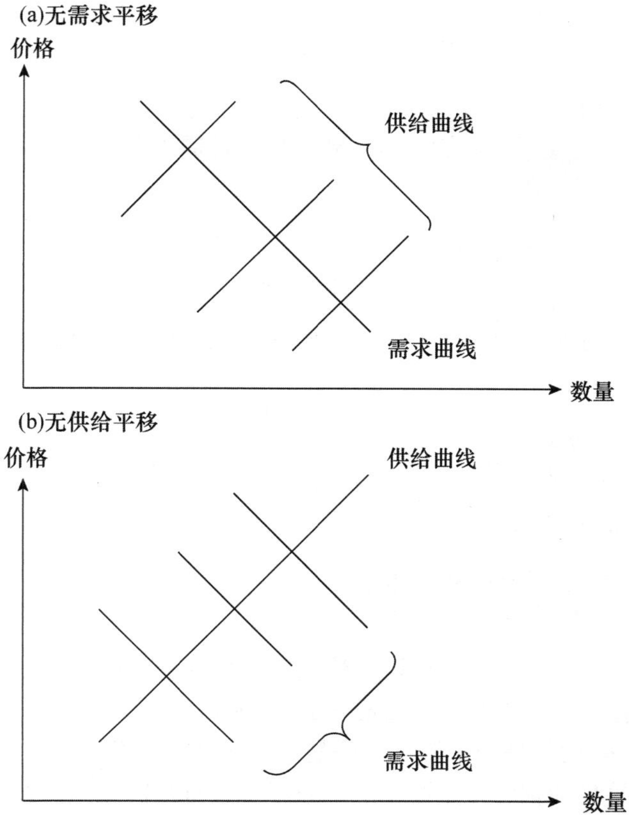

图 3－1　供给曲线和需求曲线

$$q_i=\beta_0+\beta_1 p_i+\beta_2 x_i+\zeta_i,\text{ 其中 } \beta_2\neq 0\text{(供给)} \tag{3.1.2b'}$$

现在假设这个观察得到的供给平移 x_i 在需求方程中是前定的（即与误差项无关）；可以将 x_i 看成是咖啡生产地区的温度。如果温度（x_i）和对咖啡的不可观察的品位（u_i）无关，从价格运动中抽离一个与温度相关（观察的供给平移）、但与需求平移无关的部分应该是可能的。那么，我们可以通过检视咖啡消费和价格组成部分之间的关系来估计该需求曲线。我们对此论证过程予以形式化。

对于所讨论的方程而言，和内生回归元相关联的前定变量被称为**工具变量**（instrumental variable）或**工具**（instrument）。有时我们称它为**有效工具**（valid instrument），以强调它和内生回归元之间的相关关系非零。在这个例子里，可观察的供给平移 x_i 可以作为需求方程的一个工具。这很容易就可以看出来。求解式（3.1.2a）和式（3.1.2b′）组成的联立方程组以得到（p_i，q_i）：

$$p_i=\frac{\beta_0-\alpha_0}{\alpha_1-\beta_1}+\frac{\beta_2}{\alpha_1-\beta_1}x_i+\frac{\zeta_i-u_i}{\alpha_1-\beta_1} \tag{3.1.10a}$$

$$q_i=\frac{\alpha_1\beta_0-\alpha_0\beta_1}{\alpha_1-\beta_1}+\frac{\alpha_1\beta_2}{\alpha_1-\beta_1}x_i+\frac{\alpha_1\zeta_i-\beta_1 u_i}{\alpha_1-\beta_1} \tag{3.1.10b}$$

由于根据构造有 $\text{Cov}(x_i, \zeta_i)=0$，根据假设有 $\text{Cov}(x_i, u_i)=0$，所以可以从式（3.1.10a）得到：

$$\mathrm{Cov}(x_i, p_i)=\frac{\beta_2}{\alpha_1-\beta_1}\mathrm{Var}(x_i)\neq 0$$

因此 x_i 的确是一个有效工具。

有了一个有效工具在手，我们可以一致性地估计需求曲线的价格系数 α_1。利用需求方程（3.1.2a）来计算，不是如式（3.1.6）中的 $\mathrm{Cov}(p_i,\ q_i)$，而是 $\mathrm{Cov}(x_i,\ q_i)$ 为：

$$\begin{aligned}\mathrm{Cov}(x_i, q_i)&=\alpha_1\mathrm{Cov}(x_i, p_i)+\mathrm{Cov}(x_i, u_i)\\&=\alpha_1\mathrm{Cov}(x_i, p_i)\quad(\text{根据假设有 }\mathrm{Cov}(x_i, u_i)=0)\end{aligned}$$

正如我们已经证实的那样，$\mathrm{Cov}(x_i,\ p_i)\neq 0$。所以我们可以在两边同除以 $\mathrm{Cov}(x_i,\ p_i)$，这样可以得到：

$$\alpha_1=\frac{\mathrm{Cov}(x_i, q_i)}{\mathrm{Cov}(x_i, p_i)}\tag{3.1.11}$$

表明它自身的自然估计量是：

$$\hat{\alpha}_{1,\mathrm{IV}}=\frac{x_i\text{ 和 }q_i\text{ 之间的样本协方差}}{x_i\text{ 和 }p_i\text{ 之间的样本协方差}}\tag{3.1.12}$$

这个估计量被称为 x_i 作为工具的**工具变量（IV）估计量**（instrumental variables（IV）estimator）。我们有时候称“内生回归元 p_i 被 x_i 所检测”。

一致性地估计 α_1 的另外一个流行程序是**两阶段最小二乘**（two-stage least squares，2SLS）。之所以有这样的称呼，是因为这个程序要进行两次回归。在第一个阶段，内生回归元 p_i 对一个常数项和前定变量 x_i 进行回归，以得到 p_i 的拟合值 $\hat{p}_i$。第二个阶段是将因变量 q_i 对一个常数项和 $\hat{p}_i$ 进行回归。使用 $\hat{p}_i$ 而不是 p_i 可以将 2SLS 与 OLS 对需求方程的简单应用区分开来。α_1 的 2SLS 估计量是第二个阶段回归中 $\hat{p}_i$ 系数的 OLS 估计值。因此它等于：①

$$\hat{\alpha}_{1,\mathrm{2SLS}}=\frac{\hat{p}_i\text{ 和 }q_i\text{ 之间的样本协方差}}{\hat{p}_i\text{ 的样本方差}}\tag{3.1.13}$$

为了将第二个阶段的回归与需求方程联系起来，可以将式（3.1.2a）改写为：

$$q_i=\alpha_0+\alpha_1\hat{p}_i+[u_i+\alpha_1(p_i-\hat{p}_i)]\tag{3.1.14}$$

第二个阶段的回归估计了这个方程，将中括号中的项看成是误差项。α_1 的 OLS 估计值出于以下原因是一致的。如果拟合值 $\hat{p}_i$ 确实等于最小二乘投射 $\hat{\mathrm{E}}^*(p_i\mid 1,\ x_i)$，那么 u_i 和 $(p_i-\hat{p}_i)$ 都不会与 $\hat{p}_i$ 相关：u_i 不相关是因为它与 x_i 无关，而 $\hat{p}_i$ 是 x_i 的线性函数，而 $(p_i-\hat{p}_i)$ 不相关是因为它是一个最小二乘投射误差。拟合值 $\hat{p}_i$ 并不切实等于 $\hat{\mathrm{E}}(p_i\mid 1,\ x_i)$，但是这二者之间的差别随着样本变得越来越大而趋于消失。因此，渐近而言，$\hat{p}_i$ 和式（3.1.14）中的误差项无关，这使得 2SLS 估计量一致。而且，由于该投射是最优线性预测元，所以该拟合值将供给平移对价格的所有效应均囊括在内。这说明最小化渐近方差就是在最小化 2SLS 估计量。

---

① 事实：在 y_i 对一个常数项和 x_i 的回归中，x_i 系数的 OLS 估计量是 x_i 和 y_i 之间的样本协方差与 x_i 的样本方差的比率。证明这一点是 1.2 节的一道复习题。

在当前的例子里，IV 和 2SLS 估计量在数值上是相同的（我们会在更一般的情况下对此进行证明）。更一般而言，2SLS 估计量也可以被写成一个具有对工具进行适当选择的 IV 估计量，反过来说，IV 估计量也是一个特殊的 GMM 估计量。

复习题

1. 在联立方程模型（3.1.2）中，假设 $\text{Cov}(u_i, v_i)$ 不必然为零。当 $\alpha_1<0$ 且 $\beta_1>0$ 时价格和需求平移 u_i 是正相关的这一点一定成立吗？【答案：否。】为什么？

2. 式（3.1.7）证明，在数量对一个常数项和价格的回归中，价格系数的 OLS 估计值对价格系数 α_1 而言是有偏的。截距项的 OLS 估计值对需求方程中的截距项 α_0 来说是否有偏？**提示**：在该回归中，截距项的 OLS 估计值的 plim 是：

$$\text{E}(q_i)-\frac{\text{Cov}(p_i,q_i)}{\text{Var}(p_i)}\text{E}(p_i)$$

但是从式（3.1.2a）可知，$\text{E}(q_i)=\alpha_0+\alpha_1\text{E}(p_i)$。

3. 推导式（3.1.9）。**提示**：证明：

$$\text{Var}(p_i)=\frac{\text{Var}(v_i)+\text{Var}(u_i)}{(\alpha_1-\beta_1)^2},\ \text{Cov}(p_i,q_i)=\frac{\alpha_1\text{Var}(v_i)+\beta_1\text{Var}(u_i)}{(\alpha_1-\beta_1)^2}$$

4. 对于具有 $\text{Cov}(u_i, \zeta_i)=0$，$\text{Cov}(x_i, u_i)=0$ 以及 $\text{Cov}(x_i, \zeta_i)=0$ 的市场均衡模型（3.1.2a）、（3.1.2b′），验证在该需求方程中价格是内生的。在供给方程中呢？提示：看一下式（3.1.10a）。就 $\hat{\alpha}_{1,\text{IV}}$ 和 $\hat{\alpha}_{1,\text{2SLS}}$ 的一致性而言，你是否需要需求和供给平移无关（即 $\text{Cov}(u_i, \zeta_i)=0$）这个假设？**提示**：$x_i$ 在没有该假设的条件下是不是一个有效工具呢？

3.2 更多举例

在很多种情况下都会出现内生性偏误。我们再来检视一些这样的例子。

□ 一个简单的宏观计量经济学模型

哈维尔莫（Haavelmo，1943）的阐释性模型是一个非常简单的宏观经济计量模型：

$$C_i=\alpha_0+\alpha_1 Y_i+u_i, 0<\alpha_1<1 \quad (\text{消费函数})$$
$$Y_i=C_i+I_i \quad (\text{GNP 等式})$$

这里 C_i 是年份 i 的总消费，Y_i 是 GNP，I_i 是投资，而 α_1 是基于收入的边际消费倾向（MPC）。正如我们在入门级宏观经济学中已经熟知的那样，均衡中的 GNP 为：

$$Y_i=\frac{\alpha_0}{1-\alpha_1}+\frac{I_i}{1-\alpha_1}+\frac{u_i}{1-\alpha_1} \tag{3.2.1}$$

如果在 $\text{Cov}(I_i, u_i)=0$ 中投资是前定的，则从式（3.2.1）中可以得出：

$$\text{Cov}(Y_i,u_i)=\frac{\text{Var}(u_i)}{1-\alpha_1}>0$$

$$\mathrm{Cov}(I_i, Y_i)=\frac{\mathrm{Var}(I_i)}{1-\alpha_1}>0$$

因此，在消费函数中收入是内生的，而投资则是对这个内生回归元的有效工具。与我们用于推导式（3.1.7）的计算类似的直接计算证明，就消费对一个常数项和收入进行回归而得到的 MPC 的 OLS 估计量是渐近有偏的：

$$\operatorname{plim}\ \hat{\alpha}_{1,\mathrm{OLS}}-\alpha_1=\frac{\mathrm{Cov}(Y_i, u_i)}{\mathrm{Var}(Y_i)}=\frac{1-\alpha_1}{1+\dfrac{\mathrm{Var}(I_i)}{\mathrm{Var}(u_i)}}>0 \tag{3.2.2}$$

这可能是联立性偏误最为清楚的例子了。与沃金的市场均衡例子的不同之处在于，这里第二个方程是一个等式，它只是使得发现该回归元的内生性更为容易。通过将投资作为消费函数中收入的工具，渐近偏误可以被纠正。在沃金的例子里，这里投资替代可观察的供给平移发挥作用。

□ 变量误差

变量误差（errors-in-variables）指的是这样的现象：当测量存在误差时另一个前定回归元必然会变成内生的。这个问题俯拾皆是，尤其是在关于家庭的微观数据中更是如此。例如，在收入动态面板调查（Panel Study of Income Dynamics，PSID）中，关于诸如食品消费和收入的变量信息是通过电话收集的。我们可能特别希望受访者能够当场回忆出在一个具体的时间区间内他们对食品的花费。

M. 弗里德曼（Friedman，1957）持久收入假说的横截面版本也可作为变量误差问题而予以恰到好处的表达。这个假说认为，家庭 i 的“持久消费”C_i^* 与“持久收入”Y_i^* 是成比例的：

$$C_i^*=kY_i^*\text{，其中 }0<k<1 \tag{3.2.3}$$

假设所测量出来的消费 C_i 和 Y_i 是关于持久消费和持久收入的包含各种错误的测度：

$$C_i=C_i^*+c_i\text{ 和 }Y_i=Y_i^*+y_i \tag{3.2.4}$$

测量误差 c_i 和 y_i 被假设为均值为零，与持久消费和收入无关：

$$\mathrm{E}(c_i)=0\text{，}\mathrm{E}(y_i)=0\text{，}\mathrm{E}(c_i y_i)=0 \tag{3.2.5}$$

$$\mathrm{E}(C_i^* c_i)=0\text{，}\mathrm{E}(Y_i^* y_i)=0\text{，}\mathrm{E}(C_i^* y_i)=0\text{，}\mathrm{E}(Y_I^* c_i)=0 \tag{3.2.6}$$

将式（3.2.4）代入式（3.2.3），这一关系可以根据测量出来的消费和收入予以表达：

$$C_i=kY_i+u_i\text{，其中 }u_i\equiv c_i-ky_i \tag{3.2.7}$$

这个例子和前面那些例子不同，因为该方程不包括常数项。因此，我们应该检验交叉矩 $\mathrm{E}(Y_i u_i)$ 而不是协方差 $\mathrm{Cov}(Y_i, u_i)$，以判定收入是不是前定的。可以直接从式（3.2.4）至式（3.2.7）中推导出来：

$$\mathrm{E}(Y_i u_i)=-k\mathrm{E}(y_i^2)<0$$

因此，测量出来的收入在消费函数式（3.2.7）中是内生的。和前面那些例子不同，这里的内生性是由于测量误差造成的。使用式（3.2.7）中 Y_i 系数的 OLS 估计量对于相应的最小二乘投射系数 $E(C_iY_i)/E(Y_i^2)$ 而言是一致的，我们也可以从式（3.2.4）至式（3.2.7）中推导出来：

$$\text{plim }\hat{k}_{\text{OLS}}=\frac{k\text{E}[(Y_i^*)^2]}{\text{E}[(Y_i^*)^2]+\text{E}(y_i^2)}<k \tag{3.2.8}$$

因此，消费测量值对收入测量值的回归（没有截距项）低估了 k。弗里德曼使用这一结果来解释为什么从消费对收入的横截面回归中所得到的 MPC 低于从总的时间序列数据中估计的 MPC。

我们暂时假定存在一个有效的工具 x_i。因此有 $E(x_iu_i)=0$ 和 $E(x_iY_i)\neq 0$。我们为推导式（3.1.11）所使用的类似的论证表明：

$$k=\frac{\text{E}(x_iC_i)}{\text{E}(x_iY_i)} \tag{3.2.9}$$

因此一个 IV 一致估计量是：

$$\hat{k}_{\text{IV}}=\frac{x_iC_i\text{ 的样本均值}}{x_iY_i\text{ 的样本均值}} \tag{3.2.10}$$

但是有一个有效工具吗？的确有，而且它是一个常数。将 $x_i=1$ 代入式（3.2.10），我们可以得到一个 k 的一致估计量，它是消费测量值的均值对收入测量值的均值之比。这就是弗里德曼是如何估计 k 的。

□ 生产函数

在很多情况中，误差项包含了对所研究的经济行为人而言可观察但是对计量经济学者不可观察的因素。当回归元是行为人基于这样的因素做出的决策时，内生性问题就产生了。我们来看择取劳动投入以最大化利润的企业的横截面样本。第 i 个企业的生产函数为：

$$Q_i=A_i\cdot(L_i)^{\phi_1}\cdot\exp(v_i),\ 0<\phi_i<1 \tag{3.2.11}$$

这里 Q_i 是企业的产出，L_i 是劳动投入，A_i 是企业已知的效率水平，而 v_i 是技术冲击。与 A_i 相对，当企业选择 L_i 时，v_i 是企业所观察不到的。而计量经济学者既观察不到 A_i，也观察不到 v_i。

假设对于每一个企业 i 来说，v_i 在时间上序列无关。因此，对于所有的 i，$B\equiv E[\exp(v_i)]$都是相同的①，当企业选择 L_i 时，企业预期的产出水平是：

$$A_i\cdot(L_i)^{\phi_1}\cdot B$$

令 p 为产出价格，w 为工资率。为简单起见，假设所有企业都来自相同的竞争性产业，因此 p 和 w 在企业间都是不变的。企业 i 的目标是选择 L_i 来最大化期望利润：

$$p\cdot A_i\cdot(L_i)^{\phi_1}\cdot B-\omega\cdot L_i$$

对此关于 L_i 取导数，令它等于零，求出 L_i，以取得利润最大化劳动投入水平：

---

① 如果对于企业 i 来说 v_i 在时间上是相关的，那么当企业选择劳动投入时，企业会使用 v_i 的过去值来预测 v_i 的当前值，因此 B 将会在企业间有差异。由于均值为零的随机变量的非线性函数的期望值不必然为零，因此即便 $E(v_i)=0$，B 也不必然为零。

$$L_i=\left(\frac{w}{p}\right)^{\frac{1}{\phi_1-1}}(A_iB\phi_1)^{\frac{1}{1-\phi_1}} \tag{3.2.12}$$

令 u_i 为企业 i 对对数效率均值的偏离：$u_i\equiv\log(A_i)-\mathrm{E}[\log(A_i)]$，令 $\phi_0\equiv\mathrm{E}[\log(A_i)]$（从而 $\mathrm{E}(u_i)=0$，$A_i=\exp(\phi_0+u_i)$）。那么，生产函数式（3.2.11）和对数形式的劳动需求函数式（3.2.12）可以写成如下形式：

$$\log(Q_i)=\phi_0+\phi_1\log(L_i)+(v_i+u_i) \tag{3.2.13}$$

$$\log(L_i)=\beta_0+\frac{1}{1-\phi_1}u_i \tag{3.2.14}$$

其中，

$$\beta_0=\frac{1}{\phi_1-1}[\log(w/p)-\phi_0-\log(\phi_1B)]$$

由于所有企业都面对同一个价格，所以 β_0 在企业间是一个常数。式（3.2.14）表明，在对数线性生产函数式（3.2.13）中，$\log(L_i)$ 是一个经由 u_i 而与误差项（v_i+u_i）正相关的内生回归元。这样一来，在这个对数线性生产函数的估计中，ϕ_1 的 OLS 估计量就和劳动混合在一起共同对 u_i 的结果产生影响。然而，这个例子还阐明了另外一种内生性的根源：行为人在考虑了某些对计量经济学者来说不可观察的误差成分后选择的一个变量。

复习题

1. 在弗里德曼的持久收入假说当中，我们来看 C_i 对一个常数项和 Y_i 的回归。在这个具有常数项的回归中推导 Y_i 系数的 OLS 估计量的 plim。**提示**：这个 plim 等于 $\mathrm{Cov}(C_i, Y_i)$ 对 $\mathrm{Var}(Y_i)$ 的比值。证明它等于：

$$\frac{k\mathrm{Var}(Y_i^*)}{\mathrm{Var}(Y_i^*)+\mathrm{Var}(y_i)}$$

2. 在这个生产函数的例子里，证明 $\mathrm{plim}_{n\to\infty}\hat{\phi}_{1,\mathrm{OLS}}=1$，其中 $\hat{\phi}_{1,\mathrm{OLS}}$是来自式（3.2.13）的 ϕ_1 的 OLS 估计值。**提示**：通过使用劳动需求方程（3.2.14）从对数产出方程（3.2.13）中消去 u_i。

3. 在这个生产函数的例子里，假设企业在决定劳动投入之前可以观察到 v_i 和 u_i。劳动的需求方程（3.2.12）将会如何变化？证明 $\log(Q_i)$ 和 $\log(L_i)$ 完全相关。**提示**：$\log(Q_i)$ 是无误差的 $\log(L_i)$ 的线性函数。

3.3 一般性表述

我们现在要给出一个一般性表述。它是一个可以由下面的假设集予以描述的模型，而且也是对第 2 章该模型的一般化。

□ 回归元和工具

假设 3.1（线性性）：待估方程是线性的：

$$y_i = \mathbf{z}_i'\boldsymbol{\delta} + \varepsilon_i \quad (i=1,2,\cdots,n)$$

其中 $\mathbf{z}_i$ 是一个 L 维的回归元向量，$\boldsymbol{\delta}$ 是一个 L 维的系数向量，ε_i 是不可观察的误差项。

假设 3.2（遍历平稳性）：令 $\mathbf{x}_i$ 为可认为是工具向量的 K 维向量，令 $\mathbf{w}_i$ 是（y_i，$\mathbf{z}_i$，$\mathbf{x}_i$）唯一的和非常数的元素。① $\{\mathbf{w}_i\}$ 是联合平稳和遍历的。

假设 3.3（正交条件）：所有 $\mathbf{x}_i$ 中的 K 个变量在以下意义上都是前定的：它们都与当前误差项正交，即对于所有的 i 和 k（$k=1$，2，…，K），$\mathrm{E}(x_{ik}\varepsilon_i)=0$。② 这可以写为：

$$\mathrm{E}[\mathbf{x}_i \cdot (y_i - \mathbf{z}_i'\boldsymbol{\delta})] = \mathbf{0} \quad 或 \quad \mathrm{E}(\mathbf{g}_i) = \mathbf{0}$$

其中 $\mathbf{g}_i \equiv \mathbf{x}_i \cdot \varepsilon_i$。

我们在 2.3 节曾评论过，当回归元包含常数项时，关于回归元的正交条件等价于 $\mathrm{E}(\varepsilon_i)=0$ 以及回归元和误差项无关这个条件。这里，这个正交条件是关于工具变量的。因此，如果其中一个工具是一个常数，则假设 3.3 即等价于 $\mathrm{E}(\varepsilon_i)=0$ 以及非常数工具与误差项无关这个条件。

前面两节所研究的例子可以以一种更加一般化的形式予以表述。例如：

例 3.1（具有可观察的供给平移的沃金的例子）：

考虑式（3.1.2a）和式（3.1.2b′）。假设待估方程是需求方程。这个例子可以通过如下设定以一般形式予以给出：

$$y_i = q_i,\ L=2,\ \boldsymbol{\delta} = \begin{bmatrix} \alpha_0 \\ \alpha_1 \end{bmatrix},\ \mathbf{z}_i = \begin{bmatrix} 1 \\ p_i \end{bmatrix},\ \varepsilon_i = u_i,\ K=2,\ \mathbf{x}_i = \begin{bmatrix} 1 \\ x_i \end{bmatrix}$$

以及 $\mathbf{w}_i = (q_i,\ p_i,\ x_i)'$。由于误差项的均值为 0，所以常数项正交于误差项，因此可以包含在 $\mathbf{x}_i$ 之内。可以知道，假设 $\mathbf{x}_i$ 与误差项无关，它满足正交性条件 $\mathrm{E}(x_i\varepsilon_i)=0$。因此它也包含在了 $\mathbf{x}_i$ 之内。

前文中的其他例子可以类似地写为一般模型的特殊情况。

用两个符号 $\mathbf{x}_i$ 和 $\mathbf{z}_i$ 表示，可以给你这样的印象：回归元和工具并不共享同一个变量，但也并非总是如此。的确，在上面这个例子中，$\mathbf{x}_i$ 和 $\mathbf{z}_i$ 是共享同一个变量的（一个常数）。这些工具也是回归元，被称为**前定回归元**（predetermined regressors），剩下的那些没有包含在 $\mathbf{x}_i$ 内的回归元被称为**内生回归元**（endogenous regressors）。有一个例子可以很好地说明这一点。

例 3.2（工资方程）：

本章稍后待估的工资方程的简化版本如下：

$$LW_i = \delta_1 + \delta_2 S_i + \delta_3 EXPR_i + \delta_4 IQ_i + \varepsilon_i$$

① 参看下文为阐释 $\mathbf{w}_i$ 的例子。

② 正如在 2.3 节所注意到的那样，我们对术语“前定”的使用可能在一些专业的应用中是很标准的。对于这个术语我们所要求的只是，当前误差项要正交于当前的回归元。我们不要求当前误差项正交于过去的回归元。

其中 LW_i 是个体 i 的对数工资，S_i 是学校教育的完成年份，$EXPR_i$ 是工作年限，IQ_i 是 IQ，而 ε_i 是不可观察的与工资率相关的个体特性。我们假设 $\mathrm{E}(\varepsilon_i)=0$（如果不是，可将 ε_i 的均值包含在 δ_1 内）。在我们稍后会估计的一种设定中，假设 S_i 是前定的，但是由于存在变量误差问题，故 IQ_i 这个个体能力的错误的测量指标是内生的。我们也可以假设 $EXPR_i$，AGE_i（个体的年龄）以及 MED_i（母亲的教育年限）是前定的。AGE_i 被从工资方程中排除出去了，反映了这样的潜在假设：一旦工作经验被控制住，那么年龄对工资率就没有影响了。根据一般模型有：

$$y_i=LW_i,\ L=4,\ \mathbf{z}_i=\begin{bmatrix}1\\ S_i\\ EXPR_i\\ IQ_i\end{bmatrix},\ K=5,\ \mathbf{x}_i=\begin{bmatrix}1\\ S_i\\ EXPR_i\\ AGE_i\\ MED_i\end{bmatrix}$$

以及 $\mathbf{w}_i=(LW_i,\ S_i,\ EXPR_i,\ IQ_i,\ AGE_i,\ MED_i)'$。正如在例 3.1 中那样，我们可以将常数项包含在 $\mathbf{x}_i$ 之内，因为 $\mathrm{E}(\varepsilon_i)=0$。在这个例子里，$\mathbf{x}_i$ 和 $\mathbf{z}_i$ 共享三个变量（1，S_i，$EXPR_i$）。例如，如果 S_i 没有包括在 $\mathbf{x}_i$ 之内，那么可以将 S_i 处理成内生的。

诚如在本例中所示，如果回归元 $\mathbf{z}_i$ 是前定的，那些前定回归元应该包含在工具 $\mathbf{x}_i$ 的列表里。参数向量的 GMM 估计是关于如何利用由正交性条件所支持的信息的一种方法。若不包括前定回归元作为 $\mathbf{x}_i$ 的元素，则会导致对本可加以利用的正交性条件的放弃。

□ 识别

正如从前面两节的例子中所看到的那样，一个工具必须不仅是前定的（即正交于误差项），而且要与回归元相关。否则，工具变量估计量就无法被定义（例如可参看式(3.1.11)）。对具有超过一个回归元和超过一个前定变量的情况进行一般化，可得出如下假设：

假设 3.4（识别的秩条件）： $K\times L$ 矩阵 $\mathrm{E}(\mathbf{x}_i\mathbf{z}_i')$ 是列满秩的（即其秩等于列的数目 L）。我们将此矩阵表示为 $\mathbf{\Sigma}_{\mathbf{xz}}$。①

为了了解这的确是一个一般化结果，看一下例 3.1。其中 $\mathbf{z}_i=(1,\ p_i)'$，$\mathbf{x}_i=(1,\ x_i)'$，$\mathbf{\Sigma}_{\mathbf{xz}}$矩阵为：

$$\mathbf{\Sigma}_{\mathbf{xz}}=\begin{bmatrix}1 & \mathrm{E}(p_i)\\ \mathrm{E}(x_i) & \mathrm{E}(x_ip_i)\end{bmatrix}$$

当且仅当 $\mathrm{Cov}(x_i,\ p_i)=\mathrm{E}(x_ip_i)-\mathrm{E}(x_i)\mathrm{E}(p_i)\neq 0$ 时，这个矩阵的行列式非零（因此它是列满秩的）。

出于以下原因，假设 3.4 被称为**识别的秩条件**（rank condition for identification）。为了强调 $\mathbf{g}_i(\mathbf{x}_i\cdot\varepsilon_i)$ 对数据和参数向量的依赖性，将 $\mathbf{g}_i$ 改写为：

$$\mathbf{g}_i=\mathbf{g}(\mathbf{w}_i;\delta)\equiv\mathbf{x}_i\cdot(y_i-\mathbf{z}_i'\boldsymbol{\delta}) \tag{3.3.1}$$

① 因此交叉矩 $\mathrm{E}(\mathbf{x}_i\mathbf{z}_i')$ 被假设为存在且有限。如果像这里这样矩得到了显示，那么根据推论可知，这个矩被假设为存在且有限。

因此正交条件可以写为：

$$\mathrm{E}[\mathbf{g}(\mathbf{w}_i;\boldsymbol{\delta})] = \underset{(K\times 1)}{\mathbf{0}} \tag{3.3.2}$$

令 $\tilde{\delta}(L\times 1)$ 为 $\boldsymbol{\delta}$ 的一个假设值，看一下 L 个未知数（$\tilde{\boldsymbol{\delta}}$ 的 L 个元素）的 K 个联立方程的方程组：

$$\mathrm{E}[\mathbf{g}(\mathbf{w}_i;\tilde{\delta})] = \underset{(K\times 1)}{\mathbf{0}} \tag{3.3.3}$$

正交条件式（3.3.2）意味着，系数向量 $\boldsymbol{\delta}$ 的真实值是 K 个联立方程（3.3.3）组成的方程组的一个解。因此，我们到目前为止所做的这些假设确保了该联立方程组存在一个解。如果 $\tilde{\boldsymbol{\delta}}=\boldsymbol{\delta}$ 是唯一解，则我们称该系数向量（或该方程）是**可识别的**（identified）。

由于该估计方程在我们的模型中是线性的，所以函数 $\mathbf{g}(\mathbf{w}_i, \tilde{\boldsymbol{\delta}})$ 关于 $\tilde{\boldsymbol{\delta}}$ 是线性的，因为它可以被写为 $\mathbf{x}_i \cdot y_i - \mathbf{x}_i\mathbf{z}_i'\tilde{\boldsymbol{\delta}}$。因此式（3.3.3）是 K 个线性方程的方程组：

$$\mathrm{E}(\mathbf{x}_i \cdot y_i) - \mathrm{E}(\mathbf{x}_i\mathbf{z}_i')\tilde{\boldsymbol{\delta}} = \mathbf{0} \quad \text{或} \quad \underset{(K\times L)}{\boldsymbol{\Sigma}_{\mathbf{xz}}}\ \underset{(L\times 1)}{\tilde{\boldsymbol{\delta}}} = \underset{(K\times 1)}{\boldsymbol{\sigma}_{\mathbf{xy}}} \tag{3.3.4}$$

其中，

$$\boldsymbol{\sigma}_{\mathbf{xy}} \equiv \mathrm{E}(\mathbf{x}_i \cdot y_i),\ \boldsymbol{\Sigma}_{\mathbf{xz}} \equiv \mathrm{E}(\mathbf{x}_i\mathbf{z}_i')$$

$\tilde{\boldsymbol{\delta}}=\boldsymbol{\delta}$ 是唯一解的充要条件可以从矩阵代数的如下结果中推导出来。①

假设在 $\mathbf{x}$ 上呈线性的联立方程组 $\mathbf{Ax}=\mathbf{b}$ 存在一个解。它是唯一解的充要条件是列满秩。

因此，当且仅当 $\boldsymbol{\Sigma}_{\mathbf{xz}}$ 是列满秩的，即满足假设 3.4 时，$\tilde{\boldsymbol{\delta}}=\boldsymbol{\delta}$ 是式（3.3.4）的唯一解。

□ 识别的阶条件

由于如果 $K<L$，则 $\mathrm{rank}(\boldsymbol{\Sigma}_{\mathbf{xz}})<L$，因此识别的必要条件为：

$$K(=\#\text{前定变量}) \geq L(=\#\text{回归元}) \tag{3.3.5a}$$

这被称为**识别的阶条件**（order condition for identification）。它可以以不同的方式进行表述。由于 K 也是正交条件的数目，L 是参数的数目，所以这个阶条件可以等价地表述为：

$$\#\text{正交条件} \geq \#\text{参数} \tag{3.3.5b}$$

通过在该不等式两边同时减去前定回归元的数目，我们可以得到另外一个等价的表述：

$$\#\text{从该方程中排除的前定变量} \geq \#\text{内生回归元} \tag{3.3.5c}$$

取决于阶条件是否得到满足，我们称该方程为：

- **过度识别**（overidentified）　如果这个秩条件得到满足且 $K>L$，
- **适度识别**（exactly identified）**或恰好识别**（just identified）　如果这个秩条件得到满足且 $K=L$，
- **识别不足**（underidentified）（或未予识别）　如果这个阶条件没有得到满足（即如果 $K<L$）。

---

① 例如可参看 Searle（1982，pp. 233-234）。

因为这个阶条件是识别的必要条件，所以不能满足阶条件意即该方程不能被识别。

□ 对渐近正态性的假设

正如在第 2 章一样，由于估计量需呈渐近正态，所以我们需要强化一下正交条件。

假设 3.5（$\mathbf{g}_i$ 是一个具有有限二阶矩的鞅差分序列）：令 $\mathbf{g}_i \equiv \mathbf{x}_i \cdot \varepsilon_i$。$\{\mathbf{g}_i\}$ 是一个鞅差分序列（因而必有 $\mathrm{E}(\mathbf{g}_i)=\mathbf{0}$）。交叉矩的 $K\times K$ 矩阵 $\mathrm{E}(\mathbf{g}_i\mathbf{g}_i')$ 是非奇异的。我们对 $\mathrm{Avar}(\bar{\mathbf{g}})$（即$\sqrt{n}\bar{\mathbf{g}}$的极限分布的方差，其中 $\bar{\mathbf{g}} \equiv \frac{1}{n}\sum_{i=1}^{n}\mathbf{g}_i$）应用 $\mathbf{S}$。根据假设 3.2 和遍历平稳性鞅差分 CLT，有 $\mathbf{S}=\mathrm{E}(\mathbf{g}_i\mathbf{g}_i')$。

这与假设 2.5 是相同的，因此有同样的注释：

● 如果工具变量包含常数项，那么这个假设表明误差项是一个鞅差分序列（必然无序列相关性）。

● 对于假设 3.5 来说，一个充分的而且可能也比较易于理解的条件是：

$$\mathrm{E}(\varepsilon_i \mid \varepsilon_{i-1},\cdots,\varepsilon_1,\mathbf{x}_i,\mathbf{x}_{i-1},\cdots,\mathbf{x}_1)=0 \tag{3.3.6}$$

这意味着，在作为一个鞅差分序列之外，误差项不仅正交于当前工具变量，也正交于过去的工具变量。

● 由于 $\mathbf{g}_i\mathbf{g}_i'=\varepsilon_i^2\mathbf{x}_i\mathbf{x}_i'$，所以 $\mathbf{S}$ 是一个四阶矩的矩阵。$\mathbf{S}$ 的一致估计将要求在下面的假设 3.6 中给出一个四阶矩假设。

● 如果 $\{\mathbf{g}_i\}$ 序列相关，那么 $\mathbf{S}$（明确定义为 $\mathrm{Avar}(\bar{\mathbf{g}})$）不等于 $\mathrm{E}(\mathbf{g}_i\mathbf{g}_i')$，而将取一个更为复杂的形式，我们将在第 6 章看到这一点。

复习题

1. 在例 3.1 的沃金的例子里，需求方程可识别吗？过度识别了吗？供给方程可识别吗？

2. 假设对于例 3.2 工资方程而言秩条件得到了满足，这个方程是过度识别的吗？

3. 在生产函数的例子里，除了常数项没有工具变量是清楚规定的。因此 $K=1$ 和 $L=2$。阶条件告诉我们，对数产出方程（3.2.13）不可能被识别。写下正交条件，并验证存在无穷多个满足正交条件的（ϕ_0，ϕ_1）的组合。

4. 通过指明（y_i，$\mathbf{x}_i$，$\mathbf{z}_i$）并为每个例子写下秩条件，验证 3.2 节的例子是本节模型的一个特殊情况。

5. 证明该模型表明了：

$$\mathrm{rank}\big(\underset{(K\times L)}{\boldsymbol{\Sigma}_{\mathbf{xz}}}\big)=\mathrm{rank}\big(\underset{(K\times L)}{\boldsymbol{\Sigma}_{\mathbf{xz}}} \;\vdots\; \underset{(K\times 1)}{\boldsymbol{\sigma}_{\mathbf{xy}}}\big)$$

提示：$\tilde{\boldsymbol{\delta}}=\boldsymbol{\delta}$ 是式（3.3.4）的解。（有些教科书将这个方程加在了识别的秩条件上，但是这个方程可由该模型的其他假设所蕴含。）

6.（无关性工具）考虑在 $\mathbf{x}_i$ 上加上另外一个变量（称之为 ξ_i）。尽管它是前定的，但该变量与回归元并无关联，因为对于所有的 $\ell(=1,2,\cdots,L)$ 有 $\mathrm{E}(\xi_i z_{i\ell})=0$。这个秩条件仍然可以被满足吗？**提示**：如果一个 $K\times L$ 矩阵是列满秩的，那么将任一 L 维行向量加到该矩阵的行上并不会改变其秩。

7.（线性相关工具）在例 3.2 中，假设对于所有总体中的个体而言有 $AGE_i=EXPE_i+S_i$。这必然意味着秩条件无法被满足吗？【答案：否。】在假设 3.5（$\mathrm{E}(\mathbf{g}_i\mathbf{g}_i')$ 非奇异）中满秩条件可以得到满足吗？**提示**：存在一个 K 维向量 $\boldsymbol{\alpha}\neq\mathbf{0}$ 使得 $\boldsymbol{\alpha}'\mathbf{x}_i=0$。证明：$\boldsymbol{\alpha}'\mathrm{E}(\mathbf{g}_i\mathbf{g}_i')=\mathbf{0}$。

8.（工具变量的线性组合）令 $\mathbf{A}$ 为行满秩（所以 $q\leqslant K$）的 $q\times K$ 矩阵，使得 $\mathbf{A}\boldsymbol{\Sigma}_{\mathbf{xz}}$ 是列满秩的。令 $\hat{\mathbf{x}}_i\equiv\mathbf{A}\mathbf{x}_i$（所以 $\tilde{\mathbf{x}}_i$ 是 q 转换后的工具变量的向量）。验证：如果假设 3.3 至假设 3.5 对 $\mathbf{x}_i$ 成立，则它们对 $\hat{\mathbf{x}}_i$ 也成立。

9. 验证：如果 $\mathbf{z}_i=\mathbf{x}_i$，那么由假设 3.1 至假设 3.5 构成的该模型可以简化为第 2 章的回归模型。

3.4 定义广义矩法

正交条件表明，总体矩集合皆等于零。**矩法**（method of moments）的基本原理是选择参数估计值，使得相应的样本矩也等于零。在正交条件中总体矩是 $\mathrm{E}[\mathbf{g}(\mathbf{w}_i;\ \boldsymbol{\delta})]$。其样本对应是 $\mathbf{g}(\mathbf{w}_i;\ \boldsymbol{\delta})$ 在 $\boldsymbol{\delta}$ 的某个假设值 $\tilde{\boldsymbol{\delta}}$ 处估计的样本均值（其中 $\mathbf{g}(\mathbf{w}_i;\ \boldsymbol{\delta})$ 在式（3.3.1）中给出了定义）：

$$\underset{(K\times 1)}{\mathbf{g}_n(\tilde{\boldsymbol{\delta}})}\equiv\frac{1}{n}\sum_{i=1}^{n}\mathbf{g}(\mathbf{w}_i;\tilde{\boldsymbol{\delta}})\tag{3.4.1}$$

将矩法的原理运用于我们的模型，可以选出一个 $\tilde{\boldsymbol{\delta}}$ 来求解具有 L 个未知数的 K 个联立方程的方程组：$\mathbf{g}_n(\tilde{\boldsymbol{\delta}})=\mathbf{0}$，这是式（3.3.3）的样本对应。由于估计方程是线性的，所以 $\mathbf{g}_n(\tilde{\boldsymbol{\delta}})$ 可以被写为：

$$\begin{aligned}\mathbf{g}_n(\tilde{\boldsymbol{\delta}})&=\frac{1}{n}\sum_{i=1}^{n}\mathbf{x}_i\cdot(y_i-\mathbf{z}_i'\tilde{\boldsymbol{\delta}})\text{（根据 }\mathbf{g}(\mathbf{w}_i;\boldsymbol{\delta})\text{ 的定义式(3.3.1)）}\\&=\frac{1}{n}\sum_{i=1}^{n}\mathbf{x}_i\cdot y_i-\left(\frac{1}{n}\sum_{i=1}^{n}\mathbf{x}_i\mathbf{z}_i'\right)\tilde{\boldsymbol{\delta}}\equiv\mathbf{s}_{\mathbf{xy}}-\mathbf{S}_{\mathbf{xz}}\tilde{\boldsymbol{\delta}}\end{aligned}\tag{3.4.2}$$

其中 $\mathbf{s}_{\mathbf{xy}}$ 和 $\mathbf{S}_{\mathbf{xz}}$ 是 $\sigma_{\mathbf{xy}}$ 和 $\boldsymbol{\Sigma}_{\mathbf{xz}}$ 的相应的样本矩：

$$\underset{(K\times 1)}{\mathbf{s}_{\mathbf{xy}}}\equiv\frac{1}{n}\sum_{i=1}^{n}\mathbf{x}_i\cdot y_i\ \text{和}\ \underset{(K\times L)}{\mathbf{S}_{\mathbf{xz}}}\equiv\frac{1}{n}\sum_{i=1}^{n}\mathbf{x}_i\mathbf{z}_i'$$

因此，样本对应 $\mathbf{g}_n(\tilde{\boldsymbol{\delta}})=\mathbf{0}$ 是关于 L 个未知数的 K 个线性方程的方程组：

$$\mathbf{S}_{\mathbf{xz}}\tilde{\boldsymbol{\delta}}=\mathbf{s}_{\mathbf{xy}}\tag{3.4.3}$$

这是式（3.3.4）的样本对应。如果正交条件比参数多，也就是说，如果 $K>L$，那么该方程组可能无解。扩展的矩法可以涵盖这种情况，这就是**广义矩法**（generalized method of moments，GMM）。

□ 矩法

如果该方程的确被识别了，那么 $K=L$，而且 $\boldsymbol{\Sigma}_{\mathbf{xz}}$ 是方阵且可逆。由于在假设 3.2 下 $\mathbf{S}_{\mathbf{xz}}$ 肯定会收敛到 $\boldsymbol{\Sigma}_{\mathbf{xz}}$，对于充分大的样本规模 n 而言 $\mathbf{S}_{\mathbf{xz}}$ 可逆的概率为 1。这样一来，当样本规模很大时，联立方程组（3.4.3）有唯一解，由下式给出：

$$\hat{\boldsymbol{\delta}}_{\mathrm{IV}}=\mathbf{S}_{\mathbf{xz}}^{-1}\mathbf{s}_{\mathbf{xy}}=\left(\frac{1}{n}\sum_{i=1}^{n}\mathbf{x}_i\mathbf{z}_i'\right)^{-1}\frac{1}{n}\sum_{i=1}^{n}\mathbf{x}_i\cdot y_i\tag{3.4.4}$$

这个估计量也被称为**工具变量估计量**（instrumental variables estimator），其中 $\mathbf{x}_i$ 为工具变量。由于它是为确切予以识别的情况进行定义的，所以该公式假设工具变量的数量与回归元一样多。此外，如果 $\mathbf{z}_i=\mathbf{x}_i$（所有回归元都是前定的或正交于误差项），那么 $\hat{\boldsymbol{\delta}}_{\text{IV}}$ 可以简化为 OLS 估计量。这样一来，OLS 估计量就是矩法估计量。

□ 广义矩法

如果该方程是过度识别的，所以 $K>L$，那么我们一般不能选择一个 L 维的 $\tilde{\boldsymbol{\delta}}$ 满足式（3.4.3）中的 K 个方程。如果我们不能将 $\mathbf{g}_n(\tilde{\boldsymbol{\delta}})$ 切实地设定为 $\mathbf{0}$，那么我们至少要选出 $\tilde{\boldsymbol{\delta}}$，以便让 $\mathbf{g}_n(\tilde{\boldsymbol{\delta}})$ 尽可能地接近 0。为了把“接近”表达得准确一些，我们通过二次型 $(\boldsymbol{\xi}-\boldsymbol{\eta})'\hat{\mathbf{W}}(\boldsymbol{\xi}-\boldsymbol{\eta})$ 来定义任意两个 K 维向量 $\boldsymbol{\xi}$ 和 $\boldsymbol{\eta}$ 之间的距离，其中有时被称为**加权矩阵**（weighting matrix）的 $\hat{\mathbf{W}}$ 是定义了距离的对称和正定矩阵。[①]

定义 3.1（GMM 估计量）： 令 $\hat{\mathbf{W}}$ 为一个 $K\times K$ 对称正定矩阵，可能会取决于样本，使得随着样本规模 n 趋向于无穷，有 $\hat{\mathbf{W}}\to_{\text{p}}\mathbf{W}$，其中 $\mathbf{W}$ 是对称而且正定的。$\boldsymbol{\delta}$ 的 GMM 估计量用 $\hat{\boldsymbol{\delta}}(\hat{\mathbf{W}})$ 表示，有：

$$\hat{\boldsymbol{\delta}}(\hat{\mathbf{W}})\equiv\underset{\tilde{\boldsymbol{\delta}}}{\operatorname{argmin}}J(\tilde{\boldsymbol{\delta}},\hat{\mathbf{W}}) \tag{3.4.5}$$

其中

$$J(\tilde{\boldsymbol{\delta}},\hat{\mathbf{W}})\equiv n\cdot\mathbf{g}_n(\tilde{\boldsymbol{\delta}})'\hat{\mathbf{W}}\mathbf{g}_n(\tilde{\boldsymbol{\delta}})$$

（距离 $\mathbf{g}_n(\tilde{\boldsymbol{\delta}})'\hat{\mathbf{W}}\mathbf{g}_n(\tilde{\boldsymbol{\delta}})$ 与样本规模（n）相乘的原因在 3.6 节已经讲得很清楚了。）这个加权矩阵可以是随机的，且依赖于样本规模，可以包含矩阵从样本中得到估计这一可能性。这个定义让 GMM 是**最小距离估计**（minimum distance estimation）的一种特殊情况变得显而易见。在最小距离估计中，和这里一样有 $\operatorname{plim}\mathbf{g}_n(\boldsymbol{\delta})=\mathbf{0}$，但是 $\mathbf{g}_n(\cdot)$ 函数并不必然是样本均值。

由于 $\mathbf{g}_n(\tilde{\boldsymbol{\delta}})$ 在 $\tilde{\boldsymbol{\delta}}$ 上是线性的（参看式（3.4.2）），所以当该方程是线性的时候，目标函数在 $\tilde{\boldsymbol{\delta}}$ 是二次的：

$$J(\tilde{\boldsymbol{\delta}},\hat{\mathbf{W}})=n\cdot(\mathbf{s}_{\mathbf{xy}}-\mathbf{S}_{\mathbf{xz}}\tilde{\boldsymbol{\delta}})'\hat{\mathbf{W}}(\mathbf{s}_{\mathbf{xy}}-\mathbf{S}_{\mathbf{xz}}\tilde{\boldsymbol{\delta}}) \tag{3.4.6}$$

留给读者来证明，关于 $\tilde{\boldsymbol{\delta}}$ 的最小化的一阶条件为：

$$\underset{(L\times K)}{\mathbf{S}'_{\mathbf{xz}}}\ \underset{(K\times K)}{\hat{\mathbf{W}}}\ \underset{(K\times 1)}{\mathbf{s}_{\mathbf{xy}}}=\underset{(L\times K)}{\mathbf{S}'_{\mathbf{xz}}}\ \underset{(K\times K)}{\hat{\mathbf{W}}}\ \underset{(K\times L)}{\mathbf{S}_{\mathbf{xz}}}\ \underset{(L\times 1)}{\tilde{\boldsymbol{\delta}}} \tag{3.4.7}$$

如果假设 3.2 和假设 3.4 成立，那么对于充分大的 n 来说 $\mathbf{S}_{\mathbf{xz}}$ 列满秩的概率为 1。那么，由于 $\hat{\mathbf{W}}$ 是正定的，所以 $L\times L$ 矩阵 $\mathbf{S}'_{\mathbf{xz}}\hat{\mathbf{W}}\mathbf{S}_{\mathbf{xz}}$ 是非奇异的。因此，在其两边同乘以 $\mathbf{S}'_{\mathbf{xz}}\hat{\mathbf{W}}\mathbf{S}_{\mathbf{xz}}$ 的逆，可以得到唯一解。这个唯一解就是 GMM 估计量：

$$\text{GMM 估计量：}\hat{\boldsymbol{\delta}}(\hat{\mathbf{W}})=(\mathbf{S}'_{\mathbf{xz}}\hat{\mathbf{W}}\mathbf{S}_{\mathbf{xz}})^{-1}\mathbf{S}'_{\mathbf{xz}}\hat{\mathbf{W}}\mathbf{s}_{\mathbf{xy}} \tag{3.4.8}$$

如果 $K=L$，则 $\mathbf{S}_{\mathbf{xz}}$ 是一个方阵，且式（3.4.8）可以简化为 IV 估计量式（3.4.4）。这个

---

① 在 GMM 和加权最小二乘（WLS）之间不要被“加权”一词混淆。在 GMM 中，加权是应用于样本均值 $\mathbf{g}$ 的，而在 WLS 中加权用于每一个观测值。

GMM 确实是矩法的一般化。

□ 抽样误差

为了稍后的使用，我们推导出关于抽样误差的表达式。估计方程 $y_i=\mathbf{z}_i'\boldsymbol{\delta}+\varepsilon_i$ 的两边都左乘 $\mathbf{x}_i$，并取平均值可得：

$$\mathbf{s}_{\mathbf{xy}}=\mathbf{S}_{\mathbf{xz}}\boldsymbol{\delta}+\overline{\mathbf{g}} \tag{3.4.9}$$

其中

$$\overline{\mathbf{g}}\equiv\frac{1}{n}\sum_{i=1}^{n}\mathbf{x}_i\cdot\varepsilon_i=\frac{1}{n}\sum_{i=1}^{n}\mathbf{g}(\mathbf{w}_i;\boldsymbol{\delta})=\mathbf{g}_n(\boldsymbol{\delta}) \tag{3.4.10}$$

将式（3.4.9）代入式（3.4.8），我们可以得到：

$$\hat{\boldsymbol{\delta}}(\widehat{\mathbf{W}})-\boldsymbol{\delta}=(\mathbf{S}_{\mathbf{xz}}'\widehat{\mathbf{W}}\mathbf{S}_{\mathbf{xz}})^{-1}\mathbf{S}_{\mathbf{xz}}'\widehat{\mathbf{W}}\overline{\mathbf{g}} \tag{3.4.11}$$

复习题

1. 验证当矩法应用于（1，x_i）作为工具的需求方程（3.1.2a）时，式（3.1.12）是 α_1 的 IV 估计量。

2. 如果该方程是恰好识别的，$J(\tilde{\boldsymbol{\delta}},\widehat{\mathbf{W}})$ 的最小值是什么？

3. 即便该方程是被过度识别的，K 个方程的方程组的总体形式（3.3.4）也有一个解。那么，为什么样本形式（3.4.3）没有一个解呢？**提示：** 总体形式有一个解是因为 $K\times(L+1)$ 矩阵 $[\boldsymbol{\Sigma}_{\mathbf{xz}}\vdots\boldsymbol{\sigma}_{\mathbf{xy}}]$ 的秩为 L。秩条件是一组关于 $\boldsymbol{\Sigma}_{\mathbf{xz}}$ 和 $\boldsymbol{\sigma}_{\mathbf{xy}}$ 的元素的相等性条件。即便 $\mathbf{S}_{\mathbf{xz}}$ 和 $\mathbf{s}_{\mathbf{xy}}$ 分别收敛到 $\boldsymbol{\Sigma}_{\mathbf{xz}}$ 和 $\boldsymbol{\sigma}_{\mathbf{xy}}$，也不能必然得出对于充分大的 n 来说，$[\mathbf{S}_{\mathbf{xz}}\vdots\mathbf{s}_{\mathbf{xy}}]$ 的秩为 L。与之相对，当 $\mathbf{S}_{\mathbf{xz}}$ 的极限 $\boldsymbol{\Sigma}_{\mathbf{xz}}$ 是列满秩的时候，对于充分大的 n 而言，$\mathbf{S}_{\mathbf{xz}}$ 是列满秩的。这是因为对于一个矩阵而言列满秩条件是一组关于该矩阵元素的不等性条件。

4. 下面的观点有什么问题？

   即便该方程是过度识别的，要求出式（3.4.3）的一个解也没有问题。只要两边左乘 $\mathbf{S}_{\mathbf{xz}}'$ 即可得到：

   $$\mathbf{S}_{\mathbf{xz}}'\mathbf{S}_{\mathbf{xz}}\tilde{\boldsymbol{\delta}}=\mathbf{S}_{\mathbf{xz}}'\mathbf{s}_{\mathbf{xy}} \tag{3.4.12}$$

   由于 $\mathbf{S}_{\mathbf{xz}}$ 是列满秩的，所以 $\mathbf{S}_{\mathbf{xz}}'S_{\mathbf{xz}}$ 是可逆的。因此其解为：

   $$\tilde{\boldsymbol{\delta}}=(\mathbf{S}_{\mathbf{xz}}'\mathbf{S}_{\mathbf{xz}})^{-1}\mathbf{S}_{\mathbf{xz}}'\mathbf{s}_{\mathbf{xy}}$$

   提示： 这个 $\tilde{\boldsymbol{\delta}}$ 肯定是式（3.4.12）的解，但它是式（3.4.3）的解吗？

5. （奇异阵 $\mathbf{W}$）验证即便 $\mathbf{W}(\equiv\text{plim}\,\widehat{\mathbf{W}})$ 是奇异的，只要 $\boldsymbol{\Sigma}_{\mathbf{xz}}'\mathbf{W}\boldsymbol{\Sigma}_{\mathbf{xz}}$ 非奇异，那么对于充分大的 n 来说，GMM 估计量式（3.4.8）仍然是良好定义的。

3.5 GMM 的大样本性质

大样本公式（3.4.8）定义了 GMM 估计量，这是一个估计量的集合，每个估计量都由加权矩阵 $\widehat{\mathbf{W}}$ 来编数。你会欣喜地看到，在下面若干章所引入的每个估计量，就某个关于$\hat{\mathbf{W}}$的选择而言，都是一个 GMM 估计量。本节的任务就是在给定$\hat{\mathbf{W}}$的情况下，为 GMM 估计量发展出大样本理论，在前一章所介绍的技术的帮助下，这个理论可以很容易地得到运用。本节的前半部分将第 2 章的命题 2.1 至命题 2.4 扩展到 GMM 估计量。在那些命题中没有出现的一个主题就是哪个 GMM 估计量应该比其他 GMM 估计量更受偏好。这是最优地选择$\hat{\mathbf{W}}$的问题，对这个问题的认识占据了本节后面的部分。

□ GMM 估计量的渐近分布

对任意给定的$\hat{\mathbf{W}}$选择而言$\hat{\boldsymbol{\delta}}(\hat{\mathbf{W}})$有效的大样本理论是：

命题 3.1（GMM 估计量的渐近分布）

(a)（一致性）在假设 3.1 至假设 3.4 之下，有 $\text{plim}_{n\to\infty}\hat{\boldsymbol{\delta}}(\hat{\mathbf{W}})=\boldsymbol{\delta}$。

(b)（渐近正态性）如果假设 3.3 被强化为假设 3.5，那么：

$$\sqrt{n}(\hat{\boldsymbol{\delta}}(\hat{\mathbf{W}})-\boldsymbol{\delta})\xrightarrow[\text{d}]{}N(\mathbf{0},\text{Avar}(\hat{\boldsymbol{\delta}}(\hat{\mathbf{W}}))),\ n\to\infty$$

其中，

$$\text{Avar}(\hat{\boldsymbol{\delta}}(\hat{\mathbf{W}}))=(\boldsymbol{\Sigma}_{\mathbf{xz}}'\mathbf{W}\boldsymbol{\Sigma}_{\mathbf{xz}})^{-1}\boldsymbol{\Sigma}_{\mathbf{xz}}'\mathbf{WSW}\boldsymbol{\Sigma}_{\mathbf{xz}}(\boldsymbol{\Sigma}_{\mathbf{xz}}'\mathbf{W}\boldsymbol{\Sigma}_{\mathbf{xz}})^{-1} \tag{3.5.1}$$

（回忆一下：$\boldsymbol{\Sigma}_{\mathbf{xz}}\equiv\text{E}(\mathbf{x}_i\mathbf{z}_i')$，$\mathbf{S}=\text{E}(\mathbf{g}_i\mathbf{g}_i')=\text{E}(\varepsilon_i^2\mathbf{x}_i\mathbf{x}_i')$，$\mathbf{W}=\text{plim}\,\hat{\mathbf{W}}$。）

(c)（$\text{Avar}(\hat{\delta}(\hat{\mathbf{W}}))$ 的一致估计）假设可以获得一个 $\mathbf{S}(K\times K)$ 的一致估计量$\hat{\mathbf{S}}$。那么，在假设 3.2 之下，$\text{Avar}(\hat{\boldsymbol{\delta}}(\hat{\mathbf{W}}))$ 可以由下式予以一致性地估计：

$$\widehat{\text{Avar}(\hat{\boldsymbol{\delta}}(\hat{\mathbf{W}}))}\equiv(\mathbf{S}_{\mathbf{xz}}'\hat{\mathbf{W}}\mathbf{S}_{\mathbf{xz}})^{-1}\mathbf{S}_{\mathbf{xz}}'\hat{\mathbf{W}}\hat{\mathbf{S}}\hat{\mathbf{W}}\mathbf{S}_{\mathbf{xz}}(\mathbf{S}_{\mathbf{xz}}'\hat{\mathbf{W}}\mathbf{S}_{\mathbf{xz}})^{-1} \tag{3.5.2}$$

其中 $\mathbf{S}_{\mathbf{xz}}$ 是 $\mathbf{x}_i\mathbf{z}_i'$的样本均值：

$$\underset{(K\times L)}{\mathbf{S}_{\mathbf{xz}}}\equiv\frac{1}{n}\sum_{i=1}^{n}\mathbf{x}_i\mathbf{z}_i'$$

当我们最优地选择加权矩阵时，渐近方差的表达式会变得越来越易于使用。如果你已经浏览过命题 2.1 的证明，那么应该会发现证明命题 3.1 只是小菜一碟。关键的观察结论是：

(1) $\mathbf{S}_{\mathbf{xz}}\to_{\text{p}}\boldsymbol{\Sigma}_{\mathbf{xz}}$（根据遍历平稳性）

(2) $\bar{\mathbf{g}}(\equiv\frac{1}{n}\sum_{i=1}^{n}\mathbf{g}_i)\to_{\text{p}}\mathbf{0}$（根据遍历平稳性和正交条件）

(3) $\sqrt{n}\,\bar{\mathbf{g}}\to_{\text{d}}N(\mathbf{0},\mathbf{S})$（根据假设 3.5）

如果你对抽样误差式（3.4.11）应用（1）、（2）和引理 2.3（a），马上可以得到一致性。为了证明渐近正态性，对式（3.4.11）的两边同乘以$\sqrt{n}$，可以得到：

$$\sqrt{n}(\hat{\boldsymbol{\delta}}(\hat{\mathbf{W}})-\boldsymbol{\delta})=(\mathbf{S}_{\mathbf{xz}}'\hat{\mathbf{W}}\mathbf{S}_{\mathbf{xz}})^{-1}\mathbf{S}_{\mathbf{xz}}'\hat{\mathbf{W}}\sqrt{n}\,\bar{\mathbf{g}} \tag{3.5.3}$$

然后使用（3）、引理 2.3（a）和引理 2.4（c）。命题 3.1 的（c）部分即可从引理 2.3（a）中得出。

□ 误差方差的估计

在 2.3 节，我们证明了误差方差的 OLS 估计量 s^2 的一致性。正如那里所注意到的，只要残差来自系数向量的某个一致估计量，那么这个结果就成立。这里同样也是如此。

命题 3.2（误差方差的一致估计）：对于 $\boldsymbol{\delta}$ 的任意一致估计量 $\hat{\boldsymbol{\delta}}$，定义 $\hat{\varepsilon}_i \equiv y_i - \mathbf{z}_i'\hat{\boldsymbol{\delta}}$。在假设 3.1、假设 3.2 和假设 $\mathrm{E}(\mathbf{z}_i\mathbf{z}_i')$（回归元的二阶矩）存在且有限下，

$$\frac{1}{n}\sum_{i=1}^{n} \hat{\varepsilon}_i^2 \xrightarrow[\mathrm{p}]{} \mathrm{E}(\varepsilon_i^2)$$

只要 $\mathrm{E}(\varepsilon_i^2)$ 存在且有限。

这个证明与对命题 2.2 的证明非常相类。$\hat{\varepsilon}_i$ 和 ε_i 的关系可由下式给出：

$$\hat{\varepsilon}_i \equiv y_i - \mathbf{z}_i'\hat{\boldsymbol{\delta}} = \varepsilon_i - \mathbf{z}_i'(\hat{\boldsymbol{\delta}} - \boldsymbol{\delta}) \tag{3.5.4}$$

因此有：

$$\hat{\varepsilon}_i^2 = \varepsilon_i^2 - 2(\hat{\boldsymbol{\delta}} - \boldsymbol{\delta})'\mathbf{z}_i \cdot \varepsilon_i + (\hat{\boldsymbol{\delta}} - \boldsymbol{\delta})'\mathbf{z}_i\mathbf{z}_i'(\hat{\boldsymbol{\delta}} - \boldsymbol{\delta}) \tag{3.5.5}$$

关于 i 相加，我们可得：

$$\begin{aligned}\frac{1}{n}\sum_{i=1}^{n}\hat{\varepsilon}_i^2 &= \frac{1}{n}\sum_{i=1}^{n}\varepsilon_i^2 - 2(\hat{\boldsymbol{\delta}} - \boldsymbol{\delta})'\frac{1}{n}\sum_{i=1}^{n}\mathbf{z}_i \cdot \varepsilon_i \\ &\quad + (\hat{\boldsymbol{\delta}} - \boldsymbol{\delta})'\left(\frac{1}{n}\sum_{i=1}^{n}\mathbf{z}_i\mathbf{z}_i'\right)(\hat{\boldsymbol{\delta}} - \boldsymbol{\delta})\end{aligned} \tag{3.5.6}$$

和之前一样，$\frac{1}{n}\sum_i \varepsilon_i^2 \to_{\mathrm{p}} \mathrm{E}(\varepsilon_i^2)$。由于 $\hat{\boldsymbol{\delta}}$ 是一致的，而且根据假设，$\frac{1}{n}\sum_i \mathbf{z}_i\mathbf{z}_i'$ 依概率收敛于某个有限矩阵，所以最后一项就消失了。很容易证明，$\boldsymbol{E}(\mathbf{z}_i \cdot \varepsilon_i)$ 存在且有限。[①] 那么，根据遍历平稳性，

$$\frac{1}{n}\sum_i \mathbf{z}_i \cdot \varepsilon_i \xrightarrow[\mathrm{p}]{} \text{某个有限向量}$$

因此式（3.5.6）右边的第二项也消失了。

□ 假设检验

现在，按照常规思路由命题 3.1（b）和 3.1（c）导出命题如下：

命题 3.3（稳健 t 比率和沃尔德统计量）：设假设 3.1 至假设 3.5 成立，并设有 $\mathbf{S}$ 的一个一致估计值 $\hat{\mathbf{S}}(\equiv \mathrm{Avar}(\bar{\mathbf{g}}) = \mathrm{E}(\mathbf{g}_i\mathbf{g}_i'))$。令：

$$\widehat{\mathrm{Avar}(\hat{\boldsymbol{\delta}}(\hat{\mathbf{W}}))} \equiv (\mathbf{S}_{\mathbf{xz}}'\hat{\mathbf{W}}\mathbf{S}_{\mathbf{xz}})^{-1}\mathbf{S}_{\mathbf{xz}}'\hat{\mathbf{W}}\hat{\mathbf{S}}\hat{\mathbf{W}}\mathbf{S}_{\mathbf{xz}}(\mathbf{S}_{\mathbf{xz}}'\hat{\mathbf{W}}\mathbf{S}_{\mathbf{xz}})^{-1}$$

则：

(a) 在原假设 H_0：$\delta_l = \bar{\delta}_l$ 下，有

$$t_l \equiv \frac{\sqrt{n}(\hat{\delta}_l(\hat{\mathbf{W}}) - \bar{\delta}_l)}{\sqrt{(\widehat{\mathrm{Avar}(\hat{\delta}(\hat{\mathbf{W}}))})_{ll}}} = \frac{\hat{\delta}_l(\hat{\mathbf{W}} - \bar{\delta}_l)}{SE_l^*} \xrightarrow[\mathrm{d}]{} N(0,1)$$

---

① 根据柯西-施瓦茨不等式有 $\mathrm{E}(|z_{il}\varepsilon_i|) \leqslant \sqrt{\mathrm{E}(z_{il}^2) \cdot \mathrm{E}(\varepsilon_i^2)}$，其中 z_{il} 是 $\mathbf{z}_i$ 的第 l 个元素。根据假设，$\mathrm{E}(z_{il}^2)$ 和 $\mathrm{E}(\varepsilon_i^2)$ 是有限的。

其中 $(\widehat{\text{Avar}(\hat{\boldsymbol{\delta}}(\hat{\mathbf{W}}))})_{\ell\ell}$ 是 $\widehat{\text{Avar}(\hat{\boldsymbol{\delta}}(\hat{\mathbf{W}}))}$ [它是 $\widehat{\text{Avar}(\hat{\boldsymbol{\delta}}_\ell(\hat{\mathbf{W}}))}$] 的第 (ℓ, ℓ) 个元素，并且

$$SE_\ell^*(\text{稳健标准误})\equiv\sqrt{\frac{1}{n}\cdot(\widehat{\text{Avar}(\hat{\boldsymbol{\delta}}(\hat{\mathbf{W}}))})_{\ell\ell}} \tag{3.5.7}$$

(b) 在原假设 H_0：$\mathbf{R}\boldsymbol{\delta}=\mathbf{r}$ 下，其中 $\#\mathbf{r}$ 是限制条件的数目（$\mathbf{r}$ 的维数），$\mathbf{R}(\#\mathbf{r}\times L)$ 是行满秩的，有

$$W\equiv n\cdot(\mathbf{R}\hat{\boldsymbol{\delta}}(\hat{\mathbf{W}})-\mathbf{r})'\{\mathbf{R}[\widehat{\text{Avar}(\hat{\boldsymbol{\delta}}(\hat{\mathbf{W}}))}]\mathbf{R}'\}^{-1} \cdot(\mathbf{R}\hat{\boldsymbol{\delta}}(\hat{\mathbf{W}})-\mathbf{r})\xrightarrow[\text{d}]{}\chi^2(\#\mathbf{r}) \tag{3.5.8}$$

(c) 在原假设 H_0：$\mathbf{a}(\boldsymbol{\delta})=\mathbf{0}$ 下，$\mathbf{a}(\boldsymbol{\delta})$（其中 $\#\mathbf{a}$ 是 $\mathbf{a}$ 的维数）的一阶导数的 $\#\mathbf{a}\times L$ 矩阵 $\mathbf{A}(\boldsymbol{\delta})$ 是连续且行满秩的，有

$$W\equiv n\cdot\mathbf{a}(\hat{\boldsymbol{\delta}}(\hat{\mathbf{W}}))'\{\mathbf{A}(\hat{\boldsymbol{\delta}}(\hat{\mathbf{W}}))[\widehat{\text{Avar}(\hat{\boldsymbol{\delta}}(\hat{\mathbf{W}}))}]\mathbf{A}(\hat{\boldsymbol{\delta}}(\hat{\mathbf{W}}))'\}^{-1} \cdot\mathbf{a}(\hat{\boldsymbol{\delta}}(\hat{\mathbf{W}}))\xrightarrow[\text{d}]{}\chi^2(\#\mathbf{a}) \tag{3.5.9}$$

对于非线性假设的沃尔德统计量而言，我们给命题 2.3 所做的注释在这里也同样适用：沃尔德统计量的数值对于非线性约束如何由 $\mathbf{a}(\cdot)$ 来表示并不是一成不变的。

□ 对 S 的估计

我们已经在 2.5 节研究了对 $\mathbf{S}(=\text{E}(\mathbf{g}_i\mathbf{g}_i')=\text{E}(\varepsilon_i^2\mathbf{x}_i\mathbf{x}_i'))$ 的估计。如果将当前的估计方程 $y_i=\mathbf{z}_i'\boldsymbol{\delta}+\varepsilon_i$ 稍加改编，则所给出的估计量为：

$$\hat{\mathbf{S}}\equiv\frac{1}{n}\sum_{i=1}^{n}\hat{\varepsilon}_i^2\mathbf{x}_i\mathbf{x}_i' \tag{3.5.10}$$

其中 $\hat{\varepsilon}_i\equiv y_i-\mathbf{z}_i'\hat{\boldsymbol{\delta}}$，而且对于 $\boldsymbol{\delta}$ 来说 $\hat{\boldsymbol{\delta}}$ 是一致的。这对 $\mathbf{S}$ 而言是一致的所需的四阶矩假设是假设 2.6 的一般化。

假设 3.6（有限四阶矩）：对于所有的 $k(=1, \cdots, K)$ 和 $\ell(=1, \cdots, L)$，$\text{E}[(x_{ik}z_{i\ell})^2]$ 存在且有限。

我们把证明下面这个定理的任务留作分析性习题：

命题 3.4（S 的一致估计）：假设对于式（3.5.10）中 $\hat{\mathbf{S}}$ 而言计算其残差 $\hat{\varepsilon}_i$ 要用到的系数估计值 $\hat{\boldsymbol{\delta}}$ 是一致的，而且 $\mathbf{S}=\text{E}(\mathbf{g}_i\mathbf{g}_i')$ 存在且有限。那么，在假设 3.1、假设 3.2 和假设 3.6 之下，式（3.5.10）给出的 $\hat{\mathbf{S}}$ 对于 $\mathbf{S}$ 而言是一致的。

□ 有效的 GMM 估计量

很自然，我们希望从由 $\hat{\mathbf{W}}$ 编号的 GMM 估计量中选择具有最小渐近方差的那一个。下面这个命题就给出了可以最小化渐近方差的 $\mathbf{W}$ 的选择。

命题 3.5（加权矩阵的最优选择）：由 $\hat{\mathbf{W}}$ 编号的 GMM 估计量式（3.4.8）的渐近方差的下界由 $(\boldsymbol{\Sigma}_{\mathbf{xz}}'\mathbf{S}^{-1}\boldsymbol{\Sigma}_{\mathbf{xz}})^{-1}$ 给出。如果 $\hat{\mathbf{W}}$ 满足 $\mathbf{W}(\equiv\text{plim }\hat{\mathbf{W}})=\mathbf{S}^{-1}$，那么即可得到下界。①

---

① $\mathbf{W}=\mathbf{S}^{-1}$ 这个条件是有效性的充分条件而非必要条件。充要条件是，存在一个矩阵 $\mathbf{C}$ 满足 $\boldsymbol{\Sigma}_{\mathbf{xz}}'\mathbf{W}=\mathbf{C}\boldsymbol{\Sigma}_{\mathbf{xz}}'\mathbf{S}^{-1}$。参看 Newey 和 McFadden（1994，p. 2165）。

因为对于任意给定的$\widehat{\mathbf{W}}$来说，渐近方差为式（3.5.1），所以如果我们能证明下式，则这个命题就证明了对于任何对称的正定矩阵 $\mathbf{W}$ 有：

$$(\mathbf{\Sigma}_{xz}'\mathbf{W}\mathbf{\Sigma}_{xz})^{-1}\mathbf{\Sigma}_{xz}'\mathbf{WSW}\mathbf{\Sigma}_{xz}(\mathbf{\Sigma}_{xz}'\mathbf{W}\mathbf{\Sigma}_{xz})^{-1}\geqslant(\mathbf{\Sigma}_{xz}'\mathbf{S}^{-1}\mathbf{\Sigma}_{xz})^{-1} \tag{3.5.11}$$

我们把证明这一代数结果作为分析性习题留给读者。

满足有效条件 plim $\widehat{\mathbf{W}}=\mathbf{S}^{-1}$的 GMM 估计量将被称为**有效 GMM 估计量**（efficient GMM estimator）[（或**最优 GMM 估计量**）（optimal GMM estimator）]。在命题 3.1 的公式里简单地用$\widehat{\mathbf{S}}^{-1}$替代$\widehat{\mathbf{W}}$，我们可以得到：

$$\text{有效的 GMM 估计量：}\hat{\boldsymbol{\delta}}(\widehat{\mathbf{S}}^{-1})=(\mathbf{S}_{xz}'\widehat{\mathbf{S}}^{-1}\mathbf{S}_{xz})^{-1}\mathbf{S}_{xz}'\widehat{\mathbf{S}}^{-1}\mathbf{s}_{xy} \tag{3.5.12}$$

$$\text{Avar}(\hat{\boldsymbol{\delta}}(\widehat{\mathbf{S}}^{-1}))=(\mathbf{\Sigma}_{xz}'\mathbf{S}^{-1}\mathbf{\Sigma}_{xz})^{-1} \tag{3.5.13}$$

$$\widehat{\text{Avar}(\hat{\boldsymbol{\delta}}(\widehat{\mathbf{S}}^{-1}))}=(\mathbf{S}_{xz}'\widehat{\mathbf{S}}^{-1}\mathbf{S}_{xz})^{-1} \tag{3.5.14}$$

若$\widehat{\mathbf{W}}=\widehat{\mathbf{S}}^{-1}$，命题 3.3 中稳健的 t 和沃尔德统计量的公式变成：

$$t_l=\frac{\hat{\delta}_l(\widehat{\mathbf{S}}^{-1})-\bar{\delta}_l}{SE_l^*} \tag{3.5.15}$$

其中 SE_l^* 是由下式给出的稳健标准误：

$$SE_l^*=\sqrt{\frac{1}{n}\cdot((\mathbf{S}_{xz}'\widehat{\mathbf{S}}^{-1}\mathbf{S}_{xz})^{-1})_{ll}}$$

以及：

$$\begin{aligned}W=n\cdot\mathbf{a}(\hat{\boldsymbol{\delta}}(\widehat{\mathbf{S}}^{-1}))'\{&\mathbf{A}(\hat{\boldsymbol{\delta}}(\widehat{\mathbf{S}}^{-1}))(\mathbf{S}_{xz}'\widehat{\mathbf{S}}^{-1}\mathbf{S}_{xz})^{-1}\\&\cdot\mathbf{A}(\hat{\boldsymbol{\delta}}(\widehat{\mathbf{S}}^{-1}))'\}^{-1}\mathbf{a}(\hat{\boldsymbol{\delta}}(\widehat{\mathbf{S}}^{-1}))\end{aligned} \tag{3.5.16}$$

为了计算出有效的 GMM 估计量，我们需要一致估计量$\widehat{\mathbf{S}}$。但是命题 3.4 向我们确保了基于 $\boldsymbol{\delta}$ 的任何一致估计量$\widehat{\mathbf{S}}$对于 $\mathbf{S}$ 来说是一致的。这带给我们以下这个**两步骤有效 GMM 程序**（two-step efficient GMM procedure）：

步骤 1：选择一个依概率收敛到一个对称且正定矩阵的矩阵$\widehat{\mathbf{W}}$，而后在$\tilde{\boldsymbol{\delta}}$上最小化 $J(\tilde{\boldsymbol{\delta}},\widehat{\mathbf{W}})$ 以得到$\hat{\boldsymbol{\delta}}(\widehat{\mathbf{W}})$。这样的矩阵$\widehat{\mathbf{W}}$（例如$\widehat{\mathbf{W}}=\mathbf{I}$）没有什么不足，但我们通常还是将它设定为$\widehat{\mathbf{W}}=\mathbf{S}_{xx}^{-1}$。最终的估计量$\hat{\boldsymbol{\delta}}(\mathbf{S}_{xx}^{-1})$即著名的两阶段最小二乘（正如我们将在 3.8 节看到的那样）。据此来计算残差 $\hat{\varepsilon}_i\equiv y_i-\mathbf{z}_i'\hat{\boldsymbol{\delta}}(\widehat{\mathbf{W}})$，根据式（3.5.10）可以得到 $\mathbf{S}$ 的一致估计量$\widehat{\mathbf{S}}$。

步骤 2：在$\tilde{\boldsymbol{\delta}}$上最小化 $J(\tilde{\boldsymbol{\delta}},\widehat{\mathbf{S}}^{-1})$。最小化值即该有效 GMM 估计量。

□ 渐近势

像系数估计量一样，t 和沃尔德统计量取决于对 $\mathbf{W}$ 的选择。直观来看似乎非常显然，那些与有效的 GMM 估计量相联系的统计量在大样本当中应该更受偏好。这一直觉可以根据 2.4 节引入的渐近势来予以形式化。例如，为检验 H_0：$\delta_l=\bar{\delta}_l$ 而取 t 比率。这个 t 比率可以写为（复制一下式（3.5.7））：

$$t_\ell \equiv \frac{\sqrt{n}(\hat{\delta}_\ell(\hat{\mathbf{W}})-\bar{\delta}_\ell)}{\sqrt{(\widehat{\text{Avar}(\hat{\boldsymbol{\delta}}(\hat{\mathbf{W}}))})_{\ell\ell}}} \tag{3.5.17}$$

即便当原假设是错误的时，该分母也收敛于某个有限的数。与之相对，当原假设是错误的时，分子会骤然变大（其 plim 是无穷大）。因此，在任何固定的备择项下，其势趋向于统一。也就是说，这个检验是一致的。对于 **W** 的任何选择，这都成立，因此检验一致性不可能是选择 **W** 的基础。

接下来，我们来看服从皮特曼漂移的一个局部备择项序列，对于任何给定的$\gamma \neq 0$ 有：

$$\delta_\ell^{(n)} = \bar{\delta}_\ell + \frac{\gamma}{\sqrt{n}} \tag{3.5.18}$$

将式（3.5.18）代入式（3.5.17），以上的 t 比率可以改写为：

$$t_\ell = \frac{\sqrt{n}(\hat{\delta}_\ell(\hat{\mathbf{W}})-\delta_\ell^{(n)})}{\sqrt{(\widehat{\text{Avar}(\hat{\boldsymbol{\delta}}(\hat{\mathbf{W}}))})_{\ell\ell}}} + \frac{\gamma}{\sqrt{(\widehat{\text{Avar}(\hat{\boldsymbol{\delta}}(\hat{\mathbf{W}}))})_{\ell\ell}}} \tag{3.5.19}$$

对于推导式（2.4.4）中 t 比率的渐近分布，可以使用相同的论证，我们可以证明$t_\ell \to_d N(\mu, 1)$，其中：

$$\mu \equiv \frac{\gamma}{\sqrt{(\widehat{\text{Avar}(\hat{\boldsymbol{\delta}}(\hat{\mathbf{W}}))})_{\ell\ell}}} \tag{3.5.20}$$

如果显著性水平为 α，则其渐近势由 $\text{Prob}(|x|>t_{\alpha/2})$ 给出，其中 $x \sim N(\mu, 1)$，$t_{\alpha/2}$ 是 α 水平的临界值。显然，$|\mu|$ 越大，该渐近势越高。$|\mu|$ 随着渐近方差递减。因此，针对局部备择项的渐近势可由有效 GMM 估计量予以最大化。

□ 小样本性质

有效 GMM 估计量和相关联的检验统计量的这些值得期待的渐近性质对于它们的有限样本分布也是可行的吗？有效 GMM 估计量对$\hat{\mathbf{W}}$使用了$\hat{\mathbf{S}}^{-1}$这个待估四阶矩的函数。一般来说，它确实采取了比估计一阶和二阶矩更大的样本规模来估计四阶矩。因此，我们会预期有效 GMM 估计量比那些没有对$\hat{\mathbf{W}}$使用四阶矩的 GMM 估计量要具有更差的小样本性质。1996 年 7 月份的《商务与经济统计杂志》（*Journal of Business and Economic Statistics*）有很多论文为不同的 DGP 检验了 GMM 估计量和相关检验统计量的小样本分布。他们总的结论是，$\hat{\mathbf{W}}=\mathbf{I}$ 的等权重 GMM 估计量一般而言根据有限样本中的偏误和方差来判断其表现要好过有效 GMM。他们还发现，有效沃尔德统计量的规模在小样本中要远超过假设的显著性水平。也就是说，如果 α 是假设的显著性水平，而 c_α 是相关的临界值，那么有 $\text{Prob}(\chi^2>c_\alpha)=\alpha$，有限样本中沃尔德统计量大于 c_α 的概率远超过α；该检验非常经常地拒绝该原假设。然而，遗憾的是，像大多数其他小样本研究一样，这些研究也无法给予经验研究者能够遵循的明确的定量指导。

复习题

1. 验证 2.3 节至 2.5 节的所有结论都是本节那些结论的特殊情况。特别地，验证式（3.5.1）可以简化为式（2.3.4）。**提示**：如果 $\mathbf{z}_i=\mathbf{x}_i$，则 $\boldsymbol{\Sigma}_{\mathbf{xz}}$是方阵。

2.（奇异矩阵 **W**）假设 **W** 是奇异的，但 $\boldsymbol{\Sigma}_{\mathbf{xz}}'\mathbf{W}\boldsymbol{\Sigma}_{\mathbf{xz}}$是非奇异的。验证本节的所有结论（除了命题 3.5）仍然有效。

3.（$\widehat{\mathbf{W}}$的渐近等价选择）假设$\widehat{\mathbf{W}}_1-\widehat{\mathbf{W}}_2\to_{\mathrm{p}}\mathbf{0}$。证明：

$$\sqrt{n}\,\hat{\boldsymbol{\delta}}(\widehat{\mathbf{W}}_1)-\sqrt{n}\,\hat{\boldsymbol{\delta}}(\widehat{\mathbf{W}}_2)\underset{\mathrm{p}}{\longrightarrow}\mathbf{0}$$

提示：

$$\sqrt{n}\,\hat{\boldsymbol{\delta}}(\widehat{\mathbf{W}}_1)-\sqrt{n}\,\hat{\boldsymbol{\delta}}(\widehat{\mathbf{W}}_2)=[(\mathbf{S}_{\mathbf{xz}}'\widehat{\mathbf{W}}_1\mathbf{S}_{\mathbf{xz}})^{-1}\mathbf{S}_{\mathbf{xz}}'\widehat{\mathbf{W}}_1-(\mathbf{S}_{\mathbf{xz}}'\widehat{\mathbf{W}}_2\mathbf{S}_{\mathbf{xz}})^{-1}\mathbf{S}_{\mathbf{xz}}'\widehat{\mathbf{W}}_2]\sqrt{n}\,\bar{\mathbf{g}}$$

$\sqrt{n}\,\bar{\mathbf{g}}$ 依分布收敛到一个随机变量。使用引理 2.4（b）。

4.（三步骤 GMM）考虑在两步骤有效 GMM 程序上加上以下第三个步骤：通过式（3.5.10）重新计算 $\widehat{\mathbf{S}}$，但是这次使用得自第二个步骤的残差。用这个重新计算得到的 $\widehat{\mathbf{S}}$ 来计算 GMM 估计量。该估计量是一致的吗？是渐近正态的吗？是有效的吗？**提示**：根据命题 3.4 验证这个重新计算的 $\widehat{\mathbf{S}}$ 对于 **S** 而言是一致的。如果 $\mathrm{plim}_{n\to\infty}\widehat{\mathbf{W}}$是相同的，那么这个 GMM 估计量的渐近分布取决于对$\widehat{\mathbf{W}}$的选择吗？

5.（当 $\mathbf{z}_i$ 是 $\mathbf{x}_i$ 的一个严格子集时）假设 $\mathbf{z}_i$ 是 $\mathbf{x}_i$ 的一个严格子集。所以 $\mathbf{x}_i$ 除包含回归元（它们都是前定的）之外还包括其他一些前定变量。两步骤有效 GMM 估计量和 OLS 估计量在数值上是相等的吗？【答案：否。】

6.（有效 GMM 的数据矩阵表示）令 **B** 是其第 i 个元素为 $\hat{\varepsilon}_i^2$ 的 $n\times n$ 对角矩阵，其中 $\hat{\varepsilon}_i$ 是得自第一个步骤的一致估计的残差。也就是说，

$$\mathbf{B}\equiv\begin{bmatrix}\hat{\varepsilon}_1^2 & & \\ & \ddots & \\ & & \hat{\varepsilon}_n^2\end{bmatrix}$$

验证：

$$\hat{\boldsymbol{\delta}}(\widehat{\mathbf{S}}^{-1})=[\mathbf{Z}'\mathbf{X}(\mathbf{X}'\mathbf{B}\mathbf{X})^{-1}\mathbf{X}'\mathbf{Z}]^{-1}\mathbf{Z}'\mathbf{X}(\mathbf{X}'\mathbf{B}\mathbf{X})^{-1}\mathbf{X}'\mathbf{y}$$

其中 **X**，**y** 和 **Z** 是工具变量、因变量和回归元的数据矩阵（它们在下面的 3.8 节给出定义）。

7.（有效 GMM 的 GLS 解释）令 **X**、**Z** 和 **y** 同前一个问题。那么，这个估计方程可以写为 $\mathbf{y}=\mathbf{Z}\boldsymbol{\delta}+\boldsymbol{\varepsilon}$。两边都左乘 **X** 可以得到：

$$\mathbf{X}'\mathbf{y}=\mathbf{X}'\mathbf{Z}\boldsymbol{\delta}+\mathbf{X}'\boldsymbol{\varepsilon}$$

令 **S** 为 $\mathbf{X}'\boldsymbol{\varepsilon}$ 的方差矩阵，$\widehat{\mathbf{S}}$ 为其一致估计值，应用 FGLS。验证：FGLS 是有效 GMM 估计量（FGLS 估计量在 1.6 节进行过定义）。

8.（正交条件的线性组合）使用正交条件的线性组合来推导有效 GMM 估计量：

$$\mathbf{A}\mathrm{E}(g_i)=\mathbf{0}$$

其中 **A** 是行满秩的 $q\times K$ 矩阵（因此 $q\leqslant K$）。【答案：用 $\mathbf{A}\mathbf{S}_{\mathbf{xy}}$来取代 $\mathbf{S}_{\mathbf{xz}}$，用 $\mathbf{A}\mathbf{s}_{\mathbf{xy}}$取代 $\mathbf{s}_{\mathbf{xz}}$，用 $\mathbf{A}\mathbf{S}\mathbf{A}'$取代 **S**。正式地，该估计量可以改写为 $\widehat{\mathbf{W}}=\mathbf{A}'(\mathbf{A}\widehat{\mathbf{S}}\mathbf{A}')^{-1}\mathbf{A}$ 的式（3.4.8）。】验证：如果 $q=K$（因此 **A** 是非奇异的），则有效 GMM 估计量在数值上等于与正交条件 $\mathrm{E}(\mathbf{g}_i)=\mathbf{0}$ 相关联的有效 GMM 估计量。

3.6 检验过度识别限制条件

如果方程是被恰好识别的，那么选择 $\tilde{\boldsymbol{\delta}}$ 使得样本矩 $\mathbf{g}_n(\tilde{\boldsymbol{\delta}})$ 中所有元素都为零，并且

距离：

$$J(\tilde{\boldsymbol{\delta}},\hat{\mathbf{W}})\equiv n\cdot\mathbf{g}_n(\tilde{\boldsymbol{\delta}})'\hat{\mathbf{W}}\mathbf{g}_n(\tilde{\boldsymbol{\delta}})$$

也为零，是可能的。（这个 $\tilde{\boldsymbol{\delta}}$ 是 IV 估计量。）如果该方程是被过度识别的，这个距离就不可能被设定为零了，但是我们会期望最小化的距离能够接近于零。可以表明，如果加权矩阵 $\hat{\mathbf{W}}$ 被最优地选中，使得 plim $\hat{\mathbf{W}}=S^{-1}$，那么这个最小化的距离就服从渐近卡方分布。

令 $\hat{\mathbf{S}}$ 为 $\mathbf{S}$ 的一致估计量，首先考虑距离在真实参数值 $\boldsymbol{\delta}$ 处进行评估的情况，$J(\boldsymbol{\delta},\ \hat{\mathbf{S}}^{-1})$。由于根据定义，对于 $\tilde{\boldsymbol{\delta}}=\boldsymbol{\delta}$ 有 $\mathbf{g}_n(\tilde{\boldsymbol{\delta}})=\bar{\mathbf{g}}\left(\equiv\frac{1}{n}\sum_i\mathbf{g}_i\right)$，所以距离等于：

$$J(\boldsymbol{\delta},\hat{\mathbf{S}}^{-1})=n\cdot\bar{\mathbf{g}}'\hat{\mathbf{S}}^{-1}\bar{\mathbf{g}}=(\sqrt{n}\,\bar{\mathbf{g}})'\hat{\mathbf{S}}^{-1}(\sqrt{n}\,\bar{\mathbf{g}}) \tag{3.6.1}$$

因为 $\sqrt{n}\,\bar{\mathbf{g}}\rightarrow_{\mathrm{d}}N(\mathbf{0},\ \mathbf{S})$ 且 $\hat{\mathbf{S}}\rightarrow_{\mathrm{p}}\mathbf{S}$，所以根据引理 2.4（d），其渐近分布为 $\chi^2(K)$。现在，如果 $\boldsymbol{\delta}$ 被 $\hat{\boldsymbol{\delta}}(\hat{\mathbf{S}}^{-1})$ 取代，那么自由度就从 K 变为了 $K-L$。其直观的原因是，我们必须在形成 $\mathbf{g}_i$ 的样本均值之前估计 L 个参数 $\boldsymbol{\delta}$。（在第 1 章有关 σ^2 的无偏估计中我们遇到过类似的情况。）我们把它总结如下：

命题 3.6（汉森的过度识别限制条件检验（Hansen，1982））：假设有 $\mathbf{S}(=\mathrm{E}(\mathbf{g}_i\mathbf{g}_i'))$ 的一致估计量 $\hat{\mathbf{S}}$。在假设 3.1 至假设 3.5 之下，有

$$J(\hat{\boldsymbol{\delta}}(\hat{\mathbf{S}}^{-1}),\hat{\mathbf{S}}^{-1})(=n\cdot\mathbf{g}_n(\hat{\boldsymbol{\delta}}(\hat{\mathbf{S}}^{-1}))'\hat{\mathbf{S}}^{-1}\mathbf{g}_n(\hat{\boldsymbol{\delta}}(\hat{\mathbf{S}}^{-1})))\underset{\mathrm{d}}{\longrightarrow}\chi^2(K-L)$$

正式的证明留作选作的习题。因为在式（3.5.10）中给出的 $\hat{\mathbf{S}}$ 是一致的（在附加的假设 3.6 的条件之下），在两步骤有效 GMM 中计算得到的最小化距离是服从渐近 $\chi^2(K-L)$ 的。

在 J 检验的运用和解释上有三点强调如下：

- 这是一个**设定检验**（specification test），检验模型所有的限制约束（即命题 3.6 中的那些假设）是否都被满足。如果命题 3.6 的 J 统计量格外大，该统计量就意味着正交条件（假设 3.3）或其他假设（或二者兼具）可能是错误的。只有当我们对那些其他的假设有信心时，我们才能将较大的 J 统计量解释为 $\mathbf{x}_i$ 中包含的 K 个工具变量中的一些具有内生性的证据。

- 和我们目前为止遇到的其他检验不同，这个检验针对某些正交条件不成立的情况并不是一致的。基本原因在于自由度从 K 到 $K-L$ 的损失。可以很容易证明，$\bar{\mathbf{g}}$ 与其样本对应部分 $\mathbf{g}_n(\hat{\boldsymbol{\delta}}(\hat{\mathbf{S}}^{-1}))$ 是相关联的，因为：

$$\sqrt{n}\mathbf{g}_n(\hat{\boldsymbol{\delta}}(\hat{\mathbf{S}}^{-1}))=\hat{\mathbf{B}}\sqrt{n}\,\bar{\mathbf{g}},\ \hat{\mathbf{B}}\equiv\mathbf{I}_K-\mathbf{S}_{\mathbf{xz}}(\mathbf{S}_{\mathbf{xz}}'\hat{\mathbf{S}}^{-1}\mathbf{S}_{\mathbf{xz}})^{-1}\mathbf{S}_{\mathbf{xz}}'\hat{\mathbf{S}}^{-1} \tag{3.6.2}$$

问题在于，由于 $\hat{\mathbf{B}}\mathbf{S}_{\mathbf{xz}}=\mathbf{0}$，这个矩阵 $\hat{\mathbf{B}}$ 是列满秩的。如果正交条件不成立且 $\mathrm{E}(\mathbf{g}_i)\neq\mathbf{0}$，那么 $\sqrt{n}\,\bar{\mathbf{g}}$ 的元素会收敛到 $+\infty$ 或 $-\infty$。但是，由于 $\hat{\mathbf{B}}$ 不是列满秩的，所以 $\hat{\mathbf{B}}\sqrt{n}\,\bar{\mathbf{g}}$ 以及 $J(\hat{\boldsymbol{\delta}}(\hat{\mathbf{S}}^{-1}),\ \hat{\mathbf{S}}^{-1})$ 可能对于某些非零正交性的模式仍然是有限的。①

- 只是在最近，该检验的小样本性质才逐渐得到关注。1996 年 7 月的《商务与经

① 关于这一主题更为全面的处理，可以参看 Newey（1985，第 3 节）。

济统计杂志》中的几篇文章报告了在小样本中 J 检验的有限样本或真实规模远超过名义规模（即该检验太过经常拒绝原假设）。

□ 检验正交条件的子集

假设我们可以将这个 K 个工具变量分为两组：K_1 个已知满足正交条件的变量的向量 $\mathbf{x}_{i1}$ 以及剩下的 $K-K_1$ 个受到质疑的变量的向量 $\mathbf{x}_{i2}$。由于工具变量的顺序不会改变估计量和检验统计量的数值，所以我们可以在不失一般性的情况下假设 $\mathbf{x}_i$ 的最后 $K-K_1$ 个元素是可质疑的工具变量：

$$\mathbf{x}_i=\begin{bmatrix}\mathbf{x}_{i1}\\ \mathbf{x}_{i2}\end{bmatrix}\begin{matrix}\}\quad K_1\text{ 行}\\ \}\quad K-K_1\text{ 行}\end{matrix} \tag{3.6.3}$$

我们希望检验的该模型的部分是：

$$\mathrm{E}(\mathbf{x}_{i2}\cdot\varepsilon_i)=0 \tag{3.6.4}$$

如果有和系数一样多的可信任的工具变量使得 $K_1\geqslant L$，那么这个限制条件是可检验的。这个基本思想是比较来自相同系数向量 $\boldsymbol{\delta}$ 的两个分离的 GMM 估计量的两个 J 统计量：一个仅使用包含在 $\mathbf{x}_{i1}$ 内的工具变量，另外一个还使用除了 $\mathbf{x}_{i1}$ 之外受质疑的工具变量 $\mathbf{x}_{i2}$。如果涵盖这些受质疑的工具变量显著提高了 J 统计量，这就是怀疑 $\mathbf{x}_{i2}$ 的前定性的一个很好的理由。

为了和 $\mathbf{x}_i$ 的划分相一致，样本正交条件 $\mathbf{g}_n(\tilde{\boldsymbol{\delta}})$ 和 $\mathbf{S}$ 可以被写为：

$$\underset{(K\times1)}{\mathbf{g}_n(\tilde{\boldsymbol{\delta}})}\equiv\begin{bmatrix}\underset{(K_1\times1)}{\mathbf{g}_{1n}(\tilde{\boldsymbol{\delta}})}\\ \underset{((K-K_1)\times1)}{\mathbf{g}_{2n}(\tilde{\boldsymbol{\delta}})}\end{bmatrix},\ \underset{(K\times K)}{\mathbf{S}}\equiv\begin{bmatrix}\mathbf{S}_{11} & \mathbf{S}_{12}\\ \mathbf{S}_{21} & \mathbf{S}_{22}\end{bmatrix} \tag{3.6.5}$$

其中，

$$\mathbf{S}_{11}=\mathrm{E}(\varepsilon_i^2\mathbf{x}_{i1}\mathbf{x}_{i1}'),\ \mathbf{S}_{12}=\mathrm{E}(\varepsilon_i^2\mathbf{x}_{i1}\mathbf{x}_{i2}'),\ \mathbf{S}_{21}=\mathrm{E}(\varepsilon_i^2\mathbf{x}_{i2}\mathbf{x}_{i1}'),\ \mathbf{S}_{22}=\mathrm{E}(\varepsilon_i^2\mathbf{x}_{i2}\mathbf{x}_{i2}')$$

特别地，$\mathbf{g}_{1n}(\tilde{\boldsymbol{\delta}})$ 可以被写为：

$$\mathbf{g}_{1n}(\tilde{\boldsymbol{\delta}})=\frac{1}{n}\sum_{i=1}^{n}\mathbf{x}_{i1}\cdot(y_i-\mathbf{z}_i'\tilde{\boldsymbol{\delta}})\equiv\mathbf{s}_{\mathbf{x}_1\mathbf{y}}-\mathbf{S}_{\mathbf{x}_1\mathbf{z}}\tilde{\boldsymbol{\delta}}$$

其中，

$$\mathbf{s}_{\mathbf{x}_1\mathbf{y}}\equiv\frac{1}{n}\sum_{i=1}^{n}\mathbf{x}_{i1}\cdot y_i,\ \mathbf{S}_{\mathbf{x}_1\mathbf{z}}\equiv\frac{1}{n}\sum_{i=1}^{n}\mathbf{x}_{i1}\mathbf{z}_i' \tag{3.6.6}$$

对于 $\mathbf{S}$ 的一致估计值 $\hat{\mathbf{S}}$ 来说，使用所有 K 个工具变量及其相应的 J 统计量所得到的有效 GMM 估计量，已经可以在本节和前一节推导出来。可重新写为：

$$\hat{\boldsymbol{\delta}}=(\mathbf{S}_{\mathbf{xz}}'\hat{\mathbf{S}}^{-1}\mathbf{S}_{\mathbf{xz}})^{-1}\mathbf{S}_{\mathbf{xz}}'\hat{\mathbf{S}}^{-1}\mathbf{s}_{\mathbf{xy}} \tag{3.6.7}$$

$$J=n\cdot\mathbf{g}_n(\hat{\boldsymbol{\delta}})'\hat{\mathbf{S}}^{-1}\mathbf{g}_n(\hat{\boldsymbol{\delta}}) \tag{3.6.8}$$

仅使用头 K_1 个工具变量及其相应的 J 统计量所得到的相同的系数向量 $\boldsymbol{\delta}$ 的有效 GMM

估计量，可以通过在这些表达式中用 $\mathbf{x}_{i1}$ 替代 $\mathbf{x}_i$ 而得到。因此有，

$$\bar{\boldsymbol{\delta}}=[\mathbf{S}'_{\mathbf{x}_1\mathbf{z}}(\hat{\mathbf{S}}_{11})^{-1}\mathbf{S}_{\mathbf{x}_1\mathbf{z}}]^{-1}\mathbf{S}'_{\mathbf{x}_1\mathbf{z}}(\hat{\mathbf{S}}_{11})^{-1}\mathbf{s}_{\mathbf{x}_1\mathbf{y}} \tag{3.6.9}$$

$$J_1=n\cdot\mathbf{g}_{1n}(\bar{\boldsymbol{\delta}})'(\hat{\mathbf{S}}_{11})^{-1}\mathbf{g}_{1n}(\bar{\boldsymbol{\delta}}) \tag{3.6.10}$$

其中 $\hat{\mathbf{S}}_{11}$ 是 $\mathbf{S}_{11}$ 的一致估计值。

这个检验是基于以下命题的，该命题给出了 $J-J_1$ 的渐近分布（其证明留作一个选作习题）。

命题 3.7（检验正交条件的子集①）：假定假设 3.1 至假设 3.5 成立。令 $\mathbf{x}_{i1}$ 为 $\mathbf{x}_i$ 的子向量，通过要求满足对于 $\mathbf{x}_{i1}$ 来说识别的秩条件（因此 $\mathrm{E}(\mathbf{x}_{i1}\mathbf{z}_i')$ 是列满秩的），加强假设 3.4。那么，对于 $\mathbf{S}$ 和 $\mathbf{S}_{11}$ 的任一一致估计量 $\hat{\mathbf{S}}$ 和 $\hat{\mathbf{S}}_{11}$，有：

$$C\equiv J-J_1\xrightarrow[\mathrm{d}]{}\chi^2(K-K_1)$$

其中 $K=\#\mathbf{x}_i$（$\mathbf{x}_i$ 的维数）、$K_1=\#\mathbf{x}_{i1}$（$\mathbf{x}_{i1}$ 的维数），J 和 J_1 由式（3.6.8）和式（3.6.10）定义。

显然，只要 $\hat{\mathbf{S}}$ 和 $\hat{\mathbf{S}}_{11}$ 是一致的，那么对它们的选择渐近地看就是无关紧要的。但是在有限样本中，这个检验统计量 C 可能是负的。如果一直使用的是同一个 $\hat{\mathbf{S}}$，也就是说，如果式（3.6.9）和式（3.6.10）中的 $\hat{\mathbf{S}}_{11}$ 是式（3.6.7）和式（3.6.8）中 $\hat{\mathbf{S}}$ 的子矩阵，那么在有限样本中这个问题可以避免，并且 C 也可以变成非负的。通过以下几个步骤，可以做到这一点：

（1）实施全部工具变量 $\mathbf{x}_i$ 的两步骤有效 GMM，从第一个步骤中得到 $\hat{\mathbf{S}}$，从第二个步骤中得到 $\hat{\boldsymbol{\delta}}$ 和 $\mathbf{J}$；

（2）从（1）中所得到的 $\hat{\mathbf{S}}$ 中取自子矩阵 $\hat{\mathbf{S}}_{11}$，运用这个 $\hat{\mathbf{S}}_{11}$ 根据式（3.6.9）计算 $\bar{\boldsymbol{\delta}}$，并根据式（3.6.10）计算 J_1。那么，在 J 上取其差值。

我们把证明刚才计算得到的 C 在有限样本中非负的任务留作选作的分析性习题。

我们可以使用命题 3.7 来检验回归元子集的内生性，就像下面这个例子所阐释的那样。

例 3.3（检验在工资方程中学校教育是不是前定的）：

在例 3.2 的工资方程中，假设学校教育 S_i 被怀疑不是内生的。为了检验 S_i 的内生性，将 $\mathbf{x}_i$ 分块为：

$$\mathbf{x}_{i1}=\begin{bmatrix}1\\ EXPR_i\\ AGE_i\\ MED_i\end{bmatrix},\ \mathbf{x}_{i2}=S_i$$

回归元向量 $\mathbf{z}_i$ 与例 3.2 中的是一样的。第一步是要做 $\mathbf{x}_i\equiv(1, EXPR_i, AGE_i, MED_i, S_i)'$ 下 $\boldsymbol{\delta}$ 的两步骤有效 GMM 估计作为工具变量。这可以得到 J 以及 5×5 矩阵 $\hat{\mathbf{S}}$。第二

① 这个检验由 Newey（1985，第 4 节）和 Eichenbaum，Hansen 与 Singleton（1985，附录 C）发展得到。

步，从 $\widehat{\mathbf{S}}$ 中对应于 $\mathbf{x}_{i1}$ 抽取主要的 4×4 子矩阵 $\widehat{\mathbf{S}}_{11}$，并通过 GMM 估计相同的系数 $\boldsymbol{\delta}$，这一次用到更少的工具变量 $\mathbf{x}_{i1}$，并使用了这个 $\widehat{\mathbf{S}}_{11}$。得自 $\boldsymbol{\delta}$ 的两个不同的 GMM 估计量在 J 统计量上的差值应当渐近地服从 $\chi^2(1)$ 分布。

复习题

1. $J(\hat{\boldsymbol{\delta}}(\widehat{\mathbf{S}}^{-1}), \overline{\mathbf{S}}^{-1}) \to_d \chi^2(K-L)$ 成立吗？其中 $\widehat{\mathbf{S}}$ 和 $\overline{\mathbf{S}}$ 是 $\mathbf{S}$ 的两个不同的一致估计量。
2. 证明：$J(\hat{\boldsymbol{\delta}}(\widehat{\mathbf{S}}^{-1}), \widehat{\mathbf{S}}^{-1}) = n \cdot \mathbf{s}_{\mathbf{xy}}' \widehat{\mathbf{S}}^{-1}(\mathbf{s}_{\mathbf{xy}} - \mathbf{S}_{\mathbf{xz}} \hat{\boldsymbol{\delta}}(\widehat{\mathbf{S}}^{-1}))$。
3. C 统计量的自由度能比 $K-L$ 还要大吗？【答案：不能。】
4. 假定 $K_1=L$。C 的数值取决于 $\mathbf{x}_i$ 在 $\mathbf{x}_{i1}$ 和 $\mathbf{x}_{i2}$ 之间的分块吗？

3.7 似然比原理下的假设检验

在 3.5 节，我们已经根据沃尔德原理为原假设 H_0：$\mathbf{a}(\delta)=\mathbf{0}$ 推导了该卡方检验统计量。本节通过似然比原理来做同样的事情，这一原理检验的是在施加和未施加该原假设的情况下目标函数的差别。根据拉格朗日乘子原理为 GMM 所做的检验统计量的推导以及向非线性方程的扩展在 7.4 节中给出。

在有效 GMM 估计中，对于给定的 $\mathbf{S}$ 的一致估计值 $\widehat{\mathbf{S}}$ 来说目标函数为 $J(\tilde{\boldsymbol{\delta}}, \widehat{\mathbf{S}}^{-1})$。这个**受限有效 GMM 估计量**（restricted efficient GMM estimator）被定义为：

$$\text{受限有效 GMM:}\ \bar{\boldsymbol{\delta}}(\widehat{\mathbf{S}}^{-1}) \equiv \underset{\tilde{\boldsymbol{\delta}}}{\operatorname{argmin}}\, J(\tilde{\boldsymbol{\delta}}, \widehat{\mathbf{S}}^{-1}) \quad \text{s. t. } H_0 \tag{3.7.1}$$

LR 原理认为：

$$LR \equiv J(\bar{\boldsymbol{\delta}}(\widehat{\mathbf{S}}^{-1}), \widehat{\mathbf{S}}^{-1}) - J(\hat{\boldsymbol{\delta}}(\widehat{\mathbf{S}}^{-1}), \widehat{\mathbf{S}}^{-1}) \tag{3.7.2}$$

应该渐近地服从卡方分布。事实上也的确如此。

命题 3.8（LR 原理下的检验统计量）：假定假设 3.1 至假设 3.5 成立，假定有 $\mathbf{S}(=\mathrm{E}(\mathbf{g}_i\mathbf{g}_i'))$ 的一个一致估计量 $\widehat{\mathbf{S}}$。下面来看 $\#\mathbf{a}$ 限制条件的原假设 H_0：$\mathbf{a}(\boldsymbol{\delta})=\mathbf{0}$，使得一阶导数的 $\#\mathbf{a}\times L$ 矩阵 $\mathbf{A}(\boldsymbol{\delta})$ 是连续且行满秩的。根据式（3.5.16）和式（3.7.2）分别定义两个统计量 W 和 LR。那么，在原假设下，以下表述成立：

（a）这两个统计量是渐近等价的，因为它们的渐近分布是相同的（即 $\chi^2(\#\mathbf{a})$）。

（b）这两个检验统计量在以下这一较强意义上是渐近等价的：它们的数值差距依概率收敛到零：$LR-W \to_p 0$。（根据引理 2.4（a），这一结论要强过（a）。）

（c）进而言之，如果该假设是线性的，故这些限制条件可以写成 $\mathbf{R}\boldsymbol{\delta}=\mathbf{r}$，那么这两个统计量在数值上是相等的。

在线性情况下证明这一点，这是一个代数结果，我们把它留作一道分析性习题。对于更为全面的证明，参看 7.4 节。

关于命题 3.8，有以下几点注释：

• LR 与 W 相比的优势在于其不变性：LR 的数值并不依赖于这些非线性限制条件将如何由 $\mathbf{a}(\cdot)$ 来表示。另外，当该假设是非线性的时候，为了找出受限有效 GMM，你必须写出非线性最优计算机程序。

• 命题 3.8 要求距离矩阵 $\widehat{\mathbf{W}}$ 满足有效条件 $\text{plim}\ \widehat{\mathbf{W}}=\mathbf{S}^{-1}$。否则，$LR$ 就不是服从渐近卡方分布的。与之相对，沃尔德统计量也是渐近服从卡方分布的，但是 $\widehat{\mathbf{W}}$ 不满足这个有效条件。

• $\mathbf{S}$ 的同一估计值应该在计算 LR 时一直被使用。令 $\tilde{\mathbf{S}}$ 和 $\bar{\mathbf{S}}$ 是 $\mathbf{S}$ 的两个不同的一致估计量，看一下下面这个统计量：

$$J(\bar{\boldsymbol{\delta}}(\bar{\mathbf{S}}^{-1}),\bar{\mathbf{S}}^{-1})-J(\hat{\boldsymbol{\delta}}(\tilde{\mathbf{S}}^{-1}),\tilde{\mathbf{S}}^{-1})$$

这个统计量是当你实施有原假设约束和没有原假设约束下两个分离的两步骤有效 GMM 时最终所能得到的；$\bar{\mathbf{S}}$ 是由有约束时从第一步中得到的 $\mathbf{S}$ 的估计值，而 $\tilde{\mathbf{S}}$ 是没有约束时从第一步中得到的 $\mathbf{S}$ 的估计值。该统计量渐近等价于 LR（因为两者之间的差值依概率收敛于 0），但是在有限样本中，它可能是负的。有了对 $\mathbf{S}$ 的同一估计值，可以确保在有限样本中该统计量的非负性。研究者通常使用从这里的无约束估计得到的估计值，但是从有约束估计中得到的估计值也是有效的，因为它在原假设下对于 $\mathbf{S}$ 而言是一致的。

• 该命题的（b）部分（在更强的意义上渐近等价）意即，如果该样本规模足够大，而且该假设为真，那么基于 LR 的检验结果（不只是拒绝或接受的概率）将与基于 W 的检验结果相同，因为两个统计量在充分大的样本中在数值上甚至只是出现很小的差距的概率都是零。

• 由于对线性情形而言在数值上 $LR=W$ 成立，所以同一个 $\hat{\mathbf{S}}$ 必然可以被一直用于计算 LR，也可以用于计算沃尔德统计量。否则，LR 和 W 就只是渐近等价的。

□ 回归模型的 *LR* 统计量

因为第 2 章的回归模型是本章 GMM 模型的一个特例，所以它可能对于认识 LR 在那种特殊情况下表现如何有所帮助。由于在这个回归模型中，$\mathbf{x}_i=\mathbf{z}_i$，所以（非受限）有效 GMM 估计量是 OLS，而且 $J(\hat{\boldsymbol{\delta}}(\hat{\mathbf{S}}^{-1}),\ \hat{\mathbf{S}}^{-1})=0$。因此，

$$LR=J(\bar{\boldsymbol{\delta}}(\hat{\mathbf{S}}^{-1}),\hat{\mathbf{S}}^{-1}) \tag{3.7.3}$$

其中 $\bar{\boldsymbol{\delta}}(\hat{\mathbf{S}}^{-1})$ 是受限有效 GMM 估计量。根据命题 3.8，这个统计量是渐近卡方分布的，如果该原假设是线性的，那么在数值上就等于沃尔德统计量。正如下文将要表明的那样，在条件同方差下，这个统计量可以写为标准化残差平方和与误差方差的差值。

□ 附加变量检验（选修）

在前一节，我们考虑了基于关于工具变量 $\mathbf{x}_i$ 的一个子集 $\mathbf{x}_{i2}$ 的内生性的 C 统计量，此时假设其他工具变量 $\mathbf{x}_{i1}$ 是前定的。我们偶尔也会遇到 $\mathbf{z}_i=\mathbf{x}_{i1}$ 的特殊情况：

$$y_i=\mathbf{x}_{i1}'\boldsymbol{\delta}+\varepsilon_i \tag{3.7.4}$$

检验可疑工具变量 $\mathbf{x}_{i2}$ 是否前定的一个流行方法是估计这个增广方程：

$$y_i = \mathbf{x}_{i1}'\boldsymbol{\delta} + \mathbf{x}_{i2}'\boldsymbol{\alpha} + \varepsilon_i = \mathbf{x}_i'\boldsymbol{\gamma} + \varepsilon_i\text{，其中 } \boldsymbol{\gamma} = \begin{bmatrix} \boldsymbol{\delta} \\ \boldsymbol{\alpha} \end{bmatrix} \tag{3.7.5}$$

并检验该原假设 H_0：$\boldsymbol{\alpha}=\mathbf{0}$。检验要么通过沃尔德统计量 W，要么通过 LR 统计量进行，后者在数值上等于 W。这个检验有时候也被称为**附加变量检验**（variable addition test）。这个检验是如何与命题 3.7 中的 C 检验联系起来的呢？

为了计算 LR，我们必须计算具有相同工具变量集合 $\mathbf{x}_i$ 的 $\boldsymbol{\gamma}$ 的两个有效 GMM 估计量：一个具有约束 $\boldsymbol{\alpha}=\mathbf{0}$，一个没有。这个非受限有效 GMM 估计量是非受限方程（3.7.5）的 OLS 估计量。与之相联的 J 统计量是零。令：

$$\hat{\mathbf{S}} \equiv \frac{1}{n}\sum_{i=1}^{n} e_i^2 \mathbf{x}_i \mathbf{x}_i' \tag{3.7.6}$$

其中 e_i 是得自该非受限回归式（3.7.5）的 OLS 残差。如果我们使用这个 $\mathbf{S}$ 的估计值，$\boldsymbol{\gamma}$ 的受限有效 GMM 估计量就最小化了 J 函数：

$$J(\tilde{\boldsymbol{\gamma}}, \hat{\mathbf{S}}^{-1}) = n \cdot (\mathbf{s}_{\mathbf{xy}} - \mathbf{S}_{\mathbf{xx}}\tilde{\boldsymbol{\gamma}})' \hat{\mathbf{S}}^{-1} (\mathbf{s}_{\mathbf{xy}} - \mathbf{S}_{\mathbf{xx}}\tilde{\boldsymbol{\gamma}})$$

满足 $\boldsymbol{\alpha}=\mathbf{0}$。显然，这个受限估计量可以写为：

$$\tilde{\boldsymbol{\gamma}} = \begin{bmatrix} \hat{\boldsymbol{\delta}}(\hat{\mathbf{S}}^{-1}) \\ \mathbf{0} \end{bmatrix}$$

其中 $\hat{\boldsymbol{\delta}}(\hat{\mathbf{S}}^{-1})$ 是 $\mathbf{x}_i$ 作为受限方程（3.7.4）的工具变量的有效 GMM 估计量。因此有：

$$\begin{aligned} LR &= n \cdot (\mathbf{s}_{\mathbf{xy}} - \mathbf{S}_{\mathbf{xx}}\tilde{\boldsymbol{\gamma}})' \hat{\mathbf{S}}^{-1} (\mathbf{s}_{\mathbf{xy}} - \mathbf{S}_{\mathbf{xx}}\tilde{\boldsymbol{\gamma}}) \text{（因为对于非受限的 GMM 有 } J=0\text{）} \\ &= n \cdot (\mathbf{s}_{\mathbf{xy}} - \mathbf{S}_{\mathbf{xx}_1}\hat{\boldsymbol{\delta}}(\hat{\mathbf{S}}^{-1}))' \hat{\mathbf{S}}^{-1} (\mathbf{s}_{\mathbf{xy}} - \mathbf{S}_{\mathbf{xx}_1}\hat{\boldsymbol{\delta}}(\hat{\mathbf{S}}^{-1})) \text{（因为 } \mathbf{S}_{\mathbf{xx}}\tilde{\boldsymbol{\gamma}} = \mathbf{S}_{\mathbf{xx}_1}\hat{\boldsymbol{\delta}}(\hat{\mathbf{S}}^{-1})\text{）} \end{aligned}$$

当 $\mathbf{x}_i$ 是工具变量向量时，这只不过是受限方程（3.7.4）的汉森 J 统计量。这个统计量又等于 C 统计量，因为在命题 3.7 中 J_1 在当前这种情况下为零。因此，只要一直使用的是同一个 $\hat{\mathbf{S}}$，所有这三个统计量——得自非受限回归的 W、LR 和 C——在数值上就等于汉森 J。也就是说，附加变量检验对于过度识别限制条件来说在数值上等价于汉森检验。

复习题

1.（回归模型的 LR）验证：对于 $\mathbf{z}_i=\mathbf{x}_i$ 的回归模型而言，有：

$$LR = \mathbf{y}'\mathbf{X}(n\hat{\mathbf{S}})^{-1}\mathbf{X}'\mathbf{y} - 2\mathbf{y}'\mathbf{X}(n\hat{\mathbf{S}})^{-1}(\mathbf{X}'\mathbf{X})\bar{\boldsymbol{\delta}} + \bar{\boldsymbol{\delta}}'(\mathbf{X}'\mathbf{X})(n\hat{\mathbf{S}})^{-1}(\mathbf{X}'\mathbf{X})\bar{\boldsymbol{\delta}}$$

2.（在附加变量检验中关于 $\hat{\mathbf{S}}$ 的选择）假设你从得自受限回归式（3.7.4）的残差里形成了 $\hat{\mathbf{S}}$，并用它形成了 W、LR 和 C。它们在数值上相等吗？它们服从渐近卡方分布吗？**提示：**这个 $\hat{\mathbf{S}}$ 在原假设下是一致的吗？

3.8 条件同方差的含义

到目前为止，我们一直都没有在发展 GMM 估计量的渐近性上假设条件同方差性。

本节就来考虑添加这一假设的含义所在。

假设 3.7（条件同方差性）：

$$\mathrm{E}(\varepsilon_i^2 \mid \mathbf{x}_i)=\sigma^2$$

在条件同方差性下，四阶矩矩阵 $\mathbf{S}(=\mathrm{E}(\mathbf{g}_i\mathbf{g}_i') =\mathrm{E}(\varepsilon_i^2\mathbf{x}_i\mathbf{x}_i'))$ 可以被写为二阶矩的积：

$$\mathbf{S}=\sigma^2\mathbf{\Sigma}_{\mathbf{xx}} \tag{3.8.1}$$

其中 $\mathbf{\Sigma}_{\mathbf{xx}}=\mathrm{E}(\mathbf{x}_i\mathbf{x}_i')$。正如在第 2 章中一样，对 $\mathbf{S}$ 的这一分解具有若干层含义。

- 根据假设 3.5，可知 $\mathbf{S}$ 是非奇异的，所以这一分解意味着 $\sigma^2>0$，并且 $\mathbf{\Sigma}_{\mathbf{xx}}$ 非奇异。
- 利用 $\mathbf{S}$ 的这一结构得到的估计量为：

$$\hat{\mathbf{S}} = \hat{\sigma}^2\frac{1}{n}\sum_{i=1}^{n}\mathbf{x}_i\mathbf{x}_i'= \hat{\sigma}^2\mathbf{S}_{\mathbf{xx}} \tag{3.8.2}$$

其中 $\hat{\sigma}^2$ 是下文给出的某个一致估计量。根据遍历平稳性，有 $\mathbf{S}_{\mathbf{xx}}\to_{\text{a.s.}}\mathbf{\Sigma}_{\mathbf{xx}}$。这样一来，假定 $\hat{\sigma}^2$ 是一致的，若要使 $\hat{\mathbf{S}}$ 是一致的，我们就不需要四阶矩假设（假设 3.6）了。

无须说，到目前为止给出来的全部结果在添加了条件同方差性之后都是有效的。而且，只是通过用 $\sigma^2\mathbf{\Sigma}_{\mathbf{xx}}$ 来取代 $\mathbf{S}$，用式（3.8.2）取代 $\hat{\mathbf{S}}$ 的表达式（3.5.10），在这一增设的条件下很多结论和公式都被大大简化了。本节将那些简化式进行了整理。

□ 有效 GMM 变成了 2SLS

在有效 GMM 估计中，加权矩阵为 $\hat{\mathbf{S}}^{-1}$。如果我们设定 $\hat{\mathbf{S}}$ 为式（3.8.2），这个 GMM 估计量就变成了：

$$\begin{aligned}\hat{\boldsymbol{\delta}}(\hat{\mathbf{S}}^{-1})&=[\mathbf{S}_{\mathbf{xz}}'(\hat{\sigma}^2\mathbf{S}_{\mathbf{xx}})^{-1}\mathbf{S}_{\mathbf{xz}}]^{-1}\mathbf{S}_{\mathbf{xz}}'(\hat{\sigma}^2\mathbf{S}_{\mathbf{xx}})^{-1}\mathbf{s}_{\mathbf{xy}}\\&=(\mathbf{S}_{\mathbf{xz}}'\mathbf{S}_{\mathbf{xx}}^{-1}\mathbf{S}_{\mathbf{xz}})^{-1}\mathbf{S}_{\mathbf{xz}}'\mathbf{S}_{\mathbf{xx}}^{-1}\mathbf{s}_{\mathbf{xy}}\\&=\hat{\boldsymbol{\delta}}(\mathbf{S}_{\mathbf{xx}}^{-1})\equiv\hat{\boldsymbol{\delta}}_{\text{2SLS}}\end{aligned} \tag{3.8.3}$$

它并不取决于 $\hat{\sigma}^2$。在一般的情形下，在两步骤有效 GMM 中第一步的全部要点就是取得对 $\mathbf{S}$ 的一致估计量。在条件同方差性之下，由于两步骤估计量弱化成了用于 $\hat{\mathbf{S}}$ 的 $\mathbf{S}_{\mathbf{xx}}$ 之 GMM 估计量 $\hat{\boldsymbol{\delta}}(\mathbf{S}_{\mathbf{xx}}^{-1})$，所以没有必要再做第一步了。这个估计量 $\hat{\boldsymbol{\delta}}_{\text{2SLS}}$ 被称为**两阶段最小二乘**（two-stage least squares，2SLS 或 TSLS）。① 同一个方程也可以由最大似然方法来估计。8.6 节会囊括 2SLS 的 ML 的相应部分，称之为“有限信息最大似然估计量”。

$\mathrm{Avar}(\hat{\boldsymbol{\delta}}_{\text{2SLS}})$ 的表达式可以通过将式（3.8.1）代入式（3.5.13）可以得到：

$$\mathrm{Avar}(\hat{\boldsymbol{\delta}}_{\text{2SLS}})=\sigma^2\cdot(\mathbf{\Sigma}_{\mathbf{xz}}'\mathbf{\Sigma}_{\mathbf{xx}}^{-1}\mathbf{\Sigma}_{\mathbf{xz}})^{-1} \tag{3.8.4}$$

关于它的一个很自然的估计量是：

$$\widehat{\mathrm{Avar}(\hat{\boldsymbol{\delta}}_{\text{2SLS}})} = \hat{\sigma}^2\cdot(\mathbf{S}_{\mathbf{xz}}'\mathbf{S}_{\mathbf{xx}}^{-1}\mathbf{S}_{\mathbf{xz}})^{-1} \tag{3.8.5}$$

---

① 这个估计量是由泰尔（Theil，1953）首次提出来的。

对于 $\hat{\sigma}^2$，我们来看 2SLS 残差的样本方差：

$$\hat{\sigma}^2 \equiv \frac{1}{n}\sum_{i=1}^{n}(y_i - \mathbf{z}_i'\hat{\boldsymbol{\delta}}_{2SLS})^2 \tag{3.8.6}$$

（有些作者用 $n-L$ 去除平方和，而不是用 n 去除，以此来计算 $\hat{\sigma}^2$。）根据命题 3.2，如果 $E(\mathbf{z}_i\mathbf{z}_i')$ 存在且有限，则式（3.8.6）$\rightarrow_p \sigma^2$。这样一来，具有这个 $\hat{\sigma}^2$ 的式（3.8.2）所定义的 $\hat{\mathbf{S}}$ 对于 $\mathbf{S}$ 来说就是一致的。

将式（3.8.2）代入式（3.5.15）和式（3.5.16），则 t 比率和沃尔德统计量就变成了：

$$t_l = \frac{\hat{\delta}_{2SLS,l} - \bar{\delta}_l}{SE_l}，其中 SE_l = \sqrt{\frac{\hat{\sigma}^2}{n}\cdot((\mathbf{S}_{xz}'\mathbf{S}_{xx}^{-1}\mathbf{S}_{xz})^{-1})_{ll}} \tag{3.8.7}$$

$$W = n\cdot\frac{\mathbf{a}(\hat{\boldsymbol{\delta}}_{2SLS})'[\mathbf{A}(\hat{\boldsymbol{\delta}}_{2SLS})(\mathbf{S}_{xz}'\mathbf{S}_{xx}^{-1}\mathbf{S}_{xz})^{-1}\mathbf{A}(\hat{\boldsymbol{\delta}}_{2SLS})']^{-1}\mathbf{a}(\hat{\boldsymbol{\delta}}_{2SLS})}{\hat{\sigma}^2} \tag{3.8.8}$$

□ J 变成萨甘（Sargan）统计量

当 $\widehat{\mathbf{W}}$ 被设定为 $(\hat{\sigma}^2\mathbf{S}_{xx})^{-1}$ 时，由式（3.4.6）所定义的举例变成了：

$$J(\tilde{\boldsymbol{\delta}},(\hat{\sigma}^2\cdot\mathbf{S}_{xx})^{-1}) = n\cdot\frac{(\mathbf{s}_{xy}-\mathbf{S}_{xz}\tilde{\boldsymbol{\delta}})'\mathbf{S}_{xx}^{-1}(\mathbf{s}_{xy}-\mathbf{S}_{xz}\tilde{\boldsymbol{\delta}})}{\hat{\sigma}^2} \tag{3.8.9}$$

那么，命题 3.6 表明，在条件同方差下于有效 GMM 估计量上估计得到的距离 $\hat{\boldsymbol{\delta}}_{2SLS}$ 是服从渐近卡方分布的。这个距离被称为**萨甘统计量**（Sargan's statistic）（Sargan，1958）：

$$萨甘统计量 = n\cdot\frac{(\mathbf{s}_{xy}-\mathbf{S}_{xz}\hat{\boldsymbol{\delta}}_{2SLS})'\mathbf{S}_{xx}^{-1}(\mathbf{s}_{xy}-\mathbf{S}_{xz}\hat{\boldsymbol{\delta}}_{2SLS})}{\hat{\sigma}^2} \tag{3.8.10}$$

我们将截止到目前的结果总结如下：

命题 3.9（2SLS 的渐近性质）：

（a）在假设 3.1 至假设 3.4 下，2SLS 估计量式（3.8.3）是一致的。如果再加上假设 3.5，这个估计量就是渐近正态的，其中渐近方差由 $\mathbf{W}=(\sigma^2\boldsymbol{\Sigma}_{xx})^{-1}$ 的式（3.5.1）给出。如果再把假设 3.7（条件同方差性）加到假设 3.1 至假设 3.5，那么该估计量就是有效 GMM 估计量。

进而言之，如果 $E(\mathbf{z}_i\mathbf{z}_i')$ 存在且有限①，那么，

（b）该渐近方差可由式（3.8.5）予以一致地估计，

（c）式（3.8.7）中的 $t_l \rightarrow_d N(0,1)$，式（3.8.8）中的 $W \rightarrow_d \chi^2(\#\mathbf{r})$，

（d）式（3.8.10）中的萨甘统计量 $\rightarrow_d \chi^2(K-L)$。

命题 3.8 指出，施以原假设和没有施以原假设两种情况下的差值的 LR 统计量服从渐近卡方分布。由于 J 可以被写为式（3.8.9），所以我们有：

$$LR = n\cdot\frac{(\mathbf{s}_{xy}-\mathbf{S}_{xz}\bar{\boldsymbol{\delta}})'\mathbf{S}_{xx}^{-1}(\mathbf{s}_{xy}-\mathbf{S}_{xz}\bar{\boldsymbol{\delta}}) - (\mathbf{s}_{xy}-\mathbf{S}_{xz}\hat{\boldsymbol{\delta}}_{2SLS})'\mathbf{S}_{xx}^{-1}(\mathbf{s}_{xy}-\mathbf{S}_{xz}\hat{\boldsymbol{\delta}}_{2SLS})}{\hat{\sigma}^2} \tag{3.8.11}$$

① 对 $\hat{\sigma}^2$ 的一致性而言，这一附加假设是必需的；参看命题 3.2。

其中 $\bar{\boldsymbol{\delta}}$ 是受限 2SLS 估计量，它在原假设下最小化了式（3.8.9）。[①] 在命题 3.8 中，对相同的 $\hat{\mathbf{S}}$ 的使用，可以确保该统计量在有限样本中是非负的。这里，由同一个 $\hat{\sigma}^2$ 相除之后可以确保该统计量是非负的。如果该假设是线性的，那么这个 LR 在数值上等于沃尔德统计量 W。

□ 2SLS 的小样本性质

关于 2SLS 估计量的有限样本分布，其文献量颇为丰富（例如可参看 Judge 等（1985，15.4 节）与 Staiger 和 Stock（1997，第 1 节））。有些研究尝试着分析性地推导了该估计量的确切的有限样本分布，而其他一些研究则是关于不同的 DGP 的蒙特卡罗研究。然而，分析性的结论对于经验研究人员却没有用处，因为它们都是在固定工具变量和正态误差项这类严格假设条件下推导出来的，对于分布的分析性表达式，在计算方面也无路可循。

对于单个回归元和正态误差项的单个（随机）工具变量的情况来说，尼尔森和斯塔兹（Nelson and Startz，1990）推导了 2SLS 估计量确切的有限样本分布，它相当简单而且易于计算。他们还证明，当在回归元对工具变量的一阶段回归中工具变量在低解释力这个意义上比较"弱"时，大量的抽样误差 $\hat{\delta}_{2SLS}-\delta$ 的分布一直非零，直到样本规模变得确实很大为止。

他们的工具说明了报告一阶段回归的 R^2 是有必要的；如果 R^2 很低，那么我们应该质疑有关 2SLS 估计量分布的大样本近似表现欠佳（在实证性习题的（g）部分你会看到一个令人印象极为深刻的例子）。斯泰格和斯托克（Staiger and Stock，1997）提出了另外一个 2SLS 和其他估计量及其相关联的检验统计量的有限样本分布的渐近近似，以应对"弱"工具变量的情况。他们的装置就是随着工具变量系数在一阶段回归中收敛于零而检视一个模型序列。（分析性习题 10 要求对于一个回归元和一个工具变量的简单情况求解这一渐近类型。）

□ 2SLS 的其他推导

如果我们定义数据矩阵为：

$$\underset{(n\times K)}{\mathbf{X}}=\begin{bmatrix}\mathbf{x}_1'\\ \mathbf{x}_2'\\ \vdots\\ \mathbf{x}_n'\end{bmatrix},\quad \underset{(n\times L)}{\mathbf{Z}}=\begin{bmatrix}\mathbf{z}_1'\\ \mathbf{z}_2'\\ \vdots\\ \mathbf{z}_n'\end{bmatrix},\quad \underset{(n\times 1)}{\mathbf{y}}=\begin{bmatrix}y_1\\ y_2\\ \vdots\\ y_n\end{bmatrix}$$

那么，可以很容易看到，2SLS 估计量及其相关联的统计量可以写为：

$$\hat{\boldsymbol{\delta}}_{2SLS}=[\mathbf{Z}'\mathbf{X}(\mathbf{X}'\mathbf{X})^{-1}\mathbf{X}'\mathbf{Z}]^{-1}\mathbf{Z}'\mathbf{X}(\mathbf{X}'\mathbf{X})^{-1}\mathbf{X}'\mathbf{y}=(\mathbf{Z}'\mathbf{P}\mathbf{Z})^{-1}\mathbf{Z}'\mathbf{P}\mathbf{y} \tag{3.8.3$'$}$$

其中 $\mathbf{P}\equiv\mathbf{X}(\mathbf{X}'\mathbf{X})^{-1}\mathbf{X}'$ 是投射矩阵，

$$\widehat{\text{Avar}(\hat{\boldsymbol{\delta}}_{2SLS})}=n\cdot\hat{\sigma}^2\cdot[\mathbf{Z}'\mathbf{X}(\mathbf{X}'\mathbf{X})^{-1}\mathbf{X}'\mathbf{Z}]^{-1}=n\cdot\hat{\sigma}^2\cdot(\mathbf{Z}'\mathbf{P}\mathbf{Z})^{-1} \tag{3.8.5$'$}$$

$$\hat{\sigma}^2=\frac{\hat{\boldsymbol{\varepsilon}}'\hat{\boldsymbol{\varepsilon}}}{n}，其中\ \hat{\boldsymbol{\varepsilon}}=\mathbf{y}-\mathbf{Z}\hat{\boldsymbol{\delta}}_{2SLS} \tag{3.8.6$'$}$$

① 这个统计量是由加伦特和乔根森（Gallant and Jorgenson，1979）首先推导得到的。

$$t_\ell = \frac{\hat{\delta}_{2SLS,\ell} - \bar{\delta}_\ell}{\sqrt{\hat{\sigma}^2 \cdot ([\mathbf{Z}'\mathbf{X}(\mathbf{X}'\mathbf{X})^{-1}\mathbf{X}'\mathbf{Z}]^{-1})_{\ell\ell}}}. \tag{3.8.7'}$$

$$W = \frac{\mathbf{a}(\hat{\boldsymbol{\delta}}_{2SLS})'[\mathbf{A}(\hat{\boldsymbol{\delta}}_{2SLS})(\mathbf{Z}'\mathbf{X}(\mathbf{X}'\mathbf{X})^{-1}\mathbf{X}'\mathbf{Z})^{-1}\mathbf{A}(\hat{\boldsymbol{\delta}}_{2SLS})']^{-1}\mathbf{a}(\hat{\boldsymbol{\delta}}_{2SLS})}{\hat{\sigma}^2} \tag{3.8.8'}$$

$$J(\tilde{\boldsymbol{\delta}}, (\hat{\sigma}^2 \cdot \mathbf{S}_{\mathbf{xx}})^{-1}) = \frac{(\mathbf{y} - \mathbf{Z}\tilde{\boldsymbol{\delta}})'\mathbf{P}(\mathbf{y} - \mathbf{Z}\tilde{\boldsymbol{\delta}})}{\hat{\sigma}^2} \tag{3.8.9'}$$

$$\text{萨甘统计量} = \frac{\hat{\boldsymbol{\varepsilon}}'\mathbf{P}\hat{\boldsymbol{\varepsilon}}}{\hat{\sigma}^2} \tag{3.8.10'}$$

使用这一公式，我们可以给出 2SLS 估计量的其他两种推导方式。

□ 作为 IV 估计量的 2SLS

令 $\hat{\mathbf{z}}_i (L\times 1)$ 为有关 L 个回归元的 L 个工具变量的向量（它们产生自如下文描述的 $\mathbf{x}_i$），令 $\hat{\mathbf{Z}}$ 为那些 L 个工具变量的 $n\times L$ 数据矩阵。因此 $\hat{\mathbf{Z}}$ 的第 i 行为 $\hat{\mathbf{z}}_i'$。以 $\hat{\mathbf{z}}_i'$ 作为工具变量的 $\boldsymbol{\delta}$ 的 IV 估计量根据式（3.4.4）为：

$$\hat{\boldsymbol{\delta}}_{IV} = \left(\frac{1}{n}\sum_{i=1}^{n} \hat{\mathbf{z}}_i \mathbf{z}_i'\right)^{-1} \frac{1}{n}\sum_{i=1}^{n} \hat{\mathbf{z}}_i \cdot y_i = (\hat{\mathbf{Z}}'\mathbf{Z})^{-1}\hat{\mathbf{Z}}'\mathbf{y} \tag{3.8.12}$$

现在，我们就产生了得自如下文描述的 $\mathbf{x}_i$ 的那些 L 个工具变量。第 l 个工具变量来自 z_{il}（第 l 个回归元）对 $\mathbf{x}_i$ 回归的拟合值。拟合值的 n 维向量为 $\mathbf{X}(\mathbf{X}'\mathbf{X})^{-1}\mathbf{X}'\mathbf{z}_\ell$，其中 $\mathbf{z}_\ell$ 是第 l 个回归元的 n 维向量（即 $\mathbf{Z}$ 的第 l 列）。因此，工具变量的 $n\times L$ 的数据矩阵为：

$$\hat{\mathbf{Z}} = (\mathbf{X}(\mathbf{X}'\mathbf{X})^{-1}\mathbf{X}'\mathbf{z}_1, \cdots, \mathbf{X}(\mathbf{X}'\mathbf{X})^{-1}\mathbf{X}'\mathbf{z}_L) = \mathbf{X}(\mathbf{X}'\mathbf{X})^{-1}\mathbf{X}'\mathbf{Z} = \mathbf{P}\mathbf{Z} \tag{3.8.13}$$

其中 $\mathbf{P}$ 是投射矩阵。将此代入 IV 公式（3.8.12），可以得到 2SLS 估计量（参看式(3.8.3')）。

□ 作为两次回归的 2SLS

我们接下来不考虑将所得的工具变量 $\hat{\mathbf{z}}_i$ 代入 IV 公式来估计方程 $y_i = \mathbf{z}_i'\boldsymbol{\delta} + \varepsilon_i$，而是考虑 y_i 对 $\hat{\mathbf{z}}_i$ 进行回归。其系数估计值为：

$$(\hat{\mathbf{Z}}'\hat{\mathbf{Z}})^{-1}\hat{\mathbf{Z}}'\mathbf{y} = (\mathbf{Z}'\mathbf{P}'\mathbf{P}\mathbf{Z})^{-1}\mathbf{Z}'\mathbf{P}\mathbf{y} = (\mathbf{Z}'\mathbf{P}\mathbf{Z})^{-1}\mathbf{Z}'\mathbf{P}\mathbf{y} \text{（因为 } \mathbf{P} \text{ 是对称且幂等的）}$$

这就是 2SLS 估计量。所以，这个 2SLS 系数估计值可以在两阶段中取得：第一个阶段是 L 个回归元对 $\mathbf{x}_i$ 进行回归，取得拟合值 $\hat{\mathbf{z}}_i$；第二个阶段是 y_i 对那些拟合值进行回归。

对那些前定因此也包含在 $\mathbf{x}_i$ 中的回归元而言，没有必要实施第一阶段回归，因为该拟合值就是回归元自身。为了了解这一点，我们来看，如果 z_{il} 是前定的，作为第 k 个工具变量包含在 $\mathbf{x}_i$ 内，那么对于第 l 个回归元来说拟合值的 n 维向量为 $\mathbf{P}\mathbf{z}_\ell$，其中 $\mathbf{z}_\ell$ 是其第 i 个元素为 z_{il} 的 n 维向量。但是由于 $\mathbf{z}_\ell$ 也是 $\mathbf{X}$ 的第 k 列，所以 $\mathbf{P}\mathbf{z}_\ell = \mathbf{P}\mathbf{x}_k$。因为 $\mathbf{P}$ 是投射矩阵，所以 $\mathbf{P}\mathbf{x}_k = \mathbf{x}_k$。

这一对 2SLS 的推导是很有用的，因为它为该估计量的命名给出了依据，但是也存在隐患。在二阶段回归中，其中 y_i 是对 $\hat{\mathbf{z}}_i$ 进行回归的，通常由 OLS 软件包计算的标准误是基于残差向量 $\mathbf{y} - \hat{\mathbf{Z}}\hat{\boldsymbol{\delta}}_{2SLS}$ 而得到的。这并不等于 2SLS 残差 $\mathbf{y} - \mathbf{Z}\hat{\boldsymbol{\delta}}_{2SLS}$。因此，OLS

标准误和从第二个阶段所得的估计的渐近方差都不能用于统计推断。

□ 当回归元为前定的时

当所有的回归元都是前定的，并且误差项是条件同方差的时候，对于有效 GMM 而言距离函数 J 和残差平方和（SSR）之间存在着紧密的联系。从式（3.8.9′）可知，

$$\begin{aligned}J(\tilde{\boldsymbol{\delta}},(\hat{\sigma}^2\cdot\mathbf{S}_{xx})^{-1})&=\frac{(\mathbf{y}-\mathbf{Z}\tilde{\boldsymbol{\delta}})'\mathbf{P}(\mathbf{y}-\mathbf{Z}\tilde{\boldsymbol{\delta}})}{\hat{\sigma}^2}=\frac{\mathbf{y}'\mathbf{P}\mathbf{y}-2\mathbf{y}'\mathbf{P}\mathbf{Z}\tilde{\boldsymbol{\delta}}+\tilde{\boldsymbol{\delta}}'\mathbf{Z}'\mathbf{P}\mathbf{Z}\tilde{\boldsymbol{\delta}}}{\hat{\sigma}^2}\\&=\frac{\mathbf{y}'\mathbf{P}\mathbf{y}-2\mathbf{y}'\mathbf{P}\mathbf{Z}\tilde{\boldsymbol{\delta}}+\tilde{\boldsymbol{\delta}}'\mathbf{Z}'\mathbf{P}\mathbf{Z}\tilde{\boldsymbol{\delta}}}{\hat{\sigma}^2}\text{（因为当 }\mathbf{z}_i\subset\mathbf{x}_i\text{ 时，}\mathbf{PZ}=\mathbf{Z}\text{）}\\&=\frac{(\mathbf{y}-\mathbf{Z}\tilde{\boldsymbol{\delta}})'(\mathbf{y}-\mathbf{Z}\tilde{\boldsymbol{\delta}})}{\hat{\sigma}^2}-\frac{\mathbf{y}'\mathbf{y}-\mathbf{y}'\mathbf{P}\mathbf{y}}{\hat{\sigma}^2}\\&=\frac{(\mathbf{y}-\mathbf{Z}\tilde{\boldsymbol{\delta}})'(\mathbf{y}-\mathbf{Z}\tilde{\boldsymbol{\delta}})}{\hat{\sigma}^2}-\frac{(\mathbf{y}-\hat{\mathbf{y}})(\mathbf{y}-\hat{\mathbf{y}})'}{\hat{\sigma}^2}\end{aligned}\tag{3.8.14}$$

其中 $\hat{\mathbf{y}}\equiv\mathbf{Py}$ 是得自非受限 OLS 的拟合值的向量。由于最后一项并不取决于 $\tilde{\boldsymbol{\delta}}$，所以最小化 J 可以视同最小化残差平方和（$(\mathbf{y}-\mathbf{Z}\tilde{\boldsymbol{\delta}})'(\mathbf{y}-\mathbf{Z}\tilde{\boldsymbol{\delta}})$）。那么，由此可得：(1) 有效 GMM 估计量是 OLS（在没有条件同方差性时它确实成立，只要 $\mathbf{z}_i=\mathbf{x}_i$），(2) 受限有效 GMM 估计量在原假设的约束下即为受限 OLS（其目标函数不是 J 而是 SSR），(3) 沃尔德统计量在数值上等同于 LR 统计量，可以作为施以原假设和没有施以原假设时 SSR 的差值而得到计算，可以标准化为 $\hat{\sigma}^2$。这最后的结论肯定了通过似然率原理在 2.6 节对沃尔德统计量的推导。

□ 检验正交条件的子集

在 3.6 节，我们为检验正交条件的子集引入了统计量 C。它利用了同一方程的两个有效 GMM 估计量，一个使用了工具变量的全集 $\mathbf{x}_i$，另外一个仅使用了一个 $\mathbf{x}_i$ 子集 $\mathbf{x}_{i1}$。为了检视在条件同方差下它采取了那种表达式，令 $\mathbf{X}_1$（$n\times K_1$）为其第 i 行是 $\mathbf{x}_{i1}'$ 的数据矩阵。因为两步骤有效 GMM 估计量是条件同方差下的 2SLS 估计量，故这两个 GMM 估计量由下式给出：

$$\hat{\boldsymbol{\delta}}=(\mathbf{Z}'\mathbf{PZ})^{-1}\mathbf{Z}'\mathbf{Py}\text{，其中 }\mathbf{P}=\mathbf{X}(\mathbf{X}'\mathbf{X})^{-1}\mathbf{X}'\tag{3.8.15}$$

$$\bar{\boldsymbol{\delta}}=(\mathbf{Z}'\mathbf{P}_1\mathbf{Z})^{-1}\mathbf{Z}'\mathbf{P}_1\mathbf{y}\text{，其中 }\mathbf{P}_1=\mathbf{X}_1(\mathbf{X}_1'\mathbf{X}_1)^{-1}\mathbf{X}_1'\tag{3.8.16}$$

而 C 统计量则变成了两个萨甘统计量的差值：

$$C=\frac{\hat{\boldsymbol{\varepsilon}}'\mathbf{P}\hat{\boldsymbol{\varepsilon}}-\bar{\boldsymbol{\varepsilon}}\mathbf{P}_1\bar{\boldsymbol{\varepsilon}}}{\hat{\sigma}^2}\tag{3.8.17}$$

其中，

$$\hat{\boldsymbol{\varepsilon}}\equiv\mathbf{y}-\mathbf{Z}\hat{\boldsymbol{\delta}},\ \bar{\boldsymbol{\varepsilon}}\equiv\mathbf{y}-\mathbf{Z}\bar{\boldsymbol{\delta}},\ \hat{\sigma}^2\equiv\frac{\hat{\boldsymbol{\varepsilon}}'\hat{\boldsymbol{\varepsilon}}}{n}$$

可以从无条件同方差性这种情况看出，如果一直利用相同的矩阵 $\hat{\mathbf{S}}$，C 可被确保在有限样本中是非负的，使用 $\hat{\mathbf{S}}$ 在条件同方差性下可视同利用误差方差 $\hat{\sigma}^2$ 的同一估计值而如在式（3.8.17）中那样去除 $\hat{\boldsymbol{\varepsilon}}'\mathbf{P}\hat{\boldsymbol{\varepsilon}}$ 和 $\bar{\boldsymbol{\varepsilon}}'\mathbf{P}_1\bar{\boldsymbol{\varepsilon}}$。根据命题 3.7，这个 C 渐近服从 $\chi^2(K-K_1)$。

可能更为流行的是豪斯曼和泰勒（Hausman and Taylor，1980）所提出的检验统计量，后来又由纽韦（Newey，1985）予以进一步的检视。$\hat{\boldsymbol{\delta}}$ 比 $\bar{\boldsymbol{\delta}}$ 更为渐近有效，因为 $\hat{\boldsymbol{\delta}}$ 利用了更多正交性条件。因此，$\text{Avar}(\bar{\boldsymbol{\delta}}) \geqslant \text{Avar}(\hat{\boldsymbol{\delta}})$。分析性习题 9 要求你进一步证明，在确保 C 是渐近卡方分布的同一假设下有：

$$\text{Avar}(\bar{\boldsymbol{\delta}} - \hat{\boldsymbol{\delta}}) = \text{Avar}(\bar{\boldsymbol{\delta}}) - \text{Avar}(\hat{\boldsymbol{\delta}}) \tag{3.8.18}$$

（如果你在 ML 情况下已经使用过豪斯曼检验，那么你可以将它视为豪斯曼原理的 GMM 版。）根据命题 3.9，$\text{Avar}(\hat{\boldsymbol{\delta}})$ 可由下式予以一致估计：

$$\widehat{\text{Avar}(\hat{\boldsymbol{\delta}})} \equiv n \cdot \hat{\sigma}^2 \cdot (\mathbf{Z}'\mathbf{P}\mathbf{Z})^{-1} \tag{3.8.19}$$

类似地，$\text{Avar}(\bar{\boldsymbol{\delta}})$ 的一个一致估计量为：

$$\widehat{\text{Avar}(\bar{\boldsymbol{\delta}})} \equiv n \cdot \hat{\sigma}^2 \cdot (\mathbf{Z}'\mathbf{P}_1\mathbf{Z})^{-1} \tag{3.8.20}$$

这里，正如在对 C 统计量的计算中一样，要一直使用同一个估计值 $\hat{\sigma}^2$，以确保下面这个检验统计量是非负的。$\text{Avar}(\bar{\boldsymbol{\delta}} - \hat{\boldsymbol{\delta}})$ 的最终统计量为：

$$\widehat{\text{Avar}(\bar{\boldsymbol{\delta}} - \hat{\boldsymbol{\delta}})} = \hat{\sigma}^2 \cdot n \cdot [(\mathbf{Z}'\mathbf{P}_1\mathbf{Z})^{-1} - (\mathbf{Z}'\mathbf{P}\mathbf{Z})^{-1}] \tag{3.8.21}$$

豪斯曼和泰勒（Hausman and Taylor，1980）已经证明，(1) 在有限样本中这个矩阵是正半定（非负定）但不必然是非奇异的，(2) 对这一矩阵的任一广义逆[①]而言，**豪斯曼统计量**（Hausman statistic）为：

$$\begin{aligned} H &\equiv \sqrt{n}(\bar{\boldsymbol{\delta}} - \hat{\boldsymbol{\delta}})'\{\hat{\sigma}^2 \cdot n \cdot [(\mathbf{Z}'\mathbf{P}_1\mathbf{Z})^{-1} - (\mathbf{Z}'\mathbf{P}\mathbf{Z})^{-1}]\}^{-}\sqrt{n}(\bar{\boldsymbol{\delta}} - \hat{\boldsymbol{\delta}}) \\ &= \frac{(\bar{\boldsymbol{\delta}} - \hat{\boldsymbol{\delta}})'[(\mathbf{Z}'\mathbf{P}_1\mathbf{Z})^{-1} - (\mathbf{Z}'\mathbf{P}\mathbf{Z})^{-1}]^{-}(\bar{\boldsymbol{\delta}} - \hat{\boldsymbol{\delta}})^2}{\hat{\sigma}^2} \end{aligned} \tag{3.8.22}$$

它对于广义逆的选择来说是恒定不变的，渐近服从于具有自由度 $\min(K-K_1, L-s)$ 的卡方分布，其中：

$s = \# \mathbf{z}_i \cap \mathbf{x}_{i1} =$ 作为工具变量保留在 $\mathbf{x}_{i1}$ 中的回归元的数目

在条件同方差下 C 和 H 之间的关系是什么呢？可以予以证明的是（参看 Newey (1985)）：

> 如果 $K-K_1 \leqslant L-s$，使得 H 和 C 都具有相同的自由度，则 $H=C$（在数值上相等）。否则，两个统计量在数值上就是有差异的，并且具有不同的自由度。

$K-K_1 \leqslant L-s$ 成立的一种常见情况是当 $\mathbf{x}_{i2}$ 是 $\mathbf{z}_i$ 的子集的时候，也就是说，当受质疑的工具变量是回归元的一个子集的时候。在这种情况下，式（3.8.17）和式（3.8.22）是用数值方法计算同一个统计量的两种不同方式。在 $K-K_1 > L-s$ 的情况下，H 的自由度少于 C 统计量的自由度（$K-K_1$）。由于这一原因，豪斯曼检验才不像 C 检验，它在

① 矩阵 $\mathbf{A}$ 的**广义逆**（generalized inverse）$\mathbf{A}^-$ 是任何一个满足 $\mathbf{A}\mathbf{A}^-\mathbf{A}=\mathbf{A}$ 的矩阵。如果 $\mathbf{A}$ 是方阵而且非奇异，那么 $\mathbf{A}^-$ 唯一且等于 $\mathbf{A}^{-1}$。

某些局部的替代方式上是不一致的。①

□ 检验条件同方差性

对于具有前定回归元的 OLS 情况而言，正如 2.7 节所示，有一个关于条件同方差性的便捷的 nR^2 检验。在当前这种情况下，这个从 2SLS 残差平方对一个常数和工具变量二阶交叉积的回归得到的 nR^2 统计量，没有表现出具有可期待的渐近分布。渐近服从卡方分布的检验统计量是可以获得的，但是极为复杂繁冗。参看 White（1982，注 2）。

□ 检验序列相关

对于 OLS 的情况，我们在 2.10 节已经为误差项的序列相关发展出了多个检验。更为具体地说，在式（2.10.15）（它要强于假设 2.3 或假设 3.3）、式（2.10.16）（它要强于假设 2.7 或条件同方差性的 3.7）和式（2.10.20）中给出的博克斯-皮尔斯 Q 可以用于检验误差项中无序列相关的原假设，而且这个统计量和由回归式（2.10.21）得到的 nR^2 统计量（在其差值的 plim 为零这一更强的意义上）是渐近等价的。这个检验可以扩展到回归元 $\mathbf{z}_i$ 是内生的情况吗？如果工具变量 $\mathbf{x}_i$ 满足式（2.10.15）和式（2.10.16），第 2 章附录 2.B 中的论证就可以一般化地得出一个修正的 Q 统计量，它在无序列相关的原假设下是渐近服从卡方分布的。然而，对于该统计量而言，其表达式要远比式（2.10.20）复杂，因此就不在这里给出了。对于内生回归元的情况，这个修正的 Q 统计量似乎看起来并不渐近等价于由回归式（2.10.21）给出的 nR^2 统计量。

复习题

1.（具有条件同方差性的 GMM）在两步骤有效 GMM 估计中，第二步中的 $\hat{\mathbf{S}}$ 是使用第一步的残差通过式（3.5.10）从第一步中计算得到的。在条件同方差性之下，推导两步骤估计量的渐近方差。它和式（3.8.4）相同吗？**提示：**在条件同方差性之下，式（3.5.10）$\to_{p}\sigma^2\mathbf{\Sigma_{xx}}$。

2.（不具备条件同方差性的 2SLS）当条件同方差性不成立时，2SLS 是一致的吗？在不假设存在条件同方差性时推导式（3.8.2）的 plim 和 Avar($\hat{\boldsymbol{\delta}}_{2SLS}$)。这个 3SLS 和两步骤 GMM 一样有效（即其渐近方差和式（3.5.13）一样小）吗？**提示：**2SLS 是选择了在没有条件同方差性时不必然有效的 $\hat{\mathbf{W}}$ 时的 GMM 估计量。

3.（2SLS 的 GLS 解释）验证：如果 $\mathbf{S_{xz}}$ 和 $\mathbf{s_{xy}}$ 被解释为回归元的数据矩阵和因变量的数据向量，而 $\mathbf{S_{xx}}$ 被解释为误差项的方差矩阵，则 2SLS 估计量可以写成一个 GLS 估计量。

4. 给出两种 $\hat{\boldsymbol{\delta}}_{2SLS}$ 和 $\hat{\boldsymbol{\delta}}(\hat{\mathbf{S}}^{-1})$ 在以下意义上渐近等价的情况：

$$\sqrt{n}[\hat{\boldsymbol{\delta}}_{2SLS}-\hat{\delta}(\hat{\mathbf{S}}^{-1})]\xrightarrow[p]{}\mathbf{0}$$

提示：关键词是“条件同方差性”和“恰好识别”。

5. 假设该方程适度地得到识别。证明 2SLS 式（3.8.3）可以简化为 IV 式（3.4.4）。

---

① 豪斯曼统计量可以一般化到条件异方差性的情况，但是它实际上并不可行，因为其自由度取决于矩阵 $\mathbf{\Sigma_{xz}}$ 和 $\mathbf{S}$ 的未知值。参看 Newey（1985）。

6.（作为 nR^2 的萨甘统计量）证明：萨甘统计量式（3.8.10′）等于 nR_{uc}^2，其中 R_{uc}^2 是由 $\hat{\boldsymbol{\varepsilon}}$ 对 $\mathbf{X}$ 回归所得的非中心化 R^2。**提示**：1.2 节的复习题 8。

7.（当 $\mathbf{z}_i$ 是 $\mathbf{x}_i$ 的一个严格子集时）假设 $\mathbf{z}_i$ 是 $\mathbf{x}_i$ 的一个严格子集。因此 $\mathbf{x}_i$ 包括除了（皆为前定的）回归元之外的一些其他的前定变量。我们已经证明，有效 GMM 估计量在条件同方差下是 OLS。这个结果在没有条件同方差性下是否依然成立？**提示**：3.5 节复习题 5。

3.9 应用：从学校教育中得到的收益

自明瑟（Mincer，1958）的开创性研究以来，工资率和学校教育之间的关系已经成为大量经验和理论研究的主题。由于对其正向关系的解释——教育会提高个人的生产力——看起来似乎显而易见，所以你可能会觉得这种关注令人费解。然而，实际上还有其他一些解释。例如，在斯彭斯（Spence）的劳动市场信号模型中，受过更高教育的个体之所以得到更高的工资，不过是由于教育是高能力的信号罢了；尽管教育不能提高个体挣钱的能力，但工资率和学校教育之间还是存在着某种关联，这是因为这两个变量都受到了第三个变量——能力——的影响。这一节我们就来表明，如何使用本章的工具将教育对工资率的影响从能力中分离出来。提出这一问题的其中一项较早的研究是 Griliches（1976）。

□ NLS-Y 数据

格里利谢斯（Griliches）所使用的数据是美国全国青少年健康纵向调查（Young Men's Cohort of the National Longitudinal Survey（NLS-Y））。这个群体在 1966 年首次接受调查时年龄在 14～24 岁之间，受访者有 5 225 人，此后每隔一或两年就会再次进行调查。到 1969 年，原始样本中大约四分之一流失，但是仍然有 2 026 人在 1969 年报告了他们的收入所得，他们的记录已然完备到可以进行分析推理了。NLS-Y 的一个非常令人瞩目的特征是它囊括了两项能力指标。一项是 NLS 采访者在 1966 年所做的关于工作方面知识（Knowledge of the World of Work，KWW）的检测得分。另外一个指标是 IQ 得分。调查中的所有青年在 1966 年均已完成九年级的教育，要求他们签署弃权书，让他们的学校提供给调查方其各科测验的分数以及其他背景资料。最终的学校调查在 1968 年得到实施，取得了在不同的智力能力方面的分数，这些分数形成了 IQ 等价指标。在 1969 年具有工资信息和其他变量信息的 2 026 个人中，有 1 362 个人的 IQ 分数是可以得到的，这反映了学校调查只能涵盖原始样本的三分之二。我们这里的讨论关心的是格里利谢斯基于这一更小样本的结果。表 3－1 报告了关键变量的均值和标准差。

表 3－1 全国青少年健康纵向调查

均值与标准差（括号中）

变量	
样本规模	1 362
1969 年时的年龄	22.3
	(3.2)

续表

变量	
1969 年学校教育年限（S）	12.5
	(1.9)
1969 年小时工资对数（以美分计）（LW）	5.68
	(0.40)
关于工作方面知识的检测得分（KWW）	35.1
	(7.9)
IQ 得分（IQ）	97.7
	(15.3)
1969 年的工作年限	3.7
	(2.8)

资料来源：Griliches（1976，表 1）。

□ 半对数工资方程

在该文献中进行估计的这一代表性工资方程是半对数形式的：

$$LW=\alpha+\beta S+\gamma A+\boldsymbol{\delta}'\mathbf{h}+\varepsilon \tag{3.9.1}$$

其中 LW 是个人的工资对数，S 是学校教育年限，A 是能力的一个指标，$\mathbf{h}$ 是个人可观察的特征的向量（诸如工作年限和所处区位这些虚拟变量），$\boldsymbol{\delta}$ 是相关联的系数向量，而 ε 是具有零均值的不可观察的误差项（在本节，为简化起见，个体下标 i 被去掉了）。对学校教育年限 S 的半对数规定通常是通过从大量横截面数据中所得出的固定的典型化事实而得以证实的（比如全国人口普查），这一典型化事实就是工资对数和学校教育年限之间的关系是线性的。①

学校教育系数 β 测量的是，当她多受一年教育时，个体将获得的工资的百分比增加量。因此，它代表的是投资在人力资本上的边际报酬，它应该和金融资产的收益率在量纲上是相同的。我们假设非常数回归元（S，A，$\mathbf{h}$）与误差项 ε 无关，故而如果能力 A 也被包含在关于 S 和 h 的回归中，则 OLS 是一个适合的估计技术。在本节余下的部分中，我们来检验格里利谢斯所谓的"能力偏误"——关于 β 的 OLS 估计值的偏误，当能力 A 没有被包含在这个回归中而且其不完美的测度指标充斥其间时，这一偏误就会出现。

□ 遗漏变量偏误

有时你所进行研究的数据集并没有关于 A 的指标（例如全国人口普查数据）。从工资方程中遗漏 A 而忽略了能力这个变量的后果是什么呢？从 2.9 节我们可知，LW 对常数项、S 和 $\mathbf{h}$ 的回归为我们提供了关于相应的最小二乘投射的一致估计量，它可以写为：

$$\begin{aligned}\hat{\mathrm{E}}^*(LW|1,S,\mathbf{h})&=\hat{\mathrm{E}}^*(\alpha+\beta S+\gamma A+\boldsymbol{\delta}'\mathbf{h}+\varepsilon|1,S,\mathbf{h}) \quad (\text{由式}(3.9.1))\\&=\alpha+\beta S+\boldsymbol{\delta}'\mathbf{h}+\gamma\,\hat{\mathrm{E}}^*(A|1,S,\mathbf{h})+\hat{\mathrm{E}}^*(\varepsilon|1,S,\mathbf{h}) \qquad (3.9.2)\end{aligned}$$

① 对于这一函数形式问题，参看 Card（1995）。

由于式（3.9.1）中的回归元都是前定的，所以我们有 $E(\varepsilon)=0$，$E(S\varepsilon)=0$，$E(\mathbf{h}\cdot\varepsilon)=\mathbf{0}$。因此有 $\hat{E}^*(\varepsilon\mid 1, S, \mathbf{h})=0$。写出 $\hat{E}^*(A\mid 1, S, \mathbf{h})=\theta_1+\theta_S S+\boldsymbol{\theta}_{\mathbf{h}}'\mathbf{h}$ 后，式（3.9.2）就变成了：

$$\hat{E}^*(LW|1,S,\mathbf{h})=(\alpha+\gamma\theta_1)+(\beta+\gamma\theta_S)S+(\boldsymbol{\delta}+\gamma\cdot\boldsymbol{\theta}_{\mathbf{h}})'\mathbf{h}$$

因此，OLS 系数估计值对于所有被包含在内的回归元而言都可能是渐近有偏的。这一现象被称为**遗漏变量偏误**（omitted variable bias）。特别地，

$$\text{plim } \hat{\beta}_{OLS}=\beta+\gamma\theta_S$$

也就是说，学校教育系数 β 的 OLS 估计值通过学校教育（$\gamma\theta_S$）包含了能力对对数工资的间接效应，以及对学校教育（β）的直接效应。如果 θ_S 为正，那么 $\hat{\beta}_{OLS}$是向上渐近有偏的。

使用得自 NLS-Y 中 1 362 个个体的样本，格里利谢斯估计了 1969 年的工资方程。这里没有给出囊括了 **h** 的变量列表；它还包含工作年限以及一些区域和城市规模虚拟变量。当工资方程中能力被忽略时，格里利谢斯对学校教育系数的估计复制在 3－2 表中的第一行。这个估计看起来还可以：点估计值与我们可以从金融资产中得到的收益类似，而且由于 t 值很高，所以它被明确地予以估计了。

□ IQ 作为能力指标

如前所述，NLS-Y 有两个关于能力的测量指标：*KWW*（关于工作方面知识的检测得分）收集于 1966 年，此外还有 *IQ*（IQ 得分）指标。由于 NLS-Y 的受访者在 1966 年都至少 14 岁了，所以 *KWW* 会反映已经受过的学校教育对受访者的影响，因此它不能成为一个人本源的能力的测度指标。*IQ* 得分则没有这个问题。如果 *IQ* 是能力的完美测量指标，使得 A 可以与之相等，那么工资方程（3.9.1）就可以用 *IQ* 代替 A 来对之一致性地予以估计。当 *IQ* 被纳入该方程时，格里利谢斯关于 β（学校教育系数）和 γ（能力系数）的 OLS 估计如表 3－2 的第二行所示。现在，学校教育的估计参数是比较低的，这验证了我们的预测：当能力从该回归中被遗漏时，学校教育估计系数包含了能力对工资的影响。

表 3－2　参数估计

估计方程：$LW=\alpha+\beta S+\gamma IQ+$其他控制变量

行数	估计方法	系数		SER	R^2	哪个回归元是内生的？	排除的先定变量
		S	IQ				
1	OLS	0.065 (13.2)	—	0.332	0.309	无	—
2	OLS	0.059 (10.7)	0.001 9 (2.8)	0.331	0.313	无	—
3	2SLS	0.052 (7.0)	0.003 8 2.4	0.332	—	IQ	MED、KWW、年龄、年龄的平方、背景变量

资料来源：第一行：格里利谢斯（Griliches，1976，表 2）中的方程（B1）。第二行：格里利谢斯表 2 中的方程（B3）。第三行：格里利谢斯表 5 中的第三行。括号中的数值是 t 值而不是标准误。

□ 变量误差

当然，IQ 得分可能不是能力的准确无误的测量指标。如果 η 是测量误差，IQ 以下式与 A 相联系：

$$IQ=\phi+A+\eta \tag{3.9.3}$$

其中 $\mathrm{E}(\eta)=0$。将 η 解释为测量误差，会使得假设 η 与 A、S、$\mathbf{h}$ 以及工资方程误差项 ε 无关显得合情合理。将式（3.9.3）代入式（3.9.1），我们可得：

$$LW=(\alpha-\gamma\phi)+\beta S+\gamma IQ+\boldsymbol{\delta}'\mathbf{h}+(\varepsilon-\gamma\eta) \tag{3.9.4}$$

现在，我们来解释一下这个例子的一般性结果，如果至少有一个回归元存在测量误差，那么所有回归系数的 OLS 估计值都将会是渐近有偏的。

为了检验使用 A 的不完美指标 IQ 的结果，我们来看下面这个相应的最小二乘投射：

$$\begin{aligned}\hat{\mathrm{E}}^*(LW|1,S,IQ,\mathbf{h})=&(\alpha-\gamma\phi)+\beta S+\gamma IQ+\boldsymbol{\delta}'\mathbf{h}+\hat{\mathrm{E}}^*(\varepsilon|1,S,IQ,\mathbf{h})\\&-\gamma\hat{\mathrm{E}}^*(\eta|1,S,IQ,\mathbf{h})\end{aligned} \tag{3.9.5}$$

现在我们来看式（3.9.5）中的 $\hat{\mathrm{E}}^*(\varepsilon\mid 1,S,IQ,\mathbf{h})$。由于 $\mathrm{E}(\varepsilon)=0$，而且（$S$，$\mathbf{h}$）与 ε 无关，所以（1，S，$\mathbf{h}$）正交于 ε。IQ 也正交于 ε，因为：

$$\begin{aligned}\mathrm{E}(IQ\,\varepsilon)&=\mathrm{E}[(\phi+A+\eta)\varepsilon]\quad(\text{由式}(3.9.3))\\&=\mathrm{E}(\eta\varepsilon)\quad(\text{因为 }\mathrm{E}(\varepsilon)=0,\ \mathrm{Cov}(A,\varepsilon)=0)\\&=0\end{aligned}$$

从而，式（3.9.5）中 $\hat{\mathrm{E}}^*(\varepsilon\mid 1,S,IQ,\mathbf{h})=0$。

因此，如果存在偏误，那么其等于式（3.9.5）中的 $-\gamma\hat{\mathrm{E}}^*(\eta\mid 1,S,IQ,\mathbf{h})$。令($\theta_S$，$\theta_{IQ}$，$\boldsymbol{\theta}_{\mathbf{h}}$）为 $\hat{\mathrm{E}}^*(\eta\mid 1,S,IQ,\mathbf{h})$ 中（S，IQ，$\mathbf{h}$）的投射系数。根据第 2 章公式（2.9.7），

$$\begin{bmatrix}\theta_S\\\theta_{IQ}\\\boldsymbol{\theta}_{\mathbf{h}}\end{bmatrix}=\begin{bmatrix}\mathrm{Var}(S)&\mathrm{Cov}(S,IQ)&\mathrm{Cov}(S,\mathbf{h}')\\\mathrm{Cov}(IQ,S)&\mathrm{Var}(IQ)&\mathrm{Cov}(IQ,\mathbf{h}')\\\mathrm{Cov}(\mathbf{h},S)&\mathrm{Cov}(\mathbf{h},IQ)&\mathrm{Var}(\mathbf{h})\end{bmatrix}^{-1}\begin{bmatrix}\mathrm{Cov}(S,\eta)\\\mathrm{Cov}(IQ,\eta)\\\mathrm{Cov}(\mathbf{h},\eta)\end{bmatrix} \tag{3.9.6}$$

在这个表达式中，根据假设，$\mathrm{Cov}(S,\eta)$ 和 Cov（$\mathbf{h}$，η）都是零。不过，$\mathrm{Cov}(IQ,\eta)$ 不是零，因为：

$$\begin{aligned}\mathrm{Cov}(IQ,\eta)&=\mathrm{E}(IQ\,\eta)\quad(\text{因为 }\mathrm{E}(\eta)=0)\\&=\mathrm{E}[(\phi+A+\eta)\eta]\quad(\text{由式}(3.9.3))\\&=\phi\mathrm{E}(\eta)+\mathrm{E}(A\,\eta)+\mathrm{E}(\eta^2)\\&=\mathrm{Var}(\eta)\quad(\text{因为 }\mathrm{E}(\eta)=0\text{ 且 }\mathrm{Cov}(A,\eta)=0)\end{aligned}$$

也就是说，如果测量误差与真实值无关，那么它也必然与测量值有关。利用如下事实：

$$\mathrm{Cov}(S,\eta)=0,\ \mathrm{Cov}(IQ,\eta)=\mathrm{Var}(\eta)\text{ 以及 }\mathrm{Cov}(\mathbf{h},\eta)=\mathbf{0}$$

投射系数可以写为：

$$\begin{bmatrix}\theta_S \\ \theta_{IQ} \\ \boldsymbol{\theta}_{\mathbf{h}}\end{bmatrix}=\text{Var}(\eta)\cdot\mathbf{a}$$

其中，

$$\begin{bmatrix}\text{Var}(S) & \text{Cov}(S,IQ) & \text{Cov}(S,\mathbf{h}') \\ \text{Cov}(IQ,S) & \text{Var}(IQ) & \text{Cov}(IQ,\mathbf{h}') \\ \text{Cov}(\mathbf{h},S) & \text{Cov}(h,IQ) & \text{Var}(\mathbf{h})\end{bmatrix}^{-1} \text{的第二列}$$

因此，在 LW 对常数项、S、IQ 和 $\mathbf{h}$ 的回归中，有：

$$\text{plim }\hat{\beta}_{\text{OLS}}=\beta-\gamma\cdot\text{Var}(\eta)\cdot(\mathbf{a}\text{ 中的第 1 个元素}) \tag{3.9.7a}$$

$$\text{plim }\hat{\gamma}_{\text{OLS}}=\gamma-\gamma\cdot\text{Var}(\eta)\cdot(\mathbf{a}\text{ 中的第 2 个元素}) \tag{3.9.7b}$$

由于 **a** 中的第 2 个元素是正的（它是方差-协方差矩阵的逆的一个对角线元素），能力系数的 OLS 估计值是向下有偏的。然而，学校教育系数的渐近偏误方向取决于 **a** 的第 1 个元素的符号。典型地，Cov(S，IQ) 会是正的，因此，摈除通常（S，IQ）与 **h** 的强关联，**a** 的第 1 个元素会是负的。从而，我们可以推想 $\hat{\beta}_{\text{OLS}}$对于学校教育而言是向上有偏的。

□ 2SLS 校正偏误

为了控制这一偏误，格里利谢斯将 2SLS 运用于工资方程。为了做到这一点，需要指定工具变量集合。前定回归元（1，S，**h**）会包含在这一集合内。该集合内所含的除工具变量 IQ 之外的其他变量为年龄、年龄的平方、KWW、母亲的受教育水平以及其他个体的背景变量（比如父亲的职业）等。那些变量被假设为前定的。对此设定的格里利谢斯的 2SLS 估计如表 3－2 的第 3 行所示。① 和我们的预测一致的是，能力系数的 OLS 估计值是向下有偏的，在第 2 行能力系数的 OLS 估计值 0.001 9 低于第 3 行的 2SLS 估计值 0.003 8。我们的推想——当回归中包含 IQ 时学校教育系数的 $\hat{\beta}_{\text{OLS}}$是向上有偏的——也可以通过数据而得到，因为在第 2 行 0.059 的 β 估计值要高于第 3 行 0.052 的估计值。

总结一下，格里利谢斯所研究的“能力偏误”是这样的：如果能力被忽略，则学校教育系数向上有偏；如果有关于能力的不完美指标（本例中是 IQ）被包括进来，则该系数在一个未知的方向上（不过可能是向上的）有偏。2SLS 给出了一个解，但它是根据所用工具变量（比如 MED 和 KWW）与不可观察的工资决定因素 ε 和 η 无关这一假设而进行预测的。那些决定因素也包括像勤奋之类的个人特征。假设 KWW 取决于这类特征似乎也不可谓不合情理。如果是这样的话，KWW 就无法作为一个工具变量来使用了。我们可以更进一步，认为 MED 也非前定，因为母亲的个人特征中有一些也会影响她的教育，这些在市场中具有价值的个人特征会由孩子来继承。包含在工具变量集合中的那些变量是不是前定的，可以由萨甘统计量来检验。但是该统计量在格里利谢斯的

① 2SLS 估计未报告 R^2，因为不像 OLS 的情况，2SLS 残差平方和无法在“可解释的变动”和“不可解释的变动”中进行分离。

论文中并未给出（在进行此类检验成为通行习惯之前此文早已写就）。

□ 后续的发展

可能是由于找到与无法观察的特征无关而又与 IQ 相关的有效工具变量比较困难，所以控制“能力偏误”一直在这类文献中吸引着众多关注。从 Behrman 等（1980）开始，已经有了很多文献，它们比较了具有不同教育水平的同卵双胞胎，以此来控制基因特征和家庭背景。我们还可以对同一个个体在不同的两个时点上进行比较。无论是哪种情况，适当的估计方法都是我们所谓的固定效应估计量的技术，这一点在第 5 章再予以展开。

学校教育的内生性是另外一个主要的主题。如果我们认为误差项包含了很多可能影响个体的学校教育选择的无法观察到的个人特征，学校教育就需要作为一个内生变量予以对待。但是我们再一次会看到，寻找与不可观察的特征无关而与学校教育有关的有效工具变量极为困难。最近的文献可以看成是对学校教育决定因素的一种搜寻，而对于个体不可观察的特征，我们所为有限。例如，安格里斯特和克鲁格（Angrist and Krueger，1991）使用过的变量是，个人是否遵守了义务教育法。

最后，有关学校质量和收入之间关系的文献也备受关注。参看 Card 和 Krueger（1996）的一篇综述。

复习题

1. 将所有在本节中给出的关于（S，A，IQ，KWW，$\mathbf{h}$，ε，η）的均值和协方差的假设罗列出来。研究格里利谢斯是如何阐述这些假设的。哪些假设对于 2SLS 而言是一致的？

2. 假设 IQ 和 A 之间的关系不是由式（3.9.3）而是由下式给出：

$$IQ=\phi+\pi\cdot A+\eta$$

β（学校教育系数）的 2SLS 估计量仍然是一致的吗？【答案：是的。】

3. 在斯彭斯的工作市场信号模型中，个体被分为两个群体：一类是能力较低的个体，他们选择较低的教育水平；一类是能力较高的个体，他们选择较高的教育水平。教育并不能提高个体赚钱的能力，因此个体的工资是由他或她的能力决定的。如果我们有关于工资、能力和学校教育的样本数据，样本中的个体既有高能力者也有低能力者，我们能否检验教育本身不会对高工资有所贡献这个假设？提示：这个数据具有多重共线性问题。

第 3 章习题集

□ 分析性习题

1. 证明：对称且幂等的矩阵是半正定的。

2. 我们希望证明命题 3.4。为了避免不必要的复杂性，我们来看 $K=1$、$L=1$ 的情况，这样 $\mathbf{x}_i$ 和 $\mathbf{z}_i$ 都是标量。因此式（3.5.5）就变成了：

$$\hat{\varepsilon}_i^2=\varepsilon_i^2-2(\hat{\delta}-\delta)z_i\varepsilon_i+(\hat{\delta}-\delta)^2z_i^2$$

而式（3.5.10）中的 $\widehat{\mathbf{S}}$ 变成了：

$$\frac{1}{n}\sum_{i=1}^{n}x_i^2\varepsilon_i^2-2(\hat{\delta}-\delta)\frac{1}{n}\sum_{i=1}^{n}z_ix_i^2\varepsilon_i+(\hat{\delta}-\delta)^2\frac{1}{n}\sum_{i=1}^{n}z_i^2x_i^2 \qquad (*)$$

(a) 证明：式（*）的 RHS 的第一项依概率收敛到 $S(\equiv \mathrm{E}(x_i^2\varepsilon_i^2))$。

(b) 利用柯西-施瓦茨不等式：

$$\mathrm{E}(|X\cdot Y|)\leqslant\sqrt{\mathrm{E}(X^2)\cdot\mathrm{E}(Y^2)}$$

证明 $\mathrm{E}(z_ix_i^2\varepsilon_i)$ 存在且有限。**提示：**$z_ix_i^2\varepsilon_i$ 是 $x_i\varepsilon_i$ 和 x_iz_i 的积。事实：$\mathrm{E}(x)$ 存在且有限，当且仅当 $\mathrm{E}(|x|)<\infty$。我们在哪里使用假设 3.6？

(c) 证明：式（*）的 RHS 的第二项依概率收敛到 0。

(d) 在相同的形式下，证明式（*）的 RHS 的第三项依概率收敛到 0。

3. 我们希望证明代数结论式（3.5.11）。所需证明的是 $\mathbf{A}-\mathbf{B}$ 是半正定的，其中：

$$\mathbf{A}\equiv(\boldsymbol{\Sigma}_{xz}'\mathbf{W}\boldsymbol{\Sigma}_{xz})^{-1}\boldsymbol{\Sigma}_{xz}'\mathbf{WSW}\boldsymbol{\Sigma}_{xz}(\boldsymbol{\Sigma}_{xz}'\mathbf{W}\boldsymbol{\Sigma}_{xz})^{-1}$$

且

$$\mathbf{B}\equiv(\boldsymbol{\Sigma}_{xz}'\mathbf{S}^{-1}\boldsymbol{\Sigma}_{xz})^{-1}$$

来自矩阵代数的一个结论是：

令 $\mathbf{A}$ 和 $\mathbf{B}$ 是两个正定且对称的矩阵。$\mathbf{A}-\mathbf{B}$ 是半正定的，当且仅当 $\mathbf{B}^{-1}-\mathbf{A}^{-1}$ 是半正定的。

因此，所需证明的是：

$$\mathbf{Q}\equiv\boldsymbol{\Sigma}_{xz}'\mathbf{S}^{-1}\boldsymbol{\Sigma}_{xz}-\boldsymbol{\Sigma}_{xz}'\mathbf{W}\boldsymbol{\Sigma}_{xz}(\boldsymbol{\Sigma}_{xz}'\mathbf{WSW}\boldsymbol{\Sigma}_{xz})^{-1}\boldsymbol{\Sigma}_{xz}'\mathbf{W}\boldsymbol{\Sigma}_{xz}$$

是半正定的。

(a) 由于 $\mathbf{S}(K\times K)$ 是正定的，故而存在一个非奇异的 $K\times K$ 矩阵 $\mathbf{C}$ 满足 $\mathbf{C}'\mathbf{C}=\mathbf{S}^{-1}$。证明 $\mathbf{Q}$ 可以被写为：

$$\mathbf{Q}=\mathbf{H}'\mathbf{M}_G\mathbf{H}$$

其中

$$\mathbf{H}=\mathbf{C}\boldsymbol{\Sigma}_{xz},\ \mathbf{M}_G=\mathbf{I}_K-\mathbf{G}(\mathbf{G}'\mathbf{G})^{-1}\mathbf{G}',\ \mathbf{G}=\mathbf{C}'^{-1}\mathbf{W}\boldsymbol{\Sigma}_{xz}$$

提示：$\mathbf{C}^{-1}\mathbf{C}'^{-1}=\mathbf{S}$。

(b) 证明 $\mathbf{Q}$ 是半正定的。**提示：**首先证明 $\mathbf{M}_G$ 是对称且幂等的。正如你在习题 1 中证明的那样，一个对称且幂等的矩阵是半正定的。

4. 假设 $\mathbf{z}_i$ 是 $\mathbf{x}_i$ 的严格子集。在矩阵意义上 OLS 估计量的渐近方差和两步骤有效 GMM 估计量的渐近方差哪一个更小？**提示：**为了不失一般性，我们可以假定 K 维向量 $\mathbf{x}_i$ 的前 L 个元素是 $\mathbf{z}_i$。如果 $K\times K$ 矩阵 $\mathbf{W}$ 由下式给出：

$$\mathbf{W}=\begin{bmatrix}\mathbf{A}^{-1} & \mathbf{0}\\ \mathbf{0} & \mathbf{0}\end{bmatrix}$$

其中

$$\underset{(L\times L)}{\mathbf{A}}\equiv\mathrm{E}(\varepsilon_i^2\mathbf{z}_i\mathbf{z}_i')=\mathbf{S}\text{ 的主}(L\times L)\text{子矩阵}$$

那么，OLS 估计量的渐近方差可以写为式（3.5.1）。如果你做了习题 3，就可以验证代数关系式（3.5.11）不要求 $\mathbf{W}$ 是正定的，只要 $\boldsymbol{\Sigma}_{xz}'\mathbf{WSW}\boldsymbol{\Sigma}_{xz}$ 非奇异。

5. （选作）通过以下步骤证明命题 3.6。

（a）证明：$\mathbf{g}_n(\hat{\boldsymbol{\delta}}(\hat{\mathbf{S}}^{-1}))=\hat{\mathbf{B}}\bar{\mathbf{g}}$，其中 $\hat{\mathbf{B}}\equiv\mathbf{I}_K-\mathbf{S}_{\mathbf{xz}}(\mathbf{S}'_{\mathbf{xz}}\hat{\mathbf{S}}^{-1}\mathbf{S}_{\mathbf{xz}})^{-1}\mathbf{S}'_{\mathbf{xz}}\hat{\mathbf{S}}^{-1}$。

（b）由于 $\hat{\mathbf{S}}$ 是正定的，所有有一个非奇异 $K\times K$ 矩阵 $\mathbf{C}$ 满足 $\mathbf{C}'\mathbf{C}=\hat{\mathbf{S}}^{-1}$。定义 $\mathbf{A}\equiv\mathbf{C}\mathbf{S}_{\mathbf{xz}}$。证明：$\hat{\mathbf{B}}'\hat{\mathbf{S}}^{-1}\hat{\mathbf{B}}=\mathbf{C}'\mathbf{M}\mathbf{C}$，其中 $\mathbf{M}\equiv\mathbf{I}_K-\mathbf{A}(\mathbf{A}'\mathbf{A})^{-1}\mathbf{A}'$。$\mathbf{M}$ 的秩是多少？**提示：**一个幂等矩阵的秩等于它的迹。

（c）令 $\mathbf{v}\equiv\sqrt{n}\mathbf{C}\bar{\mathbf{g}}$。证明：$\mathbf{v}\to_d N(\mathbf{0},\ \mathbf{I}_K)$。

（d）证明：$J(\hat{\boldsymbol{\delta}}(\hat{\mathbf{S}}^{-1}),\ \hat{\mathbf{S}}^{-1})=\mathbf{v}'\mathbf{M}\mathbf{v}$。其渐近分布是什么？

6. 证明：命题 3.6 中的 J 统计量在数值上等于：

$$n\cdot\mathbf{s}'_{\mathbf{xy}}\hat{\mathbf{B}}'\hat{\mathbf{S}}^{-1}\hat{\mathbf{B}}\mathbf{s}_{\mathbf{xy}}$$

其中 $\hat{\mathbf{B}}$ 的定义见习题 5（a）。**提示：**从习题 5 中可知，$J=n\cdot\bar{\mathbf{g}}'\hat{\mathbf{B}}'\hat{\mathbf{S}}^{-1}\hat{\mathbf{B}}\bar{\mathbf{g}}$。证明：$\hat{\mathbf{B}}\bar{\mathbf{g}}=\hat{\mathbf{B}}\mathbf{s}_{\mathbf{xy}}$。

7.（选作）通过以下步骤证明命题 3.7。在这个习题中没有介绍的表示法均和习题 3.5 中的一样。

（a）证明：

$$\mathbf{g}_{1n}(\bar{\boldsymbol{\delta}})=\hat{\mathbf{B}}_1\bar{\mathbf{g}}_1 \text{ 以及 } \hat{\mathbf{B}}'_1(\hat{\mathbf{S}}_{11})^{-1}\hat{\mathbf{B}}_1=\mathbf{C}'_1\mathbf{M}_1\mathbf{C}_1$$

其中

$$\bar{\mathbf{g}}_1\equiv\frac{1}{n}\sum_{i=1}^{n}\mathbf{x}_{i1}\cdot\varepsilon_i$$

$$\hat{\mathbf{B}}_1\equiv\mathbf{I}_{K_1}-\mathbf{S}_{\mathbf{x}_1\mathbf{z}}[\mathbf{S}'_{\mathbf{x}_1\mathbf{z}}(\hat{\mathbf{S}}_{11})^{-1}\mathbf{S}_{\mathbf{x}_1\mathbf{z}}]^{-1}\mathbf{S}'_{\mathbf{x}_1\mathbf{z}}(\hat{\mathbf{S}}_{11})^{-1}$$

$$\mathbf{C}'_1\mathbf{C}_1\equiv(\hat{\mathbf{S}}_{11})^{-1}$$

$$\mathbf{M}_1\equiv\mathbf{I}_{K_1}-\mathbf{A}_1(\mathbf{A}'_1\mathbf{A}_1)^{-1}\mathbf{A}'_1$$

$$\mathbf{A}_1\equiv\mathbf{C}_1\mathbf{S}_{\mathbf{x}_1\mathbf{z}}$$

（b）证明：$\text{rank}(\mathbf{M})=K-L$，$\text{rank}(\mathbf{M}_1)=K_1-L$。

（c）证明：在前一个习题中你已经证明了 $J=\mathbf{v}'\mathbf{M}\mathbf{v}$，其中 $\mathbf{v}\equiv\sqrt{n}\mathbf{C}\bar{\mathbf{g}}$。这里，请证明：$J_1=\mathbf{v}'_1\mathbf{M}_1\mathbf{v}_1$，其中 $\mathbf{v}_1\equiv\sqrt{n}\mathbf{C}_1\bar{\mathbf{g}}_1$。

为了进行下去，定义 $K\times K_1$ 矩阵 $\mathbf{F}$ 为：

$$\underset{(K\times K_1)}{\mathbf{F}}=\begin{bmatrix}\mathbf{I}_{K_1}\\ \mathbf{0}\end{bmatrix}\begin{matrix}\}\ K_1\text{ 行}\\ \}\ K-K_1\text{ 行}\end{matrix}$$

则：$\mathbf{x}_{i1}=\mathbf{F}'\mathbf{x}_i$，$\mathbf{S}_{\mathbf{x}_1\mathbf{z}}=\mathbf{F}'\mathbf{S}_{\mathbf{xz}}$，$\bar{\mathbf{g}}_1=\mathbf{F}'\bar{\mathbf{g}}$。

（d）证明：$J-J_1=\mathbf{v}'(\mathbf{M}-\mathbf{D})\mathbf{v}$，其中 $\mathbf{D}=\mathbf{C}'^{-1}\mathbf{F}\mathbf{C}'_1\mathbf{M}_1\mathbf{C}_1\mathbf{F}'\mathbf{C}^{-1}$。

（e）证明：$\mathbf{D}$ 是对称且幂等的，其秩为 K_1-L。**提示：**

$$\mathbf{F}'\mathbf{C}^{-1}\mathbf{C}'^{-1}\mathbf{F}=\mathbf{F}'(\mathbf{C}'\mathbf{C})^{-1}\mathbf{F}=\mathbf{F}'\hat{\mathbf{S}}\mathbf{F}=\hat{\mathbf{S}}_{11}$$

$$\mathbf{C}_1\hat{\mathbf{S}}_{11}\mathbf{C}'_1=\mathbf{C}_1(\mathbf{C}'_1\mathbf{C}_1)^{-1}\mathbf{C}'_1=\mathbf{I}_{K_1}$$

（f）证明：$\mathbf{A}'\mathbf{D}=\mathbf{0}$。**提示：**

$$\mathbf{A}'\mathbf{D}=(\mathbf{S}'_{\mathbf{xz}}\mathbf{C}')(\mathbf{C}'^{-1}\mathbf{F}\mathbf{C}'_1\mathbf{M}_1\mathbf{C}_1\mathbf{F}'\mathbf{C}^{-1})=(\mathbf{S}'_{\mathbf{xz}}\mathbf{F}\mathbf{C}'_1\mathbf{M}_1)(\mathbf{C}_1\mathbf{F}'\mathbf{C}^{-1})$$

$$\mathbf{S}'_{\mathbf{xz}}\mathbf{F}\mathbf{C}'_1=\mathbf{A}'_1$$

所以，

$$\mathbf{S}'_{\mathbf{xz}}\mathbf{F}\mathbf{C}'_1\mathbf{M}_1=\mathbf{A}'_1\mathbf{M}_1$$

（g）证明：$\mathbf{M}-\mathbf{D}$ 是对称且幂等的，其秩为 $K-K_1$。

（h）证明所期待的结果：$J-J_1\to_d\chi^2(K-K_1)$。

（i）步骤（d）已经给出了 $C=n\cdot\bar{\mathbf{g}}'\mathbf{C}'(\mathbf{M}-\mathbf{D})\mathbf{C}\bar{\mathbf{g}}$。证明 C 可以写为：

$$n\cdot\mathbf{s}'_{\mathbf{xy}}\mathbf{C}'(\mathbf{M}-\mathbf{D})\mathbf{C}\mathbf{s}_{\mathbf{xy}}$$

提示：$\mathbf{g}_n(\hat{\boldsymbol{\delta}})=\hat{\mathbf{B}}\mathbf{s}_{\mathbf{xy}}$。所以，如果我们一开始在（a）中就用 $\mathbf{s}_{\mathbf{xy}}$ 代替 $\bar{\mathbf{g}}$，则 C 的数值本可保持

一样。

(j) 证明 $\mathbf{M}-\mathbf{D}$ 是半正定的。这样，二次型 C 对于任何样本都是非负的。

8.（选作，证明命题 3.8 中的数值等价性）在受限有效 GMM 中，J 函数要满足约束条件 $\mathbf{R}\tilde{\boldsymbol{\delta}}=\mathbf{r}$ 来予以最小化。暂时不限制 $\widehat{\mathbf{W}}$ 等于 $\widehat{\mathbf{S}}^{-1}$，而构造拉格朗日函数：

$$\mathscr{L}=n\cdot(\mathbf{s}_{\mathbf{xy}}-\mathbf{S}_{\mathbf{xz}}\tilde{\boldsymbol{\delta}})'\widehat{\mathbf{W}}(\mathbf{s}_{\mathbf{xy}}-\mathbf{S}_{\mathbf{xz}}\tilde{\boldsymbol{\delta}})+\lambda'(\mathbf{R}\tilde{\boldsymbol{\delta}}-\mathbf{r})$$

其中 $\boldsymbol{\lambda}$ 为 $\#\mathbf{r}$ 维拉格朗日乘子（回忆一下：$\mathbf{r}$ 是 $\#\mathbf{r}\times 1$，$\mathbf{R}$ 是 $\#\mathbf{r}\times L$，$\tilde{\boldsymbol{\delta}}$ 是 $L\times 1$）。令 $\bar{\boldsymbol{\delta}}$ 是该约束最小化问题的解。（如果 $\widehat{\mathbf{W}}=\widehat{\mathbf{S}}^{-1}$，它是 $\boldsymbol{\delta}$ 的受限有效 GMM 估计量。）

(a) 令 $\hat{\boldsymbol{\delta}}(\widehat{\mathbf{W}})$ 为最小化 $J(\tilde{\boldsymbol{\delta}},\widehat{\mathbf{W}})$ 的非受限 GMM 估计量。证明：

$$\bar{\boldsymbol{\delta}}=\hat{\boldsymbol{\delta}}(\widehat{\mathbf{W}})-(\mathbf{S}_{\mathbf{xz}}'\widehat{\mathbf{W}}\mathbf{S}_{\mathbf{xz}})^{-1}\mathbf{R}'[\mathbf{R}(\mathbf{S}_{\mathbf{xz}}'\widehat{\mathbf{W}}\mathbf{S}_{\mathbf{xz}})^{-1}\mathbf{R}']^{-1}[\mathbf{R}\hat{\boldsymbol{\delta}}(\widehat{\mathbf{W}})-\mathbf{r}]$$

$$\lambda=2n\cdot[\mathbf{R}(\mathbf{S}_{\mathbf{xz}}'\widehat{\mathbf{W}}\mathbf{S}_{\mathbf{xz}})^{-1}\mathbf{R}']^{-1}[\mathbf{R}\hat{\boldsymbol{\delta}}(\widehat{\mathbf{W}})-\mathbf{r}]$$

提示：一阶条件为：

$$-2n\mathbf{S}_{\mathbf{xz}}'\widehat{\mathbf{W}}\mathbf{s}_{\mathbf{xy}}+2n(\mathbf{S}_{\mathbf{xz}}'\widehat{\mathbf{W}}\mathbf{S}_{\mathbf{xz}})\bar{\boldsymbol{\delta}}+\mathbf{R}'\boldsymbol{\lambda}=0$$

将此与约束条件 $\mathbf{R}\bar{\boldsymbol{\delta}}=\mathbf{r}$ 相结合，求解 $\boldsymbol{\lambda}$ 和 $\bar{\boldsymbol{\delta}}$。

(b) 证明：

$$\boldsymbol{J}(\bar{\boldsymbol{\delta}},\widehat{\mathbf{W}})=\boldsymbol{J}(\hat{\boldsymbol{\delta}}(\widehat{\mathbf{W}}),\widehat{\mathbf{W}})+n\cdot(\hat{\boldsymbol{\delta}}(\widehat{\mathbf{W}})-\bar{\boldsymbol{\delta}})'(\mathbf{S}_{\mathbf{xz}}'\widehat{\mathbf{W}}\mathbf{S}_{\mathbf{xz}})(\hat{\boldsymbol{\delta}}(\widehat{\mathbf{W}})-\bar{\boldsymbol{\delta}})$$

提示：

$$\begin{aligned}\boldsymbol{J}(\bar{\boldsymbol{\delta}},\widehat{\mathbf{W}})&=n\cdot(\mathbf{s}_{\mathbf{xy}}-\mathbf{S}_{\mathbf{xz}}\bar{\boldsymbol{\delta}})'\widehat{\mathbf{W}}(\mathbf{s}_{\mathbf{xy}}-\mathbf{S}_{\mathbf{xz}}\bar{\boldsymbol{\delta}})\\&=n\cdot[(\mathbf{s}_{\mathbf{xy}}-\mathbf{S}_{\mathbf{xy}}\hat{\boldsymbol{\delta}}(\widehat{\mathbf{W}}))+\mathbf{S}_{\mathbf{xz}}(\hat{\boldsymbol{\delta}}(\widehat{\mathbf{W}})-\bar{\boldsymbol{\delta}})]'\widehat{\mathbf{W}}\\&\quad\cdot[(\mathbf{s}_{\mathbf{xy}}-\mathbf{S}_{\mathbf{xz}}\hat{\boldsymbol{\delta}}(\widehat{\mathbf{W}}))+\mathbf{S}_{\mathbf{xz}}(\hat{\boldsymbol{\delta}}(\widehat{\mathbf{W}})-\bar{\boldsymbol{\delta}})]\end{aligned}$$

使用非受限 GMM 的一阶条件：

$$\mathbf{S}_{\mathbf{xz}}'\widehat{\mathbf{W}}(\mathbf{s}_{\mathbf{xy}}-\mathbf{S}_{\mathbf{xz}}\hat{\boldsymbol{\delta}}(\widehat{\mathbf{W}}))=\mathbf{0}$$

(c) 现在设 $\widehat{\mathbf{W}}=\widehat{\mathbf{S}}^{-1}$，证明：式（3.5.8）中定义的沃尔德统计量 W 在数值上等于式（3.7.2）中的 LR。

9.（GMM 的豪斯曼原理）令 $\hat{\boldsymbol{\delta}}_1\equiv\hat{\boldsymbol{\delta}}(\widehat{\mathbf{W}}_1)$ 和 $\hat{\boldsymbol{\delta}}_2\equiv\hat{\boldsymbol{\delta}}(\widehat{\mathbf{W}}_2)$ 为选择了不同加权矩阵 $\widehat{\mathbf{W}}_1$ 和 $\widehat{\mathbf{W}}_2$ 的两个 GMM 估计量。

(a) 证明：

$$\begin{bmatrix}\sqrt{n}(\hat{\boldsymbol{\delta}}_1-\boldsymbol{\delta})\\\sqrt{n}(\hat{\boldsymbol{\delta}}_2-\boldsymbol{\delta})\end{bmatrix}\xrightarrow[\mathrm{d}]{}N\left(\mathbf{0},\begin{bmatrix}\mathbf{A}_{11}&\mathbf{A}_{12}\\\mathbf{A}_{21}&\mathbf{A}_{22}\end{bmatrix}\right)$$

其中，

$$\mathbf{A}_{11}=\mathbf{Q}_1^{-1}\boldsymbol{\Sigma}_{\mathbf{xz}}'\mathbf{W}_1\mathbf{S}\mathbf{W}_1\boldsymbol{\Sigma}_{\mathbf{xz}}\mathbf{Q}_1^{-1},\ \mathbf{A}_{12}=\mathbf{Q}_1^{-1}\boldsymbol{\Sigma}_{\mathbf{xz}}'\mathbf{W}_1\mathbf{S}\mathbf{W}_2\boldsymbol{\Sigma}_{\mathbf{xz}}\mathbf{Q}_2^{-1}$$

$$\mathbf{A}_{21}=\mathbf{Q}_2^{-1}\boldsymbol{\Sigma}_{\mathbf{xz}}'\mathbf{W}_2\mathbf{S}\mathbf{W}_1\boldsymbol{\Sigma}_{\mathbf{xz}}\mathbf{Q}_1^{-1},\ \mathbf{A}_{22}=\mathbf{Q}_2^{-1}\boldsymbol{\Sigma}_{\mathbf{xz}}'\mathbf{W}_2\mathbf{S}\mathbf{W}_2\boldsymbol{\Sigma}_{\mathbf{xz}}\mathbf{Q}_2^{-1}$$

$$\mathbf{Q}_1=\boldsymbol{\Sigma}_{\mathbf{xz}}'\mathbf{W}_1\boldsymbol{\Sigma}_{\mathbf{xz}},\mathbf{Q}_2=\boldsymbol{\Sigma}_{\mathbf{xz}}'\mathbf{W}_2\boldsymbol{\Sigma}_{\mathbf{xz}},\ \operatorname*{plim}_{n\to\infty}\widehat{\mathbf{W}}_j=\mathbf{W}_j(j=1,2)$$

(b) 令 $\mathbf{q}\equiv\hat{\boldsymbol{\delta}}_1-\hat{\boldsymbol{\delta}}_2$。证明：$\sqrt{n}\mathbf{q}\to_{\mathrm{d}}N(\mathbf{0},\ \mathrm{Avar}(\mathbf{q}))$，其中：

$$\mathrm{Avar}(\mathbf{q})=\mathbf{A}_{11}+\mathbf{A}_{22}-\mathbf{A}_{12}-\mathbf{A}_{21}$$

(c) 设 $\widehat{\mathbf{W}}_2=\widehat{\mathbf{S}}^{-1}$，因此 $\hat{\boldsymbol{\delta}}_2$ 是有效 GMM。证明：

$$\mathrm{Avar}(\mathbf{q})=\mathbf{A}_{11}-(\boldsymbol{\Sigma}_{\mathbf{xz}}'\mathbf{S}^{-1}\boldsymbol{\Sigma}_{\mathbf{xz}})^{-1}=\mathrm{Avar}(\hat{\boldsymbol{\delta}}(\widehat{\mathbf{W}}_1))-\mathrm{Avar}(\hat{\boldsymbol{\delta}}(\widehat{\mathbf{S}}^{-1}))$$

10.（弱工具。这个问题源于沃森。）考虑下面这个模型：

$$y_i = z_i\delta + \varepsilon_i \quad (i=1,2,\cdots,n)$$

其中 y_i，z_i 和 ε_i 是标量随机变量。令 x_i 表示一个标量工具变量，它通过以下方程与 z_i 相联系：

$$z_i = x_i\beta + v_i$$

令：

$$\boldsymbol{\eta}_i \equiv \begin{bmatrix} \varepsilon_i \\ v_i \end{bmatrix},\ \mathbf{g}_i \equiv \boldsymbol{\eta}_i \cdot x_i \equiv \begin{bmatrix} g_{1i} \\ g_{2i} \end{bmatrix} = \begin{bmatrix} x_i\varepsilon_i \\ x_i v_i \end{bmatrix}$$

假设：

（1）$\{x_i, \boldsymbol{\eta}_i\}$ 遵循一个平稳遍历的过程。

（2）$\mathbf{g}_i$ 是 $\mathrm{E}(\mathbf{g}_i\mathbf{g}_i')=\mathbf{S}$ 的鞅差分序列，$\mathrm{E}(\mathbf{g}_i\mathbf{g}_i')=\mathbf{S}$ 是一个正定矩阵。

（3）$\mathrm{E}(x_i^2)=\sigma_x^2>0$。

（4）$\beta \neq 0$。

令 $\hat{\delta} \equiv s_{xz}^{-1}s_{xy}$，其中：

$$s_{xz} \equiv \frac{1}{n}\sum_{i=1}^{n} x_i z_i,\ s_{xy} \equiv \frac{1}{n}\sum_{i=1}^{n} x_i y_i$$

（a）证明：$\sigma_{xz} \equiv \mathrm{E}(x_i z_i) \neq 0$（因此可以满足识别的秩条件）。

（b）证明：$\hat{\beta} \to_{\mathrm{p}} \delta$。

我们现在来考虑几乎无法满足秩条件的情况，也就是说，σ_{xz} 非常接近于零。这样做的一种方法是用下式来替代假设（4）：（4′）$\beta = 1/\sqrt{n}$。

对于这个问题接下来的部分，我们假设（1）—（3）和（4′）成立。（这个假设和接下来的问题是基于斯泰格和斯托克（Staiger and Stock，1997）给出的。）注意，$\hat{\delta}-\delta = s_{xz}^{-1}\bar{g}_1$，其中 $\bar{g}_1$ 是 g_{1i}（$\equiv x_i\varepsilon_i$）的样本均值。

（c）证明：$s_{xz} \to_{\mathrm{p}} 0$。

（d）证明：$\sqrt{n}s_{xz} \to_{\mathrm{d}} \sigma_x^2 + a$，其中 a 服从 $N(0, s_{22})$ 分布，s_{22} 是 $\mathbf{S}$ 的第（2，2）个元素。

（e）证明：$\hat{\delta}-\delta \to_{\mathrm{d}} (\sigma_x^2+a)^{-1}b$，其中（$a$，$b$）是联合正态分布，其均值为零，协方差矩阵为 $\mathbf{S}$。

（f）$\hat{\delta}$ 是一致的吗？

□ 实证性习题

在回答之前，请阅读 Griliches（1976）。我们会利用布莱克布恩和纽马克（Blackburn and Neumark，1992）使用的 NLS-Y 数据的精简版本估计格里利谢斯估计过的这类工资方程。① 这个 NLS-Y 是**面板数据**（panel data），囊括了不同时点上青少年的不同集合（尽管涉及面板数据，但在这个习题里你不会用到数据集的面板特征）。这个精简数据包括两个时点上的这些个体的信息：第一，工资和其他变量在最早的年份可以取得的数据；第二，1980 年的数据。在数据文件 GRILIC. ASC 中，提供了 *RNS*，*RNS80*，*MRT*，*MRT80*，*SMSA*，*SMSA80*，*MED*，*IQ*，*KWW*，*YEAR*，*AGE*，*AGE80*，*S*，*S80*，*EXPR*，*EXPR80*，*TENURE*，*TENURE80*，*LW* 和 *LW80* 的数据（根据这个顺序，和一般情况一样，各列对应着这些变量）。变量 *YEAR* 是第一个时点上的年份。没有“80”的变量是第一个时点的，那些带有“80”的变量则是 1980 年的。第一个时点上的变量定义如下：

RNS＝居住在南方各州的虚拟变量

① 参看 Blackburn 和 Neumark（1992，第 III 节），可以得到对这个样本的更为详细的描述。

MRT＝婚姻状况的虚拟变量（如果已婚，则为 1）

$SMSA$＝居住在城市区域的虚拟变量

MED＝母亲的受教育年限

KWW＝"关于工作方面知识"的检测得分

IQ＝IQ 得分

AGE＝个体的年龄

S＝已完成的学校教育年限

$EXPR$＝工作经验年限

$TENURE$＝职位任期年限

LW＝工资的对数

剔除黑人个体之后，布莱克布恩-纽马克样本还有 815 个观察值。再把那些缺乏母亲教育程度信息的个体剔除掉，样本规模还剩下 758 个。

（a）计算所有给出的变量的均值和标准差（包括 1980 年的那些），并准备一个和格里利谢斯的表 1 类似的表格。再计算 IQ 和 S 之间的相关系数（对 TSP 使用 MSD(CORR) 命令，对 RATS 使用 CMOM (PRINT, CORR) 命令）。

由于观察到工资的年份在个体之间是不同的，所以工资在不同的年份也有着不同的效应。可以为 $YEAR$＝66，…，73 产生八个年份虚拟变量。（注意：1972 年没有观察值。）为了控制年份效应，年份虚拟变量也被包含在对数工资方程中。

（b）考虑工资方程（删除个体下标 i）：

$$LW=\beta S+\gamma IQ+\boldsymbol{\delta}'\mathbf{h}+\varepsilon$$

其中 LW 是对数工资，S 是学校教育，以及：

$$\mathbf{h}\equiv(EXPR, TENURE, RNS, SMSA, \text{年份虚拟变量})$$

（没有必要再包含常数项了，因为它是年份虚拟变量的线性组合。）准备一张和表 3－2 类似的表格。在关于工资方程的 2SLS 估计中，工具变量的集合应该由前定回归元（S 和 $\mathbf{h}$）以及被排除的前定变量（MED，KWW，MRT，AGE）组成。这三个关于学校教育系数的不同估计值的相对大小与基于遗漏变量和变量误差偏误的预测是一致的吗？

TSP 小贴士：为运行 2SLS，使用 INST 或 2SLS 命令。

RATS 小贴士：使用具有 INST 的 LINREG 命令。为定义工具变量集，使用 INSTRUMENTS 命令。

（c）对（b）部分工资方程的 2SLS 估计，计算萨甘统计量（它应该为 87.655）。其自由度应该是多少？计算其 p 值。

TSP 小贴士：萨甘统计量可以由@phi/(@ssr/@nob) 计算，其中具有"@"的变量是 TSP 命令的输出结果。@nob 是样本规模，@phi 是 $\hat{\boldsymbol{\varepsilon}}'\mathbf{X}(\mathbf{X}'\mathbf{X})^{-1}\mathbf{X}'\hat{\boldsymbol{\varepsilon}}$，其中 $\hat{\boldsymbol{\varepsilon}}$ 是 2SLS 残差向量，@ssr 是 $\hat{\boldsymbol{\varepsilon}}'\hat{\boldsymbol{\varepsilon}}$。

RATS 小贴士：萨甘统计量是 %uzwzu/(%rss/%nobs)，其中具有"%"的变量是 RATS 命令的输出结果。%nobs 是样本规模，%uzwzu 是 $\hat{\boldsymbol{\varepsilon}}'\mathbf{X}(\mathbf{X}'\mathbf{X})^{-1}\mathbf{X}'\hat{\boldsymbol{\varepsilon}}$，%rss 是 $\hat{\boldsymbol{\varepsilon}}'\hat{\boldsymbol{\varepsilon}}$。

（d）通过切实运行两个回归，得到 2SLS 估计值。证明第二阶段回归给出的标准误不同于（b）中所得到的结果。

（e）格里利谢斯提到，学校教育也可能是内生的。他是怎么说的呢？由 2SLS 估计工资方程，是把 IQ 和 S 都视为内生的。这对学校教育会产生什么作用呢？如何解释这里 2SLS 的学校教育系数估计值和（b）中的 2SLS 估计值之间的差别呢？计算萨甘统计量（它应该是 13.268）和它的 p 值。

（f）通过 GMM 估计工资方程，将学校教育像（b）中 2SLS 估计那样将它处理为前定的。2SLS 标准误要比 GMM 标准误小吗？检验学校教育是否由 C 统计量前定。为了计算 C，你需要运行两个 GMM，分别把学校教育作为和不作为工具变量。一直使用同一个 $\hat{\mathbf{S}}$。为了计算 $\hat{\mathbf{S}}$，使用（b）中的

2SLS 残差。这个 C 统计量应为 58.168。

TSP 小贴士：在 TSP 中计算 $\hat{\mathbf{S}}$ 确实不容易。下面这些编程虽然不够优美，但总算胜任了。这里 res0 是（b）中得自 2SLS 估计的残差。

```
smpl  1  758;
x0 = res0 * s;
x1 = res0 * expr;
x2 = res0 * tenure;
x3 = res0 * rns;
x4 = res0 * smsa;
x5 = res0 * y66;
      ⋮
x11 = res0 * y73;
x12 = res0 * med;
x13 = res0 * kww;
x14 = res0 * mrt;
x15 = res0 * age;
msd(noprint,moment) x0-x15;
```

@mom，TSP 命令 MSD 的输出结果，为 $\hat{\mathbf{S}}$。为了运行 GMM，使用 TSP 的 GMM 命令。GMM 选项 COVOC=matrix name 要求 GMM 命令使用为 $\hat{\mathbf{S}}$ 指定的矩阵。J 统计量是由@nob * @phi 给出的。

RATS 小贴士：具有 INST 和 ROBUSTERRORS 选项的 LINREG 为线性方程运行 GMM。LINREG 的这个 WMATRIX=matrix name 选项接受的是 $\hat{\mathbf{S}}^{-1}$，而不是 $\hat{\mathbf{S}}$。为了在 RATS 中计算 $\hat{\mathbf{S}}^{-1}$，运行下面的程序。这里，res0 是（b）中 2SLS 估计的残差。

```
mcov / res0
#  s expr tenure rns smsa y66 … y73
  med kww mrt age
compute sinv = inv( % cmom)
```

sinv 是 $\hat{\mathbf{S}}^{-1}$。J 统计量由 % uzwzu 给出。

（g）回到（e）中通过 2SLS 内生学校教育而估计的工资方程。这个较大的萨甘统计量（以及（f）中那个较大的 J 统计量）是我们所关心的。因此，我们考虑将 MET 和 KWW 从工具变量列表中剔除。这个识别的秩条件还能被满足吗？对于 2SLS 估计值，这会发生什么？（学校教育系数将会是 −529.3%）你认为这个问题是什么？**提示**：有两个内生回归元，S 和 IQ。MRT 和 AGE 是仅有的被排除在外的前定变量。如果 MRT 和 AGE 在 S 和 IQ 对工具变量的第一阶段回归中没有解释力，那么 S 和 IQ 的拟合值将会非常接近所含前定变量的线性组合。这会在第二阶段回归中带来近似多重共线性问题。要保证对第一阶段回归的检查，并能够判断 MTR 和 AGE 的解释力。

部分习题答案

□ 分析性习题

4. OLS 估计量的渐近方差是（通过在式（3.5.1）中设定 $\mathbf{x}=\mathbf{z}$）：

$$\boldsymbol{\Sigma}_{\mathbf{zz}}^{-1}\mathbf{A}\boldsymbol{\Sigma}_{\mathbf{xz}}^{-1}=(\boldsymbol{\Sigma}_{\mathbf{xz}}\mathbf{A}^{-1}\boldsymbol{\Sigma}_{\mathbf{xz}})^{-1}$$

其中 $\mathbf{A}\equiv\mathrm{E}(\varepsilon_i^2\mathbf{z}_i\mathbf{z}_i')$。根据式（3.5.13），这个两步骤 GMM 的渐近方差是：

$$(\boldsymbol{\Sigma}_{\mathbf{xz}}'\mathbf{S}^{-1}\boldsymbol{\Sigma}_{\mathbf{xz}})^{-1}$$

其中 $\mathbf{S}\equiv\mathrm{E}(\varepsilon_i^2\mathbf{x}_i\mathbf{x}_i')$。如果 $\mathbf{W}$ 如该题提示中所定义的那样，则：

$$\mathbf{WSW}=\mathbf{W} \text{ 和 } \boldsymbol{\Sigma}_{\mathbf{xz}}'\mathbf{W}\boldsymbol{\Sigma}_{\mathbf{xz}}=\boldsymbol{\Sigma}_{\mathbf{zz}}\mathbf{A}^{-1}\boldsymbol{\Sigma}_{\mathbf{zz}}$$

所以，式（3.5.1）可以简化为 OLS 估计量的渐近方差。根据式（3.5.11），它不比（$\boldsymbol{\Sigma}_{\mathbf{xz}}'\mathbf{S}^{-1}\boldsymbol{\Sigma}_{\mathbf{xz}}$）$^{-1}$小，它是这个两步骤 GMM 估计量的渐近方差。

□ 实证性习题

（b）参看表 3－3 第 1～5 行。

表 3－3　参数估计、布莱克布恩-纽马克样本

估计方程：因变量＝*LW*，回归元：*S*、*IQ*、*EXPR*、*TENURE* 和其他控制变量

行数	估计方法	系数				*SEE*	R^2	过度识别限制条件的检验	哪个回归元是内生的？	除地域虚拟变量外还被排除的前定变量
		S	*IQ*	*EXPR*	*TENURE*					
1	OLS	0.070	—	0.030	0.043	0.328	0.425	—	无	—
		(0.006 7)		(0.006 5)	(0.007 5)					
2	OLS	0.062	0.002 7	0.031	0.042	0.326	0.430	—	无	—
		(0.007 3)	(0.001 0)	(0.006 5)	(0.007 5)					
3	2SLS	0.069	0.000 2	0.030	0.043	0.328	—	87.6	*IQ*	*MED*，*KWW*，
		(0.013)	(0.003 9)	(0.006 6)	(0.007 6)			(p=0.000 0)		*AGE*，*MRT*
4	2SLS	0.172	−0.009	0.049	0.042	0.380	—	13.3	*S*，*IQ*	*MED*，*KWW*，
		(0.021)	(0.004 7)	(0.008 2)	(0.008 8)			(p=0.001 31)		*AGE*，*MRT*
5	GMM	0.176	−0.009	0.050	0.043	0.379	—	11.6	*S*，*IQ*	*MED*，*KWW*，
		(0.021)	(0.004 9)	(0.008 0)	(0.009 5)			(p=0.003 03)		*AGE*，*MRT*
6	2SLS	0.117	0.002	0.033	0.005 1	0.380	—	14.9	*S80*，*IQ*	*MED*，*MRT*，
		(0.027)	(0.005 0)	(0.005 2)	(0.002 9)			(p=0.000 58)		*AGE80*，*MRT80*

注：括号中是标准误。第 6 行对应 1980 年。

（e）他给出了学校教育内生性的三个原因。第一，测量误差 η 可能与学校教育的成功有关。第二，基于我们在文中已经给出的观点：*S* 的选择受到了不可观察的特征的影响。第三，学校教育测量有误。2SLS 估计量的渐近偏误的一般公式由下式给出：

$$\mathrm{plim}\ \hat{\boldsymbol{\delta}}_{2\mathrm{SLS}}-\boldsymbol{\delta}=(\boldsymbol{\Sigma}_{\mathbf{xz}}'\boldsymbol{\Sigma}_{\mathbf{xx}}^{-1}\boldsymbol{\Sigma}_{\mathbf{xz}})^{-1}\boldsymbol{\Sigma}_{\mathbf{xz}}'\boldsymbol{\Sigma}_{\mathbf{xx}}^{-1}\mathrm{E}(\mathbf{x}_i\cdot\varepsilon_i)$$

如果 *S* 是内生的，则对于（b）中 2SLS 估计而言，工具变量集合 $\mathbf{x}_i$ 错误地包含了一个并非前定的变量（它是 *S*）。因此，$\mathrm{E}(\mathbf{x}_i\cdot\varepsilon_i)$ 的一个元素并不是零。那么，很显然，由这个公式可知，渐近偏误至少对于某些系数是存在的。

（g）没有 *MED* 和 *KWW* 作为工具变量，2SLS 估计量就会变得不那么准确了。阶条件满足相等性。引起问题的是 *MRT* 的低解释力（查看 *S* 和 *IQ* 的第一阶段回归中的 t 值）。

参考文献

Angrist, J., and A. Krueger, 1991, "Does Compulsory School Attendance Affect Schooling and Earnings?" *Quarterly Journal of Economics*, 106, 979-1014.

Behrman, J., Z. Hrubec, P. Taubman, and T. Wales, 1980, *Socioeconomic Success: A Study of the*

Effects of Genetic Endowments, Family Environment, and Schooling, Amsterdam: North-Holland.

Blackburn, M., and D. Neumark, 1992, "Unobserved Ability, Efficiency Wages, and Interindustry Wage Differentials," *Quarterly Journal of Economics*, 107, 1421−1436.

Card, D., 1995, "Earnings, Schooling, and Ability Revisited," *Research in Labor Economics*, 14, 23−48.

Card, D., and A. Krueger, 1996, "Labor Market Effects of School Quality: Theory and Evidence," Working Paper 5450, NBER.

Eichenbaum, M., L. Hansen, and K. Singleton, 1985, "A Time Series Analysis of Representative Agent Models of Consumption and Leisure Choice under Uncertainty," *Quarterly Journal of Economics*, 103, 51−78.

Friedman, M., 1957, *A Theory of the Consumption Function*, Princeton: Princeton University Press.

Gallant, R., and D. Jorgenson, 1979, "Statistical Inference for a System of Simultaneous, Nonlinear, Implicit Equations in the Context of Instrumental Variable Estimation," *Journal of Econometrics*, 11, 275−302.

Griliches, Z., 1976, "Wages of Very Young Men," *Journal of Political Economy*, 84, S69−S85.

Haavelmo, T., 1943, "The Statistical Implications of a System of Simultaneous Equations," *Econometrica*, 11, 1−12.

Hansen, L., 1982, "Large Sample Properties of Generalized Method of Moments Estimators," *Econometrica*, 50, 1029−1054.

Hausman, J., and W. Taylor, 1980, "Comparing Specification Tests and Classical Tests," MIT Working Paper No. 266.

Judge, G., W. Griffiths, R. Hill, H. Lütkepohl, and T. Lee, 1985, *The Theory and Practice of Econometrics* (2nd ed.), New York: Wiley.

Mincer, J., 1958, "Investment in Human Capital and Personal Income Distribution," *Journal of Political Economy*, 66, 281−302.

Nelson, C., and R. Startz, 1990, "Some Further Results on the Exact Small Sample Properties of the Instrumental Variable Estimator," *Econometrica*, 58, 967−976.

Newey, W., 1985, "Generalized Method of Moments Specification Testing," *Journal of Econometrics*, 29, 229−256.

Newey, W., and D. McFadden, 1994, "Large Sample Estimation and Hypothesis Testing," Chapter 36 in R. Engle and D. McFadden (eds.), *Handbook of Econometrics*, Volume IV, New York: North-Holland.

Sargan, D., 1958, "The Estimation of Economic Relationships Using Instrumental Variables," *Econometrica*, 26, 393−415.

Searle, S., 1982, *Matrix Algebra Useful for Statistics*, New York: Wiley.

Staiger, D., and J. Stock, 1997, "Instrumental Variables Regression with Weak Instruments," *Econometrica*, 65, 557−586.

Theil, H., 1953. "Repeated Least-Squares Applied to Complete Equation Systems," MS., The Hague: Central Planning Bureau.

White, H., 1982, "Instrumental Variables Regression with Independent Observations," *Econometrica*, 50, 483−499.

________, 1984, *Asymptotic Theory for Econometricians*, Academic.

Working, E. J., 1927, "What Do 'Statistical Demand' Curves Show?" *Quarterly Journal of Economics*, 41, 212−235.

第 4 章

多方程 GMM

概要

本章关注的是用 GMM 估计多个方程的情况。我们已经学习过如何来做单方程 GMM，尽管从表面上看用来表示个体方程的概念已经颇为复杂，但那仍然只是获得多方程系统的一小步而已。这是因为多方程 GMM 估计量通过适当地指明综合了单方程 GMM 公式的矩阵和向量，可以表示为一个单方程 GMM 估计量。正是基于这种情况，我们才能近乎现成地发展出了多方程 GMM 的大样本理论。

掌握多方程 GMM 的收益是很可观的。在条件同方差性下，它可以简化为完全信息工具变量有效（full-information instrumental variable efficient）估计量，如果工具变量的集合对于所有方程都是一样，则该估计量可再简化为三阶段最小二乘（3SLS）。如果我们进一步假定所有回归元都是前定的，那么 3SLS 可以简化为似不相关回归（SUR），当所有方程都有相同回归元时又可简化为多元回归。

我们也将表明，多方程系统可以写成一个其系数在方程间受到相同约束的方程组。对于这个方程组而言，GMM 估计量再次成为单方程 GMM 的一个特例。当所有回归元都是前定的且误差项是条件同方差的时，这个 GMM 估计量被称为随机效应（RE）估计量。因此，SUR 和 RE 是等价估计量。

本章的应用是通过 SUR/RE 来估计具有相互关联的要素需求。要素需求函数组是从超越对数成本函数中推出来的，这个函数是本书第 1 章思考过的线性对数成本函数的一般化。

本章并不考虑多方程模型的最大似然（ML）估计。3SLS 的 ML 相对应部分是完全信息最大似然（FIML）。对于 FIML 的一个完整的处理可以参看 8.5 节。

如果本章概念过于复杂，你可以将其中的 M（方程数）设为 2。这样做不会损害本章任何结论的一般性。

4.1 多方程模型

为了能够处理不止一个方程，我们需要通过引入更多下标来标示方程，这会使得标示法更为复杂。例如，第 i 个观察值的第 m 个方程的因变量将被标示为 y_{im}。

□ 线性性

有 M 个线性方程，其中每一个都如假设 3.1 中的线性方程一样：

假设 4.1（线性性）：存在 M 个线性方程：

$$y_{im}=\mathbf{z}_{im}'\boldsymbol{\delta}_m+\varepsilon_{im} \quad (m=1,2,\cdots,M;\ I=1,2,\cdots,n) \tag{4.1.1}$$

其中 n 是样本规模，$\mathbf{z}_{im}$ 是 L_m 维回归元的向量，$\boldsymbol{\delta}_m$ 是符合要求的系数向量，而 ε_{im} 是第 m 个方程中不可观察的误差项。

这个模型对于误差项（ε_{i1}，…，ε_{iM}）的**交互方程**（interequation）（或**同时性**（contemporaneous））**相关关系**（correlation）并未做出假设。而且，对于得自不同方程的系数也没有施予先验的限制条件。也就是说，这个模型假设系数上没有**跨方程的限制条件**（cross-equation restrictions）。这些要点可以在下面的例子里阐述：

例 4.1（工资方程）：

在第 3 章格里利谢斯的例子里，我们估计了工资方程。在一种设定里，格里利谢斯为之添加了一个 KWW 的方程（关于工作方面知识的检测得分）：

$$LW_i=\phi_1+\beta_1 S_i+\gamma_1 IQ_i+\pi EXPR_i+\varepsilon_{i1}$$
$$KWW_i=\phi_2+\beta_2 S_i+\gamma_2 IQ_i+\varepsilon_{i2}$$

其中（为了唤起你的记忆，这里重新提一下）LW_i 是该调查第一年的第 i 个个体的对数工资，S_i 是学校教育年限，IQ_i 是 IQ，$EXPR_i$ 是工作经验年限。在这个例子里，$M=2$，$L_1=4$，$L_2=3$，$y_{i1}=LW_i$，$y_{i2}=KWW_i$，以及：

$$\mathbf{z}_{i1}=\begin{bmatrix}1\\S_i\\IQ_i\\EXPR_i\end{bmatrix},\ \mathbf{z}_{i2}=\begin{bmatrix}1\\S_i\\IQ_i\end{bmatrix},\ \boldsymbol{\delta}_1=\begin{bmatrix}\phi_1\\\beta_1\\\gamma_1\\\pi\end{bmatrix},\ \boldsymbol{\delta}_2=\begin{bmatrix}\phi_2\\\beta_2\\\gamma_2\end{bmatrix} \tag{4.1.2}$$

误差项 ε_{i1} 和 ε_{i2} 是相互关联的。例如，如果存在一个不可观察的个体特征，它既影响工资也影响该测试成绩，那么这种相关关系就出现了。像 $\beta_1=\beta_2$ 这种情况则不存在跨方程限制条件。

在**面板数据**（panel data）模型中，跨方程限制条件很自然会出现，这种模型中的样本关系可以在不同的时间点上进行估计。

例 4.2（两年的工资方程）：

在格里利谢斯的例子中我们使用的 NLS-Y 数据确有 1980 年的数据，因此我们可以估计两个工资方程：一个是第一个时间点上的（比如 1969 年），另外一个是 1980 年这个时间点上的：

$$LW69_i = \phi_1 + \beta_1 S69_i + \gamma_1 IQ_i + \pi_1 EXPR69_i + \varepsilon_{i1}$$
$$LW80_i = \phi_2 + \beta_2 S80_i + \gamma_2 IQ_i + \pi_2 EXPR80_i + \varepsilon_{i2}$$

在多方程的语言里，$S69_i$（1969 年的教育水平）和 $S80_i$（1980 年的教育水平）是两个不同的变量。那么，考虑如下这种情况就是很自然的事了：$\phi_1=\phi_2$，$\beta_1=\beta_2$，$\gamma_1=\gamma_2$，$\pi_1=\pi_2$，这些系数不随时间而改变。这是一个线性跨方程限制条件的集合。

正如我们将在 4.3 节看到的那样，检验（线性或非线性）跨方程限制条件是非常直接的。而施加系数跨方程不变这个限制条件的估计将在 4.6 节讲解。

□ 平稳与遍历

令 $\mathbf{x}_{im}$ 为第 m 个方程的 K_m 个工具变量的向量。尽管这种情况在实践中并不常见，但是工具变量的集合可能随方程而不同，因此工具变量的个数 K_m 可能取决于方程自身。

例 4.1（续）：

假设 IQ_i 在两个方程里都是内生的，而且假设有一个变量 MED_i（母亲的受教育水平）在第一个方程里是前定的（因此 $\mathrm{E}(MED_i\varepsilon_{i1})=0$）。因而，$LW$ 方程的工具变量是（1，S_i，$EXPR_i$，MED_i）。如果这些工具变量也都正交于 ε_{i2}，那么 KWW 方程可以以和 LW 方程一样的工具变量集合予以估计。在这个例子里，$K_1=K_2=4$，且：

$$\mathbf{x}_{i1}=\mathbf{x}_{i2}=\begin{bmatrix}1\\ S_i\\ EXPR_i\\ MED_i\end{bmatrix} \tag{4.1.3}$$

假设 3.2 的多方程表达是：

假设 4.2（遍历平稳性）： 令 $\mathbf{w}_i$ 为（y_{i1}，…，y_{iM}，$\mathbf{z}_{i1}$，…，$\mathbf{z}_{iM}$，$\mathbf{x}_{i1}$，…，$\mathbf{x}_{iM}$）唯一且非常数的元素。$\{\mathbf{w}_i\}$ 是联合平稳和遍历的。

这个假设要比刚才假设的该方程组每个方程都满足的遍历平稳性强一些。即便对每个个体方程 m，$\{y_{im}, \mathbf{z}_{im}, \mathbf{x}_{im}\}$ 是平稳和遍历的，严格来说，它也不能必然可以得出这样的结论：作为个体过程并集的更大过程 $\{\mathbf{w}_i\}$ 是（联合）平稳和遍历的（参看第 2 章例 2.3 的向量非平稳过程的例子，其中分量是单变量平稳过程）。在实践中，其区别有些模糊，因为这些方程通常共享共同的变量。

例 4.1（续）:

由于对于本例来说 $\mathbf{z}_{i1}$，$\mathbf{z}_{i2}$，$\mathbf{x}_{i1}$ 和 $\mathbf{x}_{i2}$ 有一些共同的元素，所以 $\mathbf{w}_i$ 仅有六个元素：(LW_i，KWW_i，S_i，IQ_i，$EXPR_i$，MED_i)。本例中第一个方程的遍历平稳性假设为 {LW_i，S_i，IQ_i，$EXPR_i$，MED_i} 是联合平稳且遍历的。假设 4.2 要求该联合过程包括 KWW_i。

□ 正交条件

M 个方程组的正交条件刚好是个体方程正交条件的一个合集。

假设 4.3（正交条件）: 对于每个方程 m，$\mathbf{x}_{im}$ 中 K_m 个变量是前定的。也就是说，下面的正交条件可以得到满足：

$$E(\mathbf{x}_{im}\cdot\varepsilon_{im})=0\quad(m=1,2,\cdots,M)$$

因此，就有总体的正交条件 $\sum_m K_m$。如果我们定义：

$$\underset{(\sum_{m=1}^{M}K_m\times 1)}{\mathbf{g}_i}\equiv\begin{bmatrix}\mathbf{x}_{i1}\cdot\varepsilon_{i1}\\ \vdots\\ \mathbf{x}_{iM}\cdot\varepsilon_{iM}\end{bmatrix}\tag{4.1.4}$$

那么，所有那些正交条件都可以被压缩写成 $E(\mathbf{g}_i)=\mathbf{0}$。要注意，我们并没有假设“跨方程”的正交性；例如，$\mathbf{x}_{i1}$ 并不必与 ε_{i2} 正交，尽管要求它与 ε_{i1} 正交。然而，如果一个变量既包含在 $\mathbf{x}_{i1}$ 内，又包含在 $\mathbf{x}_{i2}$ 内，这个假设就的确意味着该变量既正交于 ε_{i1}，又正交于 ε_{i2}。

例 4.1（续）:

在当前的例子里 $\sum_m K_m$ 是 8(=4+4)，$\mathbf{g}_i$ 是：

$$\mathbf{g}_i=\begin{bmatrix}\varepsilon_{i1}\\ S_i\varepsilon_{i1}\\ EXPR_i\varepsilon_{i1}\\ MED_i\varepsilon_{i1}\\ \varepsilon_{i2}\\ S_i\varepsilon_{i2}\\ EXPR_i\varepsilon_{i2}\\ MED_i\varepsilon_{i2}\end{bmatrix}$$

由于 $\mathbf{x}_{i1}$ 和 $\mathbf{x}_{i2}$ 都具有相同的工具变量集，所以每个工具变量都既正交于 ε_{i1}，又正交于 ε_{i2}。

□ 识别

为多方程构建了正交条件之后，我们可以以很多与单方程情况下相同的方式推出识

别条件。式（3.3.1）的多方程表达为

$$\mathbf{g}(\mathbf{w}_i;\boldsymbol{\delta})\equiv\begin{bmatrix}\mathbf{x}_{i1}\cdot(y_{i1}-\mathbf{z}_{i1}'\boldsymbol{\delta}_1)\\ \vdots\\ \mathbf{x}_{iM}\cdot(y_{iM}-\mathbf{z}_{iM}'\boldsymbol{\delta}_M)\end{bmatrix}\tag{4.1.5}$$

其中 $\mathbf{w}_i$ 如假设 4.2 中那样，而没有下标的 $\boldsymbol{\delta}$ 则是系数的叠加向量：

$$\underset{(\sum_{m=1}^{M}L_m\times 1)}{\boldsymbol{\delta}}=\begin{bmatrix}\boldsymbol{\delta}_1\\ \vdots\\ \boldsymbol{\delta}_M\end{bmatrix}\tag{4.1.6}$$

因此，这个正交条件可以写为 $\mathrm{E}[\mathbf{g}(\mathbf{w}_i;\ \boldsymbol{\delta})]=\mathbf{0}$。如果 $\tilde{\boldsymbol{\delta}}=\boldsymbol{\delta}$ 是下面这个方程组的唯一解，则该系数向量可以被识别：

$$\mathrm{E}[\mathbf{g}(\mathbf{w}_i;\tilde{\boldsymbol{\delta}})]=\mathbf{0}\tag{4.1.7}$$

利用定义式（4.1.5），我们可以重新将该方程的左边 $\mathrm{E}[\mathbf{g}(\mathbf{w}_i;\ \tilde{\boldsymbol{\delta}})]$写为：

$$\begin{aligned}\mathrm{E}[\mathbf{g}(\mathbf{w}_i;\tilde{\boldsymbol{\delta}})]&\equiv\begin{bmatrix}\mathrm{E}[\mathbf{x}_{i1}\cdot(y_{i1}-\mathbf{z}_{i1}'\tilde{\boldsymbol{\delta}}_1)]\\ \vdots\\ \mathrm{E}[\mathbf{x}_{iM}\cdot(y_{iM}-\mathbf{z}_{iM}'\tilde{\boldsymbol{\delta}}_M)]\end{bmatrix}\\
&=\begin{bmatrix}\mathrm{E}(\mathbf{x}_{i1}\cdot y_{i1})\\ \vdots\\ \mathrm{E}(\mathbf{x}_{iM}\cdot y_{iM})\end{bmatrix}-\begin{bmatrix}\mathrm{E}(\mathbf{x}_{i1}\mathbf{z}_{i1}')\tilde{\boldsymbol{\delta}}_1\\ \vdots\\ \mathrm{E}(\mathbf{x}_{iM}\mathbf{z}_{iM}')\tilde{\boldsymbol{\delta}}_M\end{bmatrix}\\
&=\begin{bmatrix}\mathrm{E}(\mathbf{x}_{i1}\cdot y_{i1})\\ \vdots\\ \mathrm{E}(\mathbf{x}_{iM}\cdot y_{iM})\end{bmatrix}-\begin{bmatrix}\mathrm{E}(\mathbf{x}_{i1}\mathbf{z}_{i1}') & & \\ & \ddots & \\ & & \mathrm{E}(\mathbf{x}_{iM}\mathbf{z}_{iM}')\end{bmatrix}\begin{bmatrix}\tilde{\boldsymbol{\delta}}_1\\ \vdots\\ \tilde{\boldsymbol{\delta}}_M\end{bmatrix}\\
&\equiv\boldsymbol{\sigma}_{\mathbf{xy}}-\boldsymbol{\Sigma}_{\mathbf{xz}}\tilde{\boldsymbol{\delta}}\end{aligned}\tag{4.1.8}$$

其中

$$\boldsymbol{\sigma}_{\mathbf{xy}}\equiv\begin{bmatrix}\mathrm{E}(\mathbf{x}_{i1}\cdot y_{i1})\\ \vdots\\ \mathrm{E}(\mathbf{x}_{iM}\cdot y_{iM})\end{bmatrix},\ \boldsymbol{\Sigma}_{\mathbf{xz}}\equiv\begin{bmatrix}\mathrm{E}(\mathbf{x}_{i1}\mathbf{z}_{i1}') & & \\ & \ddots & \\ & & \mathrm{E}(\mathbf{x}_{iM}\mathbf{z}_{iM}')\end{bmatrix}\tag{4.1.9}$$

（式（4.1.8）中的第三个等式可由附录 A 中关于分块矩阵乘法的公式（A.4）得到。）因此，决定 $\tilde{\boldsymbol{\delta}}$ 的方程组可以写为：

$$\boldsymbol{\Sigma}_{\mathbf{xz}}\tilde{\boldsymbol{\delta}}=\sigma_{\mathbf{xy}}\tag{4.1.10}$$

这在形式上与单一方程情况中决定 $\tilde{\boldsymbol{\delta}}$ 的方程组（3.3.4）是相同的。

那么，从单一方程情况识别的讨论中可以得到这样的结论：识别的充要条件是 $\boldsymbol{\Sigma}_{\mathbf{xz}}$ 是列满秩的。而且，由于 $\boldsymbol{\Sigma}_{\mathbf{xz}}$是分块对角阵，所以这个条件等价于：

假设 4.4（识别的秩条件）：对于每个 $m(=1,\ 2,\ \cdots,\ M)$，$\mathrm{E}(\mathbf{x}_{im}\mathbf{z}_{im}')(K_m\times L_m)$ 是列满秩的。

识别条件变成这种情况的原因应该还是非常清楚的。当且仅当每个系数向量 $\boldsymbol{\delta}_m$ 被唯一地决定时，我们才能够唯一地决定所有的系数向量（$\boldsymbol{\delta}_1$，…，$\boldsymbol{\delta}_M$），每一系数向量 $\boldsymbol{\delta}_m$ 被唯一地决定这种情况当且仅当假设 3.4 对每一个方程都成立时才会出现。这个秩条件之所以是这样的，只是因为不存在跨方程的限制条件。当系数被假设为在方程之间是相同的时候，这样的识别问题将在 4.6 节讨论。

□ 渐近正态性的假设

正如在单方程估计中一样，对于渐近正态性，正交条件需要强化：

假设 4.5（$\mathbf{g}_i$ 是一个具有有限二阶矩的鞅差分序列）：$\{\mathbf{g}_i\}$ 是一个联合鞅差分序列。$\mathrm{E}(\mathbf{g}_i\mathbf{g}_i')$ 是非奇异的。

我们在上面所做的关于联合遍历平稳性的同一注释也适用于此：这个假设比要求对每个方程都相同还强。正如在前面的章节中那样，我们利用符号 $\mathbf{S}$ 来表示 $\mathrm{Avar}(\bar{\mathbf{g}})$ 这个 $\bar{\mathbf{g}}$ 的渐近方差（即 $\sqrt{n}\bar{\mathbf{g}}$ 的有限分布的方差）。根据平稳和遍历鞅差分序列的 CLT（参看 2.2 节），它等于 $\mathrm{E}(\mathbf{g}_i\mathbf{g}_i')$。它具有以下分块结构：

$$\underset{\left(\sum_{m=1}^{M}K_m\times\sum_{m=1}^{M}K_m\right)}{\mathbf{S}=\mathrm{E}(\mathbf{g}_i\mathbf{g}_i')}=\begin{bmatrix}\mathrm{E}(\varepsilon_{i1}\varepsilon_{i1}\mathbf{x}_{i1}\mathbf{x}_{i1}') & \cdots & \mathrm{E}(\varepsilon_{i1}\varepsilon_{iM}\mathbf{x}_{i1}\mathbf{x}_{iM}')\\ \vdots & & \vdots\\ \mathrm{E}(\varepsilon_{iM}\varepsilon_{i1}\mathbf{x}_{iM}\mathbf{x}_{i1}') & \cdots & \mathrm{E}(\varepsilon_{iM}\varepsilon_{iM}\mathbf{x}_{iM}\mathbf{x}_{iM}')\end{bmatrix}\tag{4.1.11}$$

也就是说，$\mathbf{S}$ 的（m，h）块是 $\mathrm{E}(\varepsilon_{im}\varepsilon_{ih}\mathbf{x}_{im}\mathbf{x}_{ih}')$（$m$，$h=1$，2，…，$M$）。

总之，多方程模型是一个方程组，其中我们为单方程模型所做的假设也适用于每一个方程，此外还要在适当的地方加上联合性（比如联合平稳性）的条件。

□ 与“完全”联立方程组之间的联系

在大部分其他教科书中给出的多方程模型，被称为“完全”联立方程组，这需要在我们的模型上再加上更多假设。那些新增的假设对于发展多方程 GMM 而言并不是必需的，但是如果读者对它们感到好奇，就可以在这个交汇点上先绕到 8.5 节的前两个小节去了解一下。

4.2 定义多方程 GMM

对于多方程而言 GMM 估计量的推导也可以通过和单方程情况非常相似的方法来进行。令 $\tilde{\boldsymbol{\delta}}$ 为真实参数向量 $\boldsymbol{\delta}$ 的假设值，并根据式（3.4.1）来定义 $\mathbf{g}_n(\tilde{\boldsymbol{\delta}})$。只要加权矩阵 $\widehat{\mathbf{W}}$ 是现在的 $\sum_m K_m\times\sum_m K_m$，GMM 估计量的这个定义就和式（3.4.5）是相同的。在前一节中，我们能够将多方程的 $\mathrm{E}[\mathbf{g}(\mathbf{w}_i;\tilde{\boldsymbol{\delta}})]$ 改写为 $\tilde{\boldsymbol{\delta}}$ 的一个线性函数（参看式（4.1.8））。对于样本类似项 $\mathbf{g}_n(\tilde{\boldsymbol{\delta}})$，我们也可以同样处理：

$$\underset{\left(\sum_{m=1}^{M}K_m\times 1\right)}{\mathbf{g}_n(\tilde{\boldsymbol{\delta}})}=\begin{bmatrix}\dfrac{1}{n}\displaystyle\sum_{i=1}^{n}\mathbf{x}_{i1}\cdot(y_{i1}-\mathbf{z}_{i1}'\tilde{\boldsymbol{\delta}}_1)\\ \vdots\\ \dfrac{1}{n}\displaystyle\sum_{i=1}^{n}\mathbf{x}_{iM}\cdot(y_{iM}-\mathbf{z}_{iM}'\tilde{\boldsymbol{\delta}}_M)\end{bmatrix}$$

$$
= \begin{bmatrix} \frac{1}{n}\sum_{i=1}^{n} \mathbf{x}_{i1} \cdot y_{i1} \\ \vdots \\ \frac{1}{n}\sum_{i=1}^{n} \mathbf{x}_{iM} \cdot y_{iM} \end{bmatrix} - \begin{bmatrix} \frac{1}{n}\sum_{i=1}^{n} \mathbf{x}_{i1} \mathbf{z}'_{i1} \tilde{\boldsymbol{\delta}}_1 \\ \vdots \\ \frac{1}{n}\sum_{i=1}^{n} \mathbf{x}_{iM} \mathbf{z}'_{iM} \tilde{\boldsymbol{\delta}}_M \end{bmatrix}
$$

$$
= \begin{bmatrix} \frac{1}{n}\sum_{i=1}^{n} \mathbf{x}_{i1} \cdot y_{i1} \\ \vdots \\ \frac{1}{n}\sum_{i=1}^{n} \mathbf{x}_{iM} \cdot y_{iM} \end{bmatrix} - \begin{bmatrix} \frac{1}{n}\sum_{i=1}^{n} \mathbf{x}_{i1} \mathbf{z}'_{i1} & & \\ & \ddots & \\ & & \frac{1}{n}\sum_{i=1}^{n} \mathbf{x}_{iM} \mathbf{z}'_{iM} \end{bmatrix} \begin{bmatrix} \tilde{\boldsymbol{\delta}}_1 \\ \vdots \\ \tilde{\boldsymbol{\delta}}_M \end{bmatrix}
$$

$$
\equiv \mathbf{s_{xy}} - \mathbf{S_{xz}} \tilde{\delta} \qquad (4.2.1)
$$

其中，

$$
\mathbf{s_{xy}} \equiv \begin{bmatrix} \frac{1}{n}\sum_{i=1}^{n} \mathbf{x}_{i1} \cdot y_{i1} \\ \vdots \\ \frac{1}{n}\sum_{i=1}^{n} \mathbf{x}_{iM} \cdot y_{iM} \end{bmatrix}, \mathbf{S_{xz}} \equiv \begin{bmatrix} \frac{1}{n}\sum_{i=1}^{n} \mathbf{x}_{i1} \mathbf{z}'_{i1} & & \\ & \ddots & \\ & & \frac{1}{n}\sum_{i=1}^{n} \mathbf{x}_{iM} \mathbf{z}'_{iM} \end{bmatrix} \qquad (4.2.2)
$$

我们再一次看到，这在形式上和单方程情况中对 $\mathbf{g}_n(\boldsymbol{\delta})$ 的表达是相同的。

可以得出这样的结论：3.4 节关于 GMM 估计量的推导的结论也适用于多方程情形。特别地，完全可以复制式（3.4.8）和式（3.4.11）的结论，

多方程 GMM 估计量：$\hat{\boldsymbol{\delta}}(\hat{\mathbf{W}}) = (\mathbf{S}'_{\mathbf{xz}} \hat{\mathbf{W}} \mathbf{S_{xz}})^{-1} \mathbf{S}'_{\mathbf{xz}} \hat{\mathbf{W}} \mathbf{s_{xy}}$ （4.2.3）

其抽样误差：$\hat{\boldsymbol{\delta}}(\hat{\mathbf{W}}) - \boldsymbol{\delta} = (\mathbf{S}'_{\mathbf{xz}} \hat{\mathbf{W}} \mathbf{S_{xz}})^{-1} \mathbf{S}'_{\mathbf{xz}} \hat{\mathbf{W}} \bar{\mathbf{g}}$ （4.2.4）

多方程 GMM 公式本身的特征如下：(i) 正如式（4.2.2）中一样，$\mathbf{s_{xy}}$ 是一个叠加向量；(ii) 如式（4.2.2）中一样，$\mathbf{S_{xz}}$ 是一个分块对角矩阵；(iii) 相应地，加权矩阵 $\hat{\mathbf{W}}$ 的大小为 $\sum_m K_m \times \sum_m K_m$；(iv) 式（4.2.4）中的 $\bar{\mathbf{g}}$（$\mathbf{g}_i$ 的样本均值）是下面这个叠加向量：

$$
\bar{\mathbf{g}} \equiv \frac{1}{n}\sum_{i=1}^{n} \mathbf{g}_i = \begin{bmatrix} \frac{1}{n}\sum_{i=1}^{n} \mathbf{x}_{i1} \cdot \varepsilon_{i1} \\ \vdots \\ \frac{1}{n}\sum_{i=1}^{n} \mathbf{x}_{iM} \cdot \varepsilon_{iM} \end{bmatrix} = \mathbf{g}_n(\boldsymbol{\delta}) \qquad (4.2.5)
$$

当明确考虑这些独有特征时，有必要改写多方程 GMM 公式（4.2.3）。如果 $\hat{\mathbf{W}}_{mh}$（$K_m \times K_h$）是 $\hat{\mathbf{W}}$（$m, h = 1, 2, \cdots, M$）的第（m, h）个分块，那么式（4.2.3）可以完整地写出如下：

$$
\hat{\boldsymbol{\delta}}(\hat{\mathbf{W}})=\begin{bmatrix}\hat{\boldsymbol{\delta}}_1(\hat{\mathbf{W}})\\ \vdots \\ \hat{\boldsymbol{\delta}}_M(\hat{\mathbf{W}})\end{bmatrix}=\left(\begin{bmatrix}\frac{1}{n}\sum_{i=1}^{n}\mathbf{z}_{i1}\mathbf{x}_{i1}' & & \\ & \ddots & \\ & & \frac{1}{n}\sum_{i=1}^{n}\mathbf{z}_{iM}\mathbf{x}_{iM}'\end{bmatrix}\begin{bmatrix}\hat{\mathbf{W}}_{11} & \cdots & \hat{\mathbf{W}}_{1M}\\ \vdots & & \vdots \\ \hat{\mathbf{W}}_{M1} & \cdots & \hat{\mathbf{W}}_{MM}\end{bmatrix}\right.
$$

$$
\left.\begin{bmatrix}\frac{1}{n}\sum_{i=1}^{n}\mathbf{x}_{i1}\mathbf{z}_{i1}' & & \\ & \ddots & \\ & & \frac{1}{n}\sum_{i=1}^{n}\mathbf{x}_{iM}\mathbf{z}_{iM}'\end{bmatrix}\right)^{-1}
$$

$$
\begin{bmatrix}\frac{1}{n}\sum_{i=1}^{n}\mathbf{z}_{i1}\mathbf{x}_{i1}' & & \\ & \ddots & \\ & & \frac{1}{n}\sum_{i=1}^{n}\mathbf{z}_{iM}\mathbf{x}_{iM}'\end{bmatrix}\begin{bmatrix}\hat{\mathbf{W}}_{11} & \cdots & \hat{\mathbf{W}}_{1M}\\ \vdots & & \vdots \\ \hat{\mathbf{W}}_{M1} & \cdots & \hat{\mathbf{W}}_{MM}\end{bmatrix}\begin{bmatrix}\frac{1}{n}\sum_{i=1}^{n}\mathbf{x}_{i1}\cdot y_{i1}\\ \vdots \\ \frac{1}{n}\sum_{i=1}^{n}\mathbf{x}_{iM}\cdot y_{iM}\end{bmatrix}
$$

$$
=\begin{bmatrix}\left(\frac{1}{n}\sum_{i=1}^{n}\mathbf{z}_{i1}\mathbf{x}_{i1}'\right)\hat{\mathbf{W}}_{11}\left(\frac{1}{n}\sum_{i=1}^{n}\mathbf{x}_{i1}\mathbf{z}_{i1}'\right) & \cdots & \left(\frac{1}{n}\sum_{i=1}^{n}\mathbf{z}_{i1}\mathbf{x}_{i1}'\right)\hat{\mathbf{W}}_{1M}\left(\frac{1}{n}\sum_{i=1}^{n}\mathbf{x}_{iM}\mathbf{z}_{iM}'\right)\\ \left(\frac{1}{n}\sum_{i=1}^{n}\mathbf{z}_{iM}\mathbf{x}_{iM}'\right)\hat{\mathbf{W}}_{M1}\left(\frac{1}{n}\sum_{i=1}^{n}\mathbf{x}_{i1}\mathbf{z}_{i1}'\right) & \cdots & \left(\frac{1}{n}\sum_{i=1}^{n}\mathbf{z}_{iM}\mathbf{x}_{iM}'\right)\hat{\mathbf{W}}_{MM}\left(\frac{1}{n}\sum_{i=1}^{n}\mathbf{x}_{iM}\mathbf{z}_{iM}'\right)\end{bmatrix}^{-1}
$$

$$
\begin{bmatrix}\left(\frac{1}{n}\sum_{i=1}^{n}\mathbf{z}_{i1}\mathbf{x}_{i1}'\right)\hat{\mathbf{W}}_{11}\left(\frac{1}{n}\sum_{i=1}^{n}\mathbf{x}_{i1}y_{i1}'\right)+\cdots+\left(\frac{1}{n}\sum_{i=1}^{n}\mathbf{z}_{i1}\mathbf{x}_{i1}'\right)\hat{\mathbf{W}}_{1M}\left(\frac{1}{n}\sum_{i=1}^{n}\mathbf{x}_{iM}y_{iM}'\right)\\ \vdots \\ \left(\frac{1}{n}\sum_{i=1}^{n}\mathbf{z}_{iM}\mathbf{x}_{iM}'\right)\hat{\mathbf{W}}_{M1}\left(\frac{1}{n}\sum_{i=1}^{n}\mathbf{x}_{i1}y_{i1}\right)+\cdots+\left(\frac{1}{n}\sum_{i=1}^{n}\mathbf{z}_{iM}\mathbf{x}_{iM}'\right)\hat{\mathbf{W}}_{MM}\left(\frac{1}{n}\sum_{i=1}^{n}\mathbf{x}_{iM}y_{iM}\right)\end{bmatrix}
\tag{4.2.6}
$$

这里使用了关于矩阵分块的附录中的式（A.6）和式（A.7）。如果你发现涉及的运算太多了，那么直接设定 $M=2$ 即可。

4.3 大样本理论

单方程 GMM 的大样本理论在命题 3.1 至命题 3.8 中给出过。把它转换到多方程模型中不过是举手之劳。只要 $\boldsymbol{\delta}$，$\boldsymbol{\Sigma}_{\mathbf{xz}}$，$\mathbf{S}$，$\mathbf{g}_i$，$\mathbf{s}_{\mathbf{xy}}$ 和 $\mathbf{S}_{\mathbf{xz}}$ 如前面的章节所定义的那样，而且"假设 3.×"由"假设 4.×"所取代，对于多方程模型而言，命题 3.1、命题 3.3 和命题 3.5 至命题 3.8 就仍然有效。对于它们的解释，还需要略作评论。

• （假设检验）在当前这个多方程的例子里，$\boldsymbol{\delta}$ 是一个叠加向量，它由不同方程的系数构成。引入关于多方程假设检验的命题 3.3 和命题 3.8，说明我们能检验跨方程限制条件。

例 4.2（续）：

对于两年的两方程工资方程组而言，叠加系数向量 $\boldsymbol{\delta}$ 为：

$$\boldsymbol{\delta}=(\phi_1,\beta_1,\gamma_1,\pi_1,\phi_2,\beta_2,\gamma_2,\pi_2)'$$

检验 H_0：$\beta_1=\beta_2$ 和 $\pi_1=\pi_2$ 会很有意义，这就是检验学校教育和工作检验的溢价是否随时间推移而保持稳定。这个假说可以写为 $\mathbf{R}\boldsymbol{\delta}=\mathbf{r}$，其中：

$$\mathbf{R}=\begin{bmatrix}0&1&0&0&0&-1&0&0\\0&0&0&1&0&0&0&-1\end{bmatrix},\ \mathbf{r}=\begin{bmatrix}0\\0\end{bmatrix}$$

非线性跨方程限制条件也可以被检验；只是要使用命题 3.3 或命题 3.8 的（c）部分。

- （对过度识别限制条件的检验）正交条件的数目为 $\sum_m K_m$，而系数的数目为 $\sum_m L_m$。相应地，命题 3.6 中的 J 统计量的自由度为 $\sum_m K_m-\sum_m L_m$，命题 3.7 中的 C 统计量的自由度为不同方程的受质疑的工具变量的总数目。

命题 3.2 不能运用于多方程，但对它如何改造也是一目了然的。

命题 4.1（跨方程同期误差矩的一致估计）： 令 $\hat{\boldsymbol{\delta}}_m$ 为 $\boldsymbol{\delta}_m$ 的一致估计量，令 $\hat{\varepsilon}_{im}\equiv y_{im}-\mathbf{z}_{im}'\hat{\boldsymbol{\delta}}_m$ 为残差，$m=1$，2，…，M。在假设 4.1 和假设 4.2 下，再加上对所有的 m、h（$=1$，2，…，M）$\mathrm{E}(\mathbf{z}_{im}\mathbf{z}_{ih}')$ 存在且有限的假设，有：

$$\hat{\sigma}_{mh}\xrightarrow[\mathrm{p}]{}\sigma_{mh}\tag{4.3.1}$$

其中：

$$\hat{\sigma}_{mh}\equiv\frac{1}{n}\sum_{i=1}^{n}\hat{\varepsilon}_{im}\hat{\varepsilon}_{ih},\quad \sigma_{mh}=\mathrm{E}(\varepsilon_{im}\varepsilon_{ih})$$

前提是 $\mathrm{E}(\varepsilon_{im}\varepsilon_{ih})$ 存在且有限。

这个证明和对命题 3.2 的证明非常相类，但是颇为乏味，我们把它留作一道分析性习题。

还剩下关于一致性地估计 $\mathbf{S}$ 的命题 3.4。相应于假设 3.6（有限四阶矩假设）的这个假设为：

假设 4.6（有限四阶矩）： $\mathrm{E}[(x_{imk}\cdot z_{ihj})^2]$ 存在且对所有的 k（$=1$，2，…，K_m），j（$=1$，2，…，L_h），m，h（$=1$，2，…，M）是有限的，其中 x_{imk} 是 $\mathbf{x}_{im}$ 的第 k 个元素，z_{ihj} 是 $\mathbf{z}_{ih}$ 的第 j 个元素。

这个一致性地估计 $\mathbf{S}$ 的公式（3.5.10）的多方程版为：对于 ε_{im} 的某个一致估计值 $\hat{\varepsilon}_{im}$，有：

$$\hat{\mathbf{S}}=\begin{bmatrix}\frac{1}{n}\sum_{i=1}^{n}\hat{\varepsilon}_{i1}\hat{\varepsilon}_{i1}\mathbf{x}_{i1}\mathbf{x}_{i1}' & \cdots & \frac{1}{n}\sum_{i=1}^{n}\hat{\varepsilon}_{i1}\hat{\varepsilon}_{iM}\mathbf{x}_{i1}\mathbf{x}_{iM}'\\ \vdots & & \vdots\\ \frac{1}{n}\sum_{i=1}^{n}\hat{\varepsilon}_{iM}\hat{\varepsilon}_{i1}\mathbf{x}_{iM}\mathbf{x}_{i1}' & \cdots & \frac{1}{n}\sum_{i=1}^{n}\hat{\varepsilon}_{iM}\hat{\varepsilon}_{iM}\mathbf{x}_{iM}\mathbf{x}_{iM}'\end{bmatrix}\tag{4.3.2}$$

命题 4.2（S 的一致估计，$\bar{\mathbf{g}}$ 的渐近方差）：令 $\hat{\boldsymbol{\delta}}_m$ 是 $\boldsymbol{\delta}_m$ 的一个一致估计量，令 $\hat{\varepsilon}_{im} \equiv y_{im} - \mathbf{z}'_{im}\hat{\boldsymbol{\delta}}_m$ 为 $m=1, 2, \cdots, M$ 所给出的残差。在假设 4.1、假设 4.2 和假设 4.6 之下，式（4.3.2）给出的 $\hat{\mathbf{S}}$ 对于 $\mathbf{S}$ 而言是一致的。

我们不再给出证明；证明的方法和对命题 2.4 进行证明时所使用的方法非常相似。

由于对 $\mathbf{S}$ 来说这个 $\hat{\mathbf{S}}$ 是一致的，所以使用 $\hat{\mathbf{S}}^{-1}$ 作为加权矩阵 $\hat{\boldsymbol{\delta}}(\hat{\mathbf{S}}^{-1})$ 的多方程 GMM 估计量是具有最小渐近方差的有效多方程 GMM 估计量。渐近方差及其一致估计量的公式为式（3.5.13）和式（3.5.14），为了方便，我们把它们写出如下：

$$\text{Avar}(\hat{\boldsymbol{\delta}}(\hat{\mathbf{S}}^{-1})) = (\boldsymbol{\Sigma}'_{\mathbf{xz}}\mathbf{S}^{-1}\boldsymbol{\Sigma}_{\mathbf{xz}})^{-1} \tag{4.3.3}$$

$$\widehat{\text{Avar}(\hat{\boldsymbol{\delta}}(\hat{\mathbf{S}}^{-1}))} = (\mathbf{S}'_{\mathbf{xz}}\hat{\mathbf{S}}^{-1}\mathbf{S}_{\mathbf{xz}})^{-1} \tag{4.3.4}$$

总结一下，与多方程 GMM 相关联的特征是：$\boldsymbol{\Sigma}_{\mathbf{xz}}$ 是由式（4.1.9）给出的分块对角矩阵，$\mathbf{S}$ 由式（4.1.11）给出，$\mathbf{s}_{\mathbf{xy}}$ 和 $\mathbf{S}_{\mathbf{xz}}$ 由式（4.2.2）给出，而 $\hat{\mathbf{S}}$ 由式（4.3.2）给出。对于初始的估计量 $\hat{\boldsymbol{\delta}}_m$，需要计算 $\hat{\varepsilon}_{im}$ 和 $\hat{\mathbf{S}}$，我们可以使用 FIVE 估计量（下面会给出）或分别应用于每个方程的有效单方程 GMM。当然，只要它是一致的，对初始估计量的选择就不会影响有效 GMM 估计量的渐近分布。

表 4－1 概括了本章到目前为止的这些结论。

表 4－1　单方程形式下的多方程 GMM

正交条件的样本对应：$\mathbf{g}_n(\tilde{\boldsymbol{\delta}}) = \mathbf{s}_{\mathbf{xy}} - \mathbf{S}_{\mathbf{xz}}\tilde{\boldsymbol{\delta}} = \mathbf{0}$

GMM 估计量：$\hat{\boldsymbol{\delta}}(\hat{\mathbf{W}}) = (\mathbf{S}'_{\mathbf{xz}}\hat{\mathbf{W}}\mathbf{S}_{\mathbf{xz}})^{-1}\mathbf{S}'_{\mathbf{xz}}\hat{\mathbf{W}}\mathbf{s}_{\mathbf{xy}}$

其抽样误差：$\hat{\boldsymbol{\delta}}(\hat{\mathbf{W}}) - \boldsymbol{\delta} = (\mathbf{S}'_{\mathbf{xz}}\hat{\mathbf{W}}\mathbf{S}_{\mathbf{xz}})^{-1}\mathbf{S}'_{\mathbf{xz}}\hat{\mathbf{W}}\bar{\mathbf{g}}$

最优 GMM 的渐近方差：$\text{Avar}(\hat{\boldsymbol{\delta}}(\hat{\mathbf{S}}^{-1})) = (\boldsymbol{\Sigma}'_{\mathbf{xz}}\mathbf{S}^{-1}\boldsymbol{\Sigma}_{\mathbf{xz}})^{-1}$

其估计量：$\widehat{\text{Avar}(\hat{\boldsymbol{\delta}}(\hat{\mathbf{S}}^{-1}))} = (\mathbf{S}'_{\mathbf{xz}}\hat{\mathbf{S}}^{-1}\mathbf{S}_{\mathbf{xz}})^{-1}$

J 统计量：$J(\hat{\boldsymbol{\delta}}(\hat{\mathbf{S}}^{-1}), \hat{\mathbf{S}}^{-1}) \equiv n \cdot \mathbf{g}_n(\hat{\boldsymbol{\delta}}(\hat{\mathbf{S}}^{-1}))'\hat{\mathbf{S}}^{-1}\mathbf{g}_n(\hat{\boldsymbol{\delta}}(\hat{\mathbf{S}}^{-1}))$

	应用于所讨论方程的单方程 GMM	多方程 GMM
$\mathbf{g}_i$	$\mathbf{x}_i \cdot \varepsilon_i$	式（4.1.4）
$\boldsymbol{\delta}$	$\boldsymbol{\delta}$	式（4.1.6）
$\mathbf{s}_{\mathbf{xy}}$	$\frac{1}{n}\sum_{i=1}^{n}\mathbf{x}_i \cdot y_i$	式（4.2.2）
$\mathbf{S}_{\mathbf{xz}}$	$\frac{1}{n}\sum_{i=1}^{n}\mathbf{x}_i\mathbf{z}'_i$	式（4.2.2）
$\mathbf{W}$ 的规模	$K \times K$	$\sum_m K_m \times \sum_m K_m$
$\boldsymbol{\Sigma}_{\mathbf{xz}}$	$E(\mathbf{x}_i\mathbf{z}'_i)$	式（4.1.9）
$\mathbf{S}(\equiv \text{Avar}(\bar{\mathbf{g}}))$	$E(\varepsilon_i^2\mathbf{x}_i\mathbf{x}'_i)$	式（4.1.11）
$\hat{\mathbf{S}}$	$\frac{1}{n}\sum_{i=1}^{n}\hat{\varepsilon}_i^2\mathbf{x}_i\mathbf{x}'_i$	式（4.3.2）
在哪些假设下估计量是一致的?	假设 3.1 至假设 3.4	假设 4.1 至假设 4.4

续表

	应用于所讨论方程的单方程 GMM	多方程 GMM
在哪些假设下估计量是渐近正态的?	假设 3.1 至假设 3.5	假设 4.1 至假设 4.5
在哪些条件下 $\hat{\mathbf{S}} \to_{\mathrm{p}} \mathbf{S}$?	假设 3.1，假设 3.2，假设 3.6，$\mathrm{E}(\mathbf{g}_i\mathbf{g}_i')$ 有限	假设 4.1，假设 4.2，假设 4.6，$\mathrm{E}(\mathbf{g}_i\mathbf{g}_i')$ 有限
J 的自由度	$K-L$	$\sum_m(K_m-L_m)$

4.4 单方程估计与多方程估计

有一个关于多方程 GMM 的显而易见的替代，它联合估计叠加系数向量 $\boldsymbol{\delta}(\sum_m L_m \times 1)$，那就是将单方程 GMM 分别应用于每个方程，然后将估计系数叠加。如果第 m 个方程的单方程 GMM 中的加权矩阵是 $\hat{\mathbf{W}}_{mm}(K_m \times K_m)$，那么叠加系数向量 $\boldsymbol{\delta}$ 的最终逐方程 GMM 估计量可以写成由式（4.2.3）给出的多方程 GMM 估计量 $\hat{\boldsymbol{\delta}}(\hat{\mathbf{W}})$，其中 $\sum_m K_m \times \sum_m K_m$ 加权矩阵 $\hat{\mathbf{W}}$ 是一个分块对角矩阵，其第 m 个分块为 $\hat{\mathbf{W}}_{mm}$：

$$\hat{\mathbf{W}} = \begin{bmatrix} \hat{\mathbf{W}}_{11} & & \\ & \ddots & \\ & & \hat{\mathbf{W}}_{MM} \end{bmatrix} \tag{4.4.1}$$

这是因为 $\mathbf{S}_{\mathbf{xz}}(\sum_m K_m \times \sum_m L_m)$ 和 $\hat{\mathbf{W}}$ 都是分块对角阵。（读者应该把 $\mathbf{S}_{\mathbf{xz}}$ 的表达式（4.2.2）以及 $\hat{\mathbf{W}}$ 的表达式（4.4.1）代入式（4.2.3），以验证 $\mathbf{S}_{\mathbf{xz}}'\hat{\mathbf{W}}\mathbf{S}_{\mathbf{xz}}$，并使用附录 A 的式（A.5）和式（A.9）得到 $(\mathbf{S}_{\mathbf{xz}}'\hat{\mathbf{W}}\mathbf{S}_{\mathbf{xz}})^{-1}\mathbf{S}_{\mathbf{xz}}'\hat{\mathbf{W}}$ 是分块对角阵。如果可以变得更容易些，可以设 $M=2$。）

因此，叠加系数向量 $\boldsymbol{\delta}$ 的多方程 GMM 和逐方程 GMM 估计之间的差别在于对 $\sum_m K_m \times \sum_m K_m$ 加权矩阵 $\hat{\mathbf{W}}$ 的选取上。换句话说，逐方程 GMM 就是一个特殊的多方程 GMM。

□ 何时它们“等价”？

正如在第 3 章所见，如果方程适度地得到识别，那么对加权矩阵 $\hat{\mathbf{W}}$ 的选择就不会有什么影响，因为 GMM 估计量无论选择何种 $\hat{\mathbf{W}}$，在数值上都等于那个 IV 估计量。对于多方程 GMM 而言，这一点同样成立：如果该方程组的每一个方程都被适度地得到识别，使得对于所有 m 有 $L_m=K_m$，那么 GMM 公式（4.2.3）中的 $\mathbf{S}_{\mathbf{xz}}$ 就是一个方阵，对 $\hat{\mathbf{W}}$ 的任一选择的 GMM 估计量就变成了多方程 IV 估计量 $\mathbf{S}_{\mathbf{xz}}^{-1}\mathbf{s}_{\mathbf{xy}}$（而且，由于 $\mathbf{S}_{\mathbf{xz}}$ 是分块对角阵，所以该估计量正好是单方程 IV 估计量的合集）。

另外，如果至少这 M 个方程中有一个是过度识别的，那么对 $\hat{\mathbf{W}}(\sum_m K_m \times \sum_m K_m)$ 的选择就会影响 GMM 估计量的数值。我们来看 $\boldsymbol{\delta}(\sum_m L_m \times 1)$ 的有效逐方程 GMM 估计量，其中每一个方程都由具有一个 $\hat{\mathbf{W}}_{mm}(m=1, 2, \cdots, M)$ 的最优选择的有效单方程 GMM 予以估计。它和这个有效多方程 GMM 一样有效吗？逐方程估计量可以被写为 $\hat{\boldsymbol{\delta}}(\hat{\mathbf{W}})$，其中 $\sum_m K_m \times \sum_m K_m$ 分块对角加权矩阵 $\hat{\mathbf{W}}$ 满足：

$$\underset{n\to\infty}{\text{plim}}\hat{\mathbf{W}}=\begin{bmatrix}(\mathrm{E}(\varepsilon_{i1}^2\mathbf{x}_{i1}\mathbf{x}_{i1}'))^{-1} & & \\ & \ddots & \\ & & (\mathrm{E}(\varepsilon_{iM}^2\mathbf{x}_{iM}\mathbf{x}_{iM}'))^{-1}\end{bmatrix} \tag{4.4.2}$$

由于这个 plim 不必然等于 $\mathbf{S}^{-1}$（除非下面的式（4.4.3）成立），所以该估计量一般不如有效多方程 GMM 估计量 $\hat{\boldsymbol{\delta}}(\hat{\mathbf{S}}^{-1})$ 有效，其中 $\hat{\mathbf{S}}$ 是 $\mathbf{S}$ 的一个一致估计量。但如果这些方程是在以下意义上“无关联的”①：

$$\text{对于所有的 } m\neq h(=1,2,\cdots,M),\ \mathrm{E}(\varepsilon_{im}\varepsilon_{ih}\mathbf{x}_{im}\mathbf{x}_{ih}')=\mathbf{0} \tag{4.4.3}$$

$\mathbf{S}$ 就变成了分块对角阵，而且对于如上所定义的加权矩阵 $\hat{\mathbf{W}}$ 而言，有 plim $\hat{\mathbf{W}}=\mathbf{S}^{-1}$。由于在这种情况下 $\hat{\mathbf{W}}-\hat{\mathbf{S}}^{-1}\to_p\mathbf{0}$，所以我们有（正如在 3.5 节的复习题 3 中所证明的那样）：

$$\sqrt{n}\hat{\boldsymbol{\delta}}(\hat{\mathbf{W}})-\sqrt{n}\hat{\boldsymbol{\delta}}(\hat{\mathbf{S}}^{-1})\xrightarrow[p]{}\mathbf{0}$$

那么，从引理 2.4（a）可得，$\hat{\boldsymbol{\delta}}(\hat{\mathbf{W}})$ 的渐近分布和 $\hat{\boldsymbol{\delta}}(\hat{\mathbf{S}}^{-1})$ 的渐近分布是相同的，所以有效逐方程 GMM 估计量是一个有效的多方程 GMM 估计量。

我们总结一下到目前为止的讨论：

命题 4.3（单方程和多方程 GMM 之间的等价性）：

（a）如果所有方程都是恰当识别的，那么逐方程 GMM 和多方程 GMM 在数值上相同，且等于其 IV 估计量。

（b）如果至少一个方程是过度识别的，而且这些方程在式（4.4.3）的意义上“无关”，那么有效逐方程 GMM 和有效多方程 GMM 是渐近等价的，因为 $\sqrt{n}$ 乘以这个差值依概率收敛到零。

对于这样两种情况而言，并不能从联合估计中获益更多。进一步而言，如果先验地知道这些方程“无关”，那么逐方程估计应该更受偏爱，因为通过要求 $\hat{\mathbf{W}}$ 非对角线上的分块都等于零（这是逐方程估计必然产生的结果）而利用这一先验知识，极可能提高该估计量的有限样本性质。

□ 联合估计可能会有危害

除去情况（a）和（b）之外，联合估计是渐近地更为有效的。即便你感兴趣的是估计一个特定的方程（比如说例 4.1 中的 LW 方程），你也总能通过将它与某些其他方程

① 在条件同方差性之下，这个条件可以变成更熟悉的条件 $\mathrm{E}(\varepsilon_{im}\varepsilon_{ih})=0$。参看下一节。

结合而获得渐近效率（不过，可参看分析性习题 10 来找到一个即便增添的方程并非无关，联合估计仍导致无效率的例子）。

不过，有些注意事项还是要做说明。首先，所讨论的方程的系数估计值的小样本性质在没有联合估计条件时可能会更好。其次，该渐近结论预先假定该模型是**正确设定**（correctly specified）的，也就是说，所有这些模型假设都被满足。如果该模型是错误设定的，单方程和多方程 GMM 甚至不能确保是一致的。而且，误设的可能性随着将新的方程添入方程组而增加。

为了阐明第二点，假定假设 4.3 不成立，因为仅对第 M 个方程正交条件不成立：$\mathrm{E}(\mathbf{x}_{iM}\cdot\varepsilon_{iM})\neq\mathbf{0}$。例如，如果该方程遗漏了一个本该作为回归元而被纳入的变量，这种情况就会出现。为了看到这为所有方程带来了可能的不一致结果，我们检验一下式（4.2.4）来看看抽样误差，其中 $\bar{\mathbf{g}}$ 由式（4.2.5）给出。$\mathrm{plim}_{n\to\infty}\bar{\mathbf{g}}$ 的第 M 个分块不为零。由于在遍历平稳性下 $\mathrm{plim}\mathbf{S}_{\mathbf{xz}}=\boldsymbol{\Sigma}_{\mathbf{xz}}$，而且根据假设有 $\mathrm{plim}\ \widehat{\mathbf{W}}=\mathbf{W}$，所以渐近偏误为：

$$\underset{n\to\infty}{\mathrm{plim}}\ \hat{\boldsymbol{\delta}}(\widehat{\mathbf{W}})-\boldsymbol{\delta}=(\boldsymbol{\Sigma}_{\mathbf{xz}}'\mathbf{W}\boldsymbol{\Sigma}_{\mathbf{xz}})^{-1}\boldsymbol{\Sigma}_{\mathbf{xz}}'\mathbf{W}\begin{bmatrix}\mathbf{0}\\ \vdots\\ \mathbf{0}\\ \mathrm{E}(\mathbf{x}_{iM}\cdot\varepsilon_{iM})\end{bmatrix}\tag{4.4.4}$$

在有效多方程 GMM 中，W——因之 $(\boldsymbol{\Sigma}_{\mathbf{xz}}'\mathbf{W}\boldsymbol{\Sigma}_{\mathbf{xz}})^{-1}\boldsymbol{\Sigma}_{\mathbf{xz}}'\mathbf{W}$——并不总是分块对角的，所以 $\mathrm{plim}_{n\to\infty}\ \hat{\boldsymbol{\delta}}(\widehat{\mathbf{W}})-\boldsymbol{\delta}$ 的任意一个元素都可能不为零。即便对那些我们感兴趣的没有误设问题的方程的系数而言，渐近偏误可能也不为零。也就是说，在联合估计中，由于局部的误设而导致的偏误损害了该方程组的其他部分。这个问题对于逐方程 GMM 来说则不会出现，因为它将 $\widehat{\mathbf{W}}$ 限制成了分块对角阵。

复习题

1. 通过适当规定式（4.4.1）中的 $\widehat{\mathbf{W}}_{mm}$，以式（4.2.3）的形式表达逐方程 2SLS 估计量。【答案：$\widehat{\mathbf{W}}_{mm}=\left(\frac{1}{n}\sum_{i=1}^{n}\mathbf{x}_{im}\mathbf{x}_{im}'\right)^{-1}$。】

4.5 多方程 GMM 的特殊情况：FIVE、3SLS 和 SUR

□ 条件同方差性

在条件同方差性下，我们可以很容易地推导出很多重要的估计量，这些估计量都是多方程 GMM 的特殊情况。条件同方差性的多方程表达即：

假设 4.7（条件同方差性）：

对于所有的 m，$h=1, 2, \cdots, M$ 有：

$$\mathrm{E}(\varepsilon_{im}\varepsilon_{ih} \mid \mathbf{x}_{im}, \mathbf{x}_{ih}) = \sigma_{mh}$$

那么，根据总期望法则，这个无条件交叉矩 $\mathrm{E}(\varepsilon_{im}\varepsilon_{ih})$ 就等于 σ_{mh}。很容易证明下式：

$$\begin{aligned}
&\text{式(4.1.11)中的 }\mathrm{E}(\mathbf{g}_i\mathbf{g}_i')\text{ 的第}(m,h)\text{个分块} \\
&= \mathrm{E}(\varepsilon_{im}\varepsilon_{ih}\mathbf{x}_{im}\mathbf{x}_{ih}') \\
&= \mathrm{E}[\mathrm{E}(\varepsilon_{im}\varepsilon_{ih}\mathbf{x}_{im}\mathbf{x}_{ih}' \mid \mathbf{x}_{im}, \mathbf{x}_{ih})] \quad (\text{根据总期望法则}) \\
&= \mathrm{E}[\mathrm{E}(\varepsilon_{im}\varepsilon_{ih} \mid \mathbf{x}_{im}, \mathbf{x}_{ih})\mathbf{x}_{im}\mathbf{x}_{ih}'] \quad (\text{根据条件期望的线性性}) \\
&= \mathrm{E}[\sigma_{mh}\mathbf{x}_{im}\mathbf{x}_{ih}'] \quad (\text{根据条件同方差性}) \\
&= \sigma_{mh}\mathrm{E}(\mathbf{x}_{im}\mathbf{x}_{ih}') \quad (\text{根据期望的线性性})
\end{aligned} \tag{4.5.1}$$

这样一来，式（4.1.11）中的 $\mathbf{S}$ 可以写为：

$$\mathbf{S} = \begin{bmatrix} \sigma_{11}\mathrm{E}(\mathbf{x}_{i1}\mathbf{x}_{i1}') & \cdots & \sigma_{1M}\mathrm{E}(\mathbf{x}_{i1}\mathbf{x}_{iM}') \\ \vdots & & \vdots \\ \sigma_{M1}\mathrm{E}(\mathbf{x}_{iM}\mathbf{x}_{i1}') & \cdots & \sigma_{MM}\mathrm{E}(\mathbf{x}_{iM}\mathbf{x}_{iM}') \end{bmatrix} \tag{4.5.2}$$

由于根据假设 4.5，$\mathbf{S}$ 是有限的，所以这一分解表明对于所有的 m，h（$=1, 2, \cdots, M$），$\mathrm{E}(\mathbf{x}_{im}\mathbf{x}_{ih}')$ 存在且有限。

□ 完全信息工具变量的有效（FIVE）

利用式（4.5.2）表明的四阶矩结构，$\mathbf{S}$ 的估计量为：

$$\hat{\mathbf{S}} = \begin{bmatrix} \hat{\sigma}_{11} \cdot \left(\frac{1}{n}\sum_{i=1}^{n}\mathbf{x}_{i1}\mathbf{x}_{i1}'\right) & \cdots & \hat{\sigma}_{1M} \cdot \left(\frac{1}{n}\sum_{i=1}^{n}\mathbf{x}_{i1}\mathbf{x}_{iM}'\right) \\ \vdots & & \vdots \\ \hat{\sigma}_{M1} \cdot \left(\frac{1}{n}\sum_{i=1}^{n}\mathbf{x}_{iM}\mathbf{x}_{i1}'\right) & \cdots & \hat{\sigma}_{MM} \cdot \left(\frac{1}{n}\sum_{i=1}^{n}\mathbf{x}_{iM}\mathbf{x}_{iM}'\right) \end{bmatrix} \tag{4.5.3}$$

这里，对于 $\boldsymbol{\delta}$ 的某个一致估计量 $\hat{\boldsymbol{\delta}}_m$，

$$\hat{\sigma}_{mh} \equiv \frac{1}{n}\sum_{i=1}^{n}\hat{\varepsilon}_{im}\hat{\varepsilon}_{ih},\ \hat{\varepsilon}_{im} \equiv y_{im} - \mathbf{z}_{im}'\hat{\boldsymbol{\delta}}_m \quad (m, h = 1, 2, \cdots, M) \tag{4.5.4}$$

根据命题 4.1，只要（除假设 4.1 和假设 4.2 之外）$\mathrm{E}(\mathbf{z}_{im}\mathbf{z}_{ih}')$ 是有限的，则 $\hat{\sigma}_{mh} \to_{\mathrm{p}} \sigma_{mh}$。根据遍历平稳性，$\frac{1}{n}\sum_i \mathbf{x}_{im}\mathbf{x}_{ih}'$ 依概率收敛到 $\mathrm{E}(\mathbf{x}_{im}\mathbf{x}_{ih}')$，正如刚才所提及的，它存在且有限。因此，式（4.5.3）对于 $\mathbf{S}$ 来说是一致的，并不需要四阶矩假设（假设 4.6）。

$\boldsymbol{\delta}$ 的 **FIVE 估计量**（FIVE estimator）用 $\hat{\boldsymbol{\delta}}_{\text{FIVE}}$ 表示，即：

$$\hat{\boldsymbol{\delta}}_{\text{FIVE}} \equiv \hat{\boldsymbol{\delta}}(\hat{\mathbf{S}}^{-1})$$

其中 $\hat{\mathbf{S}}$ 由式（4.5.3）给出，利用了条件同方差性。[①] 对于 $\hat{\mathbf{W}}$ 的某个选择而言，作为一

① 这个估计量要归功于 Brundy 和 Jorgenson（1971）。

计量经济学

个多方程 GMM，根据对命题 3.1 的多方程改编，可以知道它是一致且渐近正态的。由于 $\hat{\mathbf{S}}$ 对 $\mathbf{S}$ 来说是一致的，所以根据命题 3.5，该估计量是有效的。这样，我们就证明了以下命题：

命题 4.4（FIVE 的大样本性质）：假定假设 4.1 至假设 4.5 以及假设 4.7 成立。进一步假定 $\mathrm{E}(\mathbf{z}_{im}\mathbf{z}_{ih}')$ 存在且对于所有的 m，h（$=1, 2, \cdots, M$）是有限的。[①] 令 $\mathbf{S}$ 和 $\hat{\mathbf{S}}$ 分别如式（4.5.2）和式（4.5.3）所定义。那么，

（a）$\hat{\mathbf{S}} \to_{\mathrm{p}} \mathbf{S}$；

（b）定义为 $\hat{\boldsymbol{\delta}}(\hat{\mathbf{S}}^{-1})$ 的 $\hat{\boldsymbol{\delta}}_{\mathrm{FIVE}}$ 是一致的、渐近正态的和有效的，其中 $\mathrm{Avar}(\hat{\boldsymbol{\delta}}_{\mathrm{FIVE}})$ 由式（4.3.3）给出；

（c）式（4.3.4）给出的估计的渐近方差对于 $\mathrm{Avar}(\hat{\boldsymbol{\delta}}_{\mathrm{FIVE}})$ 而言是一致的；

（d）（萨甘统计量）

$$J(\hat{\boldsymbol{\delta}}_{\mathrm{FIVE}}, \hat{\mathbf{S}}^{-1}) \equiv n \cdot \mathbf{g}_n(\hat{\boldsymbol{\delta}}_{\mathrm{FIVE}})' \hat{\mathbf{S}}^{-1} \mathbf{g}_n(\hat{\boldsymbol{\delta}}_{\mathrm{FIVE}}) \underset{\mathrm{d}}{\longrightarrow} \chi^2\left(\sum_m (K_m - L_m)\right)$$

其中 $\mathbf{g}_n(\cdot)$ 由式（4.2.1）给出。

通常，需要计算 $\hat{\mathbf{S}}$ 的初始估计量 $\hat{\boldsymbol{\delta}}_m$ 是 2SLS 估计量。

□ 三阶段最小二乘（3SLS）

当工具变量集跨方程是相同的时，FIVE 公式可以稍微予以简化。这个简化的公式即 **3SLS 估计量**（3SLS estimator），标示为 $\hat{\boldsymbol{\delta}}_{\mathrm{3SLS}}$。[②] 出于这一目的，令

$$\underset{(M\times 1)}{\boldsymbol{\varepsilon}_i} \equiv \begin{bmatrix} \varepsilon_{i1} \\ \vdots \\ \varepsilon_{iM} \end{bmatrix} \tag{4.5.5}$$

那么，$\boldsymbol{\varepsilon}_i$ 交叉矩的 $M\times M$ 矩阵，标示为 $\boldsymbol{\Sigma}$，可以写为：

$$\underset{(M\times M)}{\boldsymbol{\Sigma}} \equiv \begin{bmatrix} \sigma_{11} & \cdots & \sigma_{1M} \\ \vdots & & \vdots \\ \sigma_{M1} & \cdots & \sigma_{MM} \end{bmatrix} = \mathrm{E}(\boldsymbol{\varepsilon}_i\boldsymbol{\varepsilon}_i') \tag{4.5.6}$$

为了一致地估计 $\boldsymbol{\Sigma}$，出于计算残差 $\hat{\varepsilon}_{im}$ 的目的，我们需要 $\boldsymbol{\delta}_m$ 的初始一致估计量。术语 3SLS 即来自这样的事实：$\boldsymbol{\delta}_m$ 的 2SLS 估计量被用作初始估计量。给定这样计算得到的残差，$\boldsymbol{\Sigma}$ 的一个自然估计量为：

$$\hat{\boldsymbol{\Sigma}} \equiv \begin{bmatrix} \hat{\sigma}_{11} & \cdots & \hat{\sigma}_{1M} \\ \vdots & & \vdots \\ \hat{\sigma}_{M1} & \cdots & \hat{\sigma}_{MM} \end{bmatrix} = \frac{1}{n}\sum_{i=1}^{n} \hat{\boldsymbol{\varepsilon}}_i \hat{\boldsymbol{\varepsilon}}_i' \tag{4.5.7}$$

它是一个其第（m，h）个元素为式（4.5.4）给出的估计的交叉矩的矩阵。

如果 $\mathbf{x}_i(=\mathbf{x}_{i1}=\mathbf{x}_{i2}=\cdots=\mathbf{x}_{iM})$ 是 K 维工具变量的一般集合，那么式（4.1.4）中的

---

① 对于 $\hat{\sigma}_{mh}$ 是一致的而言，这个假设是需要的。参看命题 4.1。

② 这个估计量要归功于 Zellner 和 Theil（1962）。

$\mathbf{g}_i$、式（4.5.2）中的 $\mathbf{S}$，以及式（4.5.3）中的 $\hat{\mathbf{S}}$ 可以利用克罗内克积①写成：

$$\underset{(MK\times 1)}{\mathbf{g}_i} = \boldsymbol{\varepsilon}_i \otimes \mathbf{x}_i \tag{4.5.8}$$

$$\underset{(MK\times MK)}{\mathbf{S}} = \underset{(M\times M)}{\boldsymbol{\Sigma}} \otimes \underset{(K\times K)}{\mathrm{E}(\mathbf{x}_i\mathbf{x}_i')} \tag{4.5.9}$$

因此，$\mathbf{S}^{-1}=\boldsymbol{\Sigma}^{-1}\otimes[\mathrm{E}(\mathbf{x}_i\mathbf{x}_i')]^{-1}$，

$$\hat{\mathbf{S}} = \hat{\boldsymbol{\Sigma}} \otimes \left(\frac{1}{n}\sum_{i=1}^{n}\mathbf{x}_i\mathbf{x}_i'\right) \tag{4.5.10}$$

所以 $\hat{\mathbf{S}}^{-1} = \hat{\boldsymbol{\Sigma}}^{-1} \otimes \left(\frac{1}{n}\sum_{i=1}^{n}\mathbf{x}_i\mathbf{x}_i'\right)^{-1}$。$\mathbf{S}$ 的克罗内克积分解式（4.5.9）和 $\mathbf{S}$ 的非奇异性（根据假设 4.5）表明 $\boldsymbol{\Sigma}$ 和 $\mathrm{E}(\mathbf{x}_i\mathbf{x}_i')$ 都是非奇异的。

为了进一步对 3SLS 公式进行重新表述，我们需要回到式（4.2.6），该式中，$\hat{\mathbf{W}}=\hat{\mathbf{S}}^{-1}$，这个式子完整写出了这个有效多方程 GMM 估计量。式（4.5.10）表明式（4.2.6）中的 $\hat{\mathbf{W}}$ 满足下式：

$$\hat{\mathbf{W}}_{mh}(\equiv \hat{\mathbf{W}}\text{ 的第}(m,h)\text{ 个分块}) = \hat{\sigma}^{mh}\cdot\left(\frac{1}{n}\sum_{i=1}^{n}\mathbf{x}_i\mathbf{x}_i'\right)^{-1} \tag{4.5.11}$$

其中 $\hat{\sigma}^{mh}$ 是 $\hat{\boldsymbol{\Sigma}}^{-1}$ 的第（m，h）个元素。将此代入式（4.2.6）可得：

$$\hat{\boldsymbol{\delta}}_{3SLS} = \begin{bmatrix} \hat{\sigma}^{11}\hat{\mathbf{A}}_{11} & \cdots & \hat{\sigma}^{1M}\hat{\mathbf{A}}_{1M} \\ \vdots & & \vdots \\ \hat{\sigma}^{M1}\hat{\mathbf{A}}_{M1} & \cdots & \hat{\sigma}^{MM}\hat{\mathbf{A}}_{MM} \end{bmatrix}^{-1} \begin{bmatrix} \hat{\sigma}^{11}\hat{\mathbf{c}}_{11} & +\cdots+ & \hat{\sigma}^{1M}\hat{\mathbf{c}}_{1M} \\ \vdots & & \vdots \\ \hat{\sigma}^{M1}\hat{\mathbf{c}}_{M1} & +\cdots+ & \hat{\sigma}^{MM}\hat{\mathbf{c}}_{MM} \end{bmatrix} \tag{4.5.12}$$

其中，

$$\hat{\mathbf{A}}_{mh} \equiv \underset{(L_m\times K)}{\left(\frac{1}{n}\sum_{i=1}^{n}\mathbf{z}_{im}\mathbf{x}_i'\right)} \underset{(K\times K)}{\left(\frac{1}{n}\sum_{i=1}^{n}\mathbf{x}_i\mathbf{x}_i'\right)^{-1}} \underset{(K\times L_h)}{\left(\frac{1}{n}\sum_{i=1}^{n}\mathbf{x}_i\mathbf{z}_{ih}'\right)} \tag{4.5.13}$$

$$\hat{\mathbf{c}}_{mh} \equiv \underset{(L_m\times K)}{\left(\frac{1}{n}\sum_{i=1}^{n}\mathbf{z}_{im}\mathbf{x}_i'\right)} \underset{(K\times K)}{\left(\frac{1}{n}\sum_{i=1}^{n}\mathbf{x}_i\mathbf{x}_i'\right)^{-1}} \underset{(K\times 1)}{\left(\frac{1}{n}\sum_{i=1}^{n}\mathbf{x}_i\cdot y_{ih}\right)} \tag{4.5.14}$$

类似地，将式（4.1.9）中 $\boldsymbol{\Sigma}_{\mathbf{xz}}$ 的表达式以及式（4.5.9）中 $\mathbf{S}$ 的表达式代入式（4.3.3），并使用附录中的式（A.6），我们可以得到 $\mathrm{Avar}(\hat{\boldsymbol{\delta}}_{3SLS})$ 的表达式：

$$\mathrm{Avar}(\hat{\boldsymbol{\delta}}_{3SLS}) = \begin{bmatrix} \sigma^{11}\mathbf{A}_{11} & \cdots & \sigma^{1M}\mathbf{A}_{1M} \\ \vdots & & \vdots \\ \sigma^{M1}\mathbf{A}_{M1} & \cdots & \sigma^{MM}\mathbf{A}_{MM} \end{bmatrix}^{-1} \tag{4.5.15}$$

其中，

$$\mathbf{A}_{mh} \equiv \mathrm{E}(\mathbf{z}_{im}\mathbf{x}_i')[\mathrm{E}(\mathbf{x}_i\mathbf{x}_i')]^{-1}\mathrm{E}(\mathbf{x}_i\mathbf{z}_{ih}') \tag{4.5.16}$$

而且 σ^{mh} 是 $\boldsymbol{\Sigma}^{-1}$ 的第（m，h）个元素。这可以由下式得到一致估计：

---

① 如果不熟悉克罗内克积的概念，请参看附录中的式（A.11）和式（A.15）。

$$\widehat{\text{Avar}}(\hat{\boldsymbol{\delta}}_{3\text{SLS}})^{-1} = \begin{bmatrix} \hat{\sigma}^{11}\hat{\mathbf{A}}_{11} & \cdots & \hat{\sigma}^{1M}\hat{\mathbf{A}}_{1M} \\ \vdots & & \vdots \\ \hat{\sigma}^{M1}\hat{\mathbf{A}}_{M1} & \cdots & \hat{\sigma}^{MM}\hat{\mathbf{A}}_{MM} \end{bmatrix}^{-1} \tag{4.5.17}$$

（这个样本版本也可以通过将式（4.2.2）和式（4.5.10）代入式（4.3.4）而直接得到。）

大多数教科书利用数据矩阵（比如 $n \times K$ 矩阵 $\mathbf{X}$）甚至可以给出比这些更为漂亮的表达式。推导这样的表达式是本章的分析性习题。前文的讨论可以总结如下：

命题 4.5（3SLS 的大样本性质）：假定假设 4.1 至假设 4.5 和假设 4.7 成立，并假定 $\mathbf{x}_{im} = \mathbf{x}_i$（工具变量的共同集合）。进一步假定对所有的 m，$h(=1, 2, \cdots, M)$，$\text{E}(\mathbf{z}_{im}\mathbf{z}_{ih}')$存在且有限。令 $\hat{\boldsymbol{\Sigma}}$ 为使用 2SLS 残差根据式（4.5.7）计算得到的估计误差交叉矩的 $M \times M$ 矩阵。那么，

（a）式（4.5.12）中的 $\hat{\boldsymbol{\delta}}_{3\text{SLS}}$是一致的、渐近正态的、有效的，其中的 $\text{Avar}(\hat{\boldsymbol{\delta}}_{3\text{SLS}})$ 由式（4.5.15）给出。

（b）估计渐近方差式（4.5.17）对于 $\text{Avar}(\hat{\boldsymbol{\delta}}_{3\text{SLS}})$ 是一致的。

（c）（萨甘统计量）

$$J(\hat{\boldsymbol{\delta}}_{3\text{SLS}}, \hat{\mathbf{S}}^{-1}) \equiv n \cdot \mathbf{g}_n(\hat{\boldsymbol{\delta}}_{3\text{SLS}})' \, \hat{\mathbf{S}}^{-1} \mathbf{g}_n(\hat{\boldsymbol{\delta}}_{3\text{SLS}}) \xrightarrow[\text{d}]{} \chi^2(MK - \sum_m L_m)$$

其中 $\hat{\mathbf{S}} = \hat{\boldsymbol{\Sigma}} \otimes \left(\frac{1}{n}\sum_i \mathbf{x}_i\mathbf{x}_i'\right)$，$K$ 是共同的工具变量数量，$\mathbf{g}_n(\cdot)$ 由式（4.2.1）给出。

□ 似不相关回归（seemingly unrelated regressions，SUR）

3SLS 公式可以进一步被简化，只要：

$$\mathbf{x}_i = (\mathbf{z}_{i1}, \cdots, \mathbf{z}_{iM}) \text{ 的并集} \tag{4.5.18}$$

这等价于下面这个条件：

$$\text{E}(\mathbf{z}_{im} \cdot \varepsilon_{ih}) = \mathbf{0} \quad (m, h = 1, 2, \cdots, M) \tag{4.5.18$'$}$$

也就是说，这些前定回归元满足“交叉”正交性：不仅它们在每个方程中是前定的（即 $\text{E}(\mathbf{z}_{im} \cdot \varepsilon_{im}) = \mathbf{0}$），而且它们在其他方程中也是前定的（即对于 $m \neq h$ 也有 $\text{E}(\mathbf{z}_{im} \cdot \varepsilon_{ih}) = \mathbf{0}$）。这个简化了的公式被称为**SUR 估计量**（SUR estimator），标示为 $\hat{\boldsymbol{\delta}}_{\text{SUR}}$。①

例 4.3（具有不同工具变量设定的例 4.1）：

如果式（4.5.18）对于例 4.1 的两方程系统成立，$\mathbf{x}_i$ 是 $\mathbf{z}_{i1}$和 $\mathbf{z}_{i2}$的并集，那么：

$$\mathbf{x}_i = \begin{bmatrix} 1 \\ S_i \\ IQ_i \\ EXPR_i \end{bmatrix} \tag{4.5.19}$$

① 这个估计量要归功于 Zellner（1962）。

正交条件 $E(\mathbf{x}_i \cdot \varepsilon_{i1})=\mathbf{0}$ 和 $E(\mathbf{x}_i \cdot \varepsilon_{i2})=\mathbf{0}$ 就变成了：

$$E\begin{bmatrix}\varepsilon_{i1}\\ S_i\varepsilon_{i1}\\ IQ_i\varepsilon_{i1}\\ EXPR_i\varepsilon_{i1}\end{bmatrix}=\mathbf{0} \quad 和 \quad E\begin{bmatrix}\varepsilon_{i2}\\ S_i\varepsilon_{i2}\\ IQ_i\varepsilon_{i2}\\ EXPR_i\varepsilon_{i2}\end{bmatrix}=\mathbf{0} \tag{4.5.20}$$

这应该和回归元在每个方程中都是前定的这一表述相对照：

$$E\begin{bmatrix}\varepsilon_{i1}\\ S_i\varepsilon_{i1}\\ IQ_i\varepsilon_{i1}\\ EXPR_i\varepsilon_{i1}\end{bmatrix}=\mathbf{0} \quad 和 \quad E\begin{bmatrix}\varepsilon_{i2}\\ S_i\varepsilon_{i2}\\ IQ_i\varepsilon_{i2}\end{bmatrix}=\mathbf{0} \tag{4.5.21}$$

式（4.5.20）和式（4.5.21）之间的差别就在于 KWW 方程有 $EXPR$ 作为额外的工具变量而被过度识别。

由于 SUR 是 3SLS 的一种特殊情况，所以对于 $\hat{\boldsymbol{\delta}}_{3SLS}$ 而言，式（4.5.12）、式（4.5.15）和式（4.5.17）可以运用于 $\hat{\boldsymbol{\delta}}_{SUR}$。SUR 假设式（4.5.18）的含义在于，在以上关于 $\hat{\mathbf{A}}_{mh}$，$\hat{\mathbf{c}}_{mh}$ 和 $\mathbf{A}_{mh}$ 的表达中，$\mathbf{x}_i$"消失了"：

$$\hat{\mathbf{A}}_{mh}=\frac{1}{n}\sum_{i=1}^{n}\mathbf{z}_{im}\mathbf{z}'_{ih} \tag{4.5.13$'$}$$

$$\hat{\mathbf{c}}_{mh}=\frac{1}{n}\sum_{i=1}^{n}\mathbf{z}_{im}\cdot y_{ih} \tag{4.5.14$'$}$$

$$\mathbf{A}_{mh}=E(\mathbf{z}_{im}\mathbf{z}'_{ih}) \tag{4.5.16$'$}$$

这里，我们给出了有关式（4.5.16′）的证明。为了不失一般性，假设 $\mathbf{z}_{im}$ 是 $\mathbf{x}_i$ 的 K 个元素中的前 L_m 个元素。令 $\mathbf{D}(K\times L_m)$ 为 $\mathbf{I}_K$ 的前 L_m 列。那么，我们有：

$$\mathbf{z}_{im}=\mathbf{D}'\mathbf{x}_i,\ E(\mathbf{z}_{im}\mathbf{x}'_i)=\mathbf{D}'E(\mathbf{x}_i\mathbf{x}'_i),\ \mathbf{D}E(\mathbf{x}_i\mathbf{z}'_{ih})=E(\mathbf{z}_{im}\mathbf{z}'_{ih})$$

将这些代入式（4.5.16），即可得式（4.5.16′）。有关样本矩的式（4.5.13′）和式（4.5.14′）的证明，其过程是类似的，其中 $\mathbf{z}_{im}=\mathbf{D}'\mathbf{x}_i$。（要求读者通过使用习题集中的投射矩阵给出另外一个证明。）

在 3SLS 中，为计算 $\hat{\boldsymbol{\Sigma}}$ 而使用的初始一致估计量是 2SLS。但当回归元是工具变量的一个子集时，2SLS 就是 OLS（如在 3.8 节复习题 7 中需证明的那样）。因此，对于 SUR 而言，初始估计量就是 OLS 估计量。前述讨论可以总结如下：

命题 4.6（SUR 的大样本性质）：假定假设 4.1 至假设 4.5 和假设 4.7 成立，其中 $\mathbf{x}_i=(\mathbf{z}_{i1},\cdots,\mathbf{z}_{iM})$ 的并集。令 $\hat{\boldsymbol{\Sigma}}$ 为由使用 OLS 残差的式（4.5.7）计算得到的估计误差交叉矩的 $M\times M$ 矩阵。那么：

（a）$\hat{\boldsymbol{\delta}}_{SUR}$ 由式（4.5.12）给出，其中对于 $m,h=1,\cdots,M$，$\hat{\mathbf{A}}_{mh}$ 和 $\hat{\mathbf{c}}_{mh}$ 由式（4.5.13′）和式（4.5.14′）给出，它是一致的、渐近正态的和有效的，其中 $\text{Avar}(\hat{\boldsymbol{\delta}}_{SUR})$ 由式（4.5.15）给出，而这里的 $\mathbf{A}_{mh}$ 由式（4.5.16′）给出。

(b) 其中 $\widehat{\mathbf{A}}_{mh}$ 由式（4.5.13′）给出的估计渐近方差式（4.5.17）对于 $\mathrm{Avar}(\hat{\boldsymbol{\delta}}_{\mathrm{SUR}})$ 而言是一致的。

(c)（萨甘统计量）

$$J(\hat{\boldsymbol{\delta}}_{\mathrm{SUR}},\widehat{\mathbf{S}}^{-1}) \equiv n\cdot \mathbf{g}_n(\hat{\boldsymbol{\delta}}_{\mathrm{SUR}})'\,\widehat{\mathbf{S}}^{-1}\mathbf{g}_n(\hat{\boldsymbol{\delta}}_{\mathrm{SUR}}) \underset{\mathrm{d}}{\longrightarrow} \chi^2\Big(MK-\sum_m L_m\Big)$$

其中 $\widehat{\mathbf{S}}=\widehat{\boldsymbol{\Sigma}}\otimes\left(\frac{1}{n}\sum_i \mathbf{x}_i\mathbf{x}_i'\right)$，$K$ 是共同工具变量的数目，$\mathbf{g}_n(\cdot)$ 由式（4.2.1）给出。

（与命题 4.5 中不同，$\mathrm{E}(\mathbf{z}_{im}\mathbf{z}_{ih}')$ 有限这个条件在这里不是必需的，因为它可被 $\mathrm{E}(\mathbf{x}_i\mathbf{x}_i')$ 非奇异这个条件所蕴含，而基于式（4.5.18），$\mathrm{E}(\mathbf{x}_i\mathbf{x}_i')$ 非奇异，又可被 $\mathbf{S}$ 的非奇异性［来自假设 4.5］以及 $\mathbf{S}$ 可以被写为 $\boldsymbol{\Sigma}\otimes\mathrm{E}(\mathbf{x}_i\mathbf{x}_i')$ 这一事实所蕴含。）SUR 的萨甘统计量在实践中极少被报告。

□ SUR 与 OLS

由于这些回归元是前定的，所以该方程组也可以由逐方程 OLS 来估计。那么，为什么 SUR 要胜过 OLS 呢？正如刚才所见，在条件同方差性之下，有效多方程 GMM 就是 FIVE，这又在数值上等于式（4.5.18）下的 SUR。正如第 3 章所示，在条件同方差性之下，有效单方程 GMM 为 2SLS，它又在数值上等于 OLS，因为在式（4.5.18）下这些回归元是前定的。这种相互关系如图 4－1 所示。因此，SUR 和逐方程 OLS 之间的关系与多方程 GMM 和逐方程 GMM 之间的关系严格相似。正如 4.4 节所讨论的，需要考虑两种情形。

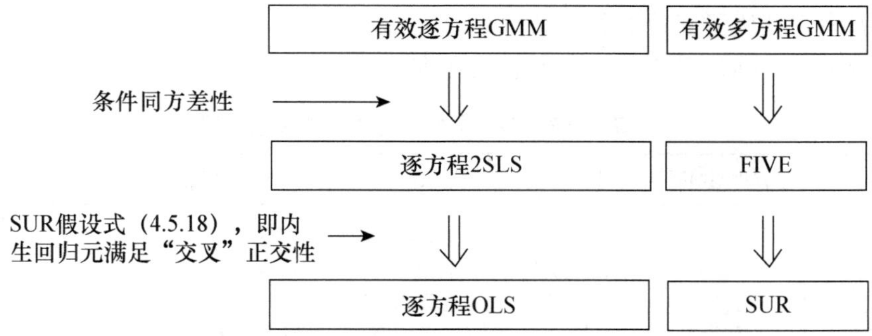

图 4－1　OLS 和 GMM

(a) 每个方程都是恰好识别的。因为该共同工具变量集是所有回归元的并，只有当回归元对于所有方程都是相同的，即对于所有的 m 有 $\mathbf{z}_{im}=\mathbf{x}_i$ 时，这才是可能的。这种情况的 SUR，被称为**多元回归**（multivariate regression）。我们在 4.4 节中观察到，有效多方程 GMM 和有效单方程 GMM 在数值上都和恰好识别方程组的 IV 估计量相同。由于这些回归元是前定的，所以我们可以得到这样的结论：多元回归模型的 GMM 估计量就是简单的逐方程 OLS。① 这可以通过将式（4.5.13′）和式（4.5.14′）（其中 $\mathbf{z}_{im}=\mathbf{x}_i$）代入点估计的表达式式（4.5.12）而直接得到验证。也可以将式（4.5.16′）和式（4.5.13′）（再次有 $\mathbf{z}_{im}=\mathbf{x}_i$）代入式（4.5.15）和式（4.5.17），对于多元回归，我们可以得到：

① 在第 8 章我们将看到，这个估计量也是最大似然估计量。

$$\text{Avar}(\hat{\boldsymbol{\delta}}) = \boldsymbol{\Sigma} \otimes [\text{E}(\mathbf{x}_i \mathbf{x}_i')]^{-1} \tag{4.5.22}$$

$$\widehat{\text{Avar}(\hat{\boldsymbol{\delta}})} = \hat{\boldsymbol{\Sigma}} \otimes \left(\frac{1}{n} \sum_{i=1}^{n} \mathbf{x}_i \mathbf{x}_i'\right)^{-1} \tag{4.5.23}$$

（b）至少有一个方程是过度识别的。那么 SUR 比逐方程 OLS 更有效，除非方程在式（4.4.3）意义上彼此“无关”。在当前条件同方差性和工具变量的共同集合情况下，式（4.4.3）变成：

$$\text{对于所有的 } m \neq h \text{，有 } \sigma_{mh} \text{E}(\mathbf{x}_i \mathbf{x}_i') = \mathbf{0}$$

由于 $\text{E}(\mathbf{x}_i \mathbf{x}_i')$ 不可能是一个零矩阵（它被假设是非奇异的），当且仅当 $\sigma_{mh}=0$，方程是彼此“无关”的。因此，当对于某个对（m，h）而言有 $\sigma_{mh}\neq 0$ 时，SUR 要比 OLS 更有效。如果对于所有的（m，h）都有 $\sigma_{mh}=0$，则这两个估计量是渐近等价的（即$\sqrt{n}$乘以这个消失的差值）。

另外一种看清 SUR 的有效性的方式是，将 SUR 模型看成一个具有先验的互斥约束条件的多元回归模型。例如，我们可以将例 4.3 中的两方程系统扩展为：

$$LW_i = \phi_1 + \beta_1 S_i + \gamma_i IQ_i + \pi_1 EXPR_i + \varepsilon_{i1}$$
$$KWW_i = \phi_2 + \beta_2 S_i + \gamma_2 IQ_i + \pi_2 EXPR_i + \varepsilon_{i2}$$

共同的工具变量集为（1，S_i，IQ_i，$EXPR_i$）。那么，这个两方程系统就是一个多元回归模型，其中每个方程中都有相同的回归元。但是如果 π_2 先验地约束为 0，则 $EXPR_i$ 就会从第二个方程中被排除，这个模型就变成 SUR 模型了。SUR 估计量要比多元回归更有效，因为它利用了互斥的约束条件。

本节所考虑的估计量之间的关系总结在表 4－2 中。

表 4－2　多方程估计量之间的关系

	多方程 GMM	FIVE	3SLS	SUR	多元回归
模型	假设 4.1 至假设 4.6	假设 4.1 至假设 4.5，假设 4.7，$\text{E}(\mathbf{z}_{im}\mathbf{z}_{ih}')$ 有限	假设 4.1 至假设 4.5，假设 4.7，$\text{E}(\mathbf{z}_{im}\mathbf{z}_{ih}')$ 有限，对于所有的 m 有 $\mathbf{x}_{im}=\mathbf{x}_i$	假设 4.1 至假设 4.5，假设 4.7，对于所有的 m 有 $\mathbf{x}_{im}=\mathbf{x}_i$，$\mathbf{x}_i=\mathbf{z}_{i1}$，…，$\mathbf{z}_{iM}$的并	假设 4.1 至假设 4.5，假设 4.7，对于所有的 m 有 $\mathbf{x}_{im}=\mathbf{x}_i$，对于所有的 m 有 $\mathbf{z}_{im}=\mathbf{x}_i$
$\mathbf{S}(\equiv\text{Avar}(\bar{\mathbf{g}}))$	式（4.1.11）	式（4.5.2）	$\boldsymbol{\Sigma}\otimes\text{E}(\mathbf{x}_i\mathbf{x}_i')$	$\boldsymbol{\Sigma}\otimes\text{E}(\mathbf{x}_i\mathbf{x}_i')$	不相关
$\hat{\mathbf{S}}$	式（4.3.2）	式（4.5.3）	$\hat{\boldsymbol{\Sigma}}\otimes(n^{-1}\boldsymbol{\Sigma}_i\mathbf{x}_i\mathbf{x}_i')$ $\hat{\boldsymbol{\Sigma}}$ 得自 2SLS 残差	$\hat{\boldsymbol{\Sigma}}\otimes(n^{-1}\boldsymbol{\Sigma}_i\mathbf{x}_i\mathbf{x}_i')$ $\hat{\boldsymbol{\Sigma}}$ 得自 OLS 残差	不相关
$\hat{\boldsymbol{\delta}}(\hat{\mathbf{S}}^{-1})$	无简化	无简化	式（4.5.12）且有式（4.5.13），式（4.5.14）	式（4.5.12）且有式（4.5.13′），式（4.5.14′）	逐方程 OLS
$\text{Avar}(\hat{\boldsymbol{\delta}}(\hat{\mathbf{S}}^{-1}))$	式（4.3.3）	式（4.3.3）	式（4.5.15）且有式（4.5.16）	式（4.5.15）且有式（4.5.16′）	OLS 公式
$\widehat{\text{Avar}(\hat{\boldsymbol{\delta}}(\hat{\mathbf{S}}^{-1}))}$	式（4.3.4）	式（4.3.4）	式（4.5.17）且有式（4.5.13）	式（4.5.17）且有式（4.5.13′）	OLS 公式

复习题

1.（没有条件同方差性的 FIVE） 没有条件同方差性，式（4.5.3）中的 $\hat{\mathbf{S}}$ 对于式（4.1.11）中的 $\mathbf{S}$ 而言还是一致的吗？【答案：否。为什么？】在条件同方差性之下，式（4.3.2）对于式（4.5.2）而言是一致的吗？【答案：是。为什么？】

2.（没有条件同方差性的 FIVE） 没有条件同方差性，FIVE 还是一致和渐近正态的吗？还有效吗？**提示**：对于某个 $\hat{\mathbf{W}}$，FIVE 估计量是一个多方程 GMM 估计量式（4.2.3）。这个 $\hat{\mathbf{W}}$ 满足有效条件 $\text{plim}\ \hat{\mathbf{W}}=\mathbf{S}^{-1}$ 吗？

3.（当 FIVE 和逐方程 2SLS 在数值上相同时） 假设每个方程都是恰好识别的。逐方程 2SLS 和 FIVE 估计量是渐近等价的（因为 $\sqrt{n}$ 乘以其差值消失了）吗？在数值上相等吗？提示：FIVE 和 2SLS 简化为 IV。

4.（当 FIVE 和逐方程 2SLS 渐近等价时） 当这些误差项彼此正交时（因此对于 $m\neq h$ 有 $\sigma_{mh}=0$），FIVE 和逐方程 2SLS 估计量是渐近等价的（因为 $\sqrt{n}$ 乘以其差值消失了）。证明这一点。**提示**：对命题 4.3（b）添加条件同方差性的假设。在条件同方差性下，有效多方程 GMM 可以简化为 FIVE，而有效单方程 GMM 可以简化为逐方程 2SLS。还是在条件同方差性之下，如果 $\sigma_{mh}=0$，则这些方程在式（4.4.3）意义上是“无关”的。

5.（在 SUR 假设下的条件同方差性）证明：在 SUR 假设式（4.5.18）下，假设 4.7 变成：

$$\text{对于所有的 } m,h=1,2,\cdots,M,\ \text{有 } \mathrm{E}(\varepsilon_{im}\varepsilon_{ih}\mid \mathbf{z}_{i1},\cdots,\mathbf{z}_{iM})=\sigma_{mh}$$

6. 在例 4.3 中，当 $\mathbf{x}_i$ 还包含 MED_i 时，SUR 估计量会怎么变化？**提示**：$\mathbf{x}_i$ 仍会从式（4.5.13）、式（4.5.14）和式（4.5.16）中“消失”。对萨甘统计量呢？

7.（SUR 中的识别）在命题 4.6 中，识别条件（假设 4.4）事实上并不需要，因为它可以由其他假设所蕴含。证明：假设 4.5 和假设 4.7 蕴含假设 4.4。**提示**：根据假设 4.5 和 $\mathbf{S}$ 的克罗内克分解式（4.5.9），$\mathrm{E}(\mathbf{x}_i\mathbf{x}_i')$ 是非奇异的。$\mathbf{z}_{im}$ 是 $\mathbf{x}_i$ 的一个子集。

8.（没有条件同方差性的 SUR）

（a）没有条件同方差性时，SUR 是一致且渐近正态的吗？有效吗？**提示**：SUR 估计量仍然是一个多方程 GMM 估计量，因此命题 3.1 适用。

（b）没有条件同方差性，当每个方程都恰好识别从而这个方程组恰好识别时（因此 $\mathbf{z}_{im}=\mathbf{x}_i$），SUR 仍然可以简化为多元回归吗？【答案：是。】

9.（“交叉”正交性的作用）假设不再是式（4.5.18′）而是这样的正交性条件：对于 $m=1,2,\cdots,M$，$\mathrm{E}(\mathbf{z}_{im}\cdot\varepsilon_{im})=\mathbf{0}$。SUR 是一致的吗？【答案：并不必然如此。】在条件同方差性条件下推导有效多方程 GMM 估计量。【答案：它是 OLS。】

10. 证明该多元回归模型的萨甘统计量为零。

4.6 共有系数

在很多应用中，尤其是在面板数据情况下，你会涉及多方程模型的一种特殊情形，其中回归元的数目在具有相同系数的方程之间是一样的。这样的模型是 4.1 节多方程模型的一种特殊情况。本节来说明当施加共有系数约束条件时如何将 GMM 应用于多方程。最终将要表明的是，这个看似严格的模型实际上可以作为没有共有系数约束条件的多方程模型的一种特殊情况而被包含进来。

□ 具有共有系数的模型

如果有共有系数，则多方程系统变成：

假设 4.1′（线性性）：有 M 个线性方程需要估计：

$$y_{im}=\mathbf{z}_{im}'\boldsymbol{\delta}+\varepsilon_{im}\quad (m=1,2,\cdots,M;\ i=1,2,\cdots,n) \tag{4.6.1}$$

其中 n 是样本规模，$\mathbf{z}_{im}$ 是回归元的 L 维向量，$\boldsymbol{\delta}$ 是一个对所有方程都相同的 L 维系数向量，而 ε_{im} 是第 m 个方程不可观察的误差项。

在多方程模型的其他假设 4.2 至假设 4.6 中，只有假设 4.4（识别）需要被修改以反映这一共有系数约束条件。现在，$\mathbf{g}(\mathbf{w}_i;\tilde{\boldsymbol{\delta}})$ 的多方程版本是：

$$\mathbf{g}(\mathbf{w}_i;\tilde{\boldsymbol{\delta}})\equiv\begin{bmatrix}\mathbf{x}_{i1}\cdot(y_{i1}-\mathbf{z}_{i1}'\tilde{\boldsymbol{\delta}})\\ \vdots\\ \mathbf{x}_{iM}\cdot(y_{iM}-\mathbf{z}_{iM}'\tilde{\boldsymbol{\delta}})\end{bmatrix} \tag{4.6.2}$$

因此，$\mathrm{E}[\mathbf{g}(\mathbf{w}_i;\tilde{\boldsymbol{\delta}})]$ 就变成：

$$\begin{aligned}\mathrm{E}[\mathbf{g}(\mathbf{w}_i;\tilde{\boldsymbol{\delta}})]&=\begin{bmatrix}\mathrm{E}(\mathbf{x}_{i1}\cdot y_{i1})\\ \vdots\\ \mathrm{E}(\mathbf{x}_{iM}\cdot y_{iM})\end{bmatrix}-\begin{bmatrix}\mathrm{E}(\mathbf{x}_{i1}\cdot\mathbf{z}_{i1}')\tilde{\boldsymbol{\delta}}\\ \vdots\\ \mathrm{E}(\mathbf{x}_{iM}\cdot\mathbf{z}_{iM}')\tilde{\boldsymbol{\delta}}\end{bmatrix}\\ &=\underset{(\sum_{m=1}^{M}K_m\times 1)}{\boldsymbol{\sigma}_{\mathbf{xy}}}-\underset{(\sum_{m=1}^{M}K_m\times L)}{\boldsymbol{\Sigma}_{\mathbf{xz}}}\ \underset{(L\times 1)}{\tilde{\boldsymbol{\delta}}}\end{aligned} \tag{4.6.3}$$

其中，

$$\boldsymbol{\sigma}_{\mathbf{xy}}\equiv\begin{bmatrix}\mathrm{E}(\mathbf{x}_{i1}\cdot y_{i1})\\ \vdots\\ \mathrm{E}(\mathbf{x}_{iM}\cdot y_{iM})\end{bmatrix},\ \boldsymbol{\Sigma}_{\mathbf{xz}}\equiv\begin{bmatrix}\mathrm{E}(\mathbf{x}_{i1}\mathbf{z}_{i1}')\\ \vdots\\ \mathrm{E}(\mathbf{x}_{iM}\mathbf{z}_{iM}')\end{bmatrix} \tag{4.6.4}$$

因此，共有系数的含义就是，$\boldsymbol{\Sigma}_{\mathbf{xz}}$ 现在是一个叠加矩阵而非分块对角矩阵。有了这一变化，决定 $\tilde{\boldsymbol{\delta}}$ 的方程组就再次变成式（4.1.10），因此该识别条件为：

假设 4.4′（有共有系数的识别）：式（4.6.4）中定义的 $\sum_{m=1}^{M}K_m\times L$ 矩阵 $\boldsymbol{\Sigma}_{\mathbf{xz}}$ 是列满秩的。

这个条件要比假设 4.4 弱一些，假设 4.4 要求该方程组中的每一个方程都是可识别的。的确，识别的充分条件是对于某个 m 而言，$\mathrm{E}(\mathbf{x}_{im}\mathbf{z}_{im}')$ 是列满秩的。① 这归功于这些系数在方程间是相同的这一先验的约束条件。即便没有一个方程在个体上可识别，这个方程组被识别也是有可能的。

□ GMM 估计量

需要证明的是，$\mathbf{g}_n(\tilde{\boldsymbol{\delta}})$ 可以被写为 $\mathbf{s}_{\mathbf{xy}}-\mathbf{S}_{\mathbf{xz}}\tilde{\boldsymbol{\delta}}$，其中：

---

① 证明：如果 $\mathrm{E}(\mathbf{x}_{im}\mathbf{z}_{im}')$ 是列满秩的，则其秩为 L。由于一个矩阵的秩也等于线性独立的行的数目，所以 $\mathrm{E}(\mathbf{x}_{im}\mathbf{z}_{im}')$ 也具有 L 个线性独立的行。这样一来，$\boldsymbol{\Sigma}_{\mathbf{xz}}$ 就至少有 L 个线性独立的行。

$$\mathbf{s}_{\mathbf{xy}} \equiv \begin{bmatrix} \frac{1}{n}\sum_{i=1}^{n}\mathbf{x}_{i1}\cdot y_{i1} \\ \vdots \\ \frac{1}{n}\sum_{i=1}^{n}\mathbf{x}_{iM}\cdot y_{iM} \end{bmatrix}, \mathbf{S}_{\mathbf{xz}} \equiv \begin{bmatrix} \frac{1}{n}\sum_{i=1}^{n}\mathbf{x}_{i1}\mathbf{z}_{i1}' \\ \vdots \\ \frac{1}{n}\sum_{i=1}^{n}\mathbf{x}_{iM}\mathbf{z}_{iM}' \end{bmatrix} \tag{4.6.5}$$

因此，具有 $\sum_m K_m \times \sum_m K_m$ 加权矩阵 $\widehat{\mathbf{W}}$ 的 GMM 估计量是由式（4.2.4）给出的具有抽样误差的式（4.2.3）。只要 $\boldsymbol{\Sigma}_{\mathbf{xz}}$ 和 $\mathbf{S}_{\mathbf{xz}}$ 如上文那样进行了再定义，并且 $\boldsymbol{\delta}$ 被解释为共有系数，那么具有共有系数的多方程模型的大样本理论就和 4.3 节的具有各自系数的大样本理论相同，其中假设 4.1′取代了假设 4.1，假设 4.4′取代了假设 4.4，而残差 $\hat{\varepsilon}_i$ 对于 L 维共有系数向量 $\boldsymbol{\delta}$ 的某个一致估计值而言可以再定义为 $y_{im}-\mathbf{z}_{im}'\hat{\boldsymbol{\delta}}$（非 $y_{im}-\mathbf{z}_{im}'\hat{\boldsymbol{\delta}}_m$）。

为了将这个 GMM 估计量与文献中流行的估计量联系起来，有必要完全写出这个 GMM 公式。将式（4.6.5）代入式（4.2.3），我们可以得到：

$$\begin{aligned}
\hat{\boldsymbol{\delta}}(\widehat{\mathbf{W}}) = & \left(\left[\frac{1}{n}\sum_{i=1}^{n}\mathbf{z}_{i1}\mathbf{x}_{i1}' \cdots \frac{1}{n}\sum_{i=1}^{n}\mathbf{z}_{iM}\mathbf{x}_{iM}'\right] \begin{bmatrix} \widehat{\mathbf{W}}_{11} & \cdots & \widehat{\mathbf{W}}_{1M} \\ \vdots & & \vdots \\ \widehat{\mathbf{W}}_{M1} & \cdots & \widehat{\mathbf{W}}_{MM} \end{bmatrix} \begin{bmatrix} \frac{1}{n}\sum_{i=1}^{n}\mathbf{x}_{i1}\mathbf{z}_{i1}' \\ \vdots \\ \frac{1}{n}\sum_{i=1}^{n}\mathbf{x}_{iM}\mathbf{z}_{iM}' \end{bmatrix} \right)^{-1} \\
& \left[\frac{1}{n}\sum_{i=1}^{n}\mathbf{z}_{i1}\mathbf{x}_{i1}' \cdots \frac{1}{n}\sum_{i=1}^{n}\mathbf{z}_{iM}\mathbf{x}_{iM}'\right] \begin{bmatrix} \widehat{\mathbf{W}}_{11} & \cdots & \widehat{\mathbf{W}}_{1M} \\ \vdots & & \vdots \\ \widehat{\mathbf{W}}_{M1} & \cdots & \widehat{\mathbf{W}}_{MM} \end{bmatrix} \begin{bmatrix} \frac{1}{n}\sum_{i=1}^{n}\mathbf{x}_{i1}\cdot y_{i1} \\ \vdots \\ \frac{1}{n}\sum_{i=1}^{n}\mathbf{x}_{iM}\cdot y_{iM} \end{bmatrix} \\
= & \left[\sum_{m=1}^{M}\sum_{h=1}^{M}\left\{\left(\frac{1}{n}\sum_{i=1}^{n}\mathbf{z}_{im}\mathbf{x}_{im}'\right)\widehat{\mathbf{W}}_{mh}\left(\frac{1}{n}\sum_{i=1}^{n}\mathbf{x}_{ih}\mathbf{z}_{ih}'\right)\right\}\right]^{-1} \\
& \left[\sum_{m=1}^{M}\sum_{h=1}^{M}\left\{\left(\frac{1}{n}\sum_{i=1}^{n}\mathbf{z}_{im}\mathbf{x}_{im}'\right)\widehat{\mathbf{W}}_{mh}\left(\frac{1}{n}\sum_{i=1}^{n}\mathbf{x}_{ih}\cdot y_{ih}\right)\right\}\right]
\end{aligned} \tag{4.6.6}$$

其中 $\widehat{\mathbf{W}}_{mh}$ 是 $\widehat{\mathbf{W}}$ 的第（m，h）个分块。（对于第二个等式，使用附录 A 中的式（A.8）。）如果在这个表达式中 $\widehat{\mathbf{W}}$ 可以由式（4.3.2）中 $\widehat{\mathbf{S}}$ 的逆来代替，则有效 GMM 估计量可得。

□ 施加条件同方差性条件

当我们在式（4.6.6）中设定 $\widehat{\mathbf{W}}=\widehat{\mathbf{S}}^{-1}$ 时，可得有效 GMM 估计量，其中 $\widehat{\mathbf{S}}$ 是 $\mathbf{S}$ 的一致估计量。和之前一样，我们可以施加同方差性条件，从而将有效 GMM 估计量简化为流行的估计量。如果 $\widehat{\mathbf{S}}$ 可以由式（4.5.3）给出，则可以得到 FIVE 估计量。

如果我们进一步假设工具变量的集合在方程间是相同的，那么，和之前一样，这个 $\widehat{\mathbf{S}}$ 具有克罗内克积结构：

$$\widehat{\mathbf{S}} = \widehat{\boldsymbol{\Sigma}} \otimes \left(\frac{1}{n}\sum_{i=1}^{n}\mathbf{x}_{i}\mathbf{x}_{i}'\right)$$

因此式（4.6.6）中的$\widehat{\mathbf{W}}_{mh}$即由式（4.5.11）给出，会产生应该被称为具有共有系数的3SLS估计量：

$$\left[\sum_{m=1}^{M}\sum_{h=1}^{M}\left\{\hat{\sigma}^{mh}\cdot\left(\frac{1}{n}\sum_{i=1}^{n}\mathbf{z}_{im}\mathbf{x}_i'\right)\left(\frac{1}{n}\sum_{i=1}^{n}\mathbf{x}_i\mathbf{x}_i'\right)^{-1}\left(\frac{1}{n}\sum_{i=1}^{n}\mathbf{x}_i\mathbf{z}_{ih}'\right)\right\}\right]^{-1}$$
$$\cdot\left[\sum_{m=1}^{M}\sum_{h=1}^{M}\left\{\hat{\sigma}^{mh}\cdot\left(\frac{1}{n}\sum_{i=1}^{n}\mathbf{z}_{im}\mathbf{x}_i'\right)\left(\frac{1}{n}\sum_{i=1}^{n}\mathbf{x}_i\mathbf{x}_i'\right)^{-1}\left(\frac{1}{n}\sum_{i=1}^{n}\mathbf{x}_i\cdot y_{ih}\right)\right\}\right] \tag{4.6.7}$$

其中$\hat{\sigma}^{mh}$是$\widehat{\mathbf{\Sigma}}^{-1}$的第（$m$，$h$）个元素。此外，如果假设SUR条件式（4.5.18）成立，则在式（4.6.7）中“**x**会消失”，而且有效GMM估计量会变成所谓的（出于一些历史原因）**随机效应估计量**（random-effects estimator）：

$$\hat{\boldsymbol{\delta}}_{\text{RE}}=\left[\sum_{m=1}^{M}\sum_{h=1}^{M}\hat{\sigma}^{mh}\left(\frac{1}{n}\sum_{i=1}^{n}\mathbf{z}_{im}\mathbf{z}_{ih}'\right)\right]^{-1}\sum_{m=1}^{M}\sum_{h=1}^{M}\hat{\sigma}^{mh}\left(\frac{1}{n}\sum_{i=1}^{n}\mathbf{z}_{im}\cdot y_{ih}\right) \tag{4.6.8}$$

其渐近方差为：

$$\text{Avar}(\hat{\boldsymbol{\delta}}_{\text{RE}})=\left[\sum_{m=1}^{M}\sum_{h=1}^{M}\sigma^{mh}\text{E}(\mathbf{z}_{im}\mathbf{z}_{ih}')\right]^{-1} \tag{4.6.9}$$

（为了推导出这一点，回到有效GMM的Avar的一般公式（4.3.3）。令$\mathbf{\Sigma}_{\mathbf{xz}}$如式（4.6.4）中一样，$\mathbf{S}=\mathbf{\Sigma}\otimes\text{E}(\mathbf{x}_i\mathbf{x}_i')$，使用附录A的式（A.8）来计算矩阵积，并且观察到“**x**的消失”，即在SUR假设式（4.5.18）下式（4.5.16）变成式（4.5.16′）。）它是由下式得到一致估计的：

$$\widehat{\text{Avar}(\hat{\boldsymbol{\delta}}_{\text{RE}})}=\left[\sum_{m=1}^{M}\sum_{h=1}^{M}\hat{\sigma}^{mh}\left(\frac{1}{n}\sum_{i=1}^{n}\mathbf{z}_{im}\mathbf{z}_{ih}'\right)\right]^{-1} \tag{4.6.10}$$

我们对随机效应估计量的结果总结如下：

命题4.7（随机效应估计量的大样本性质）：

假定假设4.1′、假设4.2、假设4.3、假设4.4′、假设4.5和假设4.7成立，其中$\mathbf{x}_i=(\mathbf{z}_{i1}，\cdots，\mathbf{z}_{iM})$的并。令$\mathbf{\Sigma}$为其第（$m$，$h$）个元素是$\text{E}(\varepsilon_{im}\varepsilon_{ih})$的$M\times M$矩阵，并令$\widehat{\mathbf{\Sigma}}$为$\mathbf{\Sigma}$的一个一致估计量。那么：

（a）式（4.6.8）给出的$\hat{\boldsymbol{\delta}}_{\text{RE}}$是一致的、渐近正态的和有效的，其中$\text{Avar}(\hat{\boldsymbol{\delta}}_{\text{RE}})$由式（4.6.9）给出。

（b）估计的渐近方差式（4.6.10）对于$\text{Avar}(\hat{\boldsymbol{\delta}}_{\text{RE}})$而言是一致的。

（c）（萨甘统计量）

$$J(\hat{\boldsymbol{\delta}}_{\text{RE}},\widehat{\mathbf{S}}^{-1})\equiv n\cdot\mathbf{g}_n(\hat{\boldsymbol{\delta}}_{\text{RE}})'\widehat{\mathbf{S}}^{-1}\mathbf{g}_n(\hat{\boldsymbol{\delta}}_{\text{RE}})\xrightarrow[\text{d}]{}\chi^2(MK-L)$$

其中$\widehat{\mathbf{S}}=\widehat{\mathbf{\Sigma}}\otimes\left(\frac{1}{n}\sum\mathbf{x}_i\mathbf{x}_i'\right)$，$K$是共同工具变量的数目，$\mathbf{g}_n(\hat{\boldsymbol{\delta}})=\mathbf{s}_{\mathbf{xy}}-\mathbf{S}_{\mathbf{xy}}\hat{\boldsymbol{\delta}}$，其中$\mathbf{s}_{\mathbf{xy}}$和$\mathbf{S}_{\mathbf{xz}}$由式（4.6.5）给出。

下面我们将以更巧妙的形式重新写出式（4.6.8）至式（4.6.10）。

□ 混同OLS

对于前一节的SUR而言，我们通过逐方程OLS得来的残差得到$\widehat{\mathbf{\Sigma}}$。这个一致性是

$\hat{\boldsymbol{\Sigma}}$所要求的全部条件，因此对$\hat{\boldsymbol{\Sigma}}$而言相同的程序在这里也可以良好运行，但是如果我们利用这些系数在$\hat{\boldsymbol{\Sigma}}$的估计方程之间都是相同的这一先验约束条件，$\hat{\boldsymbol{\delta}}_{\mathrm{RE}}$的有限样本分布就可能会得到改善。因此，为了取得$\boldsymbol{\delta}$的初始一致估计值，我们来考虑在第一步 GMM 估计中将$\hat{\mathbf{W}}$设定为：

$$\mathbf{I}_M \otimes \left(\frac{1}{n}\sum_{i=1}^{n}\mathbf{x}_i\mathbf{x}_i'\right)^{-1}$$

而不是：

$$\hat{\boldsymbol{\Sigma}}^{-1} \otimes \left(\frac{1}{n}\sum_{i=1}^{n}\mathbf{x}_i\mathbf{x}_i'\right)^{-1}$$

这个估计量对于 $m=h$ 而言就是 $\hat{\sigma}^{mh}=1$ 的式（4.6.8），对于 $m\neq h$ 而言为 0，这可以写为：

$$\begin{aligned}\hat{\boldsymbol{\delta}}_{\text{混同OLS}} &= \left[\sum_{m=1}^{M}\left(\frac{1}{n}\sum_{i=1}^{n}\mathbf{z}_{im}\mathbf{z}_{im}'\right)\right]^{-1}\sum_{m=1}^{M}\left(\frac{1}{n}\sum_{i=1}^{n}\mathbf{z}_{im}\cdot y_{im}\right) \\ &= \left(\sum_{i=1}^{n}\sum_{m=1}^{M}\mathbf{z}_{im}\mathbf{z}_{im}'\right)^{-1}\sum_{i=1}^{n}\sum_{m=1}^{M}\mathbf{z}_{im}\cdot y_{im} \end{aligned} \tag{4.6.11}$$

它只不过是关于样本规模 Mn 的 OLS 估计量，其中观察值在方程之间是混同的。出于这个原因，这个估计量被叫作**混同 OLS**（pooled OLS）估计量。这个表达式表明，可以利用的那些正交条件为：

$$\mathrm{E}(\mathbf{z}_{i1}\cdot\varepsilon_{i1}+\cdots+\mathbf{z}_{iM}\cdot\varepsilon_{iM})=\mathbf{0} \tag{4.6.12}$$

这并没有包括“交叉”正交条件 $\mathrm{E}(\mathbf{z}_{im}\cdot\varepsilon_{ih})=\mathbf{0}$（$m\neq h$）。利用式（4.6.12）来证明混同 OLS 是 GMM 估计量，是本章的一道分析性习题。

因为很容易进行计算，所以混同 OLS 对于那些不愿意对估计量进行编程的研究者们来说是一个非常流行的选择。这个估计量对于“交叉”正交性不成立的情况也是稳健的。但值得谨记的是，由 OLS 软件包复制出的标准误是有偏的，它并没有考虑方程间交叉矩（σ_{mh}）。对于混同 OLS 估计量而言，它是具有$\hat{\mathbf{W}}$的非最优选择的一个 GMM 估计量，对于其渐近方差来说，正确的公式是命题 3.1 的式（3.5.1）。设 $\mathbf{W}=\mathbf{I}_M\otimes[\mathrm{E}(\mathbf{x}_i\mathbf{x}_i')]^{-1}$，$\mathbf{S}=\boldsymbol{\Sigma}\otimes\mathrm{E}(\mathbf{x}_i\mathbf{x}_i')$，$\boldsymbol{\Sigma}_{\mathbf{xz}}$如式（4.6.4）中的一样，并且再次观察到 $\mathbf{x}$ 的消失，我们可以得到：

$$\mathrm{Avar}(\hat{\boldsymbol{\delta}}_{\text{混同OLS}})=\left[\sum_{m=1}^{M}\mathrm{E}(\mathbf{z}_{im}\mathbf{z}_{im}')\right]^{-1}\sum_{m=1}^{M}\sum_{h=1}^{M}\sigma_{mh}\mathrm{E}(\mathbf{z}_{im}\mathbf{z}_{ih}')\left[\sum_{m=1}^{M}\mathrm{E}(\mathbf{z}_{im}\mathbf{z}_{im}')\right]^{-1} \tag{4.6.13}$$

它可以由下式予以一致地估计：

$$\left(\sum_{m=1}^{M}\frac{1}{n}\sum_{i=1}^{n}\mathbf{z}_{im}\mathbf{z}_{im}'\right)^{-1}\sum_{m=1}^{M}\sum_{h=1}^{M}\hat{\sigma}_{mh}\frac{1}{n}\sum_{i=1}^{n}\mathbf{z}_{im}\mathbf{z}_{ih}'\left(\sum_{m=1}^{M}\frac{1}{n}\sum_{i=1}^{n}\mathbf{z}_{im}\mathbf{z}_{im}'\right)^{-1} \tag{4.6.14}$$

由于混同 OLS 估计量是一致的，所以相关的残差可以用于计算本表达式中的 $\hat{\sigma}_{mh}$（m，$h=1$，…，M）。混同 OLS 的正确标准误是（$1/n$ 乘以）此矩阵对角线元素的平方根。

□ 对这些公式进行美化

随机效应和混同 OLS 估计量的这些公式推导起来非常明白，但是看起来会显得复杂，其中有一些两次或三次的加和。不过，我们可以对它们进行美化——同时对于编程来说也更有用——如果我们引入一些新的矩阵符号，就可以做到。令：

$$\underset{(M\times1)}{\mathbf{y}_i}=\begin{bmatrix}y_{i1}\\ \vdots\\ y_{iM}\end{bmatrix},\ \underset{(M\times L)}{\mathbf{Z}_i}=\begin{bmatrix}\mathbf{z}_{i1}'\\ \vdots\\ \mathbf{z}_{iM}'\end{bmatrix},\ \underset{(M\times1)}{\boldsymbol{\varepsilon}_i}=\begin{bmatrix}\varepsilon_{i1}\\ \vdots\\ \varepsilon_{iM}\end{bmatrix}\tag{4.6.15}$$

因此，假设 4.1′中具有共有系数的 M 个方程的方程组可以被简写成：

$$\mathbf{y}_i=\mathbf{Z}_i\boldsymbol{\delta}+\boldsymbol{\varepsilon}_i\quad(i=1,2,\cdots,n)\tag{4.6.1′}$$

对这些复杂公式的美化工作可以利用下面这个代数结果：对于任何 $M\times M$ 矩阵 $\mathbf{C}=(c_{mh})$，有：

$$\sum_{m=1}^{M}\mathbf{z}_{im}\mathbf{z}_{im}'=\mathbf{Z}_i'\mathbf{Z}_i,\ \sum_{m=1}^{M}\mathbf{z}_{im}\cdot y_{im}=\mathbf{Z}_i'\mathbf{y}_i\tag{4.6.16a}$$

$$\sum_{m=1}^{M}\sum_{h=1}^{M}c_{mh}\cdot\mathbf{z}_{im}\cdot y_{ih}=\mathbf{Z}_i'\mathbf{C}\mathbf{y}_i,\ \sum_{m=1}^{M}\sum_{h=1}^{M}c_{mh}\cdot\mathbf{z}_{im}\mathbf{z}_{ih}'=\mathbf{Z}_i'\mathbf{C}\mathbf{Z}_i\tag{4.6.16b}$$

现在于式（4.6.8）中取三重加和：

$$\begin{aligned}&\sum_{m=1}^{M}\sum_{h=1}^{M}\hat{\sigma}^{mh}\cdot\left(\frac{1}{n}\sum_{i=1}^{n}\mathbf{z}_{im}\cdot y_{ih}\right)\\&=\frac{1}{n}\sum_{i=1}^{n}\left(\sum_{m=1}^{M}\sum_{h=1}^{M}\hat{\sigma}^{mh}\cdot\mathbf{z}_{im}\cdot y_{im}\right)\quad(\text{通过改变加和的顺序})\\&=\frac{1}{n}\sum_{i=1}^{n}\mathbf{Z}_i'\hat{\boldsymbol{\Sigma}}^{-1}\mathbf{y}_i\quad(\text{根据满足 }\mathbf{C}=\hat{\boldsymbol{\Sigma}}^{-1}\text{ 的式 (4.6.16b)})\end{aligned}\tag{4.6.17}$$

类似地，根据满足 $\mathbf{C}=\hat{\boldsymbol{\Sigma}}^{-1}$的式（4.6.16b），式（4.6.8）中的另外一个三重加和变成：

$$\sum_{m=1}^{M}\sum_{h=1}^{M}\hat{\sigma}^{mh}\frac{1}{n}\sum_{i=1}^{n}\mathbf{z}_{im}\mathbf{z}_{ih}'=\frac{1}{n}\sum_{i=1}^{n}\mathbf{Z}_i'\hat{\boldsymbol{\Sigma}}^{-1}\mathbf{Z}_i\tag{4.6.18}$$

式（4.6.9）和式（4.6.10）中的两重和三重加和可以类似地写出来。这样，我们就可以将随机效应公式改写为：

$$\hat{\boldsymbol{\delta}}_{\mathrm{RE}}=\left(\frac{1}{n}\sum_{i=1}^{n}\mathbf{Z}_i'\hat{\boldsymbol{\Sigma}}^{-1}\mathbf{Z}_i\right)^{-1}\frac{1}{n}\sum_{i=1}^{n}\mathbf{Z}_i'\hat{\boldsymbol{\Sigma}}^{-1}\mathbf{y}_i\tag{4.6.8′}$$

$$\mathrm{Avar}(\hat{\boldsymbol{\delta}}_{\mathrm{RE}})=(\mathrm{E}(\mathbf{Z}_i'\boldsymbol{\Sigma}^{-1}\mathbf{Z}_i))^{-1}\tag{4.6.9′}$$

$$\widehat{\mathrm{Avar}(\hat{\boldsymbol{\delta}}_{\mathrm{RE}})}=\left(\frac{1}{n}\sum_{i=1}^{n}\mathbf{Z}_i'\hat{\boldsymbol{\Sigma}}^{-1}\mathbf{Z}_i\right)^{-1}\tag{4.6.10′}$$

利用式（4.6.16a），可以把混同 OLS 公式写为：

$$\hat{\boldsymbol{\delta}}_{\text{混同OLS}}=\left(\frac{1}{n}\sum_{i=1}^{n}\mathbf{Z}_i'\mathbf{Z}_i\right)^{-1}\frac{1}{n}\sum_{i=1}^{n}\mathbf{Z}_i'\mathbf{y}_i\tag{4.6.11′}$$

$$\mathrm{Avar}(\hat{\boldsymbol{\delta}}_{\text{混同OLS}})=[\mathrm{E}(\mathbf{Z}_i'\mathbf{Z}_i)]^{-1}\mathrm{E}(\mathbf{Z}_i'\boldsymbol{\Sigma}\mathbf{Z}_i)[\mathrm{E}(\mathbf{Z}_i'\mathbf{Z}_i)]^{-1}\tag{4.6.13′}$$

$$\widehat{\text{Avar}}(\hat{\boldsymbol{\delta}}_{\text{混同OLS}}) = \left(\frac{1}{n}\sum_{i=1}^{n}\mathbf{Z}_i'\mathbf{Z}_i\right)^{-1}\left(\frac{1}{n}\sum_{i=1}^{n}\mathbf{Z}_i'\hat{\boldsymbol{\Sigma}}\mathbf{Z}_i\right)\left(\frac{1}{n}\sum_{i=1}^{n}\mathbf{Z}_i'\mathbf{Z}_i\right)^{-1} \tag{4.6.14'}$$

这些公式也不是非常巧妙；正如你将在下一节中看到的那样，它们对于处理某些类别的面板数据（被称为**非平衡面板**（unbalanced panel）数据）来说会比较有用。

□ 不是约束的约束条件

尽管看起来本节的具有共有系数假设的模型是 4.1 节模型的一种特殊情况，但后者还是可以以本节模型的形式对回归元进行再定义而得到展示。例如，我们来看例 4.1。不再像式（4.1.2）中那样定义 $\mathbf{z}_{i1}$ 和 $\mathbf{z}_{i2}$，我们可以将它们定义为：

$$\mathbf{z}_{i1} = \begin{bmatrix} 1 \\ S_i \\ IQ_i \\ EXPR_i \\ 0 \\ 0 \\ 0 \end{bmatrix}, \quad \mathbf{z}_{i2} = \begin{bmatrix} 0 \\ 0 \\ 0 \\ 0 \\ 1 \\ S_i \\ IQ_i \end{bmatrix}, \text{其中 } \boldsymbol{\delta} = \begin{bmatrix} \phi_1 \\ \beta_1 \\ \gamma_1 \\ \pi \\ \phi_2 \\ \beta_2 \\ \gamma_2 \end{bmatrix}$$

那么，这个两方程的方程组就很符合假设 4.1′的格式。（参看后面的复习题 5，它要求对这一相同点进行更一般化的证明。）

进而言之，只有变量的一个子集具有共同系数的系统可以以假设 4.1′的形式写出。我们来看例 4.2。假定我们希望先验地假设学校教育、IQ 以及工作经验的系数随时间推移而保持不变（所以 $\beta_1=\beta_2=\beta$，$\gamma_1=\gamma_2=\gamma$，$\pi_1=\pi_2=\pi$），但截距不是这样。这一转换可以通过设定下式来完成：

$$\mathbf{z}_{i1} = \begin{bmatrix} 1 \\ 0 \\ S69_i \\ IQ_i \\ EXPR69_i \end{bmatrix}, \mathbf{z}_{i2} = \begin{bmatrix} 0 \\ 1 \\ S80_i \\ IQ_i \\ EXPR80_i \end{bmatrix}, \boldsymbol{\delta} = \begin{bmatrix} \phi_1 \\ \phi_2 \\ \beta \\ \gamma \\ \pi \end{bmatrix} \tag{4.6.19}$$

因此，共同系数限制并不是很有约束力。我们本可以推导出 4.1 节模型的 GMM 估计量，把它作为具有共同系数限制的 GMM 估计量的一种特殊情况来处理。但是，没有该限制条件的模型可能更容易被引入多方程。

复习题

1.（有共同系数的识别）令 z_{imj} 为 $\mathbf{z}_{im}$ 的第 j 个元素。也就是说，z_{imj} 是第 m 个方程中的第 j 个回归元。假设对于所有的 i，m，有 $z_{im1}=1$。如果对于所有的 i，m，有 $z_{im2}=1$，那么为该模型所做的哪些假设会被违反？**提示**：请查看秩条件。如果对于所有的 i，m，有 $z_{im2}=m$，你的答案会变化吗？**提示**：它应该会变化。

2.（“交叉”正交性的重要性）假定对于 $m=h$ 而言 $\mathrm{E}(\mathbf{z}_{im}\cdot\varepsilon_{ih})=\mathbf{0}$，但是对于 $m\neq h$ 来说并不必然如此。随机效应估计量会是一致的吗？**提示：**随机效应估计量的抽样误差是：

$$\hat{\boldsymbol{\delta}}_{\mathrm{RE}}-\boldsymbol{\delta}=\left[\sum_{m=1}^{M}\sum_{h=1}^{M}\hat{\sigma}^{mh}\left(\frac{1}{n}\sum_{i=1}^{n}\mathbf{z}_{im}\mathbf{z}_{ih}'\right)\right]^{-1}\sum_{m=1}^{M}\sum_{h=1}^{M}\hat{\sigma}^{mh}\left(\frac{1}{n}\sum_{i=1}^{n}\mathbf{z}_{im}\cdot\varepsilon_{ih}\right)$$

3.（混同 OLS 的无效性）推导 $\boldsymbol{\delta}$ 的有效 GMM 估计量，利用对于所有的 m 有 $\mathrm{E}(\mathbf{z}_{im}\cdot\varepsilon_{im})=\mathbf{0}$ 这一点。它和混同 OLS 是相同的吗？【答案：否。】它和随机效应估计量是相同的吗？【答案：否。】

4.（$\boldsymbol{\Sigma}_{\mathbf{xz}}$，$\mathbf{s}_{\mathbf{xy}}$，$\mathbf{S}_{\mathbf{xz}}$ 在克罗内克积中具有共同的工具变量）假定这些工具变量在方程间是相同的：$\mathbf{x}_{im}=\mathbf{x}_i$。证明：式（4.6.4）中的 $\boldsymbol{\Sigma}_{\mathbf{xz}}$ 可以被写为 $\mathrm{E}(\mathbf{Z}_i\otimes\mathbf{x}_i)$，其中 $\mathbf{Z}_i$ 是式（4.6.15）中定义的 $M\times L$ 矩阵。而且，$\mathbf{s}_{\mathbf{xy}}=\frac{1}{n}\sum_{i=1}^{n}\mathbf{y}_i\otimes\mathbf{x}_i$，$\mathbf{S}_{\mathbf{xz}}=\frac{1}{n}\sum_{i=1}^{n}\mathbf{Z}_i\otimes\mathbf{x}_i$。**提示：**$\mathbf{x}_i\mathbf{z}_{im}'=\mathbf{z}_{im}'\otimes\mathbf{x}_i$。

5.（并非限制的约束条件）为了避免以下事实——4.1 节中的 $\mathbf{z}_{im}$ 和本节中的 $\mathbf{z}_{im}$ 是不同的——可能带来的混淆，将式（4.1.1）中的 M 个方程的方程组写成：

$$y_{im}=\mathbf{z}_{im}^{*\prime}\boldsymbol{\delta}_m^{*}+\varepsilon_{im}\quad(m=1,2,\cdots,M;\ i=1,2,\cdots,n)\tag{1}$$

其中 $\mathbf{z}_{im}^{*}$ 和 $\boldsymbol{\delta}_m^{*}$ 是 L_m 维的。

(a)（假设 4.1 作为假设 4.1′的一个特殊情况）证明：如果我们定义：

$$\underset{(\sum_{m=1}^{M}L_m\times 1)}{\mathbf{z}_{im}}=\begin{bmatrix}\mathbf{0}\\ \vdots\\ \mathbf{0}\\ \mathbf{z}_{im}^{*}\\ \mathbf{0}\\ \vdots\\ \mathbf{0}\end{bmatrix}\begin{matrix}\}\ L_1\text{ 行}\\ \vdots\\ \}\ L_{m-1}\text{ 行}\\ \}\ L_m\text{ 行}\\ \}\ L_{m+1}\text{ 行}\\ \vdots\\ \}\ L_M\text{ 行}\end{matrix}\quad\text{以及}\quad\underset{(\sum_{m=1}^{M}L_m\times 1)}{\boldsymbol{\delta}}=\begin{bmatrix}\boldsymbol{\delta}_1^{*}\\ \vdots\\ \boldsymbol{\delta}_M^{*}\end{bmatrix}\tag{2}$$

则式（1）可以写为式（4.6.1）。

(b)（假设 4.4 作为假设 4.4′的一种特殊情况）证明：当 $\mathbf{z}_{im}$ 如式（2）中所定义的那样，将 $\mathbf{z}_{im}^{*}$ 解释为 4.1 节的 $\mathbf{z}_{im}$ 时，假设 4.4′就变成了假设 4.4。

(c)（GMM 公式）在相同的解释之下，证明式（4.6.5）的 $\mathbf{S}_{\mathbf{xz}}$ 变成了一个分块对角矩阵，其中第 m 个分块为 $\frac{1}{n}\sum_i\mathbf{x}_{im}\mathbf{z}_{im}^{*\prime}$，因此如果式（4.2.6）中的 $\mathbf{z}_{im}$ 被理解为均值 $\mathbf{z}_{im}^{*}$，则式（4.6.6）就变成了式（4.2.6）。

6.（RE 模型中的识别）命题 4.7 中的假设 4.4′实际上是不必要的。证明假设 4.5 和假设 4.7 蕴含了假设 4.4′。**提示：**如果 $\mathrm{E}(\mathbf{x}_i\mathbf{x}_i')$ 是非奇异的，那么假设 4.4 成立，正如 4.5 节复习题 7 所表明的那样。假设 4.4′要弱于假设 4.4。

7.（只针对那些对克罗内克积比较熟悉的读者）

(a) 证明：如果命题 4.7 的假设成立，关于随机效应估计量的式（4.6.9′）中的 $\mathrm{E}(\mathbf{Z}_i'\boldsymbol{\Sigma}^{-1}\mathbf{Z}_i)$ 就是非奇异的。**提示：**

$$\begin{aligned}\mathrm{E}(\mathbf{Z}_i'\boldsymbol{\Sigma}^{-1}\mathbf{Z}_i)&=\sum_{m=1}^{M}\sum_{h=1}^{M}\sigma^{mh}\,\mathrm{E}(\mathbf{z}_{im}\mathbf{z}_{ih}')=\sum_{m=1}^{M}\sum_{h=1}^{M}\sigma^{mh}\,\mathrm{E}(\mathbf{z}_{im}\mathbf{x}_i')[\mathrm{E}(\mathbf{x}_i\mathbf{x}_i')]^{-1}\mathrm{E}(\mathbf{x}_i\mathbf{z}_{ih}')\\&\qquad(\mathbf{x}_i\text{ 可以重新出现，因为 }\mathbf{x}_i\text{ 包含 }\mathbf{z}_{im}\text{ 和 }\mathbf{z}_{ih})\\&=\boldsymbol{\Sigma}_{\mathbf{xz}}'(\boldsymbol{\Sigma}^{-1}\otimes[\mathrm{E}(\mathbf{x}_i\mathbf{x}_i')]^{-1})\boldsymbol{\Sigma}_{\mathbf{xz}}\end{aligned}$$

根据假设 4.4′，$\boldsymbol{\Sigma}_{\mathbf{xz}}$ 是列满秩的。

(b) 证明：关于混同 OLS 的式（4.6.13′）中 $\mathrm{E}(\mathbf{Z}_i'\mathbf{Z}_i)$ 是可逆的。**提示：**用 $\mathbf{I}$ 取代 $\boldsymbol{\Sigma}^{-1}$。

4.7 应用：相互关联的要素需求

超越对数成本函数（translog cost function）是 1.7 节引入的柯布-道格拉斯（对数线性）成本函数的一般化。超越对数形式的一个富有吸引力的特征就是，如果可以转换为成本份额方程，则成本最小化投入需求方程在产出的对数以及要素价格的对数上就是线性的，其中的系数继承了用于描述其技术的成本函数参数（的子集）。这一思想中的那些技术参数可以由成本份额方程组得以估计。这一思想的早期应用包括 Berndt 和 Wood（1975）以及 Christensen 和 Greene（1976）。本节就来对他们的基本方法论进行介绍。该方法论也可运用于消费者需求的分析中。

为了更好地集中在所讨论的主题上，也为了遵循那些原创研究的习惯，我们继续在条件同方差性之下进行讨论。我们还要假设份额方程组中的回归元，即对数要素价格和对数产出，是前定的。正如 1.7 节我们所认为的那样，这个假设对于新近解除管制之前的美国电力产业而言并非不合理。因此，适当的多方程估计方法就是多元回归。

□ 超越对数成本函数

我们已经从对数线性到超越对数成本函数做了一个局部的转换：在第 1 章的实证性习题中，我们考虑了将对数产出的平方加入对数线性成本函数（参看模型 4）。如果这一思想可以扩展到所有参数的对数中的二次项和交叉项，具有三种投入的对数线性成本函数式（1.7.4）就变成了超越对数成本函数：

$$\log(C) = \alpha_0 + \sum_{j=1}^{3}\alpha_j\log(p_j) + \frac{1}{2}\sum_{j=1}^{3}\sum_{k=1}^{3}\gamma_{jk}\log(p_j)\log(p_k) + \alpha_Q\log(Q) + \frac{1}{2}\gamma_{QQ}(\log(Q))^2 + \sum_{j=1}^{3}\gamma_{jQ}\log(p_j)\log(Q) + \varepsilon \quad (4.7.1)$$

在这里以及本节余下的内容里，下标有“i”的观测值被剔除了。在这个表达式中，下面这一项

$$\frac{1}{2}\sum_{j=1}^{3}\sum_{k=1}^{3}\gamma_{jk}\log(p_j)\log(p_k)$$

是一个表示要素价格的二阶效应的二次型。为了不失一般性，我们可以假设二次型系数的3×3 矩阵（γ_{jk}）是对称的[①]：

$$\gamma_{jk}=\gamma_{kj} \quad (j,k=1,2,3) \quad (4.7.2)$$

在 1.7 节研究的对数线性成本函数的例子中，规模报酬的程度可以作为成本对产出的弹性的倒数计算得到。如果这个定义应用于超越对数函数，我们就有：

---

① 令 $\mathbf{x}$ 为 n 维向量。相关的二次型为 $\mathbf{x}'\mathbf{A}\mathbf{x}$。由于 $\mathbf{x}'\mathbf{A}\mathbf{x}=\mathbf{x}'\mathbf{A}'\mathbf{x}$，所以我们有 $\mathbf{x}'\mathbf{A}\mathbf{x}=\mathbf{x}'[(\mathbf{A}+\mathbf{A}')/2]\mathbf{x}$。因此，如果 $\mathbf{A}$ 不是对称的，那么它可以由对称矩阵 $(\mathbf{A}+\mathbf{A}')/2$ 来取代，而无须改变二次型的值。

$$规模报酬 = \frac{1}{\partial\log(C)/\partial\log(Q)} = \frac{1}{\alpha_Q + \gamma_{QQ}\log(Q) + \sum_{j=1}^{3}\gamma_{jQ}\log(p_j)} \tag{4.7.3}$$

□ 要素份额

成本函数和要素需求之间的联系由微观经济学中的**谢泼德引理**（Shephard's lemma）给出。令 x_j 为给定要素价格（p_1，p_2，p_3）和产出 Q 下要素投入 j 的成本最小化需求。因此 $\sum_{j=1}^{3} p_j x_j = C$ 。这个引理给出了如下结果：

$$\frac{\partial C}{\partial p_j} = x_j \tag{4.7.4}$$

注意：

$$\frac{\partial\log(C)}{\partial\log(p_j)} = \frac{p_j}{C} \cdot \frac{\partial C}{\partial p_j}$$

这个引理也可以写成成本函数的对数偏导数等于要素份额的形式，即

$$\frac{\partial\log(C)}{\partial\log(p_j)} = \frac{p_j x_j}{C} \tag{4.7.5}$$

对于式（4.7.1）给出的超越对数成本函数，对数偏导数是很容易计算的：

$$\frac{\partial\log(C)}{\partial\log(p_j)} = \alpha_j + \sum_{k=1}^{3}\gamma_{jk}\log(p_k) + \gamma_{jQ}\log(Q) \quad (j=1,2,3) \tag{4.7.6}$$

将该式和式（4.7.5）结合起来，定义成本份额 $s_j \equiv p_j x_j / C$，我们可以得到下面这个与超越对数成本函数相联系的成本份额方程组：

$$s_j = \alpha_j + \sum_{k=1}^{3}\gamma_{jk}\log(p_k) + \gamma_{jQ}\log(Q) \quad (j=1,2,3) \tag{4.7.7}$$

这个成本份额方程组受到跨方程约束条件的约束，即在 s_j 方程中 $\log(p_k)$ 的系数等于 s_k 方程中 $\log(p_j)$ 的系数，其中 $j \neq k$。在本节余下内容里，这些跨方程约束条件将被称为对称性约束条件，尽管它们并不是对称性假设式（4.7.2）的结果。那些跨方程约束条件是微积分的结果：读者应该可以证明，如果不作出对称性假设，举个例子，则 s_1 方程中的 $\log(p_2)$ 的系数会是 $(\gamma_{12}+\gamma_{21})/2$，这等于 s_2 方程中的$\log(p_1)$ 系数。

□ 替代弹性

在生产函数的文献中，大量关注都放在了估计不同投入之间的替代弹性上（确切来说即希克斯-艾伦替代偏弹性）。[①] 正如尤扎瓦（Uzawa，1962）所示，投入 j 和 k 之间的替代弹性，标示为 η_{jk}，通过以下这个公式而与成本函数 C 相联系：

$$\eta_{jk} = \frac{C \cdot \dfrac{\partial^2 C}{\partial p_j \partial p_k}}{\dfrac{\partial C}{\partial p_j} \cdot \dfrac{\partial C}{\partial p_k}} \tag{4.7.8}$$

① 参看 Berndt（1991，9.2 节），可以得到一个历史性回顾。

对于超越对数成本函数，微积分和谢泼德引理表明：

$$\eta_{jk}=\begin{cases}\dfrac{\gamma_{jk}+s_j s_k}{s_j s_k}, & \text{对于 } j\neq k\\ \dfrac{\gamma_{jj}+s_j^2-s_j}{s_j^2}, & \text{对于 } j=k\end{cases} \tag{4.7.9}$$

其中 s_j 是投入 j 的成本份额。在对数线性成本函数的特殊情况里，其中对于所有的 j、k 有 $\gamma_{jk}=0$，对于 $j\neq k$ 我们有 $\eta_{jk}=1$，这说明对于柯布-道格拉斯技术来说，任何两个要素投入之间的替代弹性为 1。

□ 成本函数的性质

在微观经济学中，众所周知（例如可参看 Vavian（1992，第五章）），成本函数具有以下性质：

1.（齐次性）在要素价格上是一次齐次的。

2.（单调性）在要素价格上是非减的，这要求对于所有的 j 有 $\partial C/\partial p_j\geqslant 0$。

3.（凹性）在要素价格上是凹的，这要求成本函数 C 的海塞矩阵（二阶导数的矩阵），即

$$\mathbf{H}\equiv(\partial^2 C/\partial p_j\partial p_k)$$

是半负定的。根据式（4.7.8），当且仅当替代弹性（η_{jk}）的矩阵是半负定的，凹性才会得到满足。①

对于超越对数成本函数的情况，这些性质可以取以下形式。

1. **齐次性**：很容易证明（参看复习题），在对（γ_{jk}）施加对称性限制条件时，齐次性条件可以表示为：

$$\begin{cases}\alpha_1+\alpha_2+\alpha_3=1\\ \gamma_{11}+\gamma_{12}+\gamma_{13}=0\\ \gamma_{12}+\gamma_{22}+\gamma_{23}=0\\ \gamma_{13}+\gamma_{23}+\gamma_{33}=0\\ \gamma_{1Q}+\gamma_{2Q}+\gamma_{3Q}=0\end{cases} \tag{4.7.10}$$

齐次性将会施加在我们对份额方程的估计上。

2. **单调性**：已知谢泼德引理，则单调性与下面的条件是等价的：对于要素价格和产出的任何组合，份额方程（4.7.7）的右边都是非负的。对于系数的任意值来说，我们总能选择要素价格和产出，使得这一条件被违反。相应地，我们不能将单调性施加在份额方程上。不过，检查单调性对于“相关范围”而言是否满足还是可能的，即如果数据中发现的要素价格和产出的所有组合都满足单调性，对单调性的检查是可以做到的；

① 令 **H** 为成本函数 C 的海塞矩阵，**V** 为其第 j 个对角线元素是 $\partial C/\partial p_j$ 的对角矩阵。那么，由式（4.7.8）给出的替代弹性矩阵可以简写为：$(\eta_{jk})=C\cdot\mathbf{V}^{-1}\mathbf{H}\mathbf{V}^{-1}$。由于 **V** 是一个对角矩阵，所以当且仅当 **H** 是（成本函 C 的海塞矩阵（此处原文缺，我根据上下文意思补入。——译者注））时，$\mathbf{V}^{-1}\mathbf{H}\mathbf{V}^{-1}$ 才是半负定的。

对于下面的参数估计我们也会这样做。

3. **凹性**：凹性要求由式（4.7.9）给出的替代弹性矩阵对于成本份额的任何组合来说都是半负定的。要证明凹性的充要条件是这个 3×3 矩阵（γ_{jk}）为半负定的，还是可能做到的。[①] 特别地，对角线元素（γ_{11}，γ_{22}，γ_{33}）必然是非正的。矩阵（γ_{jk}）是半负定的所要求的条件是关于其元素的不等式条件集。而施以不等式条件时的估计是可行的（参看 Jorgenson（1986，2.4.5 节），可以找到所需的方法），但是这里我们不予探究。

□ 随机设定

由式（4.7.1）给出的超越对数成本函数具有一个（可加的）误差项 ε，而由之导出的份额方程则没有。基于我们的数据，份额方程对于每个企业来说确实并不成立，因此我们需要允许误差的存在。一般的习惯是在每个份额方程上增加一个随机扰动项。证实这一随机设定正确的方法有两种。一种是最优化误差项：企业在选择其成本最小化投入组合中会犯随机错误。从而真实的总成本就不会像成本函数中所显示的那样低了，因为在成本函数的推导中没有最优化误差的余地。另外一种是允许份额方程中的 α_j 是随机的，且逐个企业之间是不同的。那么，对 j 来说份额方程中的截距项就会是 α_j 的均值，而误差项是 α_j 与均值的离差。但是这也意味着，成本函数中的 α_j 必须被处理为随机的。

因此，无论对于哪一种情况，内在一致性会阻止我们将成本函数加入具有可加性误差的份额方程，以给出估计方程组。在本节余下的部分里，我们将集中关注完全由份额方程构成的方程组。然而，这也意味着我们只能估计成本函数参数的一个子集。要素需求中两个不存在的参数 α_Q 和 γ_{QQ} 无法得到估计。由于规模报酬的程度取决于它们（参看式（4.7.3）），所以规模报酬的程度也不能得到估计。

□ 限制条件的性质

增设可加性误差之后，份额方程组（4.7.7）可以全部写出如下：

$$\begin{cases} s_1=\alpha_1+\gamma_{11}\log(p_1)+\gamma_{12}\log(p_2)+\gamma_{13}\log(p_3)+\gamma_{1Q}\log(Q)+\varepsilon_1 \\ s_2=\alpha_2+\gamma_{21}\log(p_1)+\gamma_{22}\log(p_2)+\gamma_{23}\log(p_3)+\gamma_{2Q}\log(Q)+\varepsilon_2 \\ s_3=\alpha_3+\gamma_{31}\log(p_1)+\gamma_{32}\log(p_2)+\gamma_{33}\log(p_3)+\gamma_{3Q}\log(Q)+\varepsilon_3 \end{cases} \tag{4.7.11}$$

这一方程组具有 15 个系数或参数。跨方程的限制条件（对数价格系数（γ_{ik}）的 3×3 矩阵为对称的）和齐次性限制条件式（4.7.10）给出了 8 个约束条件的集合，因此这 15 个参数可以由 8 个自由参数予以描述。为了理解这一点，将这些限制条件分解为下面三组将会很有帮助。

$$\text{加总限制条件：}\begin{cases} \alpha_1+\alpha_2+\alpha_3=1 \\ \gamma_{11}+\gamma_{21}+\gamma_{31}=0 \\ \gamma_{12}+\gamma_{22}+\gamma_{32}=0 \\ \gamma_{13}+\gamma_{23}+\gamma_{33}=0 \\ \gamma_{1Q}+\gamma_{2Q}+\gamma_{3Q}=0 \end{cases} \tag{4.7.12}$$

---

① 证明：令这里的 $\mathbf{s}$ 为其第 j 个元素为 s_j 的 3×1 向量，而这里的 $\mathbf{S}$ 是其第 j 个元素为 s_j 的对角矩阵。那么，由式（4.7.9）给出的替代矩阵可以被写为 $(\eta_{jk})=\mathbf{S}^{-1}[(\gamma_{jk})+\mathbf{ss}'-\mathbf{S}]\mathbf{S}^{-1}$。对于成本份额的某一组合来说，$\mathbf{ss}'-\mathbf{S}$ 为零（例如，设 $\mathbf{s}=(1,0,0)'$ 即可得到）。因此，矩阵（η_{jk}）半负定的一个必要条件是矩阵（γ_{jk}）是半负定的。这个条件也是充分的，因为矩阵 $\mathbf{ss}'-\mathbf{S}$ 是半负定的，而两个半负定矩阵的和也是半负定的。

$$\text{齐次性：}\begin{cases}\gamma_{11}+\gamma_{12}+\gamma_{13}=0\\ \gamma_{21}+\gamma_{22}+\gamma_{23}=0\\ \gamma_{31}+\gamma_{32}+\gamma_{33}=0\end{cases} \tag{4.7.13}$$

$$\text{对称性：}\begin{cases}\gamma_{12}=\gamma_{21}\\ \gamma_{13}=\gamma_{31}\\ \gamma_{23}=\gamma_{32}\end{cases} \tag{4.7.14}$$

这里有 11 个方程，但其中只有 8 个是具有约束性的：给定这些加总限制条件，8 个齐次性约束中的一个由另外两个所蕴含，而给定加总限制条件和齐次性条件，3 个对称性限制条件中有 2 个可以由其他的所蕴含（读者应该证明这一点）。

□ 受限于跨方程约束条件的多元回归

可以直接施加齐次性条件式（4.7.13），因为它们并不是跨方程的约束条件。我们可以从方程组中消去三个参数，即（γ_{13}，γ_{23}，γ_{33}），从而得到：

$$\begin{cases}s_1=\alpha_1+\gamma_{11}\log(p_1/p_3)+\gamma_{12}\log(p_2/p_3)+\gamma_{1Q}\log(Q)+\varepsilon_1\\ s_2=\alpha_2+\gamma_{21}\log(p_1/p_3)+\gamma_{22}\log(p_2/p_3)+\gamma_{2Q}\log(Q)+\varepsilon_2\\ s_3=\alpha_3+\gamma_{31}\log(p_1/p_3)+\gamma_{32}\log(p_2/p_3)+\gamma_{3Q}\log(Q)+\varepsilon_3\end{cases} \tag{4.7.15}$$

这个方程组（施加或没有施加齐次性条件）具有一个特别的特征：对于所有观察值来说，因变量（s_1，s_2，s_3）的和为 1。这个特征和加总条件蕴含着对于所有观察值来说误差项（ε_1，ε_2，ε_3）的和为零，因此 3×3 误差协方差矩阵 $\mathbf{\Sigma}\equiv\mathrm{Var}(\varepsilon_1,\varepsilon_2,\varepsilon_3)$ 是奇异的。回忆一下，在多元回归模型中（它是命题 4.6 所描述的 SUR 模型的特殊情况），式（4.1.11）中定义的 **S** 矩阵可以写成一个克罗内克积：$\mathbf{S}=\mathbf{\Sigma}\otimes\mathrm{E}(\mathbf{x}_i\mathbf{x}_i')$。这样一来，**S** 就变成奇异的了，这违反了假设 4.5。处理这一奇异性问题的惯例是从方程组中剔除一个方程，并估计余下的方程所组成的方程组（参看下文，可以得到有关这一主题的更多细节）。被剔除的方程中的系数可以通过使用加总限制条件对所包含的两个方程进行估计所得到的系数估计值来进行计算。这样一来，加总限制条件和齐次性条件都被纳入了进来。

如上文所提及的那样，给定加总限制条件和齐次性条件，实际上只有一个对称性限制条件。例如，如果（γ_{13}，γ_{23}，γ_{33}）被从该方程组中剔除以纳入齐次性，正如在式（4.7.15）中那样，并且如果第三个方程被剔除了以纳入加总限制条件，那么唯一的对称性限制条件可表述为 $\gamma_{12}=\gamma_{21}$。如果施加这一跨方程限制条件，则该方程组变成：

$$\begin{cases}s_1=\alpha_1+\gamma_{11}\log(p_1/p_3)+\gamma_{12}\log(p_2/p_3)+\gamma_{1Q}\log(Q)+\varepsilon_1\\ s_2=\alpha_2+\gamma_{12}\log(p_1/p_3)+\gamma_{22}\log(p_2/p_3)+\gamma_{2Q}\log(Q)+\varepsilon_2\end{cases} \tag{4.7.16}$$

因为其中回归元是前定的，且这些方程具有相同的回归元，所以该方程组可以由受对称性的跨方程约束条件限制的多元回归进行估计。如果这个受约束的估计加上 4.6 节所探讨的“共同系数”形式，则可转换为一个不受约束的估计。也就是说，方程组（4.7.16）可以写成“共同系数”形式 $\mathbf{y}_i=\mathbf{Z}_i\boldsymbol{\delta}+\boldsymbol{\varepsilon}_i$（参看式（4.6.1′）），如果我们令（此时仍然从 s_1，s_2，$\log(p_1/p_3)$，$\log(p_2/p_3)$ 以及 $\log(Q)$ 中去掉下标“i”）：

$$\mathbf{y}_i=\begin{bmatrix} s_1 \\ s_2 \end{bmatrix}$$

$$\mathbf{Z}_i=\begin{bmatrix} 1 & 0 & \log(p_1/p_3) & \log(p_2/p_3) & 0 & \log(Q) & 0 \\ 0 & 1 & 0 & \log(p_1/p_3) & \log(p_2/p_3) & 0 & \log(Q) \end{bmatrix}$$

$$\boldsymbol{\delta}'=[\alpha_1 \quad \alpha_2 \quad \gamma_{11} \quad \gamma_{12} \quad \gamma_{22} \quad \gamma_{1Q} \quad \gamma_{2Q}] \tag{4.7.17}$$

因此受对称性约束的多元回归等价于（不受约束的）随机效应估计。

这一两方程的方程组的随机效应估计给出了下面 7 个参数的一致估计：

$$\alpha_1,\alpha_2,\gamma_{11},\gamma_{12},\gamma_{22},\gamma_{1Q},\gamma_{2Q}$$

15 个份额方程中余下的参数：

$$\alpha_3,\gamma_{13},\gamma_{21},\gamma_{23},\gamma_{31},\gamma_{32},\gamma_{33},\gamma_{3Q}$$

可以利用加总限制条件式（4.7.12）、齐次性条件式（4.7.13）以及对称性条件式（4.7.14）得以计算。例如，γ_{33}可被计算为：

$$\gamma_{33}=-\gamma_{31}-\gamma_{32}=-\gamma_{13}-\gamma_{23}=(\gamma_{11}+\gamma_{12})+(\gamma_{12}+\gamma_{22})=\gamma_{11}+2\gamma_{12}+\gamma_{22}$$

因此，γ_{33}的点估计值由下式给出：

$$\hat{\gamma}_{33}=\hat{\gamma}_{11}+2\ \hat{\gamma}_{12}+\hat{\gamma}_{22}$$

其中（$\hat{\gamma}_{11}$，$\hat{\gamma}_{12}$，$\hat{\gamma}_{22}$）是随机效应估计值。$\hat{\gamma}_{33}$的标准误可以通过将“delta 方法”（参看引理 2.5）应用于得自随机效应估计的 Avar($\hat{\gamma}_{11}$，$\hat{\gamma}_{12}$，$\hat{\gamma}_{22}$）的一致估计。

□ 删除哪一个方程？

从这个方程组中删除哪一个方程是否重要呢？很显然，如果没有跨方程条件，则这并不重要，因为多元回归在数值上等价于逐方程 OLS。为了了解在跨方程约束下数值上的不变性是否成立，令 $\mathbf{\Sigma}^*$ 为得自从三方程的方程组（4.7.15）中删除一个方程后的两方程的方程组的 2×2 误差协方差矩阵。它正是 3×3 误差协方差矩阵 $\mathbf{\Sigma}$ 的子阵。（例如，如果第三个方程被剔除，$\mathbf{\Sigma}^*$ 就是 3×3 矩阵 $\mathbf{\Sigma}$ 的 2×2 主子阵。）为了进行随机效应估计，我们需要 $\mathbf{\Sigma}^*$ 的一个一致估计量 $\hat{\mathbf{\Sigma}}^*$。得到 $\hat{\mathbf{\Sigma}}^*$ 有两种方法：

- （逐方程 OLS）分别估计这两个方程，从而忽略了跨方程约束条件，然后使用残差计算 $\hat{\mathbf{\Sigma}}^*$。等价地，分别用 OLS 估计这三个方程，利用这三个方程残差计算 $\hat{\mathbf{\Sigma}}$（3×3 误差协方差矩阵 $\mathbf{\Sigma}$ 的估计值），然后从 $\hat{\mathbf{\Sigma}}$ 中提取适当的子阵。如果由此可得 $\hat{\mathbf{\Sigma}}^*$，那么（正如你将在本章实证性习题中所证明的那样）数值上的不变性是可以保证的；哪个方程被剔除并不重要。
- 从利用跨方程约束的某种方法（比如应用于共同系数形式的混同 OLS）中获得 $\hat{\mathbf{\Sigma}}^*$。在这种情况下数值不变性并不能得到保证。

数值不变性在逐方程 OLS 下成立，原因是导出 $\hat{\mathbf{\Sigma}}^*$ 的 3×3 矩阵 $\hat{\mathbf{\Sigma}}$ 在有限样本中是奇异的。在大样本中，只要 $\hat{\mathbf{\Sigma}}^*$ 是一致的，即便 $\hat{\mathbf{\Sigma}}^*$ 不是得自逐方程 OLS，由于 $\mathbf{\Sigma}$ 是奇异的，所以 $\hat{\mathbf{\Sigma}}^*$ 和 $\hat{\mathbf{\Sigma}}$ 之间的关系也是成立的。因此如果 $\hat{\mathbf{\Sigma}}^*$ 是一致的，则不变性渐近成立。特别地，参数估计值的渐近方差并不取决于选择哪一个方程剔除。

□ 结果

第 1 章中纳洛夫的研究是基于美国电力公用企业 1955 年的横截面数据给出的。克里斯滕森和格林（Christensen and Greene，1976）将纳洛夫的数据更新到 1970 年的 99 家企业，使用的数据来源允许他们构造更好的有关工资率和燃料价格的指标（参看他们文章的第 V 节，可以得到更多细节）。他们的数据集包括要素份额的信息，因此这些份额方程可以被估计出来。数据中的某些元素的均值和标准差在表 4－3 中被报告出来，它表明燃料可以解释电力生产成本的较大份额。

表 4－3　简单统计量（样本规模＝99）

	每千瓦时的产出	劳动份额	资本份额	燃料份额
均值	9.0	0.141	0.227	0.631
标准差	10.3	0.059	0.062	0.095

我们使用逐方程 OLS 残差来计算 $\hat{\boldsymbol{\Sigma}}^*$，因此随机效应估计值在数值上并不随哪个方程被剔除而改变。这些估计值以及从逐方程 OLS 中导出的 $\hat{\boldsymbol{\Sigma}}$ 如表 4－4 所示。要素投入标示 j 为 1 代表劳动，为 2 代表资本，为 3 代表燃料。待估价格系数（$\hat{\gamma}_{jk}$）矩阵的一些（并非所有）对角线元素是正的。因此，该矩阵并不是半负定的，这违背了凹性假设。①

表 4－4　随机效应估计值

参数	点估计	标准误	t 值
α_1	−0.132	0.106	−1.25
α_2	0.318	0.085	3.75
α_3	0.813	0.094	8.69
γ_{11}	0.084	0.020	4.19
γ_{12}	−0.023	0.016	−1.46
γ_{13}	−0.060	0.015	−3.92
γ_{22}	0.122	0.020	6.19
γ_{23}	−0.099	0.017	−5.75
γ_{33}	0.159	0.023	6.90
γ_{1Q}	−0.021 1	0.002 5	−8.55
γ_{2Q}	−0.008 6	0.003 0	−2.87
γ_{3Q}	0.029 7	0.003 7	7.98

即便（$\hat{\gamma}_{jk}$）不是半负定的，由式（4.7.9）给出的相关的替代弹性也可以是半负定的。因为这个公式是在假设没有最优化误差的情况下导出的，所以拟合成本份额而不是真实的成本份额应该被用于公式中的 s_j 和 s_k。这些在企业间进行平均的弹性如表 4－5 所示。（它们是如此计算得到的该对称的 3×3 替代弹性矩阵的非主对角线元素。）这三个要素投入是替代性的，因为其替代弹性是正的，但是替代程度远小于对数线性技术中假设的。即便在“相关范围”内，凹性假设也被违背了：对于这个样本中 99 家企业中

① 对凹性的这个“检验”可以予以正式化。使用 delta 方法，我们可以计算（$\hat{\gamma}_{jk}$）的特征根的渐近分布。凹性原假设是，那些特征根都是非正的。

的 20 家而言，替代弹性矩阵并非半负定的。与之相对，单调性在相关范围内可以得到满足：拟合成本份额对于样本中所有企业的所有投入都是非负的。

$$\text{由混同 OLS 得到的 } \hat{\boldsymbol{\Sigma}}=\begin{bmatrix} 0.001\,73 & -0.000\,171 & -0.001\,56 \\ -0.000\,171 & 0.002\,53 & -0.002\,36 \\ -0.001\,56 & -0.002\,36 & 0.003\,91 \end{bmatrix}$$

表 4-5 替代弹性

劳动—资本	资本—燃料	劳动—燃料
0.17	0.27	0.29

复习题

1. 推导式（4.7.6）。验证在推导过程中利用了（γ_{jk}）的对称性。

2. 推导约束条件式（4.7.10）的齐次性。**提示：**对于超越对数成本函数式（4.7.1）在要素价格上具有一次齐次性而言，就任何标量 $\lambda\neq0$，下式是必要且充分的：

$$\begin{aligned}&\sum_{j=1}^{3}\alpha_j\log(\lambda\cdot p_j)+\frac{1}{2}\sum_{j=1}^{3}\sum_{k=1}^{3}\gamma_{jk}\log(\lambda\cdot p_j)\log(\lambda\cdot p_k)+\alpha_Q\log(Q)\\&\quad+\frac{1}{2}\gamma_{QQ}(\log(Q))^2+\sum_{j=1}^{3}\gamma_{jQ}\log(\lambda\cdot p_j)\log(Q)\\&=\log(\lambda)+\sum_{j=1}^{3}\alpha_j\log(p_j)+\frac{1}{2}\sum_{j=1}^{3}\sum_{k=1}^{3}\gamma_{jk}\log(p_j)\log(p_k)+\alpha_Q\log(Q)\\&\quad+\frac{1}{2}\gamma_{QQ}(\log(Q))^2+\sum_{j=1}^{3}\gamma_{jQ}\log(p_j)\log(Q)\end{aligned}$$

3. （将约束条件包括在内）利用加总条件式（4.7.12）、式（4.7.13）中三个方程中的两个以及式（4.7.14）中三个方程中的一个推导式（4.7.14）中的其他两个。

4. （OLS 遵循奇异性）看一下将逐方程 OLS 应用于式（4.7.15）中三个方程中的每一个。证明这些系数的逐方程 OLS 估计值满足加总条件。证明：得自逐方程 OLS 残差的 3×3 误差协方差矩阵是奇异的。**提示：**令 $\mathbf{y}_1$，$\mathbf{y}_2$，$\mathbf{y}_3$ 为三个因变量的 n 维向量（其中 n 是样本规模），令 $\mathbf{X}$ 为共有的 K 个回归元（在式（4.7.15）中 $K=4$）的 $n\times K$ 数据向量。注意，$\mathbf{y}_1+\mathbf{y}_2+\mathbf{y}_3=\mathbf{0}$。逐方程 OLS 系数估计值是 $(\mathbf{X}'\mathbf{X})^{-1}\mathbf{X}'\mathbf{y}_j$，$j=1$，2，3。这三个 $n\times1$ 残差向量为 $\mathbf{M}\mathbf{y}_j$，$j=1$，2，3，其中 $\mathbf{M}\equiv\mathbf{I}_n-\mathbf{X}(\mathbf{X}'\mathbf{X})^{-1}\mathbf{X}'$。

第 4 章习题集

□ 分析性习题

1. （3SLS 的数据矩阵表示）在 3SLS 模型中，工具变量集合在方程之间是相同的。令 K 为共同的工具变量的数目。定义：

$$\underset{(n\times K)}{\mathbf{X}}=\begin{bmatrix}\mathbf{x}_1'\\ \vdots \\ \mathbf{x}_n'\end{bmatrix}=\begin{bmatrix}x_{11} & \cdots & x_{1K}\\ \vdots & & \vdots\\ x_{n1} & \cdots & x_{nK}\end{bmatrix}$$

$$\underset{(n\times L_m)}{\mathbf{Z}_m}=\begin{bmatrix}\mathbf{z}_{1m}'\\ \vdots\\ \mathbf{z}_{nm}'\end{bmatrix},\quad \underset{(Mn\times\sum_{m=1}^{M}L_m)}{\mathbf{Z}}=\begin{bmatrix}\mathbf{Z}_1 & & \\ & \ddots & \\ & & \mathbf{Z}_M\end{bmatrix}$$

$$\underset{(\sum_{m=1}^{M}L_m\times 1)}{\boldsymbol{\delta}}=\begin{bmatrix}\boldsymbol{\delta}_1\\ \vdots\\ \boldsymbol{\delta}_M\end{bmatrix}$$

$$\underset{(Mn\times 1)}{\mathbf{y}}=\begin{bmatrix}\mathbf{y}_1\\ \vdots\\ \mathbf{y}_M\end{bmatrix},\quad \underset{(n\times 1)}{\mathbf{y}_m}=\begin{bmatrix}y_{1m}\\ \vdots\\ y_{nm}\end{bmatrix}$$

$$\underset{(Mn\times 1)}{\boldsymbol{\varepsilon}}=\begin{bmatrix}\varepsilon_1\\ \vdots\\ \varepsilon_M\end{bmatrix},\quad \underset{(n\times 1)}{\boldsymbol{\varepsilon}_m}=\begin{bmatrix}\boldsymbol{\varepsilon}_{1m}\\ \vdots\\ \boldsymbol{\varepsilon}_{nm}\end{bmatrix}$$

证明以下结论：

- 假设 4.1 变为 $\mathbf{y}=\mathbf{Z}\boldsymbol{\delta}+\boldsymbol{\varepsilon}$，
- 式（4.5.10）中的 $\widehat{\mathbf{S}}$ 变为 $\widehat{\mathbf{S}}=\widehat{\boldsymbol{\Sigma}}\otimes\frac{1}{n}\mathbf{X}'\mathbf{X}$，
- $\hat{\boldsymbol{\delta}}_{3SLS}=[\mathbf{Z}'(\widehat{\boldsymbol{\Sigma}}^{-1}\otimes\mathbf{P})\mathbf{Z}]^{-1}\mathbf{Z}'(\widehat{\boldsymbol{\Sigma}}^{-1}\otimes\mathbf{P})\mathbf{y}$，其中 $\mathbf{P}\equiv\mathbf{X}(\mathbf{X}'\mathbf{X})^{-1}\mathbf{X}'$，
- $\widehat{\text{Avar}(\hat{\boldsymbol{\delta}}_{3SLS})}=n\cdot[\mathbf{Z}'(\widehat{\boldsymbol{\Sigma}}^{-1}\otimes\mathbf{P})\mathbf{Z}]^{-1}$，
- 式（4.5.13）中的 $\widehat{\mathbf{A}}_{mh}$ 变为 $\widehat{\mathbf{A}}_{mh}=\frac{1}{n}\mathbf{Z}_m'\mathbf{P}\mathbf{Z}_h$，
- 式（4.5.14）中的 $\hat{\mathbf{c}}_{mh}$ 变为 $\hat{\mathbf{c}}_{mh}=\frac{1}{n}\mathbf{Z}_m'\mathbf{P}\mathbf{y}_h$，
- $J(\hat{\boldsymbol{\delta}}_{3SLS},\ \widehat{\mathbf{S}}^{-1})=(\mathbf{y}-\mathbf{Z}\hat{\boldsymbol{\delta}}_{3SLS})(\widehat{\boldsymbol{\Sigma}}^{-1}\otimes\mathbf{P})(\mathbf{y}-\mathbf{Z}\hat{\boldsymbol{\delta}}_{3SLS})$。

提示：

$$\frac{1}{n}\sum_{i=1}^{n}\mathbf{x}_i\mathbf{x}_i'=\frac{1}{n}\mathbf{X}'\mathbf{X},\ \mathbf{s}_{\mathbf{xy}}=\frac{1}{n}(\mathbf{I}_M\otimes\mathbf{X})'\mathbf{y},\ \mathbf{S}_{\mathbf{xz}}=\frac{1}{n}(\mathbf{I}_M\otimes\mathbf{X})'\mathbf{Z}$$

利用附录 A 中的式（A.11）和式（A.13）至式（A.15）。

2.（SUR、RE 和混同 OLS 的数据矩阵表示）

（a）证明：在 SUR 假设式（4.5.18）下，式（4.5.13）简化为式（4.5.13′），式（4.5.14）简化为式（4.5.14′）。**提示：**如果 $\mathbf{P}\equiv\mathbf{X}(\mathbf{X}'\mathbf{X})^{-1}\mathbf{X}'$，那么 $\widehat{\mathbf{A}}_{mh}=\frac{1}{n}\mathbf{Z}_m'\mathbf{P}\mathbf{Z}_h$，$\hat{\mathbf{c}}_{mh}=\frac{1}{n}\mathbf{Z}_m'\mathbf{P}\mathbf{y}_h$。如果 $\mathbf{Z}_m$ 的列取自 $\mathbf{X}$ 的列，则 $\mathbf{P}\mathbf{Z}_m=\mathbf{Z}_m$。

（b）证明：对于 SUR，

该估计量$=[\mathbf{Z}'(\widehat{\boldsymbol{\Sigma}}^{-1}\otimes\mathbf{I}_n)\mathbf{Z}]^{-1}\mathbf{Z}'(\widehat{\boldsymbol{\Sigma}}^{-1}\otimes\mathbf{I}_n)\mathbf{y}$

其 $\widehat{\text{Avar}}=n\cdot[\mathbf{Z}'(\widehat{\boldsymbol{\Sigma}}^{-1}\otimes\mathbf{I}_n)\mathbf{Z}]^{-1}$

（c）仅对本题的这一部分，我们假设对于所有的 m 有 $\mathbf{z}_{im}=\mathbf{x}_i$。因此，$\mathbf{Z}=\mathbf{I}_M\otimes\mathbf{X}$。证明：SUR 简化为多元回归估计量

$[\mathbf{I}_M\otimes(\mathbf{X}'\mathbf{X})^{-1}\mathbf{X}']\mathbf{y}$

证明这 M 个 K 维向量的第 m 个 K 维分块为 $(\mathbf{X}'\mathbf{X})^{-1}\mathbf{X}'\mathbf{y}_m$

现在，重新定义 $\mathbf{Z}$ 为：

$$\underset{(Mn\times L)}{\mathbf{Z}}\equiv\begin{bmatrix}\mathbf{Z}_1\\ \vdots\\ \mathbf{Z}_M\end{bmatrix}\qquad(*)$$

因此假设 4.1′（具有共同系数的线性方程）可以写为 $\mathbf{y}=\mathbf{Z}\boldsymbol{\delta}+\boldsymbol{\varepsilon}$，其中 $\mathbf{y}$ 和 $\boldsymbol{\varepsilon}$ 如分析性习题 1 中所示，而 $\boldsymbol{\delta}$ 为共同系数的 L 维向量。

（d）证明：对于随机效应估计量而言，若 $\mathbf{Z}$ 像刚才那样重新定义为式（$*$），则在（b）中导出的那些同样的公式也成立。**提示：**这些估计量在式（4.6.8）中给出，其 $\widehat{\text{Avar}}$ 在式（4.6.10）中给出。使用附录中的式（A.8）。

（e）证明：

$$\text{式(4.6.11)中的 } \hat{\boldsymbol{\delta}}_{\text{混同OLS}}=(\mathbf{Z}'\mathbf{Z})^{-1}\mathbf{Z}'\mathbf{y}$$

$$\text{式(4.6.14)中的 } \widehat{\text{Avar}(\hat{\boldsymbol{\delta}}_{\text{混同OLS}})}=n\cdot(\mathbf{Z}'\mathbf{Z})^{-1}[\mathbf{Z}'(\hat{\boldsymbol{\Sigma}}\otimes\mathbf{I}_n)\mathbf{Z}](\mathbf{Z}'\mathbf{Z})^{-1}$$

（f）在式（$*$）中定义的 $Mn\times L$ 矩阵 $\mathbf{Z}$ 中，其行首先按方程（m）排序，然后按观察值（i）排序。现在首先按观察值（i）排序，这会重新定义 $\mathbf{Z}$ 为：

$$\underset{(Mn\times L)}{\mathbf{Z}}\equiv\begin{bmatrix}\mathbf{Z}_1\\ \vdots\\ \mathbf{Z}_n\end{bmatrix}$$

其中 $\mathbf{Z}_i$（i，1，2，…，n）是式（4.6.15）中定义的 $M\times L$ 矩阵。重新对 $\mathbf{y}$ 和 $\boldsymbol{\varepsilon}$ 的行进行类似的排序：

$$\underset{(Mn\times 1)}{\mathbf{y}}=\begin{bmatrix}\mathbf{y}_1\\ \vdots\\ \mathbf{y}_n\end{bmatrix},\ \underset{(Mn\times 1)}{\boldsymbol{\varepsilon}}=\begin{bmatrix}\boldsymbol{\varepsilon}_1\\ \vdots\\ \boldsymbol{\varepsilon}_n\end{bmatrix}$$

这些在（d）和（e）中导出的 RE 和混同 OLS 的公式会如何变化？**提示：**只是用“$\mathbf{I}_n\otimes\hat{\boldsymbol{\Sigma}}$”代替“$\hat{\boldsymbol{\Sigma}}\otimes\mathbf{I}_n$”。如果你发现这种转换不是那么困难，设 $M=2$。

3.（SUR 和 RE 的 GLS 解释）SUR 模型由假设 4.1 至假设 4.5、假设 4.7 和式（4.5.18）构成（$\mathbf{x}_i=(\mathbf{z}_{i1}$，…，$\mathbf{z}_{iM})$ 的并）。通过像下面这样强化假设 4.3（正交性条件），可以将模型具体化：

$$\text{E}(\varepsilon_{im}\,|\,\mathbf{z}_{i1},\cdots,\mathbf{z}_{iM})=0\quad(m=1,\cdots,M)$$

而假设 4.2（遍历平稳性）可以表述为：

$$\{y_{i1},\cdots,y_{iM},\mathbf{z}_{i1},\cdots,\mathbf{z}_{iM}\}$$

是独立同分布的。

(a)（较易）解释一下这些为什么是更强的假设。

(b) 令 $\boldsymbol{\varepsilon}(Mn\times 1)$ 和 $\mathbf{Z}(Mn\times\sum_m L_m)$ 如分析性习题 1 中的那样。证明：该具体化模型表明：

$$\text{E}(\boldsymbol{\varepsilon}\,|\,\mathbf{Z})=\mathbf{0}\text{ 和 }\text{E}(\boldsymbol{\varepsilon}\boldsymbol{\varepsilon}'\,|\,\mathbf{Z})=\boldsymbol{\Sigma}\otimes\mathbf{I}_n$$

提示：对于第一个，需要证明 $\text{E}(\varepsilon_{im}\mid\mathbf{Z})=0$。对于后者，$\text{E}(\boldsymbol{\varepsilon}\boldsymbol{\varepsilon}'\mid\mathbf{Z})$ 的第（m，h）个分块为 $\text{E}(\boldsymbol{\varepsilon}_m\boldsymbol{\varepsilon}_h'\mid\mathbf{Z})$，这是一个 $n\times n$ 矩阵。所需要证明的是，这个矩阵为 $\sigma_{mh}\mathbf{I}_n$。

(c)（SUR 的有限样本性质）假定 $\boldsymbol{\Sigma}$ 已知，所以命题 4.6 中 SUR 公式中的一致估计值 $\hat{\sigma}_{mh}$ 可能与真实值 σ_{mh} 相等。

(i) 验证该模型满足 1.6 节的 GLS 假设（即假设 1.1 至假设 1.3 以及式（1.6.1）），样本规模为 Mn。

(ii) 验证 SUR 估计量是 GLS 估计量。**提示：**1.6 节中的 $\mathbf{X}$ 在这里是 $\mathbf{Z}$。证明那里的 $\sigma^2\mathbf{V}$ 是 $\boldsymbol{\Sigma}\otimes\mathbf{I}_n$。利用 2（b）中的答案。

(iii) 验证 SUR 在有限样本中是无偏的，因为 $\text{E}(\hat{\boldsymbol{\delta}}_{\text{SUR}}-\boldsymbol{\delta}\mid\mathbf{Z})=\mathbf{0}$。

(iv) 1.6 节中命题 1.7 给出了 $\text{Var}(\hat{\boldsymbol{\delta}}_{\text{SUR}}\mid\mathbf{Z})$ 的表达式。证明：

$$\text{Avar}(\hat{\boldsymbol{\delta}}_{\text{SUR}})=\underset{n\to\infty}{\text{plim}}\, n\cdot \text{Var}(\hat{\boldsymbol{\delta}}_{\text{SUR}}|\mathbf{Z})$$

提示： 如果 $\text{E}(\boldsymbol{\varepsilon\varepsilon}'\mid\mathbf{Z})=\boldsymbol{\Sigma}\otimes\mathbf{I}_n$，那么矩阵 $\text{Var}(\hat{\boldsymbol{\delta}}_{\text{SUR}}\mid\mathbf{Z})$ 是其第（m，h）个分块为 $\sigma^{mh}\mathbf{Z}'_m\mathbf{Z}_h$ 的矩阵之逆 $\mathbf{Z}'_m\mathbf{Z}_h=\sum_i \mathbf{z}_{im}\mathbf{z}'_{ih}$。

(d)（RE 的有限样本性质）现在给这个模型加上这个条件：系数向量在方程之间是相同的，所以 $\mathbf{Z}$ 正如分析性习题 2 的式（*）中那样。和（c）中一样，假设 $\boldsymbol{\Sigma}$ 已知，所以命题 4.7 的 RE 公式中的一致估计值 $\hat{\sigma}_{mh}$ 可能与真实值 σ_{mh} 相等。

(i) 验证这个具有共同系数的模型满足 1.6 节的 GLS 假设。特别地，假设 1.1 可以写为 $\mathbf{y}=\mathbf{Z}\boldsymbol{\delta}+\boldsymbol{\varepsilon}$，其中 $\mathbf{y}$ 和 $\boldsymbol{\varepsilon}$ 正如分析性习题 2 所示。

(ii) 验证随机效应估计量是 GLS 估计量。

(iii) 验证随机效应估计量在有限样本中是无偏的。

(iv) 证明：

$$\text{Avar}(\hat{\boldsymbol{\delta}}_{\text{RE}})=\underset{n\to\infty}{\text{plim}}\, n\cdot \text{Var}(\hat{\boldsymbol{\delta}}_{\text{RE}}|\mathbf{Z})$$

提示： $\text{Var}(\hat{\boldsymbol{\delta}}_{\text{RE}}\mid\mathbf{Z})$ 是 $\sum_m\sum_h \sigma^{mh}\mathbf{Z}'_m\mathbf{Z}_h$ 的逆。

4.（逐方程的标准误与多方程 GMM 的标准误）我们已经在 4.4 节证明，有效逐方程 GMM 估计量的 Avar（在矩阵意义上）不小于有效多方程 GMM 估计量的 Avar。在这个习题中，我们证明这对于 $\widehat{\text{Avar}}$ 同样成立。令 $\hat{\mathbf{S}}$ 和 $\mathbf{S}_{\mathbf{xz}}$ 分别如式（4.3.2）和式（4.2.2）中那样。

(a)（普通题）验证在适当的假设下，$(\mathbf{S}'_{\mathbf{xz}}\hat{\mathbf{S}}^{-1}\mathbf{S}_{\mathbf{xz}})^{-1}$ 对于有效多方程 GMM 估计量来说是一致的。那些适当的假设是什么？

(b) 令 $\tilde{\boldsymbol{\delta}}_m$ 为 $\boldsymbol{\delta}_m$ 的有效单方程 GMM 估计量，$\tilde{\boldsymbol{\delta}}$ 为得自（$\tilde{\boldsymbol{\delta}}_1$，…，$\tilde{\boldsymbol{\delta}}_M$）的叠加向量。$\tilde{\boldsymbol{\delta}}$ 是 $\boldsymbol{\delta}$ 的有效逐方程 GMM 估计量。证明 $\text{Avar}(\tilde{\boldsymbol{\delta}}_m)$ 可由下式得到一致估计：

$$\left(\frac{1}{n}\sum_{i=1}^{n}\mathbf{z}_{im}\mathbf{x}'_{im}\hat{\mathbf{W}}_{mm}\frac{1}{n}\sum_{i=1}^{n}\mathbf{x}_{im}\mathbf{z}'_{im}\right)^{-1} \qquad (*)$$

其中：

$$\hat{\mathbf{W}}_{mm}=\left(\frac{1}{n}\sum_{i=1}^{n}\hat{\varepsilon}^2_{im}\mathbf{x}_{im}\mathbf{x}'_{im}\right)^{-1}$$

(c) 验证式（*）是下式的第（m，m）个分块：

$$(\mathbf{S}'_{\mathbf{xz}}\hat{\mathbf{W}}\mathbf{S}_{\mathbf{xz}})^{-1}\mathbf{S}'_{\mathbf{xz}}\hat{\mathbf{W}}\hat{\mathbf{S}}\hat{\mathbf{W}}\mathbf{S}_{\mathbf{xz}}(\mathbf{S}'_{\mathbf{xz}}\hat{\mathbf{W}}\mathbf{S}_{\mathbf{xz}})^{-1} \qquad (**)$$

其中 $\hat{\mathbf{W}}$ 是其第 m 个对角分块为 $\hat{\mathbf{W}}_{mm}$ 的分块对角矩阵。

(d) 命题 3.5 是一个不仅仅适用于总体矩的代数结果，因此它表明：

$$(**)\geqslant(\mathbf{S}'_{\mathbf{xz}}\hat{\mathbf{S}}^{-1}\mathbf{S}_{\mathbf{xz}})^{-1}$$

将此视为给定的，证明下面的结果：如果相同的残差被用来计算逐方程 GMM 的 $\hat{\mathbf{W}}$，以及多方程 GMM 的 $\hat{\mathbf{S}}$，那么对于每一个系数，得自有效多方程 GMM 的标准误和得自有效逐方程 GMM 的标准误是一样大的。**提示：** 标准误是待估渐近方差的对角线元素的平方根除以样本规模。

(e) 如果该模型以某种方式被误设，那么你在（d）中证明的结论还成立吗？提示：你已经证明的是一个代数结果。

(f) 查看 FIVE 和逐方程 2SLS 的步骤（a）—（d）。**提示：** 这只不过是重新定义了 $\hat{\mathbf{S}}$ 和 $\hat{\mathbf{W}}$ 的第 m 个对角分块 $\hat{\mathbf{W}}_{mm}$ 而已。2SLS 的 $\hat{\mathbf{W}}_{mm}$ 是下式的逆：

$$\frac{1}{n}\sum_{i=1}^{n}\hat{\varepsilon}^2_{im}\cdot\frac{1}{n}\sum_{i=1}^{n}\mathbf{x}_{im}\mathbf{x}'_{im}$$

而 FIVE 的 $\widehat{\mathbf{S}}$ 是式（4.5.3）。

5.（识别和跨方程约束条件）我们来看 1969 年和 1980 年的工资方程：

$$LW69_i = \beta_0 + \beta_1 \cdot S69_i + \beta_2 \cdot IQ_i + \varepsilon_{i1}$$
$$LW80_i = \beta_0 + \beta_1 \cdot S80_i + \beta_2 \cdot IQ_i + \varepsilon_{i2}$$

正交性条件是 $\mathrm{E}(\varepsilon_{i1})=0$，$\mathrm{E}(\varepsilon_{i2})=0$，$\mathrm{E}(MED_i\varepsilon_{i1})=0$，$\mathrm{E}(MED_i\varepsilon_{i2})=0$。假设我们有关于（$LW69$，$LW80$，$S69$，$S80$，$IQ$，$MED$）的一个随机样本。

（a）$LW69$ 方程是孤立地得到识别的吗？**提示：**检查识别 $LW69$ 方程的阶条件。

（b）根据（β_0，β_1，β_2）作为线性于 β 的方程组，写出四个正交性条件。一共有多少方程？根据相关的交叉矩，写出识别的秩条件。（这个例子表明，即便该方程组中的每个方程都没有被孤立地得到识别，该方程组仍然可以被识别，这要归功于 β 在方程之间是相同的这一跨方程约束条件。）

（c）证明如果 IQ 和 MED 无关的话，该方程组不能被识别。

6.（选作）证明命题 4.1。**提示：**将对命题 3.2 的证明一般化。

7.（2SLS 和 3SLS 在数值上的等价性）在方程组 $y_{im}=\mathbf{z}'_{im}\boldsymbol{\delta}_m+\varepsilon_{im}$（$i=1, \cdots, n$；$m=1, \cdots, M$）中，假定所有方程共享相同的工具变量集（因此 $\mathbf{x}_{im}=\mathbf{x}_i$）。（在下面，假设 3SLS 估计量的所有条件都可以得到满足。）

（a）当每个方程都有相同的 RHS 变量（因此 $\mathbf{z}_{im}=\mathbf{z}_i$）时，2SLS 和 3SLS 估计量在数值上是相同的。证明这一点。**提示：**令 $\mathbf{B}\equiv\frac{1}{n}\sum_i \mathbf{x}_i\mathbf{z}'_i$。3SLS 估计量是具有 $\mathbf{S}_{\mathbf{xz}}=\mathbf{I}_M\otimes\mathbf{B}$，$\widehat{\mathbf{W}}=\widehat{\boldsymbol{\Sigma}}^{-1}\otimes\mathbf{S}_{\mathbf{xx}}^{-1}$ 的式（4.2.3），其中 $\mathbf{S}_{\mathbf{xx}}\equiv\frac{1}{n}\sum_i \mathbf{x}_i\mathbf{x}'_i$。

（b）如果这些误差项不是条件同方差的。对于单方程和多方程 GMM 估计量而言（a）仍然成立吗？**提示：**答案为否。为什么？你能将 $\widehat{\mathbf{S}}^{-1}$ 写成没有条件同方差性的克罗内克积吗？

8.（SUR 不仅仅是在每个方程中要假设前定回归元）考虑估计 M 个方程的方程组：$y_{im}=\mathbf{z}'_{im}\boldsymbol{\delta}_m+\varepsilon_{im}$（$i=1, \cdots, n$；$m=1, \cdots, M$）。正交性条件为 $\mathrm{E}(\mathbf{z}_{im}\cdot\varepsilon_{im})=\mathbf{0}$（$m=1, 2, \cdots, M$）。

（a）有效多方程 GMM 估计量 $\hat{\boldsymbol{\delta}}(\widehat{\mathbf{S}}^{-1})$ 可以简化为逐方程 OLS 吗？如果误差项是条件同方差的，你的结论会改变吗？**提示：**$\mathbf{S}_{\mathbf{xz}}$ 是多少？$\widehat{\mathbf{S}}$ 呢？

（b）解释为什么你在（a）中条件同方差性下导出的有效 GMM 与 SUR 有差别。**提示：**这个差别在于正交性条件。

9.（选作，联合估计的危险之处）取自 Greene（1997，p. 706）。考虑这样的两方程 SUR 模型：

$$y_{i1}=\beta_1 x_{i1}+\varepsilon_{i1}$$
$$y_{i2}=\beta_2 x_{i2}+\beta_3 x_{i3}+\varepsilon_{i2}$$

为简单起见，假设 $\mathrm{E}(\varepsilon_{i1}^2)$，$\mathrm{E}(\varepsilon_{i1}\varepsilon_{i2})$ 和 $\mathrm{E}(\varepsilon_{i2}^2)$ 已知。现在假定你在运用 SUR，但是错误地从第二个方程中遗漏了 x_{i3}。这会给 β_1 的估计量的一致性带来什么影响？**提示：**令 $\mathbf{x}_1$，$\mathbf{x}_2$，$\mathbf{x}_3$，$\mathbf{y}_1$，$\boldsymbol{\varepsilon}_1$ 和 $\boldsymbol{\varepsilon}_2$ 为各自变量的 n 维向量，且：

$$\mathbf{y}=\begin{bmatrix}\mathbf{y}_1\\ \mathbf{y}_2\end{bmatrix},\ \boldsymbol{\varepsilon}=\begin{bmatrix}\boldsymbol{\varepsilon}_1\\ \boldsymbol{\varepsilon}_2\end{bmatrix},\ \overline{\mathbf{X}}=\begin{bmatrix}\mathbf{x}_1 & \mathbf{0}\\ \mathbf{0} & \mathbf{x}_2\end{bmatrix}$$

$$\mathbf{d}=\begin{bmatrix}\mathbf{0}\\ \mathbf{x}_3\end{bmatrix},\ \boldsymbol{\beta}=\begin{bmatrix}\beta_1\\ \beta_2\end{bmatrix},\ \boldsymbol{\Sigma}=\begin{bmatrix}\mathrm{E}(\varepsilon_{i1}^2) & \mathrm{E}(\varepsilon_{i1}\varepsilon_{i2})\\ \mathrm{E}(\varepsilon_{i2}\varepsilon_{i1}) & \mathrm{E}(\varepsilon_{i2}^2)\end{bmatrix}$$

（因此，举个例子，$\overline{\mathbf{X}}$ 是 $2n\times 2$ 的，$\boldsymbol{\beta}$ 是 2×1 的。）证明：

（a）这两个方程的方程组可以写为 $\mathbf{y}=\overline{\mathbf{X}}\boldsymbol{\beta}+\beta_3\cdot\mathbf{d}+\boldsymbol{\varepsilon}$。

（b）当 x_{i3} 被不经意地遗漏的时候，$\boldsymbol{\beta}$ 的 SUR 估计量为：

$$\hat{\boldsymbol{\beta}}_{\mathrm{SUR}}=[\overline{\mathbf{X}}'(\boldsymbol{\Sigma}^{-1}\otimes\mathbf{I}_n)\overline{\mathbf{X}}]^{-1}\overline{\mathbf{X}}'(\boldsymbol{\Sigma}^{-1}\otimes\mathbf{I}_n)\mathbf{y}$$

(c) 使用附录的式(A.6)和式(A.7)可以证明:

$$\hat{\boldsymbol{\beta}}_{\mathrm{SUR}}=\boldsymbol{\beta}+\beta_3\cdot\mathbf{a}+\mathbf{b}$$

其中:

$$\mathbf{a}=\begin{bmatrix}\sigma^{11}\frac{1}{n}\sum_{i=1}^n x_{i1}^2 & \sigma^{12}\frac{1}{n}\sum_{i=1}^n x_{i1}x_{i2}\\ \sigma^{21}\frac{1}{n}\sum_{i=1}^n x_{i2}x_{i1} & \sigma^{22}\frac{1}{n}\sum_{i=1}^n x_{i2}^2\end{bmatrix}^{-1}\begin{bmatrix}\sigma^{12}\frac{1}{n}\sum_{i=1}^n x_{i1}x_{i3}\\ \sigma^{22}\frac{1}{n}\sum_{i=1}^n x_{i2}x_{i3}\end{bmatrix}$$

$$\mathbf{b}=\begin{bmatrix}\sigma^{11}\frac{1}{n}\sum_{i=1}^n x_{i1}^2 & \sigma^{12}\frac{1}{n}\sum_{i=1}^n x_{i1}x_{i2}\\ \sigma^{21}\frac{1}{n}\sum_{i=1}^n x_{i2}x_{i1} & \sigma^{22}\frac{1}{n}\sum_{i=1}^n x_{i2}^2\end{bmatrix}^{-1}\begin{bmatrix}\sigma^{11}\frac{1}{n}\sum_{i=1}^n x_{i1}\varepsilon_{i1}+\sigma^{12}\frac{1}{n}\sum_{i=1}^n x_{i1}\varepsilon_{i2}\\ \sigma^{21}\frac{1}{n}\sum_{i=1}^n x_{i2}\varepsilon_{i1}+\sigma^{22}\frac{1}{n}\sum_{i=1}^n x_{i2}\varepsilon_{i2}\end{bmatrix}$$

(d) 证明 $\operatorname{plim}\mathbf{b}=\mathbf{0}$。$\operatorname{plim}\mathbf{a}=\mathbf{0}$ 吗?

10. (选作,增加恰好识别的方程不会增加有效性)考虑 3SLS 两方程模型,其中第二个方程可以恰好识别(因此 $L_2=K$)。令 $\hat{\boldsymbol{\delta}}_{1.\mathrm{3SLS}}$ 为第一个方程系数的 3SLS 估计量,$\hat{\boldsymbol{\delta}}_{1.\mathrm{2SLS}}$ 为这些相同的系数的 2SLS 估计量。

(a) 根据 σ_{11} 和 $\mathbf{A}_{11}$ 写出 $\mathrm{Avar}(\hat{\boldsymbol{\delta}}_{1.\mathrm{2SLS}})$,这些都在式(4.5.16)中予以定义。

(b) 证明:$\mathrm{Avar}(\hat{\boldsymbol{\delta}}_{1.\mathrm{3SLS}})=\mathrm{Avar}(\hat{\boldsymbol{\delta}}_{1.\mathrm{2SLS}})$。**提示:**使用分块逆公式(参看附录的式(A.10)),将 $\mathrm{Avar}(\hat{\boldsymbol{\delta}}_{1.\mathrm{3SLS}})$ 的左上($L_1\times L_1$)分块写为 $\mathbf{G}^{-1}$,其中:

$$\mathbf{G}=\sigma^{11}\mathbf{A}_{11}-\left(\frac{\sigma^{12}\cdot\sigma^{21}}{\sigma^{22}}\right)\mathbf{A}_{12}\mathbf{A}_{22}^{-1}\mathbf{A}_{21}$$

但是,根据式(4.5.16),

$$\begin{aligned}\mathbf{A}_{12}\mathbf{A}_{22}^{-1}\mathbf{A}_{21}&=\mathrm{E}(\mathbf{z}_{i1}\mathbf{x}_i')[\mathrm{E}(\mathbf{x}_i\mathbf{x}_i')]^{-1}\mathrm{E}(\mathbf{x}_i\mathbf{z}_{i2}')[\mathrm{E}(\mathbf{z}_{i2}\mathbf{x}_i')[\mathrm{E}(\mathbf{x}_i\mathbf{x}_i')]^{-1}\mathrm{E}(\mathbf{x}_i\mathbf{z}_{i2}')]^{-1}\\&\quad\cdot\mathrm{E}(\mathbf{z}_{i2}\mathbf{x}_i')[\mathrm{E}(\mathbf{x}_i\mathbf{x}_i')]^{-1}\mathrm{E}(\mathbf{x}_i\mathbf{z}_{i1}')\\&=\mathrm{E}(\mathbf{z}_{i1}\mathbf{x}_i')[\mathrm{E}(\mathbf{x}_i\mathbf{x}_i')]^{-1}\mathrm{E}(\mathbf{x}_i\mathbf{z}_{i1}')\quad(\text{因为}\ \#\mathbf{z}_{i2}(=L_2)=\#\mathbf{x}_i(=K))\\&=\mathbf{A}_{11}\end{aligned}$$

因此,

$$\mathbf{G}=\left[\sigma^{11}-\left(\frac{\sigma^{12}\cdot\sigma^{21}}{\sigma^{22}}\right)\right]\mathbf{A}_{11}=\frac{\mathbf{A}_{11}}{\sigma_{11}}\quad\left(\text{因为}\ \sigma^{11}-\left(\frac{\sigma^{12}\cdot\sigma^{21}}{\sigma^{22}}\right)=1/\sigma_{11}\right)$$

11. (正交性条件的线性组合)对于命题 4.7 的多方程模型,利用下面的正交条件,推导有效 GMM 估计量:

$$\mathrm{E}(\mathbf{z}_{i1}\cdot\varepsilon_{i1}+\cdots+\mathbf{z}_{iM}\cdot\varepsilon_{iM})=\mathbf{0}\tag{1}$$

提示:左边正交性条件的样本对应为:

$$\mathbf{g}_n(\tilde{\boldsymbol{\delta}})\equiv\frac{1}{n}\sum_{i=1}^n\mathbf{z}_{i1}\cdot y_{i1}+\cdots+\frac{1}{n}\sum_{i=1}^n\mathbf{z}_{iM}\cdot y_{iM}-\left(\frac{1}{n}\sum_{i=1}^n\mathbf{z}_{i1}\mathbf{z}_{i1}'+\cdots+\frac{1}{n}\sum_{i=1}^n\mathbf{z}_{iM}\mathbf{z}_{iM}'\right)\tilde{\boldsymbol{\delta}}$$

正交性条件和系数一样多。有效 GMM 估计量即求解了 $\mathbf{g}_n(\tilde{\boldsymbol{\delta}})=\mathbf{0}$ 的 IV 估计量。

□ 实证性习题

在数据文件 GREENE. ASC 中,给出以下变量的数据:

第 1 列:在纳洛夫的 1955 年样本中的企业 ID

第 2 列：以百万美元计的 1970 年的成本
第 3 列：以百万千瓦时计的产出
第 4 列：劳动的价格
第 5 列：资本的价格
第 6 列：燃料的价格
第 7 列：劳动的成本份额
第 8 列：资本的成本份额

这个样本有 99 个观测值。燃料的成本份额可以用 1 减去劳动和资本的成本份额之和得到。这些数据被用于 Christensen 和 Greene（1976）。

在文中，该方程组中（关于燃料份额的）第三个方程在随机效应估计中被剔除了。为了验证数值的不变性，剔除（关于资本份额的）第二个方程，当增加齐次性条件时可消去（γ_{12}，γ_{22}，γ_{32}）。这会给出下面这个两方程的方程组：

$$\begin{cases} s_1=\alpha_1+\gamma_{11}\log(p_1/p_2)+\gamma_{13}\log(p_3/p_2)+\gamma_{1Q}\log(Q)+\varepsilon_1 & \text{（劳动份额）} \\ s_3=\alpha_3+\gamma_{31}\log(p_1/p_2)+\gamma_{33}\log(p_3/p_2)+\gamma_{3Q}\log(Q)+\varepsilon_3 & \text{（燃料份额）} \end{cases}$$

我们称此为非受限方程组。受限方程组是在不受限方程组上施加对称条件 $\gamma_{13}=\gamma_{31}$。

(a) 验证文中显示的样本的简单统计量可以复制过来。

(b)（数值的不变性）将随机效应估计（即受限于跨方程约束条件的多元回归）应用于受限方程组。你能够复制文中的系数估计值吗？你首先应该将逐方程 OLS 应用于非受限方程组以计算 $\widehat{\boldsymbol{\Sigma}}^*$。（有关计算方面的提示：使用现成的程序，如 TSP 和 RATS，对联合估计进行编程。不过，那些现成的程序无法打印出 SUR 的萨甘统计量。）

Gauss 小贴士：这个随机效应估计量可以通过运行数据矩阵来计算，但我们还是推荐使用 do 循环。使用式（4.6.8′）。

RATS 小贴士：使用 NLSYS 程序，它是为处理非线性方程而设计的，但也可以用于线性方程。它也可以用于计算 $\widehat{\boldsymbol{\Sigma}}^*$，可以通过下面的程序代码实现：

```
* Estimation with capital share equation dropped
* Define parameters
nonlin al af gll glf gfl gff gly gfy
* Define two eq. system
frml labor sl = al + gll * log(pl/pk) + glf * log(pf/pk)
              + gly * log(kwh)
frml fuel sf = af + gfl * log(pl/pk) + gff * log(pf/pk)
             + gfy * log(kwh)
* Set starting values for the parameters
compute al = af = gll = glf = gfl = gff = gly = gfy = 0
* Now do multivariate regression w/o cross-eq.
* restriction
nlsystem(outsigma = sigmahat) / labor fuel
```

这里，sigmahat 是 2×2 矩阵 $\widehat{\boldsymbol{\Sigma}}^*$。使用了这个 $\widehat{\boldsymbol{\Sigma}}^*$ 的随机效应估计可以由下面的代码实现：

```
* Now impose cross-eq. restriction on fuel share
* eq. (set gfl = glf)
* Define parameters.
nonlin al af gll glf gff gly gfy
* Impose symmetry.
```

```
frml fuelb sf = af + glf * log(pl/pk) + gff * log(pf/pk)
              + gfy * log(kwh)
* Multivariate regression with covariance matrix
* calculated from equation-by-equation OLS
* residuals
nlsystem(isigma = sigmahat) / labor fuelb
```

TSP 小贴士：像上面 RATS 代码一样完成相同任务的 TSP 代码的一个例子是：

```
? Estimate the system with capital equation
? dropped.
frml labor sl = al + gll * log(pl/pk) + glf * log(pf/pk)
              + gly * log(kwh);
frml fuel sf = af + gfl * log(pl/pk) + gff * log(pf/pk)
             + gfy * log(kwh);
? Set parameter values to zero.
param al af gll glf gfl gff gly gfy;
? Multivariate regression without symmetry
sur labor fuel;
? Estimate error covariance matrix from residuals
mform sigmahat = @covu;
?
? Do multivariate regression with cross-equation
? restriction.
? Impose symmetry.
frml fuel sf = af + glf * log(pl/pk) + gff * log(pf/pk)
             + gfy * log(kwh);
? Multivariate regression subject to symmetry
lsq(maxitw = 0,wname = sigmahat) labor fuel;
```

这给出了下面七个自由参数的随机效应估计值，

$$\alpha_1,\alpha_3,\gamma_{11},\gamma_{13},\gamma_{33},\gamma_{1Q},\gamma_{3Q}$$

正如文中解释的那样，使用加总、齐次性以及对称性约束条件来计算点估计值，以及余下的八个参数的标准误。TSP 命令 ANALYZ 在这里应该有用。

(c)（选作，只为 Gauss 使用者准备）计算萨甘统计量。**提示**：使用命题 4.7 中的公式。$\mathbf{x}_i$ 向量应该是：一个常数项、$\log(p_1/p_2)$、$\log(p_3/p_2)$、$\log(Q)$。对于 $\widehat{\boldsymbol{\Sigma}}^*$，使用得自非受限方程组的那一个。$\mathbf{s_{xy}}=\frac{1}{n}\sum_{i=1}^{n}\mathbf{y}_i\otimes\mathbf{x}_i,\mathbf{S_{xz}}=\frac{1}{n}\sum_{i=1}^{n}\mathbf{Z}_i\otimes\mathbf{x}_i$。该统计量应该为 0.633 13，其 p 值为 0.426 21。

(d)（检验对称性）给定萨甘统计量为 0.633 13，进行如下的假设检验。将备择假设取为非受限方程组。该原假设是对称性约束条件 $\gamma_{13}=\gamma_{31}$。**提示**：根据命题 3.8，有和没有对称性条件的萨甘统计量之差服从渐近卡方分布。对于非受限方程组而言，萨甘统计量是什么？

(e)（对称性的沃尔德检验）通过沃尔德原理检验相同的原假设。因此，需要在非受限方程组中检验对称性条件。验证该检验统计量在数值上等于（b）中估计的受限方程组的萨甘统计量。

TSP 小贴士：只要将下面这一行：

```
analyz wald wald=glf-gfl;
```

插入非受限估计代码之后即可。

(f) 利用 (b) 中得到的参数估计值，计算在 99 家企业之间进行平均的劳动和资本之间的替代弹性。能够复制文中的结果吗？

部分习题答案

□ 分析性习题

3b. $\mathrm{E}(\varepsilon_{im} \mid \mathbf{Z})$

$=\mathrm{E}(\varepsilon_{im} \mid \mathbf{z}_{11}, \cdots, \mathbf{z}_{1M}, \mathbf{z}_{21}, \cdots, \mathbf{z}_{2M}, \cdots, \mathbf{z}_{n1}, \cdots, \mathbf{z}_{nM})$ （根据 $\mathbf{Z}$ 的定义）

$=\mathrm{E}(\varepsilon_{im} \mid \mathbf{z}_{i1}, \cdots, \mathbf{z}_{iM})$ （根据 i. i. d. 假设）

$=0$ （根据强化的正交性条件）

$n\times n$ 矩阵 $\mathrm{E}(\boldsymbol{\varepsilon}_m\boldsymbol{\varepsilon}_h' \mid \mathbf{Z})$ 的第 (i, j) 个元素为 $\mathrm{E}(\varepsilon_{im}\varepsilon_{jh} \mid \mathbf{Z})$。根据 i. i. d. 假设，对于 $j\neq i$，它为零。对于 $j=i$，

$$\begin{aligned}\mathrm{E}(\varepsilon_{im}\varepsilon_{ih} \mid \mathbf{Z}) &= \mathrm{E}(\varepsilon_{im}\varepsilon_{ih} \mid \mathbf{z}_{11}, \cdots, \mathbf{z}_{1M}, \mathbf{z}_{21}, \cdots, \mathbf{z}_{2M}, \cdots, \mathbf{z}_{n1}, \cdots, \mathbf{z}_{nM}) \\ &= \mathrm{E}(\varepsilon_{im}\varepsilon_{ih} \mid \mathbf{z}_{i1}, \cdots, \mathbf{z}_{iM}) \quad \text{（根据 i. i. d. 假设）}\end{aligned}$$

由于 $\mathbf{x}_{im}=\mathbf{x}_i$ 以及 $\mathbf{x}_i$ 在 SUR 模型中是 $(\mathbf{z}_{i1}, \cdots, \mathbf{z}_{iM})$ 的并，故条件同方差性假设（假设 4.7）表述为 $\mathrm{E}(\varepsilon_{im}\varepsilon_{ih} \mid \mathbf{z}_{i1}, \cdots, \mathbf{z}_{iM})=\sigma_{mh}$。

5b.

$$\begin{bmatrix} 1 & \mathrm{E}(S69) & \mathrm{E}(IQ) \\ 1 & \mathrm{E}(S80) & \mathrm{E}(IQ) \\ \mathrm{E}(MED) & \mathrm{E}(S69\cdot MED) & \mathrm{E}(IQ\cdot MED) \\ \mathrm{E}(MED) & \mathrm{E}(S80\cdot MED) & \mathrm{E}(IQ\cdot MED) \end{bmatrix} \begin{bmatrix} \beta_0 \\ \beta_1 \\ \beta_2 \end{bmatrix} = \begin{bmatrix} \mathrm{E}(LW69) \\ \mathrm{E}(LW80) \\ \mathrm{E}(LW69\cdot MED) \\ \mathrm{E}(LW80\cdot MED) \end{bmatrix}$$

该方程组被识别的条件是，这个 4×3 系数矩阵是列满秩的。

5c. 如果 IQ 和 MED 是不相关的，那么 $\mathrm{E}(IQ\cdot MED)=\mathrm{E}(IQ)\cdot\mathrm{E}(MED)$，而且该系数矩阵的第三列为 $\mathrm{E}(IQ)$ 乘以第一列。因此该矩阵不可能是列满秩的。

6. $\hat{\varepsilon}_{im}=y_{im}-\mathbf{z}_{im}'\hat{\boldsymbol{\delta}}_m=\varepsilon_{im}-\mathbf{z}_{im}'(\hat{\boldsymbol{\delta}}_m-\boldsymbol{\delta}_m)$。所以，

$$\frac{1}{n}\sum_{i=1}^{n}[\varepsilon_{im}-\mathbf{z}_{im}'(\hat{\boldsymbol{\delta}}_m-\boldsymbol{\delta}_m)][\varepsilon_{ih}-\mathbf{z}_{ih}'(\hat{\boldsymbol{\delta}}_h-\boldsymbol{\delta}_h)]=(1)+(2)+(3)+(4)$$

其中，

$$(1)=\frac{1}{n}\sum_{i=1}^{n}\varepsilon_{im}\varepsilon_{ih},$$

$$(2)=-(\hat{\boldsymbol{\delta}}_m-\boldsymbol{\delta}_m)'\frac{1}{n}\sum_{i=1}^{n}\mathbf{z}_{im}\cdot\varepsilon_{ih},$$

$$(3)=-(\hat{\boldsymbol{\delta}}_h-\boldsymbol{\delta}_h)'\frac{1}{n}\sum_{i=1}^{n}\mathbf{z}_{ih}\cdot\varepsilon_{im},$$

$$(4)=(\hat{\boldsymbol{\delta}}_m-\boldsymbol{\delta}_m)'\Big(\frac{1}{n}\sum_{i=1}^{n}\mathbf{z}_{im}\mathbf{z}_{ih}'\Big)(\hat{\boldsymbol{\delta}}_h-\boldsymbol{\delta}_h)。$$

和往常一样，在假设 4.1 和假设 4.2 之下，$(1)\to_{\mathrm{p}}\sigma_{mh}(\equiv\mathrm{E}(\varepsilon_{im}\varepsilon_{ih}))$。

对于 (4)，根据假设 4.2 和假设 $\mathrm{E}(\mathbf{z}_{im}\mathbf{z}_{ih}')$ 是有限的，$\frac{1}{n}\sum_i\cdot\mathbf{z}_{im}\mathbf{z}_{ih}'$ 依概率收敛于一个（有限）矩

阵。因此，(4) $\to_p 0$。

至于 (2)，根据柯西-施瓦茨公式有：

$$E(|z_{imj}\cdot\varepsilon_{ih}|)\leqslant\sqrt{E(z_{imj}^2)\cdot E(\varepsilon_{ih}^2)}$$

其中 z_{imj} 是 $\mathbf{z}_{im}$ 的第 j 个元素。因此，$E(\mathbf{z}_{im}\cdot\varepsilon_{ih})$ 是有限的，且 (2) $\to_p 0$，因为 $\hat{\boldsymbol{\delta}}_m-\boldsymbol{\delta}_m\to_p\mathbf{0}$。类似地有 (3) $\to_p 0$。

参考文献

Berndt, E., 1991, *The Practice of Econometrics*, New York: Addison-Wesley.

Berndt, E., and D. Wood, 1975, "Technology, Prices, and the Derived Demand for Energy," *Review of Economics and Statistics*, 57, 259-268.

Brundy, J., and D. Jorgenson, 1971, "Efficient Estimation of Simultaneous Systems by Instrumental Variables," *Review of Economics and Statistics*, 53, 207-224.

Christensen, L., and W. Greene, 1976, "Economies of Scale in U. S. Electric Power Generation," *Journal of Political Economy*, 84, 655-676.

Greene, W., 1997, *Econometric Analysis* (3d ed.), New Jersey: Prentice Hall.

Jorgenson, D., 1986, "Econometric Methods for Modeling Producer Behavior," in Z. Griliches and M. Intriligator (eds.), *Handbook of Econometrics*, Volume III, Amsterdam: Elsevier Science Publishers, 1841-1915.

Uzawa, H., 1962, "Production Function with Constant Elasticities of Substitution," *Review of Economic Studies*, 29, 291-299.

Varian, H., 1992, *Microeconomic Analysis* (3d ed.), New York: Norton.

Zellner, A., 1962, "An Efficient Method of Estimating Seemingly Unrelated Regressions and Tests for Aggregation Bias," *Journal of the American Statistical Association*, 63, 502-511.

Zellner, A., and H. Theil, 1962, "Three-Stage Least Squares: Simultaneous Estimation of Simultaneous Equations," *Econometrica*, 30, 54-78.

第5章

面板数据

概要

一个**纵列**（longitudinal）或**面板**（panel）数据集就是对众多横截面单位有着多重观察值的数据集。正如其名称所示，一个面板具有两个维度：一个是横截面单位的，另外一个是观察值的。后者通常是时间，但是也有例外。例如，双胞胎的横截面例子就是其第二个维度为兄弟姐妹的面板。横截面单位和观察值这两个至今一直在互换使用的术语之间的区别应当谨记。在适当的时候，我们会使用术语“群组”（group）来表示横截面单位。

在很多应用中，我们都会遇到**误差成分模型**（error-components model）。在这样的模型里，方程的误差项具有一个对于所有观察值都相同的成分（如果该面板的第二个维度是时间，这个相同的成分即时不变性），但是它却不会正交于回归元。有一种方法，被称为“固定效应估计量”，能够允许我们在没有工具变量的帮助下即可估计该模型。它和前一章的随机效应估计量在面板计量经济学中是两个最基本的方法。

本章的选修部分——5.3节——表明了当观察值的数目随群组不同而不同时如何修正固定效应估计量。实证性部分讲解的是增长的经验研究，这是一个近年来一直广受关注的主题。

事实证明，本章所涵盖的固定效应和其他估计量是关于误差成分模型的一个适当转换的特别的GMM估计量。固定效应估计量的这种GMM解释在本章分析性习题中得到了进一步的探究，届时会要求你找出一个比固定效应估计量更为渐近有效的估计量。

5.1 误差成分模型

我们从具有命题 4.7 的共同系数的多方程模型开始。为了简化讨论，我们假设该样本是一个随机样本。在大多数流行的面板数据——譬如美国收入动态面板调查（PSID）数据和国家纵列调查（NLS）数据——里，这一假设总是可以得到满足。在那些面板数据中，大量——数以百计乃至千计——的横截面单位都是随机地从总体中进行抽取的。

对于这种随机样本的情况，就 $\mathbf{y}_i(M\times 1)$，$\mathbf{Z}_i(M\times L)$，$\boldsymbol{\varepsilon}_i(M\times 1)$ 的定义而言，命题 4.7 的假设（参看式（4.6.15））可以重新表述为：

$$(M\text{ 个线性方程的方程组})\ \mathbf{y}_i=\mathbf{Z}_i\boldsymbol{\delta}+\boldsymbol{\varepsilon}_i \tag{5.1.1}$$

$$(\text{随机样本})\ \{\mathbf{y}_i,\mathbf{Z}_i\}\text{ 是 i. i. d.} \tag{5.1.2}$$

$$(\text{“SUR 假设”})\ \mathrm{E}(\mathbf{z}_{im}\cdot\varepsilon_{ih})=\mathbf{0}\text{，对于 }m,h=1,2,\cdots,M \tag{5.1.3}$$

即 $\mathrm{E}(\boldsymbol{\varepsilon}_i\otimes\mathbf{x}_i)=\mathbf{0}$，其中 $\mathbf{x}_i=(\mathbf{z}_{i1},\ \cdots,\ \mathbf{z}_{iM})$ 的并。

$$(\text{识别条件})\ \mathrm{E}(\mathbf{Z}_i\otimes\mathbf{x}_i)\text{ 是列满秩的}^{①} \tag{5.1.4}$$

$$(\text{条件同方差性})\ \mathrm{E}(\boldsymbol{\varepsilon}_i\boldsymbol{\varepsilon}_i'\mid\mathbf{x}_i)=\mathrm{E}(\boldsymbol{\varepsilon}_i\boldsymbol{\varepsilon}_i')\equiv\boldsymbol{\Sigma} \tag{5.1.5}$$

$$(\mathrm{E}(\mathbf{g}_i\mathbf{g}_i')\text{ 的非奇异性})\ \mathrm{E}(\mathbf{g}_i\mathbf{g}_i')\text{ 是非奇异的，其中 }\mathbf{g}_i\equiv\boldsymbol{\varepsilon}_i\otimes\mathbf{x}_i \tag{5.1.6}$$

正如 4.5 节所提及的，因为在条件同方差性之下 $\mathrm{E}(\mathbf{g}_i\mathbf{g}_i')=\boldsymbol{\Sigma}\otimes\mathrm{E}(\mathbf{x}_i\mathbf{x}_i')$，所以式（5.1.6）等价于以下条件：

$$\boldsymbol{\Sigma}\text{ 和 }\mathrm{E}(\mathbf{x}_i\mathbf{x}_i')\text{ 都是非奇异的} \tag{5.1.6$'$}$$

在这些假设之下，式（4.6.8′）中所定义的随机效应估计量 $\hat{\boldsymbol{\delta}}_{\mathrm{RE}}$ 是有效 GMM 估计量。

□ 误差成分

面板数据中经常使用的模型的不可观察的误差项 ε_{im} 被假设由两个成分构成：

$$\varepsilon_{im}=\alpha_i+\eta_{im} \tag{5.1.7}$$

第一个不可观察的成分 α_i，没有 m 下标，因此对所有方程来说都是相同的，被称为**个体效应**（individual effect）、**个体异质性**（individual heterogeneity），或者**固定效应**（fixed effect）。如果我们定义：

$$\underset{(M\times 1)}{\boldsymbol{\eta}_i}\equiv\begin{bmatrix}\eta_{i1}\\ \vdots\\ \eta_{iM}\end{bmatrix}$$

M 个方程的方程组的矩阵表示即

① 假设 4.4′中的 $\boldsymbol{\Sigma}_{\mathbf{xz}}$ 可以写为 $\mathrm{E}(\mathbf{Z}_i\otimes\mathbf{x}_i)$；参看 4.6 节的复习题 4。

$$\begin{bmatrix} y_{i1} \\ \vdots \\ y_{iM} \end{bmatrix} = \begin{bmatrix} \mathbf{z}_{i1}'\boldsymbol{\delta} \\ \vdots \\ \mathbf{z}_{iM}'\boldsymbol{\delta} \end{bmatrix} + \begin{bmatrix} \alpha_i \\ \vdots \\ \alpha_i \end{bmatrix} + \begin{bmatrix} \eta_{i1} \\ \vdots \\ \eta_{iM} \end{bmatrix}$$

或

$$\mathbf{y}_i = \mathbf{Z}_i\boldsymbol{\delta} + \mathbf{1}_M \cdot \alpha_i + \boldsymbol{\eta}_i \quad (i=1,2,\cdots,n) \tag{5.1.1$'$}$$

其中 $\mathbf{1}_M$ 是元素为 1 的 M 维向量。

如果该方程组的回归元正交于两个误差成分，则正交性条件式（5.1.3）可以得到满足，也就是说，如果

$$\text{对于 } m=1,2,\cdots,M, \text{ 有 } \mathrm{E}(\mathbf{z}_{im} \cdot \alpha_i) = \mathbf{0} \tag{5.1.8a}$$

以及

$$\text{对于 } m,h=1,2,\cdots,M, \text{ 有 } \mathrm{E}(\mathbf{z}_{im} \cdot \eta_{ih}) = \mathbf{0} \tag{5.1.8b}$$

然而，在很多使用面板数据的应用中，式（5.1.8a）并不是一个合理的假设。这是因为固定效应代表的是个体经济单位的一些永久性特征，如下面这些例子所示。

例 5.1（具有企业异质性的生产函数）：

在 3.2 节的对数线性生产函数式（3.2.13）中，假定企业的效率 u_i 在时间上保持不变。那么，对于年份 m 而言，其方程即：

$$\log(Q_{im}) = \phi_0 + \phi_1 \log(L_{im}) + u_i + v_{im}$$

其中 Q_{im} 是企业 i 在年份 m 的产出，L_{im} 是 m 年的劳动，v_{im} 是 m 年的技术冲击。通过设定下式可以将该方程写为式（5.1.1$'$）：

$$y_{im} = \log(Q_{im}),\ \mathbf{z}_{im} = (1, \log(L_{im}))',\ \boldsymbol{\delta} = (\phi_0, \phi_1)',\ \alpha_i = u_i,\ \eta_{im} = v_{im}$$

而且，

$$\mathbf{x}_i = (1, \log(L_{i1}), \cdots, \log(L_{iM}))'$$

在完全竞争条件下，个体效应 u_i 将会与劳动投入正相关，因为有效率的企业的 u_i 要高于平均值，这样就会雇佣更多的劳动来扩大生产（参看式（3.2.14））。如果 v_{im} 表示未曾预期到的冲击，这一冲击企业在做出投入选择时没有办法预见到，那么，假设 v_{im} 与回归元无关就是合理的。

例 5.2（工资方程）：

为简单起见，我们把工作经验从例 4.2 的工资方程中剔除，而且假定在 1969 年和 1980 年之外还可以取得 1982 年的数据。再假设学校教育系数和 IQ 的系数随时间保持不变，但截距项是时依的（例如，由于经济周期效应对工作造成的影响）。在误差分解式（5.1.7）之下，这个三方程的方程组为：

$$\begin{cases} LW69_i = \phi_1 + \beta S69_i + \gamma IQ_i + \alpha_i + \eta_{i1} \\ LW80_i = \phi_2 + \beta S80_i + \gamma IQ_i + \alpha_i + \eta_{i2} \\ LW82_i = \phi_3 + \beta S82_i + \gamma IQ_i + \alpha_i + \eta_{i3} \end{cases}$$

正如在 4.6 节最后所提及的，即便系数的子集随方程而不同，该方程组也可以写成具有共同系数的多个方程。在这个例子里，这一点可以由下式来完成：

$$\mathbf{Z}_i = \begin{bmatrix} \mathbf{z}'_{i1} \\ \mathbf{z}'_{i2} \\ \mathbf{z}'_{i3} \end{bmatrix} = \begin{bmatrix} 1 & 0 & 0 & S69_i & IQ_i \\ 0 & 1 & 0 & S80_i & IQ_i \\ 0 & 0 & 1 & S82_i & IQ_i \end{bmatrix}, \boldsymbol{\delta}' = (\phi_1, \phi_2, \phi_3, \beta, \gamma) \tag{5.1.9}$$

而且，

$$\mathbf{x}_i = (1, S69_i, S80_i, S82_i, IQ_i)'$$

误差项包括那些不能为学校教育和 IQ 所解释的工资决定因素。假设它们可以被分为永久性的个人特征（表示为 α_i，它会影响个体对学校教育的选择），以及与回归元无关的其他因素（表示为 η_{im}），比如在对数工资率方面的测量误差，这种假设是合乎情理的。

□ 群组均值

幸运的是，还有一个流行的估计量，被称为**固定效应估计量**（fixed-effects estimator），对于式（5.1.8a）的不满足，这个估计量是稳健的，也就是说，即使当回归元不正交于固定效应 α_i 时，这个估计量也是一致的。我们先在下一节的讨论之前提及一下，这个估计量被用于从初始方程组（5.1.1′）转换而来的 M 个方程的方程组。用于这一转换的矩阵是与 $\mathbf{1}_M$ 相关联的零化子：

$$\begin{aligned} \underset{(M\times M)}{\mathbf{Q}} &\equiv \mathbf{I}_M - \mathbf{1}_M(\mathbf{1}'_M\mathbf{1}_M)^{-1}\mathbf{1}'_M \\ &= \mathbf{I}_M - \frac{1}{M}\mathbf{1}_M\mathbf{1}'_M \\ &= \mathbf{I}_M - \begin{bmatrix} 1/M & \cdots & 1/M \\ \vdots & & \vdots \\ 1/M & \cdots & 1/M \end{bmatrix} \end{aligned} \tag{5.1.10}$$

这个矩阵所做的就是提取**群组均值离差**（deviations from group means）。例如，用 Q 左乘这个 M 维向量，可以得到：

$$\tilde{\mathbf{y}}_i \equiv \mathbf{Q}\mathbf{y}_i = \begin{bmatrix} y_{i1} - \bar{y}_i \\ \vdots \\ y_{iM} - \bar{y}_i \end{bmatrix} = \mathbf{y}_i - \mathbf{1}_M \cdot \bar{y}_i \tag{5.1.11}$$

其中，

$$\bar{y}_i = \frac{1}{M}\mathbf{1}'_M\mathbf{y}_i = \frac{1}{M}\sum_{m=1}^{M} y_{im}$$

是因变量的**群组均值**（group mean）。注意，这个均值是 m 上的，不是 i 上的；它特定于每一个群组（i）。类似地，对于这些回归元，$\mathbf{QZ}_i$ 的每一列都是 $\mathbf{Z}_i$ 的相应列的离差向量。

□ 重新参数化

不过，针对式（5.1.8a）的不满足而具有的有用性也是有代价的：该模型的有些参数在经过 $\mathbf{Q}$ 转换之后不再具有可识别性。我们给出两个例子：

● 一个明显的情况是一个对所有方程均相同的变量的系数。例如，例 5.2 中的 IQ_i 是一个共同回归元（参看式（5.1.9）），因此对应于 IQ_i（第 5 列）的 $\mathbf{Z}_i$ 的列是 $\mathbf{1}_M \cdot IQ_i$，而 $\mathbf{QZ}_i$ 的第 5 列是零向量。因此，IQ 的系数 γ 在转换之后不可能被识别。为了将共同回归元的系数与其余系数区别开，令 $\mathbf{b}_i$ 为共同回归元的向量，将回归元 $\mathbf{Z}_i$ 的 $M\times L$ 矩阵写为：

$$\mathbf{Z}_i=(\mathbf{F}_i \vdots \mathbf{1}_M\mathbf{b}_i') \tag{5.1.12}$$

相应地，将系数向量 $\boldsymbol{\delta}$ 进行分块：

$$\boldsymbol{\delta}=\begin{bmatrix}\boldsymbol{\beta}\\ \boldsymbol{\gamma}\end{bmatrix}$$

系数向量 $\boldsymbol{\gamma}$ 在转换之后不可能被识别。

● 还有可能是这种情况，在 $\boldsymbol{\gamma}$ 之外，还有一些 $\boldsymbol{\beta}$ 中的系数也是不可识别的，需要进行重新参数化。我们来看例 5.2，其中每个方程都有一个不同的截距项。这些截距项中的一个需要从 $\mathbf{F}_i$ 中剔除，纳入 $\mathbf{b}_i$，因为一个共同的截距项可以通过特定于方程的截距项的线性组合来取得。重新参数化可以定义为：

$$\mathbf{F}_i=\begin{bmatrix}1 & 0 & S69_i\\ 0 & 1 & S80_i\\ 0 & 0 & S82_i\end{bmatrix},\ \mathbf{b}_i=(1, IQ_i)' \tag{5.1.13}$$

因此，

$$\mathbf{Z}_i=\begin{bmatrix}1 & 0 & S69_i & 1 & IQ_i\\ 0 & 1 & S80_i & 1 & IQ_i\\ 0 & 0 & S82_i & 1 & IQ_i\end{bmatrix},\ \boldsymbol{\beta}=(\phi_1-\phi_3, \phi_2-\phi_3, \beta)',\ \boldsymbol{\gamma}=(\phi_3, \gamma)' \tag{5.1.14}$$

更一般地说，固定效应估计的识别条件是，$\mathbf{F}_i$ 和 $\mathbf{b}_i$ 通过满足下式而得以定义：

$$\mathrm{E}(\mathbf{QF}_i\otimes\mathbf{x}_i)\text{是列满秩的} \tag{5.1.15}$$

其中 $\mathbf{x}_i=(\mathbf{z}_{i1}, \cdots, \mathbf{z}_{iM})$ 的并。这为什么是一个识别条件呢？因为（正如你在分析性习题 2 中将更为清楚地看到的那样），固定效应估计量是应用于 $\mathbf{Qy}$ 关于 $\mathbf{QF}$ 的转换回归的随机效应估计量（的一种特殊化）。式（5.1.15）只不过是有关转换回归的识别条件式（5.1.4）的调整而已。

这样一来，$\mathbf{Z}_i$ 就分成了 $\mathbf{F}_i$ 和 $\mathbf{b}_i$，M 个方程的方程组（5.1.1′）可以改写为：

$$\mathbf{y}_i=\mathbf{F}_i\boldsymbol{\beta}+\mathbf{1}_M\cdot\mathbf{b}_i'\boldsymbol{\gamma}+\mathbf{1}_M\cdot\alpha_i+\boldsymbol{\eta}_i\quad(i=1,2,\cdots,n)\text{，或者}$$

$$y_{im}=\mathbf{f}_{im}'\boldsymbol{\beta}+\mathbf{b}_i'\boldsymbol{\gamma}+\alpha_i+\eta_{im}\quad (i=1,2,\cdots,n;\ m=1,\cdots,M) \tag{5.1.1''}$$

其中 $\mathbf{f}_{im}'$ 是 $\mathbf{F}_i$ 的第 m 行。这一**误差成分模型**（error-components model）由下面这些假设构成：假设式（5.1.1″）（M 个线性方程）、式（5.1.2）（随机样本）、式（5.1.8）（具有两个误差成分的 SUR 假设）、式（5.1.4）（识别条件）、式（5.1.5）（条件同方差性）、式（5.1.6）（非奇异的$\mathrm{E}(\mathbf{g}_i\mathbf{g}_i')$）以及式（5.1.15）（固定效应识别）。我们也将固定效应估计的附加的识别条件式（5.1.15）囊括进来，这样对于同一模型的随机效应估计量和固定效应估计量就都是良好定义的了。

复习题

1.（验证命题 4.7 的假设）验证当式（5.1.1）至式（5.1.6）成立时，命题 4.7 的条件可以得到满足。证明：当 $\mathrm{E}(\mathbf{x}_i\mathbf{x}_i')$ 是非奇异的时，识别条件式（5.1.4）可以得到满足。**提示：**$\mathbf{z}_{im}$ 是 $\mathbf{x}_i$ 的一个子集。这样一来，式（5.1.4）就是多余的了。

2.（重新参数化的非唯一性）式（5.1.13）并不是例 5.2 的唯一的重新参数化。如果 $\mathbf{F}_i$ 被定义为：

$$\mathbf{F}_i=\begin{bmatrix}0 & 0 & S69_i\\ 1 & 0 & S80_i\\ 0 & 1 & S82_i\end{bmatrix}$$

那么 $\mathbf{b}_i$ 和 $\boldsymbol{\delta}$ 应该被如何定义呢？

3. 没有了重新参数化，例 5.2 的 $\mathbf{F}_i$ 是：

$$\mathbf{F}_i=\begin{bmatrix}1 & 0 & 0 & S69_i\\ 0 & 1 & 0 & S80_i\\ 0 & 0 & 1 & S82_i\end{bmatrix}$$

其中 $\mathbf{b}_i=IQ_i$。验证式（5.1.15）得不到满足。

5.2 固定效应估计量

□ 公式

正如已经提到的那样，固定效应估计量是为转换方程组而定义的。在式（5.1.1″）的两边左乘 Q，利用 $\mathbf{Q1}_M=\mathbf{0}$ 这一条件，我们可以得到：

$$\mathbf{Qy}_i=\mathbf{QF}_i\boldsymbol{\beta}+\mathbf{Q}\boldsymbol{\eta}_i$$

或者

$$\tilde{\mathbf{y}}_i=\tilde{\mathbf{F}}_i\boldsymbol{\beta}+\tilde{\boldsymbol{\eta}}_i\quad (i=1,2,\cdots,n) \tag{5.2.1}$$

其中，

$$\underset{(M\times 1)}{\tilde{\mathbf{y}}_i}\equiv\mathbf{Qy}_i,\ \underset{(M\times\#\boldsymbol{\beta})}{\tilde{\mathbf{F}}_i}\equiv\mathbf{QF}_i,\ \underset{(M\times 1)}{\tilde{\boldsymbol{\eta}}_i}\equiv\mathbf{Q}\boldsymbol{\eta}_i \tag{5.2.2}$$

第 5 章 面板数据

这样，固定效应 α_i 和共同回归元就从这些转换方程中被剔除了。现在，将转换后的 $\mathbf{y}_i$ 和 $\mathbf{F}_i$ 的混合样本给出如下：

$$\underset{(Mn\times 1)}{\tilde{\mathbf{y}}}\equiv\begin{bmatrix}\tilde{\mathbf{y}}_1\\ \vdots\\ \tilde{\mathbf{y}}_n\end{bmatrix},\ \underset{(Mn\times\#\beta)}{\tilde{\mathbf{F}}}\equiv\begin{bmatrix}\tilde{\mathbf{F}}_1\\ \vdots\\ \tilde{\mathbf{F}}_n\end{bmatrix}\tag{5.2.3}$$

$\boldsymbol{\beta}$ 的固定效应估计量（fixed-effects estimator）用 $\hat{\boldsymbol{\beta}}_{\text{FE}}$ 表示，是混同 OLS 估计量，也就是说，它是运用于规模为 Mn 的混合样本（$\tilde{\mathbf{y}}$，$\tilde{\mathbf{F}}$）的 OLS 估计量。因此，

$$\begin{aligned}\hat{\boldsymbol{\beta}}_{\text{FE}}&\equiv(\tilde{\mathbf{F}}'\tilde{\mathbf{F}})^{-1}\tilde{\mathbf{F}}'\tilde{\mathbf{y}}=\left(\frac{1}{n}\sum_{i=1}^{n}\tilde{\mathbf{F}}_i'\tilde{\mathbf{F}}_i\right)^{-1}\frac{1}{n}\sum_{i=1}^{n}\tilde{\mathbf{F}}_i'\tilde{\mathbf{y}}_i\\&=\left[\frac{1}{n}\sum_{i=1}^{n}(\mathbf{QF}_i)'(\mathbf{QF}_i)\right]^{-1}\frac{1}{n}\sum_{i=1}^{n}(\mathbf{QF}_i)'(\mathbf{Qy}_i)\\&=\left(\frac{1}{n}\sum_{i=1}^{n}\mathbf{F}_i'\mathbf{QQF}_i\right)^{-1}\frac{1}{n}\sum_{i=1}^{n}\mathbf{F}_i'\mathbf{QQy}_i\\&=\left(\frac{1}{n}\sum_{i=1}^{n}\mathbf{F}_i'\mathbf{QF}_i\right)^{-1}\frac{1}{n}\sum_{i=1}^{n}\mathbf{F}_i'\mathbf{Qy}_i\quad\text{（因为 }Q\text{ 是对称且幂等的）}\end{aligned}\tag{5.2.4}$$

将式（5.2.1）代入式（5.2.4），可以取得抽样误差如下：

$$\begin{aligned}\hat{\boldsymbol{\beta}}_{\text{FE}}-\boldsymbol{\beta}&=\left(\frac{1}{n}\sum_{i=1}^{n}\tilde{\mathbf{F}}_i'\tilde{\mathbf{F}}_i\right)^{-1}\frac{1}{n}\sum_{i=1}^{n}\tilde{\mathbf{F}}_i'\tilde{\boldsymbol{\eta}}_i\\&=\left(\frac{1}{n}\sum_{i=1}^{n}\mathbf{F}_i'\mathbf{QF}_i\right)^{-1}\frac{1}{n}\sum_{i=1}^{n}\mathbf{F}_i'\mathbf{Q}\boldsymbol{\eta}_i\end{aligned}\tag{5.2.5}$$

因为它基于群组均值离差，所以固定效应估计量也以**组内估计量**（within estimator）或**协方差估计量**（covariance estimator）而著称。另外一个可能更流行的推导方式是将 OLS 运用于水平值，即不是在离差中而是连同群组（i）将特定的虚拟变量加入回归元列表。出于这个原因，该估计量还被称为**最小二乘虚拟变量**（least squares dummy variables，LSDV）估计量。LSDV 解释允许我们找出在发展该估计量的有限样本理论时就误差成分模型而言还需要哪些附加假设。我们把它留作分析性习题 1。

□ 大样本性质

正如你将在分析性习题 2 中证明的那样，固定效应估计量还可以被写为一个 GMM 估计量，对于下文命题 5.1 所总结的固定效应估计量而言，这很适合其大样本理论的直接扩展。不过，通过检查抽样误差的表达式（5.2.5），证明这一命题可以更容易地得以完成。

命题 5.1（固定效应估计量的大样本性质）：考虑误差成分模型（由式（5.1.1″）、式（5.1.2）、式（5.1.8）、式（5.1.4）至式（5.1.6）以及式（5.1.15）构成），但是通过要求下式成立，而放松了 SUR 假设式（5.1.8b）：

$$\text{对于所有的 } m,h(=1,2,\cdots,M)，\text{有 } \mathrm{E}(\mathbf{f}_{im}\cdot\eta_{ih})=\mathbf{0}\tag{5.2.6}$$

其中 $\mathbf{f}_{im}'$ 是 $\mathbf{F}_i$ 的第 m 行。通过式（5.2.2）定义 $\tilde{\mathbf{y}}_i$，$\tilde{\mathbf{F}}_i$ 和 $\tilde{\boldsymbol{\eta}}_i$。那么：

(a) 固定效应估计量式 (5.2.4) 是一致的，且是渐近正态的，其中：

$$\text{Avar}(\hat{\boldsymbol{\beta}}_{\text{FE}})=[\text{E}(\tilde{\mathbf{F}}_i'\tilde{\mathbf{F}}_i)]^{-1}\text{E}[\tilde{\mathbf{F}}_i'\text{E}(\tilde{\boldsymbol{\eta}}_i\tilde{\boldsymbol{\eta}}_i')\tilde{\mathbf{F}}_i][\text{E}(\tilde{\mathbf{F}}_i'\tilde{\mathbf{F}}_i)]^{-1} \tag{5.2.7}$$

(b) 这一渐近方差由下式而得到一致估计：

$$\widehat{\text{Avar}(\hat{\boldsymbol{\beta}}_{\text{FE}})}=\left(\frac{1}{n}\sum_{i=1}^{n}\tilde{\mathbf{F}}_i'\tilde{\mathbf{F}}_i\right)^{-1}\left(\frac{1}{n}\sum_{i=1}^{n}\tilde{\mathbf{F}}_i'\hat{\mathbf{V}}\tilde{\mathbf{F}}_i\right)\left(\frac{1}{n}\sum_{i=1}^{n}\tilde{\mathbf{F}}_i'\tilde{\mathbf{F}}_i\right)^{-1} \tag{5.2.8}$$

其中 $\hat{\mathbf{V}}$ 是与该固定效应估计量相关联的转换残差的样本交叉矩矩阵：

$$\underset{(M\times M)}{\hat{\mathbf{V}}}\equiv\frac{1}{n}\sum_{i=1}^{n}(\tilde{\mathbf{y}}_i-\tilde{\mathbf{F}}_i\hat{\boldsymbol{\beta}}_{\text{FE}})(\tilde{\mathbf{y}}_i-\tilde{\mathbf{F}}_i\hat{\boldsymbol{\beta}}_{\text{FE}})' \tag{5.2.9}$$

我们只证明不是显而易见的部分：

(1) $\text{E}(\tilde{\mathbf{F}}_i'\tilde{\mathbf{F}}_i)$ 是非奇异的（因此也是可逆的），

(2) $\text{E}(\mathbf{F}_i'\mathbf{Q}\boldsymbol{\eta}_i)=\mathbf{0}$（对于一致性，这一点是需要的），

(3) $\text{E}(\tilde{\mathbf{F}}_i'\tilde{\boldsymbol{\eta}}_i\tilde{\boldsymbol{\eta}}_i'\tilde{\mathbf{F}}_i)$（即 $\frac{1}{n}\sum_{i=1}^{n}\tilde{\mathbf{F}}_i'\tilde{\boldsymbol{\eta}}_i$ 的 Avar）$=\text{E}[\tilde{\mathbf{F}}_i'\text{E}(\tilde{\boldsymbol{\eta}}_i\tilde{\boldsymbol{\eta}}_i')\tilde{\mathbf{F}}_i]$。

证明的余下部分是对柯尔莫哥洛夫的 LLN 和林德伯格-列维 CLT 的简单应用。

证明式 (5.1.15) 意味着 (1)，我们把这个任务留作一个选作的分析性习题。

为了证明 (2)，使用式 (4.6.16b)，并将期望改写如下：

$$\begin{aligned}\text{E}(\mathbf{F}_i'\mathbf{Q}\boldsymbol{\eta}_i)&=\text{E}\left(\sum_{m=1}^{M}\sum_{h=1}^{M}q_{mh}\mathbf{f}_{im}\cdot\eta_{ih}\right)\quad(q_{mh}\equiv\mathbf{Q}\text{ 的第}(m,h)\text{ 个元素})\\&=\sum_{m=1}^{M}\sum_{h=1}^{M}q_{mh}\text{E}(\mathbf{f}_{im}\cdot\eta_{ih})\end{aligned} \tag{5.2.10}$$

根据正交性条件式 (5.2.6)，它等于零。

对 (3) 的证明如下，首先注意到：

$$\text{E}(\tilde{\mathbf{F}}_i'\tilde{\boldsymbol{\eta}}_i\tilde{\boldsymbol{\eta}}_i'\tilde{\mathbf{F}}_i)=\text{E}[\tilde{\mathbf{F}}_i'\text{E}(\tilde{\boldsymbol{\eta}}_i\tilde{\boldsymbol{\eta}}_i'\mid\mathbf{x}_i)\tilde{\mathbf{F}}_i]$$

（这可以从总期望定律和 $\mathbf{x}_i[=(\mathbf{z}_{i1},\ \cdots,\ \mathbf{z}_{iM})]$ 的并集] 包含了 $\mathbf{F}_i$ 的元素以及 $\tilde{\mathbf{F}}_i$ 是 $\mathbf{F}_i$ 的函数这一事实得到。）而且 $\text{E}(\tilde{\boldsymbol{\eta}}_i\tilde{\boldsymbol{\eta}}_i'\mid\mathbf{x}_i)$ 等于无条件均值 $\text{E}(\tilde{\boldsymbol{\eta}}_i\tilde{\boldsymbol{\eta}}_i')$，因为

$$\begin{aligned}\text{E}(\tilde{\boldsymbol{\eta}}_i\tilde{\boldsymbol{\eta}}_i'\mid\mathbf{x}_i)&=\text{E}(\tilde{\boldsymbol{\varepsilon}}_i\tilde{\boldsymbol{\varepsilon}}_i'\mid\mathbf{x}_i)\quad(\text{因为 }\tilde{\boldsymbol{\varepsilon}}_i\equiv\mathbf{Q}\boldsymbol{\varepsilon}_i=\mathbf{Q}(\mathbf{1}_M\cdot\alpha_i+\boldsymbol{\eta}_i)=\mathbf{Q}\boldsymbol{\eta}_i=\tilde{\boldsymbol{\eta}}_i)\\&=\mathbf{Q}\text{E}(\boldsymbol{\varepsilon}_i\boldsymbol{\varepsilon}_i'\mid\mathbf{x}_i)\mathbf{Q}\\&=\mathbf{Q}\text{E}(\boldsymbol{\varepsilon}_i\boldsymbol{\varepsilon}_i')\mathbf{Q}\quad(\text{根据式}(5.1.5))\\&=\text{E}(\tilde{\boldsymbol{\varepsilon}}_i\tilde{\boldsymbol{\varepsilon}}_i')\\&=\text{E}(\tilde{\boldsymbol{\eta}}_i\tilde{\boldsymbol{\eta}}_i')\quad(\text{因为 }\tilde{\boldsymbol{\varepsilon}}_i=\tilde{\boldsymbol{\eta}}_i)\end{aligned} \tag{5.2.11}$$

稍微关注一下渐近方差表达式，你就应该怀疑是否必有某个其他的估计量是更为渐近有效的，因为一个有效估计量的渐近方差可以写为一个矩阵的逆。的确，正如你将会在分析性习题 2 中要证明的那样，确有一个估计量，它比固定效应估计量更为渐近有效。

□ 题外话：当 η_i 为球型的时

一般的误差成分模型还会再假设第二个误差成分 $\boldsymbol{\eta}_i$ 是球型的：

$$\mathrm{E}(\boldsymbol{\eta}_i, \boldsymbol{\eta}_i') = \sigma_\eta^2 \mathbf{I}_M，使得\ \mathrm{E}(\tilde{\boldsymbol{\eta}}_i \tilde{\boldsymbol{\eta}}_i') = \sigma_\eta^2 \mathbf{Q} \tag{5.2.12}$$

正如在很多面板数据集中那样，如果 m 是时间，那么这个假设通常被视为无“序列相关”假设。在这个意义上，缺乏序列相关不应该与下面这个条件相混淆：对于 $i \neq j$，$\boldsymbol{\eta}_i$ 与 $\boldsymbol{\eta}_j$ 无关。后者是我们的保留假设——该样本是 i. i. d. ——的结果。

将此代入式（5.2.7），并注意到 $\mathbf{Q}\tilde{\mathbf{F}}_i = \tilde{\mathbf{F}}_i$，我们发现，渐近方差的表达式可以简化为：

$$\mathrm{Avar}(\hat{\boldsymbol{\beta}}_{\mathrm{FE}}) = \sigma_\eta^2 \cdot [\mathrm{E}(\tilde{\mathbf{F}}_i' \tilde{\mathbf{F}}_i)]^{-1} \tag{5.2.13}$$

如果有一个 σ_η^2 的一致估计值 $\hat{\sigma}_\eta^2$，那么这个渐近方差可以由下式而得到一致估计：

$$\widehat{\mathrm{Avar}(\hat{\boldsymbol{\beta}}_{\mathrm{FE}})} = \hat{\sigma}_\eta^2 \cdot \left(\frac{1}{n}\sum_{i=1}^{n} \tilde{\mathbf{F}}_i' \tilde{\mathbf{F}}_i\right)^{-1} \tag{5.2.14}$$

它等于 n 乘以 $\hat{\sigma}_\eta^2 \cdot (\tilde{\mathbf{F}}' \tilde{\mathbf{F}})^{-1}$，即 n 乘以当 OLS 被运用于大小为 Mn 的混合样本 $(\tilde{\mathbf{y}}, \tilde{\mathbf{F}})$ 时待估方差矩阵的一般表达。

为了扩展这个 OLS 的对应式，我们将 SSR 定义为：

$$SSR = (\tilde{\mathbf{y}} - \tilde{\mathbf{F}}\hat{\boldsymbol{\beta}}_{\mathrm{FE}})'(\tilde{\mathbf{y}} - \tilde{\mathbf{F}}\hat{\boldsymbol{\beta}}_{\mathrm{FE}}) = \sum_{i=1}^{n} (\tilde{\mathbf{y}}_i - \tilde{\mathbf{F}}_i\hat{\boldsymbol{\beta}}_{\mathrm{FE}})'(\tilde{\mathbf{y}}_i - \tilde{\mathbf{F}}_i\hat{\boldsymbol{\beta}}_{\mathrm{FE}}) \tag{5.2.15}$$

在关于群组均值离差的混同 OLS 中，有 $\#\boldsymbol{\beta}$ 个系数待估。该误差方差的一般 OLS 估计值为：

$$\frac{SSR}{Mn - \#\boldsymbol{\beta}} \tag{5.2.16}$$

然而，对于 σ_η^2，这却不是一致的。在分析性习题 3 中要求你证明一致性估计量是：

$$\frac{SSR}{Mn - n - \#\boldsymbol{\beta}} \tag{5.2.17}$$

（就此而论，$SSR/(Mn-n)$ 也是一致的。）要从式（5.2.16）的分母中减去 n 的原因是，M 个转换方程不是线性独立的；对于 M 个转换方程的两边而言，其总和为零，正如在式（5.2.1）两边左乘 $\mathbf{1}_M'$并利用 $\mathbf{1}_M'\mathbf{Q} = \mathbf{0}'$所看到的那样。混合样本的有效样本规模为$Mn-n$，而非 Mn。利用式（5.2.16）而不是式（5.2.17）是一个非常常见的错误，这会导致对标准误的低估和对 t 值的高估。举个例子，如果 $M=3$，$n=1\,000$，$\#\boldsymbol{\beta}=5$，那么 t 值就会高估大约 23%（等于 2 995/1 995 的平方根减去 1）。

□ 随机效应与固定效应

现在，我们回到对 $\mathrm{E}(\boldsymbol{\eta}_i\boldsymbol{\eta}_i')$ 没有限制的一般情况，因此误差项就有了在 m 上任何一种模式的“序列相关”。将式（5.2.6）和式（5.1.8）进行比较，我们可以看出，没有被固定效应估计量用到的正交性条件为：

$$\begin{aligned} &对于所有的\ m\ 有\ \mathrm{E}(\mathbf{f}_{im} \cdot \alpha_i) = \mathbf{0}，\mathrm{E}(\mathbf{b}_i \cdot \alpha_i) = \mathbf{0} \\ &对于所有的\ m\ 有\ \mathrm{E}(\mathbf{b}_i \cdot \eta_{im}) = \mathbf{0} \end{aligned} \tag{5.2.18}$$

也就是说，固定效应估计量对于不满足式（5.2.18）的情况也是有效的。令 $\hat{\boldsymbol{\beta}}_{\mathrm{RE}}$是相应于 $\boldsymbol{\beta}$ 的 $\hat{\boldsymbol{\delta}}_{\mathrm{RE}}$（应用于原初 M 个方程的方程组（5.1.1″）的随机效应估计量）的元素：

$$\hat{\boldsymbol{\delta}}_{\text{RE}} \equiv \begin{bmatrix} \hat{\boldsymbol{\beta}}_{\text{RE}} \\ \hat{\boldsymbol{\gamma}}_{\text{RE}} \end{bmatrix} \tag{5.2.19}$$

我们还要令 Avar（$\hat{\boldsymbol{\beta}}_{\text{RE}}$）为 $\hat{\boldsymbol{\beta}}_{\text{RE}}$ 的渐近方差。它是对应于 $\boldsymbol{\beta}$ 的 Avar（$\hat{\boldsymbol{\delta}}_{\text{RE}}$）（由式（4.6.9′）给出）的主子矩阵。

随机效应估计量 $\hat{\boldsymbol{\beta}}_{\text{RE}}$ 是一个有效估计量，而 $\hat{\boldsymbol{\beta}}_{\text{FE}}$ 是一致的，但不是有效的。然而，如果式（5.2.18）被违反，$\hat{\boldsymbol{\beta}}_{\text{RE}}$ 就不再能够保证是一致的，而 $\hat{\boldsymbol{\beta}}_{\text{FE}}$ 仍然是一致的。这样，对式（5.2.18）的一个自然的检验就是考虑这两个估计量之间的差别，

$$\hat{\mathbf{q}} \equiv \hat{\boldsymbol{\beta}}_{\text{FE}} - \hat{\boldsymbol{\beta}}_{\text{RE}} \tag{5.2.20}$$

可以很容易证明，$\sqrt{n}\,\hat{\mathbf{q}}$ 是渐近正态的。豪斯曼原理（最初是为 ML 估计量而发展的，但是在第 3 章的分析性习题 9 中已被证明也适用于 GMM 估计量）表明：

$$\text{Avar}(\hat{\mathbf{q}}) = \text{Avar}(\hat{\boldsymbol{\beta}}_{\text{FE}}) - \text{Avar}(\hat{\boldsymbol{\beta}}_{\text{RE}}) \tag{5.2.21}$$

（因此，没有必要将 $\hat{\boldsymbol{\beta}}_{\text{FE}}$ 和 $\hat{\boldsymbol{\beta}}_{\text{RE}}$ 之间的渐近协方差纳入进来，因为它是零。）根据命题 4.7，式（4.6.9′）的主子矩阵给出了对 Avar（$\hat{\boldsymbol{\beta}}_{\text{RE}}$）的一个一致估计量。根据命题 5.1，Avar（$\hat{\boldsymbol{\beta}}_{\text{RE}}$）是由式（5.2.8）而予以一致性地估计。因此，这个差值也是 Avar（$\hat{\mathbf{q}}$）的一个一致估计量。将此写为 $\widehat{\text{Avar}(\hat{\mathbf{q}})}$。在附录中证明了（i）Avar（$\hat{\mathbf{q}}$）是非奇异的（因此也是正定的）以及（ii）由下面定义的豪斯曼统计量可以确保对于任何样本 $\{\mathbf{y}_i, \mathbf{Z}_i\}$ 都是非负的。总结如下：

命题 5.2（豪斯曼设定检验）：假定误差成分模型式（5.1.1″）、式（5.1.2）、式（5.1.8）、式（5.1.4）至式（5.1.6）以及式（5.1.15）的假设成立。定义 $\hat{\mathbf{q}}$ 和 $\widehat{\text{Avar}(\hat{\mathbf{q}})}$ 如刚才所述。那么，豪斯曼统计量

$$H \equiv n \cdot \hat{\mathbf{q}}'(\widehat{\text{Avar}(\hat{\mathbf{q}})})^{-1}\hat{\mathbf{q}} \tag{5.2.22}$$

是渐近服从自由度为 $\#\boldsymbol{\beta}$ 的卡方分布。在有限样本中它是非负的。

这个检验是一个设定检验，因为它可以查出是否不满足式（5.2.18）这个误差成分模型的保留假设的一部分。更为具体地来说，我们来看一系列局部备选方法，它们都满足误差成分模型除式（5.2.18）外的所有假设。① 在某些附加的技术假设下，可以证明，豪斯曼统计量收敛于一个非中心化的 χ^2 分布，那些局部备选方法序列具有非中心化参数。② 也就是说，豪斯曼统计量比在非一致的随机效应估计量条件下的局部备选方法更有效力。

□ 放松条件同方差性

在没有条件同方差性时，可以直接导出固定效应估计量的大样本分布。正如我们将在下一节看到的那样，将大样本结果扩展到非平衡面板，在没有条件同方差性时的确会更容易一些。

---

① 局部备选方法的概念是在 2.4 节引入的。

② 参看 Newey（1985）。这个所需的技术假设是纽韦的假设 5。

命题 5.3（无条件同方差性的固定效应估计量）：将条件同方差性式（5.1.5）从命题 5.1 的假设中删去。根据式（5.2.2）定义 $\tilde{\mathbf{y}}_i$，$\tilde{\mathbf{F}}_i$ 和 $\tilde{\boldsymbol{\eta}}_i$。那么：

（a）固定效应估计量式（5.2.4）是一致且渐近正态的，其中

$$\operatorname{Avar}(\hat{\boldsymbol{\beta}}_{\mathrm{FE}})=[\mathrm{E}(\tilde{\mathbf{F}}_i'\tilde{\mathbf{F}}_i)]^{-1}\mathrm{E}(\tilde{\mathbf{F}}_i'\tilde{\boldsymbol{\eta}}_i\tilde{\boldsymbol{\eta}}_i'\tilde{\mathbf{F}}_i)[\mathrm{E}(\tilde{\mathbf{F}}_i'\tilde{\mathbf{F}}_i)]^{-1} \tag{5.2.23}$$

（b）如果某个适当的有限四阶矩假设（改编自假设 4.6）可以得到满足，那么该渐近方差可以由下式得到一致估计：

$$\widehat{\operatorname{Avar}(\hat{\boldsymbol{\beta}}_{\mathrm{FE}})}=\left(\frac{1}{n}\sum_{i=1}^{n}\tilde{\mathbf{F}}_i'\tilde{\mathbf{F}}_i\right)^{-1}\left(\frac{1}{n}\sum_{i=1}^{n}(\tilde{\mathbf{F}}_i'\hat{\boldsymbol{\eta}}_i\hat{\boldsymbol{\eta}}_i'\tilde{\mathbf{F}}_i)\right)\left(\frac{1}{n}\sum_{i=1}^{n}\tilde{\mathbf{F}}_i'\tilde{\mathbf{F}}_i\right)^{-1} \tag{5.2.24}$$

其中 $\hat{\boldsymbol{\eta}}_i\equiv\tilde{\mathbf{y}}_i-\tilde{\mathbf{F}}_i\hat{\boldsymbol{\beta}}_{\mathrm{FE}}$（这个 $\hat{\boldsymbol{\eta}}_i$ 不应与式（5.2.1）中的 $\hat{\boldsymbol{\eta}}_i$ 相混淆）。

证明这个命题也有两种方法：将该固定效应估计量写成一个 GMM 估计量，然后运用 GMM 估计量的大样本理论；或者你可以直接通过检查抽样误差的表达式（5.2.4）来证明它。这个证明中唯一不容易的部分是 $\widehat{\operatorname{Avar}(\hat{\boldsymbol{\beta}}_{\mathrm{FE}})}$ 的表达式中间的加和项依概率收敛于其总体相应项 $\mathrm{E}(\tilde{\mathbf{F}}_i'\tilde{\boldsymbol{\eta}}_i\tilde{\boldsymbol{\eta}}_i'\tilde{\mathbf{F}}_i)$。这个所要求的技术方法与证明命题 4.2 的方法非常相似，因此在这里不再重复。

复习题

1. 要使本节的大样本理论结果成立，我们是否必须假设 $\boldsymbol{\alpha}_i$ 和 $\boldsymbol{\eta}_i$ 彼此正交？

2. （剔除多余方程）正如文中所提到的那样，这 M 个转换方程并不在以下意义上线性独立：其中一个转换方程可以写为余下 $M-1$ 个方程的线性组合。因此，考虑通过对每一群组（i）剔除一个转换方程（比如最后一个方程）而得到规模为 $Mn-n$ 的混合样本。这个更小的混合样本的 OLS 估计量是固定效应估计量吗？[答案：否。]

3. （交叉正交性的重要性）假定式（5.2.6）对于 $m=h$ 成立，但是对于 $m\neq h$ 并不必然成立。该固定效应估计量必然一致吗？[答案：否。]

4. 验证 $\mathrm{E}(\tilde{\boldsymbol{\eta}}_i\tilde{\boldsymbol{\eta}}_i')$ 是奇异的。（尽管如此，式（5.2.7）中的 $\mathrm{E}[\tilde{\mathbf{F}}_i'\mathrm{E}(\tilde{\boldsymbol{\eta}}_i\tilde{\boldsymbol{\eta}}_i')\tilde{\mathbf{F}}_i]$ 和式（5.2.23）中的 $\mathrm{E}(\tilde{\mathbf{F}}_i'\tilde{\boldsymbol{\eta}}_i\tilde{\boldsymbol{\eta}}_i'\tilde{\mathbf{F}}_i)$ 是非奇异的，正如一道选作的分析性习题要求你证明的那样。）

5. （误差协方差的一致估计）要证明式（5.2.9）对于 $\mathrm{E}(\tilde{\boldsymbol{\eta}}_i\tilde{\boldsymbol{\eta}}_i')$ 是一致的，就要将命题 4.1 运用于 M 个方程的转换方程组。验证该命题的条件在这里会得到满足。特别地，条件 $\mathrm{E}(\tilde{\mathbf{f}}_{im}\tilde{\mathbf{f}}_{im}')$（其中 $\tilde{\mathbf{f}}_{im}$ 是 $\tilde{\mathbf{F}}_i$ 的第 m 行）会被误差成分模型有限地予以满足吗？**提示：**$\tilde{\mathbf{f}}_{im}$ 是 $\mathbf{x}_i$ 的线性变换。式（5.1.5）和式（5.1.6）表明，$\mathrm{E}(\mathbf{x}_i\mathbf{x}_i')$ 是非奇异的。

6. （豪斯曼统计量检验了什么）为简单起见，假设 $\boldsymbol{\Sigma}(\equiv\mathrm{E}(\boldsymbol{\varepsilon}_i\boldsymbol{\varepsilon}_i'))$ 已知，且没有共同回归元，因此 $\mathbf{z}_{im}=\mathbf{f}_{im}$，而且式（5.2.18）简化为式（5.1.8a）：对于所有的 m 有 $\mathrm{E}(\mathbf{z}_{im}\cdot\alpha_i)=\mathbf{0}$。这是没有被固定效应估计量使用的约束条件。当式（5.1.8a）不成立但误差成分模型（譬如式（5.1.8b））的所有其他假设都满足时，该随机效应估计量必然不一致吗？提示：证明在没有式（5.1.8a）时，

$$\operatorname{plim}\hat{\boldsymbol{\delta}}_{\mathrm{RE}}-\boldsymbol{\delta}=\mathrm{E}(\mathbf{Z}_i'\boldsymbol{\Sigma}^{-1}\mathbf{Z}_i)^{-1}\mathrm{E}(\mathbf{Z}_i'\boldsymbol{\Sigma}^{-1}\boldsymbol{\varepsilon}_i)$$

其中 $\boldsymbol{\varepsilon}_i=\mathbf{1}\cdot\alpha_i+\boldsymbol{\eta}_i$。只要式（5.1.8b）成立，式（5.1.8a）对于 $\mathrm{E}(\mathbf{Z}_i'\boldsymbol{\Sigma}^{-1}\boldsymbol{\varepsilon}_i)$ 为零这一点就是充分的。它是必要的吗？严格说来，豪斯曼检验不是式（5.1.8a）的一个检验；它是 $\mathrm{E}(\mathbf{Z}_i'\boldsymbol{\Sigma}^{-1}\boldsymbol{\varepsilon}_i)=\mathbf{0}$ 的一个检验。

5.3 非平衡面板（选修）

在将多方程模型应用于面板数据时，我们已经做了一个隐含但却重要的假设，即变量对于所有的 m 均是可观察的，因此对于每个横截面单位来说观察值的数目是相同的 (M)。这样的面板被称为**平衡面板**（balanced panel）。但是平衡面板数据集常无法得到，这是因为进入和退出调查的事项总是存在的。不可避免的是，样本中的有些企业会因为在该调查的最后一年（M）之前破产或者合并，而有些企业在开始调查的年份还不存在，但随着后续的调查展开，它们也加入了进来。有些家庭在调查一开始是存在的，但是由于家庭的瓦解或者受访者疲于多次应对相同的问题而不能最终完成 M 期的调查。如果关于相同的兄弟之间包含同样的三胞胎（甚至七胞胎）以及双胞胎，则相同的兄弟的面板就是非平衡的。

本节表明，固定效应估计量可以很容易地扩展到非平衡面板。不过，这一乐观的结论取决于横截面单位是否仍待在样本中的假设不取决于误差项。没有这一假设，该估计量就不再是一致的。这个现象被称为**选择性偏误**（selectivity bias）。关于为何会出现选择性偏误，以及怎样纠正它，我们留待 8.2 节讨论，因为这个专题并非只有面板数据才有。

□ 将遗漏观察值"清零"

为了处理遗漏观察值，定义一个虚拟变量 d_{im} 很方便，

$$d_{im}=\begin{cases}1，\text{如果观察值 } m \text{ 在样本中}\\0，\text{其他情况}\end{cases}\tag{5.3.1}$$

以及

$$\underset{(M\times 1)}{\mathbf{d}_i}=\begin{bmatrix}d_{i1}\\\vdots\\d_{iM}\end{bmatrix},\ M_i=\sum_{m=1}^{M}d_{im}=\#\ \text{来自 } i \text{ 的观察值}\tag{5.3.2}$$

如果观察值 m 从群组 i 中被遗漏，在 $\mathbf{y}_i$，$\mathbf{F}_i$ 和 $\boldsymbol{\eta}_i$ 的第 m 行填入零，这样就可以把它们继续当作固定规模。也就是说，

$$\underset{(M\times 1)}{\mathbf{y}_i}=\begin{bmatrix}d_{i1}\cdot y_{i1}\\\vdots\\d_{iM}\cdot y_{iM}\end{bmatrix},\ \underset{(M\times\#\boldsymbol{\beta})}{\mathbf{F}_i}=\begin{bmatrix}d_{i1}\cdot \mathbf{f}_{i1}'\\\vdots\\d_{iM}\cdot \mathbf{f}_{iM}'\end{bmatrix},\ \underset{(M\times 1)}{\boldsymbol{\eta}_i}=\begin{bmatrix}d_{i1}\cdot \eta_{i1}\\\vdots\\d_{iM}\cdot \eta_{iM}\end{bmatrix}\tag{5.3.3}$$

这样一来，对于每一个 i 和 m，要么向量（y_{im}，$\mathbf{f}_{im}$）的所有元素都是可观察的，要么没有一个是可观察的。我们不会考虑这样的情况：其中（y_{im}，$\mathbf{f}_{im}$）有些元素是可观察的，但不是所有元素都是可观察的。

有了这一新的符号，式（5.1.1″）变成：

$$\mathbf{y}_i=\mathbf{F}_i\boldsymbol{\beta}+\mathbf{d}_i\cdot\mathbf{b}_i'\boldsymbol{\gamma}+\mathbf{d}_i\cdot\alpha_i+\boldsymbol{\eta}_i\quad(i=1,2,\cdots,n)\tag{5.3.4}$$

在平衡面板的情况下，其中 $\mathbf{d}_i=\mathbf{1}_M$，在固定效应公式（5.2.4）中，转换矩阵 $\mathbf{Q}$ 是与 $\mathbf{1}_M$ 相联系的零化子（参看式（5.1.10））。在有遗漏观察值的情况下，我们使用与 $\mathbf{d}_i$ 相关的转换矩阵零化子：

$$\underset{(M\times M)}{\mathbf{Q}}=\mathbf{I}_M-\mathbf{d}_i(\mathbf{d}_i'\mathbf{d}_i)^{-1}\mathbf{d}_i'=\mathbf{I}_M-\frac{1}{M_i}\mathbf{d}_i\mathbf{d}_i' \quad (\text{因为 } \mathbf{d}_i'\mathbf{d}_i=M_i) \tag{5.3.5}$$

这个矩阵取决于 i，因为 $\mathbf{d}_i$ 在 i 上是不同的。尽管如此，为了节省符号，我们还是隐含地认为 $\mathbf{Q}$ 取决于 i。这样重新定义了 $\mathbf{y}_i$，$\mathbf{F}_i$，$\boldsymbol{\eta}_i$ 以及 $\mathbf{Q}$ 之后，固定效应估计量的公式就和式（5.2.4）保持一致了。将式（5.3.4）代入这一公式，观察到 $\mathbf{Q}\mathbf{d}_i=\mathbf{0}$，我们可以看到，抽样误差的表达式也和式（5.2.5）是一样的。

□ 清零与压缩

正如在 5.2 节看到的平衡面板的情况，固定效应估计量可以作为群组均值离差的混合样本（规模为 Mn）的 OLS 估计量来计算。和之前一样，令 $\tilde{\mathbf{y}}_i$，$\tilde{\mathbf{F}}_i$ 和 $\tilde{\boldsymbol{\eta}}_i$ 为 $\mathbf{y}_i$，$\mathbf{F}_i$ 和 $\boldsymbol{\eta}_i$ 通过 $\mathbf{Q}$ 所做的转换。举例来看，$\tilde{\mathbf{y}}_i$ 为：

$$\underset{(M\times M)}{\tilde{\mathbf{y}}_i}\equiv\mathbf{Q}\mathbf{y}_i=\begin{bmatrix} d_i\cdot y_{i1}-d_{i1}\cdot\bar{y}_i \\ \vdots \\ d_{iM}\cdot y_{iM}-d_{iM}\cdot\bar{y}_i \end{bmatrix}$$

其中，

$$\bar{y}_i\equiv\frac{1}{M_i}\mathbf{d}_i'\mathbf{y}_i=\frac{1}{M_i}\times(\text{对于数据可获得的 } m \text{ 上的 } y_{im} \text{ 的和}) \tag{5.3.6}$$

这样一来，如果群组 i 中的观察值是可获得的，那么 $\tilde{\mathbf{y}}_i$ 的第 m 个元素仍然是 y_{im} 对群组均值的离差，但这个群组均值是关于可获得的观察值的。由于 $d_{im}=0$，如果观察值 m 不可获得，则在 $\tilde{\mathbf{y}}_i$ 中与遗漏观察值相应的行即为零。相同的结构可以运用于 $\tilde{\mathbf{F}}_i$ 的列。因此，创建自（$\tilde{\mathbf{y}}_i$，$\tilde{\mathbf{F}}_i$）($i=1$，…，n）的样本规模为 Mn 的混合样本有很多填充了零的行。那些行被从混合样本中删除，并不影响固定效应的取值。也就是说，在形成该混合样本之前，我们可以通过剔除为零的行而“压缩”（$\tilde{\mathbf{y}}_i$，$\tilde{\mathbf{F}}_i$）。

□ 无选择性偏误

这样一来，如果命题 5.1 中的正交条件式（5.2.6）可以修改为下式，则为非平衡面板所修改的固定效应估计量仍是一致且渐近正态的：

$$(\text{无选择性偏误})\mathrm{E}(\mathbf{f}_{im}\cdot\eta_{ih}\,|\,\mathbf{d}_i)=\mathbf{0} \quad (m,h=1,2,\cdots,M) \tag{5.3.7}$$

正如在下一个命题中所示，这一条件对于确保固定效应的一致性而言至关重要。根据总期望定律，这个条件要强于式（5.2.6）这个无条件期望为零的条件。很容易就可以找到这样的例子，其中式（5.3.7）并不成立，因为选择 $\mathbf{d}_i$ 的模式取决于误差项 $\boldsymbol{\eta}_i$。要注意，式（5.3.7）并不包含固定效应 α_i。这样一来，如果样本选择依赖于误差项，只是通过固定效应才这样，那么样本选择性偏误的问题就不会发生。

如果正交条件式（5.2.6）像式（5.3.7）一样被强化，那么命题 5.3 的结论也相应改变为：

命题 5.4（非平衡面板固定效应估计量的大样本性质）： 考虑由式（5.3.4）、式（5.1.2）、式（5.1.4）至式（5.1.6）、式（5.1.15）以及式（5.3.7）构成的误差成分模型，其中（$\mathbf{y}_i$，$\mathbf{F}_i$，$\boldsymbol{\eta}_i$）和式（5.3.3）中一样。和之前一样，通过式（5.2.2）定义（$\tilde{\mathbf{y}}_i$，$\tilde{\mathbf{F}}_i$，$\tilde{\boldsymbol{\eta}}_i$），而 $\mathbf{Q}$ 由式（5.3.5）给出。那么，命题 5.3 的结论依然成立。

这里我们证明 $\mathrm{E}(\mathbf{F}_i'\mathbf{Q}\boldsymbol{\eta}_i)=\mathbf{0}$。（该证明的其他部分是对柯尔莫哥洛夫的 LLN 以及林德伯格-列维 CLT 的应用，这一点和命题 5.3 中的证明一样。）由于

$$\mathbf{F}_i'\mathbf{Q}\boldsymbol{\eta}_i=\sum_{m=1}^{M}\sum_{h=1}^{M}q_{mh}^{(i)}\cdot d_{im}\cdot d_{ih}\cdot \mathbf{f}_{im}\cdot \eta_{ih} \tag{5.3.8}$$

其中 $q_{mh}^{(i)}$ 是应用于第 i 个方程的 $\mathbf{Q}$ 的第（m，h）个元素，我们有：

$$\mathrm{E}(\mathbf{F}_i'\mathbf{Q}\boldsymbol{\eta}_i)=\sum_{m=1}^{M}\sum_{h=1}^{M}\mathrm{E}(q_{mh}^{(i)}\cdot d_{im}\cdot d_{ih}\cdot \mathbf{f}_{im}\cdot \eta_{ih}) \tag{5.3.9}$$

如果没有选择性偏误，使得 $\mathrm{E}(\mathbf{f}_{im}\cdot\eta_{ih}\mid \mathbf{d}_i)=\mathbf{0}$，那么，式（5.3.9）等于零，因为：

$$\begin{aligned}&\mathrm{E}(q_{mh}^{(i)}\cdot d_{im}\cdot d_{ih}\cdot \mathbf{f}_{im}\cdot \eta_{ih})\\&=\mathrm{E}[q_{mh}^{(i)}\cdot d_{im}\cdot d_{ih}\cdot \mathrm{E}(\mathbf{f}_{im}\cdot \eta_{ih}\mid \mathbf{d}_i)]\quad（因为\ q_{mh}^{(i)}\ 是\ \mathbf{d}_i\ 的一个函数）\end{aligned} \tag{5.3.10}$$

有意思的是，在没有条件同方差性时，往非平衡面板的扩展是更容易的。为了使命题 5.1 的式（5.2.7）能够成为条件同方差性之下的该估计量的渐近方差，我们将不得不假设以 $\mathbf{x}_i$ 和 $\mathbf{d}_i$ 为条件的 $\tilde{\boldsymbol{\eta}}_i$ 的二阶矩等于无条件二阶矩，而该二阶矩的一致估计则稍有些复杂。

复习题

1. 对于 $\mathbf{d}_i=(1,0,1)'$，写出 $\mathbf{Q}$。

2. （非平衡面板固定效应估计量的另一种推导方法）令 $\mathbf{y}_i^*$ 是从通过剔除那些没有观察值的行而得到的 M 维向量 $\mathbf{y}_i$ 中构造出来的 M_i 维向量。类似地，可以从 $\mathbf{F}_i$ 中构造出 $\mathbf{F}_i^*$（$M_i\times \#\boldsymbol{\beta}$），从 $\mathbf{d}_i$ 中构造出 $\mathbf{d}_i^*$（因此 $\mathbf{d}_i^*$ 就是 1 的 M_i 维向量）。令 $\mathbf{Q}^*$（$M_i\times M_i$）为与 $\mathbf{d}_i^*$ 相联系的零化子。验证该固定效应估计量也可以根据那些带星号的矩阵和向量而写为式（5.2.4）这种形式。

3. 4.6 节描述了方程组（4.6.1′）层面上的混合 OLS。

(a) 如何修改估计量式（4.6.11′）以涵纳非平衡面板呢？**提示：** 通过“清零”来定义 $\mathbf{y}_i$ 和 $\mathbf{Z}_i$（$M\times L$）。

(b) 没有条件同方差性时，什么是其渐近方差？[答案：$[\mathrm{E}(\mathbf{Z}_i\mathbf{Z}_i')]^{-1}\mathrm{E}(\mathbf{Z}_i\boldsymbol{\varepsilon}_i\boldsymbol{\varepsilon}_i'\mathbf{Z}_i')[\mathrm{E}(\mathbf{Z}_i\mathbf{Z}_i')]^{-1}$。]

(c) 如何估计渐近方差？**提示：** 在命题 5.3 中，用 $\mathbf{Z}_i$ 代替 $\tilde{\mathbf{F}}_i$，用 $\mathbf{I}_M$ 代替 $\mathbf{Q}$，用 $\boldsymbol{\varepsilon}_i$ 代替 $\tilde{\boldsymbol{\eta}}_i$。

5.4 应用：增长率的国际差异

贫穷的经济体会比富裕的经济体增长得更快吗？如果是这样，那么到底有多快？这些都是近年来数量激增的增长文献中所提出的问题。① 本节就引出这一关键问题，该问

① 关于这一文献的一个非常宽泛的综述可以参见 Barro 和 Sala-i-Martin（1995）。

题曾被用来解释国家的经济增长，并讨论对它进行估计的方法。这个方程的若干设定的确切估计则交给实证性习题。

□ 对这一估计方程的推导

在新古典增长理论中，在时期 t 中人均有效劳动的产出表示为 $q(t)$，在下文式（5.4.4）中会对它进行更为准确的定义，它会收敛到稳态水平 q^*。围绕这一稳态水平的对数线性近似给出了下式：

$$\frac{\mathrm{dlog}(q(t))}{\mathrm{d}t}=\lambda\cdot[\log(q^*)-\log(q(t))] \tag{5.4.1}$$

估计**收敛速度**（speed of convergence）λ 已经成为近来增长方面文献的目标。式（5.4.1）表明，对于任意两个时点 t_{m-1} 和 t_m，有

$$\log(q(t_m))=(1-\rho)\cdot\log(q^*)+\rho\cdot\log(q(t_{m-1})) \tag{5.4.2}$$

其中，

$$\rho\equiv\exp[-\lambda\cdot(t_m-t_{m-1})] \tag{5.4.3}$$

（由于在我们的数据中，t_m 在时间上是等间隔的，所以 ρ 并不会依赖于 m。）人均有效劳动的产出可以定义为：

$$q(t)\equiv\frac{Y(t)}{A(t)L(t)} \tag{5.4.4}$$

其中 $Y(t)$ 等于总产出，$L(t)$ 等于总的劳动时间，$A(t)$ 等于劳动扩张型技术进步水平。假设 $A(t)$ 以一个固定比率 g 增长（因此 $A(t)=A(0)\exp(gt)$），式（5.4.4）表明，

$$\log(q(t))=\log\left(\frac{Y(t)}{L(t)}\right)-\log(A(0))-g\cdot t \tag{5.4.5}$$

将该式代入式（5.4.2），我们可以得到：

$$\log\left(\frac{Y(t_m)}{L(t_m)}\right)=\rho\cdot\log\left(\frac{Y(t_{m-1})}{L(t_{m-1})}\right)+(1-\rho)\cdot[\log(q^*)+\log(A(0))]+\phi_m \tag{5.4.6}$$

其中，

$$\phi_m\equiv g\cdot(t_m-\rho\cdot t_{m-1}) \tag{5.4.7}$$

两边都减去 $\log\frac{Y(t_{m-1})}{L(t_{m-1})}$，可以得到方程（5.4.6）的一个等价形式：

$$\begin{aligned}&\log\left(\frac{Y(t_m)}{L(t_m)}\right)-\log\left(\frac{Y(t_{m-1})}{L(t_{m-1})}\right)\\&=(\rho-1)\log\left(\frac{Y(t_{m-1})}{L(t_{m-1})}\right)+(1-\rho)\cdot[\log(q^*)+\log(A(0))]+\phi_m\end{aligned} \tag{5.4.6$'$}$$

因为随着 $\lambda>0$ 有 $\rho<1$，所以这个方程是说人均资本产出水平对随后的增长有负的效应。如果贫穷，这个国家应该增长更快。该方程的这一形式更为直观，但是对于选择正确的估计技术这一目的而言，式（5.4.6）要比式（5.4.6′）更有启发性。

式（5.4.6）对于每个国家 i 应该都是成立的。[①] 就本节余下的内容来说，我们假设收敛速度（λ）和劳动扩张型技术进步（g）在不同国家之间是相同的。那么对于国家 i 来说，式（5.4.6）可以写为：

$$y_{im}=\phi_m+\rho y_{i,m-1}+\alpha_i \tag{5.4.8}$$

其中，

$$\text{对于国家 } i\text{，有 } y_{im}=\log\left(\frac{Y(t_m)}{L(t_m)}\right)$$
$$\text{对于国家 } i\text{，有 } \alpha_i=(1-\rho)\times\{\log(q^*)+\log(A(0))\} \tag{5.4.9}$$

□ 附设误差项

在应用计量经济学中，在没有误差项的情况下从理论中推导一个方程，然后附设一个估计的误差项，是一种相当标准的做法。增长的经验研究也不例外；将误差项 η_{im} 加入式（5.4.8），可以得到：

$$y_{im}=\phi_m+\rho y_{i,m-1}+\alpha_i+\eta_{im} \tag{5.4.10}$$

对 η_{im} 的一个自然的解释就是商业周期，在宏观经济学中这被定义为实际产出与潜在产出的差值。增长理论是关于潜在产出的。在源于增长理论的估计方程中，潜在产出与实际产出的差异就是误差项。但是，这就有了一个变量误差问题，它会导致回归元的内生性。[②] 对于本节余下的部分而言，我们将一直遵循主流增长文献，而忽略内生性问题。

另外一个问题是国家之间在 η_{im} 上存在的可能的关联。如果其样本是随机样本，则这种空间（或地理）上的关联就不会出现。但国家的样本不是一个随机样本；它就是整个世界。这种被称为国际商业周期的现象表明，空间上的相关关系是正相关的。将国家视同好像它们是独立的数据点这样的统计推断会夸大统计显著性。这个问题也基本上被文献所忽略，在我们的讨论里也循此惯例。

□ 对 α_i 的处理

从式（5.4.9）中可以清楚地看到，式（5.4.10）中的 α_i 项取决于稳态水平 q^* 和技术 $A(0)$ 的初始水平。如何处理该估计中的 α_i 取决于你使用的新古典增长版本。根据卡斯-库普曼斯最优增长模型，稳态水平 q^* 的唯一决定因素就是劳动增长率。这样一来，如果技术知识可以在国家间自由流动，以致 $A(0)$ 在国家之间是相同的，α_i 上的国际差别就可以完全由劳动增长率解释。因此，如果劳动增长率作为控制 α_i 的附加回归元被包含在内，那么将刚才所提到的内生性问题搁置一旁，式（5.4.10）的 OLS 估计可以给出一致性，如果你使用的是索洛-斯旺（Solow-Swan）增长理论，储蓄率是 q^* 的另

---

① 我们已经导出了描述收敛性的方程，当然假设这是在一个封闭经济体中。该假设很难说有正当的理由，但是在物质资本的自由流动下，如果人力资本是生产的另一要素，且在国家间不是可自由流动的，则也可以导出类似的方程。例如可参看 Barro 和 Sala-i-Martin（1995）。

② 令 x_{im} 为国家 i 在年份 t_m 的对数潜在产出，这是增长理论要解释的，因此对于 x_{im} 而非 y_{im}，式（5.4.8）是成立的。令对数实际产出 y_{im} 与 x_{im} 的联系为：$y_{im}=x_{im}+\eta_{im}$。那么，式（5.4.10）就会有误差项 $\eta_{im}-\rho\eta_{i,m-1}$ 这样的结果。这里不仅存在变量误差问题，还存在误差项有移动平均结构这样的问题。

外一个决定因素，那么该回归应该包括储蓄率以及劳动增长率。

近来，有一大批“条件收敛”类型的增长文献包含了这些和其他变量，它们可能会影响 q^* 或 $A(0)$ ——比如政治稳定性的测量以及金融中介的程度——以便控制 α_i。在实证性习题中，要求你使用这一条件收敛方法来估计 ρ，因此也要估计收敛速度 λ。

然而，无论你多么明智地将变量选出以控制 α_i，涉及该国家独有特征的 α_i 中的某些分量将仍未得到解释，但是却在误差项中占据一席之地。作为 α_i 的一部分，它与式（5.4.10）中的回归元 $y_{i,m-1}$ 是相联系的。即便该方程包含了所有的可以控制 α_i 的变量族，该 OLS 估计也仍然无法给出一致性。另外一种方法就是将 α_i 视为一个不可观察的固定效应来处理。

□ 收敛速度的一致估计量

如果产出和其他变量在 t_0，t_1，t_2，…，t_M 这 $M+1$ 个时间点上能被观察到，则式（5.4.10）对于 $m=1$，…，M 是可得的。这一固定效应方法可以被运用于这 M 个方程的方程组，但是它并没有给出一致性。原因在于，该方程组是“动态的”，因为有些回归元是该方程组中其他方程的因变量。为了了解这一点，我们来看该方程组中的前两个方程：

$$y_{i1}=\phi_1+\rho y_{i0}+\alpha_i+\eta_{i1}$$
$$y_{i2}=\phi_2+\rho y_{i1}+\alpha_i+\eta_{i2}$$

假设在第一个方程中误差项 η_{i1} 正交于回归元（它们是常数项和 y_{i0}），因此有 $\mathrm{E}(\eta_{i1})=0$ 和 $\mathrm{E}(y_{i0}\eta_{i1})=0$。如果我们进一步假设 $\mathrm{E}(\alpha_i\eta_{i1})=0$，那么从第一个方程可知：

$$\mathrm{E}(y_{i1}\eta_{i1})=\mathrm{Var}(\eta_{i1})\neq 0$$

但 y_{i1} 是第二个方程中的一个回归元。因此，如果该误差项 η_{im} 正交于每个方程的回归元，“交叉”正交性必然会被违反。[①] 正如在 5.2 节所强调的那样（参看复习题 3），如果这个交叉正交性无法得到满足，就无法确保该固定效应估计量是一致的。对于这一偏误的更为准确的表达，参看本章分析性习题 4。

下面是获得一致性的一种途径。对这 M 个方程先取差值，可以得到 $M-1$ 个方程：

$$y_{i2}-y_{i1}=\mu_1+(y_{i1}-y_{i0})\rho+(\eta_{i2}-\eta_{i1})$$
$$y_{i3}-y_{i2}=\mu_2+(y_{i2}-y_{i1})\rho+(\eta_{i3}-\eta_{i2})$$
$$\cdots$$
$$y_{iM}-y_{i,M-1}=\mu_{M-1}+(y_{i,M-1}-y_{i,M-2})\rho+(\eta_{iM}-\eta_{i,M-1}) \qquad (5.4.11)$$

其中，

$$\mu_m\equiv\phi_{m+1}-\phi_m$$

随机效应估计量和逐方程 OLS 并不能给出一致性，因为这些回归元并不与误差项正交。举个例子，在第一个方程里，$y_{i1}-y_{i0}$ 就不与 $\eta_{i2}-\eta_{i1}$ 正交，因为正如刚才所见，$\mathrm{E}(y_{i1}\cdot\eta_{i1})\neq 0$。一致估计可以由多方程 GMM 来实现，如果有有效的工具变量。在本章选作的实证性习题中，要求你以储蓄率作为内生回归元的工具变量。就储蓄率与 η_{im} 无关而言，这个估计量对于上面所提到的内生性问题是可以处理的。

---

① 这是尼克尔（Nickell，1981）首先提出来的。

复习题

1. 假设 g（技术进步的增长率）对所有国家都相同，这对于推导式（5.4.8）是必需的。我们可以假定 g 是时不变的吗？[答案：否。]

2.（识别）为了简化起见，令 $M=3$，使得式（5.4.11）为一个两方程的方程组。

(a) 将式（5.4.11）写为一个多方程的方程组，具有如式（4.6.1）中所定义的 y_{i1}，y_{i2}，$\mathbf{z}_{i1}$，$\mathbf{z}_{i2}$，$\boldsymbol{\delta}$ 这些共同系数。**提示：**例如 $\mathbf{z}_{i2}$ 是 $(0, 1, y_{i2}-y_{i1})'$。

(b) 如果 s_{im} 是 $y_{im}-y_{i,m-1}$ 的工具变量，对于 $m=1, 2$，第 m 个方程的工具变量向量为 $\mathbf{x}_{im}=(1, s_{im})'$。证明：如果对于所有的 m，$\mathrm{Cov}(s_{im}, y_{im}-y_{i,m-1})=0$，则该方程组是不可识别的。**提示：**

$$\boldsymbol{\Sigma}_{\mathbf{xz}}=\begin{bmatrix} 1 & 0 & \mathrm{E}(y_{i1}-y_{i0}) \\ \mathrm{E}(s_{i1}) & 0 & \mathrm{E}[s_{i1}(y_{i1}-y_{i0})] \\ 0 & 1 & \mathrm{E}(y_{i2}-y_{i1}) \\ 0 & \mathrm{E}(s_{i1}) & \mathrm{E}[s_{i2}(y_{i2}-y_{i1})] \end{bmatrix}$$

□ 附录 5.A：豪斯曼统计量的分布

这个附录证明了式（5.2.21）中的 $\mathrm{Avar}(\hat{\mathbf{q}})$ 是正定的，豪斯曼统计量式（5.2.22）在任一有限样本中可以保证为非负的。

正如在 4.6 节所证明的那样，

$$\hat{\boldsymbol{\delta}}_{\mathrm{RE}}=(\mathbf{S}_{\mathbf{xz}}'\hat{\mathbf{S}}^{-1}\mathbf{S}_{\mathbf{xz}})^{-1}\mathbf{S}_{\mathbf{xz}}'\hat{\mathbf{S}}^{-1}\mathbf{s}_{\mathbf{xy}} \tag{5.A.1}$$

其中，

$$\underset{(MK\times L)}{\mathbf{S}_{\mathbf{xz}}}\equiv\frac{1}{n}\sum_{i=1}^{n}\mathbf{Z}_i\otimes\mathbf{x}_i, \quad \underset{(MK\times MK)}{\hat{\mathbf{S}}}\equiv\hat{\boldsymbol{\Sigma}}\otimes\mathbf{S}_{\mathbf{xx}}$$

$$\underset{(K\times K)}{\mathbf{S}_{\mathbf{xx}}}\equiv\frac{1}{n}\sum_{i=1}^{n}\mathbf{x}_i\mathbf{x}_i', \quad \mathbf{s}_{\mathbf{xy}}\equiv\frac{1}{n}\sum_{i=1}^{n}\mathbf{y}_i\otimes\mathbf{x}_i$$

$K\equiv\#\mathbf{x}_i$，$L\equiv\#\mathbf{z}_{im}$（于是 $\mathbf{Z}_i$ 是 $M\times L$）

令

$$\mathbf{Z}_i=(\mathbf{F}_i\ \vdots\ \mathbf{1b}_i'),\ p\equiv\#\boldsymbol{\beta},\ \underset{(L\times p)}{\mathbf{D}}=\begin{bmatrix}\mathbf{I}_p\\ \mathbf{0}\end{bmatrix}$$

使得 $\mathbf{F}_i=\mathbf{Z}_i\mathbf{D}$。那么，可以相当容易地证明：

$$\hat{\boldsymbol{\beta}}_{\mathrm{FE}}=(\mathbf{D}'\mathbf{S}_{\mathbf{xz}}'\hat{\mathbf{W}}\mathbf{S}_{\mathbf{xz}}\mathbf{D})^{-1}\mathbf{D}'\mathbf{S}_{\mathbf{xz}}'\hat{\mathbf{W}}\mathbf{s}_{\mathbf{xy}} \tag{5.A.2}$$

其中，

$$\hat{\mathbf{W}}=\mathbf{Q}\otimes\mathbf{S}_{\mathbf{xx}}^{-1},\ \mathbf{Q}\equiv\text{与 } \mathbf{1}_M \text{ 相关联的零化子}$$

从式（5.A.1）和式（5.A.2）可以得出：

$$\hat{\mathbf{q}}=(\mathbf{D}'\mathbf{S}_{\mathbf{xz}}'\hat{\mathbf{W}}\mathbf{S}_{\mathbf{xz}}\mathbf{D})^{-1}\mathbf{D}'\mathbf{S}_{\mathbf{xz}}'\hat{\mathbf{W}}\mathbf{g}_n(\hat{\boldsymbol{\delta}}_{\mathrm{RE}}),\ \mathbf{g}_n(\hat{\boldsymbol{\delta}}_{\mathrm{RE}})=\mathbf{s}_{\mathbf{xy}}-\mathbf{S}_{\mathbf{xz}}\hat{\boldsymbol{\delta}}_{\mathrm{RE}} \tag{5.A.3}$$

（为了推导这一点，回忆 4.6 节，

$$\mathbf{S}'_{xz}\widehat{\mathbf{W}}\mathbf{S}_{xz}=\frac{1}{n}\sum_{i=1}^{n}\mathbf{Z}'_i\mathbf{Q}\mathbf{Z}_i$$

但是由于 $\mathbf{QZ}_i=(\mathbf{QF}_i\ \vdots\ \mathbf{0})$，所以这等于

$$\begin{bmatrix}\frac{1}{n}\sum_{i=1}^{n}\mathbf{F}'_i\mathbf{Q}\mathbf{F}_i & \mathbf{0}\\ \mathbf{0} & \mathbf{0}\end{bmatrix} \tag{5. A. 4}$$

使得 $\mathbf{S}'_{xz}\widehat{\mathbf{W}}\mathbf{S}_{xz}=\mathbf{DD}'\mathbf{S}'_{xz}\widehat{\mathbf{W}}\mathbf{S}_{xz}=\mathbf{S}'_{xz}\widehat{\mathbf{W}}\mathbf{S}_{xz}\mathbf{DD}'$。)

正如第 3 章分析性习题 5 中所证明的那样，

$$\mathbf{g}_n(\hat{\boldsymbol{\delta}}_{\text{RE}})=\widehat{\mathbf{B}}\bar{\mathbf{g}},\ \widehat{\mathbf{B}}=\mathbf{I}_{MK}-\mathbf{S}_{xz}(\mathbf{S}'_{xz}\widehat{\mathbf{S}}^{-1}\mathbf{S}_{xz})^{-1}\mathbf{S}'_{xz}\widehat{\mathbf{S}}^{-1} \tag{5. A. 5}$$

将此代入式（5. A. 3），可以得到：

$$\sqrt{n}\,\hat{\mathbf{q}}=(\mathbf{D}'\mathbf{S}'_{xz}\widehat{\mathbf{W}}\mathbf{S}_{xz}\mathbf{D})^{-1}\mathbf{D}'\mathbf{S}'_{xz}\widehat{\mathbf{W}}\widehat{\mathbf{B}}\sqrt{n}\bar{\mathbf{g}} \tag{5. A. 6}$$

这一表达式的渐近方差是：

$$\text{Avar}(\hat{\mathbf{q}})=(\mathbf{D}'\boldsymbol{\Sigma}'_{xz}\mathbf{W}\boldsymbol{\Sigma}_{xz}\mathbf{D})^{-1}\mathbf{D}'\boldsymbol{\Sigma}'_{xz}\mathbf{WBSBW}\boldsymbol{\Sigma}_{xz}\mathbf{D}(\mathbf{D}'\boldsymbol{\Sigma}'_{xz}\mathbf{W}\boldsymbol{\Sigma}_{xz}D)^{-1} \tag{5. A. 7}$$

其中 $\mathbf{B}=\text{plim}\,\widehat{\mathbf{B}}$，$W=\text{plim}\,\widehat{\mathbf{W}}=\mathbf{Q}\otimes\boldsymbol{\Sigma}_{xx}^{-1}$，$\mathbf{S}\equiv\text{Avar}(\bar{\mathbf{g}})$。这里，$\mathbf{D}'\boldsymbol{\Sigma}'_{xz}\mathbf{W}\boldsymbol{\Sigma}_{xz}\mathbf{D}$ 是可逆的，因为可以很容易证明：

$$\mathbf{D}'\boldsymbol{\Sigma}'_{xz}\mathbf{W}\boldsymbol{\Sigma}_{xz}\mathbf{D}=\text{E}(\mathbf{F}_i\mathbf{Q}\mathbf{F}'_i) \tag{5. A. 8}$$

正如在分析性习题 5 中证明的那样，它是非奇异的。式（5. A. 7）可由下式得到一致估计：

$$\widehat{\text{Avar}(\hat{\mathbf{q}})}=(\mathbf{D}'\mathbf{S}'_{xz}\widehat{\mathbf{W}}\mathbf{S}_{xz}\mathbf{D})^{-1}\mathbf{D}'\mathbf{S}'_{xz}\widehat{\mathbf{W}}\widehat{\mathbf{B}}\widehat{\mathbf{S}}\widehat{\mathbf{B}}\widehat{\mathbf{W}}\mathbf{S}_{xz}\mathbf{D}(\mathbf{D}'\mathbf{S}'_{xz}\widehat{\mathbf{W}}\mathbf{S}_{xz}\mathbf{D})^{-1} \tag{5. A. 9}$$

直白却烦琐的矩阵计算证明，式（5. A. 7）等于 $\text{Avar}(\hat{\boldsymbol{\beta}}_{\text{FE}})-\mathbf{D}'\text{Avar}(\hat{\boldsymbol{\delta}}_{\text{RE}})\mathbf{D}$，式（5. A. 9）等于 $\widehat{\text{Avar}(\hat{\boldsymbol{\beta}}_{\text{FE}})}-\mathbf{D}'\widehat{\text{Avar}(\hat{\boldsymbol{\delta}}_{\text{RE}})}\mathbf{D}$。在任何一个有限样本中，式（5. A. 9）都是半正定的。因此，这个豪斯曼统计量可以确保非负。

现在，我们证明式（5. A. 7）是非奇异的。根据式（5. 1. 6），$\mathbf{S}$ 是正定的。因此，$\text{Avar}(\hat{\mathbf{q}})$ 的秩等于下式的秩：

$$\mathbf{B}(\mathbf{Q}\otimes\boldsymbol{\Sigma}_{xz}^{-1})\boldsymbol{\Sigma}_{xz}\mathbf{D} \tag{5. A. 10}$$

由于 $\mathbf{S}^{-1}\boldsymbol{\Sigma}_{xz}$ 的列构成了 $\mathbf{B}$ 的列零化空间的基，而且由于 $(\mathbf{Q}\otimes\boldsymbol{\Sigma}_{xz}^{-1})\boldsymbol{\Sigma}_{xz}\mathbf{D}$ 是列满秩的，这一点由式（5. 1. 15）可知，故根据纽韦（Newey，1985）的引理 A. 5①，式（5. A. 10）的秩等于：

$$\text{rank}[(\boldsymbol{\Sigma}^{-1}\otimes\boldsymbol{\Sigma}_{xx}^{-1})\boldsymbol{\Sigma}_{xz}\ \vdots\ (\mathbf{Q}\otimes\boldsymbol{\Sigma}_{xx}^{-1})\boldsymbol{\Sigma}_{xz}\mathbf{D}]-L \tag{5. A. 11}$$

此处用到了 $\mathbf{S}=\boldsymbol{\Sigma}\otimes\boldsymbol{\Sigma}_{xx}$ 这一条件。

现在，$\mathbf{x}_i$ 集合了 $\mathbf{Z}_i$ 中所有独一无二的变量。将 $\mathbf{x}_i$ 重排如下：

$$\mathbf{x}_i=(\mathbf{z}'_{i1},\cdots,\mathbf{z}'_{iM},\mathbf{b}'_i)' \tag{5. A. 12}$$

那么，

$$\mathbf{z}'_{im}=\mathbf{x}'_i\mathbf{H}_m,\ \mathbf{H}_m\equiv\begin{bmatrix}\mathbf{e}_m\otimes\mathbf{I}_p & \mathbf{0}\\ \mathbf{0} & \mathbf{I}_{L-p}\end{bmatrix},\ \mathbf{e}_m=\mathbf{I}_M\text{ 的第 }m\text{ 列} \tag{5. A. 13}$$

---

① 这个引理是这样的：令 $\mathbf{A}$ 为一个 $k\times\ell$ 矩阵，$\mathbf{B}$ 为一个 $\ell\times m$ 矩阵，$\mathbf{C}$ 为一个 $\ell\times n$ 矩阵。如果 $\mathbf{C}$ 的列构成了 $\mathbf{A}$ 的列零空间的基，而且 $\text{rank}(\mathbf{B})=m$，那么 $\text{rank}(\mathbf{AB})=\text{rank}(\mathbf{C}:\mathbf{B})-n$。这里，$k=\ell=MK$，$m=p$，$n=L$。

因此 $\mathbf{\Sigma_{xz}}$ 可以写为：

$$\mathbf{\Sigma_{xz}}=(\mathbf{I_M}\otimes\mathbf{\Sigma_{xx}})\mathbf{H} \tag{5. A. 14}$$

其中 $\mathbf{H}'=(\mathbf{H}_1',\cdots,\mathbf{H}_M')$。将式（5. A. 14）代入式（5. A. 11），$\text{Avar}(\hat{\mathbf{q}})$ 的秩为：

$$\text{rank}[(\mathbf{\Sigma}^{-1}\otimes\mathbf{I}_K)\mathbf{H}\vdots(\mathbf{Q}\otimes\mathbf{I}_K)\mathbf{HD}]-L$$

这个 $(MK\times(L+p))$ 矩阵 $[(\mathbf{\Sigma}^{-1}\otimes\mathbf{I}_k)\mathbf{H}\vdots(\mathbf{Q}\otimes\mathbf{I}_K)\mathbf{HD}]$ 的第 m 个 K 行为：

$$\begin{bmatrix}\begin{pmatrix}\sigma^{m1}\\ \vdots\\ \sigma^{mM}\end{pmatrix}\otimes\mathbf{I}_p & \mathbf{0} & \begin{pmatrix}q_{m1}\\ \vdots\\ q_{mM}\end{pmatrix}\otimes\mathbf{I}_p & \mathbf{0}\\ \mathbf{0} & \left(\sum_{h=1}^{M}\sigma^{mh}\right)\mathbf{I}_{L-p} & \mathbf{0} & \end{bmatrix} \tag{5. A. 15}$$

因此，除非 $\text{vec}(\mathbf{\Sigma}^{-1})$ 和 $\text{vec}(\mathbf{Q})$ 是线性相关的，否则有 $\text{rank}[(\mathbf{\Sigma}^{-1}\otimes\mathbf{I}_K)\mathbf{H}\vdots(\mathbf{Q}\otimes\mathbf{I}_K)\mathbf{HD}]=L+p$；也就是说，除非 $\mathbf{\Sigma}^{-1}$ 与 $\mathbf{Q}$ 成比例。但是由于 $\text{rank}(\mathbf{\Sigma}^{-1})=M\neq\text{rank}(\mathbf{Q})=M-1$，所以 $\mathbf{\Sigma}^{-1}$ 不可能与 $\mathbf{Q}$ 成比例。 ■

第 5 章习题集

□ 分析性习题

1.（作为 LSDV 的固定效应估计量）在式（5. 1. 1″）中，将 α_i 重新定义为旧有的 α_i 和 $\mathbf{b}_i'\boldsymbol{\gamma}$ 之和，因此式（5. 1. 1″）就变成了：

$$\mathbf{y}_i=\mathbf{F}_i\boldsymbol{\beta}+\mathbf{1}_M\cdot\alpha_i+\boldsymbol{\eta}_i\quad(i=1,2,\cdots,n) \tag{1}$$

定义下面的叠加向量和矩阵：

$$\underset{(Mn\times1)}{\mathbf{y}}=\begin{bmatrix}\mathbf{y}_1\\ \vdots\\ \mathbf{y}_n\end{bmatrix},\ \underset{(Mn\times\#\boldsymbol{\beta})}{\mathbf{F}}=\begin{bmatrix}\mathbf{F}_1\\ \vdots\\ \mathbf{F}_n\end{bmatrix},\ \underset{(Mn\times1)}{\boldsymbol{\eta}}=\begin{bmatrix}\boldsymbol{\eta}_1\\ \vdots\\ \boldsymbol{\eta}_n\end{bmatrix},\ \underset{(n\times1)}{\boldsymbol{\alpha}}=\begin{bmatrix}\alpha_1\\ \vdots\\ \alpha_n\end{bmatrix}$$

$$\underset{(Mn\times(n+\#\boldsymbol{\beta}))}{\mathbf{W}}=(\mathbf{D}\vdots\mathbf{F}),\ \underset{((n+\#\boldsymbol{\beta})\times1)}{\boldsymbol{\theta}}=\begin{bmatrix}\boldsymbol{\alpha}\\ \boldsymbol{\beta}\end{bmatrix},\ \underset{(Mn\times n)}{\mathbf{D}}=\mathbf{I}_n\otimes\mathbf{1}_M=\begin{bmatrix}\mathbf{1}_M & & & \\ & \mathbf{1}_M & & \\ & & \ddots & \\ & & & \mathbf{1}_M\end{bmatrix} \tag{2}$$

因此对于 $i=1,2,\cdots,n$ 来说，这个 M 方程的方程组可以写为：

$$\begin{bmatrix}\mathbf{y}_1\\ \mathbf{y}_2\\ \vdots\\ \mathbf{y}_n\end{bmatrix}=\begin{bmatrix}\mathbf{1}_M\cdot\alpha_1\\ \mathbf{1}_M\cdot\alpha_2\\ \vdots\\ \mathbf{1}_M\cdot\alpha_n\end{bmatrix}+\begin{bmatrix}\mathbf{F}_1\boldsymbol{\beta}\\ \mathbf{F}_2\boldsymbol{\beta}\\ \vdots\\ \mathbf{F}_n\boldsymbol{\beta}\end{bmatrix}+\begin{bmatrix}\boldsymbol{\eta}_1\\ \boldsymbol{\eta}_2\\ \vdots\\ \boldsymbol{\eta}_n\end{bmatrix}$$

或者

$$\begin{bmatrix}\mathbf{y}_1\\ \mathbf{y}_2\\ \vdots\\ \mathbf{y}_n\end{bmatrix}=\begin{bmatrix}\mathbf{1}_M & & & \\ & \mathbf{1}_M & & \\ & & \ddots & \\ & & & \mathbf{1}_M\end{bmatrix}\begin{bmatrix}\alpha_1\\ \alpha_2\\ \vdots\\ \alpha_n\end{bmatrix}+\begin{bmatrix}\mathbf{F}_1\\ \mathbf{F}_2\\ \vdots\\ \mathbf{F}_n\end{bmatrix}\boldsymbol{\beta}+\begin{bmatrix}\boldsymbol{\eta}_1\\ \boldsymbol{\eta}_2\\ \vdots\\ \boldsymbol{\eta}_n\end{bmatrix}$$

或者

$$\mathbf{y}=\mathbf{D}\boldsymbol{\alpha}+\mathbf{F}\boldsymbol{\beta}+\boldsymbol{\eta}=\mathbf{W}\boldsymbol{\theta}+\boldsymbol{\eta} \tag{3}$$

$\boldsymbol{\theta}$ 关于规模为 Mn 的混合样本（$\mathbf{y}$，$\mathbf{W}$）的 OLS 估计量为 $(\mathbf{W}'\mathbf{W})^{-1}\cdot\mathbf{W}'\mathbf{y}$。

（a）证明式（5.2.4）给出的固定效应估计量是这个向量的最后 $\#\boldsymbol{\beta}$ 个元素。**提示**：利用有关分块回归的弗里希-沃定理（参看第 1 章分析性习题 4（c））。第一步是 $\mathbf{y}$ 对 $\mathbf{D}$ 回归，然后是 $\mathbf{F}$ 的每一列对 $\mathbf{D}$ 回归。如果我们定义与 $\mathbf{D}$ 相联系的零化子如下：

$$\underset{(Mn\times Mn)}{\mathbf{M_D}}\equiv\mathbf{I}_{Mn}-\mathbf{D}(\mathbf{D}'\mathbf{D})^{-1}\mathbf{D}' \tag{4}$$

那么，残差向量则可写成 $\mathbf{M_D y}$ 和 $\mathbf{M_D F}$。第二步是 $\mathbf{M_D y}$ 对 $\mathbf{M_D F}$ 回归。证明待估回归系数可以写为：

$$(\mathbf{F}'\mathbf{M_D F})^{-1}\mathbf{F}'\mathbf{M_D y} \tag{5}$$

证明 $\mathbf{M_D}=\mathbf{I}_n\otimes\mathbf{Q}$（其中 $\mathbf{Q}$ 是与 $\mathbf{1}_M$ 相联系的零化子，这一点如正文中所示），并以此证明式（1）的确是固定效应估计量。

此外，你还可以重新回到常规方程。如果 $\mathbf{a}$ 和 $\mathbf{b}$ 是 $\boldsymbol{\alpha}$ 和 $\boldsymbol{\beta}$ 的 OLS 估计量，那么（$\mathbf{a}$，$\mathbf{b}$）满足 $n+\#\boldsymbol{\beta}$ 个线性联立方程的方程组：

$$\begin{bmatrix}\mathbf{D}'\mathbf{D} & \mathbf{D}'\mathbf{F}\\ \mathbf{F}'\mathbf{D} & \mathbf{F}'\mathbf{F}\end{bmatrix}\begin{bmatrix}\mathbf{a}\\ \mathbf{b}\end{bmatrix}=\begin{bmatrix}\mathbf{D}'\mathbf{y}\\ \mathbf{F}'\mathbf{y}\end{bmatrix} \tag{6}$$

取前 n 个方程，将 $\mathbf{b}$ 设为给定的，求解 $\mathbf{a}$。这可以得到：$\mathbf{a}=(\mathbf{D}'\mathbf{D})^{-1}(\mathbf{D}'\mathbf{y}-\mathbf{D}'\mathbf{F}\mathbf{b})$。那么，将此代入剩下的方程里求 $\mathbf{b}$。（你可以利用分块矩阵求逆公式来完成同样的工作。）

（b）证明：

$$a_i=\bar{y}_i-\left(\frac{1}{M}\sum_{m=1}^{M}\mathbf{f}'_{im}\right)\hat{\boldsymbol{\beta}}_{\text{FE}}$$

其中 a_i 是 α_i 的 OLS 估计量，$\mathbf{f}'_{im}$ 是 $\mathbf{F}_i$ 的第 m 行，而 $\bar{y}_i=\frac{1}{M}(y_{i1}+\cdots+y_{iM})$。**提示**：利用 $\boldsymbol{\alpha}$ 的常规方程。

（c）假设：

（i）$\{\mathbf{y}_i，\mathbf{F}_i\}$ 是 i. i. d. 的，

（ii）$\mathrm{E}(\boldsymbol{\eta}_i\mid\mathbf{F}_i)=\mathbf{0}$（这是比正交性条件式（5.1.8b）更强的条件），

（iii）$\mathrm{E}(\boldsymbol{\eta}_i\boldsymbol{\eta}_i'\mid\mathbf{F}_i)=\sigma_\eta^2\mathbf{I}_M$（球型误差假设），

（iv）$\mathbf{W}$ 是列满秩的。

证明古典回归模型的这些假设对于混同回归式（3）也是满足的。**提示**：必须证明 $\mathbf{W}$ 在式（3）中是外生的，即：

$$\mathrm{E}(\boldsymbol{\eta}\mid\mathbf{W})=\underset{(Mn\times 1)}{\mathbf{0}}$$

还要证明 $\mathrm{E}(\boldsymbol{\eta}\boldsymbol{\eta}'\mid\mathbf{W})=\sigma_\eta^2\mathbf{I}_{Mn}$。发展 $\mathbf{a}$ 和 $\mathbf{b}$ 的小样本理论。例如，它们是无偏的吗？令 SSR 为得自该混同回归式（3）的残差平方和。这个 SSR 和得自回归式（5.2.15）“内部”的 SSR 是相同的吗？

2.（FE 的 GMM 解释）对于两方程（$M=2$）的情况，该固定效应估计量在一阶差分回归——$y_{i2}-y_{i1}$ 对 $\mathbf{z}_{i2}-\mathbf{z}_{i1}$——中是 OLS 估计量，这一点相当著名。该问题可以将这一观点推广到任意 M 的情况。

我们希望在 GMM 公式中写出适当定义的 $\mathbf{S_{xz}}$，$\widehat{\mathbf{W}}$ 和 $\mathbf{s_{xy}}$ 的固定效应估计量式（5.2.4）：

$$(\mathbf{S}'_{\mathbf{xz}}\widehat{\mathbf{W}}\mathbf{S_{xz}})^{-1}\mathbf{S}'_{\mathbf{xz}}\widehat{\mathbf{W}}\mathbf{s_{xy}} \tag{7}$$

令 $\mathbf{C}$ 为一个矩阵，满足：

$$\mathbf{C}\text{ 是一个满足 }\mathbf{C}'\mathbf{1}_M=\mathbf{0}\text{ 的列满秩的 }M\times(M-1)\text{矩阵} \tag{8}$$

有关这一矩阵 $\mathbf{C}$ 的一个突出的例子就是一阶差分矩阵：

$$\underset{(M\times(M-1))}{\mathbf{C}}=\begin{bmatrix}-1 & 0 & 0 & 0 & \cdots & 0\\ 1 & -1 & 0 & 0 & \cdots & 0\\ 0 & 1 & -1 & 0 & \cdots & 0\\ & & \ddots & \ddots & & \\ 0 & \cdots & 0 & 1 & -1 & 0\\ 0 & \cdots & 0 & 0 & 1 & -1\\ 0 & \cdots & 0 & 0 & 0 & 1\end{bmatrix}$$

另外一个例子是通过剔除与 $\mathbf{1}_M$ 相关联的零化子 $\mathbf{Q}$ 的一列，比如最后一列，得到的一个 $M\times(M-1)$ 矩阵。

(a) 验证这两个矩阵满足式 (8)。

(b) 对于任意选择的 $\mathbf{C}$ 而言，证明你可以通过在 M 方程的方程组 (5.1.1″) 的两边左乘 $\mathbf{C}'$，导出以下 $M-1$ 个转换方程的方程组：

$$\hat{\mathbf{y}}_i=\hat{\mathbf{F}}_i\boldsymbol{\beta}+\hat{\boldsymbol{\eta}}_i \tag{9}$$

其中

$$\underset{((M-1)\times1)}{\hat{\mathbf{y}}_i}\equiv\mathbf{C}'\mathbf{y}_i,\quad \underset{((M-1)\times\#\boldsymbol{\beta})}{\hat{\mathbf{F}}_i}\equiv\mathbf{C}'\mathbf{F}_i,\quad \underset{((M-1)\times1)}{\hat{\boldsymbol{\eta}}_i}\equiv\mathbf{C}'\boldsymbol{\eta}_i$$

(c)（选作）证明：

如果 $\{\mathbf{y}_i,\mathbf{Z}_i\}$ 满足误差成分模型的所有假设（即式 (5.1.1″)，式 (5.1.2)，式 (5.1.8)，式 (5.1.4)，式 (5.1.5) 和式 (5.1.6) 或式 (5.1.6′))，那么 $\{\hat{\mathbf{y}}_i,\hat{\mathbf{F}}_i\}$ 满足随机效应模型的假设，即对于 $M-1$ 个方程的方程组 (9)，

(随机样本) $\{\hat{\mathbf{y}}_i,\hat{\mathbf{F}}_i\}$ 是 i. i. d. 的

(正交条件) $\mathrm{E}(\hat{\boldsymbol{\eta}}_i\otimes\mathbf{x}_i)=\mathbf{0}$，其中 $\mathbf{x}_i=(\mathbf{z}_{i1},\cdots,\mathbf{z}_{iM})$ 的并集 $=(\mathbf{F}_i,\mathbf{b}_i)$ 的独有元素

(识别) $\mathrm{E}(\hat{\mathbf{F}}_i\otimes\mathbf{x}_i)$ 是列满秩的

(条件同方差性) $\mathrm{E}(\hat{\boldsymbol{\eta}}_i\hat{\boldsymbol{\eta}}_i'|\mathbf{x}_i)=\mathrm{E}(\hat{\boldsymbol{\eta}}_i\hat{\boldsymbol{\eta}}_i')$，它是非奇异的

($\mathrm{E}(\hat{\mathbf{g}}_i\hat{\mathbf{g}}_i')$ 的非奇异性) $\mathrm{E}(\hat{\mathbf{g}}_i\hat{\mathbf{g}}_i')$ 是非奇异的，$\hat{\mathbf{g}}_i\equiv\hat{\boldsymbol{\eta}}_i\otimes\mathbf{x}_i$

提示：对于正交性条件，注意式 (5.1.8b) 可以写为 $\mathrm{E}(\boldsymbol{\eta}_i\otimes\mathbf{x}_i)=\mathbf{0}$，而且 $\hat{\boldsymbol{\eta}}_i\otimes\mathbf{x}_i=(\mathbf{C}'\otimes\mathbf{I}_K)(\boldsymbol{\eta}_i\otimes\mathbf{x}_i)$。这个识别条件等价于式 (5.1.15)(参看证明的答案)。为了证明 $\mathrm{E}(\hat{\boldsymbol{\eta}}_i\hat{\boldsymbol{\eta}}_i'\mid\mathbf{x}_i)$ 不取决于 $\mathbf{x}_i$，使用这一事实：由于 $\boldsymbol{\varepsilon}_i=\mathbf{1}_M\cdot\alpha_i+\boldsymbol{\eta}_i$，故有 $\hat{\boldsymbol{\eta}}_i=\mathbf{C}'\boldsymbol{\eta}_i=\mathbf{C}'\boldsymbol{\varepsilon}_i$。给定条件同方差性，我们有：

$$\mathrm{E}(\hat{\mathbf{g}}_i\hat{\mathbf{g}}_i')=\mathrm{E}(\hat{\boldsymbol{\eta}}_i\hat{\boldsymbol{\eta}}_i')\otimes\mathrm{E}(\mathbf{x}_i\mathbf{x}_i')$$

因此，最后一个条件 ($\mathrm{E}(\hat{\mathbf{g}}_i\hat{\mathbf{g}}_i')$ 的非奇异性) 很简单，即 $\mathrm{E}(\mathbf{x}_i\mathbf{x}_i')$ 是非奇异的。

(d) 证明固定效应估计量式 (5.2.4) 可以以 GMM 的形式 (7) 写为：

$$\mathbf{s}_{\mathbf{xz}}=\frac{1}{n}\sum_{i=1}^{n}\hat{\mathbf{F}}_i\otimes\mathbf{x}_i,\quad \mathbf{s}_{\mathbf{xy}}=\frac{1}{n}\sum_{i=1}^{n}\hat{\mathbf{y}}_i\otimes\mathbf{x}_i$$

$$\hat{\mathbf{W}}=(\mathbf{C}'\mathbf{C})^{-1}\otimes\left(\frac{1}{n}\sum_{i=1}^{n}\mathbf{x}_i\mathbf{x}_i'\right)^{-1} \tag{10}$$

提示：使用来自矩阵代数的下面这个结果：如果 $\mathbf{C}$ 满足条件式 (8)，则：

$$\mathbf{C}(\mathbf{C}'\mathbf{C})^{-1}\mathbf{C}'=\mathbf{Q} \tag{11}$$

(这就是与 $\mathbf{1}_M$ 相关联的零化子)。$\mathbf{f}_{im}$ 的元素是 $\mathbf{x}_i$ 元素的子集。可以观察到“$\mathbf{x}$ 的消失”。因此，比如

$$\frac{1}{n}\sum_{i=1}^{n}\mathbf{f}_{im}\mathbf{x}_i'\left(\frac{1}{n}\sum_{i=1}^{n}\mathbf{x}_i\mathbf{x}_i'\right)^{-1}\frac{1}{n}\sum_{i=1}^{n}\mathbf{x}_i\mathbf{f}_{ih}'=\frac{1}{n}\sum_{i=1}^{n}\mathbf{f}_{im}\mathbf{f}_{ih}'$$

(e) 令 $\hat{\boldsymbol{\Psi}}((M-1)\times(M-1))$ 为 $\boldsymbol{\Psi}\equiv\mathrm{E}(\hat{\boldsymbol{\eta}}_i\hat{\boldsymbol{\eta}}_i')$ 的一个一致估计。证明有效 GMM 估计量由下式给出：

$$\hat{\boldsymbol{\beta}}=\left(\frac{1}{n}\sum_{i=1}^{n}\hat{\mathbf{F}}_i'\hat{\boldsymbol{\Psi}}^{-1}\hat{\mathbf{F}}_i\right)^{-1}\frac{1}{n}\sum_{i=1}^{n}\hat{\mathbf{F}}_i'\hat{\boldsymbol{\Psi}}^{-1}\hat{\mathbf{y}}_i \tag{12}$$

证明：

$$\mathrm{Avar}(\hat{\boldsymbol{\beta}})=[\mathrm{E}(\hat{\mathbf{F}}_i'\boldsymbol{\Psi}^{-1}\hat{\mathbf{F}}_i)]^{-1} \tag{13}$$

提示：将命题 4.7 应用于当前 $M-1$ 个方程的方程组。

(f) 证明下式对于 $\boldsymbol{\Psi}$ 是一致的：

$$\underset{((M-1)\times(M-1))}{\hat{\boldsymbol{\Psi}}}=\frac{1}{n}\sum_{i=1}^{n}(\hat{\mathbf{y}}_i-\hat{\mathbf{F}}_i\hat{\boldsymbol{\delta}}_{\mathrm{FE}})(\hat{\mathbf{y}}_i-\hat{\mathbf{F}}_i\hat{\boldsymbol{\delta}}_{\mathrm{FE}})' \tag{14}$$

提示：验证命题 4.1 的所有假设都能得到满足。

(g)（萨甘统计量）推导与有效 GMM 估计量相关联的萨甘统计量。**提示：**在命题 4.7（c）中，令

$$\hat{\mathbf{S}}=\hat{\boldsymbol{\Psi}}\otimes\left(\frac{1}{n}\sum_{i=1}^{n}\mathbf{x}_i\mathbf{x}_i'\right),\ \mathbf{g}_n(\hat{\boldsymbol{\beta}})=\mathbf{s}_{\mathbf{xy}}-\mathbf{S}_{\mathbf{xz}}\hat{\boldsymbol{\beta}}$$

(h) 假定 $\boldsymbol{\eta}_i$ 是球型的，因为

$$\mathrm{E}(\boldsymbol{\eta}_i\boldsymbol{\eta}_i')=\sigma_\eta^2\mathbf{I}_M \tag{15}$$

验证：如果 $\hat{\sigma}_\eta^2$ 是 σ_η^2 的一个一致估计量，那么

$$\hat{\boldsymbol{\Psi}}=\hat{\sigma}_\eta^2\mathbf{C}'\mathbf{C} \tag{16}$$

对于 $\boldsymbol{\Psi}$ 是一致的。验证：具有 $\hat{\boldsymbol{\Psi}}$ 这一选择的有效 GMM 估计量式（12）在数值上等于固定效应估计量。

(i)（对 **C** 的选择的不变性）验证：如果一个 $M\times(M-1)$ 矩阵 **C** 满足式（8），那么 $\mathbf{B}=\mathbf{CA}$ 也满足，其中 **A** 是一个 $(M-1)\times(M-1)$ 非奇异矩阵。在本节中用 **B** 处处替代 **C**，并验证对 **C** 的选择不会改变此题的任何结论。

3. 令 SSR 为式（5.2.15）所定义的残差平方和。对于具有球型假设 $\mathrm{E}(\boldsymbol{\eta}_i\boldsymbol{\eta}_i')=\sigma_\eta^2\mathbf{I}_M$ 的误差成分模型来说，证明：

$$\operatorname*{plim}_{n\to\infty}\frac{SSR}{n}=(M-1)\cdot\sigma_\eta^2$$

提示：

$$\begin{aligned}
SSR&=\sum_{i=1}^{n}[\mathbf{Q}(\mathbf{y}_i-\mathbf{F}_i\hat{\boldsymbol{\beta}}_{\mathrm{FE}})]'[\mathbf{Q}(\mathbf{y}_i-\mathbf{F}_i\hat{\boldsymbol{\beta}}_{\mathrm{FE}})]\\
&=\sum_{i=1}^{n}(\mathbf{y}_i-\mathbf{F}_i\hat{\boldsymbol{\beta}}_{\mathrm{FE}})'\mathbf{Q}(\mathbf{y}_i-\mathbf{F}_i\hat{\boldsymbol{\beta}}_{\mathrm{FE}})\quad\text{（因为 }\mathbf{Q}\text{ 是对称的且幂等的）}\\
&=\sum_{i=1}^{n}(\mathbf{y}_i-\mathbf{F}_i\hat{\boldsymbol{\beta}}_{\mathrm{FE}})'\mathbf{C}(\mathbf{C}'\mathbf{C})^{-1}\mathbf{C}'(\mathbf{y}_i-\mathbf{F}_i\hat{\boldsymbol{\beta}}_{\mathrm{FE}})\quad\text{（根据式(11)）}\\
&=\sum_{i=1}^{n}\hat{\mathbf{v}}_i'(\mathbf{C}'\mathbf{C})^{-1}\hat{\mathbf{v}}_i\ (\hat{\mathbf{v}}_i\equiv\mathbf{C}'\mathbf{y}_i-\mathbf{C}'\mathbf{F}_i\hat{\boldsymbol{\beta}}_{\mathrm{FE}})\\
&=\sum_{i=1}^{n}\mathrm{trace}[\hat{\mathbf{v}}_i'(\mathbf{C}'\mathbf{C})^{-1}\hat{\mathbf{v}}_i]=\sum_{i=1}^{n}\mathrm{trace}[(\mathbf{C}'\mathbf{C})^{-1}\hat{\mathbf{v}}_i\hat{\mathbf{v}}_i']
\end{aligned}$$

$$= n \cdot \text{trace}[(\mathbf{C}'\mathbf{C})^{-1}\frac{1}{n}\sum_{i=1}^{n}\hat{\mathbf{v}}_i\hat{\mathbf{v}}_i']\quad（因为迹算子是线性的）$$

在通常的技术条件下（$E(\mathbf{f}_{im}\mathbf{f}_{ih}')$ 存在且对所有 m，h 是有限的，如果 $E(\mathbf{x}_i\mathbf{x}_i')$ 存在且有限，这一点即可得到)，可以例行地证明：

$$\frac{1}{n}\sum_{i=1}^{n}\hat{\mathbf{v}}_i\hat{\mathbf{v}}_i' \xrightarrow[p]{} E(\mathbf{v}_i\mathbf{v}_i'),\quad n\to\infty$$

其中 $\mathbf{v}_i \equiv \mathbf{C}'\mathbf{y}_i - \mathbf{C}'\mathbf{F}_i\boldsymbol{\beta}$。证明：$E(\mathbf{v}_i\mathbf{v}_i') = \sigma_\eta^2 \cdot \mathbf{C}'\mathbf{C}$。

4.（动态模型固定效应估计量的不一致性）我们来看“动态”模型：

$$y_{im} = \alpha_i + \rho\cdot y_{i,m-1} + \eta_{im}\quad (m=1,2,\cdots,M;\ i=1,2,\cdots,n)$$

假设我们有关于（y_{i0}，y_{i1}，…，y_{iM}）的一个随机样本。假设对于所有的 m 有 $E(\alpha_i\eta_{im})=0$，$E(y_{i0}\eta_{im})=0$。还要假设不存在跨方程的相关性：对于 $m\neq h$ 有 $E(\eta_{im}\eta_{ih})=0$，而且二阶矩在方程间是相同的：$E(\eta_{im}^2)=\sigma_\eta^2$。

（a）通过适当定义 $\mathbf{y}_i$，$\mathbf{F}_i$ 和 $\mathbf{b}_i$，写出如式（5.1.1″）的 M 个方程的方程组。

（b）证明：如果 $m<h$，则 $E(y_{im}\cdot\eta_{ih})=0$。**提示：**

$$y_{im} = \eta_{im} + \rho\eta_{i,m-1} + \cdots + \rho^{m-1}\eta_{i1} + \frac{1-\rho^m}{1-\rho}\alpha_i + \rho^m y_{i0}$$

（c）验证对于 $m\geq h$ 有 $E(y_{im}\cdot\eta_{ih}) = \rho^{m-h}\sigma_\eta^2$。（选作）证明：

$$E(\mathbf{F}_i'\mathbf{Q}\boldsymbol{\eta}_i) = -\frac{\sigma_\eta^2}{M}\frac{(M-1)-M\rho+\rho^M}{(1-\rho)^2}$$

（d）因此，如果 $E(\mathbf{F}_i'\mathbf{Q}\mathbf{F}_i)$ 是非奇异的，而且如果 $(M-1)-M\rho+\rho^M\neq 0$，那么这一动态模型的固定效应估计量是非一致的。命题 5.1 的确保了固定效应估计量的哪个假设被违反了？

5.（选作，识别条件保证了非奇异性）

（a）证明：式（5.2.7）中的 $E(\tilde{\mathbf{F}}_i'\tilde{\mathbf{F}}_i)$ 在假设式（5.1.15）之下是可逆的，$E(\mathbf{Q}\mathbf{F}_i\otimes\mathbf{x}_i)$ 列满秩。**提示：**

$$E(\tilde{\mathbf{F}}_i'\tilde{\mathbf{F}}_i) = E(\mathbf{F}_i'\mathbf{Q}\mathbf{F}_i) = \sum_{m=1}^{M}\sum_{h=1}^{M} q_{mh} E(\mathbf{f}_{im}\mathbf{f}_{ih}')$$

其中 $q_{mh}=\mathbf{Q}$ 的第（m，h）个元素。证明：

$$E(\mathbf{f}_{im}\mathbf{f}_{ih}') = E(\mathbf{f}_{im}\mathbf{x}_i')[E(\mathbf{x}_i\mathbf{x}_i')]^{-1}E(\mathbf{x}_i\mathbf{f}_{ih}')$$

（回忆一下，$\mathbf{f}_{im}$ 的元素包含在 $\mathbf{x}_i$ 中。）最后，证明：

$$\mathbf{x}_i\mathbf{f}_{im}' = \mathbf{f}_{im}'\otimes\mathbf{x}_i,\ (\mathbf{F}_i\otimes\mathbf{x}_i)' = (\mathbf{f}_{i1}\otimes\mathbf{x}_i',\cdots,\mathbf{f}_{iM}\otimes\mathbf{x}_i'),\ 以及$$
$$E(\tilde{\mathbf{F}}_i'\tilde{\mathbf{F}}_i) = E(\mathbf{F}_i\otimes\mathbf{x}_i)'[\mathbf{Q}\otimes[E(\mathbf{x}_i\mathbf{x}_i')]^{-1}]E(\mathbf{F}_i\otimes\mathbf{x}_i)$$
$$= E(\mathbf{Q}\mathbf{F}_i\otimes\mathbf{x}_i)'(\mathbf{I}_M\otimes[E(\mathbf{x}_i\mathbf{x}_i')]^{-1})E(\mathbf{Q}\mathbf{F}_i\otimes\mathbf{x}_i)$$

（b）使用类似的论证，证明式（5.2.7）中的 $E[\tilde{\mathbf{F}}_i'E(\tilde{\boldsymbol{\eta}}_i\tilde{\boldsymbol{\eta}}_i')\tilde{\mathbf{F}}_i]$ 是非奇异的。**提示：**由于

$$\tilde{\boldsymbol{\eta}}_i = \mathbf{Q}\boldsymbol{\eta}_i = \mathbf{Q}\boldsymbol{\varepsilon}_i$$

所以我们有：

$$\tilde{\mathbf{F}}_i'E(\tilde{\boldsymbol{\eta}}_i\tilde{\boldsymbol{\eta}}_i')\tilde{\mathbf{F}}_i = \tilde{\mathbf{F}}_i'\mathbf{Q}E(\boldsymbol{\varepsilon}_i\boldsymbol{\varepsilon}_i')\mathbf{Q}\tilde{\mathbf{F}}_i = \tilde{\mathbf{F}}_i'E(\boldsymbol{\varepsilon}_i\boldsymbol{\varepsilon}_i')\tilde{\mathbf{F}}_i$$

以及

$$E[\tilde{\mathbf{F}}_i'E(\boldsymbol{\varepsilon}_i\boldsymbol{\varepsilon}_i')\tilde{\mathbf{F}}_i] = E(\mathbf{Q}\mathbf{F}_i\otimes\mathbf{x}_i)'(E(\boldsymbol{\varepsilon}_i\boldsymbol{\varepsilon}_i')\otimes[E(\mathbf{x}_i\mathbf{x}_i')]^{-1})E(\mathbf{Q}\mathbf{F}_i\otimes\mathbf{x}_i)$$

（c）证明：分析性习题 2 的式（13）中的 $E(\hat{\mathbf{F}}_i'\boldsymbol{\Psi}^{-1}\hat{\mathbf{F}}_i)$ 是非奇异的。**提示：**正如分析性习题 2

(c) 所证明的那样，当且仅当 $E(\mathbf{C}'\mathbf{F}_i\otimes\mathbf{x}_i)$ 是列满秩的时，$E(\mathbf{QF}_i\otimes\mathbf{x}_i)$ 是列满秩的。

6.（选作，另外一种识别条件）考虑误差成分模型（5.1.1″）。令 $p\equiv\#\boldsymbol{\beta}$。如果 $\mathbf{A}_m$ 是从 $\mathbf{x}_i$ 中挑选出 $\mathbf{f}_{im}$ 的矩阵，则它可以被写为：

$$\underset{(K\times p)}{\mathbf{A}_m}=\begin{bmatrix}\mathbf{e}_m\otimes\mathbf{I}_p\\ \mathbf{0}\end{bmatrix}$$

其中 $\mathbf{e}_m$ 是 $\mathbf{I}_M$ 的第 m 行。

(a) 令 $\mathbf{A}(KM\times p)$ 为得自叠加 $(\mathbf{A}_1,\cdots,\mathbf{A}_M)$ 的矩阵。证明：$\mathbf{F}_i=(\mathbf{I}_M\otimes\mathbf{x}_i')\mathbf{A}$。

(b) 证明：秩条件式（5.1.15）和 $E(\mathbf{x}_i\mathbf{x}_i')$ 非奇异这个条件结合在一起（可以由式（5.1.5）和式（5.1.6）所蕴含），可以如下写出：

$$\text{rank}[(\mathbf{Q}\otimes\mathbf{I}_K)\mathbf{A}]=p\quad(\equiv\#\boldsymbol{\beta})$$

（这个结果将被用于下一题。）**提示：**

$$\mathbf{F}_i\otimes\mathbf{x}_i=([(\mathbf{I}_M\otimes\mathbf{x}_i')\mathbf{A}])\otimes\mathbf{x}_i=[(\mathbf{I}_M\otimes\mathbf{x}_i')\otimes\mathbf{x}_i](\mathbf{A}\otimes 1)=(\mathbf{I}_M\otimes\mathbf{x}_i'\otimes\mathbf{x}_i)\mathbf{A}=[\mathbf{I}_M\otimes(\mathbf{x}_i\mathbf{x}_i')]\mathbf{A}$$

因此，

$$\tilde{\mathbf{F}}_i\otimes\mathbf{x}_i=(\mathbf{Q}\otimes\mathbf{I}_K)(\mathbf{F}_i\otimes\mathbf{x}_i)=[\mathbf{Q}\otimes(\mathbf{x}_i\mathbf{x}_i')]\mathbf{A}=(\mathbf{I}_M\otimes\mathbf{x}_i\mathbf{x}_i')(\mathbf{Q}\otimes\mathbf{I}_K)\mathbf{A}$$

故 $E(\tilde{\mathbf{F}}_i\otimes\mathbf{x}_i)=[\mathbf{I}_M\otimes E(\mathbf{x}_i\mathbf{x}_i')](\mathbf{Q}\otimes\mathbf{I}_K)\mathbf{A}$。

7.（选作，检查非奇异性）通过采取以下步骤，证明式（5.2.23）中 $E(\tilde{\mathbf{F}}_i'\tilde{\boldsymbol{\eta}}_i\tilde{\boldsymbol{\eta}}_i'\tilde{\mathbf{F}}_i)$ 是非奇异的。

(a) 将 $\tilde{\mathbf{F}}_i'\tilde{\boldsymbol{\eta}}_i$ 写成 $\mathbf{g}_i\equiv\boldsymbol{\varepsilon}_i\otimes\mathbf{x}_i$ 的一个线性函数。**提示：**令 $\mathbf{A}$ 如前一题。

$$\begin{aligned}\tilde{\mathbf{F}}_i'\tilde{\boldsymbol{\eta}}_i&=\mathbf{A}'(\mathbf{I}_M\otimes\mathbf{x}_i)\mathbf{Q}\boldsymbol{\eta}_i=\mathbf{A}'(\mathbf{I}_M\otimes\mathbf{x}_i)\mathbf{Q}\boldsymbol{\varepsilon}_i\quad(\text{因为 }\boldsymbol{\varepsilon}_i=\mathbf{1}_M\cdot\alpha_i+\eta_i)\\&=\mathbf{A}'(\mathbf{I}_M\otimes\mathbf{x}_i)(\mathbf{Q}\boldsymbol{\varepsilon}_i\otimes 1)=\mathbf{A}'(\mathbf{Q}\boldsymbol{\varepsilon}_i\otimes\mathbf{x}_i)=\mathbf{A}'(\mathbf{Q}\otimes\mathbf{I}_K)(\boldsymbol{\varepsilon}_i\otimes\mathbf{x}_i)=\mathbf{A}'(\mathbf{Q}\otimes\mathbf{I}_K)\mathbf{g}_i\end{aligned}$$

(b) 证明所期待的结果。**提示：**根据式（5.1.6），$E(\mathbf{g}_i\mathbf{g}_i')$ 是正定的。

□ 实证性习题

在本题中，要使用几种不同的估计方法来估计收敛速度。我们使用由萨默斯和赫斯顿（Summers and Heston，1991）所构造的跨国面板，它是研究国家增长的标准数据集。萨默斯-赫斯顿模型（也被称为佩恩世界表）包含主要的宏观变量，这些变量都是以一个一致性的基础对世界上所有国家切实予以测度。

文件 SUM_HES.ASC 是从佩恩世界表的版本 5.6 中抽取的 1960—1985 年的部分，这个表格可以从 NBER 的主页（www.nber.org）下载。这个文件如下组织。对于每一个国家，该国的信息包含在多个记录（行）里。第一个记录有该国的识别码和两个虚拟变量，一个代表是否实行共产主义体制（下文用 COM 代称），另外一个代表是否为石油输出国组织成员（下文用 OPEC 代称）。第二个记录有年份、人口数（以千为单位）、实际人均 GDP（以 1985 年美元计），以及 1960 年的储蓄率（以百分数表示）。第三个记录是一样的，为 1961 年的数值，如此等等。该国第 27 个记录是 1985 年的。该文件前若干记录如：

```
  1 0 0
1960    10800    1723    19.9
1961    11016    1599    21.1
                   ⋮
1984    21173    2962    26.4
1985    21848    2988    26.0
  2 0 0
1960    4816      931     3.3
1961    4918      976     2.9
```

这个文件包含 125 个国家，这些国家的数据是可得的。（在国家 ID 和国家名称之间的对应在 country.asc 中）。国家 1 是阿尔及利亚，国家 2 是安哥拉，等等。注意，在佩恩世界表版本 5.6 中，这个对应不同于 Summers 和 Heston（1991）。人均 GDP 利用该国通货对 1985 年美元的购买力平价将该国实际 GDP 转换为美元表示（在佩恩世界表中是变量"RGDPCH"）。储蓄率根据实际投资对实际 GDP 的比率（在佩恩世界表中是变量"I"）度量。参看 Summers 和 Heston（1991）中的第 II、III 节，可以了解这些变量是如何构造的。

我们要实证性地检验的第一个问题是条件收敛性。（此刻略微浏览一下曼昆、罗默和韦尔（Mankiw，Romer and Weil，1992）是有用的。）令 s_i 为国家 i 的储蓄率，n_i 为该国的人口增长率（我们取为劳动增长率）。在索洛-斯旺具有柯布-道格拉斯生产函数的增长模型中，人均有效劳动的产出的稳态水平在文中表示为 q^*，它是 $\log(s_i)-\log(n_i+g+\delta)$ 的线性函数，其中 g 为劳动扩张型技术进步率。δ 是资本存量折旧率。那么，假设 $A(0)$ 这一技术的初始水平在国家之间都是相同的，式（5.4.10）可以写为：

$$y_{im}=\phi_m+\rho y_{i,m-1}+\gamma_1\log(s_i)+\gamma_2\log(n_i+g+\delta)+\eta_{im} \tag{1}$$

该增长模型表明 $\gamma_1=-\gamma_2$，但我们将不会施予这个约束条件。这是曼昆等（Mankiw et al.，1992）的表 IV 中估计的具体规定。正如在曼昆等（Mankiw et al.，1992）中那样，假设对于所有国家 $g+\delta$ 都是 5%，取 s_i 为 1960—1985 年间的平均储蓄率。我们将 n_i 作为同一时期平均年人口增长率（曼昆等使用了劳动年龄人口平均增长率）。由于我们的 125 个国家的样本包括（之前的）共产主义体制国家和 OPEC，我们在方程中增加 COM（=1，如果是共产主义体制国家；否则为 0）和 $OPEC$（=1，如果是 OPEC；否则为 0）：

$$y_{im}=\phi_m+\rho y_{i,m-1}+\gamma_1\log(s_i)+\gamma_2\log(n_i+g+\delta)+\gamma_3 COM_i+\gamma_4 OPEC_i+\eta_{im} \tag{2}$$

（a）通过两边同时减去 $y_{i,m-1}$，我们可以将式（2）改写为：

$$y_{im}-y_{i,m-1}=\phi_m+(\rho-1)y_{i,m-1}+\gamma_1\log(s_i)+\gamma_2\log(n_i+g+\delta)+\gamma_3 COM_i+\gamma_4 OPEC_i+\eta_{im} \tag{2'}$$

对于这一规定，设 $M=1$（只有一个方程需要估计），并取 $t_0=1960$，$t_1=1985$，因此因变量 $y_{i1}-y_{i0}$ 为1960—1985 年间的累积增长。绘制样本内 125 个国家的 $y_{i1}-y_{i0}$ 关于 y_{i0} 的图。在初始 GDP(y_{i0})和之后的增长（$y_{i1}-y_{i0}$）之间是否存在什么联系？直接假设误差项正交于回归元，通过 OLS 估计方程（2′）。计算由 ρ 的 OLS 估计值所表明的 λ（收敛速度）的值。（它应该小于每年 1%。）计算 λ 的估计值的渐近标准误（即 $1/n$ 乘以渐近方差的平方根）。**提示：**根据式（5.4.3），$\hat{\lambda}=-\log(\hat{\rho})/25$。根据 delta 方法（2.1 节的引理 2.5），

$$\text{Avar}(\hat{\lambda})=\frac{\text{Avar}(\hat{\rho})}{(25\rho)^2}$$

（因为 $\log(\rho)$ 的导数是 $1/\rho$。）因此 $\text{Avar}(\hat{\lambda})$ 的一个一致估计值是 $\widehat{\text{Avar}(\hat{\rho})}/(25\hat{\rho})^2$。$\hat{\lambda}$ 的标准误是 $1/n$ 乘以上式的平方根。因此，$\hat{\lambda}$ 的标准误=（$\hat{\rho}$ 的标准误）/(25$\hat{\rho}$)。你能确定这样的结果吗："如果国家在其投资和人口增长率上不是彼此不同的，则穷国有很强的趋势增长得比富国更快"（Mankiw et al.，1992，p. 428）。

（b）（固定效应估计）通过设 $M=25$，$t_0=1960$，$t_1=1961$，…，$t_{25}=1985$，我们可以给出一个有 25 个方程的方程组，其中式（5.4.10）为第 m 个方程。通过固定效应方法估计该方程组，假设其误差在式（5.2.12）意义上是球型的。所表明的 λ 的值是什么？（它应该大约为每年 6.4%。）（选作：在没有球型误差项的条件下计算标准误。正如文中所强调的那样，固定效应估计量不是一致的。尽管如此，我们还是应用这一固定效应方法来取得编程经验。）

TSP 小贴士：TSP 的固定效应估计量命令（有球形误差项）是 PANEL。然而，它并不接受 SUM_HES.ASC 的数据组织。它要求群组（国家）ID 和年份要包含在囊括有关群组一年份信息的行里。PANEL 可接受的数据文件是 FIXED.ASC。其前若干记录为：

```
1 0 0  1961    1599    1723
1 0 0  1962    1275    1599
                 ⋮
1 0 0  1984    2962    2903
1 0 0  1985    2988    2962
2 0 0  1961     976     931
2 0 0  1962     984     976
                 ⋮
```

这里，第一个变量是国家的 ID，紧跟着是 *COM*、*OPEC*、年份、该年的人均实际 GDP 以及前一年的人均实际 GDP。

RATS 小贴士：RATS 并没有关于固定效应估计量的具体命令，但是有一个命令叫作 PANEL（不要与 TSP 的 PANEL 相混淆），它可以从群组均值离差计算得到。做这部分练习的 RATS 编码给出如下：

```
*
*  (b) fixed-effects estimation.
*
calendar (panelobs = 25)
allocate 0 125//25
open data fixed. asc
data (org = obs)  /  id com opec year rgdp rgdp1
 * generate year dummies (only 24 dummies are
 * enough)
dec vector [series] dummies (24)
do i = 1,24
  set dummies (i)  =  (year = = i + 1960)
end do
 * log transformation
set y  =  log(rgdp);
set ylag  =  log(rgdp1);
 * simple statistics
table
 * calculate deviations from group means
panel y / yw 1 entry 1. 0 indiv -1. 0
dec vector [series] dumw(24)
panel ylag / ylagw 1 entry 1. 0 indiv -1. 0
do i = 1,24
  panel  dummies(i)  /  dumw(i) 1 entry 1. 0
                        indiv -1. 0
end do i
 * Within regression,with degrees of freedom
 * correction
linreg(dfc = 125) yw; # dumw ylagw
```

(c)（选作）正如前一问题所示，取 $M=25$ 和 $t_0=1960$，$t_1=1961$，$t_2=1962$，…，$t_{25}=1985$。如

果写成 4.6 节的模型那样，则式（5.4.11）是 24 个方程的方程组：

$$y_{im}=\mathbf{z}_{im}'\boldsymbol{\delta}+\boldsymbol{\varepsilon}_{im}\quad(i=1,2,\cdots,125;\ m=1,2,\cdots,24)\tag{3}$$

其中式（3）中的 y_{im} 等于式（5.4.11）中的 $y_{i,m+1}-y_{im}$，

$$\mathbf{z}_{im}=(0,\cdots,0,1,0,\cdots,0,y_{im}-y_{i,m-1})'$$

其第 m 个元素为 1 的一个 25 维向量，

$$\boldsymbol{\delta}=(\mu_1,\cdots,\mu_{24},\rho)'$$

如果 s_{im} 是 m 年国家 i 的储蓄率（投资/GDP 比率），使用一个常数项和在第 m 个方程中作为工具变量的 $s_{i,m-1}$（例如，因此在第一个方程中其非常数项回归元为 $y_{i,1961}-y_{i,1960}$，工具变量的向量为 $(1,\ s_{i,1960})'$）。假设条件同方差性成立，将多方程 GMM 方法应用于式（3）。（使用 TSP 或 RATS 非常不方便；故使用 GAUSS。该估计量为式（4.6.6），其中 $\widehat{\mathbf{W}}$ 被设定为式（4.5.3）的逆。）λ 值应该大约为每年 36%！

部分习题答案

□ 分析性习题

1c. $\mathrm{E}(\boldsymbol{\eta}_i\mid\mathbf{W})=\mathrm{E}(\boldsymbol{\eta}_i\mid\mathbf{F})$ （因为 $\mathbf{D}$ 是常数矩阵）

$=\mathrm{E}(\boldsymbol{\eta}_i\mid\mathbf{F}_1,\ \cdots,\ \mathbf{F}_n)$

$=\mathrm{E}(\boldsymbol{\eta}_i\mid\mathbf{F}_i)$ （因为根据 i. i. d. 假设，$\boldsymbol{\eta}_i$ 是独立于 $(\mathbf{F}_1,\ \cdots,\ \mathbf{F}_{i-1},\ \mathbf{F}_{i+1},\ \cdots,\ \mathbf{F}_n)$ 的）

$=\mathbf{0}$

因此，这些回归元是外生的。而且，

$$\mathrm{E}(\boldsymbol{\eta}_i\boldsymbol{\eta}_i'\mid\mathbf{W})=\mathrm{E}(\boldsymbol{\eta}_i\boldsymbol{\eta}_i'\mid\mathbf{F})=\mathrm{E}(\boldsymbol{\eta}_i\boldsymbol{\eta}_i'\mid\mathbf{F}_i)=\sigma_\eta^2\mathbf{I}_M\quad\text{（根据球型误差假设）}$$

根据 i. i. d. 假设，对于 $i\neq j$ 有 $\mathrm{E}(\boldsymbol{\eta}_i\boldsymbol{\eta}_j'\mid\mathbf{W})=\mathbf{0}$。因此，$\mathrm{E}(\boldsymbol{\eta}\boldsymbol{\eta}'\mid\mathbf{W})=\sigma_\eta^2\mathbf{I}_{Mn}$。

2c. 证明"$\mathrm{E}(\mathbf{QF}_i\otimes\mathbf{x}_i)$ 是列满秩的"$\Leftrightarrow$"$\mathrm{E}(\mathbf{C}'\mathbf{F}_i\otimes\mathbf{x}_i)$ 是列满秩的"：

令 $\mathbf{A}\equiv\mathrm{E}(\mathbf{QF}_i\otimes\mathbf{x}_i)$ 和 $\mathbf{B}\equiv\mathrm{E}(\mathbf{C}'\mathbf{F}_i\otimes\mathbf{x}_i)$。必有一个列满秩的 $M\times(M-1)$ 矩阵 $\mathbf{L}$ 使得 $\mathbf{Q}=\mathbf{LC}'$（根据式（11），它实际为 $\mathbf{C}(\mathbf{C}'\mathbf{C})^{-1}$）。令 $\mathbf{D}\equiv\mathbf{L}\otimes\mathbf{I}_K$。那么，$\mathbf{A}=\mathbf{DB}$。由于两个矩阵积的秩小于或等于两个矩阵中任何一个矩阵的秩，所以

$$\mathrm{rank}(\mathbf{A})\leqslant\mathrm{rank}(\mathbf{B})\tag{1}$$

接下来考虑积 $\mathbf{D}'\mathbf{A}=\mathbf{D}'\mathbf{DB}$。

$$\mathrm{rank}(\mathbf{D}'\mathbf{DB})\leqslant\mathrm{rank}(\mathbf{D}'\mathbf{A})\leqslant\mathrm{rank}(\mathbf{A})\tag{2}$$

但由于 $\mathbf{L}$ 是列满秩的，故 $\mathbf{D}'\mathbf{D}$ 非奇异。由于非奇异矩阵的乘法并不改变秩，所以

$$\mathrm{rank}(\mathbf{D}'\mathbf{DB})=\mathrm{rank}(\mathbf{B})\tag{3}$$

从式（1）至式（3）中可以得到，$\mathrm{rank}(\mathbf{A})=\mathrm{rank}(\mathbf{B})$。因为 $\mathbf{A}$ 和 $\mathbf{B}$ 具有相同的列数，所以可以得到所要的结果。

4a.

$$\mathbf{y}_i=\begin{bmatrix}y_{i1}\\ \vdots\\ y_{iM}\end{bmatrix},\ \mathbf{F}_i=\begin{bmatrix}y_{i0}\\ \vdots\\ y_{i,M-1}\end{bmatrix}$$

没有 $\mathbf{b}_i$。

4d. 因为对于 $m \geqslant h$ 来说 $E(\eta_{ih} \cdot y_{im}) \neq 0$，所以有些“交叉”正交性条件并不能得到满足。

参考文献

Barro, R., and X. Sala-i-Martin, 1995, *Economic Growth*, New York: McGraw-Hill.

Mankiw, G., D. Romer, and D. Weil, 1992, "A Contribution to the Empirics of Economic Growth," *Quarterly Journal of Economics*, 107, 407-437.

Newey, W., 1985, "Generalized Method of Moments Specification Testing," *Journal of Econometrics*, 29, 229-256.

Nickell, S., 1981, "Biases in Dynamic Models with Fixed Effects," *Econometrics*, 49, 1417-1426.

Summers, R., and A. Heston, 1991, "The Penn World Table (Mark 5): An Expanded Set of International Comparisons, 1950-1988," *Quarterly Journal of Economics*, 106, 327-368.

第 6 章

序列相关

概要

本章将第 3 章的 GMM 模型扩展到在工具变量和误差项向量积中包含序列相关的情况。为了做到这一点，我们需要将第 2 章的中心极限定理一般化到序列相关过程。这种一般化在某些限制了序列相关程度的条件下是可能的。对于随机过程而言，这一条件非常清楚，即被称为线性过程。线性过程本身是很重要的，本章用四节来讲解它们。在应用一节，我们用这个扩展的 GMM 模型来检验市场有效假说，这一次是对外汇市场进行检验。

符号注释： 由于这里所处理的问题是特定于时间序列数据的，所以本章我们用下标“t”而不是“i”来标示。

6.1 序列相关建模：线性过程

2.2 节介绍了协方差平稳过程及其自协方差。特别地，一个（标量或单变量）**白噪声过程**（white noise process）$\{\varepsilon_t\}$ 是一个没有序列相关的零均值协方差平稳过程：

$$\text{对于 } j\neq 0\text{，有 } \mathrm{E}(\varepsilon_t)=0,\ \mathrm{E}(\varepsilon_t^2)=\sigma^2>0,\ \mathrm{E}(\varepsilon_t\varepsilon_{t-j})=0$$

协方差平稳过程的非常重要的一类被称为**线性过程**（linear process），它可以通过对白噪声过程进行移动平均而产生。本节使用一种叫作**滤子**（filter）的装置研究线性过程的一般性质。

因为线性过程的当期值可能取决于一个白噪声过程无穷多的过去值，所以找到这个白噪声过程和线性过程是很方便的，分别通过定义 $t=0, -1, -2, \cdots$ 和 $t=1, 2, \cdots$ 而产生。直观来看，一个为所有整数（$t=0, \pm 1, \pm 2, \cdots$）定义的协方差平稳过程开始于很久之前，以至其均值和自协方差已经稳定到时不变常量。

□ MA（q）

表现出序列相关的线性过程的最为简单的例子是有限阶移动平均过程。如果过程 $\{y_t\}$ 可以被写为当前值和白噪声过程的最近 q 个值的加权平均：

$$y_t=\mu+\theta_0\varepsilon_t+\theta_1\varepsilon_{t-1}+\cdots+\theta_q\varepsilon_{t-q}\text{，其中 }\theta_0=1 \tag{6.1.1}$$

则过程 $\{y_t\}$ 被称为 **q 阶移动平均过程**（q-th order moving average process，MA(q)）。显然，一个移动平均过程是具有均值 μ 的协方差平稳过程。很容易证明，j 阶自协方差 γ_j（$\equiv \mathrm{E}[(y_t-\mu)(y_{t-j}-\mu)]$）是：

$$\gamma_j=(\theta_j\theta_0+\theta_{j+1}\theta_1+\cdots+\theta_q\theta_{q-j})\sigma^2=\sigma^2\sum_{k=0}^{q-j}\theta_{j+k}\theta_k,\ j=0,1,\cdots,q \tag{6.1.2a}$$

$$\gamma_1=0,\ j>q \tag{6.1.2b}$$

其中 $\sigma^2\equiv\mathrm{E}(\varepsilon_t^2)$。（这个公式也涵盖了 γ_{-j}，因为 $\gamma_j=\gamma_{-j}$。）例如，对于 $q=1$，我们有：

$\gamma_0=(\theta_0^2+\theta_1^2)\sigma^2=(1+\theta_1^2)\sigma^2$

（根据在式(6.1.2a)中设 $j=0$，$q=1$，并注意到 $\theta_0=1$）

$\gamma_1=\gamma_{-1}=(\theta_1\theta_0)\sigma^2=\theta_1\sigma^2$

（根据在式(6.1.2a)中设 $j=1$ 和 $q=1$，并注意到 $\theta_0=1$）

对于 $j=\pm2,\pm3,\cdots$，有 $\gamma_j=0$

自协方差的整个框架 $\{\gamma_j\}$ 由刚好 $q+1$ 个参数（θ_1，θ_2，…，θ_q，以及 σ^2）所描述，其相关图 $\{\rho_j\}$（其中 $\rho_j\equiv\gamma_j/\gamma_0$）由 q 个参数（θ_1，θ_2，…，θ_q）所描述。

□ 作为均值平方极限的 MA（∞）

正如在上一个例子中所阐述的那样，MA(q) 过程中的序列相关经过 q 期滞后完全消失。尽管有些时间序列具有这一性质（我们将在下文的应用中看到一个例子），能够对不具有这一性质的序列相关进行建模的确是可以期待的。一个很显而易见的想法就是通过一个无限加和

$$\psi_0\varepsilon_t+\psi_1\varepsilon_{t-1}+\cdots=\sum_{j=0}^{\infty}\psi_j\varepsilon_{t-j} \tag{6.1.3}$$

取代式（6.1.1）中的有限多项之和

$$\theta_0\varepsilon_t+\theta_1\varepsilon_{t-1}+\cdots+\theta_q\varepsilon_{t-q}$$

其中 $\{\psi_j\}$ 是实数序列，使 y_t 依赖于无穷多期的过去值。

要使这一思想能够实施，我们必须确定这个无限多随机变量的加和是良好定义的，即其部分和

$$\sum_{j=0}^{n}\psi_j\varepsilon_{t-j} \tag{6.1.4}$$

（在某些恰当的意义上）随着 $n\to\infty$，收敛到一个随机变量。这种情况的出现需要一个通行条件，即实数列 $\{\psi_j\}$ 为**绝对可和的**（absolutely summable）：

$$\sum_{j=0}^{\infty} |\psi_j| < \infty \tag{6.1.5}$$

(在微积分中这是一个标准的简略表达。式（6.1.5）读作：部分和 $\sum_{j=0}^{n} |\psi_j|$ 随着 $n \to \infty$ 收敛到一个实数［即一个有限极限］，而式（6.1.5）中的无穷和被定义为这个实数。）要使序列 $\{\psi_j\}$ 绝对可和，其必要条件（但肯定不是充分条件）是随着 $j \to \infty$ 有 $\psi_j \to 0$。这样一来，绝对可和性要求由 ψ_j 代表的过去的冲击效应最终将会消失。

正如下一个命题中所断言的那样，对于任一给定的 t，部分和式（6.1.4）依均方收敛到某个随机变量。这个均方极限在下面的意义上是独一无二的。如果存在另外一个随机变量，部分和依均方收敛于它，那么（正如你将在分析性习题 1 中所证明的那样），这两个均方极限以概率 1 相等。我们定义无穷加和式（6.1.3）为部分和式（6.1.4）唯一的均方极限，并称"该无穷加和依均方收敛"。

命题 6.1（具有绝对可和系数的 MA(∞)）：令 $\{\varepsilon_t\}$ 为白噪声，$\{\psi_j\}$ 为绝对可和的实数列。那么，

（a）对于每一个 t，

$$y_t = \mu + \sum_{j=0}^{\infty} \psi_j \varepsilon_{t-j} \tag{6.1.6}$$

依均方收敛。$\{y_t\}$ 是协方差平稳的。(过程 $\{y_t\}$ 被称为**无穷阶移动平均过程**（infinite-order moving-average process，MA(∞)）。)

（b）y_t 的均值为 μ。自协方差 $\{\gamma_j\}$ 由下式给出：

$$\begin{aligned}\gamma_j &= (\psi_j\psi_0 + \psi_{j+1}\psi_1 + \psi_{j+2}\psi_2 + \cdots)\sigma^2 \\ &= \sigma^2 \sum_{k=0}^{\infty} \psi_{j+k}\psi_k \quad (j = 0, 1, 2, \cdots)\end{aligned} \tag{6.1.7}$$

（c）自协方差是绝对可和的：

$$\sum_{j=0}^{\infty} |\gamma_j| < \infty \tag{6.1.8}$$

（d）此外，如果 $\{\varepsilon_t\}$ 是 i. i. d. 的，则过程 $\{y_t\}$ 是（严格）平稳和遍历的。

这个结果包含作为一种特殊情况的 MA(q) 过程，其对于 $j=0$，1，…，q 有 $\psi_j = \theta_j$，对于 $j > q$ 有 $\psi_j = 0$。显然，这一序列 $\{\psi_j\}$ 是绝对可和的。证明（a）～（c）部分的任务，留作分析性习题 2。证明（a）要使用微积分中柯西序列收敛的条件（参看关于柯西序列的习题 1）。(b) 部分是对关于均值和有限阶 MA 过程相应结果的无穷性的一个明显的外推，但是这一外推涉及求期望和加和的顺序的交互变换。例如，为了证明 MA(∞)过程的均值是 μ，必须证明式（6.1.3）的均方极限的期望值为式（6.1.4）的期望值的极限。这一运算在均方收敛下是合理的，这一事实将被用于对（b）部分的证明。直观而言，(c) 部分是说，如果由 ψ_j 所表达的过去的冲击效应消失得足够快，以使得 $\{\psi_j\}$ 绝对可和，序列相关就会消失得一样快。自协方差的绝对可和性在本章所发展的协方差平稳过程的理论中起着关键作用。对于（d）部分的证明，可参看 Hannan

(1970，p. 204，定理 3)。①

式（6.1.6）中的 MA(∞) 过程被称作是**单边的**（one-sided），因为移动平均并不包含 ε_t 的未来值。它是**线性过程**（linear process）的一种特殊情况，线性过程是以下这种形式的双边移动平均值：

$$y_t=\mu+\sum_{j=-\infty}^{\infty}\psi_j\varepsilon_{t-j}\text{，其中}\sum_{j=-\infty}^{\infty}|\psi_j|<\infty$$

这一命题（以及本节的所有结论）都可以轻松地扩展到一般性的线性过程。尽管如此，我们还是集中关注单边移动平均值，这只是因为双边移动平均值在经济学中是十分少见的。

命题 6.1 可以一般化到这种情况，其中过程 $\{y_t\}$ 是一个一般性的协方差平稳过程的移动平均而不是白噪声过程的移动平均。特别地，自协方差的绝对可和性经过取绝对可和加权平均运算之后仍可存留。

命题 6.2（滤子协方差平稳过程）：令 $\{x_t\}$ 为一个协方差平稳过程，$\{h_j\}$ 是一个绝对可和的实数列。那么，

（a）对于每一个 t，无穷和

$$y_t=\sum_{j=0}^{\infty}h_jx_{t-j} \tag{6.1.9}$$

依均方收敛。过程 $\{y_t\}$ 是协方差平稳的。

（b）进一步来说，如果 $\{x_t\}$ 的自协方差是绝对可和的，那么 $\{y_t\}$ 的自协方差也是如此。

我们不再给出证明，证明可以参看 Fuller（1996，定理 4.3.1），不过基本方法和对命题 6.1 的证明是相同的。推导 $\{y_t\}$ 的自协方差，这可以将式（6.1.7）一般化，我们把这个任务留做分析性习题 3。

□ 滤子

取一个过程的（可能无穷多的）前后连续的值的加权平均这一运算，如式（6.1.6）和式（6.1.9），被称为**滤子运算**（filtering）。如果我们使用**滞后算子**（lag operator）L，它还可以被更为紧凑地予以表达，这个算子由关系 $L^jx_t=x_{t-j}$ 来定义。现在，我们来介绍一些与滞后算子这种在时间序列分析中很有用的工具相联系的概念。②

□ 定义滤子

对于给定的任一实数序列（α_0，α_1，α_2，…），由下式定义一个**滤子**（filter）：

$$\alpha(L)\equiv\alpha_0+\alpha_1L+\alpha_2L^2+\cdots \tag{6.1.10}$$

如果我们只是机械地盲目将滞后算子应用于一个投入过程 $\{x_t\}$，我们会得到：

---

① $\{\psi_j\}$ 的绝对可和性对于（a）部分成立而言是足够的。正如在分析性习题 2 中所证明的那样，平方可和性要弱于绝对可和性，但已经足够确保无穷加和作为一个均方极限是良好定义的了。不过，对于这个命题的其他部分要想成立，绝对可和性是必需的。

② 关于滤子更为全面的处理，可以参看 Gourieroux 和 Monfort（1997，5.2 节和 7.4 节）。

$$\begin{aligned}\alpha(L)x_t &= \alpha_0 x_t + \alpha_1 L x_t + \alpha_2 L^2 x_t + \cdots \\ &= \alpha_0 x_t + \alpha_1 x_{t-1} + \alpha_2 x_{t-2} + \cdots \\ &= \sum_{j=0}^{\infty} \alpha_j x_{t-j} \end{aligned} \tag{6.1.11}$$

这的确是 $\alpha(L)x_t$ 的定义。如果 $x_t=c$（一个常数），$\alpha(L)c=\alpha(1)c=c\sum_{j=0}^{\infty}\alpha_j$ 。如果对于 $j=p$，$\alpha_j\neq 0$，对于 $j>p$，$\alpha_j=0$，则该滤子可以简化为 **p 阶滞后多项式**（p-th degree lag polynomial）：

$$\alpha(L)=\alpha_0+\alpha_1 L+\cdots+\alpha_p L^p$$

当将它运用于一个投入过程时，它就创生了一个当期值和该过程最近 p 个值的加权平均。命题 6.2 确保了由式（6.1.11）定义的目标 $\alpha(L)x_t$ 是一个构建了协方差平稳过程的良好定义的随机变量，如果序列 $\{\alpha_j\}$ 是绝对可和的，而且如果该投入过程 $\{x_t\}$ 是协方差平稳的，具有绝对可和的系数的滤子在本书将被称为**绝对可和滤子**（absolutely summable filter）。要使用集合论的语言，绝对可和滤子就是从协方差平稳过程到其自身的一个映射。

□ 滤子的积

令 $\{\alpha_j\}$ 和 $\{\beta_j\}$ 是实数的两个任意序列，并根据下面的关系定义序列 $\{\delta_j\}$：

$$\begin{aligned}&\alpha_0\beta_0=\delta_0\\ &\alpha_0\beta_1+\alpha_1\beta_0=\delta_1\\ &\alpha_0\beta_2+\alpha_1\beta_1+\alpha_2\beta_0=\delta_2\\ &\cdots\\ &\alpha_0\beta_j+\alpha_1\beta_{j-1}+\alpha_2\beta_{j-2}+\alpha_2\beta_{j-2}+\cdots+\alpha_{j-1}\beta_1+\alpha_j\beta_0=\delta_j\\ &\cdots\end{aligned} \tag{6.1.12}$$

得自这一卷积公式的序列 $\{\delta_j\}$ 被称为 $\{\alpha_j\}$ 和 $\{\beta_j\}$ 的**卷积**（convolution）。令 $\alpha(L)\equiv\alpha_0+\alpha_1 L+\alpha_2 L^2+\cdots$，$\beta(L)\equiv\beta_0+\beta_1 L+\beta_2 L^2+\cdots$，以及 $\delta(L)=\delta_0+\delta_1 L+\delta_2 L^2+\cdots$为相关联的滤子。我们定义两个滤子 $\alpha(L)$ 和 $\beta(L)$ 的**积**（product）为这个滤子 $\delta(L)$，将它写为：

$$\delta(L)=\alpha(L)\beta(L)$$

例如，对于 $\alpha(L)=1+\alpha_1 L$ 和 $\beta(L)=1+\beta_1 L$，这个卷积公式可以得到：

$$(1+\alpha_1 L)(1+\beta_1 L)=1+(\alpha_1+\beta_1)L+\alpha_1\beta_1 L^2$$

（如果你对微积分中两个多项式的积比较熟悉，就可以看到滤子这个概念与之非常相似。）从这个定义中可以清楚地看到，滤子是**可交换的**（commutative）：

$$\alpha(L)\beta(L)=\beta(L)\alpha(L)$$

然而，可交换性不能实施于矩阵滤子（参看下文 6.3 节）。

如果两个序列 $\{\alpha_j\}$ 和 $\{\beta_j\}$ 是绝对可和的，而且如果 $\{x_t\}$ 是协方差平稳的，那么命题 6.2 可以向我们确保 $\{\beta(L)x_t\}$ 是协方差平稳的，因此 $\alpha(L)\beta(L)x_t$ 是良好定义的随机变量，等于 $\delta(L)x_t$。这样一来，如果 $\alpha(L)$ 和 $\beta(L)$ 是绝对可和的，而且 $\{x_t\}$ 是协方差平稳的，那么，

$$\text{“}\alpha(L)\beta(L)=\delta(L)\text{”}\Rightarrow\text{“}\alpha(L)\beta(L)x_t=\delta(L)x_t\text{”} \tag{6.1.13}$$

（顺带提一句，$\{\delta_j\}$ 是绝对可和的［例如可参看 Fuller（1996，p. 30）］。）

□ 逆

我们最为关心的是这样一种情况，当 $\delta(L)=1$（一种特殊的滤子）时，使得两个滤子 $\alpha(L)$ 和 $\beta(L)$ 满足 $\alpha(L)\beta(L)=1$。我们称 $\beta(L)$ 是 $\alpha(L)$ 的**逆**（inverse），并将它表示为 $\alpha(L)^{-1}$或 $1/\alpha(L)$。也就是说，

$$\alpha(L)^{-1}\text{是一个满足 }\alpha(L)\alpha(L)^{-1}=1\text{ 的滤子} \tag{6.1.14}$$

只要 $\alpha(L)=\alpha_0+\alpha_1L+\cdots$中 $\alpha_0\neq0$，$\alpha(L)$ 的逆就可以为任意的序列 $\{\alpha_j\}$ 进行定义，因为 $\delta_0=1$，$\delta_j=0$（$j=1, 2, \cdots$）的方程（6.1.12）的集合可以顺次求解 $\{\beta_j\}$：

$$\beta_0=\frac{1}{\alpha_0},\ \beta_1=-\frac{\alpha_1\beta_0}{\alpha_0}=-\frac{\alpha_1}{\alpha_0^2},\text{等等}$$

例如，我们来看滤子 $1-L$。其逆由下式给出：

$$(1-L)^{-1}=1+L+L^2+L^3+\cdots$$

该系数序列显然不是绝对可和的。这个例子说明了这样一点：一个逆滤子可能不是绝对可和的。

我们把证明下面这些式子的任务留作复习题 3：只要 $\alpha_0\neq0$，$\beta_0\neq0$，

$$\alpha(L)\alpha(L)^{-1}=\alpha(L)^{-1}\alpha(L)\quad\text{（因此逆是可交换的）} \tag{6.1.15a}$$

$$\text{“}\alpha(L)\beta(L)=\delta(L)\text{”}\Leftrightarrow\text{“}\beta(L)=\alpha(L)^{-1}\delta(L)\text{”}\Leftrightarrow\text{“}\alpha(L)=\delta(L)\beta(L)^{-1}\text{”} \tag{6.1.15b}$$

因此，比如要在 $\alpha(L)\beta(L)=\delta(L)$ 中求解 $\beta(L)$，可以“左乘” $\alpha(L)$ 的逆。我们前面已经注意到可交换性对于矩阵滤子并不必然成立。正如我们将在 6.3 节看到的那样，对于逆，可交换性的确可以一般化到矩阵滤子。

□ 滞后多项式取逆

在关于 ARMA 过程的下一节，必然要计算 p 阶滞后多项式 $\phi(L)$ 的逆，

$$\phi(L)=1-\phi_1L-\phi_2L^2-\cdots-\phi_pL^p$$

因为 $\phi_0=1\neq0$，所以其逆可以被定义。令 $\psi(L)\equiv\phi(L)^{-1}$。根据定义，它满足：

$$\phi(L)\psi(L)=1$$

卷积公式（6.1.12）提供了求解 $\psi(L)$ 的一种算法。在该公式中设定 $\alpha(L)=\phi(L)$，$\beta(L)=\psi(L)$ 以及 $\delta(L)=1$，可以得到：

常数：$\psi_0=1$

L：$\psi_1-\phi_1\psi_0=0$

L^2：$\psi_2-\phi_1\psi_1-\phi_2\psi_0=0$

$\cdots$

$$L^{p-1}:\psi_{p-1}-\phi_1\psi_{p-2}-\phi_2\psi_{p-3}-\cdots-\phi_{p-1}\psi_0=0$$
$$L^{p}:\psi_{p}-\phi_1\psi_{p-1}-\phi_2\psi_{p-2}-\cdots-\phi_{p-1}\psi_1-\phi_p\psi_0=0$$
$$L^{p+1}:\psi_{p+1}-\phi_1\psi_{p}-\phi_2\psi_{p-1}-\cdots-\phi_{p-1}\psi_2-\phi_p\psi_1=0$$
$$L^{p+2}:\psi_{p+2}-\phi_1\psi_{p+1}-\phi_2\psi_{p}-\cdots-\phi_{p-1}\psi_3-\phi_p\psi_2=0$$

$\cdots$ (6.1.16)

这些方程可以很容易地顺次解出（ψ_0，ψ_1，ψ_2，…）：

$$\psi_0=1,\ \psi_1=\phi_1,\ \psi_2=\phi_2+\phi_1^2，等等$$

还要注意到，对于充分大的 j（实际上要 $j\geqslant p$），$\{\psi_j\}$ 满足 p 阶齐次差分方程：

$$\psi_j-\phi_1\psi_{j-1}-\phi_2\psi_{j-2}-\cdots-\phi_{p-1}\psi_{j-p+1}-\phi_p\psi_{j-p}=0 \tag{6.1.17}$$

因此，一旦前 p 个系数（ψ_0，ψ_1，…，ψ_{p-1}）被计算出来，我们就可以使用这个齐次 p 阶差分方程来得到剩下的系数（ψ_j，$j\geqslant p$），而把前 p 个系数当作初始条件。

正如我们从齐次差分方程理论中所知（在分析性习题 4 中可以看到概括），如果所谓的**稳定条件**（stability condition）成立，式（6.1.17）的解序列 $\{\psi_j\}$ 最终开始以一个几何速率下降。这个条件可以表述如下：

p 阶多项式方程关于 z 的所有根：

$$\phi(z)=0，其中\ \phi(z)\equiv 1-\phi_1 z-\phi_2 z^2-\cdots-\phi_p z^p \tag{6.1.18}$$

在绝对值上大于 1。

多项式方程 $\phi(z)=0$ 的根可以是复数。如果你对复数的内容比较生疏，则要复习一下相关内容，复数 z 可以写为：

$$z=a+bi$$

其中 a 和 b 是两个实数，$i=\sqrt{-1}$。因此，一个复数可以表示为二维图像中的一个点，其横轴的长度为 a（实部），纵轴的长度为 b（虚部）。其绝对值为 $|z|=\sqrt{a^2+b^2}$，这是代表 z 的点和原点之间的距离。如果 $|z|>1$，我们称 z 位于单位圆之外。因此，上面的稳定条件可以被重新表述为要求这些根位于单位圆之外。因为只要 $z=1/\lambda$ 是 $z^p-\phi_1 z^{p-1}-\phi_2 z^{p-2}-\cdots-\phi_{p-1}z-\phi_p=0$ 的解，则 $z=\lambda$ 即为 $\phi(z)=0$ 的解，稳定条件可以等价地表述为：

下面这个 p 阶多项式方程的所有根

$$z^p-\phi_1 z^{p-1}-\phi_2 z^{p-2}-\cdots-\phi_{p-1}z-\phi_p=0 \tag{6.1.18$'$}$$

在绝对值上都小于 1（即位于单位圆之内）。

在这个条件下，正如要求你在分析性习题 4 中证明的那样，存在两个实数 $A>0$ 和 $0<b<1$，使得：

$$对于所有的\ j，有\ |\psi_j|<Ab^j \tag{6.1.19}$$

给定式（6.1.19），即可得出 $\{\psi_j\}$ 的绝对可和性，原因是

$$\sum_{j=0}^{\infty} |\psi_j| < \sum_{j=0}^{\infty} Ab^j = \frac{A}{1-b} < \infty$$

这样，我们就完成了证明。

命题 6.3（滞后多项式的绝对可和逆）：我们来看一个 p 阶滞后多项式 $\phi(L) = 1-\phi_1 L-\phi_2 L^2-\cdots-\phi_p L^p$，令 $\psi(L)\equiv\phi(L)^{-1}$。如果相联系的 p 阶多项式方程 $\phi(z)=0$ 满足稳定条件式（6.1.18）或式（6.1.18′），那么 $\psi(L)$ 的系数序列 $\{\psi_j\}$ 根据几何递减序列（正如在式（6.1.19）中一样）在绝对值上是有界的，因此是绝对可和的。

为了说明，我们来看一个一阶滞后多项式 $1-\phi L$。相关联的多项式 $1-\phi z=0$ 的根是 $1/\phi$。稳定条件是 $|1/\phi|>1$ 或 $|\phi|<1$。滤子

$$1+\phi L+\phi^2 L^2+\cdots \tag{6.1.20}$$

显然是其逆。系数序列 $\{\phi^j\}$ 根据几何递减序列（例如设 $A=1.1$，$b=\phi$）在绝对值上的确是有界的。

复习题

1. （柯西序列）如果随着 m，$n\to\infty$，有 $|\alpha_m-\alpha_n|\to 0$，则可称实数列 $\{\alpha_n\}$ 为**柯西序列**（Cauchy sequence）。微积分中的一个重要结果是，当且仅当一个序列是柯西序列时，α_n 收敛到一个实数。将此视为已知，证明当且仅当随着 m，$n\to\infty$ 有 $\sum_{j=n+1}^{m}|\gamma_j|\to 0$ 时，$\{\gamma_j\}$ 是绝对可和的。（可以不失一般性地假设 $m>n$。）

2. （滤子如何改变自协方差）令 $h(L)=h_0+h_1 L$，$y_t=h(L)x_1$，其中 $\{x_t\}$ 是协方差平稳的。证明（在 $\{\gamma_j^x\}$ 为 $\{x_t\}$ 的自协方差的条件下）$\{y_t\}$ 的自协方差可由下式给出：

$$\gamma_j^y = \sum_{k=0}^{1}\sum_{\ell=0}^{1} h_k h_\ell \gamma_{j-k+\ell}^x$$

3. 证明式（6.1.15b）。**提示**：这里有一个证明，“$\alpha(L)\beta(L)=\delta(L)$” ⇒ “$\beta(L)=\alpha(L)^{-1}\delta(L)$”：

$$\alpha(L)^{-1}\delta(L)=\alpha(L)^{-1}\alpha(L)\beta(L)=\alpha(L)\alpha(L)^{-1}\beta(L)=\beta(L)$$

4. $\phi(z)=1-\frac{3}{4}z+\frac{9}{16}z^2$ 满足稳定性条件吗？**提示**：$\phi(z)=0$ 的根是 $2(1\pm\sqrt{3}i)/3$。

5. （多项式方程的系数）我们来看一个多项式方程 $\phi(z)=0$，其中 $\phi(z)=1-\phi_1 z-\phi_2 z^2$，令 (λ_1,λ_2) 为其两个根。证明 $\phi_1=1/\lambda_1+1/\lambda_2$，$\phi_2=-1/(\lambda_1\cdot\lambda_2)$。**提示**：如果 λ_1 和 λ_2 是 $\phi(z)=0$ 的两个根，则 $\phi(z)$ 可以写为 $\phi(z)=\left(1-\frac{1}{\lambda_1}z\right)\left(1-\frac{1}{\lambda_2}z\right)$。

6. （$1-\phi L$ 取逆）通过卷积公式（6.1.12），其中 $\delta_0=1$，$\delta_j=0$，$j\geq 1$，证明式（6.1.20）是 $1-\phi L$ 的逆。

6.2 ARMA 过程

引入了滤子概念之后，我们可以研究一类被称为 ARMA 过程的简易而优美的线性过程，它们是 MA(∞) 过程的系数的参数化。

□ AR(1) 及其 MA (∞) 表示

一阶自回归过程（first-order autoregressive process，AR(1)）满足下面的随机差分方程：

$$y_t=c+\phi y_{t-1}+\varepsilon_t \text{ 或 } y_t-\phi y_{t-1}=c+\varepsilon_t \text{ 或}(1-\phi L)y_t=c+\varepsilon_t \tag{6.2.1}$$

其中 $\{\varepsilon_t\}$ 是白噪声。如果 $\phi\neq1$，令 $\mu\equiv c/(1-\phi)$，将此方程改写为：

$$(y_t-\mu)-\phi\cdot(y_{t-1}-\mu)=\varepsilon_t \text{ 或}(1-\phi L)(y_t-\mu)=\varepsilon_t \tag{6.2.1'}$$

正如你将所见，在一个矩中，如果 y_t 是协方差平稳的，则 μ 而非 c 是 y_t 的均值。出于这一原因，我们称式（6.2.1′）为一个均值离差形式。这种移动平均是在 $\{y_t\}$ 的顺次值上而非在 $\{\varepsilon_t\}$ 上进行的。该差分方程之所以被称为是随机的，是因为出现了随机变量 ε_t。

我们寻找这个随机差分方程的协方差平稳解 $\{y_t\}$。该解取决于 $|\phi|$ 是小于、等于还是大于 1。

情况 1： $|\phi|<1$

该解可以通过使用由式（6.1.20）给出的逆 $(1-\phi L)^{-1}$ 而轻松得到。因为这一滤子当 $|\phi|<1$ 时是绝对可和的，所以我们可以将它运用于 AR(1) 方程（6.2.1′）的两边，得

$$(1-\phi L)^{-1}(1-\phi L)(y_t-\mu)=(1-\phi L)^{-1}\varepsilon_t$$

这一运算是合理的，因为根据命题 6.2，该方程的两边都被良好地定义为均方极限。根据逆的定义式（6.1.14），有 $(1-\phi L)(1-\phi L)^{-1}=1$，而且根据逆的可交换性，有 $(1-\phi L)^{-1}(1-\phi L)=1$。因此，如果 $\{y_t\}$ 是协方差平稳的，根据式（6.1.13），左边等于 $y_t-\mu$。因此，

$$y_t-\mu=(1-\phi L)^{-1}\varepsilon_t=(1+\phi L+\phi^2L^2+\cdots)\varepsilon_t=\sum_{j=0}^{\infty}\phi^j\varepsilon_{t-j}$$

$$\text{或者 } y_t=\mu+\sum_{j=0}^{\infty}\phi^j\varepsilon_{t-j} \tag{6.2.2}$$

我们已经证明的是，如果 $\{y_t\}$ 是随机差分方程（6.2.1）或方程（6.2.1′）的协方差平稳解，那么如式（6.2.2）中一样，y_t 具有**移动平均表示**（moving-average representation）。相反，如果 y_t 具有式（6.2.2）的表示，则它满足该差分方程。这可以通过将式（6.2.2）代入式（6.2.1′）而轻松地推导出来：

$$(1-\phi L)(y_t-\mu)=(1-\phi L)(1-\phi L)^{-1}\varepsilon_t=\varepsilon_t$$
$$\text{（因为根据逆的定义有}(1-\phi L)(1-\phi L)^{-1}=1\text{）}$$

这样一来，如果 $|\phi|<1$，则式（6.2.2）给出的过程 $\{y_t\}$ 是该一阶随机差分方程的唯一的协方差平稳解。由命题 6.1（b）可知，这个过程的均值为 μ。

条件 $|\phi|<1$ 是与一阶多项式方程 $1-\phi z=0$ 相联系的稳定性条件式（6.1.18），这在有自回归过程的情况中被称为**平稳性条件**（stationarity condition）。直观而言，这个结论是说，如果该过程从很久之前开始，它就会“逐渐平息”，即只要 $|\phi|<1$，过

去的效应就会随着时间的推移以几何级数消失。

情况 2： $|\phi|>1$

通过在时间上向前移动一期（即用“$t+1$”取代“t”），两边乘以 ϕ^{-1}，重新整理，则随机差分方程（6.2.1′）可以写为：

$$y_t-\mu=\phi^{-1}(y_{t+1}-\mu)-\phi^{-1}\varepsilon_{t+1} \tag{6.2.3}$$

应用上面的论证，但是这次在相反的时间方向上进行证明：唯一的协方差平稳解是：

$$y_t=\mu-\sum_{j=1}^{\infty}\phi^{-j}\varepsilon_{t+j} \tag{6.2.4}$$

也就是说，y 的当前值是 ε 未来值的移动平均。这个无穷和是良好定义的，因为如果 $|\phi|<1$，则序列 $\{\phi^{-j}\}$ 是绝对可和的。

情况 3： $|\phi|=1$

该随机差分方程没有协方差平稳解。例如，如果 $\phi=1$，该随机差分方程就变成：

$$\begin{aligned}y_t&=c+y_{t-1}+\varepsilon_t=c+(c+y_{t-2}+\varepsilon_{t-1})+\varepsilon_t\quad（因为\ y_{t-1}=c+y_{t-2}+\varepsilon_{t-1}）\\&=c+(c+(c+y_{t-3}+\varepsilon_{t-2})+\varepsilon_{t-1})+\varepsilon_t，等等\end{aligned}$$

连续重复这种代入 j 次，我们可以得到：

$$y_t-y_{t-j}=c\cdot j+(\varepsilon_t+\varepsilon_{t-1}+\cdots+\varepsilon_{t-j+1})$$

（如果 $\{\varepsilon_t\}$ 是独立白噪声，则这个过程为**具有漂移 c 的随机游走**（random walk with drift c)。）假设与我们的结论相反，该过程是协方差平稳的，那么 y_t-y_{t-j} 的方差就是 $2(\gamma_0-\gamma_j)$。右边的方差是 $\sigma^2\cdot j$。因此有：

$$2\cdot(\gamma_0-\gamma_j)=\sigma^2\cdot j\quad 或$$

$$\rho_j=1-\frac{\sigma^2}{2\gamma_0}\cdot j<-1，对于足够大的\ j（回忆一下：\rho_j=\gamma_j/\gamma_0）$$

这就出现了矛盾，因为自相关系数不可能在绝对值上大于 1。因此，$\{y_t\}$ 不可能是协方差平稳的。$\phi=1$ 的过程是“单位根过程”的例子，这将在第 9 章进行研究。

对于 $|\phi|>1$ 的情况的解（6.2.4），y 的当前值与催化过程（forcing process）$\{\varepsilon_t\}$ 的未来值联系起来，但是这个解在经济学中并没有什么用处，它并没有给予经济行为人完美的预见力。在下文中，除非特别提到，当平稳性条件成立时，我们会使用术语“AR(1) 过程”作为 AR(1) 方程（6.2.1）或方程（6.2.1′）的唯一的协方差平稳解。

□ AR（1）的自协方差

AR(1) 的自协方差 $\{\gamma_j\}$（$|\phi|<1$ 的情况）可以以两种方法进行计算。第一种方法是像在式（6.2.2）中那样将 AR(1) 表示为 MA(∞)，并使用式（6.1.7）。因为对于 AR(1) 来说 $\psi_j=\phi^j$，我们有：

$$\gamma_j=(\phi^j+\phi^{j+2}+\phi^{j+4}+\cdots)\sigma^2=\frac{\phi^j\sigma^2}{1-\phi^2}$$

$$\rho_j(\equiv\gamma_j/\gamma_0)=\phi^j\quad(j=0,1,\cdots) \tag{6.2.5}$$

因此一个 AR(1) 过程的相关图是非常简单的：它随 j 以一个固定的几何速率下降。

第二个方法是将计算建立在所谓的**尤尔-沃克方程**（Yule-Walker equations）上；参看分析性习题 5，在该题中计算自协方差时要用到尤尔-沃克方程。

□ AR（p） 及其 MA（∞） 表示

所有这些为 AR(1) 推导的结果都可以一般化到 AR(p) 这一 p 阶自回归过程，它满足 p 阶随机差分方程：

$$y_t=c+\phi_1 y_{t-1}+\cdots+\phi_p y_{t-p}+\varepsilon_t \quad \text{或者}$$
$$y_t-\phi_1 y_{t-1}-\cdots-\phi_p y_{t-p}=c+\varepsilon_t \quad \text{或者}$$
$$\phi(L)y_t=c+\varepsilon_t\text{，其中 }\phi(L)=1-\phi_1 L-\phi_2 L^2-\cdots-\phi_p L^p \tag{6.2.6}$$

其中 $\{\varepsilon_t\}$ 是白噪声，$\phi_p\neq 0$。显然，$\phi(1)=1-\phi_1-\cdots-\phi_p$。如果 $\phi(1)\neq 0$，令 $\mu\equiv c/(1-\phi_1-\cdots-\phi_p)=c/\phi(1)$。正如下文所表明的那样，如果 y_t 是协方差平稳的，则 μ 就是 y_t 的均值。以此替代 c，则 AR(p) 方程（6.2.6）可以等价地以均值离差的形式写为：

$$(y_t-\mu)-\phi_1\cdot(y_{t-1}-\mu)-\cdots-\phi_p\cdot(y_{t-p}-\mu)=\varepsilon_t$$
$$\text{或}\quad \phi(L)(y_t-\mu)=\varepsilon_t \tag{6.2.6$'$}$$

我们为 AR(1) 推导的结论可以一般化到 AR(p)，即

命题 6.4（作为具有绝对可和系数 MA(∞) 的 AR(p)）：假设第 p 阶多项式 $\phi(z)$ 满足平稳性（稳定性）条件式（6.1.18）或式（6.1.18$'$），那么，

（a）p 阶随机差分方程（6.2.6）或方程（6.2.6$'$）的唯一的协方差平稳解具有 MA（∞）表示

$$y_t=\mu+\psi(L)\varepsilon_t,\ \psi(L)=\psi_0+\psi_1 L+\psi_2 L^2+\psi_3 L^3+\cdots \tag{6.2.7}$$

其中 $\psi(L)=\phi(L)^{-1}$。系数序列 $\{\psi_j\}$ 根据其几何递减序列的性质在绝对值上是有界的，因此也是绝对可和的。

（b）该过程的均值 μ 由下式给出：

$$\mu=\phi(1)^{-1}c\text{，其中 }c\text{ 是式(6.2.6)中的常数} \tag{6.2.8}$$

（c）$\{\gamma_j\}$ 是随 j 几何递减的序列，在绝对值上是有界的。因此，自协方差是绝对可和的。

除非特别说明，我们将使用术语“AR(p) 过程”作为满足平稳性条件的 AR(p) 方程（6.2.6）的唯一的协方差平稳解式（6.2.7）。在该命题的（a）部分中逆 $\phi(L)^{-1}$ 的绝对可和性可直接从命题 6.3 中得到。给定绝对可和性，（a）的第一部分可以由我们为 AR(1) 所使用的相同论证予以证明；只需在式（6.2.6$'$）的两边乘以 $\phi(L)^{-1}$，观察可知：

$$\phi(L)^{-1}\phi(L)=\phi(L)\phi(L)^{-1}=1$$

（b）部分可以直接从命题 6.1（b）得到。（c）部分可以很容易地由结合（a）和命题 6.1（b）证明。分析性习题 7 要求不用滤子但是使用所谓**伴随形式**（companion form）

的工具给出对该定理的另外一种证明。

正如在 AR(1) 中那样，自协方差可以由两种方法得到。第一种方法利用了 MA(∞) 表示。在 MA 表示中系数 $\{\psi_j\}$ 是滞后多项式 $\phi(L)$ 的逆中的系数，而计算逆系数的算法已经给出（参看式（6.1.16））。给定 $\{\psi_j\}$，利用式（6.1.7）来计算自协方差 $\{\gamma_j\}$。第二种方法即使用尤尔-沃克方程。

□ ARMA（p， q）

ARMA(p，q) 过程结合了 AR(p) 和 MA(q)：

$$y_t=c+\phi_1 y_{t-1}+\phi_2 y_{t-2}+\cdots+\phi_p y_{t-p}+\theta_0\varepsilon_t+\theta_1\varepsilon_{t-1}+\theta_2\varepsilon_{t-2}+\cdots+\theta_q\varepsilon_{t-q}$$

或者

$$y_t-\phi_1 y_{t-1}-\phi_2 y_{t-2}-\cdots-\phi_p y_{t-p}=c+\theta_0\varepsilon_t+\theta_1\varepsilon_{t-1}+\theta_2\varepsilon_{t-2}+\cdots+\theta_q\varepsilon_{t-q}$$

或者

$$\phi(L)y_t=c+\theta(L)\varepsilon_t,\ \phi(L)=1-\phi_1 L-\cdots-\phi_p L^p$$
$$\theta(L)=\theta_0+\theta_1 L+\cdots+\theta_q L^q \tag{6.2.9}$$

其中 $\{\varepsilon_t\}$ 是白噪声。如果 $\phi(1)\neq 1$，设 $\mu=c/\phi(1)$。均值离差形式为：

$$(y_t-\mu)-\phi_1\cdot(y_{t-1}-\mu)-\cdots-\phi_p\cdot(y_{t-p}-\mu)=\theta_0\varepsilon_t+\theta_1\varepsilon_{t-1}+\cdots+\theta_q\varepsilon_{t-q}$$

或者

$$\phi(L)(y_t-\mu)=\theta(L)\varepsilon_t \tag{6.2.9$'$}$$

这仍然是一个随机 p 阶差分方程，但是具有序列相关的催化过程 $\{\theta(L)\varepsilon_t\}$ 而非白噪声过程 $\{\varepsilon_t\}$。命题 6.4 可以轻松地一般化为：

命题 6.5（作为具有绝对可和系数 MA(∞) 的 ARMA(p，q)）：假设 p 阶多项式 $\phi(z)$满足平稳性（稳定性）条件式（6.1.18）或式（6.1.18′），则：

(a) p 阶随机差分方程（6.2.9）或方程（6.2.9′）的唯一的协方差平稳解具有 MA(∞) 表示：

$$y_t=\mu+\psi(L)\varepsilon_t,\ \psi(L)=\psi_0+\psi_1 L+\psi_2 L^2+\psi_3 L^3+\cdots \tag{6.2.10}$$

其中 $\psi(L)\equiv\phi(L)^{-1}\theta(L)$。系数序列 $\{\psi_j\}$ 根据其几何递减序列的性质在绝对值上是有界的，因此也是绝对可和的。

(b) 该过程的均值 μ 由下式给出：

$$\mu=\phi(1)^{-1}c,\text{其中 } c \text{ 是式(6.2.9)中的常数} \tag{6.2.11}$$

(c) $\{\gamma_j\}$ 根据其随 j 几何递减序列的性质在绝对值上是有界的。因此，该自协方差是绝对可和的。

除非特别提及，我们将使用“ARMA 过程”这个术语作为满足平稳性条件的 ARMA 方程（6.2.9）或方程（6.2.9′）的唯一解式（6.2.10）。MA(∞) 表示可以很轻松地通过在式（6.2.9′）两边乘以逆 $\phi(L)^{-1}$ 以及观察可知的 $\phi(L)^{-1}\phi(L)=\phi(L)\phi(L)^{-1}=1$ 而导出。对于 (a) 部分剩下的内容和 (b) 部分，该证明的唯一的不同寻常之处在于要证

明 $\{\psi_j\}$ 根据其几何递减序列的性质在绝对值上是有界的。对于 AR(p) 我们使用基于方程（6.1.16）的集合从 $\phi(L)\psi(L)=1$ 中解出 $\psi(L)$ 的算法。该算法可以很容易地予以一般化。这次 $\psi(L)\equiv\phi(L)^{-1}\theta(L)$ 或者

$$\phi(L)\psi(L)=\theta(L)$$

为了解出 $\psi(L)$，使用 $\alpha(L)=\phi(L)$、$\beta(L)=\psi(L)$ 以及 $\delta(L)=\theta(L)$（而不是 1）的卷积公式（6.1.12）。方程的最终集合与式（6.1.16）相同，除了该方程右边的常数是 θ_0 而不是 1，关于 L 的方程的常数是 θ_1 而不是 0，关于 L^2 的方程的常数是 θ_2，等等，直到关于 L^q 的方程的右边是 θ_q。余下的方程右边为 0。正如 AR(p) 中那样，这些方程可以很轻松地顺次解出（ψ_0，ψ_1，ψ_2，…）如下：

$$\psi_0=\theta_0=1,\ \psi_1=\theta_1+\phi_1,\ \psi_2=\theta_2+\phi_2+\theta_1\phi_1+\phi_1^2,\ \text{等等}$$

再次如 AR(p) 的情况那样，对于充分大的 j（实际上 $j\geqslant\max(p,\ q+1)$，要求读者在复习题 5 中予以证明），$\{\psi_j\}$ 服从相同的 p 阶齐次差分方程（6.1.17）。因此，$\{\psi_j\}$ 根据其几何递减序列的性质在绝对值上是有界的，因此也是绝对可和的。

我们仍然有两种方式根据（ϕ_1，…，ϕ_p，θ_1，…，θ_q，σ^2）导出自协方差的表达式。你可以计算如刚才所描述的 MA 表示中的系数 $\{\psi_j\}$，然后使用式（6.1.7）。另外一种方法是基于尤尔-沃克方程。

□ 具有共同根的 ARMA（p， q）

在 ARMA(p，q) 方程（6.2.9′）中，假设 $\phi(L)$ 如命题 6.5 中那样满足平稳性条件，但假定 $\phi(z)=0$ 的根中有一个也是 $\theta(z)=0$ 的根。如果该根是 λ，则多项式 $\phi(z)$ 和 $\theta(z)$ 分解因式可得：

$$\phi(z)=\alpha(z)\phi^*(z),\theta(z)=\alpha(z)\theta^*(z),\ \text{其中}\ \alpha(z)=1-\lambda^{-1}z$$

$\phi(L)$ 的逆是 $\phi^*(L)^{-1}\alpha(L)^{-1}$。因此，命题 6.5 中的 $\psi(L)$ 可以写为：

$$\psi(L)=\phi(L)^{-1}\theta(L)=\phi^*(L)^{-1}\alpha(L)^{-1}\alpha(L)\theta^*(L)=\phi^*(L)^{-1}\theta^*(L) \qquad (6.2.12)$$

这表明 ARMA(p，q) 方程（6.2.9′）和更为简单的 ARMA($p-1$，$q-1$) 方程

$$\phi^*(L)(y_t-\mu)=\theta^*(L)\varepsilon_t$$

共享作为唯一的协方差平稳解的相同的过程。① 出于节省的原因，具有共同根的 ARMA 方程很少用于对协方差平稳过程的参数化。

□ 可逆性

对于 ARMA(p，q) 方程（6.2.9）来说，如果 $\phi(z)=0$ 以及 $\theta(z)=0$ 没有共同根，

---

① 因为我们为实数列定义了滤子，正文中的讨论预先假定这个根 λ 也是实数。如果 λ 是一个复数，那么必有另外一个共同根，它是 λ 的共轭复根。令 $\lambda_1=a+bi$ 和 $\lambda_2=a-bi$ 为一对复根。那么，如果我们定义：

$$\alpha(z)=1-(\lambda_1^{-1}+\lambda_2^{-1})z+\frac{1}{(\lambda_1\cdot\lambda_2)}z^2=1-\frac{2a}{(a^2+b^2)}z+\frac{1}{(a^2+b^2)}z^2$$

则正文中的讨论同样适用。

而且如果 $\theta(z)$ 满足稳定性条件式（6.1.18）或式（6.1.18′），则 ARMA 过程被称为**可逆的**（invertible），关于 $\theta(z)$ 的稳定性条件被称为**可逆性条件**（invertibility condition）。[①] 由于如果 $\theta(z)$ 满足可逆性（稳定性）条件，则 $\theta(L)^{-1}$ 是绝对可和的，所以我们可以在 ARMA 方程（6.2.9）的两边乘以 $\theta(L)^{-1}$，并运用 $\theta(L)^{-1}c=c\theta(1)^{-1}=c/\theta(1)$ 的关系，得

$$\theta(L)^{-1}\phi(L)y_t=\frac{c}{\theta(1)}+\varepsilon_t \tag{6.2.13}$$

因此，该过程具有无穷阶自回归（AR(∞)）表示。这一推导并不要求平稳性条件（即 $\phi(z)$ 满足稳定性条件）。如果 $\phi(z)$ 和 $\theta(z)$ 都满足稳定性条件，那么 ARMA(p，q) 过程不但有 MA(∞) 表示，还有 AR(∞) 表示。

□ 自协方差生成函数与谱

总结一下协方差平稳过程 $\{y_t\}$ 的自协方差 $\{\gamma_j\}$ 的整个框架，有一个非常有用的方法，即**自协方差生成函数**（autocovariance-generating function）：

$$g_Y(z)\equiv\sum_{j=-\infty}^{\infty}\gamma_j z^j=\gamma_0+\sum_{j=-1}^{\infty}\gamma_j\cdot(z^j+z^{-j})\quad(\text{因为 }\gamma_{-j}=\gamma_j) \tag{6.2.14}$$

这个函数（z）的分量是一个复标量。因为其加和涉及无穷多项，所以就出现了一个关于该函数是不是良好定义的问题。微积分中有一个比较熟悉的结论，即如果 $\{\gamma_j\}$ 是绝对可和的，则无穷和至少对于 $|z|=1$（单位圆）是良好定义的。例如，对于 $z=1$，

$$g_Y(1)=\sum_{j=-\infty}^{\infty}\gamma_j=\gamma_0+2\sum_{j=1}^{\infty}\gamma_j \tag{6.2.15}$$

由于无穷和收敛，所以这确实是良好定义的。[②]

任何关于单位圆的复数都可表示为：

$$z=\cos(\omega)-i\ \sin(\omega)=e^{-i\omega} \tag{6.2.16}$$

其中 $i=\sqrt{-1}$，而 ω 是 z 在实数轴上所取的弧度角的负值。如果该自协方差生成函数是在这个 z 上求值的，而且被 2π 整除，则 ω 的最终函数为：

$$s_Y(\omega)\equiv\frac{1}{2\pi}g_Y(\cos(\omega)-i\sin(\omega))=\frac{1}{2\pi}g_Y(e^{-i\omega}) \tag{6.2.17}$$

它被称为 $\{y_t\}$ 的**（功率）谱**（(power) spectrum）或者**谱密度（函数）**（spectral density (function)），ω 被称为**频率**（frequency）。

可以证明，对于可和自协方差来说，所有的自协方差都可以通过这个谱（因此也通过自协方差生成函数）计算得到。因此，在 $\{\gamma_j\}$ 序列和 $g_Y(z)$ 或 $s_Y(\omega)$ 之间存在着一一映射。**时域方法**（time domain approach）专注于 $\{\gamma_j\}$，而且实际上我们已经实施

---

① 很容易把可逆性与逆的存在性混淆。因为 $\theta_0=1\neq0$，所以 $\theta(L)$ 在不存在可逆性的条件下的确有逆。然而，这个逆可能不是绝对可和的，除非可逆性条件得到满足。

② 事实：如果 $\{\gamma_j\}$ 是绝对可和的，那么它也是可和的（即 $\{\gamma_j\}$ 的部分和收敛到一个有限极限）。

过该方法，而**频域方法**（frequency domain approach）基于对谱的解释，因此二者是等价的，尽管有些结果以这种方法更容易表述，有些结果用另外一种方法更容易表述。本书不再深入探讨频域方法。

如果 $\{y_t\}$ 是白噪声，则很显然 $g_Y(z)$ 是常数且等于该方差。对于 MA(1) 而言，$g_Y(z)$ 可通过简单地把 $q=1$ 的式（6.1.2）代入定义式（6.2.14）得到：

$$\begin{aligned} g_Y(z) &= \gamma_{-1}z^{-1}+\gamma_0+\gamma_1 z=(\theta_1\sigma^2)z^{-1}+(1+\theta_1^2)\sigma^2+(\theta_1\sigma^2)z \\ &= \sigma^2\cdot[\theta_1 z^{-1}+(1+\theta_1^2)+\theta_1 z]=\sigma^2\cdot(1+\theta_1 z)(1+\theta_1 z^{-1}) \end{aligned}$$

因此，

$$g_Y(z)=\sigma^2\theta(z)\theta(z^{-1}) \tag{6.2.18}$$

这里 $\theta(z)=1+\theta_1 z$。最后一个表达式可以一般化为 $\theta(z)=1+\theta_1 z+\theta_2 z^2+\cdots+\theta_q z^q$ 的 MA(q) 情形。（应该通过在这个 $g_Y(z)$ 表达式中就 MA(q) 用乘法来证明这一点，根据 z 的幂合并项，检视 z^j 或 z^{-j} 的系数。）如果这些系数是绝对可和的，则这个表达式也适用于 MA(∞) 过程，下面这个结论可以向我们确保这一结果：

命题 6.6（滤子过程的自协方差生成函数）：令 $\{\varepsilon_t\}$ 为白噪声，$\psi(L)=\psi_0+\psi_1 L+\psi_2 L^2+\cdots$ 为一个绝对可和滤子（即其中 $\{\psi_j\}$ 是绝对可和的）。那么，MA(∞) 过程 $\{y_t\}$（其中 $y_t=\mu+\psi(L)\varepsilon_t$）的自协方差生成函数为：

$$g_Y(z)=\sigma^2\psi(z)\psi(z^{-1}) \tag{6.2.19}$$

更一般来说，令 $\{x_t\}$ 为具有绝对可和自协方差的协方差平稳过程，$g_X(z)$ 为 $\{x_t\}$ 的自协方差生成函数。具有绝对可和 $\{h_j\}$ 的滤子序列 $\{y_t\}$（其中 $y_t=h(L)x_t$）的自协方差生成函数为：

$$g_Y(z)=h(z)g_X(z)h(z^{-1}) \tag{6.2.20}$$

我们不证明这一结果；可以参看 Fuller（1996）的定理 4.3.1。

由于 AR(p) 和 ARMA（p，q）过程都有 MA(∞) 表示，它们的自协方差生成函数可以很容易地从式（6.2.19）中推导出来。由于对于 AR(p) 来说有 $\psi(L)=1/\phi(L)$，对于 ARMA(p，q) 来说有 $\psi(L)=\theta(L)/\phi(L)$，所以我们有：

$$\text{AR}(p):\ g_Y(z)=\sigma^2\frac{1}{\phi(z)\phi(z^{-1})} \tag{6.2.21}$$

$$\text{ARMA}(p,q):\ g_Y(z)=\sigma^2\frac{\theta(z)\theta(z^{-1})}{\phi(z)\phi(z^{-1})} \tag{6.2.22}$$

复习题

1. 如果 $\{y_t\}$ 是 $|\phi|<1$ 的 AR(1) 方程（6.2.1）的协方差平稳解，则下式（最小二乘投射）为多少？

$$\hat{\mathrm{E}}^*(y_t|1,y_{t-1})$$

提示：$\mathrm{E}(y_{t-1}\varepsilon_t)=0$。这个投射系数取决于 t 吗？$\hat{\mathrm{E}}^*(y_t\mid 1,\ y_{t-1})=\mathrm{E}(y_t\mid y_{t-1})$ 成立吗？**提示：**

$E(y_{t-1}\varepsilon_t)=0$，但是它意味着 $E(\varepsilon_t \mid y_{t-1})=0$ 吗？$\hat{E}^*(y_t \mid 1, y_{t-1}, y_{t-2})$ 是多少？现在假设 $\{y_t\}$ 是 $|\phi|>1$ 的 AR(1) 方程的协方差平稳解。$E(y_{t-1}\varepsilon_t)=0$ 成立吗？［答案：否。］当 $|\phi|<1$ 时，$\hat{E}^*(y_t \mid 1, y_{t-1})=c+\phi y_{t-1}$ 对吗？

2. （$\phi=-1$ 的 AR(1)）为了简单起见，设 AR(1) 方程（6.2.1）中 $c=0$。证明 $\phi=-1$ 的 AR(1) 方程没有协方差平稳解。**提示：**经过对 $\phi=1$ 这种情况的相同类型的连续代入，可以得到：

$$y_t-(-1)^j y_{t-j}=\varepsilon_t-\varepsilon_{t-1}+\cdots+(-1)^{j-1}\varepsilon_{t-j+1}$$

由此可导出：

$$(-1)^j\rho_j=1-\frac{\sigma^2}{2\gamma_0}\cdot j$$

3. （关于命题 6.4）我们如何知道式（6.2.8）中 $\phi(1)\neq 0$？**提示：**利用平稳性条件。证明命题 6.4 中的（b）。**提示：**取式（6.2.6）两边的期望值，利用 $\{y_t\}$ 的协方差平稳性。

4. （关于命题 6.5）证明 $y_t-\mu=\phi(L)^{-1}\theta(L)\varepsilon_t$ 是 ARMA(p，q) 方程的一个解。

5. （ARMA(p，q) 的 $\{\psi_j\}$）对于 AR(p) 来说，我们使用方程（6.1.12）来计算 MA 系数 $\{\psi_j\}$。对于 ARMA(3，1) 来说，写下相应的方程。从滞后 j 期，$\{\psi_j\}$ 开始如下：

$$\psi_j-\phi_1\psi_{j-1}-\phi_2\psi_{j-2}-\phi_3\psi_{j-3}=0$$

对于 $p=3$ 而言，式（6.1.17）是哪一个？对于 ARMA(1，2) 这是一样的吗？对于 $p=1$，从哪个 j 开始 $\{\psi_j\}$ 可以循着式（6.1.17）？［$j=3$。］

6. （滤子如何改变谱）令 $h(L)$ 为绝对可和的。根据命题 6.2，如果 $\{x_t\}$ 是具有绝对可和自协方差的协方差平稳过程，那么 $\{y_t\}$（其中 $y_t=h(L)x_t$）也是如此。利用式（6.2.20），证明：

$$s_Y(\omega)=h(e^{-i\omega})s_X(\omega)h(e^{i\omega})$$

7. （该谱是实值的）证明该谱是实值的。**提示：**将式（6.2.16）代入式（6.2.14）。利用复分析中下面的事实：$[\cos(\omega)-i\sin(\omega)]^j=\cos(j\omega)-i\sin(j\omega)$；$\sin(-\omega)=-\sin(\omega)$。

6.3 向量过程

可以直接将目前介绍过的所有概念引入向量过程。

向量白噪声过程（vector white noise process）$\{\boldsymbol{\varepsilon}_t\}$ 是满足下列条件的联合协方差平稳过程：

$$E(\boldsymbol{\varepsilon}_t)=\mathbf{0},\ E(\boldsymbol{\varepsilon}_t\boldsymbol{\varepsilon}_t')=\boldsymbol{\Omega}(\text{正定})，以及$$
$$\text{对于 } j\neq 0 \text{ 有 } E(\boldsymbol{\varepsilon}_t\boldsymbol{\varepsilon}_{t-j}')=\mathbf{0} \tag{6.3.1}$$

由于 $\boldsymbol{\Omega}$ 并未限制是对角的，所以在 $\boldsymbol{\varepsilon}_t$ 的元素之间可能存在着同期（contemporaneous）相关关系。$\boldsymbol{\varepsilon}_t$ 的元素之间完全相关关系被排除了，因为 $\boldsymbol{\Omega}$ 被要求是正定的。

向量 MA(∞) 过程（vector MA(∞) process）显然是式（6.1.6）的向量版：

$$\mathbf{y}_t=\boldsymbol{\mu}+\sum_{j=0}^{\infty}\boldsymbol{\Psi}_j\boldsymbol{\varepsilon}_{t-j}，\text{其中 } \boldsymbol{\Psi}_0=\mathbf{I} \tag{6.3.2}$$

其中 $\{\boldsymbol{\Psi}_j\}$ 是方阵。如果每一个元素都是绝对可和的，则该系数矩阵序列可称为绝对可和的。也就是说，如果 ψ_{klj} 是 $\boldsymbol{\Psi}_j$ 的第（k，l）个元素，

$$\text{“}\{\mathbf{\Psi}_j\}\text{ 是绝对可和的”}\Leftrightarrow\text{“对于所有的}(k,l)\text{ 有}\sum_{j=0}^{\infty}|\psi_{klj}|<\infty\text{”} \tag{6.3.3}$$

根据这一定义，命题 6.1 显然推广到多变量情形。特别地，如果 $\mathbf{\Gamma}_j(\equiv E[(\mathbf{y}_t-\boldsymbol{\mu})(\mathbf{y}_{t-j}-\boldsymbol{\mu})'])$是 j 阶自协方差矩阵，则命题 6.1 中（b）部分的自协方差为

$$\mathbf{\Gamma}_j=\sum_{k=0}^{\infty}\mathbf{\Psi}_{j+k}\mathbf{\Omega}\mathbf{\Psi}_k' \quad (j=0,1,2,\cdots) \tag{6.3.4}$$

（这个公式也可以涵盖 $j=-1$，-2，…，因为 $\mathbf{\Gamma}_{-j}=\mathbf{\Gamma}_j'$。）

多元滤子（multivariate filter）可以写为：

$$\mathbf{H}(L)=\mathbf{H}_0+\mathbf{H}_1L+\mathbf{H}_2L^2+\cdots$$

其中 $\{\mathbf{H}_j\}$ 是矩阵（不必然是方阵）的序列。因此，如果 H_{klj} 是 $\mathbf{H}_j$ 的第（k，l）个元素，则 $\mathbf{H}(L)$ 的第（k，l）个元素是

$$H_{kl0}+H_{kl1}L+H_{kl2}L^2+\cdots$$

命题 6.2 的多元版本是显而易见的，其中 $\mathbf{y}_t=\mathbf{H}(L)\mathbf{x}_t$。

□ 滤子的积

令 $\mathbf{A}(L)$ 和 $\mathbf{B}(L)$ 为两个滤子，其中 $\{\mathbf{A}_j\}$ 是 $m\times r$ 的，$\{\mathbf{B}_j\}$ 是 $r\times s$ 的，因此矩阵积 $\mathbf{A}_j\mathbf{B}_k$ 即可得到定义。两个滤子的积 $\mathbf{D}(L)=\mathbf{A}(L)\mathbf{B}(L)$ 是一个 $m\times s$ 滤子，其系数矩阵序列 $\{\mathbf{D}_j\}$ 由卷积公式（6.1.12）的多元版本给出：

$$\begin{aligned}
&\mathbf{A}_0\mathbf{B}_0=\mathbf{D}_0\\
&\mathbf{A}_0\mathbf{B}_1+\mathbf{A}_1\mathbf{B}_0=\mathbf{D}_1\\
&\mathbf{A}_0\mathbf{B}_2+\mathbf{A}_1\mathbf{B}_1+\mathbf{A}_2\mathbf{B}_0=\mathbf{D}_2\\
&\cdots\\
&\mathbf{A}_0\mathbf{B}_j+\mathbf{A}_1\mathbf{B}_{j-1}+\mathbf{A}_2\mathbf{B}_{j-2}+\cdots+\mathbf{A}_{j-1}\mathbf{B}_1+\mathbf{A}_j\mathbf{B}_0=\mathbf{D}_j\\
&\cdots
\end{aligned} \tag{6.3.5}$$

□ 逆

令 $\mathbf{A}(L)$ 和 $\mathbf{B}(L)$ 为两个滤子，其系数矩阵是方阵。如果下式成立，则称 $\mathbf{B}(L)$ 是 $\mathbf{A}(L)$ 的**逆**（inverse），表示为 $\mathbf{A}(L)^{-1}$：

$$\mathbf{A}(L)\mathbf{B}(L)=\mathbf{I} \tag{6.3.6}$$

对于方阵 $\{\mathbf{A}_j\}$ 的任一序列，当 $\mathbf{A}_0$ 非奇异时，$\mathbf{A}(L)$ 的逆存在。很容易证明逆是可交换的（参看复习题 2），因此：

$$\mathbf{A}(L)\mathbf{A}(L)^{-1}=\mathbf{A}(L)^{-1}\mathbf{A}(L)$$

□ 滞后多项式的绝对可和逆

***p* 阶滞后矩阵多项式**（p-th degree lag matrix polynomial）为：

$$\mathbf{\Phi}(L)=\mathbf{I}_r-\mathbf{\Phi}_1L-\mathbf{\Phi}_2L^2-\cdots-\mathbf{\Phi}_pL^p \tag{6.3.7}$$

其中 $\{\mathbf{\Phi}_j\}$ 是 $\mathbf{\Phi}_p \neq \mathbf{0}$ 的 $r \times r$ 矩阵序列。从齐次差分方程理论可知，多元情况下的稳定性条件如下：

这个特征方程

$$|\mathbf{I}-\mathbf{\Phi}_1 z-\cdots-\mathbf{\Phi}_p z^p|=0 \tag{6.3.8}$$

的所有根在绝对值上都大于1（即位于单位圆之外）。

或者等价地有：

特征方程：

$$|\mathbf{I}z^p-\mathbf{\Phi}_1 z^{p-1}-\cdots-\mathbf{\Phi}_p|=0 \tag{6.3.8$'$}$$

的所有根在绝对值上都小于1（即位于单位圆之内）。

作为一个例子，我们来看一阶滞后多项式 $\mathbf{\Phi}(L)=\mathbf{I}-\mathbf{\Phi}_1 L$，其中 $\mathbf{\Phi}_1=(\phi_{kl})$ 是 2×2 的。方程（6.3.8）可以写为：

$$\begin{vmatrix} 1-\phi_{11}z & -\phi_{12}z \\ -\phi_{21}z & 1-\phi_{22}z \end{vmatrix}=1-(\phi_{11}+\phi_{22})z+(\phi_{11}\phi_{22}-\phi_{21}\phi_{12})z^2=0$$

其稳定性条件可以一般化，故而命题6.3可以以一种显而易见的方式予以一般化。令 $\mathbf{\Psi}(L)=\mathbf{\Phi}(L)^{-1}$。由几何递减序列的性质可知，该系数矩阵序列 $\{\mathbf{\Psi}_j\}$ 的每个部分在绝对值上都是有界的。

AR(p) 对应的多元情形是 ***p* 阶向量自回归过程**（vector autoregressive process of p-th order，VAR (p)）。在平稳性条件式（6.3.8）下，它是下面这个向量随机差分方程的唯一的协方差平稳解：

$$\mathbf{y}_t-\mathbf{\Phi}_1\mathbf{y}_{t-1}-\cdots-\mathbf{\Phi}_p\mathbf{y}_{t-p}=\mathbf{c}+\boldsymbol{\varepsilon}_t \text{ 或 } \mathbf{\Phi}(L)(\mathbf{y}_t-\boldsymbol{\mu})=\boldsymbol{\varepsilon}_t$$
$$\text{其中 } \mathbf{\Phi}(L)=\mathbf{I}_r-\mathbf{\Phi}_1 L-\mathbf{\Phi}_2 L^2-\cdots-\mathbf{\Phi}_p L^p, \boldsymbol{\mu}=\mathbf{\Phi}(1)^{-1}\mathbf{c} \tag{6.3.9}$$

其中 $\mathbf{\Phi}_p \neq \mathbf{0}$。例如，二元 VAR(1) 可以作为具有共同回归元的两方程的方程组而完全写出来：

$$y_{1t}=c_1+\phi_{11}y_{1,t-1}+\phi_{12}y_{2,t-1}+\varepsilon_{1t}$$
$$y_{2t}=c_2+\phi_{21}y_{1,t-1}+\phi_{22}y_{2,t-1}+\varepsilon_{2t}\text{，其中 } \mathbf{\Phi}_1=\begin{bmatrix}\phi_{11} & \phi_{12}\\ \phi_{21} & \phi_{22}\end{bmatrix}$$

更为一般地来说，M 元 VAR(p) 是具有 $Mp+1$ 个共同回归元的 M 个方程的集合。命题6.4直接可以推广到多元情况。

特别地，根据几何递减序列的性质可知，$\mathbf{\Gamma}_j$ 的每一元素在绝对值上都是有界的。

在分析关键宏观变量之间存在的动态相互关系方面，向量自回归是一个非常流行的工具。对它的全面介绍可以参见 Hamilton（1994，第11章）。

ARMA(p，q) 对应的多元情形是**向量 ARMA(p，q)**（vector ARMA(p，q)）。在平稳性条件下，它是下面这个向量随机差分方程的唯一的协方差平稳解：

$$\mathbf{y}_t=\mathbf{c}+\mathbf{\Phi}_1\mathbf{y}_{t-1}+\mathbf{\Phi}_2\mathbf{y}_{t-2}+\cdots+\mathbf{\Phi}_p\mathbf{y}_{t-p}+\boldsymbol{\varepsilon}_t+\mathbf{\Theta}_1\boldsymbol{\varepsilon}_{t-1}+\mathbf{\Theta}_2\boldsymbol{\varepsilon}_{t-2}+\cdots+\mathbf{\Theta}_q\boldsymbol{\varepsilon}_{t-q} \quad \text{或}$$
$$\mathbf{\Phi}(L)(\mathbf{y}_t-\boldsymbol{\mu})=\mathbf{\Theta}(L)\boldsymbol{\varepsilon}_t$$

其中，

$$\boldsymbol{\Phi}(L)=\mathbf{I}-\boldsymbol{\Phi}_1 L-\cdots-\boldsymbol{\Phi}_p L^p, \boldsymbol{\Theta}(L)=\mathbf{I}+\boldsymbol{\Theta}_1 L+\cdots+\boldsymbol{\Theta}_q L^q$$
$$\boldsymbol{\mu}=\boldsymbol{\Phi}(I)^{-1}\mathbf{c} \tag{6.3.10}$$

其中 $\boldsymbol{\Phi}_p \neq \mathbf{0}$，$\boldsymbol{\Theta}_q \neq \mathbf{0}$。命题 6.5 可以以一种显而易见的方式予以一般化。

□ 自协方差生成函数

向量协方差平稳过程 $\{\mathbf{y}_t\}$ 的自协方差生成函数的多元版本为：

$$\mathbf{G}_{\mathbf{Y}}(z)=\sum_{j=-\infty}^{\infty}\boldsymbol{\Gamma}_j z^j=\boldsymbol{\Gamma}_0+\sum_{j=1}^{\infty}(\boldsymbol{\Gamma}_j z^j+\boldsymbol{\Gamma}_j' z^{-j})(\text{因为 } \boldsymbol{\Gamma}_{-j}=\boldsymbol{\Gamma}_j') \tag{6.3.11}$$

向量过程 $\{\mathbf{y}_t\}$ 的谱可以定义为：

$$\mathbf{s}_{\mathbf{Y}}(\omega)=\frac{1}{2\pi}\mathbf{G}_{\mathbf{Y}}(e^{-i\omega}) \tag{6.3.12}$$

命题 6.6 也很容易一般化。特别地，如果 $\mathbf{H}(L)$ 是一个 $r\times s$ 绝对可和滤子，$\mathbf{G}_{\mathbf{X}}(z)$ 是一个具有绝对可和自协方差的 s 维协方差平稳过程 $\{\mathbf{x}_t\}$ 的自协方差生成函数，则 $\mathbf{y}_t=\mathbf{H}(L)\mathbf{x}_t$ 的自协方差生成函数由下式给出：

$$\underset{(r\times r)}{\mathbf{G}_{\mathbf{Y}}(z)}=\underset{(r\times s)}{\mathbf{H}(z)}\underset{(s\times s)}{\mathbf{G}_{\mathbf{X}}(z)}\underset{(s\times r)}{\mathbf{H}(z^{-1})'} \tag{6.3.13}$$

作为它的特殊情形，我们有：

$$\text{向量白噪声：}\mathbf{G}_{\mathbf{Y}}(z)=\boldsymbol{\Omega} \tag{6.3.14}$$
$$\text{VMA}(\infty)\text{：}\mathbf{G}_{\mathbf{Y}}(z)=\boldsymbol{\Psi}(z)\boldsymbol{\Omega}\boldsymbol{\Psi}(z^{-1})' \tag{6.3.15}$$
$$\text{VAR}(p)\text{：}\mathbf{G}_{\mathbf{Y}}(z)=[\boldsymbol{\Phi}(z)^{-1}]\boldsymbol{\Omega}[\boldsymbol{\Phi}(z^{-1})^{-1}]' \tag{6.3.16}$$
$$\text{VARMA}(p,q)\text{：}\mathbf{G}_{\mathbf{Y}}(z)=[\boldsymbol{\Phi}(z)^{-1}][\boldsymbol{\Theta}(z)]\boldsymbol{\Omega}[\boldsymbol{\Theta}(z^{-1})]'[\boldsymbol{\Phi}(z^{-1})^{-1}]' \tag{6.3.17}$$

例如，如果 $\mathbf{y}_t=\boldsymbol{\varepsilon}_t+\boldsymbol{\Theta}_1\boldsymbol{\varepsilon}_{t-1}$，则

$$\mathbf{G}_{\mathbf{Y}}(z)=(\mathbf{I}+\boldsymbol{\Theta}_1 z)\boldsymbol{\Omega}(\mathbf{I}+\boldsymbol{\Theta}_1' z^{-1})$$

复习题

1. 对向量 MA(1) 证明式（6.3.4）。

2. （逆的可交换性）证明逆的可交换性，即对于 $|\mathbf{A}_0|\neq 0$、$|\mathbf{B}_0|\neq 0$ 的两个 r 维方阵滤子，有“$\mathbf{A}(L)\mathbf{B}(L)=\mathbf{I}$” $\Leftrightarrow$ “$\mathbf{B}(L)\mathbf{A}(L)=\mathbf{I}$”。**提示：**设在式（6.3.5）中 $\mathbf{D}_0=\mathbf{I}$，$\mathbf{D}_j=\mathbf{0}(j\geqslant 1)$，求解 $\mathbf{B}$。证明这个 $\mathbf{B}(L)$ 满足 $\mathbf{B}(L)\mathbf{A}(L)=\mathbf{I}$。

3. （多元滤子可交换性的缺乏）给出一个例子，其中 $\mathbf{A}(L)$ 和 $\mathbf{B}(L)$ 是 2×2 的，但是 $\mathbf{A}(L)\mathbf{B}(L)\neq\mathbf{B}(L)\mathbf{A}(L)$。**提示：**$\mathbf{A}(L)=\mathbf{I}+\mathbf{A}_1 L$ 和 $\mathbf{B}(L)=\mathbf{I}+\mathbf{B}_1 L$ 如何？找出两个方阵 $\mathbf{A}_1$ 和 $\mathbf{B}_1$，使得 $\mathbf{A}_1\mathbf{B}_1\neq\mathbf{B}_1\mathbf{A}_1$。

4. 证明式（6.1.15b）的多元版本，即：如果 $\mathbf{A}_0$ 和 $\mathbf{B}_0$ 非奇异，则

$$\text{“}\mathbf{A}(L)\mathbf{B}(L)=\mathbf{D}(L)\text{”}\Leftrightarrow\text{“}\mathbf{B}(L)=\mathbf{A}(L)^{-1}\mathbf{D}(L)\text{”}\Leftrightarrow\text{“}\mathbf{A}(L)=\mathbf{D}(L)\mathbf{B}(L)^{-1}\text{”}$$

因此，为从 $\mathbf{A}(L)\mathbf{B}(L)=\mathbf{D}(L)$ 中求出 $\mathbf{B}(L)$，“两边同时左乘” $\mathbf{A}(L)^{-1}$。

5. 证明：如果 $\mathbf{A}_0$ 和 $\mathbf{B}_0$ 是非奇异的，则 $[\mathbf{A}(L)\mathbf{B}(L)]^{-1}=\mathbf{B}(L)^{-1}\mathbf{A}(L)^{-1}$。**提示：**根据定义有 $\mathbf{A}(L)\mathbf{B}(\mathbf{L})[\mathbf{A}(L)\mathbf{B}(L)]^{-1}=\mathbf{I}$。

6.4 估计自回归

自回归过程（自回归）在计量经济学中是非常常见的，这不仅是因为它们有着很自然的解释，而且因为它们很容易被估计。本节我们就来考虑对自回归的估计。ARMA过程的估计我们在最后涉及。

□ AR（1）的估计

回忆一下，AR(1) 是一个具有绝对可和系数的 MA(∞)。因此如果 $\{\varepsilon_t\}$ 是独立白噪声（一个均值为零且有有限方差的序列），它是严格平稳和遍历的（命题 6.1（d））。令 $\mathbf{x}_t=(1,\ y_{t-1})'$，$\boldsymbol{\beta}=(c,\ \phi)'$，则 AR(1) 方程（6.2.1）可以写为回归方程：

$$y_t=\mathbf{x}_t'\boldsymbol{\beta}+\varepsilon_t \tag{6.4.1}$$

我们假设样本为 $(y_0,\ y_1,\ y_2,\ \cdots,\ y_n)$，$y_0$ 也包括在内，因此对于 $t=1$ 来说式（6.4.1）（它的右边有 y_0）可以包含在该估计之内。因此样本时期从 $t=1$ 到 n。

我们现在来证明命题 2.5 关于具有条件同方差性的 $\boldsymbol{\beta}$ 的 OLS 估计量的渐近性质的所有条件在这里都可以得到满足。第一，显然，线性性（假设 2.1）可以满足。第二，正如刚才提到的，$\{y_t,\ \mathbf{x}_t\}$ 是联合平稳和遍历的（假设 2.2）。第三，由于 y_{t-1}（$\mathbf{x}_t$ 中的非常数回归元）是 $\{\varepsilon_{t-1},\ \varepsilon_{t-2},\ \cdots\}$ 的函数，所以根据 $\{\varepsilon_t\}$ 的 i. i. d. 假设，它是独立于误差项 ε_t 的。这样一来，就有：

$$\mathrm{E}(\varepsilon_t^2\,|\,\mathbf{x}_t)=\sigma^2 \tag{6.4.2}$$

也就是说，该误差是条件同方差的（假设 2.7）。第四，如果 $\mathbf{g}_t\equiv\mathbf{x}_t\cdot\varepsilon_t=(\varepsilon_t,\ y_{t-1}\varepsilon_t)'$，则 $\{\mathbf{g}_t\}$ 是一个鞅差分序列，这正如假设 2.5 所要求的那样，因为：

$$\begin{aligned}&\mathrm{E}(\mathbf{g}_t\,|\,\mathbf{g}_{t-1},\mathbf{g}_{t-2},\cdots)\text{的第一个元素}=\mathrm{E}(\varepsilon_t\,|\,\mathbf{g}_{t-1},\mathbf{g}_{t-2},\cdots)\\&=\mathrm{E}(\varepsilon_t\,|\,\varepsilon_{t-1},\varepsilon_{t-2},\cdots,y_{t-2}\varepsilon_{t-1},y_{t-3}\varepsilon_{t-2},\cdots)\\&=0(\text{因为}\{\varepsilon_t\}\text{是 i. i. d. 的，且 }y_{t-j}\text{是}(\varepsilon_{t-j},\varepsilon_{t-j-1},\cdots)\text{的函数})\end{aligned}$$

以及

$$\begin{aligned}&\mathrm{E}(\mathbf{g}_t\,|\,\mathbf{g}_{t-1},\mathbf{g}_{t-2},\cdots)\text{的第二个元素}=\mathrm{E}(\varepsilon_t y_{t-1}\,|\,\mathbf{g}_{t-1},\mathbf{g}_{t-2},\cdots)\\&=\mathrm{E}[\mathrm{E}(\varepsilon_t y_{t-1}\,|\,y_{t-1},\mathbf{g}_{t-1},\mathbf{g}_{t-2},\cdots)\,|\,\mathbf{g}_{t-1},\mathbf{g}_{t-2},\cdots](\text{根据期望迭代定律})\\&=\mathrm{E}[y_{t-1}\mathrm{E}(\varepsilon_t\,|\,y_{t-1},\mathbf{g}_{t-1},\mathbf{g}_{t-2},\cdots)\,|\,\mathbf{g}_{t-1},\mathbf{g}_{t-2},\cdots]\\&=0(\text{因为 }\mathrm{E}(\varepsilon_t\,|\,y_{t-1},\varepsilon_{t-1},\varepsilon_{t-2},\cdots,y_{t-2}\varepsilon_{t-1},y_{t-3}\varepsilon_{t-2},\cdots)=0)\end{aligned} \tag{6.4.3}$$

特别地，$\mathrm{E}(\varepsilon_t y_{t-1})=0$，因此 $\mathbf{x}_t$ 正交于该误差项（假设 2.3）。最后，关于矩的矩阵 $\mathrm{E}(\mathbf{x}_t\mathbf{x}_t')$ 的秩条件（假设 2.4）也可以得到满足，因为

$$\mathrm{E}(\mathbf{x}_t\mathbf{x}_t')=\begin{bmatrix}1 & \mu\\ \mu & \gamma_0+\mu^2\end{bmatrix} \tag{6.4.4}$$

的行列式为 $\gamma_0>0$。这也意味着 $\mathrm{E}(\mathbf{g}_t\mathbf{g}_t')$ 是非奇异的，因为在条件同方差性之下有

$E(g_t g_t')=\sigma^2 E(x_t x_t')$。因此，假设 2.5 中的这一非奇异性条件可以得到满足。

这样一来，具有独立白噪声过程的 AR(1) 就满足了命题 2.5 中的所有假设，因此该命题的（a）至（c）部分这里全部成立，其中 $(c,\ \phi)'$ 为 $\boldsymbol{\beta}$，$(1,\ y_{t-1})'$ 为 $\mathbf{x}_t$，σ^2 为误差方差。特别地，该误差方差的 OLS 估计值为：

$$s^2=\frac{1}{n-2}\sum_{t=1}^{n}e_t^2,\ e_t\equiv y_t-\hat{c}-\hat{\phi}\,y_{t-1}，其中(\hat{c},\hat{\phi})是\ \text{OLS}\ 估计值$$

对于 σ^2 而言它是一致的。

□ 对 AR（p） 的估计

对于 AR(p)，情况是类似的，自回归系数（ϕ_1，…，ϕ_p）可以由 y_t 对常数和 y 的滞后值（y_{t-1}，…，y_{t-p}）进行回归予以一致性地估计。我们假设该样本为（y_{-p+1}，y_{-p+2}，…，y_0，y_1，…，y_n），包含先于 y_1 的 p 个滞后值，因此对于 $t=1$ 而言，AR(p) 方程可以被包含在内，其样本时期为从 $t=1$ 到 n。

命题 6.7（AR 系数的估计）：令 $\{y_t\}$ 为遵循具有平稳性条件式（6.1.18）的 AR(p)过程。进一步假设 $\{\varepsilon_t\}$ 是独立白噪声，则（c，ϕ_1，ϕ_2，…，ϕ_p）的 OLS 估计量可通过 y_t 对常数项和 y 的 $t=1$，2，…，n 样本时期的 p 个滞后值进行回归得到，它是一致的和渐近正态的。令 $\boldsymbol{\beta}=(c,\ \phi_1,\ \phi_2,\ \cdots,\ \phi_p)'$，$\mathbf{x}_t=(1,\ y_{t-1},\ \cdots,\ y_{t-p})'$，以及 $\hat{\boldsymbol{\beta}}=\boldsymbol{\beta}$ 的 OLS 估计值，我们有：

$$\text{Avar}(\hat{\boldsymbol{\beta}})=\sigma^2 E(\mathbf{x}_t\mathbf{x}_t')^{-1}$$

它可以由下式予以一致地估计：

$$\widehat{\text{Avar}(\hat{\boldsymbol{\beta}})}=s^2\cdot\left(\frac{1}{n}\sum_{t=1}^{n}\mathbf{x}_t\mathbf{x}_t'\right)^{-1}$$

其中 s^2 是由下式给出的该误差方差的 OLS 估计值：

$$s^2=\frac{1}{n-p-1}\sum_{t=1}^{n}(y_t-\hat{c}-\hat{\phi}_1 y_{t-1}-\cdots-\hat{\phi}_p y_{t-p})^2 \tag{6.4.5}$$

对此命题的证明就是要验证命题 2.5 的假设，它可以用我们对 AR(1) 相同的方式来完成。唯一的困难在于证明 $E(\mathbf{x}_t\mathbf{x}_t')$ 是非奇异的（假设 2.4），这等于要求 $p\times p$ 自协方差矩阵 Var(y_t，…，y_{t-p+1}) 为非奇异的（参看复习题 1（b））。可以证明，协方差平稳过程的自协方差矩阵在 $\gamma_0>0$ 以及随着 $j\to\infty$ 有 $\gamma_j\to 0$ 的情况下对于任意的 p 都是非奇异的。[①] 因此，假设 2.4 也可以得到满足。

我们没有涉及 AR(p) 的最大似然估计，但是对于那些对其与 ML 的联系有兴趣的读者来说，OLS 估计量在数值上与条件高斯 ML 估计量是相同的，而且渐近等价于实际的高斯 ML 估计量。参看 8.7 节。

□ 滞后期长度的选择

关于自回归估计的所有这些良好的结果都要假设自回归的阶数（滞后期长度）p 是已

---

① 例如可参看 Brockwell 和 Davis（1991）的命题 5.1.1。

知的。如果 p 未知，我们又应该怎么办呢？首先，很显然，命题 6.7 是关于 p 阶自回归的，它适用于较低阶数的自回归，即 $r<p$。也就是说，即便 $\phi_r\neq0$，但是 $\phi_{r+1}=\phi_{r+2}=\cdots=\phi_p=0$，只要（$\phi_1$，$\phi_2$，…，$\phi_r$）满足平稳性条件，该命题就仍然是适用的。特别地，（ϕ_{r+1}，ϕ_{r+2}，…，ϕ_p）的 OLS 估计值也会收敛到真实值零。为了将同样的论证稍作不同处理，假设自回归真实的阶数为 p（因此 $\phi_p\neq0$），还假设我们对 p 的所有了解就是它小于或等于某个已知的整数 p_{max}。通过在论证中设定 r 为给定的 p，并把 p 设定为 p_{max}，我们可以看出命题 6.7 适用于具有 p_{max} 期滞后的自回归：如果 $\{y_t\}$ 是平稳的 AR(p)，而且如果我们让 y_t 对常数项和 y 的 p_{max} 期滞后进行回归，那么该 OLS 系数估计值就会是一致且渐近正态的。

真正的滞后期长度可以从这个（ϕ_1，…，ϕ_{pmax}）的 OLS 估计值中估计得到，乃是很自然之事。下面我们来看决定滞后期长度的两类规则。

从一般到具体的序贯 t 规则：从 p_{max} 期滞后的自回归开始。

如果最后一个滞后期在某个具体的显著性水平（比如 10%）上是显著的，那么程序结束，设该滞后期长度为 p_{max}。否则删掉最后一个滞后期，重新估计具有更少滞后期的自回归，重复同一检验。如果这个过程一直持续到在自回归中只有一个滞后期，而且如果该滞后期是不显著的，那么设定滞后期长度为 0（没有滞后期）。

这个规则具有的性质，我们稍后进行阐释。由于 t 检验是一致的，从而被选中的滞后期长度绝不会在大样本中小于 p（真正的滞后期长度）。然而，过度拟合的可能性（被选中的滞后期长度大于真正的滞后期长度 p）并不为零，即便在大样本中也是如此。也就是说，如果 $\hat{p}$ 是由序贯 t 规则选中的滞后期长度，那么

$$\lim_{n\to\infty}\text{Prob}(\hat{p}<p)=0 \text{ 以及 } \lim_{n\to\infty}\text{Prob}(\hat{p}>p)>0 \tag{6.4.6}$$

为了说明，设 $p=2$，$p_{max}=3$。序贯 t 规则在自回归中以三个滞后期开始：

$$y_t=c+\phi_1 y_{t-1}+\phi_2 y_{t-2}+\phi_3 y_{t-3}+\varepsilon_t$$

我们在 10%的显著性水平上检验原假设 $\phi_3=0$。在大样本中，我们有 10%的概率拒绝（真实）原假设，并设滞后期长度为 3，或者以 90%的概率接受原假设。一旦接受原假设，我们即设定 $\phi_3=0$，估计具有两个滞后期的自回归，并检验假设 $\phi_2=0$。由于 $\phi_2=0$ 是真实的（即由于 $p=2$），所以 ϕ_2 的 OLS 估计的 t 值的绝对值在大样本中是非常大的，因此我们绝不会接受第二个滞后项为零的（错误）原假设。因此，在这个例子里，在大样本中 $\text{Prob}(\hat{p}=2)=90\%$，$\text{Prob}(\hat{p}=3)=10\%$。

在选择数据（y_1，…，y_n）的样本期上还有两个小的变化。一个是一直使用 $t=p_{max}+1$，$p_{max}+2$，…，n 的相同的样本期。另一个是随着越来越少的滞后期被纳入，样本期变得“有弹性”。也就是说，当被估计的自回归有 j 期滞后时，样本期为 $t=j+1$，$j+2$，…，n。

选择滞后期长度的第二个规则是要么使用**赤池信息准则**（Akaike information criterion，AIC），要么使用**施瓦茨信息准则**（Schwartz information criterion，SIC），这也被称为**贝叶斯信息准则**（Bayesian information criterion，BIC）。这个程序将滞后期长度设定为可以最小化下式的 j：

$$\log(SSR_j/n)+(j+1)C(n)/n \tag{6.4.7}$$

$j=0，1，2，\cdots，p_{max}$，其中 SSR_j 是具有 j 个滞后项的自回归的残差平方和。在这个公式中，"$j+1$" 作为参数（常数项和 j 个滞后项的系数）的数量进入其中。对于 AIC 而言，$C(n)=2$，而对于 BIC，$C(n)=\log(n)$。关于这一信息准则基础规则，我们有如下注释：

- 由于参数数目随着 j 增加，该目标函数式（6.4.7）的第一项减小，因为该方程的拟合会变得更好，但是第二项会增加。该信息准则在更好的拟合和模型的简约之间建立了平衡。
- 没有上界 p_{max} 这个条件，可能会选中一个大得不可思议的 j 值（的确，该信息准则可以在 $j+1=n$ 上取得最小值 $-\infty$，因为对于 $j=n-1$，有 $SSR_j=0$）。在当前这种情况下，真实 DGP 是一个有限阶自回归，合理的上界是最大可能的滞后期长度值。
- 我们再次有两种方式来设定样本期。你可以一直使用固定样本期 $t=p_{max}+1$，$p_{max}+2$，$\cdots$，n，在这种情况下 SSR_j 是 $n-p_{max}$ 个残差平方之和。或者你可以使用"有弹性的"样本期，在这种情况下 SSR_j 是 $n-j$ 个残差平方之和。无论在哪一种情况下，都还有另外一种变化，那就是在信息准则式（6.4.7）中用真实的样本规模取代 n。因此，如果使用固定样本，你可以通过 $n-p_{max}$ 取代 n。基于仿真和某些理论考虑，尼格和佩龙（Ng and Perron，2000）推荐使用固定而非"有弹性的"样本期，在该信息准则中用 $n-p_{max}$ 取代 n。

令 $\hat{p}_{AIC}$ 和 $\hat{p}_{BIC}$ 分别为由 AIC 和 BIC 选中的滞后期长度。像从一般到具体的 t 规则所选中的滞后期长度一样，它们是数据的函数，因此也是随机变量。对它们而言，证明下面这些结论是可能的（例如可参看 Lütkepohl（1993，4.3 节））：

（1）$\hat{p}_{BIC}\leqslant\hat{p}_{AIC}$，除非样本规模非常小。（如果使用的是 $t=p_{max}+1，\cdots，n$ 的固定样本，在式（6.4.7）中用"$n-p_{max}$"代替 n，则对于任何 $n\geqslant p_{max}+8$ 的有限样本，这都是成立的。）这是一个代数结果，而且对于所有关于 y 的样本都成立。

（2）假设 $\{y_t\}$ 是平稳 AR(p)，$\{\varepsilon_t\}$ 是具有有限四阶矩的白噪声。则：

$$\lim_{n\to\infty}\hat{p}_{BIC}=p，\lim_{n\to\infty}\text{Prob}(\hat{p}_{AIC}<p)=0，\lim_{n\to\infty}\text{Prob}(\hat{p}_{AIC}>p)>0 \qquad (6.4.8)$$

也就是说，正如从一般到具体的序贯 t 规则一样，AIC 规则有着过度拟合的正概率。与之相对，BIC 规则则是一致的。进一步来说，Hannan 和 Deistler（1988，定理 5.4.1（c）及其评论 1）已经证明，当上界 p_{max} 被给出以 $\log(n)$ 的速率增加时（即对于任一给定的 $c>0$，当它被设定为 $[c\log(n)]$［$c\log(n)$ 的整数部分］时），$\hat{p}_{BIC}$ 的一致性是成立的。这意味着你不需要在自回归的阶的 BIC 所做的一致估计中知道一个上界。

□ VAR 的估计

VAR 系数的估计同样是很容易的。如果 $\mathbf{y}_t$ 是 M 维的，则 VAR(p) 式（6.3.9）是一个 M 个方程的方程组，可以写为：

$$y_{tm}=\mathbf{x}_t'\boldsymbol{\delta}_m+\varepsilon_{tm} \quad (m=1,2,\cdots,M) \qquad (6.4.9)$$

其中 y_{tm} 是 $\mathbf{y}_t$ 的第 m 个元素，ε_{tm} 是 $\boldsymbol{\varepsilon}_t$ 的第 m 个元素，以及

$$\underset{(Mp+1)\times 1}{\mathbf{x}_t}=\begin{bmatrix}1\\ \mathbf{y}_{t-1}\\ \mathbf{y}_{t-2}\\ \vdots\\ \mathbf{y}_{t-p}\end{bmatrix},\ \boldsymbol{\delta}_m=\begin{bmatrix}c_m\\ \boldsymbol{\phi}_{1m}\\ \boldsymbol{\phi}_{2m}\\ \vdots\\ \boldsymbol{\phi}_{pm}\end{bmatrix}$$

$c_m=\mathbf{c}$ 的第 m 个元素，$\boldsymbol{\phi}'_{jm}=\boldsymbol{\Phi}_j$ 的第 m 行

因此，这 M 个方程共享相同的回归元集。很容易证明，在每个方程中 $\mathbf{x}_t$ 是正交于误差项的，而且该误差也是条件同方差的（该证明与对 AR(p) 的证明极为类似）。因此这具有 i. i. d. 的 $\{\boldsymbol{\varepsilon}_t\}$ 的 M 个方程的方程组满足 4.5 节所有多元回归模型的条件。这样一来，有效 GMM 估计就非常容易了：只需要进行逐方程 OLS 即可。渐近方差及其一致估计的表达式可以从具有 $\mathbf{z}_{im}=\mathbf{x}_t$ 的命题 4.6 得到（因此式（4.5.13′）变成 $\frac{1}{n}\sum_t \mathbf{x}_t\mathbf{x}'_t$）。如果 $\boldsymbol{\delta}$ 是来自（$\boldsymbol{\delta}_1$，…，$\boldsymbol{\delta}_M$）的 $(Mp+1)M$ 维叠加向量，而且如果 $\hat{\boldsymbol{\delta}}$ 是 $\boldsymbol{\delta}$ 的逐方程 OLS 估计值，则我们从式（4.5.17）中可得：

$$\widehat{\text{Avar}(\hat{\boldsymbol{\delta}})}=\hat{\boldsymbol{\Omega}}\otimes\left(\frac{1}{n}\sum_{t=1}^{n}\mathbf{x}_t\mathbf{x}'_t\right)^{-1} \tag{6.4.10}$$

其中，

$$\hat{\boldsymbol{\Omega}}\equiv\frac{1}{n-Mp-1}\sum_{t=1}^{n}\hat{\boldsymbol{\varepsilon}}_t\hat{\boldsymbol{\varepsilon}}'_t,\ \hat{\boldsymbol{\varepsilon}}_t=\mathbf{y}_t-\hat{\mathbf{c}}-\hat{\boldsymbol{\Phi}}_1\mathbf{y}_{t-1}-\cdots-\hat{\boldsymbol{\Phi}}_p\mathbf{y}_{t-p} \tag{6.4.11}$$

如果我们不知道滞后期长度 p，就可以从数据中来估计它。在信息准则基础规则中，我们选择的滞后期长度为在 $k=0$，1，…，p_{max} 上最小化下式的 k：

$$\log\left(\left|\frac{1}{n}\sum_{t=1}^{n}\hat{\boldsymbol{\varepsilon}}_t\hat{\boldsymbol{\varepsilon}}'_t\right|\right)+(kM^2+M)\cdot\frac{c(n)}{n} \tag{6.4.12}$$

这里，和在一元情况中一样，对于 AIC 来说是 $C(n)=2$，对于 BIC 来说是 $\log(n)$。上面（1）和（2）列出的一元情况的结果同样完全适用于多元情况（例如可参看 Lütkepohl（1993，4.3 节））。

□ ARMA（p，q）的估计

令

$$u_t\equiv\varepsilon_t+\theta_1\varepsilon_{t-1}+\theta_2\varepsilon_{t-2}+\cdots+\theta_q\varepsilon_{t-q}$$
$$\mathbf{z}_t=(1,y_{t-1},y_{t-2},\cdots,y_{t-p})',\ \boldsymbol{\delta}=(c,\phi_1,\phi_2,\cdots,\phi_p)'$$

一元 ARMA(p，q) 方程（6.2.9）可以写为：

$$y_t=\mathbf{z}'_t\boldsymbol{\delta}+u_t \tag{6.4.13}$$

ARMA 的移动平均项产生了两个问题。第一，显而易见，误差项 u_t 是序列相关的（事实上它是 MA(q)）。第二，由于包含在 $\mathbf{z}_t$ 中的滞后因变量与包含在误差项中的 ε 的滞后项相关，所以回归元 $\mathbf{z}_t$ 并不正交于误差项 u_t。也就是说，滞后因变量中的序列相关导致了

有偏的估计。第二个问题可以通过将适当的滞后因变量（y_{t-q-1}，y_{t-q-2}，…）当作工具变量使用来处理。关于第一个问题，本章稍后给出的方法会提供当存在序列相关时系数向量的一致估计值。给定 $\boldsymbol{\delta}$ 的一个一致估计值，MA 参数（θ）可以从残差中得到估计。然而，这个程序却不是有效的。① 我们在此不再涉及具有高斯误差的 ARMA(p，q) 过程的有效估计这一主题了。有兴趣的读者可以参看例如 Fuller（1996，第 8 章）或者 Hamilton（1994，第 5 章）的有关内容。

复习题

1.（AR 系数的 Avar）

(a) 对于 AR(1)，证明：

$$\mathrm{Avar}(\hat{\phi})=\frac{\sigma^2}{\gamma_0}=1-\phi^2$$

其中 $\hat{\phi}$ 是 ϕ 的 OLS 估计量。**提示：**它是 σ^2 乘以式（6.4.4）的逆的第（2，2）个元素。

(b) 对于 AR(p)，令 $\hat{\boldsymbol{\phi}}$ 为（ϕ_1，ϕ_2，…，ϕ_p）′的 OLS 估计值。证明：

$$\mathrm{Avar}(\hat{\boldsymbol{\phi}})=\sigma^2\mathbf{V}^{-1}$$

其中 $\mathbf{V}$ 是 $p\times p$ 自协方差矩阵：

$$\mathbf{V}=\mathrm{Var}(y_t,\cdots,y_{t-p+1})=\begin{bmatrix}\gamma_0 & \gamma_1 & \gamma_2 & \cdots & \gamma_{p-1}\\ \gamma_1 & \gamma_0 & \gamma_1 & \cdots & \gamma_{p-2}\\ \vdots & \ddots & \ddots & \ddots & \vdots\\ \gamma_{p-2} & \cdots & \gamma_1 & \gamma_0 & \gamma_1\\ \gamma_{p-1} & \cdots & \gamma_2 & \gamma_1 & \gamma_0\end{bmatrix}$$

提示：如果 $\mathbf{x}_t$ 如命题 6.7 中那样，则

$$\mathrm{E}(\mathbf{x}_t\mathbf{x}_t')=\begin{bmatrix}1 & \mu\mathbf{1}'\\ \mu\mathbf{1} & \mathbf{V}+\mu^2\mathbf{1}\mathbf{1}'\end{bmatrix}$$

其中 $\mathbf{1}$ 是一个关于 1 的 $p\times 1$ 向量。证明：这个矩阵的逆是由下式给出的：

$$\mathbf{A}\equiv\begin{bmatrix}a & \mathbf{c}'\\ \mathbf{c} & \mathbf{V}^{-1}\end{bmatrix}，其中\ a\equiv 1+\mu^2\mathbf{1}'\mathbf{V}^{-1}\mathbf{1}，\mathbf{c}\equiv-\mu\mathbf{V}^{-1}\mathbf{1}$$

这也证明了当且仅当 $\mathbf{V}$ 是非奇异的时，$\mathrm{E}(\mathbf{x}_t\mathbf{x}_t')$ 是非奇异的。（如果 $\mathbf{V}$ 是非奇异的，则 $\mathrm{E}(\mathbf{x}_t\mathbf{x}_t')$ 是非奇异的，因为它是可逆的。如果 $\mathbf{V}$ 是奇异的，则存在一个 p 维向量 $\mathbf{d}\neq\mathbf{0}$ 满足 $\mathbf{V}\mathbf{d}=\mathbf{0}$ 以及 $\mathrm{E}(\mathbf{x}_t\mathbf{x}_t')\mathbf{f}=\mathbf{0}$，其中 $\mathbf{f}'=(-\mu\mathbf{1}'\mathbf{d}，\mathbf{d}')$。）

2.（待估 VAR(1) 系数）考虑一个没有截距项的 VAR(1)：$\mathbf{y}_t=\mathbf{A}\mathbf{y}_{t-1}+\boldsymbol{\varepsilon}_t$。证明通过使用样本（$\mathbf{y}_1$，$\mathbf{y}_2$，…，$\mathbf{y}_n$）（因此样本期为 $t=2$，3，…，n）的多元回归得到的 $\mathbf{A}$ 的估计值为：

$$\hat{\mathbf{A}}=\left(\sum_{t=2}^{n}\mathbf{y}_t\mathbf{y}_{t-1}'\right)\left(\sum_{t=2}^{n}\mathbf{y}_{t-1}\mathbf{y}_{t-1}'\right)^{-1}$$

---

① 这个模型可以得到无穷多个正交条件，对于所有的 $s\leqslant t-q-1$，有 $\mathrm{E}(u_t\cdot y_s)=0$。这个 GMM 程序可以利用有限多个正交条件。

提示：第 m 个方程中的系数向量为 $\mathbf{A}$ 的第 m 行。

6.5 序列相关过程的样本均值的渐近性

本节研究的是序列相关过程的样本均值的渐近性质，样本均值为

$$\bar{y} \equiv \frac{1}{n}\sum_{t=1}^{n} y_t$$

（记住，$\bar{y}$ 取决于 n，尽管这个表达符号并没有明确给出。）对于样本均值的一致性而言，我们已经在第 2 章的遍历性定理中有了一个充分条件。本节的第一个命题给出了另外一个以协方差平稳过程的限制条件形式给出的充分条件。我们也给出两个序列相关过程的 CLT，一个是针对线性过程的，另外一个是针对遍历平稳过程的。本节的遍历平稳过程的 CLT 通过允许序列相关而将之一般化了。

□ 协方差平稳过程的 LLN

命题 6.8（自协方差消失的协方差平稳过程 LLN）：令 $\{y_t\}$ 为均值为 μ 的协方差平稳过程，$\{\gamma_j\}$ 为 $\{y_t\}$ 的自协方差。则：

（a）如果 $\lim_{j\to\infty}\gamma_j=0$，则随着 $n\to\infty$，$\bar{y}\to_{\text{m.s.}}\mu$。

（b）如果 $\{\gamma_j\}$ 是可和的①，则 $\lim\limits_{n\to\infty}\mathrm{Var}(\sqrt{n}\bar{y}) = \sum\limits_{j=-\infty}^{\infty}\gamma_j < \infty$。　　(6.5.1)

由于均方收敛表明依概率收敛，所以（a）部分表明，要使样本均值对于 μ 是一致的，其关于协方差平稳过程的一个非常温和的充分条件应是什么样的。为了证明（a）部分，根据切比雪夫 LLN（参看 2.1 节），证明 $\lim_{n\to\infty}\mathrm{Var}(\bar{y})=0$ 已经足够，这也是相当容易的（分析性习题 9），只要导出 $\mathrm{Var}(\bar{y})$ 的表达式就好证明了。不像 $\{y_t\}$ 中没有序列相关的情况，这里计算 $\bar{y}$ 的方差是麻烦的，因为必须考虑两个不同项之间的协方差：

$$\begin{aligned}
n\cdot\mathrm{Var}(\bar{y}) &= \mathrm{Var}(\sqrt{n}\bar{y})\\
&= \frac{1}{n}[\mathrm{Cov}(y_1, y_1+\cdots+y_n)+\cdots+\mathrm{Cov}(y_n, y_1+\cdots+y_n)]\\
&= \frac{1}{n}[(\gamma_0+\gamma_1+\cdots+\gamma_{n-2}+\gamma_{n-1})+(\gamma_1+\gamma_0+\gamma_1+\cdots+\gamma_{n-2})+\cdots\\
&\quad +(\gamma_{n-1}+\gamma_{n-2}+\cdots+\gamma_1+\gamma_0)]\\
&= \frac{1}{n}[n\gamma_0+2(n-1)\gamma_1+\cdots+2(n-j)\gamma_j+\cdots+2\gamma_{n-1}]\\
&= \gamma_0+2\sum_{j=1}^{n-1}\left(1-\frac{j}{n}\right)\gamma_j
\end{aligned} \tag{6.5.2}$$

（如果你在推导这一点方面有困难，就可以令 n 为 3，用这种情况来验证。）对于每个固

① Anderson（1971，引理 8.3.1，p. 460）。$\{\gamma_j\}$ 的绝对可和性是不需要的。

定的 $j\geqslant 1$，式（6.5.2）中 γ_j 的系数随着 $n\to\infty$ 而趋向于 1，因此所有的自协方差最终会以 1 的系数进入和。这并不足以证明想要的结果式（6.5.1）。在分析性习题 10 中要求补充对（b）的证明的剩余部分。

对于协方差平稳过程 $\{y_t\}$，我们定义**长期方差**（long-run variance）为 $n\to\infty$ 时 $\mathrm{Var}(\sqrt{n}\bar{y})$ 的极限（如果存在）。因此该命题的（b）部分是说，长期方差等于 $\sum_{j=-\infty}^{\infty}\gamma_j$，这反过来又等于自协方差生成函数在 $z=1$ 处的 $g_Y(z)$ 的值（参看式（6.2.15））或 2π 乘以在频率零处的谱（参看式（6.2.17））。

□ 两个中心极限定理

我们给出两个 CLT 来涵盖序列相关。第一个是林德伯格-列维的一般化。

命题 6.9（MA(∞) 的 CLT）：令 $y_t=\mu+\sum_{j=0}^{\infty}\psi_j\varepsilon_{t-j}$，其中 $\{\varepsilon_t\}$ 是独立白噪声，且 $\sum_{j=0}^{n}|\psi_j|<\infty$。那么，

$$\sqrt{n}(\bar{y}-\mu)\xrightarrow[\mathrm{d}]{} N\left(0,\sum_{j=-\infty}^{\infty}\gamma_j\right)\tag{6.5.3}$$

我们不证明这一结果（参看 Anderson（1971，定理 7.7.8）或 Brockwell 和 Davis（1991，定理 7.1.2）的证明），但是我们看到 $\mathrm{Avar}(\bar{y})$（$\sqrt{n}(\bar{y}-\mu)$ 的极限分布的方差）等于长期方差 $\sum_{j=-\infty}^{\infty}\gamma_j$，这应该不足为奇。我们从引理 2.1 可知，"$x_n\to_{\mathrm{d}}x$""$\mathrm{Var}(x_n)\to c<\infty$" ⇒ "$\mathrm{Var}(x)=c$"。这里，设 $x_n=\sqrt{n}(\bar{y}-\mu)$。根据式（6.5.1），$\mathrm{Var}(x_n)$ 收敛到有限极限 $\sum\gamma_j$。因此，$\sqrt{n}(\bar{y}-\mu)$ 的极限分布的方差是 $\sum\gamma_j$。

根据命题 6.1（d），命题 6.9 中的过程是（平稳且）遍历的。回忆一下，通过要求两个在该序列中充分远离的随机变量近乎独立，遍历性可以对序列相关有所限制。但是遍历平稳独自不能有效确保 $\bar{y}$ 的渐近正态性。一个很自然的问题是：除了要求该过程如命题 6.9 中那样为线性的这一条件之外，是否存在对遍历性的进一步的限制条件，可以得到渐近正态性呢？这个限制条件业已变得非常流行，它就是本书所称的遍历平稳过程的**戈丁条件**（Gordin's condition）。它有三个部分。前两个部分如下：

（a）$\mathrm{E}(y_t^2)<\infty$。（这是一个对［严格］平稳过程的限制条件，因为严格说来一个平稳过程本不会具有有限二阶矩。）

（b）随着 $j\to\infty$，$\mathrm{E}(y_t\mid y_{t-j},y_{t-j-1},\cdots)\to_{\mathrm{m.s.}}0$。（因为 $\{y_t\}$ 是平稳的，所以这个条件等价于随着 $j\to\infty$ 有 $\mathrm{E}(y_0\mid y_{-j},y_{-j-1},\cdots)\to_{\mathrm{m.s.}}0$，因为 $\mathrm{E}(y_t\mid y_{t-j},y_{t-j-1},\cdots)$ 是随机变量，所以该收敛值不可能为一般的实数收敛值。）

这个条件表明，无条件均值为零，$\mathrm{E}(y_t)=0$。① 由于该预测（条件期望）是基于少之又少的信息的，所以它应该渐趋于基于无信息的预测，即无条件期望。为了为第三部分做准备，令 $I_t\equiv(y_t,y_{t-1},y_{t-2},\cdots)$，且将 y_t 写作：

$$y_t=y_t-[\mathrm{E}(y_t\mid I_{t-1})-\mathrm{E}(y_t\mid I_{t-1})]-[\mathrm{E}(y_t\mid I_{t-2})-\mathrm{E}(y_t\mid I_{t-2})]-\cdots$$

① 参看怀特（White，1984）引理 5.14 的证明。

$$-[\mathrm{E}(y_t|I_{t-j})-\mathrm{E}(y_t|I_{t-j})]$$
$$=[y_t-\mathrm{E}(y_t|I_{t-1})]+[\mathrm{E}(y_t|I_{t-1})-\mathrm{E}(y_t|I_{t-2})]+\cdots+[\mathrm{E}(y_t|I_{t-j+1})$$
$$-\mathrm{E}(y_t|I_{t-j})]+\mathrm{E}(y_t|I_{t-j})$$
$$=(r_{t0}+r_{t1}+\cdots+r_{t,j-1})+\mathrm{E}(y_t|y_{t-j},y_{t-j-1},\cdots)$$

其中，

$$r_{tk}\equiv\mathrm{E}(y_t|I_{t-k})-\mathrm{E}(y_t|I_{t-k-1})$$

r_{tk}是关于y_t的期望的修正，因为信息集从I_{t-k-1}增加到了I_{t-k}。根据（b），随着对每一个t而言，当$j\to\infty$时，$y_t-(r_{t0}+r_{t1}+\cdots+r_{t,j-1})$依均方收敛到零。因此，$y_t$可以被写为：

$$y_t=\sum_{j=0}^{\infty}r_{tj}$$

这个和被称为**伸缩和**（telescoping sum）。戈丁条件的第三部分是：

（c）$\sum_{j=0}^{\infty}[\mathrm{E}(r_{tj}^2)]^{1/2}<\infty$。

这个伸缩和表示由（r_{t0}，r_{t1}，…）代表的“冲击”影响了y的当前值。条件（c）是说，大致而言，发生在很久之前的冲击不会有不相称的较大影响。如此，该条件就限制了$\{y_t\}$的序列相关程度。

为了理解这个条件，我们举一个零均值AR(1)的例子，它具有独立误差：

$$y_t=\phi y_{t-1}+\varepsilon_t,\ |\phi|<1,\ \{\varepsilon_t\}\text{为具有}\sigma^2=\mathrm{Var}(\varepsilon_t)\text{的独立白噪声}$$

显然，戈丁条件（a）可以得到满足。条件（b）也可以被满足，因为

$$\mathrm{E}(y_t|y_{t-j},y_{t-j-1},\cdots)=\phi^j y_{t-j} \tag{6.5.4}$$

以及随着$j\to\infty$有$\mathrm{E}[(\phi^j y_{t-j})^2]\to0$。期望修正$r_{tj}$可以写为：

$$r_{tj}=\phi^j y_{t-j}-\phi^{j+1}y_{t-j-1}=\phi^j(y_{t-j}-\phi y_{t-j-1})=\phi^j\varepsilon_{t-j} \tag{6.5.5}$$

因此AR(1)的伸缩和是这个MA(∞)表示。条件（c）可以得到满足，因为$[\mathrm{E}(r_{tj}^2)]^{1/2}=|\phi|^j\sigma$以及

$$\sum_{j=0}^{\infty}|\phi|^j\sigma=\frac{\sigma}{1-|\phi|}<\infty$$

我们一直寻求的CLT是：

命题6.10（零均值遍历平稳过程的戈丁CLT）[①]：假设$\{y_t\}$是平稳和遍历的，假定戈丁条件可以得到满足。那么，$\mathrm{E}(y_t)=0$，自协方差是绝对可和的，且：

$$\sqrt{n}\bar{y}\xrightarrow[\mathrm{d}]{}N\left(0,\sum_{j=-\infty}^{\infty}\gamma_j\right)$$

① 这一结果源于Gordin（1969），由怀特（White，1984）的定理5.15予以重述。关于自协方差的绝对可和性的断言见Hansen（1982）的脚注19。

由于如果 $\{y_t\}$ 是一个鞅差分序列，则戈丁条件可以满足，而该序列会表现出无序列相关性，所以命题 6.10 是第 2 章遍历平稳鞅差分序列 CLT 的一般化。

□ 多元扩展

上述结论向多元情况进行扩展是很直接的。令：

$$\bar{\mathbf{y}} \equiv \frac{1}{n}\sum_{t=1}^{n}\mathbf{y}_t$$

为向量过程 $\{\mathbf{y}_t\}$ 的样本均值。

- 命题 6.8 的多元版本为：

(a) 如果 $\mathbf{\Gamma}_j$ 的每一个对角元素随着 $j\to\infty$ 而趋向于零，则 $\bar{\mathbf{y}}\to_{\text{m. s.}}\boldsymbol{\mu}$。

(b) 如果 $\{\mathbf{\Gamma}_j\}$ 是可和的（即如果 $\mathbf{\Gamma}_j$ 的每个成分是可和的），则 $\lim_{n\to\infty}\text{Var}(\sqrt{n}\bar{\mathbf{y}})$（这是 $\{\mathbf{y}_t\}$ 的**长期协方差矩阵**（long-run covariance matrix））等于 $\sum_{j=-\infty}^{\infty}\mathbf{\Gamma}_j$。

- 因此，$\{\mathbf{y}_t\}$ 的长期协方差矩阵可以写为：

$$\mathbf{G}_{\mathbf{Y}}(1) = 2\pi\mathbf{s}_{\mathbf{Y}}(0) = \sum_{j=-\infty}^{\infty}\mathbf{\Gamma}_j = \mathbf{\Gamma}_0 + \sum_{j=1}^{\infty}(\mathbf{\Gamma}_j + \mathbf{\Gamma}'_j) \tag{6.5.6}$$

其中向量过程 $\{\mathbf{y}_t\}$ 的 $\mathbf{G}_{\mathbf{Y}}(z)$（自协方差生成函数）和 $\mathbf{s}_{\mathbf{Y}}(\omega)$（谱）由 6.3 节所定义。

- 如果 $\{\mathbf{y}_t\}$ 是具有绝对可和系数的向量 MA(∞)，而 $\{\boldsymbol{\varepsilon}_t\}$ 是向量独立白噪声，则命题 6.9 的多元版本为：

$$\sqrt{n}(\bar{\mathbf{y}}-\boldsymbol{\mu}) \underset{\text{d}}{\longrightarrow} N\Big(\mathbf{0}, \sum_{j=-\infty}^{\infty}\mathbf{\Gamma}_j\Big) \tag{6.5.7}$$

- 戈丁条件向遍历平稳过程的多元扩展是显而易见的①：

关于遍历平稳过程的戈丁条件：

(a) $\text{E}(\mathbf{y}_t\mathbf{y}'_t)$ 存在且有限。

(b) 随着 $j\to\infty$，$\text{E}(\mathbf{y}_t \mid \mathbf{y}_{t-j}, \mathbf{y}_{t-j-1}, \cdots)\to_{\text{m. s.}}\mathbf{0}$。

(c) $\sum_{j=0}^{\infty}[\text{E}(\mathbf{r}'_{tj}\mathbf{r}_{tj})]^{1/2}$ 是有限的，其中：

$$\mathbf{r}_{tj}\equiv\text{E}(\mathbf{y}_t|\mathbf{y}_{t-j},\mathbf{y}_{t-j-1},\cdots)-\text{E}(\mathbf{y}_t|\mathbf{y}_{t-j-1},\mathbf{y}_{t-j-2},\cdots)$$

- 命题 6.10 的多元版本也很显然：假设戈丁条件对于向量遍历平稳过程 $\{\mathbf{y}_t\}$ 是成立的。则 $\text{E}(\mathbf{y}_t)=\mathbf{0}$，$\{\mathbf{\Gamma}_j\}$ 是绝对可和的，且

$$\sqrt{n}\bar{\mathbf{y}} \underset{\text{d}}{\longrightarrow} N\Big(\mathbf{0}, \sum_{j=-\infty}^{\infty}\mathbf{\Gamma}_j\Big) \tag{6.5.8}$$

复习题

1. 证明 $\text{Var}(\sqrt{n}\bar{y}) = \mathbf{1}'\text{Var}(y_t, y_{t-1}, \cdots, y_{t-n+1})\mathbf{1}/n$，其中 $\text{Var}(y_t, y_{t-1}, \cdots, y_{t-n+1})$ 是协方

① 如汉森（Hansen，1982）中假设 3.5 所述。

差平稳过程 $\{y_t\}$ 的 $n\times n$ 自协方差矩阵。

2.（MA(∞) 的 Avar($\bar{y}$)）验证命题 6.9 中 MA(∞) 过程的 Avar($\bar{y}$) 等于：

$$\sigma^2\cdot\left(\sum_{j=0}^{\infty}\psi_j\right)^2$$

提示：它应该等于 MA(∞) 的 $g_Y(1)$。

3.（AR(1) 的 $\bar{y}$ 的渐近性）我们来看具有 $|\phi|<1$ 的 AR(1) 过程 $y_t=c+\phi y_{t-1}+\varepsilon_t$。$\bar{y}\to_{p}\mu$ 吗？再添加一个假设：$\{\varepsilon_t\}$ 是一个独立的白噪声过程。计算 Avar($\bar{y}$)。[答案：$[(1+\phi)/(1-\phi)]\gamma_0$。]

4.（滤子序列的长期协方差矩阵）令 $\mathbf{H}(L)=\mathbf{H}_0+\mathbf{H}_1L$，$\{\mathbf{x}_t\}$ 为具有绝对可和自协方差的协方差平稳序列。验证 $\mathbf{y}_t=\mathbf{H}(L)\mathbf{x}_t$ 的长期协方差矩阵由下式给出：

$$(\mathbf{H}_0+\mathbf{H}_1)\mathbf{G}_{\mathbf{x}}(1)(\mathbf{H}_0'+\mathbf{H}_1')$$

提示：利用式（6.3.13）和式（6.5.6）。

5.（"单位根 MA" 过程的长期方差）$y_t=\varepsilon_t-\varepsilon_{t-1}$ 的长期方差是什么（其中 ε_t 是白噪声）？[答案：零。]

6.6 在 GMM 中纳入序列相关性

□ 模型和渐近性结果

现在，我们有了在第 3 章单方程 GMM 模型中引入序列相关所需要的全部工具。回忆一下，第 3 章中 $\mathbf{g}_t$（下标"i"由"t"代替）是定义为 $\mathbf{x}_t\cdot\varepsilon_t$ 的 K 维向量，即工具变量 $\mathbf{x}_t$ 的 K 维向量与标量误差项 ε_t 的积。根据假设 3.3（正交性条件），$\mathbf{g}_t$ 的均值为零。在假设 3.5 中假设 $\{\mathbf{g}_t\}$ 是一个鞅差分序列。由于在这一假设下没有序列相关性被允许，被定义为 $\bar{\mathbf{g}}(\equiv\frac{1}{n}\sum_{t=1}^{n}\mathbf{g}_t)$ 的渐近方差的矩阵 $\mathbf{S}$ 是 $\mathbf{g}_t$ 的方差。我们现在通过放松假设 3.5 来允许序列相关：

假设 3.5′（限制序列相关的戈丁条件）：$\{\mathbf{g}_t\}$ 满足戈丁条件。其长期协方差矩阵是非奇异的。

那么，根据命题 6.10 的多元版本，$\sqrt{n}\bar{\mathbf{g}}$ 收敛到一个正态分布。这一极限分布的方差（即 Avar($\bar{\mathbf{g}}$)），表示为 $\mathbf{S}$，等于长期协方差矩阵，

$$\mathbf{S}=\sum_{j=-\infty}^{\infty}\boldsymbol{\Gamma}_j=\boldsymbol{\Gamma}_0+\sum_{j=1}^{\infty}(\boldsymbol{\Gamma}_j+\boldsymbol{\Gamma}_j') \tag{6.6.1}$$

其中 $\boldsymbol{\Gamma}_j$ 是 j 阶自协方差矩阵：

$$\boldsymbol{\Gamma}_j=\mathrm{E}(\mathbf{g}_t\mathbf{g}_{t-j}')\quad(j=0,\pm1,\pm2,\cdots) \tag{6.6.2}$$

（因为根据正交性条件有 $\mathrm{E}(\mathbf{g}_t)=\mathbf{0}$，所以没有必要从 $\mathbf{g}_t$ 中减去均值。）

也就是说，$\mathbf{S}(\equiv\mathrm{Avar}(\bar{\mathbf{g}}))$ 在假设 3.5 下等于 $\boldsymbol{\Gamma}_0$，在假设 3.5′下等于 $\sum_{j=-\infty}^{\infty}\boldsymbol{\Gamma}_j$。这是具有序列相关和没有序列相关的 GMM 模型的唯一差别。相应地，我们在 3.5 节至 3.7 节所发展的所有结果也成立，只要 $\mathbf{S}$ 现在由式（6.6.1）给出，而 $\mathbf{S}$ 的某个一致估计值 $\hat{\mathbf{S}}$ 考虑序列相关后被重新定义。更为具体来说：

• GMM 估计量 $\hat{\boldsymbol{\delta}}(\hat{\mathbf{W}})$ 保持了一致性和渐近正态性。其渐近方差由式（3.5.2）予以一致性地估计，只要 $\hat{\mathbf{S}}$ 对于式（6.6.1）中定义的 $\mathbf{S}$ 来说是一致的即可。这一估计的渐近方差有时候可以得到非独立的异方差性和自相关一致性（HAC）。

• 当 $\text{plim}_{n\to\infty}\hat{\mathbf{W}}=\mathbf{S}^{-1}$ 时，其中 $\mathbf{S}$ 由式（6.6.1）给出，GMM 估计量可以得到最小方差。

• 3.5 节描述的两步骤程序仍然可以给出一个有效 GMM 估计量，只要在第一步中计算的 $\hat{\mathbf{S}}$ 对于 $\mathbf{S}$ 而言是一致的。

• 当 $\hat{\mathbf{S}}$ 可以得到正确界定时，3.5 节至 3.7 节中的 t，W，J，C 和 LR 统计量的表达式仍然有效；那些统计量在出现序列相关性时有相同的渐近分布。

□ 当自协方差在有限期滞后之后消失时估计 S

所有这些结论均假设有一个长期方差矩阵 $\mathbf{S}$ 的一致性估计值 $\hat{\mathbf{S}}$。取得这样一个估计值要费一些脑力，尤其是当自协方差在有限期滞后之后不消失时更是如此。

我们从对个体自协方差的一致估计开始研究。一个自然的估计量是：

$$\hat{\boldsymbol{\Gamma}}_j=\frac{1}{n}\sum_{t=j+1}^{n}\hat{\mathbf{g}}_t\hat{\mathbf{g}}'_{t-j}\quad(j=0,1,\cdots,n-1)\tag{6.6.3}$$

其中，

$$\hat{\mathbf{g}}_t\equiv\mathbf{x}_t\cdot\hat{\varepsilon}_t,\ \hat{\varepsilon}_t=y_t-\mathbf{z}'_t\hat{\boldsymbol{\delta}}，对\ \boldsymbol{\delta}\ 而言\ \hat{\boldsymbol{\delta}}\ 是一致的$$

如果我们在这个公式中不是用估计值 $\hat{\mathbf{g}}_t$ 而是用其真值 $\mathbf{g}_t$，那么 $\hat{\boldsymbol{\Gamma}}_j$ 在假设 3.1 和假设 3.2 之下对于 $\boldsymbol{\Gamma}_j$ 就是一致的，这些假设表明了 $\{\mathbf{g}_t\}$ 的遍历平稳性。但是我们不得不用这个估计序列 $\{\hat{\mathbf{g}}_t\}$ 而不是真实序列来计算自协方差。出于这一原因，我们需要某个适当的要求估计自协方差一致的四阶矩条件（我们就不再给出了）。一致性的证明这里没有给出，因为它和命题 3.4 的证明非常类似。

给定估计出来的自协方差，对于 $\hat{\mathbf{S}}$ 的计算，我们需要考虑两种情况。如果我们先验地知道对于 $j>q$ 有 $\boldsymbol{\Gamma}_j=\mathbf{0}$，其中 q 已知且有限，那么很显然，$\mathbf{S}$ 可以由下式得到一致估计：

$$\hat{\mathbf{S}}=\hat{\boldsymbol{\Gamma}}_0+\sum_{j=1}^{q}(\hat{\boldsymbol{\Gamma}}_j+\hat{\boldsymbol{\Gamma}}'_j)\sum_{j=-q}^{q}\hat{\boldsymbol{\Gamma}}_j(回忆一下：\hat{\boldsymbol{\Gamma}}_{-j}=\hat{\boldsymbol{\Gamma}}'_j)\tag{6.6.4}$$

更为困难的是另外一种情况，其中我们不知道 q（它可能是也可能不是无限的）。我们该怎样估计可能包含无限多参数的长期方差矩阵呢？有两种方法可以做到这一点。

□ 使用核来估计 S

近年来，已经有若干程序来估计长期方差矩阵 $\mathbf{S}$ 了。① 有一类估计量，被称为**基于核的估计量**（kernel-based estimators）（或者“非参”估计量），可以表示为估计自协方

① 对于本节和下一节所表述的结论而言，若要成立，我们还需要施加一个技术条件集（除上文的戈丁条件之外），它会进一步限制序列相关的性质。对于那些条件的表述，以及本节和下一节所处理的这个主题更为详尽的讨论可以参看 Den Haan 和 Levin（1996b）。

差值的加权平均：

$$\hat{\mathbf{S}} = \sum_{j=-n+1}^{n-1} k\left(\frac{j}{q(n)}\right) \cdot \hat{\mathbf{\Gamma}}_j \tag{6.6.5}$$

这里，函数 $k(\cdot)$ 为自协方差赋予了权重，它被称为一个**核**（kernel），而 $q(n)$ 被称为**带宽**（bandwidth）。带宽取决于样本规模 n。上面的估计量式（6.6.4）是一种特殊的基于核的估计量，其中 $q(n)=q$，而且

$$k(x)=\begin{cases}1, & |x|\leqslant 1\\ 0, & |x|>1\end{cases} \tag{6.6.6}$$

这个核被称为**截核**（truncated kernel）。在当前 q 未知的情况下，我们可以使用具有随着样本规模增加而增加的带宽 $q(n)$ 的截核。随着 $q(n)$ 增加到无穷大，越来越多（最终是所有）的自协方差可以被纳入对 $\hat{\mathbf{S}}$ 的计算。然而，这一以截核为基础的 $\hat{\mathbf{S}}$ 在有限样本中却无法确保为半正定的。这是一个问题，因为如果这样，GMM 估计量的估计渐近方差可能不是半正定的。

纽韦和维斯特（Newey and West，1987）注意到，基于核的估计量可以在有限样本中成为非负定的，如果该核为**巴特利特核**（Bartlett kernel）：

$$k(x)=\begin{cases}1-|x|, & |x|\leqslant 1\\ 0, & |x|>1\end{cases} \tag{6.6.7}$$

以巴特利特核为基础的 $\mathbf{S}$ 的估计量（在计量经济学中）被称为**纽韦-维斯特估计量**（Newey-West estimator）。例如，对于 $q(n)=3$，基于核的估计量包括直至两（而不是三）期滞后的自协方差：

$$\hat{\mathbf{S}}=\hat{\mathbf{\Gamma}}_0+\left(\frac{2}{3}\right)(\hat{\mathbf{\Gamma}}_1+\hat{\mathbf{\Gamma}}_1')+\left(\frac{1}{3}\right)(\hat{\mathbf{\Gamma}}_2+\hat{\mathbf{\Gamma}}_2') \tag{6.6.8}$$

在他对基于核的长期方差估计的明确处理中，安德鲁斯（Andrews，1991）检验了半正定的核，即可以取得半正定 $\hat{\mathbf{S}}$ 的一类核（包括巴特利特核在内）。他证明，在某些适当的正则条件下，$\hat{\mathbf{S}}$（依均方）收敛到 $\mathbf{S}$ 的速度如何取决于这个核及 $q(n)$。可能最快的速率为 $n^{2/5}$（即 $n^{2/5}\cdot(\hat{\mathbf{S}}-\mathbf{S})$ 仍是随机有界的）①，当 $q(n)$ 以速率 $n^{1/5}$（即 $q(n)/n^{1/5}$ 仍是有界的）增长，而且这个核属于某个半正定核的子集时，这才会发生。巴特利特核并不在这个子集之内。对于巴特利特来说，当 $q(n)$ 以速率 $n^{1/3}$ 增长时会出现可能最快的速率 $n^{1/3}$。因此，至少在渐近性这一理由上，在这个子集中半正定核才会比巴特利特核更受青睐。**二次谱**（quadratic spectral，QS）核正是这种核的一个例子：

$$k(x)=\frac{25}{12\pi^2x^2}\left(\frac{\sin(6\pi x/5)}{6\pi x/5}-\cos(6\pi x/5)\right) \tag{6.6.9}$$

因为在 QS 核中对于 $|x|>1$ 而言有 $k(x)\neq 0$，即便 $q(n)<n-1$，所有待估的自协方差 $\hat{\mathbf{\Gamma}}_j(j=0, 1, \cdots, n-1)$ 也都会参与对 $\hat{\mathbf{S}}$ 的计算。

---

① 如果对于任意 ε，存在一个 $M>0$ 满足对于所有的 n 有 $\text{Prob}(|x_n|>M)<\varepsilon$，则随机变量序列 $\{x_n\}$ 被称为**随机有界**（stochastically bounded），写为 $x_n=O_p$。

可以肯定，有关增长率的知识并不足以确定任何有限长度的特定数据带宽的值。安德鲁斯（Andrews，1991）还考虑了确定不总是以最优速率增长但也可以最小化某些适当标准（渐近均方误）的带宽的取决于数据的公式。但是，即便在这一公式里，仍需要使用者提供某些参数值，因此这个公式也不能真正地提供以数据为基础的对带宽的自动选择。

□ VARHAC

另一个估计**S**的程序，被称为**VAR 异方差性和自相关性一致**（VAR heteroskedasticity and autocorrelation consistent，VARHAC）估计量，它是由登汉恩和莱文（Den Haan and Levin，1996a）提出来的。其思想是把有限阶 VAR 拟合进 K 维序列 $\{\hat{\mathbf{g}}_t\}$，然后构造由估计出来的 VAR 所暗含的长期协方差矩阵。这不是说 $\mathbf{g}_t$ 被假设为一个有限阶 VAR。事实上，在这个程序里（也包括在以核为基础的程序里），$\mathbf{g}_t$ 甚至不必是一个线性过程，更不用说有限阶自回归了。VARHAC 程序由两步构成。

第一步：为每一个 VAR 方程选择滞后长度。在这一步，对于每一个 VAR 方程来说，要通过贝叶斯信息标准（BIC）来确定滞后长度。令 $\hat{g}_{kt}$ 为这个 K 维向量 $\hat{\mathbf{g}}_t$ 的第 k 个元素。第 k 个 VAR 方程可以写为：

$$\begin{aligned}\hat{g}_{kt}&=\phi_{11}^{(k)}\hat{g}_{1,t-1}+\phi_{12}^{(k)}\hat{g}_{1,t-2}+\cdots+\phi_{1p}^{(k)}\hat{g}_{1,t-p}+\phi_{21}^{(k)}\hat{g}_{2,t-1}+\phi_{22}^{(k)}\hat{g}_{2,t-2}+\cdots\\&\quad+\phi_{2p}^{(k)}\hat{g}_{2,t-p}+\cdots+\phi_{K1}^{(k)}\hat{g}_{K,t-1}+\phi_{K2}^{(k)}\hat{g}_{K,t-2}+\cdots+\phi_{Kp}^{(k)}\hat{g}_{K,t-p}+e_{kt}\\&=\boldsymbol{\phi}_1^{(k)}\hat{\mathbf{g}}_{t-1}+\cdots+\boldsymbol{\phi}_p^{(k)}\hat{\mathbf{g}}_{t-p}+e_{kt}\end{aligned}\tag{6.6.10}$$

其中，

$$\underset{(1\times K)}{\boldsymbol{\phi}_j^{(k)}}=(\phi_{1j}^{(k)},\cdots,\phi_{Kj}^{(k)})\quad(j=1,2,\cdots,p)$$

在通过 BIC 选择滞后长度方面，最大的滞后长度 p_{max} 需要明确地予以规定。在 6.4 节，当 BIC 被引入对有限阶自回归的真实阶（滞后长度）的估计中时，p_{max} 被设定为某个整数，已知它大于或等于真实的滞后长度。在当前这个例子里，$\mathbf{g}_t$ 并不必然是一个有限阶 VAR，登汉恩和莱文（Den Haan and Levin，1996a，定理 2（c））证明，当 p_{max} 以速率 $n^{1/3}$ 增长时 VARHAC 估计量对 **S** 而言是一致的，而且建议将 p_{max} 设定为 $[n^{1/3}]$（即 $n^{1/3}$ 的整数部分）。为了强调它取决于样本规模，我们将最大的滞后长度表示为 $p_{max}(n)$。令 $SSR_p^{(k)}$ 为得自 $t=p_{max}(n)+1$，$p_{max}(n)+2$，…，n 的式（6.6.10）（VAR 中的第 k 个方程）的 OLS 估计残差平方和。① 对于 $p=0$ 而言，$SSR_p^{(k)}=\sum_{t=p_{max}(n)+1}^{n}(\hat{g}_{kt})^2$，这个 SSR 得自 $\hat{g}_{kt}$ 的无回归元的回归。由于在第 k 个方程中有 pK 个系数，所以 BIC 标准为：

$$\log(SSR_p^{(k)}/n)+pK\cdot\log(n)/n\tag{6.6.11}$$

（这个表达式中的 n 可以被真实的样本规模 $n-p_{max}$ 取代，而没有渐近的结果。）令 $p(k)$ 为在 $p=0$，1，…，$p_{max}(n)$ 上最小化第 k 个 VAR 方程的该信息准则的 p。当式（6.6.10）由 $p=p(k)$ 的 OLS 予以估计时，还要令 $\hat{\boldsymbol{\phi}}_j^{(k)}(j=1，2，\cdots，p(k))$ 为 VAR 系数 $\boldsymbol{\phi}_j^{(k)}(j=1，2，\cdots，p(k))$ 的 OLS 估计值。

---

① 因此，这个样本期在选择滞后长度的过程中是固定的。

第二步：计算所蕴含的长期方差。令

$$P \equiv \max\{p(1), p(2), \cdots, p(K)\}$$

为 K 个方程中最大的滞后长度。根据构造，$P \leqslant p_{max}(n)$。第一步得到的估计出来的 VAR 可以写为：

$$\underset{(K\times 1)}{\hat{\mathbf{g}}_t} = \underset{(K\times K)}{\hat{\mathbf{\Phi}}_1}\underset{(K\times 1)}{\hat{\mathbf{g}}_{t-1}} + \cdots + \underset{(K\times K)}{\hat{\mathbf{\Phi}}_P}\underset{(K\times 1)}{\hat{\mathbf{g}}_{t-P}} + \underset{(K\times 1)}{\hat{\mathbf{e}}_t}$$
$$(t = p_{max}(n)+1, p_{max}(n)+2, \cdots, n) \tag{6.6.12}$$

由于滞后长度在方程之间是不同的，所以$\hat{\mathbf{\Phi}}_p$（$p=1$，2，…，P）的有些行可以为零。$\hat{\mathbf{\Phi}}_p$ 的行与第一步中得到的$\hat{\boldsymbol{\phi}}_j^{(k)}$（$j=1$，2，…，$p(k)$）有关联，即

$$\underset{(K\times K)}{\hat{\mathbf{\Phi}}_p} \text{ 的第 } k \text{ 行} = \begin{cases} \hat{\boldsymbol{\phi}}_p^{(k)}, & 1 \leqslant p \leqslant p(k) \\ \mathbf{0}, & p(k) < p \leqslant P \end{cases} \tag{6.6.13}$$

令$\hat{\mathbf{\Omega}}$为 VAR 残差方差矩阵：

$$\underset{(K\times K)}{\hat{\mathbf{\Omega}}} \equiv \frac{1}{n}\sum_{t=p_{max}(n)+1}^{n} \hat{\mathbf{e}}_t\hat{\mathbf{e}}_t' \tag{6.6.14}$$

回忆一下，VAR 的长期方差矩阵由 $z=1$ 的式（6.3.16）给出。由估计出来的 VAR 式（6.6.12）所蕴含的估计量 $\mathbf{S}$ 则为：

$$\hat{\mathbf{S}} = \left[\mathbf{I}_K - \sum_{p=1}^{P}\hat{\mathbf{\Phi}}_p\right]^{-1}\hat{\mathbf{\Omega}}\left[I_K - \sum_{p=1}^{P}\hat{\mathbf{\Phi}}_p'\right]^{-1} \tag{6.6.15}$$

根据构造，VARHAC 估计量是半正定的。登汉恩和莱文（Den Haan and Levin，1996a）证明，（在适当的正规条件下）对于 $\mathbf{g}_t$（不必然是有限阶 VAR）的几乎所有的自协方差结构而言，该估计量以比任何半正定基于核的估计量更快的速率收敛到 $\mathbf{S}$。特别地，如果 $\mathbf{g}_t$ 是有限阶 VARMA，那么由 BIC 选中的滞后阶以对数速率增长，这个 VARHAC 估计量以任意接近于 $n^{1/2}$ 的速率收敛，这比通过半正定基于核的估计量所得到的最大速率 $n^{2/5}$ 要快。

复习题

1. 当 $\mathbf{x}_t = \mathbf{z}_t$ 时，有效 GMM 估计量是什么？

2. （忽略序列相关的后果）我们来看预先假定 $\{\mathbf{g}_t\}$ 无序列相关的有效 GMM 估计量。如果 $\{\mathbf{g}_t\}$ 事实上是序列相关的，那么该估计量还是一致的吗？还有效吗？

6.7 在条件同方差性之下的估计（选修）

我们在 3.8 节看到，GMM 估计量在条件同方差性之下可以简化为 2SLS 估计量。本节表明 2SLS 是如何一般化地涵纳序列相关的。那么，现在已经很清楚的是，GLS 估计量

不是一个有序列相关的 GMM 估计量。本节后半部分检验 GLS 和 GMM 之间的关系。

□ 在条件同方差性之下对 S 的基于核的估计

$\mathbf{g}_t \equiv \mathbf{x}_t \cdot \varepsilon_t$ 中的序列相关和误差项 ε_t 中的序列相关之间的关系在条件同方差性之下变得更加清楚了。令：

$$\text{对于所有的 } j,\ \omega_j \equiv \mathrm{E}(\varepsilon_t \varepsilon_{t-j}) \tag{6.7.1}$$

由于根据假设 3.1 和假设 3.2 可知 $\{\varepsilon_t\}$ 是平稳的，所以 ω_j 不取决于 t。如果 $\mathrm{E}(\varepsilon_t)=0$（如果 $\mathbf{x}_t$ 包含常数项，则会有这种情况），那么 ω_j 等于 $\{\varepsilon_t\}$ 的 j 阶自协方差。假设误差项是条件同方差的：

条件同方差性：

$$\mathrm{E}(\varepsilon_t \varepsilon_{t-j} \mid \mathbf{x}_t, \mathbf{x}_{t-j}) = \omega_j \quad (j=0, \pm 1, \pm 2, \cdots) \tag{6.7.2}$$

在这个附加条件下，通常利用总期望法则的论证也可以运用于 $\boldsymbol{\Gamma}_j$：

$$\begin{aligned}
\boldsymbol{\Gamma}_j &= \mathrm{E}(\mathbf{g}_t \mathbf{g}_{t-j}') \text{（因为 } \mathrm{E}(\mathbf{g}_t)=\mathbf{0}\text{）} \\
&= \mathrm{E}(\varepsilon_t \varepsilon_{t-j} \mathbf{x}_t \mathbf{x}_{t-j}') \\
&= \mathrm{E}[\mathrm{E}(\varepsilon_t \varepsilon_{t-j} \mid \mathbf{x}_t, \mathbf{x}_{t-j}) \mathbf{x}_t \mathbf{x}_{t-j}'] \quad \text{（根据总期望法则）} \\
&= \omega_j \mathrm{E}(\mathbf{x}_t \mathbf{x}_{t-j}')
\end{aligned} \tag{6.7.3}$$

从而，除非 $\mathrm{E}(\mathbf{x}_t \mathbf{x}_{t-j}')$ 为零，否则当且仅当 $\{\varepsilon_t\}$ 是零时，$\{\mathbf{g}_t\}$ 才是序列相关的。

为了估计 $\boldsymbol{\Gamma}_j$，我们要利用 $\boldsymbol{\Gamma}_j$ 是两个二阶矩 $\mathrm{E}(\mathbf{x}_t \mathbf{x}_{t-j}')$ 和 $\mathrm{E}(\varepsilon_t \varepsilon_{t-j})$ 的积这一结论。$\mathrm{E}(\mathbf{x}_t \mathbf{x}_{t-j}')$的一个自然的估计量是 $\frac{1}{n}\sum_{t=j+1}^{n} \mathbf{x}_t \mathbf{x}_{t-j}'$。容易证明，$\omega_j$ 可以由 $\frac{1}{n}\sum_{t=j+1}^{n} \hat{\varepsilon}_t \hat{\varepsilon}_{t-j}$ 予以一致估计，其中 $\hat{\varepsilon}_t$是得自某个一致估计量的残差（该证明几乎与无序列相关情况下的证明一样，参看命题 3.2）。于是，$\boldsymbol{\Gamma}_j$ 在条件同方差性下的正常估计值为：

$$\boldsymbol{\Gamma}_j = \left(\frac{1}{n}\sum_{t=j+1}^{n} \hat{\varepsilon}_t \hat{\varepsilon}_{t-j}\right)\left(\frac{1}{n}\sum_{t=j+1}^{n} \mathbf{x}_t \mathbf{x}_{t-j}'\right) \tag{6.7.4}$$

给定这些估计出来的自协方差，$\hat{\mathbf{S}}$ 基于核的估计与前一节描述的无条件同方差性的情况是一样的。

□ 待估的长期方差的数据矩阵表示

对于要把有序列相关而不是有条件同方差性的 GMM 估计量与惯用的估计量联系起来这一目的而言，$\hat{\mathbf{S}}$ 的数据矩阵表示是有用的。通过适当地定义一个 $n \times n$ 矩阵 $\hat{\boldsymbol{\Omega}}$，我们可以将 $\hat{\mathbf{S}}$ 写为：

$$\hat{\mathbf{S}} = \frac{1}{n}\mathbf{X}' \hat{\boldsymbol{\Omega}} \mathbf{X} \tag{6.7.5}$$

其中 $\mathbf{X}$ 是其第 t 行为 $\mathbf{x}_t'$的 $n \times K$ 数据矩阵。矩阵 $\hat{\boldsymbol{\Omega}}$看起来和 $\{\varepsilon_t\}$ 的自协方差矩阵极为相似：

$$\underset{(n\times n)}{\hat{\mathbf{\Omega}}}=\begin{bmatrix}\hat{\omega}_0 & \hat{\omega}_1 & \hat{\omega}_2 & \cdots & \hat{\omega}_{n-1}\\ \hat{\omega}_1 & \hat{\omega}_0 & \hat{\omega}_1 & \cdots & \hat{\omega}_{n-2}\\ \vdots & \ddots & \ddots & \ddots & \vdots\\ \hat{\omega}_{n-2} & \cdots & \hat{\omega}_1 & \hat{\omega}_0 & \hat{\omega}_1\\ \hat{\omega}_{n-1} & \cdots & \hat{\omega}_2 & \hat{\omega}_1 & \hat{\omega}_0\end{bmatrix} \tag{6.7.6}$$

如果我们先验地知道对于 $j>q$ 而言 $\text{Cov}(\varepsilon_t,\ \varepsilon_{t-j})=0$（因此 $\mathbf{\Gamma}_j=\mathbf{0}$），就可以规定这个 $\hat{\mathbf{\Omega}}$ 的元素为：

$$\hat{\omega}_j=\begin{cases}\dfrac{1}{n}\displaystyle\sum_{t=j+1}^{n}\hat{\varepsilon}_t\hat{\varepsilon}_{t-j},\ 0\leqslant j\leqslant q\\ 0,\ j>q\end{cases} \tag{6.7.7}$$

那么，式（6.6.4）中的 $\hat{\mathbf{S}}$ 就可以写成式（6.7.5）。如果我们不知道有这样一个 q，就使用 $\mathbf{S}$ 的基于核的估计量。对于巴特利特核来说，令：

$$\hat{\omega}_j=\begin{cases}\left[1-\dfrac{j}{q(n)}\right]\dfrac{1}{n}\displaystyle\sum_{t=j+1}^{n}\hat{\varepsilon}_t\hat{\varepsilon}_{t-j},\ 0\leqslant j\leqslant q(n)-1\\ 0,\ j>q(n)-1\end{cases} \tag{6.7.8}$$

那么，满足式（6.6.4）的一致估计量式（6.6.3）就等于式（6.7.5）。

现在，很容易证明 2SLS 估计量的下述扩展，它可以包含序列相关：

- 在条件同方差性之下有效 GMM 估计量可以写为：

$$\hat{\boldsymbol{\delta}}(\hat{\mathbf{S}}^{-1})=[\mathbf{Z}'\mathbf{X}(\mathbf{X}'\hat{\mathbf{\Omega}}\mathbf{X})^{-1}\mathbf{X}'\mathbf{Z}]^{-1}\mathbf{Z}'\mathbf{X}(\mathbf{X}'\hat{\mathbf{\Omega}}\mathbf{X})^{-1}\mathbf{X}'\mathbf{y} \tag{6.7.9}$$

其中 $\mathbf{Z}$ 和 $\mathbf{y}$ 是回归元和因变量的数据矩阵。这将式（3.8.3′）一般化了。

- $\text{Avar}(\hat{\boldsymbol{\delta}}(\hat{\mathbf{S}}^{-1}))$ 的一致估计量可以简化为：

$$\begin{aligned}\widehat{\text{Avar}(\hat{\boldsymbol{\delta}}(\hat{\mathbf{S}}^{-1}))}&=\left[\frac{1}{n}\mathbf{Z}'\mathbf{X}\left(\frac{1}{n}\mathbf{X}'\hat{\mathbf{\Omega}}\mathbf{X}\right)^{-1}\frac{1}{n}\mathbf{X}'\mathbf{Z}\right]^{-1}\\&=n\cdot[\mathbf{Z}'\mathbf{X}(\mathbf{X}'\hat{\mathbf{\Omega}}\mathbf{X})^{-1}\mathbf{X}'\mathbf{Z}]^{-1}\end{aligned} \tag{6.7.10}$$

因此 $[\mathbf{Z}'\mathbf{X}(\mathbf{X}'\hat{\mathbf{\Omega}}\mathbf{X})^{-1}\mathbf{X}'\mathbf{Z}]^{-1}$ 的对角线元素的平方根就是标准误。这将式（3.8.5′）一般化了。

□ 与 GLS 的联系

我们所描述的将序列相关纳入 GMM 估计的程序与 GLS 程序是不同的。为了最为清晰地看出这种差异所在，我们来看 $\mathbf{x}_t=\mathbf{z}_t$ 这种情况。如果有 L 个回归元，则式（6.7.9）中的 $\mathbf{X}'\mathbf{Z}$ 和 $\mathbf{X}'\hat{\mathbf{\Omega}}\mathbf{X}$ 都是 $L\times L$ 矩阵，因此利用了正交性条件 $\text{E}(\mathbf{z}_t\cdot\varepsilon_t)=\mathbf{0}$ 的有效 GMM 估计量是 OLS 估计量 $\hat{\boldsymbol{\delta}}_{\text{OLS}}=(\mathbf{Z}'\mathbf{Z})^{-1}\mathbf{Z}'\mathbf{y}$。其渐近方差的一致估计值可通过在式（6.7.10）中设定 $\mathbf{X}=\mathbf{Z}$ 得到：

$$\widehat{\text{Avar}(\hat{\boldsymbol{\delta}}_{\text{OLS}})}=n\cdot(\mathbf{Z}'\mathbf{Z})^{-1}(\mathbf{Z}'\hat{\mathbf{\Omega}}\mathbf{Z})(\mathbf{Z}'\mathbf{Z})^{-1} \tag{6.7.11}$$

这可能看起来有些奇怪，因为我们从 1.6 节可知，当误差是序列相关的时候，GLS

估计量要比 OLS 更有效。这是一个有效样本结论，但是给定我们已经有了一个 $\mathbf{\Omega}$ 的一致估计量$\widehat{\mathbf{\Omega}}$，我们可以采用 GLS 公式，并估计 $\boldsymbol{\delta}$ 为：

$$\hat{\boldsymbol{\delta}}_{\text{GLS}}=(\mathbf{Z}'\widehat{\mathbf{\Omega}}^{-1}\mathbf{Z})^{-1}\mathbf{Z}'\widehat{\mathbf{\Omega}}^{-1}\mathbf{y}$$

这个估计量的渐近方差更小，它是不是比 OLS 更为渐近有效呢？如下文所示，如果回归元只是前定的，则 GLS 的问题是一致性不能得到保证。正如我们在第 2 章所强调的，在大多数时间序列模型中回归元并不是严格外生的。由此可以得出，GLS 不应该被用于对缺乏严格外生性的模型的误差项中序列相关的校正。特别地，对于 $\mathbf{x}_t=\mathbf{z}_t$ 来说，对序列相关进行调整的校正程序在将序列相关纳入渐近方差估计时要让点估计值保持不变。

下面我们可以看到，GLS 估计量一般来说是不一致的。为了关注所讨论的问题，我们假设真实的自协方差矩阵是与某个已知的 $n\times n$ 矩阵 $\mathbf{V}$ 成比例的：

$$\text{Var}(\varepsilon_1,\varepsilon_2,\cdots,\varepsilon_n)=\sigma^2\cdot\mathbf{V}$$

正如 1.6 节所示，在回归模型 $\mathbf{y}=\mathbf{Z}\boldsymbol{\delta}+\boldsymbol{\varepsilon}$ 中对系数 $\boldsymbol{\delta}$ 的 GLS 估计量可以作为关于转换模型 $\mathbf{Cy}=\mathbf{CZ}\boldsymbol{\delta}+\mathbf{C}\boldsymbol{\varepsilon}$ 的 OLS 估计量进行计算，其中 $\mathbf{C}$ 是满足 $\mathbf{C}'\mathbf{C}=\mathbf{V}^{-1}$ 的 $\mathbf{V}^{-1}$ 的“平方根”。但是审视一下该转换模型的第 t 个观测值，这个模型可以写为：

$$\tilde{\mathbf{y}}_t=\tilde{\mathbf{z}}_t'\boldsymbol{\delta}+\tilde{\varepsilon}_t \tag{6.7.12}$$

其中，

$$\tilde{y}=c_{t1}y_1+\cdots+c_{tn}y_n$$
$$\tilde{\mathbf{z}}_t=c_{t1}\mathbf{z}_1+\cdots+c_{tn}\mathbf{z}_n$$
$$\tilde{\varepsilon}_t=c_{t1}\varepsilon_1+\cdots+c_{tn}\varepsilon_n$$
$$(c_{t1},\cdots,c_{tn})\text{是 }\mathbf{C}\text{ 的第 }t\text{ 行}$$

要使 GLS 估计量为一致的，必须有 $\text{E}(\tilde{\mathbf{z}}_t\cdot\tilde{\varepsilon}_t)=\mathbf{0}$。该条件的左边可以写为：

$$\text{E}(\tilde{\mathbf{z}}_t\cdot\tilde{\varepsilon}_t)=(\text{a})+(\text{b})$$

$$(\text{a})=\sum_{s=1}^{n}c_{ts}^2\text{E}(\mathbf{z}_s\cdot\varepsilon_s),\ (\text{b})=\sum_{s\neq v}c_{ts}\cdot c_{tv}\text{E}(\mathbf{z}_s\cdot\varepsilon_v)$$

根据正交性条件 $\text{E}(\mathbf{z}_t\cdot\varepsilon_t)=\mathbf{0}$，(a) 是零。对于 (b)，由于回归元仅是前定的，并不假设为严格外生，所以 $\text{E}(\mathbf{z}_s\cdot\varepsilon_v)$ 对于 $s\neq v$ 并不能确保为零。因此 (b) 不是零，除非为弥补非零项 c 要取特定的值。

有一种重要的特殊情况，其中 GLS 是一致的，那就是当误差项是有限阶自回归过程时的情况。为了取其最简单的情形，假设 $\{\varepsilon_t\}$ 是 AR(1)：$\varepsilon_t=\phi\varepsilon_{t-1}+\eta_t$。其自协方差矩阵为：

$$\text{Var}(\varepsilon_1,\varepsilon_2,\cdots,\varepsilon_n)=\sigma^2\cdot\mathbf{V},\ \mathbf{V}=\frac{1}{1-\phi^2}\begin{bmatrix}1 & \phi & \phi^2 & \cdots & \phi^{n-1}\\ \phi & 1 & \phi & \cdots & \phi^{n-2}\\ & & \ddots & & \\ \phi^{n-2} & \cdots & \phi & 1 & \phi\\ \phi^{n-1} & \cdots & \phi^2 & \phi & 1\end{bmatrix}$$

很容易证明 $\mathbf{V}^{-1}$（满足 $\mathbf{C}'\mathbf{C}=\mathbf{V}$）的平方根 $\mathbf{C}$ 由下式给出：

$$\mathbf{C}=\begin{bmatrix} \sqrt{1-\phi^2} & 0 & 0 & \cdots & 0 & 0 \\ -\phi & 1 & 0 & \cdots & 0 & 0 \\ 0 & -\phi & 1 & \cdots & 0 & 0 \\ \vdots & \vdots & \vdots & & \vdots & \vdots \\ 0 & 0 & 0 & \cdots & -\phi & 1 \end{bmatrix} \tag{6.7.13}$$

因此第 t 个转换方程为：

$$y_t-\phi y_{t-1}=(\mathbf{z}_t-\phi\mathbf{z}_{t-1})'\boldsymbol{\delta}+\eta_t \tag{6.7.14}$$

如果 η_t 正交于 $\mathbf{z}_t$ 和 $\mathbf{z}_{t-1}$，$\boldsymbol{\delta}$ 的 GLS 估计值在 $y_t-\phi y_{t-1}$ 对 $\mathbf{z}_t-\phi\mathbf{z}_{t-1}$ 的回归中就是 OLS 估计值。然而，那些正交性条件不同于非转换模型的正交性条件，非转换模型的正交性条件是 $\mathrm{E}(\mathbf{z}_t\cdot\varepsilon_t)=\mathbf{0}$。

复习题

1. 证明 $n=3$，$q=1$ 时的式（6.7.5）。

2. （萨甘统计量）将萨甘统计量式（3.8.10′）推广到有序列相关误差的情况。

3. 假设 $\mathbf{z}_t$ 是 $\mathbf{x}_t$ 的一个真子集。我们在 3.8 节已经看到，2SLS 统计量可以简化为 OLS 估计量。这里也成立吗？也就是说，式（6.7.9）可以简化为 $(\mathbf{Z}'\mathbf{Z})^{-1}\mathbf{Z}'\mathbf{y}$ 吗？[答案：否。]

4. （无条件异方差性下 $\widehat{\mathbf{S}}$ 的数据矩阵表示）适当地定义 $\widehat{\boldsymbol{\Omega}}$，使得式（6.7.5）等于无条件异方差性下 $\widehat{\mathbf{S}}$ 基于巴特利特核的估计量，即满足式（6.6.7）的式（6.6.5）。**提示**：将 $\widehat{\boldsymbol{\Omega}}$ 写成式（6.7.6）。如果滞后长度 q 是已知的，则对于 $0\leqslant j\leqslant q$ 有 $\widehat{\omega}_j=\widehat{\varepsilon}_j\,\widehat{\varepsilon}_{t-j}$，对于 $j>q$ 来说为 0。对于基于巴特利特核的估计量如何定义 $\widehat{\omega}_j$？

5. 我们来看最简单的回归模型：$y_t=\beta z_t+\varepsilon_t$，其中 $\{\varepsilon_t\}$ 是 AR(1)，$\varepsilon_t=\phi\varepsilon_{t-1}+\eta_t$，其中 ϕ 已知。假设 $\mathrm{E}(z_t\varepsilon_t)=0$，$\mathrm{E}(z_t\eta_t)=0$，$\mathrm{E}(z_{t-1}\eta_t)=0$ 以及条件同方差性。为了简化，我们假设 $\mathrm{E}(z_t)=0$。证明：

$$\mathrm{Avar}(\hat{\beta}_{\mathrm{OLS}})=\frac{\sigma_\eta^2}{\sigma_z^2}\,\frac{1+2\sum_{j=1}^{\infty}\phi^j\rho_j}{1-\phi^2},\quad \mathrm{Avar}(\hat{\beta}_{\mathrm{GLS}})=\frac{\sigma_\eta^2}{\sigma_z^2}\,\frac{1}{(1+\phi^2)-2\phi\rho_1}$$

其中 $\sigma_z^2\equiv\mathrm{Var}(z_t)$，$\sigma_\eta^2\equiv\mathrm{Var}(\eta_t)$，$\rho_j\equiv\mathrm{Corr}(z_t,z_{t-j})$。找出满足 $\mathrm{Avar}(\hat{\beta}_{\mathrm{OLS}})>\mathrm{Avar}(\hat{\beta}_{\mathrm{GLS}})$ 的 $(\phi,\{\gamma_j\})$。解释为什么在 β_{OLS} 是一个有效 GMM 估计量的条件下它是一致的。

6.8 应用：远期汇率的最优预测

在外汇市场上，远期汇率和现期汇率之间的百分比之差被称为**远期溢价**（forward premium）。远期溢价和和币值在远期合约期内升值/贬值的期望比率之间的关系是很多实证研究的主题。有关这一关系的最为简单的假设即二者是同步的。在本节，我们利用贝克特和霍德里克（Bekaert and Hodrick，1993）所用的每周数据来检验这一假说。

1975—1989 年这段时期的数据包含以下变量：

S_t＝现汇汇率，在 t 周的周五以每一美元外汇为单位显示(例如，每一美元兑换 125 日元)

F_t＝t 周周五的 30 天期汇汇率，即从 t 周周五起 30 天交割的美元买入外汇的价格

$S30_t$＝t 周周五签订的 30 天远期合约的现汇汇率

这一数据最为重要的特征是到期期限覆盖几个样本期间，而且交割日期处在 $t+4$ 周的周五和 $t+5$ 周的周五之间。

□ 6.8.1 有效市场假说

为了给出假说潜在的假设，我们来看在时期 t 投资 30 天美元基金的三种策略。第一种是投资国内货币市场上的产品（例如美国国库券），投资期限为 30 天。令 i_t 表示 30 天期限的收益率。第二种投资策略是将美元兑换成外汇，购买一个以外汇结算的 30 天货币市场上的产品，其利率表示为 i_t^*，并在到期日将之兑换回美元。由此投资策略所得的收益率为：

$$S_t \cdot (1+i_t^*)/S30_t$$

这个策略包含外汇风险，因为在投资时点 t 你并不知道 30 天的即期汇率 $S30_t$。第三种投资策略和第二种不同，因为它通过以价格 F_t 在相同的时点上将美元兑换为外汇的汇率对外汇风险进行套期保值。这个套期保值外汇投资给出的一个确切的收益等于：

$$S_t \cdot (1+i_t^*)/F_t$$

由于第一和第三个策略都没有风险，所以套汇行为要求收益率应该相同：

$$1+i_t = S_t \cdot (1+i_t^*)/F_t$$

两边取对数，并使用近似值 $\log(1+x)\approx x$，我们可以得到**抛补利率平价**（covered interest parity）方程：

$$i_t = s_t - f_t + i_t^* \quad \text{或} \quad f_t - s_t = i_t^* - i_t \tag{6.8.1}$$

其中 S 和 F 的小写表示自然对数。也就是说，远期溢价 $f_t - s_t$ 等于利率差。这一关系在真实数据中基本上是成立的。事实上，人们也一贯把远期溢价当作利率差来计算。

第二种投资策略的收益率是不确定的，但如果投资者是风险中性的，则其期望收益等于确定的收益率。进而言之，如果它们的期望值是合理的，则期望收益就是基于当前可获信息的条件期望，因此：

$$E[S_t \cdot (1+i_t^*)/S30_t \mid I_t] = S_t \cdot (1+i_t^*)/F_t \tag{6.8.2}$$

其中 $E(\cdot \mid I_t)$ 是期望算子，I_t 是时期 t 的信息集。由于 S_t，F_t 和 i_t^* 在时期 t 已知，这个等式可以简化为：

$$E(F_t/S30_t \mid I_t) = 1$$

根据对数近似，我们再次有 $F_t/S30_t \approx 1 + f_t - s30_t$。因此，

$$E(s30_t \mid I_t) = f_t,\ E(\varepsilon_t \mid I_t) = 0,\ \text{其中}\ \varepsilon_t \equiv s30_t - f_t \tag{6.8.3}$$

这就是有效市场假说。从这一推导中可以清楚地看到，这个假说使用了风险中性和理性预期的假设。这个假说有时候被描述为对未来即期利率有最好预测的远期利率，因为该条件期望是最优预测，原因是它最小化了均方误（参看命题 2.7）。

□ 检验无条件均值是否为零

对式（6.8.3）两边取无条件期望，我们可以得到无条件关系：

$$\mathrm{E}(s30_t)=\mathrm{E}(f_t) \quad 或 \quad \mathrm{E}(\varepsilon_t)=0 \tag{6.8.4}$$

也就是说，该预测必然在平均意义上是正确无误的。图 6－1 是日元/美元汇率的预测误差 ε_t 的绘图。它看起来像一个平稳序列，我们的确是在它为平稳序列的假设下继续讨论的。[①] 由于这个预测误差是可观察的，所以我们可以检验其无条件均值为零这个假说。这与法玛的情况相对，在法玛那里（关于将来通胀的）预测误差只有在常数情况下才是可观察的。

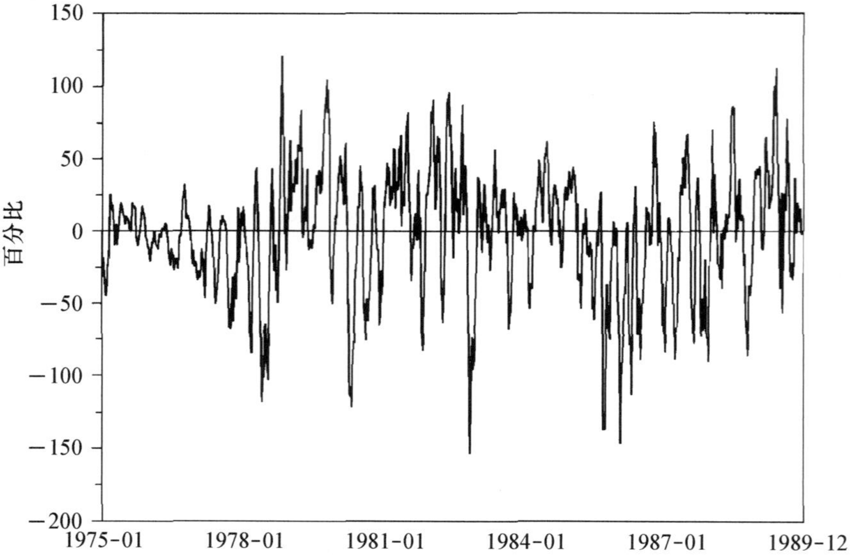

图 6－1　预测误差，日元/美元

为了检验有效市场假说，我们需要推导在该假说下样本均值 $\bar{\varepsilon}$ 的渐近分布。这个任务稍微有些棘手，因为 $\{\varepsilon_t\}$ 是序列相关的。为了了解为什么这个预测误差具有序列相关，注意当包含 $\{\varepsilon_{t-5}, \varepsilon_{t-6}, \cdots\}$ 时 I_t 并不会包含 $\{\varepsilon_t, \cdots, \varepsilon_{t-4}\}$，因为取决于 $s30_t$ 的 ε_t 直到第 $t+4$ 期之后才可以观察到。因此，

$$\mathrm{E}(\varepsilon_t \mid \varepsilon_{t-5}, \varepsilon_{t-6}, \cdots)=0 \tag{6.8.5}$$

这可以得到，对于 $j\geqslant 5$ 来说有 $\mathrm{Cov}(\varepsilon_t, \varepsilon_{t-j})=0$，但是对于 $j\leqslant 4$ 来说未必如此。在法玛的情况里，事后真实利率（它是通胀误差加上一个常数）是非序列相关的，因为到期利率和抽样区间相同。这里，预测误差具有序列相关性，因为远期合约（30 天）的到期时间要长于抽样区间（一周）。估计的相关图沿着图 6－2 中两个标准误带分布。[②] 这个标准误是在该预测误差为 i.i.d. 的假设下被计算出来的，因此它等于 $1/\sqrt{n}$，如表

① 使用抛补平价汇率，$\varepsilon_t=(s30_t-s_t)-(i_t^*-i_t)$。如果你相信变化 $s30_t-s_t$ 的 30 天汇率和利率差 $i_t^*-i_t$ 是平稳的，那么必然也会认为这个预测误差是平稳的。

② 尽管理论表明总体均值为零，但作者还是在计算样本自相关时减去了样本均值。

2－1所示。自相关的模式和该假说更为广泛地取得了一致：对于前四个滞后期，它在两个标准误之上，而之后它一般都位于这个带宽之内。

在有效市场的原假设下，由于序列相关在一个有限滞后期之后消失了，所以很容易看出｛ε_t｝满足限制序列相关的戈丁条件的基本部分。根据迭代期望定律，式（6.8.5）意味着对于 $j\geqslant 5$ 有 $\mathrm{E}(\varepsilon_t \mid \varepsilon_{t-j}, \varepsilon_{t-j-1}, \cdots)=0$，这马上可以得到戈丁条件的（b）部分。

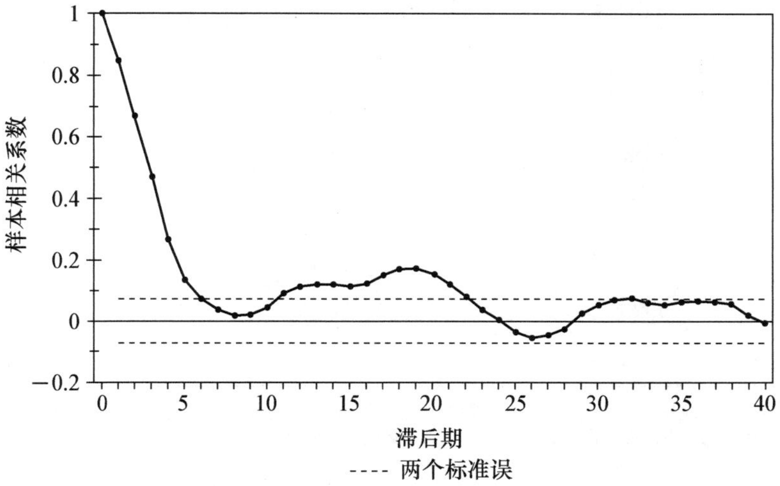

图6－2　$s30-f$ 的相关图，日元/美元

由于期望的修正值对于 $j\geqslant 5$ 来说是零，所以（c）部分可以得到满足，只要具有有限二阶矩。那么从命题6.10可以得出：

$$\frac{\sqrt{n}\,\bar{\varepsilon}}{\sqrt{\gamma_0+2\sum_{j=1}^{4}\gamma_j}}=\frac{\bar{\varepsilon}}{\sqrt{(\gamma_0+2\sum_{j=1}^{4}\gamma_j)/n}}\xrightarrow[\mathrm{d}]{} N(0,1) \tag{6.8.6}$$

进一步而言，分母通过用其样本对应部分 $\hat{\gamma}_j$ 代替 γ_j 而得到一致估计。因此，该比率

$$\frac{\bar{\varepsilon}}{\sqrt{(\hat{\gamma}_0+\sum_{j=1}^{4}\hat{\gamma}_j)/n}} \tag{6.8.7}$$

是渐近标准正态的。这个表达式的分母将会被称为样本均值的标准误。

表6－1分别就三种外汇对美元的汇率报告了检验预测误差的无条件均值为零这个假说的含义所得到的结果。这三种通货是德国马克、英镑和日元。该表的第1列和第2列报告了现期汇率 $s30_t-s_t$ 以及远期溢价 f_t-s_t 的真实兑换率的均值和标准差。（因为现期汇率是按每一美元的，所以一个正的兑换率意味着美元走强。）月兑换率和远期溢价要乘以1 200，以表达年化百分比的汇率。有效市场假说是指，远期溢价为现期汇率的期望兑换率。显然，实际兑换率要比远期溢价不稳定得多。第3列报告了 ε_t 的样本均值，它等于该样本均值前两列之差。样本均值下面括号中的数字是上文描述的计算的标准误。无论如何都存在拒绝零均值这一原假设的证据。

表 6-1　兑换率均值、远期溢价以及二者之间的差值：1975—1989 年

汇率	均值和标准差		
	$s30-s$ 实际兑换率	$f-s$ 期望兑换率	差值 非期望兑换率
¥/$	−4.98	−3.74	−1.25
	(41.6)	(3.65)	(42.4)
			标准误=3.56
DM/$	−1.78	−3.91	2.13
	(40.6)	(2.17)	(41.1)
			标准误=3.26
£/$	3.59	2.16	1.43
	(39.2)	(3.49)	(39.9)
			标准误=3.29

注：$s30-s$ 是 30 天兑换率，$f-s$ 是远期溢价，用年化百分比变化来表示。括号中是标准差。标准误是式（6.8.7）中分母的值。数据是每周获取的，时间从 1975 年到 1989 年。样本规模为 778 个。

□ 回归检验

然而，无条件检验并不能利用预测误差正交于条件信息集 I_t 这一市场有效性的含义。在信息集 I_t 中对于未来现期汇率而言可能最为重要的变量就是远期汇率 f_t。我们可以通过令 ε_t 对常数项和 f_t 进行回归来检验预测误差是否与远期汇率不相关。这等价于进行如下回归：

$$s30_t=\beta_0+\beta_1 f_t+\varepsilon_t \tag{6.8.8}$$

并检验是否有 $\beta_0=0$ 和 $\beta_1=1$。由于误差项正交于任何在时期 t 已知的包含 f_t 的回归量的预测误差，所以可以确保回归元与误差项正交。因此，似乎我们可以用 OLS 来估计式（6.8.8），并如 6.6 节所示的正确推断那样在误差项中对序列相关进行调整。

不过，正如图 6-3 所示，现期汇率似乎是一个具有递增方差的过程。正如我们将在第 9 章予以证实的那样，我们无法拒绝该过程具有单位根的假设。远期汇率有着相同的性质。（其图示没有在这里给出，因为它和现期汇率没有差别。）这样一来，要求回归元（f_t）和因变量（$s30_t$）平稳的假设 3.2 不能得到满足。这个问题的确更深一些。我们在图 6-1 中观察到 $s30_t$ 和 f_t 之间的差值看起来是一个平稳序列。用第 10 章要引入的语言来表述就是，$s30_t$ 和 f_t 与协整向量（1，−1）是“协整的”，在这种情况下式（6.8.8）中 β_1 的 OLS 估计值很快就收敛到 1。这可以在图 6-4 中得到验证，其中 $s30_t$ 就是根据 f_t 绘出的。如果回归线被拟合出来，其斜率即为 0.99。从检验市场有效性这一立场看，其问题在于，无论该假说是否成立，OLS 估计值均收敛到 1。因此，这个检验毫无效力。

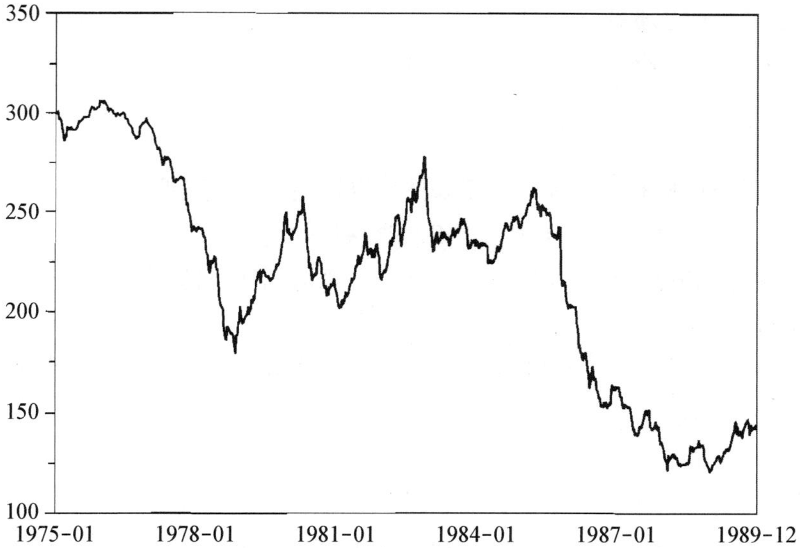

图 6-3　日元/美元现期汇率，1975 年 1 月—1989 年 12 月

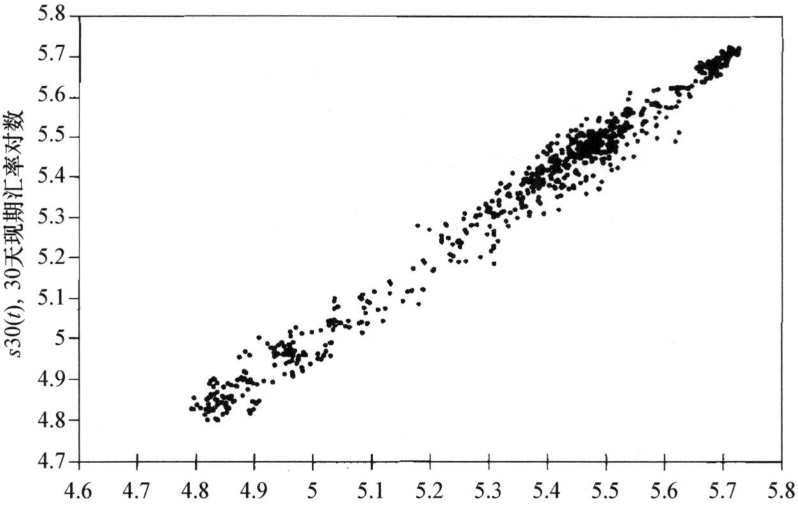

图 6-4　*f* 对 *s*30 的绘图，日元/美元

通过估计一个不同的回归，这个问题可以得到处理：

$$s30_t - s_t = \beta_0 + \beta_1(f_t - s_t) + \varepsilon_t \tag{6.8.9}$$

判断 $s30_t - s_t$ 和 $f_t - s_t$ 的绘图（后者未给出），假设它们平稳是合情合理的，这与假设 3.2 一致（遍历平稳性）。该方程在市场有效性下满足其他的 GMM 假说，这可以验证如下。对于 $\beta_0 = 0$ 和 $\beta_1 = 1$，误差项 ε_t 等于预测误差 $s30_t - f_t$，因此正交条件 $\mathrm{E}(\varepsilon_t) = 0$ 和 $\mathrm{E}[(f_t - s_t) \cdot \varepsilon_t] = 0$（$\mathbf{z}_t = \mathbf{x}_t$ 下的假设 3.3）可以得到满足。识别条件是（1，$f_t - s_t$）的二阶矩是非奇异的，当且仅当 $\mathrm{Var}(f_t - s_t) > 0$ 时成立。这显然可以得到满足；如果总体方差为零，我们将不会在 $f_t - s_t$ 中观察到任何变动。这就留给我们假设 3.5′，它要求在下面这个过程中没有太多序列相关：

$$\mathbf{g}_t \equiv \mathbf{x}_t \cdot \varepsilon_t \begin{bmatrix} \varepsilon_t \\ (f_t - s_t)\varepsilon_t \end{bmatrix}$$

正如已经提到的那样，由于 I_t 包含 $\{\varepsilon_{t-5}, \varepsilon_{t-6}, \cdots\}$，所以预测误差满足式（6.8.5）。复习题 3 要求你证明 $\{\mathbf{g}_t\}$ 继承了相同的性质，即

$$\mathrm{E}(\mathbf{g}_t \mid \mathbf{g}_{t-5}, \mathbf{g}_{t-6}, \cdots) = \mathbf{0} \tag{6.8.10}$$

因此，正如在无条件检验中那样，戈丁条件可以得到满足，只要相关的二阶矩是有限的即可。因为对于 $j \geqslant 5$ 来说，$\mathrm{E}(\mathbf{g}_t \mathbf{g}_{t-j}') = \mathbf{0}$，所以长期协方差矩阵 $\mathbf{S}$ 可以像在 $q=4$ 时的式（6.6.4）中那样被估计。（在实证性习题中，要求你通过巴特利特核来估计 $\hat{\mathbf{S}}$，也可以通过 VARHAC 来估计。）

总结一下，式（6.8.9）中 $\boldsymbol{\beta}=(\beta_0, \beta_1)'$ 的 GMM 估计量是 OLS，其渐近方差的一致估计量由下式给出：

$$\widehat{\mathrm{Avar}(\hat{\boldsymbol{\beta}}_{\mathrm{OLS}})} = \mathbf{S}_{\mathbf{xx}}^{-1} \hat{\mathbf{S}} \mathbf{S}_{\mathbf{xx}}^{-1} \tag{6.8.11}$$

其中 $\hat{\mathbf{S}}$ 由 $q=4$ 时的式（6.6.4）给出。表 6－2 报告了三种货币的回归检验结果。日元/美元汇率的相应图示如图 6－5 所示。注意，对于所有三种货币而言，估计出来的斜率系数不仅显著异于 1，而且是负的。由市场有效性，$\beta_0=0$ 和 $\beta_1=1$ 所蕴含的原假设可以予以肯定地拒绝。在图 6－5 的左上区域里有非常多的观测值，这可以说明这一点；预期美元贬值（负的 f_t-s_t）经常与实际美元升值（正的 $s30_t-s_t$）相关联。

表 6－2　市场有效性的回归检验：1975—1989 年

$s30_t - s_t = \beta_0 + \beta_1(f_t - s_t) + \varepsilon_t$

货币	回归系数		R^2	沃尔德统计量 H_0：$\beta_0=0$，$\beta_1=1$
	常数项	远期溢价		
￥/＄	−12.8	−2.10	0.034	18.6
	(4.01)	(0.738)		(p=0.009%)
DM/＄	−13.6	−3.01	0.026	8.7
	(5.72)	(1.37)		(p=1.312%)
£/＄	7.96	−2.02	0.033	12.9
	(3.54)	(0.85)		(p=0.156%)

注：标准误在括号中给出。它们是异方差稳健的，并且允许序列相关到四个滞后期，这可由式（6.8.11）计算出来。样本规模为 778。我们的结果与贝克特和霍德里克（Bekaert and Hodrick，1993）略有不同，因为他们使用的是 $q(n)=4$ 的基于巴特利特核的估计量来估计 $\mathbf{S}$。

复习题

1.（无条件检验中的标准误）令 $\varepsilon_t = s30_t - f_t$，看一下 ε_t 对常数的回归。为了解释序列相关，对 $\hat{\mathbf{S}}$ 使用 $q=4$ 的式（6.6.4）。验证对于截距为零的假说而言，t 值由式（6.8.7）给出。

2.（识别的缺乏）为了简单起见，假设 F_t 是两周远期汇率，因此式（6.8.9）中的 $s30_t$ 可以由 s_{t+2} 来取代。假设现期汇率是一个随机游走过程，且 $I_t=\{s_t, s_{t-1}, \cdots\}$。在这个假说下 f_t 应该是多

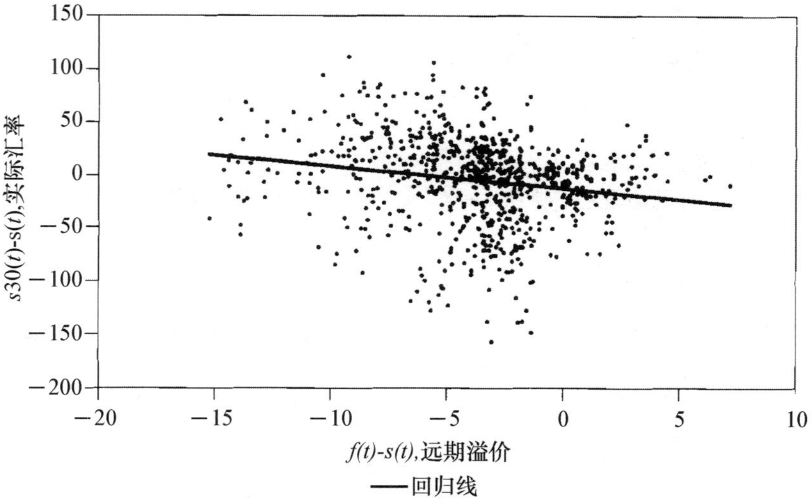

图 6-5　$s30-s$ 与 $f-s$ 的图示，日元/美元

少？所要求的条件哪些会被违背？［答案：识别条件。］相反，假设 S_t 是满足 $s_t=c+\phi s_{t-1}+\eta_t$ 的 AR(1)，其中 $\{\eta_t\}$ 是 i. i. d. 的，且有 $|\phi|<1$。证明 $f_t=(1+\phi)c+\phi^2 s_t$。**提示：** $s_{t+2}=(1+\phi)c+\phi^2 s_t+(\eta_{t+2}+\phi\eta_{t+1})$。证明 $\varepsilon_t=\eta_{t+2}+\phi\eta_{t+1}$。

3. 证明式（6.8.10）。**提示：** $\mathrm{E}(\varepsilon_t\mid I_t)=0$。证明：$I_t$ 包含 s_t-f_t 和 $\{\mathbf{g}_{t-5},\mathbf{g}_{t-6},\cdots\}$。利用迭代期望法则。

第 6 章习题集

□ 分析性习题

1. （均方极限及其唯一性）在第 2 章，我们定义，一个随机变量序列 $\{z_n\}$ 依均方收敛到一个随机变量 z。在这个问题及其他问题上，我们可以来处理具有有限二阶矩的随机变量序列。对于这些序列，依均方收敛的定义如下：

定义： 令 $\{z_n\}$ 为满足 $\mathrm{E}(z_n^2)<\infty$ 的随机变量序列。如果随着 $n\to\infty$ 有 $\mathrm{E}[(z_n-z)^2]\to 0$，则我们称 $\{z_n\}$ 依均方收敛到满足 $\mathrm{E}(z^2)<\infty$ 的一个随机变量 z，写为 $z_n\to_{\text{m.s.}} z$。

(a) 证明：如果 $z_n\to_{\text{m.s.}} z$ 且 $z_n\to_{\text{m.s.}} z'$，则 $\mathrm{E}[(z-z')^2]=0$。**提示：** $z-z'=(z-z_n)+(z_n-z')$。定义 $\|x\|=\sqrt{\mathrm{E}(x^2)}$。那么，

$$\begin{aligned}\|z-z'\|^2&=\|z-z_n\|^2+2\mathrm{E}[(z-z_n)(z_n-z')]+\|z_n-z'\|^2\\&\leqslant\|z-z_n\|^2+2\sqrt{\mathrm{E}[(z-z_n)^2]}\sqrt{\mathrm{E}[(z_n-z')^2]}+\|z_n-z'\|^2\\&\qquad(\text{根据柯西-施瓦茨不等式 } \mathrm{E}(xy)\leqslant\sqrt{\mathrm{E}(x^2)}\sqrt{\mathrm{E}(y^2)})\\&=(\|z-z_n\|+\|z_n-z'\|)^2\end{aligned}$$

因此 $\|z-z'\|\leqslant\|z-z_n\|+\|z_n-z'\|$。这被称为**三角不等式**（triangle inequality）。

(b) 证明：$\mathrm{Prob}(z=z')=1$。**提示：** 使用切比雪夫不等式：

$$\mathrm{Prob}(|z-z'|>\varepsilon)\leqslant\frac{1}{\varepsilon^2}\mathrm{E}[\|z-z'\|^2]$$

2. （证明命题 6.1）有关依均方收敛的一个著名结论（例如可参看 Brockwell 和 Davis（1991），命题 2.7.1）是：

(i) $\{z_n\}$ 依均方收敛，当且仅当随着 m，$n\to\infty$ 有 $\mathrm{E}[(z_m-z_n)^2]\to 0$。

(ii) 如果 $x_n\to_{\mathrm{m.s.}}x$ 且 $z_n\to_{\mathrm{m.s.}}z$，那么

$$\lim_{n\to\infty}\mathrm{E}(x_n)=\mathrm{E}(x)\text{，且有 }\lim_{n\to\infty}\mathrm{E}(x_nz_n)=\mathrm{E}(xz)$$

在回答问题时将这一结论视为成立。

(a) 证明在命题 6.1 的假设之下随着 $n\to\infty$，式（6.1.6）依均方收敛。**提示**：令

$$y_{t,n}=\mu+\sum_{j=0}^{n}\psi_j\varepsilon_{t-j}$$

我们需要证明的是，对于每个 t 随着 $n\to\infty$，$\{y_{t,n}\}$ 依均方收敛。给定上面的 (i)，足以证明（为了不失一般性地假设 $m>n$）

$$\mathrm{E}\Big[\Big(\sum_{j=n+1}^{m}\psi_j\varepsilon_{t-j}\Big)^2\Big]=\sigma^2\sum_{j=n+1}^{m}\psi_j^2\to 0,\ m,n\to\infty$$

使用绝对可和序列是**平方可和**（square summable）的这一结论，即

$$\sum_{j=0}^{\infty}|\psi_j|<\infty\Rightarrow\sum_{j=0}^{\infty}\psi_j^2<\infty$$

以及当且仅当 α_n 是一个柯西序列时实数序列 $\{\alpha_n\}$ 才收敛到（一个有限的极限）：

$$\alpha_n\to\alpha\Leftrightarrow|\alpha_m-\alpha_n|\to 0,\ m,n\to\infty$$

令 $\alpha_n=\sum_{j=0}^{n}\psi_j^2$。

(b) 证明 $\mathrm{E}(y_t)=\mu$。**提示**：和 (a) 中一样，令 $y_{t,n}=\mu+\sum_{j=0}^{n}\psi_j\varepsilon_{t-j}$。在 (a) 中被证明的是 $y_{t,n}\to_{\mathrm{m.s.}}y_t$。

(c)（证明命题 6.1 的 (b) 部分）证明：

$$\mathrm{E}[(y_t-\mu)(y_{t-j}-\mu)]=\lim_{n\to\infty}\mathrm{E}[(y_{t,n}-\mu)(y_{t-j,n}-\mu)]$$

我们已经证明了 $\{y_t\}$ 是协方差平稳的吗？[答案：是。]

(d)（选修）证明命题 6.1 的 (c) 部分，将微积分中的下述结论视为给定的。

(i) 如果 $\{a_j\}$ 是绝对可和的，则 $\{a_j\}$ 是可和的（即 $-\infty<\sum_{j=0}^{\infty}a_j<\infty$）以及

$$\Big|\sum_{j=0}^{\infty}a_j\Big|\leqslant\sum_{j=0}^{\infty}|a_j|$$

(ii) 我们来看有两个下标的序列 $\{a_{jk}\}$（j，$k=0$，1，2，…）。假设对于每个 k 有 $\sum_{j=0}^{\infty}|a_{jk}|<\infty$，令 $s_k\equiv\sum_{j=0}^{\infty}|a_{jk}|$。设 $\{s_k\}$ 是可和的。则：

$$\Big|\sum_{j=0}^{\infty}\Big(\sum_{k=0}^{\infty}a_{jk}\Big)\Big|<\infty\quad\text{且}\quad\sum_{j=0}^{\infty}\Big(\sum_{k=0}^{\infty}a_{jk}\Big)=\sum_{k=0}^{\infty}\Big(\sum_{j=0}^{\infty}a_{jk}\Big)<\infty$$

提示：推导

$$\sum_{j=0}^{\infty}|\gamma_j|\leqslant\sigma^2\sum_{j=0}^{\infty}\Big(\sum_{k=0}^{\infty}|\varphi_{j+k}|\cdot|\varphi_k|\Big)<\infty$$

3.（$h(L)x_t$ 的自协方差）我们希望推导出命题 6.2 的 $\{y_t\}$ 的自协方差。正如在命题 6.2 中一样，贯穿本问题我们都假设 $\{x_t\}$ 是协方差平稳的。首先来看有限多项的加权平均：

$$y_{t,n}=h_0x_t+h_1x_{t-1}+\cdots+h_nx_{t-n}$$

（a）证明：对于该 $\{y_{t,n}\}$，

$$\gamma_j = \sum_{k=0}^{n}\sum_{\ell=0}^{n} h_k h_\ell \gamma_{j-k+\ell}^{x}$$

其中 γ_j^x 是 $\{x_t\}$ 的 j 阶自协方差。

证明：如果 $\{x_t\}$ 是白噪声，这可以简化为式（6.1.2）。**提示：**如果你发现了这一困难，首先设 $n=1$，然后逐步提高 n 来得到这一模式。

（b）现在来看可能是无穷多项的加权平均：

$$y_t = h_0 x_t + h_1 x_{t-1} + \cdots$$

视命题 6.2（a）为既定的，证明：

$$\gamma_j = \sum_{k=0}^{\infty}\sum_{\ell=0}^{\infty} h_k h_\ell \gamma_{j-k+\ell}^{x}，\text{如果}\{h_j\}\text{是绝对可和的}$$

提示：根据命题 6.2，随着 $n\to\infty$ 有 $y_{t,n}\to_{\text{m.s.}} y_t$。继续如 2（c）中那样。

4.（齐次线性差分方程）我们来看一个 p 阶齐次线性差分方程：

$$y_j - \phi_1 y_{j-1} - \phi_2 y_{j-2} - \cdots - \phi_p y_{j-p} = 0 \quad (j=p, p+1, \cdots) \tag{1}$$

其中（ϕ_1，ϕ_2，…，ϕ_p）是 $\phi_p \neq 0$ 的常实数，其初始条件（y_0，y_1，…，y_{p-1}）是给定的。与之相联系的多项式方程为：

$$1 - \phi_1 z - \phi_2 z^2 - \cdots - \phi_{p-1} z^{p-1} - \phi_p z^p = 0 \tag{2}$$

令 λ_k（$k=1$，2，…，K）为该方程不同的根（它们可以是复数），r_k 是 λ_k 的重数。因此 $r_1+r_2+\cdots+r_K=p$。这个多项式方程可以写为：

$$\prod_{k=1}^{K}(1-\lambda_k^{-1}z)^{r_k} = 0 \tag{3}$$

举个例子，我们来看二阶多项式方程：

$$1 - z + \frac{1}{4}z^2 = 0 \tag{4}$$

其根为 2，重数为 2，因为：

$$1 - z + \frac{1}{4}z^2 = \left(1 - \frac{1}{2}z\right)^2$$

因此在这个例子中 $K=1$，$r_1=2$ 且 $\lambda_1=2$。

正如下面要验证的那样，这个 p 阶齐次方程的解可以写为：

$$y_j = \sum_{k=1}^{K}\sum_{n=0}^{r_k-1} c_{kn}\cdot(j)^n \lambda_k^{-j} \tag{5}$$

其系数 c_{kn}（有 p 个这样的系数，因为 $r_1+\cdots+r_K=p$）可以由这些初始条件决定，它们规定了（y_0，y_1，…，y_{p-1}）的值。在式（4）的例子中，

$$y_j = c_{10}\cdot 2^{-j} + c_{11}\cdot j\cdot 2^{-j} \tag{6}$$

在这种重要的特殊情况中，所有根都是不同的，$K=p$，且对于所有的 k 有 $r_k=1$，式（5）可以写为：

$$y_j = \sum_{k=1}^{p} c_{k0}\lambda_k^{-j} \tag{7}$$

（a）对于 $p=2$ 的特殊情况和相异根来说，式（7）为：

$$y_j = c_{10}\lambda_1^{-j} + c_{20}\lambda_2^{-j} \tag{8}$$

验证：对于任何给定的（c_{10}，c_{20}），这是 $p=2$ 的差分方程（1）的解。为了解出（c_{10}，c_{20}），写出 $j=0$ 和 $j=1$ 的式（8），求解作为（y_0，y_1，λ_1，λ_2）的函数的 c。

（b）为了学习（回忆）如何处理多重根的情况，我们来看上面的式（4）。验证式（6）是下述二阶齐次差分方程的解：

$$y_j - y_{j-1} + \frac{1}{4}y_{j-2} = 0$$

（c）（选作）证明下面这个引理：

引理：令 $0 \leqslant \xi < 1$，并令 n 为一个非负整数。就存在两个实数，A 和 b，满足 $\xi < b < 1$，以及对于 $j=0$，1，2，…有 $(j)^n \xi^j < Ab^j$。

提示：选出某个 b，满足 $\xi < b < 1$。因为 b^j 随着 j 的增加最终变得比 $(j)^n\xi^j$ 要大，所以存在某个 j，我们称它为 J，使得对于所有的 $j \geqslant J$ 有 $(j)^n\xi^j < b^j$。

（d）假设对于该 p 阶齐次线性差分方程来说，稳定性条件成立。证明：存在两个数 A 和 b，使得 $0<b<1$，且

$$\text{对于 } j=0,1,2,\cdots, \quad |y_j| < Ab^j$$

提示：

$$|y_j| = \left|\sum_{k=1}^{K}\sum_{n=0}^{r_k-1} c_{kn}\cdot(j)^n\lambda_k^{-j}\right| \leqslant \sum_{k=1}^{K}\sum_{n=0}^{r_k-1} |c_{kn}|\cdot(j)^n\cdot|\lambda_k^{-1}|^j \leqslant c\sum_{k=1}^{K}\sum_{n=0}^{r_k-1}(j)^n|\lambda_k^{-1}|^j$$

其中 $c=\max\{|c_{kn}|\}$。由于根据稳定性条件有 $|\lambda_k^{-1}|<1$，所以我们可以利用 $\xi=|\lambda_k^{-1}|$ 条件下的该引理，并断言对于某个 $A_k>0$ 和 $|\lambda_k^{-1}|<b_k<1$ 有：

$$(j)^n|\lambda_k^{-1}|^j < A_k(b_k)^j\text{，对于所有的 } j$$

设 $A^*=\max\{A_k\}$，$b=\max\{b_k\}$，使得对于所有的 k 有 $A_k(b_k)^j \leqslant A^*b^j$。因此：

$$|y_j| < c\sum_{k=1}^{K}\sum_{n=0}^{r_k-1}A^*b^j = cpA^*b^j$$

（回忆一下，$p=r_1+\cdots+r_K$。）然后定义 A 为 cpA^*。你可能发现，这类使用不等式的论证很难继续。如果是这样，就设 p、K 和（r_1，…，r_K）为某些具体的数字（例如 $p=3$，$K=2$，$r_1=1$，$r_2=2$）。

5.（尤尔-沃克方程）在本书中，AR(1) 过程的自协方差是通过 MA(∞) 表示而计算得到的。这里，我们使用尤尔-沃克方程。

（a）从式（6.2.1′）可以导出：

$$\gamma_j - \phi\gamma_{j-1} = \mathrm{E}[\varepsilon_t\cdot(y_{t-j}-\mu)] \quad (j=0,1,2,\cdots)$$

（b）（容易）从 MA 表示中证明：

$$\mathrm{E}[\varepsilon_t\cdot(y_{t-j}-\mu)] = \begin{cases}\sigma^2 & (j=0)\\ 0 & (j=1,2,\cdots)\end{cases}$$

（c）推导尤尔-沃克方程：

$$\gamma_0 - \phi\gamma_1 = \sigma^2 \tag{9}$$

$$\gamma_j - \phi\gamma_{j-1} = 0 \quad (j=1,2,\cdots) \tag{10}$$

（d）从式（9）和式（10）中计算（γ_0，γ_1，…）。**提示：**首先在式（10）中设 $j=1$，从而得到 $\gamma_1=\phi\gamma_0$。它和式（9）一起可以解出（γ_0，γ_1）。

6.（不使用滤子的 AR(1)）不使用命题 6.2，我们希望能够证明，如果服从 AR(1) 方程

(6.2.1) 且具有平稳性条件 $|\phi|<1$ 的 $\{y_t\}$ 是协方差平稳的，则必有一个 MA(∞) 表示。

(a) 令 $x_t \equiv y_t - \mu$，因此 $E(x_t)=0$。通过递代法，从式 (6.2.1′) 导出：

$$x_t = x_{t,n} + \phi^n x_{t-n}$$

其中，

$$x_{t,n} = \varepsilon_t + \phi\varepsilon_{t-1} + \phi^2\varepsilon_{t-2} + \cdots + \phi^{n-1}\varepsilon_{t-n+1}$$

(b) 证明：$x_{t,n} \to_{\text{m.s.}} x_t$。**提示：**需要证明的是，随着 $n\to\infty$ 有 $E[(x_{t,n}-x_t)^2]\to 0$。$(x_{t,n}-x_t)^2 = \phi^{2n}x_{t-n}^2$。由于假设 $\{y_t\}$ 是协方差平稳的，所以 $E(x_{t-n}^2)<\infty$。

(c) 回忆一下无穷和

$$\sum_{j=0}^{\infty}\phi^j\varepsilon_{t-j}$$

被定义为部分和 $x_{t,n}$ 的均方极限，证明 y_t 可以被写为：

$$y_t = \mu + \sum_{j=0}^{\infty}\phi^j\varepsilon_{t-j}$$

7. (伴随形式) 我们希望将习题 6 中发展的论证推广到 AR(p)。为了不失一般性，我们可以假设 $\mu=0$ (或者重新定义 y_t 为 y_t 的均值离差)。定义：

$$\underset{(p\times 1)}{\boldsymbol{\xi}_t} = \begin{bmatrix} y_t \\ y_{t-1} \\ y_{t-2} \\ \vdots \\ y_{t-p+1} \end{bmatrix}, \quad \underset{(p\times 1)}{\mathbf{v}_t} = \begin{bmatrix} \varepsilon_t \\ 0 \\ 0 \\ \vdots \\ 0 \end{bmatrix}$$

$$\underset{(p\times p)}{\mathbf{F}} = \begin{bmatrix} \phi_1 & \phi_2 & \phi_3 & \cdots & \phi_{p-1} & \phi_p \\ 1 & 0 & 0 & \cdots & 0 & 0 \\ 0 & 1 & 0 & \cdots & 0 & 0 \\ \vdots & \vdots & \vdots & & \vdots & \vdots \\ 0 & 0 & 0 & \cdots & 1 & 0 \end{bmatrix}$$

考虑下面这个一阶向量随机差分方程：

$$\boldsymbol{\xi}_t = \mathbf{F}\boldsymbol{\xi}_{t-1} + \mathbf{v}_t \tag{11}$$

该 p 个方程的方程组 (被称为**伴随形式** (companion form)) 里，第一个方程和AR(p) 方程 (6.2.6′) 相同，余下的是关于 y_{t-j} ($j=1, 2, \cdots, p-1$) 的恒等式。

(a) 根据递代法，证明：

$$\begin{aligned} &\boldsymbol{\xi}_t = \boldsymbol{\xi}_{t,n} + (\mathbf{F})^n\boldsymbol{\xi}_{t-n} \\ &\boldsymbol{\xi}_{t,n} \equiv \mathbf{v}_t + \mathbf{F}\mathbf{v}_{t-1} + \mathbf{F}^2\mathbf{v}_{t-2} + \cdots + (\mathbf{F})^{n-1}\mathbf{v}_{t-n+1} \end{aligned} \tag{12}$$

$p\times p$ 矩阵 $\mathbf{F}$ 的**特征值** (eigenvalues) 或**特征根** (characteristic roots) 是下面这个行列式方程的根：

$$|\mathbf{F}-\lambda\mathbf{I}_p| = 0 \tag{13}$$

可以证明，它的左边是 $\lambda^p - \phi_1\lambda^{p-1} - \cdots - \phi_{p-1}\lambda - \phi_p$。因此这个行列式方程就变成了 p 阶多项式方程：

$$\lambda^p - \phi_1\lambda^{p-1} - \cdots - \phi_{p-1}\lambda - \phi_p = 0 \tag{14}$$

(b) 当 $p=2$ 时证明这一结论。

在这个问题余下的部分，假设 p 阶多项式方程的所有根 (正如所见，此即 $\mathbf{F}$ 的特征值) 是不同的。令（λ_1，λ_2，…，λ_p）为那些不同的特征值。我们从矩阵代数中可知，存在一个非奇异的 $p\times p$ 矩阵 $\mathbf{T}$，满足：

$$\mathbf{F}=\mathbf{T}\boldsymbol{\Lambda}\mathbf{T}^{-1},\ \underset{(p\times p)}{\boldsymbol{\Lambda}}=\begin{bmatrix}\lambda_1 & 0 & 0 & \cdots & 0\\ 0 & \lambda_2 & 0 & \cdots & 0\\ \vdots & & \ddots & & \vdots\\ 0 & \cdots & 0 & \lambda_{p-1} & 0\\ 0 & \cdots & 0 & 0 & \lambda_p\end{bmatrix} \tag{15}$$

（这一事实不取决于矩阵 $\mathbf{F}$ 的具体形式；对于式（15）而言所需的只是 λ 为 $\mathbf{F}$ 的不同特征值。）从式（15）中可以得出：

$$(\mathbf{F})^n=\mathbf{T}(\boldsymbol{\Lambda})^n\mathbf{T}^{-1}$$

（c）（很容易）当 $n=3$ 时证明这一结论。

（d）证明：如果关于 AR(p) 方程的平稳性条件可以得到满足，且如果 $\{y_t\}$ 是协方差平稳的，则随着 $n\to\infty$ 有 $\boldsymbol{\xi}_{t,n}\to_{\text{m.s.}}\boldsymbol{\xi}_t$。**提示**：这个平稳性条件要求式（13）的所有根的绝对值小于 1。根据式（12），所要证明的是 $(\mathbf{F})^n\boldsymbol{\xi}_{t-n}\to_{\text{m.s.}}\mathbf{0}$。回忆一下，如果各个分量都依均方收敛，则有 $\mathbf{z}_n\to_{\text{m.s.}}\boldsymbol{\alpha}$。

（e）证明：y_t 具有 MA(∞) 表示：

$$y_t=\psi_0\varepsilon_t+\psi_1\varepsilon_{t-1}+\psi_2\varepsilon_{t-2}+\cdots$$

ψ_j 是如何与特征根相联系的呢？**提示**：从（d）可得：

$$\boldsymbol{\xi}_t=\mathbf{v}_t+\mathbf{F}\mathbf{v}_{t-1}+(\mathbf{F})^2\mathbf{v}_{t-2}+\cdots$$

（e）中的第一个方程就是 y_t 的 MA(∞) 表示。

（如果所有的特征值并非都不相同，我们就需要一种所谓的 $\mathbf{F}$ 的“约当分解”来取代式（15）。）

8.（始于 $t=0$ 时的 AR(1)）在文中，一个服从 $y_t=c+\phi y_{t-1}+\varepsilon_t$ 的 AR(1) 过程的 MA(∞) 表示式（6.2.2）假设该过程是在 $t=-1$，-2，…以及 $t=0$，1，2，…上被定义的。相反，我们来看从 $t=0$ 以初始值 y_0 开始的 AR(1) 过程。假设 $|\phi|<1$，并且 y_0 与随后的白噪声过程（ε_1，ε_2，…）无关。

（a）将 y_t 的方差写成 $\sigma^2(\equiv\text{Var}(\varepsilon_t))$、$\text{Var}(y_0)$ 和 ϕ 的函数。**提示**：根据递代法有：

$$y_t=(1+\phi+\phi^2+\cdots+\phi^{t-1})c+\varepsilon_t+\phi\varepsilon_{t-1}+\phi^2\varepsilon_{t-2}+\cdots+\phi^{t-1}\varepsilon_1+\phi^t y_0$$

令 μ 和 $\{\gamma_j\}$ 为协方差平稳的 AR(1) 过程的均值和自协方差，故有 $\mu=c/(1-\phi)$，而 $\{\gamma_j\}$ 与式（6.2.5）中相同。

证明：

$$\lim_{t\to\infty}\text{E}(y_t)=\mu,\ \lim_{t\to\infty}\text{Var}(y_t)=\gamma_0\ \text{以及}\ \lim_{t\to\infty}\text{Cov}(y_t,y_{t-j})=\gamma_j$$

（b）证明：如果 $\text{E}(y_0)=\mu$ 和 $\text{Var}(y_0)=\gamma_0$，则 $\{y_t\}$ 是协方差平稳的。

9.（对命题 6.8（a）的证明）我们希望证明命题 6.8（a）。用切比雪夫不等式证明 $\lim_{n\to\infty}\text{Var}(\bar{y})=0$。由式（6.5.2）可知，

$$\begin{aligned}\text{Var}(\bar{y})&=\frac{\gamma_0}{n}+\frac{2}{n}\sum_{j=1}^{n-1}\Big(1-\frac{j}{n}\Big)\gamma_j\\&=\frac{\gamma_0}{n}+\frac{2}{n}\sum_{j=1}^{n}\Big(1-\frac{j}{n}\Big)\gamma_j\quad（因为对于\ j=n\ 有\ 1-\frac{j}{n}=0）\\&\leqslant\frac{\gamma_0}{n}+\frac{2}{n}\sum_{j=1}^{n}\Big(1-\frac{j}{n}\Big)|\gamma_j|\end{aligned}$$

$$\leqslant \frac{\gamma_0}{n} + \frac{2}{n}\sum_{j=1}^{n} |\gamma_j|$$

(a)（选作）证明下述结果：

$$\lim_{j\to\infty} a_j = 0 \Rightarrow \lim_{n\to\infty} \frac{1}{n}\sum_{j=1}^{n} a_j = 0$$

提示：$\{a_j\}$ 收敛到 0。因此（i）对于所有的 j 有 $|a_j|<M$，（ii）对于任意给定的 $\varepsilon>0$，存在一个正整数 N，使得对于所有的 $j>N$ 有 $|a_j|<\varepsilon/2$。因此，

$$\left|\frac{1}{n}\sum_{j=1}^{n} a_j\right| \leqslant \frac{1}{n}\sum_{j=1}^{n} |a_j| = \frac{1}{n}\sum_{j=1}^{N} |a_j| + \frac{1}{n}\sum_{j=N+1}^{n} |a_j| < \frac{1}{n}\sum_{j=1}^{N} M + \frac{1}{n}\sum_{j=N+1}^{n} \frac{\varepsilon}{2}$$
$$= \frac{NM}{n} + \frac{(n-N)}{n}\frac{\varepsilon}{2} < \frac{NM}{n} + \frac{\varepsilon}{2}$$

通过将 n 取得足够大，可使 NM/n 比 $\varepsilon/2$ 要小。

(b) 将（a）中的结果视为给定的，证明随着 $n\to\infty$ 有 $\text{Var}(\bar{y})\to 0$。

10.（命题 6.8（b）的证明）

(a)（选作）证明下述结论：

$$\sum_{j=1}^{\infty} a_j < \infty \Rightarrow \lim_{n\to\infty} \frac{1}{n}\sum_{j=1}^{n} j a_j = 0$$

提示：

$$\sum_{j=1}^{n} j a_j = a_1 + 2a_2 + 3a_3 + \cdots + n a_n$$
$$= (a_1 + a_2 + \cdots + a_n) + (a_2 + a_3 + \cdots + a_n) + \cdots + (a_{n-1} + a_n) + a_n$$
$$= \sum_{j=1}^{n}\sum_{k=j}^{n} a_k \leqslant \sum_{j=1}^{n}\left|\sum_{k=j}^{n} a_k\right|$$
$$= \sum_{j=1}^{N}\left|\sum_{k=j}^{n} a_k\right| + \sum_{j=N+1}^{n}\left|\sum_{k=j}^{n} a_k\right|$$

因为 $\{a_j\}$ 是可和的，所以（i）对于所有的 j，n，有 $\left|\sum_{k=j}^{n} a_k\right| < M$；（ii）存在一个正整数 N 使得对于所有的 j，$n>N$ 和任意给定的 $\varepsilon>0$ 有 $\left|\sum_{k=j}^{n} a_k\right| < \varepsilon/2$（这是因为 $\left\{\sum_{j=1}^{n} a_j\right\}$ 是柯西和）。

(b) 将此结果视为给定，证明命题 6.8（b）。

□ 实证性习题

1. 在回答问题之前，至少先阅读一下 Bekaert 和 Hodrick（1993）的第 115～119 页。数据文件 DM. ASC（德国马克）、POUND. ASC（英镑）以及 YEN. ASC（日元）包含了以下这些项目的每周数据。

第 1 列：观测日期（例如，“19850104”即 1985 年 1 月 4 日）

第 2 列：周五现汇市场以外币单位表示的美元询价（S_t）

第 3 列：周五 30 天期汇市场的外币单位的美元询价（F_t）

第 4 列：期汇合同交割日的现汇市场外币单位表示的美元标价（$S30_t$）

该样本时期是从 1975 年的第一周到 1989 年的最后一周。样本规模为 778。正如文中所述，定义 $s_t \equiv \log(S_t)$，$f_t \equiv \log(F_t)$，$s30_t \equiv \log(S30_t)$。如果 I_t 为第 t 周的周五可以取得的信息，则它包含 $\{s_t, s_{t-1}, \cdots, f_t, f_{t-1}, \cdots, s30_{t-5}, s30_{t-6}, \cdots\}$。要注意，$s30_t$ 直到第 $t+4$ 周的周五之后才会被观察到。定义 $\varepsilon_t \equiv s30_t - f_t$。

选一种你最喜欢的货币，回答下面的问题。

(a)（图书馆/网上作业）对于你选择的外币来说，找出远期溢价的绝对值最大的那一周。对于这一周而言，找出美国以及该货币的母国的一月期利率的某个指标（即一月期 CD 利率），验证利率差别与远期溢价所示的一样大。

(b)（$\{\varepsilon_t\}$ 的相关图）画出具有 40 个滞后期的 ε_t 的样本相关图。在 4 个滞后期之后这一自相关会趋于消失吗？（是否在样本相关的计算中去掉样本均值，则取决于你的态度。理论告诉我们，你可能会愿意在计算中加上总体均值为零这一条。在图 6－2 对日元/美元汇率的相关图计算中，样本均值被减去了。）

(c)（对数现期汇率是随机游走的吗？）画出具有 40 个滞后期的 $s_{t+1}-s_t$ 的相关图。对于 40 个自相关而言，利用博克斯-扬统计量来检验序列相关。你能否拒绝 $\{s_t\}$ 是具有漂移的随机游走这一假说？

(d)（无条件检验）进行无条件检验。你能否复制对所选货币的表 6－1 的结果？

(e)（选做，截核回归检验）进行回归检验。你能否复制针对所选货币的表 6－2 的结果？

RATS 小贴士：使用具有 ROBUSTERRORS 选项的 LINREG。为了包含直到第 4 期的自相关，在 LINREG 中设 LAGS＝4。DAMP＝0 选项会引导 LINREG 使用截核。

TSP 小贴士：TSP 的 GMM 程序具有 KERNEL 选项，但是这个选择被限制在巴特利特核上，而这个核被称为 Parzen。必须使用 TSP 中的矩阵命令进行截核估计。

(f)（巴特利特核）使用基于巴特利特核的 **S** 的估计量进行回归检验。纽韦-维斯特（Newey and West，1994）依赖数据的自动带宽选择程序。这一程序确定的自协方差滞后期限对于日元/美元汇率来说取定为 12（因此自协方差直到第 12 期都包含在对 $\hat{\mathbf{S}}$ 的计算中），对于德国马克/美元取定为 8，对于英镑/美元取定为 16。

RATS 小贴士：ROBUSTERRORS，DAMP＝1 选项引导 LINREG 使用巴特利特。例如，对于日元/美元，设 LAGS＝12。

TSP 小贴士：在 GMM 程序中设 het，kernel＝bartlett。对于日元/美元，设 NMA＝12。

对于日元/美元而言，$f-s$ 系数的标准误应该为 0.681 5。

(g)（选做，VARHAC）在回归检验中使用 $\hat{\mathbf{S}}$ 的 VARHAC 估计量。设 p_{max} 为 $n^{1/3}$ 的整数部分。在 VARHAC 的第一步中，你要估计一个二元 VAR，对于这两个 VAR 方程中的每一个，要根据 BIC 挑出关于固定样本 $t=p_{max}+1, \cdots, T$ 的滞后期长度 p。这一信息标准可以是式（6.6.11），或者是：

$$\log(SSR_p^{(k)}/(n-p_{max}))+pK\cdot\log(n-p_{max})/(n-p_{max}) \tag{16}$$

为了弄清楚在答案中如何选择 p，在通过 BIC 选择 p 方面，选择后一个目标函数。对于日元/美元的情况，所选的滞后期长度对于第一个 VAR 方程应为 4，对于第二个滞后方程应为 6。对于日元/美元，$f-s$系数的标准误应该为 0.802 7。

2.（第 2 章法玛练习的续篇）现在，利用每月数据，我们知道如何使用三月期国债利率来检验美国国债市场的有效性。令：

π_t＝通胀率（以百分数的年率表示），三月期，在 $t-1$ 月止

R_t＝三月期国债利率（以百分数的年率表示），在 t 月开始时计

我们来看一下检验市场有效性的法玛回归：

$$\pi_{t+3}=\beta_0+\beta_1 R_t+\varepsilon_t$$

(a) 为什么因变量是 π_{t+3} 而不是比如说 π_t？

(b) 证明：在有效市场假说下，$\beta_1=1$，$\{\varepsilon_t\}$ 的自协方差在第二期之后消失（即对于 $j>2$ 有 $\gamma_j=0$）。

(c) 令 $r_{t+3}\equiv R_t-\pi_{t+3}$ 为三月期国债的事后实际利率。在 MISHKIN. ASC 中使用 *PAI*3 作为三个月通胀率的指标来计算事后实际利率。（在 MISHKIN. ASC 中变量的时序是这样的：1 月的利率观测

值使用的是 12 月末的国债利率数据，1 月的三月期通胀率是得自头一年 12 月到次年 3 月的 CPI 数据。因此同一个月的 $PAI3$ 和 $TB3$（三月期国债利率）在回归中是结成对的。）画出 1953 年 1 月—1971 年 7 月的样本期的样本相关图。有效市场假说关于相关图的预测是什么样的？

（d）通过估计 1953 年 1 月—1971 年 7 月样本期的法玛回归，检验市场效率。（样本规模应该是 223；不要像法玛在他的表 6－8 中那样丢掉三分之二的观测值。）利用对于 $\hat{\mathbf{S}}$ 而言具有 $q=2$ 的式（6.6.4）。

部分习题答案

□ 分析性习题

2d. 由于 $\{\psi_j\}$ 是绝对可和的，所以随着 $j\to\infty$ 有 $\psi_j\to 0$。因此，对于任意的 j，存在一个 $A>0$ 满足对于所有的 j，k 有 $|\psi_{j+k}|\leqslant A$。因此 $|\psi_{j+k}\cdot\psi_k|\leqslant A|\psi_k|$。由于 $\{\psi_k\}$（因此 $\{A\psi_k\}$）是绝对可和的，所以对于任意给定的 j，$\{\psi_{j+k}\cdot\psi_k\}$（$k=0$，1，2，…）也是如此。这样，根据（i），

$$|\gamma_j|=\sigma^2\left|\sum_{k=0}^{\infty}\psi_{j+k}\psi_k\right|\leqslant\sigma^2\sum_{k=0}^{\infty}|\psi_{j+k}\psi_k|=\sigma^2\sum_{k=0}^{\infty}|\psi_{j+k}||\psi_k|<\infty$$

现在令（ii）中 a_{jk} 为 $|\psi_{j+k}|\cdot|\psi_k|$。则：

$$\sum_{j=0}^{\infty}|a_{jk}|=\sum_{j=0}^{\infty}|\psi_k||\psi_{j+k}|\leqslant|\psi_k|\sum_{j=0}^{\infty}|\psi_k|<\infty$$

令

$$M\equiv\sum_{j=0}^{\infty}|\psi_j|\qquad\text{和}\qquad s_k\equiv|\psi_k|\sum_{j=0}^{\infty}|\psi_{j+k}|$$

那么，$\{s_k\}$ 是可和的，因为 $|s_k|\leqslant|\psi_k|\cdot M$ 与 $\{\psi_k\}$ 是绝对可和的。因此，根据（ii），

$$\sum_{j=0}^{\infty}\left(\sum_{k=0}^{\infty}|\psi_{j+k}|\cdot|\psi_k|\right)<\infty$$

它乘以 σ^2 有 $\sum_{j=0}^{\infty}|\gamma_j|$。因此 $\{\gamma_j\}$ 是绝对可和的。

7e. ψ_j 是 $\mathbf{T}(\mathbf{\Lambda})^j\mathbf{T}^{-1}$ 的第（1，1）个元素。

8a.

$$\begin{aligned}
\mathrm{E}(y_t)&=\frac{1-\phi^t}{1-\phi}c+\phi^t\mathrm{E}(y_0)=(1-\phi^t)\mu+\phi^t\mathrm{E}(y_0)\quad（因为\ \mu=c/(1-\phi)）\\
&=\mu+\phi^t\cdot[\mathrm{E}(y_0)-\mu]\\
\mathrm{Var}(y_t)&=(1+\phi^2+\phi^4+\cdots+\phi^{2t-2})\sigma^2+\phi^{2t}\mathrm{Var}(y_0)\quad（因为\ \mathrm{Cov}(\varepsilon_t,y_0)=0）\\
&=\frac{1-\phi^{2t}}{1-\phi^2}\sigma^2+\phi^{2t}\mathrm{Var}(y_0)\\
&=(1-\phi^{2t})\gamma_0+\phi^{2t}\mathrm{Var}(y_0)\quad（因为\ \gamma_0\equiv\sigma^2/(1-\phi^2)）\\
&=\gamma_0+\phi^{2t}\cdot[\mathrm{Var}(y_0)-\gamma_0]\\
\mathrm{Cov}(y_t,y_{t-j})&=(\phi^j+\phi^{j+2}+\cdots+\phi^{2t-j-2})\sigma^2+\phi^{2t-j}\mathrm{Var}(y_0)\\
&=\phi^j\cdot(1+\phi^2+\cdots+\phi^{2t-2j-2})\sigma^2+\phi^{2t-j}\mathrm{Var}(y_0)\\
&=\phi^j\cdot\frac{1-\phi^{2(t-j)}}{1-\phi^2}\sigma^2+\sigma^{2t-j}\mathrm{Var}(y_0)
\end{aligned}$$

$$=\phi^{j}\cdot(1-\phi^{2(t-j)})\gamma_0+\phi^{2t-j}\mathrm{Var}(y_0)$$
$$=\gamma_0\phi^{j}+\phi^{2t-j}\cdot[\mathrm{Var}(y_0)-\gamma_0]$$
$$=\gamma_j+\phi^{2t-j}\cdot[\mathrm{Var}(y_0)-\gamma_0]$$

□ 实证性习题

1c. 具有 40 个滞后期的扬-博克斯统计量是 84.0，其 p 值为 0.005 8%。因此现期汇率是一个有漂移的随机游走的假说可以被拒绝。参看图 6－6 的日元/美元的相关图。

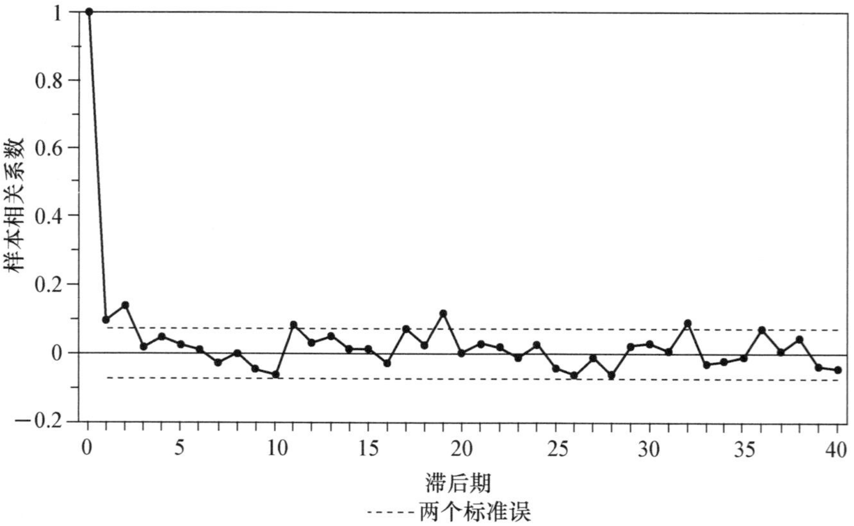

图 6－6　$s_{t+1}-s_t$ 的相关图，日元/美元

1f. 对于日元/美元汇率而言，标准误对常数来说为 3.72，对 $f-s$ 系数来说是 0.68。$\beta_0=0$ 和 $\beta_1=1$ 的假设的沃尔德统计量为 21.85（$p=0.002\%$）。

2c. 三月期事后真实汇率的相关图如图 6－7 所示。理论预测，序列相关在两个滞后期后会消失。这个相关图与此预测基本一致。

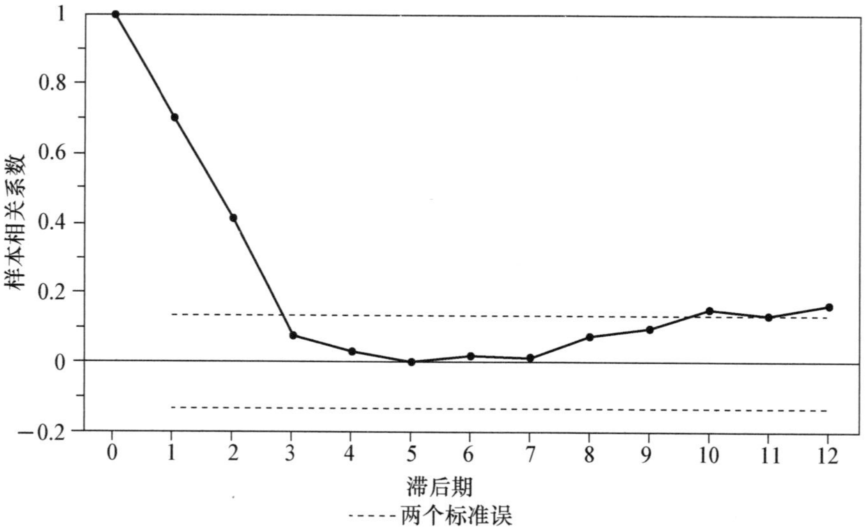

图 6－7　三月期事后真实汇率的相关图

参考文献

Anderson, T. W., 1971, *The Statistical Analysis of Time Series*, New York: Wiley.

Andrews, D., 1991, "Heteroskedasticity and Autocorrelation Consistent Covariance Matrix Estimation," *Econometrica*, 59, 817-858.

Bekaert, G., and R. Hodrick, 1993, "On Biases in the Measurement of Foreign Exchange Risk Premiums," *Journal of International Money and Finance*, 12, 115-138.

Brockwell, P., and R. Davis, 1991, *Time Series: Theory and Methods* (2d ed.), Berlin: Springer Verlag.

Den Haan, W., and A. Levin, 1996a, "Inferences from Parametric and Non-Parametric Covariance Matrix Estimation Procedures," Technical Working Paper Series 195, NBER.

________, 1996b, "A Practitioner's Guide to Robust Covariance Matrix Estimation," Technical Working Paper Series 197, NBER.

Fuller, W., 1996, *Introduction to Statistical Time Series* (2d ed.), New York: Wiley.

Gordin, M. I., 1969, "The Central Limit Theorem for Stationary Processes," *Soviet Math. Dokl.*, 10, 1174-1176.

Gourieroux, C., and A. Monfort, 1997, *Time Series and Dynamic Models*, Cambridge: Cambridge University Press.

Hamilton, J., 1994, *Time Series Analysis*, Princeton: Princeton University Press.

Hannan, E. J., 1970, *Multiple Time Series*, New York: Wiley.

Hannan, E. J., and M. Deistler, 1988, *The Statistical Theory of Linear Systems*, New York: Wiley.

Hansen, L., 1982, "Large Sample Properties of Generalized Method of Moments Estimators," *Econometrica*, 50, 1029-1054.

Lütkepohl, H., 1993, *Introduction to Multiple Time Series Analysis* (2d ed.), New York: SpringerVerlag.

Newey, W., and K. West, 1987, "Hypothesis Testing with Efficient Method of Moments Estimation," *International Economic Review*, 28, 777-787.

________, 1994, "Automatic Lag Selection in Covariance Matrix Estimation," *Review of Economic Studies*, 61, 631-653.

Ng, S., and P. Perron, 2000, "A Note on Model Selection in Time Series Analysis," mimeo., Boston: Boston College.

White, H., 1984, *Asymptotic Theory for Econometricians*, New York: Academic.

第 7 章

极值估计量

概要

在前面的章节里，广义矩方法（GMM）已经成为我们所考虑的估计各种模型的选择。最大似然方法（ML）也被讨论到，但仅仅是一带而过。在本章，我们通过检视一族被称为“极值估计量”的估计量来扩展我们的估计方法集合，这类极值估计量包括（线性和非线性）最小二乘、（线性和非线性）GMM 以及 ML，这些都是它的特例。正如 Amemiya（1985）和其他人所强调的那样，这种统一的方法对于呈现隐含在那些显然各异的估计原则之后的一般性结构颇有裨益。

7.1 节介绍了极值估计量。接下来的两节讲述了极值估计量的渐近性质。7.4 节定义了三个一般性的极值估计量的检验统计量——沃尔德统计量、拉格朗日乘子统计量和似然比统计量，并表明它们是如何具体化地体现在个体情况中的。7.5 节是对极值估计量计算方面的一个简略讨论。

本章的讨论可能显得让人望而却步，因为它涉及大量对微积分的渐近理论的应用。然而，就其本质来说，它确实比较直观。如果你能阅读研究生水平的微观经济学和宏观经济学，且没有太大的困难，那么你应该能够理解这里的大部分讨论，条件是多读一遍（如果第一遍不能理解）。

如果你本质上对极值估计量的渐近性不感兴趣，但是又打算学习第 8 章，究其完整性来说，没有必要阅读本章。只要阅读了 7.1 节，然后尝试理解命题 7.5、命题 7.6、命题 7.8、命题 7.9 和命题 7.11 的表述即可。

符号注释： 和前些章不同，我们使用下标 0 的参数向量来表示其真实值。因此 θ_0 是真实参数值，而 θ 代表假设参数值。这个符号表达在非线性估计的“学术性”文献中是标准做法。对于观测值的序号，我们将使用“t”而不是“i”。

7.1 极值估计量

如果存在一个标量目标函数 $Q_n(\boldsymbol{\theta})$ 满足下式，则估计量 $\hat{\boldsymbol{\theta}}$ 被称为**极值估计量**（extremum estimator）：

$$\hat{\boldsymbol{\theta}} \text{ 最小化 } Q_n(\boldsymbol{\theta}),\text{约束条件为 } \boldsymbol{\theta}\in\Theta\subset\mathbb{R}^p \tag{7.1.1}$$

其中 Θ 被称为**参数空间**（parameter space），是可能参数值的集合。在本书中，我们将关注 Θ 是有限维欧几里得空间 $\mathbb{R}^p$ 的一个子集的情况。目标函数 $Q_n(\boldsymbol{\theta})$ 不仅取决于 $\boldsymbol{\theta}$，而且取决于样本或数据（$\mathbf{w}_1$，$\mathbf{w}_2$，…，$\mathbf{w}_n$），其中 $\mathbf{w}_t$ 是第 t 个观测值，n 是样本规模。在我们的表达符号里，目标函数取决于样本规模 n，可由下标 n 来显示。最大似然（ML）以及线性和非线性广义矩（GMM）估计量是特殊的极值估计量。本节给出了这些以及其他极值估计量，并表明它们是如何彼此关联的。

□ $\hat{\theta}$ 的"可测性"

可以肯定，最大化问题式（7.1.1）可能未必有解。回忆一下下面的微积分知识：

设 h：$\mathbb{R}^p\to\mathbb{R}$ 连续，且 $A\subset\mathbb{R}^p$ 是一个紧集（有界闭集）。那么，h 在集合 A 上具有最大值。即，存在一个 $\mathbf{x}^*\in A$ 使得对于 A 中所有的 $\mathbf{x}$ 有 $h(\mathbf{x}^*)\geqslant h(\mathbf{x})$

因此，如果对于任意数据（$\mathbf{w}_1$，$\mathbf{w}_2$，…，$\mathbf{w}_n$）来说 $Q_n(\boldsymbol{\theta})$ 在 $\boldsymbol{\theta}$ 上是连续的，且 Θ 是紧集，那么必有一个 $\boldsymbol{\theta}$ 是任意给定数据（$\mathbf{w}_1$，…，$\mathbf{w}_n$）的式（7.1.1）中最大化问题的解。在多重解的情况下，我们要从中做出选择。因此 $\boldsymbol{\theta}$ 这个对于任意数据（$\mathbf{w}_1$，…，$\mathbf{w}_n$）而唯一被决定的参数，就是该数据的一个函数。不过，严格而言，作为随机变量（$\mathbf{w}_1$，…，$\mathbf{w}_n$）向量的函数并不足以使得 $\hat{\boldsymbol{\theta}}$ 成为一个良好界定的随机变量；$\hat{\boldsymbol{\theta}}$ 必须是（$\mathbf{w}_1$，…，$\mathbf{w}_n$）的一个"可测"函数。（如果一个函数是连续的，它就是可测的。）下面这条引理表明，$\hat{\boldsymbol{\theta}}$ 可测的条件为：

引理 7.1（极值估计量的存在性）：假设（i）参数空间 Θ 是 $\mathbb{R}^p$ 的一个紧集，（ii）在任意数据（$\mathbf{w}_1$，…，$\mathbf{w}_n$）上，$Q_n(\boldsymbol{\theta})$ 在 $\boldsymbol{\theta}$ 上是连续的，以及（iii）对于 Θ 中所有的 $\boldsymbol{\theta}$，$Q_n(\boldsymbol{\theta})$ 是该数据的一个可测函数。那么，必存在可以求解式（7.1.1）的该数据的可测函数 $\hat{\boldsymbol{\theta}}$。

例如可参看古尔罗克斯和蒙福特（Gourieroux and Monfort，1995，性质 24.1）以找到一个证明。在本章所有的例子里，$Q_n(\boldsymbol{\theta})$ 都是可测的。

在绝大多数应用中，我们不知道真实参数向量的上界和下界。即便我们知道，这些上下界也没有包含在参数空间里，因此该参数空间不是闭的（参看下文的 CES 例子）。由此，我们希望避免的是 Θ 的紧性假设。在本章有些渐近结果中，我们利用在很多应用中满足的其他条件来取代紧性假设。

□ 两类极值估计量

在下面两节中，我们将发展出极值估计量的渐近结论，然后将那些结论具体化到下面这两类极值估计量。

1. **M-估计量**。如果目标函数是下面这样一个样本，则极值估计量就是**M-估计量**（M-estimator）：

$$Q_n(\boldsymbol{\theta}) = \frac{1}{n}\sum_{t=1}^{n} m(\mathbf{w}_t;\boldsymbol{\theta}) \tag{7.1.2}$$

这里 m 是（$\mathbf{w}_t$，$\boldsymbol{\theta}$）的实值函数。我们研究过的 M-估计量的两个例子就是**最大似然**（maximum likelihood，ML）和**非线性最小二乘**（nonlinear least squares，NLS）。

2. **GMM**。如果目标函数可以写成下面这种形式，则极值估计量就是一个 GMM 估计量：

$$Q_n(\boldsymbol{\theta}) = -\frac{1}{2}\mathbf{g}_n(\boldsymbol{\theta})'\,\widehat{\mathbf{W}}\mathbf{g}_n(\boldsymbol{\theta}),\text{其中}\underset{(K\times 1)}{\mathbf{g}_n(\boldsymbol{\theta})} \equiv \frac{1}{n}\sum_{t=1}^{n}\mathbf{g}(\mathbf{w}_t;\boldsymbol{\theta}) \tag{7.1.3}$$

这里 $\widehat{\mathbf{W}}$ 是一个 $K\times K$ 对称且正定的矩阵，定义了 $\mathbf{g}_n(\boldsymbol{\theta})$ 与零的距离。它取决于数据。最大化这个目标函数等价于最小化距离 $\mathbf{g}_n(\boldsymbol{\theta})'\widehat{\mathbf{W}}\mathbf{g}_n(\boldsymbol{\theta})$，这就是我们如何在第 3 章中定义 GMM 的。用 2 除这一距离可以简化目标函数导数的表达式。我们已经介绍过线性模型的 GMM 估计，其中 $\mathbf{g}(\mathbf{w}_t;\ \boldsymbol{\theta})$ 线性于 θ。下面，我们将证明 GMM 估计量可以很轻松地扩展到非线性模型。

有一些极值估计量无法归入这两类中的任何一类。典型的例子就是**经典最小距离估计量**（classical minimum distance estimators）。它们的目标函数可以被写为 $-\mathbf{g}_n(\boldsymbol{\theta})'\widehat{\mathbf{W}}\mathbf{g}_n(\boldsymbol{\theta})$，但 $\mathbf{g}_n(\boldsymbol{\theta})$ 未必是一个样本均值。下一节的一致性定理非常一般化，可以涵盖这类估计量。

在本节的剩余部分里，我们给出一些 M-估计量和 GMM 估计量的例子。每一个例子都是模型（一组数据生成过程［DGP］）和估计方法的结合。

□ 最大似然（ML）

M-估计量的主要例子是 $\{\mathbf{w}_t\}$ 为 i. i. d. 情况的最大似然。这里的模型是 i. i. d. 序列 $\{\mathbf{w}_t\}$ 的集合，其中 $\mathbf{w}_t$ 的密度是由有限维向量 $\boldsymbol{\theta}$：$f(\mathbf{w}_t;\ \boldsymbol{\theta})$，$\boldsymbol{\theta}\in\Theta$ 所编号的密度族中的一个。（由于 $\{\mathbf{w}_t\}$ 是同分布的，所以 $f(\cdot;\ \cdot)$ 的函数形式并不取决于 t。）$f(\cdot;\ \cdot)$的函数形式是已知的。这个模型是**参数化的**（parametric），因为参数向量 $\boldsymbol{\theta}$ 是有限维的。在真实参数值 $\boldsymbol{\theta}_0$ 上，真实 DGP 的密度（切实产生了这些数据的 DGP）是 $f(\mathbf{w}_t;\ \boldsymbol{\theta}_0)$。① 如果 $\boldsymbol{\theta}_0\in\Theta$，则我们称该模型是**正确设定的**（correctly specified）。

由于 $\{\mathbf{w}_t\}$ 是独立分布的，所以数据（$\mathbf{w}_1$，$\mathbf{w}_2$，…，$\mathbf{w}_n$）的联合密度是：

$$f(\mathbf{w}_1,\mathbf{w}_2,\cdots,\mathbf{w}_n;\boldsymbol{\theta}_0) = \prod_{t=1}^{n} f(\mathbf{w}_t;\boldsymbol{\theta}_0) \tag{7.1.4}$$

这个数据的分布就被这样设定，自然的估计方法就是最大似然方法，其步骤如下：用真实参数向量 $\boldsymbol{\theta}_0$ 的假设值 $\boldsymbol{\theta}$ 来取代该真实参数向量，则被视为 $\boldsymbol{\theta}$ 的函数的这一密度，被

① 如果我们坚持使用前面章节的符号表示，那么真实参数值可以由 $\boldsymbol{\theta}$ 来表示，其假设值可以由 $\bar{\boldsymbol{\theta}}$ 来表示。在本章，我们用 $\boldsymbol{\theta}_0$ 表示真实值，用 $\boldsymbol{\theta}$ 表示参数向量的假设值。

称为**似然函数**（likelihood function）。$\boldsymbol{\theta}_0$ 的最大似然（ML）估计量是最大化了该似然函数的 $\boldsymbol{\theta}$。由于对数转换是一种单调转换，所以最大化似然函数就等价于最大化**对数似然函数**（log likelihood function）①：

$$\log f(\mathbf{w}_1,\mathbf{w}_2,\cdots,\mathbf{w}_n;\boldsymbol{\theta}) = \log\Big[\prod_{t=1}^{n} f(\mathbf{w}_t;\boldsymbol{\theta})\Big] = \sum_{t=1}^{n}\log f(\mathbf{w}_t;\boldsymbol{\theta}) \tag{7.1.5}$$

因此，$\boldsymbol{\theta}_0$ 的 ML 估计量是一个 M-估计量，其中：

$$m(\mathbf{w}_t;\boldsymbol{\theta}) = \log f(\mathbf{w}_t;\boldsymbol{\theta}),\text{即 } Q_n(\boldsymbol{\theta}) = \frac{1}{n}\sum_{t=1}^{n}\log f(\mathbf{w}_t;\boldsymbol{\theta}) \tag{7.1.6}$$

在我们通过例子阐述 ML 之前，以下三个提示是很有用处的。

- （序列相关观测值）如果 $\{\mathbf{w}_t\}$ 是序列相关的，则平均对数似然不会取一个如此简单的形式。序列相关观测值 ML 的例子将在下一章研究。
- （其他估计量）最大似然不是估计参数向量的唯一途径。例如，令 $\boldsymbol{\mu}(\boldsymbol{\theta})$ 为由密度函数 $f(\mathbf{w}_t;\ \boldsymbol{\theta})$ 所蕴含的 $\mathbf{w}_t$ 的期望值。它是一个 $\boldsymbol{\theta}$ 的已知函数。根据构造，下面这个零均值条件成立：

$$\mathrm{E}[\mathbf{w}_t-\boldsymbol{\mu}(\boldsymbol{\theta}_0)]=\mathbf{0} \tag{7.1.7}$$

这个参数向量 $\boldsymbol{\theta}_0$ 可以由 GMM 估计，其中在 GMM 目标函数式（7.1.3）中 $\mathbf{g}(\mathbf{w}_t;\ \boldsymbol{\theta})=\mathbf{w}_t-\boldsymbol{\mu}(\boldsymbol{\theta})$。

- （ML 的有效性）正如我们在接下来两节将要看到的那样，在适当条件下 ML 是一致且渐近正态的。被广泛认为的是，在所有一致且渐近正态的估计量族中，ML 是有效的（即可获得最小渐近方差）。这一信念可由一个反例来证明是错误的（例如在 Amemiya（1985）的例 4.2.4 中可以看到此类描述）。尽管如此，ML 在很多一般化的渐近正态估计量族中仍然是有效的。一个这样的例子就是 GMM 估计量。在 7.3 节，我们将注意到，$\boldsymbol{\theta}_0$ 的任何 GMM 估计量的渐近方差不比 ML 估计量的渐近方差小。

例 7.1（估计一个正态分布的均值）：

令数据（w_1，…，w_n）为一个标量 i. i. d. 序列，其中 w_t 的分布由 $N(\mu,\ \sigma^2)$ 给出。因此 $\boldsymbol{\theta}=(\mu,\ \sigma^2)'$，且：

$$f(w_t;\mu,\sigma^2)=\frac{1}{\sqrt{2\pi\sigma^2}}\exp\Big[-\frac{(w_t-\mu)^2}{2\sigma^2}\Big]$$

数据（w_1，…，w_n）的平均对数似然为：

$$\frac{1}{n}\sum_{t=1}^{n}\log f(w_t;\mu,\sigma^2) = -\frac{1}{2}\log(2\pi)-\frac{1}{2}\log(\sigma^2)-\frac{1}{n}\sum_{t=1}^{n}\Big[\frac{(w_t-\mu)^2}{2\sigma^2}\Big] \tag{7.1.8}$$

（μ_0，σ_0^2）的 ML 估计量是一个极值估计量，其中 $Q_n(\theta)$ 取平均对数似然。假定该方差

---

① 对于满足 $f(\mathbf{w}_t;\ \boldsymbol{\theta})=0$ 的 $\boldsymbol{\theta}$ 而言，不能取对数。这不会出现什么问题，因为这样的 $\boldsymbol{\theta}$ 绝不会最大化（水平）似然函数 $f(\mathbf{w}_1,\ \cdots,\ \mathbf{w}_n;\ \boldsymbol{\theta})$。对于这样的 $\boldsymbol{\theta}$，我们可以对 $\log f(\mathbf{w}_t;\ \boldsymbol{\theta})$ 赋予一个任意小的数，使得水平似然的最大化也是对数似然的最大化。参看 White（1994，p. 15），可以得到对这一主题更为正式的处理。

被假设为正的，但是没有对 μ_0 的先验限制，那么参数空间 Θ 就是 $\mathbb{R}\times\mathbb{R}_{++}$，其中 $\mathbb{R}_{++}$ 是正实数集。可以很容易检验，μ_0 的 ML 估计量是 w_t 的样本均值。基于零均值条件 $\mathrm{E}(w_t-\mu_0)=0$ 的 μ_0 的 GMM 估计量也是 w_t 的样本均值。

□ 条件极大似然

在大多数应用中，向量 w_t 被分割成两个群组 y_t 和 $\mathbf{x}_t$，研究者的兴趣为检视 $\mathbf{x}_t$ 如何影响在给定 $\mathbf{x}_t$ 时 y_t 的条件分布。我们曾称此变量 y_t 为**因变量**（dependent variable），称 $\mathbf{x}_t$ 为**回归元**（regressors）。本章没有结果取决于 y_t 为一个标量；y_t 可以是一个向量，且所有的结果仍然都有效，只要用向量"$\mathbf{y}_t$"替换标量"y_t"即可。尽管如此，我们仍然使用标量符号，这只是因为在本章我们考虑的所有例子里都只有一个因变量。

令 $f(y_t\mid\mathbf{x}_t;\boldsymbol{\theta}_0)$ 为给定 $\mathbf{x}_t$ 时 y_t 的条件密度，令 $f(\mathbf{x}_t;\boldsymbol{\psi}_0)$ 为 $\mathbf{x}_t$ 的边缘密度。则：

$$f(y_t,\mathbf{x}_t;\boldsymbol{\theta}_0,\boldsymbol{\psi}_0)=f(y_t|\mathbf{x}_t;\boldsymbol{\theta}_0)f(\mathbf{x}_t;\boldsymbol{\psi}_0) \tag{7.1.9}$$

是 $\mathbf{w}_t=(y_t,\mathbf{x}_t')'$ 的联合密度。现在我们暂时假设 $\boldsymbol{\theta}_0$ 和 $\boldsymbol{\psi}_0$ 不是函数相关的（参看下一段可以得到一个关于函数关系的例子）。数据（$\mathbf{w}_1$，…，$\mathbf{w}_n$）的平均对数似然为：

$$\frac{1}{n}\sum_{t=1}^{n}\log f(\mathbf{w}_t;\boldsymbol{\theta},\boldsymbol{\psi})=\frac{1}{n}\sum_{t=1}^{n}\log f(y_t\mid\mathbf{x}_t;\boldsymbol{\theta})+\frac{1}{n}\sum_{t=1}^{n}\log f(\mathbf{x}_t;\boldsymbol{\psi}) \tag{7.1.10}$$

右边第一项是平均**对数条件似然**（log conditional likelihood）。$\boldsymbol{\theta}_0$ 的**条件 ML 估计量**（conditional ML estimator）最大化了这第一项，从而忽略了第二项。它是一个 M-估计量，其中：

$$m(\mathbf{w}_t;\boldsymbol{\theta})=\log f(y_t\mid\mathbf{x}_t;\boldsymbol{\theta})\text{，即 }Q_n(\boldsymbol{\theta})=\frac{1}{n}\sum_{t=1}^{n}\log f(y_t\mid\mathbf{x}_t;\boldsymbol{\theta}) \tag{7.1.11}$$

式（7.1.10）右边第二项是平均对数边缘似然。它不取决于 $\boldsymbol{\theta}$，因此 $\boldsymbol{\theta}_0$ 的条件 ML 估计量在数值上与最大化了平均联合似然式（7.1.10）的（联合或完全）ML 估计量相同。

现在假设 $\boldsymbol{\theta}_0$ 和 $\boldsymbol{\psi}_0$ 是函数相关的。例如，$\boldsymbol{\theta}_0$ 和 $\boldsymbol{\psi}_0$ 可能被分块为 $\boldsymbol{\theta}_0=(\boldsymbol{\alpha}_0',\boldsymbol{\beta}_0')'$，$\boldsymbol{\psi}_0=(\boldsymbol{\beta}_0',\boldsymbol{\gamma}_0')'$。那么，这个完全（即无条件）ML 和条件 ML 估计量在数值上就不再相等。直观上很清楚的是，条件 ML 遗漏了本可从边缘似然中得到的信息。的确，可以证明，$\boldsymbol{\theta}_0$ 的条件 ML 估计量没有得自最大化联合对数似然式（7.1.10）的完全 ML 估计量那么有效（例如可参看 Gourieroux 和 Monfort（1995，7.5.3 节））。在大多数应用中，这种有效性的损失是不可避免的，因为我们不知道，或者也不希望规定该边缘分布的参数形式 $f(\mathbf{x}_t;\boldsymbol{\psi})$。

下面是两个条件 ML 的例子（在下一章将给出其他例子）。

例 7.2（具有正态误差的线性回归模型）：

在第 2 章，我们考虑过具有条件同方差性的线性回归模型。进一步假设误差项是正态分布的，因此有：

$$\{y_t, \mathbf{x}_t\} \text{是 i. i. d.}, y_t = \mathbf{x}_t'\boldsymbol{\beta}_0 + \varepsilon_t, \varepsilon_t | \mathbf{x}_t \sim N(0, \sigma_0^2) \tag{7.1.12}$$

给定 $\mathbf{x}_t$ 时 y_t 的条件似然 $f(\mathbf{y}_t \mid \mathbf{x}_t; \boldsymbol{\theta})$ 是 $N(\mathbf{x}_t'\boldsymbol{\beta}, \sigma^2)$ 的密度函数。因此，由于 $\boldsymbol{\theta}=(\boldsymbol{\beta}', \sigma^2)'$，$\mathbf{w}_t=(y_t, \mathbf{x}_t')'$，所以 m 函数为：

$$\begin{aligned} m(\mathbf{w}_t; \boldsymbol{\theta}) &= \log f(y_t | \mathbf{x}_t; \boldsymbol{\beta}, \sigma^2) \\ &= \log\left(\frac{1}{\sqrt{2\pi\sigma^2}} \exp\left[-\frac{(y_t - \mathbf{x}_t'\boldsymbol{\beta})^2}{2\sigma^2}\right]\right) \\ &= -\frac{1}{2}\log(2\pi) - \log(\sigma) - \frac{1}{2}\left(\frac{y_t - \mathbf{x}_t'\boldsymbol{\beta}}{\sigma}\right)^2 \end{aligned} \tag{7.1.13}$$

参数空间 Θ 为 $\mathbb{R}^K \times \mathbb{R}_{++}$，其中 K 是 $\boldsymbol{\beta}$ 的维数，$\mathbb{R}_{++}$ 是反映了先验约束 $\sigma_0^2 > 0$ 的正实数集。正如我们在第 1 章中证明的那样，$\boldsymbol{\beta}_0$ 的 ML 估计量是 OLS 估计量，而 σ_0^2 的 ML 估计量是残差平方和除以样本规模 n。

例 7.3（Probit）：

在 **probit 模型**（probit model）中，标量因变量 y_t 是一个二元变量，$y_t \in \{0, 1\}$。例如，如果妻子选择参加工作，即有 $y_t=1$，否则 $y_t=0$，$\mathbf{x}_t$ 可能包括丈夫的收入。给定回归元向量 $\mathbf{x}_t$，y_t 的条件概率由下式给出：

$$\begin{cases} f(y_t = 1 | \mathbf{x}_t; \boldsymbol{\theta}_0) = \Phi(\mathbf{x}_t'\boldsymbol{\theta}_0) \\ f(y_t = 0 | \mathbf{x}_t; \boldsymbol{\theta}_0) = 1 - \Phi(\mathbf{x}_t'\boldsymbol{\theta}_0) \end{cases} \tag{7.1.14}$$

其中 $\Phi(\cdot)$ 是标准正态分布的累积密度函数。这可以被简写为：

$$f(y_t | \mathbf{x}_t; \boldsymbol{\theta}_0) = \Phi(\mathbf{x}_t'\boldsymbol{\theta}_0)^{y_t} [1 - \Phi(\mathbf{x}_t'\boldsymbol{\theta}_0)]^{1-y_t}$$

如果没有对 $\boldsymbol{\theta}_0$ 的先验假设，那么参数空间 Θ 即为 $\mathbb{R}^p$。$\boldsymbol{\theta}_0$ 的 ML 估计量是具有由下式给出的 m 函数的 M-估计量：

$$m(\mathbf{w}_t; \boldsymbol{\theta}) = \log f(y_t | \mathbf{x}_t; \boldsymbol{\theta}) = y_t \log \Phi(\mathbf{x}_t'\boldsymbol{\theta}) + (1 - y_t) \log[1 - \Phi(\mathbf{x}_t'\boldsymbol{\theta})] \tag{7.1.15}$$

□ ML 的不变性

联合 ML 和条件 ML 估计量有很多值得期待的性质。其中一个在有限样本中是成立的，即具有**不变性**（invariance）。为了一般性地描述一个极值估计量的不变性，我们通过一个定义在 Θ 上的映射或函数 $\boldsymbol{\lambda} = \mathbf{r}(\boldsymbol{\theta})$ 来将这一模型**重新参数化**（reparameterizing）。令 Λ 为该映射的值域：

$$\Lambda \equiv \mathbf{r}(\Theta) \equiv \{\boldsymbol{\lambda} | \boldsymbol{\lambda} = \boldsymbol{\tau}(\boldsymbol{\theta}), \text{对于某个 } \boldsymbol{\theta} \in \Theta\} \tag{7.1.16}$$

根据定义，对于 Λ 的每个 $\boldsymbol{\lambda}$，必存在至少一个 $\boldsymbol{\theta}$ 满足 $\boldsymbol{\lambda} = \boldsymbol{\tau}(\boldsymbol{\theta})$。如果映射 $\boldsymbol{\tau}$: $\Theta \to \Lambda$ 是一对一的，则它被称为一个重新参数化过程；即，对于 Λ 的每个 $\boldsymbol{\lambda}$，Θ 中只有一个 $\boldsymbol{\theta}$ 满足 $\boldsymbol{\lambda} = \boldsymbol{\tau}(\boldsymbol{\theta})$。因此这唯一的 $\boldsymbol{\theta}$ 也是 $\boldsymbol{\lambda}$ 的函数。这个从 Λ 到 Θ 的映射被称为 $\boldsymbol{\tau}$ 的**逆**（inverse），表示为 $\boldsymbol{\tau}^{-1}$。如果重新参数化模型的极值估计量是 $\boldsymbol{\tau}(\hat{\boldsymbol{\theta}})$，则我们称该极值估计

量 $\hat{\boldsymbol{\theta}}$ 对于重新参数化过程 $\boldsymbol{\tau}$ 而言是**不变的**（invariant）。令 $\tilde{Q}_n(\boldsymbol{\lambda})$ 为与重新参数化模型相关联的目标函数。当且仅当下式成立时，极值估计量是不变的：

$$\tilde{Q}_n(\boldsymbol{\lambda})=Q_n(\boldsymbol{\tau}^{-1}(\boldsymbol{\lambda}))\text{，对于所有的 }\boldsymbol{\lambda}\in\Lambda \tag{7.1.17}$$

为了明白这一点，令 $\hat{\boldsymbol{\lambda}}\equiv\boldsymbol{\tau}(\hat{\boldsymbol{\theta}})$。对于任意的 $\boldsymbol{\lambda}\in\Lambda$，我们有 $\tilde{Q}_n(\boldsymbol{\lambda})=Q_n(\boldsymbol{\tau}^{-1}(\boldsymbol{\lambda}))\leqslant Q_n(\hat{\boldsymbol{\theta}})$，因为 $\hat{\boldsymbol{\theta}}$ 最大化了 Θ 上的 $Q_n(\boldsymbol{\theta})$，而 $\boldsymbol{\tau}^{-1}(\boldsymbol{\lambda})$ 在 Θ 中。但是 $Q_n(\hat{\boldsymbol{\theta}})=Q_n(\boldsymbol{\tau}^{-1}(\hat{\boldsymbol{\lambda}}))=\tilde{Q}_n(\hat{\boldsymbol{\lambda}})$。因此对于所有的 $\boldsymbol{\lambda}\in\Lambda$，有 $\tilde{Q}_n(\boldsymbol{\lambda})\leqslant\tilde{Q}_n(\hat{\boldsymbol{\lambda}})$。

ML（它可以是条件的或联合的）对于重新参数化而言是不变的，因为重新参数化后的似然函数为 $\tilde{f}(\cdot;\boldsymbol{\lambda})=f(\cdot;\boldsymbol{\tau}^{-1}(\boldsymbol{\lambda}))$，它可以产生满足式（7.1.17）的目标函数。存在并非不变的估计量吗？答案是肯定的，复习题 5 要求你证明 GMM 并非不可变。

□ 非线性最小二乘（NLS）

在 NLS 中，正如在条件 ML 中一样，观测值向量 $\mathbf{w}_t$ 被分块为两个群组，y_t 和 $\mathbf{x}_t$：$\mathbf{w}_t=(y_t,\mathbf{x}_t')'$。NLS 中的模型是随机过程 $\{y_t,\mathbf{x}_t\}$ 的集合，满足条件均值 $\mathrm{E}(y_t\mid\mathbf{x}_t)$ 作为 $\mathbf{x}_t$ 的函数是函数 $\varphi(\mathbf{x}_t;\boldsymbol{\theta})$，$\boldsymbol{\theta}\in\Theta$ 的参数族的一员。$\varphi(\cdot;\cdot)$ 的函数形式是已知的。如果 $\boldsymbol{\theta}_0$ 是真实参数值，那么对于真实 DGP $\{y_t,\mathbf{x}_t\}$ 来说有 $\mathrm{E}(y_t\mid\mathbf{x}_t)=\varphi(\mathbf{x}_t;\boldsymbol{\theta}_0)$。如果我们定义 $\varepsilon_t\equiv y_t-\mathrm{E}(y_t\mid\mathbf{x}_t)$，那么正确设定的模型可以写为：

$$y_t=\varphi(\mathbf{x}_t;\boldsymbol{\theta}_0)+\varepsilon_t,\ \mathrm{E}(\varepsilon_t\mid\mathbf{x}_t)=0,\ \boldsymbol{\theta}_0\in\Theta \tag{7.1.18}$$

估计 $\boldsymbol{\theta}_0$ 最为广泛使用的方法是**最小二乘**（least squares），它用来最小化残差平方和。因此，NLS 估计量是应用于刚才所描述的模型的最小二乘估计量，即具有下式的 M-估计量：

$$m(\mathbf{w};\boldsymbol{\theta})=-[y_t-\varphi(\mathbf{x}_t;\boldsymbol{\theta})]^2\text{，即}$$

$$Q_n(\boldsymbol{\theta})=-\frac{1}{n}\sum_{t=1}^{n}[y_t-\varphi(\mathbf{x}_t;\boldsymbol{\theta})]^2 \tag{7.1.19}$$

这里 $Q_n(\boldsymbol{\theta})$ 的最大化与对残差平方和的最小化是相同的。

例 7.4（具有可加性误差的 CES 生产函数）：

作为一个说明性的例子，我们来看 CES 生产函数：

$$Q_t=A_0\cdot[\delta_0K_t^{-\rho_0}+(1-\delta_0)L_t^{-\rho_0}]^{-1/\rho_0}+\varepsilon_t \tag{7.1.20}$$

其中 Q_t 是时期 t 的产出，K_t 是资本存量，L_t 是劳动投入，ε_t 是具有 $\mathrm{E}(\varepsilon_t\mid K_t,L_t)=0$ 的生产函数的可加性冲击。这是一个具有 $y_t=Q_t$，$\mathbf{x}_t=(K_t,L_t)'$，$\boldsymbol{\theta}_0=(A_0,\delta_0,\rho_0)'$，$\varphi(\mathbf{x}_t;\boldsymbol{\theta})=A\cdot[\delta K_t^{-\rho}+(1-\delta)L_t^{-\rho}]^{-1/\rho}$ 的条件均值模型（7.1.18）。如果 $A>0$，$0<\delta<1$，$-1<\rho$，则（单调性和凹性的）生产函数的一般性质可以得到满足，这就确定了参数空间 Θ。

□ 线性和非线性 GMM

在第 3 章，我们将 GMM 应用于线性方程。要估计的线性方程为：

$$y_t=\mathbf{z}_t'\boldsymbol{\theta}_0+\varepsilon_t \tag{7.1.21}$$

其中 $\mathbf{x}_t$ 为工具向量，正交（零均值）条件为：

$$\mathrm{E}[\mathbf{x}_t\cdot(y_t-\mathbf{z}_t'\boldsymbol{\theta}_0)]=\mathbf{0} \tag{7.1.22}$$

这里正确设定的模型是这些零均值条件对于 Θ 中的 $\boldsymbol{\theta}_0$ 均成立的遍历平稳过程 $\mathbf{w}_t=(y_t,\mathbf{z}_t',\mathbf{x}_t')'$ 的集合。$\boldsymbol{\theta}_0$ 的线性 GMM 估计量是一个在 GMM 目标函数式（7.1.3）中具有 $\mathbf{g}$ 函数的 GMM 估计量，它由下式给出：

$$\mathbf{g}(\mathbf{w}_t;\boldsymbol{\theta})\equiv\mathbf{x}_t\cdot(y_t-\mathbf{z}_t'\boldsymbol{\theta})=\mathbf{x}_t\cdot y_t-\mathbf{x}_t\mathbf{z}_t'\boldsymbol{\theta} \tag{7.1.23}$$

GMM 也可以应用于非线性方程。假设估计方程是非线性的，而且是 y_t 的隐函数：

$$a(y_t,\mathbf{z}_t;\boldsymbol{\theta}_0)=\varepsilon_t \tag{7.1.24}$$

设 $\mathbf{g}(\mathbf{w}_t;\boldsymbol{\theta})=\mathbf{x}_t\cdot a(y_t,\mathbf{z}_t;\boldsymbol{\theta})$。这个估计量被称为**广义非线性工具变量估计量**（generalized nonlinear instrumental variables estimator）。[①] 它仍然是 GMM 的一种特殊情况，因为这里的 $\mathbf{g}$ 函数可以写为工具向量和误差项的积。GMM 估计量的性质在本章要予以发展，这些性质不依赖于这一特殊结构。

作为非线性 GMM 的一个例子，我们来看汉森和辛格尔顿（Hansen and Singleton，1982）的非线性欧拉方程。

例 7.5（非线性消费欧拉方程）：

居民最优化问题的欧拉方程在宏观经济学中是标准的，即

$$\mathrm{E}\left[R_{t+1}\frac{\beta_0 u'(c_{t+1})}{u'(c_t)}\,\middle|\,I_t\right]=1 \tag{7.1.25}$$

其中 R_{t+1} 是从所涉及的资产中得到的总的事后收益率（1 加上收益率），c_t 是消费，β_0 是折现率，$u'(c)$ 是边际效用，I_t 是在日期 t 可以取得的信息。假设效用函数为 $u(c)=c^{1-\alpha_0}/(1-\alpha_0)$。那么，$u'(c)=c^{-\alpha_0}$，而欧拉方程就变成：

$$\mathrm{E}\left[a\left(\frac{c_{t+1}}{c_t},R_{t+1};\alpha_0,\beta_0\right)\,\middle|\,I_t\right]=0$$

$$\text{其中 } a\left(\frac{c_{t+1}}{c_t},R_{t+1};\alpha_0,\beta_0\right)\equiv R_{t+1}\cdot\beta_0\cdot\left(\frac{c_{t+1}}{c_t}\right)^{-\alpha_0}-1 \tag{7.1.26}$$

如果 $\mathbf{x}_t$ 是其值在 t 期已知的变量向量，则 $\mathbf{x}_t\in I_t$，从式（7.1.26）可推得：

$$\mathrm{E}\left[\mathbf{x}_t\cdot a\left(\frac{c_{t+1}}{c_t},R_{t+1};\alpha_0,\beta_0\right)\,\middle|\,I_t\right]=\mathbf{0} \tag{7.1.27}$$

---

① 它比一般的非线性工具变量估计量更为一般化，因为条件同方差性不需要作为假设出现。

两边取无条件期望，利用总期望法则（$\mathrm{E}[\mathrm{E}(x \mid I_t)]=\mathrm{E}(x)$），我们可以得到正交（零均值）条件 $\mathrm{E}[\mathbf{g}(\mathbf{w}_t;\ \boldsymbol{\theta}_0)]=\mathbf{0}$，这里：

$$\mathbf{g}(\mathbf{w}_t;\boldsymbol{\theta}_0)=\mathbf{x}_t \cdot a\left(\frac{c_{t+1}}{c_t}, R_{t+1};\alpha_0,\beta_0\right),\ \text{其中}\ \mathbf{w}_t=\begin{bmatrix}\mathbf{x}_t\\ c_{t+1}/c_t\\ R_{t+1}\end{bmatrix},\ \boldsymbol{\theta}_0=\begin{bmatrix}\beta_0\\ \alpha_0\end{bmatrix} \tag{7.1.28}$$

复习题

1.（用 NLS 估计 probit 模型）对于 probit 模型，证明 $\mathrm{E}(y_t \mid \mathbf{x}_t)=\Phi(\mathbf{x}_t'\boldsymbol{\theta}_0)$。我们来看将最小二乘应用于这一模型。在 M-估计量目标函数式（7.1.2）中具体指明 m 个方程。

2.（用 GMM 估计 probit 模型）对于 probit 模型，证明正交性条件 $\mathrm{E}[\mathbf{x}_t \cdot (y_t-\Phi(\mathbf{x}_t'\boldsymbol{\theta}_0))]=\mathbf{0}$。在 GMM 目标函数式（7.1.3）中具体指明 $\mathbf{g}$ 函数。

3.（由 GMM 模型的 ML 所做的估计?）假设在最后一小节所描述的正确设定的线性模型里，$\{y_t,\ \mathbf{z}_t,\ \mathbf{x}_t\}$ 是i. i. d. 的。你能否用 ML 估计 $\boldsymbol{\theta}_0$？[答案：否，因为该模型并没有给出 $\mathbf{w}_t$ 的密度的参数形式。]

4.（在 NLS 中 $\mathrm{E}(\varepsilon_t \mid \mathbf{x}_t)=0$ 与 $\mathrm{E}(\varepsilon_t \cdot \mathbf{x}_t)=\mathbf{0}$）我们来看二次 NLS 模型，其中 $\varphi(x_t;\ \boldsymbol{\theta})=\theta_0+\theta_1 x_t+\theta_2 x_t^2$。假设 $\mathrm{E}(\varepsilon_t x_t)=0$，但是 $\mathrm{E}(\varepsilon_t x_t^2)\neq 0$。$\mathrm{E}(\varepsilon_t \mid x_t)=0$ 成立吗？[答案：否。如果 $\mathrm{E}(\varepsilon_t \mid x_t)=0$，则对于任何（可测）函数 h 有 $\mathrm{E}(\varepsilon_t h(x_t))=0$。] $\boldsymbol{\theta}_0$ 的 NLS 估计量会是一致的吗？[答案：否。]

5.（在 GMM 中不变性的缺乏）我们来看线性模型 $y_t=\theta_0 z_t+\varepsilon_t$，其中 θ_0 和 z_t 是标量。正交条件是 $\mathrm{E}[\mathbf{x}_t \cdot (y_t-\theta_0 z_t)]=\mathbf{0}$。写下 GMM 目标函数 $Q_n(\theta)$。假设 $\Theta=\mathbb{R}_{++}$（即 $\theta_0>0$），然后考虑重新参数化 $\lambda=1/\theta$。有了这样的重新参数化，线性方程可以改写为 $z_t=\lambda_0 y_t-\lambda_0\varepsilon_t$，而正交性条件可以改写为 $\mathrm{E}[\mathbf{x}_t \cdot (z_t-\lambda_0 y_t)]=\mathbf{0}$。令 $\widetilde{Q}_n(\lambda)$ 为与此正交性条件集相联系的 GMM 目标函数。当 $\widehat{\mathbf{W}}$ 在这两个目标函数中相同时，有这样的情况：$Q_n(\theta)=\widetilde{Q}_n(1/\theta)$ 或 $\widetilde{Q}_n(\lambda)=Q_n(1/\lambda)$ 吗？[答案：否。]

7.2　一致性

在本节，我们首先给出一个充分条件的集合，在这些条件下，极值估计量是一致的。然后把那些条件具体化到 NLS、ML 和 GMM。

□ 极值估计量的两个一致性定理

目标函数 $Q_n(\cdot)$ 是一个随机函数，因为对于每一个 $\boldsymbol{\theta}$，其值 $Q_n(\boldsymbol{\theta})$ 独立于数据（$\mathbf{w}_1,\ \cdots,\ \mathbf{w}_n$），是一个随机变量。极值估计量的一致性的基本思想是这样的：如果 $Q_n(\boldsymbol{\theta})$ 依概率收敛于 $Q_0(\boldsymbol{\theta})$，而且真实参数 $\boldsymbol{\theta}_0$ 是最大化极限函数 $Q_0(\boldsymbol{\theta})$ 的"极限问题"的解，那么最大值 $\hat{\boldsymbol{\theta}}$ 的极限应该是 $\boldsymbol{\theta}_0$。极限的最大值成为最大值的极限的充分条件是，依概率收敛要是"一致的"（在矩上变得更精确这个意义上），而且参数空间 Θ 应该是紧集。正如已经提及的那样，参数空间在绝大多数应用中并不是紧集。因此，我们要给出一致性条件的另外一个集合，它不要求 Θ 是紧集。

为了表述极值估计量的第一个一致性定理，我们需要清楚地界定所谓的收敛是“一致的”到底是什么意思。如果你已经对函数序列的一致收敛概念的微积分相当熟悉，就会认识到要给出的这个定义是随机函数序列 $Q_n(\cdot)(n=1, 2, \cdots)$ 的一个自然扩展。$Q_n(\cdot)$ **依概率点态收敛**（pointwise convergence in probability）于某个非随机函数 $Q_0(\cdot)$ 只不过意味对于所有的 $\boldsymbol{\theta}$ 有 $\text{plim}_{n\to\infty} Q_n(\boldsymbol{\theta})=Q_0(\boldsymbol{\theta})$，即 $|Q_n(\boldsymbol{\theta})-Q_0(\boldsymbol{\theta})|$ $(n=1, 2, \cdots)$ 的随机变量序列对于每个 $\boldsymbol{\theta}$ 依概率收敛到 0。依概率一致收敛更强一些。该收敛必须是在下面这一意义上在参数空间 Θ 上“一致地”发生：

$$\sup_{\boldsymbol{\theta}\in\Theta}|Q_n(\boldsymbol{\theta})-Q_0(\boldsymbol{\theta})|\xrightarrow[\text{p}]{}0, \ n\to\infty \tag{7.2.1}$$

正如依概率收敛的情况一样，（通过把矩阵看成一个其元素已经经过重新排列的向量）通过要求每个元素一致收敛：如果每个元素一致收敛，则向量随机函数序列 $\{\mathbf{h}_n(\cdot)\}$ 依概率一致收敛到一个非随机函数 $\mathbf{h}_0(\cdot)$，依概率一致收敛可以很容易地扩展到向量随机函数或矩阵随机函数序列。这种诸元素收敛等价于在模上收敛：

$$\sup_{\boldsymbol{\theta}\in\Theta}\|\mathbf{h}_n(\boldsymbol{\theta})-\mathbf{h}_0(\boldsymbol{\theta})\|\xrightarrow[\text{p}]{}0, \ n\to\infty \tag{7.2.2}$$

其中 $\|\cdot\|$ 是一般的欧几里得模。①

在下面这个对我们第一个一致性定理的表述中，确保 $\hat{\boldsymbol{\theta}}$ 是良好定义的条件为（i）至（iii），而那些确保一致性的条件则为（a）和（b）。

命题 7.1（具有紧参数空间的一致性）： 假设（i）Θ 是 $\mathbb{R}^p$ 的紧子集，（ii）对于任何数据 $(\mathbf{w}_1, \cdots, \mathbf{w}_n)$ 而言 $Q_n(\boldsymbol{\theta})$ 在 $\boldsymbol{\theta}$ 上是连续的，（iii）对于 Θ 中所有的 $\boldsymbol{\theta}$ 来说 $Q_n(\boldsymbol{\theta})$ 是该数据的可测函数（因此根据引理 7.1，式（7.1.1）中定义的极值估计量 $\hat{\boldsymbol{\theta}}$ 是一个良好定义的随机变量）。如果存在满足下述条件的函数 $Q_0(\boldsymbol{\theta})$：

（a）（可识别）$Q_0(\boldsymbol{\theta})$ 在 $\boldsymbol{\theta}_0\in\Theta$ 处于 Θ 上唯一地得到最大化，

（b）（一致收敛）$Q_n(\cdot)$ 依概率一致收敛到 $Q_0(\cdot)$，

则 $\hat{\boldsymbol{\theta}}\to_{\text{p}}\boldsymbol{\theta}_0$。

我们不在这里证明这一结论；有关证明可以参见比如 Amemiya（1985，定理 4.1.1）。对于诸如 ML、NLS 和 GMM 的估计值，我们稍后将识别条件（a）以更为原初的术语进行表述，从而使得该条件可以被解释得更为直观。

确实可以不需要 Θ 的紧性的定理为：

命题 7.2（无紧性的一致性）： 假设（i）真实参数向量 $\boldsymbol{\theta}_0$ 是凸参数空间 $\Theta(\subset\mathbb{R}^p)$ 内部的元素，（ii）$Q_n(\boldsymbol{\theta})$ 在任何数据 $(\mathbf{w}_1, \cdots, \mathbf{w}_n)$ 的参数空间上都是凹的②，（iii）$Q_n(\boldsymbol{\theta})$ 对于 Θ 中所有的 $\boldsymbol{\theta}$ 而言是该数据的一个可测函数。令 $\hat{\boldsymbol{\theta}}$ 为式（7.1.1）定义的极值估计量（稍后研究一下它的存在性）。如果存在一个函数 $Q_0(\boldsymbol{\theta})$ 满足：

（a）（可识别性）$Q_0(\boldsymbol{\theta})$ 在 $\boldsymbol{\theta}_0\in\Theta$ 处于 Θ 上被唯一地最大化，

① p 维向量 $\mathbf{x}=(x_1, x_2, \cdots, x_p)'$ 的欧几里得模表示为 $\|\mathbf{x}\|$，定义为 $\sqrt{x_1^2+x_2^2+\cdots+x_p^2}$。

② 如果对于所有的 $\mathbf{x}_1$，$\mathbf{x}_2$，$0\leqslant\alpha\leqslant1$，有 $\alpha h(\mathbf{x}_1)+(1-\alpha)h(\mathbf{x}_2)\leqslant h(\alpha\mathbf{x}_1+(1-\alpha)\mathbf{x}_2)$，则标量函数 $h(\mathbf{x})$ 为**凹**（concave）。因此线性函数是凹的。有些作者使用术语“全局凹”将它与“局部凹”相区分，后者的海塞矩阵在所讨论的参数向量上是半负定的。如果一个函数是凹的，则它是连续的。因此在这个命题中条件（ii）要比前一个命题中的条件（ii）更强。

(b)(点态收敛)对于所有的 $\boldsymbol{\theta} \in \Theta$，$Q_n(\boldsymbol{\theta})$ 依概率收敛到 $Q_0(\boldsymbol{\theta})$，

那么，随着$n \to \infty$，$\hat{\boldsymbol{\theta}}$ 以接近于 1 的概率存在，且 $\hat{\boldsymbol{\theta}} \to_p \boldsymbol{\theta}_0$。

有关证明参看 Newey 和 McFadden (1994, pp. 2133－2134)。在绝大多数应用中，Θ 是一个开凸集(正如例 7.1 至例 7.4 中那样)，因此条件(i)可以得到满足。$Q_n(\boldsymbol{\theta})$ 收敛到 $Q_0(\boldsymbol{\theta})$ 被要求仅仅是点态的，这在应用中比较容易验证。对于这种完美性的要求，其代价就是(在点态收敛意味着一致收敛的情况下)目标函数 $Q_0(\boldsymbol{\theta})$ 对于任何数据都是凸的，但是在很多应用中，这一条件是可以得到满足的。下面我们将证明对于线性回归模型的 ML(重新参数化之后)、probit ML 和线性 GMM 而言凹性是可以得到满足的。

□ M－估计量的一致性

对于 M-估计量，目标函数由式(7.1.2)给出。如果 $\{\mathbf{w}_t\}$ 是遍历平稳的，则遍历定理意味着 $Q_n(\boldsymbol{\theta})$ 点态收敛：对于每一个 $\boldsymbol{\theta} \in \Theta$ 来说 $Q_0(\boldsymbol{\theta})$ 依概率点态收敛到 $Q_0(\boldsymbol{\theta})$，$Q_0(\boldsymbol{\theta})$ 由下式给出：

$$Q_0(\boldsymbol{\theta}) = \mathrm{E}[m(\mathbf{w}_t;\boldsymbol{\theta})] \tag{7.2.3}$$

(当然，给定 $\mathrm{E}[m(\mathbf{w}_t;\boldsymbol{\theta})]$存在且有限。)为了将第一个一致性结果(命题 7.1)应用于 M-估计量，我们需要证明 $\frac{1}{n}\sum_{t=1}^{n} m(\mathbf{w}_t;\cdot)$ 一致收敛到 $\mathrm{E}[m(\mathbf{w}_t;\ \cdot)]$。证明依概率一致收敛的标准方法是**一致大数定律**(uniform law of large numbers)，它利用了该表达是一个样本均值的条件。其遍历平稳过程版(在纽韦和麦克法登(Newey and McFadden, 1994)中的引理 2.4 以及怀特(White, 1994)的定理 A.2.2 中予以表述)为：

引理 7.2 (一致大数定律)：令 $\{\mathbf{w}_t\}$ 为遍历平稳过程。假设(i)集合 Θ 是紧集，(ii) $m(\mathbf{w}_t;\boldsymbol{\theta})$ 对于所有的 $\mathbf{w}_t$ 在 $\boldsymbol{\theta}$ 上是连续的，(iii) $m(\mathbf{w}_t;\boldsymbol{\theta})$ 对于 Θ 上所有的 $\boldsymbol{\theta}$ 在 $\mathbf{w}_t$ 上是可测的。此外，还假设：

> **占优条件** (dominance condition)：存在一个函数 $d(\mathbf{w}_t)$(有时被称为"占优函数")，满足对于所有的 $\boldsymbol{\theta} \in \Theta$ 和 $\mathrm{E}[d(\mathbf{w}_t)] < \infty$ 有 $|m(\mathbf{w}_t;\boldsymbol{\theta})| \leq d(\mathbf{w}_t)$。

那么 $\frac{1}{n}\sum_{t=1}^{n} m(\mathbf{w}_t;\cdot)$ 在 Θ 上依概率一致收敛到 $\mathrm{E}[m(\mathbf{w}_t;\ \cdot)]$。此外，$\mathrm{E}[m(\mathbf{w}_t;\boldsymbol{\theta})]$ 是 $\boldsymbol{\theta}$ 的连续函数。

由于根据构造，对于所有的 $\boldsymbol{\theta} \in \Theta$ 有 $|m(\mathbf{w}_t;\boldsymbol{\theta})| \leq \sup_{\boldsymbol{\theta} \in \Theta} |m(\mathbf{w}_t;\boldsymbol{\theta})|$，所以我们可以对 $d(\mathbf{w}_t)$ 使用 $\sup_{\boldsymbol{\theta} \in \Theta} |m(\mathbf{w}_t;\boldsymbol{\theta})|$，因此上面的占优条件就可以简单地表述为 $\mathrm{E}[\sup_{\boldsymbol{\theta} \in \Theta} |m(\mathbf{w}_t;\boldsymbol{\theta})|] < \infty$。一致大数定律可以直接扩展到向量随机函数：

> 令 $\{\mathbf{w}_t\}$ 为遍历平稳过程。假设(i)参数空间 Θ 是紧的，(ii) $\mathbf{h}(\mathbf{w}_t;\boldsymbol{\theta})$ 对于所有的 $\mathbf{w}_t$ 在 $\boldsymbol{\theta}$ 上是连续的，(iii) $\mathbf{h}(\mathbf{w}_t;\boldsymbol{\theta})$ 对于 Θ 上所有的 $\boldsymbol{\theta}$ 在 $\mathbf{w}_t$ 上是可测的。此外，还假设：
>
> **占优条件**：$\mathrm{E}[\sup_{\boldsymbol{\theta} \in \Theta} \| \mathbf{h}(\mathbf{w}_t;\boldsymbol{\theta}) \|] < \infty$
>
> 那么，$\mathrm{E}[\mathbf{h}(\mathbf{w}_t;\boldsymbol{\theta})]$是 $\boldsymbol{\theta}$ 的连续函数，$\frac{1}{n}\sum_{t=1}^{n} \mathbf{h}(\mathbf{w}_t;\cdot)$ 在 Θ 上依概率一致收敛到 $\mathrm{E}[\mathbf{h}(\mathbf{w}_t;\ \cdot)]$。

通过将这一引理和极值估计量的第一个一致性定理相结合，而且要注意到，如果 $m(\mathbf{w}_t;\boldsymbol{\theta})$ 在 $\boldsymbol{\theta}$ 上是连续的，则 $Q_n(\boldsymbol{\theta})$ 也是连续的；如果 $m(\mathbf{w}_t;\boldsymbol{\theta})$ 在 $\mathbf{w}_t$ 上是可测的，则 $Q_n(\boldsymbol{\theta})$ 也是该数据的可测函数，我们可得：

命题 7.3（具有紧参数空间的 M-估计量的一致性）：令 $\{\mathbf{w}_t\}$ 为遍历平稳的。假设 (i) 参数空间 Θ 是 $\mathbb{R}^p$ 的一个紧子集，(ii) $m(\mathbf{w}_t;\boldsymbol{\theta})$ 对于所有的 $\mathbf{w}_t$ 在 $\boldsymbol{\theta}$ 上是连续的，(iii) $m(\mathbf{w}_t;\boldsymbol{\theta})$ 对于 Θ 上所有的 $\boldsymbol{\theta}$ 在 $\mathbf{w}_t$ 上是可测的。令 $\hat{\boldsymbol{\theta}}$ 为式 (7.1.1) 和式 (7.1.2) 所定义的 M-估计量。进一步假设：

(a)（识别）$\mathrm{E}[m(\mathbf{w}_t;\boldsymbol{\theta})]$ 在 $\boldsymbol{\theta}_0\in\Theta$ 处于 Θ 上被唯一地最大化，

(b)（占优）$\mathrm{E}[\sup_{\boldsymbol{\theta}\in\Theta}|m(\mathbf{w}_t;\boldsymbol{\theta})|]<\infty$，

那么，$\hat{\boldsymbol{\theta}}\to_{\mathrm{p}}\boldsymbol{\theta}_0$。

它可以直接将极值估计量的第二个一致性定理应用于 M-估计量。如果 $m(\mathbf{w}_t;\boldsymbol{\theta})$ 在 $\boldsymbol{\theta}$ 上是凹的，则目标函数 $Q_n(\boldsymbol{\theta})$ 是凹的。[①] 正如上面所注意到的那样，如果 $\mathrm{E}[m(\mathbf{w}_t;\boldsymbol{\theta})]$ 存在且对于所有的 $\boldsymbol{\theta}$ 是有限的，那么 $Q_n(\boldsymbol{\theta})$ 点态收敛到 $Q_0(\boldsymbol{\theta})(=\mathrm{E}[m(\mathbf{w}_t;\boldsymbol{\theta})])$ 是由遍历性定理所确保的。从而，

命题 7.4（无紧性条件下 M-估计量的一致性）：令 $\{\mathbf{w}_t\}$ 为遍历平稳的。假设 (i) 真实参数向量 $\boldsymbol{\theta}_0$ 是凸参数空间 $\Theta(\subset\mathbb{R}^p)$ 内部的一个元素，(ii) $m(\mathbf{w}_t;\boldsymbol{\theta})$ 对于所有的 $\mathbf{w}_t$ 在参数空间上是凹的，(iii) $m(\mathbf{w}_t;\boldsymbol{\theta})$ 对于 Θ 中所有的 $\boldsymbol{\theta}$ 来说在 $\mathbf{w}_t$ 上是可测的。令 $\hat{\boldsymbol{\theta}}$ 为由式 (7.1.1) 和式 (7.1.2) 所定义的 M-估计量。进一步假设：

(a)（识别）$\mathrm{E}[m(\mathbf{w}_t;\boldsymbol{\theta})]$ 在 $\boldsymbol{\theta}_0\in\Theta$ 处于 Θ 上被唯一地最大化，

(b) 对于所有的 $\boldsymbol{\theta}\in\Theta$ 有 $\mathrm{E}[|m(\mathbf{w}_t;\boldsymbol{\theta})|]<\infty$（即 $\mathrm{E}[m(\mathbf{w}_t;\boldsymbol{\theta})]$ 存在且有限）。

那么，随着 $n\to\infty$，$\hat{\boldsymbol{\theta}}$ 以趋近于 1 的概率而存在，且 $\hat{\boldsymbol{\theta}}\to_{\mathrm{p}}\boldsymbol{\theta}_0$。

下面这个例子表明，probit 条件 ML 满足凹性条件。

例 7.6（probit 似然函数的凹性）：

probit 的 m 函数由式 (7.1.15) 给出，其中 $\Phi(\cdot)$ 是标准正态分布的累积密度函数。由于正态分布是对称的，所以 $\Phi(-v)=1-\Phi(v)$ 和 m 函数可以改写为：

$$m(\mathbf{w}_t;\boldsymbol{\theta})=y_t\log\Phi(\mathbf{x}_t'\boldsymbol{\theta})+(1-y_t)\log\Phi(-\mathbf{x}_t'\boldsymbol{\theta}) \tag{7.2.4}$$

如果 $\log\Phi(\mathbf{x}_t'\boldsymbol{\theta})$ 和 $\log\Phi(-\mathbf{x}_t'\boldsymbol{\theta})$ 在 $\boldsymbol{\theta}$ 上都是凹的，则 m 的凹性即可推得。因为 $\mathbf{x}_t'\boldsymbol{\theta}$ 在 $\boldsymbol{\theta}$ 上是线性的，所以可以充分证明 $\log\Phi(v)$ 是凹的。$\log\Phi(v)$ 的一阶导数为：

$$\frac{\mathrm{d}\log\Phi(v)}{\mathrm{d}v}=\frac{\phi(v)}{\Phi(v)} \tag{7.2.5}$$

其中 $\phi(v)$ $(=\Phi'(v))$ 是 $N(0,1)$ 的密度函数。众所周知，$\phi(v)/\Phi(v)$ 是一个减函数。因此 $\log\Phi(v)$ 是（严格）凹的。

□ 重新参数化之后的凹性

命题 7.4 可以很容易地扩展到重新参数化后为凹的目标函数的估计量。假设该命题

① 从微积分中可以得知：如果 $f(\mathbf{x})$ 和 $g(\mathbf{x})$ 是凹函数，则 $f(\mathbf{x})+g(\mathbf{x})$ 也是凹函数。

的所有条件除了凹性之外都得以满足，而且有一个连续的一对一映射 $\boldsymbol{\tau}(\boldsymbol{\theta}): \Theta \to \Lambda \equiv \boldsymbol{\tau}(\Theta)$，满足：

$$\widetilde{m}(\mathbf{w}_t;\boldsymbol{\lambda}) \equiv m(\mathbf{w}_t;\boldsymbol{\tau}^{-1}(\boldsymbol{\lambda}))$$

在 $\boldsymbol{\lambda}$ 上是凹的，且 $\Lambda=\boldsymbol{\tau}(\Theta)$ 是一个凸集。令：

$$\widetilde{Q}_n(\boldsymbol{\lambda}) \equiv \frac{1}{n}\sum_{t=1}^{n}\widetilde{m}(\mathbf{w}_t;\boldsymbol{\lambda})$$

为重新参数化之后的目标函数。显然，命题 7.4 的所有假设对于 $\boldsymbol{\lambda}$，Λ 来说都可以得到满足，而且 $\widetilde{m}(\mathbf{w}_t;\boldsymbol{\lambda})$：$\boldsymbol{\lambda}_0 \equiv \boldsymbol{\tau}(\theta_0)$ 是 Λ 的一个内点，$\mathrm{E}[\widetilde{m}(\mathbf{w}_t;\boldsymbol{\lambda})]$在 $\boldsymbol{\lambda}_0$ 上被唯一地最大化，且对于 Λ 中所有的 $\boldsymbol{\lambda}$ 有 $\mathrm{E}[\,|\widetilde{m}(\mathbf{w}_t;\boldsymbol{\lambda})|\,]<\infty$。这样一来，对于充分大的 n，存在一个 M-估计量 $\hat{\boldsymbol{\lambda}}$ 使得 $\mathrm{plim}_{n\to\infty}\hat{\boldsymbol{\lambda}}=\boldsymbol{\lambda}_0$。由于 $\widetilde{Q}_n(\boldsymbol{\lambda})$ 满足一对一映射 $\boldsymbol{\tau}$ 的式（7.1.17），故 $\hat{\boldsymbol{\theta}} \equiv \boldsymbol{\tau}^{-1}(\hat{\boldsymbol{\lambda}})$ 最大化了初始的目标函数 $Q_n(\boldsymbol{\theta})$。该估计 $\hat{\boldsymbol{\theta}}$ 是一致的，因为：

$$\begin{aligned}\operatorname*{plim}_{n\to\infty}\hat{\boldsymbol{\theta}} &= \operatorname*{plim}_{n\to\infty}\boldsymbol{\tau}^{-1}(\hat{\boldsymbol{\lambda}})=\boldsymbol{\tau}^{-1}(\operatorname*{plim}_{n\to\infty}\hat{\boldsymbol{\lambda}})(\text{因为 }\boldsymbol{\tau}^{-1}\text{是连续的})\\ &=\boldsymbol{\tau}^{-1}(\boldsymbol{\lambda}_0)=\boldsymbol{\theta}_0\end{aligned} \qquad (7.2.6)$$

例 7.7（线性回归似然函数的凹性）：

在线性回归模型的条件 ML 估计中，$m(\mathbf{w}_t;\boldsymbol{\theta})$ 由具有 $\boldsymbol{\theta}=(\boldsymbol{\beta}',\sigma^2)'$ 和 $\mathbf{w}_t=(y_t,\mathbf{x}_t')'$ 的式（7.1.13）给出。该函数不必然是凹的①，但是考虑一下重新参数化：$\gamma=1/\sigma$ 和 $\boldsymbol{\delta}=\boldsymbol{\beta}/\sigma$。它是 $\Theta=\mathbb{R}^K\times\mathbb{R}^{++}$ 和 $\Lambda=\mathbb{R}^K\times\mathbb{R}_{++}$ 之间的一个连续的一对一映射。新的参数空间 Λ 是凸的。在 $\boldsymbol{\lambda}=(\boldsymbol{\delta}',\gamma)'$ 情况下，重新参数化之后的 m 函数就变成：

$$\widetilde{m}(\mathbf{w}_t;\boldsymbol{\lambda})=-\frac{1}{2}\log(2\pi)+\log(\gamma)-\frac{1}{2}(\gamma y_t-\mathbf{x}_t'\boldsymbol{\delta})^2 \qquad (7.2.7)$$

由于 $\log(\gamma)$ 在 γ 上是凹的，所以在 $\boldsymbol{\lambda}$ 上也是凹的。由于 $v\equiv\gamma y_t-\mathbf{x}_t'\boldsymbol{\delta}$ 在 $\boldsymbol{\lambda}$ 上是线性的，而且 $-\frac{1}{2}v^2$ 是凹的，所以 $-\frac{1}{2}(\gamma y_t-\mathbf{x}_t'\boldsymbol{\delta})^2$ 在 $\boldsymbol{\lambda}$ 上是凹的。因此上面的 $\widetilde{m}$ 作为两个凹函数（再加上一个常数）的和，对于任何一个 $\mathbf{w}_t$ 在 $\boldsymbol{\lambda}$ 上都是凹的。因此，只要命题 7.4 包括凹性之外的所有条件对于 $\boldsymbol{\theta}$，Θ 和 $m(\mathbf{w}_t;\boldsymbol{\theta})$ 都可以得到满足，条件 ML 估计量 $\hat{\boldsymbol{\theta}}$ 就是一致的。

□ NLS 和 ML 中的识别

在这些关于 M-估计量的一致性定理中，对于 NLS 和 ML 识别条件（a）（$\mathrm{E}[m(\mathbf{w}_t;\boldsymbol{\theta})]$在 θ_0 处被唯一地最大化）可以以更为基本的术语来表述。

NLS

我们首先来看 NLS，其中 $m(\mathbf{w}_t;\boldsymbol{\theta})=-(y_t-\varphi(\mathbf{x}_t;\boldsymbol{\theta}))^2$，$\mathrm{E}(y_t\mid\mathbf{x}_t)=\varphi(\mathbf{x}_t;\boldsymbol{\theta}_0)$。在

① 例如，m 关于 σ^2 的二阶偏导数可能会，也可能不会与 $y_t-\mathbf{x}_t'\boldsymbol{\beta}$ 的值非负相关。回忆一下，二次可微函数 $h(x_1,\cdots,x_p)$ 为凹的必要条件是对于所有的 $j=1,2,\cdots,p$，$\partial^2h/(\partial x_j)^2$ 非负。

2.9 节我们已经证明，条件期望最小化均方误，即对于任何（可测）函数 $h(\mathbf{x}_t)$ 来说，

$$\begin{aligned}
\text{均方误} &\equiv \mathrm{E}[\{y_t - h(\mathbf{x}_t)\}^2] \\
&= \mathrm{E}[\{y_t - \mathrm{E}(y_t|\mathbf{x}_t)\}^2] + \mathrm{E}[\{\mathrm{E}(y_t|\mathbf{x}_t) - h(\mathbf{x}_t)\}^2] \\
&\geqslant \mathrm{E}[\{y_t - \mathrm{E}(y_t|\mathbf{x}_t)\}^2]
\end{aligned} \tag{7.2.8}$$

这是在当前的符号下重新得到的式（2.9.4）。进而言之，在以下意义上，条件期望必然是唯一的最小化元：

> 作为 $\mathbf{x}_t$ 的函数，$h(\mathbf{x}_t)$ 和 $\mathrm{E}(y_t \mid \mathbf{x}_t)$ 是随机变量。对于两个随机变量 X 和 Y，令 $X \neq Y$ 意味着 $\mathrm{Prob}(X \neq Y) > 0$（即 $\mathrm{Prob}(X = Y) < 1$），令 $X = Y$ 意味着 $\mathrm{Prob}(X \neq Y) = 0$。（如果 X 和 Y 只在那些概率为零的事件上有所差异，则我们不需要担心这种差异。）因此，$h(\mathbf{x}_t) \neq \mathrm{E}(y_t \mid \mathbf{x}_t)$ 意味着 $\mathrm{Prob}(h(\mathbf{x}_t) \neq \mathrm{E}(y_t \mid \mathbf{x}_t)) > 0$。如果在这个意义上 $h(\mathbf{x}_t) \neq \mathrm{E}(y_t \mid \mathbf{x}_t)$，则 $\{\mathrm{E}(y_t \mid \mathbf{x}_t) - h(\mathbf{x}_t)\}^2 > 0$ 具有正概率。结果，式（7.2.8）中的 $\mathrm{E}[\{\mathrm{E}(y_t \mid \mathbf{x}_t) - h(\mathbf{x}_t)\}^2]$ 为正，均方误严格大于 $\mathrm{E}[\{y_t - \mathrm{E}(y_t \mid \mathbf{x}_t)\}^2]$。

只要设 $h(\mathbf{x}_t) = \varphi(\mathbf{x}_t;\ \boldsymbol{\theta})$，并注意到 $\varphi(\mathbf{x}_t;\ \boldsymbol{\theta}_0) = \mathrm{E}(y_t \mid \mathbf{x}_t)$，我们即可得到结论：

$$\begin{cases}
\mathrm{E}[\{y_t - \varphi(\mathbf{x}_t;\boldsymbol{\theta})\}^2] > \mathrm{E}[\{y_t - \varphi(\mathbf{x}_t;\boldsymbol{\theta}_0)\}^2]，\text{如果 } \varphi(\mathbf{x}_t;\boldsymbol{\theta}) \neq \varphi(\mathbf{x}_t;\boldsymbol{\theta}_0) \\
\mathrm{E}[\{y_t - \varphi(\mathbf{x}_t;\boldsymbol{\theta})\}^2] = \mathrm{E}[\{y_t - \varphi(\mathbf{x}_t;\boldsymbol{\theta}_0)\}^2]，\text{如果 } \varphi(\mathbf{x}_t;\boldsymbol{\theta}) = \varphi(\mathbf{x}_t;\boldsymbol{\theta}_0)
\end{cases} \tag{7.2.9}$$

因此，识别条件——$\mathrm{E}[m(\mathbf{x}_t;\ \boldsymbol{\theta})] = -\mathrm{E}[\{y_t - \varphi(\mathbf{x}_t;\ \boldsymbol{\theta})\}^2]$ 在 $\boldsymbol{\theta}_0$ 处得以最大化（即 $\mathrm{E}[\{y_t - \varphi(\mathbf{x}_t;\ \boldsymbol{\theta})\}^2]$ 被最小化）——成立，如果下式成立的话：

$$\textbf{条件均值识别：}\text{对于所有的 } \boldsymbol{\theta} \neq \boldsymbol{\theta}_0 \text{ 有 } \varphi(\mathbf{x}_t;\boldsymbol{\theta}) \neq \varphi(\mathbf{x}_t;\boldsymbol{\theta}_0) \tag{7.2.10}$$

ML

对于 ML，式（7.2.8）对 NLS 所起的作用则由**库尔贝克-莱布勒信息不等式**（Kullback-Leibler information inequality）来发挥了。这里我们考察一下条件 MLS 的识别（对无条件 ML 或联合 ML 做同样的事情可以更为直接）。假设的条件密度 $\mathrm{f}(y_t \mid \mathbf{x}_t;\ \boldsymbol{\theta})$ 作为（y_t，$\mathbf{x}_t$）的函数，是任意 $\boldsymbol{\theta}$ 的一个随机变量。该随机变量 $\log f(y_t \mid \mathbf{x}_t;\ \boldsymbol{\theta})$ 的期望值可以写为①：

$$\mathrm{E}[\log f(y_t \mid \mathbf{x}_t;\boldsymbol{\theta})] = \int \log f(y_t \mid \mathbf{x}_t;\boldsymbol{\theta}) f(y_t, \mathbf{x}_t;\boldsymbol{\theta}_0, \boldsymbol{\psi}_0) \mathrm{d}y_t \mathrm{d}\mathbf{x}_t \tag{7.2.11}$$

要注意，这个期望值是关于真实联合密度 $f(y_t,\ \mathbf{x}_t;\ \boldsymbol{\theta}_0,\ \boldsymbol{\psi}_0)$ 的。关于密度函数（改为条件密度）库尔贝克-莱布勒信息不等式可表述为：

$$\begin{cases}
\mathrm{E}[\log f(y_t|\mathbf{x}_t;\boldsymbol{\theta})] < \mathrm{E}[\log f(y_t|\mathbf{x}_t;\boldsymbol{\theta}_0)]，\text{如果 } f(y_t|\mathbf{x}_t;\boldsymbol{\theta}) \neq f(y_t|\mathbf{x}_t;\boldsymbol{\theta}_0) \\
\mathrm{E}[\log f(y_t|\mathbf{x}_t;\boldsymbol{\theta})] = \mathrm{E}[\log f(y_t|\mathbf{x}_t;\boldsymbol{\theta}_0)]，\text{如果 } f(y_t|\mathbf{x}_t;\boldsymbol{\theta}) = f(y_t|\mathbf{x}_t;\boldsymbol{\theta}_0)
\end{cases} \tag{7.2.12}$$

（当然，只要 $\mathrm{E}[\log f(y_t \mid \mathbf{x}_t;\ \boldsymbol{\theta})]$存在且有限。）（其推导参看分析性习题 1。）可以直接得到的是，该识别条件（$\mathrm{E}[\log f(y_t \mid \mathbf{x}_t;\ \boldsymbol{\theta}_0)]$在 $\boldsymbol{\theta}_0$ 处被唯一地最大化）可以得到满足，如果下式成立的话：

---

① 如果 $f(y_t \mid \mathbf{x}_t;\ \boldsymbol{\theta}) = 0$，则其对数不可能被定义。如果这一点造成了困扰，就假设对于所有的 $\mathbf{y}_t$，$\mathbf{x}_t$ 和 $\boldsymbol{\theta}$，$f(y_t \mid \mathbf{x}_t;\ \boldsymbol{\theta})$ 都是正的。参看 White（1994，p. 9），可以得到避免这样一个简化假设的论证。

条件密度识别：对于所有的 $\boldsymbol{\theta}_0 \neq \boldsymbol{\theta}_0$ 有 $f(y_t \mid \mathbf{x}_t; \boldsymbol{\theta}) \neq f(y_t \mid \mathbf{x}_t; \boldsymbol{\theta}_0)$ (7.2.13)

我们可以将 M-估计量的两个一致性定理——命题 7.3 和命题 7.4——转化为条件 ML 的命题，其中 $\mathbf{w}_t = (y_t, \mathbf{x}_t')'$ 且 $m(\mathbf{w}_t; \boldsymbol{\theta}) = \log f \cdot (y_t \mid \mathbf{x}_t; \boldsymbol{\theta})$。将 M-估计量的识别条件用条件密度识别来代替，我们可以得到下面两个有关 ML 一致性的独立表述：

命题 7.5（具有紧参数空间的条件 ML 的一致性）：令 $\{y_t, \mathbf{x}_t\}$ 为遍历平稳的，其条件密度为 $f(y_t \mid \mathbf{x}_t; \boldsymbol{\theta}_0)$，令 $\hat{\boldsymbol{\theta}}$ 为条件 ML 估计量，它最大化了平均对数条件似然（在假设 $\{y_t, \mathbf{x}_t\}$ 是 i. i. d. 下导出）：

$$\hat{\boldsymbol{\theta}} = \underset{\boldsymbol{\theta} \in \Theta}{\operatorname{argmax}} \frac{1}{n} \sum_{t=1}^{n} \log f(y_t \mid \mathbf{x}_t; \boldsymbol{\theta})$$

假设该模型是正确设定的，则 $\boldsymbol{\theta}_0$ 在 Θ 中。假设（i）参数空间 Θ 是 $\mathbb{R}^p$ 的一个紧子集；（ii）对于所有的 $(y_t, \mathbf{x}_t)$，$f(y_t \mid \mathbf{x}_t; \boldsymbol{\theta})$ 在 $\boldsymbol{\theta}$ 上是连续的；（iii）对于所有的 $\boldsymbol{\theta} \in \Theta$，$f(y_t \mid \mathbf{x}_t; \boldsymbol{\theta})$ 在 $(y_t, \mathbf{x}_t)$ 上是可测的（因此根据引理 7.1 可知，$\hat{\boldsymbol{\theta}}$ 是一个良好定义的随机变量）。进一步假设：

（a）（识别）对于 Θ 中所有的 $\boldsymbol{\theta} \neq \boldsymbol{\theta}_0$，有 $\text{Prob}[f(y_t \mid \mathbf{x}_t; \boldsymbol{\theta}) \neq f(y_t \mid \mathbf{x}_t; \boldsymbol{\theta}_0)] > 0$，

（b）（占优）$\text{E}[\sup_{\boldsymbol{\theta} \in \Theta} \mid \log f(y_t \mid \mathbf{x}_t; \boldsymbol{\theta}) \mid] < \infty$（注意：该期望在 y_t 和 $\mathbf{x}_t$ 上求得）。

那么，$\hat{\boldsymbol{\theta}} \to_{\text{p}} \boldsymbol{\theta}_0$。

命题 7.6（无紧性下的条件 ML 的一致性）：令 $\{y_t, \mathbf{x}_t\}$ 为遍历平稳的，其中密度函数为 $f(y_t \mid \mathbf{x}_t; \boldsymbol{\theta}_0)$，令 $\hat{\boldsymbol{\theta}}$ 为条件 ML 估计量，它最大化了平均对数条件似然（在假设 $\{y_t, \mathbf{x}_t\}$ 是 i. i. d. 下导出）：

$$\hat{\boldsymbol{\theta}} = \underset{\boldsymbol{\theta} \in \Theta}{\operatorname{argmax}} \frac{1}{n} \sum_{t=1}^{n} \log f(y_t \mid \mathbf{x}_t; \boldsymbol{\theta})$$

假设该模型是正确设定的，因此 $\boldsymbol{\theta}_0$ 在 Θ 中。假设（i）真实参数向量 $\boldsymbol{\theta}_0$ 是凸参数空间 Θ（$\subset \mathbb{R}^p$）内部的一个元素；（ii）对于所有的 $(y_t, \mathbf{x}_t)$，$\log f(y_t \mid \mathbf{x}_t; \boldsymbol{\theta})$ 在 $\boldsymbol{\theta}$ 上是凹的；（iii）对于 Θ 中所有的 $\boldsymbol{\theta}$，$\log f(y_t \mid \mathbf{x}_t; \boldsymbol{\theta})$ 是可测的。（对于充分大的 n，$\hat{\boldsymbol{\theta}}$ 是良好定义的；参看下面的几段文字。）进一步假设：

（a）（识别）对于 Θ 中所有的 $\boldsymbol{\theta} \neq \boldsymbol{\theta}_0$，有 $\text{Prob}[f(y_t \mid \mathbf{x}_t; \boldsymbol{\theta}) \neq f(y_t \mid \mathbf{x}_t; \boldsymbol{\theta}_0)] > 0$，

（b）对于所有的 $\boldsymbol{\theta} \in \Theta$，有 $\text{E}[\mid \log f(y_t \mid \mathbf{x}_t; \boldsymbol{\theta}) \mid] < \infty$（即 $\text{E}[\log f(y_t \mid \mathbf{x}_t; \boldsymbol{\theta})]$ 存在且有限），注意：该期望在 y_t 和 $\mathbf{x}_t$ 上求得。

那么，随着 $n \to \infty$，$\hat{\boldsymbol{\theta}}$ 以趋近于 1 的概率存在，且 $\hat{\boldsymbol{\theta}} \to_{\text{p}} \boldsymbol{\theta}_0$。

在这里，值得给出两点注释。

- 库尔贝克-莱布勒信息不等式（7.2.12）对于无条件密度同样成立（为无条件密度所做的证明更容易）。因此，命题 7.5 和命题 7.6 对于无条件 ML 同样成立；只要用 $f(\mathbf{w}_t; \boldsymbol{\theta})$ 取代 $f(y_t \mid \mathbf{x}_t; \boldsymbol{\theta})$ 即可。

- 这两个 ML 一致性定理值得关注的特征是，尽管对数似然在 $\{y_t, \mathbf{x}_t\}$ 为 i. i. d. 假设下可以推导得到，但即便 $\{y_t, \mathbf{x}_t\}$ 不是 i. i. d. 而只是遍历平稳的，一致性也可以得到保证。这是因为 ML 估计量是一个 M-估计量。一个最大化了不同于该模型的似然函数的似然函数的 ML 估计量，被称为**准 ML 估计量**（quasi-ML estimator）或 **QML 估计量**（QML estimator）。换言之，QML 估计量最大化了一个误设模型的似然函数。因

此，如果 $\{y_t, \mathbf{x}_t\}$ 是遍历平稳的而非 i. i. d.，命题 7.5 和命题 7.6 中的“最大似然”估计量是 QML 估计量。这些命题认为，那些特定的 QML 估计量是一致的。

条件 ML 中的识别条件可以以甚至更为原初的术语对这些特定的例子进行表述。

例 7.8（线性回归模型中的识别）：

对于具有正态误差的线性回归模型而言，观测值 t 的对数条件似然为：

$$\log f(y_t \mid \mathbf{x}_t;\boldsymbol{\theta}) = -\frac{1}{2}\log(2\pi) - \frac{1}{2}\log(\sigma^2) - \frac{1}{2\sigma^2}(y_t - \mathbf{x}_t'\boldsymbol{\beta})^2$$

由于对数函数是严格单调的，所以其条件密度识别等价于这个条件：如果 $\boldsymbol{\theta} \neq \boldsymbol{\theta}_0$，则 $\log f(y_t \mid \mathbf{x}_t;\boldsymbol{\theta}) \neq \log f(y_t \mid \mathbf{x}_t;\boldsymbol{\theta}_0)$ 具有正的概率。如果 $\mathrm{E}(\mathbf{x}_t\mathbf{x}_t')$ 是非奇异的（且因此是正定的），则该条件可以得到满足。为了了解原因，令 $\boldsymbol{\theta} = (\boldsymbol{\beta}', \sigma^2)'$，$\boldsymbol{\theta}_0 = (\boldsymbol{\beta}_0', \sigma_0^2)'$。显然，如果 $\sigma^2 \neq \sigma_0^2$，则 $\log f(y_t \mid \mathbf{x}_t;\boldsymbol{\theta}) \neq \log f(y_t \mid \mathbf{x}_t;\boldsymbol{\theta}_0)$ 具有正的概率。因此我们来看 $\sigma^2 = \sigma_0^2$ 但 $\boldsymbol{\beta} \neq \boldsymbol{\beta}_0$ 的情况。那么，

$$\mathrm{E}[\{\mathbf{x}_t'\boldsymbol{\beta} - \mathbf{x}_t'\boldsymbol{\beta}_0\}^2] = \mathrm{E}[\{\mathbf{x}_t'(\boldsymbol{\beta} - \boldsymbol{\beta}_0)\}^2] = (\boldsymbol{\beta} - \boldsymbol{\beta}_0)'\mathrm{E}(\mathbf{x}_t\mathbf{x}_t')(\boldsymbol{\beta} - \boldsymbol{\beta}_0) > 0$$

因此，$\mathbf{x}_t'\boldsymbol{\beta} \neq \mathbf{x}_t'\boldsymbol{\beta}_0$ 具有正的概率；如果 $\mathbf{x}_t'\boldsymbol{\beta} = \mathbf{x}_t'\boldsymbol{\beta}_0$ 具有概率 1（即如果 $\mathbf{x}_t'\boldsymbol{\beta} \neq \mathbf{x}_t'\boldsymbol{\beta}_0$ 具有概率 0），则 $\mathrm{E}[\{\mathbf{x}_t'\boldsymbol{\beta} - \mathbf{x}_t'\boldsymbol{\beta}_0\}^2]$ 将为零。这样一来，$y_t - \mathbf{x}_t'\boldsymbol{\beta} \neq y_t - \mathbf{x}_t'\boldsymbol{\beta}_0$ 具有正的概率，意味着识别条件可以得到满足。关于 $\mathrm{E}(\mathbf{x}_t\mathbf{x}_t')$ 的相同条件也表明了命题 7.6 中的条件（b），因为：

$$\begin{aligned}\mathrm{E}[(y_t - \mathbf{x}_t'\boldsymbol{\beta})^2] &= \mathrm{E}[\{\varepsilon_t + \mathbf{x}_t'(\boldsymbol{\beta}_0 - \boldsymbol{\beta})\}^2] \quad (\text{因为 } y_t = \mathbf{x}_t'\boldsymbol{\beta}_0 + \varepsilon_t) \\ &= \mathrm{E}(\varepsilon_t^2) + (\boldsymbol{\beta}_0 - \boldsymbol{\beta})'\mathrm{E}(\mathbf{x}_t\mathbf{x}_t')(\boldsymbol{\beta}_0 - \boldsymbol{\beta}) \quad (\text{因为 } \mathrm{E}(\varepsilon_t \cdot \mathbf{x}_t) = \mathbf{0})\end{aligned}$$

如果 $\mathrm{E}(\mathbf{x}_t\mathbf{x}_t')$ 是有限的，则最后一项是有限的。这些结论和之前已经注意到的对数似然在重新参数化之后是凹的这一条件相结合，意味着，如果 $\{y_t, \mathbf{x}_t\}$ 是遍历平稳的，且 $\mathrm{E}(\mathbf{x}_t\mathbf{x}_t')$ 是非奇异的，则具有正态误差的线性回归模型的条件 ML 估计量（在 $\{y_t, \mathbf{x}_t\}$ 为 i. i. d. 的假设之下推导得到）是一致的。

例 7.9（在 probit 中的识别）：

在前例中为线性模型所导出的相同结论对于 probit 模型也是成立的，其关于观测值 t 的条件似然为：

$$f(y_t \mid \mathbf{x}_t;\boldsymbol{\theta}) = \Phi(\mathbf{x}_t'\boldsymbol{\theta})^{y_t}\Phi(-\mathbf{x}_t'\boldsymbol{\theta})^{1-y_t}$$

例 7.8 中用过的相同论证表明，在 $\mathrm{E}(\mathbf{x}_t\mathbf{x}_t')$ 非奇异的条件下，如果 $\boldsymbol{\theta} \neq \boldsymbol{\theta}_0$，则 $\mathbf{x}_t'\boldsymbol{\theta} \neq \mathbf{x}_t'\boldsymbol{\theta}_0$ 具有正的概率。但是由于 $\Phi(v)$ 是严格单调的，所以 $\mathbf{x}_t'\boldsymbol{\theta} \neq \mathbf{x}_t'\boldsymbol{\theta}_0$ 具有正的概率意味着 $\Phi(\mathbf{x}_t'\boldsymbol{\theta}) \neq \Phi(\mathbf{x}_t'\boldsymbol{\theta}_0)$ 且 $\Phi(-\mathbf{x}_t'\boldsymbol{\theta}) \neq \Phi(-\mathbf{x}_t'\boldsymbol{\theta}_0)$ 具有正的概率。因此，如果 $\mathrm{E}(\mathbf{x}_t\mathbf{x}_t')$ 是非奇异的，则命题 7.6 中的识别条件（a）可以得到满足。

$\mathrm{E}(\mathbf{x}_t\mathbf{x}_t')$ 的非奇异性也意味着命题 7.6 中的条件（b）对于 probit 也是可以得到满足的。容易证明的是，

$$\text{对于所有的 } v\text{，有} |\log\Phi(v)| \leqslant |\log\Phi(0)| + |v| + |v|^2 \tag{7.2.14}$$

将 $|\log\Phi(v)|$ 的这一界限与 y_t 和 $1-y_t$ 在绝对值上小于等于 1 的条件相结合，很容易证明，如果 $E(\mathbf{x}_t\mathbf{x}_t')$ 存在且有限（这是 $E(\mathbf{x}_t\mathbf{x}_t')$ 的非奇异性所表明的一个条件），则 $E[|\log f(y_t|\mathbf{x}_t;\boldsymbol{\theta})|]<\infty$。① 因此，我们可以得出结论，如果 $\{y_t, \mathbf{x}_t\}$ 是遍历平稳的，且 $E(\mathbf{x}_t\mathbf{x}_t')$ 是非奇异的，则 probit ML 估计量（在 $\{y_t, \mathbf{x}_t\}$ 是 i. i. d. 的假设之下其对数似然可以推导出来）是一致的。

□ GMM 的一致性

现在我们转向 GMM，通过证明在一系列适当的充分条件下命题 7.1 的条件将该命题具体化到 GMM。GMM 目标函数由式（7.1.3）给出。显然，如果对于所有的 $\mathbf{w}_t$，$\mathbf{g}(\mathbf{w}_t;\boldsymbol{\theta})$ 在 $\boldsymbol{\theta}$ 上是连续的，则 $Q_n(\boldsymbol{\theta})$ 在 $\boldsymbol{\theta}$ 上的连续性是可以得到满足的。如果 $\{\mathbf{w}_t\}$ 是遍历平稳的，则 $\mathbf{g}_n(\boldsymbol{\theta})\left(\equiv\frac{1}{n}\sum_{t=1}^{n}\mathbf{g}(\mathbf{w}_t;\boldsymbol{\theta})\right)\to_{p} E[\mathbf{g}(\mathbf{w}_t;\boldsymbol{\theta})]$。因此，极限函数 $Q_0(\boldsymbol{\theta})$ 为：

$$Q_0(\boldsymbol{\theta}) = -\frac{1}{2}E[\mathbf{g}(\mathbf{w}_t;\boldsymbol{\theta})]'\mathbf{W}E[\mathbf{g}(\mathbf{w}_t;\boldsymbol{\theta})] \tag{7.2.15}$$

如果 $\mathbf{W}(\equiv \operatorname{plim}\hat{\mathbf{W}})$ 是正定的，则该函数是非正的。在 $\boldsymbol{\theta}_0$ 上它具有最大值零，因为根据正交性条件有 $E[\mathbf{g}(\mathbf{w}_t;\boldsymbol{\theta})]=\mathbf{0}$。这样一来，如果对于 $\boldsymbol{\theta}\neq\boldsymbol{\theta}_0$ 有 $E[\mathbf{g}(\mathbf{w}_t;\boldsymbol{\theta})]\neq\mathbf{0}$，则命题 7.1 中的识别条件（$Q_0(\boldsymbol{\theta}_0)$ 在 $\boldsymbol{\theta}_0$ 上被唯一地予以最大化）可以得到满足。关于 $Q_0(\boldsymbol{\theta})$ 一致收敛到 $Q_0(\boldsymbol{\theta})$，不难证明，如果 $\mathbf{g}_n(\cdot)$ 一致收敛到 $E[\mathbf{g}(\mathbf{w}_t;\cdot)]$，则该条件可以得到满足（参看 Newey 和 McFadden（1994，p. 2132））。一致大数定律的多元版本可以由下面的引理 7.2 正确地予以表述，这反过来也给出了一致收敛的一个充分条件。因此我们已经证明了：

命题 7.7（具有紧参数空间的 GMM 的一致性）：令 $\{\mathbf{w}_t\}$ 是遍历平稳的，令 $\hat{\boldsymbol{\theta}}$ 为如下定义的 GMM 估计量：

$$\hat{\boldsymbol{\theta}} = \underset{\boldsymbol{\theta}\in\Theta}{\operatorname{argmin}}\left[\frac{1}{n}\sum_{t=1}^{n}\mathbf{g}(\mathbf{w}_t;\boldsymbol{\theta})\right]'\hat{\mathbf{W}}\left[\frac{1}{n}\sum_{t=1}^{n}\mathbf{g}(\mathbf{w}_t;\boldsymbol{\theta})\right]$$

其中对称矩阵 $\hat{\mathbf{W}}$ 被假设为依概率收敛到某个对称正定矩阵 $\mathbf{W}$。假设该模型是被正确设定的，因为对于 $\boldsymbol{\theta}_0\in\Theta$ 有 $E[\mathbf{g}(\mathbf{w}_t;\boldsymbol{\theta}_0)]=\mathbf{0}$（即正交性条件成立）。假设（i）参数空间 Θ 是 $\mathbb{R}^p$ 的一个紧子集；（ii）对于所有的 $\mathbf{w}_t$，$\mathbf{g}(\mathbf{w}_t;\boldsymbol{\theta})$ 在 $\boldsymbol{\theta}$ 上是连续的；（iii）对于 Θ

---

① 下面为那些有兴趣的读者给出一个证明：

$$\begin{aligned}|\log f(y_t|\mathbf{x}_t;\boldsymbol{\theta})| &\leqslant |y_t|\,|\log\Phi(\mathbf{x}_t'\boldsymbol{\theta})| + |1-y_t|\,|\log\Phi(-\mathbf{x}_t'\boldsymbol{\theta})| \\ &\leqslant |\log\Phi(\mathbf{x}_t'\boldsymbol{\theta})| + |\log\Phi(-\mathbf{x}_t'\boldsymbol{\theta})| \quad (\text{因为 } |y_t|\leqslant 1 \text{ 且 } |1-y_t|\leqslant 1) \\ &\leqslant 2\times[|\log\Phi(0)| + |\mathbf{x}_t'\boldsymbol{\theta}| + |\mathbf{x}_t'\boldsymbol{\theta}|^2] \quad (\text{根据式(7.2.14)}) \\ &\leqslant 2\times[|\log\Phi(0)| + \|\mathbf{x}_t\|\cdot\|\boldsymbol{\theta}\| + \|\mathbf{x}_t\|^2\cdot\|\boldsymbol{\theta}\|^2]\end{aligned}$$

这最后一个不等式是由柯西-施瓦茨不等式得到的，即对于任意两个适当的向量 $\mathbf{x}$ 和 $\mathbf{y}$ 有 $|\mathbf{x}'\mathbf{y}|\leqslant\|\mathbf{x}\|\,\|\mathbf{y}\|$。而且，$E(x_{ti}^2)$ 在 i 上的加和 $E(\|\mathbf{x}_t\|^2)$ 是有限的，因为 $E(\mathbf{x}_t\mathbf{x}_t')$ 的非奇异性表明，对于所有的 i，有 $E(x_{ti}^2)<\infty$。如果 $E(\|\mathbf{x}_t\|^2)<\infty$，则 $E(\|x_t\|)<\infty$。

中所有的 $\boldsymbol{\theta}$，$\mathbf{g}(\mathbf{w}_t;\boldsymbol{\theta})$ 在 $\mathbf{w}_t$ 是可测的（因此根据引理 7.1，$\hat{\boldsymbol{\theta}}$ 是良好定义的随机变量）。进一步假设：

(a)（识别）对于 Θ 中所有的 $\boldsymbol{\theta}\neq\boldsymbol{\theta}_0$，有 $\mathrm{E}[\mathbf{g}(\mathbf{w}_t;\boldsymbol{\theta})]\neq\mathbf{0}$，

(b)（占优）$\mathrm{E}[\sup_{\boldsymbol{\theta}\in\Theta}\|\mathbf{g}(\mathbf{w}_t;\boldsymbol{\theta})\|]<\infty$。

则 $\hat{\boldsymbol{\theta}}\to_{\mathrm{p}}\boldsymbol{\theta}_0$。

如果 $Q_n(\boldsymbol{\theta})$ 是凹的，则 Θ 的紧性、$\mathbf{g}(\mathbf{w}_t;\boldsymbol{\theta})$ 的连续性以及占优条件都可以由下面这个条件来代替：$\mathrm{E}[\mathbf{g}(\mathbf{w}_t;\boldsymbol{\theta})]$ 对于所有的 $\boldsymbol{\theta}$ 存在且有限。我们不再把这个结论表达为命题，因为只有在极少的应用中 $Q_n(\boldsymbol{\theta})$ 才是凹的。举例来说，例 7.5 中的欧拉方程模型的 GMM 目标函数就不是凹的。只是关于这唯一的著名例子，才有 $\mathbf{g}(\mathbf{w}_t;\boldsymbol{\theta})$ 线性于 $\boldsymbol{\theta}$，但是线性例子已经在第 3 章中被彻底地处理了。当 $\mathbf{g}(\mathbf{w}_t;\boldsymbol{\theta})$ 非线性于 $\boldsymbol{\theta}$ 时，为命题 7.7 中 (a)（识别）以及 (b)（占优）规定其原初条件，一般来说则是极为困难的。因此，在绝大多数应用中，这些条件都是被简单地予以假定的。

复习题

1.（密度识别的必要性）我们已经证明，对于条件 ML 来说，条件密度识别式（7.2.13）对于条件 (a)（$\mathrm{E}[\log f(y_t\mid\mathbf{x}_t;\boldsymbol{\theta})]$ 在 $\boldsymbol{\theta}_0$ 处被唯一地最大化）是充分的。它也是必要条件这一点可以从库尔贝克-莱布勒信息不等式中明确得出。不使用这一不等式，请证明条件均值识别的必要性。**提示：**证明：若式（7.2.13）是错的，则 (a) 将不成立。假设存在一个 $\boldsymbol{\theta}_1\neq\boldsymbol{\theta}_0$，使得 $\boldsymbol{\theta}_1\in\Theta$ 和 $f(y_t\mid\mathbf{x}_t;\boldsymbol{\theta}_1)=f(y_t\mid\mathbf{x}_t;\boldsymbol{\theta})$。那么，$\mathrm{E}[\log f(y_t\mid\mathbf{x}_t;\boldsymbol{\theta}_1)]=\mathrm{E}[\log f(y_t\mid\mathbf{x}_t;\boldsymbol{\theta}_0)]$。

2.（条件均值识别的必要性）不使用式（7.2.8），证明条件均值识别是 NLS 中识别的充分必要条件。

3.（NLS 中的识别）假设 NLS 中的 φ 函数是线性的：$\varphi(\mathbf{x}_t;\boldsymbol{\theta})=\mathbf{x}_t'\boldsymbol{\theta}$。证明：如果 $\mathrm{E}(\mathbf{x}_t\mathbf{x}_t')$ 是非奇异的，则该识别可以被满足。

4.（probit 的 NLS 估计中的识别）在 probit 模型中，$\mathrm{E}(y_t\mid\mathbf{x}_t)=\Phi(\mathbf{x}_t'\boldsymbol{\theta}_0)$。我们来看通过最小二乘来估计 $\boldsymbol{\theta}_0$。证明：如果 $\mathrm{E}(\mathbf{x}_t\mathbf{x}_t')$ 是非奇异的，则条件均值识别是可以被满足的。

5.（准 ML）假设在命题 7.5 中 $\{y_t,\mathbf{x}_t\}$ 是 i. i. d. 的，所以似然函数本身并非误设。而且假设真实参数向量 $\boldsymbol{\theta}_0$ 没有被包含在假设的参数空间 Θ 里。因此在这个意义上估计量 $\hat{\boldsymbol{\theta}}$ 是一个准 ML 估计量。去掉条件 (a)，反过来假设在 Θ 中有唯一的 $\boldsymbol{\theta}^*$，可以最大化 $\mathrm{E}[\log f(y_t\mid\mathbf{x}_t;\boldsymbol{\theta})]$。证明：QML 估计量 $\hat{\boldsymbol{\theta}}$ 对于 $\boldsymbol{\theta}^*$ 是一致的。**提示：**用 $\boldsymbol{\theta}^*$ 取代命题 7.3 中的 $\boldsymbol{\theta}_0$。在命题 7.1 至命题 7.4 中，$\boldsymbol{\theta}_0$ 并不需要成为“真实的”参数向量。

6.（线性 GMM 中的识别）我们来看第 3 章的线性 GMM 模型。证明第 3 章中导出的识别的秩条件等价于命题 7.7 中的识别条件。

7.（线性 GMM 中目标函数的凹性）证明线性 GMM 中的 GMM 目标函数在 $\boldsymbol{\theta}$ 上是凹的。**提示：**$Q_n(\boldsymbol{\theta})$ 的海塞矩阵（二阶导数矩阵）是 $-\mathbf{S}_{\mathbf{xz}}'\hat{\mathbf{W}}\mathbf{S}_{\mathbf{xz}}$，其中 $\mathbf{S}_{\mathbf{xz}}\equiv\frac{1}{n}\sum_{t=1}^{n}\mathbf{x}_t\mathbf{z}_t'$。当且仅当其海塞矩阵处处半负定时，二阶连续可微函数才是凹的。

8.（具有奇异 $\mathbf{W}$ 的 GMM 识别）对于 $\mathbf{W}$ 来说，如果我们要求它只是半正定的，而非必须是正定的，那么命题 7.7 中的识别条件又将如何呢？**提示：**假设 $\mathbf{W}$ 是半正定的。证明：如果对于 $\boldsymbol{\theta}\neq\boldsymbol{\theta}_0$ 有 $\mathrm{E}[\mathbf{g}(\mathbf{w}_t;\boldsymbol{\theta}_0)]=\mathbf{0}$ 和 $\mathbf{W}\mathrm{E}[\mathbf{g}(\mathbf{w}_t;\boldsymbol{\theta})]\neq\mathbf{0}$，那么 $Q_0(\boldsymbol{\theta})=-\frac{1}{2}\mathrm{E}[\mathbf{g}(\mathbf{w}_t;\boldsymbol{\theta})]'\mathbf{W}\mathrm{E}[\mathbf{g}(\mathbf{w}_t;\boldsymbol{\theta})]$ 在 $\boldsymbol{\theta}_0$ 处有唯一的最大值。

7.3 渐近正态性

在推导极值估计量的渐近分布中所用的基本工具是微积分中的中值定理。如何利用它取决于该估计量是不是 M-估计量或 GMM 估计量。因此，对渐近正态性的证明需要针对 M-估计量（包括作为特殊情况的 ML）以及 GMM 估计量分别进行。这可以由关于 GMM 和 ML 的相对有效性的简单评论得出。通过加总，我们将在本节末尾指出，抽样误差的泰勒展开具有 M-估计量和 GMM 共享的一个结构。

□ M-估计量的渐近正态性

重新来看式（7.1.2），M-估计量的目标函数为：

$$Q_n(\boldsymbol{\theta}) = \frac{1}{n}\sum_{t=1}^{n} m(\mathbf{w}_t;\boldsymbol{\theta}) \tag{7.3.1}$$

将 m 函数的梯度（一阶导数向量）和海塞矩阵（二阶导数矩阵）用符号来表示会很方便：

$$\underset{(p\times 1)}{\mathbf{s}(\mathbf{w}_t;\boldsymbol{\theta})} = \frac{\partial m(\mathbf{w}_t;\boldsymbol{\theta})}{\partial \boldsymbol{\theta}} \tag{7.3.2}$$

$$\underset{(p\times p)}{\mathbf{H}(\mathbf{w}_t;\boldsymbol{\theta})} = \frac{\partial \mathbf{s}(\mathbf{w}_t;\boldsymbol{\theta})}{\partial \boldsymbol{\theta}'} = \frac{\partial^2 m(\mathbf{w}_t;\boldsymbol{\theta})}{\partial \boldsymbol{\theta}\partial \boldsymbol{\theta}'} \tag{7.3.3}$$

与 ML 类似，$\mathbf{s}(\mathbf{w}_t;\ \boldsymbol{\theta})$ 将被称为**观测值 t 的得分向量**（score vector for observation t）。$\mathbf{s}(\mathbf{w}_t;\ \boldsymbol{\theta})$ 不应该与一般意义上的得分相混淆，它是目标函数 $Q_n(\boldsymbol{\theta})$ 的梯度。后面这一意义上的得分在本章稍后部分被表示为 $\mathbf{s}_n(\boldsymbol{\theta})$。这同样也适用于海塞矩阵：$\mathbf{H}(\mathbf{w}_t;\ \boldsymbol{\theta})$ 将被称为**观测值 t 的海塞矩阵**（Hessian for observation t），而 $Q_n(\boldsymbol{\theta})$ 的海塞矩阵将被表示为 $\mathbf{H}_n(\boldsymbol{\theta})$。

本小节的目标是下述式（7.3.10）中所描述的 $\hat{\boldsymbol{\theta}}$ 的渐近正态性。在推导它的过程中，我们要做出一些假设，它们将集中放在下述命题 7.8 中。假设 $m(\mathbf{w}_t;\ \boldsymbol{\theta})$ 在 $\boldsymbol{\theta}$ 上是可微的，$\hat{\boldsymbol{\theta}}$ 在 Θ 的内部。因此，作为最大化 $Q_n(\boldsymbol{\theta})$ 问题的内点解的 $\hat{\boldsymbol{\theta}}$ 满足一阶条件：

$$\underset{(p\times 1)}{\mathbf{0}} = \frac{\partial Q_n(\hat{\boldsymbol{\theta}})}{\partial \boldsymbol{\theta}} = \frac{1}{n}\sum_{t=1}^{n}\mathbf{s}(\mathbf{w}_t;\hat{\boldsymbol{\theta}})\text{（根据式(7.3.1)和式(7.3.2)）} \tag{7.3.4}$$

我们现在要使用微积分中的如下结论：

中值定理： 令 $\mathbf{h}$：$\mathbb{R}^p \to \mathbb{R}^q$ 为连续可微的。那么 $\mathbf{h}(\mathbf{x})$ 可以进行**均值展开**（mean value expansion）

$$\underset{(q\times 1)}{\mathbf{h}(\mathbf{x})} = \underset{(q\times 1)}{\mathbf{h}(\mathbf{x}_0)} + \underset{(q\times p)}{\frac{\partial \mathbf{h}(\bar{\mathbf{x}})}{\partial \mathbf{x}'}}\underset{(p\times 1)}{(\mathbf{x}-\mathbf{x}_0)}$$

其中 $\bar{\mathbf{x}}$ 是 $\mathbf{x}$ 和 $\mathbf{x}_0$ 之间的一个均值。①

① 均值定理只能应用于 $\mathbf{h}$ 的个体元素上，因此实际上 $\bar{\mathbf{x}}$ 因向量方程中元素的不同而不同。该复杂性并不影响本文中的讨论。

设 $q=p$，$\mathbf{x}=\hat{\boldsymbol{\theta}}$，$\mathbf{x}_0=\boldsymbol{\theta}_0$，且在均值定理中 $\mathbf{h}(\cdot)=\frac{\partial Q_n(\cdot)}{\partial\boldsymbol{\theta}}$，我们可以得到如下均值展开：

$$\underset{(p\times1)}{\frac{\partial Q_n(\hat{\boldsymbol{\theta}})}{\partial\boldsymbol{\theta}}}=\underset{(p\times1)}{\frac{\partial Q_n(\boldsymbol{\theta}_0)}{\partial\boldsymbol{\theta}}}+\underset{(p\times p)}{\frac{\partial^2 Q_n(\bar{\boldsymbol{\theta}})}{\partial\boldsymbol{\theta}\partial\boldsymbol{\theta}'}}\underset{(p\times1)}{(\hat{\boldsymbol{\theta}}-\boldsymbol{\theta}_0)}$$

$$=\underset{(p\times1)}{\frac{1}{n}\sum_{t=1}^{n}\mathbf{s}(\mathbf{w}_t;\boldsymbol{\theta}_0)}+\underset{(p\times p)}{\left[\frac{1}{n}\sum_{t=1}^{n}\mathbf{H}(\mathbf{w}_t;\bar{\boldsymbol{\theta}})\right]}\underset{(p\times1)}{(\hat{\boldsymbol{\theta}}-\boldsymbol{\theta}_0)}$$

（由式(7.3.1)至式(7.3.3)）　　(7.3.5)

其中 $\bar{\boldsymbol{\theta}}$ 是位于 $\hat{\boldsymbol{\theta}}$ 和 $\boldsymbol{\theta}_0$ 之间的一个均值。如果 $m(\mathbf{w}_t;\boldsymbol{\theta})$ 对于 $\boldsymbol{\theta}$ 是二次连续可微的，则中值定理的连续可微条件可以得到满足。将这个方程与上面的一阶条件相结合，我们可以得到：

$$\underset{(p\times1)}{\mathbf{0}}=\frac{1}{n}\sum_{t=1}^{n}\mathbf{s}(\mathbf{w}_t;\boldsymbol{\theta}_0)+\left[\frac{1}{n}\sum_{t=1}^{n}\mathbf{H}(\mathbf{w}_t;\bar{\boldsymbol{\theta}})\right](\hat{\boldsymbol{\theta}}-\boldsymbol{\theta}_0)\tag{7.3.6}$$

假设 $\frac{1}{n}\sum_{t=1}^{n}\mathbf{H}(\mathbf{w}_t;\bar{\boldsymbol{\theta}})$ 是非奇异的，这个方程可以用来求解 $\hat{\boldsymbol{\theta}}-\boldsymbol{\theta}_0$，有：

$$\sqrt{n}(\hat{\boldsymbol{\theta}}-\boldsymbol{\theta}_0)=-\left[\frac{1}{n}\sum_{t=1}^{n}\mathbf{H}(\mathbf{w}_t;\bar{\boldsymbol{\theta}})\right]^{-1}\frac{1}{\sqrt{n}}\sum_{t=1}^{n}\mathbf{s}(\mathbf{w}_t;\boldsymbol{\theta}_0)\tag{7.3.7}$$

这个抽样误差（$\sqrt{n}$与之相乘）的表达式可以被认为是**抽样误差的均值展开**（mean value expansion for the sampling error）。要注意，得分向量 $\mathbf{s}(\mathbf{w}_t;\boldsymbol{\theta})$ 是在真实参数值 $\boldsymbol{\theta}_0$ 上估值的。

现在，由于 $\bar{\boldsymbol{\theta}}$ 位于 $\hat{\boldsymbol{\theta}}$ 和 $\boldsymbol{\theta}_0$ 之间，所以如果 $\hat{\boldsymbol{\theta}}$ 是一致的，则 $\bar{\boldsymbol{\theta}}$ 对于 $\boldsymbol{\theta}_0$ 是一致的。如果 $\{\mathbf{w}_t\}$ 是遍历平稳的，那么很自然可以这样推测：

$$\frac{1}{n}\sum_{t=1}^{n}\mathbf{H}(\mathbf{w}_t;\bar{\boldsymbol{\theta}})\underset{\mathrm{p}}{\longrightarrow}\mathrm{E}[\mathbf{H}(\mathbf{w}_t;\boldsymbol{\theta}_0)]\tag{7.3.8}$$

然而，单有 $\mathbf{w}_t$ 的遍历平稳性和 $\bar{\boldsymbol{\theta}}$ 的一致性，对于确保这一推测还是不够的；还需要假设一些技术性条件。其中的一个技术条件就是 $\frac{1}{n}\sum_{t=1}^{n}\mathbf{H}(\mathbf{w}_t;\cdot)$ 要在 $\boldsymbol{\theta}_0$ 的邻域内一致收敛到 $\mathrm{E}[\mathbf{H}(\mathbf{w}_t;\cdot)]$。[①] 但是根据一致收敛定理，如果下面的占优条件对于海塞矩阵是满足的，则 $\frac{1}{n}\sum_{t=1}^{n}\mathbf{H}(\mathbf{w}_t;\cdot)$ 的一致收敛性也可以得到满足：对于 $\boldsymbol{\theta}_0$ 的某个邻域 $\mathcal{N}$，$\mathrm{E}[\sup_{\boldsymbol{\theta}\in\mathcal{N}}\|\mathbf{H}(\mathbf{w}_t;\boldsymbol{\theta})\|]<\infty$（这是下面的条件（4））。[②] 这是式（7.3.8）的充分条件；

---

① 这是下面这一结论的结果（例如参看 Amemiya（1985）的定理 4.1.5）：

假设随机函数 $h_n(\boldsymbol{\theta})$ 的序列在 $\boldsymbol{\theta}$ 上于 $\boldsymbol{\theta}_0$ 的一个开领域中一致收敛到非随机函数 $h_0(\boldsymbol{\theta})$。那么，如果 $\mathrm{plim}\bar{\boldsymbol{\theta}}=\boldsymbol{\theta}_0$ 且 $h_0(\boldsymbol{\theta})$ 在 $\boldsymbol{\theta}_0$ 上是连续的，则 $\mathrm{plim}_{n\to\infty}h_n(\bar{\boldsymbol{\theta}})=h_0(\boldsymbol{\theta}_0)$。

令 $h_n(\boldsymbol{\theta})$ 为 $\frac{1}{n}\sum_{t=1}^{n}\mathbf{H}(\mathbf{w}_t;\cdot)$，$h_0(\boldsymbol{\theta})$ 为 $\mathrm{E}[\mathbf{H}(\mathbf{w}_t;\boldsymbol{\theta})]$。$\mathrm{E}[\mathbf{H}(\mathbf{w}_t;\boldsymbol{\theta})]$ 的连续性可由一致收敛定理予以确保。一致收敛需要只在 $\boldsymbol{\theta}_0$ 的邻域上，而不能在整个参数空间上，因为对于 n 充分大，有 $\bar{\boldsymbol{\theta}}$ 接近于 $\boldsymbol{\theta}_0$。

② 一个矩阵可以视为一个其元素已被重新排列的向量。因此一个矩阵的欧几里得模，比如 $\|\mathbf{H}(\mathbf{w}_t;\boldsymbol{\theta})\|$，是其所有元素的平方和的平方根。

如果你可以直接证明式（7.3.8），就没有必要证明渐近正态性的占优条件了。

最后，如果式（7.3.8）成立，且如果：

$$\frac{1}{\sqrt{n}}\sum_{t=1}^{n}\mathbf{s}(\mathbf{w}_t;\boldsymbol{\theta}_0)\xrightarrow[\text{d}]{}N(\mathbf{0},\boldsymbol{\Sigma}) \tag{7.3.9}$$

那么，根据斯勒茨基定理（参看引理 2.4（c）），我们有：

$$\sqrt{n}(\hat{\boldsymbol{\theta}}-\boldsymbol{\theta}_0)\xrightarrow[\text{d}]{}N(\mathbf{0},(\mathrm{E}[\mathbf{H}(\mathbf{w}_t;\boldsymbol{\theta}_0)])^{-1}\boldsymbol{\Sigma}(\mathrm{E}[\mathbf{H}(\mathbf{w}_t;\boldsymbol{\theta}_0)])^{-1}) \tag{7.3.10}$$

将这些到目前为止所做的假设集中起来，我们有：

命题 7.8（M-估计量的渐近正态性）：假设命题 7.3 或命题 7.4 的条件可以得到满足，所以 $\{\mathbf{w}_t\}$ 是遍历平稳的，且由式（7.1.1）和式（7.1.2）定义的 M-估计量 $\hat{\boldsymbol{\theta}}$ 是一致的。进一步假设：

（1）$\boldsymbol{\theta}_0$ 在 Θ 内部，

（2）$m(\mathbf{w}_t;\ \boldsymbol{\theta})$ 对于任何 $\mathbf{w}_t$ 在 $\boldsymbol{\theta}$ 上是二阶连续可微的，

（3）$\frac{1}{\sqrt{n}}\sum_{t=1}^{n}\mathbf{s}(\mathbf{w}_t;\boldsymbol{\theta}_0)\to_{\text{d}}N(\mathbf{0},\boldsymbol{\Sigma})$，$\boldsymbol{\Sigma}$ 是正定的，其中 $\mathbf{s}(\mathbf{w}_t;\ \boldsymbol{\theta})$ 如式（7.3.2）中所定义，

（4）（海塞矩阵的局部占优条件）对于 $\boldsymbol{\theta}_0$ 的邻域 $\mathcal{N}$ 有：

$$\mathrm{E}[\sup_{\boldsymbol{\theta}\in\mathcal{N}}\|\mathbf{H}(\mathbf{w}_t;\boldsymbol{\theta})\|]<\infty$$

因此对于任何一致估计量 $\tilde{\boldsymbol{\theta}}$，$\frac{1}{n}\sum_{t=1}^{n}\mathbf{H}(\mathbf{w}_t;\tilde{\boldsymbol{\theta}})\to_{\text{p}}\mathrm{E}[\mathbf{H}(\mathbf{w}_t;\boldsymbol{\theta}_0)]$，其中 $\mathbf{H}(\mathbf{w}_t;\ \boldsymbol{\theta})$ 如式（7.3.3）中所定义，

（5）$\mathrm{E}[\mathbf{H}(\mathbf{w}_t,\ \boldsymbol{\theta}_0)]$ 是非奇异的。

那么 $\hat{\boldsymbol{\theta}}$ 是渐近正态的，其中：

$$\mathrm{Avar}(\hat{\boldsymbol{\theta}})=(\mathrm{E}[\mathbf{H}(\mathbf{w}_t;\boldsymbol{\theta}_0)])^{-1}\boldsymbol{\Sigma}(\mathrm{E}[\mathbf{H}(\mathbf{w}_t;\boldsymbol{\theta}_0)])^{-1}$$

（这是适合于 M-估计量的 Amemiya（1985）的定理 4.1.3。）依次有如下两个注释：

● 在推导渐近正态性时我们做过的一些假设里，下面这些没有在该命题中列出：(i) $\hat{\boldsymbol{\theta}}$ 是一个内点，(ii) $\frac{1}{n}\sum_{t=1}^{n}\mathbf{H}(\mathbf{w}_t;\bar{\boldsymbol{\theta}})$ 是非奇异的。直观上很清楚的是，由于 $\hat{\boldsymbol{\theta}}$ 依概率收敛到一个内点 $\boldsymbol{\theta}_0$，而且 $\frac{1}{n}\sum_{t=1}^{n}\mathbf{H}(\mathbf{w}_t;\bar{\boldsymbol{\theta}})$ 依概率收敛到一个非奇异矩阵 $\mathrm{E}[\mathbf{H}(\mathbf{w}_t;\ \boldsymbol{\theta}_0)]$，所以这些条件都成立。参看纽韦-麦克法登（Newey and McFadden，1994，p. 2152）可以得到一个严格的证明。这类技术性问题在本章剩余部分中将被忽略。

● 如果 $\mathbf{w}_t$ 是遍历平稳的，那么 $\mathbf{s}(\mathbf{w}_t;\ \boldsymbol{\theta}_0)$ 也是如此，而矩阵 $\boldsymbol{\Sigma}$ 则是 $\{\mathbf{s}(\mathbf{w}_t;\ \boldsymbol{\theta}_0)\}$ 的长期方差矩阵。[①]（3）的一个充分条件是 6.5 节引入的戈丁条件。因此该命题中的条件（3）可以由关于 $\{\mathbf{s}(\mathbf{w}_t;\ \boldsymbol{\theta}_0)\}$ 的戈丁条件来取代。例如，如果 $\mathbf{w}_t$ 是 i. i. d. 的，且 $\mathrm{E}[\mathbf{s}(\mathbf{w}_t;\ \boldsymbol{\theta}_0)]=\mathbf{0}$，则它是可以得到满足的。$\boldsymbol{\Sigma}$ 正定这一假设对于该命题的结论而言并

① 这个长期方差在 6.5 节中介绍过。

不是真的很需要，但是我们也可以在这里这样假设，因为它确实在所有的应用中都是可以满足的（或者可以被假定的），也因为它在稍后本章的假设检验的讨论中是需要的。

□ 一致渐近方差估计

为了使用这一假设检验的渐近结果，我们需要一个对下式的一致估计：

$$\text{Avar}(\hat{\boldsymbol{\theta}})=(\mathrm{E}[\mathbf{H}(\mathbf{w}_t;\boldsymbol{\theta}_0)])^{-1}\boldsymbol{\Sigma}(\mathrm{E}[\mathbf{H}(\mathbf{w}_t;\boldsymbol{\theta}_0)])^{-1}$$

由于 $\hat{\boldsymbol{\theta}}\to_{\mathrm{p}}\boldsymbol{\theta}_0$，所以命题 7.8 的条件（4）意味着：

$$\frac{1}{n}\sum_{t=1}^{n}\mathbf{H}(\mathbf{w}_t;\hat{\boldsymbol{\theta}})\xrightarrow[\mathrm{p}]{}\mathrm{E}[\mathbf{H}(\mathbf{w}_t;\boldsymbol{\theta}_0)]$$

因此，只要存在一个可以得到的 $\boldsymbol{\Sigma}$ 的一致估计量 $\hat{\boldsymbol{\Sigma}}$，

$$\widehat{\text{Avar}(\hat{\boldsymbol{\theta}})}=\left\{\frac{1}{n}\sum_{t=1}^{n}\mathbf{H}(\mathbf{w}_t;\hat{\boldsymbol{\theta}})\right\}^{-1}\hat{\boldsymbol{\Sigma}}\left\{\frac{1}{n}\sum_{t=1}^{n}\mathbf{H}(\mathbf{w}_t;\hat{\boldsymbol{\theta}})\right\}^{-1} \tag{7.3.11}$$

就是渐近方差矩阵的一个一致估计量。为了得到 $\hat{\boldsymbol{\Sigma}}$，6.6 节引入的方法，比如 VARHAC，就能被应用于某些适当技术条件下的估计序列 $\{\mathbf{s}(\mathbf{w}_t;\hat{\boldsymbol{\theta}})\}$。

□ 条件 ML 的渐近正态性

我们现在将这一渐近正态性结果具体化到 i. i. d. 数据情况下的 ML。在 ML 中，m 函数是一个对数（条件）似然，一阶条件式（7.3.4）被称为**似然方程**（likelihood equations）。m 函数是一个对数（条件）似然，使得 $\hat{\boldsymbol{\theta}}$ 的渐近方差矩阵可以得到简化。我们将对条件 ML 证明这一点；对无条件或联合 ML 做到这一点更容易。

我们来看下面命题 7.9 中条件（3）的两个方程。第二个方程被称为**信息矩阵等式**（information matrix equality）（不要与库尔贝克-莱布勒信息不等式混淆）。因为 $\mathrm{E}[\mathbf{s}(\mathbf{w}_t;\boldsymbol{\theta}_0)\mathbf{s}(\mathbf{w}_t;\boldsymbol{\theta}_0)']$ 是**观测值 t 的信息矩阵**（information matrix for observation t），故名。在一些允许可微和可积交互的技术条件下推导这两个等式是本章的分析性习题 2 的内容。这里，我们只是提一下命题 7.8 的这两个方程的含义。如果 $\mathbf{w}_t$ 是 i. i. d. 的，那么林德伯格-列维和第一个等式（即 $\mathrm{E}[\mathbf{s}(\mathbf{w}_t;\boldsymbol{\theta}_0)]=\mathbf{0}$）意味着：

$$\frac{1}{\sqrt{n}}\sum_{t=1}^{n}\mathbf{s}(\mathbf{w}_t;\boldsymbol{\theta}_0)\xrightarrow[\mathrm{d}]{}N(\mathbf{0},\boldsymbol{\Sigma})\text{，其中 }\boldsymbol{\Sigma}=\mathrm{E}[\mathbf{s}(\mathbf{w}_t;\boldsymbol{\theta}_0)\mathbf{s}(\mathbf{w}_t;\boldsymbol{\theta}_0)'] \tag{7.3.12}$$

这和信息矩阵等式一起意味着命题 7.8 中的 $\text{Avar}(\hat{\boldsymbol{\theta}})$ 可以以两种方式简化为：

$$\text{Avar}(\hat{\boldsymbol{\theta}})=-\{\mathrm{E}[\mathbf{H}(\mathbf{w}_t;\boldsymbol{\theta}_0)]\}^{-1}=\{\mathrm{E}[\mathbf{s}(\mathbf{w}_t;\boldsymbol{\theta}_0)\mathbf{s}(\mathbf{w}_t;\boldsymbol{\theta}_0)']\}^{-1} \tag{7.3.13}$$

这样我们就证明了：

命题 7.9（条件 ML 的渐近正态性）： 令 $\mathbf{w}_t(\equiv(y_t,\mathbf{x}_t')')$ 为 i. i. d. 的。假设命题 7.5 或命题 7.6 的条件可以得到满足，故有 $\hat{\boldsymbol{\theta}}\to_{\mathrm{p}}\boldsymbol{\theta}_0$。此外，还假设：

（1）$\boldsymbol{\theta}_0$ 在 Θ 的内部，

（2）$f(y_t \mid \mathbf{x}_t;\boldsymbol{\theta})$ 对于所有的 $(y_t, \mathbf{x}_t)$ 在 $\boldsymbol{\theta}$ 上是二次连续可微的，

（3）$\mathrm{E}[\mathbf{s}(\mathbf{w}_t;\boldsymbol{\theta}_0)]=0$，$-\mathrm{E}[\mathbf{H}(\mathbf{w}_t;\boldsymbol{\theta}_0)]=\mathrm{E}[\mathbf{s}(\mathbf{w}_t;\boldsymbol{\theta}_0)\mathbf{s}(\mathbf{w}_t;\boldsymbol{\theta}_0)']$，其中 $\mathbf{s}$ 和 $\mathbf{H}$ 函数如式（7.3.2）和式（7.3.3）中所定义，

（4）（关于海塞矩阵的局部占优条件）对于 $\boldsymbol{\theta}_0$ 的某一邻域 $\mathcal{N}$，

$$\mathrm{E}[\sup_{\boldsymbol{\theta}\in\mathcal{N}} \|\mathbf{H}(\mathbf{w}_t;\boldsymbol{\theta})\|]<\infty$$

因此对于任何一致估计量 $\tilde{\boldsymbol{\theta}}$，有 $\frac{1}{n}\sum_{t=1}^{n}\mathbf{H}(\mathbf{w}_t;\tilde{\boldsymbol{\theta}}) \to_{\mathrm{p}} \mathrm{E}[\mathbf{H}(\mathbf{w}_t;\boldsymbol{\theta}_0)]$，

（5）$\mathrm{E}[\mathbf{H}(\mathbf{w}_t;\boldsymbol{\theta}_0)]$ 是非奇异的。

那么，$\hat{\boldsymbol{\theta}}$ 是渐近正态的，其中 $\mathrm{Avar}(\hat{\boldsymbol{\theta}})$ 由式（7.3.13）给出。

关于这个命题有两点注释：

- 这里条件（3）作为一个假设进行表述，因为其导出需要积分和微分交互使用（参看分析性习题 2）。在这种交互使用是合理的技术条件下，该条件很容易从微积分中得到（例如可参看 Newey 和 McFadden（1994）中的引理 3.6）。因此，条件（3）可以被这样的有关 $f(y_t \mid \mathbf{x}_t;\boldsymbol{\theta})$ 的技术条件所取代。我们在这里不再进行这样的操作，因为在绝大多数应用中，条件（3）可以直接得到验证。
- 从上面的讨论中我们应该很清楚，这个命题是如何被改编到无条件 ML 的：简单地用 $f(\mathbf{w}_t;\boldsymbol{\theta})$ 来取代 $f(y_t \mid \mathbf{x}_t;\boldsymbol{\theta})$。

为了在假设检验中使用这种渐近结果，我们需要一个 $\mathrm{Avar}(\hat{\boldsymbol{\theta}})$ 的一致估计值。要注意，它可以被写为 $-\{\mathrm{E}[\mathbf{H}(\mathbf{w}_t;\boldsymbol{\theta}_0)]\}^{-1}$，自然的估计量为：

$$\mathrm{Avar}(\hat{\boldsymbol{\theta}})\text{ 的首个估计量} = -\left\{\frac{1}{n}\sum_{t=1}^{n}\mathbf{H}(\mathbf{w}_t;\hat{\boldsymbol{\theta}})\right\}^{-1} \tag{7.3.14}$$

由于 $\hat{\boldsymbol{\theta}} \to_{\mathrm{p}} \boldsymbol{\theta}_0$，所以根据命题 7.9 的条件（4），这个估计量是一致的。另外一个估计量基于关系 $\mathrm{Avar}(\hat{\boldsymbol{\theta}})=\{\mathrm{E}[\mathbf{s}(\mathbf{w}_t;\boldsymbol{\theta}_0)\mathbf{s}(\mathbf{w}_t;\boldsymbol{\theta}_0)']\}^{-1}$，为：

$$\mathrm{Avar}(\hat{\boldsymbol{\theta}})\text{ 的第二个估计量} = \left\{\frac{1}{n}\sum_{t=1}^{n}\mathbf{s}(\mathbf{w}_t;\hat{\boldsymbol{\theta}})\mathbf{s}(\mathbf{w}_t;\hat{\boldsymbol{\theta}})'\right\}^{-1} \tag{7.3.15}$$

为了确保这个估计量的一致性，我们需要在命题 7.9 的假设之外再多做一个假设（例如可参看 Newey 和 McFadden（1994）的定理 4.4）。我们不会在这里对它进行证明，因为在很多应用中，第二个估计量的一致性可以直接进行验证。

没有原因偏好 $\mathrm{Avar}(\hat{\boldsymbol{\theta}})$ 中的一个估计量。第二个估计量仅要求对数似然的一阶导数，比第一个更容易计算。当它不可能分析性地计算密度函数的导数而且必须使用某个数值方法时，这是一种重要的考量标准。另外，至少在某些情况下，第一个估计量给出了渐近分布的更好的有限样本近似（例如可参看 Davidson 和 MacKinnon（1993））。

□ 两个例子

为了得到关于条件 ML 的渐近正态的更好的理解，看一下这些结论是如何被应用于熟悉的例子的，应该会比较有帮助。我们来考虑两个这样的例子。

例 7.10（线性回归模型中的渐近正态性）：

为具有正态误差的线性回归模型观测值 t 复制对数条件密度，

$$\log f(y_t \mid \mathbf{x}_t;\boldsymbol{\beta},\sigma^2)=-\frac{1}{2}\log(2\pi)-\frac{1}{2}\log(\sigma^2)-\frac{(y_t-\mathbf{x}_t'\boldsymbol{\beta})^2}{2\sigma^2} \tag{7.3.16}$$

其中 $\Theta=\mathbb{R}^K\times\mathbb{R}_{++}$（$K$ 是 $\boldsymbol{\beta}$ 的维数），命题 7.9 的条件（1）可被满足。条件（2）显然也满足。为了验证（3），有一种例行的计算可以取得下式①：

$$\mathbf{s}(\mathbf{w}_t;\boldsymbol{\theta})=\begin{bmatrix}\dfrac{1}{\sigma^2}\mathbf{x}_t\cdot\hat{\varepsilon}_t\\ -\dfrac{1}{2\sigma^2}+\dfrac{1}{2\sigma^4}\hat{\varepsilon}_t^2\end{bmatrix},\ \mathbf{H}(\mathbf{w}_t;\boldsymbol{\theta})=\begin{bmatrix}-\dfrac{1}{\sigma^2}\mathbf{x}_t\mathbf{x}_t' & -\dfrac{1}{\sigma^4}\mathbf{x}_t\cdot\hat{\varepsilon}_t\\ -\dfrac{1}{\sigma^4}\mathbf{x}_t'\cdot\hat{\varepsilon}_t & \dfrac{1}{2\sigma^4}-\dfrac{1}{\sigma^6}\hat{\varepsilon}_t^2\end{bmatrix},$$

$$\mathbf{s}(\mathbf{w}_t;\boldsymbol{\theta})\mathbf{s}(\mathbf{w}_t;\boldsymbol{\theta})'=\begin{bmatrix}\dfrac{1}{\sigma^4}\mathbf{x}_t\mathbf{x}_t'\hat{\varepsilon}_t^2 & -\dfrac{1}{2\sigma^4}\mathbf{x}_t\cdot\hat{\varepsilon}_t+\dfrac{1}{2\sigma^6}\mathbf{x}_t\cdot\hat{\varepsilon}_t^3\\ -\dfrac{1}{2\sigma^4}\mathbf{x}_t'\cdot\hat{\varepsilon}_t+\dfrac{1}{2\sigma^6}\mathbf{x}_t'\cdot\hat{\varepsilon}_t^3 & \dfrac{1}{4\sigma^4}-\dfrac{1}{2\sigma^6}\hat{\varepsilon}_t^2+\dfrac{1}{4\sigma^8}\hat{\varepsilon}_t^4\end{bmatrix} \tag{7.3.17}$$

其中 $\mathbf{w}_t=(y_t,\ \mathbf{x}_t')'$，$\boldsymbol{\theta}=(\boldsymbol{\beta}',\ \sigma^2)'$，$\hat{\varepsilon}_t\equiv y_t-\mathbf{x}_t'\boldsymbol{\beta}$（应该将它与 $\varepsilon_t\equiv y_t-\mathbf{x}_t'\boldsymbol{\beta}_0$ 区别开来）。因此，对于 $\boldsymbol{\theta}=\boldsymbol{\theta}_0$ 来说，这些表达式中的 $\hat{\varepsilon}_t$ 可以由 ε_t 来取代。在线性回归模型中，$\mathrm{E}(\varepsilon_t\mid\mathbf{x}_t)=0$。而且由于 ε_t 服从 $N(0,\ \sigma_0^2)$，所以我们有 $\mathrm{E}(\varepsilon_t^3)=0$ 以及 $\mathrm{E}(\varepsilon_t^4)=3\sigma_0^4$。利用这些关系，可以很容易验证（3）。特别地，

$$-\mathrm{E}[\mathbf{H}(\mathbf{w}_t;\boldsymbol{\theta}_0)]=\mathrm{E}[\mathbf{s}(\mathbf{w}_t;\boldsymbol{\theta}_0)\mathbf{s}(\mathbf{w}_t;\boldsymbol{\theta}_0)']=\begin{bmatrix}\dfrac{1}{\sigma_0^2}\mathrm{E}(\mathbf{x}_t\mathbf{x}_t') & \mathbf{0}\\ \mathbf{0}' & \dfrac{1}{2\sigma_0^4}\end{bmatrix} \tag{7.3.18}$$

如果 $\mathrm{E}(\mathbf{x}_t\mathbf{x}_t')$ 是非奇异的，则 $\mathrm{E}[\mathbf{H}(\mathbf{w}_t;\ \boldsymbol{\theta}_0)]$ 是非奇异的，且（5）可以得到满足。下面来看条件（4），对于某个一致估计量 $\tilde{\boldsymbol{\beta}}$ 和 $\tilde{\sigma}^2$，令 $\tilde{\varepsilon}_t\equiv y_t-\mathbf{x}_t'\tilde{\boldsymbol{\beta}}$。在本例中条件式（7.3.8）为：

$$\begin{bmatrix}-\dfrac{1}{\tilde{\sigma}^2}\dfrac{1}{n}\sum_{t=1}^{n}\mathbf{x}_t\mathbf{x}_t' & -\dfrac{1}{(\tilde{\sigma}^2)^2}\dfrac{1}{n}\sum_{t=1}^{n}\mathbf{x}_t\cdot\tilde{\varepsilon}_t\\ -\dfrac{1}{(\tilde{\sigma}^2)^2}\dfrac{1}{n}\sum_{t=1}^{n}\mathbf{x}_t'\cdot\tilde{\varepsilon}_t & \dfrac{1}{2(\tilde{\sigma}^2)^2}-\dfrac{1}{(\tilde{\sigma}^2)^3}\dfrac{1}{n}\sum_{t=1}^{n}\tilde{\varepsilon}_t^2\end{bmatrix}$$

$$\xrightarrow[\mathrm{p}]{}\begin{bmatrix}-\dfrac{1}{\sigma_0^2}\mathrm{E}(\mathbf{x}_t\mathbf{x}_t') & \mathbf{0}\\ \mathbf{0}' & -\dfrac{1}{2\sigma_0^4}\end{bmatrix} \tag{7.3.19}$$

给定 $\tilde{\varepsilon}_t=\varepsilon_t-\mathbf{x}_t'(\tilde{\boldsymbol{\beta}}-\boldsymbol{\beta}_0)$，可以直接证明这一点。我们可以得出结论：如果 $\mathrm{E}(\mathbf{x}_t\mathbf{x}_t')$ 是非奇异的，则命题 7.9 的所有条件都可以得到满足。

① 对于参数 σ^2 来说，要关于 σ^2 而非 σ 取微分。

例 7.11（probit ML 的渐近正态性）：

为了给出 probit 模型的对数条件似然，

$$\log f(y_t \mid \mathbf{x}_t;\boldsymbol{\theta}) = y_t \log\Phi(\mathbf{x}_t'\boldsymbol{\theta}) + (1-y_t)\log[1-\Phi(\mathbf{x}_t'\boldsymbol{\theta})] \tag{7.3.20}$$

如果 $\Theta=\mathbb{R}^p$，则命题 7.9 的条件（1）可以得到满足。条件（2）显然可以得到满足。为了验证（3），有一个繁冗的计算，可以得到：

$$\mathbf{s}(\mathbf{w}_t;\boldsymbol{\theta}) = \frac{(y_t-\Phi(\mathbf{x}_t'\boldsymbol{\theta}))\phi(\mathbf{x}_t'\boldsymbol{\theta})}{(1-\Phi(\mathbf{x}_t'\boldsymbol{\theta}))\Phi(\mathbf{x}_t'\boldsymbol{\theta})}\mathbf{x}_t \tag{7.3.21}$$

$$\begin{aligned}\mathbf{H}(\mathbf{w}_t;\boldsymbol{\theta}) = \Bigg\{&-\left[\frac{y_t-\Phi(\mathbf{x}_t'\boldsymbol{\theta})}{\Phi(\mathbf{x}_t'\boldsymbol{\theta})(1-\Phi(\mathbf{x}_t'\boldsymbol{\theta}))}\right][\phi(\mathbf{x}_t'\boldsymbol{\theta})]^2 \\ &+\left[\frac{y_t-\Phi(\mathbf{x}_t'\boldsymbol{\theta})}{\Phi(\mathbf{x}_t'\boldsymbol{\theta})(1-\Phi(\mathbf{x}_t'\boldsymbol{\theta}))}\right]\phi'(\mathbf{x}_t'\boldsymbol{\theta})\Bigg\}\mathbf{x}_t\mathbf{x}_t'\end{aligned} \tag{7.3.22}$$

（为了推导式（7.3.22），使用 $y_t^2=y_t$ 这一条件。）这里，$\Phi(\cdot)$ 是 $N(0,1)$ 的累积密度函数，$\phi(\cdot)\equiv\Phi'(\cdot)$ 是其密度函数。那么，很容易证明（3）的条件情形：

$$\begin{aligned}&\mathrm{E}[\mathbf{s}(\mathbf{w}_t;\boldsymbol{\theta}_0)\mid\mathbf{x}_t]=\mathbf{0} \text{ 以及} \\ &-\mathrm{E}[\mathbf{H}(\mathbf{w}_t;\boldsymbol{\theta}_0)\mid\mathbf{x}_t]=\mathrm{E}[\mathbf{s}(\mathbf{w}_t;\boldsymbol{\theta}_0)\mathbf{s}(\mathbf{w}_t;\boldsymbol{\theta}_0)'\mid\mathbf{x}_t]\end{aligned} \tag{7.3.23}$$

因此根据总期望法则，（3）可以得到满足。特别地，对于 probit，易于证明的是：

$$-\mathrm{E}[\mathbf{H}(\mathbf{w}_t;\boldsymbol{\theta}_0)]=\mathrm{E}[\mathbf{s}(\mathbf{w}_t;\boldsymbol{\theta}_0)\mathbf{s}(\mathbf{w}_t;\boldsymbol{\theta}_0)']=\mathrm{E}[\lambda(\mathbf{x}_t'\boldsymbol{\theta}_0)\lambda(-\mathbf{x}_t'\boldsymbol{\theta}_0)\mathbf{x}_t\mathbf{x}_t'] \tag{7.3.24}$$

其中，

$$\lambda(v)\equiv\frac{\phi(v)}{1-\Phi(v)} \tag{7.3.25}$$

这被称为**逆米尔斯比率**（inverse Mill's ratio）或 N(0，1）的**几率**（hazard）。可以证明的是，式（7.3.22）括号中的项介于 0 和 2 之间（参看 Newey 和 McFadden（1994），p. 2147）。因此，

$$\|\mathbf{H}(\mathbf{w}_t;\boldsymbol{\theta})\|\leqslant 2\|\mathbf{x}_t\mathbf{x}_t'\| \tag{7.3.26}$$

欧几里得模 $\|\mathbf{x}_t\mathbf{x}_t'\|$ 是 $\mathbf{x}_t\mathbf{x}_t'$ 元素的平方和的平方根。因此，如果 $\mathrm{E}(\mathbf{x}_t\mathbf{x}_t')$（存在且）有限，则 $\|\mathbf{x}_t\mathbf{x}_t'\|^2$ 的期望值以及 $\|\mathbf{x}_t\mathbf{x}_t'\|$ 的期望都是有限的。因此，如果 $\mathrm{E}(\mathbf{x}_t\mathbf{x}_t')$ 是非奇异的，则海塞矩阵的局部占优条件（条件（4））可以得到满足。可以证明的是，如果 $\mathrm{E}(\mathbf{x}_t\mathbf{x}_t')$ 是非奇异的，则条件（5）也可以得到满足（参看 Newey 和 McFadden（1994 p. 2147）的脚注 29）。我们可以再次得出结论：如果 $\mathrm{E}(\mathbf{x}_t\mathbf{x}_t')$ 是非奇异的，则命题 7.9 的所有条件都可以得到满足。

□ GMM 的渐近正态性

现在回到 GMM。GMM 的目标函数为：

$$Q_n(\boldsymbol{\theta}) = -\frac{1}{2}\mathbf{g}_n(\boldsymbol{\theta})'\,\widehat{\mathbf{W}}\mathbf{g}_n(\boldsymbol{\theta})\text{，其中}\underset{(K\times 1)}{\mathbf{g}_n(\boldsymbol{\theta})}\equiv\frac{1}{n}\sum_{t=1}^{n}\mathbf{g}(\mathbf{w}_t;\boldsymbol{\theta}) \tag{7.3.27}$$

正如在 M－估计量中的情况一样，我们可以将中值定理应用于最大化的一阶条件，而且该定理要被应用于 $\mathbf{g}_n(\boldsymbol{\theta})$，而非其一阶导数。从而，和 M－估计量的情况不同，该目标函数只需要是一阶连续可微的，而不是二阶连续可微的。这反映了如下事实：样本均值对于 GMM 情况来说其进入目标函数的形式与前者不同。

假设 $\hat{\boldsymbol{\theta}}$ 是一个内点，目标函数最大化的一阶条件为：

$$\underset{(p\times1)}{\mathbf{0}}=\frac{\partial Q_n(\hat{\boldsymbol{\theta}})}{\underset{(p\times1)}{\partial\boldsymbol{\theta}}}=-\underset{(P\times K)}{\mathbf{G}_n(\hat{\boldsymbol{\theta}})'}\underset{(K\times K)}{\hat{\mathbf{W}}}\underset{(K\times1)}{\mathbf{g}_n(\hat{\boldsymbol{\theta}})} \tag{7.3.28}$$

其中 $\mathbf{G}_n(\boldsymbol{\theta})$ 是 $\mathbf{g}_n(\boldsymbol{\theta})$ 的雅可比行列式：

$$\underset{(K\times p)}{\mathbf{G}_n(\boldsymbol{\theta})}\equiv\frac{\partial\mathbf{g}_n(\boldsymbol{\theta})}{\partial\boldsymbol{\theta}'} \tag{7.3.29}$$

现在将中值定理应用于 $\mathbf{g}_n(\boldsymbol{\theta})$，而不是将如 M－估计量中那样运用于 $\partial Q_n(\boldsymbol{\theta})/\partial\boldsymbol{\theta}$，可以取得中值展开：

$$\underset{(K\times1)}{\mathbf{g}_n(\hat{\boldsymbol{\theta}})}=\underset{(K\times1)}{\mathbf{g}_n(\boldsymbol{\theta}_0)}+\underset{(K\times p)}{\mathbf{G}_n(\bar{\boldsymbol{\theta}})}\underset{(p\times1)}{(\hat{\boldsymbol{\theta}}-\boldsymbol{\theta}_0)} \tag{7.3.30}$$

将此代入上面的一阶条件，可以得到：

$$\underset{(p\times1)}{\mathbf{0}}=-\underset{(p\times K)}{\mathbf{G}_n(\hat{\boldsymbol{\theta}})'}\underset{(K\times K)}{\hat{\mathbf{W}}}\underset{(K\times1)}{\mathbf{g}_n(\boldsymbol{\theta}_0)}-\underset{(p\times K)}{\mathbf{G}_n(\hat{\boldsymbol{\theta}})'}\underset{(K\times K)}{\hat{\mathbf{W}}}\underset{(K\times p)}{\mathbf{G}_n(\bar{\boldsymbol{\theta}})}\underset{(p\times1)}{(\hat{\boldsymbol{\theta}}-\boldsymbol{\theta}_0)}. \tag{7.3.31}$$

求解 $(\boldsymbol{\theta}-\boldsymbol{\theta}_0)$，要注意 $\mathbf{g}_n(\boldsymbol{\theta})=\frac{1}{n}\sum_{t=1}^{n}\mathbf{g}(\mathbf{w}_t;\boldsymbol{\theta})$，可以得到：

$$\sqrt{n}\underset{(P\times1)}{(\hat{\boldsymbol{\theta}}-\boldsymbol{\theta}_0)}=-\left[\underset{(p\times K)}{\mathbf{G}_n(\hat{\boldsymbol{\theta}})'}\underset{(K\times K)}{\hat{\mathbf{W}}}\underset{(K\times p)}{\mathbf{G}_n(\bar{\boldsymbol{\theta}})}\right]^{-1}\underset{(p\times K)}{\mathbf{G}_n(\hat{\boldsymbol{\theta}})'}\underset{(K\times K)}{\hat{\mathbf{W}}}\frac{1}{\sqrt{n}}\underset{(K\times1)}{\sum_{t=1}^{n}\mathbf{g}(\mathbf{w}_t;\boldsymbol{\theta}_0)} \tag{7.3.32}$$

在这个表达式中，$\mathbf{g}_n(\boldsymbol{\theta})$ 的雅克比行列式是在两个不同的点 $\hat{\boldsymbol{\theta}}$ 和 $\bar{\boldsymbol{\theta}}$ 上估值的。由于 $\mathbf{g}_n(\boldsymbol{\theta})=\frac{1}{n}\sum_{t=1}^{n}\mathbf{g}(\mathbf{w}_t;\boldsymbol{\theta})$，所以在任何给定的估计量 $\tilde{\boldsymbol{\theta}}$ 上的雅可比行列式可以写为：

$$\mathbf{G}_n(\tilde{\boldsymbol{\theta}})=\frac{1}{n}\sum_{t=1}^{n}\frac{\partial\mathbf{g}(\mathbf{w}_t;\tilde{\boldsymbol{\theta}})}{\partial\boldsymbol{\theta}'} \tag{7.3.33}$$

如果 $\mathbf{w}_t$ 是便利平稳的，且 $\tilde{\boldsymbol{\theta}}$ 是一致的，则很自然可以推断这一表达式收敛到 $\mathrm{E}[\partial\mathbf{g}(\mathbf{w}_t;\boldsymbol{\theta}_0)/\partial\boldsymbol{\theta}']$ 上。由于这对 M－估计量是成立的，所以如果 $\partial\mathbf{g}(\mathbf{w}_t;\boldsymbol{\theta})/\partial\boldsymbol{\theta}'$ 满足下面的条件（4）规定的适当的占优条件，则这一推断也是成立的。现在很清楚的是，命题 7.8 的 GMM 等价形式为：

命题 7.10（GMM 的渐近正态性）：假设命题 7.7 的条件都可以得到满足，故而 $\{\mathbf{w}_t\}$ 是遍历平稳的，$\hat{\mathbf{W}}(K\times K)$ 依概率收敛到一个对称正定矩阵 $\mathbf{W}$，而且 p 维 GMM 估计量 $\hat{\boldsymbol{\theta}}$ 是一致的。进一步假设：

（1）$\boldsymbol{\theta}_0$ 在 Θ 的内部，

（2）$\underset{(K\times1)}{\mathbf{g}(\mathbf{w}_t;\boldsymbol{\theta})}$ 对任何 $\mathbf{w}_t$ 来说在 $\boldsymbol{\theta}$ 上是连续可微的，

（3）$\frac{1}{\sqrt{n}}\sum_{t=1}^{n}\mathbf{g}(\mathbf{w}_t;\boldsymbol{\theta}_0)\to_{\mathrm{d}}N(\mathbf{0},\underset{(K\times K)}{\mathbf{S}})$，$S$ 正定，

(4)（关于$\frac{\partial \mathbf{g}(\mathbf{w}_t;\ \boldsymbol{\theta})}{\partial \boldsymbol{\theta}'}$的局部占优条件）对于$\boldsymbol{\theta}_0$的某个邻域$\mathcal{N}$，

$$\mathrm{E}\left[\sup_{\boldsymbol{\theta}\in\mathcal{N}}\left\|\frac{\partial \mathbf{g}(\mathbf{w}_t;\boldsymbol{\theta})}{\partial \boldsymbol{\theta}'}\right\|\right]<\infty$$

因此对于任何一致估计量$\tilde{\boldsymbol{\theta}}$，有$\frac{1}{n}\sum_{t=1}^{n}\underset{(K\times p)}{\frac{\partial \mathbf{g}(\mathbf{w}_t;\tilde{\boldsymbol{\theta}})}{\partial \boldsymbol{\theta}'}}\to_{\mathrm{p}}\mathrm{E}\left[\frac{\partial \mathbf{g}(\mathbf{w}_t;\boldsymbol{\theta}_0)}{\partial \boldsymbol{\theta}'}\right]$，

(5) $\mathrm{E}\left[\underset{(K\times p)}{\frac{\partial \mathbf{g}(\mathbf{w}_t;\ \boldsymbol{\theta}_0)}{\partial \boldsymbol{\theta}'}}\right]$是列满秩的。

那么，下面这些结果成立：

(a)（渐近正态性）$\hat{\boldsymbol{\theta}}$是渐近正态的，且

$$\underset{(p\times p)}{\mathrm{Avar}(\hat{\boldsymbol{\theta}})}=(\mathbf{G}'\mathbf{W}\mathbf{G})^{-1}\mathbf{G}'\mathbf{W}\mathbf{S}\mathbf{W}\mathbf{G}(\mathbf{G}'\mathbf{W}\mathbf{G})^{-1}$$

其中$\underset{(K\times p)}{\mathbf{G}}=\mathrm{E}\left[\frac{\partial \mathbf{g}(\mathbf{w}_t;\ \boldsymbol{\theta}_0)}{\partial \boldsymbol{\theta}'}\right]$，

(b)（一致渐近方差估计）假设存在$\mathbf{S}$的一个可得的一致估计值$\hat{\mathbf{S}}$。渐近方差可以由下式予以一致地估计：

$$\widehat{\mathrm{Avar}(\hat{\boldsymbol{\theta}})}=(\hat{\mathbf{G}}'\hat{\mathbf{W}}\hat{\mathbf{G}})^{-1}\hat{\mathbf{G}}'\hat{\mathbf{W}}\hat{\mathbf{S}}\hat{\mathbf{W}}\hat{\mathbf{G}}(\hat{\mathbf{G}}'\hat{\mathbf{W}}\hat{\mathbf{G}})^{-1} \tag{7.3.34}$$

其中$\underset{(K\times p)}{\hat{\mathbf{G}}}\equiv\mathbf{G}_n(\hat{\boldsymbol{\theta}})=\frac{1}{n}\sum_{t=1}^{n}\frac{\partial \mathbf{g}(\mathbf{w}_t;\ \hat{\boldsymbol{\theta}})}{\partial \boldsymbol{\theta}'}$。

$\mathbf{S}$是正定的这个假设对于该命题的结果来说并非真的需要，但是我们可以同样在这里假设，是因为实际上对于所有应用而言这一假设都是满足的（或被假设的），而且因为在本章后面对假设检验的讨论中这是必需的条件。

通过将这一命题和命题3.1进行比较，注意到线性和非线性GMM是有用处的。在线性GMM中，$\mathbf{g}_n(\boldsymbol{\theta})$由下式给出：

$$\mathbf{g}_n(\boldsymbol{\theta})=\left(\frac{1}{n}\sum_{t=1}^{n}\mathbf{x}_t\cdot y_t\right)-\left(\frac{1}{n}\sum_{t=1}^{n}\mathbf{x}_t\mathbf{z}_t'\right)\boldsymbol{\theta} \tag{7.3.35}$$

因此在命题7.10中$\hat{\mathbf{G}}\equiv\mathbf{G}_n(\hat{\boldsymbol{\theta}})$可以简化为$-\left(\frac{1}{n}\sum\mathbf{x}_t\mathbf{z}_t'\right)$，$G$可以简化为$-\mathrm{E}(\mathbf{x}_t\mathbf{z}_t')$。命题7.10的引申是非线性GMM估计量的渐近分布可由对$\mathbf{g}_n(\boldsymbol{\theta})$在真实参数值附近取线性近似而得到。

与线性GMM类似，可以进一步扩展如下：

- （有效非线性GMM）使用当前的符号，3.5节的矩阵不等式（3.5.11）是：

$$(\mathbf{G}'\mathbf{W}\mathbf{G})^{-1}\mathbf{G}'\mathbf{W}\mathbf{S}\mathbf{W}\mathbf{G}(\mathbf{G}'\mathbf{W}\mathbf{G})^{-1}\geqslant(\mathbf{G}'\mathbf{S}^{-1}\mathbf{G})^{-1} \tag{7.3.36}$$

这是说$\mathrm{Avar}(\hat{\boldsymbol{\theta}})$的下界是$(\mathbf{G}'\mathbf{S}^{-1}\mathbf{G})^{-1}$。如果$\hat{\mathbf{W}}$满足有效条件$\mathrm{plim}_{n\to\infty}\hat{\mathbf{W}}=\mathbf{S}^{-1}$，即对于$\mathbf{S}$的某个一致估计量有$\hat{\mathbf{W}}=\hat{\mathbf{S}}^{-1}$，则可以取得下界。

- （检验过度识别约束的J统计量）假设命题7.10的条件可以满足，而且$\hat{\mathbf{W}}=\hat{\mathbf{S}}^{-1}$，故有$\hat{\mathbf{W}}$满足有效条件：$\mathrm{plim}\ \hat{\mathbf{W}}=\mathbf{S}^{-1}$。那么，最小距离$J\equiv n\mathbf{g}_n(\hat{\boldsymbol{\theta}})'\hat{\mathbf{S}}^{-1}\mathbf{g}_n(\hat{\boldsymbol{\theta}})$（$=-2nQ_n(\hat{\boldsymbol{\theta}})$）服从渐近卡方分布，自由度为$K-p$。对这一结果的证明基本上与线

性情形相同；有关证明参看 Newey 和 McFadden（1994，9.5 节）。

● （对 $\mathbf{S}$ 的估计）$\mathbf{S}$ 是 $\{\mathbf{g}(\mathbf{w}_t;\ \boldsymbol{\theta}_0)\}$ 的长期方差。在某些适当的技术条件下，6.6 节引入的方法——比如 VARHAC——可以被用于待估序列 $\{\mathbf{g}(\mathbf{w}_t;\ \hat{\boldsymbol{\theta}})\}$ 以获得 $\hat{\mathbf{S}}$。特别地，如果 $\mathbf{w}_t$ 是 i. i. d. 的，那么 $\mathbf{S}=\mathrm{E}[\mathbf{g}(\mathbf{w}_t;\ \boldsymbol{\theta}_0)\mathbf{g}(\mathbf{w}_t;\ \boldsymbol{\theta}_0)']$，且 $\mathbf{g}(\mathbf{w}_t;\ \hat{\boldsymbol{\theta}})$ 的样本二阶矩可以当作 $\hat{\mathbf{S}}$ 使用。

□ GMM 与 ML

我们刚才所回答的问题是：将正交条件视为给定的，加权矩阵 $\mathbf{W}$ 的最优选择是什么？一个相关但不同的问题是：正交条件的最优选择是什么？① 这个问题也有一个清楚的答案，只要数据（$\mathbf{w}_1$，…，$\mathbf{w}_n$）的密度的参数形式是已知的即可。这里，我们关注 i. i. d. 情况，其中 $\mathbf{w}_t$ 的密度由 $f(\mathbf{w}_t;\ \boldsymbol{\theta})$ 给出。令 $\hat{\boldsymbol{\theta}}$ 为与正交条件 $\mathrm{E}[\mathbf{g}(\mathbf{w}_t;\ \boldsymbol{\theta}_0)]=\mathbf{0}$ 相联系的 GMM 估计量。其渐近方差 $\mathrm{Avar}(\hat{\boldsymbol{\theta}})$ 由命题 7.10 给出。不难证明：

$$\mathrm{Avar}(\hat{\boldsymbol{\theta}})\geqslant \mathrm{E}[\mathbf{s}(\mathbf{w}_t;\boldsymbol{\theta}_0)\mathbf{s}(\mathbf{w}_t;\boldsymbol{\theta}_0)']^{-1}, \text{其中} \underset{(p\times 1)}{\mathbf{s}(\mathbf{w}_t;\boldsymbol{\theta}_0)}\equiv\frac{\partial\log f(\mathbf{w}_t;\boldsymbol{\theta}_0)}{\partial\boldsymbol{\theta}} \tag{7.3.37}$$

也就是说，信息矩阵 $\mathrm{E}(\mathbf{ss}')$ 的逆是 GMM 估计量的渐近方差的下限。这个矩阵不等式在命题 7.10 的条件和某个有关 $f(\mathbf{w}_t;\ \boldsymbol{\theta})$ 的技术性条件下是成立的，该技术性条件允许进行微分和积分的交叉使用。参看 Newey 和 McFadden（1994，定理 5.1），可以得到一个有关那些条件和证明的表述。GMM 估计量的 ML 的渐近有效性可以从这一结果得来，因为下界 $[\mathrm{E}(\mathbf{ss}')]^{-1}$ 是 ML 估计量的渐近方差。然而，给定 ML 利用了密度函数的参数形式 $f(\mathbf{w}_t;\ \boldsymbol{\theta})$ 的信息而 GMM 不能做到这一点，ML 的优越性是不言而喻的。

正如你在下面的复习题 4 中将要证明的那样，当正交条件中的 $\mathbf{g}$ 函数是观测值 t 的依据时，GMM 可以取得这一下界：

$$\underset{(K\times 1)}{\mathbf{g}(\mathbf{w}_t;\boldsymbol{\theta})}=\underset{(p\times 1)}{\mathbf{s}(\mathbf{w}_t;\boldsymbol{\theta})}\equiv\frac{\partial\log f(\mathbf{w}_t;\boldsymbol{\theta})}{\partial\boldsymbol{\theta}} \tag{7.3.38}$$

因此，具有最优正交条件的 GMM 估计量渐近等价于 ML。实际上，它们在数值上是相等的，可以证明如下。由于当 $\mathbf{g}$ 如式（7.3.38）中被最优地选中时，K（正交条件的数量）等于 p（参数的数目），所以 GMM 估计量 $\hat{\boldsymbol{\theta}}$ 应该满足 $\mathbf{g}_n(\hat{\boldsymbol{\theta}})=\mathbf{0}$，这在式（7.3.38）下可以写为：

$$\frac{1}{n}\sum_{t=1}^{n}\mathbf{s}(\mathbf{w}_t;\ \hat{\boldsymbol{\theta}})=\mathbf{0} \tag{7.3.39}$$

这正是似然方程（即 ML 的一阶条件）。它们至少有一个解，因为 ML 估计量满足这些方程。如果它们只有一个解，那么 $\hat{\boldsymbol{\theta}}$ 不仅是 ML 估计量，还是 GMM 估计量。如果它们有不止一个解，我们就需要从中选择一个作为 GMM 估计量。因为解中的一个是 ML 估计量，所以我们可以简单地将它选为 GMM 估计量。

---

① 然而另外一个效率问题关乎广义非线性工具变量估计（这是 GMM 的一种特殊形式，其中 $\mathbf{g}$ 函数是工具变量向量和估计方程误差项的积）中工具变量的最优选择。对最优工具变量的讨论可参看 Newey 和 McFadden（1994，5.4 节）。

□ 在一个一般形式中表达抽样误差

为了对下一节的讨论做准备，对渐近正态性给出一个稍微不同的证明是很有必要的。我们已经使用中值定理推导了抽样误差的中值展开，对于 M－估计量是式（7.3.7），对于 GMM 是式（7.3.32）。我们在这一节证明，它们可以以一种一般性的性质（即下面的式（7.3.43））来写出。

首先来看 M－估计量。要注意，$\frac{\partial Q_n(\boldsymbol{\theta}_0)}{\partial \boldsymbol{\theta}}=\frac{1}{n}\sum_{t=1}^{n}\mathbf{s}(\mathbf{w}_t;\boldsymbol{\theta}_0)$，中值扩展式（7.3.7）可以写为：

$$\sqrt{n}(\hat{\boldsymbol{\theta}}-\boldsymbol{\theta}_0)=-\left[\frac{1}{n}\sum_{t=1}^{n}\mathbf{H}(\mathbf{w}_t;\bar{\boldsymbol{\theta}})\right]^{-1}\sqrt{n}\,\frac{\partial Q_n(\boldsymbol{\theta}_0)}{\partial \boldsymbol{\theta}} \tag{7.3.40}$$

根据命题 7.8 的条件（4），$\frac{1}{n}\sum_{t=1}^{n}\mathbf{H}(\mathbf{w}_t;\bar{\boldsymbol{\theta}})$ 依概率收敛到某个 $p\times p$ 对称矩阵 $\boldsymbol{\Psi}$：

$$\underset{(p\times p)}{\boldsymbol{\Psi}}=\mathrm{E}[\mathbf{H}(\mathbf{w}_t;\boldsymbol{\theta}_0)] \tag{7.3.41}$$

因此重新将式（7.3.40）写为：

$$\begin{aligned}\sqrt{n}(\hat{\boldsymbol{\theta}}-\boldsymbol{\theta}_0)=&-\boldsymbol{\Psi}^{-1}\sqrt{n}\,\frac{\partial Q_n(\boldsymbol{\theta}_0)}{\partial \boldsymbol{\theta}}\\&-\left\{\left[\frac{1}{n}\sum_{t=1}^{n}\mathbf{H}(\mathbf{w}_t;\bar{\boldsymbol{\theta}})\right]^{-1}-\boldsymbol{\Psi}^{-1}\right\}\sqrt{n}\,\frac{\partial Q_n(\boldsymbol{\theta}_0)}{\partial \boldsymbol{\theta}}\end{aligned} \tag{7.3.42}$$

根据构造，括号中的项依概率收敛到零。根据命题 7.8 的条件（3），$\sqrt{n}\,\frac{\partial Q_n(\boldsymbol{\theta}_0)}{\partial \boldsymbol{\theta}}$ $\left(=\frac{1}{\sqrt{n}}\sum_{t=1}^{n}\mathbf{s}(\mathbf{w}_t;\boldsymbol{\theta}_0)\right)$ 依概率收敛到一个随机变量。因此根据引理 2.4（b）依概率收敛到零，最后一项是括号中的项和$\sqrt{n}\frac{\partial Q_n(\boldsymbol{\theta}_0)}{\partial \boldsymbol{\theta}}$的积。这一事实可以写为泰勒展开①：

$$\sqrt{n}(\underset{(p\times 1)}{\hat{\boldsymbol{\theta}}-\boldsymbol{\theta}_0})=-\underset{(p\times p)}{\boldsymbol{\Psi}^{-1}}\sqrt{n}\underset{(p\times 1)}{\frac{\partial Q_n(\boldsymbol{\theta}_0)}{\partial \boldsymbol{\theta}}}+\underset{(p\times 1)}{o_p} \tag{7.3.43}$$

其中项"o_p"意味着"某个依概率收敛到零的随机变量"。② o_p 的确切形式取决于具体的情况。这里，它等于式（7.3.42）中的最后一项。正如你将看到的那样，对于我们的论证而言重要的是 o_p 项最终消失（依概率收敛到零），而不是它的表达式是什么。由于 $\sqrt{n}(\hat{\boldsymbol{\theta}}-\boldsymbol{\theta}_0)$ 和 $-\boldsymbol{\Psi}^{-1}\sqrt{n}\,\frac{\partial Q_n(\boldsymbol{\theta}_0)}{\partial \boldsymbol{\theta}}$ 之间的差值消失了，所以根据引理 2.4（a），$\sqrt{n}(\hat{\boldsymbol{\theta}}-\boldsymbol{\theta}_0)$ 的渐近分布与$-\boldsymbol{\Psi}^{-1}\sqrt{n}\frac{\partial Q_n(\boldsymbol{\theta}_0)}{\partial \boldsymbol{\theta}}$的渐近分布是相同的。那么，可以得到的

---

① 将这个方程称为泰勒展开而不是中值展开是比较合适的，因为乘以$\sqrt{n}\frac{\partial Q_n(\boldsymbol{\theta}_0)}{\partial \boldsymbol{\theta}}$的这个矩阵是在 $\boldsymbol{\theta}_0$ 上估值而非像中值展开中那样在 $\bar{\boldsymbol{\theta}}$ 上估值。

② 这个"o_p"符号在 2.1 节引入过。

是，$\sqrt{n}(\hat{\boldsymbol{\theta}}-\boldsymbol{\theta}_0)$ 收敛到一个正态分布，其均值为零，渐近方差由下式给出：

$$\text{Avar}(\hat{\boldsymbol{\theta}})=\boldsymbol{\Psi}^{-1}\boldsymbol{\Sigma}\boldsymbol{\Psi}^{-1}\text{，其中}\underset{(p\times p)}{\boldsymbol{\Sigma}}\equiv\text{Avar}\left(\frac{\partial Q_n(\boldsymbol{\theta}_0)}{\partial\boldsymbol{\theta}}\right)\tag{7.3.44}$$

对于 M-估计量，$\sqrt{n}\ \dfrac{\partial Q_n(\boldsymbol{\theta}_0)}{\partial\boldsymbol{\theta}}=\dfrac{1}{\sqrt{n}}\sum_{t=1}^{n}\mathbf{s}(\mathbf{w}_t;\boldsymbol{\theta}_0)$，$\boldsymbol{\Sigma}$ 是 $\mathbf{s}(\mathbf{w}_t;\boldsymbol{\theta}_0)$ 的长期方差。设 $\boldsymbol{\Psi}=\text{E}[\mathbf{H}(\mathbf{w}_t;\boldsymbol{\theta}_0)]$，可以给出命题 7.8 中 $\text{Avar}(\hat{\boldsymbol{\theta}})$ 的表达式。

接下来看 GMM。$\sqrt{n}\dfrac{\partial Q_n(\boldsymbol{\theta}_0)}{\partial\boldsymbol{\theta}}$的表达式为：

$$\sqrt{n}\ \frac{\partial Q_n(\boldsymbol{\theta}_0)}{\partial\boldsymbol{\theta}}=-[\mathbf{G}_n(\boldsymbol{\theta}_0)]'\ \hat{\mathbf{W}}\ \frac{1}{\sqrt{n}}\sum_{t=1}^{n}\mathbf{g}(\mathbf{w}_t;\boldsymbol{\theta}_0)\tag{7.3.45}$$

（回忆一下 $\mathbf{G}_n(\boldsymbol{\theta})\equiv\dfrac{\partial\,\mathbf{g}_n(\boldsymbol{\theta})}{\partial\,\boldsymbol{\theta}'}$。）由于在命题 7.10 的条件下，$\mathbf{G}_n(\boldsymbol{\theta}_0)=\dfrac{1}{n}\sum\dfrac{\partial\,\mathbf{g}(\mathbf{w}_t;\boldsymbol{\theta}_0)}{\partial\,\boldsymbol{\theta}'}\to_{\text{p}}\mathbf{G}$ $\left(\equiv\text{E}\left[\dfrac{\partial\,\mathbf{g}(\mathbf{w}_t;\boldsymbol{\theta}_0)}{\partial\,\boldsymbol{\theta}'}\right]\right)$，$\hat{\mathbf{W}}\to_{\text{p}}\mathbf{W}$，$\dfrac{1}{\sqrt{n}}\sum_{t=1}^{n}\mathbf{g}(\mathbf{w}_t;\boldsymbol{\theta}_0)\to_{\text{d}}N(\mathbf{0},\mathbf{S})$，所以我们有$\sqrt{n}\dfrac{\partial\,Q_n(\boldsymbol{\theta}_0)}{\partial\,\boldsymbol{\theta}}$收敛到均值为零、方差为下式的一个正态分布：

$$\underset{(p\times p)}{\boldsymbol{\Sigma}}\equiv\text{Avar}\left(\frac{\partial Q_n(\boldsymbol{\theta}_0)}{\partial\boldsymbol{\theta}}\right)=\underset{(p\times K)}{\mathbf{G}'}\ \underset{(K\times K)}{\mathbf{W}}\ \underset{(K\times K)}{\mathbf{S}}\ \underset{(K\times K)}{\mathbf{W}}\ \underset{(K\times p)}{\mathbf{G}}\tag{7.3.46}$$

现在，我们重新将 GMM 式（7.3.32）的抽样误差的中值展开改写如下：

$$\sqrt{n}(\hat{\boldsymbol{\theta}}-\boldsymbol{\theta}_0)=-\mathbf{B}^{-1}\mathbf{c},\mathbf{B}\equiv-\mathbf{G}_n(\hat{\boldsymbol{\theta}})'\ \hat{\mathbf{W}}\mathbf{G}_n(\bar{\boldsymbol{\theta}})$$

$$\mathbf{c}\equiv-\mathbf{G}_n(\hat{\boldsymbol{\theta}})'\ \hat{\mathbf{W}}\ \frac{1}{\sqrt{n}}\sum_{t=1}^{n}\mathbf{g}(\mathbf{w}_t;\boldsymbol{\theta}_0)\tag{7.3.47}$$

我们把证明它可以写为泰勒展开式（7.3.43）留作复习题 5，其中的对称矩阵 $\boldsymbol{\Psi}$ 由下式给出：

$$\underset{(p\times p)}{\boldsymbol{\Psi}}=-\underset{(p\times K)}{\mathbf{G}'}\ \underset{(K\times K)}{\mathbf{W}}\ \underset{(K\times p)}{\mathbf{G}}\tag{7.3.48}$$

将式（7.3.48）和式（7.3.46）代入式（7.3.44），我们可以得到命题 7.10 所示的渐近方差。

表 7-1 总结了本节的讨论，它表明这一替代应该如何使得共同的公式既适用于 M-估计量，又适用于 GMM。

表 7-1　抽样误差的泰勒展开

$$\sqrt{n}(\hat{\boldsymbol{\theta}}-\boldsymbol{\theta}_0)=-\boldsymbol{\Psi}^{-1}\sqrt{n}\frac{\partial Q_n(\boldsymbol{\theta}_0)}{\partial\boldsymbol{\theta}}+o_p,\ \sqrt{n}\frac{\partial Q_n(\boldsymbol{\theta}_0)}{\partial\boldsymbol{\theta}}\xrightarrow[\text{d}]{}N(\mathbf{0},\boldsymbol{\Sigma}),\ \text{Avar}(\hat{\boldsymbol{\theta}})=\boldsymbol{\Psi}^{-1}\boldsymbol{\Sigma}\boldsymbol{\Psi}^{-1}$$

替代项	M-估计量	GMM
$Q_n(\boldsymbol{\theta})$	$\dfrac{1}{n}\sum_{t=1}^{n}m(\mathbf{w}_t;\boldsymbol{\theta})$	$-\dfrac{1}{2}\mathbf{g}_n(\boldsymbol{\theta})'\hat{\mathbf{W}}\mathbf{g}_n(\boldsymbol{\theta})$
$\sqrt{n}\dfrac{\partial Q_n(\boldsymbol{\theta}_0)}{\partial\boldsymbol{\theta}}$	$\dfrac{1}{\sqrt{n}}\sum_{t=1}^{n}\mathbf{s}(\mathbf{w}_t;\boldsymbol{\theta}_0)$	$-[\mathbf{G}_n(\boldsymbol{\theta}_0)]'\ \hat{\mathbf{W}}\ \dfrac{1}{\sqrt{n}}\sum_{t=1}^{n}\mathbf{g}(\mathbf{w}_t;\boldsymbol{\theta}_0)$

续表

替代项	M-估计量	GMM
$\mathbf{\Psi}$	$\mathrm{E}[\mathbf{H}(\mathbf{w}_t;\ \boldsymbol{\theta}_0)]$	$-\mathbf{G}'\mathbf{W}\mathbf{G}$
$\mathbf{\Sigma}$	$\mathbf{s}(\mathbf{w}_t;\ \boldsymbol{\theta}_0)$ 的长期方差	$\mathbf{G}'\mathbf{W}\mathbf{S}\mathbf{W}\mathbf{G}$

注：参看式（7.3.2）和式（7.3.3），可以得到 $\mathbf{s}(\mathbf{w}_t;\ \boldsymbol{\theta})$ 和 $\mathbf{H}(\mathbf{w}_t;\ \boldsymbol{\theta})$ 的定义。而且可知：$\mathbf{g}_n(\boldsymbol{\theta}) \equiv \frac{1}{n}\sum_{t=1}^{n}\mathbf{g}(\mathbf{w}_t;\boldsymbol{\theta})$，$\mathbf{G}\equiv\mathrm{E}\left[\frac{\partial\mathbf{g}(\mathbf{w}_t;\ \boldsymbol{\theta}_0)}{\partial\boldsymbol{\theta}'}\right]$。

顺带说一下，对于下一节的讨论，注意到对于具有 i. i. d. 的观测值的 ML 和有效 GMM（GMM 具有 $\mathbf{W}=\mathbf{S}^{-1}$）来说 $\mathbf{\Sigma}=-\mathbf{\Psi}$，是颇有好处的。对于 ML，$\mathbf{\Sigma}=\mathrm{E}[\mathbf{s}(\mathbf{w}_t;\ \boldsymbol{\theta}_0)\mathbf{s}(\mathbf{w}_t;\ \boldsymbol{\theta}_0)']$，它等于式（7.3.41）中给出的 $\mathbf{\Psi}$ 的负数，这要归功于信息矩阵等式。对于有效 GMM，在式（7.3.46）中设 $\mathbf{W}=\mathbf{S}^{-1}$，给出了：

$$\mathbf{\Sigma}=\mathbf{G}'\mathbf{S}^{-1}\mathbf{G} \tag{7.3.49}$$

它是式（7.3.48）中 $\mathbf{\Psi}$ 的负数。

复习题

1.（目标函数的得分和海塞矩阵）具体来说对于 M-估计量和 ML，我们定义观测值 t 的得分 $\mathbf{s}(\mathbf{w}_t;\ \boldsymbol{\theta})$ 为 $m(\mathbf{w}_t;\ \boldsymbol{\theta})$ 的梯度（一阶导数向量），观测值 t 的海塞矩阵 $\mathbf{H}(\mathbf{w}_t;\ \boldsymbol{\theta})$ 为 $m(\mathbf{w}_t;\ \boldsymbol{\theta})$ 的海塞矩阵。令该得分（没有了限定词"观测值 t 的"）为目标函数 $Q_n(\boldsymbol{\theta})$ 的梯度，将其标示为 $\mathbf{s}_n(\boldsymbol{\theta})$。令该海塞矩阵（没有了限定词"观测值 t 的"）为目标函数 $Q_n(\boldsymbol{\theta})$ 的海塞矩阵，将其标示为 $\mathbf{H}_n(\boldsymbol{\theta})$。在命题 7.9 的条件下，证明：

$$\mathrm{E}[\mathbf{s}_n(\boldsymbol{\theta}_0)]=\mathbf{0},-\frac{1}{n}\mathrm{E}[\mathbf{H}_n(\boldsymbol{\theta}_0)]=\mathrm{E}[\mathbf{s}_n(\boldsymbol{\theta}_0)\mathbf{s}_n(\boldsymbol{\theta}_0)']$$

提示：$\{\mathbf{s}(\mathbf{w}_t;\ \boldsymbol{\theta}_0)\}$ 是 i. i. d. 的。

2.（线性回归模型的条件信息矩阵等式）对于例 7.10 的线性回归模型，证明：

$$\mathrm{E}[\mathbf{s}(\mathbf{w}_t;\boldsymbol{\theta}_0)\,|\,\mathbf{x}_t]=\mathbf{0} \text{ 以及 } -\mathrm{E}[\mathbf{H}(\mathbf{w}_t;\boldsymbol{\theta}_0)\,|\,\mathbf{x}_t]=\mathrm{E}[\mathbf{s}(\mathbf{w}_t;\boldsymbol{\theta}_0)\mathbf{s}(\mathbf{w}_t;\boldsymbol{\theta}_0)'\,|\,\mathbf{x}_t]$$

3.（线性回归模型的 Avar）对于例 7.10 的线性回归模型，令（$\hat{\boldsymbol{\beta}}$，$\hat{\sigma}^2$）为（$\boldsymbol{\beta}$，σ^2）的 ML 估计值。将式（7.3.14）中定义的 $\mathrm{Avar}(\hat{\boldsymbol{\theta}})$ 的第一个估计量写出来。$\widehat{\mathrm{Avar}(\hat{\boldsymbol{\beta}})}$ 等于 $\hat{\sigma}^2\left(\frac{1}{n}\sum\mathbf{x}_t\mathbf{x}_t'\right)^{-1}$ 吗？[答案：否。]

4.（具有最优正交条件的 GMM）假设对于假定密度 $f(\mathbf{w}_t;\ \boldsymbol{\theta})$ 而言相关的技术条件都满足，那么该信息矩阵等式即成立。使用命题 7.10，证明当正交条件中的 $\mathbf{g}$ 函数如式（7.3.38）中那样给出时，GMM 估计量的渐近方差矩阵等于观测值 t 的信息矩阵的逆（为式（7.3.37）中的下界）。**提示：**由于 K 等于 p，所以 $\mathbf{G}$ 是一个方阵，在命题 7.10 中 $\mathrm{Avar}(\hat{\boldsymbol{\theta}})$ 的表达式简化为 $\mathrm{Avar}(\hat{\boldsymbol{\theta}})=\mathbf{G}^{-1}\mathbf{S}\mathbf{G}'^{-1}$。$\mathbf{g}$ 的选择表明了 $\mathbf{G}=\mathrm{E}[\mathbf{H}(\mathbf{w}_t;\ \boldsymbol{\theta}_0)]$，$\mathbf{S}=\mathrm{E}[\mathbf{s}(\mathbf{w}_t;\ \boldsymbol{\theta}_0)\mathbf{s}(\mathbf{w}_t;\ \boldsymbol{\theta}_0)']$。

5.（GMM 抽样误差的泰勒展开）证明式（7.3.47）在命题 7.10 的条件下可以写为泰勒展开式（7.3.43），要采取以下步骤。

(a) 证明：$\mathbf{B}^{-}=\mathbf{\Psi}^{-1}+\mathbf{Y}_n$，其中 $\mathbf{Y}_n \to_{\mathrm{p}} \mathbf{0}$。

(b) 证明：$\mathbf{c}=\sqrt{n}\frac{\partial Q_n(\boldsymbol{\theta}_0)}{\partial \boldsymbol{\theta}}+\mathbf{y}_n$，其中 $\mathbf{y}_n \to_{\mathrm{p}} \mathbf{0}$。**提示：**$\mathbf{G}_n(\hat{\boldsymbol{\theta}})-\mathbf{G}_n(\boldsymbol{\theta}_0)=(\mathbf{G}_n(\hat{\boldsymbol{\theta}})-\mathbf{G})-(\mathbf{G}_n(\boldsymbol{\theta}_0)-\mathbf{G}) \to_{\mathrm{p}} \mathbf{0}$，$\hat{\mathbf{W}}\frac{1}{\sqrt{n}}\sum_{t=1}^{n}\mathbf{g}(\mathbf{w}_t;\boldsymbol{\theta}_0)$ 依分布收敛到一个随机变量。

(c) 证明：$-\mathbf{B}^{-1}\mathbf{c}=-\mathbf{\Psi}^{-1}\sqrt{n}\frac{\partial Q_n(\boldsymbol{\theta}_0)}{\partial \boldsymbol{\theta}}+\mathbf{x}_n$，其中 $\mathbf{x}_n \equiv -\left[\mathbf{Y}_n\sqrt{n}\frac{\partial Q_n(\boldsymbol{\theta}_0)}{\partial \boldsymbol{\theta}}+\mathbf{\Psi}^{-1}\mathbf{y}_n+\mathbf{Y}_n\mathbf{y}_n\right]$。

(d) 证明：$\mathbf{x}_n \to_{\mathrm{p}} \mathbf{0}$。

6.（为什么 GMM 距离要除以 2）证明：如果距离 $\mathbf{g}_n(\boldsymbol{\theta})'\hat{\mathbf{S}}^{-1}\mathbf{g}_n(\boldsymbol{\theta})$ 的相反数在有效 GMM 目标函数中不能被 2 除，则我们不能得出 $\mathbf{\Sigma}=-\mathbf{\Psi}$。

7.4 假设检验

对于 ML 来说众所周知的是，有三个统计量——沃尔德统计量、拉格朗日乘子（LM）统计量和似然比（LR）统计量——可以用于检验原假设。这三个统计量是渐近等价的，因为它们共享相同的渐近 χ^2 分布。在本节，我们证明这三个统计量的渐近等价性可以通过发展一个既适合于 ML 又适合于 GMM 的论证扩展到 GMM。这一论证的关键是在前一节末尾导出的抽样误差的一般形式。第一次阅读时，你可能希望阅读下一小节，然后跳到最后一小节。

□ 原假设

我们已经考虑过，在线性回归模型的情况里，检验 r 个可能的非线性约束的集合这个问题（参看 2.4 节）。扼要重述一下，令 $\boldsymbol{\theta}_0$ 为 p 维模型参数。原假设可以表示为：

$$\mathrm{H}_0: \underset{(r\times 1)}{\mathbf{a}(\boldsymbol{\theta}_0)}=\mathbf{0} \tag{7.4.1}$$

我们假设 $\mathbf{a}(\cdot)$ 是连续可微的。还要令

$$\underset{(r\times p)}{\mathbf{A}(\boldsymbol{\theta})} \equiv \frac{\partial \mathbf{a}(\boldsymbol{\theta})}{\partial \boldsymbol{\theta}'} \tag{7.4.2}$$

为 $\mathbf{a}(\boldsymbol{\theta})$ 的雅可比行列式。我们假设：

$$\underset{(r\times p)}{\mathbf{A}_0} \equiv \mathbf{A}(\boldsymbol{\theta}_0)\text{，是列满秩的} \tag{7.4.3}$$

这确保了这 r 个约束条件没有多余的。这一秩条件意味着 $r \leqslant p$。

令 $\hat{\boldsymbol{\theta}}$ 为所讨论的极值估计量。它要么是 ML 要么是 GMM，求解了无约束最优化问题式（7.1.1）。检验该原假设的沃尔德统计量利用了这一无约束估计量。与之相对，LM 统计量则利用了**约束估计量**（constrained estimator），标示为 $\tilde{\boldsymbol{\theta}}$，它求解了下式：

$$\max_{\boldsymbol{\theta}\in\Theta} Q_n(\boldsymbol{\theta}) \text{ s. t. } \mathbf{a}(\boldsymbol{\theta})=\mathbf{0} \tag{7.4.4}$$

正如 7.2 节所示，真实参数值 $\boldsymbol{\theta}_0$ 求解了“极限无约束问题”，其中在无约束最优化问题式（7.1.1）中的 Q_n 被极限函数 Q_0 所取代。它也求解了“极限约束问题”，其中上面这个约束最优化问题中的 Q_n 被 Q_0 所取代，因为满足这一约束。由此可知，$Q_n(\cdot)$ 依概

率一致收敛到 $Q_0(\cdot)$ 确保了约束估计量 $\tilde{\boldsymbol{\theta}}$ 的极限为极限约束问题的解，该解为 $\boldsymbol{\theta}_0$。请参看纽韦和麦克法登（Newey and McFadden，1994，定理 9.1）对 GMM 的证明，以及加伦特和怀特（Gallant and White，1988，引理 7.3（b））对一般极值估计量的证明。证明下面这个结果也是可能的：如果所有确保无约束估计量的渐近正态的条件都可以得到满足，那么 $\tilde{\boldsymbol{\theta}}$ 在该原假设下也是渐近正态的。对于 GMM 的证明，参看 Newey 和 McFadden（1994，定理 9.2）；对于 ML 的证明，可参看 Amemiya（1985，4.5 节）。①

□ 所运行的假设

证明沃尔德、LM 和 LR 统计量都是渐近 $\chi^2(r)$ 的论证过程建立在以下条件为真的基础上。

(A) $\sqrt{n}(\hat{\boldsymbol{\theta}}-\boldsymbol{\theta}_0)$ 允许进行泰勒展开式（7.3.43），复制如下：

$$\sqrt{n}(\hat{\boldsymbol{\theta}}-\boldsymbol{\theta}_0)=-\boldsymbol{\Psi}^{-1}\sqrt{n}\frac{\partial Q_n(\boldsymbol{\theta}_0)}{\partial\boldsymbol{\theta}}+o_p \tag{7.4.5}$$

(B) $\sqrt{n}\dfrac{\partial Q_n(\boldsymbol{\theta}_0)}{\partial\boldsymbol{\theta}}\to_{\mathrm{d}} N(\mathbf{0},\ \boldsymbol{\Sigma})$，$\boldsymbol{\Sigma}$ 是正定的。

(C) $\sqrt{n}(\tilde{\boldsymbol{\theta}}-\boldsymbol{\theta}_0)$ 依分布收敛到一个随机变量。

(D) $\boldsymbol{\Sigma}=-\boldsymbol{\Psi}$。

我们在前一节已经证明，前两个条件对于命题 7.9 假设下的条件 ML 是满足的，对于该假设下的无条件 ML 需要做适当的修正，对于命题 7.10 假设下的 GMM 来说也是满足的。正如刚才所提到的，在相同的假设下，约束估计量 $\tilde{\boldsymbol{\theta}}$ 是一致且渐近正态的，这确保了条件（C）。因此条件（A）至条件（C）都由该假设所蕴含，确保了该极值估计量的渐近正态性。

如果定义恰当而不取决于条件（D），沃尔德和 LM 统计量是渐近 $\chi^2(r)$ 的。但是如果它引入条件（D），则它们的表达式可被简化。进一步来说，没有这个条件，LR 统计量将不会是渐近 χ^2 的。正如前一节末尾所提及的那样，条件（D）对于 ML 是满足的，对于具有 $\mathbf{W}=\mathbf{S}^{-1}$ 的有效 GMM 也是满足的。因此，所讨论的取决于条件（D）的这一部分是不适合于无效 GMM 的。

□ 沃尔德统计量

纵贯本书，我们有几个地方要运用引理 2.5 节的“delta 方法”来推导沃尔德统计量。这里，我们给出一个基于泰勒展开的稍微不同的推导。将中值定理应用于 $\boldsymbol{\theta}_0$ 附近的 $\mathbf{a}(\hat{\boldsymbol{\theta}})$，要注意在该原假设下 $\mathbf{a}(\boldsymbol{\theta}_0)=\mathbf{0}$，$\sqrt{n}\mathbf{a}(\hat{\boldsymbol{\theta}})$ 的中值展开为：

$$\underset{(r\times 1)}{\sqrt{n}\mathbf{a}(\hat{\boldsymbol{\theta}})}=\underset{(r\times p)}{\mathbf{A}(\bar{\boldsymbol{\theta}})}\underset{(p\times 1)}{\sqrt{n}(\hat{\boldsymbol{\theta}}-\boldsymbol{\theta}_0)} \tag{7.4.6}$$

从中值展开推导泰勒展开要比前一节更为清楚，其步骤如下。由于位于 $\boldsymbol{\theta}_0$ 和 $\hat{\boldsymbol{\theta}}$ 之间的 $\bar{\boldsymbol{\theta}}$ 是一致的，而且因为 $\mathbf{A}(\cdot)$ 是连续的，故 $\mathbf{A}(\bar{\boldsymbol{\theta}})$ 依概率收敛到 $\mathbf{A}_0(\equiv\mathbf{A}(\boldsymbol{\theta}_0))$。进一步来说，该项乘以 $\mathbf{A}(\bar{\boldsymbol{\theta}})$，$\sqrt{n}(\hat{\boldsymbol{\theta}}-\boldsymbol{\theta}_0)$，收敛到一个随机变量。因此根据引理 2.4（b），

① 如果你对这一证明感兴趣，它就是本节下面关于 LM 统计量的讨论的中值版，该讨论基于泰勒展开式。

$(\mathbf{A}(\bar{\boldsymbol{\theta}})-\mathbf{A}_0)\sqrt{n}(\hat{\boldsymbol{\theta}}-\boldsymbol{\theta}_0)$ 消失（依概率收敛到零）。将此项表示为 o_p，这个均值展开即可被改写为一个泰勒展开：

$$\underset{(r\times 1)}{\sqrt{n}\mathbf{a}(\hat{\boldsymbol{\theta}})}=\underset{(r\times p)}{\mathbf{A}_0}\underset{(p\times 1)}{\sqrt{n}(\hat{\boldsymbol{\theta}}-\boldsymbol{\theta}_0)}+\underset{(r\times 1)}{o_p} \tag{7.4.7}$$

（注意，如果 $\sqrt{n}(\hat{\boldsymbol{\theta}}-\boldsymbol{\theta}_0)$ 不收敛到一个随机变量，则这一论证不会有效。）

将泰勒展开式（7.4.5）代入，我们可以得到一个将 $\sqrt{n}\mathbf{a}(\hat{\boldsymbol{\theta}})$ 与 $\sqrt{n}\frac{\partial Q_n(\boldsymbol{\theta}_0)}{\partial\boldsymbol{\theta}}$ 相联系的方程：

$$\underset{(r\times 1)}{\sqrt{n}\mathbf{a}(\hat{\boldsymbol{\theta}})}=-\underset{(r\times p)}{\mathbf{A}_0}\underset{(p\times p)}{\boldsymbol{\Psi}^{-1}}\underset{(p\times 1)}{\sqrt{n}\frac{\partial Q_n(\boldsymbol{\theta}_0)}{\partial\boldsymbol{\theta}}}+o_p \tag{7.4.8}$$

（这里的 o_p 是 $\mathbf{A}_0$ 乘以式（7.4.5）中的 o_p 加上式（7.4.7）中的 o_p，但是仍然依概率收敛到零。）$\sqrt{n}\mathbf{a}(\hat{\boldsymbol{\theta}})$ 收敛到一个具有零均值和下面这个方差的正态分布这一结论，立刻可以从这一表达式和 $\sqrt{n}\frac{\partial Q_n(\boldsymbol{\theta}_0)}{\partial\boldsymbol{\theta}}$ 的渐近正态性（条件（B））中得出：

$$\text{Avar}(\underset{(r\times r)}{\mathbf{a}(\hat{\boldsymbol{\theta}})})=\mathbf{A}_0\boldsymbol{\Psi}^{-1}\boldsymbol{\Sigma}\boldsymbol{\Psi}^{-1}\mathbf{A}_0'=\underset{(r\times p)}{\mathbf{A}_0}\underset{(p\times p)}{\boldsymbol{\Sigma}^{-1}}\underset{(p\times r)}{\mathbf{A}_0'}\ (\text{如果引入条件(D)}) \tag{7.4.9}$$

由于 $r\times p$ 矩阵 $\mathbf{A}_0$ 是列满足的，且 $\boldsymbol{\Sigma}$ 是正定的（根据条件（B）），所以这个 $r\times r$ 矩阵是正定的。因此，相关的二次型：

$$n\mathbf{a}(\hat{\boldsymbol{\theta}})'[\mathbf{A}_0\boldsymbol{\Sigma}^{-1}\mathbf{A}_0']^{-1}\mathbf{a}(\hat{\boldsymbol{\theta}}) \tag{7.4.10}$$

在该原假设下是渐近 $\chi^2(r)$ 的。正如上面所提及的那样，$\mathbf{A}(\hat{\theta})\rightarrow_{\mathrm{p}}\mathbf{A}_0$。因此，如果有一个可以获得的 $\boldsymbol{\Sigma}$ 的一致估计量 $\hat{\boldsymbol{\Sigma}}$，那么 $\mathbf{A}(\hat{\boldsymbol{\theta}})\hat{\boldsymbol{\Sigma}}^{-1}\mathbf{A}(\hat{\boldsymbol{\theta}})'$ 对于 $\mathbf{A}_0\boldsymbol{\Sigma}^{-1}\mathbf{A}_0'$ 是一致的，这是由引理 2.4（d）所蕴含的，根据该引理，由下式定义的沃尔德统计量

$$\mathrm{W}\equiv \mathrm{n}\mathbf{a}(\hat{\boldsymbol{\theta}})'[\mathbf{A}(\hat{\boldsymbol{\theta}})\hat{\boldsymbol{\Sigma}}\mathbf{A}(\hat{\boldsymbol{\theta}})']^{-1}\mathbf{a}(\hat{\boldsymbol{\theta}}) \tag{7.4.11}$$

在该原假设下也是渐近 $\chi^2(r)$ 的。

$\boldsymbol{\Sigma}(=-\boldsymbol{\Psi})$ 的一致估计量 $\hat{\boldsymbol{\Sigma}}$ 又是如何取得的则取决于该极值估计量是 ML 还是有效 GMM。对于 ML，它可由 $-\boldsymbol{\Psi}=-\mathrm{E}[\mathbf{H}(\mathbf{w}_t;\boldsymbol{\theta}_0)]$ 的一致估计值给出：

$$-\frac{\partial^2 Q_n(\hat{\boldsymbol{\theta}})}{\partial\boldsymbol{\theta}\partial\boldsymbol{\theta}'}=-\frac{1}{n}\sum_{t=1}^{n}\mathbf{H}(\mathbf{w}_t;\hat{\boldsymbol{\theta}}) \tag{7.4.12}$$

或者，根据 $\boldsymbol{\Sigma}=\mathrm{E}[\mathbf{s}(\mathbf{w}_t;\boldsymbol{\theta}_0)\mathbf{s}(\mathbf{w}_t;\boldsymbol{\theta}_0)']$ 的一致估计值给出：

$$\frac{1}{n}\sum\mathbf{s}(\mathbf{w}_t;\hat{\boldsymbol{\theta}})\mathbf{s}(\mathbf{w}_t;\hat{\boldsymbol{\theta}})' \tag{7.4.13}$$

对于有效 GMM 来说，$\boldsymbol{\Sigma}=\mathbf{G}'\mathbf{S}^{-1}\mathbf{G}$（参看式（7.3.49）），它可由下式予以一致估计：

$$\hat{\boldsymbol{\Sigma}}=\hat{\mathbf{G}}'\hat{\mathbf{S}}^{-1}\hat{\mathbf{G}},\ \text{其中}\ \underset{(K\times p)}{\hat{\mathbf{G}}}\equiv\mathbf{G}_n(\hat{\boldsymbol{\theta}})=\frac{1}{n}\sum_{t=1}^{n}\frac{\partial\mathbf{g}(\mathbf{w}_t;\hat{\boldsymbol{\theta}})}{\partial\boldsymbol{\theta}'} \tag{7.4.14}$$

正如已经提及的那样，$\hat{\mathbf{S}}$ 是构建自该待估序列 $\{\mathbf{g}(\mathbf{w}_t;\hat{\boldsymbol{\theta}})\}$ 的长期方差矩阵。

□ 拉格朗日乘子（LM）统计量

令 $\boldsymbol{\gamma}_n(r\times1)$ 为约束问题式（7.4.4）的拉格朗日乘子。约束估计量 $\tilde{\boldsymbol{\theta}}$ 满足下述一阶条件：

$$\sqrt{n}\frac{\partial Q_n(\tilde{\boldsymbol{\theta}})}{\partial\boldsymbol{\theta}}+\mathbf{A}(\tilde{\boldsymbol{\theta}})'\sqrt{n}\boldsymbol{\gamma}_n=\underset{(p\times1)}{\mathbf{0}} \tag{7.4.15}$$

$$\sqrt{n}\mathbf{a}(\tilde{\boldsymbol{\theta}})=\underset{(r\times1)}{\mathbf{0}} \tag{7.4.16}$$

我们来找寻这些一阶条件的泰勒展开。根据条件（C）可知，$\sqrt{n}(\tilde{\boldsymbol{\theta}}-\boldsymbol{\theta}_0)$ 收敛到一个随机变量。因此，$\sqrt{n}\mathbf{a}(\tilde{\boldsymbol{\theta}})$ 可以进行泰勒展开：

$$\sqrt{n}\mathbf{a}(\tilde{\boldsymbol{\theta}})=\mathbf{A}_0\sqrt{n}(\tilde{\boldsymbol{\theta}}-\boldsymbol{\theta}_0)+o_p \tag{7.4.17}$$

我们把证明下面这个泰勒展开对于 ML 和 GMM 都成立的任务留作复习题 2：

$$\sqrt{n}\frac{\partial Q_n(\tilde{\boldsymbol{\theta}})}{\partial\boldsymbol{\theta}}=\sqrt{n}\frac{Q_n(\boldsymbol{\theta}_0)}{\partial\boldsymbol{\theta}}+\boldsymbol{\Psi}\sqrt{n}(\tilde{\boldsymbol{\theta}}-\boldsymbol{\theta}_0)+o_p \tag{7.4.18}$$

这个方程的含义即$\sqrt{n}\frac{\partial Q_n(\tilde{\boldsymbol{\theta}})}{\partial\boldsymbol{\theta}}$收敛到一个随机变量。因此满足式（7.4.15）的$\sqrt{n}\boldsymbol{\gamma}_n$ 收敛到一个随机变量。结果，由于 $\mathbf{A}(\tilde{\boldsymbol{\theta}})\rightarrow_{\mathrm{p}}\mathbf{A}_0$，所以我们可以得到：

$$\mathbf{A}(\tilde{\boldsymbol{\theta}})'\sqrt{n}\boldsymbol{\gamma}_n=\mathbf{A}_0'\sqrt{n}\boldsymbol{\gamma}_n+(\mathbf{A}(\tilde{\boldsymbol{\theta}})-\mathbf{A}_0)'\sqrt{n}\boldsymbol{\gamma}_n=\mathbf{A}_0'\sqrt{n}\boldsymbol{\gamma}_n+o_p \tag{7.4.19}$$

将这三个方程代入一阶条件，我们可得：

$$\begin{bmatrix}\underset{(p\times p)}{\boldsymbol{\Psi}} & \underset{(p\times r)}{\mathbf{A}_0'}\\ \underset{(r\times p)}{\mathbf{A}_0} & \underset{(r\times r)}{\mathbf{0}}\end{bmatrix}\begin{bmatrix}\underset{(p\times1)}{\sqrt{n}(\tilde{\boldsymbol{\theta}}-\boldsymbol{\theta}_0)}\\ \underset{(r\times1)}{\sqrt{n}\boldsymbol{\gamma}_n}\end{bmatrix}=\begin{bmatrix}\underset{(p\times1)}{-\sqrt{n}\frac{\partial Q_n(\boldsymbol{\theta}_0)}{\partial\boldsymbol{\theta}}}\\ \underset{(r\times1)}{\mathbf{0}}\end{bmatrix}+o_p \tag{7.4.20}$$

使用分块逆的公式，可以求解得到：

$$\sqrt{n}\boldsymbol{\gamma}_n=-(\mathbf{A}_0\boldsymbol{\Psi}^{-1}\mathbf{A}_0')^{-1}\mathbf{A}_0\boldsymbol{\Psi}^{-1}\sqrt{n}\frac{\partial Q_n(\theta_0)}{\partial\theta}+o_p \tag{7.4.21}$$

$$\sqrt{n}(\tilde{\boldsymbol{\theta}}-\boldsymbol{\theta}_0)=-[\boldsymbol{\Psi}^{-1}-\boldsymbol{\Psi}^{-1}\mathbf{A}_0'(\mathbf{A}_0\boldsymbol{\Psi}^{-1}\mathbf{A}_0')^{-1}\mathbf{A}_0\boldsymbol{\Psi}^{-1}]\sqrt{n}\frac{\partial Q_n(\boldsymbol{\theta}_0)}{\partial\boldsymbol{\theta}}+o_p \tag{7.4.22}$$

余下的工作和沃尔德统计量的推导中是一样的。由式（7.4.21）可知，$\sqrt{n}\boldsymbol{\gamma}_n$ 收敛到一个具有均值为零、方差由下式给出的正态分布：

$$\begin{aligned}\underset{(r\times r)}{\mathrm{Avar}(\boldsymbol{\gamma}_n)}&=(\mathbf{A}_0\boldsymbol{\Psi}^{-1}\mathbf{A}_0')^{-1}\mathbf{A}_0\boldsymbol{\Psi}^{-1}\boldsymbol{\Sigma}\boldsymbol{\Psi}^{-1}\mathbf{A}_0'(\mathbf{A}_0\boldsymbol{\Psi}^{-1}\mathbf{A}_0')^{-1}\\&=(\mathbf{A}_0\boldsymbol{\Sigma}^{-1}\mathbf{A}_0')^{-1}(\text{如果引入条件(D)})\end{aligned} \tag{7.4.23}$$

由于这个 $r\times r$ 矩阵是正定的，与之相关的二次型：

$$n\boldsymbol{\gamma}_n'(\mathbf{A}_0\boldsymbol{\Sigma}^{-1}\mathbf{A}_0')\boldsymbol{\gamma}_n \tag{7.4.24}$$

在原假设下是渐近 $\chi^2(r)$ 的。如果可以取得 $\boldsymbol{\Sigma}$ 的一个一致估计量，用 $\tilde{\boldsymbol{\Sigma}}$ 表示，那么

$\mathbf{A}(\tilde{\boldsymbol{\theta}})\tilde{\boldsymbol{\Sigma}}^{-1}\mathbf{A}(\tilde{\boldsymbol{\theta}})'$对于$\mathbf{A}_0\boldsymbol{\Sigma}^{-1}\mathbf{A}_0'$是一致的。因此，由下面第一行所定义的 LM 统计量在原假设下是渐近 $\chi^2(r)$ 的。这个统计量可以通过一阶条件式（7.4.15）而得到美化

$$
\begin{aligned}
LM &\equiv n\underset{(1\times r)}{\boldsymbol{\gamma}_n'}\underbrace{[\mathbf{A}(\tilde{\boldsymbol{\theta}})\tilde{\boldsymbol{\Sigma}}^{-1}\mathbf{A}(\tilde{\boldsymbol{\theta}})']}_{(r\times r)}\underset{(r\times 1)}{\boldsymbol{\gamma}_n} = n(\mathbf{A}(\tilde{\boldsymbol{\theta}}')\boldsymbol{\gamma}_n)'\tilde{\boldsymbol{\Sigma}}^{-1}(\mathbf{A}(\tilde{\boldsymbol{\theta}})'\boldsymbol{\gamma}_n) \\
&= n\underset{(1\times p)}{\left(\frac{\partial Q_n(\tilde{\boldsymbol{\theta}})}{\partial\boldsymbol{\theta}}\right)'}\underset{(p\times p)}{\tilde{\boldsymbol{\Sigma}}}^{-1}\underset{(p\times 1)}{\left(\frac{\partial Q_n(\tilde{\boldsymbol{\theta}})}{\partial\boldsymbol{\theta}}\right)} \\
&\quad\left(\text{因为根据式(7.4.15)有 } \mathbf{A}(\tilde{\boldsymbol{\theta}})'\boldsymbol{\gamma}_n = -\frac{\partial Q_n(\tilde{\boldsymbol{\theta}})}{\partial\boldsymbol{\theta}}\right)
\end{aligned}
\tag{7.4.25}
$$

LM 统计量的最后一项就是该统计量也被称为**得分检验统计量**（score test statistic）的原因。它是在受限估计值 $\tilde{\boldsymbol{\theta}}$ 上估计的得分与零的距离。然而，你不应被其误导：作为与一个 p 维向量相联系的二次型，其 χ^2 渐近分布的自由度是 r 而非 p，这在推导中可以看得很清楚。

对于 ML 来说，由式（7.4.12）或式（7.4.13）所给出的 $\tilde{\boldsymbol{\Sigma}}$ 是在 $\tilde{\boldsymbol{\theta}}$ 上估计取值的。对于 GMM 来说，$\boldsymbol{\Sigma}$ 可由下式得到一致估计：

$$
\tilde{\boldsymbol{\Sigma}} = \tilde{\mathbf{G}}'\tilde{\mathbf{S}}^{-1}\tilde{\mathbf{G}},\ \text{其中}\ \underset{(K\times p)}{\tilde{\mathbf{G}}} \equiv \mathbf{G}_n(\tilde{\boldsymbol{\theta}}) = \frac{1}{n}\sum_{t=1}^{n}\frac{\partial\mathbf{g}(\mathbf{w}_t;\tilde{\boldsymbol{\theta}})}{\partial\boldsymbol{\theta}'} \tag{7.4.26}
$$

这里，$\tilde{\mathbf{S}}$ 是由待估序列 $\{\mathbf{g}(\mathbf{w}_t;\ \tilde{\boldsymbol{\theta}})\}$ 构建的长期方差矩阵的估计值。

□ 似然比（LR）统计量

LR 统计量定义为 $2n$ 乘以 $Q_n(\hat{\boldsymbol{\theta}})-Q_n(\tilde{\boldsymbol{\theta}})$。（对于有效 GMM 来说，称此为似然比统计量是一种语言的滥用，因为 GMM 的 Q_n 并非似然函数，但我们还是继续将这个术语用于 ML 和 GMM。）不难证明，对于 ML 和 GMM 来说有（参看复习题 6 和 7）：

$$
LR \equiv 2n\cdot[Q_n(\hat{\boldsymbol{\theta}})-Q_n(\tilde{\boldsymbol{\theta}})] = -n(\hat{\boldsymbol{\theta}}-\tilde{\boldsymbol{\theta}})'\boldsymbol{\Psi}(\hat{\boldsymbol{\theta}}-\tilde{\boldsymbol{\theta}})+o_p \tag{7.4.27}
$$

这一表达式的有效性并不取决于条件（D）。

从这一表达式上，很容易推导 LR 统计量的渐近分布。从式（7.4.5）中减去式（7.4.22），我们可以得到：

$$
\sqrt{n}(\hat{\boldsymbol{\theta}}-\tilde{\boldsymbol{\theta}}) = -\boldsymbol{\Psi}^{-1}\mathbf{A}_0'(\mathbf{A}_0\boldsymbol{\Psi}^{-1}\mathbf{A}_0')^{-1}\mathbf{A}_0\boldsymbol{\Psi}^{-1}\sqrt{n}\frac{\partial Q_n(\boldsymbol{\theta}_0)}{\partial\boldsymbol{\theta}}+o_p \tag{7.4.28}
$$

将它代入式（7.4.27），LR 统计量可以写为：

$$
LR = -\left(\sqrt{n}\frac{\partial Q_n(\boldsymbol{\theta}_0)}{\partial\boldsymbol{\theta}}\right)'\boldsymbol{\Psi}^{-1}\mathbf{A}_0'(\mathbf{A}_0\boldsymbol{\Psi}^{-1}\mathbf{A}_0')^{-1}\mathbf{A}_0\boldsymbol{\Psi}^{-1}\left(\sqrt{n}\frac{\partial Q_n(\boldsymbol{\theta}_0)}{\partial\boldsymbol{\theta}}\right)+o_p \tag{7.4.29}
$$

现在，引入假设（D）。LR 统计量变成：

$$
LR = \left(\sqrt{n}\frac{\partial Q_n(\boldsymbol{\theta}_0)}{\partial\boldsymbol{\theta}}\right)'\boldsymbol{\Sigma}^{-1}\mathbf{A}_0'[\mathbf{A}_0\boldsymbol{\Sigma}^{-1}\mathbf{A}_0']^{-1}\mathbf{A}_0\boldsymbol{\Sigma}^{-1}\left(\sqrt{n}\frac{\partial Q_n(\boldsymbol{\theta}_0)}{\partial\boldsymbol{\theta}}\right)+o_p \tag{7.4.30}
$$

这是服从渐近 $\chi^2(r)$ 的，因为 $\mathbf{A}_0\boldsymbol{\Sigma}^{-1}\left(\sqrt{n}\frac{\partial Q_n(\boldsymbol{\theta}_0)}{\partial\boldsymbol{\theta}}\right)$的极限分布的方差是括号中的正定矩阵。

这就完成了对这三个统计量的渐近等价性的证明。但从这一证明中应当很清楚的

是，一些比渐近等价性（三个统计量共享相同的渐近分布）更强的结论也是成立的。在证明中我们已经表明，沃尔德统计量和式（7.4.10）之间的差值为 o_p。但是根据式（7.4.8），当 $\boldsymbol{\Sigma}=-\boldsymbol{\Psi}$ 时，后者和 LR 统计量式（7.4.30）的表达式的二次型之间的差值也是 o_p。因此，当 $\boldsymbol{\Sigma}=-\boldsymbol{\Psi}$ 时，沃尔德统计量和 LR 统计量之间的数值差值为 o_p。同样的情况也可以应用于 LM 统计量。它与式（7.4.24）之间的差值也是 o_p。而且，当 $\boldsymbol{\Sigma}=-\boldsymbol{\Psi}$ 时，后者和式（7.4.30）中的二次型之间的差值仍然是 o_p。

□ 对三位一体的统计量的总结

我们来总结一下本节这一的确有些冗长的讨论，

命题 7.11（三位一体的三个统计量）： 令 $\hat{\boldsymbol{\theta}}$ 为式（7.1.1）中所定义的极值估计量。看一下原假设式（7.4.1），其中 $\mathbf{a}(\cdot)$ 是连续可微的（因此雅可比行列式 $\mathbf{A}(\boldsymbol{\theta})\equiv\frac{\partial\,\mathbf{a}(\boldsymbol{\theta})}{\partial\,\boldsymbol{\theta}'}$ 是连续的），秩条件式（7.4.3）可以得到满足。令 $\tilde{\boldsymbol{\theta}}$ 为式（7.4.4）中所定义的受限极值估计量。假设：

- 如果该极值估计量是条件 ML 的，则做出命题 7.9 的假设，
- 在无条件 ML 情况下，则做出如下面命题 7.9 中所示的经过适当修正的假设，
- 在有效 GMM 情况下，则做出 $\mathbf{W}=\mathbf{S}^{-1}$ 的命题 7.10 的假设，而且假设可得构建自 $\hat{\boldsymbol{\theta}}$ 的 $\mathbf{S}$ 的一致估计量 $\hat{\mathbf{S}}$，以及构建自 $\tilde{\boldsymbol{\theta}}$ 的 $\tilde{\mathbf{S}}$。

定义沃尔德、LM 和 LR 统计量如表 7－2 所示。则：

（a）受限极值估计量 $\tilde{\boldsymbol{\theta}}$ 是一致的，渐近正态的，

（b）在原假设下这三个统计量都依分布收敛于 $\chi^2(r)$，其中 r 是原假设中约束条件的个数，

（c）此外，三个统计量的数值差异在原假设下依概率收敛到零。

表 7－2　三位一体的三个统计量

沃尔德：$n\underset{(1\times r)}{\mathbf{a}(\hat{\boldsymbol{\theta}})'}\left[\underset{(r\times p)}{\mathbf{A}(\hat{\boldsymbol{\theta}})}\underset{(p\times p)}{\hat{\boldsymbol{\Sigma}}^{-1}}\underset{(p\times r)}{\mathbf{A}(\hat{\boldsymbol{\theta}})'}\right]^{-1}\underset{(r\times 1)}{\mathbf{a}(\hat{\boldsymbol{\theta}})}$

LM：$n\underset{(1\times p)}{\left(\frac{\partial Q_n(\tilde{\boldsymbol{\theta}})}{\partial\boldsymbol{\theta}}\right)'}\underset{(p\times p)}{\tilde{\boldsymbol{\Sigma}}^{-1}}\underset{(p\times 1)}{\left(\frac{\partial Q_n(\tilde{\boldsymbol{\theta}})}{\partial\boldsymbol{\theta}}\right)}$

LR：$2n\cdot\left[Q_n(\hat{\boldsymbol{\theta}})-Q_n(\tilde{\boldsymbol{\theta}})\right]$

替代项	条件 ML	有效 GMM
$Q_n(\boldsymbol{\theta})$	$\frac{1}{n}\sum_{t=1}^{n}\log f(y_t\mid\mathbf{x}_t;\boldsymbol{\theta})$	$-\frac{1}{2}\mathbf{g}_n(\boldsymbol{\theta})'\hat{\mathbf{S}}^{-1}\mathbf{g}_n(\boldsymbol{\theta})$
$\hat{\boldsymbol{\Sigma}}$	$-\frac{\partial^2 Q_n(\hat{\boldsymbol{\theta}})}{\partial\boldsymbol{\theta}\,\partial\boldsymbol{\theta}'}$ 或 $\frac{1}{n}\sum\mathbf{s}(\mathbf{w}_t;\hat{\boldsymbol{\theta}})\mathbf{s}(\mathbf{w}_t;\hat{\boldsymbol{\theta}})'$	$\hat{\mathbf{G}}'\hat{\mathbf{S}}^{-1}\hat{\mathbf{G}}$，$\underset{(K\times p)}{\hat{\mathbf{G}}}\equiv\mathbf{G}_n(\hat{\boldsymbol{\theta}})$
$\tilde{\boldsymbol{\Sigma}}$	用 $\tilde{\boldsymbol{\theta}}$ 取代 $\hat{\boldsymbol{\theta}}$	$\tilde{\mathbf{G}}'\tilde{\mathbf{S}}^{-1}\tilde{\mathbf{G}}$，$\underset{(K\times p)}{\tilde{\mathbf{G}}}=\mathbf{G}_n(\tilde{\boldsymbol{\theta}})$

注：参看式（7.3.2）和式（7.3.3）可以得到 $\mathbf{s}(\mathbf{w}_t;\boldsymbol{\theta})$ 和 $\mathbf{H}(\mathbf{w}_t;\boldsymbol{\theta})$ 的定义。而且可以得到：

$$\mathbf{g}_n(\boldsymbol{\theta})\equiv\frac{1}{n}\sum_{t=1}^{n}\mathbf{g}(\mathbf{w}_t;\boldsymbol{\theta}),\ \mathbf{G}_n(\boldsymbol{\theta})\equiv\frac{\partial\mathbf{g}_n(\boldsymbol{\theta})}{\partial\boldsymbol{\theta}'},\ 以及\ \mathbf{G}\equiv\mathrm{E}\left[\frac{\partial\mathbf{g}(\mathbf{w}_t;\boldsymbol{\theta}_0)}{\partial\boldsymbol{\theta}'}\right]$$

中间相同的矩阵也被用于 GMM 的 $Q_n(\hat{\boldsymbol{\theta}})$ 和 $Q_n(\tilde{\boldsymbol{\theta}})$。

复习题

1. 证明 ML 的 LM 统计量可以写为：

$$n\left(\frac{1}{n}\sum_{t=1}^{n}\mathbf{s}(\mathbf{w}_t;\tilde{\boldsymbol{\theta}})\right)'\left\{\frac{1}{n}\sum\mathbf{s}(\mathbf{w}_t;\tilde{\boldsymbol{\theta}})\mathbf{s}(\mathbf{w}_t;\tilde{\boldsymbol{\theta}})'\right\}^{-1}\left(\frac{1}{n}\sum_{t=1}^{n}\mathbf{s}(\mathbf{w}_t;\tilde{\boldsymbol{\theta}})\right)$$

2. 推导式（7.4.18）。**提示：**对于 ML，在式（7.3.5）中用 $\tilde{\boldsymbol{\theta}}$ 来替代 $\hat{\boldsymbol{\theta}}$。对于 GMM，推导：

$$\sqrt{n}\,\frac{\partial Q_n(\tilde{\boldsymbol{\theta}})}{\partial\boldsymbol{\theta}}=-\mathbf{G}_n(\tilde{\boldsymbol{\theta}})'\,\widehat{\mathbf{W}}\,\frac{1}{\sqrt{n}}\sum_{t=1}^{n}\mathbf{g}(\mathbf{w}_t;\boldsymbol{\theta}_0)-\mathbf{G}_n(\tilde{\boldsymbol{\theta}})'\widehat{\mathbf{W}}\mathbf{G}_n(\bar{\boldsymbol{\theta}})\sqrt{n}(\tilde{\boldsymbol{\theta}}-\boldsymbol{\theta}_0)$$

其中 $\bar{\boldsymbol{\theta}}$ 位于 $\boldsymbol{\theta}_0$ 和 $\tilde{\boldsymbol{\theta}}$ 之间。该式的推导应该与式（7.3.31）的推导一样简单。

3. 解释为什么如果 $\boldsymbol{\Sigma}=-\boldsymbol{\Psi}$ 不成立，则 LR 统计量不会渐近服从 χ^2 分布。

4. 对于 ML，假设这三个统计量如表 7－2 中那样被计算，但是又假设 $\mathbf{w}_t$ 实际上是序列相关的。那么哪一个会仍然渐近服从 χ^2 分布？【答案：都不会。】

5. 假设 $\boldsymbol{\Sigma}=-\boldsymbol{\Psi}$ 不成立，但是假设 $\boldsymbol{\Psi}$ 的一致估计值 $\widetilde{\boldsymbol{\Psi}}$ 连同 $\boldsymbol{\Sigma}$ 的一致估计值 $\widetilde{\boldsymbol{\Sigma}}$ 都是可以获得的。给出一个渐近服从 $\chi^2(r)$ 的 LM 统计量。**提示：**使用式（7.4.23）中的第一个等式，在 $\boldsymbol{\Sigma}=-\boldsymbol{\Psi}$ 不成立的情况下，它也是有效的。答案是这样的：

$$n\left(\frac{\partial Q_n(\tilde{\boldsymbol{\theta}})}{\partial\boldsymbol{\theta}}\right)'\widetilde{\boldsymbol{\Psi}}^{-1}\mathbf{A}(\tilde{\boldsymbol{\theta}})'[\mathbf{A}(\tilde{\boldsymbol{\theta}})\widetilde{\boldsymbol{\Psi}}^{-1}\widetilde{\boldsymbol{\Sigma}}\widetilde{\boldsymbol{\Psi}}^{-1}\mathbf{A}(\tilde{\boldsymbol{\theta}})']^{-1}\mathbf{A}(\tilde{\boldsymbol{\theta}})\widetilde{\boldsymbol{\Psi}}^{-1}\left(\frac{\partial Q_n(\tilde{\boldsymbol{\theta}})}{\partial\boldsymbol{\theta}}\right)\tag{7.4.31}$$

6. （选做，证明式（7.4.27））为 M－估计量证明式（7.4.27）。**提示：**将 $\hat{\boldsymbol{\theta}}$ 附近"二阶"中值展开视为给定的，

$$Q_n(\tilde{\boldsymbol{\theta}})=Q_n(\hat{\boldsymbol{\theta}})+\frac{\partial Q_n(\hat{\boldsymbol{\theta}})}{\partial\boldsymbol{\theta}'}(\tilde{\boldsymbol{\theta}}-\hat{\boldsymbol{\theta}})+\frac{1}{2}(\tilde{\boldsymbol{\theta}}-\hat{\boldsymbol{\theta}})'\frac{\partial^2 Q_n(\bar{\boldsymbol{\theta}})}{\partial\boldsymbol{\theta}\partial\boldsymbol{\theta}'}(\tilde{\boldsymbol{\theta}}-\hat{\boldsymbol{\theta}})\tag{7.4.32}$$

其中 $\bar{\boldsymbol{\theta}}$ 位于 $\hat{\boldsymbol{\theta}}$ 和 $\tilde{\boldsymbol{\theta}}$ 之间。根据一阶条件，有 $\frac{\partial Q_n(\hat{\boldsymbol{\theta}})}{\partial\boldsymbol{\theta}'}=\mathbf{0}$。而且有 $\frac{\partial^2 Q_n(\bar{\boldsymbol{\theta}})}{\partial\boldsymbol{\theta}\partial\boldsymbol{\theta}'}\to_{p}\mathrm{E}[\mathbf{H}(\mathbf{w}_t;\ \boldsymbol{\theta}_0)]$。

7. （选做，GMM 的式（7.4.27）的证明）证明 GMM 的式（7.4.27）。**提示：**从 $\hat{\boldsymbol{\theta}}$ 附近对 $\mathbf{g}_n(\boldsymbol{\theta})$ 的中值展开可以推导泰勒展开：

$$\mathbf{g}_n(\tilde{\boldsymbol{\theta}})=\mathbf{g}_n(\hat{\boldsymbol{\theta}})+\mathbf{G}_n(\hat{\boldsymbol{\theta}})(\tilde{\boldsymbol{\theta}}-\hat{\boldsymbol{\theta}})+o_p\tag{7.4.33}$$

将它代入 $Q_n(\tilde{\boldsymbol{\theta}})=-\frac{1}{2}\mathbf{g}_n(\tilde{\boldsymbol{\theta}})'\widehat{\mathbf{W}}\mathbf{g}_n(\tilde{\boldsymbol{\theta}})$。然后，使用一阶条件 $\mathbf{G}_n(\hat{\boldsymbol{\theta}})'\widehat{\mathbf{W}}\mathbf{g}_n(\hat{\boldsymbol{\theta}})=\mathbf{0}$。

7.5 数值最优化

到目前为止，我们还没有关注过极值估计量的计算这一方面。例如，在线性回归模型的 ML 估计中，目标函数 $Q_n(\boldsymbol{\theta})$ 在 $\boldsymbol{\theta}$ 上是二次的，因此对于最大化元就有一个闭式公式，该最大化元就是 OLS 估计量。该目标函数对于线性 GMM 也是二次的，其线性 GMM 估计量也是闭式公式。然而，在大多数其他情况下，无法得到这样的闭式公式，有一些数值算法可以被用来确定最大值。我们可以找到很多这样的算法，但是本节只介绍其中两个最为重要的算法。更多细节可以在诸如朱迪等（Judge et al.，1985，附录 B）这样的参考书中找到。第一个就是为计算 M－估计量而使用的算法，第二个则是为

计算 GMM 所使用的算法。

□ 牛顿-拉夫森（Newton-Raphson）

我们首先考虑 M-估计量，其目标函数 $Q_n(\boldsymbol{\theta})$ 为式（7.1.2）。由于 $Q_n(\boldsymbol{\theta})$ 对于 M-估计量来说是二次连续可微的，所以存在一个二阶泰勒展开：

$$Q_n(\boldsymbol{\theta})\cong Q_n(\hat{\boldsymbol{\theta}}_j)+\mathbf{s}_n(\hat{\boldsymbol{\theta}}_j)'(\boldsymbol{\theta}-\hat{\boldsymbol{\theta}}_j)+\frac{1}{2}(\boldsymbol{\theta}-\hat{\boldsymbol{\theta}}_j)'\mathbf{H}_n(\hat{\boldsymbol{\theta}}_j)(\boldsymbol{\theta}-\hat{\boldsymbol{\theta}}_j) \tag{7.5.1}$$

其中 $\hat{\boldsymbol{\theta}}_j$ 是稍后所描述的迭代程序第 j 轮的估计值，而 $\mathbf{s}_n$ 和 $\mathbf{H}_n$ 是目标函数的梯度和海塞矩阵：

$$\mathbf{s}_n(\boldsymbol{\theta})\equiv\frac{\partial Q_n(\boldsymbol{\theta})}{\partial\boldsymbol{\theta}'},\ \mathbf{H}_n(\boldsymbol{\theta})\equiv\frac{\partial^2 Q_n(\boldsymbol{\theta})}{\partial\boldsymbol{\theta}\partial\boldsymbol{\theta}'} \tag{7.5.2}$$

第（$j+1$）轮估计量 $\hat{\boldsymbol{\theta}}_{j+1}$ 是式（7.5.1）右边的二次函数的最大元。它由下式给出：

$$\hat{\boldsymbol{\theta}}_{j+1}=\hat{\boldsymbol{\theta}}_j-[\mathbf{H}_n(\hat{\boldsymbol{\theta}}_j)]^{-1}\mathbf{s}_n(\hat{\boldsymbol{\theta}}_j) \tag{7.5.3}$$

这一迭代程序被称为**牛顿-拉夫森算法**（Newton-Raphson algorithm）。如果该目标函数是凹的，则该算法通常会很快收敛到其全局最大值。

对于 *ML* 估计量，当全局最大值 $\hat{\boldsymbol{\theta}}$ 可以这样取得时，那么 Avar($\hat{\boldsymbol{\theta}}$) 的估计值可求得为 $-\mathbf{H}_n(\hat{\boldsymbol{\theta}})^{-1}$（回忆一下，$\mathbf{H}_n(\boldsymbol{\theta})\equiv\frac{1}{n}\sum\mathbf{H}(\mathbf{w}_t;\boldsymbol{\theta})$）。

□ 高斯-牛顿（Gauss-Newton）

现在来看 GMM，其目标函数为 $Q_n(\boldsymbol{\theta})=-\frac{1}{2}\mathbf{g}_n(\boldsymbol{\theta})'\hat{\mathbf{W}}\mathbf{g}_n(\boldsymbol{\theta})$（参看式（7.1.3））。正如在对其渐近分布的推导中，我们使用了 $\mathbf{g}_n(\boldsymbol{\theta})$ 函数的线性化。$\mathbf{g}_n(\boldsymbol{\theta})$ 在 $\hat{\boldsymbol{\theta}}_j$ 附近的一阶泰勒展开为：

$$\begin{aligned}\underset{(K\times1)}{\mathbf{g}_n(\boldsymbol{\theta})}&\cong\mathbf{g}_n(\hat{\boldsymbol{\theta}}_j)+\underset{(K\times p)}{\mathbf{G}_n(\hat{\boldsymbol{\theta}}_j)}\underset{(p\times1)}{(\boldsymbol{\theta}-\hat{\boldsymbol{\theta}}_j)}=[\mathbf{g}_n(\hat{\boldsymbol{\theta}}_j)-\mathbf{G}_n(\hat{\boldsymbol{\theta}}_j)\hat{\boldsymbol{\theta}}_j]-[-\mathbf{G}_n(\hat{\boldsymbol{\theta}}_j)]\boldsymbol{\theta}\\&=\mathbf{v}_j-\mathbf{G}_j\boldsymbol{\theta}\end{aligned} \tag{7.5.4}$$

其中，

$$\mathbf{v}_j\equiv\mathbf{g}_n(\hat{\boldsymbol{\theta}}_j)-\mathbf{G}_n(\hat{\boldsymbol{\theta}}_j)\hat{\boldsymbol{\theta}}_j,\ \mathbf{G}_j\equiv-\mathbf{G}_n(\hat{\boldsymbol{\theta}}_j) \tag{7.5.5}$$

（回忆一下，$\mathbf{G}_n(\boldsymbol{\theta})\equiv\frac{\partial\,\mathbf{g}_n(\boldsymbol{\theta})}{\partial\,\boldsymbol{\theta}'}$。）如果 GMM 目标函数的表达式中 $\mathbf{g}_n(\boldsymbol{\theta})$ 函数是这个线性函数 $\mathbf{v}_j-\mathbf{G}_j\boldsymbol{\theta}$，那么该目标函数在 $\boldsymbol{\theta}$ 上是二次的，且最大化元（或 GMM 距离的最小化元）将会是这个线性 GMM 估计量：

$$\hat{\boldsymbol{\theta}}_{j+1}=(\mathbf{G}_j'\hat{\mathbf{W}}\mathbf{G}_j)^{-1}\mathbf{G}_j'\hat{\mathbf{W}}\mathbf{v}_j \tag{7.5.6}$$

这是**高斯-牛顿算法**（Gauss-Newton algorithm）中的第（$j+1$）轮的估计值。[①] 和牛

① 高斯-牛顿算法最初源于非线性最小二乘。参看复习题 2，可以看到高斯-牛顿是如何运用于 NLS 的。因此这里给出的该算法是其 GMM 改编的版本。

顿-拉夫森不同，这里没有必要计算二阶导数。

□ 以一种共同的形式写出牛顿-拉夫森和高斯-牛顿

高斯-牛顿和牛顿-拉夫森之间有一些相似性。将式（7.5.5）代入式（7.5.6），重新整理，我们可以得到：

$$\hat{\boldsymbol{\theta}}_{j+1}=\hat{\boldsymbol{\theta}}_j-[-\mathbf{G}_n(\hat{\boldsymbol{\theta}}_j)'\hat{\mathbf{W}}\mathbf{G}_n(\hat{\boldsymbol{\theta}}_j)]^{-1}[-\mathbf{G}_n(\hat{\boldsymbol{\theta}}_j)'\hat{\mathbf{W}}\mathbf{g}_n(\hat{\boldsymbol{\theta}}_j)] \tag{7.5.7}$$

第二个括号中的项不过是 GMM 目标函数 $Q_n(\boldsymbol{\theta})=-\frac{1}{2}\mathbf{g}_n(\boldsymbol{\theta})'\hat{\mathbf{W}}\mathbf{g}_n(\boldsymbol{\theta})$ 在 $\hat{\boldsymbol{\theta}}_j$ 处估值得到的梯度。式（7.5.3）中目标函数的海塞矩阵在这里所扮演的角色由第一个括号中的项给出，它是基于表 7－1 中 $-\mathbf{G}'\mathbf{W}\mathbf{G}$ 的 $\hat{\boldsymbol{\theta}}_j$ 的估计值。因此，在表 7－1 中注意到的 M－估计量和 GMM 之间的相似性在这里也是存在的。进而言之，如果 $\mathbf{g}_n$ 是线性的，那么该海塞矩阵等价（式（7.5.7）中第一个括号中的项）是 GMM 目标函数的海塞矩阵。因此，二者的相似是的确存在的：高斯-牛顿算法和牛顿-拉夫森算法是一致的。

□ 只在参数上非线性的方程

在高斯-牛顿算法式（7.5.7）中，当 $\mathbf{g}_n(\boldsymbol{\theta})\left(\equiv\frac{1}{n}\sum\mathbf{g}(\mathbf{w}_t;\boldsymbol{\theta})\right)$ 在 $\boldsymbol{\theta}$ 上不是线性的时，一般来说，在观测值上取均值以在每次迭代中计算梯度和海塞矩阵等价，是很有必要的。（如果该目标函数在 $\boldsymbol{\theta}$ 上不是二次的，则一般来说这在牛顿-拉夫森中也是成立的。）对于足够大的数据集而言，它正是一个 CPU 时间密集运算（CPU time-intensive operation）。不过，也有一种情况，其中并不需要在每次迭代中对观测值进行平均。这种情况发生在那类广义非线性工具变量估计中（一种非线性 GMM 的特殊情况，其中 $\mathbf{g}(y_t,\mathbf{z}_t,\boldsymbol{\theta})$ 可以被写为 $a(y_t,\mathbf{z}_t;\boldsymbol{\theta})\mathbf{x}_t$）。假设方程 $a(y_t,\mathbf{z}_t;\boldsymbol{\theta})$ 取如下形式：

$$a(y_t,\mathbf{z}_t;\boldsymbol{\theta})=a_0(y_t,\mathbf{z}_t)+\underset{(1\times q)}{\mathbf{a}_1(y_t,\mathbf{z}_t)'}\underset{(q\times1)}{\boldsymbol{\alpha}(\boldsymbol{\theta})} \tag{7.5.8}$$

其中 $a_0(\cdot)$ 和 $\mathbf{a}_1(\cdot)$ 是 $(y_t,\mathbf{z}_t)$ 的已知函数（但不是 $\boldsymbol{\theta}$ 的函数）。这个形式的函数据说**只关于参数非线性**（nonlinear in parameters only），**或关于变量线性**（linear in variables）。可以很容易看到：

$$\begin{aligned}\mathbf{g}_n(\boldsymbol{\theta})&\equiv\frac{1}{n}\sum_{t=1}^{n}\mathbf{g}(y_t,\mathbf{z}_t;\boldsymbol{\theta})=\frac{1}{n}\sum_{t=1}^{n}a(y_t,\mathbf{z}_t;\boldsymbol{\theta})\cdot\mathbf{x}_t\\&=\underset{(K\times1)}{\left(\frac{1}{n}\sum_{t=1}^{n}a_0(y_t,\mathbf{z}_t)\cdot\mathbf{x}_t\right)}+\underset{(K\times q)}{\left(\frac{1}{n}\sum_{t=1}^{n}\mathbf{x}_t\mathbf{a}_1(y_t,\mathbf{z}_t)'\right)}\underset{(q\times1)}{\boldsymbol{\alpha}(\boldsymbol{\theta})}\end{aligned} \tag{7.5.9}$$

$$\mathbf{G}_n(\boldsymbol{\theta})=\frac{\partial\mathbf{g}_n(\boldsymbol{\theta})}{\partial\boldsymbol{\theta}'}=\underset{(K\times q)}{\left(\frac{1}{n}\sum_{t=1}^{n}\mathbf{x}_t\mathbf{a}_1(y_t,\mathbf{z}_t)'\right)}\underset{(q\times p)}{\frac{\partial\boldsymbol{\alpha}(\boldsymbol{\theta})}{\partial\boldsymbol{\theta}'}} \tag{7.5.10}$$

这些方程清楚地表明，在迭代开始之前，只需要计算一次该样本平均值。

复习题

1.（在迭代中 Q_n 会增加吗？）在式（7.5.1）中设 $\boldsymbol{\theta}=\hat{\boldsymbol{\theta}}_{j+1}$，将它改写为：

$$Q_n(\hat{\boldsymbol{\theta}}_{j+1})-Q_n(\hat{\boldsymbol{\theta}}_j)\cong\mathbf{s}_n(\hat{\boldsymbol{\theta}}_j)'(\hat{\boldsymbol{\theta}}_{j+1}-\hat{\boldsymbol{\theta}}_j)+\frac{1}{2}(\hat{\boldsymbol{\theta}}_{j+1}-\hat{\boldsymbol{\theta}}_j)'\mathbf{H}_n(\hat{\boldsymbol{\theta}}_j)(\hat{\boldsymbol{\theta}}_{j+1}-\hat{\boldsymbol{\theta}}_j)$$

我们来看牛顿-拉夫森算法式（7.5.3）。假定 $\hat{\boldsymbol{\theta}}_{j+1}$ 充分接近于 $\hat{\boldsymbol{\theta}}_j$，以至 $Q_n(\hat{\boldsymbol{\theta}}_{j+1})-Q_n(\hat{\boldsymbol{\theta}}_j)$ 的符号与该方程右边的符号相同。证明：如果 $Q_n(\boldsymbol{\theta})$ 是凹的，则 $Q_n(\hat{\boldsymbol{\theta}}_{j+1})\geqslant Q_n(\hat{\boldsymbol{\theta}}_j)$。**提示**：使用式（7.5.3），右边可以写为：

$$-\frac{1}{2}(\hat{\boldsymbol{\theta}}_{j+1}-\hat{\boldsymbol{\theta}}_j)'\mathbf{H}_n(\hat{\boldsymbol{\theta}}_j)(\hat{\boldsymbol{\theta}}_{j+1}-\hat{\boldsymbol{\theta}}_j)$$

2.（NLS 的高斯-牛顿）在 NLS（非线性最小二乘）里，目标函数由式（7.1.19）给出。令 $\hat{\boldsymbol{\theta}}_j$ 为第 j 轮估计值，我们来看线性近似：

$$\begin{aligned}\varphi(\mathbf{x}_t;\boldsymbol{\theta})&\cong\varphi(\mathbf{x}_t;\hat{\boldsymbol{\theta}}_j)+\Big(\underset{(p\times1)}{\frac{\partial\varphi(\mathbf{x}_t;\hat{\boldsymbol{\theta}}_j)}{\partial\boldsymbol{\theta}}}\Big)'(\underset{(p\times1)}{\boldsymbol{\theta}-\hat{\boldsymbol{\theta}}_j})\\&=\Big[\varphi(\mathbf{x}_t;\hat{\boldsymbol{\theta}}_j)-\Big(\frac{\partial\varphi(\mathbf{x}_t;\hat{\boldsymbol{\theta}}_j)}{\partial\boldsymbol{\theta}}\Big)'\hat{\boldsymbol{\theta}}_j\Big]+\Big(\frac{\partial\varphi(\mathbf{x}_t;\hat{\boldsymbol{\theta}}_j)}{\partial\boldsymbol{\theta}}\Big)'\boldsymbol{\theta}\end{aligned}\tag{7.5.11}$$

用这个关于 $\boldsymbol{\theta}$ 的线性函数取代 m 函数中的 $\varphi(\mathbf{x}_t;\boldsymbol{\theta})$。证明这一线性化问题的最大元为：

$$\begin{aligned}\hat{\boldsymbol{\theta}}_{j+1}=\hat{\boldsymbol{\theta}}_j+&\Big[\frac{1}{n}\sum_{t=1}^{n}\Big(\frac{\partial\varphi(\mathbf{x}_t;\hat{\boldsymbol{\theta}}_j)}{\partial\boldsymbol{\theta}}\Big)\Big(\frac{\partial\varphi(\mathbf{x}_t;\hat{\boldsymbol{\theta}}_j)}{\partial\boldsymbol{\theta}}\Big)'\Big]^{-1}\\&\Big\{\frac{1}{n}\sum_{t=1}^{n}\Big(\underset{(p\times1)}{\frac{\partial\varphi(\mathbf{x}_t;\hat{\boldsymbol{\theta}}_j)}{\partial\boldsymbol{\theta}}}\Big)\cdot[y_t-\varphi(\mathbf{x}_t;\hat{\boldsymbol{\theta}}_j)]\Big\}\end{aligned}\tag{7.5.12}$$

第 7 章习题集

□ 分析性习题

1.（库尔贝克-莱布勒信息不等式）令 $f(y\mid\mathbf{x};\boldsymbol{\theta})$ 为假定条件密度函数的参数族，其中真实密度函数由 $f(y\mid\mathbf{x};\boldsymbol{\theta}_0)$ 给出。假设对于所有的 $\boldsymbol{\theta}$ 有 $\mathrm{E}[\log f(y\mid\mathbf{x};\boldsymbol{\theta})]$ 存在且有限。库尔贝克-莱布勒信息不等式可以表述如下：

$$\mathrm{Prob}[f(y|\mathbf{x};\boldsymbol{\theta})\neq f(y|\mathbf{x};\boldsymbol{\theta}_0)]>0\Rightarrow\mathrm{E}[\log f(y|\mathbf{x};\boldsymbol{\theta})]<\mathrm{E}[\log f(y|\mathbf{x};\boldsymbol{\theta}_0)]$$

通过采取以下步骤来证明这一点。在证明中，只是为了简单起见，假设对于所有的（y，$\mathbf{x}$）和 $\boldsymbol{\theta}$ 有 $f(y\mid\mathbf{x};\boldsymbol{\theta})>0$，因此可以对密度函数 $f(y\mid\mathbf{x};\boldsymbol{\theta})$ 取对数。

（a）假设 $\mathrm{Prob}[f(y\mid\mathbf{x};\boldsymbol{\theta})\neq f(y\mid\mathbf{x};\boldsymbol{\theta}_0)]>0$。令 $\mathbf{w}=(y,\mathbf{x}')'$，并且定义：

$$a(\mathbf{w})\equiv f(y|\mathbf{x};\boldsymbol{\theta})/f(y|\mathbf{x};\boldsymbol{\theta}_0)$$

证明：$a(\mathbf{w})\neq1$ 有正的概率，因此 $a(\mathbf{w})$ 是一个非常数随机变量。

（b）**詹森不等式**（Jensen's inequality）的严格版本表述为：

如果 $c(x)$ 是一个严格凹函数，x 是一个非常数随机变量，那么 $\mathrm{E}[c(x)]<c(\mathrm{E}(x))$。

利用这一条件，证明：

$$\mathrm{E}[\log a(\mathbf{w})]<\log\{\mathrm{E}[a(\mathbf{w})]\}$$

提示：$\log(x)$ 是严格凹的。

（c）证明：$\mathrm{E}[a(\mathbf{w})]=1$。**提示**：$a(\mathbf{w})$ 的条件均值等于 1，因为：

计量经济学

$$\mathrm{E}[a(\mathbf{w}) \mid \mathbf{x}] = \int a(\mathbf{w}) f(y \mid \mathbf{x};\boldsymbol{\theta}_0)\mathrm{d}y = \int \frac{f(y \mid \mathbf{x};\boldsymbol{\theta})}{f(y \mid \mathbf{x};\boldsymbol{\theta}_0)} f(y \mid \mathbf{x};\boldsymbol{\theta}_0)\mathrm{d}y$$

$$= \int f(y \mid \mathbf{x};\boldsymbol{\theta})\mathrm{d}y = 1$$

由于 $f(y \mid \mathbf{x};\ \boldsymbol{\theta})$ 是任意的 $\mathbf{x}$ 和 $\boldsymbol{\theta}$ 的一个密度函数，所以最后一个等式成立。特别要注意，条件期望是根据真实条件密度 $f(y \mid \mathbf{x};\ \boldsymbol{\theta}_0)$ 来取的。

(d) 最后，证明这一想要的结果。

2. (信息矩阵等式) 对于 ML，得分向量和观测值 $(y,\ \mathbf{x})$ 的海塞矩阵可以被改写为 (其中 $\mathbf{w} \equiv (y,\ \mathbf{x}')'$)：

$$\underset{(p\times 1)}{\mathbf{s}(\mathbf{w};\boldsymbol{\theta})} = \frac{\partial \log f(y|\mathbf{x};\boldsymbol{\theta})}{\partial \boldsymbol{\theta}}$$

$$\underset{(p\times p)}{\mathbf{H}(\mathbf{w};\boldsymbol{\theta})} = \frac{\partial \mathbf{s}(\mathbf{w};\boldsymbol{\theta})}{\partial \boldsymbol{\theta}'} = \frac{\partial^2 \log f(y|\mathbf{x};\boldsymbol{\theta})}{\partial \boldsymbol{\theta} \partial \boldsymbol{\theta}'}$$

为了简单起见，我们和平常一样假设对于所有的 $(y,\ \mathbf{x})$ 以及 $\boldsymbol{\theta}$ 有 $f(y \mid \mathbf{x},\ \boldsymbol{\theta})>0$，因此对密度函数取对数是比较合理的。

(a) 假设积分 (取期望) 和微分可以互换，证明 $\mathrm{E}[\mathbf{s}(\mathbf{w};\ \boldsymbol{\theta}_0)]=\mathbf{0}$。**提示：** 由于 $f(y \mid \mathbf{x};\ \boldsymbol{\theta})$ 是一个假定的密度函数，所以其积分是统一的：

$$\int f(y \mid \mathbf{x};\boldsymbol{\theta})\mathrm{d}y = 1$$

对这个方程两边取 $\boldsymbol{\theta}$ 的微分，然后改变微分和积分的次序，以取得如下等式：

$$\int \mathbf{s}(\mathbf{w};\boldsymbol{\theta}) f(y \mid \mathbf{x};\boldsymbol{\theta})\mathrm{d}y = \underset{(p\times 1)}{\mathbf{0}}$$

设 $\boldsymbol{\theta}=\boldsymbol{\theta}_0$，可以得到 $\mathrm{E}[\mathbf{s}(\mathbf{w};\ \boldsymbol{\theta}_0) \mid \mathbf{x}]=\mathbf{0}$。

(b) 证明信息矩阵等式：

$$-\mathrm{E}[\mathbf{H}(\mathbf{w};\boldsymbol{\theta}_0)] = \mathrm{E}[\mathbf{s}(\mathbf{w};\boldsymbol{\theta}_0)\mathbf{s}(\mathbf{w};\boldsymbol{\theta}_0)']$$

提示： 在前一个提示中对上面的恒等式两边取微分，并假设微分和积分次序可以互换，我们可以得到：

$$\int \frac{\partial}{\partial \boldsymbol{\theta}'} \underbrace{[\mathbf{s}(\mathbf{w};\boldsymbol{\theta}) f(y \mid \mathbf{x};\boldsymbol{\theta})]}_{(p\times 1)} \mathrm{d}y = \underset{(p\times p)}{\mathbf{0}}$$

证明这个被积函数可以写为：

$$\frac{\partial}{\partial \boldsymbol{\theta}'}[\mathbf{s}(\mathbf{w};\boldsymbol{\theta}) f(y|\mathbf{x};\boldsymbol{\theta})] = \mathbf{H}(\mathbf{w};\boldsymbol{\theta}) f(y|\mathbf{x};\boldsymbol{\theta}) + \mathbf{s}(\mathbf{w};\boldsymbol{\theta})\mathbf{s}(\mathbf{w};\boldsymbol{\theta})' f(y|\mathbf{x};\boldsymbol{\theta})$$

3. (线性回归模型的三位一体) 我们来看具有正态误差的线性回归模型，对于观测值 t，其条件密度为：

$$\log f(y_t|\mathbf{x}_t;\boldsymbol{\beta},\sigma^2) = -\frac{1}{2}\log(2\pi) - \frac{1}{2}\log(\sigma^2) - \frac{(y_t - \mathbf{x}_t'\boldsymbol{\beta})^2}{2\sigma^2}$$

令 $(\hat{\boldsymbol{\beta}},\ \hat{\sigma}^2)$ 为 $\boldsymbol{\theta}=(\boldsymbol{\beta}'\sigma^2)'$ 的无约束 ML 估计值，令 $(\tilde{\boldsymbol{\beta}},\ \tilde{\sigma}^2)$ 为约束 ML 估计值，其约束为 $\mathbf{R}\boldsymbol{\beta}=\mathbf{c}$，其中 $\mathbf{R}$ 是已知常数的 $r\times K$ 阶矩阵。假设 $\Theta=\mathbb{R}^K\times\mathbb{R}_{++}$，且 $\mathrm{E}(\mathbf{x}_t\mathbf{x}_t')$ 是非奇异的。还要令：

$$\hat{\boldsymbol{\Sigma}} = \begin{bmatrix} \frac{1}{\hat{\sigma}^2}\frac{1}{n}\sum_{t=1}^{n}\mathbf{x}_t\mathbf{x}_t' & \mathbf{0} \\ \mathbf{0}' & \frac{1}{2(\hat{\sigma}^2)^2} \end{bmatrix},\ \tilde{\boldsymbol{\Sigma}} = \begin{bmatrix} \frac{1}{\tilde{\sigma}^2}\frac{1}{n}\sum_{t=1}^{n}\mathbf{x}_t\mathbf{x}_t' & \mathbf{0} \\ \mathbf{0}' & \frac{1}{2(\tilde{\sigma}^2)^2} \end{bmatrix}$$

(a) 证明：$\hat{\boldsymbol{\beta}}$ 最小化了残差平方和。因此，它是 OLS 估计量。证明：根据约束条件 $\mathbf{R}\boldsymbol{\beta}=\mathbf{c}$，$\tilde{\boldsymbol{\beta}}$ 最小化了残差平方和。因此，它是受限最小二乘估计量。

(b) 令 $Q_n(\boldsymbol{\theta})=\frac{1}{n}\sum_{t=1}^{n}\log f(y_t \mid \mathbf{x}_t;\boldsymbol{\beta},\sigma^2)$ 。证明：

$$Q_n(\hat{\boldsymbol{\theta}})=-\frac{1}{2}\log(2\pi)-\frac{1}{2}-\frac{1}{2}\log\left(\frac{SSR_U}{n}\right)$$

$$Q_n(\tilde{\boldsymbol{\theta}})=-\frac{1}{2}\log(2\pi)-\frac{1}{2}-\frac{1}{2}\log\left(\frac{SSR_R}{n}\right)$$

其中 $SSR_U(\equiv\sum(y_t-\mathbf{x}_t'\hat{\boldsymbol{\beta}})^2)$ 是无约束残差平方和，$SSR_R(\equiv\sum(y_t-\mathbf{x}_t'\tilde{\boldsymbol{\beta}})^2)$ 是约束残差平方和。**提示**：证明：$\hat{\sigma}^2=SSR_U/n$，$\tilde{\sigma}^2=SSR_R/n$。

(c) 证明这里给定的 $\hat{\boldsymbol{\Sigma}}$，尽管不同于 $-\frac{1}{n}\sum_{t=1}^{n}\mathbf{H}(\mathbf{w}_t;\hat{\boldsymbol{\theta}})$，但它对于 $-\mathrm{E}[\mathbf{H}(\mathbf{w}_t;\boldsymbol{\theta}_0)]$ 来说仍然是一致的。证明这里给定的 $\tilde{\boldsymbol{\Sigma}}$，尽管不同于 $-\frac{1}{n}\sum_{t=1}^{n}\mathbf{H}(\mathbf{w}_t;\tilde{\boldsymbol{\theta}})$，但它对于 $-\mathrm{E}[\mathbf{H}(\mathbf{w}_t;\boldsymbol{\theta}_0)]$ 来说仍然是一致的。**提示**：从例 7.8 的讨论中可知，$\hat{\boldsymbol{\theta}}$ 是一致的。正如 7.4 节所提到的那样，在原假设下 $\tilde{\boldsymbol{\theta}}$ 也是一致的。给定 $\hat{\boldsymbol{\theta}}$ 和 $\tilde{\boldsymbol{\theta}}$ 的一致性，应该很容易即可证明 $\hat{\sigma}^2$ 和 $\tilde{\sigma}^2$ 对于 σ^2 来说是一致的。

(d) 使用在表 7-2 给出的公式中的 $\hat{\boldsymbol{\Sigma}}$ 和 $\tilde{\boldsymbol{\Sigma}}$，证明沃尔德、LM 和 LR 统计量可以写成：

$$W=n\cdot\frac{(\mathbf{R}\hat{\boldsymbol{\beta}}-\mathbf{c})'[\mathbf{R}(\mathbf{X}'\mathbf{X})^{-1}\mathbf{R}']^{-1}(\mathbf{R}\hat{\boldsymbol{\beta}}-\mathbf{c})}{SSR_U}$$

$$LM=n\cdot\frac{(\mathbf{y}-\mathbf{X}\tilde{\boldsymbol{\beta}})'\mathbf{P}(\mathbf{y}-\mathbf{X}\tilde{\boldsymbol{\beta}})}{SSR_R}$$

$$LR=n\cdot\left\{\log\left(\frac{SSR_R}{n}\right)-\log\left(\frac{SSR_U}{n}\right)\right\}$$

其中 $\mathbf{y}(n\times1)$ 和 $\mathbf{X}(n\times K)$ 是与 y_t 和 $\mathbf{x}_t$ 相联系的数据向量和数据矩阵，且 $\mathbf{P}=\mathbf{X}(\mathbf{X}'\mathbf{X})^{-1}\mathbf{X}'$。**提示**：在表 7-2 中 $\mathbf{A}(\boldsymbol{\theta})$ $(r\times(K+1))$ 为：

$$\left(\underset{(r\times K)}{\mathbf{R}} \;\vdots\; \underset{(r\times1)}{\mathbf{0}}\right)$$

(e) 证明这三个统计量也可以写成：

$$W=n\cdot\frac{SSR_R-SSR_U}{SSR_U}$$

$$LM=n\cdot\frac{SSR_R-SSR_U}{SSR_R}$$

$$LR=n\cdot\log\left(\frac{SSR_R}{SSR_U}\right)$$

提示：正如我们在第 1 章的分析性习题中已经证明的那样，

$$\begin{aligned}SSR_R-SSR_U&=(\hat{\boldsymbol{\beta}}-\tilde{\boldsymbol{\beta}})'(\mathbf{X}'\mathbf{X})(\hat{\boldsymbol{\beta}}-\tilde{\boldsymbol{\beta}})=(\mathbf{R}\hat{\boldsymbol{\beta}}-\mathbf{c})'[\mathbf{R}(\mathbf{X}'\mathbf{X})^{1}\mathbf{R}']^{-1}(\mathbf{R}\hat{\boldsymbol{\beta}}-\mathbf{c})\\&=(\mathbf{y}-\mathbf{X}\tilde{\boldsymbol{\beta}})'\mathbf{P}(\mathbf{y}-\mathbf{X}\tilde{\boldsymbol{\beta}})\end{aligned}$$

(f) 证明 $W\geqslant LR\geqslant LM$。(这些不等式在非线性回归模型中并非总成立。)

部分习题答案

2a. 由于 $f(y \mid \mathbf{x};\boldsymbol{\theta})$ 是一个假定的密度函数，所以其积分是统一的：

$$\int f(y \mid \mathbf{x};\boldsymbol{\theta})\mathrm{d}y = 1 \tag{1}$$

这是一个恒等式，对于任何 $\boldsymbol{\theta}\in\Theta$ 都成立。对此恒等式的两边就 $\boldsymbol{\theta}$ 取微分，我们可以得到：

$$\frac{\partial}{\partial\boldsymbol{\theta}}\int f(y \mid \mathbf{x};\boldsymbol{\theta})\mathrm{d}y = \underset{(p\times 1)}{\mathbf{0}} \tag{2}$$

如果微分和积分的顺序可以互换，那么，

$$\frac{\partial}{\partial\boldsymbol{\theta}}\int f(y \mid \mathbf{x};\boldsymbol{\theta})\mathrm{d}y = \int \frac{\partial}{\partial\boldsymbol{\theta}}f(y \mid \mathbf{x};\boldsymbol{\theta})\mathrm{d}y \tag{3}$$

但是根据得分的定义，$\mathbf{s}(\mathbf{w};\ \boldsymbol{\theta})f(y \mid \mathbf{x};\ \boldsymbol{\theta})=\frac{\partial}{\partial\boldsymbol{\theta}}f(y \mid \mathbf{x};\ \boldsymbol{\theta})$。将此代入式（3），我们可以得到：

$$\int \mathbf{s}(\mathbf{w};\boldsymbol{\theta})f(y \mid \mathbf{x};\boldsymbol{\theta})\mathrm{d}y = \underset{(p\times 1)}{\mathbf{0}} \tag{4}$$

对于任何 $\boldsymbol{\theta}\in\Theta$，尤其是 $\boldsymbol{\theta}_0$，这都是成立的。设 $\boldsymbol{\theta}=\boldsymbol{\theta}_0$，我们有：

$$\int \mathbf{s}(\mathbf{w};\boldsymbol{\theta}_0)f(y \mid \mathbf{x};\boldsymbol{\theta}_0)\mathrm{d}y = \mathrm{E}[\mathbf{s}(\mathbf{w};\boldsymbol{\theta}_0) \mid \mathbf{x}] = \underset{(p\times 1)}{\mathbf{0}} \tag{5}$$

那么，根据总期望法则，我们就可以得到想要的结果。

参考文献

Amemiya，T.，1985，*Advanced Econometrics*，Cambridge：Harvard University Press.

Davidson，R.，and J. MacKinnon，1993，*Estimation and Inference in Econometrics*，New York：Oxford University Press.

Gallant，R.，and H. White，1988，*A Unified Theory of Estimation and Inference for Nonlinear Dynamic Models*，New York：Basil Blackwell.

Gourieroux，C.，and A. Monfort，1995，*Statistics and Econometric Models*，New York：Cambridge University Press.

Hansen，L. P.，and K. Singleton，1982，"Generalized Instrumental Variables Estimation of Nonlinear Rational Expectations Models，" *Econometrica*，50，1269-1286.

Judge，G.，W. Griffiths，R. Hill，H. Lütkepohl，and T. Lee，1985，*The Theory and Practice of Econometrics* (2d ed.)，New York：Wiley.

Newey，W.，and D. McFadden，1994. "Large Sample Estimation and Hypothesis Testing，" Chapter 36 in R. Engle and D. McFadden (eds.)，*Handbook of Econometrics*，Volume Ⅳ，New York：North-Holland.

White，H.，1994，*Estimation，Inference，and Specification Analysis*，New York：Cambridge University Press.

第 8 章 极大似然方法范例

概要

前一章的极大似然方法（ML）是作为极值估计量的一个特例予以引入的。鉴于其在计量经济学中的重要性，本章来考察那些将 ML 运用于一些著名模型的应用。我们已经在第 3 章和第 4 章就 GMM 估计的情况给出了一些模型。

这里，在推导所考虑的模型的 ML 估计量的渐近性质方面，将会利用第 7 章给出的一般性的结论。在开始之前，你应该复习一下 7.1 节，命题 7.5、命题 7.6、命题 7.8、命题 7.9 以及命题 7.11。

符号注释：我们仍使用前一章引入的符号，用下标 0 表示真实参数值。因此 $\boldsymbol{\theta}$ 是一个假定的参数值，而 $\boldsymbol{\theta}_0$ 则是真实参数值。

8.1 定性响应（QR）模型

在经济学和其他科学的重要应用中，因变量可能会出现类别变量的情况。例如，一个人可能参加劳动，也可能不参加劳动；消费者选择哪一种特定的交通方式；病人会不会死亡；等等。因变量取离散值的回归模型被称为**定性响应模型**［qualitative response（QR）models］。由参数化密度函数 $f(y_t \mid \mathbf{x}_t; \boldsymbol{\theta})$ 所描述的 QR 模型代表一族给定 $\mathbf{x}_t$ 时 y_t 的离散概率分布，用 $\boldsymbol{\theta}$ 表示。

如果因变量只能取两个值（为了不失一般性，设定为可取 0 和 1），那么这个 QR 模型被称为**二值响应模型**（binary response model），如果因变量可以取多于两个值，则这样的 QR 模型被称为**多值响应模型**（multinomial response model）。本小节只处理二值模型。对于二值和多值模型的全面论述，参看 Amemiya（1985，第 9 章）。

最为常见的二值响应模型是 probit 模型，在例 7.3 中已经展示过。另外一个常见的二值模型是 logit 模型：

$$\begin{cases} f(y_t=1\,|\,\mathbf{x}_t;\boldsymbol{\theta}_0)=\Lambda(\mathbf{x}_t'\boldsymbol{\theta}_0) \\ f(y_t=0\,|\,\mathbf{x}_t;\boldsymbol{\theta}_0)=1-\Lambda(\mathbf{x}_t'\boldsymbol{\theta}_0) \end{cases} \tag{8.1.1}$$

其中 Λ 是 logistic 分布的累积密度函数：

$$\Lambda(v)=\frac{\exp(v)}{1+\exp(v)} \tag{8.1.2}$$

这一密度函数 $f(y_t\mid\mathbf{x}_t;\boldsymbol{\theta}_0)$ 可以写为：

$$f(y_t\,|\,\mathbf{x}_t;\boldsymbol{\theta}_0)=\Lambda(\mathbf{x}_t'\boldsymbol{\theta}_0)^{y_t}\times[1-\Lambda(\mathbf{x}_t'\boldsymbol{\theta}_0)]^{1-y_t} \tag{8.1.3}$$

两边取对数，并用假定值 $\boldsymbol{\theta}$ 取代真实参数值 $\boldsymbol{\theta}_0$，我们可以得到观测值 t 的对数似然：

$$\log f(y_t\,|\,\mathbf{x}_t;\boldsymbol{\theta}_0)=y_t\log\Lambda(\mathbf{x}_t'\boldsymbol{\theta})+(1-y_t)\log[1-\Lambda(\mathbf{x}_t'\boldsymbol{\theta})] \tag{8.1.4}$$

这个 logit 目标函数 $Q_n(\boldsymbol{\theta})$ 是 $1/n$ 乘以样本（y_1，$\mathbf{x}_1$，y_2，$\mathbf{x}_2$，…，y_n，$\mathbf{x}_n$）的对数似然。在 $\{y_t, \mathbf{x}_t\}$ 是 i. i. d. 的假设下，该样本的对数似然是观测值 t 在 t 上的对数似然的和。因此，

$$Q_n(\boldsymbol{\theta}) = \frac{1}{n}\sum_{t=1}^{n}\{y_t\log\Lambda(\mathbf{x}_t'\boldsymbol{\theta}) + (1-y_t)\log[1-\Lambda(\mathbf{x}_t'\boldsymbol{\theta})]\} \tag{8.1.5}$$

对于 probit，我们已经证明，在假设 $\mathrm{E}(\mathbf{x}_t\mathbf{x}_t')$ 非奇异的情况下，其对数似然函数是凹的（例 7.6），ML 估计量是一致的（例 7.9），并且是渐近正态的（例 7.11）。你会发现，要证明这些对于 logit 来说更为容易。（不过，首次阅读时，你可能会希望略去有关一致性和渐近正态性的讨论。）

□ 观测值 t 的得分向量和海塞矩阵

logistic 累积密度函数具有如下性质：

$$\Lambda'(v) = \Lambda(v)(1-\Lambda(v)),\Lambda''(v) = [1-2\Lambda(v)]\Lambda(v)[1-\Lambda(v)] \tag{8.1.6}$$

利用它，可以很容易推导（参看复习题 1（a））观测值 t 的如下得分向量和海塞矩阵：

$$\mathbf{s}(\mathbf{w}_t;\boldsymbol{\theta})\left(\equiv\frac{\partial\log f(y_t\mid\mathbf{x}_t;\boldsymbol{\theta})}{\partial\boldsymbol{\theta}}\right)=[y_t-\Lambda(\mathbf{x}_t'\boldsymbol{\theta})]\mathbf{x}_t \tag{8.1.7}$$

$$\mathbf{H}(\mathbf{w}_t;\boldsymbol{\theta})\left(\equiv\frac{\partial\mathbf{s}(\mathbf{w}_t;\boldsymbol{\theta})}{\partial\boldsymbol{\theta}'}\right)=-\Lambda(\mathbf{x}_t'\boldsymbol{\theta})[1-\Lambda(\mathbf{x}_t'\boldsymbol{\theta})]\mathbf{x}_t\mathbf{x}_t' \tag{8.1.8}$$

其中 $\mathbf{w}_t=(y_t,\ \mathbf{x}_t')'$。

□ 一致性

由于 $\mathbf{x}_t\mathbf{x}_t'$ 是正定的，所以它可以直接从 $\mathbf{H}(\mathbf{w}_t;\ \boldsymbol{\theta})$ 为半负定从而 $Q(\boldsymbol{\theta})$ 为凹的表达式中得出。因此，相关的一致性定理就是命题 7.6。这里，我们证明该命题的条件

在$\mathrm{E}(\mathbf{x}_t\mathbf{x}_t')$非奇异的条件下可以得到满足。该命题的条件（a）是（条件）密度识别：对于$\boldsymbol{\theta}\neq\boldsymbol{\theta}_0$，$f(y_t \mid \mathbf{x}_t;\ \boldsymbol{\theta})\neq f(y_t \mid \mathbf{x}_t;\ \boldsymbol{\theta}_0)$有正概率。① 由于对数是一个严格单调变换，所以这个条件等价于

$$\text{对于 } \boldsymbol{\theta}\neq\boldsymbol{\theta}_0,\ \log f(y_t|\mathbf{x}_t;\boldsymbol{\theta})\neq\log f(y_t|\mathbf{x}_t;\boldsymbol{\theta}_0)\text{有正概率} \tag{8.1.9}$$

这里$\boldsymbol{\theta}_0$是真实参数值，密度函数f由式（8.1.3）给出。验证这一条件与例7.9中的probit例子的情况是一样的，可以展示如下。例7.8中的讨论可以得出：

$$\text{对于 } \boldsymbol{\theta}\neq\boldsymbol{\theta}_0,\ \mathrm{E}(\mathbf{x}_t\mathbf{x}_t')\text{非奇异}\Rightarrow\mathbf{x}_t'\boldsymbol{\theta}\neq\mathbf{x}_t'\boldsymbol{\theta}_0\text{ 有正概率} \tag{8.1.10}$$

由于这个logit函数$\Lambda(v)$是v的严格单调函数，故当$\mathbf{x}_t'\boldsymbol{\theta}\neq\mathbf{x}_t'\boldsymbol{\theta}_0$时我们有$\Lambda(\mathbf{x}_t'\boldsymbol{\theta})\neq\Lambda(\mathbf{x}_t'\boldsymbol{\theta}_0)$。这样一来，条件（a）即可由$\mathrm{E}(\mathbf{x}_t\mathbf{x}_t')$的非奇异性所蕴含。转过来看条件（b）（对于所有的$\boldsymbol{\theta}$，有$\mathrm{E}[|\log f(y_t|\mathbf{x}_t;\boldsymbol{\theta})|]<\infty$），容易证明：

$$|\log\Lambda(v)|\leqslant|\log\Lambda(0)|+|v| \tag{8.1.11}$$

那么条件（b）也可以以一种和验证例7.9中probit的相同条件的方法类似的方法予以验证。如此，则和在probit中一样，$\mathrm{E}(\mathbf{x}_t\mathbf{x}_t')$的非奇异性确保了logit ML是一致的。

□ 渐近正态性

为了证明在相同条件下的渐近正态性，我们验证命题7.9的条件。如果参数空间$\boldsymbol{\Theta}$取为$\mathbb{R}^p$，则该命题的条件（1）即可得到满足。条件（2）显然满足。条件（3）可以很容易地进行如下检验。由于$\mathrm{E}(y_t \mid \mathbf{x}_t)=\Lambda(\mathbf{x}_t'\boldsymbol{\theta})$，所以我们由式（8.1.7）可以得到$\mathrm{E}[\mathbf{s}(\mathbf{w}_t;\boldsymbol{\theta}_0)|\mathbf{x}_t]=\mathbf{0}$。因此，根据总期望法则有$\mathrm{E}[\mathbf{s}(\mathbf{w}_t;\ \boldsymbol{\theta}_0)]=0$。我们把推导条件信息矩阵等式的任务留作复习题1（b）：

$$\mathrm{E}[\mathbf{s}(\mathbf{w}_t;\boldsymbol{\theta}_0)\mathbf{s}(\mathbf{w}_t;\boldsymbol{\theta}_0)'|\mathbf{x}_t]=-\mathrm{E}[\mathbf{H}(\mathbf{w}_t;\boldsymbol{\theta}_0)|\mathbf{x}_t] \tag{8.1.12}$$

因此，根据总期望法则，（3）也可以得到满足。局部占优条件（条件（4））对于logit来说还是比较容易验证的，因为$|\Lambda(\mathbf{x}_t'\boldsymbol{\theta})[1-\Lambda(\mathbf{x}_t'\boldsymbol{\theta})]|<1$，所以我们有：对于所有的$\boldsymbol{\theta}$有$\|\mathbf{H}_t(\mathbf{w}_t;\boldsymbol{\theta})\|\leqslant\|\mathbf{x}_t\mathbf{x}_t'\|$。如果$\mathrm{E}(\mathbf{x}_t\mathbf{x}_t')$是非奇异的（因此也是有限的），则$\|\mathbf{x}_t\mathbf{x}_t'\|^2$（$\mathbf{x}_t\mathbf{x}_t'$的元素的平方和）的期望也是有限的。因此，$\mathrm{E}(\|\mathbf{x}_t\mathbf{x}_t'\|)$是有限的。至于条件（5），纽韦和麦克法登（Newey and McFadden，1994）的脚注29为证明probit的相同条件所使用的论证也可以很好地用于对logit的论证。②

这样一来，我们就可以得出结论：如果$\{y_t,\ \mathbf{x}_t\}$是i.i.d.的，且$\mathrm{E}(\mathbf{x}_t\mathbf{x}_t')$是非奇异的，那么$\boldsymbol{\theta}_0$的logit ML估计量$\hat{\boldsymbol{\theta}}$是一致的、渐近正态的，其渐近方差可以由下式予以一致地估计：

---

① 换言之，令$X\equiv f(y_t \mid \mathbf{x}_t;\ \boldsymbol{\theta})$，$Y\equiv f(y_t \mid \mathbf{x}_t;\ \boldsymbol{\theta})$。$X$和$Y$是随机变量，因为它们是$\mathbf{w}_t\equiv(y_t,\ \mathbf{x}_t')'$的函数。该条件可以简单地表述为对于$\boldsymbol{\theta}\neq\boldsymbol{\theta}_0$有$\mathrm{Prob}(X\neq Y)>0$。

② 这里只是对那些感兴趣的读者给出论证过程。对于任意的$\bar{v}>0$，存在一个C满足对于$|v|\leqslant\bar{v}$而言有$\Lambda(v)[1-\Lambda(v)]\geqslant C>0$。因此在矩阵不等式的意义上有$\mathrm{E}[\Lambda(\mathbf{x}'\boldsymbol{\theta})[1-\Lambda(\mathbf{x}'\boldsymbol{\theta})]\mathbf{x}\mathbf{x}']\geqslant\mathrm{E}[1(|\mathbf{x}'\boldsymbol{\theta}|\leqslant\bar{v})\Lambda(\mathbf{x}'\boldsymbol{\theta})[1-\Lambda(\mathbf{x}'\boldsymbol{\theta})]\mathbf{x}\mathbf{x}']\geqslant C\mathrm{E}[1(|\mathbf{x}'\boldsymbol{\theta}|\leqslant\bar{v})\mathbf{x}\mathbf{x}']$，其中$1(|v|\leqslant\bar{v})$是示性函数。根据$\mathrm{E}(\mathbf{x}\mathbf{x}')$的非奇异性，对于足够大的$\bar{v}$，其最后一项是正定的（不只是半正定）。

$$\widehat{\text{Avar}(\hat{\boldsymbol{\theta}})} = -\left[\frac{1}{n}\sum_{t=1}^{n}\mathbf{H}(\mathbf{w}_t;\hat{\boldsymbol{\theta}})\right]^{-1} \tag{8.1.13}$$

其中 $\mathbf{w}_t=(y_t,\ \mathbf{x}_t')'$ 和 $\mathbf{H}(\mathbf{w}_t;\ \boldsymbol{\theta})$ 由式（8.1.18）给出。

复习题

1.（对于一般的密度函数来说观测值 t 的得分向量和海塞矩阵）在式（8.1.1）中，用一般的 c. d. f. $F(\mathbf{x}_t'\boldsymbol{\theta}_0)$ 来取代 logit 累积密度函数（c. d. f.）$\Lambda(\mathbf{x}_t'\boldsymbol{\theta}_0)$。

（a）验证观测值 t 的得分向量和海塞矩阵可由下式给出：

$$\mathbf{s}(\mathbf{w}_t;\boldsymbol{\theta})=\frac{y_t-F_t}{F_t\cdot(1-F_t)}f_t\mathbf{x}_t$$

$$\mathbf{H}(\mathbf{w}_t;\boldsymbol{\theta})=-\left[\frac{y_t-F_t}{F_t\cdot(1-F_t)}\right]^2 f_t^2\mathbf{x}_t\mathbf{x}_t'+\left[\frac{y_t-F_t}{F_t\cdot(1-F_t)}\right]F_t'\mathbf{x}_t\mathbf{x}_t'$$

其中 $F_t=F(\mathbf{x}_t'\boldsymbol{\theta})$，$f_t=f(\mathbf{x}_t'\boldsymbol{\theta})$ 以及 $f(\cdot)=F'(\cdot)$ 是其密度函数。

（b）验证一般 c. d. f. F 的条件信息矩阵等式（8.1.12）。**提示：**证明前一问题中的海塞矩阵表达式中第二项的期望值为零。

2. 验证式（8.1.7）和式（8.1.8）。

3.（序列相关观测值的 logit）假设 $\{y_t,\ \mathbf{x}_t\}$ 是遍历平稳的，但不必然是 i. i. d. 的。文中所描述的 logit ML 估计量是一致的吗？[答案：是，因为相关的一致性定理、命题 7.6 并不要求一个随机样本。不过，$\text{Avar}(\hat{\boldsymbol{\theta}})$ 的表达式并不是由样本海塞矩阵的逆的相反数给出的。]

8.2 断尾回归模型

受限因变量模型（limited dependent variable（LDV）model）是这样一个回归模型：其中要么因变量 y_t 以某种方式受到约束，要么是不满足某些预设标准的 y_t 的观测值从样本中被剔除了。前一类 LDV 模型被称为**截取回归模型**（censored regression model)，后一类被称为**断尾回归模型**（truncated regression model)。本节给出断尾回归模型；下一节给出截取回归模型。

□ 模型

假定 $\{y_t,\ \mathbf{x}_t\}$ 是 i. i. d. 的，且满足：

$$y_t=\mathbf{x}_t'\boldsymbol{\beta}_0+\varepsilon_t,\varepsilon_t\,|\,\mathbf{x}_t\sim N(0,\sigma_0^2) \tag{8.2.1}$$

如果不是具备下述特征，则该模型正是具有正态误差的标准线性回归模型：只有那些满足了某一预设规则的 y_t 才被包含在该样本之内。我们只考虑最为简单的断尾规则：$y_t>c$，其中 c 是已知的常数。这一规则有时候被称为是“下断尾”（truncation from below)。一旦这种情况可以解决，那些更为一般的断尾规则就不难予以考察了。

□ 断尾分布

为了继续进行下去，我们需要来自概率论的两个结论。

一个断尾随机变量的密度：如果一个连续的随机变量 y 具有一个密度函数 $f(y)$，且 c 是一个常数，那么其经过断尾 $y>c$ 之后的分布定义在区间（c，∞）上，由下式给出：

$$f(y|y>c)=\frac{f(y)}{\text{Prob}(y>c)} \tag{8.2.2}$$

图 8-1 说明了断尾是如何改变 $N(0,1)$ 分布的。实线是 $N(0,1)$ 的密度。由于它是一个密度函数，所以该曲线下的面积是 1。虚线是断尾后的分布，它定义在区间(c，∞)上。它位于这一区间的实线之上，因此该虚线下的面积是 1。

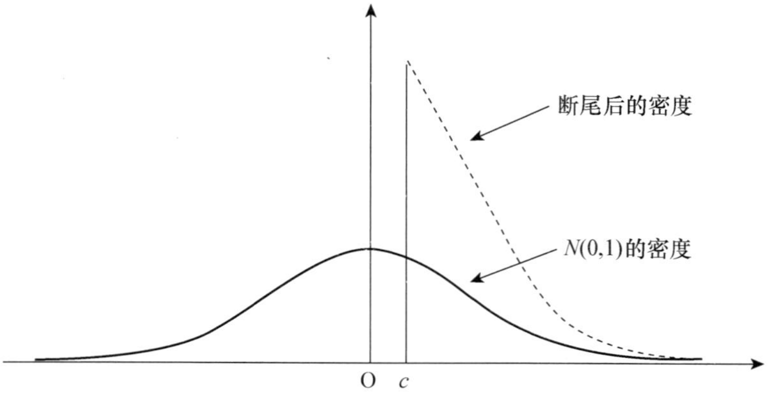

图 8-1　断尾效应

第二个结论如下。

断尾正态分布的矩：如果 $y\sim N(\mu_0,\sigma_0^2)$ 且 c 是一个常数，那么断尾分布的均值和方差是：

$$\text{E}(y|y>c)=\mu_0+\sigma_0\lambda(v) \tag{8.2.3}$$

$$\text{Var}(y|y>c)=\sigma_0^2\{1-\lambda(v)[\lambda(v)-v]\} \tag{8.2.4}$$

其中 $v=(c-\mu_0)/\sigma_0$，$\lambda(v)\equiv\dfrac{\phi(v)}{1-\Phi(v)}$。

这一均值的公式清楚地表明，抽自断尾分布的样本均值对于 μ_0 来说并不一致。这是**样本选择偏误**（sample selection bias）的一个例子。其偏误等于 $\sigma_0\lambda(v)$。这个函数 $\lambda(v)$ 被称为**逆米尔斯比率**（inverse Mill's ratio）或**风险函数**（hazard function）。函数 $\lambda(v)$ 是凸的，且随着 $v\to\infty$ 渐近于 v，随着 $v\to-\infty$ 渐近于零。因此，其导数 $\lambda'(v)$ 介于 0 和 1 之间。易于证明的是，

$$\lambda'(v)=\lambda(v)(\lambda(v)-v) \tag{8.2.5}$$

利用式（8.2.3）和式（8.2.4），我们可以表明断尾是如何改变 y_t 对 $\mathbf{x}_t$ 回归的形式的。根据式（8.2.1），在断尾之前以 $\mathbf{x}_t$ 为条件的 y_t 的分布是 $N(\mathbf{x}_t'\boldsymbol{\beta}_0,\sigma_0^2)$。当且仅当 $y_t>c$ 时，观测值 t 在该样本中。因此：

$$\text{E}(y_t|\mathbf{x}_t,t\text{ 在样本中})=\mathbf{x}_t'\boldsymbol{\beta}_0+\sigma_0\lambda\left(\frac{c-\mathbf{x}_t'\boldsymbol{\beta}_0}{\sigma_0}\right) \tag{8.2.6}$$

$$\text{Var}(y_t \mid \mathbf{x}_t, t\text{ 在样本中}) = \sigma_0^2\left\{1-\lambda\left(\frac{c-\mathbf{x}_t'\boldsymbol{\beta}_0}{\sigma_0}\right)\left[\lambda\left(\frac{c-\mathbf{x}_t'\boldsymbol{\beta}_0}{\sigma_0}\right)-\frac{c-\mathbf{x}_t'\boldsymbol{\beta}_0}{\sigma_0}\right]\right\} \tag{8.2.7}$$

这个公式表明，得自 y_t 对 $\mathbf{x}_t$ 的线性回归的 $\mathbf{x}_t$ 系数的 OLS 估计值并不一致，因为校正项 $\sigma_0\lambda\left(\frac{c-\mathbf{x}'_t\boldsymbol{\beta}_0}{\sigma_0}\right)$ 与 $\mathbf{x}_t$ 相关，在该线性回归中被包含在误差项之内。由于风险函数 $\lambda(v)$ 的函数形式是已知的（在 ε_t 的正态性假设之下），通过应用非线性最小二乘来估计（$\boldsymbol{\beta}_0$，σ_0^2），我们可以避免样本选择偏误，但极大似然应该是更受偏爱的方法，因为相对来说它更为渐近有效。

顺带提一句，我们注意到，如果选择是基于回归元而不是基于因变量的，样本选择偏误就不会发生了。假设如果 $\phi(\mathbf{x}_t)\geqslant 0$，则观测值 t 在样本中。从而，

$$\begin{aligned}\text{E}(y_t \mid \mathbf{x}_t, t\text{ 在样本中}) &= \text{E}[\mathbf{x}_t'\boldsymbol{\beta}_0+\varepsilon_t \mid \mathbf{x}_t, \phi(\mathbf{x}_t)\geqslant 0]\\ &= \mathbf{x}_t'\boldsymbol{\beta}_0+\text{E}[\varepsilon_t \mid \mathbf{x}_t, \phi(\mathbf{x}_t)\geqslant 0]\\ &= \mathbf{x}_t'\boldsymbol{\beta}_0\end{aligned} \tag{8.2.8}$$

因为如果 $\phi(\mathbf{x}_t)\geqslant 0$，则有 $\text{E}[\varepsilon_t \mid \mathbf{x}_t,\ \phi(\mathbf{x}_t)\geqslant 0]=\text{E}(\varepsilon_t \mid \mathbf{x}_t)=0$，故而最后一个等式成立。

□ 似然函数

推导似然函数利用了式（8.2.2）。正如此前所提及的那样，$y_t \mid \mathbf{x}_t$ 的断尾前分布为 $N(\mathbf{x}_t'\boldsymbol{\beta}_0,\ \sigma_0^2)$，其密度函数为：

$$\frac{1}{\sqrt{2\pi\sigma_0^2}}\exp\left[-\frac{1}{2}\left(\frac{y_t-\mathbf{x}_t'\boldsymbol{\beta}_0}{\sigma_0}\right)^2\right]=\frac{1}{\sigma_0}\phi\left(\frac{y_t-\mathbf{x}_t'\boldsymbol{\beta}_0}{\sigma_0}\right) \tag{8.2.9}$$

其中 $\phi(\cdot)$ 是 $N(0,\ 1)$ 的密度。观测值 t 在样本中的概率由下式给出：

$$\begin{aligned}\text{Prob}(y_t>c \mid \mathbf{x}_t) &= 1-\text{Prob}(y_t\leqslant c \mid \mathbf{x}_t)\\ &= 1-\text{Prob}\left(\frac{y_t-\mathbf{x}_t'\boldsymbol{\beta}_0}{\sigma_0}\leqslant\frac{c-\mathbf{x}_t'\boldsymbol{\beta}_0}{\sigma_0}\,\middle|\,\mathbf{x}_t\right)\\ &= 1-\Phi\left(\frac{c-\mathbf{x}_t'\boldsymbol{\beta}_0}{\sigma_0}\right)\quad\left(\text{因为}\frac{y_t-\mathbf{x}_t'\boldsymbol{\beta}_0}{\sigma_0}\,\middle|\,\mathbf{x}_t\sim N(0,1)\right)\end{aligned} \tag{8.2.10}$$

因此，根据式（8.2.2），定义在（c，∞）上断尾后的密度函数为：

$$f(y_t \mid \mathbf{x}_t, t\text{ 在样本中};\boldsymbol{\beta}_0,\sigma_0^2)=\frac{\frac{1}{\sigma_0}\phi\left(\frac{y_t-\mathbf{x}_t'\boldsymbol{\beta}_0}{\sigma_0}\right)}{1-\Phi\left(\frac{c-\mathbf{x}_t'\boldsymbol{\beta}_0}{\sigma_0}\right)} \tag{8.2.11}$$

这是观测值 t 在该样本中的（以 $\mathbf{x}_t$ 为条件的）密度函数。取对数，并用它们的假定值（$\boldsymbol{\beta}$，σ^2）取代（$\boldsymbol{\beta}_0$，σ_0^2），我们可以得到观测值 t 的对数条件似然：

$$\begin{aligned}\log f(y_t \mid \mathbf{x}_t;\boldsymbol{\beta},\sigma^2) &= \left\{-\frac{1}{2}\log(2\pi)-\frac{1}{2}\log(\sigma^2)-\frac{1}{2}\left(\frac{y_t-\mathbf{x}_t'\boldsymbol{\beta}}{\sigma}\right)^2\right\}\\ &\quad -\log\left[1-\Phi\left(\frac{c-\mathbf{x}_t'\boldsymbol{\beta}}{\sigma}\right)\right]\end{aligned} \tag{8.2.12}$$

如果没有最后一项，这就会是一般的线性回归模型的（以 $\mathbf{x}_t$ 为条件的）对数似然。由于观测值 t 的因变量的值通过了检验 $y_t>c$，因此在样本中，绝对不会小于或等于 c，所以最后一项是需要的。

□ 似然函数的重新参数化

如果我们引入如下重新参数化，则这一对数似然函数更容易进行分析：

$$\boldsymbol{\delta}=\boldsymbol{\beta}/\sigma,\ \gamma=1/\sigma \tag{8.2.13}$$

（在例 7.7 的线性回归模型中，我们已经考虑过这一重新参数化。）这是（$\boldsymbol{\beta}$，σ^2）和（$\boldsymbol{\delta}$，γ）之间的一一映射，其中逆映射由 $\boldsymbol{\beta}=\boldsymbol{\delta}/\gamma$，$\sigma^2=1/\gamma^2$ 给出。这个重新参数化了的对数条件似然为：

$$\begin{aligned}\log\widetilde{f}(y_t\mid\mathbf{x}_t;\boldsymbol{\lambda})=&\left[-\frac{1}{2}\log(2\pi)+\log(\gamma)-\frac{1}{2}(\gamma y_t-\mathbf{x}_t'\boldsymbol{\delta})^2\right]\\&-\log[1-\Phi(\gamma c-\mathbf{x}_t'\boldsymbol{\delta})]\end{aligned} \tag{8.2.14}$$

在 ML 估计中目标函数是 $1/n$ 乘以样本的对数似然。对于一个随机样本来说，该样本的对数似然是观测值 t 的对数似然在 t 上的加和。从而，重新参数化断尾回归模型的 ML 估计中的目标函数（用 $\widetilde{Q}_n$（$\boldsymbol{\delta}$，γ）表示）就是式（8.2.14）在 t 上的平均值。（$\boldsymbol{\delta}_0$，γ_0）的 ML 估计量（$\hat{\boldsymbol{\delta}}$，$\hat{\gamma}$）是最大化了此目标函数的（$\boldsymbol{\delta}$，$\gamma$）。

□ 验证一致性和渐近正态性

下一个任务就是推导得分向量和海塞矩阵，并且检查重新参数化对数似然式（8.2.14）的渐近正态性和一致性的条件。（首次阅读时，你可能希望略过这些关于一致性和渐近正态性的讨论。）

□ 观测值 t 的得分向量和海塞矩阵

经过一段冗长的计算可以得到：

$$\underset{((K+1)\times 1)}{s(\mathbf{w}_t;\boldsymbol{\delta},\gamma)}=\begin{bmatrix}(\gamma y_t-\mathbf{x}_t'\boldsymbol{\delta})\mathbf{x}_t\\ \dfrac{1}{\gamma}-(\gamma y_t-\mathbf{x}_t'\boldsymbol{\delta})y_t\end{bmatrix}+\lambda(v_t)\begin{bmatrix}-\mathbf{x}_t\\ c\end{bmatrix} \tag{8.2.15}$$

$$\underset{((K+1)\times(K+1))}{\mathbf{H}(\mathbf{w}_t;\boldsymbol{\delta},\gamma)}=-\begin{bmatrix}\mathbf{x}_t\mathbf{x}_t' & -y_t\mathbf{x}_t\\ -y_t\mathbf{x}_t' & \dfrac{1}{\gamma^2}+y_t^2\end{bmatrix}+\lambda(v_t)[\lambda(v_t)-v_t]\begin{bmatrix}\mathbf{x}_t\mathbf{x}_t' & -c\mathbf{x}_t\\ -c\mathbf{x}_t' & c^2\end{bmatrix} \tag{8.2.16}$$

其中 K 是回归元的数量，$\mathbf{w}_t=(y_t,\ \mathbf{x}_t')'$，$v_t=\gamma c-\mathbf{x}_t'\boldsymbol{\delta}\left(=\dfrac{c-\mathbf{x}_t'\boldsymbol{\beta}}{\sigma}\right)$。其海塞矩阵即便在重新参数化之后也不是处处半负定的。因此，目标函数 $\widetilde{Q}_n$（$\boldsymbol{\delta}$，γ）不是凹的。① 所以，

① 然而，可以证明的是，目标函数 $Q_n(\boldsymbol{\theta})$ 的海塞矩阵在这些似然方程的任何解上都是半负定的（参看 Orme（1989））。由于这排除了任何鞍点或局部最小值，所以有超过两个的局部最大值是不可能的。因此，只要 $\widetilde{Q}_n$（$\boldsymbol{\delta}$，γ）的最大值在参数空间的内点上出现，一阶条件就是全局最大值的充要条件。如果诸如牛顿-拉夫森程序的算法收敛，收敛的点就是全局最大值点。

相关的一致性定理为命题 7.5 而非命题 7.6，而相关的渐近正态定理仍然是命题 7.9。

□ 一致性

命题 7.5 的条件（a）是（条件）密度识别函数：

对于$(\boldsymbol{\delta},\gamma)\neq(\boldsymbol{\delta}_0,\gamma_0)$，$\tilde{f}(y_t|\mathbf{x}_t;\boldsymbol{\delta},\gamma)\neq\tilde{f}(y_t|\mathbf{x}_t;\boldsymbol{\delta}_0,\gamma_0)$具有正的概率

其中（$\boldsymbol{\delta}_0$，γ_0）是真实参数值，而参数化对数密度函数 $\tilde{f}$（y_t | $\mathbf{x}_t$；$\boldsymbol{\delta}$，γ）由式（8.2.14）给出。显然，给定（y_t，$\mathbf{x}_t$），对于不同的γ值，$\tilde{f}$（y_t | $\mathbf{x}_t$；$\boldsymbol{\delta}$，γ）的值是不同的。因此，识别条件可以归结为对于 $\boldsymbol{\delta}\neq\boldsymbol{\delta}_0$ 而言 $\mathbf{x}_t'\boldsymbol{\delta}\neq\mathbf{x}_t'\boldsymbol{\delta}_0$ 具有正的概率。而式（8.1.10）表明，如果 $\mathrm{E}(\mathbf{x}_t\mathbf{x}_t')$ 非奇异，则这一条件可以得到满足。现在来看该命题的条件（b）（$\tilde{f}$（y_t | $\mathbf{x}_t$；$\boldsymbol{\delta}$，γ）的占优条件），易于证明的是，在 $\mathrm{E}(\mathbf{x}_t\mathbf{x}_t')$ 非奇异的情况下，这一条件是可以满足的。① 因此，（$\boldsymbol{\delta}_0$，γ_0）的 ML 估计量（$\hat{\boldsymbol{\delta}}$，$\hat{\gamma}$）在 $\mathrm{E}(\mathbf{x}_t\mathbf{x}_t')$ 非奇异的条件下是一致的。

□ 渐近正态性

利用式（8.2.6）、式（8.2.7）和式（8.2.13）所做的一个更为繁冗的计算表明，$\mathrm{E}[\mathbf{s}\,|\mathbf{x}_t]=\mathbf{0}$。经过一段非常繁冗的计算，可以得到条件信息矩阵等式：$\mathrm{E}[\mathbf{s}\mathbf{s}'\,|\,\mathbf{x}_t]=-\mathrm{E}[\mathbf{H}|\mathbf{x}_t]$。因此，命题 7.9 的条件（3）可以得到满足，我们不再来讨论该命题的条件（4）和（5）的验证。②

这样一来，我们可以得出结论：如果 {y_t，$\mathbf{x}_t$} 是 i. i. d. 的，且 $\mathrm{E}(\mathbf{x}_t\mathbf{x}_t')$ 是非奇异的，那么断尾回归模型的 ML 估计量（$\hat{\boldsymbol{\delta}}$，$\hat{\gamma}$）是一致和渐近正态的，其渐近方差可以由下式予以一致性地估计：

$$\widehat{\mathrm{Avar}(\hat{\boldsymbol{\delta}},\hat{\gamma})}=-\left[\frac{1}{n}\sum_{t=1}^{n}\mathbf{H}(\mathbf{w}_t;\hat{\boldsymbol{\delta}},\hat{\gamma})\right]^{-1} \tag{8.2.17}$$

其中 $\mathbf{w}_t=(y_t,\ \mathbf{x}_t')'$和 $\mathbf{H}(\mathbf{w}_t;\ \boldsymbol{\theta})$ 由式（8.2.16）给出。

□ 复原原参数

根据 ML 的恒定性质（参看 7.1 节），可知（$\boldsymbol{\beta}_0$，σ_0^2）的 ML 估计值是 $\hat{\boldsymbol{\beta}}=\hat{\boldsymbol{\delta}}/\hat{\gamma}$ 和 $\hat{\sigma}^2=1/\hat{\gamma}^2$，这是其逆映射的值。显然，如果重新参数化模型的 ML 估计值（$\hat{\boldsymbol{\delta}}$，$\hat{\gamma}$）是一致的，那么经过复原的（$\hat{\boldsymbol{\beta}}$，$\hat{\sigma}^2$）的 ML 估计值也是一致的。（$\hat{\boldsymbol{\beta}}$，$\hat{\sigma}^2$）的渐近方差$\hat{\mathbf{J}}\,\widehat{\mathrm{Avar}(\hat{\delta},\ \hat{\gamma})}\,\hat{\mathbf{J}}'$可以通过 delta 方法（参看引理 2.5）得到，其中 $\hat{\mathbf{J}}$ 是该逆映射

---

① 接下来这段内容只给那些有兴趣的读者准备，还需要证明的是 $\mathrm{E}[\sup_{\boldsymbol{\theta}\in\Theta}|\log\tilde{f}(y_t|\mathbf{x}_t;\boldsymbol{\theta})]<\infty$，其中 $\boldsymbol{\theta}=(\boldsymbol{\delta}',\ \gamma)'$，且$\Theta$是一个紧集。例 7.8 中的论证的一个扩展表明，对于式（8.2.14）中括号里的项有一个占优函数。不等式（7.2.14）可以用来证明，$\log[1-\Phi(c\gamma-\mathbf{x}_t'\boldsymbol{\delta})]$ 有一个占优函数。

② 验证条件（4）和（5）似乎还没有见诸发表的文献。对于 {$\mathbf{x}_t$} 是一个固定常数序列的情形，萨普拉（Sapra，1992）证明了在假设 $\mathbf{x}_t$ 有界且 $\lim_{n\to\infty}\frac{1}{n}\sum_{t=1}^{n}\mathbf{x}_t\mathbf{x}_t'$ 非奇异的情况下的渐近正态性。（他的证明是给序列相关观测值的更为常见的情况准备的。）这样推断似乎也是合理的：对于 $\mathbf{x}_t$ 随机（就像这里）的情况，一致性和渐近正态性的充分条件是 $\mathrm{E}(\mathbf{x}_t\mathbf{x}_t')$ 非奇异。

($\boldsymbol{\beta}=\boldsymbol{\delta}/\gamma$，$\sigma^2=1/\gamma^2$）的雅可比矩阵在（$\hat{\boldsymbol{\delta}}$，$\hat{\gamma}$）处的估计值：

$$\hat{\mathbf{J}}=\begin{bmatrix}\frac{1}{\hat{\gamma}}\mathbf{I} & -\frac{\hat{\boldsymbol{\delta}}}{\hat{\gamma}^2}\\ \mathbf{0}' & -\frac{2}{\hat{\gamma}^3}\end{bmatrix} \tag{8.2.18}$$

复习题

1.（y_t 的二阶矩）由式（8.2.6）和式（8.2.7），可以推导出：

$$\mathrm{E}(y_t^2\mid\mathbf{x}_t,t\text{ 在样本中})=\frac{1}{\gamma^2}[1+\lambda(v_t)\gamma c+(\mathbf{x}_t'\boldsymbol{\delta})^2+\lambda(v_t)\mathbf{x}_t'\boldsymbol{\delta}]$$

其中 $v_t\equiv\gamma c-\mathbf{x}_t'\boldsymbol{\delta}$。

2.（根据 GMM 对断尾回归模型的估计）断尾回归模型也可以由 GMM 估计。我们来看下面这 $K+1$ 个正交条件。它们中的前 K 个为：

$$\underset{(K\times1)}{\mathbf{g}_1}(\mathbf{w}_t;\boldsymbol{\delta},\gamma)=\left(y_t-\frac{1}{\gamma}\mathbf{x}_t'\boldsymbol{\delta}-\frac{\lambda(v_t)}{\gamma}\right)\cdot\mathbf{x}_t \tag{8.2.19}$$

其中 $\mathbf{w}_t=(y_t,\ \mathbf{x}_t')'$，$v_t=\gamma c-\mathbf{x}_t'\boldsymbol{\delta}$。第（$K+1$）个正交条件为：

$$g_2(\mathbf{w}_t;\boldsymbol{\delta},\gamma)=y_t^2-\frac{1}{\gamma^2}[1+\lambda(v_t)\gamma c+(\mathbf{x}_t'\boldsymbol{\delta})^2+\lambda(v_t)\mathbf{x}_t'\boldsymbol{\delta}] \tag{8.2.20}$$

（a）验证 $\mathrm{E}[\mathbf{g}_1(\mathbf{w}_t;\ \boldsymbol{\delta}_0,\ \gamma_0)]=\mathbf{0}$ 和 $\mathrm{E}[g_2(\mathbf{w}_t;\ \boldsymbol{\delta}_0,\ \gamma_0)]=0$。**提示：**利用总期望法则。$v_t$ 是 $\mathbf{x}_t$ 的一个函数。

（b）证明：当且仅当（$\boldsymbol{\delta}^*$，γ^*）满足这 $K+1$ 个正交条件时，它才满足那些似然方程。**提示：**令 $s_2(\mathbf{w}_t;\ \boldsymbol{\delta},\ \gamma)$ 为式（8.2.15）中 $\mathbf{s}(\mathbf{w}_t;\ \boldsymbol{\delta},\ \gamma)$ 的第（$K+1$）个元素。那么：

$$s_2(\mathbf{w}_t;\boldsymbol{\delta},\gamma)+\gamma g_2(\mathbf{w}_t;\boldsymbol{\delta},\gamma)=(\mathbf{x}_t'\boldsymbol{\delta})\left(y_t-\frac{1}{\gamma}\mathbf{x}_t'\boldsymbol{\delta}-\frac{\lambda(v_t)}{\gamma}\right)$$

8.3 截取回归（Tobit）模型

截取回归模型又被称为 **Tobit 模型**（Tobit model），这是为了纪念托宾（Tobin，1958），他首次将截取引入了经济学。最简单的 Tobit 模型可以写出如下：

$$y_t^*=\mathbf{x}_t'\boldsymbol{\beta}_0+\varepsilon_t,\ t=1,2,\cdots,n \tag{8.3.1}$$

$$y_t=\begin{cases}y_t^*, & \text{如果 } y_t^*>c\\ c, & \text{如果 } y_t^*\leqslant c\end{cases} \tag{8.3.2}$$

这里，$\varepsilon_t\mid\mathbf{x}_t$ 服从 $N(0,\ \sigma_0^2)$，$\{y_t,\ \mathbf{x}_t\}$（$t=1,\ 2,\ \cdots,\ n$）是 i. i. d. 的。阈值 c 是已知的。和断尾回归模型不同的是，这里没有断尾：因变量 y_t^* 的值无法通过 $y^*_t>c$ 检验的观测值在样本之内。将截取回归模型与一般的回归模型相区分的特征在于，因变量是截取的，即它被限制在某一个值域之内，这使得有必要在可观测的因变量 y_t 和不可观测或潜在的变量 y_t^* 之间进行区分。前者是后者的截取值。有一种等价的方法可以写出这一模型：

$$y_t = \max\{\mathbf{x}_t'\boldsymbol{\beta}_0 + \varepsilon_t, c\} \tag{8.3.3}$$

□ Tobit 似然函数

对于那些在截取之后仍然保持完整的观测值托宾（Tobin，1958）称之为**非极限观测值**（nonlimit observations)），y_t（以 $\mathbf{x}_t$ 为条件的）密度为：

$$\frac{1}{\sigma_0}\phi\left(\frac{y_t - \mathbf{x}_t'\boldsymbol{\beta}_0}{\sigma_0}\right) \tag{8.3.4}$$

这与断尾模型（8.2.11）的密度函数有差异，这仅仅是因为不存在断尾。对于那些所谓的**极限观测值**（limit observations），由于其因变量的值会因截取而改变，所以，我们所知道的一切仅为 $y_t^* \leqslant c$，它的概率由下式给出：

$$\begin{aligned}\text{Prob}(y_t^* \leqslant c \mid \mathbf{x}_t) &= \text{Prob}\left(\frac{y_t^* - \mathbf{x}_t'\boldsymbol{\beta}_0}{\sigma_0} \leqslant \frac{c - \mathbf{x}_t'\boldsymbol{\beta}_0}{\sigma_0} \middle| x_t\right) \\ &= \Phi\left(\frac{c - \mathbf{x}_t'\boldsymbol{\beta}_0}{\sigma_0}\right)\left(\text{因为}\frac{y_t^* - \mathbf{x}_t'\boldsymbol{\beta}_0}{\sigma_0} \middle| \mathbf{x}_t \sim N(0,1)\right)\end{aligned} \tag{8.3.5}$$

因此，定义在区间［c，∞）上的 y_t 的密度函数，对于 $y_t > c$ 来说是式（8.3.4)，在 $y_t = c$ 处的概率为 $\Phi\left(\frac{c - \mathbf{x}_t'\boldsymbol{\beta}_0}{\sigma_0}\right)$。这一密度函数可以写为：

$$\left[\frac{1}{\sigma_0}\phi\left(\frac{y_t - \mathbf{x}_t'\boldsymbol{\beta}_0}{\sigma_0}\right)\right]^{1-D_t} \times \left[\Phi\left(\frac{c - \mathbf{x}_t'\boldsymbol{\beta}_0}{\sigma_0}\right)\right]^{D_t} \tag{8.3.6}$$

其中虚拟变量 D_t 是 y_t 的函数，定义如下：

$$D_t = \begin{cases} 0, & \text{如果 } y_t > c (\text{即 } y_t^* > c) \\ 1, & \text{如果 } y_t = c (\text{即 } y_t^* \leqslant c) \end{cases} \tag{8.3.7}$$

取对数并用其假定值（$\boldsymbol{\beta}$，σ^2）代替（$\boldsymbol{\beta}_0$，σ_0^2)，我们可以得到观测值 t 的条件似然函数：

$$\log f(y_t \mid \mathbf{x}_t; \boldsymbol{\beta}, \sigma^2) = (1 - D_t)\log\left[\frac{1}{\sigma}\phi\left(\frac{y_t - \mathbf{x}_t'\boldsymbol{\beta}}{\sigma}\right)\right] + D_t \log\Phi\left(\frac{c - \mathbf{x}_t'\boldsymbol{\beta}}{\sigma}\right) \tag{8.3.8}$$

从而，随机样本的 Tobit 平均对数似然函数可以写为：

$$\begin{aligned} Q_n(\boldsymbol{\theta}) &= \frac{1}{n}\sum_{t=1}^{n}\left\{(1 - D_t)\log\left[\frac{1}{\sigma}\phi\left(\frac{y_t - \mathbf{x}_t'\boldsymbol{\beta}}{\sigma}\right)\right] + D_t\log\Phi\left(\frac{c - \mathbf{x}_t'\boldsymbol{\beta}}{\sigma}\right)\right\} \\ &= \frac{1}{n}\sum_{y_t > c}\left\{\log\left[\frac{1}{\sigma}\phi\left(\frac{y_t - \mathbf{x}_t'\boldsymbol{\beta}}{\sigma}\right)\right]\right\} + \frac{1}{n}\sum_{y=c}\left\{\log\Phi\left(\frac{c - \mathbf{x}_t'\boldsymbol{\beta}}{\sigma}\right)\right\} \end{aligned} \tag{8.3.9}$$

□ 重新参数化

正如在断尾回归模型中那样，如果我们引入重新参数化式（8.2.13)，就可以大大简化讨论。重新参数化对数条件似然函数为：

$$\begin{aligned}\log\tilde{f}(y_t \mid \mathbf{x}_t; \boldsymbol{\delta}, \gamma) = (1 - D_t)&\left\{-\frac{1}{2}\log(2\pi) + \log(\gamma) - \frac{1}{2}(\gamma y_t - \mathbf{x}_t'\boldsymbol{\delta})^2\right\} \\ &+ D_t \log\Phi(\gamma c - \mathbf{x}_t'\boldsymbol{\delta})\end{aligned} \tag{8.3.10}$$

第 8 章

极大似然方法范例

我们已经看到，括号中的项在（$\boldsymbol{\delta}$，γ）上是凹的（参看例 7.7）。我们还看到，$\log\Phi(v)$ 也是凹的（参看例 7.6），这表明 $\log\Phi(\gamma c-\mathbf{x}_t'\boldsymbol{\delta})$ 在（$\boldsymbol{\delta}$，γ）上是凹的。可以得出的是，观测值 t 的重新参数化 Tobit 平均对数似然函数作为两个凹函数的非负加权平均，在这些参数上是凹的（这一发现要归功于 Olsen（1978））。相应地，与 probit 和 logit 中一样，对于 Tobit 来说相关的一致性定理是命题 7.6。

余下的任务就是写出得分向量和海塞矩阵，并检查重新参数化对数似然函数式（8.3.10）的一致性和渐近正态性的条件。

□ 观测值 t 的得分向量和海塞矩阵

利用 $\lambda(-v)=\dfrac{\phi(-v)}{1-\Phi(-v)}=\dfrac{\phi(v)}{\Phi(v)}$ 和式（8.2.5）直接计算可以得到：

$$\underset{((K+1)\times 1)}{\mathbf{s}(\mathbf{w}_t;\boldsymbol{\delta},\gamma)}=(1-D_t)\cdot\begin{bmatrix}(\gamma y_t-\mathbf{x}_t'\boldsymbol{\delta})x_t\\ \dfrac{1}{\gamma}-(\gamma y_t-\mathbf{x}_t'\boldsymbol{\delta})y_t\end{bmatrix}+D_t\cdot\lambda(-v_t)\begin{bmatrix}-\mathbf{x}_t\\ c\end{bmatrix} \tag{8.3.11}$$

$$\begin{aligned}\underset{((K+1)\times(K+1))}{\mathbf{H}(\mathbf{w}_t;\boldsymbol{\delta},\gamma)}&=-(1-D_t)\cdot\begin{bmatrix}\mathbf{x}_t\mathbf{x}_t' & -y_t\mathbf{x}_t\\ -y_t\mathbf{x}_t' & \dfrac{1}{\gamma^2}+y_t^2\end{bmatrix}\\&\quad-D_t\cdot\lambda(-v_t)[\lambda(-v_t)+v_t]\begin{bmatrix}\mathbf{x}_t\mathbf{x}_t' & -c\mathbf{x}_t\\ -c\mathbf{x}_t' & c^2\end{bmatrix}\end{aligned} \tag{8.3.12}$$

其中 $v_t\equiv\gamma c-\mathbf{x}_t'\boldsymbol{\delta}\left(=\dfrac{c-\mathbf{x}_t'\boldsymbol{\beta}}{\sigma}\right)$。

□ 一致性和渐近正态性

对于 Tobit，我们不验证一致性和渐近正态性的条件。就其中 $\{\mathbf{x}_t\}$ 取固定常数序列的情况而言，Amemiya（1973）已经证明了在 $\mathbf{x}_t$ 有界且 $\lim\dfrac{1}{n}\sum_{t=1}^{n}\mathbf{x}_t\mathbf{x}_t'$ 非奇异的假设下 Tobit ML 的一致性和渐近正态性。对于 $\mathbf{x}_t$ 随机的情况（就像这里），认为一致性和渐近正态性的一个充分条件是 $\mathrm{E}(\mathbf{x}_t\mathbf{x}_t')$ 的非奇异性，似乎是比较合理的。

□ 复原原参数

正如在断尾回归模型中那样，($\boldsymbol{\beta}_0$，σ_0^2）的 ML 估计值可以复原为 $\hat{\boldsymbol{\beta}}=\hat{\boldsymbol{\delta}}/\hat{\gamma}$ 和 $\hat{\sigma}^2=1/\hat{\gamma}^2$。($\hat{\boldsymbol{\beta}}$，$\hat{\sigma}^2$）的渐近方差可以 delta 方法取为 $\hat{\mathbf{J}}\,\widehat{\mathrm{Avar}(\hat{\boldsymbol{\delta}},\hat{\gamma})}\,\hat{\mathbf{J}}'$，其中 $\hat{\mathbf{J}}$ 如式（8.2.18）中所示，$\widehat{\mathrm{Avar}(\hat{\boldsymbol{\delta}},\hat{\gamma})}$ 为 $-\left[\dfrac{1}{n}\sum_{t=1}^{n}\mathbf{H}(\mathbf{w}_t;\hat{\boldsymbol{\delta}},\hat{\gamma})\right]^{-1}$。

复习题

1.（截取与断尾回归）找出断尾和截取之间差别的一种方法是计算截取回归模型的 $\mathrm{E}(y_t\mid\mathbf{x}_t)$。证明：

$$\mathrm{E}(y_t \mid \mathbf{x}_t)=\left[1-\Phi\left(\frac{c-\mathbf{x}_t'\boldsymbol{\beta}_0}{\sigma_0}\right)\right]\times\left[\mathbf{x}_t'\boldsymbol{\beta}_0+\sigma_0\lambda\left(\frac{c-\mathbf{x}_t'\boldsymbol{\beta}_0}{\sigma_0}\right)\right]+\Phi\left(\frac{c-\mathbf{x}_t'\boldsymbol{\beta}_0}{\sigma_0}\right)c$$

提示：以 $y_t>c$ 为条件，y_t（以 $\mathbf{x}_t$ 为条件）的分布正是前一节推导出的断尾分布，其期望由式（8.2.6）给出。$y_t>c$ 的概率由式（8.2.10）给出。

2. 证明：式（8.3.12）给出的海塞矩阵是半负定的。提示：

$$\begin{bmatrix}\mathbf{x}_t\mathbf{x}_t' & -y_t\mathbf{x}_t\\ -y_t\mathbf{x}_t' & \frac{1}{\gamma^2}+y_t^2\end{bmatrix}=\begin{bmatrix}\mathbf{x}_t\\ -y_t\end{bmatrix}[\mathbf{x}_t' \quad -y_t]+\begin{bmatrix}\mathbf{0} & \mathbf{0}\\ \mathbf{0}' & \frac{1}{\gamma^2}\end{bmatrix}$$

$$\begin{bmatrix}\mathbf{x}_t\mathbf{x}_t' & -c\mathbf{x}_t\\ -c\mathbf{x}_t' & c^2\end{bmatrix}=\begin{bmatrix}\mathbf{x}_t\\ -c\end{bmatrix}[\mathbf{x}_t' \quad -c]$$

并且对于所有的 v 有 $\lambda(v)\geqslant v$（即对于所有的 $-v$ 有 $\lambda(-v)+v\geqslant 0$）。

3.（序列相关观测值的 Tobit）假设 $\{y_t, \mathbf{x}_t\}$ 是遍历平稳的，但不一定是 i. i. d. 的。文中所描述的 Tobit ML 估计量是一致的吗？[答案：是。]

8.4 多元回归

在 1.5 节以及在第 7 章的例 7.2 中，我们指出，线性回归模型的 OLS 估计量在数值上与不具有正态误差项的同一模型的 ML 估计量是相同的。我们已经在第 3 章中推导了具有内生回归元的单方程模型的 GMM 估计量，在第 4 章给出了它们的多方程版本，但是我们没有指出那些模型的 ML 估计量到底是什么。在本节以及下一节，我们要推导对应的 ML。本节研究了多元回归模型的 ML 估计，它是最为简单的多元模型。

□ 重新表述多元回归模型

假设 4.1～假设 4.5 和假设 4.7 描述了多元回归模型，其中对于所有的 $m=1, 2, \cdots, M$ 有 $\mathbf{z}_{tm}=\mathbf{x}_{tm}=\mathbf{x}_t$。为了改变第 4 章的符号，$M$ 个方程的方程组可以写为：

$$y_{tm}=\underset{(1\times K)}{\mathbf{x}_t'}\underset{(K\times 1)}{\pi_{0m}}+v_{tm}\,(m=1,2,\cdots,M;\ t=1,2,\cdots,n) \tag{8.4.1}$$

这里，我们保留了用下标 0 表示真实参数向量的习惯。如果我们定义：

$$\underset{(M\times 1)}{\mathbf{y}_t}=\begin{bmatrix}y_{t1}\\ y_{t2}\\ \vdots\\ y_{tM}\end{bmatrix},\ \underset{(M\times 1)}{\mathbf{v}_t}=\begin{bmatrix}v_{t1}\\ v_{t2}\\ \vdots\\ v_{tM}\end{bmatrix},\ \underset{(K\times M)}{\mathbf{\Pi}_0}=[\boldsymbol{\pi}_{01}\quad \boldsymbol{\pi}_{02}\quad \cdots\quad \boldsymbol{\pi}_{0M}]$$

那么，这 M 个方程的方程组可以写为：

$$\mathbf{y}_t=\mathbf{\Pi}_0'\mathbf{x}_t+\mathbf{v}_t\,(t=1,2,\cdots,n) \tag{8.4.3}$$

该模型具有以下特征：

- $\{y_t, \mathbf{x}_t\}$ 是遍历平稳的（假设 4.2）。
- 共同回归元 $\mathbf{x}_t$ 是前定的，因为对于所有的 m 有 $\mathrm{E}(\mathbf{x}_t\cdot v_{tm})=\mathbf{0}$（假设 4.3）。
- 识别的秩条件（假设 4.4）简化为我们熟悉的 $\mathrm{E}(\mathbf{x}_t\mathbf{x}_t')$ 非奇异这个条件。

● 误差向量是条件同方差的，因为 $\mathrm{E}(\mathbf{v}_t\mathbf{v}_t' \mid \mathbf{x}_t)=\mathbf{\Omega}_0$，且 $\mathbf{\Omega}_0$ 是正定的（假设 4.7）。

$\boldsymbol{\pi}_{0m}$ 的 GMM 估计量是 OLS 估计量：

$$\hat{\pi}_m=\left(\frac{1}{n}\sum_{t=1}^{n}\mathbf{x}_t\mathbf{x}_t'\right)^{-1}\left(\frac{1}{n}\sum_{t=1}^{n}\mathbf{x}_t\cdot y_{tm}\right) \tag{8.4.4}$$

因此 $\mathbf{\Pi}_0$ 的 GMM（OLS）估计值由下式给出：

$$\underset{(K\times M)}{\hat{\mathbf{\Pi}}}=\left(\frac{1}{n}\underset{(K\times K)}{\sum_{t=1}^{n}}\mathbf{x}_t\mathbf{x}_t'\right)^{-1}\left(\frac{1}{n}\underset{(K\times K)}{\sum_{t=1}^{n}}\mathbf{x}_t\mathbf{y}_t'\right) \tag{8.4.5}$$

□ 似然函数

这个模型对于 ML 估计来说仍有些不太适合的特殊之处。我们再附加一些假设：(1) $\mathbf{v}_t \mid \mathbf{x}_t \sim N(\mathbf{0},\mathbf{\Omega}_0)$，(2) $\{\mathbf{y}_t,\mathbf{x}_t\}$ 是 i. i. d. 的（这个假设强化了假设 4.2 和假设 4.5）。

具有正态性假设（1）的多元回归模型表明，$\mathrm{y}_t \mid \mathbf{x}_t \sim N(\mathbf{\Pi}_0'\mathbf{x}_t,\mathbf{\Omega}_0)$。这个多元正态分布的密度函数为：

$$(2\pi)^{-M/2}|\mathbf{\Omega}_0|^{-1/2}\exp\left[-\frac{1}{2}(\mathbf{y}_t-\mathbf{\Pi}_0'\mathbf{x}_t)'\mathbf{\Omega}_0^{-1}(y_t-\mathbf{\Pi}_0'\mathbf{x}_t)\right] \tag{8.4.6}$$

用假定的参数值（$\mathbf{\Pi}$，$\mathbf{\Omega}$）来取代真实参数值（$\mathbf{\Pi}_0$，$\mathbf{\Omega}_0$），并取对数，我们可以得到观测值 t 的对数条件似然：

$$\log f(\mathbf{y}_t|\mathbf{x}_t;\mathbf{\Pi},\mathbf{\Omega})=-\frac{M}{2}\log(2\pi)+\frac{1}{2}\log(|\mathbf{\Omega}^{-1}|)-\frac{1}{2}(\mathbf{y}_t-\mathbf{\Pi}'\mathbf{x}_t)'\mathbf{\Omega}^{-1}(\mathbf{y}_t-\mathbf{\Pi}'\mathbf{x}_t) \tag{8.4.7}$$

这里利用了 $-\log(|\mathbf{\Omega}|)=\log(|\mathbf{\Omega}^{-1}|)$ 这一条件。

对于一个随机样本来说，$1/n$ 乘以该样本的对数条件似然函数就是观测值 t 的对数条件似然函数在 t 上的平均值。因此，其目标函数 $Q_n(\mathbf{\Pi},\mathbf{\Omega})$ 为：

$$Q_n(\mathbf{\Pi},\mathbf{\Omega})=-\frac{M}{2}\log(2\pi)+\frac{1}{2}\log(|\mathbf{\Omega}^{-1}|)-\frac{1}{2n}\sum_{t=1}^{n}(\mathbf{y}_t-\mathbf{\Pi}'\mathbf{x}_t)'\mathbf{\Omega}^{-1}(\mathbf{y}_t-\mathbf{\Pi}'\mathbf{x}_t) \tag{8.4.8}$$

我们把证明最后一项可以写为下式的任务留作复习题 2：

$$\frac{1}{2n}\sum_{t=1}^{n}(\mathbf{y}_t-\mathbf{\Pi}'\mathbf{x}_t)'\mathbf{\Omega}^{-1}(\mathbf{y}_t-\mathbf{\Pi}'\mathbf{x}_t)=\frac{1}{2}\mathrm{trace}[\mathbf{\Omega}^{-1}\hat{\mathbf{\Omega}}(\mathbf{\Pi})] \tag{8.4.9}$$

其中 $\hat{\mathbf{\Omega}}(\mathbf{\Pi})$ 被定义为：

$$\underset{(M\times M)}{\hat{\mathbf{\Omega}}(\mathbf{\Pi})}\equiv\frac{1}{n}\sum_{t=1}^{n}(\mathbf{y}_t-\mathbf{\Pi}'\mathbf{x}_t)(\mathbf{y}_t-\mathbf{\Pi}'\mathbf{x}_t)' \tag{8.4.10}$$

因此该目标函数可以写为：

$$Q_n(\mathbf{\Pi},\mathbf{\Omega})=-\frac{M}{2}\log(2\pi)+\frac{1}{2}\log(|\mathbf{\Omega}^{-1}|)-\frac{1}{2}\mathrm{trace}[\mathbf{\Omega}^{-1}\hat{\mathbf{\Omega}}(\mathbf{\Pi})] \tag{8.4.11}$$

$(\mathbf{\Pi}_0, \mathbf{\Omega}_0)$ 的 ML 估计值是最大化了这一目标函数的 $(\mathbf{\Pi}, \mathbf{\Omega})$。$(\mathbf{\Pi}_0, \mathbf{\Omega}_0)$ 的参数空间为：

$$\{(\mathbf{\Pi}_0, \mathbf{\Omega}_0) \mid \mathbf{\Omega} \text{ 是对称且正定的}\}$$

□ 最大化该似然函数

我们现在证明，这一最大化问题的解在数值上等同于 GMM 估计量。也就是说，$\mathbf{\Pi}_0$ 的 ML 估计量是由式（8.4.5）中的 GMM/OLS 估计量 $\hat{\mathbf{\Pi}}$ 给出的，而 $\mathbf{\Omega}_0$ 的 ML 估计值由下式给出：

$$\hat{\mathbf{\Omega}} = \frac{1}{n}\sum_{t=1}^{n} \hat{\mathbf{v}}_t \hat{\mathbf{v}}_t' = \hat{\mathbf{\Omega}}(\hat{\mathbf{\Pi}}) \tag{8.4.12}$$

其中 $\hat{\mathbf{v}}_t \equiv \mathbf{y}_t - \hat{\mathbf{\Pi}}'\mathbf{x}_t$。

我们把证明下面的陈述留作分析性习题 2：在上述多元回归模型的假设下，对于充分大的 n，就任意给定的 $\mathbf{\Pi}$ 而言，$\hat{\mathbf{\Omega}}(\mathbf{\Pi})$ 是正定的概率为 1。因此，我们可以假设 $\hat{\mathbf{\Omega}}(\mathbf{\Pi})$ 是正定的，而不只是半正定的。GMM 估计量在数值上等同于 ML 估计量的证明，是基于下述对目标函数的两步骤最大化过程。

步骤 1：针对 $\mathbf{\Omega}$ 最大化 $Q_n(\mathbf{\Pi}, \mathbf{\Omega})$，将 $\mathbf{\Pi}$ 视为给定的。因此，由矩阵代数所知的下面的知识是有帮助的。

涉及迹与行列式的不等式①：令 $\mathbf{A}$ 和 $\mathbf{B}$ 为相同大小的两个对称且正定的矩阵。那么，函数：

$$f(\mathbf{A}) \equiv \log(|\mathbf{A}|) - \text{trace}(\mathbf{AB})$$

可由 $\mathbf{A} = \mathbf{B}^{-1}$ 唯一地最大化。

这个结果（满足 $\mathbf{A} = \mathbf{\Omega}^{-1}$ 和 $\mathbf{B} = \hat{\mathbf{\Omega}}(\mathbf{\Pi})$）直接表明了在给定 $\mathbf{\Pi}$ 的情况下，目标函数式（8.4.11）可以唯一地由 $\mathbf{\Omega} = \hat{\mathbf{\Omega}}(\mathbf{\Pi})$ 最大化。将这个 $\mathbf{\Omega}$ 代入式（8.4.11）可以得出（$1/n$ 乘以）**集中对数似然函数**（concentrated log likelihood function）（关于 $\mathbf{\Omega}$ 而集中）：

$$\begin{aligned} Q_n^*(\mathbf{\Pi}) &\equiv Q_n(\mathbf{\Pi}, \hat{\mathbf{\Omega}}(\mathbf{\Pi})) \\ &= -\frac{M}{2}\log(2\pi) + \frac{1}{2}\log(|\hat{\mathbf{\Omega}}(\mathbf{\Pi})^{-1}|) - \frac{1}{2}\text{trace}[\hat{\mathbf{\Omega}}(\mathbf{\Pi})^{-1}\hat{\mathbf{\Omega}}(\mathbf{\Pi})] \\ &= -\frac{M}{2}\log(2\pi) - \frac{1}{2}\log(|\hat{\mathbf{\Omega}}(\mathbf{\Pi})|) - \frac{M}{2} \end{aligned} \tag{8.4.13}$$

步骤 2：观察一下集中对数似然函数 $Q_n^*(\mathbf{\Pi})$，可以看出 $\mathbf{\Pi}_0$ 的 ML 估计量应该最小化下式：

$$|\hat{\mathbf{\Omega}}(\mathbf{\Pi})| = \left|\frac{1}{n}\sum_{t=1}^{n}(\mathbf{y}_t - \mathbf{\Pi}'\mathbf{x}_t)(\mathbf{y}_t - \mathbf{\Pi}'\mathbf{x}_t)'\right| \tag{8.4.14}$$

---

① 这个结论是由约翰森（Johansen，1995）的引理 A.6 表明的。最小化元的唯一性是由这个迹算子的线性性和 $\log(|\mathbf{A}|)$ 的严格凹性所给出的，这一点在 Magnus 和 Neudecker（1988，p. 222）中提到过。

我们把证明这可由式（8.4.5）给出的 OLS 估计量来予以最小化留作分析性习题 1。最后，设式（8.4.10）中 $\mathbf{\Pi}=\hat{\mathbf{\Pi}}$，得出式（8.4.12）。

□ 一致性和渐近正态性

我们在第 4 章已经证明，在没有正态性假设（$\boldsymbol{\varepsilon}_t \mid \mathbf{x}_t$ 是正态的）或 $\{y_t, \mathbf{x}_t\}$ 的 i. i. d. 假设的情况下，式（8.4.5）中的 GMM/OLS 估计量 $\hat{\mathbf{\Pi}}$ 是一致的，而且是渐近正态的，式（8.4.12）中的 $\hat{\mathbf{\Omega}}$ 是一致的。那么，可以很一般性地得到这样的结论：$\mathbf{\Pi}_0$ 的 ML 估计量是一致且渐近正态的，$\mathbf{\Omega}_0$ 的 ML 估计量也是一致的。值得强调的是，如果误差项不是正态分布的，则基于假设了正态性的似然函数的 $\mathbf{\Pi}_0$ 的 ML 估计量也是一致和渐近正态的。

我们并不关心 $\mathbf{\Omega}_0$ 的 ML 估计量 $\hat{\mathbf{\Omega}}(\hat{\mathbf{\Pi}})$ 的渐近正态性。证明其渐近正态性的一种方式是验证前一章中相关的渐近正态性定理的条件。

复习题

1. 证明式（8.4.9）。提示：使用迹算子的下述性质。(1) 如果 x 是一个标量，则有 $\text{trace}(x)=x$；(2) $\text{trace}(\mathbf{A}+\mathbf{B})=\text{trace}(\mathbf{A})+\text{trace}(\mathbf{B})$；(3) 只要 $\mathbf{AB}$ 和 $\mathbf{BA}$ 是良好定义的，即有 $\text{trace}(\mathbf{AB})=\text{trace}(\mathbf{BA})$。其答案是：

$$\begin{aligned}
\frac{1}{n}\sum_{t=1}^{n}(\mathbf{y}_t-\mathbf{\Pi}'\mathbf{x}_t)'\mathbf{\Omega}^{-1}(\mathbf{y}_t-\mathbf{\Pi}'\mathbf{x}_t) &= \text{trace}\left[\frac{1}{n}\sum_{t=1}^{n}(\mathbf{y}_t-\mathbf{\Pi}'\mathbf{x}_t)'\mathbf{\Omega}^{-1}(\mathbf{y}_t-\mathbf{\Pi}'\mathbf{x}_t)\right] \\
&= \frac{1}{n}\sum_{t=1}^{n}\text{trace}[(\mathbf{y}_t-\mathbf{\Pi}'\mathbf{x}_t)'\mathbf{\Omega}^{-1}(\mathbf{y}_t-\mathbf{\Pi}'\mathbf{x}_t)] \\
&= \frac{1}{n}\sum_{t=1}^{n}\text{trace}[\mathbf{\Omega}^{-1}(\mathbf{y}_t-\mathbf{\Pi}'\mathbf{x}_t)(\mathbf{y}_t-\mathbf{\Pi}'\mathbf{x}_t)'] \\
&= \text{trace}\left[\frac{1}{n}\sum_{t=1}^{n}\mathbf{\Omega}^{-1}(\mathbf{y}_t-\mathbf{\Pi}'\mathbf{x}_t)(\mathbf{y}_t-\mathbf{\Pi}'\mathbf{x}_t)'\right] \\
&= \text{trace}\left[\mathbf{\Omega}^{-1}\frac{1}{n}\sum_{t=1}^{n}(\mathbf{y}_t-\mathbf{\Pi}'\mathbf{x}_t)(\mathbf{y}_t-\mathbf{\Pi}'\mathbf{x}_t)'\right]
\end{aligned}$$

8.5 FIML

正如在第 4 章中见到的那样，多元回归模型是似不相关回归（seemingly unrelated regression，SUR）模型的一个特例，这反过来也是多方程的方程组的一个特例，其中三阶段最小二乘（3SLS）适于这样的方程组。当该方程组的每一个方程都分开估计时，两阶段最小二乘（2SLS）估计量是其 GMM 估计量；当该方程组作为一个整体进行估计时，3SLS 估计量是其 GMM 估计量。本节给出了 2SLS 和 3SLS 的 ML 相应的部分。

□ 具有共同工具变量的多方程模型的重新表述

为了唤起你的记忆，我们来温习一下，该模型是由假设 4.1 至假设 4.5 和假设 4.7

描述的一个有 M 个方程的方程组，其中对于所有的 $m=1, 2, \cdots, M$ 有 $\mathbf{x}_{tm}=\mathbf{x}_t$（因此工具变量集在方程之间是相同的）。我们仍然用下标 0 来表示真实参数值，将该方程组的 M 个方程写出如下：

$$y_{tm}=\underset{(1\times L_m)}{\mathbf{z}'_{tm}}\underset{(L_m\times 1)}{\boldsymbol{\delta}_{0m}}+\varepsilon_{tm}(m=1,2,\cdots,M;\ t=1,2,\cdots,n) \tag{8.5.1}$$

该模型具有如下特征：

- 和多元回归模型中不同的是，对于方程 m，回归元 $\mathbf{z}_{tm}$ 可能并不与误差项正交，但是却可得到 K 个前定变量 $\mathbf{x}_t$，对于所有的 m 满足正交条件 $\mathrm{E}(\mathbf{x}_t\cdot\varepsilon_{tm})=\mathbf{0}$（这是假设 4.3）而言，它们是已知的。定义 $M\times 1$ 向量 $\boldsymbol{\varepsilon}_t$ 为：

$$\underset{(M\times 1)}{\boldsymbol{\varepsilon}_t}=\begin{bmatrix}\varepsilon_{t1}\\ \varepsilon_{t2}\\ \vdots\\ \varepsilon_{tM}\end{bmatrix} \tag{8.5.2}$$

正交条件可以表示为：

$$\mathrm{E}(\mathbf{x}_t\boldsymbol{\varepsilon}'_t)=\underset{(K\times M)}{\mathbf{0}} \tag{8.5.3}$$

这 K 个前定变量可以作为 GMM 估计中工具变量的相同集合。

- 该方程组的内生变量就是方程组中那些不包含在 $\mathbf{x}_t$ 中的变量（与误差是分开的）。
- 识别的秩条件（假设 4.4）是，对于所有的 m，$K\times L_m$ 矩阵 $\mathrm{E}(\mathbf{x}_t\mathbf{z}'_{tm})$ 是列满秩的。如果这个秩条件可以得到满足且 $L_m<K$，则称方程 m 为**过度识别**（overidentified）。
- 误差向量是条件同方差的，因为 $\mathrm{E}(\boldsymbol{\varepsilon}_t\boldsymbol{\varepsilon}'_t\mid\mathbf{x}_t)=\boldsymbol{\Sigma}_0$ 且 $\boldsymbol{\Sigma}_0$ 是正定的（假设 4.7）。
- $\mathrm{E}(\mathbf{x}_t\mathbf{x}'_t)$ 是非奇异的（条件同方差和假设 4.5 中非奇异性条件的结果）。

该方程组作为一个整体的 GMM 估计量是式（4.5.12）给出的 3SLS 估计量，而每个方程的单方程 GMM 估计量是式（3.8.3）给出的 2SLS。

下面的例子将被用来简要地阐明所介绍的这些概念。

例 8.1（市场均衡模型）：3.1 节所考虑的沃金例子的扩展版本是一个两方程的方程组：

$$q_t=\gamma_{11}p_t+\beta_{11}+\beta_{12}a_t+\varepsilon_{t1}(\text{需求}) \tag{8.5.4}$$

$$q_t=\gamma_{21}p_t+\beta_{21}+\beta_{22}w_t+\varepsilon_{t2}(\text{供给}) \tag{8.5.5}$$

在这个方程组中，q_t 是交易的咖啡量，p_t 是咖啡价格。出现在需求方程中的变量 a_t 是一个口味转换器，而变量 w_t 则是影响咖啡供给的降雨量。通过如下设定，我们可以将方程组转换成一般形式：

$$y_{t1}=q_t,\ y_{t2}=q_t,\ \mathbf{z}_{t1}=\begin{bmatrix}p_t\\1\\a_t\end{bmatrix},\ \mathbf{z}_{t2}=\begin{bmatrix}p_t\\1\\w_t\end{bmatrix},\ \boldsymbol{\delta}_{01}=\begin{bmatrix}\gamma_{11}\\ \beta_{11}\\ \beta_{12}\end{bmatrix},\ \boldsymbol{\delta}_{02}=\begin{bmatrix}\gamma_{21}\\ \beta_{21}\\ \beta_{22}\end{bmatrix}$$

（要注意 y_{t1} 和 y_{t2} 是相同的变量。）如果对于 $j=1$，2 有 $\mathrm{E}(\varepsilon_{tj})=0$，$\mathrm{E}(a_t\varepsilon_{tj})=0$ 以及 $\mathrm{E}(w_t\varepsilon_{tj})=0$，那么（1，$a_t$，$w_t$）就可以被包含在工具变量的共同集内。因此，

$$\mathbf{x}_t=\begin{bmatrix}1\\a_t\\w_t\end{bmatrix}$$

方程组中其他一些非误差变量 p_t 和 q_t 都是内生变量。只要识别的秩条件可以得到满足，那么每个方程都刚好得以识别，因为右边变量的数目等于工具变量的数目。

例 8.2（工资方程）：在第 3 章的实证性习题中，我们估计了一个标准的工资方程。我们考虑补充一个解释 KWW（“关于工作方面认识”的检测得分）的方程进入工资方程：

$$LW_t=\gamma_{11}S_t+\beta_{11}+\beta_{12}IQ_t+\varepsilon_{t1} \tag{8.5.6}$$

$$KWW_t=\gamma_{21}S_t+\beta_{21}+\varepsilon_{t2} \tag{8.5.7}$$

例如，其中 S_t 是个体 t 接受学校教育的年限。假设对于 $j=1$，2 有 $E(\varepsilon_{tj})=0$ 和 $E(IQ_t\varepsilon_{tj})=0$。还假设存在一个变量 MED（母亲的教育年限），它没有出现在这两个方程中，但却是前定的，因为对于 $j=1$，2 来说有 $E(MED_t\varepsilon_{tj})=0$。因此，工具变量的共同集为 $\mathbf{x}_t=(1，IQ，MED_t)'$。方程组中余下的非误差向量都是内生变量了。这个两方程的方程组具有三个内生变量：LW、S 和 KWW。只要其秩条件可以得到满足，第一个方程就刚好能够被识别，因为右边变量的数目等于工具变量的数目，而第二个方程则是被过度识别的。

□ 联立方程的完备方程组

3SLS 的 ML 相应部分被称为**完全信息最大似然估计量**（full-information maximum likelihood (FIML) estimator）。如果它可以由 FIML 予以估计，那么这个多方程模型在引入正态性和 i. i. d. 假设之前就需要进一步地予以限定。这一限定条件就是要求 M 个方程形成一个“完备”的联立方程组。完备性要求满足两个条件。

1. 内生变量数目和方程数目相同。这一条件表明，如果 $\mathbf{y}_t$ 是 M 个内生变量组成的 M 维向量，那么（y_{t1}，…，y_{tM}，$\mathbf{z}_{t1}$，…，$\mathbf{z}_{tM}$）就是（$\mathbf{y}_t$，$\mathbf{x}_t$）的全部元素。从而可以将 M 个方程的方程组（8.5.1）写成：

$$\underset{(M\times M)}{\boldsymbol{\Gamma}_0}\underset{(M\times 1)}{\mathbf{y}_t}+\underset{(M\times K)}{\mathbf{B}_0}\underset{(K\times 1)}{\mathbf{x}_t}=\underset{(M\times 1)}{\boldsymbol{\varepsilon}_t}\quad(t=1,2,\cdots,n) \tag{8.5.8}$$

其中，第 m 个方程为 $y_{tm}=\mathbf{z}_{tm}'\boldsymbol{\delta}_{0m}+\varepsilon_{tm}$。（这由下面的例 8.1 给出了阐释。）以这种方式写出的方程组被称为**结构型**（structural form），（$\boldsymbol{\Gamma}_0$，$\mathbf{B}_0$）被称为**结构型参数**（structural form parameters）。正如下面将要予以阐释的，每一个结构型参数都是（$\boldsymbol{\delta}_{01}$，…，$\boldsymbol{\delta}_{0M}$）的一个函数。

例 8.1 中的方程组满足了第一个要求。例 8.2 中的方程组并不是一个完备方程组，因为内生变量的数目大于方程的数目。由 FIML 估计不完备的方程组是不可能的（除非

我们可以通过加入适当的方程使该方程组得以完备，参看下文对 LIML 的讨论）。这一点与 GMM 形成对比；不完备的方程组可以由 3SLS 估计（或者更为一般地，如果没有假设条件同方差性，则由多方程 GMM 估计），只要它们满足识别的秩条件即可。

2. 方阵 $\mathbf{\Gamma}_0$ 是非奇异的。这表明，可从结构型来解得内生变量 $\mathbf{y}_t$ 为：

$$\mathbf{y}_t = -\mathbf{\Gamma}_0^{-1}\mathbf{B}_0\mathbf{x}_t + \mathbf{\Gamma}_0^{-1}\boldsymbol{\varepsilon}_t \equiv \mathbf{\Pi}_0'\mathbf{x}_t + \mathbf{v}_t \tag{8.5.9}$$

其中，

$$\underset{(M\times K)}{\mathbf{\Pi}_0'} \equiv - \underset{(M\times M)}{\mathbf{\Gamma}_0^{-1}}\underset{(M\times K)}{\mathbf{B}_0} \tag{8.5.10}$$

$$\underset{(M\times 1)}{\mathbf{v}_t} \equiv \underset{(M\times M)}{\mathbf{\Gamma}_0^{-1}}\underset{(M\times 1)}{\boldsymbol{\varepsilon}_t} \tag{8.5.11}$$

式（8.5.9）即是所谓的结构型的**简化型**（reduced-form）表示，$\mathbf{\Pi}_0$ 的元素被称为**简化型系数**（reduced-form coefficients）。在每个简化型的方程中，回归元是变量 $\mathbf{x}_t$ 的相同的集合。从式（8.5.3）和式（8.5.11）中可以得到，$\mathrm{E}(\mathbf{x}_t\mathbf{v}_t')=\mathbf{0}$，即所有的回归元都是前定的。因此，简化型是一个多元回归模型。

□ $(\mathbf{\Gamma}_0, \mathbf{B}_0)$和 δ_0 之间的关系

令 $\boldsymbol{\delta}_0$ 为集聚了 M 个方程的方程组（8.5.1）中所有系数的叠加向量：

$$\underset{(\sum_{m=1}^{M}L_m\times 1)}{\boldsymbol{\delta}_0} = \begin{bmatrix}\boldsymbol{\delta}_{01}\\ \boldsymbol{\delta}_{02}\\ \vdots \\ \boldsymbol{\delta}_{0M}\end{bmatrix} \tag{8.5.12}$$

为了理解 FIML 的作用机制，看一下系数矩阵（$\mathbf{\Gamma}_0$，$\mathbf{B}_0$）如何取决于 $\boldsymbol{\delta}_0$ 是很重要的。为了阐释，我们来看例 8.1。这个 $\boldsymbol{\delta}_0$ 向量是：

$$\underset{(6\times 1)}{\boldsymbol{\delta}_0} = \begin{bmatrix}\gamma_{11}\\ \beta_{11}\\ \beta_{12}\\ \gamma_{21}\\ \beta_{21}\\ \beta_{22}\end{bmatrix} \tag{8.5.13}$$

这两个内生变量是（$\mathrm{p_t}$，$\mathrm{q_t}$）。这些内生变量如何排序是无关紧要的，因此可以随意地将 $\mathrm{p_t}$ 放在 $\mathbf{y}_t$ 中的第一位：$\mathbf{y}_t=(p_t, q_t)'$。结构型参数可以写为：

$$\underset{(2\times 2)}{\mathbf{\Gamma}_0} = \begin{bmatrix}-\gamma_{11} & 1\\ -\gamma_{21} & 1\end{bmatrix}, \underset{(2\times 3)}{\mathbf{B}_0} = \begin{bmatrix}-\beta_{11} & -\beta_{12} & 0\\ -\beta_{21} & 0 & -\beta_{22}\end{bmatrix} \tag{8.5.14}$$

这个例子可以阐明三点。第一，$\mathbf{\Gamma}_0$ 的每一行都有一个元素 1，这反映了在这 M 个方程的方程组（8.5.1）中各方程的系数均为 1 的事实。在这个意义上，$\mathbf{\Gamma}_0$ 已经予以了标准化。第二，$\mathbf{\Gamma}_0$ 和 $\mathbf{B}_0$ 的一些元素为零，这反映了有些内生或前定变量并没有出现在这 M 个方程的方程组的某些方程中。结构型系数矩阵的这一特征被称为**排他性约束**

(exclusion restrictions)。(在例 8.1 中，$\mathbf{\Gamma}_0$ 没有元素取为零，因为这两个内生变量出现在两个方程中。）第三，这个方程组没有包含跨方程约束条件，因此 $\boldsymbol{\delta}_0$ 的每个元素只在（$\mathbf{\Gamma}_0$，$\mathbf{B}_0$）中出现一次。

□ FIML 似然函数

为了使得联立方程的完备方程组可由 FIML 来估计，我们假设：(1) 结构误差向量 $\boldsymbol{\varepsilon}_t$ 服从以 $\mathbf{x}_t$ 为条件的联合正态分布，即 $\boldsymbol{\varepsilon}_t \mid \mathbf{x}_t \sim N(\mathbf{0},\mathbf{\Sigma}_0)$；(2) $\{\mathbf{y}_t,\ \mathbf{x}_t\}$ 是 i. i. d. 的，而不只是遍历平稳鞅差分的（这个假设强化了假设 4.2 和假设 4.5）。

根据关于结构误差 $\boldsymbol{\varepsilon}_t$ 的正态性假设 (1) 以及式 (8.5.11)，我们有 $\mathbf{v}_t \mid \mathbf{x}_t \sim N(\mathbf{0},\ \mathbf{\Gamma}_0^{-1}\mathbf{\Sigma}_0(\mathbf{\Gamma}_0^{-1})')$。将这一点和简化型 $\mathbf{y}_t=\mathbf{\Pi}_0'\mathbf{x}_t+\mathbf{v}_t$ 与式 (8.5.10) 相结合，可以得到：

$$\mathbf{y}_t \mid \mathbf{x}_t \sim N(-\mathbf{\Gamma}_0^{-1}\mathbf{B}_0\mathbf{x}_t,\mathbf{\Gamma}_0^{-1}\mathbf{\Sigma}_0(\mathbf{\Gamma}_0^{-1})') \tag{8.5.15}$$

因此观测值 t 的对数条件似然函数为：

$$\begin{aligned}\log f(\mathbf{y}_t \mid \mathbf{x}_t;\boldsymbol{\delta},\mathbf{\Sigma}) &= -\frac{M}{2}\log(2\pi)-\frac{1}{2}\log(\mid \mathbf{\Gamma}^{-1}\mathbf{\Sigma}(\mathbf{\Gamma}^{-1})'\mid)\\ &\quad -\frac{1}{2}[\mathbf{y}_t+\mathbf{\Gamma}^{-1}\mathbf{B}\mathbf{x}_t]'[\mathbf{\Gamma}^{-1}\mathbf{\Sigma}(\mathbf{\Gamma}^{-1})']^{-1}[\mathbf{y}_t+\mathbf{\Gamma}^{-1}\mathbf{B}\mathbf{x}_t]\end{aligned} \tag{8.5.16}$$

这个似然函数是（$\boldsymbol{\delta}$，$\mathbf{\Sigma}$）的一个函数，因为正如式 (8.5.14) 中所阐明的那样，结构型系数（$\mathbf{\Gamma}$，$\mathbf{B}$）是 $\boldsymbol{\delta}$ 的函数。现在，

$$\begin{aligned}[\mathbf{y}_t+\mathbf{\Gamma}^{-1}\mathbf{B}\mathbf{x}_t]'[\mathbf{\Gamma}^{-1}\mathbf{\Sigma}(\mathbf{\Gamma}^{-1})']^{-1}[\mathbf{y}_t+\mathbf{\Gamma}^{-1}\mathbf{B}\mathbf{x}_t]&=[\mathbf{y}_t+\mathbf{\Gamma}^{-1}\mathbf{B}\mathbf{x}_t]'[\mathbf{\Gamma}'\mathbf{\Sigma}^{-1}\mathbf{\Gamma}][\mathbf{y}_t+\mathbf{\Gamma}^{-1}\mathbf{B}\mathbf{x}_t]\\ &=[\mathbf{\Gamma}\mathbf{y}_t+\mathbf{B}\mathbf{x}_t]'\mathbf{\Sigma}^{-1}[\mathbf{\Gamma}\mathbf{y}_t+\mathbf{B}\mathbf{x}_t]\end{aligned} \tag{8.5.17}$$

以及，

$$|\mathbf{\Gamma}^{-1}\mathbf{\Sigma}(\mathbf{\Gamma}^{-1})'|=|\mathbf{\Gamma}^{-1}||\mathbf{\Sigma}||(\mathbf{\Gamma}^{-1})'|=|\mathbf{\Sigma}|/|\mathbf{\Gamma}|^2 \tag{8.5.18}$$

将这些代入式 (8.5.16)，

$$\begin{aligned}\log f(\mathbf{y}_t|\mathbf{x}_t;\boldsymbol{\delta},\mathbf{\Sigma})&=-\frac{M}{2}\log(2\pi)+\frac{1}{2}\log(|\mathbf{\Gamma}|^2)-\frac{1}{2}\log(|\mathbf{\Sigma}|)\\ &\quad -\frac{1}{2}[\mathbf{\Gamma}\mathbf{y}_t+\mathbf{B}\mathbf{x}_t]'\mathbf{\Sigma}^{-1}[\mathbf{\Gamma}\mathbf{y}_t+\mathbf{B}\mathbf{x}_t]\end{aligned} \tag{8.5.19}$$

在 t 上取平均值，我们可以得到随机样本的 FIML 目标函数：

$$\begin{aligned}Q_n(\boldsymbol{\delta},\mathbf{\Sigma})&=-\frac{M}{2}\log(2\pi)+\frac{1}{2}\log(|\mathbf{\Gamma}|^2)-\frac{1}{2}\log(|\mathbf{\Sigma}|)\\ &\quad -\frac{1}{2n}\sum_{t=1}^{n}[\mathbf{\Gamma}\mathbf{y}_t+\mathbf{B}\mathbf{x}_t]'\mathbf{\Sigma}^{-1}[\mathbf{\Gamma}\mathbf{y}_t+\mathbf{B}\mathbf{x}_t]\end{aligned} \tag{8.5.20}$$

（$\boldsymbol{\delta}_0$，$\mathbf{\Sigma}_0$）的 FIML 估计值是最大化了这一目标函数的（$\boldsymbol{\delta}$，$\mathbf{\Sigma}$）。

□ FIML 集中似然函数

正如在多元回归模型目标函数的最大化中那样，我们可以用两步骤来进行。第一步是给定 $\boldsymbol{\delta}$ 时针对 $\mathbf{\Sigma}$ 最大化 $Q_n(\boldsymbol{\delta},\ \mathbf{\Sigma})$。这可以得到：

$$\underset{(M\times M)}{\hat{\mathbf{\Sigma}}}(\boldsymbol{\delta})=\frac{1}{n}\sum_{t=1}^{n}(\mathbf{\Gamma y}_t+\mathbf{Bx}_t)(\mathbf{\Gamma y}_t+\mathbf{Bx}_t)' \tag{8.5.21}$$

其第（m，h）个元素可以写为：

$$\hat{\sigma}_{mh}=\frac{1}{n}\sum_{t=1}^{n}(y_{tm}-\mathbf{z}'_{tm}\boldsymbol{\delta}_m)(y_{th}-\mathbf{z}'_{th}\boldsymbol{\delta}_h) \tag{8.5.22}$$

通过将式（8.5.21）代回目标函数式（8.5.20），（$1/n$ 乘以）FIML 集中似然函数可以被导出如下：

$$\begin{aligned}Q_n^*(\boldsymbol{\delta})&\equiv Q_n(\boldsymbol{\delta},\hat{\mathbf{\Sigma}}(\boldsymbol{\delta}))\\&=-\frac{M}{2}\log(2\pi)-\frac{M}{2}+\frac{1}{2}\log(|\mathbf{\Gamma}|^2)-\frac{1}{2}\log(|\hat{\mathbf{\Sigma}}(\boldsymbol{\delta})|)\\&=-\frac{M}{2}\log(2\pi)-\frac{M}{2}-\frac{1}{2}\log\left|\frac{1}{n}\sum_{t=1}^{n}(\mathbf{y}_t+\mathbf{\Gamma}^{-1}\mathbf{Bx}_t)(\mathbf{y}_t+\mathbf{\Gamma}^{-1}\mathbf{Bx}_t)'\right|\end{aligned} \tag{8.5.23}$$

第二步是根据 $\boldsymbol{\delta}$ 来最大化这一 FIML 集中似然函数。$\boldsymbol{\delta}_0$ 的 FIML 估计量 $\hat{\boldsymbol{\delta}}$ 是最大化了此函数的 $\boldsymbol{\delta}$。[①] $\mathbf{\Sigma}_0$ 的 FIML 估计量是 $\hat{\mathbf{\Sigma}}(\hat{\boldsymbol{\delta}})$。

□ 检验过度识别约束条件

现在，将式（8.5.23）给出的 FIML 集中似然函数 $Q_n^*(\boldsymbol{\delta})$ 与多元回归模型的由式（8.4.13）给出的 $Q_n^*(\mathbf{\Pi})$ 进行比较。FIML 集中似然函数 $Q_n^*(\boldsymbol{\delta})$ 是当我们在 $Q_n^*(\mathbf{\Pi})$ 上施加通过下面的原假设所蕴含的约束条件时所得到的：

$$\mathrm{H}_0:\mathbf{\Pi}'_0=-\mathbf{\Gamma}_0^{-1}\mathbf{B}_0 \text{ 或 } \mathbf{\Gamma}_0\mathbf{\Pi}'_0+\mathbf{B}_0=0 \tag{8.5.24}$$

换言之，$\boldsymbol{\delta}_0$ 的 FIML 估计是一个约束多元回归。因此，该原假设的真实性可以由似然比原理进行检验。由于式（8.4.5）中给出的 OLS 估计量 $\hat{\mathbf{\Pi}}$ 最大化了式（8.4.13）给出的多元回归集中似然函数 $Q_n^*(\mathbf{\Pi})$，而 FIML 估计量 $\hat{\boldsymbol{\delta}}$ 最大化了式（8.5.23）中给出的 FIML 集中似然函数 $Q_n^*(\hat{\boldsymbol{\delta}})$，所以这个似然比检验统计量为：

$$\begin{aligned}LR&=2n\cdot(Q_n^*(\hat{\mathbf{\Pi}})-Q_n^*(\hat{\boldsymbol{\delta}}))\\&=n\times(\log|\hat{\mathbf{\Omega}}(-(\hat{\mathbf{\Gamma}}^{-1}\hat{\mathbf{B}})')|-\log|\hat{\mathbf{\Omega}}(\hat{\mathbf{\Pi}})|)\end{aligned} \tag{8.5.25}$$

其中 $\hat{\mathbf{\Omega}}(\mathbf{\Pi})$ 由式（8.4.10）定义，（$\hat{\mathbf{\Gamma}}$，$\hat{\mathbf{B}}$）是由 $\hat{\boldsymbol{\delta}}$ 所示的（$\mathbf{\Gamma}$，$\mathbf{B}$）的值。由于 $\boldsymbol{\delta}$ 的维度等于 $\sum_{m=1}^{M}L_m$，所以由上面的原假设 H_0 所蕴含的约束条件的数目为：

$$KM-\sum_{m=1}^{M}L_m=\sum_{m=1}^{M}(K-L_m) \tag{8.5.26}$$

① 因此，这个 FIML 估计量 $\hat{\boldsymbol{\delta}}$ 是最大化下式的一个极值估计量：

$$-\left|\frac{1}{n}\sum_{t=1}^{n}(\mathbf{y}_t+\mathbf{\Gamma}^{-1}\mathbf{Bx}_t)(\mathbf{y}_t+\mathbf{\Gamma}^{-1}\mathbf{Bx}_t)'\right|$$

这一极值估计量的一些方面在一道选做的分析性习题中得到了探讨（参看分析性习题 3）。

这是该方程组过度识别约束条件的总数。因此，基于 LR 统计量式（8.5.25）的似然比检验是一个**过度识别约束条件检验**（test of overidentifying restrictions）。它是一个特殊的检验，因为要被检验的约束条件是在该模型中被假设的一个条件。

□ FIML 估计量的性质

对于 FIML 估计量，不存在闭式解。因此，为了确立一致性和渐近正态性，我们将不得不验证前一章相关定理的条件。在这里我们对 FIML 估计量的主要性质做出总结，但是不给出证明。

识别

对完备联立方程组的不同形式表现的识别条件进行表述，是大多数教科书中的一个重要主题。这里我们把它留作一道选做的分析性习题（分析性习题 3），证明作为一个极值估计量的 FIML 的这一识别条件等价于识别的秩条件（对于所有的 $m=1, 2, \cdots, M$ 有 $\mathrm{E}(\mathbf{x}_t \mathbf{z}'_{tm})$ 是列满秩的）。

渐近性质

尽管在 $\boldsymbol{\varepsilon}_t \mid \mathbf{x}_t$ 的正态性条件下 FIML 目标函数式（8.5.20）可以推导出来，但是 $\boldsymbol{\delta}_0$ 的 FIML 估计量在没有正态性假设之下仍然是一致和渐近正态的。对于在不满足正态性的情况下对一致性的证明，可参看 Amemiya（1985，pp. 232－233）。对 $\hat{\boldsymbol{\delta}}$ 的渐近正态性的一个很易于理解的证明可以参看 Hausman（1975），它表明迭代工具变量估计可以被看作一种求解 $Q_n(\boldsymbol{\delta}, \boldsymbol{\Sigma})$ 的最大化的一阶条件的算法。① 这一论证过程表明，$\boldsymbol{\delta}_0$ 的 FIML 估计量渐近等价于 3SLS 估计量。② 因此，其渐近方差由式（4.5.15）给出，渐近方差的一致估计量为式（4.5.17）。

不变性

由于 FIML 估计量是一个 ML 估计量，所以它具有 7.1 节讨论过的不变性质。为了说明，我们来看例 8.1，并假定你希望将供给方程重新予以参数化：

$$p_t = \tilde{\gamma}_{21} q_t + \tilde{\beta}_{21} + \tilde{\beta}_{22} w_t + \tilde{\varepsilon}_{t2}\text{（供给）} \tag{8.5.27}$$

原来的供给参数（γ_{21}，β_{21}，β_{22}）和新的供给参数（$\tilde{\gamma}_{21}$，$\tilde{\beta}_{21}$，$\tilde{\beta}_{22}$）通过下面这个一一映射连接起来：

$$\tilde{\gamma}_{21} = 1/\gamma_{21}, \tilde{\beta}_{21} = -\beta_{21}/\gamma_{21}, \tilde{\beta}_{22} = -\beta_{22}/\gamma_{21} \tag{8.5.28}$$

如果（$\hat{\gamma}_{21}$，$\hat{\beta}_{21}$，$\hat{\beta}_{22}$）是由需求方程（8.5.4）和原来的供给方程（8.5.5）构成的方程组的（γ_{21}，β_{21}，β_{22}）的 FIML 估计量，那么基于由式（8.5.4）和新的供给方程构成的方程组的 FIML 估计量在数值上与上面在（$\hat{\gamma}_{21}$，$\hat{\beta}_{21}$，$\hat{\beta}_{22}$）上的映射是相同的。这个 3SLS 估计量（和涉及的 2SLS）并不具有这一不变性质。

现有关于 FIML 的讨论可以总结如下：

---

① 我们不会给出 FIML 的一阶条件（似然方程），因为它需要一些繁冗的矩阵符号。参看 Amemiya（1985，pp. 233－234）或者 Davidson 和 MacKinnon（1993，pp. 658－660），以得到更多细节。对于 SUR 模型来说，似然方程和迭代程序更易于描述；参看下一小节。

② 这一渐近等价性并不能用于非线性方程组；非线性 FIML 要比非线性 3SLS 更有效。参看 Amemiya（1985，8.2 节）。

命题 8.1（FIML 的渐近性质）：考虑 M 个方程的方程组（8.5.1），并令 $\boldsymbol{\delta}_0$ 为汇集了 M 个方程的方程组中所有系数的叠加向量。做出以下假设。

- 识别的秩条件（对于所有的 $m=1, 2, \cdots, M$，$\mathrm{E}(\mathbf{x}_t\mathbf{z}_{tm}')$ 是列满秩的）可以得到满足，
- $\mathrm{E}(\mathbf{x}_t\mathbf{x}_t')$ 是非奇异的，
- 该 M 个方程的方程组可以写成一个联立方程的完备方程组（8.5.8）的形式，其中 $\boldsymbol{\Gamma}_0$ 是非奇异的，
- $\varepsilon_t \mid \mathbf{x}_t \sim N(\mathbf{0}, \boldsymbol{\Sigma}_0)$，$\boldsymbol{\Sigma}_0$ 是正定的，
- $\{\mathbf{y}_t, \mathbf{x}_t\}$ 是 i. i. d. 的，
- $(\boldsymbol{\delta}_0, \boldsymbol{\Sigma}_0)$ 的参数空间是紧的，其中真实参数向量 $(\boldsymbol{\delta}_0, \boldsymbol{\Sigma}_0)$ 作为一个内点被包含进来。

那么，

(a) 最大化了式（8.5.20）的 FIML 估计量 $(\hat{\boldsymbol{\delta}}, \hat{\boldsymbol{\Sigma}})$ 是一致且渐近正态的，

(b) $\hat{\boldsymbol{\delta}}$ 的渐近方差由式（4.5.15）给出，渐近方差的一致估计量是式（4.5.17），其中 $\hat{\sigma}^{mh}$ 是 $\hat{\boldsymbol{\Sigma}}^{-1}$ 的第 (m, h) 个元素，

(c) 检验过度识别约束条件的似然比统计量式（8.5.25）服从渐近 χ^2 分布，其中自由度为 $KM - \sum_{m=1}^{M} L_m$。

而且，即便 $\boldsymbol{\varepsilon}_t \mid \mathbf{x}_t$ 不是正态的，这些关于 $\hat{\boldsymbol{\delta}}$ 的渐近结论也依然成立。

□ SUR 模型的 ML 估计

SUR 模型是 FIML 模型的一种特殊形式，其中 $\mathbf{z}_{tm}$ 是 $\mathbf{x}_t$ 的一个子向量。因此它是 M 个方程的方程组（8.5.1），其中回归元 $\mathbf{z}_{tm}$ 是前定的。与多元回归模型中的情况不同，回归元的集合在不同方程间是不同的。易于证明的是（参看复习题 3），不存在两个相同的因变量，因此结构型式（8.5.8）中的 $\mathbf{y}_t(M\times 1)$ 只是简单地汇集了这 M 个因变量。进而言之，由于 $\mathbf{z}_{tm}$ 没有包含内生变量，所以结构型中的 $\boldsymbol{\Gamma}_0$ 是单位矩阵。从而，FIML 目标函数式（8.5.20）就变成了：

$$Q_n(\boldsymbol{\delta},\boldsymbol{\Sigma}) = -\frac{M}{2}\log(2\pi) - \frac{1}{2}\log(|\boldsymbol{\Sigma}|) - \frac{1}{2n}\sum_{t=1}^{n}[\boldsymbol{\Gamma}\mathbf{y}_t + \mathbf{B}\mathbf{x}_t]'\boldsymbol{\Sigma}^{-1}[\boldsymbol{\Gamma}\mathbf{y}_t + \mathbf{B}\mathbf{x}_t] \tag{8.5.29}$$

其中 $\boldsymbol{\Gamma}$ 可以理解为单位矩阵。（我们继续使用 $\boldsymbol{\Gamma}$，这是为了便于和下一节引入的 LIML 的目标函数进行比较。）与 FIML 中一样，这个最大化了给定 $\boldsymbol{\delta}$ 的目标函数的 $\boldsymbol{\Sigma}$ 由式（8.5.21）中的 $\hat{\boldsymbol{\Sigma}}(\boldsymbol{\delta})$ 给出。

对于 SUR 模型来说，关于 $\boldsymbol{\delta}$ 的得分向量可以很容易地写出来。$\boldsymbol{\Gamma}\mathbf{y}_t+\mathbf{B}\mathbf{x}_t$ 的第 m 行是 $y_{tm}-\mathbf{z}_{tm}'\boldsymbol{\delta}_m$。像第 4 章第一道分析性习题中那样来定义 $\mathbf{y}(Mn\times 1)$ 和 $\mathbf{Z}(Mn \times \sum_{m=1}^{M} L_m)$，则：

$$\sum_{t=1}^{n}[\boldsymbol{\Gamma}\mathbf{y}_t + \mathbf{B}\mathbf{x}_t]'\boldsymbol{\Sigma}^{-1}[\boldsymbol{\Gamma}\mathbf{y}_t + \mathbf{B}\mathbf{x}_t] = (\mathbf{y}-\mathbf{Z}\boldsymbol{\delta})'(\boldsymbol{\Sigma}^{-1}\otimes \mathbf{I}_n)(\mathbf{y}-\mathbf{Z}\boldsymbol{\delta}) \tag{8.5.30}$$

因此，

$$\frac{\partial Q_n(\boldsymbol{\delta},\boldsymbol{\Sigma})}{\partial \boldsymbol{\delta}}=\frac{1}{n}\mathbf{Z}'(\boldsymbol{\Sigma}^{-1}\otimes\mathbf{I}_n)(\mathbf{y}-\mathbf{Z}\boldsymbol{\delta}) \tag{8.5.31}$$

（对 FIML 更为一般化的情形实施同样的做法并不容易，因为尽管式（8.5.30）对于 FIML 也成立，但是得分向量$\frac{\partial Q_n}{\partial \boldsymbol{\delta}}$由于 FIML 似然函数中的 $\log(|\boldsymbol{\Gamma}|^2)$项而更加复杂。换言之，如果 $|\boldsymbol{\Gamma}|$ 是一个常数（即独立于 $\boldsymbol{\delta}$），那么 FIML 的$\frac{\partial Q_n}{\partial \boldsymbol{\delta}}$与式（8.5.31）是相同的。）令它等于零，并求解 $\boldsymbol{\delta}$，我们可以得到：

$$\hat{\boldsymbol{\delta}}(\boldsymbol{\Sigma})\equiv[\mathbf{Z}'(\boldsymbol{\Sigma}^{-1}\otimes\mathbf{I}_n)\mathbf{Z}]^{-1}\mathbf{Z}'(\boldsymbol{\Sigma}^{-1}\otimes\mathbf{I}_n)\mathbf{y} \tag{8.5.32}$$

给定 $\boldsymbol{\Sigma}_0$ 的某个一致估计量 $\hat{\boldsymbol{\Sigma}}$，$\hat{\boldsymbol{\delta}}(\hat{\boldsymbol{\Sigma}})$ 是第 4 章导出的 $\boldsymbol{\delta}_0$ 的 SUR 估计量。

这两个函数（$\hat{\boldsymbol{\delta}}(\boldsymbol{\Sigma})$，$\hat{\boldsymbol{\Sigma}}(\boldsymbol{\delta})$）定义了一个从（$\boldsymbol{\delta}$，$\boldsymbol{\Sigma}$）的参数空间到其自身的映射，而 $Q_n(\boldsymbol{\delta},\boldsymbol{\Sigma})$ 的最大化的一阶条件的解是这一映射中的一个不动点。这个不动点可以通过下面的**迭代 SUR**（iterative SUR）计算出来。令（$\hat{\boldsymbol{\delta}}^{(j)}$，$\hat{\boldsymbol{\Sigma}}^{(j)}$）为第 j 次迭代中（$\boldsymbol{\delta}_0$，$\boldsymbol{\Sigma}_0$）的估计值。在下一次迭代中的估计值为：

$$\hat{\boldsymbol{\delta}}^{(j+1)}=\hat{\boldsymbol{\delta}}(\hat{\boldsymbol{\Sigma}}^{(j)}),\hat{\boldsymbol{\Sigma}}^{(j+1)}=\hat{\boldsymbol{\Sigma}}(\hat{\boldsymbol{\delta}}^{(j+1)}) \tag{8.5.33}$$

这一迭代的第一部分是给定 $\hat{\boldsymbol{\Sigma}}^{(j)}$时的 SUR 估计，而后面的部分则是利用 $\boldsymbol{\delta}_0$ 的当前估计值更新后的 $\boldsymbol{\Sigma}_0$ 的估计值。如果这一过程收敛，则其极限是一阶条件的解。

复习题

1.（从 $f(\boldsymbol{\varepsilon}_t\mid\mathbf{x}_t)$ 中导出 $f(\mathbf{y}_t\mid\mathbf{x}_t)$）在这个习题中，我们希望通过下面这一来自概率论的知识推导 FIML 模型观测值 t 的似然函数：

变量变换公式：假设 $\boldsymbol{\varepsilon}$ 是一个连续的 M 维随机向量，其密度为 $f_{\boldsymbol{\varepsilon}}(\boldsymbol{\varepsilon})$，令 $\mathbf{g}$：$\mathbb{R}^M\rightarrow\mathbb{R}^M$ 为一个开集 S 上的一对一且可微的映射，其逆映射表示为 $\mathbf{g}^{-1}(\cdot)$。令 $M\times M$ 矩阵 $\mathbf{J}(\boldsymbol{\varepsilon})$ 为雅可比矩阵$\frac{\partial\,\mathbf{g}(\boldsymbol{\varepsilon})}{\partial\,\boldsymbol{\varepsilon}'}$（偏导数的 $M\times M$ 矩阵，其第（i，j）个元素为$\frac{\partial\, g_i(\boldsymbol{\varepsilon})}{\partial\,\boldsymbol{\varepsilon}_j}$）。假设在 S 内的任何一点上$|\mathbf{J}(\boldsymbol{\varepsilon})|$都不是零。那么，$\mathbf{y}=\mathbf{g}(\boldsymbol{\varepsilon})$ 的密度函数可由下式给出：

$$f(\mathbf{y})=\frac{f_{\boldsymbol{\varepsilon}}(\mathbf{g}^{-1}(\mathbf{y}))}{\text{abs}(|\mathbf{J}(\mathbf{g}^{-1}(\mathbf{y}))|)}$$

（要注意，$|\mathbf{J}(\mathbf{g}^{-1}(\mathbf{y}))|$是一个行列式，它可能是正的，也可能不是正的。）利用这一知识，从 $\boldsymbol{\varepsilon}_t\mid\mathbf{x}_t$ 的密度函数中推导 $\mathbf{y}_t\mid\mathbf{x}_t$ 的密度函数，并证明其相关联的对数似然函数可由式（8.5.16）给出。**提示：**逆映射$\mathbf{g}^{-1}(\mathbf{y}_t)$ 是式（8.5.8）的左边。因此 $\mathbf{J}(\boldsymbol{\varepsilon}_t)=\boldsymbol{\Gamma}_0^{-1}$。而且有 $\log(\text{abs}(|\boldsymbol{\Gamma}|^2))=\frac{1}{2}\log(|\boldsymbol{\Gamma}|^2)$。

2.（方程组之外的工具变量）我们来看$|\boldsymbol{\Gamma}_0|\neq0$ 的联立方程（8.5.8）的完备方程组。设 K 个前定变量中比如 x_{tK} 没有出现在这 M 个方程中。令 $\hat{\mathrm{E}}^*(y\mid\mathbf{x})$ 为 y 对 $\mathbf{x}$ 的最小二乘投射。证明：$\hat{\mathrm{E}}^*(y_{tm}\mid\mathbf{x}_t)=\hat{\mathbf{E}}^*(y_{tm}\mid\tilde{\mathbf{x}}_t)$，其中$\tilde{\mathbf{x}}_t=(x_{t1},\cdots,x_{t,K-1})$（所以 $\mathbf{x}_t=(\tilde{\mathbf{x}}_t',x_{tK})'$）。（正如你将在分析性习题 4 中所要证明的那样，在工具变量列表中除了 $\tilde{\mathbf{x}}_t$ 之外还包括 x_{tK}，这将不会改变 $\boldsymbol{\delta}_0$ 的 FIML 估计量的渐近方差，它可能只会使小样本性质更糟。）

3. 回忆一下在例 8.1 中，y_{t1} 和 y_{t2} 是相同的变量。在 SUR 模型中，这没有出现；也就是说，如果描述了该模型的假设可以得到满足，则 $\{y_{t1}, y_{t2}, \cdots, y_{tM}\}$ 中没有两个元素是相同的变量。证明这一点。**提示：**假设 y_{t1} 和 y_{t2} 是相同的变量。那么，

$$\varepsilon_{t1}-\varepsilon_{t2}=\mathbf{z}_{t1}'\boldsymbol{\delta}_{0,1}-\mathbf{z}_{t2}'\boldsymbol{\delta}_{0,2}$$

因为 $\mathbf{z}_{t1}$ 和 $\mathbf{z}_{t2}$ 是 $\mathbf{x}_t$ 的子向量，对于某个 K 维向量 $\boldsymbol{\alpha}$ 来说，右边可以写为 $\mathbf{x}_t'\boldsymbol{\alpha}$。使用正交条件 $\mathrm{E}(\mathbf{x}_t\boldsymbol{\varepsilon}_t')=\mathbf{0}$ 和 $\mathrm{E}(\mathbf{x}_t\mathbf{x}_t')$ 的非奇异性来证明 $\boldsymbol{\alpha}=\mathbf{0}$。

8.6 LIML

定义 LIML

FIML 估计量的优势在于，它允许我们利用联立方程的完备方程组提供的全部信息。然而，这也是一个弱点，因为正如任何其他方程组或联合估计程序也成立一样，如果该方程组的任何部分被误设，则该估计量就不是一致的。如果你相信讨论的方程都是正确设定的，但对于方程组的其他部分不是那么肯定，那么你最好使用诸如 2SLS 的单方程方法。本节余下的部分推导 ML 估计量，该估计量被称为**有限信息极大似然估计量**（limited-information maximum likelihood（LIML） estimator），它是 2SLS 的 ML 对应部分。

令这 M 个方程的方程组的第 m 个方程为我们感兴趣的方程。L_m 个回归元 $\mathbf{z}_{tm}$ 要么是内生的，要么是前定的。令 $\tilde{\mathbf{y}}_t$ 为 M_m 个内生变量的向量，$\tilde{\mathbf{x}}_t$ 为 K_m 个前定变量的向量，自然有 $M_m+K_m=L_m$。分块矩阵 $\boldsymbol{\delta}_{0m}$ 可以一致地写为 $\boldsymbol{\delta}_{0m}=(\boldsymbol{\gamma}_{0m}', \boldsymbol{\beta}_{0m}')'$。那么，第 m 个方程就可以写为：

$$y_{tm}=\underset{(1\times L_m)}{\mathbf{z}_{tm}'}\underset{(L_m\times 1)}{\boldsymbol{\delta}_{0m}'}+\varepsilon_{tm}=\underset{(1\times M_m)}{\tilde{\mathbf{y}}_t'}\underset{(M_m\times 1)}{\boldsymbol{\gamma}_{0m}}+\underset{(1\times K_m)}{\tilde{\mathbf{x}}_t'}\underset{(K_m\times 1)}{\boldsymbol{\beta}_{0m}}+\varepsilon_{tm} \tag{8.6.1}$$

很显然，这个分离开的单一方程是一个不完备的方程组，因为存在包含了 M_m 个内生变量的 $\tilde{\mathbf{y}}_t$。然而，如果这个方程可由 M_m 个取自式（8.5.9）的 $\tilde{\mathbf{y}}_t$ 的简化型方程补充，则如此形成的 $1+M_m$ 个方程的方程组就是联立方程的一个完备方程组。为了更为充分地描述这一思想，令 $\boldsymbol{\Pi}_0$ 为相关联的简化型系数矩阵，并汇集了来自 $\boldsymbol{\Pi}_0$ 的适当的 M_m 行，将这 M_m 个包含内生变量的简化型方程写为：

$$\underset{(M_m\times 1)}{\tilde{\mathbf{y}}_t}=\underset{(M_m\times K)}{\tilde{\boldsymbol{\Pi}}_0'}\underset{(K\times 1)}{\mathbf{x}_t}+\underset{(M_m\times 1)}{\tilde{\mathbf{v}}_t} \tag{8.6.2}$$

结合式（8.6.1）和式（8.6.2），我们可以得到 $1+M_m$ 个方程的方程组如下：

$$\underset{((1+M_m)\times(1+M_m))}{\bar{\boldsymbol{\Gamma}}_0}\underset{((1+M_m)\times 1)}{\bar{\mathbf{y}}_t}+\underset{((1+M_m)\times K)}{\bar{\mathbf{B}}_0}\underset{(K\times 1)}{\mathbf{x}_t}=\underset{((1+M_m)\times 1)}{\bar{\boldsymbol{\varepsilon}}_t} \tag{8.6.3}$$

其中，

$$\bar{\mathbf{y}}_t\equiv\begin{bmatrix} y_{tm} \\ \underset{(M_m\times 1)}{\tilde{\mathbf{y}}_t}\end{bmatrix}, \quad \bar{\boldsymbol{\varepsilon}}_t\equiv\begin{bmatrix} \varepsilon_{tm} \\ \underset{(M_m\times 1)}{\tilde{\mathbf{v}}_t}\end{bmatrix}$$

$$\bar{\boldsymbol{\Gamma}}_0 \equiv \begin{bmatrix} 1 & -\underset{(1\times M_m)}{\boldsymbol{\gamma}'_{0m}} \\ \underset{(M_m\times 1)}{\mathbf{0}} & \mathbf{I}_{M_m} \end{bmatrix}, \bar{\mathbf{B}}_0 \equiv \begin{bmatrix} -\underset{(1\times K_m)}{\boldsymbol{\beta}'_{0m}} & \underset{(1\times(K-K_m))}{\mathbf{0}'} \\ & -\underset{(M_m\times K)}{\widetilde{\boldsymbol{\Pi}}'_0} \end{bmatrix} \tag{8.6.4}$$

这里，我们已经不失一般性地假设所含前定变量 $\tilde{\mathbf{x}}_t$ 是 $\mathbf{x}_t$ 的前 K_m 个元素。该方程组（8.6.3）是 $1+M_m$ 个联立方程的一个完备方程组，因为：

$$|\bar{\boldsymbol{\Gamma}}_0| = 1 \neq 0 \tag{8.6.5}$$

例如，我们可以看看例 8.2。在工资方程中所含的内生变量是 S_t。用 S_t 的一个简化型方程来补充工资方程，即用 S_t 对常数项、IQ_t 和 MED_t 的回归来补充工资方程。这个两方程的方程组的 $\bar{\boldsymbol{\Gamma}}_0$ 矩阵最终表示为：

$$\bar{\boldsymbol{\Gamma}}_0 = \begin{bmatrix} 1 & -\gamma_{11} \\ 0 & 1 \end{bmatrix}$$

$\bar{\boldsymbol{\Gamma}}_0$ 的假定值 $\bar{\boldsymbol{\Gamma}}$ 对于 $\bar{\boldsymbol{\Gamma}}_0$ 来说具有和式（8.6.4）中一样的结构。因此，$|\bar{\boldsymbol{\Gamma}}|=1$。用（$\boldsymbol{\gamma}_m$，$\boldsymbol{\beta}_m$，$\bar{\boldsymbol{\Pi}}$）来取代 FIML 目标函数式（8.5.20）中的（$\boldsymbol{\delta}$，$\mathbf{B}$），用 $\bar{\boldsymbol{\Gamma}}$ 取代 $\boldsymbol{\Gamma}$，用 $\bar{\boldsymbol{\Sigma}}$ 取代 $\boldsymbol{\Sigma}$，要注意 $|\bar{\boldsymbol{\Gamma}}|=1$，由此我们可以得到 LIML 目标函数：

$$Q_n(\boldsymbol{\gamma}_m, \boldsymbol{\beta}_m, \bar{\boldsymbol{\Pi}}, \bar{\boldsymbol{\Sigma}}) = -\frac{M_m}{2}\log(2\pi) - \frac{1}{2}\log(|\bar{\boldsymbol{\Sigma}}|) - \frac{1}{2n}\sum_{t=1}^{n}[\bar{\boldsymbol{\Gamma}}\mathbf{y}_t + \bar{\mathbf{B}}\mathbf{x}_t]'\bar{\boldsymbol{\Sigma}}^{-1}[\bar{\boldsymbol{\Gamma}}\mathbf{y}_t + \bar{\mathbf{B}}\mathbf{x}_t] \tag{8.6.6}$$

其中 $\bar{\boldsymbol{\Sigma}}$ 是 $\boldsymbol{\varepsilon}_t$ 的（$1+M_m$）×（$1+M_m$）方差矩阵。令（$\hat{\boldsymbol{\gamma}}_m$，$\hat{\boldsymbol{\beta}}_m$，$\hat{\bar{\boldsymbol{\Pi}}}$，$\hat{\bar{\boldsymbol{\Sigma}}}$）为该方程组的 FIML 估计量。$\boldsymbol{\delta}_{0m}=(\boldsymbol{\gamma}'_{0m}, \boldsymbol{\beta}'_{0m})'$ 的 **LIML 估计量**（LIML estimator）为（$\hat{\boldsymbol{\gamma}}'_m$，$\hat{\boldsymbol{\beta}}'_m$）$'$。对 LIML 估计量的推导不同于安德森和鲁宾（Anderson and Rubin，1949）对它们的最初的推导，我们这里的推导要归功于 Pagan（1979）。由于 LIML 是一个 FIML 估计量，所以命题 8.1 向我们确保了这个 LIML 估计量即便在不服从正态分布时也是一致和渐近正态的。

□ LIML 的计算

对于 SUR 模型来说，我们已经证明这个 ML 估计量可以由迭代 SUR 程序得到。如果重新检视这一论证过程，你应该能够看到它在 SUR 目标函数式（8.5.29）中并不取决于 $\boldsymbol{\Gamma}$ 是一个单位矩阵；所需的仅是 $\boldsymbol{\Gamma}$ 的行列式是一个常数。因此，相同的论证过程也适用于 LIML 目标函数式（8.6.6）。也就是说，我们可以通过将迭代 SUR 程序应用于（$1+M_m$）个方程的方程组（8.6.3），得到 $\boldsymbol{\delta}_{0m}$ 的 LIML 估计量。特别地，如果 $\boldsymbol{\Sigma}_0$ 已知，那么 LIML 估计量就是 SUR 估计量。从表面上来看，这一结论——SUR 可以用来估计所含内生变量的系数——是令人感到意外的，但它又是千真万确的。基本原因在于：抽样误差 $\hat{\boldsymbol{\delta}}_m-\boldsymbol{\delta}_{0m}$ 不仅取决于所含内生变量 $\tilde{\mathbf{y}}_t$ 和误差项 ε_{tm} 之间的相关关系，还取决于 $\tilde{\mathbf{y}}_t$ 和 $\tilde{\mathbf{v}}_t$ 之间的相关关系。这两个相关关系彼此抵消了。复习题 1 要求你就一个简单的例子对此进行验证。

然而，迭代 SUR 程序并不是 LIML 估计量是如何被一般性地予以计算出来的，因为对这个估计量来说存在一个闭式表达。联立方程组（8.6.3）具有两个特殊的特征。一是 $\bar{\mathbf{\Gamma}}$ 的特殊结构，我们已经提及；另外一个是这样的事实，即在 $\bar{\mathbf{B}}$ 的行中没有相应于所含内生变量 $\tilde{\mathbf{y}}_t$ 的排除性限制条件。正是由于这些特征的存在，LIML 估计量 $\hat{\boldsymbol{\delta}}_m=(\hat{\boldsymbol{\gamma}}'_m, \hat{\boldsymbol{\beta}}'_m)'$及似然比统计量式（8.5.25）才可以被清楚地计算出来。

为了写出 LIML 估计量以及似然比统计量的闭式表达，我们需要引入更多符号。令 $\mathbf{Z}_m$，$\tilde{\mathbf{Y}}$，$\tilde{\mathbf{X}}$，$\mathbf{X}$ 及 $\tilde{\mathbf{y}}_m$ 为与 $\mathbf{z}_{tm}$，$\tilde{\mathbf{y}}_t$，$\tilde{\mathbf{x}}_t$，$\mathbf{x}_t$ 及 y_{tm} 分别相关联的数据矩阵和数据向量：

$$\underset{(n\times L_m)}{\mathbf{Z}_m}\equiv\begin{bmatrix}\mathbf{z}'_{1m}\\ \vdots\\ \mathbf{z}'_{nm}\end{bmatrix},\ \underset{(n\times M_m)}{\tilde{\mathbf{Y}}}\equiv\begin{bmatrix}\tilde{\mathbf{y}}'_1\\ \vdots\\ \tilde{\mathbf{y}}'_n\end{bmatrix},\ \underset{(n\times K_m)}{\tilde{\mathbf{X}}}\equiv\begin{bmatrix}\tilde{\mathbf{x}}'_1\\ \vdots\\ \tilde{\mathbf{x}}'_n\end{bmatrix},\ \underset{(n\times K)}{\mathbf{X}}\equiv\begin{bmatrix}\mathbf{x}'_1\\ \vdots\\ \mathbf{x}'_n\end{bmatrix},\ \underset{(n\times 1)}{\mathbf{y}_m}\equiv\begin{bmatrix}y_{1m}\\ \vdots\\ y_{nm}\end{bmatrix}\tag{8.6.7}$$

令 $\mathbf{M}$ 和 $\tilde{\mathbf{M}}$ 分别为基于 $\mathbf{X}$ 和 $\tilde{\mathbf{X}}$ 的零化子：

$$\underset{(n\times n)}{\mathbf{M}}\equiv\mathbf{I}_n-\mathbf{X}(\mathbf{X}'\mathbf{X})^{-1}\mathbf{X}',\quad \underset{(n\times n)}{\tilde{\mathbf{M}}}\equiv\mathbf{I}_n-\tilde{\mathbf{X}}(\tilde{\mathbf{X}}'\tilde{\mathbf{X}})^{-1}\tilde{\mathbf{X}}'\tag{8.6.8}$$

那么，LIML 估计量 $\hat{\boldsymbol{\delta}}_m$ 可以写为：

$$\hat{\boldsymbol{\delta}}_m\equiv[\mathbf{Z}'_m(\mathbf{I}_n-k\mathbf{M})\mathbf{Z}_m]^{-1}\mathbf{Z}'_m(\mathbf{I}_n-k\mathbf{M})\mathbf{y}_m\tag{8.6.9}$$

其中 k 是最小的特征根：

$$\tilde{\mathbf{W}}\mathbf{W}^{-1}\tag{8.6.10}$$

其中 $(1+M_m)\times(1+M_m)$ 矩阵 $\tilde{\mathbf{W}}$ 和 $\mathbf{W}$ 由下式定义：

$$\tilde{\mathbf{W}}\equiv[\mathbf{y}_m \vdots \tilde{\mathbf{Y}}]'\tilde{\mathbf{M}}[\mathbf{y}_m \vdots \tilde{\mathbf{Y}}],\ \mathbf{W}\equiv[\mathbf{y}_m \vdots \tilde{\mathbf{Y}}]'\mathbf{M}[\mathbf{y}_m \vdots \tilde{\mathbf{Y}}]\tag{8.6.11}$$

（例如推导过程可参看 Davidson 和 MacKinnon（1993，pp. 645－649）。）检验过度识别约束条件的似然比统计量式（8.5.25）可以简化为：

$$LR=n\log k\tag{8.6.12}$$

因为在增补的 M_m 方程（8.6.2）中没有过度识别约束条件，所以我们所感兴趣的方程正是唯一的过度识别约束条件的来源，其中数目是 $K-L_m$。因此，根据命题 8.1，这一检验过度约束条件的统计量渐近服从 $\chi^2(K-L_m)$。当这个方程刚好可识别从而 $K=L_m$ 时，这个 LR 统计量应当取值为零。的确，可以证明，在这种情况下 $k=1$（例如可参看 Davidson 和 MacKinnon（1993））。

如果我们不必要求 k 如前定义的那样，则估计量式（8.6.9）被称为一个 **k 阶估计量**（k-class estimator）。这样一来，LIML 估计量就是一个其 k 如上定义的 k 阶估计量。根据数据矩阵（参看式（3.8.3′））来检视 2SLS 公式，马上可以看出来的是，该 2SLS 估计量是一个 $k=1$ 的 k 阶估计量，OLS 估计量是一个 $k=0$ 的 k 阶估计量。由此可以知道，当该方程刚好可被识别时（因此 $k=1$），LIML 和 2SLS 在数值上是相等的。

我们已经证明，LIML 是一致和渐近正态的。此外，利用式（8.6.9），可以证明 $\boldsymbol{\delta}_{0m}$ 的 LIML 估计量具有和 2SLS 一样的渐近分布（例如可参看 Amemiya（1985），7.3.4 节）。因此，LIML 的渐近方差由式（3.8.4）给出，其一致估计由式（3.8.5）给出。

□ LIML 与 2SLS

由于 LIML 和 2SLS 共享相同的渐近分布，所以你仍然无法基于渐近而有偏好。对于任何有限样本来说，LIML 具有不变性，而 2SLS 不是不可变的。而且，我们从基于有限样本性质的大量文献中所得出的结论（例如可参看 Judge 等（1985），15.4 节）是，LIML 应该比 2SLS 更受偏好。我们将文献中的主要结论罗列于下。不过，它们总是假设前定变量 $\mathbf{x}_t$ 是固定的常数。

- 假设误差项是正态分布的。当且仅当 $p<K-L_m+1$ 时 2SLS 估计量的第 p 阶矩存在，其中 K 是前定变量的数目，L_m 是第 m 个方程中回归元的数目。如此一来，如果该方程是恰好可被识别的（即如果 $K=L_m$），则 2SLS 甚至都没有均值，即便误差项的分布是一个其矩都有限的正态分布，也是如此。
- 即便误差项是正态分布的，这个 LIML 估计量也没有有限的矩。
- 不过，在大多数蒙特卡罗模拟中（例如可参看 Anderson，Kunitomo 和 Sawa（1982）），LIML 要比 2SLS 更快地趋近于其渐近正态分布。

复习题

1.（为什么 SUR 可以被用于一个结构方程）为了看看为什么 SUR 可以被用于估计被包含的内生变量的系数，我们来考虑下面这个简单的例子：

$$\begin{cases} y_{t1}=\gamma_0 y_{t2}+\varepsilon_{t1} \\ y_{t2}=\beta_0 x_t+v_t \end{cases}$$

其中 x_t 是前定的。为了简单起见，我们假定

$$\underset{(2\times 2)}{\mathbf{\Sigma}_0}\equiv \mathrm{E}\left(\begin{bmatrix}\varepsilon_{t1}\\ v_t\end{bmatrix}\begin{bmatrix}\varepsilon_{t1} & v_t\end{bmatrix}\right)$$

是已知的。令（$\hat{\gamma}$，$\hat{\beta}$）为（γ_0，β_0）的 SUR 估计量。

(a) 证明：

$$\begin{bmatrix}\hat{\gamma}\\ \hat{\beta}\end{bmatrix}-\begin{bmatrix}\gamma_0\\ \beta_0\end{bmatrix}=\begin{bmatrix}\sigma^{11}\frac{1}{n}\sum y_{t2}^2 & \sigma^{12}\frac{1}{n}\sum y_{t2}x_t \\ \sigma^{21}\frac{1}{n}\sum x_t y_{t2} & \sigma^{22}\frac{1}{n}\sum x_t^2\end{bmatrix}\begin{bmatrix}\sigma^{11}\frac{1}{n}\sum y_{t2}\varepsilon_{t1}+\sigma^{12}\frac{1}{n}\sum y_{t2}v_t \\ \sigma^{21}\frac{1}{n}\sum x_t\varepsilon_{t1}+\sigma^{22}\frac{1}{n}\sum x_t v_t\end{bmatrix}$$

其中 σ^{mh} 是 $\mathbf{\Sigma}_0^{-1}$ 的第（m，h）个元素。**提示：**SUR 估计量的公式可由满足式（4.5.13′）和式（4.5.14′）的式（4.5.12）给出。

(b) 证明：

$$\sigma^{11}\frac{1}{n}\sum_{t=1}^{n}y_{t2}\varepsilon_{t1}+\sigma^{12}\frac{1}{n}\sum_{t=1}^{n}y_{t2}v_t$$

依概率收敛到零。**提示：**

$$\mathrm{E}(y_{t2}\varepsilon_{t1})=\mathrm{E}(\varepsilon_{t1}v_t)=\sigma_{12}\text{，}\mathrm{E}(y_{t2}v_t)=\mathrm{E}(v_t^2)=\sigma_{22}$$

8.7 序列相关观测值

到目前为止，我们在推导 ML 估计量的渐近方差方面一直假定观测值是 i. i. d. 的。

本节主要关注的是观测值有序列相关时的 ML 估计。

□ 两个问题

当观测值序列相关时，有两个与其他情况不同的问题。第一个问题是，最大化导自 i. i. d. 观测值假设的似然函数的 ML 估计量当观测值序列相关时还是不是一致和渐近正态的。更准确地说，假定观测值向量 w_t 是遍历平稳但并不必然是 i. i. d. 的，我们来看最大化下式的 ML 估计量：

$$Q_n(\boldsymbol{\theta}) = \frac{1}{n}\sum_{t=1}^{n}\log f(\mathbf{w}_t;\boldsymbol{\theta}) \tag{8.7.1}$$

其中 $\log f$（$\mathbf{w}_t$；$\boldsymbol{\theta}$）是观测值 t 的对数似然函数。如果观测值是 i. i. d. 的，则这一目标函数将是（$1/n$ 乘以）样本（$\mathbf{w}_1$，…，$\mathbf{w}_n$）的对数似然函数。即便观测值 t 的对数似然函数 $\log f(\mathbf{w}_t$；$\boldsymbol{\theta})$ 是正确地予以设定的，这一目标函数也会被误设，因为它不正确地假设 $\{\mathbf{w}_t\}$ 是 i. i. d. 的。最大化了此目标函数的 ML 估计量是一个准 ML 估计量，因为该似然函数是被误设的。不正确地假设不存在序列相关的准 ML 估计量是一致且渐近正态的吗？

我们已经在前一章切实回答了第一个问题。根据命题 7.5 和命题 7.6，这个准 ML 估计量是一致的，因为它是一个 M-估计量，其中 $m(\mathbf{w}_t$；$\boldsymbol{\theta})$ 由观测值 t 的对数似然函数给出。对于渐近正态性，相关的定理是命题 7.8，它给出了一个 M-估计量是渐近正态的所需的条件。只要复制命题 7.8 的结论，即可知渐近方差的表达式可由下式给出：

$$\text{Avar}(\hat{\boldsymbol{\theta}}) = (\text{E}[\mathbf{H}(\mathbf{w}_t;\boldsymbol{\theta}_0)])^{-1}\boldsymbol{\Sigma}(\text{E}[\mathbf{H}(\mathbf{w}_t;\boldsymbol{\theta}_0)])^{-1} \tag{8.7.2}$$

其中 $\boldsymbol{\theta}_0$ 是 $\boldsymbol{\theta}$ 的真值，$\mathbf{H}(w_t$；$\boldsymbol{\theta})$ 是观测值 t 的海塞矩阵，$\boldsymbol{\Sigma}$ 是观测值 t 的得分向量在 $\boldsymbol{\theta}_0$ 处取值的长期方差。这一渐近方差可以由下式予以一致地估计：

$$\widehat{\text{Avar}(\hat{\boldsymbol{\theta}})} = \left\{\frac{1}{n}\sum_{t=1}^{n}\mathbf{H}(\mathbf{w}_t;\hat{\boldsymbol{\theta}})\right\}^{-1}\hat{\boldsymbol{\Sigma}}\left\{\frac{1}{n}\sum_{t=1}^{n}\mathbf{H}(\mathbf{w}_t;\hat{\boldsymbol{\theta}})\right]^{-1} \tag{8.7.3}$$

其中 $\hat{\boldsymbol{\Sigma}}$ 是 $\boldsymbol{\Sigma}$ 的一个一致估计值。第 6 章讨论过的任何“非参”方法（譬如 VARHAC）都可以被用来计算来自待估序列 $\{\mathbf{s}(\mathbf{w}_t$；$\hat{\boldsymbol{\theta}})\}$ 的 $\hat{\boldsymbol{\Sigma}}$；没有必要将 $\{\mathbf{s}(\mathbf{w}_t$；$\boldsymbol{\theta}_0)\}$ 中的序列相关予以参数化。

第二个问题是，在观测值中正确解释了序列相关的似然函数是什么，以及对它进行最大化的“真正的”ML 估计量的性质又是什么？这个问题既对条件 ML 提出了，也对非条件 ML 提出了。在条件 ML 中，我们将观测值向量 $\mathbf{w}_t$ 分为两组：因变量 y_t 和回归元 $\mathbf{x}_t$，并检查以（$\mathbf{x}_1$，…，$\mathbf{x}_n$）为条件的（y_1，…，y_n）的条件分布。当 $\{\mathbf{w}_t\}$ 是 i. i. d. 的时候，将这一条件分布参数化相对比较直接，因为它可以写成给定 $\mathbf{x}_t$ 时 y_t 的条件分布在 t 上的积。然而，如果 $\{\mathbf{w}_t\}$ 是序列相关的，则研究者并不足够知晓在 $\mathbf{x}_t$ 和 y_t 之间的动态互动关系以写出条件分布。① 在本节余下的内容里，我们只处理具有序列相关

---

① 对于当不能得到或不想得到动态互动关系的完备描述时条件 ML 的讨论，可以参看 Wooldridge（1994，第 5 节）。对于有关动态互动的可能约束的讨论（譬如“格兰杰（Granger）因果性”和“弱外生性”），可以参看 Davidson 和 MacKinnon（1993，18.2 节）。

观测值的无条件 ML 估计的例子。

□ 相依观测值的无条件 ML

我们从一个最简单的一元序列的情况开始。令样本为（y_0，y_1，…，y_n）。（为了节省符号，我们假设该样本包括 $t=0$ 的观测值。）当观测值是序列相关的时候，该样本的密度函数不再能够表示为单个密度的乘积的形式。然而，它可以根据条件概率密度函数序列写出来。（y_0，y_1）的联合密度函数可以被写为：

$$f(y_0,y_1)=f(y_1|y_0)f(y_0) \tag{8.7.4}$$

类似地，对于（y_0，y_1，y_2）有：

$$f(y_0,y_2,y_2)=f(y_2|y_1,y_0)f(y_0,y_1) \tag{8.7.5}$$

将式（8.7.4）代入，我们可以得到：

$$f(y_0,y_1,y_2)=f(y_2|y_1,y_0)f(y_1|y_0)f(y_0) \tag{8.7.6}$$

重复使用这类序贯替代，可以得到：

$$f(y_0,y_1,\cdots,y_n)=\prod_{t=1}^{n}f(y_t\mid y_{t-1},\cdots,y_1,y_0)f(y_0) \tag{8.7.7}$$

如果该条件密度函数 $f(y_t\mid y_{t-1}$，…，y_1，$y_0)$ 和无条件密度 $f(y_0)$ 可由一个有限维度的参数向量 $\boldsymbol{\theta}$ 参数化，那么（$1/n$ 乘以）样本（y_0，y_1，…，y_n）的对数似然函数可以写为：

$$\frac{1}{n}\sum_{t=1}^{n}\log f(y_t\mid y_{t-1},\cdots,y_1,y_0;\boldsymbol{\theta})+\frac{1}{n}\log f(y_0;\boldsymbol{\theta}) \tag{8.7.8}$$

真实参数值 $\boldsymbol{\theta}_0$ 的 ML 估计量 $\tilde{\boldsymbol{\theta}}$ 是最大化了这一对数似然函数的 $\boldsymbol{\theta}$。我们称此 ML 估计量为**精确 ML 估计量**（exact ML estimator）。

□ AR（1）过程的 ML 估计

在 6.2 节中，我们详尽地考察了一阶自回归（AR(1)）过程。如果我们假设对于 AR(1) 过程来说误差项是正态分布的，就可以得到一个**高斯 AR(1) 过程**（Gaussian AR（1）process）：

$$y_t=c_0+\phi_0y_{t-1}+\varepsilon_t \tag{8.7.9}$$

其中 $\varepsilon_t\sim$ i. i. d. $N(0,\sigma_0^2)$。我们假设平稳性条件为 $|\phi_0|<1$。因此，根据命题 6.1（d），$\{y_t\}$ 是遍历平稳的。从 6.2 节中我们可知，y_t 的无条件均值为 $c_0/(1-\phi_0)$，其无条件方差为 $\sigma_0^2/(1-\phi_0^2)$。而且，由于 y_t 可以写为（ε_t，ε_{t-1}，…）的加权平均，所以当 ε_t 是正态的时，y_t 的分布也是正态的。因此，

$$y_0\sim N\left(\frac{c_0}{1-\phi_0},\frac{\sigma_0^2}{1-\phi_0^2}\right) \tag{8.7.10}$$

而且可以从式（8.7.9）和正态性假设直接得出下式：

$$y_t \mid (y_{t-1}, \cdots, y_1, y_0) \sim N(c_0 + \phi_0 y_{t-1}, \sigma_0^2) \tag{8.7.11}$$

故使用式（8.7.7），对于假定参数值 $\boldsymbol{\theta} \equiv (c,\ \phi,\ \sigma^2)'$ 来说，$(y_0,\ y_1,\ \cdots,\ y_n)$ 的联合密度函数可以写为：

$$f(y_0, y_1, \cdots, y_n; \boldsymbol{\theta}) = \prod_{t=1}^{n} \left\{ \frac{1}{\sqrt{2\pi\sigma^2}} \exp\left[-\frac{1}{2\sigma^2}(y_t - c - \phi y_{t-1})^2 \right] \right\}$$
$$\times \frac{1}{\sqrt{2\pi \dfrac{\sigma^2}{1-\phi^2}}} \exp\left[\frac{-\left(y_0 - \dfrac{c}{1-\phi}\right)^2}{2\dfrac{\sigma^2}{1-\phi^2}} \right] \tag{8.7.12}$$

取对数，并在两边除以 n，我们可以得到精确 ML 的目标函数：

$$\widetilde{Q}_n(\boldsymbol{\theta}) = \frac{1}{n}\sum_{t=1}^{n} \left\{ -\frac{1}{2}\log(2\pi) - \frac{1}{2}\log(\sigma^2) - \frac{1}{2\sigma^2}(y_t - c - \phi y_{t-1})^2 \right\}$$
$$+ \frac{1}{n}\left\{ -\frac{1}{2}\log(2\pi) - \frac{1}{2}\log\left(\frac{\sigma^2}{1-\phi^2}\right) - \left[\frac{\left(y_0 - \dfrac{c}{1-\phi}\right)^2}{2\dfrac{\sigma^2}{1-\phi^2}} \right] \right\} \tag{8.7.13}$$

AR(1) 过程的精确 ML 估计量 $\tilde{\boldsymbol{\theta}}$ 是最大化了此一目标函数的 $\boldsymbol{\theta}$。假设存在内点解，这个估计量可以求解通过将 $\dfrac{\partial \widetilde{Q}_n}{\partial \boldsymbol{\theta}}$ 设定为零而得到的一阶条件（似然方程）。它们是非线性于 $\boldsymbol{\theta}$ 的方程组，因此求出 $\tilde{\boldsymbol{\theta}}$ 需要使用 7.5 节中描述的那些迭代算法。

□ AR（1） 过程的条件 ML 估计

似然方程中非线性的来源是 y_0 的对数似然函数。作为另外一个选择，我们考虑将此项删掉，并最大化：

$$Q_n(\boldsymbol{\theta}) = \frac{1}{n}\sum_{t=1}^{n} \left\{ -\frac{1}{2}\log(2\pi) - \frac{1}{2}\log(\sigma^2) - \frac{1}{2\sigma^2}(y_t - c - \phi y_{t-1})^2 \right\} \tag{8.7.14}$$

使用关系 $f(y_0,\ y_1,\ \cdots,\ y_n) = f(y_1,\ \cdots,\ y_n \mid y_0) f(y_0)$ 和式（8.7.12），我们可以看到，这一目标函数是（$1/n$ 乘以）以第一个观测值 y_0 为条件的似然函数的对数，

$$f(y_1, y_2, \cdots, y_n \mid y_0; \boldsymbol{\theta}) = \prod_{t=1}^{n} \left\{ \frac{1}{\sqrt{2\pi\sigma^2}} \exp\left[-\frac{1}{2\sigma^2}(y_t - c - \phi y_{t-1})^2 \right] \right\} \tag{8.7.15}$$

令 $\hat{\boldsymbol{\theta}}$ 为最大化了对数条件似然函数式（8.7.14）的 $\boldsymbol{\theta}$（以 y_0 为条件）。因此这个 ML 估计量被称为 y_0-条件 ML 估计量。这里是以 y_0 为条件的，它使得这里的估计量在概念上与前面的条件 ML 估计量不同，在那些章节里是以 $\mathbf{x}_t$ 为条件的。

在考察这两个 ML 估计量——精确 ML 估计量 $\tilde{\boldsymbol{\theta}}$ 和 $\boldsymbol{y}_0$-条件 ML 估计量 $\boldsymbol{\theta}$——的关系之前，我们先给出后者的渐近性质的两个推导。第一个推导基于该估计量的明确解。回忆一下 1.5 节和例 7.2，在 i. i. d. 观测值的线性回归模型 $y_t = \mathbf{x}_t'\boldsymbol{\beta}_0 + \varepsilon_t$ 的 ML 估计中的目标函数为：

$$\frac{1}{n}\sum_{t=1}^{n} \left\{ -\frac{1}{2}\log(2\pi) - \frac{1}{2}\log(\sigma^2) - \frac{1}{2\sigma^2}(y_t - \mathbf{x}_t'\boldsymbol{\beta})^2 \right\} \tag{8.7.16}$$

1.5 节已经表明，而且可以比较容易证明的是，$\boldsymbol{\beta}_0$ 的 ML 估计量是 OLS 系数估计量，σ_0^2 的 ML 估计量等于残差平方和除以样本规模。现在，由于 $\mathbf{x}_t=(1, y_{t-1})'$ 以及 $\boldsymbol{\beta}_0=(c_0, \phi_0)'$，所以该线性回归模型的目标函数可以简化成式（8.7.14）中的 $Q_n(\boldsymbol{\theta})$，这是 AR(1) 过程的条件对数似然函数。因此，从代数上讲，(c_0, ϕ_0) 的条件 ML 估计量 $(\hat{c}, \hat{\phi})$ 在数值上与 y_t 对一个常数项和 y_{t-1} 的回归中的 OLS 系数估计量是相同的，σ_0^2 的条件 ML 估计量 $\hat{\sigma}^2$ 是残差平方和除以 n。关于该估计量的渐近性质，我们已经在 6.4 节表明，$(\hat{c}, \hat{\phi})$ 是一致且渐近正态的，其渐近方差由满足 $p=1$ 的命题 6.7 给出，$\hat{\sigma}^2$ 对于 σ_0^2 来说是一致的。因此，对于条件 ML 估计量 $(\hat{c}, \hat{\phi})$——该估计量最大化了正态误差项的 y_0-条件 ML 估计量——的渐近正态性而言，正态性假设是不需要的。

第二个推导更为直接，而且更富有启发性。正如前文刚刚提到的那样，目标函数 $Q_n(\boldsymbol{\theta})$ 与具有 $\mathbf{x}_t=(1, y_{t-1})'$ 和 $\boldsymbol{\beta}_0=(c_0, \phi_0)'$ 的式（8.7.16）是一致的。由于 $\{y_t, \mathbf{x}_t\}$ 只是遍历平稳的，而不一定是 i. i. d. 的，因此条件 ML 估计量 $(\hat{c}, \hat{\phi}, \hat{\sigma}^2)$ 可以被看作命题 7.6 中所考察过的准 ML 估计量。在例 7.8 中已经得到证明的是，如果 $\mathrm{E}(\mathbf{x}_t\mathbf{x}_t')$ 是非奇异的（其中 $\mathbf{x}_t=(1, y_{t-1})'$），则该目标函数满足命题 7.6 的所有条件。我们已经在 6.4 节表明，如果 $\sigma_0^2>0$，那么这个非奇异性条件对于 AR（1）过程来说是可以得到满足的。如此一来，条件 ML 就是一致的。为了证明渐近正态性，我们将条件 ML 估计量看成是一个满足 $\mathbf{w}_t=(y_t, y_{t-1})'$ 的 M-估计量，并且有：

$$m(\mathbf{w}_t;\boldsymbol{\theta})=-\frac{1}{2}\log(2\pi)-\frac{1}{2}\log(\sigma^2)-\frac{1}{2\sigma^2}(y_t-c-\phi y_{t-1})^2 \tag{8.7.17}$$

因此，其相关定理就是命题 7.8。令 $\mathbf{s}(\mathbf{w}_t;\boldsymbol{\theta})$ 为观测值 t 的得分向量，$\mathbf{H}(\mathbf{w}_t;\boldsymbol{\theta})$ 为观测值 t 与此 m 函数相关联的海塞矩阵，并考虑命题 7.8 的条件（1）～（5）。例 7.10 中的讨论表明，如果 $\mathrm{E}(\mathbf{x}_t\mathbf{x}_t')$ 是非奇异的（其中 $\mathbf{x}_t=(1, y_{t-1})'$），则除了（3）之外所有条件都可以得到满足，这也就是刚才所言及的如果 $\sigma_0^2>0$ 即可得到满足的情况。还剩下条件（3），即 $\frac{1}{\sqrt{n}}\sum_{t=1}^{n}\mathbf{s}(\mathbf{w}_t;\boldsymbol{\theta}_0)\to_{\mathrm{d}}N(\mathbf{0},\boldsymbol{\Sigma})$。在 AR(1) 模型中，$f(y_t \mid y_{t-1}, \cdots, y_1, y_0)=f(y_t \mid y_{t-1})$。正如在复习题 1 中将要证明的，该联合密度函数的这一特别的特征表明序列 $\{\mathbf{s}(\mathbf{w}_t;\boldsymbol{\theta}_0)\}$ 是一个鞅差分序列。由于 $\mathbf{s}(\mathbf{w}_t;\boldsymbol{\theta}_0)$ 是 $\mathbf{w}_t=(y_t, y_{t-1})'$ 的函数，而且 $\{y_t\}$ 是遍历平稳的，所以序列 $\mathbf{s}(\mathbf{w}_t;\boldsymbol{\theta}_0)$ 也是遍历平稳的。因此，根据第 2 章的遍历平稳鞅差分 CLT，我们认为条件（3）是可以得到满足的，其中：

$$\boldsymbol{\Sigma}=\mathrm{E}[\mathbf{s}(\mathbf{w}_t;\boldsymbol{\theta}_0)\mathbf{s}(\mathbf{w}_t;\boldsymbol{\theta}_0)'] \tag{8.7.18}$$

最后，可以很容易证明观测值 t 的信息矩阵等式 $-\mathrm{E}[\mathbf{H}(\mathbf{w}_t;\boldsymbol{\theta}_0)]=\mathrm{E}[\mathbf{s}(\mathbf{w}_t;\boldsymbol{\theta}_0)\mathbf{s}(\mathbf{w}_t;\boldsymbol{\theta}_0)']$（在例 7.10 中有证明）。将这个等式和式（8.7.18）代入式（8.7.2），我们可以得到结论：$\boldsymbol{\theta}_0$ 的 y_0-条件 ML 估计量 $\hat{\boldsymbol{\theta}}$ 的渐近方差由下式给出：

$$\mathrm{Avar}(\hat{\boldsymbol{\theta}})=-(\mathrm{E}[\mathbf{H}(\mathbf{w}_t;\boldsymbol{\theta}_0)])^{-1}=(\mathrm{E}[\mathbf{s}(\mathbf{w}_t;\boldsymbol{\theta}_0)\mathbf{s}(\mathbf{w}_t;\boldsymbol{\theta}_0)'])^{-1} \tag{8.7.19}$$

也就是说，对于 i. i. d. 观测值来说，一个正确设定的 ML 估计量的一般结论适用于最大化相依观测值的正确设定的条件似然函数式（8.7.14）的 y_0-条件 ML 估计量。①

① 这一论证可以应用于比自回归过程更具一般性的模型。参看 Wooldridge（1994）的引理 5.2。

式（8.7.13）和式（8.7.14）的差别在于 y_0 的对数似然除以 n 的部分。如果样本规模 n 充分大，那么第一个观测值 y_0 对该样本的似然函数的贡献就微不足道了。精确 ML 估计量和 y_0-条件 ML 估计量表现出有相同的渐近分布，只要 $|\phi|<1$ 即可（可参看 Fuller（1996），8.1 节和 8.4 节）。出于这一原因，在大多数应用中，自回归的参数是由 OLS（y_0-条件 ML 估计量）而不是由精确 ML 估计的。

□ AR（p）和 VAR（p）过程的条件 ML 估计

高斯 AR(p) 过程（Gaussian AR(p) process）可以写为：

$$y_t = c_0 + \phi_{01} y_{t-1} + \phi_{02} y_{t-2} + \cdots + \phi_{0p} y_{t-p} + \varepsilon_t \tag{8.7.20}$$

其中 $\varepsilon_t \sim$ i. i. d. $N(0, \sigma_0^2)$。AR(p) 过程的条件 ML 估计与 AR(1) 的情况完全类似。如果样本为（y_{-p+1}，y_{-p+2}，…，y_0，y_1，…，y_n），则（$1/n$ 乘以）以（y_{-p+1}，…，y_0）为条件的该样本的对数似然函数为满足下式的式（8.7.16）：

$$\mathbf{x}_t = (1, y_{t-1}, \cdots, y_{t-p})' \text{和} \boldsymbol{\beta}_0 = (c_0, \phi_{01}, \phi_{02}, \cdots, \phi_{0p})'$$

因此，（c_0，ϕ_{01}，…，ϕ_{0p}）的条件 ML（以（y_{-p+1}，y_{-p+2}，…，y_0）为条件）估计量在数值上与 y_t 对一个常数项和 y_t 的 p 个滞后值的回归中的 OLS 系数估计量相同。σ_0^2 的条件 ML 估计值为残差平方和除以样本规模。根据命题 6.7，如果平稳性条件（即 $1-\phi_{01}z-\cdots-\phi_{0p}z^p=0$ 的根的绝对值大于 1）可以得到满足，则这些系数的条件 ML 估计量是一致且渐近正态的。再次如同 AR(1) 的情形，对于一致性和渐近正态性，误差项并不需要服从正态分布。如果平稳性条件可以得到，则精确 ML 估计值和条件 ML 估计值具有相同的渐近分布。

这些结论也很容易一般化到向量过程。**高斯 VAR(p)**（Gaussian VAR(p)）（p 阶向量自回归）可以写为：

$$\underset{(M\times 1)}{\mathbf{y}_t} = \mathbf{c}_0 + \boldsymbol{\Phi}_{01}\mathbf{y}_{t-1} + \cdots + \Phi_{0p}\mathbf{y}_{t-p} + \boldsymbol{\varepsilon}_t \tag{8.7.21}$$

其中 $\boldsymbol{\varepsilon}_t \sim$ i. i. d. $N(\mathbf{0}, \boldsymbol{\Omega}_0)$。条件 ML 估计中的目标函数是（$1/n$ 乘以）对数条件似然函数：

$$Q_n(\boldsymbol{\theta}) = -\frac{M}{2}\log(2\pi) + \frac{1}{2}\log(|\boldsymbol{\Omega}^{-1}|) - \frac{1}{2n}\sum_{t=1}^{n}\{(\mathbf{y}_t - \boldsymbol{\Pi}'\mathbf{x}_t)'\boldsymbol{\Omega}^{-1}(\mathbf{y}_t - \boldsymbol{\Pi}'\mathbf{x}_t)\} \tag{8.7.22}$$

其中，

$$\boldsymbol{\Pi}' \equiv [\mathbf{c} \quad \boldsymbol{\Phi}_1 \quad \boldsymbol{\Phi}_2 \quad \cdots \quad \boldsymbol{\Phi}_p],\ \mathbf{x}_t \equiv \begin{bmatrix} 1 \\ \mathbf{y}_{t-1} \\ \mathbf{y}_{t-2} \\ \vdots \\ \mathbf{y}_{t-p} \end{bmatrix} \tag{8.7.23}$$

这与 8.4 节所考察的多元回归模型的 ML 估计中的目标函数是一致的。因此，（$\mathbf{c}_0$，$\boldsymbol{\Pi}_0$）的条件 ML 估计值在数值上与逐方程 OLS 估计量是相同的。如果系数矩阵满足平稳性

条件（即 $|\mathbf{I}_M-\mathbf{\Phi}_{01}z-\cdots-\mathbf{\Phi}_{0p}z^p|=0$ 的所有根的绝对值大于 1），则（$\mathbf{c}_0$，$\mathbf{\Pi}_0$）的条件 ML 估计值就是一致且渐近正态的。这一结果并不要求误差向量 $\boldsymbol{\varepsilon}_t$ 服从正态分布。

复习题

1.（得分向量是 m. d. s. 的）我们来看高斯 AR(1) 过程式（8.7.9），并令 $\mathbf{s}(\mathbf{w}_t;\boldsymbol{\theta})$ 为观测值 t 的得分向量（（式 8.7.17）的梯度），其中 $\mathbf{w}_t=(y_t,y_{t-1})'$，$\boldsymbol{\theta}=(c,\phi,\sigma^2)'$。

（a）证明：

$$\mathbf{s}(\mathbf{w}_t;\boldsymbol{\theta})=\begin{bmatrix}\frac{1}{\sigma^2}\mathbf{x}_t\cdot(y_t-\mathbf{x}_t'\boldsymbol{\beta})\\ -\frac{1}{2\sigma^2}+\frac{1}{2\sigma^4}(y_t-\mathbf{x}_t'\boldsymbol{\beta})^2\end{bmatrix}$$

其中 $\boldsymbol{\beta}=(c,\phi)'$，$\mathbf{x}_t=(1,y_{t-1})'$。

（b）证明：

$$\mathrm{E}[\mathbf{s}(\mathbf{w}_t;\boldsymbol{\theta}_0)\,|\,y_{t-1},y_{t-2},\cdots]=\mathbf{0}$$

提示：在 $\boldsymbol{\theta}=\boldsymbol{\theta}_0$ 处，$y_t-\mathbf{x}_t'\boldsymbol{\beta}=\varepsilon_t$。

（c）证明 $\{\mathbf{s}(\mathbf{w}_t;\boldsymbol{\theta}_0)\}$ 是一个鞅差分序列。**提示**：$\mathbf{s}(\mathbf{w}_t;\boldsymbol{\theta}_0)$ 是（y_t，y_{t-1}）的（可测）函数。因此 $\mathbf{s}(\mathbf{w}_{t-j};\boldsymbol{\theta}_0)(j\geqslant 1)$ 可以由（y_{t-1}，y_{t-2}，$\cdots$）计算得到。

（d）前面（c）中的这一结论是否可以施及高斯 AR(p) 呢？[答案：是。]

第 8 章习题集

□ 分析性习题

1. 证明：

$$\left|\frac{1}{n}\sum_{t=1}^{n}(\mathbf{y}_t-\mathbf{\Pi}'\mathbf{x}_t)(\mathbf{y}_t-\mathbf{\Pi}'\mathbf{x}_t)'\right|\geqslant\left|\frac{1}{n}\sum_{t=1}^{n}\hat{\mathbf{v}}_t\hat{\mathbf{v}}_t'\right| \tag{1}$$

其中 $\hat{\mathbf{v}}_t\equiv\mathbf{y}_t-\hat{\mathbf{\Pi}}'\mathbf{x}_t$，$\hat{\mathbf{\Pi}}$ 由式（8.4.5）给出。（由于根据构造 $\hat{\mathbf{v}}_t$ 并不取决于 $\mathbf{\Pi}$，所以这一不等式表明了左边在 $\mathbf{\Pi}=\hat{\mathbf{\Pi}}$ 处得以最小化。）**提示**：使用“加减策略”可以推得：

$$\mathbf{y}_t-\mathbf{\Pi}'\mathbf{x}_t=\hat{\mathbf{v}}_t+(\hat{\mathbf{\Pi}}-\mathbf{\Pi})'\mathbf{x}_t$$

因此，

$$\begin{aligned}&\sum_{t=1}^{n}(\mathbf{y}_t-\mathbf{\Pi}'\mathbf{x}_t)(\mathbf{y}_t-\mathbf{\Pi}'\mathbf{x}_t)'\\ &=\sum_{t=1}^{n}\hat{\mathbf{v}}_t\hat{\mathbf{v}}_t'+(\hat{\mathbf{\Pi}}-\mathbf{\Pi})'\sum_{t=1}^{n}\mathbf{x}_t\hat{\mathbf{v}}_t'+\sum_{t=1}^{n}\hat{\mathbf{v}}_t\mathbf{x}_t'(\hat{\mathbf{\Pi}}-\mathbf{\Pi})\\ &\quad+(\hat{\mathbf{\Pi}}-\mathbf{\Pi})'\Big(\sum_{t=1}^{n}\mathbf{x}_t\mathbf{x}_t'\Big)(\hat{\mathbf{\Pi}}-\mathbf{\Pi})\\ &=\sum_{t=1}^{n}\hat{\mathbf{v}}_t\hat{\mathbf{v}}_t'+(\hat{\mathbf{\Pi}}-\mathbf{\Pi})'\Big(\sum_{t=1}^{n}\mathbf{x}_t\mathbf{x}_t'\Big)(\hat{\mathbf{\Pi}}-\mathbf{\Pi})\Big(\text{因为}\sum_{t=1}^{n}\mathbf{x}_t\hat{\mathbf{v}}_t'=\mathbf{0}\Big)\end{aligned}$$

然后使用以下矩阵代数的知识：

令 $\mathbf{A}$ 和 $\mathbf{B}$ 为两个大小相同的半正定矩阵。那么，$|\mathbf{A}+\mathbf{B}|\geqslant|\mathbf{A}|$。

2.（$\hat{\mathbf{\Omega}}(\mathbf{\Pi})$ 是正定的）在多元回归模型的条件下，证明式（8.4.10）中定义的 $\hat{\mathbf{\Omega}}(\mathbf{\Pi})$ 对于任何给定的 $\mathbf{\Pi}$ 都是正定的。**提示：**推导 $\mathbf{y}_t-\mathbf{\Pi}'\mathbf{x}_t=\mathbf{v}_t+(\mathbf{\Pi}_0-\mathbf{\Pi})'\mathbf{x}_t$。由于 $\{y_t, \mathbf{x}_t\}$ 是 i. i. d. 的，所以 $\hat{\mathbf{\Omega}}(\mathbf{\Pi})$ 近乎确定地收敛到 $\mathrm{E}[(\mathbf{y}_t-\mathbf{\Pi}'\mathbf{x}_t)(\mathbf{y}_t-\mathbf{\Pi}'\mathbf{x}_t)']$。证明：

$$\mathrm{E}[(\mathbf{y}_t-\mathbf{\Pi}'\mathbf{x}_t)(\mathbf{y}_t-\mathbf{\Pi}'\mathbf{x}_t)']=\mathbf{\Omega}_0+(\mathbf{\Pi}_0-\mathbf{\Pi})'\mathrm{E}(\mathbf{x}_t\mathbf{x}_t')(\mathbf{\Pi}_0-\mathbf{\Pi})$$

然后使用前一个习题中提到的矩阵不等式。根据假设，$\mathbf{\Omega}_0$ 是正定的。

3.（选做，FIML 中 $\boldsymbol{\delta}$ 的识别）正如第 369 页 8.5 节脚注①所提到的那样，$\boldsymbol{\delta}_0$ 的 FIML 估计量是一个极值估计量，其目标函数为：

$$Q_n(\boldsymbol{\delta})=-|\hat{\mathbf{\Omega}}(\boldsymbol{\delta})| \tag{2}$$

其中，

$$\hat{\mathbf{\Omega}}(\boldsymbol{\delta})\equiv\frac{1}{n}\sum_{t=1}^{n}(\mathbf{y}_t+\mathbf{\Gamma}^{-1}\mathbf{B}\mathbf{x}_t)(\mathbf{y}_t+\mathbf{\Gamma}^{-1}\mathbf{B}\mathbf{x}_t)' \tag{3}$$

令

$$\mathbf{Q}_0(\boldsymbol{\delta})=\operatorname*{plim}_{n\to\infty}Q_n(\boldsymbol{\delta}) \tag{4}$$

为了证明这个极值估计量的一致性，我们要验证前一章命题 7.1 的两个条件。将这两个条件用当前的符号给出：

识别：$Q_0(\boldsymbol{\delta})$ 在紧参数空间上于 $\boldsymbol{\delta}_0$ 处被唯一地最大化，

一致收敛：$Q_n(\cdot)$ 依概率一致收敛到 $Q_0(\cdot)$。

在这道习题中，我们证明识别的秩条件（即 $\mathrm{E}(\mathbf{x}_t\mathbf{z}_{tm}')$ 对于所有的 m 是列满秩的）等价于上述极值估计量的识别条件。在这个证明里，要将我们在文中对 FIML 所做的所有假设都视为既定的。

为了进行这一讨论，我们需要引入一些新的符号。将文中给出的结构型的第 m 个方程重新给出如下：

$$\mathbf{y}_{tm}=\underset{(1\times L_m)}{\mathbf{z}_{tm}'}\underset{(L_m\times 1)}{\boldsymbol{\delta}_{0m}}+\varepsilon_{tm} \tag{5}$$

回归元 $\mathbf{z}_{tm}$ 由 M_m 个内生变量和 K_m 个前定变量组成，而且有 $M_m+K_m=L_m$。定义：

$\underset{(M_m\times M)}{\mathbf{S}_m}$：从 $\mathbf{y}_t$ 中挑选出 M_m 个内生回归元形成的矩阵，

$\underset{(K_m\times K)}{\mathbf{C}_m}$：从 $\mathbf{x}_t$ 中挑选出 K_m 个前定回归元形成的矩阵。

为了说明，我们给出例 8.1 的 $\mathbf{S}_1$ 和 $\mathbf{C}_1$，其中 $\mathbf{y}_t=(p_t, q_t)'$，$\mathbf{x}_t=(1, a_t, w_t)'$，则有：

$$\mathbf{S}_1=[1\quad 0],\ \mathbf{C}_1=\begin{bmatrix}1&0&0\\0&1&0\end{bmatrix}$$

因此第 m 个方程中的回归元可以写为：

$$\mathbf{z}_{tm}'=(\mathbf{y}_t'\mathbf{S}_m'\ \vdots\ \mathbf{x}_t'\mathbf{C}_m')$$

(a) 证明：

$$\underset{(K\times L_m)}{\mathrm{E}(\mathbf{x}_t\mathbf{z}_{tm}')}=\underset{(K\times K)}{\mathrm{E}(\mathbf{x}_t\mathbf{x}_t')}\underbrace{[\underset{(K\times M)}{\mathbf{\Pi}_0}\underset{(M\times M_m)}{\mathbf{S}_m'}\ \vdots\ \underset{(K\times K_m)}{\mathbf{C}_m'}]}_{(K\times L_m)} \tag{6}$$

第 8 章 极大似然方法范例

提示：使用简化型（8.5.9）以及 $\mathrm{E}(\mathbf{x}_t\mathbf{v}_t')=\mathbf{0}$ 这一条件。

由于乘以一个非奇异矩阵（这里是 $\mathrm{E}(\mathbf{x}_t\mathbf{x}_t')$）并不会改变秩，所以方程（6）表明识别的秩条件等价于 $[\mathbf{\Pi}_0\mathbf{S}_m' \vdots \mathbf{C}_m']$ 的秩为 L_m 这一条件。

(b) 证明：

$$\underset{n\to\infty}{\mathrm{plim}}\hat{\mathbf{\Omega}}(\boldsymbol{\delta})=\mathbf{\Gamma}_0^{-1}\mathbf{\Sigma}_0(\mathbf{\Gamma}_0^{-1})'+[\mathbf{\Pi}_0'+\mathbf{\Gamma}^{-1}\mathbf{B}]\mathrm{E}(\mathbf{x}_t\mathbf{x}_t')[\mathbf{\Pi}_0'+\mathbf{\Gamma}^{-1}\mathbf{B}]' \tag{7}$$

其中 $\mathbf{\Pi}_0'\equiv-\mathbf{\Gamma}_0^{-1}\mathbf{B}_0$。**提示：**由于 $\{\mathbf{y}_t, \mathbf{x}_t\}$ 是 i.i.d. 的，这个概率极限由 $\mathrm{E}[(\mathbf{y}_t+\mathbf{\Gamma}^{-1}\mathbf{B}\mathbf{x}_t)(\mathbf{y}_t+\mathbf{\Gamma}^{-1}\mathbf{B}\mathbf{x}_t)']$ 给出。而且，

$$\mathbf{y}_t+\mathbf{\Gamma}^{-1}\mathbf{B}\mathbf{x}_t=\mathbf{v}_t+(\mathbf{\Pi}_0'+\mathbf{\Gamma}^{-1}\mathbf{B})\mathbf{x}_t$$

(c) 证明只有当 $\mathbf{\Gamma\Pi}_0'+\mathbf{B}=\mathbf{0}$ 时 $|\hat{\mathbf{\Omega}}(\boldsymbol{\delta})|$ 才被最小化。**提示：**由于 $\mathrm{E}(\mathbf{x}_t\mathbf{x}_t')$ 是正定的，所以式（7）的右边第二项只有当 $\mathbf{\Pi}_0+\mathbf{B}'(\mathbf{\Gamma}^{-1})'=\mathbf{0}$ 时才为零。然后可以使用上面的习题 1 中提到的矩阵代数知识。

因此，当且仅当 $(\mathbf{\Gamma}, \mathbf{B})=(\mathbf{\Gamma}_0, \mathbf{B}_0)$ 被视为 $(\mathbf{\Gamma}, \mathbf{B})$ 的联立方程组 $\mathbf{\Gamma\Pi}_0'+\mathbf{B}=\mathbf{0}$ 的唯一解时，该极值估计量识别条件（即 $Q_0(\boldsymbol{\delta})$ 在 $\boldsymbol{\delta}_0$ 处被唯一地最大化）成立。

(d) 令 $\boldsymbol{\alpha}_m'(1\times(M+K))$ 为 $(\mathbf{\Gamma}\vdots\mathbf{B})$ 的第 m 行，令 $\mathbf{e}_m'$ 为一个 $(1\times(M+K))$ 向量，其对应于 y_{tm} 的元素是 1，其他元素为 0。为了说明，我们来看例 8.1 的 $\mathbf{e}_1'$，其中 $\mathbf{y}_t=(p_t, q_t)'$，$\mathbf{x}_t=(1, a_t, w_t)'$，该 $\mathbf{e}'_1$ 就是（0，1，0，0，0）。对于例 8.1，证明这样一个一般性结论：

$$\underset{(1\times(M+K))}{\boldsymbol{\alpha}_m'}=\mathbf{e}_m'-\underset{(1\times(M_m+K_m))}{\boldsymbol{\delta}_m'}\begin{bmatrix}\underset{(M_m\times M)}{\mathbf{S}_m} & \underset{(M_m\times K)}{\mathbf{0}}\\ \underset{(K_m\times M)}{\mathbf{0}} & \underset{(K_m\times K)}{\mathbf{C}_m}\end{bmatrix} \tag{8}$$

(e) 将 $\mathbf{\Gamma\Pi}_0'+\mathbf{B}=\mathbf{0}$ 改写为：

$$(\mathbf{\Gamma}\vdots\mathbf{B})\begin{bmatrix}\mathbf{\Pi}_0'\\ \mathbf{I}_K\end{bmatrix}=\mathbf{0} \tag{9}$$

证明 $\mathbf{\Gamma\Pi}_0'+\mathbf{B}=\mathbf{0}$ 的第 m 行可以写为：

$$\boldsymbol{\delta}_m'\begin{bmatrix}\mathbf{S}_m\mathbf{\Pi}_0'\\ \mathbf{C}_m\end{bmatrix}=\boldsymbol{\pi}_{0m}' \tag{10}$$

其中，

$$\boldsymbol{\pi}_{0m}\equiv[\mathbf{\Pi}_0 \vdots \mathbf{I}_K]\mathbf{e}_m \tag{11}$$

(f) 证明 $\boldsymbol{\delta}_m=\boldsymbol{\delta}_{0m}$ 是式（10）的一个解。证明 $\boldsymbol{\delta}_m=\boldsymbol{\delta}_{0m}$ 是式（10）的唯一解的充要条件为方程 m 的识别的秩条件。**提示：**回忆一下线性代数知识：假定 $\mathbf{Ax}=\mathbf{y}$ 有一个解 $\mathbf{x}_0$，它是唯一解的充要条件就是 $\mathbf{A}$ 是列满秩的。

(g) 解释为什么我们可以认为 $\mathbf{\Gamma\Pi}_0+\mathbf{B}=\mathbf{0}$ 的唯一解为 $(\mathbf{\Gamma}, \mathbf{B})=(\mathbf{\Gamma}_0, \mathbf{B}_0)$。**提示：**$\boldsymbol{\delta}$ 的每一个元素要么出现在 $\mathbf{\Gamma}$ 中，要么出现在 $\mathbf{B}$ 中，都只有一次。

4.（选做，在方程组中没有出现的工具变量）我们来看 8.5 节讨论过的联立方程的完备方程组。令：

$$\underset{(K\times 1)}{\mathbf{x}_t}=\begin{bmatrix}\underset{((K-1)\times 1)}{\tilde{\mathbf{x}}_t}\\ x_{tK}\end{bmatrix}$$

假设 x_{tK} 没有出现在这 M 个结构型方程中的任何一个里。证明：从工具变量列表中删掉 x_{tK} 既不会改变识别的秩条件，也不会改变 $\boldsymbol{\delta}_0$ 的 FIML 估计量的渐近方差。**提示：**像习题 3 中那样定义两个矩阵

$\mathbf{S}_m$ 和 $\mathbf{C}_m$，因此有 $\mathbf{z}'_{tm}=(\mathbf{y}'_t\mathbf{S}'_{\vdots}\ \mathbf{x}'_t\mathbf{C}'_m)$ 和式（6）成立。FIML 渐近等价于 3SLS，因此其渐近方差由式（4.5.15）给出。$\mathbf{C}'_m$ 的最后一行是零向量。令 $\widetilde{\mathbf{\Pi}}_0((K-1)\times M)$ 为当 x_{tK} 从该方程组中删去时的简化型系数矩阵。那么有：

$$\mathbf{\Pi}_0=\begin{bmatrix}\underset{((K-1)\times M)}{\widetilde{\mathbf{\Pi}}_0}\\ \underset{(1\times M)}{\mathbf{0}'}\end{bmatrix}$$

参考文献

Amemiya, T., 1973, "Regression Analysis When the Dependent Variable is Truncated Normal," *Econometrica*, 41, 997-1016.

____, 1985, *Advanced Econometrics*, Cambridge: Harvard University Press.

Anderson, T. W., and H. Rubin, 1949, "Estimator of the Parameters of a Single Equation in a Complete System of Stochastic Equations," *Annals of Mathematical Statistics*, 20, 46-63.

Anderson. T. W., N. Kunitomo, and T. Sawa, 1982, "Evaluation of the Distribution Function of the Limited Information Maximum Likelihood Estimator," *Econometrica*, 50, 1009-1027.

Davidson, R., and J. MacKinnon, 1993, *Estimation and Inference in Econometrics*, New York: Oxford University Press.

Fuller, W.. 1996, *Introduction to Statistical Time Series* (2d ed.), New York: Wiley.

Hausman, J., 1975, "An Instrumental Variable Approach to Full Information Estimators for Linear and Certain Nonlinear Econometric Models," *Econometrica*, 43, 727-738.

Johansen, S., 1995, *Likelihood-Based Inference in Cointegrated Vector Auto-Regressive Models*, New York: Oxford University Press.

Judge, G., W. Griffiths. R. Hill, H. Lütkepohl, and T. Lee, 1985, *The Theory and Practice of Econometrics* (2d ed.), New York: Wiley.

Magnus, J., and H. Neudecker, 1988, *Matrix Differential Calculus with Applications in Statistics and Econometrics*, New York: Wiley.

Newey, W., and D. McFadden. 1994. "Large Sample Estimation and Hypothesis Testing," Chapter 36 in R. Engle and D. McFadden (eds.), *Handbook of Econometrics*, Volume IV, New York: North-Holland.

Olsen, R. J., 1978, "Note on the Uniqueness of the Maximum Likelihood Estimator for the Tobit Model," *Econometrica*, 46, 1211-1215.

Orme, C., 1989, "On the Uniqueness of the Maximum Likelihood Estimator in Truncated Regression Models," *Econometric Reviews*, 8, 217-222.

Pagan, A,, 1979, "Some Consequences of Viewing LIML As an Iterated Aitken Estimator," *Economics Letters*, 3, 369-372.

Sapra, S. K., 1992, "Asymptotic Properties of a Quasi-Maximum Likelihood Estimator in Truncated Regression Model with Serial Correlation," *Econometric Reviews*, 11, 253-260.

Tobin, J., 1958, "Estimation of Relationships for Limited Dependent Variables," *Econometrica*, 26, 24-36.

Wooldridge, J., 1994, "Estimation and Inference for Dependent Processes," Chapter 45 in R. Engle and D. McFadden (eds.), *Handbook of Econometrics*, Volume IV, New York: North-Holland.

第 9 章

单位根计量经济学

概要

直到目前，我们的分析仍然局限在平稳过程上。9.1 节引入了两类带有趋势的过程：趋势平稳过程和单位根过程。单位根过程也被称为差分平稳过程或者一阶（I(1)）积分过程，这是因为它的一阶差分是一个平稳过程或 I(0) 过程。使用 9.2 节所介绍的工具可以推导涉及 I(0) 和 I(1) 过程的统计量的极限分布。利用这些工具，我们可以导出所讨论过程为 I(1) 这一原假设的某些单位根检验方法。这些检验不仅被广泛地使用，而且具有现有的大多数其他检验所不具备的更好的有限样本性质。在 9.3 节，我们讨论了迪基–富勒（Dickey-Fuller）检验，这一检验可以用来检验该过程是一个随机游走的原假设，随机游走是一阶差分无序列相关的一种典型的 I(1) 过程。9.4 节表明，这些检验可以推广到具有序列相关的一阶差分的 I(1) 过程。9.5 节对这些检验与单位根检验进行了简短的比较。9.6 节是本章讨论应用的章节，它利用单位根检验方法检验了购买力平价（PPP）理论，这是国际经济学中关于汇率随一国价格水平进行调整的根本命题。

9.1 对趋势建模

在经济学中，可以被合理地描述为趋势的时间序列不乏其例。图 9.1 展示了美国真实 GDP 对数的曲线图。GDP 对数显然具有向上的趋势，因为它的均值不是常数而是平稳过程，随着时间推移而稳定地增长。这种均值上的趋势被称为**确定性趋势**（deterministic trend）或**时间趋势**（time trend）。对于美国 GDP 对数这样的情况，确定性趋势大致呈现线性状态。另外一类趋势可以从图 6.3 探知，它是对日元/美元汇率的对数作图。汇率对数在均值上并不具有趋势，但是它的每一个变化似乎都对未来值有一个永久性影响，因此对未来值的最佳预测就是现值。具有这种不为平稳过程所同享的性质的过程，被称为**随机趋势**（stochastic trend）。如果你还记得鞅的定义，则它很适用于这种对随机趋势的描述。随机趋势和鞅的含义类似。

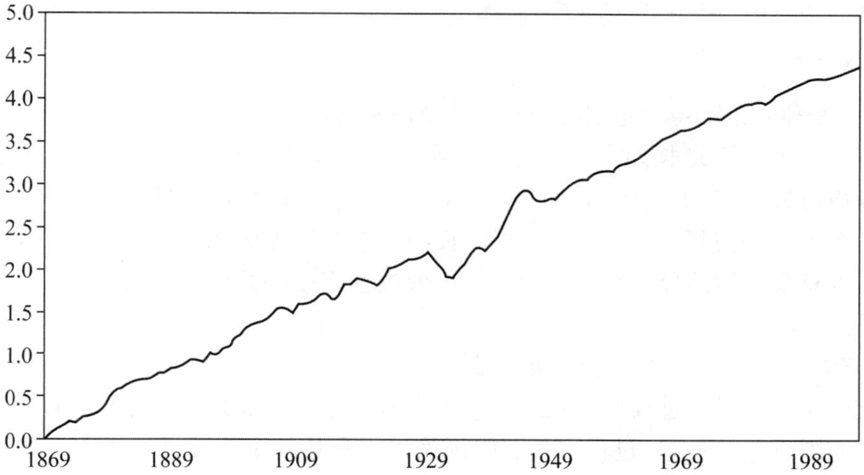

图 9－1　美国真实 GDP 对数，1869 年的值取为 0

本章和下一章的基本前提是，经济时间序列可以表示为线性时间趋势、随机趋势和平稳趋势之和。①

□ 积分过程

随机游走是**积分过程**（integrated processes）这类趋势过程的一个代表性的例子。为了给出积分过程的准确定义，我们首先定义 I(0) 过程。一个 **I(0) 过程**（I(0) process）是一个（严）平稳过程，其**长期方差**（long-run variance）（6.5 节命题 6.8 之后的讨论中定义了这个概念）是有限的且为正。（对于长期方差为何要求为正，我们会稍作解释。）我们遵循例如汉密尔顿（Hamilton，1994，p. 435）这种文献的惯例，允许 I(0) 过程具有可能非零的均值（有些作者，例如 Stock（1994），就要求 I(0) 过程具有零均值）。因此，一个 I(0) 过程可以写为：

$$\delta+u_t \tag{9.1.1}$$

其中 $\{u_t\}$ 是具有正的长期方差的零均值平稳过程。

积分过程的定义可以从 I(0) 过程的定义得来。令 Δ 为差分算子，因此对于一个序列 $\{\xi_t\}$ 来说，有：

$$\begin{aligned}&\Delta\xi_t\equiv(1-L)\xi_t=\xi_t-\xi_{t-1}\\&\Delta^2\xi_t=(1-L)^2\xi_t=(\xi_t-\xi_{t-1})-(\xi_{t-1}-\xi_{t-2})\text{，等等}\end{aligned} \tag{9.1.2}$$

① 这里给出一个语义学的注释。带有趋势的过程常被称为“非平稳过程”。我们在本书余下的内容里不会使用这一术语，因为即便没有趋势，过程也可能不是平稳的。例如，令 ε_t 是一个 i. i. d. 过程，具有单位方差，令 d_t 为：当 t 为奇数时取值 1，当 t 为偶数时取值 0。那么由 $u_t=d_t\cdot\varepsilon_t$ 所定义的过程 $\{u_t\}$ 就不是一个平稳过程，因为其方差取决于 t。然而，这个过程不可能被合理地描述为一个带有趋势的过程。

定义 9.1（I(d) 过程）：如果一个过程的 d 阶差分 $\Delta^d\xi_t$ 是 I(0)，则它可称是 d 阶可积的（I(d)）（$d=1，2，\cdots$）。特别地，如果一阶差分 $\Delta\xi_t$ 是 I(0)，则称过程 $\{\xi_t\}$ 是 1 阶可积的（I(1)）。

要求一个 I(0) 过程的长期方差为正的原因在于，这样可以排除下面定义上的异常情况。我们来看由下式定义的过程 $\{v_t\}$：

$$v_t \equiv \varepsilon_t - \varepsilon_{t-1} \tag{9.1.3}$$

其中 $\{\varepsilon_t\}$ 是独立白噪声。正如我们在 6.5 节的复习题 5 中所证明的那样，$\{v_t\}$ 的长期方差为零。如果这不是长期方差的条件，则 $\{v_t\}$ 将会是 I(0)。那么，由于 $\Delta\varepsilon_t = v_t$，独立白噪声过程 $\{\varepsilon_t\}$ 必将为 I(1)！如果过程 $\{v_t\}$ 被写为 I(0) 过程的一阶差分，它就被称为一个 I(−1) 过程。I(−1) 过程的长期方差为零（复习题 1 要求你证明这一点）。

对于本章余下的部分，我们所处理的积分过程都是一阶的。有关 I(1) 过程，我们略做如下几点注释：

● （它何时开始?）这对于随机游走最为明显，I(1) 过程的方差随着时间而线性增加。如此一来，如果该过程从无限远的过去开始，这个方差也将会是无穷的。为了集中考察具有有限方差的 I(1) 过程，我们假设该过程是从一个有限远的过去开始的，为了不失一般性，我们可以假设开始的时间为 $t=0$。由于一个 I(0) 过程可以写为式 (9.1.1)，而且由于根据定义，一个 I(1) 过程 $\{\xi_t\}$ 满足关系 $\Delta\xi_t = \delta + u_t$，所以我们可以将 ξ_t 写成水平形式：

$$\xi_t = \xi_0 + \delta \cdot t + (u_1 + u_2 + \cdots + u_t) \tag{9.1.4}$$

其中 $\{u_t\}$ 是零均值 I(0) 过程。因此，水平过程 $\{\xi_t\}$ 的设定必然包含有关初始条件的假设。除非另有规定，我们将一直假设 $E(\xi_0^2) < \infty$。故 ξ_0 可以是随机的。

● （I(0) 过程中的均值是 I(1) 过程中的趋势）从式（9.1.4）中可以清楚地知道，I(1) 过程具有线性趋势 $\delta \cdot t$。这是我们允许 I(0) 过程取非零均值 δ 的结果。如果 $\delta=0$，这个 I(1) 过程就不带有趋势而被称为一个**无漂移 I(1) 过程**（driftless I(1) process），然而如果 $\delta \neq 0$，则这个过程即被称为**带有漂移的 I(1) 过程**（I(1) process with drift）。显然，一个带有漂移的 I(1) 过程可以写成一个线性趋势和一个无漂移I(1) 过程的和。

● （I(1) 过程的其他两个名称）I(1) 过程还有其他两个名称。由于一阶差分是平稳的，所以它被称为**差分平稳过程**（difference-stationary process）。此外还被称为**单位根过程**（unit-root process）。为了看看何以如此称呼，我们来考虑如下模型：

$$(1-\rho L) y_t = \delta + u_t \tag{9.1.5}$$

其中 u_t 是零均值 I(0) 过程。它是一个自回归模型，其中可能的序列相关由 u_t 表示。如果自回归根 ρ 为 1，则 y_t 的一阶差分就是 I(0) 过程，因此 $\{y_t\}$ 是 I(1) 过程。

□ 为什么了解过程是不是 I(1) 很重要

对于本章余下的内容，我们要关心的是如何区分趋势平稳过程和差分平稳过程（即带有或不带有漂移的 I(1) 过程），前者可以写成线性时间趋势（如果存在）和平稳过程的和。正如我们将要在命题 9.1 中所看到的那样，I(1) 过程可以写为线性趋势（如果存在)、平稳过程和随机过程的和。因此，这两类过程之间的差别在于存在一个随机过程。这种差别之所以重要，至少有两个原因：

1. 首先，这对于预测尤其意义重大。为了明白这一点，我们来看下面这个带有趋势的简单 AR(1) 过程：

$$
\begin{aligned}
&y_t=\alpha+\delta\cdot t+z_t\\
&z_t=\rho z_{t-z}+\varepsilon_t
\end{aligned}
\tag{9.1.6}
$$

其中 $\{\varepsilon_t\}$ 是独立白噪声。以 $(y_t, y_{t-1}, \cdots)$ 为条件的 y_{t+s} 的提前 s 期的预测可以写为：

$$
\begin{aligned}
\mathrm{E}(y_{t+s}|y_t,y_{t-1},\cdots)&=\mathrm{E}[\alpha+\delta\cdot(t+s)|y_t,y_{t-1},\cdots]+\mathrm{E}(z_{t+s}|y_t,y_{t-1},\cdots)\\
&=\alpha+\delta\cdot(t+s)+\mathrm{E}(z_{t+s}|y_t,y_{t-1},\cdots)
\end{aligned}
\tag{9.1.7}
$$

$(y_t, y_{t-1}, \cdots)$ 和 $(z_t, z_{t-1}, \cdots)$ 包含相同信息，因为在这两者之间存在一一映射。因此，最后一项可以写为：

$$
\mathrm{E}(z_{t+s}|y_t,y_{t-1},\cdots)=\mathrm{E}(z_{t+s}|z_t,z_{t-1},\cdots)=\rho^s z_t \tag{9.1.8}
$$

这是因为 $z_{t+s}=\varepsilon_{t+s}+\rho\varepsilon_{t+s-1}+\cdots+\rho^{s-1}\varepsilon_{t+1}+\rho^s z_t$。将式 (9.1.8) 代入式 (9.1.7)，我们可以得到提前 s 期预测的如下表达：

$$
\begin{aligned}
\mathrm{E}(y_{t+s}|y_t,y_{t-1},\cdots)&=\alpha+\delta\cdot(t+s)+\rho^s z_t\\
&=\alpha+\delta\cdot(t+s)+\rho^s\cdot(y_t-\alpha-\delta\cdot t)
\end{aligned}
\tag{9.1.9}
$$

需要考虑两种情况。

$|\rho|<1$ 这种情况。现在如果 $|\rho|<1$，则 $\{z_t\}$ 是一个平稳 AR(1) 过程，从而为零均值 I(0)。因此 $\{y_t\}$ 是趋势平稳的。在这种情况下，由于 $\mathrm{E}(z_t^2)<\infty$，所以我们有：

$$
\text{随着 } s\to\infty,\text{ 有 } \mathrm{E}[(\rho^s z_t)^2]=\rho^{2s}\mathrm{E}(z_t^2)\to 0
$$

因此，提前 s 期的预测 $\mathrm{E}(y_{t+s}\mid y_t, y_{t-1}, \cdots)$ 随着 $s\to\infty$ 而依均方收敛于线性时间趋势 $\alpha+\delta\cdot(t+s)$。更为准确地说，

$$
\text{随着 } s\to\infty,\text{有 } \mathrm{E}\{[\mathrm{E}(y_{t+s}|y_t,y_{t-1},\cdots)-\alpha-\delta\cdot(t+s)]^2\}\to 0 \tag{9.1.10}
$$

也就是说，如果预测期限 s 充分长，则 y 的当前值和过去值并不影响该预测。特别地，如果 $\delta=0$，则有：

$$
\text{随着 } s\to\infty,\text{ 有 } \mathrm{E}(y_{t+s}|y_t,y_{t-1},\cdots)\xrightarrow[\text{m.s.}]{}\mathrm{E}(y_t) \tag{9.1.11}
$$

也就是说，一个长期预测是无条件均值。这一性质被称为**均值回归**（mean reversion），它对于任何线性平稳过程都是成立的，而不只是对于平稳 AR(1) 过程如此。[①] 因此，线性平稳过程有时候被称为**短暂成分**（transitory component）。

$\rho=1$ 这种情况。现在反过来，假设 $\rho=1$。那么，$\{z_t\}$ 是一个无漂移随机游走（一

① 证明可参看例如 Hamilton（1994，p. 439）。

种特殊的随机趋势)，y_t 可以写为：

$$y_t=(\alpha+z_0)+\delta\cdot t+\varepsilon_1+\varepsilon_2+\cdots+\varepsilon_t \tag{9.1.12}$$

这表明 $\{y_t\}$ 是一个带有漂移的随机游走，其初始值为 $z_0+\alpha$（一种特殊的 I(1) 或差分平稳过程)。在式（9.1.9）中设 $\rho=1$，我们可以得到：

$$\mathrm{E}(y_{t+s}|y_t,y_{t-1},\cdots)=\delta\cdot s+y_t \tag{9.1.13}$$

也就是说，带有漂移 δ 的随机游走无论其现值 y_t 为何，预期都会以每期不变的速率 δ 增长。与趋势平稳情况不同的是，这里的现值对所有预测时期而言对预测值都具有永久的效应。这是因为出现了随机趋势 z_t。随机趋势也被称为**永久成分**（permanent component)。

2. 区分趋势平稳和差分平稳过程的第二个原因源于推断。例如，假设你对下述回归方程中有关 β 的假设进行检验有兴趣：

$$y_t=x_t\beta+u_t \tag{9.1.14}$$

其中 u_t 是一个平稳误差项。如果回归元 x_t 是趋势平稳的，那么正如你在 2.12 节所看到的，β 的 OLS 估计值的 t 值渐近服从标准正态分布。另外，如果 x_t 是差分平稳的，也就是说，如果它具有一个随机趋势，则这个 t 值所服从的就是一个非标准的极限分布，因此有关 β 的推断就不能按照惯常的做法来完成。这种情况中的回归被称为“协整回归”(cointegrating regression)。关于协整回归的推断问题将在下一章进行研究。

□ 哪一个应该作为原假设，I(0) 还是 I(1)

为了区分趋势平稳过程和差分平稳过程或 I(1)，文献中习惯的做法是检验这个过程是 I(1) 的原假设，而不是将趋势平稳的假设作为原假设。大体而言，原因有两个。一个是研究者相信所关注的方程的变量是 I(1) 的，并希望控制有关 I(1) 原假设的第一类错误。然而，这也并非一贯的定论，因为通常来说研究者对于所研究变量是 I(0) 还是 I(1) 并没有很强的先验信念。参看 Watson（1994，pp. 2867－2870)，可以得到对这个施以推断的问题的一个简洁表述。另外一个原因仅仅在于，相较于 I(1) 原假设来说，有关趋势平稳原假设的检验的发展仍然不够完善。对过程为 I(0) 或更一般地说过程为趋势平稳的原假设，我们现有若干种检验方法；参看 Tanaka（1990)、Kwiatkowski 等（1992）以及 Leybourne 和 McCabe（1994)，了解他们的贡献，而且斯托克（Stock，1994，第 4 节）与麦达拉和金（Maddala and Kim，1998，4.5 节）给出了综述。就这里的情况而言，我们要说，没有单一的具有良好的有限样本性质的 I(0) 检验是为大多数研究者所共同使用的。因此，本书我们将集中讨论 I(1) 原假设检验。

□ 其他趋势建模的方法

在随机趋势和时间趋势之外，还有两个对趋势建模的流行方法：分整和中断期未知的趋势中断。本书不再对这些方法进行讨论。前一种方法的综述可以参看 Baillie（1996)。有关趋势中断的文献量增长迅速。综述可以参看 Stock（1994，第 5 节）与 Maddala 和 Kim（1998，第 13 章)。

复习题

1. (I(0) 过程差分的长期方差)令 $\{u_t\}$ 为 $\mathrm{Var}(u_t)<\infty$ 的 I(0)。证明 $\{\Delta u_t\}$ 是协方差平稳的,而且 $\{\Delta u_t\}$ 的长期方差为零。**提示:** $\{v_t\}$ (这里 $v_t \equiv \Delta u_t$)的长期方差被定义为随着 $T<\infty$ 所得的 $\mathrm{Var}(\sqrt{T}\bar{v})$ 的极限。$\sqrt{T}\bar{v}=(v_1+v_2+\cdots+v_T)/\sqrt{T}=(u_T-u_0)/\sqrt{T}$。

9.2 单位根计量经济学的工具

单位根计量经济学的基本工具就是所谓的"泛函中心极限定理"(FCLT)。为了应用 FCLT,我们需要对所关联的 I(0) 过程施加一些条件来限定 I(1) 过程。需要给出什么样的限制条件,也就是说,需要集中关注哪一类 I(0) 过程,则是一个见仁见智的事情,它取决于所使用的 FCLT 的版本。在本书中,遵循文献中的习惯,我们集中讨论线性 I(0) 过程。在定义了线性 I(0) 过程之后,本节引入一些概念和结论,这些概念和结论在本章余下的内容里会被反复用到。

□ 线性 I(0) 过程

我们对线性 I(0) 过程的定义如下。

定义 9.2 (线性 I(0) 过程): 线性 I(0) 过程可以写为一个常数加上一个零均值线性过程 $\{u_t\}$,满足:

$$u_t=\psi(L)\varepsilon_t,\ \psi(L)\equiv\psi_0+\psi_1 L+\psi_2 L^2+\cdots, t=0,\pm1,\pm2,\cdots \tag{9.2.1}$$

$\{\varepsilon_t\}$是独立白噪声(是均值为 0,$E(\varepsilon_t^2)\equiv\sigma^2>0$ 的 i. i. d.) (9.2.2)

$$\sum_{j=0}^{\infty} j\mid\psi_j\mid<\infty \tag{9.2.3a}$$

$$\psi(1)\neq 0 \tag{9.2.3b}$$

新息过程 $\{\varepsilon_t\}$ 被假设为白噪声 i. i. d. 。这个条件是为了简化表述,可以切实地予以放松。[①] 在本章余下的内容里,我们将线性 I(0) 过程视作简单的 I(0) 过程,不再有限定语"线性"。而且,除非另有说明,$\{\varepsilon_t\}$ 将一直是一个独立白噪声过程,$\{u_t\}$ 是一个零均值的 I(0) 过程。

条件式 (9.2.3a) (有时候被称为**一阶可和性条件** (one-summability condition)) 要比我们更为熟悉的绝对可和性条件更强一些。这一更强的假设在稍后要介绍的贝弗里奇-尼尔森 (Beveridge-Nelson) 分解的帮助之下会使得证明下一节的大样本结论更为容易。由于 $\{\psi_j\}$ 是绝对可和的,所以根据 6.1 (d),线性过程 $\{u_t\}$ 是严格平稳和遍历的。$\{u_t\}$ 的 j 阶自协方差将会以 γ_j 来表示。由于 $E(u_t)=0$,故有 $\gamma_j=E(u_t u_{t-j})$。根据命题 6.1 (c),自协方差是绝对可和的。

为了理解条件式 (9.2.3b),我们回忆一下,根据命题 6.8 (b) 可知,长期方差

① 例如,这个新息过程可以是平稳鞅差分过程。可参看 Tanaka (1996, p. 80) 的定理 3.8。

（在本章我们将其表示为 λ^2）等于在 $z=1$ 处自协方差生成函数的值。根据命题 6.6，它可由下式给出：

$$\lambda^2 \equiv \{u_t\} \text{ 的长期方差} = \gamma_0 + 2\sum_{j=1}^{\infty}\gamma_j = \Delta^2 \cdot [\psi(1)]^2 \tag{9.2.4}$$

从而，条件式（9.2.3b）就确保了长期方差为正。

□ 以随机游走来近似 I（1）

令 $\{\xi_t\}$ 为 I(1)，从而 $\Delta\xi_t=\delta+u_t$，其中 $u_t\equiv\psi(L)\varepsilon_t$ 是一个零均值 I(0) 过程，它满足式（9.2.1)至式（9.2.3)，且 $E(\xi_0^2)<\infty$。使用下面的恒等式（在复习题 1 中要求予以证明)：

$$\psi(L)=\psi(1)+\Delta\alpha(L),\ \Delta\equiv 1-L$$

$$\alpha(L)\equiv\sum_{j=0}^{\infty}\alpha_j L^j,\ \alpha_j=-(\psi_{j+1}+\psi_{j+2}+\cdots)(j=0,1,2,\cdots) \tag{9.2.5}$$

我们可以将 u_t 写为：

$$u_t\equiv\psi(L)\varepsilon_t=\psi(1)\cdot\varepsilon_t+\eta_t-\eta_{t-1},\text{ 其中 } \eta_t\equiv\alpha(L)\varepsilon_t \tag{9.2.6}$$

可以证明（参看分析性习题 7)，$\alpha(L)$ 是绝对可和的。因此，根据命题 6.1（a)，$\{\eta_t\}$ 是定义良好的零均值协方差平稳过程（根据命题 6.1（d)，它的确是遍历平稳的)。将式（9.2.6）代入式（9.1.4)，我们可以得到（计量经济学中所谓的）**贝弗里奇-尼尔森分解**（Beveridge-Nelson decomposition)：

$$\begin{aligned}\xi_t &= \delta\cdot t+\sum_{s=1}^{t}[\psi(1)\cdot\varepsilon_s+\eta_s-\eta_{s-1}]+\xi_0\\ &=\delta\cdot t+\psi(1)\sum_{s=1}^{t}\varepsilon_s+\eta_t+(\xi_0-\eta_0)\left(\text{因为}\sum_{s=1}^{t}(\eta_s-\eta_{s-1})=\eta_t-\eta_0\right)\end{aligned} \tag{9.2.7}$$

这样一来，任何线性 I(1) 过程都可以写成线性时间趋势（$\delta\cdot t$)、无漂移随机游走或随机趋势（$\psi(1)(\varepsilon_1+\varepsilon_2+\cdots+\varepsilon_t)$)、平稳过程（$\eta_t$）和初始条件（$\xi_0-\eta_0$）之和。略有不同地进行表述，可以得到如下命题：

命题 9.1（贝弗里奇-尼尔森分解)：令 $\{u_t\}$ 为满足式（9.2.1)至式（9.2.3）的零均值 I(0) 过程。则有：

$$u_1+u_2+\cdots+u_t=\psi(1)(\varepsilon_1+\varepsilon_2+\cdots+\varepsilon_t)+\eta_t-\eta_0$$

其中 $\eta_t\equiv\alpha(L)\varepsilon_t$，$\alpha_j=-(\psi_{j+1}+\psi_{j+2}+\cdots)$。$\{\eta_t\}$ 是零均值遍历平稳的。①

我们暂令式（9.2.7）中 $\delta=0$，因此 $\{\xi_t\}$ 是无漂移 I(1)。该分解的一个重要意义在于，任何无漂移 I(1) 过程都被随机趋势 $\psi(1)\sum_{s=1}^{t}\varepsilon_s$ 在下面的意义上占优。用$\sqrt{t}$去除该分解式（9.2.7）的两边，可以得到：

---

① 关于更为一般的条件，即不要求 I(0) 过程 $\{u_t\}$ 为线性的，在这种条件下 $u_1+\cdots+u_t$ 像这里这样被分解，可以参看 Hall 和 Heyde（1980）的定理 5.4。在这个定理中，$\{\varepsilon_t\}$ 是一个平稳鞅差分序列，因此该随机趋势是一个鞅。

$$\frac{\xi_t}{\sqrt{t}}=\psi(1)\cdot\frac{1}{\sqrt{t}}\sum_{s=1}^{t}\varepsilon_s+\left[\frac{\xi_0}{\sqrt{t}}+\frac{\eta_t}{\sqrt{t}}-\frac{\eta_0}{\sqrt{t}}\right] \tag{9.2.8}$$

由于根据假设有 $\mathrm{E}(\xi_0^2)<\infty$，所以随着 $t\to\infty$ 有 $\mathrm{E}[(\xi_0/\sqrt{t})^2]\to 0$。因此，$\xi_0/\sqrt{t}$ 依均方（因此也依概率）收敛到零。同样的情况可以应用于 $\eta_t/\sqrt{t}$ 和 $\eta_0/\sqrt{t}$。故而，式（9.2.8）右边括号中的项可以渐近地被忽略。与之相对，根据 2.1 节的林德伯格-列维 CLT，第一项服从 $N(0,\sigma^2\cdot[\psi(1)]^2)$ 的极限分布。在这个意义上，该随机趋势以速率 $\sqrt{t}$ 增长。利用式（9.2.4），随机趋势可以写为：

$$\psi(1)(\varepsilon_1+\varepsilon_2+\cdots+\varepsilon_t)=\lambda\cdot\left(\frac{\varepsilon_1}{\sigma}+\frac{\varepsilon_2}{\sigma}+\cdots+\frac{\varepsilon_t}{\sigma}\right) \tag{9.2.9}$$

它表明，ξ_t 中随机趋势的变化具有方差 λ^2，即 $\{\Delta\xi_t\}$ 的长期方差。

现在，假设 $\delta\neq 0$，因此 $\{\xi_t\}$ 是带有漂移的 I(1)。用 t 而不是 $\sqrt{t}$ 去除式（9.2.7）的两边，仅应用由 $\delta=0$ 情况给出的相同论证，随机趋势以及平稳要素渐近地予以忽略，其中 ξ_t/t 依概率收敛到 δ。在这样意义上，时间趋势在大样本中占优于 I(1) 过程。

□ 与 ARMA 模型的关系

在 6.2 节，定义零均值平稳 ARMA 过程 $\{u_t\}$ 为满足如下平稳 ARMA（p，q）方程的唯一的协方差平稳过程：

$$\phi(L)u_t=\theta(L)\varepsilon_t \tag{9.2.10}$$

其中，$\phi(L)$ 满足平稳性条件。如果 $\{\varepsilon_t\}$ 是独立白噪声，而且如果 $\theta(1)\neq 0$，那么 ARMA（p，q）过程是零均值 I(0)。为了弄清楚这一点，注意由命题 6.5（a）可知，u_t 可以写为满足下式的式（9.2.1）：

$$\psi(L)=\phi(L)^{-1}\theta(L) \tag{9.2.11}$$

由于根据平稳性条件有 $\phi(1)\neq 0$，根据假设有 $\theta(1)\neq 0$，所以条件式（9.2.3b）（$\psi(1)\neq 0$）可以得到满足。根据命题 6.4（a）可知，系数序列 $\{\psi_j\}$ 由于其几何递减序列的性质在绝对值上是有界的。

给定如上所述的零均值平稳 ARMA（p，q）过程 $\{u_t\}$，由关系 $\Delta\xi_t=u_t$ 所定义的相关的 I(1) 过程 $\{\xi_t\}$，被称为**自回归整合移动平均**（autoregressive integrated moving average，ARIMA(p，1，q)）过程。将关系式 $u_t=(1-L)\xi_t$ 代入式（9.2.10），我们可以得到：

$$\phi^*(L)\xi_t=\theta(L)\varepsilon_t \tag{9.2.12}$$

其中 $\phi^*(L)\equiv\phi(L)(1-L)$，$\phi(L)$ 是平稳的且 $\theta(1)\neq 0$。相关的自回归多项式方程 $\phi^*(z)=0$ 的一个根是单位根，所有其他根位于单位圆之外。更为一般地说，I(d) 过程族可以表示为满足式（9.2.12），其中 $\phi^*(L)$ 现在被定义为：

$$\phi^*(L)=\phi(L)(1-L)^d \tag{9.2.13}$$

因此，现在 $\phi^*(z)=0$ 有 d 重单位根，其他所有根都位于单位圆之外。这一 I(d) 过程族被称为自回归整合移动平均（ARIMA(p，d，q)）过程。第一个参数（p）指的是自回归滞后项的阶数（而不是单位根的个数），第二个参数（d）指的是积分的次序，第三个参数（q）是移动平均滞后项的数目。由于 $\phi(L)$ 满足平稳性条件，所以取 ARIMA（p，d，q）的 d 次差分可以得到一个零均值平稳 ARMA（p，q）过程。因此，一个 ARIMA(p，d，q）过程是 I(d) 过程。

□ 维纳（Wiener）过程

接下来的两节将给出一系列单位根检验的方法。其检验统计量的极限分布将根据**维纳过程**［Wiener processes，也被称为**布朗运动过程**（Brownian motion processes)］。有些读者可能已经在连续时间金融中对这一点比较熟悉，但我们这里还是重新让你回忆一下，

定义 9.3（标准维纳过程）：标准的维纳（布朗运动）过程 W（·）是一个连续时间随机过程，与每个时期 $t\in[0，1]$ 相关联的是一个标量随机变量 $W(t)$，满足：

（1）$W(0)=0$；

（2）对于任意时期 $0\leqslant t_1<t_2<\cdots<t_k\leqslant 1$，变化

$$W(t_2)-W(t_1),W(t_3)-W(t_2),\cdots,W(t_k)-W(t_{k-1})$$

服从独立多元正态，其中 $W(s)-W(t)\sim N(0,(s-t))$（因此特别有 $W(1)\sim N(0，1)$）；

（3）对于任何实现，$W(t)$ 在 t 上以概率 1 而连续。

大体而言，亦被称作**不变性原理**（invariance principle）的**泛函中心极限定理**（functional central limit theorem，FCLT）表明，维纳过程是无漂移随机游走的一个连续时间对应过程。假设你给出了一个标准的时长为 T 的随机游走（其变化有一个单位方差），在垂直方向将其值缩减为原来值的 $1/\sqrt{T}$之后进行绘图，然后在水平方向上将这一标准化图示进行压缩，使得它可以拟合单位区间［0，1］。在图 9－2（a）中，我们给出了 $T=10$ 的样本规模时的绘图情况。该样本规模在图 9－2（b）中上升到 100，在图 9－2（c）中上升到 1 000。正如该图所示，这一图示在单位区间上开始变得越来越紧密。FCLT 向我们确保了随着 $T\to\infty$，存在一个良好定义的极限，这一极限过程正是维纳过程。定义 9.3 的性质（2）是维纳过程的瞬时变化序列为 i. i. d. 的这一性质的数学表达。无漂移随机游走的连续时间对应过程的变化具有方差 σ^2 而非单位方差，故可以写作 $\sigma W(r)$。

为了更深入地探求无漂移随机游走和维纳过程之间的相似性，我们来看一个“去均值标准随机游走”，它通过减去样本均值而从标准无漂移随机游走中构造出来。也就是说，令 $\{\xi_t\}$ 为 $\mathrm{Var}(\Delta\xi_t)=1$ 的无漂移随机游走，并定义：

$$\xi_t^\mu\equiv\xi_t-\frac{\xi_0+\xi_1+\cdots+\xi_{T-1}}{T}(t=0,1,\cdots,T-1) \tag{9.2.14}$$

这一去均值随机游走的连续时间对应过程就是**去均值标准维纳过程**（demeaned standard Wiener process），它可以被定义为：

$$W^\mu(r)\equiv W(r)-\int_0^1 W(s)\mathrm{d}s \tag{9.2.15}$$

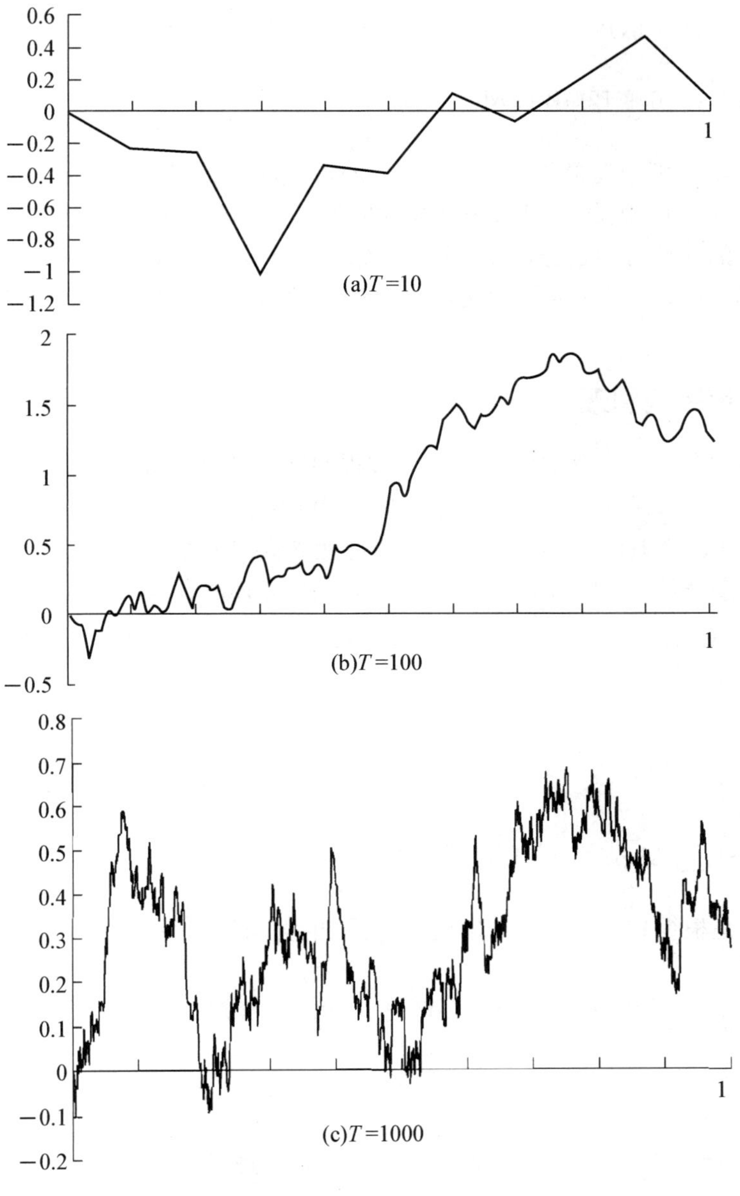

图 9-2　对泛函中心极限定理的阐释

（我们定义 $t=0, 1, \cdots, T-1$ 的去均值序列来匹配下面命题 9.2 的时间表示习惯。如果这一去均值序列对 $t=1, 2, \cdots, T$ 进行定义，那么其连续时间对应过程也是式(9.2.15)。）

我们也可以从标准随机游走 $\{\xi_t\}$ 中构造一个去趋势序列：

$$\xi_t^T \equiv \xi_t - \hat{\alpha} - \hat{\delta} \cdot t(t=0,1,\cdots,T-1) \tag{9.2.16}$$

其中 $\hat{\alpha}$ 和 $\hat{\delta}$ 是 ξ_t 对 $(1, t)(t=0, 1, \cdots, T-1)$ 回归中的截距项和时间系数。该去趋势随机游走的连续时间对应过程是定义如下的**去趋势标准维纳过程**（detrended standard Wiener process）：

$$W^{\tau}(r) \equiv W(r) - a - d \cdot r$$

$$a \equiv \int_0^1 (4-6s)W(s)\mathrm{d}s$$

$$d \equiv \int_0^1 (-6+12s)W(s)\mathrm{d}s \tag{9.2.17}$$

系数 a 和 d 分别是随着 $T\to\infty$ 时 $\hat{\alpha}$ 和 $\hat{\delta}$ 的极限随机变量（推导过程可参看 Phillips 和 Durlauf（1986））。因此，如果一个线性时间趋势通过 OLS 拟合一个无漂移随机游走，那么待估的线性时间趋势 $\hat{\delta}$ 会依分布收敛到一个随机变量 d；即便在大样本中，除非极其偶然的情况，否则 $\hat{\delta}$ 绝不会为零。这一现象有时候被称为**伪趋势剔除**（spurious detrending）。

□ 一个有用的引理

单位根检验利用了包含 I(0) 和 I(1) 过程的统计量。下面命题中所汇聚的重要结论将会被用于推导 9.3 节至 9.4 节单位根检验统计量的极限分布。

命题 9.2（包含 I(0) 和 I(1) 变量的统计量的极限分布）：令 $\{\xi_t\}$ 为无漂移 I(1)，使得 $\Delta\xi_t$ 是一个满足式（9.2.1）至式（9.2.3）以及 $E(\xi_0^2)<\infty$ 的零均值 I(0)。令：

$$\lambda^2 \equiv \{\Delta\xi_t\}\text{的长期方差，且 } \gamma_0 \equiv \mathrm{Var}(\Delta\xi_t)$$

则：

$$\text{(a)}\ \frac{1}{T^2}\sum_{t=1}^{T}(\xi_{t-1})^2 \underset{\mathrm{d}}{\to} \lambda^2 \cdot \int_0^1 W(r)^2 \mathrm{d}r$$

$$\text{(b)}\ \frac{1}{T}\sum_{t=1}^{T}\Delta\xi_t\xi_{t-1} \underset{\mathrm{d}}{\to} \frac{\lambda^2}{2}W(1)^2 - \frac{\gamma_0}{2}$$

令 $\{\xi_t^\mu\}$ 是根据式（9.2.14）生成自 $\{\xi_t\}$ 的去均值序列。则有：

$$\text{(c)}\ \frac{1}{T^2}\sum_{t=1}^{T}(\xi_{t-1}^\mu)^2 \underset{\mathrm{d}}{\to} \lambda^2 \cdot \int_0^1 [W^\mu(r)]^2 \mathrm{d}r$$

$$\text{(d)}\ \frac{1}{T}\sum_{t=1}^{T}\Delta\xi_t\xi_{t-1}^\mu \underset{\mathrm{d}}{\to} \frac{\lambda^2}{2}\{[W^\mu(1)]^2 - [W^\mu(0)]^2\} - \frac{\gamma_0}{2}$$

令 $\{\xi_t^\tau\}$ 为根据式（9.2.16）生成自 $\{\xi_t\}$ 的去趋势序列。则有：

$$\text{(e)}\ \frac{1}{T^2}\sum_{t=1}^{T}(\xi_{t-1}^\tau)^2 \underset{\mathrm{d}}{\to} \lambda^2 \cdot \int_0^1 [W^\tau(r)]^2 \mathrm{d}r$$

$$\text{(f)}\ \frac{1}{T}\sum_{t=1}^{T}\Delta\xi_t\xi_{t-1}^\tau \underset{\mathrm{d}}{\to} \frac{\lambda^2}{2}\{[W^\tau(1)]^2 - [W^\tau(0)]^2\} - \frac{\gamma_0}{2}$$

这一收敛是联合收敛。也就是说，(a) 至 (f) 中显示的统计量构成的向量收敛到一个随机向量，该随机向量的元素也是 (a) 至 (f) 所展示的相应的随机变量。

例如，(a) 部分可以读作：由 T 编码的随机变量序列 $\{(1/T)^2\sum_{t=1}^{T}(\xi_{t-1})^2\}$ 依分布收敛到一个随机变量 $\lambda^2\int W^2 dr$。该命题中的极限随机变量都可以根据标准维纳过程写出来。要注意，(a) 和 (b) 中出现了相同的维纳过程，(c) 至 (f) 中的去均值和去趋势维纳过程源于 (a) 和 (b) 中呈现的维纳过程。因此，(a) 至 (f) 中的极限随机变量可能是相关的。

为了理解这一结论，我们暂时假定 $\{\xi_t\}$ 是一个无漂移随机游走，其中 $\mathrm{Var}(\Delta\xi_1)=\sigma^2$。给定维纳过程是连续时间的一个对应过程，“$\sum_{t=1}^{T}(\xi_{t-1})^2$”可由 T 的势相应地予以正则化而变成“$\sigma^2\int W^2$”也就不足为奇了。你可能想不到的是经由 T^2 的正则化。为了明白 T 的平方为何能够给出正确的正则化，一种方式是回忆 $\mathrm{E}[(\xi_t)^2]=\mathrm{Var}(\xi_t)=\sigma^2\cdot t$。因此有：

$$\mathrm{E}\Big[\sum_{t=1}^{T}(\xi_{t-1})^2\Big]=\sigma^2\sum_{t=1}^{T}(t-1)=\sigma^2\cdot(T-1)\frac{T}{2} \tag{9.2.18}$$

因此 $\sum_{t=1}^{T}(\xi_{t-1})^2$ 的均值是以速率 T^2 增长。为了构造一个本可具有极限分布的随机变量，$\sum_{t=1}^{T}(\xi_{t-1})^2$ 必须被 T^2 所除。

现在假设 $\{\xi_t\}$ 是一个一般性的漂移 I(1) 过程，其一阶差分是满足式（9.2.1）至式（9.2.3）的零均值 I(0) 过程。那么，$\Delta\xi_t$ 中的序列相关可通过用 λ^2（$\{\Delta\xi_t\}$ 的长期方差）取代 σ^2 来加以考虑。这是由贝弗里奇-尼尔森分解的含义式（9.2.9）所致，意思是，无漂移 I(1) 过程在大样本中被其变化具有方差 λ^2 的随机游走所占优。换言之，如果 $\{\xi_t\}$ 不是一个一般性的具有序列相关一阶差分的无漂移 I(1) 过程，而是一个其变化具有方差 λ^2 的无漂移随机游走，则 $\sum_{t=1}^{T}(\xi_{t-1})^2/T^2$ 的极限分布是相同的。

对于命题 9.2 的证明，可以参看 Stock（1994，pp. 2751－2753）。它的确是对 FCLT 和被称为“连续映射定理”的机械应用。由于 $W(1)\sim N(0,1)$，故（b）中的极限随机变量为：

$$\left(\frac{\lambda^2}{2}\right)X-\frac{\gamma_0}{2} \tag{9.2.19}$$

其中 $X\sim\chi^2(1)$（自由度为 1 的卡方分布）。(b) 的证明可以在不使用 FCLT 和连续映射定理的情况下完成，我们把它留作分析性习题 1。

复习题

1. （对简单情形验证贝弗里奇-尼尔森）对于 $\psi(L)=1+\psi_1 L$，验证式（9.2.5）。当 $|\phi|<1$ 时，对于 $\psi(L)=(1-\phi L)^{-1}$ 做同样的验证。

2. （I(0) 的 CLT）命题 6.9 是关于线性过程样本均值的渐近性的。验证命题 9.1 下方的一段是对增加了一阶可和假设的命题 6.9 的证明。

3. （平稳要素在贝弗里奇-尼尔森 I(0) 中吗?）请考虑零均值 I(0) 过程：

$$u_t=\psi_0\xi_1-2\xi_{t-1}+\xi_{t-2}$$

证明式（9.2.6）中定义的 $\{\eta_t\}$ 的长期方差是零。

4. （初始值和去均值后的值）令 $\{\xi_t\}$ 为无漂移 I(1)，因此 ξ_1 可以写为：$\xi_1=\xi_0+u_1+u_2+\cdots+u_t$。$\xi_0$ 的值是否会影响 ξ_t^{μ} 的值呢（其中 $\{\xi_t^{\mu}\}$ 是根据式（9.2.14）生成自 $\{\xi_t\}$ 的去均值序列）？［答案：否。］

5.（线性趋势和去趋势后的值）令 ξ_t 为具有漂移的 I(1)，因此它可以写为一个线性时间趋势 $\alpha+\delta\cdot t$ 和一个无漂移 I(1) 过程的和。α 和 δ 的值会影响 ξ_t^τ 的值吗，其中 $\{\xi_t^\tau\}$ 是根据式（9.2.16）生成自 $\{\xi_t\}$ 的去趋势序列吗？[答案：否。]

9.3 迪基-富勒检验

在本节和接下来的一节，我们给出检验数据生成过程（DGP）是 I(1) 这一原假设的若干方法。在本节，I(1) 过程是带或者不带漂移的 I(1) 过程，而这些检验是建立在近似 AR(1) 方程的 OLS 估计基础上的。这些检验方法是由迪基（Dickey，1976）和富勒（Fuller，1976）所发展出来的，被称为**迪基-富勒检验**（Dickey-Fuller test）或 **DF 检验**（DF test）。按照惯例，该样本具有 $T+1$ 个观测值（y_0，y_1，…，y_T），因此这个 AR(1) 方程可以对 $t=1$，2，…，T 进行估计。

□ AR（1） 模型

迪基-富勒检验统计量是从一阶自回归模型的估计导出来的：

$$y_t=\rho y_{t-1}+\varepsilon_t,\ \{\varepsilon_t\}\text{是独立白噪声} \tag{9.3.1}$$

（有截距项的情况稍后研究。）这个模型既包含 I(1) 也包含 I(0) 过程：如果 $\rho=1$，也就是说，如果相关的多项式方程 $1-\rho z=0$ 具有一个单位根，则 $\Delta y_t=\varepsilon_t$，且 $\{y_t\}$ 是一个无漂移随机游走，然而如果 $|\rho|<1$，则该过程是零均值平稳 AR(1)。如此一来，数据由无漂移随机游走生成这一假说可由 $\rho=1$ 这个原假设来表达。如果我们认为 DGP 要么是 I(0) 要么是 I(1) 的，则 $-1<\rho\leqslant 1$。给定关于 ρ 的先验约束条件，I(0) 备选假设可以表示为 $\rho<1$。因此单尾检验可以用于检验针对 I(0) 备择假设的原假设 $\rho=1$。

这些检验是基于 $\hat{\rho}$ 的，它是 AR(1) 方程（9.3.1）中对 ρ 的 OLS 估计值。在 $\rho=1$ 这个 I(1) 原假设下，抽样误差是 $\hat{\rho}-1$，其表达式可由下式给出：

$$\hat{\rho}-1\equiv\frac{\sum_{t=1}^{T}y_t y_{t-1}}{\sum_{t=1}^{T}(y_{t-1})^2}-1=\frac{\sum_{t=1}^{T}\Delta y_t y_{t-1}}{\sum_{t=1}^{T}(y_{t-1})^2} \tag{9.3.2}$$

正如稍后将要予以证明的那样，如果同除以 T，则该分子具有极限分布，如果同除以 T^2，则分母为 1。因此考虑同乘以 T 的抽样误差：

$$T\cdot(\hat{\rho}-1)=T\cdot\frac{\sum_{t=1}^{T}\Delta y_t y_{t-1}}{\sum_{t=1}^{T}(y_{t-1})^2}=\frac{\frac{1}{T}\sum_{t=1}^{T}\Delta y_t y_{t-1}}{\frac{1}{T^2}\sum_{t=1}^{T}(y_{t-1})^2} \tag{9.3.3}$$

□ 在 I（1） 原假设下推导极限分布

在 I(1) 原假设（无漂移随机游走）之下推导 $T\cdot(\hat{\rho}-1)$ 的极限分布是非常直观的。由于 $\{y_t\}$ 是无漂移 I(1)，所以命题 9.2（a）和（b）部分在 $\xi_t=y_t$ 的情况下即可适用。而且，由于 Δy_t 是独立白噪声，所以 λ^2（$\{\Delta y_t\}$ 的长期方差）等于 γ_0（Δy_t 的方差）。故有：

$$w_{1T} \equiv \frac{1}{T}\sum_{t=1}^{T}\Delta y_t y_{t-1} \underset{d}{\rightarrow} \frac{\gamma_0}{2}W(1)^2 - \frac{\gamma_0}{2} \equiv w_1 \tag{9.3.4}$$

$$w_{2T} \equiv \frac{1}{T^2}\sum_{t=1}^{T}(y_{t-1})^2 \underset{d}{\rightarrow} \gamma_0\int_0^1 W(r)^2 \mathrm{d}r \equiv w_2 \tag{9.3.5}$$

正如该命题中所提及的，收敛是联合的，因此作为一个向量 $\mathbf{w}_T \equiv (w_{1T}, w_{2T})'$ 收敛于一个 2×1 随机向量，$\mathbf{w} \equiv (w_1, w_2)'$。由于式（9.3.3）是 $\mathbf{w}_T$ 的一个连续函数（它等于 w_{1T}/w_{2T}），所以可以直接从引理 2.3（b）中得出：

$$T\cdot(\hat{\rho}-1) = \frac{\frac{1}{T}\sum_{t=1}^{T}\Delta y_t y_{t-1}}{\frac{1}{T^2}\sum_{t=1}^{T}(y_{t-1})^2} = \frac{w_{1T}}{w_{2T}}$$

$$\underset{d}{\rightarrow} \frac{w_1}{w_2} = \frac{\frac{\gamma_0}{2}W(1)^2 - \frac{\gamma_0}{2}}{\gamma_0 \cdot \int_0^1 W(r)^2 \mathrm{d}r} = \frac{\frac{1}{2}(W(1)^2 - 1)}{\int_0^1 W(r)^2 \mathrm{d}r} \equiv DF_\rho \tag{9.3.6}$$

该检验统计量 $T\cdot(\hat{\rho}-1)$ 即被称为**迪基-富勒（DF）ρ 统计量**（Dickey-Fuller（DF）ρ statistic）。有几点值得在此一提：

- $T\cdot(\hat{\rho}-1)$，而不是通常的 $\sqrt{T}\cdot(\hat{\rho}-1)$，具有非减的极限分布。估计量 $\hat{\rho}$ 可称为**超一致的**（superconsistent），因为它以一个更快的速率（T）收敛到单位真值。
- 该原假设并没有具体规定 $\mathrm{Var}(\varepsilon_t)$ 和 DGP 的 y_0（初始值）的值，它们也不会影响极限分布，即随机变量 DF_ρ 的分布。也就是说，这一极限分布并不包含那些**冗余参数**（nuisance parameters）。因此我们可以使用 $T\cdot(\hat{\rho}-1)$ 作为检验统计量。无漂移随机游走的这一检验被称为**迪基-富勒 ρ 检验**（Dickey-Fuller ρ test）。
- 要注意，这里的分子和分母中都包含了相同的维纳过程，因此它们是彼此相关的。由于 W(1) 是作为标准正态分布来呈现的，所以 DF_ρ 的表达式的分子可以写为 $(\chi^2(1)-1)/2$。但是这将会掩盖这里所指出的需注意的地方。

$\rho=1$ 这一原假设惯常的 t 检验也具有一个极限分布。这只需要简单的代数知识即可表明，原假设 $\rho=1$ 的 t 值可以写为：

$$t = \frac{\hat{\rho}-1}{s \div \sqrt{\sum_{t=1}^{T}(y_{t-1})^2}} = \frac{\frac{1}{T}\sum_{t=1}^{T}\Delta y_t y_{t-1}}{s\cdot\sqrt{\frac{1}{T^2}\sum_{t=1}^{T}(y_{t-1})^2}} \tag{9.3.7}$$

其中 s 是回归标准误：

$$s \equiv \sqrt{\frac{1}{T-1}\sum_{t=1}^{T}(y_t - \hat{\rho}\, y_{t-1})^2} \tag{9.3.8}$$

可以很容易证明（参看复习题 3），对于 $\gamma_0(\equiv \mathrm{Var}(\Delta y_t))$ 来说 s^2 是一致的。那么，由此式以及式（9.3.4）、式（9.3.5）可以直接得到：

$$t \underset{d}{\rightarrow} \frac{\frac{1}{2}(W(1)^2 - 1)}{\sqrt{\int_0^1 W(r)^2 \mathrm{d}r}} \equiv DF_t \tag{9.3.9}$$

这个极限分布也不会受到冗余参数的困扰。因此，这个 t 值可以用于检验，而标准正态分布的临界值则不能使用；它们都可以从下面给出的 DF_t 表查得。这个检验被称为 **DF t 检验**（DF t test）。

我们将到目前为止的讨论总结如下：

命题 9.3（无漂移随机游走的迪基-富勒检验，无截距的情况）：假设 $\{y_t\}$ 是无漂移随机游走（因此 $\{\Delta y_t\}$ 是独立白噪声），其中 $E(y_0^2)<\infty$。考虑 $t=1, 2, \cdots, T$ 时 y_t 对 y_{t-1} 的回归（没有截距）。则有：

$$DF_\rho \text{ 统计量：} T\cdot(\hat{\rho}-1)\underset{d}{\to}DF_\rho$$

$$DF_t \text{ 统计量：} t\underset{d}{\to}DF_t$$

其中 $\hat{\rho}$ 是 y_{t-1} 系数的 OLS 估计值，t 是 y_{t-1} 系数为 1 这一假设的 t 值，DF_ρ 和 DF_t 是式（9.3.6）和式（9.3.9）中所定义的随机变量。

如此一来，我们对于同一个 I(1) 原假设，就有了两个检验统计量：$T\cdot(\hat{\rho}-1)$ 和 t 值。这些 DF 检验（的一般化形式）之间所做的比较在下一节进行讨论。

表 9-1（a）对于不同的样本规模给出了随机变量 $T\cdot(\hat{\rho}-1)$ 的有限样本分布的临界值。图 9-3 中的实线画出了 $T=100$ 的 $\hat{\rho}$ 的有限样本分布，它表明 ρ 的 OLS 估计值

表 9-1　迪基-富勒 ρ 检验的临界值

样本规模 (T)	统计量小于表值的概率							
	0.01	0.025	0.05	0.10	0.90	0.95	0.975	0.99
表（a）：$T\cdot(\hat{\rho}-1)$								
25	−11.8	−9.3	−7.3	−5.3	1.01	1.41	1.78	2.28
50	−12.8	−9.9	−7.7	−5.5	0.97	1.34	1.69	2.16
100	−13.3	−10.2	−7.9	−5.6	0.95	1.31	1.65	2.09
250	−13.6	−10.4	−8.0	−5.7	0.94	1.29	1.62	2.05
500	−13.7	−10.4	−8.0	−5.7	0.93	1.28	1.61	2.04
∞	−13.8	−10.5	−8.1	−5.7	0.93	1.28	1.60	2.03
表（b）：$T\cdot(\hat{\rho}^\mu-1)$								
25	−17.2	−14.6	−12.5	−10.2	−0.76	0.00	0.65	1.39
50	−18.9	−15.7	−13.3	−10.7	−0.81	−0.07	0.53	1.22
100	−19.8	−16.3	−13.7	−11.0	−0.83	−0.11	0.47	1.14
250	−20.3	−16.7	−13.9	−11.1	−0.84	−0.13	0.44	1.08
500	−20.5	−16.8	−14.0	−11.2	−0.85	−0.14	0.42	1.07
∞	−20.7	−16.9	−14.1	−11.3	−0.85	−0.14	0.41	1.05
表（c）：$T\cdot(\hat{\rho}^\tau-1)$								
25	−22.5	−20.0	−17.9	−15.6	−3.65	−2.51	−1.53	−0.46
50	−25.8	−22.4	−19.7	−16.8	−3.71	−2.60	−1.67	−0.67
100	−27.4	−23.7	−20.6	−17.5	−3.74	−2.63	−1.74	−0.76
250	−28.5	−24.4	−21.3	−17.9	−3.76	−2.65	−1.79	−0.83
500	−28.9	−24.7	−21.5	−18.1	−3.76	−2.66	−1.80	−0.86
∞	−29.4	−25.0	−21.7	−18.3	−3.77	−2.67	−1.81	−0.88

资料来源：Fuller（1976，表 8.5.1），在 Fuller（1996，表 10.A.1）中做了校正。

是向下有偏的（即$\hat{\rho}$的均值小于1）。这是假设ε_t是高斯过程且$y_0=0$时由蒙特卡罗通过研究得到的结论。根据命题9.3，随着样本规模T的增加，那些临界值收敛到DF_ρ分布的临界值，在$T=\infty$的行中做了报告。（由于y_0并不必然为零，ε_t也不必然对于命题9.3中的渐近结论来说会是高斯过程，所以如果有限样本临界值在关于初始值y_0和ε_t的分布的不同假设下被计算出来，则我们应该可以得到相同的极限临界值。）从$T=\infty$的临界值上，我们也可以看出DF_ρ的分布是向左偏斜的，左边尾部的5%的临界值为-8.1（因此Prob（$DF_\rho<-8.1$）$=5\%$），右边尾部的5%的临界值为1.28。$\hat{\rho}$的小样本偏误在$T\cdot(\hat{\rho}-1)$的极限分布的偏度中可以得到反映。

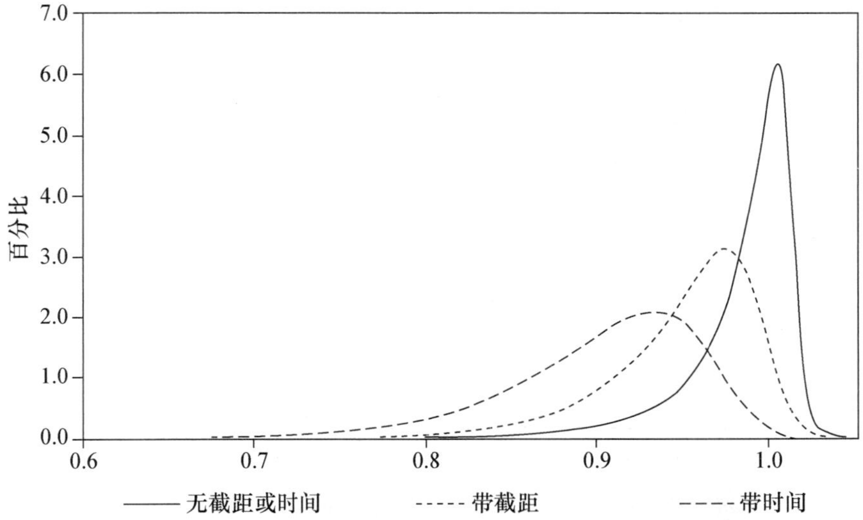

图9-3　AR(1)系数的OLS估计值的有限样本分布，$T=100$

DF_t的临界值（t值的极限分布）在表9-2（a）中$T=\infty$对应的行里给出，它向左偏斜。该表也具有有限样本规模的临界值。再一次假设$y_0=0$并且ε_t是正态分布的。

□ 纳入截距

基于没有截距的AR(1)方程的检验的缺点在于它比较容易受到将常量纳入序列所带来的影响。如果该检验是基于对数值的序列进行的（如下面的例9.1中那样），那么该序列测量单位的变化会导致序列中增加了常量，而这会影响该检验统计量的值。为了使得该检验统计量避免增加常量所带来的影响，我们将统计量所导自的模型予以一般化。我们来看下面这个模型：

$$y_t=\alpha+z_t,\ z_t=\rho z_{t-1}+\varepsilon_t,\ \{\varepsilon_t\}\text{是独立白噪声} \tag{9.3.10}$$

表9-2　迪基-富勒t-检验的临界值

样本规模（T）	统计量小于表值的概率							
	0.01	0.025	0.05	0.10	0.90	0.95	0.975	0.99
	表（a）：t							
25	−2.65	−2.26	−1.95	−1.60	0.92	1.33	1.70	2.15
50	−2.62	−2.25	−1.95	−1.61	0.91	1.31	1.66	2.08

续表

样本规模 (T)	统计量小于表值的概率							
	0.01	0.025	0.05	0.10	0.90	0.95	0.975	0.99
100	−2.60	−2.24	−1.95	−1.61	0.90	1.29	1.64	2.04
250	−2.58	−2.24	−1.95	−1.62	0.89	1.28	1.63	2.02
500	−2.58	−2.23	−1.95	−1.62	0.89	1.28	1.62	2.01
∞	−2.58	−2.23	−1.95	−1.62	0.89	1.28	1.62	2.01
表 (b)：t^{μ}								
25	−3.75	−3.33	−2.99	−2.64	−0.37	0.00	0.34	0.71
50	−3.59	−3.23	−2.93	−2.60	−0.41	−0.04	0.28	0.66
100	−3.50	−3.17	−2.90	−2.59	−0.42	−0.06	0.26	0.63
250	−3.45	−3.14	−2.88	−2.58	−0.42	−0.07	0.24	0.62
500	−3.44	−3.13	−2.87	−2.57	−0.44	−0.07	0.24	0.61
∞	−3.42	−3.12	−2.86	−2.57	−0.44	−0.08	0.23	0.60
表 (c)：t^{τ}								
25	−4.38	−3.95	−3.60	−3.24	−1.14	−0.81	−0.50	−0.15
50	−4.16	−3.80	−3.50	−3.18	−1.19	−0.87	−0.58	−0.24
100	−4.05	−3.73	−3.45	−3.15	−1.22	−0.90	−0.62	−0.28
250	−3.98	−3.69	−3.42	−3.13	−1.23	−0.92	−0.64	−0.31
500	−3.97	−3.67	−3.42	−3.13	−1.24	−0.93	−0.65	−0.32
∞	−3.96	−3.67	−3.41	−3.13	−1.25	−0.94	−0.66	−0.32

资料来源：Fuller（1976，表 8.5.2），在 Fuller（1996，表 10. A.2）中校正过。

当常数 α 被加入一个满足式（9.3.1）的过程时，就可以得到过程 $\{y_t\}$ 了。在 $\rho=1$ 的原假设下，$\{z_t\}$ 是一个无漂移随机游走。因为 y_t 可以写为：

$$y_t=\alpha+z_0+\varepsilon_1+\varepsilon_2+\cdots+\varepsilon_t$$

所以 $\{y_t\}$ 也是一个初始值为 $y_0\equiv\alpha+z_0$ 的无漂移随机游走。在备择假设 $\rho<1$ 下，$\{y_t\}$ 是均值为 α 的平稳 AR(1)。从而，包含在式（9.3.10）的 I(0) 过程族就比式（9.3.1）中的大。

通过从式（9.3.10）中消除 $\{z_t\}$，我们可以得到具有截距项的 AR(1) 方程：

$$y_t=\alpha^*+\rho y_{t-1}+\varepsilon_t \tag{9.3.11}$$

其中，

$$\alpha^*=(1-\rho)\alpha \tag{9.3.12}$$

由于当 $\rho=1$ 时 $\alpha^*=0$，所以 I(1) 原假设（DGP 是一个无漂移随机游走）是如下联合假设：根据回归式（9.3.11）的系数可知 $\rho=1$ 并且 $\alpha^*=0$。在没有 $\alpha^*=0$ 这一约束条件时，$\{y_t\}$ 会是一个带漂移的随机游走。我们稍后将给出对带漂移的随机游走的检验。到那时，我们继续将原假设表述为无漂移的随机游走。

这里令 $\hat{\rho}^{\mu}$ 为式（9.3.11）中 ρ 的 OLS 估计值，t^{μ} 为 $\rho=1$ 的原假设的 t 值。显然，α 不会影响 $\hat{\rho}^{\mu}$ 的值或其 OLS 标准误；将相同的常量加入所有 y_t，只会改变待估的截距。因此，**DFρ^{μ} 统计量**（DF ρ^{μ} statistic）$T\cdot(\hat{\rho}^{\mu}-1)$ 的有限样本以及大样本分布，和 **DFt^{μ}统计量**（DF t^{μ} statistic）t^{μ}，无论 ρ 的值是多少，都将不会依赖于 α。

正如要求你在分析性习题 2 中证明的那样，$T\cdot(\hat{\rho}^{\mu}-1)$ 依分布收敛到一个可以表述如下的随机变量：

$$DF_{\rho}^{\mu}\equiv\frac{\frac{1}{2}([W^{\mu}(1)]^{2}-[W^{\mu}(0)]^{2}-1)}{\int_{0}^{1}[W^{\mu}(r)]^{2}\mathrm{d}r} \tag{9.3.13}$$

而 t^{μ} 可以依分布收敛到：

$$DF_{t}^{\mu}\equiv\frac{\frac{1}{2}([W^{\mu}(1)]^{2}-[W^{\mu}(0)]^{2}-1)}{\sqrt{\int_{0}^{1}[W^{\mu}(r)]^{2}\mathrm{d}r}} \tag{9.3.14}$$

这里，$W^{\mu}(\cdot)$ 是一个去均值标准维纳过程，这一过程在 9.2 节介绍过。这些极限分布并不受制于诸如 α 这样的冗余参数。该证明的基本思想如下：首先，通过从 $\{y_t\}$ 减去样本均值获得一个去均值序列（或等价地，作为 $\{y_t\}$ 对一个常数所做回归的 OLS 残差）。其次，利用弗里希–沃定理（在第 1 章分析性习题 4 中引入的定理）写出 $T\cdot(\hat{\rho}^{\mu}-1)$，并用涉及去均值序列的公式写出 t 值。最后，利用命题 9.2（c）和（d）。总结我们的讨论，可以得到如下命题：

命题 9.4（无漂移随机游走的迪基–富勒检验，带截距的情形）：假定 $\{y_t\}$ 是一个满足 $\mathrm{E}(y_0^2)<\infty$ 的无漂移随机游走（因此 $\{\Delta y_t\}$ 是独立白噪声）。考虑对于 $t=1, 2, \cdots, T$ 而言，y_t 对 $(1, y_{t-1})$ 的回归。那么，

$DF\rho^{\mu}$ 统计量：$T\cdot(\hat{\rho}^{\mu}-1)\underset{\mathrm{d}}{\to}DF_{\rho}^{\mu}$

DFt^{μ} 统计量：$t^{\mu}\underset{\mathrm{d}}{\to}DF_{t}^{\mu}$

其中 $\hat{\rho}^{\mu}$ 是 y_{t-1} 系数的 OLS 估计值，t^{μ} 是假设——y_{t-1} 的系数为 1——的 t 值，DF_{ρ}^{μ} 和 DF_{t}^{μ} 是式（9.3.13）和式（9.3.14）中所定义的两个随机变量。

DF_{ρ}^{μ} 的临界值如表 9－1（b）所示，DF_{t}^{μ} 的临界值如表 9－2（b）中 $T=\infty$ 对应的行所示。该分布要比无截距情况下更加向左偏斜。该表也有基于 ε_t 正态这一假设的有限样本规模的临界值。$T=100$ 时 $\hat{\rho}^{\mu}$ 的有限样本分布如图 9－3 所示。它表明，$\hat{\rho}^{\mu}$ 的偏误要比 $\hat{\rho}$（无截距时的 OLS 估计值）的大。和无截距情况下不一样，有限样本估计值不依赖于 y_0。这是因为，当 $\rho=1$ 时，初始值 y_0 的变化只是对所有 y_t 增加了一个常量，故 $DF\rho^{\mu}$ 和 t^{μ} 统计量的值不会因 y_0 而变化。

我们这样来开始这一小节：I(1) 原假设是这样的联合假设——$\rho=1$ 且 $\alpha^{*}=0$。然而，这个检验统计量是为 $\rho=1$ 准备的。对于单位根检验，这是实际工作中的惯例；联合假设的检验统计量很少被用到。

例 9.1（汇率是随机游走吗？）：

令 y_t 是即期日元/美元（yen/＄）汇率的对数。为了使得这些检验不随单位的选择而改变（即 yen/＄或 yen/¢），我们拟合带截距的 AR(1) 模型，因此命题 9.4 是适用的。对于在第 6 章的实证性应用中使用的每周汇率数据和图 6－3 而言，由 OLS 估计的

AR(1) 方程为：

$$\underset{}{y_t}= \underset{(0.435)}{0.162} + \underset{(0.001\,928\,5)}{0.998\,337\,6}\ y_{t-1}, R^2=0.997, SER=2.824$$

括号中是标准误。由于滞后变量 y_{t-1} 的存在，所以实际样本时期是从 1975 年的第二周而不是第一周开始的。因此 $T=777$，且：

$$T\cdot(\hat{\rho}^{\mu}-1)=777\cdot(0.998\,337\,6-1)=-1.29$$

$$t^{\mu}=\frac{0.998\,337\,6-1}{0.001\,928\,5}=-0.86$$

由于备择假设是 $\rho<1$，所以需要一个单侧检验。（如果你认为该过程可能是 $\rho>1$ 的爆炸性 AR(1)，则应该采取双侧检验。）由表 9-1（b）可知，对于 DF_{ρ}^{μ} 而言，5%的（渐近）临界值为 -14.1。也就是说，

$$\text{Prob}(DF_{\rho}^{\mu}<-14.1)=0.05$$

-1.29 的检验统计量刚好在这一临界值之上，因此该原假设很容易在 5%的显著性水平上被接受。现在来看 DF t 检验，从表 9-2（b）可知，5%的临界值为 -2.86。-0.86 的 t 值更大一些，因此该原假设可以被接受。

□ 考虑时间趋势

正如 9.1 节中所提到的那样，大多数经济时间序列数据都表现出线性时间趋势。为了使得 DF 检验适用于带有趋势的时间序列，我们再次将该模型予以一般化，这次是添加一个线性时间趋势：

$$y_t=\alpha+\delta\cdot t+z_t,\ z_t=\rho z_{t-1}+\varepsilon_t,\ \{\varepsilon_t\}\text{为独立白噪声} \tag{9.3.15}$$

这里，δ 是可能为零也可能非零的线性趋势的斜率。在 $\rho=1$ 的原假设下，$\{z_t\}$ 是无漂移随机游走，y_t 可以写为：

$$\begin{aligned} y_t &=\alpha+\delta\cdot t+z_0+\varepsilon_1+\varepsilon_2+\cdots+\varepsilon_t \\ &=y_0+\delta\cdot t+(\varepsilon_1+\cdots+\varepsilon_t) \end{aligned} \tag{9.3.16}$$

其中 $y_0\equiv\alpha+z_0$。因此，如果 $\delta\neq0$，则 $\{y_t\}$ 是带漂移的随机游走，如果 $\delta=0$，则 $\{y_t\}$ 是无漂移随机游走。在备择假设 $\rho<1$ 下，作为线性趋势和零均值平稳 AR(1) 过程之和的这一过程是趋势平稳的。

从式（9.3.15）中消去 $\{z_t\}$，我们可以得到：

$$y_t=\alpha^*+\delta^*\cdot t+\rho y_{t-1}+\varepsilon_t \tag{9.3.17}$$

其中，

$$\alpha^*=(1-\rho)\alpha+\rho\delta,\ \delta^*=(1-\rho)\delta \tag{9.3.18}$$

由于当 $\rho=1$ 时有 $\delta^*=0$，所以 I(1) 原假设（DGP 是一个带漂移或不带漂移的随机游走）是这样一个联合假设：根据回归系数有 $\rho=1$ 和 $\delta^*=0$。然而，习惯上，单位根检验通常关注的是单个约束条件 $\rho=1$。

正如在带截距的 AR(1) 模型中一样，命题 9.3 的表述可以很容易地修改为带趋势的 AR(1) 模型。令 $\hat{\rho}^{\tau}$ 为式（9.3.17）中 ρ 的 OLS 估计值，t^{τ} 为 $\rho=1$ 的原假设的 t 值。正如要求你在分析性习题 3 中证明的那样，$T\cdot(\hat{\rho}^{\tau}-1)$ 依分布收敛到：

$$DF_{\rho}^{\tau}\equiv\frac{\frac{1}{2}([W^{\tau}(1)]^2-[W^{\tau}(0)]^2-1)}{\int_0^1[W^{\tau}(r)]^2\mathrm{d}r} \tag{9.3.19}$$

而 t^{τ} 依分布收敛到：

$$DF_{t}^{\tau}\equiv\frac{\frac{1}{2}([W^{\tau}(1)]^2-[W^{\tau}(0)]^2-1)}{\sqrt{\int_0^1[W^{\tau}(r)]^2\mathrm{d}r}} \tag{9.3.20}$$

这里，$W^{\tau}(\cdot)$ 是 9.2 节介绍过的一个去趋势标准维纳过程。这一证明的基本思想是：利用弗里希-沃定理写出 $T\cdot(\hat{\rho}^{\tau}-1)$，以及涉及去趋势序列的公式中的 t^{τ}，然后应用命题 9.2（e）和（f）。总结这些讨论，我们有如下定理：

命题 9.5（带漂移或不带漂移的随机游走的迪基-富勒检验）：假设 $\{y_t\}$ 是一个满足 $\mathrm{E}(y_0^2)<\infty$ 的带漂移或不带漂移的随机游走。对于 $t=1, 2, \cdots, T$ 而言，考虑 y_t 对 $(1, t, y_{t-1})$ 的回归。则有：

$$DF\rho^{\tau}\text{ 统计量：}T\cdot(\hat{\rho}^{\tau}-1)\underset{\mathrm{d}}{\to}DF_{\rho}^{\tau} \tag{9.3.21}$$

$$DFt^{\tau}\text{ 统计量：}t^{\tau}\underset{\mathrm{d}}{\to}DF_{t}^{\tau} \tag{9.3.22}$$

其中 $\hat{\rho}^{\tau}$ 是 y_{t-1} 系数的 OLS 估计值，t^{τ} 是 y_{t-1} 的系数为 1 这一假设的 t 值，DF_{ρ}^{τ} 和 DF_{t}^{τ} 是式（9.3.19）和式（9.3.20）中定义的两个随机变量。

DF_{ρ}^{τ} 的临界值如表 9－1（c）所示，而 DF_{t}^{τ} 的临界值则如表 9－2（c）所示。该表也给出了基于 ε_t 正态这一假设（初始值 y_0 以及趋势参数 α 和 δ 不必为计算有限样本分布而进行规定，因为它们在 $\rho=1$ 的原假设下不影响该检验统计量的值）的有限样本的临界值。对于 $DF\rho^{\tau}$ 和 t^{τ} 统计量，该分布要比带截距的情况更加向左偏斜。现在，对于该表中所有样本规模而言，99%的临界值是负的，当实际上 ρ 的真实值为 1 时，这意味着超过 99%的时间 $\hat{\rho}^{\tau}$ 是小于 1 的！在图 9－3 中，这由长虚线描述，该曲线给出了 $T=100$ 的 $\hat{\rho}^{\tau}$ 的有限样本分布。

关于命题 9.5，依次有如下两个注释：

- （取值上的不变性）无论 ρ 的取值为何，检验统计量 $\hat{\rho}^{\tau}$ 和 t^{τ} 都不依 (α, δ) 而改变；将 $\alpha+\delta\cdot t$ 添加到序列 $\{y_t\}$，只会改变 α^* 和 δ^* 的 OLS 估计值，但是不会改变 $\hat{\rho}^{\tau}$ 或其 t 值。因此，无论 ρ 的取值是什么，$T\cdot(\hat{\rho}^{\tau}-1)$ 和 t^{τ} 的有限样本以及大样本分布都将不会取决于 (α, δ)。
- （该回归应该包含时间吗？）由于该检验统计量对于 DGP 中的 δ 值总是不变的，所以命题 9.5 即便在 $\delta=0$ 时也是适用的。也就是说，$\hat{\rho}^{\tau}$ 和 t^{τ} 统计量可以用来检验无漂移随机游走的原假设。然而，如果你很自信该原假设的过程不具有趋势，则命题 9.4 的 DF ρ^{μ} 和 t^{μ}检验就应该被使用，其回归不包含时间，因为针对平稳备择过程而言一般来说，$\hat{\rho}^{\mu}$ 和 t^{μ}的有限样本效力要大于 $\hat{\rho}^{\tau}$ 和 t^{τ} 的（在蒙特卡罗习题 1 中要求验证这一点）。另外，如果你认为该过程可能具有某种趋势，那么你应该使用 $\hat{\rho}^{\tau}$ 和 t^{τ}，其中回归中带有时间趋势。当 DGP 真的具有某种趋势时，如果你无法将时间纳入回归，无法使用表 9－1（b）以及表 9－2（b）的临界值，则该检验在大样本中的估计也不正确（即当原假设为真时，随着样本规模趋向于无穷，拒绝原假设的概率将不会趋近于之前所给出的显著性水平（标准大小））。这只是因为当 DGP 具有某种趋势时，$\hat{\rho}^{\mu}$ 或 t^{μ}的极限分布不是 DF_{ρ}^{μ} 或 DF_{t}^{μ}。

复习题

1. （超一致性）令 $\hat{\rho}$ 为式（9.3.2）中那样的 OLS 系数估计值。证明：如果 $\rho=1$，则对于 $0<\eta<1$ 有 $T^{1-\eta}\cdot(\hat{\rho}-1)\to_{\mathrm{p}}0$。

2. （一般无漂移 I(1) 下的极限分布）在 AR(1) 模型（9.3.1）中，删除“通过用 u_t 代替 ε_t，误差项是独立白噪声”这一假设，而假设 $\{u_t\}$ 是满足式（9.2.1）至式（9.2.3）的一般零均值 I(0) 过程。因此，在 $\rho=1$ 的原假设下，该过程是一个一般无漂移 I(1) 过程。证明：$T\cdot(\hat{\rho}-1)$ 依分布收敛于：

$$\frac{\frac{1}{2}\left(W(1)^2-\frac{\gamma_0}{\lambda^2}\right)}{\int_0^1 W(r)^2\mathrm{d}r}$$

其中 $\lambda^2\equiv\{\Delta y_t\}$ 的长期方差，$\gamma_0\equiv\mathrm{Var}(\Delta y_t)$。

3. （s^2 的一致性）AR(1) 方程回归的常见 OLS 标准误 s 如式（9.3.8）定义。如果 $|\rho|<1$，我们从 6.4 节可知，对于 $\mathrm{Var}\{\varepsilon_t\}$ 来说，s^2 是一致的。证明：在 $\rho=1$ 的原假设下，对于 $\mathrm{Var}(\varepsilon_t)$ 来说，s^2 仍是一致的。由于当 $\rho=1$ 时 $\Delta y_t=\varepsilon_t$，所以对于 γ_0（$\equiv\mathrm{Var}(\Delta y_t)$）而言，$s^2$ 同样是一致的。**提示：**将 s^2 改写成

$$\begin{aligned}s^2&\equiv\frac{1}{T-1}\sum_{t=1}^{T}(\Delta y_t-(\hat{\rho}-1)y_{t-1})^2\\&=\frac{1}{T-1}\sum_{t=1}^{T}(\Delta y_t)^2-\frac{2}{T-1}\cdot[T\cdot(\hat{\rho}-1)]\cdot\frac{1}{T}\sum_{t=1}^{T}\Delta y_t y_{t-1}\\&\quad+\frac{1}{T-1}\cdot[T\cdot(\hat{\rho}-1)]^2\cdot\frac{1}{T^2}\sum_{t=1}^{T}(y_{t-1})^2\end{aligned}$$

而且有 $\mathrm{E}[(\Delta y_t)^2]=\gamma_0$。利用我们已经用过多次的结论：如果 $x_T\to_{\mathrm{p}}0$ 且 $y_T\to_{\mathrm{d}}y$，则 $x_T\cdot y_T\to_{\mathrm{p}}0$。

4. （随机游走的两个检验）考虑两个回归：一个是 Δy_t 对 Δy_{t-1} 进行回归，另外一个是 Δy_t 对 y_{t-1} 进行回归。为了检验原假设——$\{y_t\}$ 是一个无漂移随机游走，我们应该使用哪一个分布，是使用从第一个回归中得到的 t 值还是从第二个回归中得到的 t 值？

5. （DF 检验的一致性）回忆一下，相对于备择方法的集合，如果当真正的 DGP 是备择方法中的任何一个，随着样本规模的增加，拒绝一个错误的原假设的概率趋近于 1，则这样的检验方法可称为**一致的**（consistent）。令 $T\cdot(\hat{\rho}-1)$ 如式（9.3.3）中所定义。

(a) 假定 $\{y_t\}$ 是一个零均值 I(0) 过程，并且其一阶自相关系数小于 1（因此 $\mathrm{E}(y_t^2)>\mathrm{E}(y_t y_{t-1})$）。证明：

$$\operatorname*{plim}_{T\to\infty}T\cdot(\hat{\rho}-1)=-\infty$$

如此一来，这个 DF ρ 检验对于一般 I(0) 备选方法而言是一致的。**提示：**证明：如果 $\{y_t\}$ 是

I(0)，则

$$\operatorname*{plim}_{T\to\infty}\hat{\rho}=\frac{\mathrm{E}(y_t y_{t-1})}{\mathrm{E}(y_{t-1})^2}$$

(b) 证明：DF t 检验对于一般零均值 I(0) 备选方法是一致的。**提示：**当 $\{y_t\}$ 是零均值 I(0) 时，s 依概率收敛于某个正数。

6. (y_0 对检验统计量的影响) 对于 $\hat{\rho}^{\mu}$ 和 t^{μ}，证明当 $\rho=1$ 时初始值 y_0 不会影响它们在有限样本中的取值。当 $\rho<1$ 时这还成立吗？[答案：否，因为 y_0 的变化对 y_t 的影响取决于 t。] 对于备择假设 $\rho<1$，有限样本势取决于 y_0 吗？[答案：是。]

7. (Sargan-Bhargava (1983) 统计量) 将检验统计量建立在 OLS 系数估计量上并不是推导单位根检验的唯一方法。对于样本 (y_0，y_1，…，y_T) 而言，**萨甘-巴加瓦统计量** (Sargan-Bhargava statistic) 可以定义如下：

$$SB=\frac{\dfrac{1}{T^2}\sum_{t=0}^{T}(y_t)^2}{\dfrac{1}{T}\sum_{t=1}^{T}(\Delta y_t)^2}$$

(a) 证明它是德宾-沃森统计量的倒数。

(b) 证明：如果 $\{y_t\}$ 是一个无漂移随机游走，则：

$$SB\underset{\mathrm{d}}{\to}\int_0^1[W(r)]^2\mathrm{d}r$$

提示：$\sum_{t=0}^{T}y_t^2=\sum_{t=1}^{T}y_{t-1}^2+y_T^2$。而且有 $y_T^2/T^2\to_{\mathrm{p}}0$。

(c) 证明：在 $\mathrm{E}[(\Delta y_t)^2]\neq 0$ 的 I(0) 备择条件下，$SB\to_{\mathrm{p}}0$。(因此，对于 SB 的较小取值，该检验拒绝 I(1) 原假设。)

9.4 增广迪基-富勒检验

在前一节中原假设 I(1) 过程是一个随机游走，对于一阶差分中的序列相关来说这一点是不被允许的。本节的检验通过将一阶差分滞后添加到自回归方程中而控制了序列相关。这些检验要归功于 Dickey 和 Fuller (1979)，被称为**增广迪基-富勒 (ADF) 检验** (augmented Dickey-Fuller (ADF) tests)。

□ 增广自回归

在最为简单的 ADF 检验中 I(1) 原假设为 $\{y_t\}$ 是 ARIMA(p，1，0)，也就是说，$\{\Delta y_t\}$ 是一个零均值平稳 AR(p) 过程：

$$\Delta y_t=\zeta_1\Delta y_{t-1}+\zeta_2\Delta y_{t-2}+\cdots+\zeta_p\Delta y_{t-p}+\varepsilon_t,\ \mathrm{E}(\varepsilon_t^2)\equiv\sigma^2 \tag{9.4.1}$$

其中 $\{\varepsilon_t\}$ 是独立白噪声，而且相关联的多项式方程 $1-\zeta_1 z-\zeta_2 z^2-\cdots-\zeta_p z^p=0$ 的所有根都在单位圆之外。(稍后我们再允许 $\{\Delta y_t\}$ 为平稳 ARMA (p，q)。) 这样，一阶差分过程 $\{\Delta y_t\}$ 就是一个 I(0) 过程，因为它可以写为 $\Delta y_t=\psi(L)\varepsilon_t$，其中：

$$\psi(L)=(1-\zeta_1 L-\zeta_2 L^2-\cdots-\zeta_p L^p)^{-1} \tag{9.4.2}$$

用于推导该检验统计量的模型将这一过程作为一个特殊情况予以包括：

$$y_t = \rho y_{t-1} + \zeta_1 \Delta y_{t-1} + \zeta_2 \Delta y_{t-2} + \cdots + \zeta_p \Delta y_{t-p} + \varepsilon_t \tag{9.4.3}$$

的确，当 $\rho=1$ 时，式（9.4.3）可以简化为式（9.4.1）。

方程（9.4.3）也可以写成一个 AR($p+1$)：

$$y_t = \phi_1 y_{t-1} + \phi_2 y_{t-2} + \cdots + \phi_{p+1} y_{t-p-1} + \varepsilon_t \tag{9.4.4}$$

其中，ϕ 是通过下式与（ρ，ζ_1，…，ζ_p）相关联的：

$$\begin{aligned} &\rho \equiv \phi_1 + \phi_2 + \cdots + \phi_{p+1} \\ &\zeta_j \equiv -(\phi_{j+1} + \phi_{j+2} + \cdots + \phi_{p+1})(j=1,2,\cdots,p) \end{aligned} \tag{9.4.5}$$

反过来，任何（$p+1$）阶自回归都可以写成式（9.4.3）的形式。式（9.4.3）的形式最初是由富勒（Fuller，1976，p.374）给出的。它被称为**增广自回归**（augmented autoregression），是因为它可以通过将滞后变化添入水平 AR(1) 方程（9.3.1）而得到。

容易证明，如果 $\rho>1$，这一与式（9.4.4）相关联的多项式方程在单位圆内有一个根（复习题 2）。从而，如果我们认为 DGP 要么是 I(1) 要么是 I(0)，则 ρ 就不可能大于 1，而 I(0) 备择假设为 $\rho<1$。

□ OLS 估计量的极限分布

建立了模型之后，我们现在完成在 I(1) 原假设下于增广自回归式（9.4.3）中推导 ρ 的 OLS 估计值的极限分布这一任务。ρ 在数值上的相同可以从 AR($p+1$) 方程（9.4.4）中通过计算（ϕ_1，ϕ_2，…，ϕ_{p+1}）的 OLS 估计值之和（回忆一下 $\rho=\phi_1+\cdots+\phi_{p+1}$）而得到。不过，出于推导极限分布的目的，这个增广自回归要更为便捷。在 I(1) 原假设下，式（9.4.4）中所有 $p+1$ 个回归元都是无漂移 I(1)，但是它掩盖了这样的事实，即它们的 p 个线性组合是零均值 I(0)，这一点从式（9.4.3）中可以清楚地看到，稍后会进行探讨。

为了简化计算，我们考虑 $p=1$ 的特殊情况（y_t 滞后一期或者 AR(2)），因此这一增广自回归为：

$$y_t = \rho y_{t-1} + \zeta_1 \Delta y_{t-1} + \varepsilon_t \tag{9.4.6}$$

我们假设该样本为（y_{-1}，y_0，…，y_T），所以这一增广自回归可以就 $t=1$，2，…，T 进行估计（或者换一种方式，该样本为（y_1，y_2，…，y_T），但取和是从 $t=3$ 到 $t=T$，而不是从 $t=1$ 到 $t=T$）。将此写为：

$$y_t = \mathbf{x}_t'\boldsymbol{\beta} + \varepsilon_t$$

其中

$$\underset{(2\times1)}{\mathbf{x}_t} = \begin{bmatrix} y_{t-1} \\ \Delta y_{t-1} \end{bmatrix}, \quad \underset{(2\times1)}{\boldsymbol{\beta}} = \begin{bmatrix} \rho \\ \zeta_1 \end{bmatrix} \tag{9.4.7}$$

如果 $\mathbf{b} \equiv (\hat{\rho}，\hat{\zeta}_1)'$ 是增广自回归系数 $\boldsymbol{\beta}$（$\equiv(\rho，\zeta_1)'$）的 OLS 估计量，则抽样误差由下式给出：

$$\mathbf{b} - \boldsymbol{\beta} = \left(\sum_{t=1}^{T} \mathbf{x}_t \mathbf{x}_t'\right)^{-1} \sum_{t=1}^{T} \mathbf{x}_t \cdot \varepsilon_t \tag{9.4.8}$$

式（9.4.8）中的单一项由下式给出：

$$\underset{(2\times2)}{\mathbf{X}'\mathbf{X}} \equiv \sum_{t=1}^{T}\mathbf{x}_t\mathbf{x}_t' = \begin{bmatrix} \sum_{t=1}^{T}(y_{t-1})^2 & \sum_{t=1}^{T}y_{t-1}\Delta y_{t-1} \\ \sum_{t=1}^{T}\Delta y_{t-1}y_{t-1} & \sum_{t=1}^{T}(\Delta y_{t-1})^2 \end{bmatrix}$$

$$\underset{(2\times1)}{\sum_{t=1}^{T}\mathbf{x}_t\cdot\varepsilon_t} = \begin{bmatrix} \sum_{t=1}^{T}y_{t-1}\varepsilon_t \\ \sum_{t=1}^{T}\Delta y_{t-1}\varepsilon_t \end{bmatrix} \tag{9.4.9}$$

现在，我们可以应用对 2.12 节的时间回归所使用的同样的技巧。要使某个非奇异矩阵 Υ_T 做如下规定，可以将式（9.4.8）改写为：

$$\Upsilon_T\cdot(\mathbf{b}-\boldsymbol{\beta})=\Upsilon_T\begin{bmatrix}\hat{\rho}-\rho \\ \hat{\zeta}_1-\zeta_1\end{bmatrix}=\mathbf{A}_T^{-1}\mathbf{c}_T \tag{9.4.10}$$

其中，

$$\mathbf{A}_T\equiv\Upsilon_T^{-1}\Big[\sum_{t=1}^{T}\mathbf{x}_t\mathbf{x}_t'\Big]\Upsilon_T^{-1},\ \mathbf{c}_T\equiv\Upsilon_T^{-1}\sum_{t=1}^{T}\mathbf{x}_t\cdot\varepsilon_t \tag{9.4.11}$$

我们可以寻找一个矩阵 Υ_T，使得在 I(1) 原假设下 $\Upsilon_T\cdot(\mathbf{b}-\boldsymbol{\beta})$ 具有一个非退化的极限分布。这可通过做如下设定来完成：

$$\Upsilon_T=\begin{bmatrix}T & 0\\ 0 & \sqrt{T}\end{bmatrix} \tag{9.4.12}$$

根据对这一缩放矩阵 Υ_T 的选择，可以从式（9.4.9）和式（9.4.11）中得到：

$$\mathbf{A}_T=\begin{bmatrix} \frac{1}{T^2}\sum_{t=1}^{T}(y_{t-1})^2 & \frac{1}{\sqrt{T}}\frac{1}{T}\sum_{t=1}^{T}y_{t-1}\Delta y_{t-1} \\ \frac{1}{\sqrt{T}}\frac{1}{T}\sum_{t=1}^{T}\Delta y_{t-1}y_{t-1} & \frac{1}{T}\sum_{t=1}^{T}(\Delta y_{t-1})^2 \end{bmatrix}$$

$$\mathbf{c}_T=\begin{bmatrix} \frac{1}{T}\sum_{t=1}^{T}y_{t-1}\varepsilon_t \\ \frac{1}{\sqrt{T}}\sum_{t=1}^{T}\Delta y_{t-1}\varepsilon_t \end{bmatrix} \tag{9.4.13}$$

我们考察一下 $\mathbf{A}_T$ 和 $\mathbf{c}_T$ 的元素，然后推导在 $\rho=1$ 原假设下它们的极限分布。

$\mathbf{A}_T$ 的第（1，1）个元素。由于 $\{y_t\}$ 是无漂移的 I(1)，根据命题 9.2（a），它依分布收敛到 $\lambda^2\cdot\int W^2\mathrm{d}r$，其中 $\lambda^2\equiv\{\Delta y_t\}$ 的长期方差。

$\mathbf{A}_T$ 的第（2，2）个元素。它依概率（从而依分布）收敛到 γ_0（$\equiv\mathrm{Var}(\Delta y_t)$），因为作为平稳 AR(1) 的 $\{\Delta y_t\}$ 是具有零均值的遍历平稳过程。

$\mathbf{A}_T$ 的非对角线元素。它们等于 $1/\sqrt{T}$ 乘以：

$$\frac{1}{T}\sum_{t=1}^{T}\Delta y_{t-1}y_{t-1} \tag{9.4.14}$$

它是零均值 I(0) 和无漂移 I(1) 变量的积的平均值。根据命题 9.2（b），类似的积

第 9 章

单位根计量经济学

$(1/T)\sum_{t=1}^{T}\Delta y_t y_{t-1}$ 依分布收敛到一个随机变量。易于证明的是，式（9.4.14）也收敛到一个随机变量（复习题 3）。因此 $1/\sqrt{T}$乘以式（9.4.14），即 $\mathbf{A}_T$ 的非对角线元素，依概率（从而依分布）收敛到 0。

因此，$\mathbf{A}_T$ 这个被正确地重新标度的矩阵 $\mathbf{X}'\mathbf{X}$ 是渐近对角的：

$$\mathbf{A}_T \underset{\mathrm{d}}{\rightarrow} \begin{bmatrix} \lambda^2 \cdot \int_0^1 W(r)^2 \mathrm{d}r & 0 \\ 0 & \gamma_0 \end{bmatrix}$$

因此，

$$(\mathbf{A}_T)^{-1} \underset{\mathrm{d}}{\rightarrow} \begin{bmatrix} \left(\lambda^2 \cdot \int_0^1 W(r)^2 \mathrm{d}r\right)^{-1} & 0 \\ 0 & \gamma_0^{-1} \end{bmatrix} \tag{9.4.15}$$

我们现在来看 $\mathbf{c}_T$ 的元素。

$\mathbf{c}_T$ 的第一个元素。利用贝弗里奇-尼尔森分解，可以表明（分析性习题 4）：

$$\frac{1}{T}\sum_{t=1}^{T} y_{t-1}\varepsilon_t \underset{\mathrm{d}}{\rightarrow} c_1 \equiv \frac{1}{2}\sigma^2 \cdot \psi(1) \cdot [W(1)^2 - 1] \tag{9.4.16}$$

这针对一个一般零均值 I(0) 过程：

$$\Delta y_t = \psi(L)\varepsilon_t \tag{9.4.17}$$

在当前情况下，于该原假设下有 $\Delta y_t = \zeta_1 \Delta y_{t-1} + \varepsilon_t$，因此 $\psi(L) = (1-\zeta_1 L)^{-1}$ 且：

$$\psi(1) = \frac{1}{1-\zeta_1} \tag{9.4.18}$$

$\mathbf{c}_T$ 的第二个元素。易于证明的是，$\{\Delta y_{t-1}\varepsilon_t\}$ 是一个平稳遍历鞅差分序列（复习题 4），因此有：

$$\mathbf{c}_T \text{ 的第二个元素} = \frac{1}{\sqrt{T}}\sum_{t=1}^{T}\Delta y_{t-1}\varepsilon_t \underset{\mathrm{d}}{\rightarrow} c_2 \sim N(0, \gamma_0 \cdot \sigma^2) \tag{9.4.19}$$

其中 $\gamma_0 \equiv \mathrm{Var}(\Delta y_t)$，$\sigma^2 \equiv \mathrm{Var}(\varepsilon_t)$。

将式（9.4.15）至式（9.4.19）代入式（9.4.10），并且注意到在 I(1) 原假设下 ρ 的真实值为 1，则对于这一增广自回归的 OLS 估计值而言，我们可以得到①：

$$\Upsilon_T \cdot (\mathbf{b} - \boldsymbol{\beta}) = \begin{bmatrix} T \cdot (\hat{\rho} - 1) \\ \sqrt{T}(\hat{\zeta}_1 - \zeta_1) \end{bmatrix} \underset{\mathrm{d}}{\rightarrow} \begin{bmatrix} (\lambda^2 \cdot \int_0^1 W(r)^2 \mathrm{d}r)^{-1} & 0 \\ 0 & \gamma_0^{-1} \end{bmatrix} \begin{bmatrix} c_1 \\ c_2 \end{bmatrix}$$

---

① 这里，我们在使用引理 2.3（b）来表明 $\mathbf{A}_T^{-1}\mathbf{c}_T$ 依分布收敛到 $\mathbf{A}^{-1}\mathbf{c}$，其中 $\mathbf{A}$ 和 $\mathbf{c}$ 分别是 $\mathbf{A}_T$ 和 $\mathbf{c}_T$ 的极限随机变量。注意，和平稳性情况遇到的情形不同，$\mathbf{A}_T$ 到 $\mathbf{A}$ 的收敛是依分布的，而不是依概率的。在文中我们已经证明 $\mathbf{A}_T$ 依分布收敛到 $\mathbf{A}$，$\mathbf{c}_T$ 依分布收敛到 $\mathbf{c}$，但是我们并没有表明（$\mathbf{A}_T$，$\mathbf{c}_T$）依分布联合收敛到（$\mathbf{A}$，$\mathbf{c}$），当使用引理 2.3（b）时，这一点是需要的。然而，比如根据 Chan 和 Wei（1988）的定理 2.2，该收敛是联合的。

$$= \begin{bmatrix} (\lambda^2 \cdot \int_0^1 W(r)^2 \mathrm{d}r)^{-1} c_1 \\ \gamma_0^{-1} c_2 \end{bmatrix}$$

因此有：

$$T \cdot (\hat{\rho} - 1) \xrightarrow[\mathrm{d}]{} \frac{\sigma^2 \psi(1)}{\lambda^2} \cdot \frac{\frac{1}{2}[W(1)^2 - 1]}{\int_0^1 W(r)^2 \mathrm{d}r} \text{ 或 } \frac{\lambda^2}{\sigma^2 \psi(1)} \cdot T \cdot (\hat{\rho} - 1) \xrightarrow[\mathrm{d}]{} DF_\rho \tag{9.4.20}$$

$$\sqrt{T} \cdot (\hat{\zeta}_1 - \xi_1) \xrightarrow[\mathrm{d}]{} N\left(0, \frac{\sigma^2}{\gamma_0}\right) \tag{9.4.21}$$

其中 DF_ρ 只是式（9.3.6）中定义的 DF ρ 分布。要注意，零均值 I(0) 向量（Δy_{t-1}）的待估系数具有一般的$\sqrt{T}$渐近性，而无漂移 I(1) 变量（y_{t-1}）的待估系数则具有一个非标准的极限分布。

□ 推导检验统计量

式（9.4.20）的统计量$\frac{\lambda^2}{\sigma^2 \psi(1)} \cdot T \cdot (\hat{\rho} - 1)$的极限分布中没有冗余参数，但是该统计量自身经由$\frac{\lambda^2}{\sigma^2 \psi(1)}$而包含冗余参数。根据 $\{\Delta y_t\}$ 的长期方差 λ^2 的公式（9.2.4），这一比率等于 $\psi(1)$，这根据原假设下的式（9.4.18）又等于$\frac{1}{1-\zeta_1}$。现在，回到增广自回归式（9.4.6）。由于 $\hat{\zeta}_1$ 作为 ζ_1 的 OLS 估计值根据式（9.4.21）是一致的，所以$\frac{1}{1-\zeta_1}$的一个一致估计量是 $(1-\hat{\zeta}_1)^{-1}$。那么，可以从式（9.4.20）中得到的是：

$$\frac{T \cdot (\hat{\rho} - 1)}{1 - \hat{\zeta}_1} \xrightarrow[\mathrm{d}]{} DF_\rho \tag{9.4.22}$$

也就是说，$T \cdot (\hat{\rho} - 1)$ 所要求的校正可以通过该增广自相关中的滞后 Δy 的待估系数而完成。在校正之后，该统计量的极限分布不再受制于冗余参数（诸如 λ^2 和 γ_0）了，冗余参数控制了 $\{\Delta y_t\}$ 的序列相关。

假设 $\rho=1$ 的 OLS t 值也具有一个极限分布。它可以写为：

$$t = \frac{\hat{\rho} - 1}{s \cdot \sqrt{\left(\sum_{t=1}^{T} \mathbf{x}_t \mathbf{x}_t'\right)^{-1} \text{ 的第}(1,1)\text{个元素}}}$$

$$= \frac{T \cdot (\hat{\rho} - 1)}{s \cdot \sqrt{(\mathbf{A}_T)^{-1} \text{ 的第}(1,1)\text{个元素}}} \tag{9.4.23}$$

其中 s 是回归一般的 OLS 标准误。由对于 σ^2 而言 s^2 的一致性，式（9.4.15）、式（9.4.20）以及 $\xi_t = y_t$ 的命题 9.2（a）和（b）可以得到：

$$t \xrightarrow[\mathrm{d}]{} DF_t \tag{9.4.24}$$

其中 DF_t 是由式（9.3.9）所定义的 DF t 分布。因此，对于 t 值来说，没有必要为了下面这一事实进行校正：滞后 Δy 被纳入该增广自回归。

所有这些对于 $p=1$ 的结果都可以很容易地予以一般化：

命题 9.6（无截距项单位根的增广迪基-富勒检验）：假设 $\{y_t\}$ 是 ARIMA(p，1，0)，满足 $\{\Delta y_t\}$ 是得自式（9.4.1）的一个零均值平稳 AR(p)。考虑对增广自回归式（9.4.3）的估计，令（$\hat{\rho}$，$\hat{\zeta}_1$，$\hat{\zeta}_2$，…，$\hat{\zeta}_p$）为 OLS 系数估计值。还要令 t 为假设 $\rho=1$ 的 t 值。则有：

$$ADF\rho\text{ 统计量}:\frac{T\cdot(\hat{\rho}-1)}{1-\hat{\zeta}_1-\hat{\zeta}_2-\cdots-\hat{\zeta}_p}\underset{d}{\rightarrow}DF_\rho \tag{9.4.25}$$

$$ADFt\text{ 统计量}:t\underset{d}{\rightarrow}DF_t \tag{9.4.26}$$

其中 DF_ρ 和 DF_t 是由式（9.3.6）和式（9.3.9）所定义的两个随机变量。

□ 检验关于 ζ 的假设

得出这一令人感到惊奇的简单结论的论证是比较庞杂的，但是它还有一个附加的结论。将式（9.4.21）推广到 p 阶自回归是显而易见的：

$$\sqrt{T}\cdot\begin{bmatrix}\hat{\zeta}_1-\zeta_1\\ \hat{\zeta}_2-\zeta_2\\ \vdots\\ \hat{\zeta}_p-\zeta_p\end{bmatrix}\underset{d}{\rightarrow}N\left(\begin{bmatrix}0\\0\\ \vdots\\0\end{bmatrix},\sigma^2\cdot\begin{bmatrix}\gamma_0&\gamma_1&\cdots&\gamma_{p-1}\\ \gamma_1&\gamma_0&\cdots&\gamma_{p-2}\\ \vdots&\vdots&&\vdots\\ \gamma_{p-1}&\gamma_{p-2}&\cdots&\gamma_0\end{bmatrix}^{-1}\right) \tag{9.4.27}$$

其中 γ_j 是 $\{\Delta y_t\}$ 的 j 阶自协方差。根据命题 6.7，如果增广自回归式（9.4.3）可以由具有约束 $\rho=1$ 的 OLS 来估计，则所得的渐近分布与此是相同的，也就是说，如果式（9.4.1）可由 OLS 估计，则得到的渐近分布与此相同。容易证明，只涉及零均值 I(0) 回归元（ζ_1，ζ_2，…，ζ_p）的系数的假设可以以普通的方式进行检验，一般的 t 和 F 统计量都是渐近有效的（复习题 6）。

在推导回归系数的极限分布方面，我们已经利用了以下事实：回归元中的一个是零均值 I(0)，而另外一个是无漂移 I(1)。在西姆斯、斯托克和沃森（Sims，Stock，and Watson，1990）以及沃森（Watson，1994，第 2 节）中可以找到更为一般情况下的一个系统性的处理。

□ 当 p 未知时怎么处理

命题 9.6 假设 Δy_t 自回归的阶数 p 是已知的。当阶数 p 未知时我们能做些什么呢？为了区分真实阶数 p 和增广自回归中包含的滞后变化的数目，我们在本节用 $\hat{p}$ 表示后者。我们在 6.4 节已经考虑过一个类似的问题。差别在于，这里 DGP 是一阶差分平稳过程，而不像 6.4 节那样是水平的，而估计方程是一个自由估计 ρ 的增广自回归。对于下面这三个有关 $\hat{p}$ 的选择的大样本结论，我们不再给出证明，在这些情况下，命题 9.6 的结论是有效的。这些结果也适用于比命题 9.6 的结论更为一般化的一族过程：$\{\Delta y_t\}$ 是未知阶的零均值平稳和可逆的 ARMA(p，q)（尽管还有一个附加条件，即 ε_t 的四阶矩是有限的）。[①]

① 参看 6.2 节，可以得到可逆 ARMA（p，q）过程的定义。如果一个 ARMA（p，q）过程是可逆的，则它可以写为一个有限阶自回归。

因此，可以写成一个自回归的形式，当 $q>0$ 时，Δy_t 的自回归的阶数是无限的，或者当 $q=0$ 时是有限的。

第一个结论是，当该增广自回归中滞后一阶差分的数目 $\hat{p}$ 以一个适当的速率随着样本规模而递增时，命题 9.6 的结果仍然成立。

(1)（Said 和 Dickey（1984），命题 9.6 的一般化）假设 $\hat{p}$ 满足：

$$\hat{p}\to\infty \text{但是随着 } T\to\infty \text{有} \frac{\hat{p}}{T^{1/3}}\to 0 \tag{9.4.28}$$

（也就是说，$\hat{p}$ 趋向于无穷，但是速率要慢于 $T^{1/3}$。）那么，基于具有 $\hat{p}$ 个滞后变化的该增广自回归的两个统计量 ADFρ 和 ADFt 的极限分布与命题 9.6 中所示的极限分布是一样的。

然而，这一结论并不能对滞后项长度的选择有任何实际指导，因为对于满足式(9.4.28) 的 $\hat{p}$ 来说规则很多。一个自然而然的问题就出现了：是不是任何一个 6.4 节所考虑的滞后项长度选择的规则——从一般到具体的序贯 t 规则或基于信息准则的规则——都可以在当前情况下使用呢？我们回忆一下，基于信息准则的规则是将 $\hat{p}$ 设定为最小化下式的 j：

$$\log\left(\frac{SSR_j}{T}\right)+(j+1)\times\frac{C(T)}{T} \tag{9.4.29}$$

其中 SSR_j 是得自具有 j 个滞后项的自回归的残差平方和：

$$\Delta y_t=\rho y_{t-1}+\zeta_1\Delta y_{t-1}+\zeta_2\Delta y_{t-2}+\cdots+\zeta_j\Delta y_{t-j}+\varepsilon_t \tag{9.4.30}$$

$C(T)/T$ 这一项被 $j+1$ 相乘，因为该方程具有 $j+1$ 个系数（包括滞后的 y_t 的系数）。对于赤池信息准则（AIC）来说，$C(T)=2$，而对于贝叶斯信息准则（BIC）（也被称为施瓦茨信息准则（SIC））来说，$C(T)=\log(T)$。在这两种规则中，$\hat{p}$ 都是从 $j=0$，1，2，…，p_{max} 这个集合中挑选出来的。在 6.4 节，上界 p_{max} 被设定为某个已知的大于或等于有限阶自回归过程的真实阶数的整数。由这两个规则所选中的 $\hat{p}$ 是数据的函数（而不只是 T 的函数），因此是一个随机变量。

可以确定，当 $\{\Delta y_t\}$ 是平稳且可逆的 ARMA（p，q）时，如果 $q>0$，则自回归的阶数是无限的，上界 p_{max} 显然不可能被设定为真实阶数。但是可以使它随着样本规模 T 的增加而增加。为了强调 p_{max} 对 T 的依赖，我们将它写为 $p_{max}(T)$。如果如此对规则进行修正，那么，命题 9.6 塞德-迪基（Said-Dickey）扩展在 $\hat{p}$ 由这两种规则之一予以选择的时候是否依然成立呢？尼格和佩龙（Ng and Perron，1995）给出的答案是肯定的。更为具体而言：

(2) 假设 $\hat{p}$ 由一般到具体 t 规则所选择，其中 $p_{max}(T)$ 满足条件式（9.4.28）（这是上面塞德-迪基扩展中 $\hat{p}$ 的条件，不是 $p_{max}(T)$ 的条件），而且对于某个 $c>0$ 和 $0<g<1/3$，有 $p_{max}(T)>c\cdot T^g$。那么，ADF ρ 和 ADF t 统计量的极限分布则如命题 9.6 所示。①

(3) 假设 $\hat{p}$ 是由 AIC 或 BIC 选择出来的，其中 $p_{max}(T)$ 满足条件式（9.4.28）。那么，同样的结论也是成立的。②

---

① 这是 Ng 和 Perron（1995）的定理 5.3。他们的条件 A1 是这里的式（9.4.28）。他们的条件 A2″由这里的第二个条件蕴含。

② 这是 Ng 和 Perron（1995）的定理 4.3。该定理并没有给出上界 $p_{max}(T)$，但是（正如皮尔·佩龙（Pierre Perron）与作者私下沟通时所指出的那样）汉南和戴斯特勒（Hannan and Deistler，1988，7.4 节的（ii））表明式（9.4.28）可能是一个上界。

从而，无论是哪一个规则——序贯 t、AIC 或 BIC——都可以任由你来选择 $\hat{p}$，ADF 统计量的大样本分布都与命题 9.6 中的相同。

□ 对选择 $p_{max}(T)$ 的一个建议

然而，这一有限样本分布却取决于你使用的是哪一个规则，此外还取决于你对上界 $p_{max}(T)$ 的选择，对于函数 $p_{max}(T)$，有无限多种有效的选择。例如，$p_{max}(T)=[T^{1/4}]$（$T^{1/4}$的整数部分）就满足序贯 t 检验的结论（2）中的条件。$p_{max}(T)=[100T^{3/10}]$ 同样也满足。因此，重要的是当确定增广自回归的阶数时，研究者要使用相同的 $p_{max}(T)$。在这种情况下，研究了不同单位根的小样本性质的蒙特卡罗文献就可以派上用场了。施沃特（Schwert，1989）所做的模拟表明，在小样本以及适度的大样本（从 $T=25$ 到 1 000）中，在该自回归中包含了足够多的滞后项对于最小化规模扭曲是非常重要的。[①]对 $\hat{p}$（包含在该自回归中的滞后项的数目）的选择，在施沃特的研究中控制真实规模方面略显有效的是$\left[12\cdot\left(\frac{T}{100}\right)^{1/4}\right]$。因此，上界 $p_{max}(T)$ 应该给滞后项选择规则一个机会去选择一样大的 $\hat{p}$。从而，在这个例子和本章的应用中，我们在选择滞后长度的任一规则中使用了如下函数：

$$p_{max}(T)=\left[12\cdot\left(\frac{T}{100}\right)^{1/4}\right]\ \left(12\cdot\left(\frac{T}{100}\right)^{1/4}\text{的整数部分}\right) \tag{9.4.31}$$

这一函数满足了上面的结论（2）和（3）。

当选择 $\hat{p}$ 时，其样本时期是 $t=p_{max}(T)+2,\ p_{max}(T)+3,\ \cdots,\ T$。第一个 t 是 $p_{max}(T)+2$，因为 $p_{max}(T)+1$ 个观测值在增广自回归中需要计算 $p_{max}(T)$ 个滞后变化。由于只有 $T-p_{max}(T)-1$ 个观测值要用于估计 $j=p_{max}(T)-1$ 的自回归式（9.4.30），所以式（9.4.29）的目标函数中的样本规模应该是 $T-p_{max}(T)-1$ 而不是 T：

$$\log\left(\frac{SSR_j}{T-p_{max}(T)-1}\right)+(j+1)\times\frac{C(T-p_{max}(T)-1)}{T-p_{max}(T)-1} \tag{9.4.32}$$

□ 在回归中包含截距项

正如在 DF 检验中一样，我们可以修正 ADF 检验，使得在该序列中增添一个常量对它们而言不受影响。我们允许 $\{y_t\}$ 不同于无截距项的增广自回归式（9.4.3）所服从的过程中未予规定的常量。这相当于说在式（9.4.3）中用 $y_t-\alpha$ 来取代 y_t，可以得到：

$$y_t=\alpha^*+\rho y_{t-1}+\zeta_1\Delta y_{t-1}+\zeta_2\Delta y_{t-2}+\cdots+\zeta_p\Delta y_{t-p}+\varepsilon_t \tag{9.4.33}$$

其中 $\alpha^*=(1-\rho)\alpha$。正如在带截距项的 AR(1) 模型中一样，I(1) 原假设是 $\rho=1$ 和 $\alpha^*=0$ 这个联合假设。尽管如此，单位根检验通常关注的是单个约束条件 $\rho=1$。

我们把证明下面这个定理的任务留作一个分析性习题。

---

① 回忆一下，所谓规模扭曲是指实际规模或精确规模（拒绝为真的原假设的有限样本概率）和名义规模（当样本规模无限时拒绝为真的原假设的概率）之间的差值。

命题 9.7（带截距项的单位根的增广迪基-富勒检验）： 假设 $\{y_t\}$ 是一个 ARIMA (p，1，0) 过程，故 $\{\Delta y_t\}$ 是服从式（9.4.1）的一个零均值平稳 AR(p) 过程。考虑对带截距的增广自回归式（9.4.33）的估计，令 $(\hat{\alpha}, \hat{\rho}^{\mu}, \hat{\zeta}_1, \hat{\zeta}_2, \cdots, \hat{\zeta}_p)$ 为 OLS 系数估计值。再令 t^{μ} 为 $\rho=1$ 这一假设的 t 值。那么有：

$$ADF\ \rho^{\mu}\ 统计量：\frac{T\cdot(\hat{\rho}^{\mu}-1)}{1-\hat{\zeta}_1-\hat{\zeta}_2-\cdots-\hat{\zeta}_p}\xrightarrow[d]{}DF_{\rho}^{\mu} \tag{9.4.34}$$

$$ADF\ t^{\mu}统计量：t^{\mu}\xrightarrow[d]{}DF_t^{\mu} \tag{9.4.35}$$

其中随机变量 DF_{ρ}^{μ} 和 DF_t^{μ} 如式（9.3.13）和式（9.3.14）所定义。

对此命题进行证明的基本思想是利用弗里希-沃定理写出 $\hat{\rho}^{\mu}$ 和涉及生成自 $\{y_t\}$ 的去均值序列的 t 值公式。

在讲例题之前，我们依次给出命题 9.7 的两个注释：

● （数值不变性）正如命题 9.4 中的情况一样，由于这一回归包含常数项，所以在该序列中增添一个常量不影响检验统计量。

● （塞德-迪基扩展）塞德-迪基-尼格-佩龙扩展在这里也是适用的：如果 $\{\Delta y_t\}$ 是平稳且可逆的 ARMA (p，q)（因此 Δy_t 可以写为一个可能无穷阶的自回归），那么 ADF ρ^{μ} 和 t^{μ}统计量就具有了命题 9.7 中所示的极限分布，只要 $\hat{p}$（自回归中包含的滞后变化的数目）是由序贯 t 规则或者 AIC 或 BIC 规则设定的即可。①

例 9.2（关于国债利率的 ADF）：

在第 2 章的实证性习题中，我们确曾提及名义利率 R_t 可能在法玛（Fama，1975）所研究的样本时期上具有一种趋势。这里我们就来检验它是否具有一种随机趋势（即它是不是无漂移 I(1)）。我们在第 2 章实证性习题中所使用的数据集是美国国债利率的月度观测值。我们取样本时期为 1953 年 1 月—1971 年 7 月（$T=223$ 个观测值），这也是法玛（Fama，1975）研究的样本期间。利率序列并未表现出时间趋势。因此，我们可以在自回归中纳入常数项而不纳入时间。

根据函数式（9.4.31），我们把最大滞后长度 $p_{max}(T)$ 设定为 14。在选择实际滞后长度 $\hat{p}$ 的过程中，我们将样本时期固定在 $t=p_{max}(T)+2=16$（1954 年 4 月）到 $t=223$（1971 年 7 月），样本规模为 208（$=T-p_{max}(T)-1$）。序贯 t 规则选择的 $\hat{p}$ 为 14。当样本规模固定时，基于信息准则的规则中的目标函数为式（9.4.32）。AIC 选择的是 $\hat{p}=14$，而 BIC 选择的则是 $\hat{p}=1$。给定 $\hat{p}=1$，我们在最大样本时期（$t=\hat{p}+2, \cdots, T$）（1953 年 3 月—1971 年 7 月，共有 221 个观测值）上对增广自回归进行估计。该待估回归为

$$\begin{aligned} R_t = &\ 0.088 + 0.977\,05R_{t-1} - 0.20\Delta R_{t-1} \\ &(0.057)\quad(0.016\,2)\qquad\quad(0.067) \end{aligned}$$

$R^2=0.944$，样本规模$=221$

① 尼格和佩龙（Ng and Perron，1995）仅就无截距的滞后期长度的选择的结论给出了证明。而扩展到带截距的情况，以及带趋势的情况，则在与该论文的作者之一私下沟通时得到了确认。

从这个待估回归中，我们可以计算得到：

$$\text{ADF } \hat{\rho}^{\mu}=221\times\frac{0.977\,05-1}{1+0.20}=-4.22,\ t^{\mu}=\frac{0.977\,05-1}{0.016\,2}=-1.42$$

由表 9－1（b）可知，ADF ρ^{μ} 统计量的 5%的临界值为－14.1。由表 9－2（b）可知，ADF t^{μ}统计量的 5%的临界值为－2.86。对于这两个统计量，I(1) 原假设都很容易被接受。

□ 纳入时间趋势

允许纳入线性时间趋势，也可以像 DF 检验中那样做到。在增广自回归式（9.4.3）中用 $y_t-\alpha-\delta\cdot t$ 取代 y_t，我们可以得到以下带时间趋势的增广自回归：

$$y_t=\alpha^*+\delta^*\cdot t+\rho y_{t-1}+\zeta_1\Delta_{y-1}+\zeta_2\Delta y_{t-2}+\cdots+\zeta_p\Delta y_{t-p}+\varepsilon_t \tag{9.4.36}$$

其中，

$$\alpha^*=(1-\rho)\alpha+(\rho-\zeta_1-\zeta_2-\cdots-\zeta_p)\delta,\ \delta^*=(1-\rho)\delta \tag{9.4.37}$$

由于当 $\rho=1$ 时 $\delta^*=0$，所以 I(1) 原假设（该过程是带或不带漂移的 I(1)）意味着在式（9.4.36）中 $\rho=1$，$\delta^*=0$，但是我们仍关注单一约束条件 $\rho=1$。

将证明命题 9.5 和命题 9.7 时所使用的方法综合起来，不难证明下面这个命题：

命题 9.8（带线性时间趋势的单位根增广迪基-富勒检验）： 假设 $\{y_t\}$ 是带线性时间趋势和 ARIMA(p，1，0) 过程的和，故 $\{\Delta y_t\}$ 是一个平稳 AR(ρ) 过程，其均值可能是零，也可能不是零。考虑对带趋势的增广自回归式（9.4.36）的估计，令（$\hat{\alpha}$，$\hat{\delta}$，$\hat{\rho}^{\tau}$，$\hat{\zeta}_1$，$\hat{\zeta}_2$，…，$\hat{\zeta}_p$）为 OLS 系数估计。再令 t^{τ} 为假设 $\rho=1$ 的 t 值。那么有：

$$ADF\ \rho^{\tau}\text{ 统计量：}\frac{T\cdot(\hat{\rho}^{\tau}-1)}{1-\hat{\zeta}_1-\hat{\zeta}_2-\cdots-\hat{\zeta}_p}\underset{d}{\to}DF_{\rho}^{\tau} \tag{9.4.38}$$

$$ADF\ t^{\tau}\text{ 统计量：}t^{\tau}\underset{d}{\to}DF_{t}^{\tau} \tag{9.4.39}$$

其中随机变量 DF_{ρ}^{τ} 和 DF_{t}^{τ} 由式（9.3.19）和式（9.3.20）定义。

在讲述例题之前，依次有三个注释：

- （对于趋势参数，在数值上的不变性）正如命题 9.5 中那样，由于该回归中包含一个常量和时间变量，所以无论 α 还是 δ 都无法影响（ρ，ζ_1，…，ζ_p）的 OLS 估计以及它们的标准误，因此 ADF 统计量的有限样本以及大样本分布都不受（α，δ）的影响。
- （塞德-迪基扩展）塞德-迪基-尼格-佩龙扩展在这里也是适用的：如果 $\{\Delta y_t\}$ 是可能具有非零均值的平稳且可逆的 ARMA(p，q)，那么 ADFρ^{τ} 和 t^{τ} 统计量具有命题 9.8 中所示的极限分布，只要 $\hat{p}$ 是由序贯 t 规则或者 AIC 或 BIC 规则设定的即可。
- （该回归应该包含时间项吗?）我们对带或不带趋势的 DF 检验所做的选择的同样的注释也适用于 ADF 检验。如果你确信该虚拟过程不具有趋势性，那么应该可以使用命题 9.7 的 ADF ρ^{μ} 和 t^{μ}检验，其中增广自回归不包含时间，因为 ADF 检验的有限样本势一般来说大于增广自回归中不带时间项的有限样本势。另外，如果你认为该过程可能具有某个趋势，那么应该使用在增广自回归中带时间的命题 9.8 的 ADF ρ^{τ} 和 t^{τ} 检验。

例 9.3（GDP 具有单位根吗?）：

正如图 9－1 中所示，美国 GDP 的对数显然具有一个线性时间趋势，因此我们可以在该增广自回归中纳入时间项。利用美国实际 GDP 从 1947：Q1 到 1998：Q1 的季度数据的对数（205 个观测值），我们估计增广自回归式（9.4.36）。正如例 9.2 中一样，我们设 $p_{max}(T)=[12\cdot(205/100)^{1/4}]$（为 14）。仍然如例 9.2 中一样，在挑选滞后变化数目的过程中，样本时期也是固定的（$t=p_{max}(T)+2,\cdots,T$）。序贯 t 选出的是 $\hat{p}=12$，而 AIC 和 BIC 选出的都是 $\hat{p}=1$。给定 $\hat{p}=1$，在 $t=\hat{p}+2,\cdots,T$（1947：Q3 到 1998：Q1）的最大样本上估计的增广自回归为：

$$\begin{aligned}y_t=&\underset{(0.10)}{0.22}+\underset{(0.00011)}{0.00022}\cdot t+\underset{(0.0137)}{0.9707}y_{t-1}+\underset{(0.066)}{0.348}\Delta y_{t-1}\\ &R^2=0.999,\text{样本规模}=203\end{aligned}$$

从这个估计回归中，我们可以计算得到：

$$\text{ADF}\rho^{\tau}=203\times\frac{0.9707388-1}{1-0.348}=-9.11$$

$$t^{\tau}=\frac{0.9707388-1}{0.0137104}=-2.13$$

由表 9－1（c）可知，ADF ρ^{τ} 统计量的 5%的临界值为－21.7。由表 9－2（c）可知，ADF t^{τ} 统计量的 5%的临界值为－3.41。对于两者中的任何一个统计量，I(1) 原假设都可以很容易被接受。

仅为 50 年的数据可能并不足以在 I(1) 和 I(0) 备择假设当中进行分辨。（正如佩龙（Perron，1991）所提及的，在两者中，数据的时间跨度而不是诸如季度还是年份这样的抽样频度对于单位根检验的效力而言更为重要，因为 $1-\hat{\rho}$ 对季度数据来说要比对年份数据来说小得多。）我们现在使用 1869—1997 年的年度数据进行 ADF 检验。[①] 所以 $T=129$。和之前一样，我们设 $p_{max}(T)=[12\cdot(129/100)^{1/4}]$（为 12），并在滞后时期的选择过程中确定样本时期。序贯 t 为 $\hat{p}$ 选择的值是 9，而 AIC 和 BIC 选择的值为 1。当 $\hat{p}=1$ 时，在 $t=\hat{p}+2,\cdots,T$ 的最大样本上进行估计的回归（从 1871 年到 1997 年，127 个观测值）为：

$$\begin{aligned}y_t=&\underset{(0.18)}{0.67}+\underset{(0.0014)}{0.0048}\cdot t+\underset{(0.03989)}{0.85886}y_{t-1}+\underset{(0.086)}{0.32}\Delta y_{t-1}\\ &R^2=0.999,\text{样本规模}=127\end{aligned}$$

ADF ρ^{τ} 和 t^{τ} 统计量分别为－26.2 和－3.53，它们小于（在绝对值上则是大于）其各自的 5%的临界值－21.7 和－3.41。在覆盖更大时间跨度的年度数据时，我们可以拒绝 GDP 具有随机趋势的 I(1) 原假设。

① 自 1929 年以来的年度 GDP 数据可以从美国经济分析局网站上找到。鲍克-戈登 GNP 数据（Balke 和 Gordon（1989））被用来推算 1869 年的 GDP。

我们从例 9.1 至例 9.3 所得到的感想是，接受 I(1) 原假设似乎并不困难，它会让我们怀疑 DF 和 ADF 检验可能在有限样本中具有较低的势。关于势的主题，我们在下一节探讨。

□ 对 DF 和 ADF 检验以及其他单位根检验的总结

我们在本节和前一节讨论的各种 I(1) 过程满足模型（DGP 的集合）：

$$y_t=d_t+z_t,\ z_t=\rho z_{t-1}+u_t,\ \{u_t\}\sim\text{零均值 I(0)} \tag{9.4.40}$$

除 $\rho=1$ 这个约束之外，可以概括所考虑的每一种情况中 I(1) 原假设对式（9.4.40）的约束如下：

（1）命题 9.3：$d_t=0$，$\{u_t\}$ 是独立白噪声，

（2）命题 9.4：$d_t=\alpha$，$\{u_t\}$ 是独立白噪声，

（3）命题 9.5：$d_t=\alpha+\delta\cdot t$，$\{u_t\}$ 是独立白噪声，

（4）命题 9.6 的塞德-迪基扩展：$d_t=0$，$\{u_t\}$ 是零均值 ARMA(p，q)，

（5）命题 9.7 的塞德-迪基扩展：$d_t=\alpha$，$\{u_t\}$ 是零均值 ARMA(p，q)，

（6）命题 9.7 的塞德-迪基扩展：$d_t=\alpha+\delta\cdot t$，$\{u_t\}$ 是零均值 ARMA(p，q)。

复习题

1.（零均值 I(0) 和无漂移 I(1) 之间分解的非唯一性）假设在式（9.4.4）中 $p=2$。证明：三阶自回归可以等价写为：

$$y_t=a_1\cdot y_{t-1}+a_2\cdot(y_{t-1}-y_{t-2})+a_3\cdot(y_{t-1}-y_{t-3})+\varepsilon_t$$

（a_1，a_2，a_3）是如何与（ϕ_1，ϕ_2，ϕ_3）相联系的呢？哪一个回归元是零均值 I(0)，哪一个是无漂移 I(1)？证明该方程的 y_{t-1} 系数的 OLS 估计值在数值上与得自 $p=2$ 的式（9.4.3）的 ρ 的 OLS 估计值相等。

2. 令 $\phi(z)=1-\phi_1 z-\cdots-\phi_{p+1}z^{p+1}$ 为与 AR($p+1$) 过程式（9.4.4）相联系的多项式。证明：如果 $\rho>1$，则 $\phi(z)=0$ 在单位圆内有一个实根。**提示**：如果 $\rho>1$，则有 $\phi(1)=1-(\phi_1+\cdots+\phi_{p+1})=1-\rho<0$。$\phi(0)=1>0$。

3. 证明：式（9.4.14）$\underset{d}{\rightarrow}\frac{\lambda^2}{2}W(1)^2+\frac{\gamma_0}{2}$。**提示**：$\frac{1}{T}\sum_{t=1}^{T}\Delta y_{t-1}y_{t-1}$ 的渐近分布与 $\frac{1}{T}\sum_{t=1}^{T}\Delta y_t y_t$ 的渐近分布是相同的。而且，$\Delta y_t y_t=\Delta y_t y_{t-1}+(\Delta y_t)^2$。利用命题 9.2（b）。

4. 令 $\{\Delta y_t\}$ 为满足式（9.2.1）至式（9.2.3）的零均值 I(0) 过程。（命题 9.6 所考虑的 $\{\Delta y_t\}$ 的零均值平稳 AR(p) 过程是它的一种特殊情况。）

(a) 证明 $\{\Delta y_{t-1}\varepsilon_t\}$ 是一个平稳遍历鞅差分序列。**提示**：由于 $\{\varepsilon_t\}$ 和 $\{\Delta y_t\}$ 是联合遍历平稳的，所以 $\{\Delta y_{t-1}\cdot\varepsilon_t\}$ 是遍历平稳的。为了证明 $\{\Delta y_{t-1}\varepsilon_t\}$ 是一个鞅差分序列，要使用迭代期望定律。$\{\varepsilon_{t-1}, \varepsilon_{t-2}, \cdots\}$ 的所有信息要比 $\{\Delta y_{t-2}\varepsilon_{t-1}, \Delta y_{t-3}\varepsilon_{t-2}, \cdots\}$ 多。

(b) 证明式（9.4.19）。**提示**：需要证明 $\mathrm{E}[(\Delta y_{t-1}\varepsilon_t)^2]=\gamma_0\cdot\sigma^2$。

5. 证明式（9.4.24）。**提示**：从式（9.4.20）和式（9.2.4）中可知，

$$T\cdot(\hat{\rho}-1)\underset{d}{\rightarrow}\frac{1}{\psi(1)}\frac{\frac{1}{2}(W(1)^2-1)}{\int_0^1 W^2\,\mathrm{d}r}$$

而且，根据式（9.4.15）和式（9.2.4）可知，

$$s \cdot \sqrt{(\mathbf{A}_T)^{-1} \text{ 的第}(1,1)\text{ 个元素}} \xrightarrow[\text{d}]{} 1\Big/\sqrt{\psi(1)^2\int_0^1 \mathbf{W}^2 \mathrm{d}r} \tag{9.4.41}$$

由于根据平稳性条件有 $\psi(1)>0$，所以 $\sqrt{\psi(1)^2}=\psi(1)$。

6.（关于 ζ 的 t 检验）文中认为（式（9.4.27）下方），每一个 ζ 的一般的 t 值服从渐近标准正态分布。对于 $p=1$ 的情况，请予以证明。**提示**：$p=1$ 时的式（9.4.27）为：

$$\sqrt{T}\cdot(\hat{\zeta}_1-\zeta_1)\xrightarrow[\text{d}]{} N(0,\sigma^2/\gamma_0)$$

你需要证明，$\sqrt{T}$ 乘以 $\hat{\zeta}_1$ 的标准误依概率收敛到 σ^2/γ_0 的平方根。$\sqrt{T}$ 乘以 $\hat{\zeta}_1$ 的标准误是 $s\cdot\sqrt{(\mathbf{A}_T)^{-1}}$ 的第（2，2）个元素。

9.5 使用哪一个单位根检验

除 DF 和 ADF 检验之外，还有很多其他的单位根检验（参看 Maddala 和 Kim（1998），第三章）。其中最突出的当数情形（4）的菲利普斯（Phillips，1987）检验（在前一节的末尾有提及）和菲利普斯-佩龙（Phillips-Perron，1988）检验，后者是对前者的一个推广，可以涵盖情形（5）与（6）。（菲利普斯检验在分析性习题 6 中要求推导出来。）这些检验建立在AR(1)方程中 y_{t-1} 系数的 OLS 估计值上，而不是基于一个增广自回归，其中 $\{\Delta y_t\}$ 的长期方差是从 AR(1) 方程的残差中估计得到的。我们不再在这里给出这些检验了，因为这些检验的有限样本性质的确并不让人感到满意（见下文）。还有新的单位根检验被开发出来，它们的扭曲度比较小，效果也不错。这包含埃利奥特、罗森伯格和斯托克（Elliott，Rothenberg，and Stock，1996）的 ADF-GLS 检验与佩龙和尼格（Perron and Ng，1996）的 M 检验。

□ 局部趋于 1 的渐近性

与所有固定的 I(0) 备选假设相比，这些以及其他大多数单位根检验都是一致的。① 那么，应该选择哪一个一致检验呢？回想一下，在 2.4 节中，我们针对以速率 $\sqrt{T}$ 向原假设漂移的局部备择假设的序列，定义了渐近势。它表明，在单位根的情况里，恰当的速率是 T 而不是 $\sqrt{T}$（例如可参看 Stock（1994，pp. 2772－2773））。也就是说，当真正的 DGP 是：

$$\rho=1+\frac{c}{T} \tag{9.5.1}$$

时，拒绝 $\rho=1$ 这一原假设的概率随着 T 趋向于无穷在 0 到 1 之间有极限。这个极限就是渐近势。由式（9.5.1）所描述的备择假设序列被称为**局部趋于 1 的备择假设**（local-to-unity alternatives）。根据定义，这一渐近势等于 $c=0$ 时的名义规模。可以证明，在与局部趋近 1 的备择假设相比时 DF 或 ADF ρ 检验要比 DF 或 ADF t 检验具有更大的说

① 与一般的 I(0) 备择检验相比，DF 检验是一致的，这一点在 9.3 节复习题 5 中已经得到证明。对于 ADF 检验的一致性，则可参看 Stock（1994，p. 2770）。

服力（参看 Stock（1994，pp. 2774－2776））。也就是说，对于任何名义规模和 c 来说，DF 或 ADF ρ 统计量的渐近势要大于 DF 或 ADF t 统计量的渐近势。在这一方面，我们应该更为偏好基于 ρ 的检验而不是基于 t 的检验，但是当我们检验其有限样本性质时，这一断言要被全部推翻。

□ 小样本性质

我们来看相对于一个固定而非漂移的 I(0) 备择假设来检验 I(1) 原假设这个问题，检验的两个值得期待的有限样本性质就是相对于 I(0) 备择假设来说具有相对低的规模扭曲和更高的势。关于 DF、ADF 以及其他单位根检验有大量的蒙特卡罗证据（至于参考文献，可以参看斯托克（Stock，1994，p. 2777）引用的那些论文，尼格和佩龙（Ng and Perron，1998）给出了 ADF-GLS 和 M 检验的比较）。下面给出了一些主要的结果。

● 实际上，所有检验都会受到规模扭曲的困扰，尤其是当原假设在某种意义上接近于 I(0) 时更是如此。M 检验一般来说具有最小的规模扭曲，这一点可以从 ADF t 得出来。ADF ρ 的规模扭曲远比 ADF t 的大。例如，施沃特（Schwert，1989）所考虑的 I(1) 原假设为：

$$y_t - y_{t-1} = \varepsilon_t + \theta\varepsilon_{t-1}，\{\varepsilon_t\}\text{为高斯 i. i. d} \tag{9.5.2}$$

当 θ 趋近于－1 时，这个 I(1) 过程非常接近于一个白噪声过程，因为 AR 根 1 几乎等于 MA 根－θ。施沃特（Schwert，1989）所做的模拟表明，ADF ρ 及菲利普斯-佩龙 Z_ρ 和 Z_t 检验（参看分析性习题 6）当 θ 接近于－1 时在有限样本中会经常拒绝 I(1) 原假设。特别地，对于菲利普斯-佩龙检验来说，当 $\theta=-0.8$ 时，名义规模是 5%时的实际规模，即便样本规模大到 1 000，也会高于 90%。

● 在 ADF 检验的情况里，如何选定滞后时长 $\hat{p}$ 会影响有限样本规模和势。对于选择 $\hat{p}$ 的给定规则而言，这个势一般来说对于 ADF ρ 检验要比 ADF t 检验高一些。

● 一般来说，这个势对于 ADF-GLS 和 M 检验要比对于 ADFt 和 ρ 检验高一些。

和 M 统计量不一样，ADF-GLS 统计量可以由标准回归软件包轻松地计算出来。在本章的实证性习题中，要求使用 ADF-GLS 来检验 I(1) 原假设。

9.6 应用：购买力平价

购买力平价（purchasing power parity，PPP）理论认为，对于任意两个国家，即期汇率等于这两个国家的价格水平之比。换言之，一旦转换成一个共同的货币，一国价格水平就应当与他国相等。令 P_t 表示美国的价格指数，P_1^* 表示其他我们所关注的某国（比如说英国）的价格指数，S_t 为每单位外币以美元表示的汇率。PPP 告诉我们：

$$P_t = S_t \cdot P_t^* \tag{9.6.1}$$

或者取对数，并使用下标①，

① 式（9.6.1）或式（9.6.2）是"绝对 PPP"的一种表述。所谓的相对 PPP 仅要求式（9.6.2）的一阶差分成立，也就是说，汇率的增长率应该由国内价格指数和国外价格指数增长率的差异来弥补。相对 PPP 不应该与后文要介绍的 PPP 的弱版本相混淆。

$$p_t = s_t + p_t^* \tag{9.6.2}$$

PPP 和**一价定律**（law of one price）有关系，但是又有所不同。一价定律是说对于任何一种商品，式（9.6.1）都成立，其中 P_t 代表所关注的商品的美元价格，P_t^* 是该商品的外币价格。如果国际价格套利可以平滑运行，一价定律就应该在所有的时点 t 上成立。如果一价定律对于所有的商品都成立，而且如果价格指数的商品篮子在两个国家是相同的，那么 PPP 也应该成立。

由于限制国际价格套利的影响因素多种多样，所以 PPP 也不会在每个时点 t 上都成立。① PPP 的一个弱版本是，与 PPP 的偏离

$$z_t \equiv s_t - p_t + p_t^* \tag{9.6.3}$$

即实际汇率是平稳的。即便并不能在短期内实现一价定律，国际套利行为也会在长期具有影响。

□ 随机游走模型的令人尴尬的回弹

多年以来，研究者们发现，要拒绝实际汇率在浮动汇率制下遵从随机游走这一假说是非常困难的。正如罗格夫（Rogoff，1996）注意到的那样，由于每一个合理的理论模型揭示的都是 PPP 的弱版本，所以这多少有些尴尬。然而，自 1980 年代以来的研究的数据跨度更大，已然拒绝了随机游走假设。新近由洛西恩和泰勒（Lothian and Taylor，1996）所做的研究就是一个很好的例子。其使用的是横跨两个世纪（从 1791 年到 1990 年）的美元/英镑和法郎/英镑的实际汇率数据，发现可能要拒绝随机游走假设。下面，我们对他们有关美元/英镑（每英镑的美元数）汇率的数据运用 ADF t 检验。

美元/英镑实际汇率由式（9.6.3）进行计算，在图 9－4 中进行绘制，它没有表现出时间趋势。因此，我们不能在增广自回归中包含时间项。如果我们处理的是一价定律的弱版本，P_t 和 P_t^* 表示某一特定商品的本国和外国价格，那么我们可以从该增广自回归中剔除截距项，因为商品测量单位的变化并不影响 z_t。但是，这里的 P_t 和 P_t^* 是价格指数，基年的变化会导致在 z_t 上增添一个常量。为了使得该检验对这样的变化不敏感，在该增广自回归中要包含一个常数项。通过应用 ADF 检验而不是 DF 检验，我们可以允许在原假设下 z_t 的一阶差分中存在序列相关，但是由 BIC（其中 $p_{max}(T)=[12\times(200/100)^{1/4}]=14$）选定的滞后长度为 0，因此 ADF t 检验会简化成 DF t 检验，增广自回归会简化为一个 AR(1) 方程。要估计的 AR(1) 方程为：

$$\underset{(0.052)}{z_t = 0.179} + \underset{(0.0326)}{0.8869} z_{t-1}, \quad SER = 0.071, \quad R^2 = 0.790, \quad t = 1792, \cdots, 1990$$

DF t 统计量（t^μ）为 -3.5（$=(0.8869-1)/0.0326$），在 1%的水平上它是显著的。从而，我们的确可以拒绝英镑/美元实际汇率是一个随机游走的假说。

关于这一结论，我们显然要给出一个附加的说明，即 1791—1990 年这一样本时期包含固定汇率阶段和浮动汇率阶段两个不同的时期。在固定汇率制度下，国际价格套汇可能会运行得更有效率。如果是这样，那么 z_{t-1} 系数应该在固定汇率时期更接近于 0。

① 例如参看 Rogoff（1996，第 4 节），可以得到阻止 PPP 成立的一组因素。

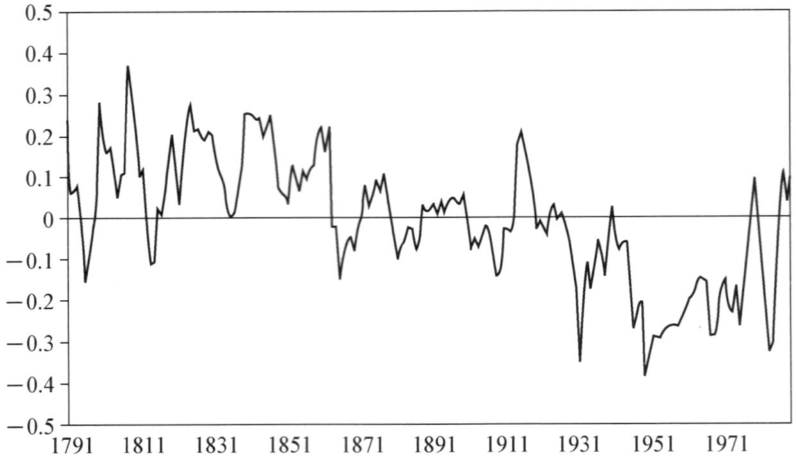

图 9－4　美元/英镑实际汇率，1791—1990 年，1914 取值为 0

洛西恩和泰勒（Lothian and Taylor，1996）报告称，如果我们使用一个简单的邹检验，就无法拒绝 z_{t-1} 系数在 1973 年开始实行浮动汇率前后是相同的这一假设。在本章的实证性习题中，要求你验证他们的发现，并使用 ADF-GLS 来检验相同的假设。

第 9 章习题集

□ 分析性习题

1. 证明命题 9.2（b）。**提示：**根据 $\Delta\xi$ 的定义，我们有 $\xi_t=\xi_{t-1}+\Delta\xi_t$。因此，

$$(\xi_t)^2=(\xi_{t-1}+\Delta\xi_t)^2$$

由此可以导出：

$$\Delta\xi_t\cdot\xi_{t-1}=\left(\frac{1}{2}\right)[(\xi_t)^2-(\xi_{t-1})^2-(\Delta\xi_t)^2]$$

在 $t=1$，2，…，T 上对此加总可得：

$$\sum_{t=1}^{T}\Delta\xi_t\cdot\xi_{t-1}=\left(\frac{1}{2}\right)[(\xi_T)^2-(\xi_0)^2]-\left(\frac{1}{2}\right)\sum_{t=1}^{T}(\Delta\xi_t)^2$$

两边同除以 T，可以得到：

$$\frac{1}{T}\sum_{t=1}^{T}\Delta\xi_t\cdot\xi_{t-1}=\frac{1}{2}\left(\frac{\xi_T}{\sqrt{T}}\right)^2-\frac{1}{2}\left(\frac{\xi_0}{\sqrt{T}}\right)^2-\frac{1}{2T}\sum_{t=1}^{T}(\Delta\xi_t)^2$$

将命题 6.9 以及遍历性定理应用于式（$*$）的右边项。

2.（对命题 9.4 的证明）令 $\hat{\rho}^{\mu}$ 为带截距的 AR(1) 方程（9.3.11）中 ρ 的 OLS 估计值，并由下式来定义去均值序列 $\{y_{t-1}^{\mu}\}$ $\{t=1, 2, \cdots, T\}$：

$$y_{t-1}^{\mu}\equiv y_{t-1}-\bar{y},\ \bar{y}\equiv\frac{y_0+y_1+\cdots+y_{T-1}}{T}(t=1,2,\cdots,T) \tag{1}$$

这个 y_{t-1}^{μ} 等于 y_{t-1}（$t=1$，2，…，T）对常数项所做的回归中的 OLS 残差。

(a) 推导：

$$\hat{\rho}^{\mu}-1=\frac{\sum_{t=1}^{T}\Delta y_t y_{t-1}^{\mu}}{\sum_{t=1}^{T}(y_{t-1}^{\mu})^2} \tag{2}$$

提示：根据弗里希-沃定理，$\hat{\rho}^{\mu}$ 在数值上等于 y_t 对 y_{t-1}^{μ}（无截距项）回归中的 OLS 系数估计值。因此有：

$$\hat{\rho}^{\mu}=\frac{\sum_{t=1}^{T}y_t y_{t-1}^{\mu}}{\sum_{t=1}^{T}(y_{t-1}^{\mu})^2} \text{ 或 } \hat{\rho}^{\mu}-1=\frac{\sum_{t=1}^{T}(y_t-y_{t-1}^{\mu})\cdot y_{t-1}^{\mu}}{\sum_{t=1}^{T}(y_{t-1}^{\mu})^2} \tag{3}$$

利用 $\sum_{t=1}^{T}y_{t-1}^{\mu}=0$ 来证明 $\sum_{t=1}^{T}(y_t-y_{t-1}^{\mu})\cdot y_{t-1}^{\mu}=\sum_{t=1}^{T}(y_t-y_{t-1})\cdot y_{t-1}^{\mu}$。

(b)（较易）证明在 $\{y_t\}$ 是无漂移 I(1)（未必是无漂移随机游走）的假设下，有：

$$T\cdot(\hat{\rho}^{\mu}-1)\underset{d}{\rightarrow}\frac{\frac{\lambda^2}{2}([W^{\mu}(1)]^2-[W^{\mu}(0)]^2)-\frac{\gamma_0}{2}}{\lambda^2\cdot\int_0^1[W^{\mu}(r)]^2\mathrm{d}r} \tag{4}$$

其中 γ_0 是 Δy_t 的方差，λ^2 是 Δy_t 的长期方差，$W^{\mu}(\cdot)$ 是一个 9.2 节介绍过的去均值标准布朗运动。**提示：**利用命题 9.2（c）和（d），其中 $\xi_t=y_t$。

(c)（一般）证明：如果 $\{y_t\}$ 是一个无漂移随机游走，则 $T\cdot(\hat{\rho}^{\mu}-1)$ 收敛到 DF_{ρ}^{μ}（如式（9.3.13）所定义）。**提示：**如果 y_t 是一个随机游走，则 $\lambda^2=\gamma_0$。

(d)（选做）令 s 为带截距的 AR(1) 方程（9.3.11）的回归标准误。证明 s^2 在原假设 $\{y_t\}$ 是无漂移 I(1)（因此 Δy_t 是满足式（9.2.1）至式（9.2.3）的零均值 I(0)）下对于 γ_0（$\equiv\mathrm{Var}(\Delta y_t)$）来说是一致的。**提示：**令（$\hat{\alpha}^*$，$\hat{\rho}^{\mu}$）为（$\alpha^*$，$\rho$）的 OLS 估计。证明 $\hat{\alpha}^*$ 依概率收敛到零。将 s^2 写为：

$$\begin{aligned}s^2&=\frac{1}{T-1}\sum_{t=1}^{T}[(\Delta y_t-\hat{\alpha}^*)-(\hat{\rho}^{\mu}-1)y_{t-1}]^2\\&=\frac{1}{T-1}\sum_{t=1}^{T}(\Delta y_t-\hat{\alpha}^*)^2-\frac{2}{T-1}\cdot[T\cdot(\hat{\rho}^{\mu}-1)]\cdot\frac{1}{T}\sum_{t=1}^{T}(\Delta y_t-\hat{\alpha}^*)\cdot y_{t-1}\\&\quad+\frac{1}{T-1}\cdot[T\cdot(\hat{\rho}^{\mu}-1)]^2\cdot\frac{1}{T^2}\sum_{t=1}^{T}(y_{t-1})^2\end{aligned} \tag{5}$$

由于 $\mathrm{plim}\ \hat{\alpha}^*=0$，所以证明式（5）的右边第一项依概率收敛到 $\gamma_0=E[(\Delta y_t)^2]$ 是很容易的。为了证明第二项依概率收敛到零，将下式视为既定的：

$$\frac{1}{\sqrt{T}}\frac{1}{T}\sum_{t=1}^{T}y_{t-1}\underset{d}{\rightarrow}\lambda\int_0^1 W(r)\mathrm{d}r \tag{6}$$

(e) 证明：如果 $\{y_t\}$ 是一个无漂移随机游走，那么 $t^{\mu}\rightarrow_{d}DF_t^{\mu}$。**提示：**由于 $\{y_t\}$ 是一个无漂移随机游走，所以 $\lambda^2=\gamma_0=\sigma^2$（$\equiv\varepsilon_t$ 的方差）。因此，s 对于 σ 来说是一致的。

$$t^{\mu}=\frac{\hat{\rho}^{\mu}-1}{s\times\sqrt{(\mathbf{X}'\mathbf{X})^{-1}\text{的第}(2,2)\text{个元素}}} \tag{7}$$

证明：$\left(\sum_{t=1}^{T}\mathbf{x}_t\mathbf{x}_t'\right)^{-1}$ 的第（2，2）个元素的平方根是：

$$\frac{1}{\sqrt{\sum_{t=1}^{T}(y_{t-1}^{\mu})^2}}$$

其中 $\mathbf{x}_t\equiv[1,\ y_{t-1}]'$。

3.（对命题 9.5 的证明）令 $\hat{\rho}^{\tau}$ 为带时间趋势的 AR(1) 方程（9.3.17）中 ρ 的 OLS 估计值，并根据下式定义去趋势序列 $\{y_{t-1}^{\tau}\}$（$t=1$，2，…，T）：

$$y_{t-1}^{\tau} \equiv y_{t-1} - \hat{\alpha} - \hat{\delta} \cdot t \tag{8}$$

其中（$\hat{\alpha}$，$\hat{\delta}$）是 y_{t-1} 对（1，t）所做回归的 OLS 系数估计值，其中 $t=1$，2，…，T。

（a）推导：

$$\hat{\rho}^{\tau} - 1 = \frac{\sum_{t=1}^{T} \Delta y_t y_{t-1}^{\tau}}{\sum_{t=1}^{T} (y_{t-1}^{\tau})^2} \tag{9}$$

提示：根据弗里希-沃定理，$\hat{\rho}^{\tau}$ 在数值上等于 y_t 对 y_{t-1}^{τ} 回归（不带截距或时间项）中 y_{t-1}^{τ} 系数的 OLS 估计值。故有：

$$\hat{\rho}^{\tau} = \frac{\sum_{t=1}^{T} y_t y_{t-1}^{\tau}}{\sum_{t=1}^{T} (y_{t-1}^{\tau})^2} \text{ 或 } \hat{\rho}^{\tau} - 1 = \frac{\sum_{t=1}^{T} (y_t - y_{t-1}^{\tau}) \cdot y_{t-1}^{\tau}}{\sum_{t=1}^{T} (y_{t-1}^{\tau})^2} \tag{10}$$

证明：$\sum_{t=1}^{T} (y_t - y_{t-1}^{\tau}) \cdot y_{t-1}^{\tau} = \sum_{t=1}^{T} (y_t - y_{t-1}) \cdot y_{t-1}^{\tau}$。(根据构造，$\sum_{t=1}^{T} y_{t-1}^{\tau} = 0$，$\sum_{t=1}^{T} t \cdot y_{t-1}^{\tau} = 0$(这些是常规方程)。)

（b）（较易）证明：在假设 $y_t = \alpha + \delta \cdot t + \xi_t$（其中 $\{\xi_t\}$ 是无漂移 I(1)）下有，

$$T \cdot (\hat{\rho}^{\tau} - 1) \underset{d}{\rightarrow} \frac{\frac{\lambda^2}{2}([W^{\tau}(1)]^2 - [W^{\tau}(0)]^2) - \frac{\gamma_0}{2}}{\lambda^2 \int_0^1 [W^{\tau}(r)]^2 \mathrm{d}r} \tag{11}$$

其中 γ_0 是 Δy_t 的方差，λ^2 是 Δy_t 的长期方差，$W^{\tau}(\cdot)$ 是 9.2 节引入的去趋势标准布朗运动。**提示：**令 ξ_{t-1}^{τ} 为得自 ξ_{t-1} 对（1，t）(其中 $t=1$，2，…，T，$\xi_{\tau} \equiv y_t - \alpha - \delta \cdot t$）的虚拟回归（该回归之所以叫虚拟回归，是因为我们不能观察到 $\{\xi_t\}$)。那么，对于 $t=1$，2，…，T 来说有 $\xi_{t-1}^{\tau} = y_{t-1}^{\tau}$，因为 ξ_t 与 y_t 的差异只是由线性趋势 $\alpha + \delta \cdot t$ 造成的。利用命题 9.2（e）和（f）。由于在原假设下 $\Delta y_t = \delta + \Delta \xi_t$，所以 $\Delta \xi_t$ 的方差等于 Δy_t 的方差，$\Delta \xi_t$ 的长期方差等于 Δy_t 的长期方差。

（c）（一般）证明：如果 $\{y_t\}$ 是一个带或不带漂移的随机游走，则 $T \cdot (\hat{\rho}^{\tau} - 1)$ 收敛到 DF_{ρ}^{τ}（如式（9.3.19）所定义）。

4.（对式（9.4.16）的证明）在文中，

$$\frac{1}{T} \sum_{t=1}^{T} y_{t-1} \varepsilon_t \underset{d}{\rightarrow} c_1 \equiv \frac{1}{2} \sigma^2 \cdot \psi(1) \cdot [W(1)^2 - 1] \tag{9.4.16}$$

尚未给予证明。请在 $\{y_t\}$ 是无漂移 I(1) 从而 $\{\Delta y_t\}$ 是满足式（9.2.1）至式（9.2.3）的零均值 I(0) 这一条件下证明这一点。**提示：**式（9.4.16）中的 ε_t 是 $\{\Delta y_t\}$ 的 MA 表示中的新息过程。利用贝弗里奇-尼尔森分解，我们有：

$$y_t = \psi(1) w_t + \eta_t + (y_0 - \eta_0), \quad w_t \equiv \varepsilon_1 + \varepsilon_2 + \cdots + \varepsilon_t$$

因此，

$$\frac{1}{T} \sum_{t=1}^{T} y_{t-1} \varepsilon_t = \psi(1) \frac{1}{T} \sum_{t=1}^{T} w_{t-1} \varepsilon_t + \frac{1}{T} \sum_{t=1}^{T} \eta_{t-1} \varepsilon_t + (y_0 - \eta_0) \frac{1}{T} \sum_{t=1}^{T} \varepsilon_t \tag{*}$$

证明：此方程右边第二项和第三项依概率收敛到零。一旦你做了上面的分析性习题 1，证明下式就很容易了：

$$\frac{1}{T} \sum_{t=1}^{T} w_{t-1} \varepsilon_t \underset{d}{\rightarrow} \left(\frac{\sigma^2}{2}\right) [W(1)^2 - 1]$$

5.（选做，对命题 9.7 的证明）为了简化计算，设 $p=1$，因此该增广自回归为：

$$y_t = \alpha^* + \rho y_{t-1} + \zeta_1 \Delta y_{t-1} + \varepsilon_t$$

令（$\hat{\alpha}^*$，$\hat{\rho}^{\mu}$，$\hat{\zeta}_1$）为 OLS 系数估计值。证明：

$$\frac{T\cdot(\hat{\rho}^{\mu}-1)}{1-\hat{\zeta}_1}\xrightarrow[d]{}DF_{\rho}^{\mu}$$

提示：根据弗里希-沃定理，（$\hat{\rho}^{\mu}$，$\hat{\zeta}_1$）在数值上与得自 y_t 对（y_{t-1}^{μ}，$(\Delta y_{t-1})^{(\mu)}$）的回归的 OLS 系数估计值相同，其中 y_{t-1}^{μ} 是得自 y_{t-1} 对一个常数项的回归的残差，$(\Delta y_{t-1})^{\mu}$ 是得自 Δy_{t-1} 对一个常数项的回归的残差，其中 $t=1$，2，…，T。因此，如果 $\mathbf{b}=(\hat{\rho}^{\mu},\ \hat{\zeta}_1)'$，$\boldsymbol{\beta}=(\rho,\ \zeta_1)'$ 且 $\mathbf{x}_t=(y_{t-1}^{\mu},\ (\Delta y_{t-1})^{(\mu)})'$，它们就满足式（9.4.8）。因此有：

$$\mathbf{A}_T\text{ 的第}(1,1)\text{个元素}=\frac{1}{T^2}\sum_{t=1}^{T}(y_{t-1}^{\mu})^2$$

$$\mathbf{c}_T\text{ 的第 1 个元素}=\frac{1}{T}\sum_{t=1}^{T}y_{t-1}^{\mu}\cdot\varepsilon_t$$

将 $\xi_1=y_t$ 下的命题 9.2（c）和（d）应用于这些表达。

6.（菲利普斯检验）假设 $\{y_t\}$ 是无漂移 I(1)，因此 Δy_t 可以是序列相关的。尽管如此，我们还是要估计关于 $\{y_t\}$ 的无截距的 AR(1) 方程，而不是不带截距的增广自回归。令 $\hat{\rho}$ 是 y_{t-1} 系数的 OLS 估计值。定义：

$$Z_{\rho}\equiv T\cdot(\hat{\rho}-1)-\frac{1}{2}\cdot\left(\frac{T^2\cdot\hat{\sigma}_{\hat{\rho}}^2}{s^2}\right)\cdot(\hat{\lambda}^2-\hat{\gamma}_0)$$

$$Z_t\equiv\frac{s}{\hat{\lambda}}\cdot t-\frac{1}{2}\cdot\left(\frac{T\cdot\hat{\sigma}_{\hat{\rho}}}{s\cdot\hat{\lambda}}\right)\cdot(\hat{\lambda}^2-\hat{\gamma}_0)$$

其中 $\hat{\sigma}_{\hat{\rho}}$ 是 $\hat{\rho}$ 的标准误，s 是 OLS 回归标准误，$\hat{\lambda}^2$ 是 λ^2 的一个一致估计值，$\hat{\gamma}_0$ 是 γ_0 的一个一致估计值，t 是 $\rho=1$ 假设的 t 值。

（a）证明：Z_{ρ} 和 Z_t 可以写为：

$$Z_{\rho}=\frac{\frac{1}{T}\sum_{t=1}^{T}\Delta y_t y_{t-1}-\frac{1}{2}(\hat{\lambda}^2-\hat{\gamma}_0)}{\frac{1}{T^2}\sum_{t=1}^{T}(y_{t-1})^2}$$

$$Z_t=\frac{s}{\hat{\lambda}}\cdot t-\frac{\frac{1}{2}(\hat{\lambda}^2-\hat{\gamma}_0)}{\hat{\lambda}\times\sqrt{\frac{1}{T^2}\sum_{t=1}^{T}y_{t-1}^2}}$$

提示：根据最小二乘的代数知识可知，

$$\frac{\hat{\sigma}_{\hat{\rho}}}{s}=\frac{1}{\sqrt{\sum_{t=1}^{T}(y_{t-1})^2}}$$

（b）证明：

$$Z_{\rho}\xrightarrow[d]{}DF_{\rho}\text{ 和 }Z_t\xrightarrow[d]{}DF_t$$

提示：利用 $\xi_1=y_t$ 下的命题 9.2（a）和（b）。

7.（选做）证明：式（9.2.5）中的 $\alpha(L)$ 是绝对可和的。**提示**：证明的一条线索是：

$$\sum_{j=0}^{\infty}|\alpha_j|=\sum_{j=0}^{\infty}\left|-\sum_{i=j+1}^{\infty}\psi_i\right|\leqslant\sum_{j=0}^{\infty}\sum_{i=j+1}^{\infty}|\psi_i|=\sum_{i=0}^{\infty}i\,|\psi_i|<\infty$$

证明每一个等式和不等式。

□ 蒙特卡罗练习

1.（时间项降低了检验势）在这一模拟中，我们希望验证相对于平稳备择假设而言 DF t^{μ}检验的有限样本势要比 DF t^{τ} 检验的有限样本势大，也就是说，在 AR(1) 方程中纳入时间项会降低检验势。我们作为平稳备择假设进行检验的这个 DGP 是一个平稳 AR(1) 过程：

$$y_t=\rho y_{t-1}+\varepsilon_t,\ \rho=0.95,\ \varepsilon_t\sim \text{i. i. d. } N(0,1),\ y_0=0$$

选择样本规模 T 为 100，名义规模为 5%。有限样本势的计算程序应该有以下步骤：

(1) 将计数器初始值归零。应当有两个计数器，一个是 DF t^{μ}的，一个是 t^{τ} 的。它们可以记录拒绝（错误的）原假设的次数。

(2) 进行大量（比如一百万次）循环重复计算。在每一次重复中，都要做到以下各点：

(i) 生成数据向量（y_0，y_1，…，y_T）。

Gauss 小贴士：正如在第 1 章蒙特卡罗练习中所提到的，为生成（y_1，y_2，…，y_T），要避免在当前循环内产生循环；使用矩阵算子。该矩阵公式为：

$$\underset{(T\times 1)}{\mathbf{y}}=\underset{(T\times 1)}{\mathbf{r}}\cdot y_0+\underset{(T\times T)}{\mathbf{A}}\underset{(T\times 1)}{\boldsymbol{\varepsilon}}$$

其中，

$$\mathbf{y}=\begin{bmatrix}y_1\\y_2\\\vdots\\y_T\end{bmatrix},\ \mathbf{r}=\begin{bmatrix}\rho\\\rho^2\\\vdots\\\rho^T\end{bmatrix},\ \mathbf{A}=\begin{bmatrix}1&0&0&\cdots&0\\\rho&1&0&\cdots&0\\\rho^2&\rho&1&\ddots&0\\\vdots&\vdots&\ddots&\ddots&\vdots\\\rho^{T-1}&\rho^{T-2}&\cdots&\rho&1\end{bmatrix},\ \boldsymbol{\varepsilon}=\begin{bmatrix}\varepsilon_1\\\varepsilon_2\\\vdots\\\varepsilon_T\end{bmatrix}$$

为定义 **r**，要使用 Gauss 命令 seqm。为定义 **A**，要使用 toeplitz 和 lowmat。**r** 和 **A** 应该在第一步中进行定义，要在当前循环命令之外给出。

(ii) 从（y_0，y_1，…，y_T）中计算 t^{μ}和 t^{τ}。(因此样本规模实际上是 $T+1$。)

(iii) 如果 $t^{\mu}<-2.86$（DF_t^{μ} 的 5%的临界值），则为 t^{μ}的计数器加 1。如果 $t^{\tau}<-3.41$（DF_t^{τ} 的 5%的临界值），则为 t^{τ} 的计数器加 1。

(3) 经过全部循环之后，对于每一个统计量，用循环重复的次数去除该计数器的数值来计算拒绝原假设的频率。这一频率随着蒙特卡罗重复次数趋近于无穷而收敛到有限样本势。

DF t^{μ}检验的势应该大约是 0.124（因此有 12%的次数我们可以拒绝错误的原假设!），DF t^{τ} 检验的势为 0.092。因此，实际上，当时间项被纳入该回归时，至少相对于这一具体的 DGP 而言，检验势是降低了的。

2.（扭曲度）在这个蒙特卡罗模拟中，我们要计算 ADF ρ^{μ} 检验和 t^{μ}检验的扭曲度。我们的 DGP 原假设是由施沃特（Schwert，1989）检验的那个：

$$y_t=\rho y_{t-1}+\varepsilon_t+\theta\varepsilon_{t-1},\ \rho=1,\ \theta=-0.8$$
$$\varepsilon_t\sim \text{i. i. d. } N(0,1),\ y_0=0,\ \varepsilon_0=0$$

对于 $T=100$ 和 5%的名义规模，计算 $\hat{\rho}^{\mu}$ 和 t^{μ}的有限样本或精确规模。通过一种数据依存方法（可以是序贯 t、AIC 或 BIC），在该增广自回归中选择滞后变化的次数是很有用的，为了尽量使计算机程序比较简洁，也为了节省 CPU 运行时间，将滞后变化项数设为 4。从而，与 DGP 相对的回归方程就是：

$$\begin{aligned}y_t=&\text{常数项}+\rho y_{t-1}+\zeta_1\cdot(y_{t-1}-y_{t-2})+\zeta_2\cdot(y_{t-2}-y_{t-3})\\&+\zeta_3\cdot(y_{t-3}-y_{t-4})+\zeta_4\cdot(y_{t-4}-y_{t-5})+\text{误差项}\end{aligned}$$

由于该样本包含 y_0，所以可以包括四个滞后变化项的样本时期为从 $t=5$（而不是 $p+2=6$）到 $t=T$，实际样本规模为 $T-4$。验证 ADF t^{μ} 检验的扭曲度要小于 ADFρ^{μ} 检验的扭曲度。(对于 ADF ρ^{μ}，扭曲度约为 0.496，对于 ADF t^{μ} 则为 0.290。)

□ 实证性习题

在回答问题之前先阅读 Lothian 和 Taylor（1996，pp. 488-509）（可以略过他们对菲利普斯-佩龙检验的讨论）。文档 LT. ASC 有关于以下各项的年度数据：

第 1 列：年份

第 2 列：美元/英镑的汇率（S_t）

第 3 列：U. S. WPI(批发价格指数)，将 1914 年的价格标准化为 100（P_t）

第 4 列：U. K. WPI，将 1914 年的价格标准化为 100（P_t^*）

样本期是 1791—1990 年（200 个观测值）。这些数据与洛西恩和泰勒（Lothian and Taylor，1996）所用的数据完全相同，我们都可以得到。至于数据来源以及如何构造一致时间序列的数据处理问题，可以参看洛西恩和泰勒（Lothian and Taylor，1996）的附录。(根据这一附录，汇率（和 WPI）都是年度平均值。令人遗憾的是，由于时间汇总问题，没能使用时点数据。如果基于每日数据的变量服从随机游走，那么该变量的年度平均值就不会服从随机游走。参看下文（f）部分对此的更多讨论。)

计算美元/英镑汇率如下：

$$z_t \equiv \ln(S_t)-\ln(P_t)+\ln(P_t^*) \tag{1}$$

由于 S_t 是以美元表示每一英镑，故其提高意味着英镑升值。图 9－4 中实际汇率图表明没有明显的时间趋势，因此我们可以使用 ADFt^{μ} 检验。因此，要估计的增广自回归为：

$$z_t = \text{常数项} + \rho z_{t-1} + \zeta_1 \cdot (z_{t-1}-z_{t-2}) + \cdots + \zeta_p \cdot (z_{t-p}-z_{t-p-1}) + \text{误差项} \tag{2}$$

其中 p 是该增广自回归所包含的滞后变化的项数（在文中用 $\hat{p}$ 表示）。

(a)（带有自动滞后项选择的 ADF）对于 1791—1990 年整个样本期来说，运用序贯 t 规则、AIC 和 BIC 来选择 p（要包含的滞后变化项的项数）。根据式（9.4.31），设 p_{max}（该增广自回归中滞后变化项数的最大值，在文中标示为 $p_{max}(T)$）(因此 $p_{max}=14$)。对于序贯 t 检验来说，使用 10% 的显著性水平。(你应该发现，根据序贯 t 规则，$p=14$，根据 AIC 为 14，根据 BIC 为 0。) 验证 $p=0$ 的 t^{μ} 统计量的值（如果在最大样本上予以估计）与洛西恩和泰勒（Lothian and Taylor，1996）表 1 中 τ_{μ} 的值相匹配。

RATS 小贴士： RATS 允许你在循环内改变回归元的数目。由于 RATS OLS 程序 LINREG 不允许获取标准误，所以 DF t^{μ} 无法在该程序中予以计算。因此将 DF t^{μ} 统计量作为 z_t-z_{t-1} 回归中 z_{t-1} 系数的 t 值来计算。而且，AIC 和 BIC 都无法通过 LINREG 进行计算。因此，要使用 COMPUTE。在下面的 RATS 代码中，z 是对数实际汇率，dz 是其一阶差分。在运用序贯 t 规则、AIC 和 BIC 规则方面，取定样本期为 1806—1990 年（这对应于 $p_{max}+2, \cdots, T$）。AIC 和 BIC 的 RATS 代码是：

```
linreg dz 1806：1 1990：1； # constant z {1}
compute ssrr = %rss
compute akaike = log (%rss/%nobs) + %nreg*2.0/%nobs
compute schwarz = log (%rss/%nobs) + %nreg*log (%nobs)
                  /%nobs
display akaike schwarz
* run ADF with 1 through 14 lagged changes
do p = 1,14
 linreg dz 1806:1 1990:1； # constant z{1} dz {1 to p}
```

```
  compute akaike = log ( %rss/ %nobs) + %nreg * 2.0/ %nobs
  compute schwarz = log ( %rss/ %nobs) + %nreg
                   * log ( %nobs) / %nobs
  display akaike schwarz
end do
```

TSP 小贴士：与 RATS 不同，TSP 并不允许在循环内改变样本期和回归元数目。OLSQ 程序会给出 BIC，但是不会给出 AIC，因此 AIC 必须由 SET 命令来计算。

(b)（对浮动汇率时期做 DF 检验）将 DF t^{μ} 检验应用于浮动汇率时期 1974—1990 年。由于滞后因变量 z_{t-1} 的存在，所以第一个方程对应 $t=1975$：

$$z_{1975}=\text{常数项}+\rho z_{1974}+\text{误差项}$$

因此其样本规模为 16。你能否在 5% 的水平上拒绝随机游走假设呢？

(c)（对金本位时期做 DF 检验）将 DF t^{μ} 检验应用于金本位时期：1870—1913 年。取 $t=1$ 为 1871 年，因此样本规模为 43。你能否在 5% 的水平上拒绝随机游走假设呢？ρ 的估计值（在 z_t 对一个常数项和 z_{t-1} 的回归中 z_{t-1} 的系数）是否比（b）中更接近于零呢？

(d)（邹检验）拒绝了 I(1) 原假设之后，我们在对数实际汇率 z_t 服从平稳 AR(1) 过程的保留假设下继续进行下去。为了检验在 AR(1) 方程中无结构性变化这一原假设，将该样本分成两个子样本：1791—1973 年和 1974—1990 年，并进行邹检验。你可能已经回忆起来，邹检验本来是为具有严格外生回归元的模型而构建的。如果 K 是包含常数项的回归元的数量（在当前情况里为 2），则它是自由度为 $(K, T-2K)$ 的 F 检验。这一结论并不能直接在这里应用，因为在 AR(1) 方程中，回归元是滞后因变量，它不是严格外生的。然而，正如在第 2 章分析性习题 12 中所证明的那样，如果这些变量（回归元和因变量）是遍历平稳的（这里正是这种情况，因为当 $|\rho|<1$ 时，$\{z_t\}$ 是遍历平稳的），那么在大样本中，随着两个子样本的规模递增，$K\cdot F$ 服从渐近 $\chi^2(K)$ 分布。这一结论并不要求回归元是严格外生的。计算 $K\cdot F$，并验证这一断言（参看 Lothian 和 Taylor（1996，pp. 498－502））："在浮动汇率期间，参数无结构性转移。"在具有一个滞后因变量的当前情况下，1974 年的方程：

$$z_{1974}=\text{常数项}+\rho z_{1973}+\text{误差项}$$

应该被纳入第一个子样本还是第二个子样本成为一个需要讨论的问题。在大样本中这不重要；在第一个子样本中包含该方程（因此第一个子样本的样本规模为 183）。（注意：$K\cdot F$ 大概是 1.26。）

(e)（ADF-GLS）正如 9.5 节所提及的，ADF-GLS 检验会以仅仅带来略高的扭曲度为代价而获得的确更高一些的检验势。ADF-GLS t^{μ} 和 t^{τ} 统计量可以计算如下。正如在 ADF t^{μ} 和 t^{τ} 检验中一样，该原假设过程为：

$$y_t=d_t+z_t,\ z_t=\rho z_{t-1}+u_t,\ \rho=1,\ \{u_t\}\text{是零均值 I(0)过程} \tag{3}$$

写出 $d_t=\mathbf{x}_t'\boldsymbol{\beta}$。对于 d_t 为常数的情况，有 $\mathbf{x}_t=1$ 以及 $\boldsymbol{\beta}=\alpha$，而对于 d_t 是一个线性时间趋势的情况而言，则有 $\mathbf{x}_t=(1,\ t)'$ 和 $\boldsymbol{\beta}=(\alpha,\ \delta)'$。我们假设有样本规模为 T 的 $(y_1,\ y_2,\ \cdots,\ y_T)$。

(i)（$\boldsymbol{\beta}$ 的 GLS 估计）在估计下面这个回归方程方面，

$$y_t=\mathbf{x}_t'\boldsymbol{\beta}+\text{误差项},\ t=1,2,\cdots,T \tag{4}$$

GLS 假设误差过程为自回归系数为 $\bar{\rho}=1+\bar{c}/T$ 的 AR(1)。（$\bar{c}$ 的值稍后给出。）也就是说，通过 OLS 进行如下回归来估计 $\boldsymbol{\beta}$：

$$y_1,y_2-\bar{\rho}y_1,y_3-\bar{\rho}y_2,\cdots,y_T-\bar{\rho}y_{T-1}$$

对

$$\mathbf{x}_1,\mathbf{x}_2-\bar{\rho}\mathbf{x}_1,\mathbf{x}_3-\bar{\rho}\mathbf{x}_2,\cdots,\mathbf{x}_T-\bar{\rho}\mathbf{x}_{T-1}$$

回归。（和真正的 GLS 中的情况不一样，第一个观测值——y_1 和 $\mathbf{x}_1$——不是由 $\sqrt{1-\bar{\rho}^2}$ 加权的，但这在大样本中并不重要。）

根据在去均值情况（其中 $\mathbf{x}_t=1$）中

$$\bar{c}=-7$$

在去趋势情况中则设：

$$\bar{c}=-13.5$$

（大致而言，对 $\bar{c}$ 的这一选择确保了 $c=\bar{c}$ 时的渐近势约为 50%，其中 $\rho=1+c/T$，这是为 $c=\bar{c}$ 这一备择假设量身定做的一个理想检验所得到的渐近势。）最后我们得到估计量 $\hat{\boldsymbol{\beta}}_{GLS}$，并定义 $\tilde{y}\equiv y_t-\mathbf{x}_t'\hat{\boldsymbol{\beta}}_{GLS}$。（这不应该和 GLS 残差混淆，后者是 $(y_t-\bar{\rho}y_{t-1})-(\mathbf{x}_t-\bar{\rho}\mathbf{x}_{t-1})'\hat{\boldsymbol{\beta}}_{GLS}$。）

(ii)（关于残差的无截距项的 ADF）使用 $\tilde{y}_t$ 而不是 y_t 来估计无截距项的增广自回归：

$$\tilde{y}_t=\rho\tilde{y}_{t-1}+\zeta_1\cdot(\tilde{y}_{t-1}-\tilde{y}_{t-2})+\cdots+\zeta_p\cdot(\tilde{y}_{t-p}-\tilde{y}_{t-p-1})+\text{误差项}$$

$\rho=1$ 的 t 值为 ADF-GLS t-统计量；如果 $\mathbf{x}_t=1$，则我们称它为 ADF-GLS t^{μ}，如果 $\mathbf{x}_t=(1,\ t)'$，则称它为 ADF-GLS t^{τ}。ADF-GLS t^{μ} 的极限分布是 DF_t 的极限分布（在表 9－2（a）中给出），而 ADF-GLS t^{τ} 的极限分布则在 Elliott 等（1996）的表 I. C. 中给出。将其左尾临界值复制如下：

1%：－3.48，2.5%：－3.15，5%：－2.89，10%：－2.57。

艾略特等（Elliott et al.，1996）证明，对于 ADF-GLS 检验来说，其渐近势要高于 ADF ρ 和 t 检验，而且与 ADF 检验相比，其有限样本势也的确更高，而扭曲度也是最小的。

将 ADF-GLS t^{μ} 检验应用于金本位子样本 1870—1913 年。根据 BIC 选择滞后时长，其 p_{max}（增广自回归中滞后变化的最大项数，在文中表示为 $p_{max}(T)$）由式（9.4.31）给出（因此 $p_{max}=9$）。你能否拒绝实际汇率是无漂移 I(1) 的原假设呢？（注意：BIC 会为 p 选定 0。该统计量应当为－2.24。你应该能够在 5% 的水平上拒绝 I(1) 原假设。）

TSP 小贴士：对于这一部分，假设 $p=0$，TSP 代码的一个例子如下：

```
?
? (e) ADF-GLS
?
? Step 1: GLS demeaning
?
set rhobar = 1 - 7/ (1913 - 1870 + 1);
smpl 1870 1913;
const = 1;
ct = 1;
zt = z; ? z is the log real exchange rate
smpl 1871 1913;
zt = z - rhobar * z ( - 1);
ct = const - rhobar * const( - 1);
smpl 1870 1913;
olsq zt ct;
z = z-@coef (1);
? @coef (1) is the GLS estimate of the mean
?
? Step 2: DF with demeaned variable
```

```
?
smpl 1871 1913;
olsq z z(-1);
set t = ((@coef (1) - 1)/@ses(1); print t;
```

(f)（有关时间汇总的分析性习题，选做）假设 y_t 是一个无漂移随机游走。通过如下公式产生时间平均序列：

$$\bar{y}_1=\frac{y_1+y_2+\cdots+y_n}{n}, \ \bar{y}_2=\frac{y_{n+1}+y_{n+2}+\cdots+y_{2n}}{n}, \cdots$$

（将 y_t 视为 t 日的汇率，$\bar{y}_j$ 看成 j 年日汇率的年平均值。）证明：$\{\bar{y}_j\}$ 不是一个随机游走。更具体来说，是要证明：

$$\operatorname{Corr}(\bar{y}_{j+1}-\bar{y}_j, \bar{y}_{j+2}-\bar{y}_{j+1}) \underset{d}{\to} 0.25, \ n \to \infty$$

部分习题答案

□ 分析性习题

1. 由于 $E(\xi_0^2)<\infty$，所以随着 $T\to\infty$，$\xi_0/\sqrt{T}$ 依均方（也因此依概率）收敛到 0。如此一来，在提示里式（*）右边第二项可以被忽略。考虑第一项，我们有：

$$\frac{\xi_T}{\sqrt{T}}=\frac{\xi_0}{\sqrt{T}}+\frac{\Delta\xi_1+\Delta\xi_2+\cdots+\Delta\xi_T}{\sqrt{T}}$$

该方程右边第一项也可以被忽略。根据命题 6.9，第二项收敛到 $N(0, \lambda^2)$，因为 $\Delta\xi_t$ 是一个具有绝对可和的 MA 系数的线性过程。因此，式（*）右边的第一项依分布收敛到 $(\lambda^2/2)X$，其中 $X\sim\chi^2(1)$。由于 $\{\Delta\xi_t\}$ 是遍历平稳的，根据遍历性定理，式（*）右边最后一项依概率收敛到 $\frac{1}{2}E[(\Delta\xi_t)^2]$。

5. $\mathbf{A}_T$ 的第（1，1）个元素收敛到命题 9.2（c）所示的随机变量。考虑 $\mathbf{c}_T$ 的第一个元素，根据贝弗里奇-尼尔森，有

$$y_t=\psi(1)w_t+\eta_t+(y_0-\eta_0), \ w_t\equiv\varepsilon_1+\varepsilon_2+\cdots+\varepsilon_t \tag{1}$$

因此，

$$y_{t-1}^{\mu}=\psi(1)w_{t-1}^{\mu}+\eta_{t-1}^{\mu} \tag{2}$$

其中，对于 $x=w$，η 有

$$x_{t-1}^{\mu}=x_{t-1}-\bar{x}, \ \bar{x}=\frac{x_0+\cdots+x_{T-1}}{T}$$

以及

$$\frac{1}{T}\sum_{t=1}^{T}y_{t-1}^{\mu}\cdot\varepsilon_t=\psi(1)\frac{1}{T}\sum_{t=1}^{T}w_{t-1}^{\mu}\cdot\varepsilon_t+\frac{1}{T}\sum_{t=1}^{T}\eta_{t-1}^{\mu}\cdot\varepsilon_t \tag{3}$$

该方程右边的第二项可以被渐近地予以忽略。根据 $\xi_t=\omega_t$ 的命题 9.2（d）（无漂移随机游走），右边第一项收敛到：

$$\psi(1)\left(\frac{\sigma^2}{2}\right)\{[W^{\mu}(1)]^2-[W^{\mu}(0)]^2-1\}$$

由此，我们有：

$$\frac{1}{T}\sum_{t=1}^{T} y_{t-1}^{\mu}\cdot\varepsilon_t \xrightarrow[\mathrm{d}]{} \frac{1}{2}\cdot\sigma^2\cdot\psi(1)\cdot\{[W^{\mu}(1)]^2-[W^{\mu}(0)]^2-1\} \tag{4}$$

对于去均值情况而言，$\mathbf{A}_T$ 矩阵也是渐近对角矩阵。$\mathbf{A}_T$ 的那些非对角线元素等于 $1/\sqrt{T}$乘以

$$\frac{1}{T}\sum_{t=1}^{T}(\Delta y_{t-1})^{(\mu)} y_{t-1}^{\mu} \tag{5}$$

由于 $\sum_{t=1}^{T} y_{t-1}^{\mu}=0$，故这等于：

$$\frac{1}{T}\sum_{t=1}^{T}\Delta y_{t-1} y_{t-1}^{\mu} \tag{6}$$

易于证明的是，根据与 9.4 节复习题 3 和命题 9.2（d）类似的代数知识可知，式（6）具有一个极限分布。因此 $1/\sqrt{T}$乘以式（6）（即 $\mathbf{A}_T$ 的非对角线元素）依概率收敛到零。那么，利用我们在无截距情况下在文中用过的同样的论证，易于证明，对于 ζ_1 而言，$\hat{\zeta}_1$ 是一致的。因此 $\psi(1)$ 是被 $1/(1-\hat{\zeta}_1)$ 一致估计的。综合起来有，

$$\frac{T\cdot(\hat{\rho}^{\mu}-1)}{1-\hat{\zeta}_1}\xrightarrow[\mathrm{d}]{} DF_{\rho}^{\mu}$$

□ 实证性习题

（a）当 $p=0$ 时，估计的 AR(1) 方程为：

$$z_t=\text{const.}+\underset{(0.032\,6)}{0.886\,9}\,z_{t-1},\ SSR=0.995\,135,\ R^2=0.790,\ T=199$$

t^{μ}的值为-3.47，它与洛西恩和泰勒（Lothian and Taylor，1996）的表 1 中的值是匹配的。由表 9－2（b）可知，5%的临界值为-2.86。

（b）1974—1990 年估计的 AR(1) 方程为：

$$z_t=\text{const.}+\underset{(0.190\,4)}{0.770\,4}z_{t-1},\ SSR=0.150\,964,\ R^2=0.539,\ T=16$$

$t^{\mu}=-1.21>-2.86$。我们无法在 5%的显著性水平上拒绝原假设。

（c）1870—1913 年估计的 AR(1) 方程为：

$$z_t=\text{const.}+\underset{(0.104\,5)}{0.722\,2}z_{t-1},\ SSR=0.069\,429,\ R^2=0.538,\ T=43$$

$t^{\mu}=-2.66>-2.86$。我们无法在 5%显著性水平上拒绝原假设。

（d）1791—1974 年估计的 AR(1) 方程为：

$$z_t=\text{const.}+\underset{(0.032\,9)}{0.899\,3}z_{t-1},\ SSR=0.837\,772,\ R^2=0.805,\ T=183$$

由此以及（a）和（b）中的结论可知：

$$K\cdot F=\frac{0.995\,135-(0.837\,772+0.150\,964)}{\dfrac{0.837\,772+0.150\,964}{199-4}}=1.26$$

$\chi^2(2)$ 的 5%的临界值为 5.99。因此，我们可以接受参数稳定的原假设。

（e）ADF-GLS $t^{\mu}=-2.24$。由表 9－2（a）可知，5%的临界值为-1.95。因此我们可以拒绝 I(1) 原假设。

参考文献

Baillie, R. , 1996, "Long Memory Processes and Fractional Integration in Econometrics," *Journal of Econometrics*, 73, 5-59.

Balke, N. , and R. Gordon, 1989, "The Estimation of Prewar Gross National Product: Methodology and New Evidence," *Journal of Political Economy*, 97, 39-92.

Chan, N. , and C. Wei, 1988, "Limiting Distributions of Least Squares Estimates of Unstable Autoregressive Processes," *Annals of Statistics*, 16, 367-401.

Dickey, D. , 1976, "Estimation and Hypothesis Testing in Nonstationary Time Series," Ph. D. dissertation, Iowa State University.

Dickey, D. , and W. Fuller, 1979, "Distribution of the Estimators for Autoregressive Time Series with a Unit Root," *Journal of the American Statistical Association*, 74, 427-431.

Elliott, G. , T. Rothenberg, and J. Stock, 1996, "Efficient Tests for an Autoregressive Unit Root," Econometrics, 64, 813-836.

Fama, E. , 1975, "Short-Term Interest Rates as Predictors of Inflation," *American Economic Review*, 65, 269-282.

Fuller, W. , 1976, *Introduction to Statistical Time Series*, New York: Wiley.

——, 1996, *Introduction to Statistical Time Series* (2d ed.), New York: Wiley.

Hall, P. , and C. Heyde, 1980, *Martingale Limit Theory and Its Application*, New York: Academic.

Hamilton, J. , 1994, *Time Series Analysis*, Princeton: Princeton University Press.

Haman, E. J. , and M. Deistler, 1988, *The Statistical Theory of Linear Systems*, New York: Wiley.

Kwiatkowski, D. , P. Phillips, P. Schmidt, and Y. Shin, 1992, "Testing the Null Hypothesis of Stationarity against the Alternative of a Unit Root," *Journal of Econometrics*, 54, 159-178.

Leybourne, S. , and B. McCabe, 1994, "A Consistent Test for a Unit Root," *Journal of Business and Economic Statistics*, 12, 157-166.

Lothian, J. , and M. Taylor, 1996, "Real Exchange Rate Behavior: The Recent Float from the Perspective of the Past Two Centuries," *Journal of Political Economy*, 104, 488-509.

Maddala, G. S. , and In-Moo Kim, 1998, *Unit Roots, Cointegration, and Structural Change*, New York: Cambridge University Press.

Ng, S. , and P. Perron, 1995, "Unit Root Tests in ARMA Models with Data-Dependent Methods for the Selection of the Truncation Lag," *Journal of the American Statistical Association*, 90, 268-281.

——, 1998, "Lag Length Selection and the Construction of Unit Root Tests with Good Size and Power," working paper, mimeo.

Perron, P. , 1991, "Test Consistency with Varying Sampling Frequency," *Econometric Theory*, 7, 341-368.

Perron, P. , and S. Ng, 1996, "Useful Modifications to Unit Root Tests with Dependent Errors and Their Local Asymptotic Properties," *Review of Economic Studies*, 63, 435-463.

Phillips, P. , 1987, "Time Series Regression with a Unit Root," *Econometrica*, 55, 277-301.

Phillips, P. , and S. Durlauf, 1986, "Multiple Time Series Regression with Integrated Processes,"

Review of Economic Studies, 53, 473–496.

Phillips, P., and P. Perron, 1988, "Testing for a Unit Root in Time Series Regression," *Biometrika*, 75, 335–346.

Rogoff, K., 1996, "The Purchasing Power Parity Puzzle," *Journal of Economic Literature*, 34, 647–668.

Said, S., and D. Dickey, 1984, "Testing for Unit Roots in Autoregressive-Moving Average Models of Unknown Order," *Biometrika*, 71, 599–607.

Sargan, D., and A. Bhargava, 1983, "Testing Residuals from Least Squares Regression for Being Generated by the Gaussian Random Walk," *Econometrica*, 51, 153–174.

Schwert, G., 1989, "Tests for Unit Roots: A Monte Carlo Investigation," *Journal of Business and Economic Statistics*, 7, 147–159.

Sims, C., J. Stock, and M. Watson, 1990, "Inference in Linear Time Series Models with Some Unit Roots," *Econometrica*, 58, 113–144.

Stock, J., 1994, "Unit Roots, Structural Breaks and Trends," Chapter 46 in R. Engle and D. McFadden (eds.), *Handbook of Econometrics*, Volume IV, New York: North Holland.

Tanaka, K., 1990, "Testing for a Moving Average Unit Root," *Econometric Theory*, 6, 433–444.

——, 1996, *Time Series Analysis*, New York: Wiley.

Watson, M., 1994, "Vector Autoregressions and Cointegration," Chapter 47 in R. Engle and D. McFadden (eds.), *Handbook of Econometrics*, Volume IV, New York: North Holland.

第 10 章

协　整

概要

正如前面章节的例子所充分阐明的那样，很多经济时间序列都可以概括为一个 I(1) 过程。但它们的线性组合则很少是平稳的。而线性组合为平稳 I(1) 过程的变量被称为**协整的**（cointegrated），线性组合中的权数即**协整向量**（cointegrating vector）。本章研究协整系统，即其元素是协整的那些向量 I(1) 过程。

在前一章里，我们已经定义过单变量 I(0) 和 I(1) 过程。本章第一节给出它们在向量过程上的一般化形式，并为向量 I(1) 过程定义协整。10.2 节给出了协整系统的另外一种表示。10.3 节更为细致地研究了一个向量 I(1) 过程是不是协整的检验。估计协整向量并对它们做出推断的技术方法在 10.4 节给出。

作为应用，10.5 节讨论了货币需求函数。对数实际货币供给、名义利率以及对数实际收入似乎都是 I(1)，但是一个稳定货币需求函数的存在则表明，那些变量都是协整的，货币需求函数中的系数形成了一个协整向量。10.4 节的技术方法即可被用来估计这一协整向量。

与其他章节不同，我们不会以一系列命题来呈现结论，因为这一主题的程度较深，难以在不引入更高深的技术概念的情况下表述假设。不过，对于那些在技术上不存在障碍的读者，我们在文中给出了参考文献，这些假设在其中曾有正式的表述。

符号注释：与其他章不同，符号“n”被用来表示向量过程的维数，正如在前一章中那样，符号“T”被用来表示样本规模，而“t”是观测值序号。而且，如果 y_t 是一个 n 维向量过程的第 t 个观测值，则其第 j 个元素将会被标示为 y_{jt}，而不是 y_{tj}。我们之所以做出这样的一些改变，是为了和大多数有关协整的原始论文所用的符号保持一致。

10.1 协整系统

图 10-1（a）给出了美国季度实际人均总个人可支配收入的对数，以及个人消费支出，时间跨度为 1947:Q1 到 1998:Q1。这两个序列都具有线性趋势——这一点正如我们在下面的例子里所证实的那样——和随机趋势。然而，这两个 I(1) 序列趋向于共同运动，表明其差分是平稳的。这正是**协整**（cointegration）的一个例子。协整关系在经济学中比比皆是。实际上，我们在本书中所探讨的很多变量都是协整的：两个不同国家的相同商品的价格（其差分在弱购买力平价版本中应该也是平稳的），长期和短期利率（即使它们具有趋势，收益差值也是平稳的），远期和即期汇率，等等。协整可以概括不止两个变量的特征。例如，一个稳定的货币需求函数的存在性表明，即便实际货币存量的对数、名义利率以及总收入的对数都是 I(1) 过程，它们的线性组合也仍然可能是平稳的。

我们将前一章的单变量 I(0) 和 I(1) 过程的定义推广到向量过程来开始本节。多元 I(1) 过程的协整概念稍后正式介绍。

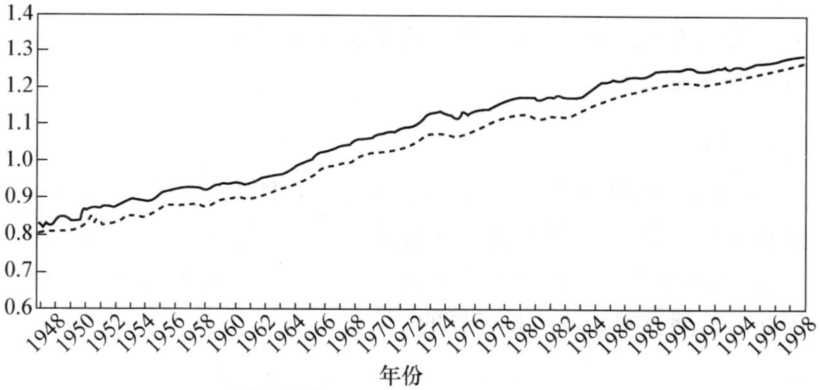

图 10-1（a） 对数收入和消费

□ 线性向量 I(0) 和 I(1) 过程

关于向量 I(0) 和 I(1) 过程的定义，我们遵循 Hamilton（1994）和 Johansen（1995）。为了介绍零均值线性单变量 I(0) 过程的多变量扩展，我们来看一个零均值 n 维 VMA（向量移动平均）过程：

$$\underset{(n\times1)}{\mathbf{u}_t}=\underset{(n\times n)(n\times1)}{\mathbf{\Psi}(L)\boldsymbol{\varepsilon}_t},\ \mathbf{\Psi}(L)\equiv\mathbf{I}_n+\mathbf{\Psi}_1L+\mathbf{\Psi}_2L^2+\cdots \tag{10.1.1}$$

其中 $\boldsymbol{\varepsilon}_t$ 是 i. i. d. 的，且有：

$$\mathrm{E}(\boldsymbol{\varepsilon}_t)=\mathbf{0},\ \mathrm{E}(\boldsymbol{\varepsilon}_t\boldsymbol{\varepsilon}_t')=\underset{(n\times n)}{\mathbf{\Omega}},\mathbf{\Omega}\text{ 是正定的} \tag{10.1.2}$$

（误差过程 $\boldsymbol{\varepsilon}_t$ 可以是一个满足某些性质的向量鞅差分序列，但是我们将不引入这种程度的一般化。）正如单变量情况中一样，我们施加两个限制条件。第一个是一阶可和性①：

$$\{\boldsymbol{\Psi}_j\}\text{是一阶可和的} \tag{10.1.3}$$

当一阶可和性成立时，由于 $\{\boldsymbol{\Psi}_j\}$ 是绝对可和的，所以命题 6.1（d）的多元版本意味着 $\mathbf{u}_t$ 是（严）平稳和遍历的。第二个关于零均值 VMA 过程的限制条件是：

$$\boldsymbol{\Psi}(1) \neq \underset{(n\times n)}{\mathbf{0}}\ (\text{零的 } n\times n \text{ 矩阵}) \tag{10.1.4}$$

也就是说，至少 $n\times n$ 矩阵 $\boldsymbol{\Psi}(1)$ 中的一个元素不是零。这是单变量 I(0) 过程中条件式（9.2.3b）的一个自然的多变量扩展。

一个**（线性）零均值 *n* 维向量 I(0) 过程**［(linear) zero-mean *n*-dimensional vector I(0) process］或一个**（线性）零均值 I(0) 系统**［(linear) zero-mean I(0) system］是一个满足式（10.1.1）至式（10.1.4）的 VMA 过程。给定一个零均值 I(0) 系统 $\mathbf{u}_t$，一个**（线性）*n* 维向量 I(0) 过程**［(linear) vector I(0) process］或一个**（线性）I(0) 系统**［(linear) I(0) system］可以写为：

$$\boldsymbol{\delta}+\mathbf{u}_t$$

其中 $\boldsymbol{\delta}$ 是表示平稳过程均值的 n 维向量。使用满足式（6.3.15）的式（6.5.6），I(0) 系统的长期方差矩阵为：

$$\boldsymbol{\Psi}(1)\boldsymbol{\Omega}\boldsymbol{\Psi}(1)' \tag{10.1.5}$$

由于 $\boldsymbol{\Omega}$ 正定，且 $\boldsymbol{\Psi}(1)$ 满足式（10.1.4），至少这一长期方差矩阵的对角线元素中的一个是正的，这表明至少 I(0) 系统中的一个元素在个体上是 I(0)（即 I(0) 作为一个单变量过程）。我们不必要求 $\boldsymbol{\Psi}(1)$ 是非奇异的。实际上，纳入奇异性是协整理论的全部要点所在。因此，长期方差矩阵也是奇异的。

例 10.1（一个二元 I(0) 系统）：

下面来看一个二元一阶 VMA 过程：

$$\begin{cases} u_{1t}=\varepsilon_{1t}-\varepsilon_{1,t-1}+\gamma\varepsilon_{2,t-1} \\ u_{2t}=\varepsilon_{2t} \end{cases} \text{或 } \mathbf{u}_t=\boldsymbol{\varepsilon}_t+\boldsymbol{\Psi}_1\boldsymbol{\varepsilon}_{t-1} \tag{10.1.6}$$

其中，

$$\boldsymbol{\varepsilon}_t=\begin{bmatrix}\varepsilon_{1t}\\ \varepsilon_{2t}\end{bmatrix},\ \boldsymbol{\Psi}_1=\begin{bmatrix}-1 & \gamma\\ 0 & 0\end{bmatrix} \tag{10.1.7}$$

由于这是一个有限阶 VMA，所以一阶可和性是可以被满足的。条件式（10.1.4）也可以得到满足，因为：

---

① 如果对于所有的 k，$\{\Psi_{j,kl}\}$（$l=1,2,\cdots,n$）是一阶可和的（即 $\sum_{j=0}^{\infty} j\mid\Psi_{j,kl}\mid<\infty$），则矩阵 $\{\boldsymbol{\Psi}_j\}$ 的序列被称为一阶可和的，其中 $\Psi_{j,kl}$ 是 $n\times n$ 矩阵 Ψ_j 的第（k，e）个元素。

$$\boldsymbol{\Psi}(1)=\mathbf{I}_2+\boldsymbol{\Psi}_1=\begin{bmatrix}0 & \gamma \\ 0 & 1\end{bmatrix}\neq \underset{(2\times 2)}{\mathbf{0}} \tag{10.1.8}$$

所以这个例子是符合 I(0) 系统的定义的。如果 $\gamma=0$，则第一个元素 u_{1t} 实际上是一个作为单变量过程的 I(−1)。

与一个零均值 I(0) 系统 $\mathbf{u}_t$ 相关联的 ***n* 维 I(1) 系统**（*n*-dimensional I(1) system）$\mathbf{y}_t$ 可以由下面这一关系式来定义：

$$\Delta\mathbf{y}_t=\boldsymbol{\delta}+\mathbf{u}_t \tag{10.1.9}$$

因此 $\Delta\mathbf{y}_t$ 的均值为 $\boldsymbol{\delta}$。由于不是每一个相关联零均值 I(0) 过程 $\mathbf{u}_t$ 的元素都要求在个体上是 I(0)，所以 I(1) 系统 $\mathbf{y}_t$ 的某些元素不必在个体上是 I(1)。① 将式（10.1.1）代入这个式子，可以得到：

$$\Delta\mathbf{y}_t=\boldsymbol{\delta}+\boldsymbol{\Psi}(\mathrm{L})\boldsymbol{\varepsilon}_t \tag{10.1.10}$$

这被称为一个 I(1) 系统的**向量移动平均表示**（vector moving average（VMA）representation）。在水平形式上，$\mathbf{y}_t$ 可以写为：

$$\mathbf{y}_t=\mathbf{y}_0+\boldsymbol{\delta}\cdot t+\mathbf{u}_1+\mathbf{u}_2+\cdots+\mathbf{u}_t \tag{10.1.11}$$

或者将其全部写出来就是：

$$\begin{bmatrix}y_{1t}\\ y_{2t}\\ \vdots\\ y_{nt}\end{bmatrix}=\begin{bmatrix}y_{1,0}\\ y_{2,0}\\ \vdots\\ y_{n,0}\end{bmatrix}+\begin{bmatrix}\delta_1\cdot t\\ \delta_2\cdot t\\ \vdots\\ \delta_n\cdot t\end{bmatrix}+\begin{bmatrix}u_{1,1}\\ u_{2,1}\\ \vdots\\ u_{n,1}\end{bmatrix}+\begin{bmatrix}u_{1,2}\\ u_{2,2}\\ \vdots\\ u_{n,2}\end{bmatrix}+\cdots+\begin{bmatrix}u_{1t}\\ u_{2t}\\ \vdots\\ u_{nt}\end{bmatrix} \tag{10.1.1}$$

关于其初始值 $\mathbf{y}_0$，我们假设它是固定常数向量或是随机的，但是对于所有的 t 都独立于 $\boldsymbol{\varepsilon}_t$。

例 10.2（一个二元 I(1) 系统）：

一个其关联的零均值 I(0) 过程是例 10.1 中的二元过程的 I(1) 系统为：

$$\begin{cases}\Delta y_{1t}=\delta_1+\varepsilon_{1t}-\varepsilon_{1,t-1}+\gamma_{2,t-1}\\ \Delta y_{2t}=\delta_2+\varepsilon_{2t}\end{cases} \text{或 } \Delta\mathbf{y}_t=\boldsymbol{\delta}+\boldsymbol{\varepsilon}_t+\boldsymbol{\Psi}_1\boldsymbol{\varepsilon}_{t-1} \tag{10.1.12}$$

其中 $\boldsymbol{\Psi}_1$ 由式（10.1.7）给出。在水平形式上有：

$$\begin{cases}y_{1t}=y_{1,0}+\delta_1\cdot t+(\varepsilon_{1t}-\varepsilon_{1,0})+\gamma\cdot(\varepsilon_{2,0}+\varepsilon_{2,1}+\cdots+\varepsilon_{2,t-1})\\ y_{2t}=y_{2,0}+\delta_2\cdot t+(\varepsilon_{2,1}+\varepsilon_{2,2}+\cdots+\varepsilon_{2t})\end{cases} \tag{10.1.13}$$

$\mathbf{y}_t$ 的第二个元素是单变量过程 I(1)。如果 $\gamma=0$，则第一个元素 y_{1t} 是趋势平稳的，因为

---

① 在很多教科书里，比如在 Engle 和 Granger（1987），I(1) 系统的所有元素都被假定为在个体上是 I(1)，但是这一假设对于发展协整理论而言并无必要。这一点在诸如 Lütkepohl（1993，pp. 352－353）和 Johansen（1995，第 3 章）里曾强调过。

与趋势函数（$y_{1,0}-\varepsilon_{1,0}$）$+\delta_1\cdot t$ 的离差是平稳的（实际上也是 i. i. d. 的）。否则 y_{1t} 就是 I(1)过程。

□ 贝弗里奇-尼尔森分解

对于一个其相关联的零均值 I(0) 过程是满足式（10. 1. 1）至式（10. 1. 4）的 $\mathbf{u}_t$ 的 I(1)系统而言，很容易得到贝弗里奇-尼尔森（BN）分解。从 9. 2 节中回忆一下，单变量 BN 分解是基于将 MA 滤子重新写为式（9. 2. 5）。其显而易见的多元版本为：

$$\underset{(n\times n)}{\mathbf{\Psi}(L)}=\underset{(n\times n)}{\mathbf{\Psi}(1)}+(1-L)\underset{(n\times n)}{\boldsymbol{\alpha}(L)},\ \boldsymbol{\alpha}(L)=\sum_{j=0}^{\infty}\boldsymbol{\alpha}_j L^j,\ \underset{(n\times n)}{\boldsymbol{a}_j}=-(\mathbf{\Psi}_{j+1}+\mathbf{\Psi}_{j+2}+\cdots) \tag{10.1.14}$$

因此式（9. 2. 6）的多元版本为：

$$\mathbf{u}_t=\mathbf{\Psi}(1)\boldsymbol{\varepsilon}_t+\boldsymbol{\eta}_t-\boldsymbol{\eta}_{t-1},\ \underset{(n\times 1)}{\boldsymbol{\eta}_t}\equiv\boldsymbol{\alpha}(L)\boldsymbol{\varepsilon}_t \tag{10.1.15}$$

由于 $\mathbf{\Psi}$(L) 是一阶可和的，所以 $\boldsymbol{\alpha}(L)$ 是绝对可和的，且 $\boldsymbol{\eta}_t$ 是一个良好定义的协方差平稳过程。将此代入式（10. 1. 11），我们可以得到 BN 分解的多元版本：

$$\mathbf{y}_t=\boldsymbol{\delta}\cdot t+\mathbf{\Psi}(1)(\boldsymbol{\varepsilon}_1+\boldsymbol{\varepsilon}_2+\cdots+\boldsymbol{\varepsilon}_t)+\boldsymbol{\eta}_t+(\mathbf{y}_0-\boldsymbol{\eta}_0) \tag{10.1.16}$$

正如单变量情况中一样，I(1) 系统 $\mathbf{y}_t$ 可以分解为一个线性趋势 $\boldsymbol{\delta}\cdot t$、一个随机趋势 $\mathbf{\Psi}(1)$（$\boldsymbol{\varepsilon}_1+\boldsymbol{\varepsilon}_2+\cdots+\boldsymbol{\varepsilon}_t$）、一个平稳要素 $\boldsymbol{\eta}_t$ 和初始条件 $\mathbf{y}_0-\boldsymbol{\eta}_0$。根据构造可知，$\boldsymbol{\eta}_0$ 是一个随机变量。因此除非 $\mathbf{y}_0$ 是与 $\boldsymbol{\eta}_0$ 完全相关的，否则，其初始条件就是随机的。

例 10. 2（续）：

对于例 10. 2 中的双变量 I(1) 系统来说，$\boldsymbol{\alpha}(L)$ 的矩阵版本等于 $-\mathbf{\Psi}_1$，因此其在 *BN* 分解中的平稳要素 $\boldsymbol{\eta}_t$ 为：

$$\boldsymbol{\eta}_t=\begin{bmatrix}\varepsilon_{1t}-\gamma\varepsilon_{2t}\\0\end{bmatrix} \tag{10.1.17}$$

（对你来说应该很容易验证这是来自式（9. 2. 5）的矩阵版本。）这个二维随机趋势可以写为：

$$\mathbf{\Psi}(1)(\boldsymbol{\varepsilon}_1+\boldsymbol{\varepsilon}_2+\cdots+\boldsymbol{\varepsilon}_t)=\begin{bmatrix}0&\gamma\\0&1\end{bmatrix}\begin{bmatrix}\sum_{s=1}^{t}\varepsilon_{1s}\\\sum_{s=1}^{t}\varepsilon_{2s}\end{bmatrix}=\begin{bmatrix}\gamma\cdot\sum_{s=1}^{t}\varepsilon_{2s}\\\sum_{s=1}^{t}\varepsilon_{2s}\end{bmatrix} \tag{10.1.18}$$

从而，这个二维随机趋势即可由一个共同的随机趋势 $\sum_{s=1}^{t}\varepsilon_{2s}$ 导出来。这用斯托克和沃森（Stock and Watson，1993）的“共同趋势”表示的一个例子（参见下文的复习题 2）。

□ 定义协整

I(1) 系统 $\mathbf{y}_t$ 并不是平稳的，因为它包含一个随机趋势 $\mathbf{\Psi}(1)\cdot(\boldsymbol{\varepsilon}_1+\cdots+\boldsymbol{\varepsilon}_t)$，而且

如果 $\boldsymbol{\delta} \neq \mathbf{0}$，就有一个确定性趋势 $\boldsymbol{\delta} \cdot t$。然而，如果我们采用 $\mathbf{y}_t$ 的元素的适当的线性组合，则确定性趋势和随机趋势可能都会消失。为了继续来看这一观点①，在 BN 分解式（10.1.16）的两边左乘某个一致向量 $\mathbf{a}$，以得到：

$$\mathbf{a}'\mathbf{y}_t = \mathbf{a}'\boldsymbol{\delta} \cdot t + \mathbf{a}'\boldsymbol{\Psi}(1)(\boldsymbol{\varepsilon}_1 + \boldsymbol{\varepsilon}_2 + \cdots + \boldsymbol{\varepsilon}_t) + \mathbf{a}'\boldsymbol{\eta}_t + a'(\mathbf{y}_0 - \boldsymbol{\eta}_0) \tag{10.1.19}$$

如果 $\mathbf{a}$ 满足：

$$\mathbf{a}'\boldsymbol{\Psi}(1) = \underset{(1\times n)}{\mathbf{0}'} \tag{10.1.20}$$

这个随机趋势就可以消除，$\mathbf{a}'\mathbf{y}_t$ 就变成了：

$$\mathbf{a}'\mathbf{y}_t = \mathbf{a}'\boldsymbol{\delta} \cdot t + \mathbf{a}'\boldsymbol{\eta}_t + \mathbf{a}'(\mathbf{y}_0 - \boldsymbol{\eta}_0) \tag{10.1.21}$$

严格说来，这一过程并不是趋势平稳的，因为其初始条件 $\mathbf{a}'(\mathbf{y}_0 - \boldsymbol{\eta}_0)$ 可能与 $\mathbf{a}'\boldsymbol{\eta}_t$ 的后续值相关（参看下文复习题 3 中的解释）。如果说初始值 $\mathbf{y}_0$ 满足 $\mathbf{a}'(\mathbf{y}_0 - \boldsymbol{\eta}_0) = 0$，则该过程会是趋势平稳的。

我们现在来定义协整。②

定义 10.1（协整）：令 $\mathbf{y}_t$ 为一个 n 维 I(1) 系统，其关联的零均值 I(0) 系统 $\mathbf{u}_t$ 满足式（10.1.1）至式（10.1.4）。如果 $\mathbf{a} \neq \mathbf{0}$ 且 $\mathbf{a}'\mathbf{y}_t$ 可以通过适当选择其初始值 $\mathbf{y}_0$ 来变得趋势平稳（即具有一个 n 维**协整向量**（cointegrating vector）$\mathbf{a}$），则称 $\mathbf{y}_t$ 是**协整的**（cointegrated）。

以这种方式来定义协整，尽管在逻辑上是一致的，但是并不必然意味着协整理论要求初始值 $\mathbf{y}_0$ 如定义中所示的那样予以选择。式（10.1.21）中的过程并不是平稳的，因为 $\boldsymbol{\eta}_t$ 和 $\boldsymbol{\eta}_0$ 是相互关联的。然而，由于 $\boldsymbol{\eta}_t = \boldsymbol{\alpha}(L)\boldsymbol{\varepsilon}_t$ 和 $\boldsymbol{\alpha}(L)$ 是绝对可和的，所以 $\boldsymbol{\eta}_t$ 和 $\boldsymbol{\eta}_0$ 将会随着 t 增加而变得渐近独立。在这个意义上，式（10.1.21）中的过程是"渐近平稳的"，而渐近平稳性是估计和推断协整 I(1) 系统所需的全部条件。③

这样定义了协整之后，我们就可以来定义下面这些相互关联的概念了。

- （协整秩）**协整秩**（cointegrating rank）是线性独立的协整向量的数目，**协整空间**（cointegrating space）是协整向量所构成的空间。正如前面的讨论所表明的那样，一个 n 维向量 $\mathbf{a}$ 是一个协整向量，当且仅当式（10.1.20）成立。由于如果协整秩为 h，则有 h 个线性独立的向量，所以可以得到：

$$\text{rank}\left[\underset{(n\times n)}{\boldsymbol{\Psi}(1)}\right] = n - h \tag{10.1.22}$$

换言之，协整秩 h 等于 $n - \text{rank}[\boldsymbol{\Psi}(1)]$。

- （$\mathbf{y}_t$ 子集间的协整）协整向量中至少有一个元素不是零。为了不失一般性，假设协整向量的第一个元素非零。那么我们称 y_{1t}（$\mathbf{y}_t$ 的第一个元素）**与** $\mathbf{y}_{2t}$（$\mathbf{y}_t$ 余下的 $n-1$ 个元素）**协整**（cointegrated with y_{2t}），或者称 y_{1t} 为**协整关系的一部分**（part of a cointegrating relationship）。我们也可以为 $\mathbf{y}_t$ 的子集定义协整。例如，如果不存在一个 $n-1$ 维向量 $\mathbf{b} \neq \mathbf{0}$ 满足式（10.1.20），且 $\mathbf{a}' = (0, \mathbf{b}')$，则称 $\mathbf{y}_{2t}$ 中的 $n-1$ 个变量不是协整的。

---

① 这一观点最初是由格兰杰（Granger，1981）给出的。也可参看 Aoki(1968)，以及 Box 和 Tiao（1977）。

② 我们的定义和约翰森（Johansen，1995）中的定义 3.4 相同。

③ 平稳性和渐近平稳性之间的差别在 Lütkepohl（1993，pp.348-349）中曾讨论过。

因此，$\mathbf{y}_{2t}$ 不是协整的，当且仅当 $\boldsymbol{\Psi}(1)$ 的最后 $n-1$ 行是线性独立的。

● （随机协整）要注意，确定趋势 $\mathbf{a}'\boldsymbol{\delta}\cdot t$ 是不能从 $\mathbf{a}'\mathbf{y}_t$ 中消除的，除非该协整向量还满足：

$$\mathbf{a}'\boldsymbol{\delta}=0 \tag{10.1.23}$$

在大多数应用中，一个协整变量可以既消除式（10.1.19）中的随机趋势，也可以消除其确定性趋势。也就是说，满足式（10.1.20）的向量 $\mathbf{a}$ 必然满足式（10.1.23），因此可以写为下式的 $\mathbf{a}'\mathbf{y}_t$：

$$\mathbf{a}'\mathbf{y}_t=\mathbf{a}'\boldsymbol{\eta}_t+\mathbf{a}'(\mathbf{y}_0-\boldsymbol{\eta}_0) \tag{10.1.24}$$

对于一个适当选定的 $\mathbf{y}_0$ 而言是平稳的（并不只是趋势平稳的）。这表明 $\boldsymbol{\delta}$ 是 $\boldsymbol{\Psi}(1)$ 的列的线性组合，因此：

$$\operatorname{rank}\underset{(n\times(n+1))}{[\boldsymbol{\delta}\ \vdots\ \boldsymbol{\Psi}(1)]}=n-h \tag{10.1.25}$$

除非特别说明，我们将一直假设当协整秩为 h 时式（10.1.25）以及式（10.1.22）总可以得到满足。如果我们希望描述协整向量消除了随机趋势却未必消除确定性趋势这样的情况，我们可以使用**随机协整**（stochastic cointegration）一词。当然，如果 $\mathbf{y}_t$ 没有包含一个确定性趋势（即如果 $\boldsymbol{\delta}=\mathbf{0}$），则协整和随机协整无差别。

例 10.2（续）：

在例 10.2 中的双变量 I(1) 系统（10.1.12）里，矩阵 $\boldsymbol{\Psi}(1)$ 由式（10.1.8）给出，因此：

$$[\boldsymbol{\delta}\ \vdots\ \boldsymbol{\Psi}(1)]=\begin{bmatrix}\delta_1 & 0 & \gamma\\ \delta_2 & 0 & 1\end{bmatrix}$$

$\boldsymbol{\Psi}(1)$ 的秩为 1，故协整秩为 1（$=2-1$）。所有的协整向量都可以写为 $(c,\ -c\gamma)'$，$c\neq 0$。协整向量也消除了确定性趋势的假设，可以写为 $c\delta_1-c\gamma\delta_2=0$ 或 $\delta_1=\gamma\delta_2$，这意味着上述 $[\boldsymbol{\delta}\ \vdots\ \boldsymbol{\Psi}(1)]$ 的秩为 1。

不少 I(1) 系统的含义是从协整的定义中得出的。例如，

● （$h<n$）对于一个 n 维 I(1) 系统来说，协整秩不可能和 n 一样大。如果它是 n，那么 rank $[\boldsymbol{\Psi}(1)]=0$，且 $\boldsymbol{\Psi}(1)$ 将不得不成为零矩阵，而这是条件式（10.1.4）所排除了的。

● （$\Delta\mathbf{y}_t$ 的长期方差的正定性的含义）$\Delta\mathbf{y}_t$ 的长期方差矩阵由 $\boldsymbol{\Psi}(1)\boldsymbol{\Omega}\boldsymbol{\Psi}(1)'$（见式（10.1.5））给出，当且仅当 $\boldsymbol{\Psi}(1)$ 是非奇异时，它是正定的。因此，当且仅当 $\Delta\mathbf{y}_t$ 的长期方差矩阵是正定的时候，$\mathbf{y}_t$ 才不是协整的。① 由于如果 $\Delta\mathbf{y}_t$ 的长期方差矩阵是正定的，则 $\Delta\mathbf{y}_t$ 的每一个元素的长期方差都是正的，所以可以得出，如果 $\mathbf{y}_t$ 不是协整的，则 $\mathbf{y}_t$

① 这一等价性是特定于线性过程的。一般来说，要使 $\mathbf{y}_t$ 不是协整的，$\Delta\mathbf{y}_t$ 的长期方差矩阵的正定性是充分的，但不总是必要的。参看 Phillips（1986，p. 321）。

的每个元素在个体上都是 I(1)（即作为单变量过程的 I(1)）。对于 $\mathbf{y}_t$ 的子集这一点同样成立。例如，看一下 $\mathbf{y}_{2t}$，这是 $\mathbf{y}_t$ 的最后 $n-1$ 个元素。$\Delta\mathbf{y}_{2t}$ 的长期方差矩阵由 $\mathbf{\Psi}_2(1)\mathbf{\Omega}\mathbf{\Psi}_2(1)'$ 给出，其中 $\mathbf{\Psi}_2(1)$ 是 $\mathbf{\Psi}(1)$ 的最后 $n-1$ 行。当且仅当 $\mathbf{\Psi}_2(1)$ 的行是线性独立的或者 $\mathbf{y}_{2t}$ 不是协整的时候，它才是正定的。特别地，如果 $\mathbf{y}_{2t}$ 不是协整的，则 $\mathbf{y}_{2t}$ 的每一个元素在个体上都是 I(1)。

- 假设 $\mathbf{y}_{1t}$ 与 $\mathbf{y}_{2t}$ 协整。那么，如果 $h=1$，则 $\mathbf{y}_{2t}$ 就不是协整的；如果 $h>1$，则 $\mathbf{y}_{2t}$ 就是协整的。原因如下：$\mathbf{y}_{1t}$ 与 $\mathbf{y}_{2t}$ 协整意味着存在一个协整向量，我们称之为 $\mathbf{a}_1$，其第一个元素非零。如果 $h=1$，则应该存在一个（$n-1$）维向量 $\mathbf{b}\neq\mathbf{0}$ 满足 $\mathbf{a}_2'=(0, \mathbf{b}')$ 是一个协整向量，因为 $\mathbf{a}_1$ 和 $\mathbf{a}_2$ 是线性独立的。如果 $h>1$，则像 $\mathbf{a}_2$ 这样的向量是可以找到的。
- （一阶差分中的 VAR?）如果 $\mathbf{y}_t$ 是差分平稳的（无漂移），就可以尝试将它模型化为一个平稳的有限阶 VAR $\mathbf{\Phi}(L)\Delta\mathbf{y}_t=\boldsymbol{\varepsilon}_t$，其中 $\mathbf{\Phi}(L)$ 是一个 p 阶矩阵多项式，满足 $|\mathbf{\Phi}(z)|=0$的所有根都在单位圆之外。从而 $\mathbf{y}_t$ 就不会是协整的。原因如下：如果 $\mathbf{\Phi}(L)$ 满足平稳性条件，那么其逆 $\mathbf{\Psi}(L)=\mathbf{\Phi}(\mathrm{L})^{-1}$ 的系数矩阵序列 $\{\mathbf{\Psi}_j\}$ 就是有界的，这由几何递减序列（参看 6.3 节）的性质可知。故 $\mathbf{\Psi}(L)$ 是一阶可和的，且 $\Delta\mathbf{y}_t=\mathbf{\Psi}(L)\boldsymbol{\varepsilon}_t$ 是一个满足式（10.1.2）和式（10.1.3）的 VMA 过程。而且，

$$|\mathbf{\Psi}(1)|=|\mathbf{\Phi}(1)^{-1}|=|\mathbf{\Phi}(1)|^{-1}\neq 0$$

因此 $\mathbf{\Psi}(1)$ 是非奇异的，且 $\Delta\mathbf{y}_t$ 的长期方差矩阵是正定的。

复习题

1. 令（y_{1t}，y_{2t}）如例 10.2 中那样，其中 $\gamma=0$。证明 $\{y_{1t}+y_{2t}\}$ 是 I(1)。提示：你需要证明 $\{\Delta y_{1t}+\Delta y_{2t}\}$ 的长期方差是正的。

2.（Stock 和 Watson（1988）共同趋势表示）令 $\mathbf{w}_t\equiv\boldsymbol{\varepsilon}_1+\boldsymbol{\varepsilon}_2+\cdots+\boldsymbol{\varepsilon}_t$，使得 BN 分解为：

$$\mathbf{y}_t=\boldsymbol{\delta}\cdot t+\mathbf{\Psi}(1)\mathbf{w}_t+\boldsymbol{\eta}_t+(\mathbf{y}_0-\boldsymbol{\eta}_0)$$

从线性代数的知识可知：

> 如果 $\mathbf{C}$ 是一个其秩为 $n-h$ 的 $n\times n$ 矩阵，那么必存在一个 $n\times n$ 非奇异矩阵 $\mathbf{G}$ 以及一个列满秩的$n\times(n-h)$ 矩阵 $\mathbf{F}$，使得：
>
> $$\underset{(n\times n)}{\mathbf{C}}\ \underset{(n\times n)}{\mathbf{G}}=\Big[\underset{(n\times(n-h))}{\mathbf{F}}\ \vdots\ \underset{(n\times h)}{\mathbf{0}}\Big]$$

证明：$\mathbf{\Psi}(1)\mathbf{w}_t$ 的永久成分可以写为 $\mathbf{F}_{\boldsymbol{\tau}_t}$，其中 $\mathbf{F}$ 是一个列满秩的 $n\times(n-h)$ 矩阵，τ_t 是一个$\mathrm{Var}(\Delta\boldsymbol{\tau}_t)$ 正定的（$n-h$）维随机游走。**提示：**$\mathbf{\Psi}(1)\mathbf{w}_t=\mathbf{\Psi}(1)\mathbf{G}\mathbf{G}^{-1}\mathbf{w}_t$。令 $\boldsymbol{\tau}_t$ 为 $\mathbf{G}^{-1}\mathbf{w}_t$ 的前 $n-h$ 个元素。这一表示使得下面这一结论更加清晰：具有协整秩 h 的 I(1) 系统具有 $n-h$ 个共同随机趋势。

3.（$\mathbf{a}'\mathbf{y}_t$ 不是那么平稳）为了证明式（10.1.12）中的过程不是那么平稳，我们来看 $\boldsymbol{\eta}_t=\boldsymbol{\varepsilon}_t-\boldsymbol{\varepsilon}_{t-1}$，$\boldsymbol{\delta}=\mathbf{0}$ 以及 $\mathbf{y}_0=\mathbf{0}$ 的简单情形。证明：

$$\mathrm{Cov}(\boldsymbol{\eta},\boldsymbol{\eta}_0)=\begin{cases}2\mathbf{\Omega}, & t=0\\ -\mathbf{\Omega}, & t=1\\ \mathbf{0}, & t>1\end{cases}\qquad \mathrm{Var}(\mathbf{a}'\mathbf{y}_t)=\begin{cases}\mathbf{0}, & t=0\\ 6\mathbf{a}'\mathbf{\Omega}\mathbf{a}, & t=1\\ 4\mathbf{a}'\mathbf{\Omega}\mathbf{a}, & t>1\end{cases}$$

其中 $\mathbf{\Omega}=\mathrm{Var}(\boldsymbol{\varepsilon}_t)$。验证对于 $t=2$，3，…而言 $\{\mathbf{a}'\mathbf{y}_t\}$ 是平稳的。

4.（如果有些元素是平稳的该怎么办?）令 $\mathbf{y}_t$ 为一个 I(1) 系统，假设 $\mathbf{y}_t$ 的第一个元素是平稳的。证明：协整秩至少为 1。

5.（协整向量的矩阵）假设一个 n 维 I(1) 系统 $\mathbf{y}_t$ 的协整秩为 h，令 $\mathbf{A}$ 为一个汇聚 h 个线性独立协整向量的 $n\times h$ 矩阵。令 $\mathbf{F}$ 为任意的 $h\times h$ 非奇异矩阵。证明：$\mathbf{AF}$ 的列是 h 个线性独立的协整向量。**提示**：乘以一个非奇异矩阵并不会改变秩。

10.2 协整系统的其他表示

除了共同趋势表示之外（参看前一节复习题 2），还有三个比较有用的协整向量I(1)过程的表示：菲利普斯（Phillips，1991）的三角表示、VAR 表示和戴维森等（Davidson et al.，1978）的 VECM（误差修正模型）。本节来介绍这三种表示。

□ 菲利普斯的三角表示

这一表示对于估计协整向量来说是非常方便的。该表示对于任何协整秩都是有效的，但我们一开始还是要假定协整秩 h 为 1。令 $\mathbf{a}$ 为一个协整向量，为了不失一般性，假设 $\mathbf{a}$ 的第一个元素非零（如果它是零，就改变系统中变量的排序，使得排序后的第一个元素非零）。相应地对 y_t 进行分块：

$$\underset{(n\times 1)}{\mathbf{y}_t}\equiv\begin{bmatrix} y_{1t} \\ \underset{((n-1)\times 1)}{\mathbf{y}_{2t}} \end{bmatrix} \tag{10.2.1}$$

从而，y_{1t}就与 $\mathbf{y}_{2t}$是协整的。由于一个标量乘以一个协整向量仍然是一个协整向量，所以我们可以将协整向量 $\mathbf{a}$ 正则化，使其第一个元素为 1：

$$\mathbf{a}=\begin{bmatrix} a_1 \\ a_2 \\ \vdots \\ a_n \end{bmatrix}=\begin{bmatrix} 1 \\ \underset{((n-1)\times 1)}{-\boldsymbol{\gamma}} \end{bmatrix} \tag{10.2.2}$$

在前一节，我们已经看到，如果一个协整向量 $\mathbf{a}$ 不仅消除了随机趋势（即 $\mathbf{a}'\boldsymbol{\Psi}(1)=\mathbf{0}'$），而且消除了确定性趋势（即 $\mathbf{a}'\boldsymbol{\delta}=0$），那么 $\mathbf{a}'\mathbf{y}_t$ 可以写成式（10.1.24）。在式（10.1.24）中设定 $\mathbf{a}$ 为式（10.2.2）中的协整向量，我们可以得到：

$$y_{1t}=\boldsymbol{\gamma}'\mathbf{y}_{2t}+z_t^*+\mu \tag{10.2.3}$$

其中，

$$z_t^*\equiv(1,-\boldsymbol{\gamma}')\eta_t,\ \mu\equiv(1,-\boldsymbol{\gamma}')(\mathbf{y}_0-\boldsymbol{\eta}_0) \tag{10.2.4}$$

由于 $\boldsymbol{\eta}_t$ 是联合平稳的，所以 z_t^* 是平稳的。这个等式被称为**协整回归**（cointegrating regression），其中 z_t^* 可以看成误差项，μ 是截距项。其回归系数 $\boldsymbol{\gamma}$ 将 y_{1t}中的永久成分与 $\mathbf{y}_{2t}$中的永久成分联系了起来，可以被解释为描述了 y_{1t}和 $\mathbf{y}_{2t}$之间的长期关系。如果协整向量不能在 $\mathbf{a}'\mathbf{y}_t$ 中消除确定性趋势，则这一协整回归具有趋势项，它是一个新增的回归元。**三角表示**（triangular representation）就是一个由这一协整回归和式（10.1.9）的

最后 $n-1$ 行构成的 n 个方程的方程组：

$$\Delta \mathbf{y}_{2t}=\boldsymbol{\delta}_2+\mathbf{u}_{2t}=\underset{((n-1)\times 1)}{\boldsymbol{\delta}_2}+\underset{((n-1)\times n)}{\boldsymbol{\Psi}_2(L)}\underset{(n\times n)}{\boldsymbol{\varepsilon}_t} \tag{10.2.5}$$

其中 $\boldsymbol{\delta}_2$ 和 $\mathbf{u}_{2t}$ 分别是 n 维向量 $\boldsymbol{\delta}$ 和 $\mathbf{u}_t$ 的最后 $n-1$ 个元素，$\boldsymbol{\Psi}_2(L)$ 是 VMA 表示式（10.1.10）中的 $\boldsymbol{\Psi}(L)$ 的最后 $n-1$ 行。正如前一节所述，$h=1$ 这个假设的含义在于，$\mathbf{y}_{2t}$ 不是协整的（如果 $h>1$，则它是协整的）。特别地，$\mathbf{y}_{2t}$ 的每一个元素在个体上都是I(1)。

更为一般地，我们来看协整秩 h 不必然为 1 的情况。如果有必要即可通过更换 $\mathbf{y}_t$ 的元素的顺序，选择 h 个线性独立协整向量 $\mathbf{a}_1$，$\mathbf{a}_2$，…，$\mathbf{a}_h$，使得下式成立：

$$\underset{(n\times h)}{\mathbf{A}}\equiv[\mathbf{a}_1 \quad \cdots \quad \mathbf{a}_h]=\begin{bmatrix}\underset{(h\times h)}{\mathbf{I}_h}\\ \underset{((n-h)\times h)}{-\boldsymbol{\Gamma}}\end{bmatrix} \tag{10.2.6}$$

分块 $\mathbf{y}_t$ 可以一致性地写为：

$$\underset{(n\times 1)}{\mathbf{y}_t}\equiv\begin{bmatrix}\underset{(h\times 1)}{\mathbf{y}_{1t}}\\ \underset{((n-h)\times 1)}{\mathbf{y}_{2t}}\end{bmatrix} \tag{10.2.7}$$

将 BN 分解式（10.1.16）的两边乘以这个 $\mathbf{A}'$，并且要注意到 $\mathbf{A}'\boldsymbol{\Psi}(1)=\mathbf{0}$（由于 $\mathbf{A}$ 的列是协整向量），$\mathbf{A}'\boldsymbol{\delta}=\mathbf{0}$（如果那些协整向量也消除了确定性趋势）以及 $\mathbf{A}'\mathbf{y}_t=\mathbf{y}_{1t}-\boldsymbol{\Gamma}'\mathbf{y}_{2t}$，我们可以到下面这 h 个协整回归：

$$\underset{(h\times 1)}{\mathbf{y}_{1t}}=\underset{(h\times(n-h))}{\boldsymbol{\Gamma}'}\underset{((n-h)\times 1)}{\mathbf{y}_{2t}}+\underset{(h\times 1)}{\boldsymbol{\mu}}+\underset{(h\times 1)}{\mathbf{z}_t^*} \tag{10.2.8}$$

其中 $\boldsymbol{\mu}\equiv\mathbf{A}'(\mathbf{y}_0-\boldsymbol{\eta}_0)$，$\mathbf{z}_t^*\equiv\mathbf{A}'\boldsymbol{\eta}_t$。由于 $\boldsymbol{\eta}_t$ 是联合平稳的，所以 $\mathbf{z}_t^*$ 也是。三角表示就是这 h 个协整回归，由 VMA 表示的余下部分补充而成：

$$\Delta \underset{((n-h)\times 1)}{\mathbf{y}_{2t}}=\underset{((n-h)\times 1)}{\boldsymbol{\delta}_2}+\underset{((n-h)\times 1)}{\mathbf{u}_{2t}}=\underset{((n-h)\times 1)}{\boldsymbol{\delta}_2}+\underset{((n-h)\times n)}{\boldsymbol{\Psi}_2(L)}\underset{(n\times 1)}{\boldsymbol{\varepsilon}_t} \tag{10.2.9}$$

这里，$\boldsymbol{\Psi}_2(L)$ 是 VMA 表示式（10.1.10）中的 $\boldsymbol{\Psi}(L)$ 的最后 $n-h$ 行。易于证明，$\mathbf{y}_{2t}$ 不是协整的（参看复习题 1）。

为了阐释三角表示以及它是如何从 VMA 表示中导出来的，我们来看下例：

例 10.3（从 VMA 到三角表示）：

在例 10.2 的双变量系统（10.1.12）中，协整秩为 1。第一个元素为 1 的协整向量是（1，$-\gamma$）$'$。因此，式（10.2.3）中的 z_t^* 和 μ 为：

$$\begin{aligned}&z_t^*=(1,-\gamma)\boldsymbol{\eta}_t=\varepsilon_{1t}-\gamma\varepsilon_{2t}\\&\mu=(1,-\gamma)(\mathbf{y}_0-\boldsymbol{\eta}_0)=(y_{1,0}-\gamma y_{2,0})-(\varepsilon_{1,0}-\gamma\varepsilon_{2,0})\end{aligned} \tag{10.2.10}$$

三角表示为：

$$\begin{cases}y_{1t}=\mu+\gamma y_{2t}+(\varepsilon_{1t}-\gamma\varepsilon_{2t})\\ \Delta y_{2t}=\delta_2+\varepsilon_{2t}\end{cases} \tag{10.2.11}$$

□ VAR 和协整

对于平稳情况而言，我们发现将一个向量过程模型化为一个有限阶 VAR 是有用且方便的。尽管如前所述，没有协整 I(1) 系统可以被表示为一个一阶差分的有限阶 VAR，但有些协整系统还是可以允许在水平形式上有一个有限阶 VAR 表示。因此，假设一个协整 I(1) 系统 $\mathbf{y}_t$ 可以写为：

$$\underset{(n\times 1)}{\mathbf{y}_t}=\boldsymbol{\alpha}+\boldsymbol{\delta}\cdot t+\boldsymbol{\xi}_t\text{，}\boldsymbol{\Phi}(L)\boldsymbol{\xi}_t=\boldsymbol{\varepsilon}_t$$

$$\underset{(n\times n)}{\boldsymbol{\Phi}(L)}\equiv\mathbf{I}_n-\boldsymbol{\Phi}_1 L-\boldsymbol{\Phi}_2 L^2-\cdots-\boldsymbol{\Phi}_p L^p \tag{10.2.12}$$

为了后面便于参照，我们从这个方程里消去 $\boldsymbol{\xi}$，可以得到：

$$\mathbf{y}_t=\boldsymbol{\alpha}^*+\boldsymbol{\delta}^*\cdot t+\boldsymbol{\Phi}_1\mathbf{y}_{t-1}+\boldsymbol{\Phi}_2\mathbf{y}_{t-2}+\cdots+\boldsymbol{\Phi}_p\mathbf{y}_{t-p}+\boldsymbol{\varepsilon}_t \tag{10.2.13}$$

其中，

$$\underset{(n\times 1)}{\boldsymbol{\alpha}^*}\equiv(\boldsymbol{\Phi}_1+2\boldsymbol{\Phi}_2+\cdots+p\boldsymbol{\Phi}_p)\boldsymbol{\delta}+\boldsymbol{\Phi}(1)\boldsymbol{\alpha}\text{，}\underset{(n\times 1)}{\boldsymbol{\delta}^*}\equiv\boldsymbol{\Phi}(1)\boldsymbol{\delta} \tag{10.2.14}$$

我们如何知道这个水平形式的有限阶 VAR 是一个协整 I(1) 系统呢？一个显而易见的途径是从 VAR 表示 $\boldsymbol{\Phi}(L)\boldsymbol{\xi}_t=\boldsymbol{\varepsilon}_t$ 中推导 VMA 表示 $\Delta\boldsymbol{\xi}_t=\boldsymbol{\Psi}(L)\boldsymbol{\varepsilon}_t$，看看 $\boldsymbol{\Psi}(L)$ 是否满足协整系统的定义。这一推导过程稍微有些技巧性，因为 VMA 表示是一阶差分形式的，但是它可以用以下形式来相当容易地做到。在 $\boldsymbol{\Phi}(L)\boldsymbol{\xi}_t=\boldsymbol{\varepsilon}_t$ 两边进行一阶差分，注意 $\Delta=1-L$ 且 $(1-L)\boldsymbol{\Phi}(L)=\boldsymbol{\Phi}(L)(1-L)$，我们可以得到：

$$\boldsymbol{\Phi}(L)\Delta\boldsymbol{\xi}_t=(1-L)\boldsymbol{\varepsilon}_t \tag{10.2.15}$$

将 $\Delta\boldsymbol{\xi}_t=\boldsymbol{\Psi}(L)\boldsymbol{\varepsilon}_t$ 代入这个式子，可以得到：

$$\boldsymbol{\Phi}(L)\boldsymbol{\Psi}(L)\boldsymbol{\varepsilon}_t=(1-L)\boldsymbol{\varepsilon}_t \tag{10.2.16}$$

这个方程对于任何最终的 $\boldsymbol{\varepsilon}_t$ 结果来说都是成立的，所以

$$\boldsymbol{\Phi}(L)\boldsymbol{\Psi}(L)=(1-L)\mathbf{I}_n \tag{10.2.17}$$

可通过两边左乘 $\boldsymbol{\Phi}(L)^{-1}$（即 $\boldsymbol{\Phi}(L)$ 的逆）来求得 $\boldsymbol{\Psi}(L)$。[①] 这样会得到：$\boldsymbol{\Psi}(L)=\boldsymbol{\Phi}(L)^{-1}(1-L)$。问题在于，在有关 $\boldsymbol{\Phi}(L)$ 的什么条件下，这个 $\boldsymbol{\Psi}(L)$ 才是一阶可和的，且 rank $[\boldsymbol{\Psi}(1)]=n-h$ 呢？

我们可以很容易地推出一个必要条件。设定式 (10.2.17) 中 $L=1$，我们可以得到：

$$\underset{(n\times n)}{\boldsymbol{\Phi}(1)}\underset{(n\times n)}{\boldsymbol{\Psi}(1)}=\underset{(n\times n)}{\mathbf{0}} \tag{10.2.18}$$

由于当 $\boldsymbol{\xi}_t$ 的协整秩是 h 时 $\boldsymbol{\Psi}(1)$ 的秩等于 $n-h$，所以 $\boldsymbol{\Phi}(1)$ 的秩至多为 h。正如下文所示，这个秩的确是 h。为了表述充要条件，令 $\mathbf{U}(L)$ 和 $\mathbf{V}(L)$ 是 $n\times n$ 矩阵滞后多项式，其所有根都在单位圆之外，并令 $\mathbf{M}(L)$ 为满足下式的一个矩阵多项式：

① 这个逆存在，因为 $\boldsymbol{\Phi}_0=\mathbf{I}_n$ 是非奇异的；参看 6.3 节。由于我们没有假设 $\boldsymbol{\Phi}(L)$ 的平稳性条件，所以逆滤子可能不是绝对可和的。

$$\mathbf{M}(L)=\begin{bmatrix}(1-L)\mathbf{I}_{n-h} & \underset{((n-h)\times h)}{\mathbf{0}} \\ \underset{(h\times(n-h))}{\mathbf{0}} & \mathbf{I}_h\end{bmatrix} \tag{10.2.19}$$

也就是说，该对角矩阵 $\mathbf{M}(L)$ 的前 $n-h$ 个对角线元素是 $1-L$，余下的 h 个对角线元素是 1。遵循 $\boldsymbol{\Phi}(L)\boldsymbol{\xi}_t=\boldsymbol{\varepsilon}_t$ 的有限阶 VAR 过程 $\{\boldsymbol{\xi}_t\}$ 要成为具有秩 h 的协整 I(1) 系统的一个充要条件是，$\boldsymbol{\Phi}(L)$ 分解因式成 $\boldsymbol{\Phi}(L)=\mathbf{U}(L)\mathbf{M}(L)\mathbf{V}(L)$。① 因此 $|\boldsymbol{\Phi}(z)|=0$ 的所有根都在单位圆上或单位圆之外，那些在单位圆上的根都是单位根（$z=1$）。$\Phi(L)$ 具有 $n-h$ 个单位根并且其他根都在单位圆之外，并不是一个充分条件；可以参看复习题 4 中的例子，其中 $\Phi(z)$ 具有两个单位根，一个根在单位圆之外，但该系统不是 I(1) 的。这 $n-h$ 个单位根必须以因式分解 $\boldsymbol{\Phi}(z)=\mathbf{U}(z)\mathbf{M}(z)\mathbf{V}(z)$ 的特定形式位于系统内。

在这一因式分解当中设 $z=1$，我们有 $\boldsymbol{\Phi}(1)=\mathbf{U}(1)\mathbf{M}(1)\mathbf{V}(1)$。由于 $\mathbf{U}(z)$ 和 $\mathbf{V}(z)$ 的根都在单位圆之外，所以 $\mathbf{U}(1)$ 和 $\mathbf{V}(1)$ 是非奇异的，且 $\boldsymbol{\Phi}(1)$ 的秩等于 $\mathbf{M}(1)$ 的秩，即 h。也就是说，

$$\text{rank}[\boldsymbol{\Phi}(1)]=h \tag{10.2.20}$$

那么，从基本的线性代数知识可知，存在两个列满秩的 $n\times h$ 矩阵 $\mathbf{B}$ 和 $\mathbf{A}$，使得：

$$\underset{(n\times n)}{\boldsymbol{\Phi}(1)}=\underset{(n\times h)}{\mathbf{B}}\ \underset{(h\times n)}{\mathbf{A}'} \tag{10.2.21}$$

这有时被称为**简化秩条件**（reduced rank condition）。对 $\mathbf{B}$ 和 $\mathbf{A}$ 的选择不是唯一的；如果 $\mathbf{F}$ 是一个 $h\times h$ 非奇异矩阵，那么用 $\mathbf{B}(\mathbf{F}')^{-1}$ 和 $\mathbf{AF}$ 来取代 $\mathbf{B}$ 和 $\mathbf{A}$ 也满足式（10.2.21）。将式（10.2.21）代入式（10.2.18），我们可以得到 $\mathbf{BA}'\boldsymbol{\Psi}(1)=\mathbf{0}$。由于 $\mathbf{B}$ 是列满秩的，所以这个方程表明 $\mathbf{A}'\boldsymbol{\Psi}(1)=\mathbf{0}$。因此，这个 $\boldsymbol{n\times h}$ 矩阵 $\mathbf{A}$ 的列是协整向量。

□ 向量误差修正模型（VECM）

对于单变量情况而言，我们可以从一个 AR 方程中推导增广自回归式（9.4.3）。同样的想法也可以应用于这里的 VAR。只需要简单的代数知识即可证明，式（10.2.12）中的 VAR 表示 $\boldsymbol{\Phi}(L)\boldsymbol{\xi}_t=\boldsymbol{\varepsilon}_t$ 可以等价地写为：

$$\boldsymbol{\xi}_t=\boldsymbol{\rho}\boldsymbol{\xi}_{t-1}+\boldsymbol{\zeta}_1\Delta\boldsymbol{\xi}_{t-1}+\boldsymbol{\zeta}_2\Delta\boldsymbol{\xi}_{t-2}+\cdots+\boldsymbol{\zeta}_{p-1}\Delta\boldsymbol{\xi}_{t-p+1}+\boldsymbol{\varepsilon}_t \tag{10.2.22}$$

其中，

$$\underset{(n\times n)}{\boldsymbol{\rho}}\equiv\boldsymbol{\Phi}_1+\boldsymbol{\Phi}_2+\cdots+\boldsymbol{\Phi}_p \tag{10.2.23}$$

$$\underset{(n\times n)}{\boldsymbol{\zeta}_s}\equiv-(\boldsymbol{\Phi}_{s+1}+\boldsymbol{\Phi}_{s+2}+\cdots+\boldsymbol{\Phi}_p),\ s=1,2,\cdots,p-1 \tag{10.2.24}$$

从式（10.2.22）的两边减去 $\boldsymbol{\xi}_{t-1}$，并注意到 $\boldsymbol{\rho}-\mathbf{I}_n=-(\mathbf{I}_n-\boldsymbol{\Phi}_1-\boldsymbol{\Phi}_2-\cdots-\boldsymbol{\Phi}_p)=-\boldsymbol{\Phi}(1)$，我们可以将式（10.2.22）改写为：

$$\begin{aligned}\Delta\boldsymbol{\xi}_t&=-\boldsymbol{\Phi}(1)\boldsymbol{\xi}_{t-1}+\boldsymbol{\zeta}_1\Delta\boldsymbol{\xi}_{t-1}+\boldsymbol{\zeta}_2\Delta\boldsymbol{\xi}_{t-2}+\cdots+\boldsymbol{\zeta}_{p-1}\Delta\boldsymbol{\xi}_{t-p+1}+\boldsymbol{\varepsilon}_t\\&=-\mathbf{BA}'\boldsymbol{\xi}_{t-1}+\boldsymbol{\zeta}_1\Delta\boldsymbol{\xi}_{t-1}+\boldsymbol{\zeta}_2\Delta\boldsymbol{\xi}_{t-2}+\cdots+\boldsymbol{\zeta}_{p-1}\Delta\boldsymbol{\xi}_{t-p+1}+\boldsymbol{\varepsilon}_t\end{aligned} \tag{10.2.25}$$

---

① 这个结论是 Sam Yoo 的引理的含义所指，该引理由 Engle 和 Yoo（1991）引用过。有关表述参看 Watson（1994，pp. 2870－2873）。

利用关系式 $\mathbf{y}_t=\boldsymbol{\alpha}+\boldsymbol{\delta}\cdot t+\boldsymbol{\xi}_t$，可以将此转化为 $\mathbf{y}_t$ 的一个方程：

$$\Delta\mathbf{y}_t=\boldsymbol{\alpha}^*+\boldsymbol{\delta}^*\cdot t-\boldsymbol{\Phi}(1)\mathbf{y}_{t-1}+\boldsymbol{\zeta}_1\Delta\mathbf{y}_{t-1}+\cdots+\boldsymbol{\zeta}_{p-1}\Delta\mathbf{y}_{t-p+1}+\boldsymbol{\varepsilon}_t \tag{10.2.26}$$

$$=\boldsymbol{\alpha}^*+\boldsymbol{\delta}^*\cdot t-\underset{(n\times h)}{\mathbf{B}}\underset{(h\times 1)}{\mathbf{z}_{t-1}}+\boldsymbol{\zeta}_1\Delta\mathbf{y}_{t-1}+\cdots+\boldsymbol{\zeta}_{p-1}\Delta\mathbf{y}_{t-p+1}+\boldsymbol{\varepsilon}_t \tag{10.2.27}$$

其中 $\boldsymbol{\alpha}^*$ 和 $\boldsymbol{\delta}^*$ 如式（10.2.14）中一样，$\mathbf{z}_t$ 由下式给出：

$$\underset{(h\times 1)}{\mathbf{z}_t}\equiv\underset{(h\times n)}{\mathbf{A}'}\underset{(n\times t)}{\mathbf{y}_t} \tag{10.2.28}$$

正如前面所提及的，由于 $n\times h$ 矩阵 $\mathbf{A}$ 汇聚了 h 个协整向量，所以 $\mathbf{z}_t$ 是趋势平稳的（其中有一个对初始值的 $\mathbf{y}_0$ 的恰当选择）。① 这一表示被称为**向量误差修正模型**（vector error-correction model，VECM）或**误差修正表示**（error-correction representation）。如果这对于 VECM 中 $\mathbf{B}\mathbf{z}_{t-1}$ 项不成立，则以一阶差分形式表示成 VAR 的过程就不可能是协整的。该 VECM 通过纳入变量水平形式的 h 个线性组合而包含了 h 个协整关系。如果在该协整关系中没有时间趋势，也就是说，如果 $\mathbf{A}'\boldsymbol{\delta}=\mathbf{0}$，那么 $\boldsymbol{\delta}^*=\boldsymbol{\Phi}(1)\boldsymbol{\delta}=\mathbf{B}\mathbf{A}'\boldsymbol{\delta}=\mathbf{0}$。因此 VAR 和 VECM 表示并不包含时间趋势，尽管 $\mathbf{y}_t$ 的元素中可能存在时间趋势。

同一 I(0) 过程可以有 VMA、VAR 和 VECM 表示，这就是所谓的**格兰杰表示定理**（Granger representation theorem）。

例 10.4（从 VMA 到 VAR/VECM）：

在前一个例子里，我们从 VMA 表示式（10.1.12）中推导了三角表示。在这个例子里，我们从同样的 VMA 表示中推导了 VAR 和 VECM 表示。对于式（10.1.12）中的$\boldsymbol{\Psi}(L)$而言，易于验证，式（10.2.17）满足下式：

$$\boldsymbol{\Phi}(L)=\mathbf{I}_2-\boldsymbol{\Phi}_1 L,\ \boldsymbol{\Phi}_1=\begin{bmatrix}0 & \gamma\\ 0 & 1\end{bmatrix} \tag{10.2.29}$$

因此这个 VMA 可以由有限阶 VAR 进行表示。对于这个 VAR，我们有：

$$\boldsymbol{\Phi}(1)=\mathbf{I}_2-\boldsymbol{\Phi}_1=\begin{bmatrix}1 & -\gamma\\ 0 & 0\end{bmatrix} \tag{10.2.30}$$

它可以写成具有下式的式（10.2.21）：

$$\mathbf{B}=\begin{bmatrix}1\\ 0\end{bmatrix}\text{和 }\mathbf{A}=\begin{bmatrix}1\\ -\gamma\end{bmatrix}\text{（这里举个例子）} \tag{10.2.31}$$

根据式（10.2.27）和式（10.2.28），对于这一 $\mathbf{B}$ 和 $\mathbf{A}$ 的选择而言，其 VECM 为：

$$\begin{bmatrix}\Delta y_{1t}\\ \Delta y_{2t}\end{bmatrix}=\begin{bmatrix}\gamma\delta_2+\alpha_1-\gamma\alpha_2\\ \delta_2\end{bmatrix}+\begin{bmatrix}\delta_1-\gamma\delta_2\\ 0\end{bmatrix}\cdot t-\begin{bmatrix}1\\ 0\end{bmatrix}z_{t-1}+\boldsymbol{\varepsilon}_t$$

---

① 在这种情况下你会想为什么 $\mathbf{y}_0$ 是相关的。的确，你可以求解式（10.2.27）以得到像下式这样的 $\mathbf{z}_t$，

$$\mathbf{z}_{t-1}=(\mathbf{B}'\mathbf{B})^{-1}\mathbf{B}'[\boldsymbol{\alpha}^*+\boldsymbol{\delta}^*\cdot t-\Delta\mathbf{y}_t+\boldsymbol{\zeta}_1\Delta\mathbf{y}_{t-1}+\cdots+\boldsymbol{\zeta}_{p-1}\Delta\mathbf{y}_{t-p+1}+\boldsymbol{\varepsilon}_t]$$

因此你可能认为无论选择什么样的 $\mathbf{y}_0$ 值，$\mathbf{z}_t$ 都是趋势平稳的。严格说来，这是不对的，因为与 VMA 表示中的情况不同，VAR/VECM 表示中的 $\Delta\mathbf{y}_t$ 并没有对 $t=-1$，-2，…进行定义。只有对 $\mathbf{y}_0$ 进行明智的选择，我们才能使 $\Delta\mathbf{y}_t$（$t=1$，2，…）平稳。这一点在约翰森（Johansen，1995，定理 4.2）中被提到过。

$$z_t \equiv \mathbf{A}'\mathbf{y}_t = y_{1t} - \gamma y_{2t} \tag{10.2.32}$$

如果 $\delta_1 = \gamma\delta_2$，也就是说，如果协整向量也消除了确定性趋势，则该确定性趋势会消失。

□ 约翰森的 ML 程序

在结束本节之际，我们已经引入了 VECM 表示，这里再对约翰森（Johansen，1988）剔除的协整系统的极大似然（ML）估计进行一个概要式的介绍。我们回到 VAR 表示式（10.2.13）。为了简单起见，我们假设在这一协整关系中不存在趋势，因此 $\boldsymbol{\delta}^* = \mathbf{0}$。① 我们已经思考过 8.7 节中的 VAR 的条件 ML 估计（以 $\mathbf{y}$ 的初始值为条件）。如果该误差向量 $\boldsymbol{\varepsilon}_t$ 服从联合正态分布 $N(\mathbf{0}, \boldsymbol{\Omega})$，且如果我们有 $T+p$ 个观测值（$\mathbf{y}_{-p+1}$，$\mathbf{y}_{-p+2}$，…，$\mathbf{y}_T$）的一个样本，那么以初始值（$\mathbf{y}_{-p+1}$，$\mathbf{y}_{-p+2}$，…，$\mathbf{y}_0$）为条件的（$\mathbf{y}_1$，…，$\mathbf{y}_T$）的（平均）对数似然可以由下式给出：

$$Q_T(\boldsymbol{\theta}) = -\frac{n}{2}\log(2\pi) + \frac{1}{2}\log(|\boldsymbol{\Omega}^{-1}|) - \frac{1}{2T}\sum_{t=1}^{T}\{(\mathbf{y}_t - \boldsymbol{\Pi}\mathbf{x}_t)'\boldsymbol{\Omega}^{-1}(\mathbf{y}_t - \boldsymbol{\Pi}\mathbf{x}_t)\} \tag{10.2.33}$$

其中 n 是该系统的维数（而非样本规模），$\boldsymbol{\theta} = (\boldsymbol{\Pi}, \boldsymbol{\Omega})$，且有：

$$\boldsymbol{\Pi}' \equiv [\underset{(n\times 1)}{\boldsymbol{\alpha}^*}\ \underset{(n\times n)}{\boldsymbol{\Phi}_1}\ \underset{(n\times n)}{\boldsymbol{\Phi}_2} \cdots \underset{(n\times n)}{\boldsymbol{\Phi}_p}],\quad \underset{((1+np)\times 1)}{\mathbf{x}_t} \equiv \begin{bmatrix} 1 \\ \mathbf{y}_{t-1} \\ \mathbf{y}_{t-2} \\ \vdots \\ \mathbf{y}_{t-p} \end{bmatrix} \tag{10.2.34}$$

令

$$\underset{(n\times n)}{\boldsymbol{\zeta}_0} \equiv -\boldsymbol{\Phi}(1) = -[\mathbf{I}_n - (\boldsymbol{\Phi}_1 + \cdots + \boldsymbol{\Phi}_p)] \tag{10.2.35}$$

那么，这个简化秩条件就是 $\boldsymbol{\zeta}_0 = -\mathbf{B}\mathbf{A}'$，VECM 式（10.2.26）可以写为：

$$\Delta\mathbf{y}_t = \boldsymbol{\alpha}^* + \boldsymbol{\zeta}_0\mathbf{y}_{t-1} + \boldsymbol{\zeta}_1\Delta\mathbf{y}_{t-1} + \cdots + \boldsymbol{\zeta}_{p-1}\Delta\mathbf{y}_{t-p+1} + \boldsymbol{\varepsilon}_t \tag{10.2.36}$$

式（10.2.35）和式（10.2.24）给出了（$\boldsymbol{\Phi}_1$，…，$\boldsymbol{\Phi}_p$）和（$\boldsymbol{\xi}_0$，…，$\boldsymbol{\xi}_{p-1}$）之间的一一映射。如此一来，相同的平均对数似然 $Q_T(\boldsymbol{\theta})$ 可以根据 VECM 参数改写为：

$$-\frac{n}{2}\log(2\pi) + \frac{1}{2}\log(|\boldsymbol{\Omega}^{-1}|) - \frac{1}{2T}\sum_{t=1}^{T}\{(\Delta\mathbf{y}_t - \widetilde{\boldsymbol{\Pi}}'\tilde{\mathbf{x}}_t)'\boldsymbol{\Omega}^{-1}(\Delta\mathbf{y}_t - \widetilde{\boldsymbol{\Pi}}'\tilde{\mathbf{x}}_t)\} \tag{10.2.37}$$

其中，

---

① 对于在 VECM 中有关时间趋势的更为充分的处理，可以参看 Johansen（1995，5.7 节和 6.2 节）。

$$\widetilde{\mathbf{\Pi}}' \equiv [\underset{(n\times 1)}{\boldsymbol{\alpha}^*} \quad \underset{(n\times n)}{\boldsymbol{\zeta}_0} \quad \underset{(n\times n)}{\boldsymbol{\zeta}_1} \quad \cdots \quad \underset{(n\times n)}{\boldsymbol{\zeta}_{p-1}}], \quad \underset{((1+np)\times n)}{\tilde{\mathbf{x}}_t} \equiv \begin{bmatrix} 1 \\ \mathbf{y}_{t-1} \\ \Delta\mathbf{y}_{t-1} \\ \vdots \\ \Delta\mathbf{y}_{t-p+1} \end{bmatrix} \tag{10.2.38}$$

VECM 参数的 ML 估计值是（$\boldsymbol{\alpha}^*$，$\boldsymbol{\zeta}_0$，…，$\boldsymbol{\zeta}_{p-1}$，$\mathbf{\Omega}$），它最大化了该目标函数，将秩约束条件简化为，对于 $n\times h$ 满秩矩阵 $\mathbf{A}$ 和 $\mathbf{B}$ 有 $\boldsymbol{\zeta}_0=-\mathbf{BA}'$。这个约束条件包含了关于 I(1) 系统的 h 个协整关系。显然，所假设的协整秩 h 越高，这个最大化的对数似然就越高。如此一来，相对于更多协整关系的备择假设，我们就可以使用似然比统计量来检验原假设：$h=h_0$。与平稳 VAR 中的情况不同，似然比统计量的极限分布是非标准的。给定协整秩 h 如此确定，则 h 个协整向量的 ML 估计值可以作为 $\mathbf{A}$ 的估计值而得到。有关这一程序更为详细的表述可以参看 Hamilton（1994，第 20 章）以及 Johansen（1995，第 6 章）。

复习题

1.（三角表示中的误差向量）考虑三角表示式（10.2.8）和式（10.2.9）中的误差向量（$\mathbf{z}_t^*$，$\mathbf{u}_{2t}$）。它可以写为：

$$\begin{bmatrix} \underset{(h\times 1)}{\mathbf{z}_t^*} \\ \underset{((n-h)\times 1)}{\mathbf{u}_{2t}} \end{bmatrix} = \mathbf{\Psi}^*(L)\boldsymbol{\varepsilon}_t \equiv \begin{bmatrix} \underset{(h\times n)}{\mathbf{\Psi}_1^*(L)} \\ \underset{((n-h)\times n)}{\mathbf{\Psi}_2(L)} \end{bmatrix} \boldsymbol{\varepsilon}_t \tag{10.2.39}$$

式中，

$$\mathbf{\Psi}_1^*(L) = (\underset{(h\times n)}{\mathbf{I}, -\mathbf{\Gamma}'})\underset{(n\times n)}{\boldsymbol{\alpha}(L)} \tag{10.2.40}$$

其中 $\boldsymbol{\alpha}(L)$ 来自 BN 分解，$\mathbf{\Psi}_2(L)$ 是 VMA 表示中 $\mathbf{\Psi}(L)$ 的最后 $n-h$ 行。

(a) 证明：$\mathbf{\Psi}_2(1)$ 是列满秩的（即 $\mathbf{\Psi}_2(1)$ 的 $n-h$ 行是线性独立的）。**提示**：与该断言相反，假设存在一个（$n-h$）维向量 $\mathbf{b}\neq\mathbf{0}$，满足 $\mathbf{b}'\mathbf{\Psi}_2(1)=\mathbf{0}'$。证明：（$\mathbf{0}'$，$\mathbf{b}'$）会是一个（$n$ 维）协整向量，其协整秩至少为 $h+1$。

(b) 证明 $\mathbf{\Psi}^*(L)$ 是绝对可和的。

(c) 写出 $\mathbf{\Psi}^*(L)=\mathbf{\Psi}_0^*+\mathbf{\Psi}_1^*L+\mathbf{\Psi}_2^*L^2+\cdots$。对于例 10.3 的二元过程，验证 $\mathbf{\Psi}^*$ 是非对角的。(因此，即便 $\boldsymbol{\varepsilon}_t$ 的元素是无关的，$\mathbf{z}_t^*$ 和 $\mathbf{u}_{2t}$ 也可能是相关的。)

2.（从三角到 VMA 表示）对于例 10.3，从三角表示式（10.2.11）开始，并且揭示出 VMA 表示。**提示**：取该协整回归的一阶差分。

3.（$\mathbf{\Phi}(1)$ 的另外一种分解）对于例 10.4 的二元系统来说，验证：

$$\mathbf{B}=(\gamma,0)', \ \mathbf{A}=(1/\gamma,-1)'$$

是 $\mathbf{\Phi}(1)$ 的另外一种分解。写出对应于所选的 $\mathbf{B}$ 和 $\mathbf{A}$ 的 VECM。

4.（为 I(2) 的三元 VAR）考虑一个由下式给出的三元 VAR：

$$\begin{cases} y_{1t}=2y_{1,t-1}-y_{1,t-2}+\varepsilon_{1t} \quad (\text{即 } \Delta^2 y_{1t}=\varepsilon_{1t}) \\ y_{2t}=\rho y_{2,t-1}+\varepsilon_{2t}, \text{其中} |\rho|<1 \\ y_{3t}=\varepsilon_{3t} \end{cases}$$

验证通过将 $\Delta^2 \mathbf{y}_t$ 写成一个向量移动平均过程，它是一个 I(2) 系统。为此系统写出 $\mathbf{\Phi}(L)$，并证明 $\mathbf{\Phi}(z)$ 有三个根，即两个单位根和一个在单位圆之外的根。

10.3 检验无协整的原假设

介绍了协整的概念之后，我们需要处理两个问题。第一，如何确定协整秩？第二，如何对协整向量进行估计和推断？本节讨论第一个问题，第二个问题是下一节的主题。在确定协整秩方面，有几个程序。其中有一个是约翰森（Johansen，1988）的似然比检验，它是由 VECM 的极大似然估计导出的（在前一节末尾略有表述），还有一个是斯托克和沃森（Stock and Watson，1988）的共同趋势程序。这些程序允许我们检验 $h=h_0$ 的原假设，其中 h_0 是某个介于 0 和 $n-1$ 的任意整数。我们不会来讨论这些程序。[①] 这里，我们只讨论由恩格尔和格兰杰（Engle and Granger，1987）给出的简单检验，其之后又经过了菲利普斯和奥里亚瑞斯（Phillips and Ouliaris，1990）的扩展。在这个检验里，原假设为 $h=0$（无协整），备择假设为 $h\geqslant 1$。

□ 伪回归

恩格尔和格兰杰（Engle and Granger，1987）检验基于回归的 OLS 估计：

$$y_{1t}=\mu+\boldsymbol{\gamma}'\mathbf{y}_{2t}+z_t^* \tag{10.3.1}$$

其中 y_{1t} 是 $\mathbf{y}_t$ 的第一项，$\mathbf{y}_{2t}$ 是余下 $n-1$ 个元素的向量，z_t^* 是误差项。如果 $h=1$ 且 y_{1t} 是协整关系的一部分，则这个回归会是一个协整回归。不过，在 $h=0$ 的原假设（无协整）下，这一回归不会呈现出协整关系。令（$\hat{\mu}$，$\hat{\boldsymbol{\gamma}}$）为（$\mu$，$\boldsymbol{\gamma}$）的 OLS 系数估计值。可以看出，$\hat{\boldsymbol{\gamma}}$ 并没有给出该系统任何一个总体参数的一致估计值！例如，即便 y_{1t} 与 $\mathbf{y}_{2t}$ 无关（因为 Δy_{1t} 和 $\Delta \mathbf{y}_{2s}$ 对于所有的 s、t 都是独立的），与 OLS 估计值相关联的 t 和 F 统计量随着样本规模增加也会变得任意大，从而给人一种错误的印象，好像 y_{1t} 和 $\mathbf{y}_{2t}$ 之间存在着紧密的联系。这一现象被称为**伪回归**（spurious regression），是由格兰杰和纽博尔德（Granger and Newbold，1974）在蒙特卡罗实验中首先发现的。菲利普斯（Phillips，1986）从理论上推导了伪回归的统计量的大样本分布。例如，如果除以 $\sqrt{T}$，则 t 值会收敛到一个非退化的分布。

□ 基于残差的协整检验

尽管如此，回归式（10.3.1）对检验无协整的原假设还是给出了一个有用的检验工具，因为如果 $\mathbf{y}_t$ 不是协整的，则 OLS 残差 $y_{1t}-\hat{\mu}-\hat{\boldsymbol{\gamma}}'\mathbf{y}_{2t}$ 似乎应该具有一个随机趋势，否则就是平稳的。恩格尔和格兰杰（Engle and Granger，1987）建议对这些残差使用 ADF t 检验，以便检验无协整的原假设。由于使用了残差项，所以该检验就叫作**基于残差的协整检验**（residual-based test for cointegration）。对于有些主要的单位根检验来说，该检验统计量的渐近分布是由菲利普斯和奥里亚瑞斯（Phillips and Ouliaris,

① 参看 Maddala 和 Kim（1998，第 7 节），了解可以获得的这类程序的一个目录。

1990）以及汉森（Hansen，1992a）在理论上予以推导的，而且给出了（渐近）临界值。

与单变量单位根检验相对，这一渐近分布（以及渐近临界值）取决于该系统的维数 n。这是因为残差项取决于（$\hat{\mu}$，$\hat{\gamma}$），作为基于数据的估计值，它也是随机变量。这里，当应用于这些残差项的单位根检验是无常数项或时间项的自回归的命题 9.6 的 ADF t 检验时，我们会给出准确的渐近临界值。也就是说，这个 ADF t 统计量是下式这个对残差待估的增广自回归的 x_{t-1} 系数的 t 值：

$$\Delta x_t=(\rho-1)x_{t-1}+\zeta_1\Delta x_{t-1}+\cdots+\zeta_p\Delta x_{t-p}+\text{误差项} \tag{10.3.2}$$

式中，x_t 是来自回归式（10.3.1）的残差。在这个增广自回归中没有必要包含常数项，因为就那些已经包含了常数项的回归，残差的样本均值可以确保为零。也没有必要包含时间项，因为回归式（10.3.1）的变量隐含或明确地包含了时间趋势（关于此的更多内容参看下文）。滞后变化项的数目 p 随着样本规模 T 会增至无穷，但是速率会低于 $T^{1/3}$。更确切地说①，

$$p\to\infty,\text{但是随着 }T\to\infty,\text{有}\frac{p}{T^{1/3}}\underset{p}{\to}0 \tag{10.3.3}$$

如果使用的是菲利普斯的 Z_t 检验（参看前一章分析性习题 6）而不是 ADF t，则临界值是相同的。有三种情况需要加以考虑。

1. $\mathrm{E}(\Delta\mathbf{y}_{2t})=\mathbf{0}$ 和 $\mathrm{E}(\Delta y_{1t})=0$，因此 I(1) 系统中没有元素有漂移。其临界值如表 10-1（a）所示，该表复制自 Phillips 和 Ouliaris（1990）的表 IIb。对于有关 VMA 表示的条件的表述，可以参看 Hamilton（1994，命题 19.4），在这些条件下，可以导出其渐近分布。

2. $\mathrm{E}(\Delta\mathbf{y}_{2t})\neq\mathbf{0}$ 但是 $\mathrm{E}(\Delta y_{2t})$ 可能为零，也可能不为零。这种情况曾被汉森（Hansen，1992a）讨论过。令 $g(\equiv n-1)$ 为回归式（10.3.1）中常数项之外的回归元的数目。这 g 个回归元中有些有漂移。由于来自不同回归元的线性趋势可以组合为一个②，所以回归式（10.3.1）可以改写为 y_{1t} 对一个常数项、$g-1$ 个无漂移 I(1) 回归元和一个有漂移的I(1)回归元的回归。现在，由于线性趋势占优于随机趋势（在这个意义上，我们前一章对 BN 分解所做的讨论可以更为准确），带趋势的 I(1) 回归元在大样本中的表现和时间非常相像。因此，这个残差和得自一个常数项、$g-1$ 个无漂移 I(1) 变量和时间作为回归元的回归的残差是“渐近相同的”，在这个意义上，基于得自前一个回归的统计量的极限分布与基于得自后一个回归的统计量的极限分布是相同的。

基于后一个回归的 ADF t 检验的临界值在菲利普斯和奥里亚瑞斯（Phillips and Ouliaris，1990）的表 IIc 中给了出来。因此，为了找到当回归式（10.3.1）具有一个常数项和 g 个回归元但没有时间项时准确的临界值，需要在这个表中查 $g-1$ 个回归元的情况。如果该回归在常数项之外只有一个回归元（即如果 $g=1$），该回归就与 y_{1t} 对一个常

---

① 参看 Phillips 和 Ouliaris（1990，定理 4.2）。滞后时长 p 可以是一个随机变量，因为它取决于数据。这个条件与前一节（参看 9.4 节）中 ADF 检验的塞德-迪基扩展中的情况一样，除了这里的 p 可能是一个随机变量之外。

② 例如，令 $n=3$，所以有两个回归元 y_{2t} 和 y_{3t}，其系数分别为 γ_1 和 γ_2。如果 δ_2 和 δ_3 分别是 y_{2t} 和 y_{3t} 中的漂移，则回归式（10.3.1）中的线性趋势是 $\gamma_1\delta_2 t$ 和 $\gamma_2\delta_3 t$，这可以组合成一个单一的时间趋势 $(\gamma_1\delta_2+\gamma_2\delta_3)t$。

数项和时间项的回归渐近等价。对于这种情况，从这些残差中计算得到的 ADF t 统计量的极限分布看起来是命题 9.8 的迪基-富勒分布（DF_t^τ）。表 10－1（b）将这些分布综合了起来：对于 1 个 I(1) 回归元（$g=1$）的情况，它给出了 ADF t 分布，对于 $g(>1)$ 个回归元的情况，它给出了得自菲利普斯和奥里亚瑞斯（Phillips and Ouliaris，1990）的表 IIc 中 $g-1$ 个回归元的临界值。例如，如果 $g=2$，那么 5%的临界值为－3.80，这在菲利普斯和奥里亚瑞斯（Phillips and Ouliaris，1990）的表 IIc 中是一个回归元情况下的 5%的临界值。

表 10－1　应用于残差的 ADF t 统计量的临界值

估计回归：$y_{1t}=\mu+\boldsymbol{\gamma}'\mathbf{y}_{2t}$				
不包括常数项的回归元数目	1%	2.5%	5%	10%
（a）回归元无漂移				
1	－3.96	－3.64	－3.37	－3.07
2	－4.31	－4.02	－3.77	－3.45
3	－4.73	－4.37	－4.11	－3.83
4	－5.07	－4.71	－4.45	－4.16
5	－5.28	－4.98	－4.71	－4.43
（b）一些回归元带漂移				
1	－3.96	－3.67	－3.41	－3.13
2	－4.36	－4.07	－3.80	－3.52
3	－4.65	－4.39	－4.16	－3.84
4	－5.04	－4.77	－4.49	－4.20
5	－5.36	－5.02	－4.74	－4.46

资料来源：对于（a），来自 Phillips 和 Ouliaris（1990，表 IIb）。对于（b），第一行来自 Fuller（1996，表 10.A.2），其他行来自 Phillips 和 Ouliaris（1990，表 IIc）。

3. 还剩下第三种情况，其中 $E(\Delta\mathbf{y}_{2t})=\mathbf{0}$ 且 $E(\Delta y_{1t})\neq 0$。由于 $\mathbf{y}_{1t}$ 有漂移，而 $\mathbf{y}_{2t}$ 没有漂移，所以我们需要在回归式（10.3.1）中纳入时间项，以便从残差中移除线性趋势。对于前一种情况所做的讨论已经清楚说明，使用得自 y_{1t} 对一个常数项、g 个无漂移 I(1) 回归元 $\mathbf{y}_{2t}$ 和时间项回归的残差计算得到的 ADF t 统计量具有表 10－1（b）中 $g+1$个回归元（或 g 个回归元的 Phillips 和 Ouliaris（1990）的表 IIc）给出的渐近分布。例如，如果 $g=2$，则回归式（10.3.1）具有一个常数项、两个 I(1) 回归元和时间项；从表 10－1（b）中可以查得三个回归元的临界值。

基于残差的协整检验有若干说明如下：

● （检验一致性）备择假设是 $\mathbf{y}_t$ 是协整的（即 $h\geqslant 1$）。相对于该备择假设，只要 $\mathbf{y}_{1t}$ 与 $\mathbf{y}_{2t}$ 是协整的，该检验就是一致的。[①] 原因（我们将在下文就 $h=1$ 的情况做更为详尽的讨论）在于，得自回归式（10.3.1）的 OLS 残差会收敛到一个平稳过程。然而，如果 y_{1t} 是 I(1)，而且不是协整关系的一部分，那么，该检验相对于协整的备择假设而言就没有什么威力可言，因为关于 I(1) 变量 y_{1t} 的非零系数（为 1）条件下的 OLS 残差 $y_{1t}-\boldsymbol{\gamma}'\mathbf{y}_{2t}$ 不会收敛到一个平稳过程。从而，对正则化的选择（其中正则化的变量应该被

① 对于 $h=1$ 的情况来说，这是菲利普斯和奥里亚瑞斯（Phillips and Ouliaris，1990）的定理 5.1 的含义所在。他们对该定理的评论（d）表明，当 $h>1$，且因此 $\mathbf{y}_{2t}$ 是协整的时候，该检验是一致的。

用作因变量）对于该检验的一致性就至关重要了。

● （时间项应否加入该回归?）如果时间项纳入回归式（10.3.1），则 y_{1t} 中的漂移 $E(\Delta y_{1t})$ 只影响时间项的系数，这会使残差的数值（从而 ADF t 值）不随 $E(\Delta y_{1t})$ 而变化。这意味着，把时间项纳入回归元的情况 3 的程序可以在情况 1 中使用，其中 $E(\Delta y_{1t})$ 恰好为零。也就是说，如果你在回归式（10.3.1）中纳入时间项，那么情况 1 的准确临界值可由 $g+1$ 个回归元的表 10－1（b）给出。对于情况 2，这一程序也是有效的，因为如果除了常数项和 g 个带漂移的 I(1) 回归之外再纳入时间项，则该回归可以被改写成一个带有常数项、g 个无漂移的 I(1) 回归元和组合了 g 个 I(1) 回归元中漂移的时间项的回归。这一回归在情况 3 中并不适用，而表 10－1（b）中给出的 $g+1$ 个回归元的临界值则是适用的。因此，当时间项被纳入回归式（10.3.1）时，可以使用相同的临界值，无论漂移的位置如何。可能的缺陷在于，在有限样本里，其检验势会减少。有限样本势的确至少对于汉森（Hansen，1992a）在其模拟中检验的 DGP 来说要低一些。

● （滞后时长的选择）条件式（10.3.3）并没有为在对残差进行估计的增广自回归中就有限样本情况下滞后时长的选择给出一个实际的规则。与尼格和佩龙（Ng and Perron，1995）对单变量 I(1) 过程所做的检验相比，在基于残差的检验里，这似乎没有问题。一般的做法是和单变量情况下一样即可，即使用赤池信息准则（AIC）或贝叶斯信息准则（BIC）——也被称为施瓦茨信息准则（SIC）来确定滞后时长。

● （基于有限样本的考虑）除了基于残差的 ADF t 检验之外，还有很多方法用来检验无协整的原假设。其中包括 Phillips 和 Ouliaris（1990）、Stock 和 Watson（1988）以及 Johansen（1988）给出的检验方法。豪格（Haug，1996）报告了这些检验和其他检验在考察有限样本表现方面的一个新近的蒙特卡罗研究。它向我们揭示了检验势和扭曲度之间的权衡问题（也就是说，具有最小扭曲度的检验倾向于有更低的检验势）。时长由 AIC 选定的基于残差的 ADF t 检验，尽管比其他一些检验能力稍逊，但是对于所要检视的 DGP 来说却有着最小的扭曲度。

下面这个例子将带有 ADF t 统计量的基于残差的检验应用于消费收入关系。

例 10.5（消费和收入是协整的吗?）：

正如我们已经在与图 10－1（a）的联系中所提及的那样，对数收入（y_t）和对数消费（c_t）似乎是协整的，其协整向量为（1，－1）。然而，这个图示的确颇具欺骗性。图 10－1（b）中 y_t-c_t 的图示（是储蓄率的对数）表明在战后确有一个向右上的漂移，而自 1980 年代中期以后有向下的漂移。（后者是美国个人储蓄率业已呈下降趋势的这一广为人知的事实。）正如我们在下文中所见，这些检验结果取决于是否将这些时期纳入进来。我们一开始关注的样本时期是 1950：Q1 到 1986：Q4（148 个观测值）。

通过对带有常数项和时间趋势项的该增广自回归实施 ADF t 检验，我们首先检验这两个序列是否在个体上是 I(1)。如果应用 BIC 来选择增广自回归中滞后变化项的数目，则我们可以采取与前一章相同的做法：最大时长（p_{max}）是 $[12\times(T/100)^{1/4}]$（$[12\times(T/100)^{1/4}]$ 的整数部分），在选择滞后时长 p 的过程中，样本时期在 $t=p_{max}+2, p_{max}+3, \cdots, T$ 上是固定的，而且在给定 p 的情况下，$t=p+2, p+3, \cdots, T$ 的最大样本被

用于估计带有 p 个滞后变化项的增广自回归。对于当前的样本规模而言，p_{max} 为 13。

对于可支配收入而言，BIC 选择的滞后时长为零，ADF t 统计量（t^t）是－1.80。从表 9－2（c）中查得 5%的临界值为－3.41，因此我们接受 y_t 为 I(1) 的假设。对于消费来说，BIC 选择的滞后时长为 1，ADF t 统计量为－2.07。因此，我们在 5%的显著性水平上接受 I(1) 原假设。从而，两个序列可能都被描述为带漂移的 I(1)。

现在来看基于残差的协整检验，该静态回归的 OLS 估计值为：

$$\underset{}{c_t} = -\underset{(0.009)}{0.046} + \underset{(0.0037)}{0.975 y_t}, \ R^2 = 0.998, \ t = 1950: Q_1 \text{ 至 } 1986: Q4 \tag{10.3.4}$$

为了进行基于残差的 ADF t 检验，不带常数项或时间项的增广自回归是对由 BIC 选中的 0 滞后时长下的残差进行估计的。ADF t 统计量为－5.49。由于该序列具有时间趋势，我们会去查表 10－1（b），而不是表 10－1（a），以得到临界值。对于 $g=1$ 而言，5%的临界值为－3.41，因此我们可以拒绝无协整的原假设。

如果基于残差的检验是在 47：Q1 到 98：Q1 的整个样本上进行的，则 ADF t 统计量为－2.94，其中 BIC 确定的滞后时长为 1，从而，我们就无法拒绝消费对收入的回归是伪回归的假设了！

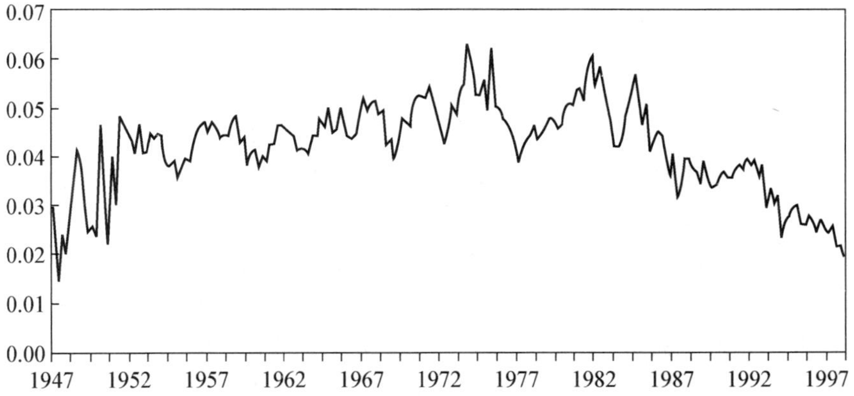

图 10－1（b）　对数收入减对数消费

□ 检验协整的原假设

在上述检验里，协整被当作一个备择假设而不是原假设。但是，经济学中常见的情况是，具有经济含义的假设是所讨论的变量是不是协整的，因此发展那些关于 $h=1$ 而非 $h=0$ 的原假设的检验就颇值得期待了。最近，有关协整原假设的若干检验已经被提出来了。对于这类检验的一个概览可以参看 Maddala 和 Kim（1998，4.5 节）。与检验单变量过程 I(0) 的原假设中的情况一样，对于协整的检验，没有一个大多数研究者共同使用的检验方法。①

① 相对于无协整的备择假设而言，约翰森（Johansen，1988）与斯托克和沃森（Stock and Watson，1988）的程序不能被用于对协整原假设的检验，因为在他们的检验里，备择假设规定了比原假设更多的协整关系。

复习题

1. 由于回归式（10.3.1）的基于残差的协整检验没有把时间作为一个回归元包含进来，所以请验证情况 1 和情况 2 在临界值上几乎毫无差别。

10.4 关于协整向量的推断

在前一节，我们考察了一个 I(1) 系统是不是协整的。在本节，我们假设已知这一系统是协整的，而且协整秩和相关的三角表示也是已知的。[①] 我们关注的是要在三角表示中估计协整向量，并对它们做出推断。就大部分内容而言，我们集中关注的是协整秩为 1 的特殊情形；在本节末尾我们会略微讨论一下一般情形。

□ SOLS 估计量

对于 $h=1$ 的情况来说，其三角表示是：

$$\begin{cases} y_{1t}=\mu+\boldsymbol{\gamma}'\mathbf{y}_{2t}+z_1^* \\ \underset{((n-1)\times 1)}{\Delta\mathbf{y}_{2t}}=\boldsymbol{\delta}_2+\mathbf{u}_{2t} \end{cases}, \quad \begin{bmatrix} \underset{(1\times 1)}{z_t^*} \\ \underset{((n-1)\times 1)}{\mathbf{u}_{2t}} \end{bmatrix}=\underset{(n\times n)}{\boldsymbol{\Psi}^*(L)}\underset{(n\times 1)}{\boldsymbol{\varepsilon}_t} \tag{10.4.1}$$

其中 $\mathbf{y}_{2t}$ 不是协整的。（这是复制了 $h=1$ 的式（10.2.39）下的式（10.2.3）和式（10.2.5））。因此，回归式（10.3.1）现在是协整回归。因而，存在唯一的（$n-1$）维向量 $\boldsymbol{\gamma}$，使得当 $\bar{\boldsymbol{\gamma}}=\boldsymbol{\gamma}$ 时 $y_{1t}-\bar{\boldsymbol{\gamma}}'\mathbf{y}_{2t}$ 是一个平稳过程（z_t^*）加上某个不随时间变化的随机变量（μ），当 $\bar{\boldsymbol{\gamma}}\neq\boldsymbol{\gamma}$ 时则具有一个随机趋势。这说明，最小化了残差平方和的系数向量的 OLS 估计值（$\hat{\mu}$，$\hat{\boldsymbol{\gamma}}$）是一致的。实际上，正如菲利普斯和德洛夫（Phillips and Durlauf，1986）与斯托克（Stock，1987）关于式（10.4.1）中的 $\boldsymbol{\delta}_2$（$=\mathrm{E}(\Delta y_{2t})$）为零的情况以及汉森（Hansen，1992a，定理1（b））关于 $\boldsymbol{\delta}_2\neq\mathbf{0}$ 的情况的考察所表明的那样，OLS 估计值 $\hat{\boldsymbol{\gamma}}$ 对于协整向量 $\boldsymbol{\gamma}$ 而言是超一致的，其中抽样误差以一个比通常的速率 $\sqrt{T}$ 更快的速率收敛到零。[②] 而且，R^2 收敛到 1。[③] 得自协整回归的 $\boldsymbol{\gamma}$ 的 OLS 估计量将被视为协整向量的**“静态”OLS**（“static” OLS，SOLS）估计量。因为 SOLS 估计量是一致的，所以其残差收敛到一个零均值平稳过程。从而，如果像 ADF 检验这样的单变量单位根检验被用于这些残差，则该检验会在大样本中拒绝 I(1) 原假设。这就是前一节基

---

① 在实践中，我们极少会有这样的认知，考虑具有 h 个协整关系的系统的决策通常基于先验检验的结果（譬如前一节提到的那些检验），这些检验是为确定协整秩而设计的。这就产生了**前检验问题**（pretest problem），因为待估的协整向量的分布并没有考虑协整秩的不确定性。这一主题尚未被充分研究。

② 如果 $\boldsymbol{\delta}_2=\mathbf{0}$，则收敛速度是 T；如果 $\boldsymbol{\delta}_2\neq\mathbf{0}$，收敛速度为 $T^{3/2}$。这里引用的所有研究均假设 μ 是一个固定常量。即便 μ 被视为一个随机变量，同样的结论也应该成立。正如 10.1 节所提到的（参看式（10.1.21）下面的段落），严格而言，即便 z_t^* 是平稳的，$\mu+z_t^*$ 也不是平稳的。不过，由于 μ 和 z_t^* 随着 $t\to\infty$ 是渐近独立的，所以 $\mu+z_t^*$ 是渐近平稳的，对于这里的所有渐近结论，这就是全部要求。

③ 对于在何种条件下这些结论成立所做的叙述，可以参看 Hamilton（1994，命题 19.2）。那些条件是施加在式（10.4.1）中 $\boldsymbol{\Psi}^*(L)\boldsymbol{\varepsilon}_t$ 上的限制条件。

于残差的检验相对于协整而言是一致的原因所在。

当回归元是I(1)而且非协整时OLS系数估计值是一致的这一事实是一个著名的结论，这与平稳回归元的情况形成了鲜明的对照。为了理解这一对比，我们回忆下第3章，当回归元 $\mathbf{y}_{2t}$ 平稳时怎么做才能取得 $\boldsymbol{\gamma}$ 的一致估计量：对于OLS估计量一致而言，误差项 z_t^* 必与 $\mathbf{y}_{2t}$ 无关；否则我们就需要 $\mathbf{y}_{2t}$ 的工具变量了。对比而言，如果 y_{1t} 与 $\mathbf{y}_{2t}$ 协整，而且像这里这样，如果I(1)回归元 $\mathbf{y}_{2t}$ 不是协整的，那么，即便误差项 z_t^* 与I(1)回归元相关，我们也不必担心联立性偏误，至少在大样本中是这样的。[①]

然而，在有限样本中，SOLS估计量的偏误（该估计量的期望值和真实值之间的差值）可能很大，这一点在巴勒杰等（Banerjee et al.，1986）和斯托克（Stock，1987）中有所关注。SOLS的另外一个短处在于，相关 t 值的渐近分布取决于冗余参数（在式(10.4.1)中是 $\boldsymbol{\Psi}^*(L)$ 的系数)，因此很难进行推断。本节稍后我们会引入另外一个估计量（可被称为“DOLS”估计量)，这是一个有效估计量，其相关检验统计量（譬如 t 统计量和沃尔德统计量）具有通常的渐近分布。

□ 双变量的例子

要想弄清楚误差项和 $I(1)$ 回归元之间相关关系的性质和原因，而且为引入DOLS估计量做一铺垫，我们来看式（10.4.1）的双变量情形。我们暂且假设 $\boldsymbol{\Psi}^*(L)=\boldsymbol{\Psi}_0^*$（因此在（$z_t^*$，$u_{2t}$）中没有序列相关)、$\delta_2=0$ 且 $\mu=0$。该三角表示可以写为：

$$\begin{cases} y_{1t}=\gamma y_{2t}+z_t^* \\ \Delta y_{2t}=u_{2t} \end{cases},\begin{bmatrix} z_t^* \\ u_{2t} \end{bmatrix}=\boldsymbol{\Psi}_0^*\,\boldsymbol{\varepsilon}_t \tag{10.4.2}$$

式（10.4.2）中的协整回归里的误差项 z_t^* 和 $I(1)$ 回归元 y_{2t} 可能是相关的，因为：

$$\begin{aligned} \mathrm{Cov}(y_{2t},z_t^*)&=\mathrm{Cov}(y_{2,0}+\Delta y_{2,1}+\Delta y_{2,2}+\cdots++\Delta y_{2t},z_t^*)\\ &=\mathrm{Cov}(\Delta y_{2,1}+\Delta y_{2,2}+\cdots+\Delta y_{2t},z_t^*)(\text{因为 }\mathrm{Cov}(y_{2,0},z_t^*)=0)\\ &=\mathrm{Cov}(u_{2,1}+u_{2,2}+\cdots+u_{2t},z_t^*)(\text{因为 }\Delta y_{2t}=u_{2t})\\ &=\mathrm{Cov}(u_{2t},z_t^*)(\text{因为}(u_{2t},z_t^*)\text{是 i. i. d. 的}) \end{aligned} \tag{10.4.3}$$

由于没要求 $\boldsymbol{\Psi}_0^*$ 和 $\boldsymbol{\Omega}$ 是对角的，所以 z_t^* 和 u_{2t} 可能是同期相关的。

为了摆脱这种可能存在的相关关系，我们来看 z_t^* 对一个常数和 u_{2t}（$=\Delta y_{2t}$）的最小二乘投射。从2.9节回忆一下，$\hat{\mathrm{E}}^*(y\mid 1,x)=[\mathrm{E}(y)-\beta_0\mathrm{E}(x)]+\beta_0 x$，其中 $\beta_0=\mathrm{Cov}(x,y)/\mathrm{Var}(x)$，而且最小二乘投射误差 $y-\hat{\mathrm{E}}^*(y\mid 1,x)$ 具有零均值且与 x 不相关。这里，对于 z_t^* 和 u_{2t} 来说均值都是零。因此，$\hat{\mathrm{E}}^*(z_t^*\mid 1,u_{2t})=\beta_0 u_{2t}$，如果用 $\upsilon_t\equiv z_t^*-\hat{\mathrm{E}}^*(z_t^*\mid 1,u_{2t})$ 来表示最小二乘投射误差，则我们有：

$$\begin{aligned} &z_t^*=\beta_0 u_{2t}+\upsilon_t=\beta_0\Delta y_{2t}+\upsilon_t\\ &\mathrm{E}(\upsilon_t)=0,\ \mathrm{Cov}(u_{2t},\upsilon_t)=\mathrm{Cov}(\Delta y_{2t},\upsilon_t)=0 \end{aligned} \tag{10.4.4}$$

---

① 如果 $\mathbf{y}_{2t}$ 是协整的，那么 $h\geqslant 2$，且回归式（10.3.1）——具有 $n-1$ 个回归元——不再是一个协整回归（一个协整回归应该有 $n-h$ 个回归元，参看三角表示式（10.2.8））。这种情况可以利用西姆斯、斯托克和汉森（Sims，Stock，and Watson，1990）给出的一般方法来处理。该方法的有关表述参看Hamilton（1994，第18章）或者Watson（1994，第2节）。

将此代入协整回归，可以得到：

$$y_{1t}=\gamma y_{2t}+\beta_0\Delta y_{2t}+v_t \tag{10.4.5}$$

这一回归被称为**增广协整回归**（augmented cointegrating regression）。现在，我们证明，I(1) 回归元 y_{2t}是严格外生的，因为对于所有的 t 和 s，有 $\mathrm{Cov}(y_{2s},\ v_t)=0$。根据构造，$\mathrm{Cov}(\Delta y_{2t},\ v_t)=0$。对于 $t\neq s$ 的$\mathrm{Cov}(\Delta y_{2s},\ v_t)$有：

$$\begin{aligned}\mathrm{Cov}(\Delta y_{2s},v_t)&=\mathrm{Cov}(u_{2s},v_t)=\mathrm{Cov}(u_{2s},z_t^*-\beta_0u_{2t})\\&=\mathrm{Cov}(u_{2s},z_t^*)-\beta_0\mathrm{Cov}(u_{2s},u_{2t})=0\end{aligned} \tag{10.4.6}$$

因为（z_t^*，u_{2t}）是 i. i. d. 的，故 Δy_{2t}是严格外生的。Δy_{2t}的严格外生性意味着 y_{2t}同样如此，因为对于所有的 t 和 s，根据式（10.4.6）有：

$$\begin{aligned}\mathrm{Cov}(y_{2s},v_t)&=\mathrm{Cov}(y_{2,0}+\Delta y_{2,1}+\Delta y_{2,2}+\cdots+\Delta y_{2s},v_t)\\&=\mathrm{Cov}(\Delta y_{2,1}+\Delta y_{2,2}+\cdots+\Delta y_{2s},v_t)(\text{因为 }\mathrm{Cov}(y_{2,0},v_t)=0)\\&=0\end{aligned} \tag{10.4.7}$$

□ 继续讨论双变量的例子

总结一下，我们已经证明，在增广协整回归式（10.4.5）中，如果 $\mathbf{\Psi}^*(L)=\mathbf{\Psi}_0^*$，那么I(1) 过程就是严格外生的。令（$\hat{\gamma}$，$\hat{\beta}_0$）为得自增广协整回归的（$\gamma$，$\beta_0$）的 OLS 系数估计值。（这个 $\hat{\gamma}$ 应该与式（10.4.2）中协整回归里 $\hat{\gamma}$ 的 SOLS 估计量区别开。）这个回归式（10.4.5）与增广自回归式（9.4.6）非常相似，因为这两个回归元中的一个是零均值 I(0)，另外一个是无漂移 I(1)。我们已经为增广自回归证明了，如果"$\mathbf{X}'\mathbf{X}$"矩阵乘以 T 和$\sqrt{T}$，则它是渐近对角矩阵，因此为了推导 $\hat{\gamma}$ 这个 I(1) 回归元系数 OLS 估计量的极限分布，I(0) 回归元的存在性可以被忽略。这里，同样也是如此，利用适当缩放的"$\mathbf{X}'\mathbf{X}$"矩阵的渐近对角性所做的相同论证表明了 $\gamma=\gamma_0$ 这一假设的常用 t 值渐近等价于：

$$\tilde{t}=\frac{\dfrac{1}{T}\sum\limits_{t=1}^{T}y_{2t}v_t}{\sqrt{\dfrac{\sigma_v^2}{T^2}\sum\limits_{t=1}^{T}(y_{2t})^2}} \tag{10.4.8}$$

其中 σ_v^2 是v_t 的方差。也就是说，常用 t 值和式（10.4.8）中的 $\tilde{t}$ 之间的差别依概率收敛到零，因此 t 的极限分布和 $\tilde{t}$ 的极限分布也是相同的。

在用于 ADF 检验的增广自回归中，ADF t 统计量的极限分布是非标准的（它是迪基-富勒 t 分布）。与之相对，$\tilde{t}$ 的渐近分布（以及常用 t 值的渐近分布）是非标准的。为明白何以如此，首先回想一下，I(1) 回归元 y_{2t}是严格外生的，因为对于所有的 t 和 s 而言有 $\mathrm{Cov}(y_{2s},\ v_t)=0$。直觉上，我们暂且假定（$z_t^*$，$u_{2t}$）是联合正态的。那么对于所有的（$s$，$t$）来说 y_{2s}和 v_t 是独立的而不只是不相关的。因此，以（$y_{2,1}$，$y_{2,2}$，…，y_{2T}）为条件的v_t 的分布与其非条件分布是相同的，后者是 $N(0,\ \sigma_v^2)$。于是，以（$y_{2,1}$，$y_{2,2}$，…，y_{2T}）为条件的式（10.4.8）的分子的分布为：

$$N\left(0,\frac{\sigma_\upsilon^2}{T^2}\sum_{t=1}^{T}(y_{2t})^2\right)$$

而这一正态分布的标准差等于 $\tilde{t}$ 的分母，因此

$$\tilde{t}\mid(y_{2,1},y_{2,2},\cdots,y_{2T})\sim N(0,1)$$

由于 $\tilde{t}$ 的条件分布并不取决于（$y_{2,1}$，$y_{2,2}$，…，y_{2T}），所以 $\tilde{t}$ 的无条件分布也是 $N(0,1)$。（这类观点对你来说并不陌生；参看第 1 章包含式（1.4.3）的那一段。）从第 2 章回忆一下，即便去掉正态性假设，常用 t 值的分布也是标准正态的，尽管在大样本中渐近服从标准正态分布。在这里相同的结论也成立：即便（z_t^*，u_{2t}）不是联合正态的，$\tilde{t}$ 的极限分布也仍然是 $N(0,1)$。证明这一点需要异于第 2 章所用的证明方法，因为这里 y_{2t} 具有一个随机趋势。我们不会在这里给出正式的证明；只是略作概括而已。它由两部分构成：第一部分是推导式（10.4.8）的分子的极限分布（它可以利用比如汉密尔顿（Hamilton，1994）的命题 18.1 或沃森（Watson，1994）的引理 2.3（c）中表述的结论来完成）。这一分布是非标准的。第二部分是要证明式（10.4.8）的正则化将非标准分布转换成一个正态分布（帕克和菲利普斯（Park and Phillips，1988）的引理 5.1）。

这个双变量 I(1) 系统的例子在几个方面都是非常特殊的：(a) 在误差过程（z_t^*，u_{2t}）中不存在序列相关，(b) I(1) 回归元 y_{2t} 是一个标量，(c) y_{2t} 无漂移，(d) $\mu=0$。当然，放松 (a) 需要一些思考。

□ 允许序列相关

如果不是式（10.4.2）中 $\boldsymbol{\Psi}^*(\mathrm{L})=\boldsymbol{\Psi}_0^*$ 的情况，那么（z_t^*，u_{2t}）就是序列相关的。因此，在增广协整回归式（10.4.5）中，I(1) 回归元 y_{2t} 不再是严格外生的，因为 $\mathrm{Cov}(\Delta y_{2s},\upsilon_t)$ 尽管对于 $t=s$ 仍然为零，但是对于 $t\neq s$ 的情况已经不再能保证为零了。为了将这一相关性移除，我们来看 z_t^* 对 u_2 的当前、过去和未来值而不是只对 u_2 的当前值的最小二乘投射。注意 $\Delta y_{2t}=u_{2t}$，该投射可以写为：

$$z_t^*=\beta(L)\Delta y_{2t}+\upsilon_t,\ \beta(L)\equiv\sum_{j=-\infty}^{\infty}\beta_j L^j \tag{10.4.9}$$

（υ_t 不同于式（10.4.5）中的 υ_t。）根据构造，对于所有的 t 和 s，有 $E(\upsilon_t)=0$ 和 $\mathrm{Cov}(\Delta y_{2s},\upsilon_t)=0$。这个双侧滤子 $\beta(L)$ 可以是无穷阶，但现在暂且假设它不是无穷阶的，而且对于 $|j|>p$ 有 $\beta_j=0$。从而，

$$\begin{aligned}z_t^*=&\beta_0\Delta y_{2t}+\beta_{-1}\Delta y_{2,t+1}+\cdots+\beta_{-p}\Delta y_{2,t+p}\\&+\beta_1\Delta y_{2,t-1}+\cdots+\beta_p\Delta y_{2,t-p}+\upsilon_t\end{aligned} \tag{10.4.10}$$

将此代入式（10.4.2）中的协整回归，我们可以得到（极大的）增广协整回归：

$$\begin{aligned}y_{1t}=&\gamma y_{2t}+\beta_0\Delta y_{2t}+\beta_{-1}\Delta y_{2,t+1}+\cdots+\beta_{-p}\Delta y_{2,t+p}\\&+\beta_1\Delta y_{2,t-1}+\cdots+\beta_p\Delta y_{2,t-p}+\upsilon_t\end{aligned} \tag{10.4.11}$$

由于对于所有的 t 和 s 有 $\mathrm{Cov}(\Delta y_{2s},\upsilon_t)=0$，所以 Δy_{2t} 是严格外生的，这意味着（如上所见）水平回归元 y_{2t} 也是严格外生的。从而，通过纳入不止当前的变化而且包括该增广协整回归中 I(1) 回归元的过去和未来的变化，我们可以继续保持 y_{2t} 的严格外生性。

基于这一增广协整回归的协整向量 γ 的 OLS 估计量被称为**“动态”OLS**（“dynamic” OLS，DOLS），以与基于 y_2 中无变化的协整回归的 SOLS 估计量相区别。

这里有 $2+2p$ 个回归元，其中第一个是无漂移 I(1)，余下的是零均值 I(0)。和之前一样，通过 T 和$\sqrt{T}$来适当缩放，I(1) 回归元与 $2p+1$ 个零均值 I(0) 回归元渐近无关，因此适当缩放的 $\mathbf{X}'\mathbf{X}$ 矩阵还是分块对角矩阵，而为了推导 γ 的 DOLS 估计值的极限分布，零均值 I(0) 回归元可以被忽略。从而，随机变量的这一表达式渐近等价于 $\gamma=\gamma_0$ 的 t 值，它仍可由式（10.4.8）给出，该表达式是为（z_1^*，u_{2t}）是序列无关的情况所推导的。

然而，当（z_t^*，u_{2t}）序列相关时，式（10.4.8）的渐近分布的推导过程与当（z_t^*，u_{2t}）序列无关时的不一样，因为误差项 υ_t 现在可能是序列相关的；而消除了对于所有 s 和 t 来说 Δy_{2s}和 υ_t 之间的相关性，投射式（10.4.9）没有移除 υ_t 中自身的序列相关。为了考察该渐近分布，令 $\mathbf{V}(T\times T)$ 为 υ_t 的 T 个连续值的自协方差矩阵，λ_υ^2 是 υ_t 的长期方差。而且，在本节余下的内容中，令 $\mathbf{X}$ 为 $T\times 1$ 矩阵（$y_{2,1}$，$y_{2,2}$，…，y_{2T}）$'$。我们再次暂且假设（z_t^*，u_{2t}）是联合分布的。那么，由于 y_{2t}是严格外生的，以 $\mathbf{X}$ 为条件的式（10.4.8）的分子的分布是正态的，均值为零，条件方差为：

$$\frac{1}{T^2}\mathbf{X}'\mathbf{V}\mathbf{X} \tag{10.4.12}$$

它的平方根必须取代式（10.4.8）中的分母，以使该比率在有限样本中服从标准正态分布。遗憾的是，可以看出（参看菲利普斯（Phillips，1988）的推论 2.7），在大样本中，分子的分布与当 υ_t 序列无关而具有方差 λ_υ^2 而非 σ_υ^2 时所得到的分布是相同的。

因此，修正比率式（10.4.8）以在 υ_t 中包含序列相关所需的就是用λ_υ^2（υ_t 的长期方差）来取代 $\sigma_\upsilon^2(\equiv\mathrm{Var}(\upsilon_t))$，即如果 $\tilde{t}$ 由式（10.4.8）给出，其中 σ_υ^2 仍然在分母中，则其重新调整过的值：

$$\left(\frac{\sigma_\upsilon}{\lambda_\upsilon}\cdot\tilde{t}\right) \tag{10.4.13}$$

渐近服从 $N(0,1)$！由于 γ 的 OLS t 值渐近等价于 $\tilde{t}$，故可得：

$$\left(\frac{s}{\hat{\lambda}_\upsilon}\right)\cdot\tilde{t}\underset{d}{\to}N(0,1) \tag{10.4.14}$$

其中 $\hat{\lambda}_\upsilon$ 是 λ_υ 的某个一致估计量，s 是回归常见的 OLS 标准误（很容易证明，s 对于 σ_υ 是一致的）。换言之，如果我们重新调整 $\hat{\gamma}$（式（10.4.11）中 y_{2t}系数的 OLS 估计值）的标准误为：

$$\text{重新调整后的标准误}=\left(\frac{\hat{\lambda}_\upsilon}{s}\right)\times\text{常见标准误} \tag{10.4.15}$$

那么，基于这一重新调整后的标准误的 t 值渐近服从 $N(0,1)$。

这一论证仅适用于 I(1) 回归元的系数，因此即便当它们的标准误经过如上重新调整后，式（10.4.11）中 β 的 t 值在大样本中也不必然服从 $N(0,1)$。

由于这些回归元是严格外生的，所以 1.6 节和 6.7 节的讨论表明 GLS 也是适用的。不过，前文提到的 $\mathbf{X}'\mathbf{V}\mathbf{X}$ 渐近表现得像 $\lambda_\upsilon\mathbf{X}'\mathbf{X}$ 则意味着 γ 的 GLS 估计量（被称为 DGLS 估计量）渐近等价于 DOLS 估计量（或者更准确地说，T 乘以其差值依概率收敛到 0）

(参看 Phillips (1988),以及 Phillips 和 Park (1988))。因此,通过 GLS 在误差项中修正序列相关是无效的。

λ_v 的一致估计值是很容易取得的。回忆一下 6.6 节,我们曾使用过 VARHAC 程序估计一个向量过程的长期方差矩阵。同样的程序也可以用于当前这种标量误差过程的情形。我们来看对从增广协整回归中得到的残差 $\hat{v}_t$ 拟合 AR(p) 过程:

$$\hat{v}_t = \phi_1 \hat{v}_t + \phi_2 \hat{v}_{t-2} + \cdots + \phi_p \hat{v}_{t-p} + e_t (t = p+1, \cdots, T) \tag{10.4.16}$$

(这个 p 不应该与增广协整回归中的 p 相混淆。)利用 BIC 通过在可能的滞后时长 0,1,…,$T^{1/3}$ 上进行搜寻来选定滞后时长。利用式 (6.2.21),并注意该长期方差是 $z=1$ 处自协方差生成函数的值,则 v_t 的长期方差 λ_v^2 可由下式估计:

$$\hat{\lambda}_v^2 = \frac{\hat{\sigma}_e^2}{(1-\hat{\phi}_1 - \cdots - \hat{\phi}_p)^2}, \hat{\sigma}_e^2 = \frac{1}{T-p}\sum_{t=p+1}^{T} \hat{e}_t^2 \tag{10.4.17}$$

其中 $\hat{\phi}_j$ ($j=1, 2, \cdots, p$) 是待估的 AR(p) 系数,$\hat{e}_t$是得自 AR(p) 方程 (10.4.16) 的残差。

□ 一般情形

我们现在讨论可能具有非零漂移的 n 维协整系统的一般情况。我们关注 $h=1$ 的情况,因为将它向 $h>1$ 的情况扩展是很直接的。因此,该三角表示是式 (10.4.1),这个增广协整回归为:

$$\begin{aligned} y_{1t} = {} & \mu + \boldsymbol{\gamma}' \mathbf{y}_{2t} + \boldsymbol{\beta}'_0 \Delta \mathbf{y}_{2t} + \boldsymbol{\beta}'_{-1} \Delta \mathbf{y}_{2,t+1} + \cdots + \boldsymbol{\beta}'_{-p} \Delta \mathbf{y}_{2,t+p} \\ & + \boldsymbol{\beta}'_1 \Delta \mathbf{y}_{2,t-1} + \cdots + \boldsymbol{\beta}'_p \Delta \mathbf{y}_{2,t-p} + v_t \end{aligned} \tag{10.4.18}$$

这里,$\boldsymbol{\beta}_j$($j=0, 1, 2, \cdots, p, -1, -2, \cdots, -p$) 是 z_t^* (协整回归中的误差项)对 $\Delta \mathbf{y}_2$ 的当前、过去和未来值的投射里的最小二乘投射系数。协整向量 $\boldsymbol{\gamma}$ 的 DOLS 估计量只是得自此增广协整回归的 $\boldsymbol{\gamma}$ 的 OLS 估计量。

下面这些结果在塞肯南 (Saikkonen, 1991) 与斯托克和沃森 (Stock and Watson, 1993) 中予以证明。①

1. 前述的双变量结论已然成立。也就是说,$\boldsymbol{\gamma}$ 的 DOLS 估计量仍然是超一致的,经过适当调整后关于 $\boldsymbol{\gamma}$ 的假设的 t 统计量和沃尔德统计量具有一贯的渐近分布(标准正态和卡方分布)。适当调整就是用 ($s/\hat{\lambda}_v$) 乘以一般的 t 值,用 ($s/\hat{\lambda}_v$) 的平方乘以沃尔德统计量。然而,这种简单的重新调整对于涉及 μ 或 $\boldsymbol{\beta}_j$ 的 t 值和沃尔德统计量都无效。

2. 如果在 z_t^* 对 Δy_{2t} 的提前项和滞后项的投射中的双侧滤子 $\boldsymbol{\beta}(L)$ 是无穷阶的,误差项 v_t 就包含截断的余项:

$$\sum_{j=p+1}^{\infty} \boldsymbol{\beta}'_{-j} \Delta \mathbf{y}_{2,t+j} + \sum_{j=p+1}^{\infty} \boldsymbol{\beta}'_j \Delta \mathbf{y}_{2,t-j}$$

刚才上面提到的所有结论仍然成立,只要式 (10.4.18) 中的 p 能随样本规模 T 以一个

① 这些作者假设 μ 是一个固定常数。然而,即便 μ 是一个不随时间变化的随机变量,同样的结论也是成立的。

慢于$T^{1/3}$的速率增加。参看 Saikkonen（1991，第 4 节），可以得到对所要求的常规条件的表述。

3. 该估计量在某种精确的意义上是有效的。[①] 该估计量渐近等价于其他有效估计量，如基于 VECM 的约翰森极大似然程序、菲利普斯和汉森（Phillips and Hansen，1990）的经过充分修正的估计量以及菲利普斯和洛里坦（Phillips and Loretan，1991）的非线性最小二乘估计量（此外还有前文提到过的 DGLS）等。对于所有这些有效估计量而言，有关 $\boldsymbol{\gamma}$ 假设的 t 值和沃尔德统计量（必要时要予以适当调整）具有标准渐近分布（参看 Watson（1994），3.4.3 节，有更详细的介绍）。

□ 其他估计量和有限样本性质

斯托克和沃森（Stock and Watson，1993）考察了上面所提到的这些估计量的有限样本表现（除了菲利普斯-洛里坦估计量）。对于他们考察过的 DGP 和样本规模（$T=100$ 和 300），可以得到以下结论：

（1）约翰森估计量的偏误最小，SOLS 的偏误最大。（2）不过，约翰森估计量的方差要远大于其他有效估计量，DOLS 具有最小的均方根误差（RMSE）。（3）对于检验的所有估计量，t 值的分布（若有必要须适当调整）相对于 $N(0, 1)$ 尾部较宽，这预示着原假设会被频繁拒绝。这些结论与马达拉和金（Maddala and Kim，1998，5.7 节）中给出的蒙特卡罗研究的评价大体一致。

复习题

1. 正如我们已经强调过的，增广自回归式（9.4.6）和增广协整回归式（10.4.5）之间存在着相似性。那么，为什么在增广协整回归式（10.4.5）中关于 I(1) 回归元的 t 值渐近服从 $N(0, 1)$，而在式（9.4.6）中则不是这样呢？

10.5 应用：美国的货币需求

有关对货币需求函数的估计的文献极为繁多（参看 Goldfeld 和 Sichel（1990）的综述）。这些文献中估计的货币需求方程为：

$$m_t - p_t = \mu + \gamma_y y_t + \gamma_R R_t + z_t^* \tag{10.5.1}$$

其中 m_t 是时期 t 的货币存量的对数，p_t 是价格水平的对数，y_t 是收入的对数，R_t 是名义利率，z_t^* 是某一误差项，γ_y 是收入弹性，γ_R 是货币需求的利息弹性（它是一个半弹性，因为利率是以水平形式而非对数形式进入货币需求方程的）。在出现单位根和协整之前的文献里，大多数经验分析都饱受两个缺陷之苦。第一，正如我们下文要验证的，

① 这一 t 值渐近服从 $N(0, 1)$，但是 DOLS 估计量自身并不渐近服从正态分布。因此，在众多渐近正态估计量之间比较其渐近分布的方差，一般的标准在这里并不适用。参看 Saikkonen（1991，第 3 节），可以得到一个对有效性的适当定义。

这里涉及的所有变量 m_t-p_t，y_t 以及 R_t 看起来是包含随机趋势的。如果这些变量具有趋势，在平稳性假设下一贯的推断方法就不再有效。第二，回归元可能是内生的。在货币需求这一情况里，这可能出现严重的问题，因为实际上在所有宏观模型里，由误差项 z_t^* 代表的货币需求上的移动都会影响名义利率，还可能影响收入。这两个问题的解决办法是由前一节给出的估计协整回归的计量经济学技术方法提供的。

本节要给出的另外一个问题是货币需求函数的稳定性。文献中的共识是，货币需求是不稳定的。这受到了卢卡斯（Lucas，1988）的挑战，他使用 1900 年以来的年度数据，认为如果收入弹性被限制为 1，则利息半弹性是稳定的。我们利用本章给出的最先进的计量工具来验证卢卡斯的观点。

□ 数据

我们把分析建立在卢卡斯（Lucas，1988）所研究过的年度数据上，这些数据后来又经过斯托克和沃森（Stock and Watson，1993）的扩展，涵盖了 1900—1989 年间的数据。关于货币存量、收入和名义利率的指标分别是 M1、国民生产净值（NNP）以及六月期商务票据利率（用年利率百分数表示）。使用国民生产净值而不是国民总产值，意在遵循自弗里德曼（Friedman，1959）以来的传统，即货币需求方程中标量（y_t）应当是财富的测量指标，而不是交易量的测量指标。数据上溯到较早的 1900 年，关于 M1 并没有官方指标，因此我们必须从多种材料中进行拼接。对于货币存量和利率，可以将月度数据平均化以得到年度观测值。参看 Stock 和 Watson（1993）的附录 B，可以得到有关这一数据结构的更多信息。

□ 作为一个协整系统的（$m-p$，y，R）

图 10－2 和图 10－3 绘制 $m-p$、y 和 R 的图形。这三个序列有着清晰的趋势。对数实际货币存量（$m-p$）在该世纪的前半叶增长迅速，但是之后直到 1981 年几乎没有什么增长。另外，对数收入（y）在整个样本时期内一直稳定增长，中间打破这一稳态趋势的时间段主要是 1930 年到 1940 年代早期，因此 M1 的流通速度（$y-(m-p)$）也在图 10－3中绘制了出来，但是删掉该时期，然后直到 1981 年又一直在稳定地增长。M1 的流通速度的这一运动与名义利率的情况非常相似，它表明 $m-p$ 和 R 是协整的，其对应于 y 的协整向量的元素约为 1。

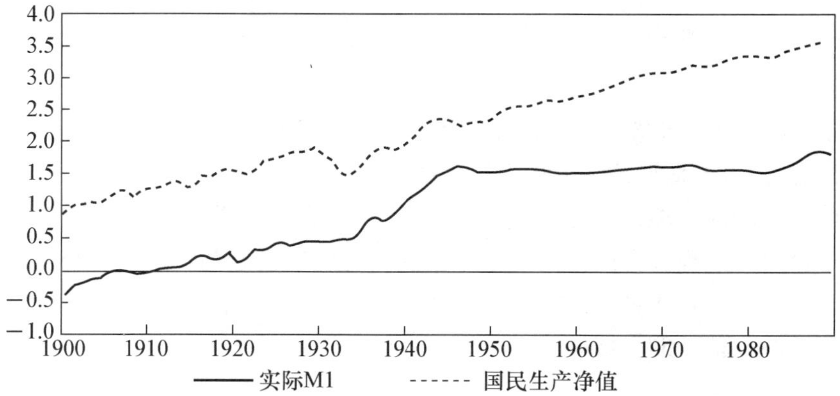

图 10－2　美国实际 NNP 和实际 M1（对数形式）

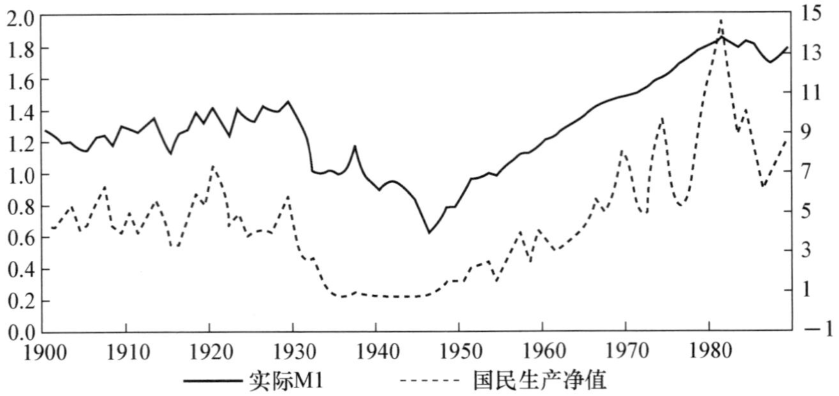

图 10－3　对数 M1 流通速度和短期商业票据利率

对这些图表进行研究，会发现这三个变量 $m-p$，y 和 R 可以很好地被描述成在个体上都是 I(1) 的。实际上，斯托克和沃森（Stock and Watson，1993）基于 ADF 检验报告了 $m-p$ 和 y 在个体上是带漂移的 I(1)，而 R 是不带漂移的 I(1)。他们还基于斯托克-沃森（Stock-Watson，1988）的共同趋势检验报告称这个三变量系统是协整的，协整秩为 1。接下来，我们就在 $m-p$ 与 y 和 R 协整这一假设下继续讨论。（在实证性习题里，要求你检验这一前提假设的有效性。）

□ DOLS

表 10－2 的第一行报告了协整回归式（10.5.1）的 SOLS 估计值。（样本期间是 1903—1987 年，因为在下面的 DOLS 估计中两个提前变化和滞后变化都被纳入该增广协整回归了。）没有报告标准误，因为取决于冗余参数的相关 t 比率的渐近分布未知。收入弹性的 SOLS 估计值为 0.943，接近于 1，但我们无法知晓它是不是显著异于 1。为了做出推断，我们要讨论协整向量的 DOLS 估计，这是通过增添 Δy_t、ΔR_t 及其提前项和滞后项来估计协整回归式（10.5.1）中的参数（μ，γ_y，γ_R）的。遵循 Stock 和 Watson（1993），提前项和滞后项被（任意地）选为 2，因此与式（10.5.1）相关的增广协整回归为：

$$\begin{aligned} m_t-p_t=&\mu+\gamma_y y_t+\gamma_R R_t \\ &+\beta_{y0}\Delta y_t+\beta_{y,-1}\Delta y_{t+1}+\beta_{y,-2}\Delta y_{t+2}+\beta_{y1}\Delta y_{t-1}+\beta_{y2}\Delta y_{t-2} \\ &+\beta_{R0}\Delta R_t+\beta_{R,-1}\Delta R_{t+1}+\beta_{R,-2}\Delta R_{t+2}+\beta_{R1}\Delta R_{t-1}+\beta_{R2}\Delta R_{t-2}+\upsilon_t \end{aligned} \tag{10.5.2}$$

这表明样本时期为 $t=1903$，…，1987。（γ_y，γ_R）的 DOLS 点估计值在表 10－2 的第二行报告，是通过 OLS 估计这一方程而得到的。

为了计算准确的标准误，需要估计误差项 υ_t 的长期方差。因此，我们对 DOLS 残差拟合一个自回归过程。自回归的阶数（再次任意地）设定为 2。由于 DOLS 残差是针对 $t=1903$，…，1987 时期计算的，所以 AR(2) 估计的样本时期是 $t=1905$，…，1987（样本规模＝83）。估计的自回归为：

$$\hat{\upsilon}_t=0.938\,06\,\hat{\upsilon}_{t-1}-0.133\,41\,\hat{\upsilon}_{t-2},\ SSR=0.198\,43 \tag{10.5.3}$$

然后，我们使用式（10.4.17），从而能够复制斯托克和沃森（Stock and Watson，1993，表 III）的 DOLS 估计值，我们用 $T-p-K$ 而非 $T-p$ 去除 SSR 来计算 $\hat{\sigma}_e^2$，其中 K 是增广协整回归中回归元的数量（这里是 13）。因此有 $\hat{\sigma}_e^2=0.198\,43/(83-2-13)=0.002\,918\,1$ 以及

$$\hat{\lambda}_v^2=\frac{0.002\,918\,1}{(1-0.938\,06+0.133\,41)^2}=0.076\,47 \tag{10.5.4}$$

估计值 $\hat{\lambda}_v$ 是其平方根，即 0.277。由于 DOLS 回归的标准误是 0.096，调整得自增广协整回归的一般 OLS 标准误的公式（10.4.15）中的因子为 0.277/0.096=2.89。表 10-2 中括号里的数字是如此计算得到的调整后的标准误。现在，我们可以看到，估计的收入弹性并不显著异于 1。

表 10-2　SOLS 和 DOLS 估计值，1903—1987

	γ_y	γ_R	R^2	回归标准误
SOLS 估计值	0.943	−0.082	0.959	0.135
DOLS 估计值	0.970	−0.101	0.982	0.096
调整后的标准误	(0.046)	(0.013)		

资料来源：从斯托克和沃森（Stock and Watson，1993）的表Ⅲ中得到的估计值和标准误。回归的 R^2 和标准误是根据作者的计算得到的。

□ 不稳定的货币需求？

表 10-3 报告了 SOLS 和 DOLS 对两个子样本——1903—1945 年和 1946—1987 年——的参数估计值。（遵循斯托克和沃森（Stock and Watson，1993）的习惯，间断时期 1946 年之所以被选中，既因为第二次世界大战结束这一自然的分段点，也因为它几乎把整个样本一分为二。）与基于前半部分样本所得的估计值形成了鲜明对比的是，第二次世界大战后的估计值与基于整个样本做出的估计值非常不同。

表 10-3　两个子样本中的货币需求

	1903—1945 年		1946—1987 年	
	γ_y	γ_R	γ_y	γ_R
SOLS 估计值	0.919	−0.085	0.192	−0.016
DOLS 估计值	0.887	−0.104	0.269	−0.027
调整后的标准误	(0.197)	(0.038)	(0.213)	(0.025)

资料来源：Stock 和 Watson（1993）的表Ⅲ。

卢卡斯（Lucas，1988）认为，类似这样的估计值与对货币具有稳定需求（且该需求还具有单位收入弹性）是一致的。为了支持这一观点，他指出了图 10-4 中的证据所在。该图沿着利率绘出了 $m_t-p_t-y_t$（对数逆流通速度，如果收入弹性被设定为 1，则它是货币需求函数式（10.5.1）的因变量）的图示，其中第二次世界大战后的观测值用和第二次世界大战前的观测值不同的符号表示。令人感到惊诧的特征在于，尽管第二次

世界大战后利率确实很高，但是第二次世界大战后观测值却位于由第二次世界大战前观测值所定义的那条线之上。①

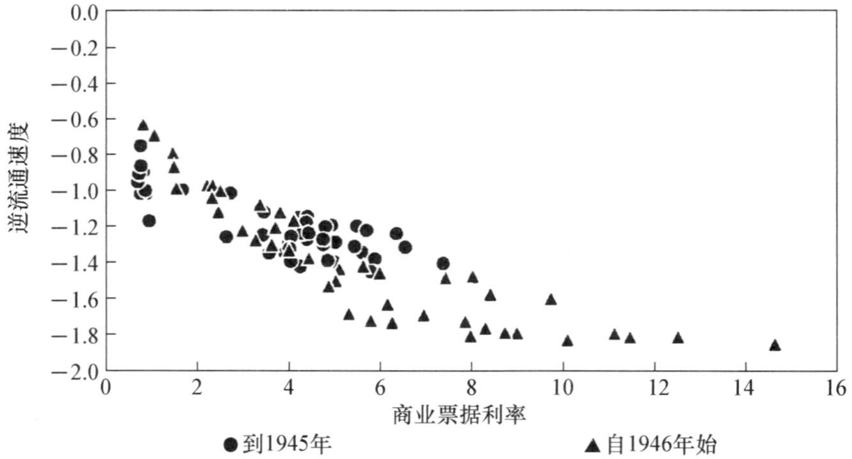

图 10-4　R 与 $m-p-y$ 的绘图

这些发现表明，第二次世界大战后的估计值饱受多重共线性问题的困扰：由于在第二次世界大战后的时期 y 和 R 中存在类似的趋势（如图 10-2 和图 10-3 所示），所以基于第二次世界大战后数据所估计的 γ_y 和 γ_R 有着较强的相关性。即便对于每个元素来说，第二次世界大战后（γ_y，γ_R）的估计值与第二次世界大战前的估计值仍然存在差异，但它们可能不会有联合显著差异。这一可能性可以很容易地被结构变化的邹检验检查到，至少在回归元是平稳的情况是这样的。在邹检验中，你要估计：

$$m_t-p_t=\mu+\gamma_y y_t+\gamma_R R_t+\delta_0 D_t+\delta_y y_t D_t+\delta_R R_t D_t+z_t^* \tag{10.5.5}$$

其中 D_t 是一个虚拟变量，$t\geqslant 1946$ 时其值为 1，否则为 0。从而，截止到 1945 年，常数项以及 y_t 和 R_t 的系数就是（μ，γ_y，γ_R），之后的则为（$\mu+\delta_0$，$\gamma_y+\delta_y$，$\gamma_R+\delta_R$）。如果这些回归元是平稳的，那么随着两个子样本越来越大，而且其相对规模保持不变，原假设 $\delta_0=0$，$\delta_y=0$，$\delta_R=0$ 的沃尔德统计量渐近服从 $\chi^2(3)$（参看第 2 章的分析性习题 12)。现在，在当前这种情况下，回归元是 I(1) 而且非协整，汉森（Hansen，1992b，定理 3（a））表明，如果协整回归的参数由诸如 DOLS（它将 Δy_t，ΔR_t，以及它们的提前项和滞后项加入协整回归式（10.5.5））、充分修正估计或者约翰森 ML 等有效方法来估计②，则沃尔德统计量（若有必要，须正确地予以重新调整）具有相同的渐近 χ^2 分布。加入 Δy 和 ΔR 两个提前项和滞后项的式（10.5.5）的 DOLS 估计值如表 10-4 所示。不显著的沃尔德统计量支持了卢卡斯的观点：美国的货币需求在 20 世纪是稳定的。

① 在卢卡斯（Lucas，1988）最初的绘图中，这一样本时期为 1900—1985 年，间断时期为 1957 年，但该图所传递的讯息基本上是一样的。

② 在前一节我们注意到，如果该假设涉及 μ，即便经过调整，沃尔德统计量也不渐近服从卡方分布。不过，汉森（Hansen，1992b）的结论表明，关于 μ 的差异的假设的沃尔德统计量是渐近服从卡方分布的。汉森（Hansen，1992b）也给出了在未知间断时期上结构变化的检验。

表 10-4　对结构变化的检验

	γ_y	γ_R	δ_0	δ_y	δ_R	沃尔德统计量
DOLS 估计值	0.925	−0.090	1.36	−0.52	0.048	1.85
调整后的标准误	(0.142)	(0.026)	(0.72)	(0.31)	(0.034)	(p-value=0.60)

资料来源：作者的计算，要在本实证性习题中做出验证。

第 10 章习题集

□ 实证性习题

（在回答之前略读 Stock 和 Watson（1993），第 7 节和附录 B。）文件 MPYR. ASC 中有关于以下各项的年度数据：

第 1 列：M1 的自然对数（被称为 m）

第 2 列：NNP 价格平减指数的自然对数（p）

第 3 列：NNP 的自然对数（y）

第 4 列：以百分比表示的商业票据年利率（R）。

样本时期是从 1900 年到 1989 年。这与斯托克和沃森（Stock and Watson，1993）在对美国货币需求的研究中所使用的数据是一样的。参看其数据来源的附录 B。

问题（a）和（b）是为了验证 $m-p$ 与（y，R）是协整的这个预先的假设。余下的问题是关于对协整向量的估计的。

（a）（单变量单位根检验）斯托克和沃森（Stock and Watson，1993，附录 B）报告了 ADF t^{μ} 和 t^{τ} 统计量——它们由 2 个和 4 个滞后一阶差分计算而得——无法在 10％的显著性水平上拒绝在每一个 $m-p$ 和 R 中的单位根，对于具有 4 个滞后期的 y 来说单位根假设是无法拒绝的，但是具有两个滞后期在 10％的水平上却会被拒绝（而在 5％的水平上不会）。验证这些结果。在你的检验里，对 R 使用 t^{μ} 检验，对 $m-p$ 和 y 要使用 t^{τ}，而且要使用渐近临界值（$T=\infty$的那些临界值）。

（b）（基于残差的检验）对 $m-p$ 与 y 和 R 协整这一原假设进行恩格尔-格兰杰检验。设 $p=1$（它是由 BIC 选择的）。（如果你没有在回归中包含时间项，那么由残差导出的 ADF t 统计量应为−4.7。10.3 节中讨论的情况 2 应予以使用。因此 5％的临界值应为−3.80。）

（c）（DOLS）复制表 10-2 中报告的协整向量的 SOLS 和 DOLS 估计值。

（d）（邹检验）复制表 10-4 中报告的 DOLS 估计值。它们是基于以下增广协整回归得到的：

$$\begin{aligned} m_t-p_t=&\mu+\gamma_y y_t+\gamma_R R_t+\delta_0 D_t+\delta_y y_t D_t+\delta_R R_t D_t \\ &+\beta_{y0}\Delta y_t+\beta_{y,-1}\Delta y_{t+1}+\beta_{y,-2}\Delta y_{t+2}+\beta_{y1}\Delta y_{t-1}+\beta_{y2}\Delta y_{t-2} \\ &+\beta_{R0}\Delta R_t+\beta_{R,-1}\Delta R_{t+1}+\beta_{R,-2}\Delta R_{t+2}+\beta_{R1}\Delta R_{t-1}+\beta_{R2}\Delta R_{t-2}+v_t \end{aligned}$$

原假设为 $\delta_0=\delta_y=\delta_R=0$。将式（10.4.16）中的 p 设为 2。对无结构变化的原假设计算沃尔德统计量。

参考文献

Aoki，Masanao，1968，"Control of Large-Scale Dynamic Systems by Aggregation，" *IEEE Transactions on Automatic Control*，AC-13，246−253.

Banerjee，A.，J. Dolado，D. Hendry，and G. Smith，1986，"Exploring Equilibrium Relationships in Econometrics through Static Models: Some Monte Carlo Evidence," *Oxford Bulletin of Economics and Statistics*, 48, 253-277.

Box, G., and G. Tiao, 1977, "A Canonical Analysis of Multiple Time Series," *Biometrika*, 64, 355-365.

Davidson, J., D. Hendry, F. Srba, and S. Yeo, 1978, "Econometric Modelling of the Aggregate Time-Series Relationships between Consumers' Expenditure and Income in the United Kingdom," *Economic Journal*, 88, 661-692.

Engle, R., and C. Granger, 1987, "Co-Integration and Error Correction: Representation, Estimation, and Testing," *Econometrica*, 55, 251-276.

Engle, R., and S. Yoo, 1991, "Cointegrated Economic Time Series: An Overview with New Results," in R. Engle and C. Granger (eds.), *Long-Run Economic Relations: Readings in Cointegration*, New York: Oxford University Press.

Friedman, M., 1959, "The Demand for Money: Some Theoretical and Empirical Results," *Journal of Political Economy*, 67, 327-351.

Fuller, W., 1996, *Introduction to Statistical Time Series* (2d ed.), New York: Wiley.

Goldfeld, S., and D. Sichel, 1990, "The Demand for Money," Chapter 8 in B. Friedman and F. Hahn (eds.), *Handbook of Monetary Economics*, Volume I, New York: North-Holland.

Granger, C., 1981, "Some Properties of Time Series Data and Their Use in Econometric Model Specification," *Journal of Econometrics*, 16, 121-130.

Granger, C., and P. Newbold, 1974, "Spurious Regressions in Econometrics," *Journal of Econometrics*, 2, 111-120.

Hamilton, J., 1994, *Time Series Analysis*, Princeton: Princeton University Press.

Hansen, B., 1992a. "Efficient Estimation and Testing of Cointegrating Vectors in the Presence of Deterministic Trends," *Journal of Econometrics*, 53, 87-121.

——, 1992b, "Tests for Parameter Instability in Regressions with I (1) Processes," *Journal of Business and Economic Statistics*, 10, 321-335.

Haug, A., 1996, "Tests for Cointegration: A Monte Carlo Comparison," *Journal of Econometrics*, 71, 89-115.

Johansen, S., 1988, "Statistical Analysis of Cointegrated Vectors," *Journal of Economic Dyamics and Control*, 12, 231-254.

——, 1995, *Likelihood-Based Inference in Cointegrated Vector Auto-Regressive Models*, New York: Oxford University Press.

Lucas, R., 1988, *Money Demand in the United States: A Quantitative Review*, *Carnegie-Rochester Conference Series on Public Policy*, Volume 29, 137-168.

Lütkepohl, H., 1993, *Introduction to Multiple Time Series Analysis* (2d ed.), New York: Springer-Verlag.

Maddala, G. S., and In-Moo Kim, 1998, *Unit Roots, Cointegration, and Structural Change*, New York: Cambridge University Press.

Ng, S., and P. Perron, 1995, "Unit Root Tests in ARMA Models with Data-Dependent Methods for the Selection of the Truncated Lag," *Journal of the American Statistical Association*, 90, 268-281.

Park, J., and P. Phillips, 1988, "Statistical Inference in Regressions with Integrated Processes: Part 1," *Econometric Theory*, 4, 468-497.

Phillips, P., 1986, "Understanding Spurious Regressions in Econometrics," *Journal of Econo-*

metrics, 33, 311-340.

——, 1988, "Weak Convergence to the Matrix Stochastic Integral $\int_0^1 BdB'$," *Journal of Multivariate Analysis*, 24, 252-264.

——, 1991, "Optimal Inference in Cointegrated Systems," *Econometrica*, 59, 283-306.

Phillips, P., and S. Durlauf, 1986, "Multiple Time Series Regression with Integrated Processes," *Review of Economic Studies*, 53, 473-495.

Phillips, P., and B. Hansen, 1990, "Statistical Inference in Instrumental Variables Regression with I(1) Processes," *Review of Economic Studies*, 57, 99-125.

Phillips, P., and M. Loretan, 1991, "Estimating Long-Run Economic Equilibria," *Review of Economic Studies*, 58, 407-436.

Phillips, P., and S. Ouliaris, 1990, "Asymptotic Properties of Residual Based Tests for Cointegration," *Econometrica*, 58, 165-193.

Phillips, P., and J. Park, 1988, "Asymptotic Equivalence of OLS and GLS in Regressions with Integrated Regressors," *Journal of the American Statistical Association*, 83, 111-115.

Saikkonen, P., 1991, "Asymptotically Efficient Estimation of Cointegration Regressions," *Econometric Theory*, 7, 1-21.

Sims, C., J. Stock, and M. Watson, 1990, "Inference in Linear Time Series Models with Some Unit Roots," *Econometrica*, 58, 113-144.

Stock, J., 1987, "Asymptotic Properties of Least Squares Estimators of Cointegrating Vectors," *Econometrica*, 55, 1035-1056.

Stock, J., and M. Watson, 1988, "Testing for Common Trends," *Journal of the American Statistical Association*, 83, 1097-1107.

——, 1993, "A Simple Estimator of Cointegrating Vectors in Higher Order Integrated Systems," *Econometrica*, 61, 783-820.

Watson, M., 1994, "Vector Autoregressions and Cointegration," Chapter 47 in R. Engle, and D. McFadden (eds.), *Handbook of Econometrics*, Volume IV, New York: North Holland.

附录 A

分块矩阵和克罗内克积

分块矩阵

有时将一个矩阵的元素分成 MN 个子矩阵是很有好处的，如：

$$\mathbf{A}=\begin{bmatrix}\mathbf{A}_{11} & \cdots & \mathbf{A}_{1N}\\ \vdots & & \vdots\\ \mathbf{A}_{M1} & \cdots & \mathbf{A}_{MN}\end{bmatrix}$$

这就是一个**分块矩阵**（partitioned matrix）。这些子矩阵的下标和矩阵元素的定义形式是一样的。例如，我们可以写为：

$$\mathbf{A}=\begin{bmatrix}1 & 4 & 7\\ 2 & 5 & 8\\ 3 & 6 & 9\end{bmatrix}=\begin{bmatrix}\mathbf{A}_{11} & \mathbf{A}_{12}\\ \mathbf{A}_{21} & \mathbf{A}_{22}\end{bmatrix}$$

其中，

$$\mathbf{A}_{11}=\begin{bmatrix}1 & 4\\ 2 & 5\end{bmatrix},\ \mathbf{A}_{12}=\begin{bmatrix}7\\ 8\end{bmatrix},\ \mathbf{A}_{21}=\begin{bmatrix}3 & 6\end{bmatrix},\ \mathbf{A}_{22}=9$$

一个常见的具体情形是 $M=N$ 且所有非主对角线块（$m\neq n$ 的 $\mathbf{A}_{mn}$）都是零矩阵：

$$\mathbf{A}=\begin{bmatrix}\mathbf{A}_{11} & & \\ & \ddots & \\ & & \mathbf{A}_{MM}\end{bmatrix}$$

这就是一个**分块对角矩阵**（block diagonal matrix）。

□ 分块矩阵的加法和乘法

矩阵加法和乘法也可以扩展到分块矩阵。因此，

$$\mathbf{A}+\mathbf{B}=\begin{bmatrix}\mathbf{A}_{11}+\mathbf{B}_{11} & \cdots & \mathbf{A}_{1N}+\mathbf{B}_{1N}\\ \vdots & & \vdots\\ \mathbf{A}_{M1}+\mathbf{B}_{M1} & \cdots & \mathbf{A}_{MN}+\mathbf{B}_{MN}\end{bmatrix} \tag{A. 1}$$

$$\mathbf{AB}=\begin{bmatrix}\mathbf{A}_{11} & \cdots & \mathbf{A}_{1N}\\ \vdots & & \vdots\\ \mathbf{A}_{M1} & \cdots & \mathbf{A}_{MN}\end{bmatrix}\begin{bmatrix}\mathbf{B}_{11} & \cdots & \mathbf{B}_{1L}\\ \vdots & & \vdots\\ \mathbf{B}_{N1} & \cdots & \mathbf{B}_{NL}\end{bmatrix}$$

$$=\begin{bmatrix}\sum_{n=1}^{N}\mathbf{A}_{1n}\mathbf{B}_{n1} & \cdots & \sum_{n=1}^{N}\mathbf{A}_{1n}\mathbf{B}_{nL}\\ \vdots & & \vdots\\ \sum_{n=1}^{N}\mathbf{A}_{Mn}\mathbf{B}_{n1} & \cdots & \sum_{n=1}^{N}\mathbf{A}_{Mn}\mathbf{B}_{nL}\end{bmatrix} \tag{A. 1}$$

在所有这些表达式中，矩阵形式必须适于所做的运算。关于加法，$\mathbf{A}_{mn}$ 和 $\mathbf{B}_{mn}$ 的维度对于所有 m(=1，2，…，M) 和 n(=1，2，…，N) 必须是相同的。至于乘法，对于所有的 m(=1，2，…，M)、n(=1，2，…，N) 以及 l(=1，2，…，L)，$\mathbf{A}_{mn}$ 的列数必须等于 $\mathbf{B}_{nl}$ 的行数。乘法的一种特殊情形是当 **B** 为**叠加向量**（stacked vector）**c** 的时候：

$$\mathbf{A}c=\begin{bmatrix}\mathbf{A}_{11} & \cdots & \mathbf{A}_{1N}\\ \vdots & & \vdots\\ \mathbf{A}_{M1} & \cdots & \mathbf{A}_{MN}\end{bmatrix}\begin{bmatrix}\mathbf{c}_1\\ \vdots\\ \mathbf{c}_N\end{bmatrix}=\begin{bmatrix}\sum_{n=1}^{N}\mathbf{A}_{1n}\mathbf{c}_n\\ \vdots\\ \sum_{n=1}^{N}\mathbf{A}_{Mn}\mathbf{c}_n\end{bmatrix} \tag{A. 3}$$

有时经常会遇到这样的形式：

$$\begin{bmatrix}\mathbf{A}_{11} & & \\ & \ddots & \\ & & \mathbf{A}_{MM}\end{bmatrix}\begin{bmatrix}\mathbf{c}_1\\ \vdots\\ \mathbf{c}_M\end{bmatrix}=\begin{bmatrix}\mathbf{A}_{11}\mathbf{c}_1\\ \vdots\\ \mathbf{A}_{MM}\mathbf{c}_M\end{bmatrix} \tag{A. 4}$$

$$\begin{bmatrix}\mathbf{A}_{11} & & \\ & \ddots & \\ & & \mathbf{A}_{MM}\end{bmatrix}\begin{bmatrix}\mathbf{B}_{11} & & \\ & \ddots & \\ & & \mathbf{B}_{MM}\end{bmatrix}=\begin{bmatrix}\mathbf{A}_{11}\mathbf{B}_{11} & & \\ & \ddots & \\ & & \mathbf{A}_{MM}\mathbf{B}_{MM}\end{bmatrix} \tag{A. 5}$$

$$\begin{bmatrix}\mathbf{A}'_{11} & & \\ & \ddots & \\ & & \mathbf{A}'_{MM}\end{bmatrix}\begin{bmatrix}\mathbf{B}_{11} & \cdots & \mathbf{B}_{1M}\\ \vdots & & \vdots\\ \mathbf{B}_{M1} & \cdots & \mathbf{B}_{MM}\end{bmatrix}\begin{bmatrix}\mathbf{A}_{11} & & \\ & \ddots & \\ & & \mathbf{A}_{MM}\end{bmatrix}$$

$$=\begin{bmatrix}\mathbf{A}'_{11}\mathbf{B}_{11}\mathbf{A}_{11} & \cdots & \mathbf{A}'_{11}\mathbf{B}_{1M}\mathbf{A}_{MM}\\ \vdots & & \vdots\\ \mathbf{A}'_{MM}\mathbf{B}_{M1}\mathbf{A}_{11} & \cdots & \mathbf{A}'_{MM}\mathbf{B}_{MM}\mathbf{A}_{MM}\end{bmatrix} \tag{A. 6}$$

$$\begin{bmatrix} \mathbf{A}'_{11} & & \\ & \ddots & \\ & & \mathbf{A}'_{MM} \end{bmatrix} \begin{bmatrix} \mathbf{B}_{11} & \cdots & \mathbf{B}_{1M} \\ \vdots & & \vdots \\ \mathbf{B}_{M1} & \cdots & \mathbf{B}_{MM} \end{bmatrix} \begin{bmatrix} \mathbf{c}_1 \\ \vdots \\ \mathbf{c}_M \end{bmatrix}$$

$$= \begin{bmatrix} \mathbf{A}'_{11}\mathbf{B}_{11}\mathbf{c}_1 & +\cdots+ & \mathbf{A}'_{11}\mathbf{B}_{1M}\mathbf{c}_M \\ & & \vdots \\ \mathbf{A}'_{MM}\mathbf{B}_{M1}\mathbf{c}_1 & +\cdots+ & \mathbf{A}'_{MM}\mathbf{B}_{MM}\mathbf{c}_M \end{bmatrix} \tag{A. 7}$$

$$[\mathbf{A}'_{11} \quad \cdots \quad \mathbf{A}'_{MM}] \begin{bmatrix} \mathbf{B}_{11} & \cdots & \mathbf{B}_{1M} \\ \vdots & & \vdots \\ \mathbf{B}_{M1} & \cdots & \mathbf{B}_{MM} \end{bmatrix} \begin{bmatrix} \mathbf{A}_{11} \\ \vdots \\ \mathbf{A}_{MM} \end{bmatrix} = \sum_{m=1}^{M}\sum_{h=1}^{M} \mathbf{A}'_{mm}\mathbf{B}_{mh}\mathbf{A}_{hh} \tag{A. 8}$$

其中 $\mathbf{c}_m$（$m=1$，2，…，M）是列向量。

□ 分块矩阵求逆

一个分块对角矩阵的逆为：

$$\begin{bmatrix} \mathbf{A}_{11} & & \\ & \ddots & \\ & & \mathbf{A}'_{MM} \end{bmatrix}^{-1} = \begin{bmatrix} \mathbf{A}_{11}^{-1} & & \\ & \ddots & \\ & & \mathbf{A}_{MM}^{-1} \end{bmatrix} \tag{A. 9}$$

只要 $\mathbf{A}_{mm}$（$m=1$，2，…，M）是可逆的。这可以由直接相乘予以验证。

对于一般的 2×2 分块矩阵，**分块逆**（partitioned inverse）的一种形式为：

$$\begin{bmatrix} \mathbf{A}_{11} & \mathbf{A}_{12} \\ \mathbf{A}_{21} & \mathbf{A}_{22} \end{bmatrix}^{-1} = \begin{bmatrix} \mathbf{A}_{11}^{-1} + \mathbf{A}_{11}^{-1}\mathbf{A}_{12}\mathbf{F}_2\mathbf{A}_{21}\mathbf{A}_{11}^{-1} & -\mathbf{A}_{11}^{-1}\mathbf{A}_{12}\mathbf{F}_2 \\ -\mathbf{F}_2\mathbf{A}_{21}\mathbf{A}_{11}^{-1} & \mathbf{F}_2 \end{bmatrix} \tag{A. 10}$$

其中 $\mathbf{F}_2=(\mathbf{A}_{22}-\mathbf{A}_{21}\mathbf{A}_{11}^{-1}\mathbf{A}_{12})^{-1}$。这可以用逆乘以 **A** 来证实。根据计算的这种对称性，左上块也可以写为：

$$\mathbf{F}_1=(\mathbf{A}_{11}-\mathbf{A}_{12}\mathbf{A}_{22}^{-1}\mathbf{A}_{21})^{-1}$$

克罗内克积

对于一般的矩阵 **A**（$M\times N$）和 **B**（$K\times L$）来说，克罗内克积被如下定义：

$$\mathbf{A}\otimes\mathbf{B} = \begin{bmatrix} a_{11}\mathbf{B} & \cdots & a_{1N}\mathbf{B} \\ \vdots & & \vdots \\ a_{M1}\mathbf{B} & \cdots & a_{MN}\mathbf{B} \end{bmatrix} \tag{A. 11}$$

这是一个 $ML\times NL$ 矩阵。一种特殊情况是当 **A** 和 **B** 都是向量的时候：

$$\mathbf{a}\otimes\mathbf{b} = \begin{bmatrix} a_1 \\ \vdots \\ a_M \end{bmatrix} \otimes \begin{bmatrix} b_1 \\ \vdots \\ b_N \end{bmatrix} = \begin{bmatrix} a_1\mathbf{b} \\ \vdots \\ a_M\mathbf{b} \end{bmatrix} \tag{A. 12}$$

可以直接验证，只要 **A** 和 **C** 是适当的矩阵，**B** 和 **D** 是适当的矩阵，

$$(\mathbf{A}\otimes\mathbf{B})(\mathbf{C}\otimes\mathbf{D})=\mathbf{AC}\otimes\mathbf{BD} \tag{A. 13}$$

$$(\mathbf{A}\otimes\mathbf{B})'=\mathbf{A}'\otimes\mathbf{B}' \tag{A. 14}$$

而且只要 **A** 和 **B** 是可逆的，

$$(\mathbf{A}\otimes\mathbf{B})^{-1}=\mathbf{A}^{-1}\otimes\mathbf{B}^{-1} \tag{A. 15}$$

译后记

国内翻译的计量经济学教材日益增多，中国人民大学出版社也出版了多本经典的教科书，如伍德里奇的《计量经济学导论》、古扎拉蒂的《计量经济学基础》和《计量经济学原理与实践》（第一版已经出版，第二版近期也将由中国人民大学出版社出版，亦由本人翻译）、格林的《计量经济分析》等。但是，一直缺乏一本简明而又高级的计量经济学教材。林文夫的这本书似乎可以填补这个空缺。

林文夫教授是国际著名的计量经济学家，日本东京大学经济系教授。1975 年在东京大学经济系毕业后到哈佛大学经济系学习，1980 年取得博士学位。之后，林文夫先后在美国西北大学、日本筑波大学、大阪大学、英国伦敦经济学院、美国宾夕法尼亚大学以及哥伦比亚大学任教，最后回到东京大学。1995 年，林文夫成为日本中原奖（Nakahara）的第一个获得者，这是日本经济理论和计量经济学会设立的奖项，旨在奖励日本 45 岁以下最杰出的经济学家。

林文夫教授的这本于 2000 年在普林斯顿大学出版社出版的《计量经济学》已经成为这一领域的经典之作。林文夫的《计量经济学》是一本主要适用于研究生的高级计量经济学方面的优秀教科书。本书在欧美国家的高等院校受到普遍欢迎并被广泛使用，属于反映现代计量经济学研究成果的最流行的教材之一。2020 年我在哈佛大学访问期间旁听经济系博士研究生一年级的计量经济学课程，本书仍赫然列于参考书目中，可见其经典程度。

在翻译过程中及完毕之后，本书部分和全部文稿曾经在浙江财经大学各级研究生中流传，收到了很多意见和建议。感谢唐珏、陈亦政、李静、郑吉锋、熊伟、蔡昀炫、杜乐佳、金姝含等我的几位学生以各种方式为本书的初译稿提出了修改意见和建议；尤其是金姝含同学，2015 年夏天，她利用暑假尽心竭力帮助校对二校纸质版中存在的公式及其他打印错误，非常认真，值得特别表扬。在使用本教材的过程中，其他一些同事和学生阅读了本书的译稿，也以各种方式提出过自己的意见，指出过不少翻译上的笔误，以及对有些译法的意见，特致谢意。他们是：张利风、茹玉骢、马汴京、文雁兵、朱林可、王正新、乐军、王驹飞、耿卫军、沈叶婷、鲍宗港、朱晓玲、马青、刘望、谷佳音、陶佳权、林红、胡梦倩、刘瑜、史祯之、顾卓琪、毛润超、胡想相、张原浩、汤红林、刘才进、朱丹、张佳韵、沈佳森、余璇、樊倩莹、王家俊、吴凡、郑悠然、杨家萍、陈颖、陈家骏、孙阳、刘朝良、杨洛、汪智杰。当然，囿于译者的水平，书中一定还有不少错误之处，恳请各位读者不吝指正。

翻译此书的时候，我还在浙江财经大学教书，如今此书出版，我已经调入浙江工商大学经济学院工作，在这里，我也想向接纳我的浙江工商大学经济学院的各位领导和同事表示衷心的感谢！

最后，当然不是最不重要的，我还要感谢我的家人，尤其是在2015年我的二女儿李敏行出生之后，我的母亲边士兰、岳母陈国芬、妻子叶星和大女儿李果行为这个家庭做出了很大的贡献，感谢她们对这个家庭的付出和爱！

李井奎

浙江工商大学经济学院

辛丑年（2021年）仲秋于杭州·钱塘之滨

经济科学译丛						
序号	书名	作者	Author	单价	出版年份	ISBN
1	计量经济学	林文夫	Fumio Hayashi	99.00	2021	978-7-300-22496-1
2	投资学精要(第11版)	兹维·博迪等	Zvi Bodie	118.00	2021	978-7-300-29193-2
3	时间序列分析——单变量和多变量方法(第二版·经典版)	魏武雄	Willian W. S. Wei	89.00	2021	978-7-300-29640-1
4	市场设计:拍卖与匹配	纪尧姆·海宁格	Guillaume Haeringer	52.00	2021	978-7-300-28854-3
5	环境与自然资源经济学(第十一版)	汤姆·蒂坦伯格等	Tom Tietenberg	79.00	2021	978-7-300-29213-7
6	货币金融学(第十二版)	弗雷德里克·S. 米什金	Frederic S. Mishkin	98.00	2021	978-7-300-29134-5
7	现代经济学原理(第六版)	罗伯特·J. 凯伯	Robert J. Carbaugh	72.00	2021	978-7-300-25126-4
8	现代劳动经济学:理论与公共政策(第十三版)	罗纳德·G. 伊兰伯格等	Ronald G. Ehrenberg	99.00	2021	978-7-300-29116-1
9	国际贸易(第十一版)	保罗·R. 克鲁格曼等	Paul R. Krugman	52.00	2021	978-7-300-29058-4
10	国际金融(第十一版)	保罗·R. 克鲁格曼等	Paul R. Krugman	59.00	2021	978-7-300-29057-7
11	国际经济学:理论与政策(第十一版)	保罗·R. 克鲁格曼等	Paul R. Krugman	98.00	2021	978-7-300-28805-5
12	财政学(第五版)	乔纳森·格鲁伯	Jonathan Gruber	118.00	2021	978-7-300-28892-5
13	面板数据分析(第三版)	萧政	Cheng Hsiao	69.00	2021	978-7-300-28646-4
14	宏观经济学(第十三版)	鲁迪格·多恩布什等	Rudiger Dornbusch	89.00	2021	978-7-300-28853-6
15	曼昆版《宏观经济学》(第十版)课后题解答与题库	N. 格里高利·曼昆等	N. Gregory Mankiw	62.00	2021	978-7-300-28855-0
16	共谋理论和竞争政策	小约瑟夫·E. 哈林顿	Joseph E. Harrington, Jr.	39.00	2021	978-7-300-28804-8
17	离散时间的经济动力学	苗建军	Jianjun Miao	108.00	2020	978-7-300-28814-7
18	微观经济学(第四版)	戴维·A. 贝赞可	David A. Besanko	125.00	2020	978-7-300-28647-1
19	经济建模:目的与局限	劳伦斯·A. 博兰德	Lawrence A. Boland	49.00	2020	978-7-300-28532-0
20	计量经济分析(第八版)(上下册)	威廉·H. 格林	William H. Greene	158.00	2020	978-7-300-27645-8
21	微观经济学(第四版)	保罗·克鲁格曼等	Paul Krugman	86.00	2020	978-7-300-28321-0
22	发展宏观经济学(第四版)	皮埃尔·理查德·阿根诺等	Pierre-Richard Agenor	79.00	2020	978-7-300-27425-6
23	平狄克《微观经济学》(第九版)学习指导	乔纳森·汉密尔顿等	Jonathan Hamilton	42.00	2020	978-7-300-28281-7
24	经济地理学: 区域和国家一体化	皮埃尔-菲利普·库姆斯等	Pierre-Philippe Combes	56.00	2020	978-7-300-28276-3
25	公共部门经济学(第四版)	约瑟夫·E. 斯蒂格利茨等	Joseph E. Stiglitz	96.00	2020	978-7-300-28218-3
26	递归宏观经济理论(第三版)	拉尔斯·扬奎斯特等	Lars Ljungqvist	128.00	2020	978-7-300-28058-5
27	策略博弈(第四版)	阿维纳什·迪克西特等	Avinash Dixit	85.00	2020	978-7-300-28005-9
28	劳动关系(第10版)	小威廉·H. 霍利等	William H. Holley, Jr.	83.00	2020	978-7-300-25582-8
29	微观经济学(第九版)	罗伯特·S. 平狄克等	Robert S. Pindyck	93.00	2020	978-7-300-26640-4
30	宏观经济学(第十版)	N. 格里高利·曼昆	N. Gregory Mankiw	79.00	2020	978-7-300-27631-1
31	宏观经济学(第九版)	安德鲁·B. 亚伯等	Andrew B. Abel	95.00	2020	978-7-300-27382-2
32	商务经济学(第二版)	克里斯·马尔赫恩等	Chris Mulhearn	56.00	2019	978-7-300-24491-4
33	管理经济学:基于战略的视角(第二版)	蒂莫西·费希尔等	Timothy Fisher	58.00	2019	978-7-300-23886-9
34	投入产出分析:基础与扩展(第二版)	罗纳德·E. 米勒等	Ronald E. Miller	98.00	2019	978-7-300-26845-3
35	宏观经济学:政策与实践(第二版)	弗雷德里克·S. 米什金	Frederic S. Mishkin	89.00	2019	978-7-300-26809-5
36	国际商务:亚洲视角	查尔斯·W. L. 希尔等	Charles W. L. Hill	108.00	2019	978-7-300-26791-3
37	统计学:在经济和管理中的应用(第10版)	杰拉德·凯勒	Gerald Keller	158.00	2019	978-7-300-26771-5
38	经济学精要(第五版)	R. 格伦·哈伯德等	R. Glenn Hubbard	99.00	2019	978-7-300-26561-2
39	环境经济学(第七版)	埃班·古德斯坦等	Eban Goodstein	78.00	2019	978-7-300-23867-8
40	管理者微观经济学	戴维·M. 克雷普斯	David M. Kreps	88.00	2019	978-7-300-22914-0
41	税收与企业经营战略:筹划方法(第五版)	迈伦·S. 斯科尔斯等	Myron S. Scholes	78.00	2018	978-7-300-25999-4
42	美国经济史(第12版)	加里·M. 沃尔顿等	Gary M. Walton	98.00	2018	978-7-300-26473-8
43	组织经济学:经济学分析方法在组织管理上的应用(第五版)	塞特斯·杜玛等	Sytse Douma	62.00	2018	978-7-300-25545-3
44	经济理论的回顾(第五版)	马克·布劳格	Mark Blaug	88.00	2018	978-7-300-26252-9
45	实地实验:设计、分析与解释	艾伦·伯格等	Alan S. Gerber	69.80	2018	978-7-300-26319-9
46	金融学(第二版)	兹维·博迪等	Zvi Bodie	75.00	2018	978-7-300-26134-8
47	空间数据分析:模型、方法与技术	曼弗雷德·M. 费希尔等	Manfred M. Fischer	36.00	2018	978-7-300-25304-6
48	《宏观经济学》(第十二版)学习指导书	鲁迪格·多恩布什等	Rudiger Dornbusch	38.00	2018	978-7-300-26063-1
49	宏观经济学(第四版)	保罗·克鲁格曼等	Paul Krugman	68.00	2018	978-7-300-26068-6
50	计量经济学导论:现代观点(第六版)	杰弗里·M. 伍德里奇	Jeffrey M. Wooldridge	109.00	2018	978-7-300-25914-7
51	经济思想史:伦敦经济学院讲演录	莱昂内尔·罗宾斯	Lionel Robbins	59.80	2018	978-7-300-25258-2
52	空间计量经济学入门——在R中的应用	朱塞佩·阿尔比亚	Giuseppe Arbia	45.00	2018	978-7-300-25458-6
53	克鲁格曼经济学原理(第四版)	保罗·克鲁格曼等	Paul Krugman	88.00	2018	978-7-300-25639-9

经济科学译丛						
序号	书名	作者	Author	单价	出版年份	ISBN
54	发展经济学(第七版)	德怀特·H. 波金斯等	Dwight H. Perkins	98.00	2018	978-7-300-25506-4
55	线性与非线性规划(第四版)	戴维·G. 卢恩伯格等	David G. Luenberger	79.80	2018	978-7-300-25391-6
56	产业组织理论	让·梯若尔	Jean Tirole	110.00	2018	978-7-300-25170-7
57	经济学精要(第六版)	巴德、帕金	Bade, Parkin	89.00	2018	978-7-300-24749-6
58	空间计量经济学——空间数据的分位数回归	丹尼尔·P. 麦克米伦	Daniel P. McMillen	30.00	2018	978-7-300-23949-1
59	高级宏观经济学基础(第二版)	本·J. 海德拉	Ben J. Heijdra	88.00	2018	978-7-300-25147-9
60	税收经济学(第二版)	伯纳德·萨拉尼耶	Bernard Salanié	42.00	2018	978-7-300-23866-1
61	国际贸易(第三版)	罗伯特·C. 芬斯特拉	Robert C. Feenstra	73.00	2017	978-7-300-25327-5
62	国际宏观经济学(第三版)	罗伯特·C. 芬斯特拉	Robert C. Feenstra	79.00	2017	978-7-300-25326-8
63	公司治理(第五版)	罗伯特·A.G. 蒙克斯	Robert A. G. Monks	69.80	2017	978-7-300-24972-8
64	国际经济学(第15版)	罗伯特·J. 凯伯	Robert J. Carbaugh	78.00	2017	978-7-300-24844-8
65	经济理论和方法史(第五版)	小罗伯特·B. 埃克伦德等	Robert B. Ekelund. Jr.	88.00	2017	978-7-300-22497-8
66	经济地理学	威廉·P. 安德森	William P. Anderson	59.80	2017	978-7-300-24544-7
67	博弈与信息:博弈论概论(第四版)	艾里克·拉斯穆森	Eric Rasmusen	79.80	2017	978-7-300-24546-1
68	MBA宏观经济学	莫里斯·A. 戴维斯	Morris A. Davis	38.00	2017	978-7-300-24268-2
69	经济学基础(第十六版)	弗兰克·V. 马斯切纳	Frank V. Mastrianna	42.00	2017	978-7-300-22607-1
70	高级微观经济学:选择与竞争性市场	戴维·M. 克雷普斯	David M. Kreps	79.80	2017	978-7-300-23674-2
71	博弈论与机制设计	Y. 内拉哈里	Y. Narahari	69.80	2017	978-7-300-24209-5
72	宏观经济学(第十二版)	鲁迪格·多恩布什等	Rudiger Dornbusch	69.00	2017	978-7-300-23772-5
73	国际金融与开放宏观经济学:理论、历史与政策	亨德里克·范登伯格	Hendrik Van den Berg	68.00	2016	978-7-300-23380-2
74	经济学(微观部分)	达龙·阿西莫格鲁等	Daron Acemoglu	59.00	2016	978-7-300-21786-4
75	经济学(宏观部分)	达龙·阿西莫格鲁等	Daron Acemoglu	45.00	2016	978-7-300-21886-1
76	中级微观经济学——直觉思维与数理方法(上下册)	托马斯·J. 内契巴	Thomas J. Nechyba	128.00	2016	978-7-300-22363-6
77	动态优化——经济学和管理学中的变分法和最优控制(第二版)	莫顿·I. 凯曼等	Morton I. Kamien	48.00	2016	978-7-300-23167-9
78	投资学精要(第九版)	兹维·博迪等	Zvi Bodie	108.00	2016	978-7-300-22236-3
79	环境经济学(第二版)	查尔斯·D. 科尔斯塔德	Charles D. Kolstad	68.00	2016	978-7-300-22255-4
80	MWG《微观经济理论》习题解答	原千晶等	Chiaki Hara	75.00	2016	978-7-300-22306-3
81	横截面与面板数据的计量经济分析(第二版)	杰弗里·M. 伍德里奇	Jeffrey M. Wooldridge	128.00	2016	978-7-300-21938-7
82	宏观经济学(第十二版)	罗伯特·J. 戈登	Robert J. Gordon	75.00	2016	978-7-300-21978-3
83	动态最优化基础	蒋中一	Alpha C. Chiang	42.00	2015	978-7-300-22068-0
84	管理经济学:理论、应用与案例(第八版)	布鲁斯·艾伦等	Bruce Allen	79.80	2015	978-7-300-21991-2
85	微观经济分析(第三版)	哈尔·R. 范里安	Hal R. Varian	68.00	2015	978-7-300-21536-5
86	财政学(第十版)	哈维·S. 罗森等	Harvey S. Rosen	68.00	2015	978-7-300-21754-3
87	经济数学(第三版)	迈克尔·霍伊等	Michael Hoy	88.00	2015	978-7-300-21674-4
88	发展经济学(第九版)	A.P. 瑟尔沃	A. P. Thirlwall	69.80	2015	978-7-300-21193-0
89	宏观经济学(第五版)	斯蒂芬·D. 威廉森	Stephen D. Williamson	69.00	2015	978-7-300-21169-5
90	现代时间序列分析导论(第二版)	约根·沃特斯等	Jürgen Wolters	39.80	2015	978-7-300-20625-7
91	空间计量经济学——从横截面数据到空间面板	J. 保罗·埃尔霍斯特	J. Paul Elhorst	32.00	2015	978-7-300-21024-7
92	战略经济学(第五版)	戴维·贝赞可等	David Besanko	78.00	2015	978-7-300-20679-0
93	博弈论导论	史蒂文·泰迪里斯	Steven Tadelis	58.00	2015	978-7-300-19993-1
94	社会问题经济学(第二十版)	安塞尔·M. 夏普等	Ansel M. Sharp	49.00	2015	978-7-300-20279-2
95	时间序列分析	詹姆斯·D. 汉密尔顿	James D. Hamilton	118.00	2015	978-7-300-20213-6
96	微观经济理论	安德鲁·马斯-克莱尔等	Andreu Mas-Collel	148.00	2014	978-7-300-19986-3
97	产业组织:理论与实践(第四版)	唐·E. 瓦尔德曼等	Don E. Waldman	75.00	2014	978-7-300-19722-7
98	公司金融理论	让·梯若尔	Jean Tirole	128.00	2014	978-7-300-20178-8
99	公共部门经济学	理查德·W. 特里西	Richard W. Tresch	49.00	2014	978-7-300-18442-5
100	计量经济学导论(第三版)	詹姆斯·H. 斯托克等	James H. Stock	69.00	2014	978-7-300-18467-8

经济科学译丛

序号	书名	作者	Author	单价	出版年份	ISBN
101	中级微观经济学(第六版)	杰弗里·M. 佩罗夫	Jeffrey M. Perloff	89.00	2014	978-7-300-18441-8
102	计量经济学原理与实践	达摩达尔·N. 古扎拉蒂	Damodar N. Gujarati	49.80	2013	978-7-300-18169-1
103	经济学简史——处理沉闷科学的巧妙方法(第二版)	E. 雷·坎特伯里	E. Ray Canterbery	58.00	2013	978-7-300-17571-3
104	环境经济学	彼得·伯克等	Peter Berck	55.00	2013	978-7-300-16538-7
105	高级微观经济理论	杰弗里·杰里	Geoffrey A. Jehle	69.00	2012	978-7-300-16613-1
106	高级宏观经济学导论:增长与经济周期(第二版)	彼得·伯奇·索伦森等	Peter Birch Sørensen	95.00	2012	978-7-300-15871-6
107	卫生经济学(第六版)	舍曼·富兰德等	Sherman Folland	79.00	2011	978-7-300-14645-4
108	计量经济学基础(第五版)(上下册)	达摩达尔·N. 古扎拉蒂	Damodar N. Gujarati	99.00	2011	978-7-300-13693-6
109	《计量经济学基础》(第五版)学生习题解答手册	达摩达尔·N. 古扎拉蒂等	Damodar N. Gujarati	23.00	2012	978-7-300-15080-8

金融学译丛

序号	书名	作者	Author	单价	出版年份	ISBN
1	货币金融学(第三版)	R. 格伦·哈伯德等	R. Glenn Hubbard	96.00	2021	978-7-300-28819-2
2	房地产金融与投资(第十五版)	威廉·B. 布鲁格曼等	William B. Brueggeman	118.00	2021	978-7-300-28473-6
3	金融工程学原理(第三版)	罗伯特·L. 科索斯基等	Robert L. Kosowski	109.00	2020	978-7-300-28541-2
4	金融市场与金融机构(第12版)	杰夫·马杜拉	Jeff Madura	99.00	2020	978-7-300-27836-0
5	个人理财(第11版)	E. 托马斯·加曼等	E. Thomas Garman	108.00	2020	978-7-300-25653-5
6	银行学(第二版)	芭芭拉·卡苏等	Barbara Casu	99.00	2020	978-7-300-28034-9
7	金融衍生工具与风险管理(第十版)	唐·M. 钱斯	Don M. Chance	98.00	2020	978-7-300-27651-9
8	投资学导论(第十二版)	赫伯特·B. 梅奥	Herbert B. Mayo	89.00	2020	978-7-300-27653-3
9	金融几何学	阿尔文·库鲁克	Alvin Kuruc	58.00	2020	978-7-300-14104-6
10	银行风险管理(第四版)	若埃尔·贝西	Joël Bessis	56.00	2019	978-7-300-26496-7
11	金融学原理(第八版)	阿瑟·J. 基翁等	Arthur J. Keown	79.00	2018	978-7-300-25638-2
12	财务管理基础(第七版)	劳伦斯·J. 吉特曼等	Lawrence J. Gitman	89.00	2018	978-7-300-25339-8
13	利率互换及其他衍生品	霍华德·科伯	Howard Corb	69.00	2018	978-7-300-25294-0
14	固定收益证券手册(第八版)	弗兰克·J. 法博齐	Frank J. Fabozzi	228.00	2017	978-7-300-24227-9
15	金融市场与金融机构(第8版)	弗雷德里克·S. 米什金等	Frederic S. Mishkin	86.00	2017	978-7-300-24731-1
16	兼并、收购和公司重组(第六版)	帕特里克·A. 高根	Patrick A. Gaughan	89.00	2017	978-7-300-24231-6
17	债券市场:分析与策略(第九版)	弗兰克·J. 法博齐	Frank J. Fabozzi	98.00	2016	978-7-300-23495-3
18	财务报表分析(第四版)	马丁·弗里德森	Martin Fridson	46.00	2016	978-7-300-23037-5
19	国际金融学	约瑟夫·P. 丹尼尔斯等	Joseph P. Daniels	65.00	2016	978-7-300-23037-1
20	国际金融	阿德里安·巴克利	Adrian Buckley	88.00	2016	978-7-300-22668-2
21	个人理财(第六版)	阿瑟·J. 基翁	Arthur J. Keown	85.00	2016	978-7-300-22711-5
22	投资学基础(第三版)	戈登·J. 亚历山大等	Gordon J. Alexander	79.00	2015	978-7-300-20274-7
23	金融风险管理(第二版)	彼德·F. 克里斯托弗森	Peter F. Christoffersen	46.00	2015	978-7-300-21210-4
24	风险管理与保险管理(第十二版)	乔治·E. 瑞达等	George E. Rejda	95.00	2015	978-7-300-21486-3
25	个人理财(第五版)	杰夫·马杜拉	Jeff Madura	69.00	2015	978-7-300-20583-0
26	企业价值评估	罗伯特·A.G. 蒙克斯等	Robert A. G. Monks	58.00	2015	978-7-300-20582-3
27	基于Excel的金融学原理(第二版)	西蒙·本尼卡	Simon Benninga	79.00	2014	978-7-300-18899-7
28	金融工程学原理(第二版)	萨利赫·N. 内夫特奇	Salih N. Neftci	88.00	2014	978-7-300-19348-9
29	国际金融市场导论(第六版)	斯蒂芬·瓦尔德斯等	Stephen Valdez	59.80	2014	978-7-300-18896-6
30	金融数学:金融工程引论(第二版)	马雷克·凯宾斯基等	Marek Capinski	42.00	2014	978-7-300-17650-5
31	财务管理(第二版)	雷蒙德·布鲁克斯	Raymond Brooks	69.00	2014	978-7-300-19085-3
32	期货与期权市场导论(第七版)	约翰·C. 赫尔	John C. Hull	69.00	2014	978-7-300-18994-2
33	国际金融:理论与实务	皮特·塞尔居	Piet Sercu	88.00	2014	978-7-300-18413-5
34	并购创造价值(第二版)	萨德·苏达斯纳	Sudi Sudarsanam	89.00	2013	978-7-300-17473-0
35	应用公司财务(第三版)	阿斯沃思·达摩达兰	Aswath Damodaran	88.00	2012	978-7-300-16034-4
36	资本市场:机构与工具(第四版)	弗兰克·J. 法博齐	Frank J. Fabozzi	85.00	2011	978-7-300-13828-2

Econometrics
by Fumio Hayashi

图书在版编目（CIP）数据

计量经济学/（日）林文夫著；李井奎译. --北京：
中国人民大学出版社，2021.9
（经济科学译丛）
书名原文：Econometrics
ISBN 978-7-300-22496-1

Ⅰ.①计… Ⅱ.①林… ②李… Ⅲ.①计量经济学-
高等学校-教材 Ⅳ.①F224.0

中国版本图书馆 CIP 数据核字（2016）第 029381 号

"十三五"国家重点出版物出版规划项目
经济科学译丛
计量经济学
林文夫　著
李井奎　译
Jiliang Jingjixue

出版发行	中国人民大学出版社		
社　　址	北京中关村大街 31 号	**邮政编码**	100080
电　　话	010－62511242（总编室）		010－62511770（质管部）
	010－82501766（邮购部）		010－62514148（门市部）
	010－62515195（发行公司）		010－62515275（盗版举报）
网　　址	http://www.crup.com.cn		
经　　销	新华书店		
印　　刷	天津中印联印务有限公司		
规　　格	185 mm×260 mm　16 开本	**版　　次**	2021 年 9 月第 1 版
印　　张	30.5 插页 2	**印　　次**	2021 年 9 月第 1 次印刷
字　　数	734 000	**定　　价**	99.00 元